UNGERS GROSSES BIBELHANDBUCH

Merrill F. Unger
bearbeitet von Gary N. Larson

Verlag Schulte + Gerth Asslar

Die amerikanische Originalausgabe
erschien im Verlag „The Moody
Bible Institute of Chicago", IL, unter
dem Titel „The New Unger's Bible
Handbook"
© 1966, 1984 by The Moody Bible
Institute of Chicago
© der deutschen Ausgabe 1987
Verlag Schulte + Gerth, Asslar

Deutsche Übersetzung und Bearbeitung: Prof. Dr. Samuel Külling
und Joachim Hoene

Die Auslegungen des Bibeltextes
geben nicht notwendigerweise die
Auffassung von Moody Press oder
dem Moody Bible Institute wieder.

Abbildungen:
Frank Baber: 81, 135, 141, 252,
269, 313, 315, 371, 417, 509, 571,
591.
Alan Harris: 74, 76
James Macdonald: 39, 46, 59, 74,
81, 97, 99, 104, 106, 116, 144, 149,
173, 189, 193, 197, 209, 217, 226,
247, 266, 277, 287, 299, 319, 325,
329, 331, 335, 340, 385, 386, 409,
414, 432, 445, 459, 490, 531, 577,
579, 583, 596.

Karten: James Macdonald
Tafeln und Skizzen: Peter Wyart

Konzeption und Herstellung:
Three's Company, London WC2/
England
Gestaltung: Peter Wyart
Redaktion: Tim Dowley

Koproduktion unter Mitwirkung von
Angus Hudson Ltd. London

Best.-Nr. 15 399
ISBN 3-87739-399-3
Umschlaggestaltung:
Herybert Kassühlke/
Lexotone, Holliston Mills
Umschlagfoto:
Image Bank, München
Satz: Typostudio Rücker & Schmidt
Druck: Purnell Book Productions
Limited

Printed in the United Kingdom

Vorwort

Schon als Kind lernte ich die Heilige Schrift kennen und lieben. So habe ich schon früh in meinem Leben begriffen, was für ein großer Schatz das Wort Gottes ist und welch unbeschreiblichen Segen es denen bringt, die seine lebendigen, umgestaltenden Wahrheiten in Herz und Leben aufnehmen. So ist es nicht verwunderlich, daß sich eines Tages der Wunsch regte, andere dazu anzuregen, das Wort Gottes zu lesen und darüber hinaus ein packendes und bereicherndes Bibelstudium zu treiben.

Seit Jahren hat mich der Gedanke beschäftigt, daß die beste Hilfe, dieses Ziel zu erreichen, ein einfaches, kurzgefaßtes Handbuch wäre, das die verschiedensten Menschen ansprechen würde – den Nichttheologen wie den Geistlichen, den Jungbekehrten wie den gereiften Gläubigen, den Ungläubigen wie den bewußten Christen.

In diesem Arbeitsplan sollten aber auch die jüngsten wissenschaftlichen Informationen *über* die Bibel aus Geographie, Chronologie, Weltgeschichte, Archäologie und Antworten auf bibelkritische Fragen ihren Platz finden. Diese Informationen sollten einen wichtigen Bestandteil dieser Arbeit bilden, ganz besonders deshalb, weil wir in einer Zeit ungeheuren technischen Fortschritts leben. Doch darf das nicht der alles beherrschende Gesichtspunkt sein. Die Hauptbetonung liegt auf der Botschaft, die aus der *Bibel selbst* zu uns kommt. Um das zu erreichen, wird hier ein vollständiger Kommentar geboten, der alle 66 Bücher der Bibel behandelt. Jeder Vers ist in Beziehung gesetzt zu dem Kapitel, in welchem er steht, jedes Kapitel zu seinem Buch, jedes Buch zur gesamten Bibel. In ernstem Bemühen um richtige Auslegung haben wir uns durchweg dicht an die hebräischen und griechischen Originaltexte (die deutsche Übersetzung zitiert meistens nach der Schlachterbibel – Herausgeber) gehalten und die Texte stets in ihrer Beziehung zu der umfassenden Botschaft und Absicht der göttlichen Offenbarung zu erklären versucht.

Ein Versuch ist gemacht worden, unausbleiblichen Schwierigkeiten nicht auszuweichen. Das Ziel ist, jedem, der sich ernsthaft in die Bibel hineinarbeiten möchte, eine Möglichkeit zu schaffen, mit einem Blick Kapitel und Vers sowohl in den unmittelbaren als auch in den großen allgemeinen Zusammenhang zu stellen, in den sie gehören, und dem Leser auf diese Weise zu ermöglichen, für jede von ihm gewünschte Bibelstelle die dem Zusammenhang entsprechende richtige Auslegung zu finden.

Hier möchte ich dankbar anerkennen, daß ich für dieses Buch Hilfe aus zahllosen Quellen empfangen habe – aus Kommentaren, wissenschaftlichen Zeitschriften, Geschichtswerken, biblischer Geographie, Wörterbüchern, Handbüchern, Reisen im Land der Bibel selbst und persönlichem Studium. Mehr als alles andere aber habe ich versucht, mich vom Geist Gottes in der Auslegung des geschriebenen Wortes leiten zu lassen, damit durch diese Arbeit Christus, das lebendige Wort, verherrlicht wird. Es ist mein Gebet, daß dieser Kurzkommentar zur Bibel in vielen Herzen eine große Liebe zu dem kostbaren Wort Gottes an uns wecken möchte, weil sie dann ganz persönlich an sich erleben, daß „es begehrenswerter ist als Gold und viel Feingold, süßer als Honig und Honigseim" (Ps. 19,11)

Merrill F. Unger

Vorwort des Bearbeiters

„Das Gras verdorrt, die Blume verwelkt, aber das Wort unseres Gottes bleibt in Ewigkeit" (Jesaja 40,8).

Theologische Meinungen mögen sich ändern, die Archäologie und andere Wissenschaften ein neues Licht auf die Bedeutung und Glaubwürdigkeit der Bibel werfen, der menschliche Verstand mag komplexe Auslegungsfragen aufwerfen – die unvergleichliche Wahrheit des Wortes Gottes kann nicht erschüttert werden.

Diese bearbeitete Auflage von „Unger's Bible Handbook" will die ewig gültige göttliche Offenbarung beleuchten und gleichzeitig einen besseren Zugang zu den kulturellen, historischen und theologischen Gegebenheiten vermitteln – zum besseren Verständnis des biblischen Textes.

Eine Revision ist immer eine schwierige Aufgabe. Das gilt besonders für den Versuch, das Werk eines so bekannten und gebildeten Mannes, wie es der verstorbene Dr. Unger war, zu redigieren. Darum habe ich mich bei der Bearbeitung auf folgende vier Punkte konzentriert: Zum ersten werden die neuerlichen Entdeckungen auf dem Gebiet der Archäologie und der Geschichtsforschung berücksichtigt, besonders im Hinblick auf das Alte Testament. Zweitens geht diese Revision ausführlicher auf verschiedene Auslegungsmöglichkeiten schwieriger Textstellen ein. Dabei wurde der Rahmen des breiten Spektrums der evangelikalen Lehre nie überschritten. Drittens sind die Übersetzungsvermerke von Dr. Unger noch einmal einer genauen Prüfung unterzogen worden. Schließlich wurde der sprachliche Stil der ersten Ausgabe soweit revidiert, daß der Leser einen einfachen Zugang zum Text findet. Dem Wort Gottes können wir rückhaltlos vertrauen, doch müssen wir vorsichtig sein, wenn wir die Werke von Menschen zu beurteilen haben. Somit kann dieses Buch nicht den Anspruch auf Unfehlbarkeit erheben. Wir dürfen Gott danken für Sein unverbrüchliches Wort, das uns als Motivation für dieses Werk gedient hat. Im übrigen haben wir uns ganz und gar auf den Heiligen Geist zu verlassen. Nur Er kann den Bibeltext so erhellen, daß er zu „Gottes Kraft zur Rettung für den, der glaubt" wird (Römer 1,16).

Sola fide, sola scriptura.

Gary N. Larson
(Bearbeiter der revidierten amerikanischen Ausgabe)

Inhalt

Fortsetzung des Inhaltsverzeichnisses

Abkürzungen

Bücher der Bibel

AT	Altes Testament	NT	Neues Testament
1. Mo.	1. Mose	Matth.	Matthäus
2. Mo.	2. Mose	Mk.	Markus
3. Mo.	3. Mose	Lk.	Lukas
4. Mo.	4. Mose	Joh.	Johannes
5. Mo.	5. Mose	Apg.	Apostelgeschichte
Jos.	Josua	Röm.	Römer
Ri.	Richter	1. Kor.	1. Korinther
Ruth	Ruth	2. Kor.	2. Korinther
1. Sam.	1. Samuel	Gal.	Galater
2. Sam.	2. Samuel	Eph.	Epheser
1. Kö.	1. Könige	Phil.	Philipper
2. Kö.	2. Könige	Kol.	Kolosser
1. Chron.	1. Chronika	1. Thess.	1. Thessalonicher
2. Chron.	2. Chronika	2. Thess.	2. Thessalonicher
Es.	Esra	1. Tim.	1. Timotheus
Neh.	Nehemia	2. Tim.	2. Timotheus
Est.	Esther	Ti.	Titus
Hiob	Hiob	Philem.	Philemon
Ps.	Psalm	Hebr.	Hebräer
Spr.	Sprüche	Jak.	Jakobus
Pred.	Prediger	1. Petr.	1. Petrus
Hohesl.	Hoheslied	2. Petr.	2. Petrus
Jes.	Jesaja	1. Joh.	1. Johannes
Jer.	Jeremia	2. Joh.	2. Johannes
Klgl.	Klagelieder	Judas	Judas
Hes.	Hesekiel	Off.	Offenbarung
Dan.	Daniel		
Hos.	Hosea		
Joel	Joel		
Amos	Amos		
Ob.	Obadja		
Jona	Jona		
Mi.	Micha		
Nah.	Nahum		
Hab.	Habakuk		
Ze.	Zephania		
Hag.	Haggai		
Sach.	Sacharja		
Mal.	Maleachi		

Einführung

Was die Bibel ist

Unter dem Wort „Bibel" sind die Schriften des Alten und Neuen Testaments zusammengefaßt, die von den christlichen Kirchen anerkannt sind und gebraucht werden. Der Judaismus erkennt nur die Schriften des Alten Testaments an. Andere Religionen, wie beispielsweise der Buddhismus, Hinduismus, Zoroastrianismus und Islam, haben ihre eigenen heiligen Schriften. Aber es gibt *nur eine Bibel*, und sie ist unvergleichlich, einmalig im Vergleich mit allen anderen „heiligen Schriften", denn: 1) Sie ist *die* Offenbarung Gottes. 2) Sie ist von Gottes Geist eingegeben („Gott-gehaucht", 2. Tim. 3,16), ist „inspiriert", doch in einem völlig anderen Sinn, als wir das von anderer Literatur in der Welt zu sagen pflegen. 3) Sie eröffnet uns Gottes Pläne und Absichten sowohl *für alle Erdenzeit wie auch für alle Ewigkeit. 4) Im Mittelpunkt ihrer Botschaft steht der lebendige Gott, der in Jesus Christus Mensch wurde,* um eine für ihn verlorene Menschheit zu sich zurückzubringen (Hebr. 1,1-2).

Bedeutung des Namens Bibel

Das Wort „Bibel" kommt her von dem gr. Wort *„biblia"* („die Büchlein"), einer Verkleinerungsform von *„biblos"* („Buch"). „Biblos" war ursprünglich die Bezeichnung für die innere Rinde der Papyrusstaude (das Papier des Altertums), aus der die alten Buchrollen hergestellt wurden. Daniel 9,2 spricht von den atl. Schriften der Propheten als von „den Büchern" (gr. *„ta biblia"*).

Der Prolog des Ekklesiastikus (= Jesus Sirach, ein Buch der Apokryphen aus der Zeit um ca. 180 v.Chr.) nennt die atl. Schriften, die nicht zum Gesetz und den Propheten gehören, „die übrigen Bücher". Der Verfasser des ersten Makkabäerbuches, einer ebenfalls apokryphen Schrift, nennt sie „die heiligen Bücher" (12,9) oder die „heiligen Schriften". Dieser Ausdruck ging ein in den christlichen Sprachgebrauch (2. Clemensbrief 14,2), und um 500 n.Chr. nannte man die Bibel als Ganzes „Die Heilige Schrift". Hieronymus (ca. 400 n.Chr.) nannte die Bibel *„Bibliotheca Divina"* (die Bibliothek Gottes).

Seit ungefähr dem 13. Jahrhundert wurde aus der Bezeichnung „die Schriften" *(biblia, Neutrum Plural)* dank eines glücklichen Schnitzers das Idiom „die Schrift" *(„biblia",* verstanden als Femininum Singular), und diese Bezeichnung hat sich bis in unsere heutige Zeit in den europäischen Sprachen erhalten. Die Entwicklung des Ausdrucks „die Bibel" aus einer Mehrzahl-Form in eine Einzahl-Form darf man wohl als durch göttliche Vorsehung bewirkt ansehen, denn sie betont so die *Einheit,* die die 39 Bücher des Alten Testaments zusammen mit den 27 des Neuen Testaments bilden.

Eine Wiese mit Papyrusstauden, auf ein altes ägyptisches Papyrusblatt gemalt.

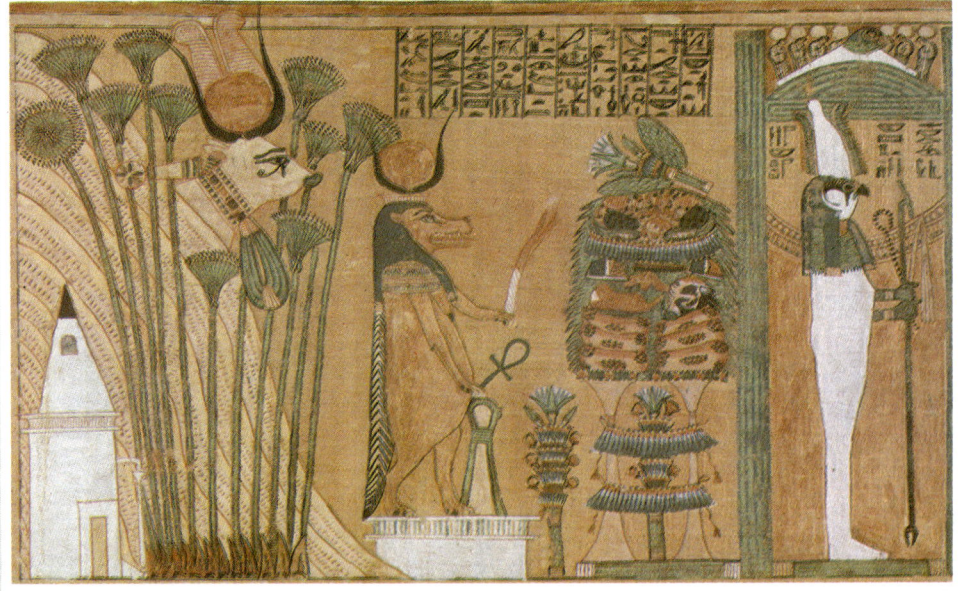

Bezeichnungen der Bibel innerhalb der Schrift

Der Herr Jesus Christus verwies gewöhnlich auf die Bücher des AT als auf „die Schrift" (Matth. 21,42; Mk. 14,49 oder „die Schriften" (Joh. 5,39). Seine Jünger taten das ebenfalls (Lk. 24,32; Apg. 18,24.28; Röm. 15,4). Paulus nannte sie „die heiligen Schriften" (2. Tim. 3,15; Röm. 1,2 und „die Aussprüche Gottes" (Röm. 3,2).

Jesus verwies einmal auf die Bibel als auf „das Gesetz Moses und die Propheten und die Psalmen" (Lk. 24,44) und gebrauchte damit die Einteilung der biblischen Bücher in der hebräischen Bibel. Öfter findet sich die kürzere Bezeichnung des AT als „das Gesetz und die Propheten" (Matth. 5,17; 11,13; Apg. 13,15). Die noch kürzere Ausdrucksweise „das Gesetz" schließt die beiden anderen Teile des AT ebenfalls ein (Joh. 10,34; 12,34; 15,25; 1. Kor. 14,21).

Die Bibel enthält keine Bezeichnung für die Schriften des AT und NT als ein zusammengehöriges Ganzes. Zu jener Zeit waren nur die Bücher des AT und die frühesten Bücher des NT bekannt. Zu den ntl. Büchern gehörten auch die paulinischen Briefe, auf die Petrus als auf die „Schriften" hinweist (2. Petr. 3,16).

Die Bezeichnungen „Altes Testament" und „Neues Testament"

Seit Ende des 2. Jahrhunderts sind die Bezeichnungen „AT" und „NT" in Gebrauch, um die jüdischen von den christlichen Büchern der Bibel zu unterscheiden. Die offizielle Sammlung der christlichen Schriften, die in der Mitte des 2. Jahrhunderts beendet war, wurde „das NT" genannt. Diese Sammlung wurde neben dem hebräischen Kanon als gleichwertig bezüglich ihrer Inspiration und Autorität betrachtet. Die hebräischen Schriften nannte man damals zum erstenmal „das Alte Testament". Tertullian, einer der frühen Kirchenväter (ca. 200 n.Chr.), gebrauchte als erster die Bezeichnung „Neues Testament"

Eine reich verzierte Seite aus dem Lindisfarne-Evangelium in lat. Sprache (ca. 700 n.Chr.).

für die Bücher des christlichen Kanons. Sie ging bald in den allgemeinen Sprachgebrauch ein, und so bildete sich allmählich der Begriff einer „christlichen Bibel" heraus.

Die Bezeichnungen „AT" und „NT", auf die beiden Teile der Bibel angewandt, bedeuten genaugenommen Alter und Neuer Bund. Der Ausdruck „Bund" für das NT (hebr. „berith"; gr. diathēkē) ist eine Fortsetzung der atl. Bezeichnung für das mosaische Gesetz, das „Buch des Bundes" (2. Kö. 23,2). Paulus gebraucht den Ausdruck vom „Lesen des AT" (2. Kor. 3,14) in diesem Sinne, d.h., er schreibt vom „Lesen des alten Bundes".

Die ntl. Bedeutung von „diathēkē" ist nicht „Testament" oder „Wille" (außer in Hebr. 9,16-17) wie im klassischen Griechisch, sondern „Bund". Der Gebrauch dieses Wortes im Sinne von „Testament" ist aber so tief eingewurzelt, daß daran nichts mehr zu ändern ist. Zudem wäre die Bezeichnung „Neuer Bund" für das NT auch nicht ganz zutreffend, denn die meisten der Ereignisse,

von denen die vier Evangelien berichten, ereigneten sich noch unter dem „Alten Bund". Erst als im Augenblick des Todes Jesu Christi am Kreuz der Vorhang zerriß, der im Tempel das Heilige vom Allerheiligsten trennte (Matth. 27,51), war das Ende des Zeitalters des Gesetzes gekommen und hatte das NT, d.h. der „Neue Bund", begonnen.

Die Sprachen der Bibel

Das AT wurde fast ausschließlich in Hebräisch geschrieben, einem semitischen Dialekt, der der phönizischen Sprache und dem Ugarit verwandt ist. Die einzigen in Aramäisch geschriebenen Teile – einer anderen dem Hebräischen verwandten Sprache – sind Es. 4,8 – 6,18; 7,12-26; Dan. 2,4 – 7,28 und Jer. 10,11. Das NT ist ausschließlich in Griechisch geschrieben. Die archäologischen Ausgrabungen haben ergeben, daß dies die alltägliche Umgangssprache der griechisch-römischen Welt jener Zeit war.

Anordnung der Bücher im hebräischen Alten Testament

Eine heutige hebräische Bibel enthält 24 kanonische Bücher. Sie sind in drei Teilen angeordnet: 1) das Gesetz (Thora); 2) die Propheten (Nebhiim) und 3) die Schriften (Kethubhim), die auch als „Psalmen" bezeichnet werden (Lukas 24,44). Diese Einteilung ist alt, wird im Prolog zu dem apokryphen Buch „Ekklesiastikus" (Jesus Sirach ca. 180 v.Chr.) vorausgesetzt, war Philo bekannt, und Jesus weist in Lk. 24,44 eindeutig auf diese Anordnung hin. Doch vollzog sich in den ersten christlichen Jahrhunderten eine Verschiebung von Büchern aus der zweiten in die dritte Gruppe.

Die Gruppierung der atl. Bücher, wie sie aus der masoretischen Zeit zu uns gekommen ist (600 – 900 n.Chr.), lautet wie folgt:
1. Das Gesetz (Thora), 5 Bücher:
1. Genesis, 2. Exodus, 3. Leviticus, 4. Numeri, 5. Deuteronomium.
2. Die Propheten (Nebhiim), 8 Bücher: Die frühen Propheten, 4 Bücher: Josua, Richter, Samuel, Könige. Die späteren Propheten, 4 Bücher: Jesaja, Jeremia, Hesekiel und das Zwölfprophetenbuch, „die Zwölf" (kleinen Propheten).
3. Die Schriften (Kethubhim), 11 Bücher: 3 poetische Bücher: Psalmen, Sprüche, Hiob; die „Rollen" (Megilloth), 5 Bücher: das Hohelied Salomos, Ruth, Klagelieder, Prediger, Esther; 3 prophetisch-geschichtliche Bücher: Daniel, Esra-Nehemia, Chronika.

Josephus zählt 22 Bücher (5 Bücher des Gesetzes, 13 prophetische Bücher, 4 Schriften) statt der späteren 24. Damit entspricht er der gängigen jüdischen Auffassung des 1. Jahrhunderts n. Chr. Zu den Büchern des Gesetzes zählt er natürlich die 5 Bücher Mose. Seine 13 prophetischen Bücher bestanden aus allen historischen und prophetischen Büchern, wobei folgende Bücher als je ein Buch zählten: Richter-Ruth, 1. und 2. Samuel, 1. und 2. Könige, 1. und 2. Chronika, Esra-Nehemia, Jeremia-Klagelieder und die zwölf kleinen Propheten (zusammen 7 Bücher). Josephus zählte zu den Propheten auch Josua, Jesaja, Jeremia, Hesekiel, Hiob und Esther. Zu den „Schriften" zählte er die Psalmen, die Sprüche, das Hohelied und Prediger.

Die 22 Bücher des Josephus waren folglich nur solche, die zum hebräischen Kanon gehörten. Die apokryphen Bücher waren nicht eingeschlossen. Seine Aufteilung in 22 Bücher nach den 22 Buchstaben des hebräischen Alphabets ging wohl weiter zurück als die der 24 Bücher, die von den Rabbinern in den modernen hebräischen Bibeln auf uns gekommen ist.

Melito von Sardes (ca. 170 n.Chr.), Origenes (ca. 250 n.Chr.) und Hieronymus (ca. 400 n.Chr.) bestätigen die Anordnung des Josephus, wenn auch mit einigen Unterschieden in der Aufzählung, indem sie sich jüdischen Autoritäten anschließen. Hieronymus kannte auch die rabbinische Einteilung in 24 Bücher, die dadurch erreicht wurde, daß man Ruth von Richter und die Klagelieder von Jeremia trennte.

Die Inspiration der Bibel

„Inspiration" nennt die Bibel den Einfluß Gottes auf die menschlichen Verfasser der biblischen Bücher, durch den die Worte und Gedanken, die sie in den urschriftlichen Originalen niedergelegt haben, irrtumsfrei waren (vgl. 2. Tim. 3,16; Joh. 10,35; 2. Petr. 1,19-21). Dieser Anspruch auf Irrtumslosigkeit bezieht sich nur auf die Originale. Dennoch zeichnet auch die abgeschriebenen Texte ein hoher Grad von Genauigkeit aus – eine Tatsache, die man nicht nur erwarten darf, wenn Gott als ihr Urheber auch die Weiterverbreitung dieser Texte durch Abschreiben überwacht, sondern die auch durch die Textkritik bestätigt wird. Diese versucht, textliche Fehler aufzuspüren, die sich in den überlieferten Text eingeschlichen haben. Das ist der Bereich erlaubter Kritik und einer legitimen Arbeit, die auch von bibeltreuen Gelehrten bejaht und mit Hingabe betrieben wird.

Die göttliche Inspiration macht die Bibel auf einzigartige Weise zum Wort Gottes, nicht bloß zu einem Buch, das das Wort Gottes enthält. Als solches ist die Bibel anders als jedes andere Buch, sei es geistlichen oder weltlichen Inhalts. Sie ist eine vom Geist Gottes geschenkte Offenbarung des Erlösungsplanes und der Absichten, die Gott in und durch Christus für die Menschheit hat – nicht ein Buch über Naturwissenschaft oder Weltgeschichte. Angebliche wissenschaftliche Unstimmigkeiten sind entweder auf fehlerhafte wissenschaftliche Theorien oder unzulängliche Auslegungen der biblischen Gedanken in der ihnen gegebenen Ausdrucksform zurückzuführen. Angebliche geschichtliche Fehler lassen sich aus Faktoren wie fehlerhafter textlicher Überlieferung bzw. falscher Auslegung geschichtlichen oder archäologischen Beweismaterials oder des biblischen Textes selbst erklären.

Die Autorität der Bibel

Das inspirierte Wort Gottes, die Bibel, besitzt Autorität, wenn es durch den Geist Gottes und von ihm unterwiesene menschliche Werkzeuge ausgelegt wird. Der konservative Protestantismus unterscheidet sich vom Katholizismus darin, daß er keine andere Autorität anerkennt als die kanonischen Schriften, aus denen er die Stimme des Geistes Gottes hört.

Während des Mittelalters konzentrierte die Kirche von Rom durch ihre bischöfliche Verfassung in sich selbst alle Autorität der Überlieferung, der Bischöfe, Konzilien und was sonst noch Einfluß auf sie ausüben mochte. So lehrte man, daß das „magisterium", das Lehramt der Kirche, den alleinigen Schlüssel zur Auslegung der Heiligen Schrift und der Gesetze Gottes besaß. Diese Bewegung gipfelte dann in dem Dekret (Erlaß) über die päpstliche Unfehlbarkeit (1870), welches besagt, daß der „römische oberste Bischof" (Papst), wenn er *ex cathedra* (offiziell) spricht, die Unfehlbarkeit besitzt, mit der der göttliche Erlöser seine Kirche ausstattete, wenn sie ein Dogma des Glaubens oder der Moral offiziell verkündet.

Die neu-orthodoxen und liberalen Flügel des Protestantismus weigern sich dagegen, der Bibel letzte Autorität, Irrtumslosigkeit und Fehlerlosigkeit zuzusprechen. Sie setzen an ihre Stelle eine Art innere Autorität wie Gefühl, Gewissen, Erfahrung und lehnen die

Die 66 Bücher der Bibel
(deutsche Anordnung)

Historische Bücher (17)

Josua
Richter
Ruth

Gesetz des Mose
1. Mose
2. Mose
3. Mose
4. Mose
5. Mose

1. Samuel
2. Samuel
1. Könige
2. Könige

1. Chronika
2. Chronika
Esra
Nehemia
Esther

Poetische Bücher (5)

Hiob
Psalmen
Sprüche
Prediger
Hoheslied

Prophetische Bücher (17)

Jesaja
Jeremia
Klagelieder
Hesekiel
Daniel
Hosea
Joel

Amos
Obadja
Jona
Micha
Nahum
Habakuk
Zephanja
Haggai
Sacharja
Maleachi

Bemerkung zu den 39 Büchern des AT. Der Inhalt des deutschen AT stimmt mit dem hebräischen AT überein. Der einzige Unterschied besteht in der Anordnung des Materials. Diese entspricht der Anordnung der Bücher in der Septuaginta (gr. Übersetzung des AT), die zwischen 280 und 150 v.Chr. entstanden ist. Die römisch-katholische Kirche schloß sich der Septuaginta auch darin an, daß sie 11 apokryphe Bücher in die Bibel mit hineinnahm.

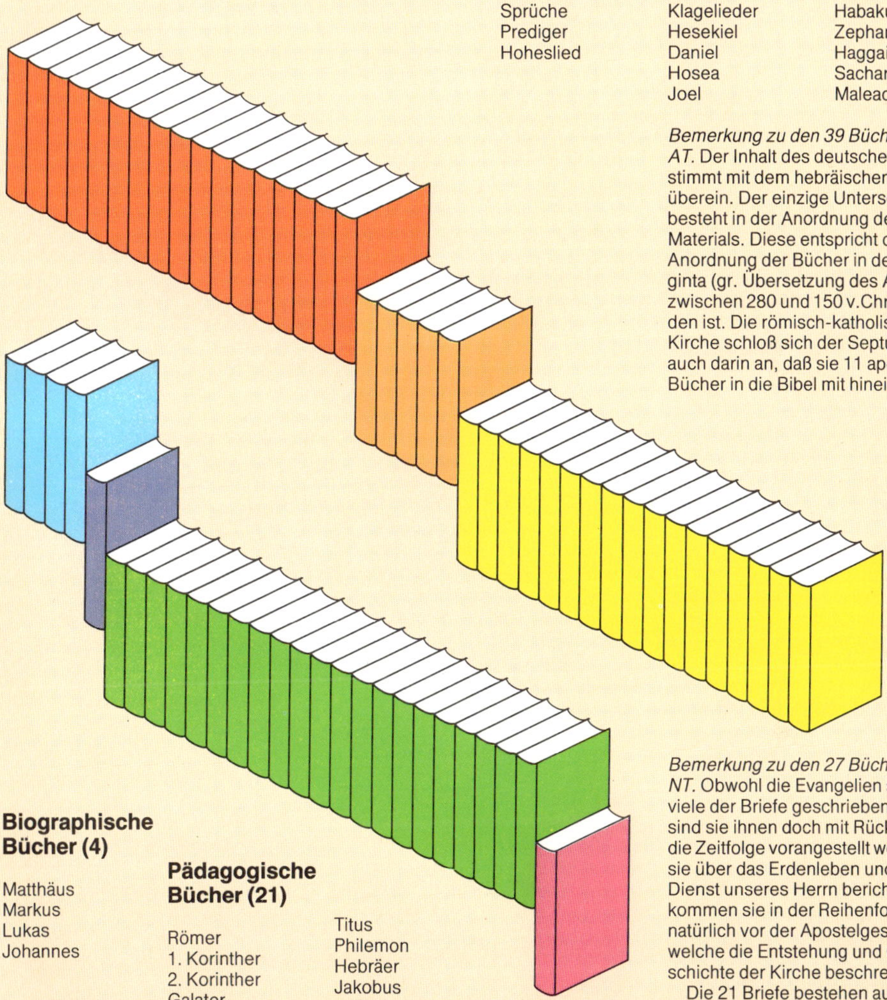

Biographische Bücher (4)

Matthäus
Markus
Lukas
Johannes

Historische Bücher (1)

Apostelgeschichte

Pädagogische Bücher (21)

Römer
1. Korinther
2. Korinther
Galater
Epheser
Philipper
Kolosser
1. Thessalonicher
2. Thessalonicher
1. Timotheus
2. Timotheus

Titus
Philemon
Hebräer
Jakobus
1. Petrus
2. Petrus
1. Johannes
2. Johannes
3. Johannes
Judas

Prophetische Bücher (1)

Offenbarung

Bemerkung zu den 27 Büchern des NT. Obwohl die Evangelien später als viele der Briefe geschrieben wurden, sind sie ihnen doch mit Rücksicht auf die Zeitfolge vorangestellt worden. Da sie über das Erdenleben und den Dienst unseres Herrn berichten, kommen sie in der Reihenfolge natürlich vor der Apostelgeschichte, welche die Entstehung und Geschichte der Kirche beschreibt.

Die 21 Briefe bestehen aus den 13 paulinischen, dem Hebräerbrief (anonym) und an die Judenchristen gerichtet, einem weiteren Brief (Jakobus), der auch „an die zwölf Stämme in der Zerstreuung" gerichtet ist; dazu kommen zwei Petrusbriefe, drei Johannesbriefe und ein Brief von Judas. Der Jakobusbrief, 1. und 2. Petrus, 1., 2. und 3. Johannes und der Judasbrief werden „die katholischen" (allgemeinen) Briefe genannt.

Die Offenbarung, die Krönung der biblischen Prophetie, schließt die Reihe der ntl. Bücher der Bibel ab.

Aussage ab, daß „Christus durch den Heiligen Geist spricht" usw.

Christus, das durchgehende Thema der Bibel

Obwohl die Bibel aus 66 Büchern besteht (39 im AT, 27 im NT), ist sie dennoch *ein* Buch. Das gemeinsame Thema der ganzen Heiligen Schrift ist Christus. Das AT bereitet sein Kommen vor und weissagt von ihm in Vorbildern (Typus) und sonstiger Prophetie. Die Evangelien bezeugen ihn als den Erlöser in Gestalt des menschgewordenen Gottessohnes. Die Apostelgeschichte schildert ihn als den, dessen Name verkündigt wird und dessen Evangelium in der Welt bekanntgemacht wird. Die Briefe entfalten und erklären sein Erlösungswerk. Das Buch der Offenbarung zeigt ihn als den Mittelpunkt und die Erfüllung aller Pläne und Absichten Gottes. Vom „Weibessamen" (1. Mos. 3,15), der dem Menschen im „verlorenen Paradies" versprochen wurde, bis zum „Alpha und Omega" (Off. 22,13), verwirklicht im wiedererlangten Paradies, ist Christus „der Anfang und das Ende", der „Erste und der Letzte" in den von Gott offenbarten Wegen mit den Menschen.

Der Zweck der Bibel

Die Bibel wurde geschrieben, um von dem *einen* Gott zu zeugen, dem Schöpfer und Erhalter des Universums durch Christus, dem Erlöser des gefallenen Menschen. Sie enthält eine zusammenhängende Geschichte: die Geschichte der Erlösung des Menschen. Diese Geschichte ist eine stufenweise Entfaltung der zentralen Wahrheit der Bibel, daß Gott nach seinem ewigen Ratschluß um der Erlösung der Menschen willen in Jesus Christus Mensch werden sollte.

Die Entfaltung dieser zentralen Wahrheit der Erlösung wird dargelegt in Geschichte, Weissagung, Typus und Symbol. Diese Offenbarung von der Erlösung des Menschen durch Christus stellt den Menschen in den größeren Zusammenhang der Pläne Gottes mit ihm in der Geschichte als auch seiner

göttlichen Bestimmung in der Ewigkeit.

Die Typologie (Vorbilderlehre) der Bibel

Definition. Ein Typus (von gr. *typos,* „Abdruck oder Mal, das von einem Abdruck verursacht wurde; ein Muster oder Ein-Druck") stellt in der Handlung ein Doppeltes dar, wobei das Wörtliche, Konkrete zugleich eine geistliche Wahrheit verdeutlichen soll. Ein Typus ist gleichermaßen das einem buchstäblichen Geschehen, einer Person oder einer Sache von Gott aufgedrückte Bild (Stempel) zur Erklärung einer geistlichen Wahrheit, von der es Zeugnis geben soll. Richtig verstanden und beurteilt ist die Typologie ein starker Beweis der göttlichen Inspiration der Bibel. Typologie ist im Grunde das göttliche Erlösungsprogramm für alle Zeiten, von Gott selbst in die Fäden der biblischen Wahrheiten eingeflochten.

Umfang. Die verschiedenen Teile der Bibel enthalten nicht alle im gleichen Maß Typologie. Die Bibel gibt eigene Hinweise darauf, welche Stellen eine typologische Auslegung zulassen. 1. Kor. 10,11 bietet eine ntl. Grundlage für die reiche Typologie der 5 Bücher Mose und zeigt zugleich auch, wozu uns diese gegeben wurde: „Das alles, was jenen (d.h. Israel in der Wüste) widerfuhr, ist ein Vorbild (gr. *typikos,* typologisch oder als Typen, Bilder) und wurde uns zur Mahnung geschrieben, auf welche das Ende der Welt (Zeitalter) gekommen ist." Moderne Ausleger sollten vorsichtig sein und sich hüten, über die der Schrift eigenen typologischen Aussagen hinauszugehen.

Zweck. Typologie als das Hineinflechten der Absichten Gottes in die Bibel ist für ihn ein Mittel, sein Wort für jede Zeit und jede Lage bedeutsam und anwendbar zu machen. Da Jesus Christus das durchgehende Thema der Heiligen Schrift ist, ist das Bild seiner Person und seines Erlösungswerkes durch Typen, Symbole und Weissagungen dem ganzen Buch von Gott selbst aufgedrückt.

Verschiedenheit der Typen.
1) *Typologische Personen:* Kain ist

en Typ des natürlichen Menschen. Er hat keinerlei Empfinden für Sünde oder für die Notwendigkeit der Sühne (Wiedergutmachung) (1. Mo. 4,3; 2. Petr. 2,1-22; Jud. 11). Im Gegensatz dazu ist sein Bruder Abel der Typus eines geistlich eingestellten Menschen, dessen blutiges Opfer (1. Mo. 4,4; Hebr. 9,22) sein Schuldbewußtsein und sein Vertrauen in ein stellvertretendes Opfer bezeugte. In ähnlicher Weise sind zahlreiche andere atl. Gläubige Typen für verschiedene Züge des Messias oder einer Phase der Erlösung. 2) *Typologische Ereignisse* sind: die Sintflut, der Auszug (der Kinder Israels aus Ägypten), die Wüstenwanderung (Israels), die Gabe des Manna, die eherne Schlange, die Eroberung Kanaans. 3) *Typologische Einrichtungen* betreffen besonders die levitischen Kultgesetze, die eine Konzentration an Typologie bieten, z.B. das ganze levitische Ritual, nach dem Lämmer oder andere Tiere als Stellvertreter für die Sünde dessen sterben, der die Versöhnung mit Gott sucht (3. Mo. 17,11). Diese Opfertiere sind Typen des Lammes Gottes, das der Welt Sünde hinwegtrug (Joh. 1,29; Hebr. 9,28; 1. Petr. 1,19). Das Passah-Lamm (3. Mo. 23) ist ein Typus, der auf Christus als unsern Erlöser hinweist (1. Kor. 5,6-8). 4) *Typologische Ämter:* Dazu gehören das Amt des Propheten, des Priesters und des Königs. Mose z.B. war als Prophet ein Typus für Christus (5. Mo. 18,15-18; Joh. 6,14; 7,40). 5) *Typologische Handlungen:* Jonas Erlebnis mit dem großen Fisch war z.B. ein prophetischer Typus des Begräbnisses und der Auferstehung Jesu (Matth. 12,39).

Typen als Weissagungen. Man hat die Typologie eine Art Prophetie (Weissagung) genannt. Das ist richtig, doch ist die Bedeutung des Typus oftmals nicht erkennbar zu der Zeit, da der Typus erscheint. Ein großer Teil der Typologie des AT hat es mit Ereignissen und Wahrheiten zu tun, die eine Zeit betreffen, die den atl. Sehern nicht offenbart wurde (Matth. 13,11-17). Trotzdem war unsere Zeit, die wir das Zeitalter der Kirche (Gemeinde Jesu) nennen und die den Sehern des Alten Bundes noch nicht erschlossen war, bereits vom allwissenden Geist Gottes als Autor gewissermaßen wie ein Siegel bestimmten atl. Einrichtungen, Personen und Dingen aufgeprägt worden. Aus diesem Grunde haben atl. Riten, Einrichtungen und Erfahrungen große Bedeutung und besonderen instruktiven (belehrenden) Wert für ntl. Gläubige. Diese Tatsache, recht erkannt und gewürdigt, ist ein wunderbarer Beweis dafür, daß Gott selbst der Verfasser der Bibel ist, so daß sie für alle Zeiten und Lebensbereiche Gültigkeit hat.

Das Schreiben im Altertum

Schreiben zur Zeit Abrahams

Zur Zeit Abrahams (ca. 2050 v.Chr.) hatte das Schreiben bereits eine lange und berühmte Geschichte. Zylindrische Siegel wurden etwa 3400 v.Chr. in der Warkan-Kultur in Uruk erfunden, dem biblischen Erek (1. Mo. 10,10), dem heutigen Warka am Unterlauf des Euphrat in Babylonien. Bald darauf folgte die Schreibkunst. Im Roten Tempel von Uruk fand man eine Anzahl Tontafeln, die in der frühesten uns bekannten rohen Bilderschrift beschrieben wurden (ca. 3300 v.Chr.), aus der dann unmittelbar die Keilschrift entstand (keilförmige Schriftzeichen), und zwar bei den frühen Sumerern (in der unteren Überschwemmungsebene des Euphrat-Tigristales). Zur Zeit Abrahams wurde die sumerische und später auch die babylonische Keilschrift bekannt und weit verbreitet. Diese Tatsache wird durch Funde bei Kisch, Larsa, Fara, Ur (der Geburtsstätte Abrahams), Nippur, Eridu, Akkad und Lagasch bestätigt.

Schreiben zur Zeit Moses

Zur Zeit Moses (1526-1406 v.Chr.) (frühe Datierung) verbreitete sich die alphabetische Schrift, wie die religiösen Schriften, die man bei Ras Schamra (dem alten Ugarit) fand, bestätigen. Die ugaritische Sprache (ca. 1400 v.Chr.) ist dem Hebräischen nahe verwandt. So könnte Mose die fünf Bücher Mose in Althebräisch verfaßt haben. Weitere Parallelen zum Althebräischen finden sich in den Dokumenten von Eblait, die man bei Tell Markdikh in Nordsyrien entdeckte. Diese sind 900 Jahre älter und stammen aus der Zeit um 2300 v.Chr.

Da Mose in Ägypten erzogen wurde, könnte er auch in ägyptischen Hieroglyphen geschrieben haben. Der Rosettenstein, der 1799 bei Raschid (Rosetta) am westlichsten Mündungsarm des Nil entdeckt wurde, ist der Schlüssel zur Entzifferung der alten, heiligen Schrift der Ägypter, der sogenannten Hieroglyphen.

Allerdings könnte Mose den Pentateuch (die 5 Bücher) auch in akkadischer Keilschrift geschrieben haben. Diese Tatsache wird durch die Entdeckung der Tell-el-Amarna-Tafeln im Jahre 1886 begründet. Amarna liegt in Ägypten auf halbem Weg zwischen Kairo und Luxor. In akkadischer Keilschrift verfaßt, der internationalen.Diplomatensprache jener Zeit, gehören die Amarnatafeln in die Zeit um 1380-1360 v.Chr., kurz nach dem Tode Moses, als Israel in Palästina einzog.

Die Entdeckung einer großen Keilschriftbibliothek bei Bogazköy, dem Zentrum des Hethiterreiches im Jahre 1906 zeigt, daß babylonische Schrift und Literatur um 1400 v.Chr. in der ganzen damaligen Welt verbreitet waren. Der Gesetzeskodex des Hammurabi ist drei Jahrhunderte älter, aus der Zeit um 1700 v.Chr.

Der Verfasser des Pentateuch

Die Archäologie bestätigt, daß Mose den Pentateuch entweder in Althebräisch, akkadischer Keilschrift oder ägyptischen Hieroglyphen hätte schreiben können, wenn er es gewollt hätte. Nach traditioneller Auffassung hat Mose diese Bücher tatsächlich so geschrieben, wie wir sie heute in Händen haben. Der Pentateuch ist authentisch, historisch und zuverlässig und verdient den Namen einer heiligen, von Gott inspirierten Schrift.

Kritische Stimmen jedoch besagen, daß Mose diese Bücher nicht geschrieben habe. Sie werden als ein buntes Flickwerk sich widersprechender und einander widerstreitender mündlicher Überlieferungen betrachtet, die erst Jahrhunderte nach Mose aufgeschrieben wurden. Danach wurde die jahwistische (J) Tradition (die den Namen Jahwe gebraucht) um 850 v.Chr. aufgeschrieben; die

elohistische (E) Tradition, die den Namen „Elohim" gebraucht, etwa um 750 v.Chr.; die deuteronomistische (D) Tradition wird in das Jahr 621 v.Chr. datiert, und die sogenannte Priesterschrift (P) etwa um das Jahr 500 v.Chr. Nach dieser Lehrmeinung ist der Pentateuch nicht echt, unhistorisch und wenig zuverlässig, das Werk von Menschen und nicht das inspirierte Werk Gottes.

Gründe für die Verfasserschaft des Pentateuch durch Mose

1. Er war von seiner Bildung her wohl qualifiziert, ein solches Werk zu schreiben (Apg. 7,22); und es gibt im Blick auf die Archäologie, der Geschichte und der Kultur kein stichhaltiges Argument, daß Mose dies nicht getan hätte. Oder wäre er so töricht gewesen, es nicht zu tun? Sollte er wirklich so unklug gewesen sein, sein gesamtes Lebenswerk und seine Lehre einer mündlichen Tradition anzuvertrauen, besonders im Blick darauf, daß er der Begründer und Vater der hebräischen Nation war?

2. Der Pentateuch beansprucht selbst für sich, von Mose verfaßt worden zu sein, mindestens in Teilen (vgl. 2. Mo. 17,14; 24,4; 34,27; 4. Mo. 33,2; 5. Mo. 31,19.24-26).

3. Auch anderswo in der Bibel wird bezeugt, daß Mose geschrieben hat (Jos. 1,7; 1. Kö. 2,3; Luk. 24,44; 1. Kor. 9,9).

4. Auch unser Herr Jesus Christus selbst hat gesagt, daß Mose über Ihn geschrieben hat (Joh. 5,46-47; vgl. 1. Mo. 3,15; 49,10; 4. Mo. 24,17; 5. Mo. 18,15-18 usw.).

5. Die Grundlage aller offenbarten Wahrheit und des Erlösungsplanes Gottes ist der Pentateuch. Wenn dieser Grund nicht zuverlässig ist, ist auch die ganze Bibel unzuverlässig.

6. Die kritischen Theorien, die den Pentateuch in verschiedene Quellen aufspalten, sind der Methode nach nicht stichhaltig. Ob diese Aufteilung auf der Grundlage von Gottesbezeichnungen, seltene Ausdrücken, Aramaismen oder der „Evolution" der Religion vorgenommen wird, so halten diese Theorien, wie die heutige Wissenschaft erwiesen hat, strenger Forschung nicht stand.

Der geschichtliche Hintergrund des Alten Testaments

Zeit	Biblisches Ereignis*	Zeitgeschichte**	Zeit	Biblisches Ereignis	Zeitgeschichte
Undatierte Vergangenheit	Schöpfung des Universums	Verschiedene geologische Zeitalter. Vorgeschichtliche Steinzeiten			
Wahrscheinlich 10000-8000 v.Chr. oder früher	Schöpfung des Menschen	Erste Landwirtschaft. Rindviehzucht. Beginn der Städte. Primitive Kunst	ca. 2166	Abram (Abraham) geboren	Gutianische Herrschaft in Babylonien (Chronologie der hebräischen Bibel). Dritte Dynastie von Ur kommt in Abrahams Geburtsort zur Herrschaft (ca. 2250-2120)
Wahrscheinlich vor 5000	Sintflut		ca. 2116	Abram wandert nach Haran („Karawanen-Stadt", bekannt aus kappadozischen Tafeln des 19. Jh. v.Chr. und Mari-Texten des 18. Jh.) aus	Ur-Nammu, Dungi, Bar-Sin, Gimi-Sin und Ibi-Sin regieren in Ur. Blühender Esel-Karawanen-Handel zwischen Ur, zu der Zeit die größte Handelsstadt der Welt, und Haran, Damaskus, Ägypten
etwa 5000	Nachkommen Noahs (Sem, Ham, Japhet). Die ersten Nationen entstehen	Früheste Kulturen in Mesopotamien, Jarmo (6500-5000), Katal Huyuk (6000), Anfang des chalkolithischen (Stein-Kupfer) Zeitalters, erste Töpfereien. Badarianische und Amratianische Kulturen (Ägpten)	ca. 2091	Abram kommt in Kanaan an	Das zentrale Hochland von Palästina bewaldet und schwach besiedelt
ca. 4800	Turmbau zu Babel. Früheste Sprachen	Die ersten großen Gebäude in Babylon. Früheste Siedlungsschicht in Tepe, Gawra, Ninive, Tell ed-Judeideh usw.	ca. 2080	Invasion von Transjordanien durch eine Koalition mesopotamischer Könige (1. Mo. 14)	Die „Apiru" (Esel-Karawanisten) treiben blühenden Handel in der fruchtbaren Ebene zwischen Ur in Mesopotamien und Ägypten, über Syrien-Kanaan. Abraham, „der Hebräer" (1. Mo. 14,13), gehört zu dieser Gruppierung
4500-3000	Stadtstaaten in Babylonien. Städtische Zivilisation entwickelt sich	Halafianische Kultur (ca. 4500), Obeidanische Kultur (ca. 3600) in Tell Obeid, nahe Ur. Warka (Erech, Uruk ca. 3200) blüht, früheste Anfänge in der Schreibkunst, die ersten Zylinder-Siegel; Jemdet-Nasr-Kultur (ca. 3000)	ca. 2056	Sodom und Gomorra zerstört	
3000-2200	Nachkommen Noahs entwickeln zivilisierte Kunst, fallen aber in Vielgötterei. Das Wissen um den einen, wahren Gott ging verloren (1. Mo. 11)	Beginn einer perversen Tradition von Schöpfung und Sintflut, erhalten in sumerischer und babylonischer Literatur. Union zwischen Unter- und Oberägypten (ca. 3100). I. und II. Dynastie (ca. 3100-2686). Altes Königreich (ca. 2686-2181). Pyramiden. Frühe dynastische (sumerische) Periode in Babylonien. Erste semitische Dynastie von von Sargon I. (ca. 2371-2316) in Babylonien gegründet	ca. 2066 ca. 2006-1859	Isaak Jakob	Ur von den Elamitern zerstört. Elamitische Fürsten in Isin und Larsa im unteren Teil Babyloniens und elamtische Stadtstaaten in anderen Teilen Babyloniens
			ca. 1876	Israel zieht in Ägypten ein	Starkes Mittelreich (XII. Dynastie) in Ägypten
ca. 2225	Terach (Tharah) geboren	Erste Zwischenperiode (Zeit des Verfalls) in Ägypten (ca. 2181-2040)		Joseph Vize-König in Ägypten	Amenemes I.-IV., Senwosret I.-III. (ca. 1991-1790)

Biblisches Ereignis, Zeit	Zeitgeschichte
ca. 1750 Unterdrückung in Ägypten (als die Hyksos Pharaonen waren, die Joseph nicht kannten)	Erste Dynastie von Babylon (ca. 1894-1595), Hammurabi (ca. 1792-1750). Mari ist ein mächtiger Stadtstaat am mittleren Euphrat. Hyksos (asiatische Ausländer) überfallen und beherrschen
Ägypten (bis ca. 1567) **ca. 1575** Unterdrückung in Ägypten (falls erst die Pharaonen des neuen Reichs mit der Unterdrückung begannen)	XV.-XVII. Dynastie
 **ca. 1526 Moses Geburt**	XVIII. Dynastie (ca. 1567-1314), Kamosis, Thutmosis I. und II., Königin Hatshepsut (ca. 1570-1490)
ca. 1446 Auszug Israels aus Ägypten (frühe Datierung; einige setzen den Auszug um 1290 an), Israel in der Wüste	Thutmosis III. (ca. 1504-1450)
	Amenhotep II. (ca. 1450-1425); Thutmosis IV. (ca. 1425-1412)
ca. 1406 Fall Jerichos 	Amenhotep III. (ca. 1412-1375) und Amenophis IV. oder Echnaton (ca. 1375-1359). Zeit der Amarna-Briefe. Schwinden der ägyptischen Herrschaft über Palästina
ca. 1406-1382 Eroberung Kanaans. Regierung Josuas und der Ältesten	Invasion der Haribu (Hebräer?). Vormarsch der Hethiter. Die griechische Welt. Kreta fällt (ca. 1400)
ca. 1375 Invasion von Kushan-Rishataim	Tut-ench-amon in Ägypten (1359-1350)
ca. 1375 Otniel rettet Israel. 40 Jahre Frieden	Harmbab (ca. 1350-1319
ca. 1327 Eglon aus Moab unterdrückt die israelitischen Stämme	XIX. Dynastie in Ägypten. Seti I. (ca. 1319-1299)
ca. 1309 Ehud befreit Israel	Ramses II. (ca. 1299-1232) kämpft mit den Hethitern bei Kadesch (ca. 1286) und schließt hethitischen Friedensvertrag. Merneptah-Stele erwähnt, daß Israel in Palästina (ca. 1224)
ca. 1295 80jähriger Frieden	

Biblisches Ereignis, Zeit	Zeitgeschichte
ca. 1229 Jabin von Hazor überrennt Israel	Die ägyptischen Pharaonen (Amenmosis, Siptah usw.) sind schwach
ca. 1209 Deborah Richterin 40 Jahre Frieden	Ramses III. (ca. 1198-1167) schlägt die Invasion der Philister und anderer „Seevölker" zurück
ca. 1169 Die Midianiter fallen in Kanaan ein	
ca. 1162 Gideon Richter 40 Jahre Frieden nach Gideon	Schwache Nachfolger Ramses III. (Ramses IV. und V.)
Abimelech König in Sichem	Wachsende Macht der Philister (Peleste) im SW Palästinas
ca. 1096 Philister fangen an, Israel zu reizen	
ca. 1078 Jephthah Richter in Israel	
ca. 1075 Simsons Heldentaten Eli Hoherpriester Hophni und Pinehas in Silo	Verfall der Weltmacht der der Hethiter, Assyrer und Ägypter macht Davids Eroberungen möglich (ca. 1010-970), ebenso den Aufstieg Salomos (ca. 970-931)
ca. 1035 Philister besiegen Israel bei Ebenezer. Erobern die Bundeslade	
ca. 1050 Samuel Richter und Prophet	
ca. 1043 Saul. Beginn der Monarchie	
 **ca. 1010 David König von Juda**	
ca. 1003 David regiert über Israel in Jerusalem	
ca. 970 Salomo Nachfolger Davids	**ca. 931 Teilung des Reiches**

Juda

Biblisches Ereignis

Könige

Propheten

Rehabeam
831-13

Abiam
913-11

Asa
911-870

Josaphat
873-48

Joram
853-41

Ahasia
841

Atalia
841-35

Joas
835-796

Amazia
796-67

Azaria
796-67

Jesaja

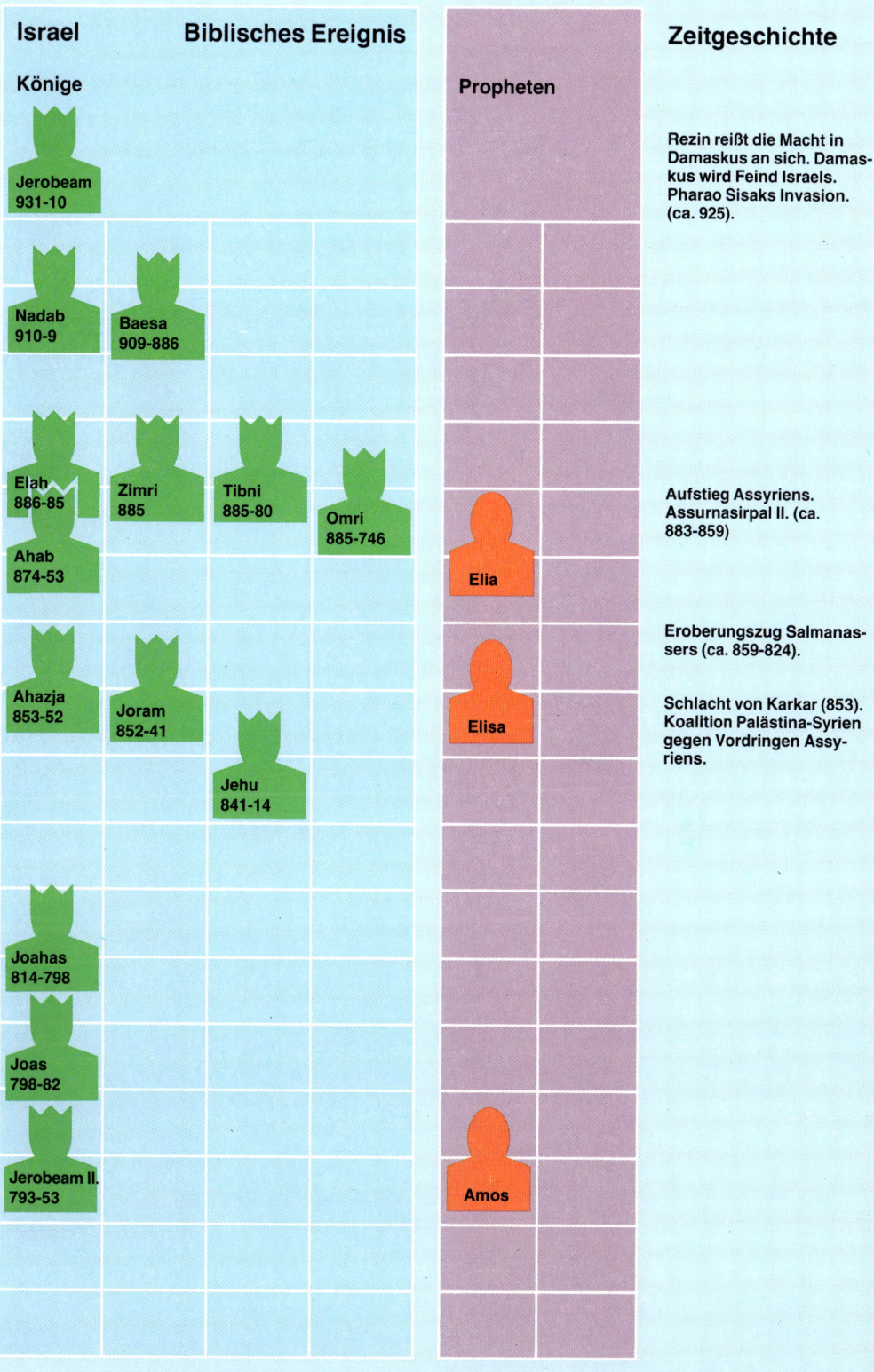

Israel

Könige

Biblisches Ereignis

Jerobeam
931-10

Nadab
910-9

Baesa
909-886

Elah
886-85

Zimri
885

Tibni
885-80

Omri
885-746

Ahab
874-53

Ahazja
853-52

Joram
852-41

Jehu
841-14

Joahas
814-798

Joas
798-82

Jerobeam II.
793-53

Propheten

Elia

Elisa

Amos

Zeitgeschichte

Rezin reißt die Macht in Damaskus an sich. Damaskus wird Feind Israels. Pharao Sisaks Invasion. (ca. 925).

Aufstieg Assyriens. Assurnasirpal II. (ca. 883-859)

Eroberungszug Salmanassers (ca. 859-824).

Schlacht von Karkar (853). Koalition Palästina-Syrien gegen Vordringen Assyriens.

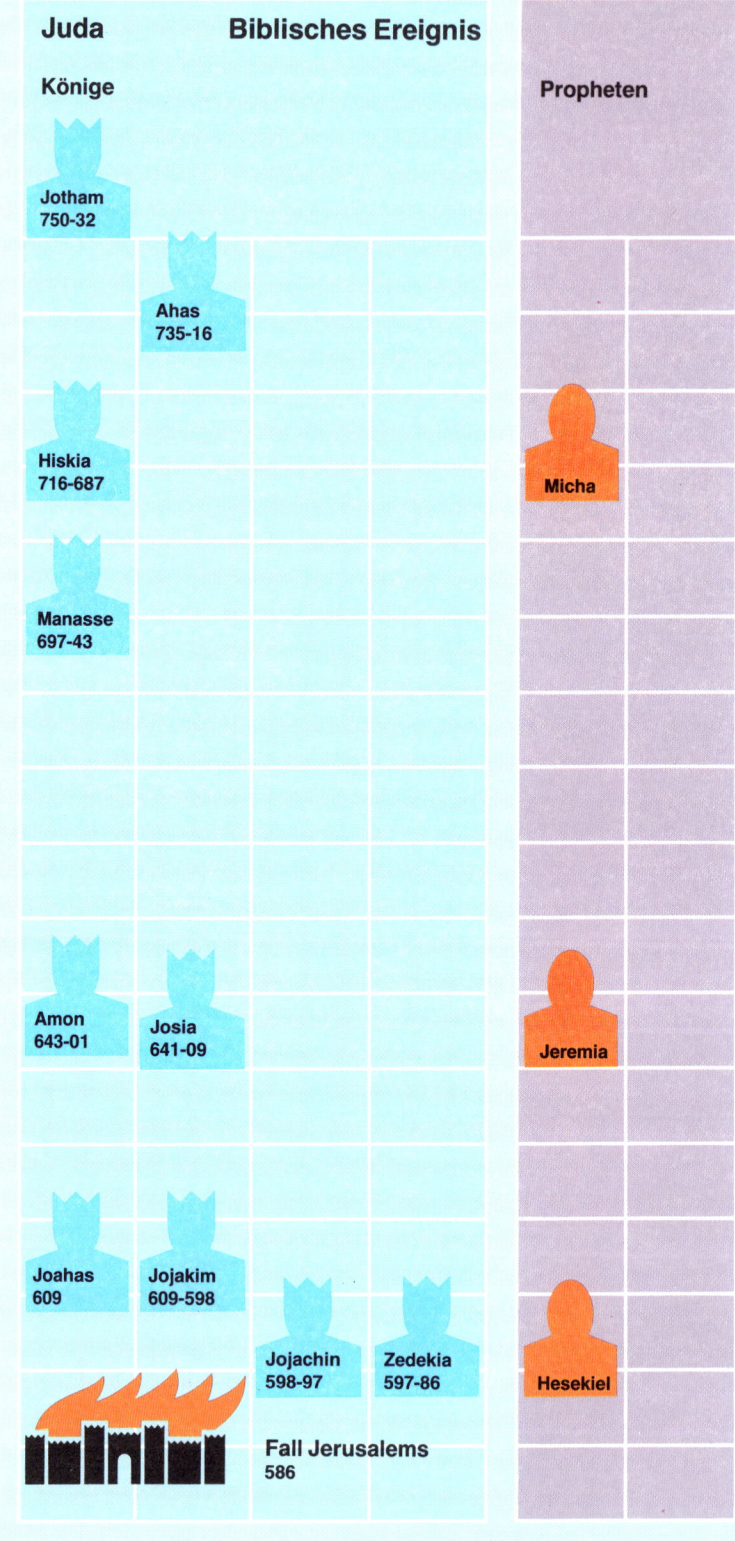

Juda

Biblisches Ereignis

Könige

Propheten

Jotham
750-32

Ahas
735-16

Hiskia
716-687

Micha

Manasse
697-43

Amon
643-01

Josia
641-09

Jeremia

Joahas
609

Jojakim
609-598

Jojachin
598-97

Zedekia
597-86

Hesekiel

Fall Jerusalems
586

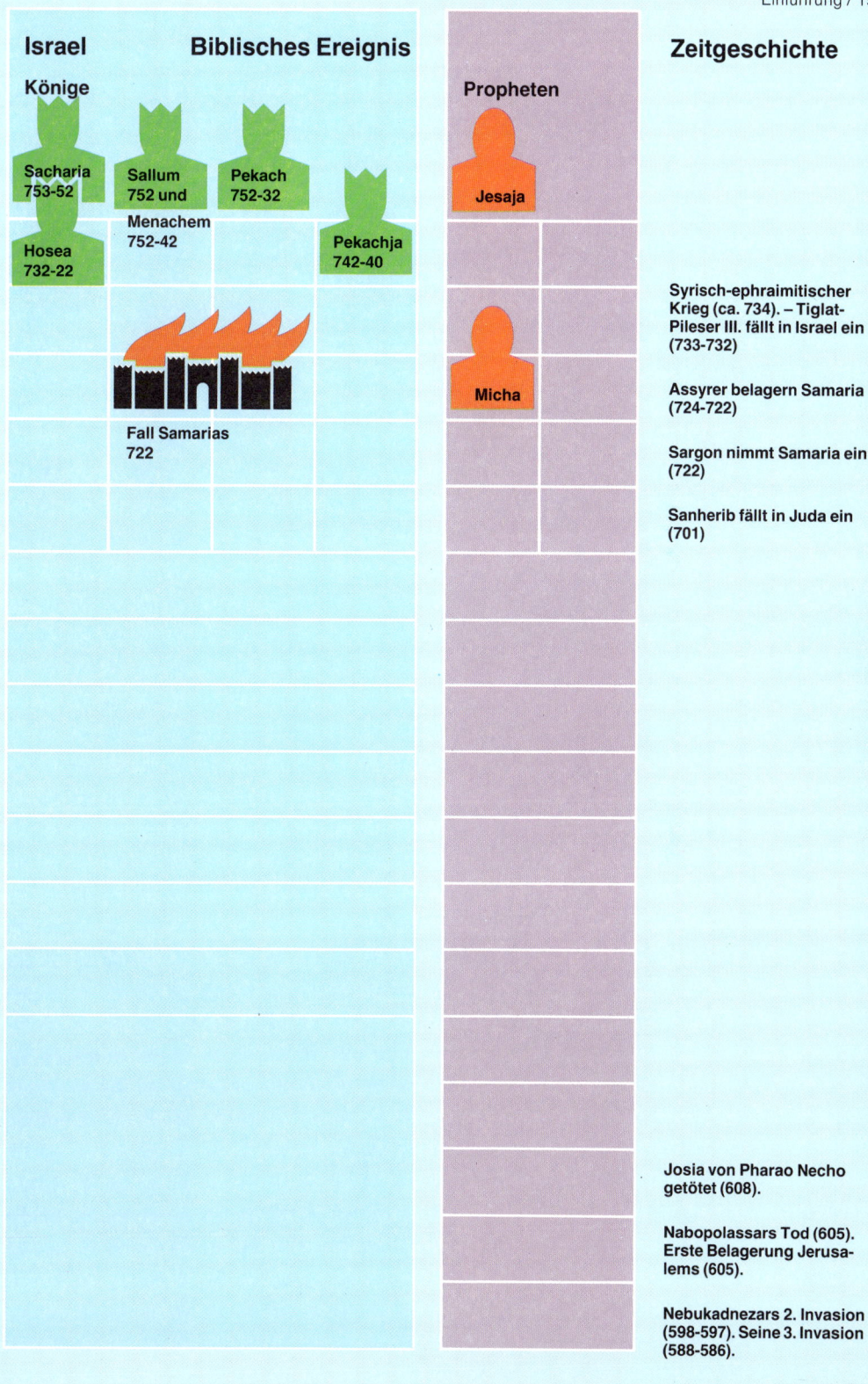

Israel

Biblisches Ereignis

Könige

Sacharia
753-52

Sallum
752 und

Menachem
752-42

Pekach
752-32

Pekachja
742-40

Hosea
732-22

Fall Samarias
722

Propheten

Jesaja

Micha

Zeitgeschichte

Syrisch-ephraimitischer
Krieg (ca. 734). – Tiglat-
Pileser III. fällt in Israel ein
(733-732)

Assyrer belagern Samaria
(724-722)

Sargon nimmt Samaria ein
(722)

Sanherib fällt in Juda ein
(701)

Josia von Pharao Necho
getötet (608).

Nabopolassars Tod (605).
Erste Belagerung Jerusa-
lems (605).

Nebukadnezars 2. Invasion
(598-597). Seine 3. Invasion
(588-586).

Zeitgeschichte

Juda	Biblisches Ereignis	Propheten
Könige		

Lachis-Briefe (ca. 589). Nebukadnezar erobert Ägypten. Evil-Merodach (562-560). Befreiung Jojachins (ca. 561). Neriglissar (560-556). Nabonid (556-539). Belsazar (Mit-Regent mit Nabonid).

Daniels Aufstieg im Exil.

538
Edikt des Cyrus

Fall Babylons
539

537/6
Überrest von ca. 50.000 Juden kehrt nach Jerusalem zurück. Fundamente des Tempels gelegt.

537/6-520
Tempelbau verzögert

Cyrus regierte Persien bis zu seinem Tod (530)

Kambyses, Kambyses II.

Behistun-Felsen, Schlüssel zur assyrisch-babylonischen Keilschrift

Darius (522-486)

515
Tempelbau unter Serubabel fertiggestellt. Josua Hohepriester

481
Esther ist Königin

520
Dienst des Haggai und Sacharja. Tempelbau fortgesetzt.

Die Griechen besiegen die Perser bei Marathon (490). Xerxes I. (Ahasverus 486-465). Die Griechen besiegen die Perser bei Salamis (480).

Artaxerxes I. (465-424)

458
Esra kehrt nach Jerusalem zurück. Das Gesetz wird wieder eingeführt.

Zeitalter des Perikles (das goldene Zeitalter) in Griechenland (460-429); Herodot, „Vater der Geschichte" (ca. 485-425); Sokrates (ca. 470-399); Plato (ca. 428-348); Aristoteles (384-322).

445
Nehemia baut die Mauer Jerusalems wieder auf

432
Prophetie des Maleachi

Anmerkung: Der geschichtliche Hintergrund für die zwischentestamentliche Zeit findet sich in dem Kapitel „Zwischen den Testamenten".

Bibel und Archäologie

Archäologische Erläuterungen

Die Schöpfung
1. Mo. 1,1 - 2,25

Die Tafeln von der Schöpfung, Enuma Elisch, enthalten eine willkürliche, polytheistische Version der Schöpfung in Keilschrift auf sieben Tontafeln. Sie waren in den Jahren 1848-1876 in Ninive in der Bibliothek des assyrischen Königs Assurbanipal (669-626 v.Chr.) gefunden worden, doch wurden sie früher, in der Zeit der Regierung Hammurabis (1728-1686 v.Chr.) geschrieben. Siehe auch 1. Mose 1.

Ein Gewitter braut sich am Euphrat im Südirak zusammen

Der Garten Eden
1. Mo. 2,8-14

Die Archäologie hat das untere Tigris-Euphrat-Tal, wo der Garten Eden vermutet wird, als die Wiege der Zivilisation angenommen. Der „Hiddekel" (babylonisch: *Idigla* oder *Diglat*) ist der Fluß Tigris. F. Delitzsch meinte, daß Eden direkt nördlich von Babylon liege; Sayce lokalisiert es in der Nähe von Erido, das einst am Persischen Golf lag.

Der Sündenfall
1. Mo. 3,1-24

Der Adapa-Mythos wurde auf vier Bruchstücken von Keilschrift-Tafeln entdeckt. Drei davon kamen aus der berühmten Bibliothek Assurbanipals in Ninive (7. Jh. v.Chr.) und die vierte aus den Archiven Amenhoteps III. und IV. in Amarna, Ägypten, ca. 1375 v.Chr. Diese Sage bildet keine Parallele zur biblischen Geschichte vom Sündenfall, sondern gibt anregende Erläuterungen über die Frucht vom Baum des Lebens (1. Mo. 3,3.22) und andere Einzelheiten.

Früheste Zivilisation
1. Mo. 4,1-26

Ackerbau und Viehzucht (Kains und Abels Beschäftigung) gehören, wie die Archäologie zeigt, zu den Anfängen der menschlichen Zivilisation. Die Künste, das Handwerk, die Musik (1. Mo. 4,16-24) und die Entwicklung des Lebens in der Stadt sind bekannt aus Tell Hassuna, Ninive, Tepe Gawra, Tell Obeid, Tell Chagar, Bazar und anderen mesopotamischen Ausgrabungen (in den tiefsten Schichten).

Metallverarbeitung
1. Mo. 4,22

Kupferwerkzeuge sind bereits aus der Zeit um 4500 v.Chr. gefunden worden. Um 3000 v.Chr. hatte das Kupfer die Steinwerkzeuge und -waffen verdrängt. Henri Frankfort weiß von einem eisernen Dolchgriff aus Tell Asmar um 2700 v.Chr.; aus Ur kam eine eiserne Axt.

Langlebigkeit vor der Sintflut
1. Mo. 5,1-32

Das „Weld-Blundell-Prisma" enthält eine sehr alte Liste sumerischer Könige, die vor der Flut gelebt haben und zusammen 241.200 Jahre über die Städte Eridu, Badtibira, Larak, Sippar und Shuruppak im anderen Teil Mesopotamiens regiert haben sollen. Die kürzeste dieser Regierungszeiten betrug 18.600 Jahre, die längste 43.200 Jahre. Diese Entdeckung setzt die verhältnismäßig bescheidenen biblischen Zahlenangaben in ein neues Licht.

Die Flut
(Ihre Geschichtlichkeit)

C.L. Woolleys fast 2,50 m dicke Flutschicht bei Ur und S. Langdons bei Kish sind das Ergebnis einer örtlichen Euphrat-Tigris-Überschwemmung, nicht aber der Beweis der weltweiten Sintflut zur Zeit Noahs. Beweise für die Sintflut muß man in den geologischen Formationen, und zwar vor 4000 v.Chr., suchen.

Die Flut
(Ihre Wirklichkeit)

Das Gilgamesch-Epos (sowohl die sumerischen als auch die babylonischen Tafeln) bezeugen, daß ein solches Ereignis stattgefunden hat. Der älteste Bericht darüber ist der sumerische von Nippur aus der Zeit vor 2000 v.Chr. Der babylonische Bericht findet sich im 11. Buch des Gilgamesch-Epos. Die Flut-Tafeln wurden in Ninive von H. Rassam (1835) aus Assurbanipals Bibliothek (669-626 v.Chr.) ausgegraben. Sie enthalten die treffendste außerbiblische Parallele, die bis jetzt zu irgendeinem biblischen Ereignis gefunden worden ist. Sie berichtet sogar davon, daß der Babylonier Noah Vögel aus dem Schiff hat fliegen lassen (Ut-hapistim).

Die Völkertafel
1. Mo. 10,1-32

Die Namen und Orte dieser erstaunlichen völkergeschichtlichen Tabelle sind durch die moderne wissenschaftliche Archäologie weitgehend erläutert und geklärt worden. Siehe Bemerkung zu 1. Mose 10.

Der Turm zu Babel
1. Mo. 11,1-9

Die Lage von mehr als zwei Dutzend altertümlichen Tempeltürmen Mesopotamiens, Ziggurate genannt, möglicherweise eine Veranschaulichung des Turmes von Babel, ist nun bekannt. Diese Türme waren gigantische künstliche Berge von in der Sonne getrockneten Ziegeln. Der älteste entdeckte Turm ist der von Uruk (bibl. „Erech" oder „Erek", 1. Mo. 10,10), aus dem 4. Jt. v.Chr. Andere berühmte Zigguratruinen fand man in Ur, Borsippa und Babylon.

Abrahams Geburtsort
1. Mo. 11,27-31

Durch die Ausgrabungen C.L. Woolleys von 1922-1934 wurde Ur zu einem der bekanntesten Orte des südlichen Babyloniens des Altertums. Unter der berühmten III. Dynastie (ca. 2070-1960 v.Chr.), als Abraham diese Stadt verließ, befand sich sich auf dem Gipfel ihrer Macht als Handels- und Kultzentrum, dem Mondgott Nanna geweiht. Der berühmte Ziggurat, der Tempel und die heiligen Bezirke des Mondgottes sind freigelegt worden.

Terachs Religion
1. Mo. 11,31-32

Terach (Tharah) hat wahrscheinlich den Gott von Ur, Nanna, angebetet. Sein Verbleiben in Haran ist eigentümlich, da Nanna dort ebenfalls angebetet wurde (vgl. Jos. 24,2).

Abraham in Haran
1. Mo. 11,31; 12,5

Keilschrift-Quellen bestätigen die Existenz Harans im 19. und 18. Jh. v.Chr. Die Stadt erscheint in assyrischen Dokumenten als „Harranu" („Weg"), weil sie an der wichtigsten ostwestlichen Handelsstraße zwischen Ninive, Damaskus und Karkemisch lag.

Eingang zu einem arabischen Schilfhaus

Aufenthalt der Patriarchen in Mesopotamien (Padan – aram)
1. Mo. 25,20; 26,6

Nahor, Rebekkas Heimat (1. Mo. 24,10), kommt oftmals in den Mari-Tafeln vor, die 1935 entdeckt wurden und aus dem 18. Jh. v.Chr. stammen. Ebenso sind die Städte Terach, Peleg (Paligu) und Reu in dieser Gegend als bekannt bezeugt (vgl. 1. Mo. 11,10-30).

Die Zeit der Patriarchen
1. Mo. 12,1 - 50,26)

Eine relativ junge Schatzkammer archäologischer Funde wurde im Jahre 1975 von den italienischen Gelehrten Pettinato und Matthiae in Ebla (Tell Mardikh) in Nordsyrien freigelegt. Keilschriftdokumente dieser Gegend sprechen für eine Protoform der kanaanitischen Sprache, die sehr eng mit dem Hebräischen verwandt ist und in die Zeit ab 2300 v.Chr. zu datieren ist. Man hat hier sehr enge Parallelen zu biblischen Namen wie Eber (Ebrum), Ismael (Ismail) und Israel (Israil) gefunden. Darüber hinaus geben die Funde Aufschluß über die kulturelle Situation, die sich in den Erzvätererzählungen widerspiegelt, wobei auch Ortsnamen von Städten wie Hazor, Megiddo, Jerusalem, Lachis, Dar, Gaza und vielleicht sogar Sodom und Gomorrha erwähnt werden.

Der Aufenthalt der Patriarchen in Kanaan
1. Mo. 12,1 - 50,26

Die Archäologie hat das halbnomadische Leben der Erzväter in der mittleren Bronzezeit (2000-1550 v.Chr.), wie es in 1. Mose beschrieben wird, bestätigt. Sichem, Bethel, Dothan, Gerar und Jerusalem („Salem") wurden durch die Ausgrabungen aus der Zeit Abrahams nachgewiesen. Kanaan, der ältere Name Palästinas, scheint von „Hurrian" abgeleitet zu sein. Das Wort bedeutet „zum Land des roten Purpur gehörig", und wird auf die Händler angewandt, die mit der roten Purpurfarbe handelten, die aus den Meer-Muscheln der phönizischen Meeresküste gewonnen wurde.

Abraham in Ägypten
1. Mo. 12,10-20

Dieser Besuch fand in der Zeit des Mittleren Reiches unter der XII. Dynastie (ca. 1989-1776 v.Chr.)

statt. Die Archäologie hat das alte Ägypten für den Bibelleser wieder lebendig werden lassen.

Abraham und die Könige Mesopotamiens
1. Mo. 14,1-24

Die Altertümlichkeit und Geschichtlichkeit dieses Kapitels wird durch die Archäologie bestätigt. Dasselbe gilt für so alte Orte wie Astarot und Karnaim in Basan und für Ham (1. Mo. 14,5). Es ist durchaus möglich, daß mehrere der Orte und vielleicht auch die Könige in den Ebla-Dokumenten aufgeführt werden. Die Marschroute über die Straße, die später den Namen „Heerstraße des Königs" erhielt, entspricht ganz dem, was die Archäologen über diese Gegend des östlichen Gilead und Moab wissen, wo auch die Stadt Ader aus der frühen Mittel-Bronzezeit 1924 entdeckt wurde.

Sodom und Gomorrha
1. Mo. 19,1-32

Das „Tal Siddim" (1. Mo. 14,3) ist bekannt als die Gegend, die jetzt vom südlichen Teil des Toten Meeres bedeckt wird. Dieses Gebiet war um 2065 v.Chr. dicht besiedelt. Wie die Archäologen Kyle und Albright gezeigt haben, hat die Stadt Bab ed-Dra, die in dieser Gegend lag, zu jener Zeit ihren plötzlichen Untergang erfahren. Ein Erdbeben und eine Explosion von Salz und freiem Schwefel machten aus dieser ursprünglich fruchtbaren Gegend ein ausgebranntes Gebiet von Öl und Asphalt.

Gebräuche aus der Zeit der Patriarchen
1. Mo. 15,1-50,26

Die Tafeln von Nuzu (1925-1941) bei Kirkuk erläutern patriarchalische Gebräuche wie Adoption, Heirat, Rechte des Erstgeborenen, Hausgötzen (teraphim) und manche andere Einzelheiten über das dortige Leben. Die Mari-Briefe von Tell el Hariri am mittleren Euphrat, die 1933 entdeckt wurden, illustrieren ebenfalls diese Zeit, ebenso wie der 1901 entdeckte Kodex des

Hammurabi aus dem Jahre 1700 v.Chr.

Israel kommt nach Ägypten
2. Mo. 1,1-6

Eine passende archäologische Parallele zu diesem Ereignis ist die Skulptur auf einem Grab aus der Zeit um 1900 v.Chr. in Beni Hasan, die eine Gruppe von Semiten zeigt, die unter „Scheich der Hochlande, Ibsche" nach Ägypten kamen.

Beweise über Israels Aufenthalt in Ägypten
2. Mo. 1,7 - 12,41

1. Ägyptische Personennamen von Leviten (Mose, Assir, Pashhur, Merari, Hophni, Pinehas und Putiel, vgl. 1. Sam. 2,27). 2. Authentische ägyptische, örtlich charakteristische Züge in Übereinstimmung mit Angaben auf ägyptischen Monumenten, z.B. in Titeln wie „der oberste Mundschenk", „der oberste Bäker" (1. Mo. 40,2).

Moses Geburt
2. Mo. 2,10

Die Geschichte, wie die ägyptische Prinzessin – vielleicht die berühmte Hatshepsut (1504-1482) – Mose in dem „Kästlein von Rohr" (Papyrus) fand, wird ebenfalls von Sargon I. von Akkad (ca. 2350 v.Chr.) erzählt. Der Name „Moses" ist wahrscheinlich das ägyptische Wort „Mase" (Kind), das nach dem 12. Jh. v.Chr. „Mose" ausgesprochen wurde.

Der Auszug
2. Mo. 12,1-14,31

Geht man von einer frühen Datierung aus, war Thutmosis III. (1490-1445) der Unterdrücker Israels; Amenhotep II. (1445-1425 v.Chr.) der Pharao des Auszugs. Unter Berücksichtigung einer späteren Datierung geschahen diese Ereignisse unter Ramses II. nach 1280 oder unter Merneptah, dessen berühmte Stele (Grabsäule) die erste außerbiblische Erwähnung Israels enthält (ca. 1224 v.Chr.).

Ausgrabungen des alten Jericho

Fall von Jericho
Jos. 6,1-27

Veranschaulicht durch Ernst Sellins Ausgrabungen (1907-1909), Johann Garstangs im Jahre 1930-1936 und Kathleen Kenyons in den 50er Jahren.

Die Gesetze Moses
2., 3., 5. Buch Mose

Erläutert durch den Kodex des Hammurabi (ca. 1750 v.Chr.), 1901 bei Susa entdeckt; die Gesetze von Lipit-Ishtar von Isin (ca. 1875 v.Chr.) und die Gesetze von Eschnunna, die aus einer noch früheren Zeit stammen.

Die Eroberung Kanaans
Jos. 1,1 - 11,23

Aufgehellt durch: 1. Ausgrabungen bei Jericho, Ai, Lachis, Debir und Hazor. 2. Die Amarna-Briefe, die 1886 in Ägypten entdeckt wurden, beschreiben den Einfall der „Habiru" (Hebräer?) in Palästina. 3. Die religiöse Literatur von Ras Shamra (Ugarit) entdeckt (1929-1937). Sie zeigt Kultur, Religion und Moral der Kanaaniter.

Zeit der Richter
Ri. 1,1 - 21,25

Das Wiedererstehen ägyptischer, hethitischer, aramäischer, assyrischer, phönizischer und hurritischer Geschichte durch die Archäologie gibt uns nun den Hintergrund für diese Periode, ebenso Ausgrabungen bei Megiddo und Beth-Sean.

Israelitische Zitadelle, Hazor

Die Zeit Samuels
1. Sam. 1,1 - 8,22

Silo, als religöses Zentrum, wird anschaulich an den großen heidnischen Zentral-Heiligtümern von Nippur in Babylonien, Ninive in Assyrien, Haran (Tempel des Sin), Quatna (Tempel von Belit-ekalli) und Byblos (Tempel von Baaltis). Ausgrabungen bei Silo zeigen, daß die Stadt ca. 1050 in die Hände der Philister fiel und zerstört wurde (vgl. Jer. 7,10-15).

Sauls Herrschaft
1. Sam. 9,1 - 31,13

Sauls ländliche, palastähnliche Festung bei Gibea (Tell el-Ful), etwa 5 km nördlich von Jerusalem, wurde von Edward Robinson, dem Pionier und Erforscher Palästinas, identifiziert (19. Jh.) und von W.F. Albright 1922 und 1933 ausgegraben. Es fällt von daher viel Licht auf die Regierungsweise dieses Königs. Sauls Zuflucht zum Okkultismus (1. Sam. 28,7-25) wird durch hethitische, assyrische, hurritische Texte und die Mari-Briefe reich veranschaulicht.

Davids Eroberungen
2. Sam. 1,1 - 24,25

Die Archäologie hat gezeigt, daß die „Stadt der Jebusiter", die David einnahm (2. Sam. 5,6-8), der südöstliche Teil Jerusalems oberhalb der Gihon-Quelle war. Die alten Mauern der Jebusiter und der altertümliche Wassertunnel und Schacht sind erforscht worden. Sie stammen aus der Zeit um 2000 v.Chr. wie ähnliche Wasseranlagen, die man bei Gezer und Megiddo fand.

Das Reich Salomos
1. Kö. 3,1 - 11,43

Die Archäologie hat glänzende Zeugnisse aus der Regierungszeit Salomos ans Licht gebracht:
1. Ausgrabungen bei Hazor, Megiddo, Gezer haben die biblischen Berichte über seine Armee und seine Kriegswagen bestätigt (1. Kö. 9,15-19; 10,26).
2. Ausgrabungen von Nelson Glueck bei Ezion-geber (vgl. 1. Kö. 7,46) haben Salomos Kupferschmelzöfen zutage gefördert.
3. Salomos eheliche Beziehungen (1. Kö. 11,1 - 5.33) sind durch königliche Protokolle Ägyptens, Mitanis usw. illustriert.
4. Seine „Tarsisschiffe" (Handelsschiffe mit Schmelzerei- und Raffinerie-Produkten) sind durch phönizische Inschriften anschaulich bestätigt.
5. Sein Pferde- und Wagenhandel und seine Handelsbeziehungen mit Hiram II. von Tyrus (ca. 969-936 v.Chr.) sind durch die Archäologie veranschaulicht.

Jerobeams Stierbilder
1. Kö. 12,25-33

Das war eine gefährliche religiöse Neuerung. Sie sollte offenbar eher die unsichtbare Gottheit (Yahweh) auf dem Thron oder auf dem Stier stehend darstellen als Yahweh als Stiergott (vgl. 2. Mo. 32,4-6). Heidnische Gottheiten wie Baal sind auf Siegeln usw. in der Form eines Blitzstrahls auf dem Rücken eines Stiers abgebildet.

Megiddo, das Nordtor der Zitadelle

Sisaks Invasion
1. Kö. 14,25-28

Der mit Gold verkleidete Leib Sisaks (Sheshonk I., XXII. Dynastie, ca. 945-924 v.Chr.) wurde 1938-1939 in Tanis entdeckt. Seine Inschrift in Karnak zählt seine Eroberungen in Juda und in der Küstenebene von Megiddo auf, wo ein Teil seiner Stele gefunden wurde, und berichtet sein Vordringen nach Gilead.

Benhadad von Damaskus
1. Kö. 15,18

Seine Stele in Nordsyrien, entdeckt 1940, bestätigt die dynastische Reihenfolge: „Benhadad, Sohn Tabrimmons, Sohn Hezions, des Königs von Syrien, der in Damaskus wohnte".

Omri und Mesa
1. Kö. 16,21-27; 2. Kö. 3,4-27

Die berühmte Stele von Mesa aus Moab, die um 840 v.Chr. in Dibon aufgestellt und 1868 entdeckt wurde, nennt die Namen von Omri, Ahab, Mesa, Kamos (Moabs Gott) und viele Ortsnamen.

Omri und Samaria

Ausgrabungen von G.A. Reisner, C.S. Fisher, D.G. Lyon (1908-1910) und J.W. Crowfoot, K. Kenyon und E.L. Sukenik (*Die Gebäude in Samaria,* 1942) haben die Stadt Omris, Ahabs, Jerobeams II. und spätere Perioden ans Licht gebracht.

Omri und Assyrien
1. Kö. 16,23-27

Von Omris Zeit an wird Israel in den assyrischen Berichten als „Bit-Humri" („Haus des Omri") erwähnt und die israelitischen Könige als „Mar-Humri" („Sohn", d.h. königlicher Nachfolger Omris).

Ahab und Assyrien
1. Kö. 17,1 - 22,39

„Ahab der Israelit" wird mit Namen erwähnt in der Monolith-Inschrift Salmanassers III. (859-824).

Jehu und Assyrien
2. Kö. 9,1 - 10,36

Hasael von Damaskus (2. Kö. 8,7-15) wird in einem Text aus Assur erwähnt, und Jehu (oder ein Abgesandter) ist tatsächlich auf dem schwarzen Obelisk Salmanassers III. (gefunden 1846) abgebildet, vor dem assyrischen Herrscher kniend — „Huldigung des Iaua (Jehu), des Sohns Omris".

Benhadad II. von Aram
2. Kö. 13,25

Erwähnt in der Stele Zakirs, des Königs von Hamat, gefunden 1903 in Nordsyrien, veröffentlicht 1907 von H. Pognon.

Jerobeam II
2. Kö. 14,23-29

Ein Jaspis-Siegel von „Shema, dem Diener Jerobeams", wurde in Megiddo von Schumacher gefunden. Samaria, die Hauptstadt Jerobeams II., ist durch Ausgrabungen in ein deutlicheres Licht gerückt worden (siehe Omri).

Menachem
2. Kö. 15,19

Menachems Tributzahlung wird in den Annalen von Pul (Phul, Tiglat-Pileser III., 745-727 v.Chr.) erwähnt.

Fall von Damaskus
2. Kö. 16,9

Beschrieben in Tiglat-Pilesers Annalen, aber verloren gegangen. In assyrischen Aufzeichnungen werden auch Asaria von Juda (2. Kö. 15,1-7), Rezin (Rasunna) von Aram, Ahas von Juda (2. Kö. 16,7-8), Pekach von Hosea (2. Kö. 15,30 genannt.

Ein Teil des Klosterkomplexes von Qumran

Fall von Samaria
2. Kö. 17,3-23

Belagerung begonnen durch Salmanasser V. (726-722 v.Chr.), sieghaft beendet durch Sargon II. (722-705 v.Chr.), vgl. Jes. 20,1. In seinen Annalen von Khorsabad berichtet Sargon, wie er 27.290 „Samerinai" (Bewohner Samariens) deportierte. Dasselbe berichtet er auch in der Prunk-Inschrift in seiner Hauptstadt Khorsabad.

Hiskia und Sanherib
2. Kö. 18,13 -19,37; Jes. 36,1 -37,38

In den Annalen Sanheribs (705-681), die auf dem Taylor-Prisma im Britischen Museum, London, erhalten sind, erzählt der assyrische Monarch von seiner Belagerung Jerusalems (701 v.Chr.), in der er behauptet, daß er Hiskia „wie einen Vogel im Käfig" einschloß. Sanheribs großartige Hauptstadt Ninive, die von Austen Layard ausgegraben wurde (1849-1851), brachte außer dem königlichen Palast noch viele andere archäologische Schätze ans Licht.

Hiskias Tunnel
2. Kö. 20,20

Die Siloah-Inschrift, die 1880 entdeckt wurde, war etwa 5,80 m entfernt von dem südlichen Ende beim Siloahteich im Schachtgang der Wasserleitung Hiskias in den Fels gemeißelt, um die Vollendung des Tunnels von 535 m Länge zu markieren (an der Durchstichstelle).

Manasses Abgötterei
2. Kö. 21,1-15

Die epische Ras-Shamra-Literatur aus Ugarit enthält zahlreiche Informationen über die Baal- und Aschera-Verehrung sowie die kanaanitischen Fruchtbarkeitskulte. Manasses „erzwungener Besuch Ninives" (Deportation; vgl. 2. Chron. 33,10-13) ist auf assyrischen Monumenten erwähnt.

Jesaja Prophetie
Jes. 1,1 - 66,24

Die Jesaja-Rolle, die zusammen mit anderen Rollen beim Toten Meer (1947) entdeckt worden ist, enthält den vollständigen Text des Buches Jesaja, ist aber 1000 Jahre älter als alle bisher bekannten Texte.

Die Zeit Jeremias
Jer. 1,1 - 52,34

Die Lachis-Briefe, 1935 und 1938 bei Lachis (Tell el-Hesy) entdeckt, beleuchten die Zeit Jeremias und die Invasion Judas durch Nebukadnezar 558-586 v.Chr.

Jojachins Wegführung
2. Kö. 25,27-30

Sie ist bestätigt durch babylonische Berichte, die „Yaukin aus dem Lande Yahud" (Jojachin aus Juda) als einen der Empfänger königlicher Rationen in Babylon aufführen. Dieser Text wurde 1940 veröffentlicht.

Hesekiels Prophetie
Hes. 1,1 - 48,35

Die Echtheit des Buches Hesekiel wird von der Archäologie durch Einzelheiten, wie das Datum der Gefangennahme Jojachins, bestätigt. Krughenkel aus Tell Beit Mirsim und Beth-Semes tragen den Stempel „Eliakim, Knecht des Yaukin".

Nebukadnezar II.
Vgl. Jer., Hes. und Dan. 2,1 - 4,37

Die Prachtbauten seiner Hauptstadt Babylon sind jetzt sehr bekannt geworden, dank der Ausgrabungen von R. Koldewey, 1899 und in den folgenden Jahren (vgl. Kurzkommentar zu Dan. 4,30). Das Ischtar-Tor, der Palast, der Ziggurat, Marduks Tempel und die Hängenden Gärten wurden entdeckt. Ziegel, die mit Nebukadnezars Namen gestempelt sind, bezeugen seine Bautätigkeit.

Das jüdische Exil
2. Kö. 25,1-30; Hes., Dan., Es.

Gefunden wurden 300 Keilschrift-Tafeln in der Nähe des Ischtartors in Babylon, aus der Zeit zwischen 595-570 v.Chr. Sie tragen neben den Namen anderer gefangener Fürsten auch den des Königs Jojachin von Juda und außerdem viele jüdische Namen, die denen im AT ähneln.

Belsazar
Dan. 5,1-31

Belsazar wird als ältester Sohn und Mit-Regent von Nabonid durch zeitgenössische babylonische Aufzeichnungen bestätigt. Belsazar regierte in Babylon (Dan. 5,1-31; 7,1; 8,1) von 553 v.Chr. bis zum Fall Babylons 539 v.Chr.; so die Nabunidische Chronik.

Teil der eindrucksvollen Ruinen in Jerasch, Jordanien, vergleichbar mit Funden aus dem herodianischen Jericho

Der Fall Babylons

Die Chronik Nabunids berichtet, wie Cyrus und sein General Gobryas Babylon einnahmen (539 v.Chr.).

Das Edikt des Cyrus
Es. 1,2-3; 2. Chron. 36,22-23

Ein Zylinder, der im 19. Jh. von H. Rassam entdeckt wurde, berichtet davon, daß Cyrus viele der nach Babylon deportierten Völker und ihre Götter freigab. Dieser Bericht stimmt mit dem Dekret in der Bibel überein.

Die Rückkehr der Juden
Es. 1,1 - 10,44

Prominente Führer wie Sesbazzar (Es. 1,11) und Serubbabel (Es. 2,2) tragen gut babylonische Namen, wie Entdeckungen aus diesem Gebiet bezeugen. „Dareike" (Es. 2,69) ist die gr. Drachme, eine zu jener Zeit gebräuchliche Münze.

Esra – Nehemia

Die Elephantine-Papyri (entdeckt 1903) aus der Zeit 500-400 v.Chr., in Aramäisch geschrieben von den Juden, die auf der Insel Elephantine am ersten Nilkatarakt lebten, sind die archäologische Hauptquelle, um die Einzelheiten und die Einheit der Bücher Esra und Nehemia zu illustrieren.

Haggai, Sacharja

Veranschaulicht durch die dreispra-chig verfaßte (babylonisch, elamitisch und persisch) Behistun-Inschrift von Darius I., dem Großen (522-486 v.Chr., Sach. 1,1.7).

Xerxes und Esther

Das Buch Esther wird durch Inschriften aus Persepolis, der persischen Hauptstadt, erhellt. Xerxes (486-465 v.Chr.) wurde von den Griechen bei Salamis und Platää geschlagen. „Shushan" (Est. 1,2) ist Susa, wo 1880-1890 von französischen Forschern der Palast des Xerxes entdeckt wurde. Sowohl das Loswerfen (Pur; Est. 3,7) als auch lokale Besonderheiten wurden durch die Archäologie bezeugt.

Zwischen den Testamenten

Diese Zeit wird durch die Rollenfunde am Toten Meer beleuchtet: zwei Rollen des Propheten Jesaja; Kommentar zu Habakuk; „Handbuch der Disziplin" der vorchristlichen Sekte der Essener, Krieg zwischen den Kindern des Lichts und der Finsternis und Fragmente fast aller Bücher des AT, die eine Hilfe für die Arbeit der Textkritik sind. Ausgrabungen der Siedlung der Essener-Gemeinschaft in Qumran (1953-1956) füllten die geschichtlichen Lücken jener Zeit (150 v.Chr. bis 70 n.Chr.) aus.

Der Bericht des Lukas über die Volkszählung
Lk. 2,1-5

Papyri besagen, daß Quirinius zweimal Gouverneur von Syrien war, wahrscheinlich kurz vor 4 v.Chr.

und nochmals 6-7 n.Chr. Papyri besagen auch, daß alle 14 Jahre eine Volkszählung von Rom vorgenommen wurde und daß man dazu in die Geburtsstadt seiner Vorfahren gehen mußte. Die Archäologie unterstützt den Lukasbericht, soweit Beweise dafür vorhanden sind, und zeigt, wie schwach die alte Behauptung von liberaler Seite war, daß Lk. 2,1-5 ein Gemisch von Irrtümern sei.

Pontius Pilatus
Matth. 27,11-25

Münzen bezeugen, daß Pontius Pilatus in den Jahren 26-36 n.Chr. Prokurator (Landpfleger) war, wie dies auch für andere, von Koponius bis Antonius Felix, bestätigt wird.

Synagogen
Mk. 1,21; Lk. 7,1.5

Die berühmteste und besterhaltene aller Synagogen ist die von Kapernaum (spätes 3. Jh.), wahrscheinlich an der Stelle derjenigen erbaut, in welcher Jesus gepredigt hat. Andere Synagogen sind ausgegraben worden in Chorazin, Bethsaida Julias und Beth Alpha.

Kreuzigung
Matth. 27,32-60

Es liegen heute zwei Haupttheorien über den genauen Ort der Kreuzigung vor: 1. innerhalb der heutigen Grabeskirche, von der man annimmt, daß sie zur Zeit Jesu außerhalb der Stadtmauer lag (Hebr. 13,12-13); 2. auf Gordons Kalvarienberg, in der Nähe des Damaskustors, außerhalb der heutigen Stadtmauer, an der Nordseite der Stadt.

Grab Jesu
Joh. 19,41-42

Eine Theorie lokalisiert das Grab innerhalb der heutigen Grabeskirche; eine andere besagt, daß es das Grab in dem Garten war, das Gen. Christian Gordon (1881) in der Nähe des Damaskustores freilegte.

Auferstehung

Die Nazareth-Inschrift ist eine kaiserliche Verordnung. Sie wurde von Nazareth nach Paris gebracht (1878) und befindet sich in der dortigen Nationalbibliothek. Die Inschrift betrifft das Verbrechen der Verletzung eines Grabes, das mit der Todesstrafe geahndet wird. Von solchen, die annehmen, daß Tiberius oder Klaudius die Inschrift veranlaßt haben, wird das ganze Geschehen als ein Beweis der Auferstehung Jesu gedeutet. Andere verbinden diesen Vorgang mit späteren Herrschern. Darum ist diese Beweisführung nicht schlüssig.

Das Jericho des NT
Lk. 10,30-37

Das ntl. Jericho wurde 1950 ausgegraben. Es war die elegante Winterhauptstadt Herodes d.Gr. und des Archelaus. Ruinen zeigen ein Theater, einen Palast, eine Festung und ein Hippodrom – ähnlich denen von Jerasch.

Der Tempel des Herodes
Matth. 24,2; Mk. 13,2

In Jerusalem hat man zwei Steintafeln von Herodes' Tempel gefunden, die es Nichtjuden verbieten, den Innenhof des Tempels zu betreten, eine 1871, die andere 1935, beim Stephanstor (s. Apg. 21,28-31). Auf den Steinen steht geschrieben: „Kein Ausländer darf in die Balustrade und Umfriedung eindringen, die das Heiligtum umgibt. Wer immer dabei ertappt wird, ist der Todestrafe unterworfen, die unweigerlich vollzogen werden wird."

Bethlehem
Matth. 2,1; Lk. 2,4

Eine kurze Strecke Wegs entfernt, südöstlich von Bethlehem, sind die Ruinen des „Herodiums", des Festungspalastes Herodes d.Gr. Weiter südöstlich bei Masada lag seine „Bergfestung".

Nazareth
Matth. 2,23; Lk. 1,26

Dort ist der Marienbrunnen. Die wichtige Stadt Sepphoris (einst Zippori), nur etwa 7 km nördlich von Nazareth, war von Herodes Antipas mit einer Mauer umgeben und verschönert worden. Jaffa lag nur etwa dreieinhalb Kilometer weiter südwestlich.

Andere Städte

Tiberias (Joh. 6,23), Magdala, Kapernaum, Chorazin und Bethsaida lagen alle am See Genezareth oder nicht weit davon entfernt und sind von der Achäologie genauer erforscht worden. Cäsarea Philippi nahe dem Hermon (Mk. 8,27) und die Dekapolis (Matth. 4,25; Mk. 5,20), eine Zehn-Städte-Konföderation, sind heute viel besser bekannt.

Samaria (Sebaste)
Vgl. Apg. 8,5

Ausgrabungen haben die hellenistisch-römische Stadt wiederer-

Überreste aus der Römerzeit am Hafen von Cäsarea

stehen lassen, besonders die Befestigungen Herodes d.Gr. wie auch seinen großartigen Tempel zu Ehren des Augustus und das Stadion.

Das palästinische Cäsarea
Apg. 10,1.24

Diese beeindruckend schöne hellenistische Stadt, von Herodes d.Gr. erbaut, war der Schauplatz, wo die Link-Expedition im Jahre 1960 unter Wasser die Hafenmole des Herodes untersuchte. Die Ausgrabung der Stadt brachte ein Forum, Theater, ein Stadion, Amphitheater usw. ans Licht.

Antiochien am Orontes
Apg. 13,1; 14,26-28

Umfassende Ausgrabungen seit 1932 haben die Schönheit und den Umfang dieser drittgrößten Stadt des Reiches, dem späteren Ausgangspunkt der Heidenmission, ans Licht gebracht. Wundervolle Mosaiks, der „Kelch von Antiochien" (s. oben: Das letzte Passahmahl), zahlreiche christliche Kirchen usw., zusammen mit wichtigen Ausgrabungen an Antiochiens Hafen Seleucia Pieria (Apg. 13,4) sind das Ergebnis dieser Forschungen.

Prokonsul oder Propraetor
Apg. 13,7

Lukas nennt Sergius Paulus einen „Prokonsul", *nicht* einen „Propraetor". Daß er damit recht hatte, beweist eine Inschrift mit dem Datum 52-53 n.Chr., in der es heißt: „... unter Paulus, dem Prokonsul ..."

Antiochien in Pisidien
Apg. 13,14-52

Die Lage dieser Stadt wurde 1833 entdeckt. William Ramsay legte 1910-1913 das Heiligtum des Gottes Men frei. Zahlreiche Inschriften wurden gefunden. Spätere Ausgrabungen der Universität Michigan legten dann die ganze römische Stadt frei.

Andere Städte Kleinasiens

Ikonium, Lystra und Derbe sind auch entdeckt worden. Wichtige Inschriften und anderes Material wurden gefunden.

Philippi
Apg. 16,12-40

Bei den Ausgrabungen zwischen 1914 und 1938 hat man das Forum, Säulengänge, öffentliche Tempel und vieles andere der römischen Kolonie freigelegt.

Thessalonich
Apg. 17,6.8

Lukas gebraucht für „Oberste der Stadt" das gr. Wort „Politarchen". Auf 17 bei den Ausgrabungen gefundenen Inschriften wird das gleiche Wort gebraucht. Die berühmteste ist die vom „Vardar Tor" und befindet sich jetzt im Britischen Museum in London.

Athen
Apg. 17,15-34

Durch die Ausgrabungen, die die „Amerikanische Schule für Klassische Studien" seit 1930 in Athen unternimmt, ist der antike Marktplatz (Platz der Volksversammlungen) freigelegt worden.

Korinth
Apg. 18,1-17

Umfassende Ausgrabungen seit 1896 haben die Ruinen der Stadt des Altertums ans Licht gefördert. U.a. fanden sich Beweise dafür, daß Gallion zu jener Zeit Statthalter (Prokonsul) von Achaja war.

Ephesus
Apg. 19,1-41

Die Entdeckung des Artemis-Tempels am 31. Dezember 1869 führte zu seiner Freilegung. Er ist nach dem Tempel Salomos der berühmteste Tempel des Altertums. Später wurde auch das Theater, das Stadion, das Odeon (Musikhalle), die Arkaden, der alte Marktplatz und vieles andere freigelegt.

Städte des Lycus-Tals

1835 identifizierte und erforschte man Kolossä. Die Funde ermutigten zu weiteren Ausgrabungen. Laodizea, das heutige Eski-Hissar (vgl. Kol. 2,1; Offb. 3,14), zeigt umfassende Überreste für weitere Ausgrabungen. Auch Hierapolis (Kol. 4,13) hat umfangreiche griechisch-römische Ruinen.

Pergamus
Offb. 1,11; 2,12

Seit 1878 wurden in dieser prächtigen hellenistisch-römischen Stadt auserlesene Kunstwerke gefunden. Die letzten Ausgrabungen wurden 1955-1958 vorgenommen.

Sardes
Offb. 3,1-2

Die Ausgrabungen hier zeigen, wie das Christentum schließlich den Artemiskult verdrängte. Die letzten Forschungseinsätze der Archäologen in Sardes begannen 1958.

Rom
Apg. 28,16-31

Die „Ewige Stadt" ist ein archäologisches Paradies. Ausgrabungen und Forschungen haben viel ans Licht gebracht und geklärt: Tempel, Markt, Theater, Zirkusanlagen, Paläste, Inschriften, Bogengänge usw.

NT als Literatur

Die Papyri, Ostraka (Scherben mit Inschriften) und Inschriften aus der griechisch-römischen Zeit zeigen, daß die Umgangssprache jener Zeit das NT-Griechisch (Koine) war, durchsetzt mit Elementen der gehobenen Literatur – also nicht eine besondere „heilige" Sprache.

Text des NT

Der NT-Text ist bezeugt durch 240 Unzial- (abgerundeter Großbuchstabe) Manuskripte, 2533 Minuskel, 1678 Lektionare, 63 Papyri und 25 Ostraka. Besonders bedeutsam sind die Chester-Beatty-Papyri aus dem 3. Jh. n.Chr., herausgegeben von F. Kenyon 1933-1937.

Das 1. Buch Mose (Genesis)

Das Buch der Schöpfung

„Am Anfang schuf Gott den Himmel und die Erde" (Gen. 1,1)

Allgemeines. Die Genesis, „das Buch der Anfänge", ist die unerläßliche Einführung in die gesamte Bibel, die Grundlage aller offenbarten Wahrheit. Der Name „Genesis" geht zurück auf den Titel, den die Septuaginta (gr. Übersetzung des AT) dem ersten Buch Mose gab und der sich herleitet von der immer gleichlautenden Überschrift seiner zehn Hauptabschnitte: „He biblos geneseos" (= das Buch der Entstehung, des Anfangs) (2,4; 5,1; 6,9; 10,1; 11,10; 11,27; 25,12; 25,19; 36,1; 37,2).

Das erste Buch Mose berichtet von neun Anfängen:

1. dem Anfang der Erde als Wohnung des Menschen, 1,1 – 2,3
2. dem Anfang der Menschheit, 2,4-25
3. dem Anfang der Sündhaftigkeit des Menschen, 3,1-7
4. dem Anfang der Offenbarung der Erlösung, 3,8-24
5. dem Anfang der menschlichen Familie, 4,1-15
6. dem Anfang einer gottlosen Zivilisation, 4,16 – 9,29
7. dem Anfang der Nationen, 10,1-32
8. dem Anfang der verschiedenen Sprachen der Völker, 11,1-9
9. dem Anfang des Bundesvolkes Gottes (Hebräer), 11,10 – 50,26

Das erste Buch Mose berichtet von 10 Familien und ihrer Geschichte:

1. den Generationen einer himmlischen (geistlichen) und einer irdischen Nachkommenschaft, 1,1 – 4,26
2. den Nachkommen Adams, 5,1 – 6,8
3. den Nachkommen Noahs, 6,9 – 9,29
4. den Nachkommen der Söhne Noahs, 10,1 – 11,9
5. den Nachkommen Sems, 11,10-26
6. den Nachkommen Terachs, 11,27 – 25,11
7. den Nachkommen Ismaels, 25,12-18
8. den Nachkommen Isaaks, 25,19 – 35,29
9. den Nachkommen Esaus, 36,1 – 37,1
10. den Nachkommen Jakobs, 37,2 – 50,26

Überblick

Uranfang der Menschheitsgeschichte, Kap. 1-11
  Schöpfung, Kap. 1-2
  Sündenfall, Kap. 3
  Vom Fall bis zur Sintflut, Kap. 4-5
  Die Sintflut, Kap. 6-9
  Von der Sintflut bis Abraham, Kap. 10-11
Geschichte der Patriarchen Israels, Kap. 12-50
  Abraham, Kap. 12-25
  Isaak, Kap. 25-28
  Jakob, Kap. 28-36
  Joseph, Kap. 37-50

Das 1. Buch Mose (Genesis)

Kap. 1
Der Anfang der Erde als Wohnung des Menschen

Gott. Die erste Phase der Offenbarung bezieht sich auf die ewige Existenz Gottes. Sie wird angenommen und vorausgesetzt, aber niemals begründet und erklärt. Gott wird hier als der Unendliche, der Erste, Ursprung und Schöpfer aller Dinge vorgestellt.

„Im Anfang". Evangelische Gelehrte vertreten eine Vielzahl von Positionen hinsichtlich der Bedeutung des Schöpfungsberichtes in 1. Mose 1,1 – 2,3. Allgemein nimmt man an, daß die Eingangsworte des 1. Kapitels von der ursprünglichen Erschaffung des Universums sprechen. Einige sehen jedoch in dieser Stelle eher einen relativen Anfang, welcher vorangegangene Ereignisse wie den Fall Satans (vgl. Hes. 28,13-14; Jes. 14,12) oder die geologischen Zeitalter der Erde denkbar macht (1,1 oder 1,2; die Theorie von der „Lücke").

Diese Annahme eines relativen Anfangs (zweite Schöpfung) bewegt sich grundsätzlich um drei Fragen: (1) Ist der Satz „im Anfang" absolut oder relativ? (2) Bedeutet das Wort „schuf", hebräisch „bara" „formen" oder „erneut schaffen"? (3) Wie passen 1. Mose 1,1 und 1,2 grammatisch und chronologisch zusammen, d.h., ist es möglich, daß dazwischen eine zeitliche Lücke klafft?

Der Satz „im Anfang" wird von den meisten hebräischen Forschern als absolut angesehen. Dies sollte bedacht werden, auch wenn der Satz „im Anfang" in Joh. 1,1 auf jeden Fall zeitlich über den Anfang von 1. Mose 1,1 zurückweist.

Das hebräische Wort „bara" hat die Grundbedeutung „schaffen" im Unterschied zu dem Wort „jasar" (bilden). An den meisten Stellen des Alten Testaments bedeutet „bara" „etwas neu erschaffen oder ins Sein rufen" (vgl. Jes. 41,20; 43,1; 28,13.15). So sprechen sich die meisten Ausleger aufgrund dieser sprachlichen Argumente dafür aus, daß „bara" hier Gottes Schaffen „ex nihilo" (aus dem Nichts) bezeugt.

Der Satz „und die Erde war wüst und leer" ist auch mit „die Erde wurde wüst und leer" wiedergegeben worden, um damit auszusagen, daß die ursprüngliche Erde ein göttliches Strafgericht erfuhr, welches diesen Zustand ergab. In 1,2 eine zeitliche Lücke hineinzulegen ist unhaltbar vom hebräischen Urtext her. Er zeigt, daß alle drei Satzglieder nähere Umstände zu der Hauptaussage in 1,1 oder 1,3 bezeichnen.

Wenn es überhaupt einen zeitlichen Zwischenraum gibt, so muß dieser eher vor 1,1 als dahinter angenommen werden. 1. Mose 1,1-2 erscheinen als eine Einheit und sollen eine Gesamteinleitung zu der folgenden Schöpfungsgeschichte sein. Wenn auch die Theorie einer zeitlichen Lücke weniger hilfreich zu sein scheint, so empfiehlt sie sich doch als eine mögliche Erklärung für den Fall Satans und der Aussagen der modernen Naturwissenschaft, welche von großen geologischen Zeitaltern in der Vorgeschichte der Erde ausgehen.

Die Schöpfung und die sechs Tage von 1. Mose 1. Die sechs Schöpfungstage können entweder (1) wörtlich ein Schöpfungswerk von 24 Stunden, (2) wörtlich 24-Stunden-Tage der göttlichen Offenbarung der Schöpfung, (3) große geologische Zeiträume oder Epochen als Vorbereitung für die Inbesitznahme der Erde durch den Menschen oder (4) ein Offenbarungsrahmen zur Zusammenfassung des Schöpfungswerkes Gottes darstellen, daß „durch ihn alles erschaffen worden ist, was im Himmel und was auf Erden ist" (Kol. 1,16).

Der erste Tag – Licht, 3-5. Der Bericht von den ersten Schöpfungsakten Gottes enthält mehrere wichtige Aussagen. (1) Gott schuf durch sein Wort („und Gott sprach"). Auch sonst in der Bibel findet sich immer wieder der Hinweis auf Gottes schöpferisches Wort, welches seinen Höhepunkt in dem fleischgewordenen Wort findet (Joh. 1,1), das das Erlösungswerk Gottes erfüllt. (2) Die Erschaffung des Lichtes vor Sonne, Mond und Sternen (den natürlichen Lichtträgern) erinnert uns daran, daß in erster Linie alles

Licht von Gott herkommt und erst dann von den von Ihm geschaffenen „Lampen". (3) Das Licht stellt zeichenhaft auch „das Licht Gottes" dar, das in der Person Christi auf die Erde kam (Matth. 4,16; Joh. 1,3-9). (4) Der Zustand von 1. Mose 1,3 soll im neuen Jerusalem wiederhergestellt werden, wo „die Stadt keiner Sonne noch des Mondes bedarf, daß sie ihr scheinen; denn die Herrlichkeit Gottes erleuchtet sie, und ihre Leuchte ist das Lamm" (Offb. 21,23).

Der zweite Tag – das Firmament, 6-8. Der zweite Tag brachte eine Trennung der chaotischen Vermischung der Wassermassen der Atmosphäre von den Wassern der Erde. Die Trennung der Wasser könnte darin bestanden haben, daß sich große Wassermassen unter der Erde und in der Atmosphäre (hier in Form einer gewaltigen Wasserdampfschicht) befanden, welche erst bei der Sintflut aufbrachen.

Der dritte Tag – Land, Meer, Pflanzen, 9-13. Nach der Trennung der atmosphärischen Wassermassen von den Wassern der Erde am zweiten Tag werden die letzteren nun auch von den Landmassen getrennt. Es entsteht das trockene Land und die Meere und damit die Möglichkeit für Wachstum von Pflanzen und Bäumen aller Art.

Der vierte Tag – Sonne, Mond und Sterne, 14-19. Gott füllt nun das Universum, das Er geschaffen hat. Diese Himmelskörper (zusammen mit den gewaltigen Milchstraßensystemen im Weltraum) erhalten nun ihre Zweckbestimmung als Quelle von Licht und Wärme auf der Erde. Was die Reihenfolge der Erschaffung des Lichtes vor Sonne und Sternen betrifft, siehe „der erste Tag".

Der fünfte Tag – Erschaffung von Tieren im Wasser und in der Luft, 20-23. Wie Gott das Universum am ersten Tage schuf und es dann am vierten Tag mit den Himmelskörpern ausfüllt, so füllte er die Wasser und die atmosphärische Luft (die am zweiten Tag geschaffen wurden) am fünften Tag mt Fischen und Vögeln.

Der sechste Tag – Erschaffung der Landtiere und des Menschen, 24-31. Der Mensch wurde geschaffen – er hat sich nicht „allmählich entwickelt" – und war die Krone und das Ziel aller schöpferischen Tätigkeit Gottes in bezug auf die Erde als besondere Heimat des Menschen. Der Ausdruck „Lasset uns" (1,26) deutet an, daß bei der Schöpfung des Menschen der dreieinige Gott mit seinem Rat und seinem Tun ebenso am Werk war (vgl. Joh. 1,3; Kol. 1,16) wie bei der Bestimmung des Erlösungsplanes für den Menschen vor Grundlegung der Welt (Eph. 1,4-6). Dem Menschen wurde die Herrschaft über die Erde übergeben.

Kap. 2
Der Mensch in Eden

Die Ruhe Gottes, 1-3. Gott ruhte von seinem Schöpfungswerk am siebten Tage. Diese Sabbat-Ruhe Gottes wurde die Grundlage des mosaischen Sabbats (2. Mo. 20,11) und ein Typus der Ruhe, die der Gläubige in der Erlösung Gottes durch den Glauben an Christus gewinnt. Elohim, der Schöpfername Gottes, erscheint hier (1. Mo. 1,1 – 2,3).

Das Klima Edens, 4-6. Das Schöpfungswerk Gottes wird kurz zusammengefaßt und das vorsintflutliche Klima Edens beschrieben mit den wenigen Worten in Vers 6: „Ein Dunst stieg auf von der Erde". Offenbar gab es keinen Regen bis zur Sintflut. Es scheint, daß die Erde durch den von unterirdischen Wasseransammlungen aufsteigenden Dunst „befeuchtet" wurde (vgl. 1. Mo. 7,11-12).

Die Erschaffung des Menschen, 7. Die Erschaffung des Menschen von 1. Mose 1,27 wird hier im einzelnen beschrieben. Jahwe, der Erlösername Gottes (JHVH, gewöhnlich in der Überlieferung Jehovah vokalisiert, von HERR), wird hier eingeführt, 4.7, nachdem der Mensch auf der Bühne erschienen war und die Herrschaft über die für ihn wiederhergestellte Erde übernommen hatte. In seinem Jahwe-Charakter stellt sich Gott vor in seiner besonderen offenbarenden und erlösenden Beziehung zu uns Menschen.

Der Garten Eden, 8-14. Er war für den Menschen vor dem Fall vorgesehen, 8-9. Seine Lage, 10-14, war irgendwo in der Tigris-Euphrat-Gegend, wahrscheinlich in der östlichen Ecke des „Fruchtbaren Halbmondes" (d.h. des halbmondförmigen Randes des im Altertum bewohnten Landstriches, mit der einen Spitze in Palästina-Syrien und der anderen im unteren Tigris-Euphrat-Tal). Der Hiddekel ist der alte Name des Tigris (babylonisch „Idigla" oder auch „Diglat"). Der Pison und der Gichon waren wahrscheinlich kleinere Kanäle, die den Tigris und den Euphrat als natürliche alte Flußbetten verbanden. Die Ansammlung großer Ablagerungen von Schlamm hat die Küste des Persischen Golfes verändert und sie weiter in die See hinausgeschoben.

A.H. Sayce und andere vermuten Eden in der Nähe der Stadt Eridu, die früher am persischen Golf gelegen war (Higher Criticism and the Verdict of the „Monuments"). Friedrich Delitzsch („Wo lag das Paradies?") vermutete es unmittelbar nördlich von Babylon, wo Tigris und Euphrat sich einander nähern. Doch die wechselnde Oberfläche und Gestalt der Landschaft macht eine genaue Festlegung der wirklichen Lage Edens kaum mehr möglich. Bedeutsam ist jedoch, daß Archäologie und Bibel darin übereinstimmen, daß das östliche Mittelmeerbecken und die Region direkt östlich davon (Breasteds „Fruchtbarer Halbmond") tatsächlich die Wiege der Menschheit und die Stätte der frühesten Tätigkeit des Menschen ist.

Des Menschen Prüfung in Eden, 15-17.
Der Mensch war frei von Schuld geschaffen, in eine vollkommene Umgebung hineingestellt, und dann einer schlichten Probe seines Gehorsams gegen Gott unterworfen worden: Er sollte nicht von der Frucht des „Baumes der Erkenntnis des Guten und Bösen" essen. Die für Ungehorsam angezeigte Strafe war der Tod – sofortiger geistlicher Tod (Matth. 8,22; Eph. 2,1-5) und als Folge davon schließlich leiblicher Tod (Röm. 5,12; 1. Kor. 15,21-22). „Und Adam lebte 930 Jahre, und er starb" (1. Mo. 5,5), und seither hat der Tod über die Familie der gefallenen Menschheit „geherrscht" (Röm. 5,14).

Eine Gehilfin für den Menschen, 18-22.
Gott der Herr erklärte, daß eine geschlechtslose oder gleichgeschlechtliche Rasse nicht gut sein würde. So verkündete er seinen Ratschluß, „eine für den Mann geeignete Hilfe zu schaffen, daß sie bei ihm sei", „eine Gehilfin, die ihm entspricht". Adam gab den Tieren Namen; doch sie waren keine ihm entsprechenden Gehilfen – weder auf der leiblichen noch auf der geistigen, sittlichen oder geistlichen Ebene.

Erschaffung der Frau, 21-23 (vgl. 1. Mo. 1,27). Gott der Herr schuf die Frau aus dem Mann und „brachte sie zu ihm". Nur so konnte sie dem Mann „eine Gehilfin, die ihm entspricht", werden. Was den Menschen zum Menschen macht, ist der Geist, durch den er sich vom Tier unterscheidet. 1. Mose 2,21-23 und 2,7 geben die Einzelheiten der Schöpfung des Menschen wieder, im Unterschied zu 1. Mose 1,26.27, jener Stelle, die die allgemeine Wahrheit ausdrückt, daß der Mensch geschaffen wurde, sich nicht entwickelt hat, und daß die Frau in Adam mitgeschaffen wurde. („Sie soll Männin („ishah") heißen, weil sie vom Manne („ish") genommen ist.")

Einsetzung der Ehe, 24-25. Die Vereinigung von Mann und Frau ist ein Urbild für das Verhältnis von Christus und seiner Gemeinde, das Weib ein Bild der Gemeinde als „Braut Christi" (Eph. 5,28-32; vgl. Matth. 19,5; 1. Kor. 6,16; Eph. 5,31).

Kap. 3
Der Fall des Menschen

Der Versucher, 1. Dieser Vers führt Satan (vgl. 2. Kor. 11,3.14; Off. 12,9; 20,2) und sein Werkzeug, die Schlange, in Eden ein. Obwohl hier die Schlange vorkommt (Satan), glauben viele Ausleger, daß er in Hes. 28,12-19 und Jes. 14,12-14 näher vorgestellt wird, wo der König von Tyrus und die Nation Babylon den Aufstieg und Fall eines besonders hochgestellten Engelwesens widerspiegeln, Luzifer (Satan). Die Schlange in Eden (der Agent Satans) war keine kriechende Kreatur (das war erst die Folge des über sie ausgesprochenen Fluches Gottes, 1. Mo. 3,14), son-dern zweifellos das verschlagenste und schönste aller Tiere, die Gott geschaffen hat.

Die Frau wird versucht, 2-5- Satan fing an, indem er Gottes Wort bezweifelte: „Ja, sollte Gott gesagt haben?" Dann leugnete er den Inhalt dieses Wortes: „Ihr werdet sicherlich nicht sterben!" Schließlich setzte er sein eigenes Evangelium an die Stelle des Gotteswortes, nämlich das von der Immanenz Gottes: „Ihr werdet sein wie Gott!" Der Sündenfall der Frau enthielt die Grundelemente der Versuchung: (1) die Lust des Fleisches: „sie sah, daß von dem Baum gut zu essen wäre"; (2) die Lust der Augen: „eine Lust für die Augen"; (3) der Stolz des Lebens: „ein wertvoller Baum, weil er klug machte" (vgl. 1. Joh. 2,16).

Der Fall, 6-7. Die Frau wurde von Satan betrogen, doch Adam sündigte wissentlich (1. Tim. 2,14-15). Beide verloren ihre Unschuld, wurden sich ihrer Sünde bewußt, empfanden ihre Nacktheit, schämten sich und versuchten nun, Schuld und Nacktheit durch eine Art „eigener Anstrengung", d.h. menschliches Tun (Werke), zuzudecken.

Gott der Herr sucht den gefallenen Menschen, 8-13. Gottes Sabbatruhe nach der Schöpfung wurde durch die Sünde unterbrochen, 8, und er tat die ersten Schritte mit seinem „neuen" Werk der Erlösung, um den furchtsamen, beschämten, gottentfremdeten, verwirrten, gefallenen Menschen zu retten. Adam verbarg sich vor Gott, denn da war etwas anders geworden: in ihm, nicht in Gott! Seine selbstgemachte Kleidung war scheinbar in Ordnung, bis Gott erschien! Da war sie plötzlich unbrauchbar. Ähnlich ist es, wenn Sünder sich mit ihrer eigenen Gerechtigkeit zu „bekleiden" versuchen.

Der Fluch der Sünde und die Schlange, 14-15. Satans Werkzeug, die Schlange, wurde verflucht, und das wahrscheinlich ursprünglich aufrecht gehende, intelligente Tier wurde zu einer revoltierenden, kriechenden Kreatur, 14. Doch wurde in Verbindung mit der Schlange nicht nur das tiefste Wunder von Erlösung und Versöhnung angedeutet (sinnbildlich durch Moses eherne Schlange dargestellt in 4. Mo. 21,5-9; Joh. 3,14-15; 2. Kor. 5,21), sondern die erste Verheißung des Erlösers wurde gegeben, 15. Darin wurde vorausgesagt, ein Mensch werde würde, daß er aus der Linie Abels über Seth, Noah (1. Mo. 6,8-10), Sem (9,26-27), Abraham (12,1-3), Isaak (17,19-21), Jakob (28,10-14), Juda (49,10), David (2. Sam 7,5-17) kommen würde und daß diese Verheißung in Jesus von Nazareth, dem Christus Gottes, als dem Messias sich erfüllen würde (Matth. 1,1).

Der Fluch und die Frau, 16. Die Stellung der Frau in dieser gefallenen Menschheit ist umrissen und charakterisiert durch eine mit Schmerzen und Leiden verbundene Mutterschaft und durch die Herrschaft des Mannes, nach dem sie

Schöpfungs-tafeln

Ein Archäologe demonstriert, wie die Keilschrift auf Tontafeln eingeritzt wurde.

Schöpfungstafeln entdeckt. Zwischen 1848 und 1876 sind die ersten Tafeln und Tafelfragmente des babylonischen Schöpfungsepos, *Enuma Elish* genannt, gefunden worden. In Keilschrift geschrieben, sind die sieben Gesänge des Epos auf sieben Tafeln eingegraben. Sie wurden in der Bibliothek des assyrischen Herrschers Assurbanipal (669-626 v.Chr.) in seiner Hauptstadt Ninive gefunden. Diese Darstellung, obwohl aus späterer Zeit, geht in ihrer politischen Form zurück in die Zeit Hammurabis des Großen (1792-1750 v.Chr.) und·

darüber hinaus zu den Sumerern, den frühen präsemitischen Einwohnern des unteren Babylonien.

Tafel 1. Die erste Tafel bietet eine primitive Szene: Es existiert nur lebendiger, aber ungeschaffener Welt-Stoff. Er ist personifiziert in zwei mythologischen Gestalten: Apsu (männlich), der den Frischwasser-Ozean, und Tiamat (weiblich), die den Salzwasser-Ozean der ursprünglichen Schöpfung darstellt. Sie hatten eine Nachkommenschaft von Göttern, die so böse war, daß ihr Vater Apsu beschloß,

sie zu töten. Doch Ea, der Vater Marduks, der Schirmherr der Stadt Babylon, tötete Apsu. Der verwandelt Tiamat in eine glühende Rächerin ihres ermordeten Eheherrn.

Tafel 2-7. Die Tafeln 2 und 3 berichten, wie Marduk auserwählt wird, mit der tobenden Tiamat zu kämpfen; Tafel 4, wie er aufgrund seiner Fähigkeit dazu auserlesen wird, ein beschädigtes Kleidungsstück wieder neu zu machen. Marduk besiegt Tiamat (Chaos) und schafft aus Tiamats Leiche ein geordnetes Universum. Tafel 5 beschreibt, wie Marduk die Himmelskörper, um Licht zu geben, am Himmel befestigt. Tafel 6 berichtet die Schöpfung der Menschen aus dem Blut Kingus, Tiamats Oberbefehlshaber, der ermordet wurde. Tafel 7 berichtet von der Erhöhung Marduks zum Oberhaupt Babylons und des babylonischen Pantheons wegen der bedeutsamen Rolle, die er bei der Schöpfung der Welt gespielt hat.

Ähnlichkeiten und Verschiedenheiten dieser Schöpfungsberichte im Vergleich zu 1. Mose 1. Beide Berichte ähneln sich darin, daß 1. beide von einem Urmeer sprechen, obwohl das hebräische „tehom" (die Tiefe) nicht von dem mythologischen Begriff Tiamat sprachlich abgeleitet werden kann. 2. Beide Berichte haben eine ähnliche Folge der Ereignisse: Licht, Firmament, trockenes Land, Himmelslichter, der Mensch, Gott (oder die babylonischen Götter) ruhen von ihrer Arbeit. 3. Beide Berichte haben ihre Vorliebe für die Zahl „7": sieben Tage, sieben Gesänge. Doch ist diese Ähnlichkeit oberflächlicher Art, und die Unterschiede zwischen der großen Vielgötterei des babylonischen Berichts und der biblischen Schöpfungsgeschichte sind ungeheuer groß. Der babylonische Bericht ist eine verderbte Wiedergabe einer Überlieferung, deren Wahrheit Mose durch Inspiration anvertraut und somit von den Schlacken der Vielgötterei befreit wurde.

Schöpfungsberichte

Der Mythos von Adapa. Dieser Schöpfungsbericht wurde auf vier Keilschrift-Fragmenten (Bruchstücke von Tafeln) entdeckt, drei davon aus Assurbanipals Bibliothek in Ninive (7. Jh. v.Chr.) und die vierte aus den Archiven der ägyptischen Könige Amenhotep III. und IV. in Amarna (14. Jh. v.Chr.). Diese legendenhafte Geschichte enthält auffallende Ähnlichkeit mit 1. Mose 3, wenn auch nicht eigentliche Parallelen, wie manchmal behauptet wird. Es wird darin gesprochen von der „Speise des Lebens", was der „Frucht vom Baum des Lebens" in 1. Mose 3,3.22 entsprechen würde. Beide Berichte stimmen darin überein, daß durch das Essen einer bestimmten Speise oder Frucht das ewige Leben erlangt werden könnte. Jedoch verlor Adam seine Unsterblichkeit wegen seines verkehrten Wunsches, zu sein wie Gott. Adapa war bereits von den Göttern mit Weisheit beschenkt worden. Doch er wurde nicht unsterblich, weil er seinem Schöpfer Ea gehorsam war und dieser ihn betrog – nicht wegen Ungehorsam oder Anmaßung, wie das bei Adam der Fall gewesen war. Beide Berichte behandeln die Frage, weshalb der Mensch leiden oder sterben muß, aber sie sind wie zwei verschiedene Welten in der Frage eines tatsächlichen Falls in die Sünde aus einem Zustand der Unschuld, wovon die Adapa-Mythe nichts weiß.

Das Versuchungs-Siegel zeigt zwei Personen, die neben einem Baum sitzen, der Früchte trägt. Hinter einem der Bäume ist die aufrechte Gestalt einer Schlange zu sehen. Doch ist das wohl kaum eine Abbildung einer Versuchung, denn beide Gestalten sind voll bekleidet, während die Bibel ausdrücklich sagt, daß Adam und Eva nackt waren (1. Mo. 2,25).

Das Adam-und-Eva-Siegel ist aus dem 4. Jahrtausend v.Chr., wurde in Tepe Gawra bei Ninive gefunden und befindet sich heute im Universitätsmuseum in Philadelphia. Diese kleine Steininschrift, die 1932 gefunden wurde, zeigt einen niedergeschlagenen, nackten Mann und eine Frau, denen eine Schlange folgt. Hier legt sich für manche die Ähnlichkeit mit der Vertreibung aus dem Paradies nahe.

Weltweite Überlieferungen zum Sündenfall findet man bei den Chinesen, Hindus, Griechen, Persern und anderen Völkern. Alle diese Berichte über die Schöpfung und Sintflut, die denen der Bibel ähneln, gehen auf ein echtes geschichtliches Ereignis zurück, nur daß alle diese Berichte im Prozeß der Überlieferung inhaltlich verdorben worden sind.

Eine Oase in der Nähe von Ur, wo nach der Überlieferung der Garten Eden gelegen haben soll.

verlangt und von dem sie abhängig ist – eine Herrschaft, die infolge der Unordnung, die durch die Sünde (auf die Erde) kam, notwendig geworden ist (1. Kor. 11,7-9; Eph. 5,22-25; 1. Tim. 2,11-14).

Der Fluch über den Mann, 17-19. Der Boden war um des gefallenen Menschen willen verflucht worden, denn in seinem gefallenen Zustand würde zuviel Muße ihm nicht guttun, 17. Das Leben würde geprägt sein von unentrinnbarer Mühe, 17. Es wurde offenbar eine vegetarische Ernährung vorgeschrieben, 18. Die unbeschwerte Arbeit im Garten Eden (2,15) wurde in mühsame umgewandelt, 18-19. Leiblicher Tod, 19, wurde angekündigt (Röm. 5,12-21); seinen Zustand des geistlichen Todes hatte der Mensch bereits bewiesen durch sein Bewußtsein von Scham und Furcht in der Gegenwart Gottes, 8-13 (vgl. Eph. 2,1-5; 4,18-19).

Die Einheit des Menschengeschlechtes und das Sinnbild seiner Erlösung, 20-21. Adam nannte seine Frau „Eva" (d.h. Leben-Spenderin), „denn sie wurde die Mutter aller Lebendigen", d.h. jedes menschlichen Lebewesens. Es wird die Einheit des Menschengeschlechtes in Adam erklärt.

Vertreibung aus Eden, 22-24. Als Ergebnis seines Ungehorsams verlor der Mensch sein „Ohne-Schuld-Sein" und erfuhr, was es heißt, um das Böse zu wissen. Durch dieses Wissen wurde das Gewissen geweckt. Damit trat der Mensch in ein neues Stadium ein, in welchem Gott mit ihm nicht mehr, wie in Eden, im Zustand der Unschuld verhandelte, sondern unter dem Gesichtspunkt des Gewissens. Es war von jetzt an die Verantwortung des Menschen, alles ihm bewußte Gute zu tun und zugleich alles ihm bewußte Übel nicht zu tun. Als Sünder durfte er aber dennoch vor Gottes Angesicht treten durch die Vermittlung des stellvertretenden Opfers. Wenn das Opfersystem hier auch noch nicht ausdrücklich von Gott geboten ist, so scheint es hier mit dem Gebet verbunden (vgl. 1. Mo. 4,3-5; 8,20; 12,7; usw.) Der Mensch wurde aus Eden ausgestoßen, damit er nicht vom Baum des Lebens esse und sein Elend verewige. Die Cherubim vor dem Eingang in Eden sollten Gottes Heiligkeit gegen die Anmaßung des sündigen Menschen schützen, trotz seiner Sünde „seine Hand auszustrecken und vom Baum des Lebens zu nehmen". Später schwebten die Cherubim im Heiligtum (Stiftshütte, Tempel) über dem gesprengten Blut des Tieropfers und bezeugten damit die Aufrechterhaltung der Gerechtigkeit Gottes durch das vergossene Blut, das ein Bild (Typus) des Opfers Jesu Christi ist (2. Mo. 25,17-20; Röm. 3,24-26).

Kap. 4
Der erste Mord und die Zivilisation

Kain und Abel und ihr Gottesdienst, 1-5. Kain („Errungenschaft") war der Typus eines natürlichen Menschen der Erde. Seine Religion bestand aus Werken, und er hatte keinen Sinn für den rettenden Glauben, für Sünde und die Notwendigkeit der Versöhnung mit Gott (vgl. „der Weg Kains", Jud. 11). Wie sehr irrte sich Eva, als sie bei der Geburt ihres ersten Kindes sagte: „Ich habe einen Mann gewonnen mit der Hilfe des Herrn." Vielleicht dachte sie dabei: „Ich habe den Mann bekommen, den Gott verheißen hat!", d.h. den Nachkommen des Weibes, der der Schlange den Kopf zertreten würde, 1. Mo. 3,15. Statt eines Retters hatte sie einen Mörder geboren. Das zeigt zum ersten Mal die Unwissenheit, in die sie gestürzt worden war, als sie der Schlange vertraute, um dadurch zur Erkenntnis zu kommen. Als sie Abel gebar, mißverstand sie die Situation wiederum, als sie ausrief: „Nichtigkeit!", vielleicht in Erinnerung an den Ernst des göttlichen Fluches. Kain und Abel stehen da als die Urbilder der Trennung zwischen göttlichen und ungöttlichen (gottlosen) Menschen, welche sich durch die ganze Menschheitsgeschichte hindurch behaupten sollte. Obwohl man viel über den Unterschied zwischen den beiden Opfern gesagt und geschrieben hat, liegt der Hauptgrund, daß Gott das Opfer Kains ablehnte, darin, daß es nicht im Glauben dargebracht wurde (Hebr. 11,4). Schon zu jener frühen Zeit in der Erlösungsgeschichte Gottes wird deutlich bezeugt, daß wirkliche Erlösung nur durch den Glauben möglich ist („ohne Glauben aber ist es unmöglich, ihm wohlzugefallen", Heb. 11,6).

Gottes Werben um Kain, 6-7. Wie Gott Adam und Eva nachging, als sie gefallen waren, suchte Gott auch Kain. Als Urtyp des gefallenen Menschen wies er jedoch das Angebot Gottes zur Versöhnung zurück, suchte lieber seine selbsterdachte Lösung. Kains Verhalten offenbart die Not des Menschen, der nicht wiedergeboren ist, der in seinem Aufruhr gegen Gott Schuld auf Schuld häuft. Ablehnung führte zur Rivalität, welche am Ende Haß und Mord erzeugte. In Kain durchlief die Sünde alle Entwicklungsstadien, von der Entfremdung von Gott zur Entfremdung von anderen Menschen, von der Natur und schließlich von sich selbst.

Die erste Zivilisation, 16-24. Kain verließ den Ort, wo über den Cherubim die Herrlichkeit Gottes gegenwärtig war (3,24), er „ging aus von der Gegenwart des Herrn" und „wohnte im Lande Nod" (Wanderschaft) östlich von Eden, 16. Doch Trennung von der Gegenwart Gottes bedeutet immer auch, daß man ohne Gottes Führung bleibt. Kain erkannte sein Weib („erkannte" = der biblische Ausdruck für den Geschlechtsverkehr), das eines seiner zahlreichen Schwestern war aus der Nachkommenschaft Adams, die sich zu der Zeit schon stark vermehrt hatte. Kains Sohn Henoch baute eine Stadt (die erste Zivilisation der Menschheit). In den folgenden Versen wird der wachsende Reichtum und der damit verbundene geistliche Abstieg geschildert. Einerseits sehen wir das Aufkommen und Gedeihen der Künste, der Musik, 21, Metallverarbeitung, 22, und der Poesie, 23-24. Gleichzeitig wuchs mit der Einführung der Vielehe (Polygamie), die im offenen Widerspruch zu Gottes Schöpfungsordnung der Einehe steht, 2,24, die Sünde. Lamech brüstet sich als erster, daß er Rache übt, ein Vorrecht, das sich Gott allein vorbehalten hat (Vgl. 5. Mo. 32,35; Heb. 10,30).

Seth und seine geistlich ausgerichtete Nachkommenschaft, 25-26. Gott bestimmte Seth (Setzling, Ersatz) und Enosch (Sterblicher) dazu, Träger der messianischen Verheißung zu sein. Mit ihrer Geburt schließt der erste Abschnitt der Genesis (1,1-4,26) und zieht die Grenzlinie zwischen dem oben geschilderten Bösen und dem gerechten, heiligen Rest Gottes. Dies zeigt sich an dem Satz: „Damals fing man an, den Namen des Herrn anzurufen."

Archäologische Streiflichter
Der Anfang des Stadtlebens. Ausgrabungen bei Tell Hassuna, Ninive und Tepe Gawra in Nordmesopotamien gehen zurück bis in die neolitische Periode, d.h. bis 5000 v.Chr. oder früher. Sie zeigen Steinwerkzeuge, wunderschöne Töpferei und eine Architektur hohen Ranges. Um 4500 v.Chr. wurde neben Steinen auch Kupfer verarbeitet. Orte wie Tell Halaf, Chagar Bazar und Tell Arpachiya in Nordmesopotamien gehören zur Kupfer-Stein-Periode um 4500-3000 v.Chr. In Südmesopotamien zählen Ur, Erech, Lagash und Eridu zur Tell-Obeid-Kultur um 3600 v.Chr. Die dortigen Ausgrabungen machen die Aufeinanderfolge von Kulturen in dieser prähistorischen Epoche deutlich und bestätigen das entsprechende biblische Zeugnis. Eisenerz (1. Mo. 4,22) wurde bereits früh gelegentlich in Mesopotamien geschmolzen (manche meinen, daß es sich hier um meteoritisches Eisen handelte). Bei Tell Asmar (Eschnunna) fand Henri Frankfort eine eiserne Klinge aus der Zeit um 2700 v.Chr. Eine kleine Eisenaxt wurde in Ur ausgegraben. Doch wurde die Eisenschmelzerei erst nach der Bronzezeit, d.h. 3000 bis 1200 v.Chr., auf industrieller Basis betrieben. Die „Eisenzeit" erstreckte sich von 1200 bis 300 v.Chr.

Kap. 5
Von Adam bis Noah
Die messianische Linie von Adam bis He-

noch, **1-24.** Der zweite Abschnitt des Buches Genesis fängt mit den Worten an: „Dies ist das Buch von den Generationen Adams". Das nächste Mal erscheint dieser Satz erst Matth. 1,1, wo die Ahnenlinie Christi aufgeführt wird, des neuen Adam. Auch die auf Gott hin ausgerichteten Menschen sind vom Tode gezeichnet, wenn auch nach einem langen Leben. Der monotone Gesang „und er starb" hallt wie ein Grabgeläut durch dieses Kapitel. Neben dieser traurigen Litanei erscheint der angenehmere Kehrreim: „... und er lebte ..." Obwohl der Tod von Adam bis Christus herrschte, erhielt Gott den Menschen lange genug, um Kinder zu zeugen und die auf den Messias zulaufende Generationenlinie zu erhalten. Henoch allein starb nicht, sondern wurde entrückt, 24 (Hebr. 11,5), weil er 300 Jahre lang mit Gott gewandelt war. Vor dem Sündenfall wandelte Gott mit dem Menschen; danach wandelte der Mensch mit Gott.

Das hohe Alter der vorsintflutlichen Patriarchen ist möglicherweise auf größere körperliche Vitalität und ein gesünderes Klima vor der Sintflut zurückzuführen.

Archäologische Parallelen
Die Bibelkritiker haben für gewöhnlich den Bericht über das hohe Alter der vorsintflutlichen Patriarchen als Legende oder Mythos angesehen. Nach dem Weld-Blundell-Prisma regierten acht Könige vor der Sintflut über die Städte Eridu, Badtibira, Larak, Sippar und Shuruppak im Unteren Mesopotamien. Ihre gesamte Regierungszeit soll nach den dortigen Angaben 241200 Jahre betragen haben (davon soll die kürzeste Regierungszeit 18600 Jahre, die längste 43200 Jahre gewesen sein). Berossus, ein babylonischer Priester (3. Jh. v.Chr.) nennt im ganzen zehn Namen (anstatt acht) und übertreibt die Länge ihrer Regierungszeiten noch weiter. Andere Nationen haben ebenfalls eine Tradition anfänglicher Langlebigkeit der Menschen.

Versuche, die zehn Könige des Berossus in Beziehung zu den zehn Patriarchen der Bibel von Adam bis Noah zu bringen, waren erfolglos. Nichtsdestoweniger scheint es wahrscheinlich zu sein, daß die Namenliste, die durch die sumerische Königsliste und Berossus überliefert ist, ein verdorbenes Dokument geschichtlicher Tatsachen bedeutet, wie sie in 1. Mose 5 berichtet werden. Zudem bedeutet sie ein außerbiblisches Zeugnis für die Tatsache der Langlebigkeit der Menschen vor der Sintflut.

Das Alter der einzelnen Patriarchen

Adam	930 Jahre	Jared	962 Jahre
Seth	912 Jahre	Henoch	365 Jahre
Enosch	905 Jahre	Methusalah	969 Jahre
Kenan	910 Jahre	Lamech	777 Jahre
Mahalaleel	895 Jahre	Noah	950 Jahre

Zeitgeschichtliche Bemerkungen

Es ist höchst unwahrscheinlich, daß der genealogische (abstammungsmäßige) Rahmen von 1. Mose 5 dazu geschrieben wurde oder gebraucht werden kann, um die Anzahl der Jahre zwischen der Erschaffung des Menschen und der Sintflut zu errechnen (das ergäbe 1656 Jahre), so daß die Erschaffung des Menschen um 4004 v. Chr. angenommen werden müßte (Ussher). Dafür gibt es mehrere Gründe: 1) Die hebr. Ausdrücke „zeugte", „Sohn", „Tochter" sind im weitesten Sinne gebraucht und können einen fernen sowohl als auch einen unmittelbaren Nachkommen betreffen. 2) Die zehn Generationen von Adam bis Noah und die andern zehn von Noah bis Abraham wollen kurz und „symmetrisch" sein und nicht eine Darstellung der unmittelbaren Vater-Sohn-Beziehungen übermitteln. 3) Solche Verkürzungen um der Symmetrie willen sind ein bekannter Zug bei biblischen Genealogien (z.B. in Matth. 1). In der immer wiederkehrenden Formel „A lebte ... Jahre und zeugte B und A lebte, nachdem er B gezeugt hatte, ... Jahre und zeugte Söhne und Töchter ..." ist es *möglich,* daß B nicht der buchstäbliche Sohn von A ist. Wenn das so ist, dann ist das für A angegebene Alter sein Alter zur Zeit der Geburt seines Nachkommens, dessen Nachkomme B ist. Ein unbestimmter Zeitraum könnte deshalb beabsichtigterweise zwischen A und B liegen. 5) Man weiß heute von der Wissenschaft, daß der Mensch lange vor 4000 v. Chr. gelebt hat. Das beweisen sowohl die Paläontologie als auch die Archäologie.

Ein Flutbericht auf Tafel XI der assyrischen Fassung des Gilgamesch-Epos

Kap. 6–8
Die Sintflut

Die moralische Ursache der Sintflut, 6,1-7. Es gibt mehrere Ansichten über diese recht schwierige Stelle. 1) Eheschließungen zwischen den gottesfürchtigen Sethiten und den gottlosen Kainitentöchtern; 2) Polygame Ehen damaliger Herrscher („mächtiger Männer"); 3) Ehen zwischen den „Töchtern der Menschen", d.h. fleischlich gesinnter Frauen mit den „bené elohim", den Söhnen Gottes, d.h. den Engeln. Von diesen drei vorherrschenden Auslegungen sollte man die dritte bevorzugen, weil diese Stelle den größten Rahmen abgibt (d.h. die Ursache für die weltweite Sintflut bezeichnet); der Ursprung der „nephilim" vielleicht in Beziehung zu Riesengeschlechtern steht, die die Erde bewohnten, die Septuaginta gibt sie mit „Giganten" wieder; Parallelen zu griechischen und römischen Berichten, die von Titanen reden, mythologischen Gestalten, halb Gott, halb Mensch. Die Bibel gebraucht zudem ständig die Bezeichnung „bené elohim" für Engel (vgl. Hiob 1,6; 2,1 u.a.), und die Verfasser des NT geben ihrerseits davon Zeugnis in 2. Petr. 2,4-5 und Jud. 6.

Gottes Gnade für Noah, 6,8-12. Noah fand Gnade vor Gott wegen seines Glaubens an den verheißenen Erlöser und an die Notwendigkeit einer stellvertretenden Versöhnung (Hebr. 11,7). Darum wurde er „gerecht" und „untadelig" genannt (d.h. einer, der im Besitz von geistlicher Lauterkeit ist, *nicht* ein Sündloser). Wie Henoch war er einer der Menschen vor der Sintflut, von denen es heißt: „Er wandelte mit Gott" (1. Mo. 5,24; 6,9). Die Arche, die Noah zu bauen befohlen wurde, war ein Typus (Vorbild) auf Jesus Christus hin, der die Seinen vor dem Gericht bewahrt (Hebr. 11,7), besonders den Überrest Israels, der während der großen Trübsal sich zu Christus hinwenden wird (Jes. 2,10-11; 26,20-21).

Instruktionen für den Bau der Arche, 6,13-22. „Pech", 14, ist ein ähnlicher Wortstamm wie das hebräische Wort, das an anderer Stelle mit „Sühnung" übersetzt wird (3. Mo. 17,11 u.a.m.). In diesem Zusammenhang könnte es eine typische Bedeutung haben im Blick auf das Versöhnungswerk Christi, das die Wasser des Gerichts fernhält. Die Arche war 135 m lang, 22,50 m breit, 13,50 m hoch und hatte eine Wasserverdrängung von 43.300 Tonnen.

Archäologische Streiflichter

Der babylonische Flutbericht ist uns im 11. Buch des berühmten assyrisch-babylonischen Gilgameschepos aufbewahrt und im Jahre 1853 bei Kuyunjik (Ninive) ausgegraben worden. Er beschreibt ein Boot, das etwa 5 mal größer ist als die Arche Noahs mit einer Wasserverdrängung von 228500 Tonnen und das die Form eines Würfels hat. Im babylonischen wie im biblischen Bericht spielt Bitumen (Asphalt) oder Pech eine große Rolle als das Mittel, mit dem man die Fugen des Fahrzeugs verklebte. Beide Berichte sagen, daß die Katastrophe von Gott geplant war. Aber in auffallendem Gegensatz zum monotheistischen hebräischen Bericht steht der polytheistische babylonische, der zudem keinen angemessenen moralischen Grund für die Sintflut angibt. Beide Berichte sagen, daß der Held der Sintflut (Noah, Utnapischtim) von Gott den Befehl hatte, ein großes Boot zu bauen, um das Leben zu bewahren. Von allen außerbiblischen Parallelen über die Flut, die uns durch die ausgedehnte Keilschrift-Literatur des Tigris-Euphrat-Tals aus dem Altertum überliefert sind, bleibt die babylonische die eindrucksvollste.

Gottes Anweisungen bezüglich der Flut, 7,1–9. 4. Mose 11,1–31; 5. Mose 14,3–20. Sieben „reine Tiere" (d.h. für ein gottgefälliges Opfer geeignet) werden hier besonders genannt, daß sie mitgenommen werden sollen, neben allen anderen Tieren, von denen je ein Paar einer jeden Art zwecks späterer Vermehrung gerettet werden soll (1. Mo. 6,19). Solche Unterscheidungen reiner und unreiner Tiere nehmen Bestimmungen im mosaischen Gesetz vorweg, das zehn Tierarten aufzählt, die als Gott angenehme Opfer anzusehen sind.

Die physikalischen Ursachen der Sintflut, 7,10–24. Die Ursache der noachitischen Sintflut sprechen für eine weltweite Katastrophe, nicht einfach für eine örtlich begrenzte Flut (vgl. 2. Petr. 3,4-6). Im Blick auf die Herkunft der riesigen Wassermassen bei dieser Flut hat es mehrere Erklärungen gegeben, von denen diejenige von Whitcomb und Morris (in dem Buch „The Genesis Flood") die bekannteste ist. Sie besagt, daß die Flut mit der Verlagerung riesiger Mengen von Grundwasser begann (1. Mo. 7,11), die durch Erdbeben ausgelöst wurde und so den Wassern den Weg an die Erdoberfläche freigaben. Das hatte ein Einsinken von Erdmassen zur Folge und zugleich ein Ansteigen des Meeresbodens. Diese Vorgänge werden in Vers 11 zuerst berichtet. Die gewaltigen 40 Tage andauernden Wolkenbrüche erscheinen danach nur als eine Wasserquelle zweiten Ranges, die jedoch radikale klimatische Veränderungen bewirkte. Bis dahin war die Erde wohl durch diese unterirdischen Quellen und einen aufsteigenden Nebel bewässert worden (1. Mo. 2,5-6), und die atmosphärischen Voraussetzungen zur Bildung eines Regenbogens waren noch nicht gegeben, wie wir sie in der nach-sintflutlichen Welt kennen (1. Mo. 9,13).

Archäologische Streiflichter
Sowohl der babylonische wie der biblische Bericht über die Sintflut geben eine Zeitdauer für die Sintflut an. Der vorbabylonische (sumerische) Bericht gibt eine Dauer von sieben Tagen und Nächten. Der biblische Bericht spricht von etwas mehr als einem Jahr (371 Tagen). Die Bibel bezeugt auch übernatürliche katastrophale Vorgänge bezüglich Sintflut, im Gegensatz zu modernen wissenschaftlichen Theorien (2. Petr. 3,5-6).

Zurückgehen der Wasser, 8,1–6. Ein Wind trocknete die Wassermengen auf, 1; die Oberfläche von Land und Meeren kehrt zum normalen Stand zurück, 2. Die Verdichtung des feuchten „Nebels" (Dunstes), der die Erde vor der Sintflut eingehüllt hatte, hörte auf, 2 (vgl. 1. Mo. 1,6-8). Die Arche setzt auf dem trockenen Boden einer der Bergspitzen des Gebirges Ararat auf, die nicht unbedingt mit dem heutigen Berg Ararat identisch sein muß (Aghri Dagh). 4. Das Wort „Ararat" ist identisch mit dem assyrischen „Urartu", der Gesamtbezeichnung der gebirgigen Gegend Armeniens (vgl. 2. Kö. 19,37; Jer. 51,27; Jes. 37,38), westlich des Kaspischen und südöstlich des Schwarzen Meeres.

Aussendung der Vögel, 8,7–14. Zuerst wurde ein Rabe fliegen gelassen, 6-7; danach eine Taube, dreimal, in Zeitabständen von je einer Woche. Die Rückkehr der zweiten Taube mit einem frischgepflückten Ölblatt im Schnabel zeigte Noah, daß die Täler, in denen die Olivenhaine standen, beinahe wieder trocken waren.

Noah verläßt die Arche und betet Gott an, 8,15–22. Noah opferte auf dem Altar, den er errichtet hatte, Brandopfer, 20, und betete in Dank und Liebe den an, der ihn und seine Familie gerettet hatte. Der Herr sah Noahs Opfer gnädig an, als er den „befriedigenden" (oder „versöhnenden") Geruch wahrnahm, 21.

Archäologische Streiflichter
Dem babylonischen Sintflutbericht zufolge brachte Utnapischtim ein Tieropfer, goß ein Trankopfer aus und verbrannte „süßes Rohr, Zedern und Myrtenzweige", nachdem er die Arche verlassen hatte – teils um den Zorn der verärgerten Götter zu beschwichtigen, die die Vernichtung der gesamten Menschheit beschlossen hatten – teils, um dem Gott Ea seine Dankbarkeit dafür zu bezeugen, daß er ihn bewahrt hatte. In beiden Berichten kommt der Ausdruck „riechen" bezüglich des Wohlgeruchs des Opfers vor. Ehe Utnapischtim das Boot verließ, hatte er wie Noah Vögel ausfliegen lassen – eine Taube, sieben Tage nach der Landung des Bootes auf dem Berg Nisir, dann eine Schwalbe, zuletzt einen Raben.

Kap. 9
Gottes Bund mit Noah

Die Elemente des Bundes, 1-19. 1) Die Zusage, daß nie wieder „alles Lebendige" vernichtet werden sollte (Kap. 8,21). 2) Die Ordnung der Natur bestätigt (Kap. 8,22). 3) Noah und seine Söhne dazu ermahnt, sich zu vermehren und sich die Erde untertan zu machen, 9,1-7. 4) Fleisch als Nahrungsmittel erlaubt, doch ohne Blut, 3-4. 5) Regierungsgewalt des Menschen über den Menschen (Todesstrafe) von Gott eingesetzt, 5-6. 6) Der Regenbogen am Himmel das Zeichen des Bundes zwischen Gott und den Menschen. Die Bibel sagt nicht ausdrücklich, ob der Bogen schon vorher existierte und jetzt als ein Zeichen neu geschaffen wurde, oder ob er ein neues Naturphänomen war, was auf ein verändertes Klima nach der Sintflut hinweist.

Noahs Weissagung von der Sitten- und Heilsgeschichte der Nationen, 20-29. In einem unbewachten Augenblick entehrte Noah sich selbst, 20-21, wodurch deutlich wird, daß die Errettung von der Sintflut letztlich die sündige Natur des Menschen nicht zum Guten verändern konnte. In diesem Zusammenhang zeigte sich bei seinem Sohn Ham eine lüsterne Neigung, und er entehrte seinen Vater, 22-23. Durch den Geist Gottes zeigte Noah in einer bedeutsamen Weissagung das unvermeidliche Ende auf, zu dem diese wollüstige Neigung Hams führen würde, in dem Fluch Gottes, der von nun an auf seinem und dem Leben seiner Nachkommenschaft (den Nachkommen seines Sohnes Ka-

naan) liegen würde. Die Nachkommen Kanaans sind der Zweig der hamitischen Völker, die später bis zur Eroberung Palästinas durch das Volk Israel dieses Land innehatten (1. Mo. 10,15-20).

Der Zweck dieser Weissagung war, den Ursprung der Kanaaniter aufzuzeigen und damit zugleich die Quelle ihrer moralischen Verdorbenheit (vgl. 1. Mo. 10,15-19; 19,5; 3. Mo. 18,20; 5. Mo. 12,31). Daß der Fluch über Kanaan vorwiegend geistlicher Natur war und nicht von der Rasse her begründet, geht aus der Tatsache hervor, daß auch der Segen über Sem geistlicher Natur war, 9,26. Er zeugt von klarer Gotteserkenntnis und prophetischem Wissen um das Heil Gottes, das über die Linie der Nachkommen Sems in die Welt kommen würde. Ebenso war der Segen für Japhet ein geistlicher Segen, 27. Er werde in den Hütten Sems wohnen.

Archäologische Streiflichter

Die Kanaaniter waren die Sklaven einer der schrecklichsten und erniedrigendsten Formen der Götzenanbetung, die sie in ihrer Neigung zur Unsittlichkeit bestärkte. In den Jahren 1929 bis 1937 wurde religiöse Literatur in Ras Shamra (das alte Ugarit in Nordsyrien) gefunden, die die Anbetung der unmoralischen Götzen El und Baal und der „geweihten" (d.h. den Götzen geweihten) Dirnen Anath, Aschera und Astarte be-

Die Maßangaben der Arche in 1. Mose 6 zeigen, daß sie ein sehr großes Schiff war.

zeugen. Diese Literatur bestätigt völlig die atl. Angaben über die religiösen Ausschweifungen und den moralischen Tiefstand der Kanaaniter. Kultgegenstände, Götzenfiguren und Literatur – alles zeigt, wie stark die kanaanitische Religion von Sexualität und Ausschweifung geprägt war und wie weit verbreitet Menschenopfer, Schlangenanbetung, „geweihte" Dirnen und kastrierte Priester (Eunuchen) waren. Die Tiefe des moralischen Schmutzes und der sozialen Erniedrigung, zu denen die erotische Natur der kanaanitischen Kulte führte, sind kaum vorstellbar.

Kap. 10
Die Söhne Noahs

Die Japhetiten
Noahs prophetische Gesamtschau der moralischen und heilsgeschichtlichen Zukunft der Völker (vgl. 9,24-27) ist unverzichtbar für das Verständnis des Prinzips, auf dem die Völkertafel des 10. Kapitels der Genesis aufgebaut ist: daß nämlich in Gottes Wegen mit der Menschheit der sittliche Charakter eines Volkes unverständlich bleibt, wenn man nicht seine Herkunft kennt. Das Volk Israel, das von Gott dazu auserlesen war, der Welt den Segen der Erlösung zu übermitteln, mußte wissen, aus welchen Wurzeln die verschiedenen Nationen stammten, die sie als Nachbarn umgaben, damit es ihm möglich wurde, den einzelnen Völkern in der richtigen Weise zu begegnen. Nach F.W. Albright steht die Völkertafel einzig da in der Literatur des Altertums, ohne die entfernteste Parallele selbst bei den Griechen, denn deren Geschichte ist sagenumwoben, und ihre verschiedenen Völker sind nur griechische oder ägäische Völkerstämme. W.F. Albright nennt die Völkertafel der Genesis „ein erstaunlich genaues Dokument" (in Young's *Analytical Concordance to the Bible,* Seite 25). Obwohl viele Namen der Völkertafel aus alten griechischen und römischen Quellen bekannt waren, hat doch die Archäologie der letzten 150 Jahre durch ihre Entdeckungen manche von ihnen näher erläutern können.

Die Nachkommen Japhets, 2-5. Aus ihnen entstanden die Nationen des Nordens. *Gomer* (assyrisch: *Gimirraya*), die Kimmerier des Altertums (Hes. 38,6), wird erwähnt in den Annalen der assyrischen Herrscher Asarhaddon und Assurbanipal (7. Jh. v.Chr.). *Magog* (Hes. 38,2; 39,6) waren Skythen (nach Josephus), aber wahrscheinlich ist es eine Sammelbezeichnung für die Barbaren des Nordens. *Madai* – das sind die wohlbekannten Meder (2. Kö. 17,6; 18,11; Jes. 21,2), die in assyrischen Inschriften erwähnt werden. *Javan* – von ihm stammen die ionischen Griechen Homers ab, besonders die asiatischen Ionier; er wurde zuerst von Sargon II. (722-705 v.Chr.) und dann später in der jüdischen Geschichte erwähnt (Hes. 27,13;

Jes. 66,19; Jo. 3,6; Sach. 9,13; Dan. 8,21; 10,20). *Tubal* und *Mesech* (Hes. 27,13; 32,26; 38,2; 39,1; Jes. 66,19) waren die Tabali und Muski der assyrischen Keilschrift-Berichte aus der Zeit Tiglat-Pilesers I. (ca. 1100 v.Chr.) und später. *Tiras* war wahrscheinlich der Urahn der Tirsenen, eines ägäischen Piratenvolkes.

Askenas – von ihm kommen die Skythen (assyrisch: *Ashkuz*) her. *Riphat* – seine Nachkommen lebten wahrscheinlich in den Riphäischen Bergen im hohen Norden (Josephus nennt sie die Paphlagonier).

Elischa ist Kittim oder Cypern (Hes. 27,7), das Alashiya der Amarna-Tafeln. *Tarsis* war das phönizische Zentrum der Kupfer-Schmelzen in Tartessus, Spanien, oder ein anderes in Sardinien (Hes. 27,12). *Kittim* ist Cypern, verbunden mit der Stadt Kition (dem heutigen Larnaka), im Altertum eine Stadt an der Südküste der Insel.

Dodanim war vielleicht das Dardana (Dardaner) Kleinasiens; man liest auch *Rodanim* in 1. Chron. 1,7 und im griechischen und samaritanischen Text von 1. Mo. 10,4; in diesem Fall bezeichnet es die Insel Rhodos im Ägäischen Meer.

Die Hamiten
Die Nachkommen Hams, 6-20. Sie waren die Völker im Süden. Durch sie entstanden die frühesten Weltreiche in Süd-Babylonien und danach in Ägypten. *Kusch* hängt mit *Kisch* zusammen, dem alten Stadtstaat im unteren Babylonien. Von Kisch (von wo die babylonischen Herrscher des dritten Jahrtausends v.Chr. ihren Titel als „König der Welt" herleiteten (vgl. Nimrod, 8-12), wanderten die Kuschiten nach Afrika aus (Kosch oder Nubien). *Mizraim* ist Ägypten, dessen Zivilisation etwa 5000 v.Chr. beginnt und die vordynastische Periode bis 3100 v.Chr. einschließt, dazu die 30 Dynastien glänzender Könige von 3100 bis 332 v.Chr. *Put* ist die Cyrenaika in Nordafrika, westlich von Ägypten, wie man heute durch die Inschriften des Perserkönigs Darius I. (522-486 v.Chr.) weiß. *Kanaan* repräsentiert die ursprünglichen hamitischen Völker, die Palästina besiedelten und zur rassischen Vermischung neigten. Dadurch wurden sie vorherrschend semitisch.

Seba hat Verbindung mit Südarabien und wird in den assyrischen Inschriften des 8. Jahrhunderts v.Chr. erwähnt. *Chavila* war der Urahn eines Volkes in Zentral- und Südarabien, teils Kuschiten, teil semitische Joktaniter (10,7-29). *Sabta* ist Schabwat, die alte Hauptstadt von Chazarmavet (10,27), dem modernen Hadramaut. *Raema, Sabteka, Scheba und Dedan* sind kuschitische Stämme Arabiens.

Die hamitische Weltmacht, 8-12. Diese wurde in der Menschheitsgeschichte sichtbar in Nimrod, dem Begründer des babylonischen Königreichs, glaubhaft erklärt als das sumerische (frühe, nicht-semitische babylonische) Nin-

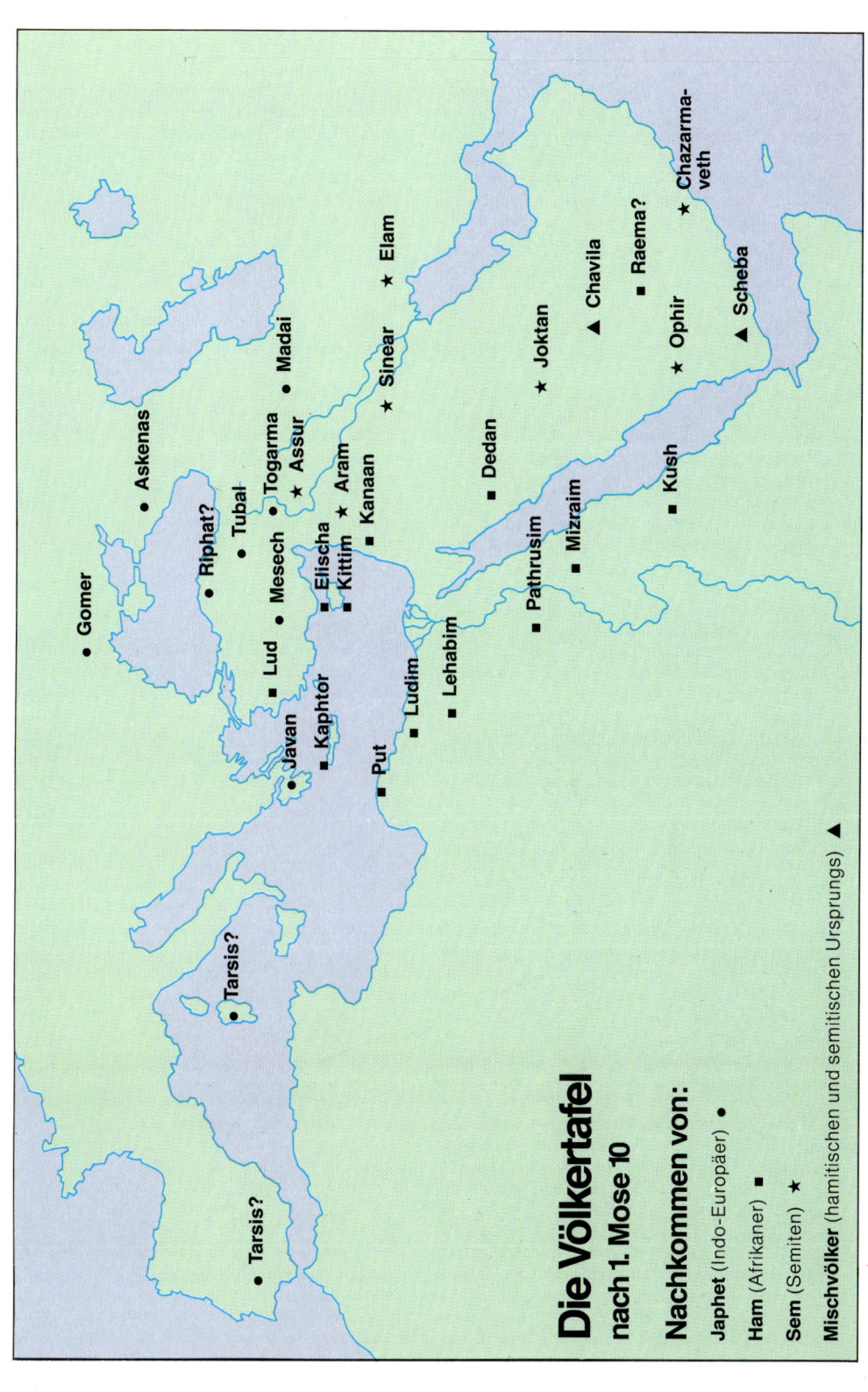

Die Völkertafel
nach 1. Mose 10

Nachkommen von:

Japhet (Indo-Europäer) ●

Ham (Afrikaner) ■

Sem (Semiten) ★

Mischvölker (hamitischen und semitischen Ursprungs) ▲

Tarsis?
Tarsis?
Gomer
Askenas
Riphat?
Tubal
Javan
Kaphtor
Lud
Mesech
Togarma
Madai
Assur
Elischa
Kittim
Aram
Kanaan
Put
Ludim
Lehabim
Sinear
Elam
Pathrusim
Dedan
Mizraim
Joktan
Kush
Chavila
Raema?
Ophir
Scheba
Chazarma-
veth

Maradda („Herr von Marad"), eine Stadt südwestlich von Kisch. Die sumerische Königsliste nennt die Dynastie von Kisch mit 23 Königen als erste in der Aufzählung der Dynastien Mesopotamiens, die nach der Sintflut herrschten. Doch der Name „Nimrod" erinnerte die Hebräer an einen „Rebellen" gegen Gott, in Anbetracht dessen, daß er ein Jäger war, also das Gegenteil von dem, was das göttliche Ideal eines Königs war, nämlich das eines Hirten, vgl. 2. Sam. 5,2; 7,7.

Nimrods Königreich wird in seinen Anfängen im Lande Sinear erwähnt (d.h. die gesamte angeschwemmte Ebene der Tigris-Euphrat-Flüsse, entlang der letzten ungefähr 300 km ihres Laufes, ehe sie in den Persischen Golf münden) mit *Babel, Erech, Akkad* und *Kalneh*, 10, all den Städten, die durch die Archäologie wieder ans Licht gebracht worden sind. *Akkad (Agade)* und *Babel (Babylon)* waren im nördlichen Teil Sinears, der Akkad genannt wurde; und im südlichen Teil, der Sumer genannt wurde, lagen Erech (das Uruk des Altertums), das heutige Warka, wo der erste Ziggurat (Tempelturm) wie auch Zylinder-Siegel entdeckt wurden. Der Name *Akad* wurde dem nördlichen Babylonien wegen seiner Hauptstadt Agade gegeben, die Sargon zur Hauptstadt eines semitischen Reiches 2371-2230 v.Chr.) machte. Über *Kalneh* weiß man bisher noch nichts. Doch nimmt man an, daß der Name eine Kurzform für Hursagkalama (Kalama) ist, einer Zwillingsstadt von Kusch.

Assur (Assyrien), Hauptstadt und Mittelpunkt der assyrischen Weltmacht, 80 km südlich von Ninive, jetzt Qalat Sharqat genannt, wurde 1903-1914 ausgegraben, und seine Besiedlung geht zurück bis ins frühe dritte Jahrtausend v.Chr.

Ninive (das heutige Kuyunjik), etwa 80 km nördlich von Assur, wurde die spätere Hauptstadt des Assyrischen Reiches. Durch die Archäologie dem Grab der Vergessenheit entrissen, wurde bei seiner „Auferstehung" deutlich, daß es, wie einst New York, im Altertum das Zentrum einer Städtegruppe war, zu der auch *Kalach* gehörte, etwa 28 km südlich gelegen; dazu *Resen,* zwischen Kalach und dem eigentlichen Ninive; und *Rehobot-Ir* (Rebit-Ninua), das westlich der Hauptstadt Ninive lag.

Andere hamitische Nationen – Nachkommen Mizraims (Ägyptens), 13-14, sind *Ludium* (einige meinen, es sollte „Lubim" heißen, Libyer, ein Stamm westlich vom Delta), die *Anamiter, Lehabiter, Naohtuhiter* und die *Kasluhiter* (alle bisher unbekannt). Die *Pathrusiter* sind Einwohner von Ptores in Oberägypten. Die *Kaphtoriter* sind Bewohner von *Kaptara* oder Kaphtor (Kreta). Die *Philister* sind uns durch die Monumente anschaulich vor Augen gestellt worden. Sie drangen in großen Scharen im 12. Jahrhundert v.Chr. in Südpalästina ein, obwohl es schon kleinere Ansiedlungen von Philistern seit 2100 v.Chr. in Kanaan gegeben haben könnte (vgl. 1. Mo. 21,32-34; 26,1).

Andere Nachkommen Kanaans, 15-20. *Sidon* (die älteste phönizische Stadt, etwa 35 km nördlich von Tyrus) repräsentiert die Phönizier (Sidonier). *Het* war der Urahn der Hethiter, eines alten Herrschervolkes Kleinasiens, mit der Hauptstadt Hattushash (Boghazköi) am Halys. Die *Jebusiter* hatten sich in Jebus angesiedelt (der alte Name Jerusalems), ehe David es eroberte (2. Sam. 5,6-7; Jos. 15,63; Ri. 19,10-11; Chron. 11,4).

Als *„Amoriter"* („Leute aus dem Westen") bezeichneten die Babylonier im Sinne von „Ausländer" oder „Fremdling" die Einwohner von Syrien-Palästina. Die *Girgasiter* und *Heviter* waren kanaanitische Stämme, die bisher von der Archäologie noch nicht näher gedeutet werden konnten. Die *Arkiter* lebten bei Tell Arka, etwa 128 km nördlich von Sidon (das Irkata der Amarna-Briefe). Die *Siniter* (assyrisch: *Siannu*) werden von Tiglat-Pileser III. als die Bewohner einer Stadt an der Meeresküste erwähnt.

Die *Arvaditer* sind die Bewohner von Arvad, etwa 40 km nördlich von Arka (Arwada in den Amarna-Briefen). Die *Semariter* sind das Volk von Simura (Simuros), etwa 10 km nördlich von Arvad. Die *Hamatiter* sind die Einwohner Hamats am Orontes, das 1932-1939 ausgegraben wurde.

Die Semiten
Die Nachkommen Sems, 21-31. Diese bildeten die zentralen Nationen. Die besondere Bedeutung der Nachkommenschaft Sems im Erlösungsplan Gottes wird dadurch herausgestellt, daß sie in dem Teil der Völkertafel, der ihre Genealogie betrifft, zweimal eingeführt werden (Verse 22 und 31), ebenso durch die Feierlichkeit der Sprache in den Versen 21-22. Ihre Sprachen waren Ostsemitisch oder Akkadisch (Babylonisch und Assyrisch); Nordsemitisch, Aramäisch und Syrisch; Nordwestsemitisch, Ugaritisch, Phönizisch, Hebräisch, Moabitisch; Südsemitisch, Arabisch, Sabäisch, Minäisch und Äthiopisch. *Sem* wird als „der Vater aller Söhne Ebers" bezeichnet, 21. *Eber* schließt alle arabischen Stämme 25-30, sowie die Israeliten (11,16-26), Ismaeliten, Midianiter (25,2) und Edomiter ein. Der Name „Eber" („die andere Seite, drüben") bezeichnet entweder 1) diejenigen, die „vom anderen Flußufer" (Euphrat) gekommen sind, d.h. aus Haran (Jos. 24,2-3), oder 2) solche, die zu den Habiru *(Apiru)* gehören, die aus archäologischen Berichten gut bekannt sind.

Elam ist Susiana mit der Hauptstadt Susa (Susan, Neh. 1,1; Est. 2,8), mit freigelegten Schichten, die bis 4000 v.Chr. zurückgehen.

Assur bezeichnet Assyrien, das von Hamiten gegründet (1. Mo. 10,11), aber von Semiten in Besitz genommen wurde. *Arpakschad* ist wahrscheinlich Arrapachitis nordöstlich von Ninive. *Lud* (Lydier), mit semitischem Einschlag, wurde nach 2000 v.Chr. von einer Dynastie akkadischer Fürsten aus Assyrien aufgebaut. *Aram* (Aramäer)

Bei Nimrud wird ein Brunnen ausgegraben

wurde ein bedeutendes Volk in Haran, in der Gegend des Habur-Flusses in Mesopotamien, und gründete später Staaten in Zoba, Maacha, Gessur, Beth-Rehob und Damaskus. Sie wurden von David erobert. *Uz* (Aramäer aus der Wüste im Süden von Damaskus), *Chul, Geter* und *Masch* sind aramäische Wüstenstämme.

Die Nachkommen Arpakschads waren Schelach, Eber, Peleg und weitere dreizehn arabische Stämme, deren Stammvater Joktan (Arabien, d.h. „Insel der Araber") ist.

Die Nachkommen Joktans waren arabische Stämme. Über *Almodad* und *Scheleph* weiß man nichts Gewisses. *Chazarmavet* ist das heutige Hadramaut in Südarabien, östlich von Aden. *Jerach, Hadoram, Usal, Dikla, Obal* und *Abimael* sind alles alte, bisher nicht identifizierte Namen. *Scheba* ist ein Volk im Südwesten Arabiens mit der Hauptstadt Mariaba (Saba), etwa 320 km nördlich vom heutigen Aden. *Ophir*, berühmt durch sein Gold (Hi. 22,24; Ps. 45,10; Jes. 13,12) und Salomos exotische Handelsbeziehungen (1. Kö. 9.28), wird verschieden lokalisiert; von den einen in Indien, von andern an der afrikanischen Küste. *Chavila* ist vielleicht eine andere Stadt gleichen Namens wie die in Kap. 10,7 genannte. Wenn nicht, hatten die Hamiten es vor den semitischen Joktanitern in Besitz.

Kap. 11
Vom Turmbau zu Babel bis Abraham

Der Turm zu Babel

Der Turmbau, 1-4. Noahs Nachkommen sprachen alle *eine* Sprache, 1. Sie reisten vom Gebirge Ararat (Urartu in Armenien; vgl. 1. Mo. 8,4) ostwärts (genauer: südostwärts) in die blühende Gegend der sehr fruchtbaren aufgeschwemmten Ebene Babylons (Sinear). Diese liegt zwischen Euphrat und Tigris, etwa innerhalb der letzten 320 km des Flußlaufs, ehe beide Flüsse in den Persischen Golf münden. Der fruchtbare Schlamm, den die beiden Flüsse während der Überschwemmungszeiten ins Land hineintragen, schuf dieses ideale Gebiet, das die Wiege der nachsintflutlichen Zivilisation und der Ort des Turmes von Babel wurde, 2. Nach einer langen Periode der Seßhaftigkeit in Südbabylonien, zur Zeit Pelegs, des Sohnes von Eber (1. Mo. 10,25) – wahrscheinlich lange vor 4000 v.Chr. – hatte sich die menschliche Rasse sehr vermehrt. Sie hatte inzwischen auch die Künste und das Handwerk so weit entwickelt, daß sie eine Stadt mit „einem Turm, der bis in den Himmel reicht" bauen konnte. Dieser Ausdruck ist keine Übertreibung, sondern ein Ausdruck des Stolzes („uns einen Namen machen") sowie der Rebellion gegen Gott und seinen ausdrücklichen

Der Turmbau zu Babel

Die Ausgrabungen der gigantischen künstlichen Berge aus in der Sonne getrockneten Ziegeln in Südbabylonien, die man „Zikkurat" nennt (das assyrisch-babylonische Wort „ziqquratu" bedeutet „Gipfel" oder „Bergspitze"), geben uns eine Vorstellung über den Bau des Turmes zu Babel. Der älteste „Zikkurat" der bis jetzt mehr als zwei Dutzend ausgegrabenen befindet sich in der Stadt Uruk („Erech", „Erek", 1. Mo. 10,10; das heutige Warka). Er war ein riesiger Tonhaufen, außen mit Ziegeln und Bitumen (Asphalt) gestützt und zusammengehalten, wie auch die Zikkurats von Borsippa, Ur und Babylon. Sie waren in Absätzen gebaut, drei bis sieben „Stockwerke" hoch und verschiedenfarbig. In der obersten „Etage" war der Schrein und das Bild des Stadtgötzen untergebracht. Der Turm von 1. Mo. 11 war der erste solche Zikkurat – ein Symbol der Empörung und des menschlichen Aufruhrs gegen Gott. Der Gebrauch der späteren Zikkurats, die alle Nachbildungen des Turms zu Babel waren, im Dienst der Vielgötterei, veranschaulichte den immer stärkeren Abfall von Gott in den Götzendienst, der so charakteristisch ist für die Sumerer und die späteren semitischen Babylonier der Ebene von Sinear.

Der Zikkurat von Nimrud

Befehl, „*die Erde zu füllen*" (1. Mo. 9,1). Selbstruhm verdrängte den Ruhm, der Gott allein gebührt. Von Menschen bewirkte Zusammengehörigkeit sollte die Einheit ersetzen, die man durch das Abtun der Furcht Gottes verloren hatte. Ziegel (aus an der Sonne getrocknetem Ton) und Mörtel (natürlicher Asphalt) waren Baustoffe, die der Boden der Ebene in der nachsintflutlichen Zeit enthielt, 3.

Sprachenverwirrung, 5-9. Babylon war zweifellos eine der Städte des Altertums, in denen die meisten Sprachen vertreten waren. Die Bestimmung Gottes, daß gerade dort die verschiedenen menschlichen Sprachen ihren Ursprung haben sollten, war folgenschwer. Die Verwirrung der Sprachen war das Gericht über den Stolz und die Rebellion der Erbauer des Turms und der Stadt. Es bewirkte, daß sie nun über die ganze Erde zerstreut wurden. Aber es war eine Tat Gottes, und es ist uns nicht genau offenbart, auf welche Weise Gott diesen Eingriff in das Leben der Menschen vollzog. 1. Mo. 10, das die Verschiedenheit der Rassen erklärt, liegt *zeitlich viel später* als die Geschehnisse von Kap. 11,1-9.

Von der Flut bis Abram
Die Genealogie von Sem bis Abram, 10-32. Zehn Namen werden genannt. Diese bilden offensichtlich nur eine Auswahl. Dadurch ist das Geschlechtsregister symmetrisch und teleskopartig „ineinandergeschoben", d.h. verkürzt gesehen (wie die zehn Namen von Adam bis Noah in 1. Mo. 5), denn: 1) die Periode von 427 Jahren nach dem hebräischen Text (nach der Septuaginta 1307 Jahre), die diese Namen einschließt, ist *viel* zu kurz im Vergleich zur bekannten gleichzeitigen Geschichte Ägyptens und Babylons. 2) Es gibt keine Beweise für eine weltweite Sintflut bei Ausgrabungen, die nicht wenigstens um 4500 oder 5000 v.Chr. zu datieren sind. Die Sintflut in die Zeit um 2348 v.Chr. zu legen ist archäologisch unhaltbar. 3) Symmetrie und Zusammenfassung der Zeitrechnung ist ein Charakteristikum der biblischen Geschlechtsregister. 4) Es ist offenbar Gottes Absicht, nur den bloßen Faden der messianischen Linie durch einige repräsentative Namen darzustellen.

Kap. 12
Die Berufung Abrams

Der göttliche Ruf in Haran, 1. Gott berief Abram erstmals, als er noch in Ur war (Apg. 7,2-3; 1. Mo. 11,31), und erneuerte diesen Ruf in Haran. Er bestätigte ihn in Sichem (12,7), nochmals in Bethel (13,14-17) und noch weitere zwei Mal in Hebron (15,5.18; 17,1-8). Das unterstreicht, von welch weitreichender Bedeutung und Wichtigkeit der Ruf war. Bis jetzt hatte sich Gott mit der gesamten adamitischen Menschheit beschäftigt, die jetzt in weltweite Götzenanbetung verfallen war. Nun leitet Gott vom breiten Strom der Mensch-

heit ein winziges Rinnsal ab, durch das er am Ende dann wieder den Strom selbst reinigen wird.

Haran, wo Abram bis zum Tode Terachs lebte, existiert noch heute. Es liegt am Balikh-Fluß, etwa 965 km nordwestlich von Ur und etwa 640 km nordöstlich von Palästina. Zur Zeit Abrams war Haran eine blühende Stadt, wie man aus wiederholten Angaben in den Keilschrift-Quellen weiß. Der Name „*Harranu*" (Weg), der sich in den assyrischen Quellen findet, deutet darauf hin, daß die Stadt in der Nähe der wichtigen Handelsstraßen zwischen Ninive, Damaskus und Karchemis lag. Ebenso wie Ur, war Haran ein Zentrum der Anbetung des Mondgottes Sin (sumerisch Nanna).

Durch die Absonderung Abrams und die Gründung des Volkes Israel schuf Gott sich 1) inmitten der allgemeinen Vielgötterei einen Zeugen des einen, wahren Gottes (5. Mo. 6,4; Jes. 43,10-12); 2) einen Empfänger und Hüter der göttlichen Offenbarung (Röm. 3,1-2; 5. Mo. 4,5-8); 3) einen Zeugen dafür, daß es ein großer Segen ist, dem wahren Gott zu dienen (5. Mo. 33,26-29); 4) ein Volk, aus dem der Messias, der Erlöser, kommen würde (1. Mo. 3,15; 12,3; 49,10; 2. Sam. 7,16).

Der Bund Gottes mit Abram, 2-4. Dieser Bund, der später bestätigt wurde (1. Mo. 13,14-17; 15,1-7; 17,1-8), enthält sieben Zusagen Gottes: 1) *Abram soll zu einem großen Volk werden* – er soll eine natürliche Nachkommenschaft haben, an Zahl so groß „*wie der Staub auf Erden*" (1. Mo. 13,16;), d.h. das Volk der Hebräer des AT und die wiederhergestellte Nation des zukünftigen Reiches; und eine geistliche (mit Gottes Geist erfüllte) Nachkommenschaft, Menschen des Glaubens aus Juden und Heiden (Röm. 4,16-17; 9,7-8; Gal. 3,6-7). 2) *Abram soll persönlich gesegnet werden* – „Ich will dich segnen", im Materiellen, Zeitlichen (1. Mo. 13,14-17; 24,34-35) und Geistlichen (1. Mo. 15,6; Joh. 8,56). 3) *sein Name soll groß, bedeutungsvoll werden:* „Und ich will dir einen großen Namen machen". 4) *Er soll persönlich anderen zum Segen werden:* „Du sollst ein Segen sein" (Gal. 3,13-14). 5) *Die ihn segnen, sollen gesegnet werden:* „Ich will segnen, die dich segnen". 6) *Wer ihm flucht, soll verflucht sein:* „Ich will verfluchen, wer dir flucht". Antisemitismus hat immer Gottes Fluch mit sich gebracht und wird es immer tun (Sach. 14,1-3). 7) *Alle Geschlechter der Erde sollen in ihm durch einen seiner Nachkommen gesegnet werden,* nämlich durch Christus (Gal. 3,16; Joh. 8,56-58).

Abram in Kanaan, 5-9. Abrams Frau Sarai, sein Neffe Lot und die Knechte, die sie in Haran erworben hatten, zogen mit ihm ins Land Kanaan.

Sichem war der erste Ort, wo Abram seine Reise unterbrach. Diese Stadt mit ihrer langen Vergangenheit im Herzen Kanaans liegt in dem lieblichen Tal zwischen den Bergen Ebal und Garizim, nahe

Zeitgenössische Geschichte Mesopotamiens

Zeitalter	Ort der Ausgrabungen	Funde
Neolithisch ca. 6500-5000 v.Chr.	Früheste Dörfer in Nordmesopotamien, Qal'at Jarma, etwa 48 km östlich von Mosul, 1948 ausgegraben von der Universität Chicago	Steinwerkzeuge, einfache Häuser, keine Töpferwaren
Hassuna-Periode	Tell Hassuna, ca. 37 km südlich von Mosul. Ausgrabungen 1943-1944 durch das Irak-Museum. Matarrah, etwa 40 km südlich von Kirkuk. Ausgrabungen 1948 durch die Universität Chicago. Ninive niedrigste Schichten. Samarra am Tigris nördlich von Bagdad.	Rohe Töpferei, aus Kiesel und vulkanischem Glas fabrizierte Gegenstände; Entwicklung von Werkzeugen für den Ackerbau. Zähmung von Haustieren; Tonhäuser; kein Metall; Töpferei verbessert; Bemalung irdener Gefäße; künstlerische Höhe der Samarra-Periode

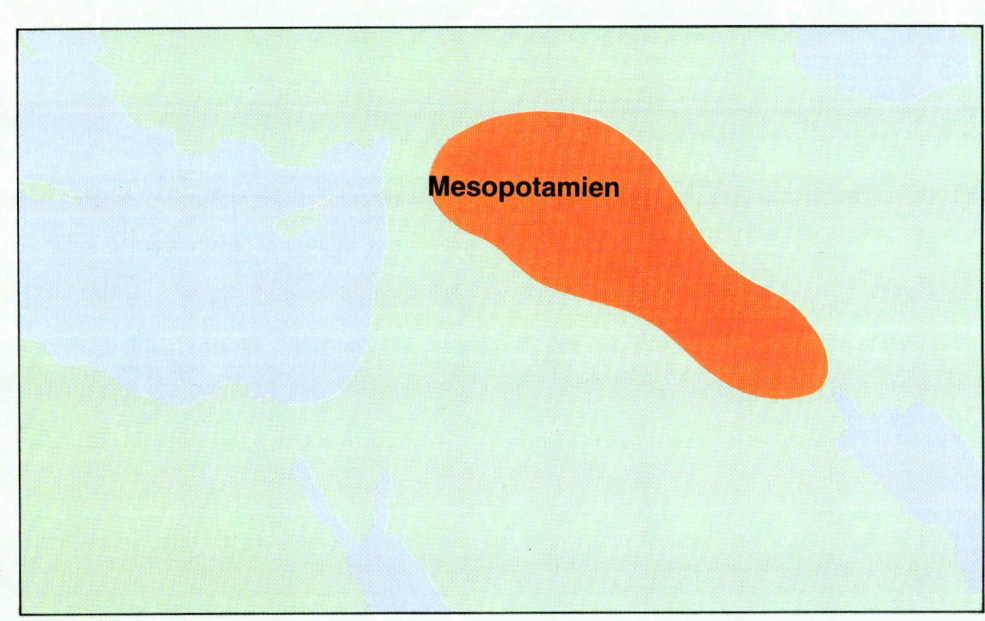

Mesopotamien

Chalkolithisches (Kupfer-Stein-) Zeitalter, ab ca. 4500 v.Chr.	Tell Halaf am Habor-Fluß in Nordmesopotamien. Karchemis, etwa 160 km westlich vom Tell Halaf; Tell Chagar Bazar, etwa 80 km östlich davon, und Tepe Gawra und Tell Arpachiya, etwa 280 km östlich davon	Bemerkenswerte Halafische Töpferarbeiten; Wagen mit Rädern, Gebrauch von Kupfer beginnt
Halaf-Periode	Tell Abu Shahrain (Eridu). Ausgrabungen 1946-1947 durch: Irak. Abteilung für Antiquitäten	Besiedlung Südbabyloniens beginnt; fein bemalte Töpferei-Gegenstände; erste vorgeschichtliche Tempel; Wohnhütten aus Rohr und Lehm
Tell-Obeid-Periode ca. 4000 v.Chr.	Tell Obeid am unteren Euphrat, ausgegraben 1923-1924 von C. Leonhard Woolley, entspricht der untersten Schicht Susas im Iranischen Hochland	Charakteristisch blaßgrün bemalte Töpferware, Lapis-Lazuli-Schmuckgegenstände; Stein-Kupferwerkzeuge und Waffen 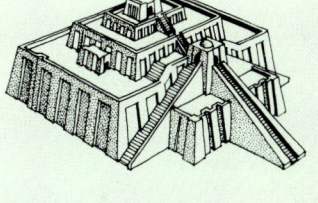
Uruk ca. 3500 v.Chr.	Das biblische Erech (1. Mo. 10,10) und moderne Warka, etwa 50 km vom Tell Obeid flußaufwärts, von Deutschen ausgegraben; schriftliche Zahlenrechnungen	Älteste Steinkonstruktionen, der erste Zikkurat (Tempelturm) – vgl. Turm von Babel (1. Mo. 11,1-4); Einführung der Zylinder-Siegel und der Schreibschrift; arithmetische Berechnungen
Jemdet Nasr ca. 3000 v.Chr.	Jemdet Nasr in der Niederung Mesopotamiens in der Nähe des späteren Babylon. Q.E. Mackay und S. Langdon *Bericht über Ausgrabungen bei Jemdet Nasr*, Irak, 1931. Shuruppak (Fara), Eschnunna (Tell Asmar) und Kisch gegründet	Umfassender Gebrauch von Metall; Bronze eingeführt; Schrift in ungelenken Bildern; Skulpturen von Menschen und Tieren; Städte Unter-Mesopotamiens mit den ältesten Traditionen über die Sintflut gehen in jene Zeit zurück; Liste der sumerischen Könige
Frühe dynastische Periode ca. 2800-2371 v.Chr.	Vier Dynastien in Kisch, zwei Dynastien in Ur, drei Dynastien in Uruk; Dynastien in Awan, Hamazi, Adab, Mari, Akshah und Lagash	Bilderschrift, Tempel, Standbilder, Entwicklung von Kunst und Wissenschaft; ausgedehnte Götzenanbetung durch die Sumerer (Prä-Semiten in Babylon) 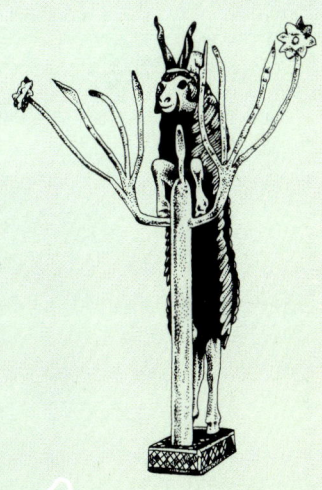
Altakkadische Periode ca. 2371-2180 v.Chr.	Semiten gewinnen Führung; Sargon in Agade (Akkad) erobert Ur; Naram-Sin und sein Sohn Schar-kali-scharri beherrschen ein großes Reich	Gasur (später Nuzi) eine wichtige Stadt; Blütezeit der Kunst; Sieges-Stele von Naram-Sin
III. Dynastie von Ur ca. 2113-2006 v.Chr.	C.L. Woolley legt Ur frei, 1922 bis 1923	Abraham 2161 v.Chr. geboren; das Leben im frühen Ur; Ur-Nammu war König; berühmter Zikkurat in Ur
Isin-Larsa-Periode ca. 2017-1763 v.Chr.	Ur zerstört	Zeit der Patriarchen in Palästina

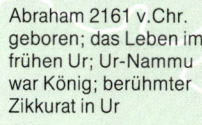

bei dem heutigen Nablus. Hier baute Abram Gott einen Altar und betete ihn an. Von hier sind es noch etwa 48 km bis Jerusalem (zur Zeit der Landnahme und der Richter Jebus genannt).

Bethel, d.h. „Haus (Wohnplatz) Gottes", war der zweite Ort, wo Abram sein Zelt aufschlug. Von dort hat man einen überwältigenden Blick über Palästina. Es war ein idealer Fleck für Jakobs Vision von der Himmelsleiter (28,12). Dieser Platz, weniger als 20 km nördlich von Jerusalem, ist ausgegraben worden, und man ist seiner Geschichte zur Zeit der Erzväter nachgegangen.

Kanaan (in der Sprache der Hurriter bedeutet das Wort „zum Land des roten Purpurs gehörig") war mindestens seit dem 14. Jahrhundert v.Chr. eine geographische Bezeichnung des Landes, in dem die Kanaaniter oder phönizischen Kaufleute mit roter Purpurfarbe handelten, die aus den Murex-Muscheln der Mittelmeerküste gewonnen wurde. „Palästina" ist eine spätere griechische Bezeichnung *(he Palaistine),* abgeleitet von den Philistern (hebräisch *„pelischti"),* die sich an der Südwestküste (Philistia, Joel 3,4 oder 4,4) angesiedelt hatten.

Abram war ein reicher Mann mit vielen Schafen, Ziegen und Rindern

Abram in Ägypten, 10-20. Anläßlich einer Hungersnot in Kanaan, die Abrams Reise nach Ägypten veranlaßte, tritt das mächtige Reich am Nil plötzlich in der biblischen Geschichte auf, um nicht mehr daraus zu verschwinden. Ägyptische Grabdenkmäler zeigen Scharen von semitischen Händlern, die schon in früher Zeit nach Ägypten kamen, wodurch der Besuch Abrams dort anschaulich bestätigt wird. Dort kommt Abram, nachdem er Kanaan verlassen hatte, durch Sarais Schönheit in Schwierigkeiten. Es war im Altertum nichts Außergewöhnliches, daß Männer, die über Macht verfügten, schöne Frauen mit Beschlag belegten. Abrams Ausflucht, Sarai sei seine Schwester, war teilweise wahr, denn sie war seine Halbschwester (20,12). Dazu finden sich in zeitgenössischen huritischen Berichten Hinweise darauf, daß Ehen gewöhnlich durch eine förmliche Adoption einen zusätzlichen Rechtsstatus erhielten, so daß Mann und Frau gleichzeitig rechtlich als Adoptivbruder und -schwester galten (vgl. Jakob, 1. Mo. 29,14). Ob diese Rechtsbräuche auch Abram betrafen oder nicht – jedenfalls darf der Ernst seiner Lüge nicht unterschätzt werden.

Kap. 13
Abram trennt sich von Lot

Abram und Lot kehren aus Ägypten zurück, 1-4. Abrams Reichtum wird besonders erwähnt (vgl. 12,2), ebenfalls seine Rückkehr nach Bethel (siehe Bemerkung zu Kap. 12,2) in der Nähe von Ai (siehe Jos. 8).

Abram trennt sich von Lot, 5-13. Abram „wählte nach dem Glauben", Lot dagegen nach dem „Schauen". Das Ergebnis: geistliches Wachstum für Abram, geistliche Verarmung für Lot.

Der Bund Gottes mit Abram bestätigt, 14-18. Siehe Erklärungen zu 1. Mo. 12,2-4. Der Besitz Kanaans und leibliche Nachkommen werden betont. Abram zog weiter nach Mamre bei Hebron und baute Gott dort einen Altar, 18. Hebron als Stadt existierte zu Abrams Zeit noch nicht, sondern wurde erst „sieben Jahre vor Zoan in Ägypten" gegründet (4. Mo. 13,22), d.h. um 1700 v.Chr. Vor dieser Zeit hieß der Ort Mamre. Der Name Hebron wird hier – und in Kap. 23,19 – (im Vorgriff) nur erwähnt, um zu zeigen, wo Mamre lag.

Archäologische Streiflichter

In der mittleren Bronzezeit (2000-1500 v.Chr.) war der Gebirgskamm des Hochlandes von Palästina dicht bewaldet und hatte wenig Ackerland. Zisternen wurden nicht überall benutzt. Deshalb wurden Städte nur in der Nähe von Wasserquellen erbaut. Hirten wie Abram und Lot hatten also genug Raum, als Halbnomaden ihr Vieh zu weiden. Die Archäologie hat gezeigt, daß Sichem, Bethel, Gerar, Dothan, Jerusalem

Das Ur Abrams

Ausgrabungen in Ur. Vor 1854 war die Lage Urs unbekannt. 1854 wurden bei Ausgrabungen Tafeln gefunden, die besagten, daß Nabonid von Babylon (556-539 v.Chr.) den Zikkurat von Ur-Nammu wiederhergestellt hatte. Ausgrabungen von H.R. Hall (1918) und C.L. Woolley (1922-1934) machten Ur zu einem der bekanntesten Ausgrabungsorte Babylons.

Der Zikkurat von Ur war eine dichte Masse von Ziegeln. Er hatte eine Grundfläche von 60 x 45 m und war 21 m hoch. Er hatte den Namen „Hügel des Himmels" oder auch „Berg Gottes". Auf der obersten Ebene stand der Schrein des Mondgottes Nanna, des Schutzgötzen der Stadt. Der Zikkurat stand in einem *„temenos"* (heiliger Bezirk) im Nordwesten des Wohnbezirks der Stadt. Der Euphrat floß im Westen der Stadt entlang, und Kanäle umgaben und unterteilten sie. Andere Tempel und sonstige „heilige Gebäude" dominierten im *„temenos"* des Götzen Nanna und seiner Gattin Nin-Gal. Ur war ein theokratischer Stadtstaat, in welchem der Mondgott König und Gott zugleich war. Das gesamte Leben der Stadt: Handel, Gesellschaftsleben und Religion, kreiste um den Götzenkult. Terach war wahrscheinlich ein Anbeter des Mondgottes (vgl. Jos. 24,2). Abram verließ die Stadt, als sie auf der Höhe ihrer wirtschaftlichen Blüte stand.

Der Zikkurat von Ur, teilweise restauriert

Abram in Nordmesopotamien

Spuren des Aufenthaltes des Patriarchen. Trotz der bemerkenswerten Entdeckungen bei Ur, besonders der Königsgräber, (s. Wolley's Ur Excavations II: The Royal Cemetery [„Ur Ausgrabungen II: der Friedhof der Könige"], 1934), sind keine direkten Spuren gefunden worden, die darauf schließen lassen könnten, daß Abram dort gewohnt hat. Doch sind unmißverständliche Spuren davon bei Haran gefunden worden (s. Bemerkungen zu 1. Mo. 12,1-2). Die Mari-Tafeln aus dem 18. Jahrhundert v.Chr., die 1935 gefunden wurden, erwähnen Nahor (Til-Nahiri, „der Erdwall des Nahor"), Rebekkas Heimat (1. Mo. 24,10). Städte in der Nähe von Haran tragen die Namen Serug (assyrisch: Serugi, 1. Mo. 11,20) und Til Turakhi, „Erdwall des Terach". An Peleg erinnert das spätere Paliga am Euphrat. Padanaram (1. Mo. 25,20) ist das aramäische *„paddana"*, das „Feld" oder die „Ebene" von Aram. Reu (1. Mo. 11,20) entspricht anderen Namen von Städten des mittleren Euphrat-Tales.

(Salem) und Beerseba schon zur Zeit Abrams existierten, ebenso die Jordan-Pentapolis (Gemeinschaft von 5 Städten) Sodom, Gomorra, Adama, Zeboim und Zoar (siehe zu 1. Mose 19,1-38). Palästina war bis dahin erst noch dünn besiedelt, und die Städte Kanaans lagen in der Küstenebene und der Ebene von Jesreel, im Jordantal und in der Ebene am Toten Meer.

Kap. 14
Abram, der Hebräer, kämpft und siegt

Invasion der mesopotamischen Könige, 1-12. Vier mesopotamische Könige kämpften gegen fünf Könige aus dem Jordantal, 2, und siegten, 3-12.
Sieg des Hebräers Abram, 13-16. Abram ist der erste Mensch der Bibel, der ein „Hebräer" genannt wird, 13. Das Vorkommen der Bezeichnung *„Habiru"* in den Mari-Briefen (18. Jh. v.Chr.) und in den früheren kappadozischen Texten (19. Jh. v.Chr.), ebenso in späteren nuzischen, hethitischen, Amarna- und ugaritischen Texten (15. und 14. Jh. v.Chr.), legt es nahe, in diesem Ausdruck nicht eine völkische (ethnische), sondern eine gesellschaftliche (soziale) Bezeichnung zu sehen, die „Wanderer" oder „Menschen, die von Ort zu Ort ziehen", beschreibt. Dazu kommt, daß die hebräische Wortwurzel „'br" (möglicherweise mit „Hebräer" verwandt) „überqueren" bedeutet und deshalb dafür spricht, daß die Hebräer „herüberkamen", d.h. den Fluß überquerten (entweder den Euphrat und Tigris und später dann den Jordan).

Melchisedek und Abram, 17-24. Melchisedek, „König von Salem" („Uru-schalim" in den Amarna-Briefen, später Jerusalem), ging Abram entgegen, als er von der siegreichen Schlacht gegen die verbündeten Könige zurückkam. Als Priester-König deutete Melchisedek typologisch auf Christus hin, welcher aufstehen sollte als „Priester in Ewigkeit nach der Ordnung Melchisedeks" und so die drei miteinander verbundenen messianischen Ämter des Königs, Priesters und Propheten auf sich vereinen und zur Erfüllung bringen würde (Ps.110,4; Heb.7,1-28). Abram bekam eine Ahnung von der messianischen Offenbarung El Elyons (des allerhöchsten Gottes), „des Besitzers Himmels und der Erde" (14,22), und als Zeichen dieser ahnenden Erkenntnis gab er Melchisedek den Zehnten.

Archäologische Streiflichter
Die Archäologie bezeugt das hohe Alter wie auch die Genauigkeit von 1. Mose 14. Beispiele von altertümlichen Ortsnamen mit ihren beigefügten Erklärungen, die sie späteren Generationen verständlich machen sollen, sind: „Bela" (das ist Zoar), 2; „das Tal Siddim" (das jetzt das Salzmeer ist), 3; „En-mishphat" (das ist Kadesch), 7; „das Tal Schaveh" (welches Königstal genannt wird), 17.

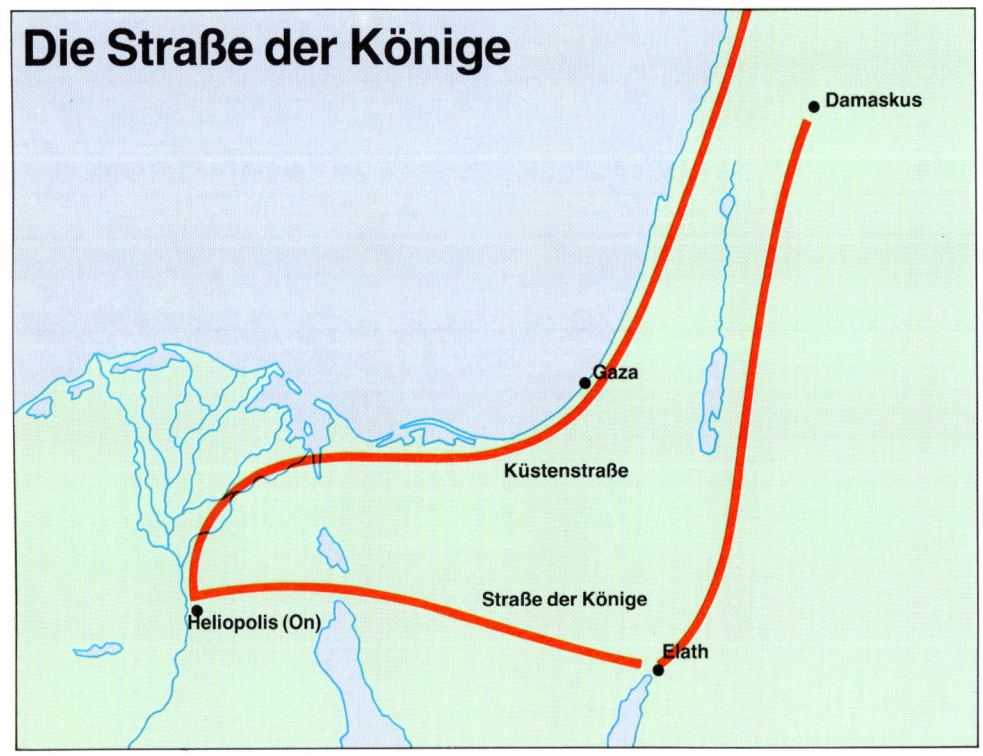

Die Straße der Könige

Damaskus

Gaza

Küstenstraße

Straße der Könige

Heliopolis (On)

Elath

Die Städte Haurans (Basan), Astarot und Karnaim, waren beide zu dieser frühen Zeit bewohnt, wie Untersuchungen ihrer Hügel (Tells) bewiesen haben. A. Jirku und W.F. Albright haben die Stadt Ham ausgegraben und festgestellt, daß sie bis in die Mittlere Bronzezeit (ca. 2000 v.Chr.) zurückgeht und mit der modernen Stadt gleichen Namens identisch ist. Der Weg der angreifenden Könige durch Hauran, Ost-Gilead und Moab nach Südost-Palästina wurde als historisch möglich erwiesen durch die Entdeckung einer Anzahl von Hügeln (Tells) aus der frühen und mittleren Bronzezeit, die sich an diesem Weg befinden. Dort wurde auch 1924 die Stadt Ader der frühen Mittelbronzezeit gefunden. Später wurde dieser Weg, „die Straße der Könige", berühmt. Doch scheint er nach dem 12. Jahrhundert nicht mehr benutzt worden zu sein. Der Asphalt aus dem Toten Meer und die wichtigsten Kupfer- und Manganablagerungen Edoms und Midians scheinen das Ziel der ursprünglichen Invasion der Könige gewesen zu sein. (12 Jahre vor 1. Mo. 14, vgl. 14,4).

Kap. 15
Gottes Bund mit Abram bestätigt

Die göttliche Verheißung, 1. Gott gab die Zusicherung von Schutz und Lohn für in ihn gesetztes Vertrauen.

Das menschliche Problem, 2-3. Abram war kinderlos. Sein Knecht Elieser würde sein einziger Erbe sein. Die Adoption eines Sklaven als bedingten Erben ist aus Handschriften um 1950 v.Chr. in Babylon und Sippar belegt und scheint übliche Rechtspraxis in Mesopotamien gewesen zu sein.

Ein Sohn verheißen, 4-5. Diese Verheißung schloß auch die Zusicherung einer geistlichen Nachkommenschaft, die ebenfalls so „zahlreich wie die Sterne" sein sollte, ein: „So (zahlreich) soll deine (geistliche) Nachkommenschaft sein".

Abrams Glaube, 6. Abram ergriff Gottes Verheißung, die letzten Endes den größeren Isaak (Messias) betraf und in der Rechtfertigung durch ihn gipfelte (Röm. 4,3; Gal. 3,6).

Der Bund bestätigt, 7-21. Gott belohnte solchen rechtfertigenden Glauben. Der Bund, der angekündigt (12,1-4) und erneut bestätigt (13,14-17); 15,1-7) war, wurde hier besiegelt (15,18-21). Das zeichenhafte Ritual, unter dessen Begleitung dieser Bund besiegelt wurde, wird in zeitgenössischer Literatur bestätigt und veranschaulicht.

Kap. 16
Ismael und Abrams schwankender Glaube

Versuchung zum Unglauben, 1-6. Der glaubensstarke Krieger von Kap. 15 greift zu menschlichen Mitteln, um Gott in der Erfüllung seiner Verheißung zu helfen. Unglaube äußert sich sowohl bei Abram als auch bei Sarai in Ungeduld, 2-3. Sarai ist (trotzdem!) ein Typus des Gnadenbundes, während Hagar ein Typus für den Bund des Gesetzes ist, der „zur Knechtschaft" gebiert (Gal. 4,24-25).

Folgen des Unglaubens, 7-16. Die Geburt Ismaels ist ein Denkmal für die Zweifel Abrams und seines unbefugten Eingreifens in die Verwirklichung der ihm von Gott zugesicherten Bundeszusage. Hagar wurde die Zusage gewährt, daß ihr Sohn der Vater einer großen Nachkommenschaft werden würde, 10, daß Ismael aber ein wilder, ungebärdiger, kriegerischer Mensch sein würde, 12. In diesem Kind des Unglaubens wurde der Nachwelt ein Vermächtnis hinterlassen, das Uneinigkeit, ja Feindseligkeit bedeutet, die auch heute noch die Ursache internationaler Spannungen ist.

Kap. 17
Der Bund nochmals bestätigt

Der Bund durch erneute Selbstoffenbarung Gottes besiegelt, 1-2. Gott offenbarte sich nun als „El Shaddai", d.h. als „der allmächtige Gott", der Gott, der alle Macht besitzt, der daher fähig ist, das scheinbar unsicher werdende Versprechen eines kommenden Erlösers zu erfüllen, das

Baum bei Mamre. Hier erschien der Herr dem Abraham, um Sara einen Sohn zu verheißen.

Sodom und Gomorra lagen beide im Jordantal am Südende des Toten Meeres

er Abram, Isaak (28,3-4), Jakob (35,11) und Joseph (48,3; 49,22-26; vgl. 2.Mo.6,2-4) immer neu bestätigt.

Der Bund durch Namensänderung besiegelt, 3-8. Der Name „Abram" (erhabener Vater) wurde in „Abraham" (Vater einer Menge) umgewandelt als ein Angeld für das, was Gott (El Shaddai) in seiner erlösenden Macht tun würde. Sarais Name wurde in „Sarah" („Fürstin") umgewandelt, 15.

Der Bund durch Beschneidung besiegelt, 9-27. Die Beschneidung war ein Zeichen oder Beweis des Bundes, 9-10, ein Siegel der Gerechtigkeit, die durch den Glauben bewirkt wird (Röm.4,9-12). Sie spricht davon, daß das Böse abgetan wird (5.Mo.10,16; Jer.4,4), ist ein Symbol der Reinigung des Lebens direkt an seiner Quelle, und deutet besonders auf die messianische Hoffnung hin (durch die Linie Isaaks, 15-17, nicht Ismaels, 18-27). Der größere Isaak, der selbst ein „vom Weibe Geborener" sein wird, würde dieser Erlöser sein, der Erfüller des verheißenen Bundes. Er allein würde all das verwirklichen, auf das die Beschneidung hinweist.

Kap. 18-19
Sodom und Gomorra

Gottes Erscheinung bei Mamre, 18,1-16. Eine außerordentliche Begegnung Gottes mit Abraham krönte die göttliche Verheißung der Nachkommenschaft durch Isaak, die in der Erlösung durch den Messias gipfeln sollte. Der Herr in Gestalt eines Menschen, offenbar von zwei Engeln begleitet, erschien dem Patriarchen, diesem „Freund Gottes" (Jes.41,8; Jak.2,23), um die Verheißung über jeden Zweifel sicherzustellen. Der „Allmächtige" (El Shaddai) würde beweisen, daß ihm nichts „zu wunderbar" (schwierig) ist, 14.

Abrahams Fürbitte für Sodom, 18, 17-33. Der Herr offenbart den Seinen seine Geheimnisse. Deshalb wurde Abraham von dem Gericht über die Bösen vorher informiert. Seine Nachkommenschaft sollte wissen, daß das, was geschehen war, ein Gottesgericht und nicht ein Unglücksfall war. Gottes Gnade, in seinem Bund den Gläubigen verheißen, bildet den Kontrast zu seiner unerbittlichen Strenge gegen die Bösen und Unbußfertigen. Welch eine Kühnheit und Demut zugleich sprechen aus der Fürbitte des Patriarchen (V. 23-33) für die Sünder in Sodom!

Sodoms Sünde und Untergang, 19, 1-38. Die furchtbare Verdorbenheit der Stadt und ihre Vernichtung sollen dem erwählten Volk Gottes eine Warnung sein, besonders im Blick auf Lot und seine Familie (vgl. Lk. 17,32; 2. Petr. 2,6-9).

Archäologische Streiflichter

Die fünf Städte der Jordanebene (Sodom, Gomorra, Adama, Zeboim und Zoar) lagen im Tal Siddim (1.Mo.14,3) am Südende des Toten Meeres. Diese Region, die heute unter Wasser steht, war um ca. 2065 v.Chr. fruchtbar und bevölkert. Um 2050 v.Chr. wurde das Salz und der freie Schwefel dieser Gegend auf übernatürliche, wunderbare Weise vermischt – wahrscheinlich durch ein Erdbeben, was in dieser Gegend nichts Besonderes ist. Die heftige Explosion schleuderte Salz und Schwefel als rotglühende Masse in die Luft, so daß es danach buchstäblich Feuer und Schwefel über die ganze Ebene regnete (1. Mo. 19,24.28). Übrig blieb eine ausgebrannte Region, die Öl und Asphalt bietet (1. Mo. 14,10).

Die große Salzmasse Jebel Usdum („Berg von Sodom"), eine 7-8 km lange Erhöhung am südwestlichen Ende des Toten Meeres, erinnert daran, daß Lots Weib in eine Salzsäule verwandelt

Tell Beerseba südlich des Toten Meeres. In der Nähe dieser Stelle hielt sich Abraham lange Zeit auf.

Kanaan
zur Zeit Abrahams

0   10   20   30   40   50
Kilometer

• Sidon

Damaskus•

BASAN

• Tyrus

• Dan

• Karnaim

• Astarot

See Genezareth

DAS GROSSE MEER

Dotan

• Ham

Jordan

• Sukkot

AMMON

Sichem •

Jabbok

GEBIET
DER
PHILISTER

• Silo

• Penuel

GILEAD

• Bethel

Jerusalem •

Bethlehem •

Salzmeer

• Gaza

Arnon

MOAB

• Hebron

• Gerar

• Gomorra?

• Sodom?

• Beerseba

Bach Sered

WÜSTE PARAN

• Rehobot

EDOM

wurde. Die Städte der Ebene sind unter dem langsam höhersteigenden Wasser des Südteils des Salzmeeres zu lokalisieren. Ihre Ruinen konnte man bis ins 1. Jahrhundert n.Chr. sehen.

Kap. 20
Abraham in Gerar

Abrahams Lüge, 1-18. Abraham sagte zu Abimelech, daß Sarah seine Schwester sei, verfiel also in dieselbe Charakterschwäche wie ein Jahr zuvor (12,10-20) und bewies dadurch, daß er, der bald darauf die über Isaak erfüllte Verheißung des zukünftigen Erlösers empfangen sollte, im Blick auf seine Schwachheit und Unvollkommenheit selbst der Gnade Gottes bedurfte.

Kap. 21
Isaaks Geburt

Die Geburt Isaaks, 1-8. Der Name „Isaak" (Lachen) spricht von der Freude, die das Kind der Verheißung nicht nur seinen alten Eltern, sondern durch den größeren Isaak, durch Christus, allen Erlösten bringen sollte.

Verstoßung Ismaels, 9-21. Ismael verspottete Isaak, vielleicht weil er erkannt hatte, daß sich seine Hoffnungen, den Reichtum und Wohlstand Abrahams zu erben, zerschlagen hatten. Der Text spielt dabei auf den Namen Isaaks an, indem er eine intensive Form derselben Wortwurzel verwendet, um Ismaels Spott auszudrücken. Der Apostel Paulus sagt, daß Ismael Isaak verfolgte (Gal. 4,29). Durch Gott dazu ver-

Abraham pflanzte eine Tamariske in Beerseba (1. Mo. 21-33).

anlaßt, sandte Abraham Hagar und Ismael fort (vgl. ein vorheriges ähnliches, aber dennoch anderes Ereignis, 16,5-16).

Bund mit Abimelech, 22-34. Dieser Vorfall zeigt, was für ein einflußreicher und mächtiger Mann Abraham durch Gottes Segen war.

Kap. 22
Isaaks Opferung

Die höchste Prüfung, 1-14. Dieses Vorkommnis stellt die „Hochwassermarke" in Abrahams geistlichen Erfahrungen dar (vgl. Hebr. 11,17-19). Diese größte der Krisen im Leben des Patriarchen war durch drei andere Krisen möglich geworden, die für sie grundlegend und vorbereitend gewesen waren: 1) seine Bereitschaft, Vaterland und Verwandtschaft zu verlassen (12,1); 2) seine Trennung von Lot, einem möglichen Erben und Glaubensgefährten (13,5-18; 2. Petr. 2,7-8); 3) die Preisgabe seiner eigenen Pläne und Hoffnungen für Ismael (17,17-18). Nur aufgrund dieser vorangegangenen geistlichen Entscheidungen als Hintergrund war Abraham auf das „Ja" zu diesem Befehl Gottes vorbereitet worden. „Nimm nun deinen Sohn, *deinen einzigen Sohn* Isaak, den du liebhast ... und opfere ihn ..." (22,1). Der ganze Vorgang ist voll tiefer geistlicher Bedeutung. Abraham stellt gewissermaßen den Vater dar, „der auch seines eigenen Sohn nicht verschonte, sondern ihn für uns alle dahingegeben hat" (Röm. 8,32). Isaak ist ein Bild für Christus, „der gehorsam war bis zum Tod" (Phil. 2,5-8). Der Widder spricht von stellvertretender Versöhnung dadurch, daß Christus an unserer Statt sich zum Brandopfer machen ließ (Hebr. 10,5-10).

Bundesschluß wiederholt, 15-24, dramatisch und feierlich, als Antwort auf Abrahams Glaubensgehorsam, den er so eindeutig bewiesen hatte.

Kap. 23
Sarahs Tod

Sarahs Tod und Begräbnis, 1-18. Nach Sarahs Tod (von der Isaak kam), wurde ihr ein Grab unter den Hethitern (Heiden) gegeben. Hethitische Urkunden spiegeln anschaulich die Verhandlungen zwischen Abraham und dem Hethiter Ephron wieder. Durch den Erwerb des Grundstücks mit der Höhle wurde Abraham verantwortlich für die Feudalverpflichtungen, die mit dem Besitz dieses Grundstücks verbunden waren. Abraham stellt seinen Glauben unter Beweis, indem er seine Frau in einem Land begräbt, in dem er „ein Fremdling war".

Kap. 24
Eine Braut für Isaak

Der Diener sucht und erwirbt die Braut, 1-61. Die Geschichte von Abrahams Knecht, der eine

Die Grabhöhle Machpela in Hebron. Man glaubt, daß Abraham, Isaak und Jakob hier begraben sind.

Frau für Isaak sucht, stellt ein beredtes Zeugnis vom Leben des Glaubens dar. Abrahams Glaube wirkte sich auch auf seinen Haushalt aus, da sein Knecht an der Art, wie er Rebekka auswählte, ebenfalls Glauben bewies. Rebekkas Bereitschaft, dem Knecht zu folgen, spiegelt in ähnlicher Weise den Glauben wider, der sich ganz dem geltenden Willen Gottes unterstellt. In dieser Erzählung sieht Scofield ein schönes Abbild für Gottes Suchen nach der „Braut Christi" (der Gemeinde) durch die Vermittlung des Heiligen Geistes.

Archäologische Streiflichter

Die Verhandlungen zwischen Abrahams Knecht, Laban und Rebekka werden in zeitgenössischen Dokumenten veranschaulicht. Die Überreichung von Geschenken, die Weigerung zu essen und Rebekkas Wahl entsprechen den Praktiken, die in der mesopotamischen Kultur weithin üblich waren.

Kap. 25
Abrahams Tod

Abraham heiratet Ketura, 1-6. Die Geschichte Abrahams, des großen Patriarchen, endet mit dem Bericht über diese Ehe und die daraus hervorgegangene Nachkommenschaft.

Abrahams Tod und Begräbnis, 7-11. Der Bericht über den Tod Abrahams stellt ein würdiges Denkmal für den Mann des Glaubens dar: „Abraham nahm ab und starb in gutem Alter, da er alt und lebenssatt war ..."

Ismaels Generationen, 12-18. Wenn Israel als Nation wiederhergestellt sein wird, wird Ismael nicht vergessen sein (vgl. Jes.60,7).

Isaaks Generationen, 25,19-35,29. Mit der Überschrift: „Dies ist die Geschichte Isaaks, des Sohnes Abrahams", beginnt der achte Abschnitt des ersten Buches Mose, der das Weiterbestehen der Generationenlinie bezeugt, durch die der Messias kommen sollte.

Esau und Jakob, 25,19-34. Rebekkas Unfruchtbarkeit wurde durch Gebet geheilt, 21-22; Esau und Jakob wurden geboren, 23-28 (vgl. Röm. 9,11-13). Esau verkauft sein Erstgeburtsrecht, 29-34, und verlor damit 1) den väterlichen Segen und seinen Platz als Haupt der Familie; 2) die Ehre, in die Linie des verheißenen Messias zu gehören (Sem – Abraham – Isaak); 3) das Recht, der Priester der Familie zu sein. Er verachtete in seiner ungeistlichen Gesinnung all diese Segnungen, denn er liebte die irdischen Dinge mehr als Gott.

Archäologische Streiflichter

Wie die Völkertafel (1. Mose 10) mit großer Genauigkeit die Völkergruppen der nachsintflut-

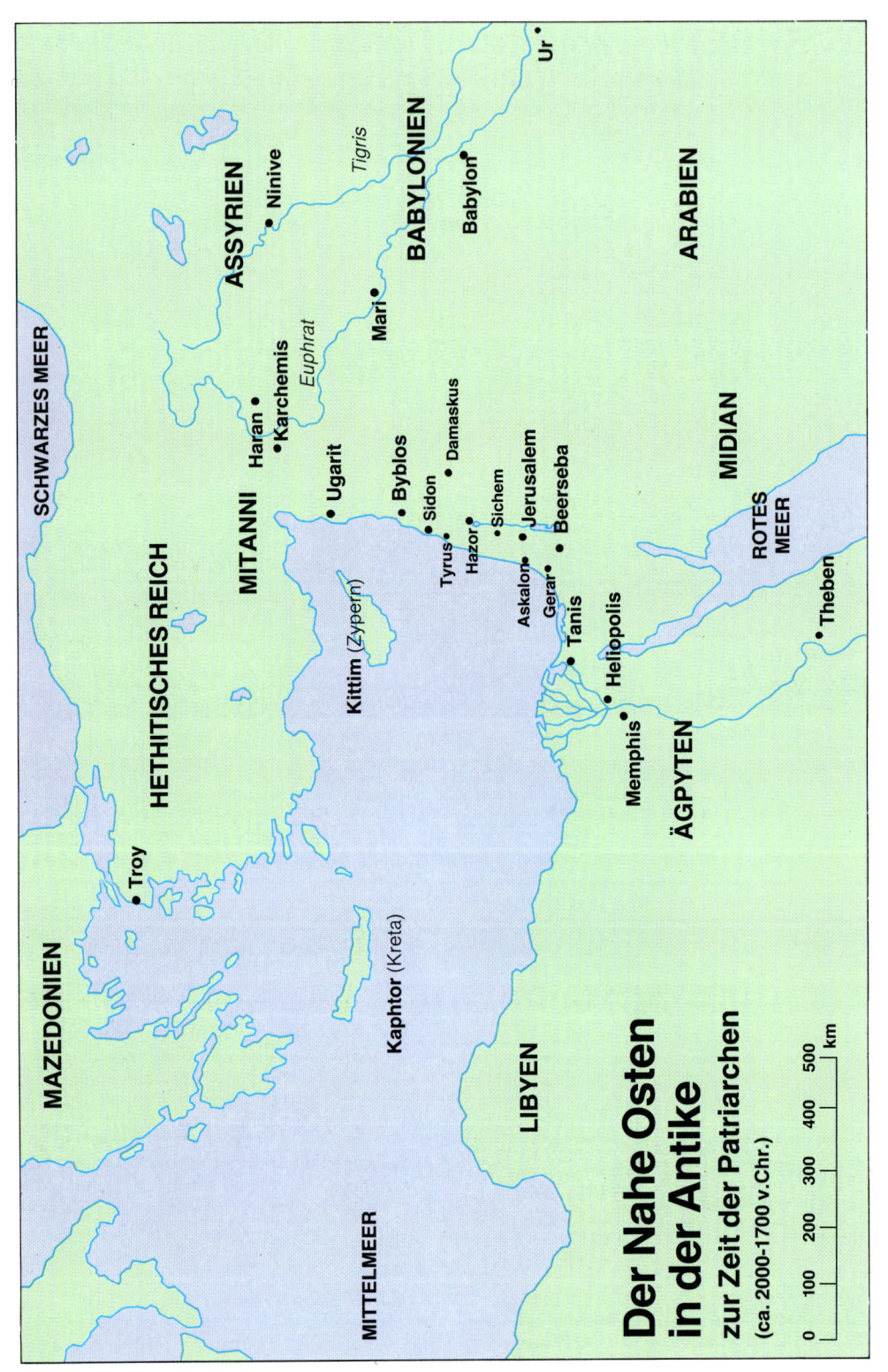

Der Nahe Osten in der Antike
zur Zeit der Patriarchen
(ca. 2000–1700 v.Chr.)

MAZEDONIEN

MITTELMEER

SCHWARZES MEER

HETHITISCHES REICH

MITANNI

ASSYRIEN

Ninive

Tigris

BABYLONIEN

Babylon

Ur

Karchemis

Haran

Euphrat

Mari

ARABIEN

Troy

Ugarit

Byblos

Sidon

Damaskus

Tyrus

Sichem

Jerusalem

Beerseba

Kittim (Zypern)

Hazor

Askalon

Gerar

Tanis

Heliopolis

MIDIAN

ROTES MEER

Theben

Memphis

ÄGPYTEN

LIBYEN

Kaphtor (Kreta)

0   100   200   300   400   500
km

Das Land der Patriarchen

Haran (siehe 1. Mo. 11-12) lag etwa 650 km nordöstlich von Kanaan am Balikh-Fluß, 96 km oberhalb dessen Mündung in den Euphrat. Es war ein wichtiger Knotenpunkt auf der Karawanenstraße zwischen Ninive, Karchemis, Mesopotamien, dem Hethiterreich, wie auch über Palästina nach Ägypten. Die Stadt spielte in der Geschichte der Hebräer eine wichtige Rolle.

Padan-aram (aramäisch *„paddana"*; „Feld" oder „Ebene" von Aram; 1. Mo. 25,20; 28,2.6) war die Gegend, in der Haran lag. Aus Haran waren die Frauen Isaaks und Jakobs, Rebekka und Rahel, aus den Reihen der Verwandten der

beiden Männer, die sich in Aram-Naharaim („Aram zwischen den beiden Flüssen") niedergelassen hatten.

Nahor, Rebekkas Heimatstadt (1. Mo. 24,10), erscheint auf den Mari-Tafeln oft als Nakhur. Sie wurde 1935 entdeckt und gehört ins 18. Jahrhundert v.Chr.

Mesopotamien ist eine Übersetzung von Aram-Naharaim, („Aram zwischen den zwei Flüssen", (1. Mo. 24,10), das die Gegend östlich des mittleren Euphrats wenigstens bis zum Habor-Fluß, wenn nicht über ihn hinaus, bezeichnet. Das Wort an sich ist griechisch und bedeutet „in der Mitte der Flüsse"

(d.h. Euphrat und Tigris) und bezieht sich auf ein viel größeres Gebiet als das durch den frühhebräischen Ausdruck „Aram-Naharaim" bezeichnete, welches zwischen dem Balikh- und dem Habor-Fluß lag, die etwa 320 km voneinander entfernt im Südosten von Tiphsah in den Euphrat münden.

Bräuche zur Zeit der Patriarchen

Während der Ausgrabungen in den Jahren 1925-1941 bei Nuzu, im Südosten von Ninive, in der Nähe des modernen Kirkuk, wurden mehrere tausend Keilschrift-Tafeln gefunden, die Auskunft über Gebräuche der Patriarchenzeit wie Adoption (1. Mo. 15,2.4), das Verhältnis zwischen Jakob und Laban (1. Mo. 29-31), Hochzeitszeremonien (1. Mo. 16,1-16; 30,3.9), die Rechte des Erstgeborenen (1. Mo. 25,27-34) und die „teraphim" (1. Mo. 31,34) gaben. Heute weiß man, daß die „teraphim" Hausgötzen waren, deren Besitz nur dem Repräsentanten und damit verantwortlichen Haupt der Familie zukam. Gingen im Falle einer Heirat die Hausgötzen mit der Tochter in den neugegründeten Haushalt, so war damit dem jungen Ehemann das Recht auf den Besitz seines Schwiegervaters zugesichert. Da Laban offensichtlich eigene Söhne hatte, als Jakob ihn verließ, um nach Kanaan zurückzukehren, hatten sie allein das Anrecht auf den Besitz der Hausgötter. Somit war es ein großes Vergehen, daß Rahel die „teraphim" stahl (1. Mo. 31,19.30.35), weil sie damit ihrem Mann das Anrecht auf Labans Besitz sichern wollte.

Das Euphrattal unweit Urfa in der südöstlichen Türkei, in der Nähe des biblischen Haran.

Ausgegrabene Ruinen bei Sichem in der Nähe des Berges Garizim

lichen Welt beschreibt, so stellen die generationsgeschichtlichen (genealogischen) Hinweise in 25, 2-4.12-18 authentische Berichte der Völkerstämme dar, die von Abraham abstammten.

Kap. 26
Isaak in Gerar

Der Bund Gottes mit Abraham bestätigt, 1-5.
   Erlebnis in Gerar, 6-11. Hier versagte Isaak wie Jahre zuvor sein Vater (vgl. Kap. 20,1-18). Gerar lag südöstlich von Gaza im Philisterland (Tell Jemmeh).
   Isaak, der Brunnengräber, 12-33. Der Herr erschien ihm in Beerseba („Brunnen des Eides", „Siebenbrunnen").
   Esaus Frauen, 34-35. Die Eheschließung gerade mit diesen Frauen beweist weiterhin, daß Esau „fleischlich gesinnt" war.

Kap. 27-33
Die Geschichte Jakobs

Hauptperioden in Jakobs Leben. 1) In Kanaan, der gestohlene Segen, Kap. 27; die Flucht und die Gotteserscheinung im Traum von Bethel, Kap. 28; 2) Jakobs Dienst bei Laban in Padan-aram, Kap. 29-31; 3) Rückkehr nach Kanaan, Kap. 32-33. Jakobs Leben war eine Vorankündigung der

Geschichte seiner Nachkommen (der Israeliten). Das Volk war einst in seinem Land, mußte es dann verlassen, wird aber eine geistliche Erneuerung erleben (32,30) und in Erfüllung des Bundes Gottes mit Abraham (der dem Jakob in der Vision der Himmelsleiter in Bethel bestätigt wurde, Kap. 28, als er das Land verließ) eines Tages nach Kanaan zurückkehren.

Kap. 34
Dina durch Simeon und Levi gerächt

Jakob gezüchtigt, 1-5. Obgleich Jakobs Name („Verdränger") von Gott in „Israel" („Fürst Gottes") umgewandelt wurde, vollzog sich die Wandlung seines Wesens erst stufenweise. Noch war er ein Mann, in dessen Leben List und Betrug Raum hatten. Als er sich mit Esau versöhnt hatte, hatte er versprochen, er würde Esau nach Seir folgen und dort leben. Doch ließ er sich statt dessen in Sukkot nieder (1.Mo.33,18-20), unter den Hewitern, und hatte dort ein trauriges Erlebnis.
   Das Vergehen an Dina, 6-31. Jakob erntete, was er gesät hatte. Der Zug des Vaters zum Betrug kam in seinen Söhnen wieder zum Vorschein.

Kap. 35
Erneuerung des Bundes in Bethel

Jakob in Bethel in die Gemeinschaft mit

1. Mose / 59

Gott zurückgebracht, 1-15. Der göttliche Befehl, 1, wird ausgeführt durch die Vernichtung aller Götzen, mit denen sie sich besudelt hatten, 2-4. Gott beschützte auf der Reise, 5-6, und offenbarte sich in Bethel, 7-15. Bethel („Gottes Haus") liegt etwa 18 km nördlich von Jerusalem und ist systematisch ausgegraben worden. Die Ausgrabungen haben bewiesen, daß Bethel zunächst ein Wohnort der Kanaaniter und später eine wichtige Stadt der Hebräer war. Als Jakob diesen Platz „Bethel" nannte (28,19; 35,15), spiegelte sich darin der Eindruck wider, den die Vision von der Himmelsleiter in ihm hinterließ. Jetzt, als er eine tiefgreifende innere Erneuerung erfahren hatte, war es nicht der Ort, sondern der Gott dieses Ortes, der ihn innerlich nicht mehr losließ. Deshalb nannte Jakob den ihm heilig gewordenen Ort „El-Bethel" („der Gott des Hauses Gottes").

Jakobs Söhne, 16-26. Rahel starb bei der Geburt Benjamins („Sohn meiner rechten Hand"), 16-21. Ruben, der Älteste und Erbe des Erstgeburtsrechtes, sündigte, 22, und verlor den Erstgeburtssegen (49,3-4). Die übrigen Söhne werden namentlich genannt, 23-26.

Biblische Namen. Biblische Namen helfen die Jakobserzählungen zu veranschaulichen, weil darin Wortspiele erkennbar sind. Jakob („Betrüger") stahl das Erstgeburtsrecht von seinem Bruder Esau („rot") durch ein rotes (Linsen-)

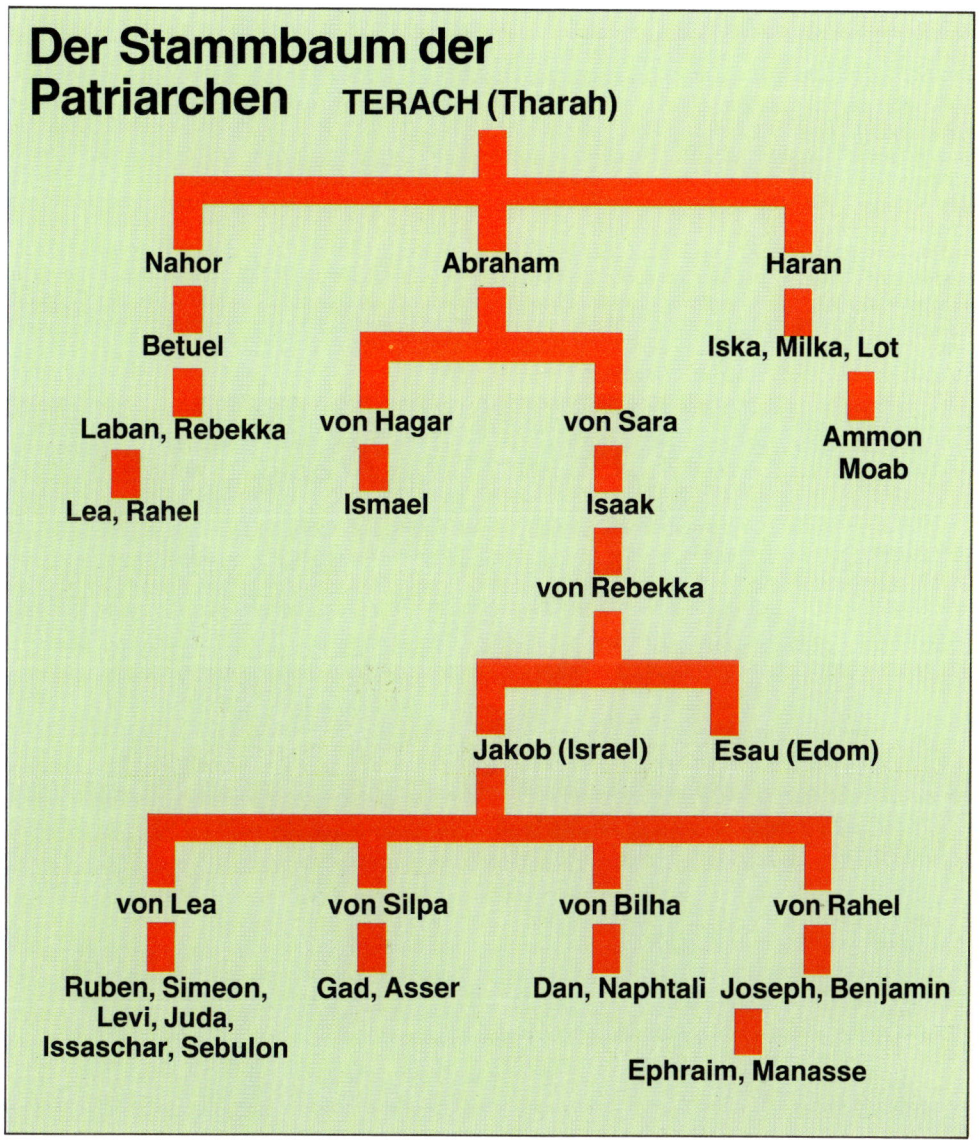

Der Stammbaum der Patriarchen

TERACH (Tharah)

Nahor — Abraham — Haran

Betuel

Iska, Milka, Lot

Laban, Rebekka

von Hagar — von Sara

Ammon
Moab

Lea, Rahel

Ismael

Isaak

von Rebekka

Jakob (Israel) — Esau (Edom)

von Lea — von Silpa — von Bilha — von Rahel

Ruben, Simeon,
Levi, Juda,
Issaschar, Sebulon

Gad, Asser

Dan, Naphtali

Joseph, Benjamin

Ephraim, Manasse

Gericht. Später manipulierte er die Anzahl der weißen Schafe und Ziegen, um seinen Onkel Laban („weiß") zu überlisten.

Isaaks Tod, 27-29.

Kap. 36
Stammbaum Esaus

Das Land Esaus, 1-19. Edom war die Region südlich des Toten Meeres bis zum Golf von Akaba. Berge und fruchtbare Ebenen auf beiden Seiten der Senke von Araba umschlossen ein Gebiet von ca. 160 qkm, doch wechselt seine Größe im Verlauf der Geschichte des Reiches. Zur Zeit des Auszugs reichte Edom vom Bach Sered südlich Moab und der Südzunge des Toten Meeres bis an die Südost-Grenze Judas, an der es sich entlangzog. Der Berg Seir ist etwa 1500 m hoch. Hier begann das Reich der Nachkommen Esaus. Seine Hauptstadt war zuerst Sela (später die nabatäische rosenfarbene Festung Petra). Sela kam durch seine Landwirtschaft, Metallindustrie, Viehzucht und durch die Zölle von „der Straße der Könige", die durch sein Gebiet führte, zu großem Reichtum.

Die Horiter, 20-43. Die Hori (oder Horim) waren ein Volksstamm, der im Gebirge Seir in Edom lebte, 30, und von dem viele annehmen, daß sie Höhlenbewohner waren. Andere Ge-

lehrte meinen, daß sie mit den Hurritern identisch seien, Nicht-Semiten aus Mesopotamien, bekanntgeworden durch in den letzten 50 Jahren entdeckte Keilschrift-Tafeln. Die Hurriter wurden von den Hethitern im 14. Jahrhundert v.Chr. besiegt. Kleine Gruppen der Hethiter hatten schon seit früher Zeit in ganz Edom verstreut gelebt (vgl. 1. Mo. 26,34-35).

Die Hethiter (hebräisch „Hitte", „Heth") waren neben den Ägyptern, Mesopotamiern und Hebräern eines der einflußreichen Völker der frühen atl. Zeit. Ihre Hauptstadt war Boghazköi-Hattuschasch, nicht weit von Ankara, der Hauptstadt der heutigen Türkei. Sie werden im AT 47 mal erwähnt.

Kap. 37
Joseph

Der Lieblingssohn Jakobs, 1-11. Der vielfarbige „lange" Rock („reich verziert"), den sein Vater Joseph gab, war ein Zeichen der väterlichen Gunst und wahrscheinlich auch der Absicht Jakobs, ihn zum Erben des Erstgeburtsrechtes zu machen. Ruben, Jakobs ältester Sohn, hatte dieses Recht durch Blutschande verwirkt (35,22; 49,3-4; 1. Chron. 5,1-2). Simeon und Levi, die nächsten in der Reihe, kamen wegen ihrer Gewalttätigkeit in Sichem (34,15-30; 49,5-7) nicht

Beduinenhändler beim Feilschen in Beerseba

Hölzernes Grabmodell eines ägyptischen Kornspeichers. Eingefüllt wurde das Getreide durch Löcher im Dach, entnommen durch Schiebeluken in der Wand.

in Frage. Juda, der vierte Sohn, war der nächste Erbe. Doch war Joseph, obgleich der elfte Sohn in der Reihe, seines Vaters Liebling (37,3) als der erstgeborene Sohn Rahels, seiner Lieblingsfrau, und wurde so Judas Rivale.

Der Haß der Brüder Josephs, 12–27. Sie verkauften Joseph in die Sklaverei (vgl. Judas Verhalten, 26–27). Die alte Rivalität sollte dann im Verhältnis zwischen Juda und Ephraim (Josephs Sohn) fortbestehen. Die Teilung des Reiches unter Rehabeam bewirkte dann den Abfall Judas von den zehn Stämmen unter der Führung Ephraims.

Joseph nach Ägypten verkauft, 28–36.

Joseph, der Patriarch, ein Bild des Messias
Weshalb ist ein so großer Teil des ersten Buches Mose (Kap. 37–48) der Geschichte Josephs gewidmet? 1) Joseph bildete das Bindeglied zwischen der *Familie* Israels und der *Nation* Israel. Bis zur Zeit Josephs waren die Israeliten eine Familie. Joseph war beteiligt am Aufenthalt Jakobs und seiner Söhne in Ägypten und der Geburt Israels als Nation. 2) Er ist *das vollendetste Vorbild auf den Messias,* das die Bibel aufzuweisen hat. Nicht, daß er fehlerlos war! Aber Fehler von ihm werden nicht berichtet. Zahllose Parallelen zwischen seinem Leben und dem Leben Jesu können aufgezählt werden, obwohl nirgends in der Bibel gesagt wird, daß Joseph ein solcher Typus (Bild) ist. a) Beide waren von ihrem Vater besonders

geliebte Söhne (1. Mo. 37,3; Matth. 3,17; Joh. 3,35; 5,20). b) Beide wurden von ihren Brüdern gehaßt und verworfen (1. Mo. 37,4; Joh. 15,25). c) In beiden Fällen verschworen sich die Brüder zu töten (1. Mo. 37,18; Matth. 26,3–4). d) Bei Joseph blieb es bei der Absicht seiner Brüder, bei Jesus gelang es ihnen tatsächlich (1. Mo. 37,24; Matth. 27,35–37). e) Wie Joseph sich mit seinen Brüdern versöhnte und sie später erhöhte, so wird Christus sich bei seinem zweiten Kommen mit dem bekehrten Israel versöhnen (1. Mo. 45,1–15; 5. Mo. 30,1–10; Hos. 2,14–18; Röm. 11,1.15.25–26).

Kap. 38–41
Josephs Erniedrigung und Erhöhung in Ägypten

Einschub: die Schande Judas – des Ahnherrn des Messias, Kap. 38. Es ist erstaunlich, daß der Geist Gottes diese bedauerliche Geschichte berichtet. Doch Gottes Wort behandelt die Sünde ganz realistisch, selbst in den erhaltenen Stammbäumen derer, die in der Linie der messianischen Erbfolge stehen.

Joseph im Gefängnis, Kap. 39. Gottes Weg nach oben führt oft zuerst nach unten, und Demütigung kommt vor der Erhöhung. Die ägyptische „Geschichte der zwei Brüder", die sich in den späteren Regierungsjahren Setis II. ereignet haben soll (ca. 1300 v.Chr.), ist der von Joseph und Potiphars Frau ähnlich.

Joseph auf dem Thron, Kap. 40–41. Er heiratet die Tochter des Priesters von On, einer Stadt in Unterägypten, etwa 9 km vom heutigen Kairo entfernt. Die Griechen nannten diese Stadt Heliopolis („Stadt der Sonne"), da der Sonnengott die höchste Gottheit des Nildeltas war. Die Sonnenanbetung in Heliopolis war der Mittelpunkt des ägyptischen Kults, und die Priesterschaft von On war mächtig und galt als eng verbunden mit dem Thron.

Archäologische Streiflichter

Es gibt viele Berichte von Hungersnöten in Ägypten. Wenigstens zwei ägyptische Beamte zählen als gute Taten auf, daß sie „in jedem Jahr der Not" Lebensmittel an die Bedürftigen verteilt haben. Eine Inschrift (ca. 100 v.Chr.) beschreibt eine siebenjährige Hungersnot in den Tagen Zosers der III. Dynastie (ca. 2700 v.Chr.). Die Titel des „obersten Mundschenks" und „obersten Bäckers" (40,2) werden in den ägyptischen Dokumenten als Palastbeamte aufgeführt. Die gesamte Josephsgeschichte ist voll von korrekten Ortsangaben und Einzelheiten über jene frühe Zeit, was auch für die biblischen Berichte, über Ägypten zutrifft, wie sie das erste und zweite Mosebuch enthält.

Als Potiphar Joseph zum „Aufseher über sein Haus" machte (39,4), benutzte er einen Titel, der eine direkte Übersetzung einer Stellung in den Häusern des ägyptischen Adels war. Pharao gab Joseph ein Amt mit einem ähnlichen Titel in der Administration seines Königreichs (41,46), das dem eines „Wesirs" entspricht, d.h. dem des Hauptadministrators des Landes, dessen Machtbefugnissen nur die des Königs übergeordnet sind. Das Amt des ägyptischen Verwalters der Kornspeicher war eine Schlüsselstellung in der Regierung, und es scheint, daß Joseph es noch neben seinen Pflichten als „Ministerpräsident" (Wesir) ausübte. Daß Pharao Joseph bei dessen Einführung in sein Amt Geschenke gab (41,42–43), entsprach ganz den bei solchen Gelegenheiten üblichen Bräuchen der Ägypter.

Kap. 42–45
Joseph offenbart sich seinen Brüdern

Dies ist eine der feinsten und dramatischsten Geschichten der Weltliteratur, und sie trägt echt ägyptische Züge. Als Juda, der vor Jahren den Verkauf seines Bruders in die Sklaverei veranlaßt hatte (37,26), in diesen gefühlsbewegten Augenblicken vorschlägt, an der Stelle Benjamins als Geisel in Ägypten zu bleiben (44,18–34), konnte Joseph nicht mehr an sich halten und gab sich seinen Brüdern zu erkennen (45,1–15).

Kap. 46
Jakob und seine Familie wandern nach Ägypten aus

Die Gotteserscheinung in Beerseba, 1–4. In dieser letzten Begegnung mit dem Patriarchen versicherte Gott Jakob (Israel), daß er die Israeliten wieder aus Ägypten herausführen werde. **Ankunft in Ägypten, 5–34.** Die Nachkommen Jakobs werden namentlich aufgezählt (8–26), ebenso die Söhne Josephs, die ihm in Ägypten geboren wurden, 27. Israel begegnete Joseph, 28–30, und Joseph gab seinen Brüdern Anweisungen für ihre Begegnung mit Pharao (31–34).

Kap. 47
Ansiedlung in Gosen

Jakob vor dem Pharao, 1–10. Der mächtige Herrscher des Landes am Nil empfing den Patriarchen mit allem Wohlwollen, und der alternde Jakob segnet den mächtigen Herrscher Ägyptens – eine Illustration dafür, wie Israel dazu bestimmt ist, ein Segen für die Heiden zu sein.

Israel siedelt sich in Gosen an, 11–31. Das Land Gosen war der nordöstliche Teil Ägyptens und lag Palästina am nächsten. Man nannte es „den besten Teil Ägyptens" und das „Land des Ramses". Das entspricht dem Charakter dieser Region, die sich ausgezeichnet zum Grasen für das Vieh eignete, ebenso für bestimmte Arten des Ackerbaus. Dennoch war das Gebiet nicht besonders geschätzt bei den Pharaonen, weil es von den Nil-Bewässerungskanälen sehr weit entfernt ist. Nur in der Bibel ist dieser Teil des Landes „Gosen" genannt. Es war ein etwa 55 km langes Tal mit dem Wadi Tumilat im Zentrum, das vom Timsah See bis zum Nil reichte.

Archäologische Streiflichter

Es ist bemerkenswert, daß bisher keine ägyptischen Zeugnisse über Israels Aufenthalt in Gosen gefunden worden sind. Da aber die Pharaonen oft solchen Gruppen wie diesen erlaubten, sich in Ägypten anzusiedeln, dürfte die Übersiedlung Jakobs und seiner Söhne nach Gosen nichts Ungewöhnliches gewesen sein. Außer einem Stück einer Skulptur, die den Einzug der Familie von Ibshe in Ägypten um 1900 v.Chr. darstellt, gibt es eine andere ägyptische Inschrift, der man entnehmen kann, daß es nichts Ungewöhnliches für ägyptische Grenzbeamte war, in Zeiten der Dürre Menschen aus Palästina und vom Sinai zu erlauben, in diesen Teil Ägyptens einzuwandern. Dieses Dokument aus der Zeit um 1350 v.Chr. erzählt von solchen Menschen, „die nicht wußten, wie sie weiterleben sollten, und gekommen waren, um eine Heimat im Bereich des Pharao zu erbitten ... nach der Art Ihrer (des Pharao) Väter seit alters her ...“

Kap. 48
Jakob adoptiert Ephraim und Manasse

Joseph stellt seine Söhne vor, 1-14. Als Kinder einer heidnischen Mutter, Asnath, waren die beiden Söhne Josephs in Gefahr, auch ins Heidentum überzugehen. Darum adoptierte sie Jakob, um ihnen den Segen der Familie zu sichern und die Gewißheit zu haben, daß sie dem Gott Israels treu blieben.

Jakobs Segen und letzte Worte zu Joseph, 15-22. Jakobs Kreuzen der Arme bei der Erteilung des Segens geschah „durch den Glauben" (Hebr. 11,21), und so wurde wieder einmal der Jüngere (Ephraim) dem Älteren (Manasse) vorgezogen.

Kap. 49
Jakobs prophetischer Segen für die zwölf Stämme

Jakobs Ruf, 1-2. Er versammelte seine 12 Söhne, um ihnen die Zukunft der 12 Stämme zu prophezeien.

Die Weissagung, 3-27. Sie umfaßt in bemerkenswerter Weise den gesamten Umfang der Geschichte Israels – Vergangenheit, Gegenwart und Zukunft. Die Weissagung spiegelt die zukünftige Rolle eines jeden einzelnen Stammes wider und könnte auch den ganzen heilsgeschichtlichen Rahmen des Wirkens Gottes vor der Einnahme Kanaans bis zur Wiederherstellung Israels im Tausendjährigen Reich Christi veranschaulichen.

Kap. 50
Der Tod Jakobs und Josephs

Jakobs Sterben und Begräbnis, 1-13. Joseph trauerte, 1-3, und ließ den Leib seines Vaters einbalsamieren 2. Dies ist die einzige Stelle in der Bibel, die davon spricht, daß ein hebräischer Toter mumifiziert worden ist. Gewürze wurden in bestimmte Körperhöhlen eingeführt, und der ganze Körper wurde ausgiebig einbalsamiert, um ihn vor dem Verfall zu schützen. Diese hochentwickelte Kunst wurde 30 Jahrhunderte im alten Ägypten geübt. Die Ägypter beweinten Jakob 70 Tage – das war die Zeit, die für eine Mumifizierung nötig war, während 40 Tage für die Einbalsamierung gebraucht wurden. Dann wurde Jakobs Leiche nach Kanaan gebracht, begleitet von einer großen Gefolgschaft, die von Joseph und ägyptischen Beamten angeführt wurde, 4-13. Er wurde in der Höhle von Machpela beigesetzt.

Rückkehr nach Ägypten, 14-21. Josephs großherziges Verhalten gegen seine Brüder wird berichtet.

Josephs Tod, 22-26. Jakob war 147 Jahre alt, als er starb (47,28), und Joseph 110 Jahre. Josephs Glaube ist daran zu erkennen, daß er seine Brüder einen Schwur leisten ließ, seine Gebeine bei ihrer Rückkehr nach Kanaan mitzunehmen (vgl. 2. Mo. 13,19; Jos. 24,32; vgl. 1. Mo. 33,19; Apg. 7,15-16; Hebr. 11,22).

Hölzernes Grabmal eines ägyptischen Mädchens, das einen Korb auf dem Kopf trägt

Die große Sphinx bei Gise

Ägypten

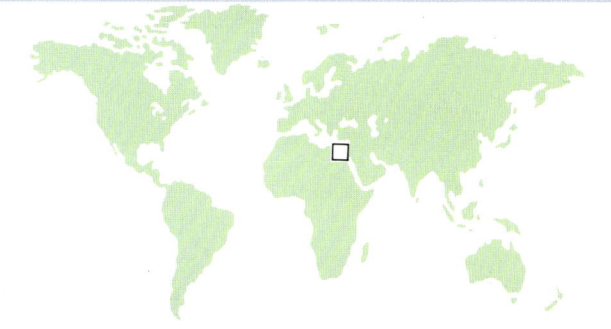

Der Grundstein der biblischen Geschichte liegt in Babylonien, der „Wiege der Zivilisation" (1. Mose 1-11). Erst als Ägypten schon mehrere Jahrtausende existierte, zur Zeit Abrahams (ca. 2050 v.Chr.), berührte die Geschichte dieses Landes die biblischen Erzählungen (1. Mo. 12ff).

Ägypten wurde kurz nach der großen Flut von Mizraim, dem Sohn Hams, gegründet. Die Amarnatafeln geben darüber Auskunft, daß die Kanaaniter es Mizri nannten (Mizraim ist eine Dualform, in der die alte Aufteilung des Landes in Oberägypten, oberhalb von Memphis, und Unterägypten, das Delta, festgehalten wurde). Die Frühgeschichte und die Periode vor den großen Dynastien reichen von 5000-3100 v.Chr.

Zwölf der dreißig Dynastien Ägyptens: Im 3. Jahrhundert v.Chr. teilte ein ägyptischer Priester mit Namen Manetho die Geschichte Ägyptens in 30 Dynastien ein, von Menes, der als der erste König des vereinten Ägyptens gelten soll (ca. 3100 v.Chr.), bis zur Eroberung des Landes durch Alexander den Großen 332 v.Chr.

Die Pyramiden: Abram mag sehr wohl schon Pyramiden gesehen haben, denn sie wurden im Alten Reich (3.-6. Dynastie um 2700-2200 v.Chr.) erbaut. Der berühmte Imhotep unter Zoser, dem ersten König der dritten Dynastie, erbaute die berühmte „Stufenpyramide" bei Sakkara, 57 m hoch, die Vorläuferin der anderen Pyramiden.

Die große Pyramide von Khufu aus der Zeit der vierten Dynastie ist die größte. Sie besteht aus 2,3 Millionen Kalksteinquadern und bedeckt ca. 53.000 qm Grundfläche. Ursprünglich ragte sie fast 150 m hoch empor, wobei jeder Quader etwa 2,5 t wog. Khafre, ein Nachfolger Khufus, errichtete die zweite Pyramide bei Gise, die fast so gewaltig ist wie die Große Pyramide. Östlich der zweiten Pyramide liegt die große Sphinx, eine Gestalt mit einem Löwenkörper und dem Kopf des Königs Khufu (Cheops) mit der damals üblichen Haartracht und der Kobra (Uräus), dem königlichen Symbol, zusammengerollt auf seiner Stirn und bereit, die Feinde des Pharao zu vernichten.

Die Pyramidentexte: Die Pyramiden sind ein Beweis für den hohen

Stand der Zivilisation im Niltal und die starke Zentralregierung. Die Herrscher der fünften und sechsten Dynastie errichteten eine Anzahl kleinerer Pyramiden bei Sakkara, welche eingemeißelte Inschriften enthalten, die unter dem Namen Pyramidentexte bekannt sind. Sie beschreiben für den verstorbenen Herrscher die Aussicht auf ein glückliches Leben nach dem Tode, in Gegenwart des Sonnengottes. Dies paßte gut, da die Pyramiden Gräber waren, die den Ruhm der Könige, die sie erbauten, unsterblich machen sollten.

Die erste Zwischenperiode: Zur Zeit Abrahams war der Ruhm des Alten Reiches verblaßt, und nur die großen Pyramiden waren die steinernen, stummen Denkmäler seiner vergangenen Macht. Die Dynastien VII-XI hatten keine starke Zentralregierung. Die siebte und achte Dynastie regierte in Memphis, die neunte und zehnte in Herakleopolis, südlich von Kairo.

Ägypten – das Land und sein Volk

Ägypten war ein Landstrich, der 3 bis 48 km breit war und sich am Lauf des mächtigen Nils entlangzog. Es lag im Südwesten Palästinas, hatte keine nennenswerten Gebirgszüge oder einen Fluß, der das Land geographisch teilte. Außer dem Nil gab es nur noch den kleinen „Bach Ägyptens" (Wadi El-Arish, 4. Mo. 34,5; Jos. 15,4.47). Ägypten lebte vom Nil. Der schmale Streifen fruchtbaren Schlammbodens, der durch die alljährliche Überschwemmung entstand, wurde zum „Brotkorb" der alten Welt. Lebhafter Land- und Seeverkehr und Handel mit Syrien und Palästina sowie dem übrigen Gebiet des „Fruchtbaren Halbmonds" machte es zu einem reichen Land. Das Ergebnis war ein sagenhafter Überfluß, der sich besonders an den glänzenden Höfen in Theben, Memphis und Akhetaton (Tell el-Amarna) zeigte.

Vorratsstädte. Diese Städte waren so gebaut, daß man in Zeiten guter Ernte den Überfluß an Getreide dort horten konnte. Hebräische Zwangsarbeiter wurden benutzt, um eine Anzahl solcher Städte wie Pithom (Tell er-Ratabeh) und Ramses (Tanis) zu bauen. Man lagerte dort auch

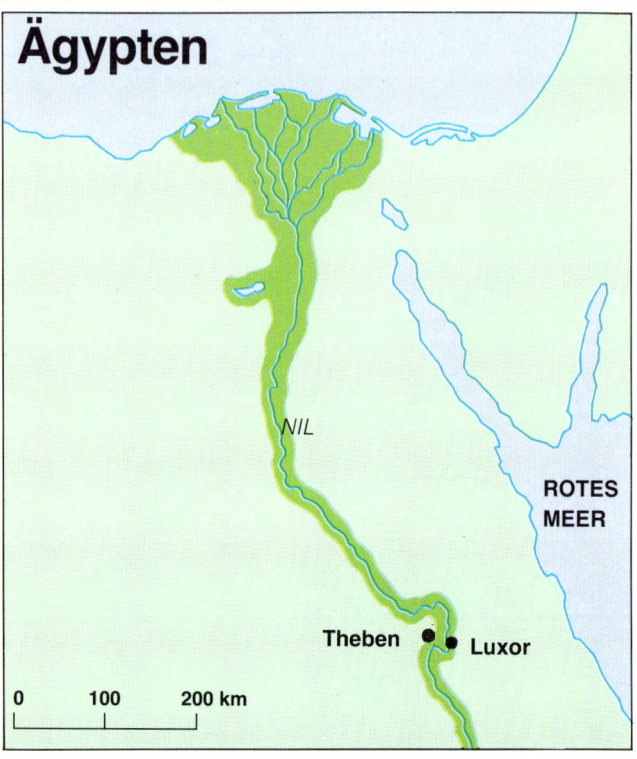

einheimische und eingeführte Güter und militärische Ausrüstungen für die Feldzüge in Syrien und Palästina.

Das Volk und seine Sprache. Die alten Ägypter waren Hamiten (1. Mo. 10,6). Doch ließen spätere Einwanderer vorwiegend semitischer Abstammung ihren Stempel auf Sprache und Kultur des Landes zurück. Die früheste Schreibweise war eine Bilderschrift (Hieroglyphen), zu der auch die Bilder alltäglicher Gebrauchsgegenstände und geometrischer Figuren gehörten. Im Laufe der Jahrhunderte änderte sich jedoch die Schreibweise, und Anfang des 8. Jahrhunderts hatte sich die volkstümliche (demotische) Kursiv-Schrift entwickelt. 1799 wurde der Rosettenstein entdeckt, der in Altägyptisch (Hieroglyphen), Demotisch und Griechisch geschrieben war. Die Entzifferung der Inschrift durch den Franzosen François Champollion (1822) lieferte den Schlüssel zum Verständnis der ägyptischen Sprache und damit die Grundlage für die moderne Ägyptologie.

Ägypten – seine Geschichte und frühere Kontakte mit Israel

Frühe und vordynastische Perioden ca. 5000-3100 v.Chr. Neolithische und spätere Kulturen gehen dem Vereinigten Königreich voraus. Manetho, ein Priester des 3. Jahrhunderts v.Chr., schrieb eine Geschichte Ägyptens und teilte die geschichtliche Periode zwischen 2900 und 332 v.Chr. in 30 Königsdynastien ein.

Frühdynastische Periode, ca. 3100-2686 v.Chr. Pharao Menes regierte in This, das unterhalb Thebens lag. Gräber thinitischer Könige (I. und II. Dynastie) sind in der Nähe von Abydos von Flinders Petrie ausgegraben worden.

Das Alte Reich, ca. 2686-2181 v.Chr., III.-VI. Dynastie. Die III. und IV. Dynastie umfassen das Zeitalter der großen Pyramiden und der Pyramidentexte. Zoser (III. Dynastie) baute die Stufenpyramide bei Sakkara. Khufu, der Begründer

I	II	III	IV	V	VI	VII	VIII	IX	X	XI	XII

Dynastie

Protodynast.
Periode
ca. 3100-2686
v.Chr

Altes Reich
ca. 2686-2181

Zweite Periode
ca. 2181-2040

Mittleres Reich
ca. 2040-1786

Menes ca. 3100

Kolossal-
pyramiden
Pyramidentexte

Mächtige
Zentralregierung

Zeit der Wirren
und Schwäche

Amenemes I-IV
Senwosret I-III

Ereignisse in Ägypten

Ereignisse im 1. Buch Mose

Abrams Geburt
2166

Abram kommt
nach Kanaan 2091

Joseph
in
Ägypten

Sodom und
Gomorra zerstört
ca. 2056
Isaak und Jakob

Übersicht über die Geschichte Ägyptens von der Sintflut bis zu den Patriarchen
(I.-XXII. Dynastie)

der IV. Dynastie, baute die größte Pyramide bei Gize. Sie ist etwa 150 m hoch und umfaßt etwa eine Grundfläche von ca. 60.000 qm. Sie enthält 2.300.000 Kalksteinblöcke, von denen jeder zweieinhalb Tonnen wiegt. Khafre, Khufus Nachfolger, baute die zweitgrößte Pyramide bei Gize und die Sphinx. Die Pyramidentexte über das zukünftige Leben der toten Könige gehören zur V. und VI. Dynastie.

Erste Zwischenperiode, ca. 2181-1991 v.Chr., VII.-XI. Dynastie. Die Herrscher dieser Periode regierten in Memphis und Herakleopolis, ca. 123 km südlich von Kairo. Es war eine Zeit verhältnismäßiger Schwäche des Reiches. Während dieser Zeit kam Abraham vorübergehend nach Ägypten.

Das Mittlere Reich, ca. 1991-1786 v.Chr., XII. Dynastie. Während dieser Zeit regierten die Thebaner in Memphis und Fayum. Es war die Zeit der Patriarchen für Israel. Wahrscheinlich wurde Joseph während dieser Periode Ägyptens Ministerpräsident. Jakob stand vor einem der mächtigsten Pharaonen dieser Linie, entweder war es Amene-

mes I.-IV. oder Senwosret I.-III. Eine Inschrift auf dem Grab Khnumpoteps II., eines mächtigen Edlen am Hofe Senwosrets II., schildert den Besuch von 37 Asiaten „unter dem Scheich des Hochlandes „Ibshe". Das erinnert an Abrahams Besuch in Ägypten und Jakobs Übersiedlung dorthin.

Zweite Zwischenperiode, ca. 1786-1567 v.Chr., XIII.-XVII. Dynastie. Dem mächtigen Mittelreich folgte eine Zeit der Wirren während der XIII. und XIV. Dynastie. Dann kam die Zeit der „Hyksos", der „Regenten aus den fernen Ländern". Diese ausländischen Fürsten regierten fast 150 Jahre lang, während der XV. und XVI. Dynastie, in Avaris (Tanis) im Nil-Delta. Pferde, Wagen und ein kriegerischer Geist fanden Eingang ins Land. Manche Gelehrte sehen Joseph während dieser Zeit als Ko-Regent am ägyptischen Hof.

Das Neue Reich, ca. 1567-1150 v.Chr., XVIII.-XX. Dynastie. Zu dieser Zeit beherrschte Ägypten den Osten. Es stand auf dem Höhepunkt seiner Macht. Zugleich war es aber auch die Zeit der Versklavung Israels. Zu den großen Pharaonen dieser Periode gehören Amenhotep I. (ca. 1546-1525 v.Chr.), Thutmosis I. (ca. 1525-1512), Thutmosis II. (ca. 1512-1504) und die Königin Hatsepsut (ca. 1504-1482). Das war die Ära der Geburt und Jugend Moses. Thutmosis III. (ca. 1490-1436) war ein großer Städtebauer und Eroberer, aber auch Unterjocher Israels. Amenhotep II. (ca. 1438-1425) war wohl der Pharao des Auszugs. Unter Thutmosis IV. trat ein Verfall der Macht Ägyptens ein. Amenhotep III. regierte ca. 1417-1379 in der sogenannten Amarna-Periode. Ihm folgte Amenhotep IV. (Echnaton), ca. 1379-1362. Die Hauptstadt war zu der Zeit Akhetaton (Tell el Amarna). Die Amarna-Briefe wurden dort im Jahre 1886 gefunden. Tut-ench-amons luxuriöses Grab wurde 1922 ausgegraben. Die Zeitspanne der Amarna-Periode in Ägypten war vielleicht für Israel die Zeit seiner Wüstenwanderung und der Eroberung Palästinas.

Viele Gelehrte glauben jedoch, daß der Auszug Israels und die Eroberung Palästinas während der XIX. Dynastie stattgefunden habe, d.h. unter Ramses I. (ca. 1319), Seti I.

(ca. 1318-1304), Ramses II. (ca. 1304-1237) und Merenptah oder Merneptah (ca. 1236-1222). In der berühmten Stele des letzteren wird Israel zum ersten Mal in ägyptischen Aufzeichnungen erwähnt: „Das Volk Israel ist trostlos; es hat keinen Nachwuchs."

Die XX. Dynastie (ca. 1200-1085) hatte etwa zehn Regenten, die Ramses hießen. Ramses III. (ca. 1198-1167) war der größte unter ihnen. Die XX. Dynastie regierte gleichzeitig mit den Richtern in Israel. Die XXI.-XXX. Dynastie zeigte deutlichen Verfall.

Die Ruinen Thebens

Theben, (ägyptisch: Net, biblisch: No, griechisch: Thebai) war die Hauptstadt der mächtigen XVIII. Dynastie und offenbar mit israelitischer Sklavenarbeit gebaut. Ihre Ruinen sind ungeheuer eindrucksvoll; sie liegen am Nil, über 560 km südöstlich von Kairo, in der Nähe der heutigen Dörfer Luxor und Karnak. Der prächtige Tempel von Amun bei Karnak ist eins der Weltwunder. Man erreicht ihn durch eine breite Prachtstraße, die auf beiden Seiten von Sphinxen gesäumt wird. Sein großer Hof mißt 84 x 103 Meter und wird von einer Doppelreihe mächtiger Säulen durchquert. Die große Halle, genannt „Hypostyle", ist 365 m lang und 106 m breit; sie wurde von 134 Säulen gestützt, die in 16 Reihen angeordnet waren. Die Mittelreihe war 24 m hoch. Jede Säule hatte einen Umfang von etwa 10 m. Prächtig bemalt und gemeißelt, ist das Ganze ein überwältigendes

Die Totenmaske Tut-ench-amons, die bei der Öffnung seiner Grabkammer 1922 gefunden wurde.

Beispiel architektonischen Könnens der Ägypter. Ein zweiter Tempel von Amun, bei Luxor, südlich von Karnak, ist von Amenophis III. und seinen Nachfolgern erbaut worden.

Am Westufer des Nils, in der Nähe des heutigen Dorfes Medinet Habu, stehen der Palast Amenho-teps III., die beiden Kolosse Memnons (19,5 m hoch), das Raamaseum, ein Tempel Amuns, von Ramses II. gebaut, ein Tempel Thutmosis III. und eine Anzahl anderer prachtvoller Ruinen. Amun (Amon Re) war der Sonnengott. Er hatte eine machtvolle Priesterschaft, die in Theben ihr Zentrum hatte und gegen die Echnaton rebellierte, als er Amarna baute.

Ramses (Tanis) wurde „Pi-ra'a-mesé" genannt (das Haus des Ramses, ca. 1300-1100 v.Chr.). Der Hinweis auf diese Stadt in 2. Mose 1,11 muß als eine Modernisierung eines sehr frühen Ortsnamens aufgefaßt werden. Es handelt sich hier um das alte Zoan-Avaris, wo die unterdrückten Israeliten Jahrhunderte vorher in der Hauptstadt der Hyksos arbeiteten, die ca. 1720 v.Chr. gebaut worden war.

Der große Tempel bei Theben (heutiges Luxor)

Das 2. Buch Mose (Exodus)
Das Buch der Erlösung

Allgemeines. Das zweite Buch Mose (Exodus) erhielt seinen Namen von der lateinischen Vulgata über die griechische Septuaginta. In beiden Sprachen bedeutet das Wort „Auszug", „Weggang", „Ausgang" (vgl. 2. Mo. 19,1; Hebr. 11,22). Der hebräische Titel „schemot" ist den Anfangsworten dieses Buches entnommen: „Dies sind die Namen der Söhne Israels". Das Buch stellt das große Erleben der Erlösung Israels aus der Sklaverei Ägyptens als Typus (Bild, Vorbild, Abbild) aller menschlichen Erlösung und die Einsetzung der Nachkommen Jakobs am Berge Sinai als

theokratische (von Gott regierte) Nation in den Mittelpunkt.

Bis jetzt war Gott nur durch seinen Bund mit Abraham, Isaak und Jakob mit den Israeliten verbunden. Jetzt bringt er sie als eine Nation zu sich, indem er sie befreit und in den „mosaischen Bund" hineinstellt, dessen äußeres Zeichen die Stiftshütte, die Priesterschaft und die in der Wolken- und Feuersäule gegenwärtige Herrlichkeit Gottes ist. Der gesamte Inhalt des Buches Exodus weist bildlich (typologisch) hin auf die Person und das Werk Jesu Christi, ganz besonders durch die Stiftshütte, die Priesterschaft

und die Opfergesetze, wie es 1. Korinther 10 und der Hebräerbrief zeigen.

Die Bibelkritik macht aus diesem Buch (ebenso wie aus dem ersten Buch Mose) eine späte Zusammenstellung volkstümlicher Überlieferungen (der jahwistischen, ca. 850 v. Chr.; der elohistischen, ca. 750 v.Chr. und der priesterlichen, ca. 500 v.Chr.), zusammen mit der ursprünglichen mosaischen Überlieferung. Man leugnet Mose als den Verfasser, sieht das Buch als historisch unzuverlässig und die darin berichteten Wunder eher als volkstümliche Überlieferungen statt als Tatsachen an.

Doch sind die Elemente dieses Buches derart tief und eng miteinander verbunden, und zwar in solcher Harmonie mit den anderen Büchern des Pentateuch (5 Bücher Mose) und darüber hinaus mit dem Rest der biblischen Bücher, daß das Urteil der Bibelkritik in krassem Gegensatz zu den klaren Linien des historischen und biblischen Zeugnisses zu stehen kommt, das die Einheit des ganzen Pentateuch herausstellt. Die erstaunliche, bis ins einzelne gehende Typologie (= Lehre durch Symbolik) des Buches, die wie ein herrliches Mosaik vom 1. Buch Mose (Genesis) bis zur Offenbarung in Gottes wunderbaren Erlösungsplan hineingewoben ist, widerspricht stark der naturalistischen Schau derer, die den Pentateuch aufteilen wollen.

Übersicht

Der Tempel von Theben, vom Nil aus gesehen

Ägypten zur Zeit Moses

DAS GROSSE MEER

Alexandria

Tanis (Ramses)

LAND GOSEN

Pithom

Heliopolis (On)

Kairo

Memphis

Moeris-See

NIL

Herakleopolis

SINAI

Oxyrhynchus

ÄGYPTEN

Berg Sinai △

ROTES MEER

Hermopolis

0   50   100 km

Theben   Karnak

Das 2. Buch Mose (Exodus)

Kap. 1
Israel in Ägypten versklavt

Israels Wachstum, 1-14. Joseph war gestorben. Einige Jahrhunderte waren vergangen. Ein „neuer König" war an der Macht, entweder aus der Hyksoszeit oder ein Glied der mächtigen 18. Dynastie. Die Beschreibung des Wachstums Israels, 1-7, geht dem Bericht über die herzlose Tyrannei voran, 8-14. Mit Zwangsarbeit baute der Pharao die Städte Pithom (Tell er-Retabeh oder Tell el-Maskhuta) und Ramses (Pi-Ra'amesé) im Nildelta.

Geplanter Völkermord, 15-22. Die hebräischen Hebammen bekamen den Befehl, alle neugeborenen männlichen Babys in Israel sofort zu töten. Doch sie taten das nicht, und Gott segnete sie dafür. Da befahl der Pharao seinem ganzen Volk, jeden neugeborenen Knaben der Hebräer in den Nil zu werfen. Den Versuch Satans, den verheißenen „Samen" und das jüdische Volk zu vernichten, kann man vom Brudermord Kains bis zur Zeit Jesu Christi verfolgen (vgl. 2. Chron. 21,4; 22,10; Est. 3,13; Matth. 2,16).

Kap. 2
Geburt und Zubereitung Moses

Geburt des Befreiers, 1-10. Moses Eltern, Amram und Jochebed (6,20) waren vom Stamm Levi, der später als die „priesterliche Linie" bezeichnet wurde. Sein „Kästlein" war aus geflochtenem Papyrus, mit Bitumen abgedichtet. Man hat oft die Vermutung geäußert, daß die hier erwähnte Tochter Pharaos Hatsepsut selbst sei, die später Pharaonin wurde. Die Bibel macht darüber jedoch keine Aussage. Das hebr. „Moschéh" (Mose) ist ein aktives Partizip „der, der herauszieht", weil die Tochter Pharaos das Kind aus dem Wasser holte. Dies ist die Erklärung, die der biblische Verfasser für den Namen gibt. Wahrscheinlich ist „Mose" das ägyptische Wort „Mase", das „Mose" ausgesprochen wird. Es bedeutet, „das Kind". Vgl. Ahmose (Sohn des Ah, des Lichtgottes") und Thutmosis („Sohn des Thot").

Flucht nach Midian, 11-23. Als Mose 40 Jahre alt war (Apg.7,23) beschloß er, sich vom ägyptischen Königshaus zu lösen und „mit dem Volk Gottes Ungemach zu leiden" (Hebr. 11,24), nachdem er aus Entrüstung den ägyptischen Aufseher getötet hatte. Er floh nach Midian, 16-22, zu einem Stamm in Nordwestarabien, der von Abraham und seiner Frau Ketura abstammte (1. Mo. 25,1-4; vgl. 37,28 und Ri. 6,2). Reguel oder Jethro (er hatte zwei Namen wie einige sabäische Könige und Priester) war der oberste Priester und weltliche Oberste seines Stammes. Die romantische Geschichte, wie Moses seine Frau Zippora („Vogel") gewann, wird erzählt. Seines Sohnes Name „Gersom" bedeutet „ein Fremdling hier".

Gott gedenkt seines Bundes, 24-25. Die Grundlegung des Erlösungswerkes Gottes für Israel ist der Bund mit Abraham (vgl. 6,4-5; 19,5-6; 34,10).

Kap. 3-4
Die Berufung Moses

Der brennende Busch, 3, 1-3. Wie im 1. Buch Mose macht Gott auch hier seine göttliche Absicht in einer „Theophanie" (Gotteserscheinung) deutlich („der Engel des Herrn erschien ihm in einer Feuerflamme mitten aus dem Dornbusch", 2. Mo. 3,2).

Die Berufung und der Auftrag, 3, 4-12. „Mose, Mose" ist eine nachdrückliche Wiederholung (1. Mo. 22,11; 46,2). Die göttliche Gegenwart erforderte, daß Mose seine Schuhe auszog – ein Brauch, der von den Moslems noch heute beim Betreten ihrer Moscheen und von den Samaritern beim Betreten ihres Heiligtums auf dem Garizim geübt wird. Es war kein neuer Gott, der mit Mose redete, 6, sondern der Gott Abrahams, Isaaks und Jakobs.

Die Offenbarung des Namens Jehovah (Jahweh), 3, 13-14. „ICH BIN, DER ICH BIN" – der da ist, der da war und der da kommt (Off. 1,4), der Ewige, Unveränderliche, Lebendige, der Name unseres Herrn, der uns erlöst hat. „Ehe Abraham war, *bin ich*" (Joh. 8,58). Der

Gottesname „JAHWEH" kommt wahrscheinlich von dem hebr. Wort „hajah" = „sein". Die
meisten Ausleger betrachten es als ein aktives
Verb, d.h. „ich bin" oder „der Selbstexistie-
rende". Andere ziehen hier die kausative Bedeutung des Verbs vor, d.h. „ich rufe ins Sein".

**Anweisung für die kommende Befrei-
ung, 3,15–22.** Die Wüste (18) war et'Tih, das
breite, dürre Plateau, das sich von der Nordost-
Grenze Ägyptens bis nach Südpalästina erstreckte. Wertsachen von den Ägyptern zu „borgen"
und sie dann zu „rauben" war nicht Doppelzün-
gigkeit, sondern entsprach dem gesellschaftlichen Brauch der Orientalen. Knechte „borgten"
als Ergänzung ihres Lohnes begehrte Gegenstände von ihren Herren, die sie als „Geschenk"
bezeichneten.

Moses Einwände, 4,1–17. Mose hatte bereits
Mangel an Befähigung, 3,11; keine Botschaft,
3,13; jetzt mangelnde Autorität, 4,1; fehlende
Beredsamkeit, 4,10; fehlende Willigkeit, 4,13, als
Grund gegen Gottes Berufung geltend gemacht.
Gott antwortete darauf mit dem Versprechen
seiner Gegenwart, 3,12; der Offenbarung seiner
Allmacht, 4,29; der Gabe der nötigen Fähigkei-
ten, 4,11–12; seiner Leitung und Unterweisung,
4,14–16.

**Mose kehrt nach Ägypten zurück, 4,18–
31.** Moses Frau war offenbar nicht bereit, ihren

Der Tempel von Amun, dem heutigen Luxor

Hölzernes Modell eines ägyptischen Schiffes. Segel und Takelage wurden restauriert.

Sohn beschneiden zu lassen. Sie wollte verhindern, daß Mose eine Vorschrift Gottes erfüllte, die aufs engste mit Gottes Bund mit Abraham und der Erlösung Israels aus der ägyptischen Knechtschaft und seiner Rückführung nach Palästina zusammenhing. Als Befreier stand Mose in unmittelbarer Gefahr, wegen dieser „Sünde" von Gott getötet zu werden. Deshalb beschnitt dann Zippora ihren Sohn. Mose und Aaron begegnen sich, 27-28, und die von ihnen ausgeführten „Zeichen" waren das Signal für das Fortschreiten des göttlichen Erlösungsplans.

Kap. 5
Mose vor Pharao

Ergebnisse der ersten Begegnung, 1-19. Der Herr machte siebenmal Pharao gegenüber seine Forderungen betreffs Israel geltend (5,1; 7,16; 8,1; 8,20; 9,1; 9,13; 10,3). Der König antwortete darauf in grausamer Weise mit Auferlegung schwererer Lasten, indem er die gleiche Anzahl Ziegelsteine verlangte, jedoch das Volk zwang, das Stroh für ihre Herstellung selbst zu suchen. Sowohl Ziegelsteine mit Stroh als auch solche nur aus Ton (Erde) wurden bei Ausgrabungen in Pithom und Tanis gefunden.

Israels Klage und Moses Gebet, 20-23. Wenn Israel auch bekannte, daß es an die Sendung Moses und Aarons durch Gott glaubte, (4,31), klagten sie dennoch Mose an, als Pharao sie noch härter bedrängte. Mose wandte sich darauf an Gott selbst und machte ihm Vorwürfe.

Kap. 6
Gottes Antwort auf das erste Gebet Moses

Gottes Antwort, 1-13. Der Herr erinnerte Mose an seinen Bund, den er mit den Erzvätern unter seinem Namen „El Shaddai" (der allmächtige Gott, 1.Mo.17,1) gemacht hatte, offenbarte aber zusätzlich die Bedeutung seines Namens als Israels Erlöser: Jehova (Jahweh), 2-3, jetzt, da er im Begriff war, sie von der Sklaverei Ägyptens (Typus für die Macht der Sünde), von Pharao (Typus für Satan) und Ägypten (Typus für die „Welt") zu erlösen. Man darf nicht den Schluß ziehen, daß der Name Jahweh nicht bereits vorher (im ersten Buch Mose) bekannt gewesen wäre – er kommt dort oft vor –, aber seine wörtliche Bedeutung war noch nicht geoffenbart worden, weil die Erlösung aus Ägypten, die ein Bild (Typus) der Erlösung durch Jesus Christus ist, zu der Zeit noch nicht geschehen war.

Das Geschlechtsregister, 14-27. Die göttliche Gnade nannte die einzelnen beim Namen und war bis ins kleinste hinein mit ihren Nöten vertraut und um ihre Erlösung besorgt. Das Geschlechtsregister ist offensichtlich nicht vollständig, sondern auswählend und verkürzt.

Der Auftrag erneuert, 28-30. Hier liegt der Ton auf der Menschlichkeit Moses, da auch der Befreier selbst ständigen Zuspruch braucht.

Kap. 7
Die erste der zehn Plagen

Mose und Aaron ermutigt, 1-9. „Ein Gott für Pharao" bedeutet, daß die Worte Moses göttliche Autorität hatten (die Autorität Gottes, von dem sie kamen); Aaron war der von Gott bestimmte Sprecher (vgl. 4,16).

Das Zeichen des Stabes, 10-13. Die ägyptische Religion war unlösbar mit Magie (Zauberei) verbunden, mit dämonenbeherrschter Götzenanbetung gröbster Art. Die Wunder, die die Zauberer vollbrachten, waren Offenbarungen von bösen, übernatürlichen Mächten, ähnlich den dämonischen Mächten, die im modernen Spiritismus und Okkultismus wirksam sind.

Die erste Plage: Blut, 14-25. Das Wasser des Nils wurde in Blut verwandelt – ein Gericht über den Fluß, der einmal als „Hapi", „der Lebenschaffende", ein anderes Mal als „Osiris", Gott der Fruchtbarkeit, angebetet wurde.

Kap. 8
Zweite, dritte und vierte Plage

Die zweite Plage: Frösche, 1-15. Dieses war eine übernatürlich gesteigerte Erscheinung eines oftmals sich ereignenden Naturphänomens. Der während der Monate Mai/Juni niedrige Wasserstand des Nils steigert sich im Juli bis zur Überschwemmung. Wenn das Wasser wieder zurückgeht, bleiben zahlreiche Pfützen mit stehendem Wasser zurück, die im August und September von Fröschen bevölkert werden. Die Frosch-Plage war ein Gericht über die zahllosen Götzen Ägyptens. Der Frosch wurde als Symbol der Hekt, einer Form der Göttin Hathor, angebetet. Klassische Schriftsteller des Altertums berichten von Froschplagen in Ägypten.

Dritte und vierte Plage: Mücken und Hundsfliegen, 16-32. Wieder wurden Wunder von Gott vollbracht, die sich auf natürliche Vorgänge gründeten. Die „Läuse" (kinnim) waren zweifellos Sandfliegen, stechende Insekten, die für Ägypten berüchtigt sind. Die „Fliegen", buchstäblich Schwärme von ihnen, waren Insekten, die in Ägypten schwere Seuchen verursachten. Diese Gerichte waren ein Schlag Gottes gegen die Göttin Isis, das Weib des Osiris, und gegen Hathor, Ägyptens ganz besonders verehrte Göttin, deren Repräsentantin die Kuh war.

Kap. 9
Fünfte, sechste und siebente Plage

Die fünfte und sechste Plage: Viehseuche und Geschwüre, 1-12. Diese Plagen richteten

Ramses der Große, wahrscheinlich der bekannteste Pharao der XIX. Dynastie

sich gegen Ptah (Apis), den Götzen von Memphis, den ein Bulle repräsentierte – wie auch gegen andere Götzen, die durch Ziegen, Widder, Kühe usw. vertreten wurden. Die sechste Plage, als ein Geschwür an Mensch und Tier beschrieben, das mit Blattern aufbricht, war ein Gericht gegen beide: die Anbeter der Götzen und die Götzen selbst. Der „Nilschorf" ist die volkstümliche Bezeichnung einer Hauterkrankung, die vor allem zur Zeit von „Ebbe und Flut" des Nils auftritt.

Die siebente Plage: Hagel, 13-35. Diese Plage, die aus dem Himmel kam, würde die Ägypter beeindrucken, die eine Gottheit hinter jeder Naturerscheinung sahen. Sie würden begreifen, daß Jehova der Herr des Himmels und der Erde ist. Hagel ist selten in Ägypten. Er fällt im Januar, was auch hier der Fall war, denn es war die Zeit, als die Gerste blühte, 31-32. Jede dieser Plagen entsprach der Jahreszeit, war aber in ihrem Ausmaß ein Wunder Jehovas.

Kap. 10
Achte und neunte Plage

Achte Plage: Heuschrecken, 1-20. Das war eine schwere Heimsuchung. Heuschreckenplagen waren in Syrien und Palästina wohlbekannt, aber selten in Ägypten. Die Heuschreckenschwärme wurden vom Ostwind herangetragen, und vom Westwind wieder fortgetrieben.

Neunte Plage: Dunkelheit, 21-29. Manche nehmen an, daß diese Plage vom Westwind verursacht wurde, als er die Heuschreckenschwärme wegfegte und zugleich den gefürchteten *Khamsin* herantrug, den Sandsturm aus der Wüste, der eine Dunkelheit verursacht, die man fühlen kann. Die Dunkelheit dieses Gerichts war so intensiv, daß drei Tage lang alle Tätigkeit in ganz Ägypten lahmgelegt war. Diese Plage könnte besonders bedeutungsvoll gewesen sein. Der oberste Gott im ägyptischen Götterhimmel (Pantheon) war der Sonnengott Re. Hier macht Jehova deutlich, daß er auch das Sonnenlicht beherrscht.

Kap. 11
Zehnte Plage:
Tod der Erstgeborenen

Die schwerste Plage angekündigt, 1-10, und ihre sichere Wirkung vorausgesagt. Vollzogen wird sie aber erst in Kap. 12, 26-39. Entweder war diese Plage ein unmittelbares tödliches Gottesgericht oder eine Beulenpest, an der selbst die Gesundesten und Besten, zu denen man die Erstgeborenen im Orient zählte, starben. Die Krankheit trat in diesem Fall mit übernatürlicher Intensität auf. Diese Tatsache und die weitere, daß hinter den blutbesprengten Türen Israels niemand davon ergriffen wurde, machte dieses zum größten unter den zehn Wundern, die Gott für Israels Befreiung vollbrachte.

Kap. 12
Das Passah und der Auszug

Einsetzung des Passahs, 1-13. Die Geburt der Nation und ein Wechsel im Kalender wurden angekündigt, 1-2. Erlösung bedeutet ein neugeschenktes Leben und damit einen neuen Anfang. Das geschlachtete Passahlamm sprach prophetisch von dem ans Kreuz von Golgatha geschlagenen Christus. Wie die Israeliten durch das Blut vor dem Tod bewahrt blieben, so wird der an Christus Gläubige vor dem Zorn Gottes bewahrt (1.Kor.5,7). Das ungesäuerte Brot (1.Kor.5,8) bezeugt die klare Trennung Israels von Ägypten und Israels eiligen Auszug. Die bitteren Kräuter sollten sie immer neu an ihr Leiden in Ägypten unter Pharaos Versklavung erinnern.

Heuschrecke

Am Ufer des Roten Meeres

Das Fest der ungesäuerten Brote, 14–28. Das Passahlamm wurde am 14. Tag bei Sonnenuntergang geschlachtet, und sofort danach wurde aller Sauerteig für sieben Tage aus dem Haus geschafft. Sauerteig ist in der Schrift ein Symbol der Sünde, der „Bosheit und Schlechtigkeit" (1. Kor. 5,8). Der Erfahrung der Erlösung (durch das Passahlamm) muß die Trennung von der Sünde und ein Leben im Gehorsam gegen Gott folgen.

Bericht über die zehnte Plage, 29–51. Das Sterben des ältesten Sohnes des Pharao, des Thronerben, zeigte seine Wirkung. Der Auszug fand plötzlich statt – am Ende der 430 Jahre, „eben auf denselben Tag", 40–42, die Israel in Ägypten zubringen sollte. Das Passahfest wurde zum beständigen Gedenken eingesetzt. Dabei sollte der Erlösung Israels aus der ägyptischen Knechtschaft feierlich gedacht werden, 43–51.

Kap. 13
Aussonderung der Erstgeburt

Die Erstgeborenen dem Herrn geweiht, 1–16. Nachdem die Erstgeborenen auf wunderbare Weise bewahrt geblieben waren, befahl Gott feierlich, daß sie ihm geweiht würden, 1–2. Ein Gott geweihtes Leben und die Erlösung gehören untrennbar zusammen. Wen Gott erlöst, dessen Leben nimmt er für sich in Anspruch (1. Kor. 6,19-20). Voraussetzung für ein Gott geweihtes Leben ist sowohl in bezug auf die Glaubensstellung als auch die Glaubenserfahrung die Erlösung aus der Knechtschaft (d.h. sowohl von der Strafe wie auch von der Macht der Sünde). Das Heil wird uns geschenkt zu einem Leben in der Heiligung.

Als Einführung zur Weihe der Erstgeborenen und als ein Teil der Trennung (die zum gottgeweihten Leben gehört) betont Mose die Wichtigkeit des Festes der ungesäuerten Brote (s. Kap. 12,15-20) als eine beständige Verordnung, die an die heilige Scheidung der Erlösten von allem Ungöttlichen erinnern soll, 1-10; die „ein Zeichen" sein soll an ihrer Hand und „ein Denkmal vor ihren Augen", 9.16 (vgl. 5. Mo. 6,4-9). Mit diesen Schriftstellen begründen die Juden den unter ihnen üblichen Brauch der „Phylakterien". Das sind kleine Schachteln, in denen aufgeschriebene atl. Texte enthalten sind, die sie wörtlich an Arm und Stirn befestigen und so durch ein Ritual zu erfüllen suchen, was Gott in der Lebenshaltung der Nachfolge sucht. Die Notwendigkeit einer „Lösung" der Erstgeburt wird formell festgelegt, 11-16.

Der Durchgang durch das Rote Meer, 17-22. Vom Auszug aus Sukkot an offenbart Gott seine Macht. Die Wolken- und Feuersäule wurde als Symbol von Gottes Gegenwart zu Führung und Schutz eingesetzt, 21-22.

Kap. 14
Der Durchzug durch das Rote Meer

Israels mißliche Lage, 1-12. Eingeschlossen, bestürzt und verwirrt durch die Wüste, dazu von Pharaos leichten, beweglichen Kriegswagen verfolgt, das war Israels Situation. Doch dadurch hatte Gott die Möglichkeit, sich durch die Vernichtung der Ägypter zu verherrlichen.

Erlösung durch Macht, 13-31. Das „Rote" Meer ist das „Schilfmeer" (hebr. *„yam suph"*; die Übersetzung „Rotes" Meer stammt aus der Septuaginta). Es handelt sich wahrscheinlich um die Region der „Bitterseen" nördlich vom Golf von Suez. Diese Seen enthielten Meerwasser, als der Suezkanal gebaut wurde. Vorher waren sie jahrhundertelang trocken gelegen, waren aber als mit Wasser gefüllte Seen bekannt, wie aus ägyptischen Quellen des Altertums zu entnehmen ist. Das große Wunder des Schilfmeers war die dramatischste und bedeutsamste Offenbarung der Macht Gottes im AT und das erinnerungsträchtigste Ereignis in der nationalen Geschichte Israels.

Kap. 15
Das Lied der Erlösten

Israel feiert seine Befreiung, 1-19. Israel war voller Lob nach der herrlichen Befreiung von seinen ägyptischen Verfolgern. Sie priesen Gott aus tiefstem Herzen. Der große Sieg, der errungen war, wurde als ein Triumph Gottes gefeiert, 1-10; seine Macht, Heiligkeit und unveränderliche Liebe wurden gepriesen, 11-13. In den Versen 14-16 wird der Schrecken beschrieben, in den durch diese große Befreiung Israels das Philisterland, Edom, Moab und Kanaan versetzt worden waren. Dann folgt eine gewisse Zusage, daß der Erlöser, der sie aus Ägypten befreite, sie auch nach Kanaan hineinbringen wird, 17-18.

Der Chor der Frauen, 20-21, unter Mirjams Führung, verbindet sich mit dem Lobgesang des übrigen Volkes.

Israel geprüft, 22-27. Das bittere Wasser von Mara wurde dem Volk Israel zur bitteren Prüfung. Elim, mit seinen „zwölf Wasserbrunnen und siebzig Palmen" (15,27), gab ihnen Ermutigung mitten in der Enttäuschung.

Kap. 16
Manna vom Himmel

Die Erlösten in der Hungerprobe, 1-13. Die Wüste Sin, 1, ist die weite Ebene von Markha jenseits Elim, wo die Einöde ein ganz akutes Ernährungsproblem mit sich brachte. Die Namen Sin und Sinai könnten vom Namen des Mondgottes von Ur und Haran herkommen, oder auch von einer semitischen Wortwurzel, die „scheinen" bedeutet. Im fruchtbaren Lande Gosen, mit zwei Ernten im Jahr, hatte es nie Lebensmittelknappheit gegeben. Nun aber gab es „Brot vom Himmel und Wachteln", direkt von Gott geliefert.

Manna vom Himmel, 14-22. Als das Volk in seiner hebräischen Sprache fragte: *„man-hu?"* (Was ist das?), 13-15, erklärte ihnen Mose, es sei „Brot vom Himmel". Dieses Manna weist prophetisch auf Christus hin, die Speise, von der Gottes Volk lebt (vgl. Joh.6,33-35).

Der Sabbat und das Manna, 23-30. Der Sabbat, ein Symbol des Segens für Israel während des Millenniums (Hebr.4,8-9), wurde Israel im Zusammenhang mit dem Manna schon jetzt zu halten auferlegt. Ein Omer (2 1/5 l) war der zehnte Teil eines Epha (ca. 22 l, bisher 36 l), im Gegensatz zum Homer, das ein Maß von 220 l bezeichnete, also zehn Epha umfaßte.

Manna zur Erinnerung aufbewahrt, 31-36. Diese Himmelsspeise, im Goldenen Krug aufbewahrt (Heb. 9,4), spricht von dem „verborgenen", dem wahren Manna, das wir einmal in Gottes Gegenwart in der Herrlichkeit essen werden (Off. 2,17) und von dem der Herr Jesus sagte: „Wer von diesem Brot ißt, wird ewig leben" (Joh. 6,58).

Kap. 17
Raphidim: Wasser aus dem Felsen

Die Erlösten durch Durst auf die Probe gestellt, 1-4. In Raphidim (wahrscheinlich dem Wadi Feiran, dem direkten Weg nach dem Sinai) erlaubten die Amalekiter dem Volk Israel nicht, das Tal hinauf zu den Quellen zu gehen. So litten sie sehr unter Durst und murrten gegen Gott und Mose.

Wasser aus dem Felsen, 5-7. Dieses Bild ist ein wunderbares Gleichnis für Christus, der das Leben schenkt (Joh. 7,37-39). Der geschlagene Fels ist das Symbol für den Tod Jesu. Jesus hat aufgrund seiner vollbrachten Erlösung den Heiligen Geist auf die Erde gesandt (Apg. 2,1-4). Horeb steht hier für die ganze Sinaihalbinsel. Massah („Prüfung") und Meriba („Hader") waren die Namen, die den Örtlichkeiten gegeben wurden, wo Israel den Herrn versuchte und mit ihm haderte.

Konflikt mit Amalek, 8-16. Dieser Beduinenstamm stammte von Esau ab (1. Mo. 36,12) und war Israels geschworener Feind.

Jehova Nissi („Der Herr ist mein Banner"), 15, versichert die Glaubenden des Sieges Jesu.

Eine Wachtel. Wachteln ziehen in großen Schwärmen, wobei sie nur 1-2 m über dem Erdboden fliegen.

Kap. 18
Mose und Jethro

Besuch Jethros, 1-12. Mose erzählte Jethro, auf welche Weise Gott Ägypten um Israels willen gerichtet und wie er Israel befreit hatte, 8. Daraufhin beteten sie gemeinsam den Herrn an und hatten Gemeinschaft miteinander, 12. Während der Befreiung Israels aus der Knechtschaft in Ägypten hörte man nichts von Zippora und ihren beiden Söhnen, Gersom („ein Fremdling") und Elieser („Gott ist meine Hilfe"), 2-5. Jetzt, da Israel sich auf seine Gottesbegegnung am Sinai vorbereitet, treten sie wieder in Erscheinung, was man als Hinweis auf die „Rückkehr Israels zum Berg Gottes" im Tausendjährigen Reich ansehen könnte (Jes. 2,1-5).

Die Regierung der Erlösten, 13-27. Hier sorgt Gott nun für eine Regierungsverwaltung, die Mose zur Seite stehen sollte, wie er vorher für Erlösung gesorgt hatte (12,37 - 13,18); für Führung (13,19-22); für Befreiung (14,1 - 15,21); für Versorgung (15,22 - 17,7) und für Sieg im Kampf (17,8-16).

Kap. 19
Berg Sinai und der Bund des Gesetzes

Israel am Berg Sinai, 1-2. Zweifellos ist der Berg Sinai identisch mit Jebel Musa auf der Sinai-Halbinsel, heute bekannt durch das Kloster der Hl. Katharina. Doch sind manche Forscher der Meinung, daß nicht Jebel Musa, sondern Jebel Serbal in der Nähe der Oase Wadi Feiran identisch mit dem Berg Sinai sei.

Freie Gnade mit dem Gesetz vertauscht, 3-8. Gott erinnerte das Volk unmißverständlich daran, daß er bis zu dieser Zeit an ihnen in seiner freien Gnade gehandelt hatte, 4. Das Wenn am Anfang von Vers 5 weist auf den Anfang einer neuen Methode Gottes mit den Menschen hin: die Methode des Gesetzes. Eine neue Ära hatte in Israels Geschichte begonnen. Das Gesetz sollte nicht eine neue Lebensweise bringen, sondern sollte das Mittel werden, durch das Israel Gottes „persönliches Eigentum", „ein Königreich von Priestern" und „ein heiliges Volk" werden konnte, 5-6, völlig verschieden von allen anderen Nationen. Diese Verheißung des Priestertums wird später aufgrund der Erlösung durch Christus auch auf die Gemeinde ausgedehnt (1. Pet. 2,9; Offb. 1,6). Das Gesetz wurde dem Volk jedoch erst auferlegt, nachdem es von Gott vorgeschlagen und vom Volk freiwillig angenommen worden war, 7-8. Gottes Bund mit Abraham hatte ewiges Heil und Gewißheit zusagen können, weil er keine Bedingung stellte: daß der Mensch Gott glaubte. Gerade das aber konnte das Gesetz nicht zusagen.

Die Zeit des Gesetzes beginnt, 9-25. Das geschah mit der schrecklichen Erscheinung Gottes auf dem Berg Sinai, 9-11; durch eine das Leben sichernde Distanz zwischen Gott und Mensch, 12-13; durch Rauch, Feuer und Androhung des Todes im Fall von Annäherungsversuchen des Menschen. Die Aufgabe des Gesetzes sollte es sein, den Menschen einen Begriff von der Heiligkeit Gottes zu vermitteln, ebenso wie es ihre Sündhaftigkeit aufdecken sollte; es sollte durch Strenge und Unbeugsamkeit ein „Schulmeister" sein, der die Menschen von ihrer Bedürftigkeit eines Retters überzeugen sollte, indem es ausführlich auf ihn hinwies, damit der einzelne aus dem Tod (durchs Gesetz) durch Glauben zum Leben geführt werden könnte (Gal. 3,24).

Kap. 20
Die zehn Gebote (Dekalog)

Die erste Tafel, 1-12, Pflichten Gott gegenüber. Sie schützen die richtige Vorstellung von seinem Wesen vor Götzendienst, seine Heiligkeit vor Gottlosigkeit und seine Anbetung am siebten Tage gegen Verweltlichung.

Die zweite Tafel, 13-17, spricht von Pflichten Menschen gegenüber. „Du sollst deinen Vater und deine Mutter ehren" erscheint als erstes Gebot mit einer besonderen Verheißung (20,12; Eph. 6,2). „Du sollst nicht töten", 13, bestimmt die Heiligkeit des Lebens. „Du sollst nicht ehebrechen", 14, schützt die Ehe und die Familie. „Du sollst nicht stehlen", 15, betont das Eigentumsrecht Plünderern gegenüber. „Du sollst nicht falsch Zeugnis geben wider deinen Nächsten", 16, will die Heiligkeit des Rufes gegen Verleumdung schützen. „Du sollst nicht begehren ...", 17, soll das Herz vor falschen Wünschen schützen.

Israel bittet um einen Mittler, 18-21. Obwohl Gott Israel berufen hatte, ein Königreich von Priestern zu sein (19,6), bittet Israel Mose voller Furcht, ihr Mittler vor Gott zu sein.

Das Bundesbuch, 20, 22-23, 33; so bezeichnet in 24,7. Dieser Abschnitt umreißt ausführlicher die Forderungen Gottes im Blick auf seinen Bund mit Israel.

Archäologische Streiflichter

Die Entdeckung von Texten eines Vertrages aus dem Gebiet des Nahen Ostens hat ein besseres Licht auf Form und Aufbau des Bundes Gottes mit Israel geworfen, wie er im 2., 3., 5. Buch Mose und bei Josua beschrieben wird. Mendenhall und Kline haben strukturelle Ähnlichkeiten zwischen dem Sinaibund und hethitischen Lehnsverträgen beobachtet. Diese deutlichen Entsprechungen sind ein klares Argument für die geschichtliche Authentizität der Offenbarung Gottes gegenüber Mose auf dem Sinai.

Kap. 21-24
Die sozialen Vorschriften

Das Recht der Person als solcher, 21,1-36. Gesetze über die Haltung von Sklaven wurden gegeben, 1-11; Unrecht gegen den Mitmenschen, 12-27, über Verletzungen durch Mangel an Sorgfalt oder durch Nachlässigkeit, 28-36.

Eigentumsrecht, 22,1-15. Gesetze gegen Diebstahl, 1-6, und Unehrlichkeit, 7-15.

Über persönliche Redlichkeit, 22,16 - 23,19. Richtiges Verhalten, 22,16-31, dargelegt; Durchführung der öffentlichen Rechtsprechung, 23,1-9; Einhaltung der Festzeiten des Jahres, 10-19.

Verheißung und Aussichten, 23,20-33. Zusicherung der göttlichen Gegenwart beim Volk Israel, 20-23, wurde gegeben und eine gesegnete Zukunft vorausgesagt, wenn das Volk

dem Herrn treu bleibe, 24-33. Diese ausdrücklichen Befehle im Buch des Bundes bezogen sich auf das soziale und religiöse Verhalten Israels.

Mose auf dem Gipfel des Berges, 24,18-31,18. Die vierzig Tage und vierzig Nächte, die Mose auf dem Berg blieb, waren eine bedeutungsvolle Zeitspanne, weil diese dem Weg Elias zum Berg Horeb und der Dauer der Versuchung Jesu in der Wüste entspricht.

Annahme des Gesetzesbundes und Anbetung, 24,1-18. Wieder wird die freiwillige Annahme des Gesetzes durch Israel betont (vgl. 19,7-8) und der Bund bestätigt.

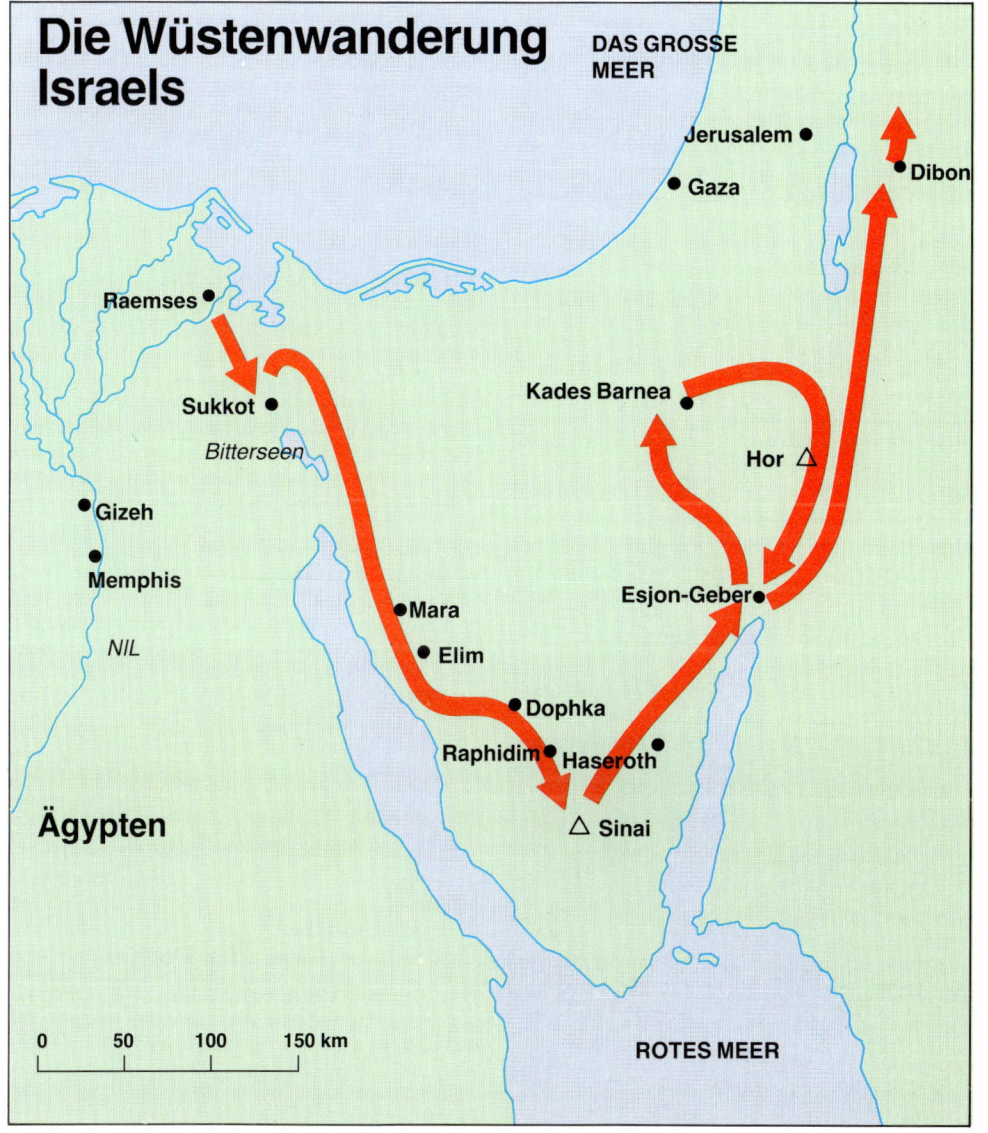

Archäologische Streiflichter

Man hat Vergleiche zwischen dem kanaanitischen Gesetz (das göttliche Recht für alle denkbaren Situationen des Alltagslebens) des mosaischen Bundes und älteren Gesetzessammlungen wie dem Codex des Hammurabi (ca. 1700 v.Chr.), dem Lipit-Ischtar-Codex (ca. 1875 v.Chr.) und dem Ur-Nammu-Codex (2050 v.Chr.) angestellt. Hierbei ergaben sich beträchtliche Ähnlichkeiten, um das hohe Alter des mosaischen Bundes zu bestätigen – und doch zugleich auch so erhebliche Abweichungen, die für die Einzigartigkeit dieses Bundes als einer göttlichen Offenbarung sprechen.

Kap. 25
Die Stiftshütte:
Bundeslade, Tisch, Leuchter

Das Material, 1–9, kam aus den Opfern des Volkes und bestand aus drei Metallen, farbigen Stoffen, Tierfellen, Wolle, Öl und Edelsteinen. Alles beruhte auf göttlicher Anordnung, 9.

Die Bundeslade, 10–22. Diese Lade von Akazienholz war 97 cm lang, 37 cm breit und 37 cm hoch. Sie war mit reinem Gold überzogen. Sie enthielt das Gefäß mit dem Manna, die Gesetzestafeln mit den 10 Geboten und später den Stab Aarons, der ausgeschlagen hatte. Der Gnadenstuhl war der goldene Deckel (das Oberteil) der Lade, der zeigen sollte, wie der Thron Gottes aus einem Thron des Gerichts zu einem Thron der Gnade wird – dadurch, daß das Versöhnungsblut des stellvertretenden Opfers darauf gesprengt wird. Die beiden Cherubim sind ein Bild der Wächter, die die Heiligkeit des Thrones Gottes bewachen. Über dem Thron war in der Herrlichkeit die Schechina die Gegenwart Gottes verborgen. Die Lade war das Zentrum der in der Stiftshütte eingebetteten Symbolik, in der man Gott als den nach außen, d.h. zum Menschen hin wirkenden Gott verstehen kann.

Eine Akazie. Bundeslade und Schaubrottisch waren aus Akazienholz.

Der Schaubrottisch, 23–30, aus Akazienholz gemacht, war 90 cm lang, 67 cm hoch und 45 cm breit, mit reinem Gold überzogen. Auf ihn wurden die Schaubrote gelegt („Brot der Gegenwart" [Gottes]), die aus feinem Weizenmehl gebacken waren, und zwar in 12 Laiben, die jeden Sabbat erneuert wurden, damit sie ausschließlich von den Priestern gegessen werden konnten. Dieses Brot wies auf den kommenden Erlöser hin, das Brot des Lebens, den Ernährer des Gläubigen in seinem Priesterstand (1. Petr. 2,9; Off. 1,6; Joh. 6,33–58).

Der goldene Leuchter, 31–40. Er war aus reinem Gold und hatte sieben „Arme" – ein Symbol Christi, unseres Lichts, der in der Fülle des Geistes hell scheint, während das natürliche Licht aus der Stiftshütte verbannt war. Manche bringen diesen Leuchter mit den sieben Leuchtern von Offb. 1,12–16 in Verbindung, aus deren Mitte der Menschensohn leuchtete. Die Darstellung dieses Leuchters auf dem Triumphbogen des Titus kann einen genauen Eindruck von seinem Aussehen vermitteln.

Kap. 26
Die Stiftshütte – ihre allgemeine Konstruktion

Die leinenen Vorhänge, 1–6. Zehn an der Zahl, aus weißem Leinen, mit blauem, purpurfarbenem und scharlachrotem Garn in Gestalt von Cherubim bestickt.

Die Decken, Bretter, der Vorhang und äußere Wand, 7–37. Der Vorhang in der Stiftshütte trennte das Heiligtum vom Allerheiligsten, dem innersten Heiligtum, wo die Lade des Bundes stand. Josephus berichtet, daß dieser Vorhang 10 cm dick war und die darauf gestickten Zeichen mystische Bedeutung hatten. Für den Glaubenden bedeutet der Vorhang die Trennung von der Gegenwart Gottes, eine Trennung, die in dem Augenblick aufgehoben wurde, als Christus am Kreuz starb; denn zu der Zeit „zerriß der Vorhang im Tempel entzwei von oben bis unten" (Matth. 27,51). Obwohl der Priester des Alten Bundes nur einmal im Jahr hinter den Vorhang gehen konnte, erwirkte Christus als unser Hoherpriester (Hebr. 9,11–12) den Zugang zur Gegenwart Gottes für alle, die ihn auf dem „neuen und lebendigen Weg durch den Vorhang hindurch, das heißt durch sein Fleisch" suchen (Hebr. 10,20).

Kap. 27
Die Stiftshütte:
Der eherne Altar, der Vorhof

Der eherne (bronzene) Altar, 1–8. Das war der große Altar für die allgemeinen Tieropfer. Er war 2,25 m in der Grundfläche und 1,35 m hoch und stand am Eingang. Das besagte, daß das stellvertretend vergossene Blut der Opfertiere (Versöhnung) die Voraussetzung dafür ist, daß

Die Stiftshütte,
wie sie ein Künstler dargestellt hat

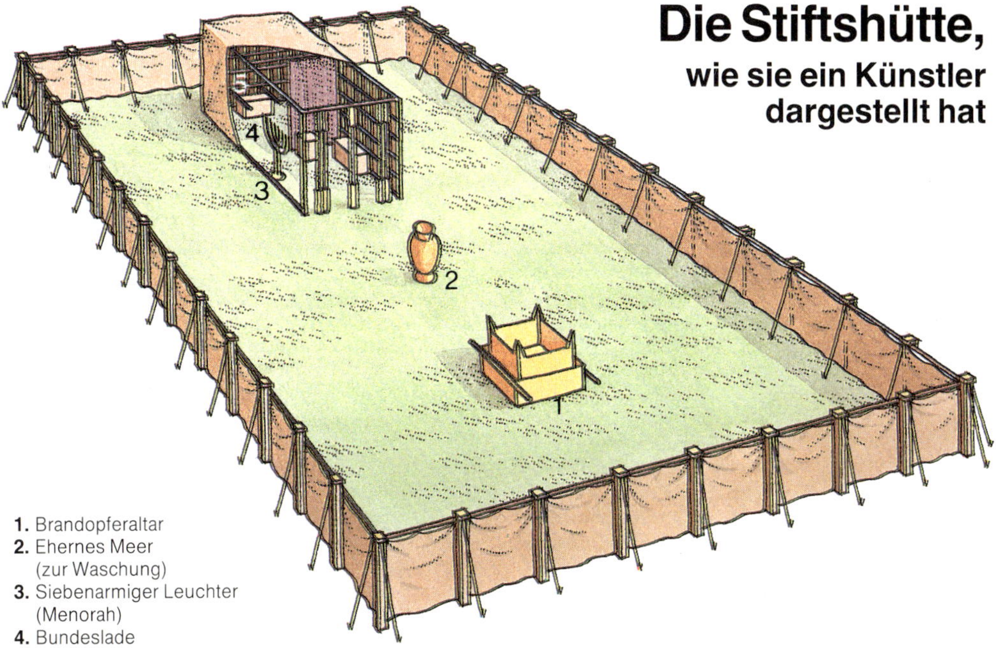

1. Brandopferaltar
2. Ehernes Meer
   (zur Waschung)
3. Siebenarmiger Leuchter
   (Menorah)
4. Bundeslade
5. Allerheiligstes

der Mensch sich Gott nahen darf. Dieser Altar ist ein Symbol des Kreuzes (Todes) Jesu Christi, der unser Brandopfer ist. Jesus hat sich selbst für uns Gott dargebracht als fehlerloses Opfer (Hebr. 9,14).

Der Vorhof, 9–19. Die Vorhänge (= die den Vorhof begrenzenden „Wände") sind aus „gezwirnter, weißer Leinwand", ein Symbol dafür, daß Gerechtigkeit die Voraussetzung für wahre Gottesanbetung ist; die Vorhänge schließen jeden aus, der nicht durch das Tor eintreten will. Das Tor, 16, (vgl. Joh.10,9) ist ein Symbol Jesu Christi. Er ist unser Zugang zu Gott, weil seine für uns vollbrachte Erlösung uns den Weg zu Gott freimacht.

Das Öl für den Leuchter, 20–21. Das „lautere, gestoßene Olivenöl" ist ein Symbol des Heiligen Geistes (Joh. 3,34; Hebr. 1,9). In Christus brennt dieses aus der Quelle genährte Licht unaufhörlich.

Kap. 28
Die Priesterschaft der Stiftshütte

Aaron und seine Söhne mit der Priesterschaft betraut, 1–5. Aaron, der Hohepriester, (hebr. „der große Priester"), ist ein Hinweis (Typus) auf Christus, der sein Amt als Hoherpriester nach dem Vorbild Aarons ausübt (Hebr.9), doch „nach der *Ordnung* Melchisedeks" ein „ewiger Hoherpriester" ist, der nicht stirbt (Hebr.7,15-16). Die „heiligen Kleider" Aarons, die „ihn heiligen und zum Priester Gottes machen", 3, bezeugen die Herrlichkeit und Schönheit Jesu Christi, unseres Hohenpriesters.

Das Ephod, 6–14, war ein schürzenähnliches Kleidungsstück, das über dem Gewand des Ho-

Darstellung eines Hohenpriesters

henpriesters unter dem Brustschild getragen wurde, mit Schulterriemen und mit einem gestickten Gürtel zusammengehalten. Es wurde über dem Gewand getragen. Auf jedem Schulterschluß war ein Onyx-Stein befestigt, in Goldfiligranarbeit eingefaßt, auf dem je sechs Namen der Stämme Israels eingraviert waren. Unser Hoherpriester Jesus Christus trägt die Seinen auf seiner Schulter (Symbol der Kraft) durch seinen gegenwärtigen Dienst der hohepriesterlichen Fürbitte.

Das Brustschild, 15–29, war prächtig geschmückt mit kostbaren Steinen, auf denen die Namen der 12 Stämme Israels eingraviert waren. Das Bild: Jesus Christus trägt die Namen der Seinen auf dem Herzen in die Gegenwart Gottes, wie Aaron das tat, wenn er zu Gott „in das Heiligtum (vorderer Teil der Stiftshütte) ging, 29.

Urim und Thummim, 30, (könnte übersetzt werden: „die lichtenden und schlichtenden Lose" [Menge]; „für die Rechtspflege: Licht und Recht" [Schlachter]. Sie gehörten zur Ausstattung des Brustschildes, im Zusammenhang mit der Rechtsprechung, und deuten auf den Führerdienst des Heiligen Geistes, sei es, daß es sich hier um Edelsteine handelte oder um Sinnbilder der göttlichen Weissagung. (Sie werden nirgends beschrieben, was voraussetzt, daß Israel mit ihnen vertraut war.)

Das Obergewand, auf dem das Ephod getragen wurde, 31–35. Die Glöckchen am Saum des Gewandes sprachen davon, daß Gott das priesterliche Opfer annimmt. Solange das draußen wartende Volk das feine Läuten der Glöckchen hörte, wußten die Menschen, daß der Hohepriester im Allerheiligsten noch am Leben war und daß Gott durch das stellvertretende Opfer versöhnt war (35). Im Gegensatz dazu lebt Christus, der bessere Hohepriester, „allezeit, um für sie einzutreten" (Hebr. 7,25).

Das goldene Stirnband, 36–38, trug die Inschrift „Heilig dem Herrn", ein Hinweis auf die fleckenlose Reinheit des priesterlichen Dienstes Jesu Christi.

Kleidung der Priester, 39–43. Die gewöhnlichen Kleider des Hohenpriesters und der ordentlichen Priester, über die die besondere hohepriesterliche Festbekleidung angelegt wurde, bezeugen, daß „die Herrlichkeit und Schönheit", die charakteristisch für den Hohenpriester Aaron (Bild Jesu Christi) war, auch Aarons Söhne charakterisierte (Bilder für die Gläubigen als Priester Gottes, vgl. 1. Petr. 2,9). Die „leinenen Beinkleider", die das „Fleisch" bedeckten, 42, erinnern daran, daß die Gerechtigkeit Jesu Christi dem Gläubigen zugerechnet ist und sein natürliches Wesen in seiner Sündhaftigkeit zudeckt. Diese Gerechtigkeit ist notwendig, um Gott als Priester zu nahen.

Kap. 29
Weihe der Priester

Die Waschungen, 1-4. Die körperliche Reini-

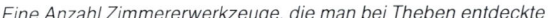

Eine Anzahl Zimmererwerkzeuge, die man bei Theben entdeckte

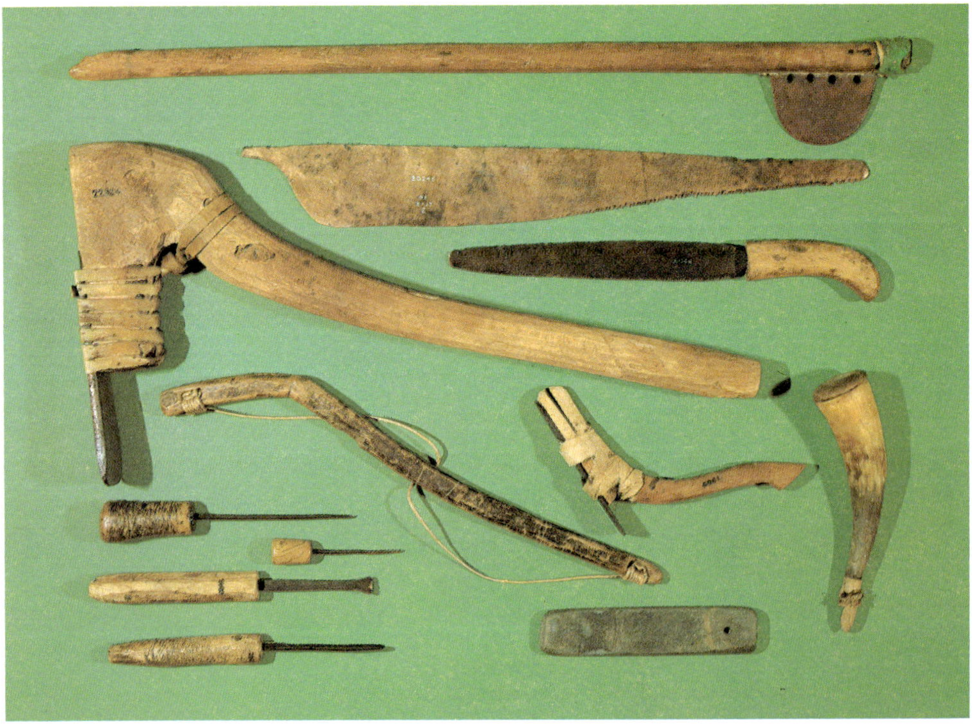

gung durch Waschen mit Wasser ist ein Symbol der Wiedergeburt (Joh. 3,5; Tit. 3,5), an der auch Aaron teilhatte, denn er war ein Sünder und brauchte sie. Jesus Christus als das fleckenlose Lamm Gottes (Hebr. 7,26-28) brauchte keine Reinigung. Trotzdem erbat er sich die Taufe des Johannes im Jordan, um sich dadurch mit uns Sündern zu identifizieren und damit das Vorbild, das Aaron darstellte, zu erfüllen (Matth. 3,13-17).

Einkleidung und Salbung, 5-25. Angetan mit den prächtigen Kleidern des Hohenpriesters, 5-6, und mit dem heiligen Öl gesalbt, 7, als Symbol dafür, daß Christus mit dem Heiligen Geist erfüllt war (Matth. 3,16; Apg. 10,38), war Aaron der einzige, der zum Priester gesalbt wurde, *ehe* für ihn das Opfer geschlachtet worden war (vgl. 21). Die priesterliche Weihe verlangte verschiedene Opfer, wobei das Blut von Opfertieren vergossen werden mußte, 8-25. Damit wird Aaron ein ganz besonderes Symbol für Christus, der mit dem Heiligen Geist gesalbt war aufgrund dessen, was er in sich selbst war, in seiner Gottheit und seinem sündlosen Menschsein, nicht erst durch das Opfer, wie das bei uns Menschen der Fall ist.

Besondere Speisen für die Priester, 26-46. Diese Vorschriften entsprachen der Würde des Dienstes, 26-37, derer, die das Volk vor Gott in Opfer und Anbetung repräsentierten, 38-46.

Kap. 30
Der Räucheraltar und die Gläubigen

Der Räucheraltar, 1-10, war aus Akazienholz, mit Gold überzogen, mit einer Grundfläche von knapp 0,5 m im Quadrat, 90 cm hoch. Er hatte Hörner, die nicht entfernt werden konnten, und Stäbe zum Transport. Er wurde in das Heiligtum gestellt, vor den Vorhang. Darauf sollte Aaron zweimal täglich wohlriechendes Räucherwerk opfern, 7-8. Das Räucherwerk symbolisiert das Gebet, das zu Gott aufsteigt „wie ein Rauchopfer", ihm angenehm (Off. 5,8;8,3). Der Räucheraltar ist das Symbol für Christus als den Fürbitter für die Gläubigen (Joh. 17,1-26; Hebr. 7,25), durch den ihre Gebete und ihr Lobpreis Gott dargebracht werden (Hebr. 13,15). Kein „fremdes Räucherwerk", 9, d.h. kein „verkehrt zusammengesetztes" Gebet (vgl. 30,34-38), wie unaufrichtige oder nur formelle Gebete, sollten Gott dargebracht werden. Vgl. „fremdes Feuer" in 3. Mo. 10,1-3, d.h. Feuer, das anders, als von Gott vorgeschrieben, angezündet wird, z.B. religiöser Enthusiasmus oder irgendeine Sache oder Person, die an die Stelle Christi treten und angebetet werden (1. Kor. 1,11-13; Kol. 2,8.16-19).

Das Lösegeld, 11-16. Wer als aufrichtiger Anbeter Gott nahen will, muß losgekauft, „abgelöst", „erlöst" sein. Wir sind alle verloren, stehen alle auf derselben Ebene, brauchen alle den, der uns „zurückkauft", das Lösegeld für uns bezahlt – daher der halbe Schekel Lösegeld in Silber.

Das eherne (bronzene) Becken, 17-21. Dieses Waschbecken, das zwischen Altar und Stiftshütte stand, war für den ständigen Gebrauch der Priester bestimmt, um ihre Hände und Füße zu waschen, ehe sie in die Stiftshütte gingen. Hier haben wir das Symbol für das „Gereinigtsein durch das Wasserbad im Wort" (Hebr. 10,22; Eph. 5,25-27; Joh. 13,3-10; 1. Joh. 1,9). Auch wahre Anbeter müssen immer wieder von den täglichen Verunreinigungen gereinigt werden.

Das heilige Salböl, 22-33, ist ein Symbol des Heiligen Geistes. Nur wer erlöst ist, sich täglich reinigen und vom Geist salben läßt, kann Gott so anbeten, daß es ihm wohlgefällt (Joh. 4,23; Eph. 2,18; 5,18-19), in der Schönheit und dem Wohlgeruch der Heiligung.

Das Räucherwerk, 34-38. Die Bestandteile des Räucherwerks sind angegeben, wie beim Salböl. Nur die Erlösten, 11-16, gereinigt, 17-21, und gesalbt, 34-38, können Gott wirklich mit aufrichtigem Gebet, mit Lob und Danksagung anbeten, 34-38, wie es das Räucherwerk symbolisiert, das seinerseits wieder, einzigartig zusammengestellt, für die Anbetung Gottes allein bestimmt war, 37. Unechtes, nachgeahmtes Räucherwerk auf den Altar zu bringen war ein Vergehen, für das Gott die Todesstrafe bestimmt hatte. Das zeigt, daß Anbetung nicht aus dem natürlichen Menschen kommen kann, sondern in Wahrheit durch den Geist Gottes gewirkt sein muß (Joh. 4,23-24).

Kap. 31
Die Werkmeister und der Sabbat

Berufung der Werkmeister, 1-11. Bezaleel („Im Schatten Gottes") und Oholiab („Zelt [meines] Vaters") wurden mit dem Geist Gottes erfüllt, mit Fähigkeit, Verstand, Erkenntnis und allerlei handwerklichem Geschick ausgerüstet, 2-3, um alle nötigen Facharbeiten auszuführen.

Das Gesetz des Sabbats neu eingeschärft, 12-17. Vgl. 16,23-29: Erste Einsetzung des Ruhetages, den Israel einhalten sollte, in Verbindung mit der Gabe des Manna. Kurz darauf wurde es wiederholt im 4. (3.) Gebot (20,8-11), hier in Verbindung mit der Ruhe Gottes am 7. Tage nach der Schöpfung (1. Mo. 2,2). So ist der Sabbat eine durchaus jüdische Ordnung, die im Zusammenhang steht mit dem Gesetzesbund, dem Bund Gottes mit Mose. Seine Übertretung soll mit dem Tode bestraft werden. Der christliche Sonntag ist nicht der Sabbat, sondern der erste Tag der Woche und gehört dem neuen Zeitalter der Gnade an, das mit dem Tod und der Auferstehung Jesu anfing. Den Sabbat zu halten bedeutet deshalb, in die Zeit zurückzugehen, die vor dem Zerreißen des Vorhangs im Tempel lag (Math. 27,51).

Mose erhält die steinernen Gesetzestafeln, 18 (vgl. 32,16). Es ist bedeutsam, daß die Tafeln „vom Finger Gottes" geschrieben wurden. Diese außerordentliche Handlung Gottes bestätigt die Bedeutung des göttlichen Gesetzes.

Kap. 32
Der Gottesbund gebrochen

Das goldene Kalb, 1-14. Kurz nachdem das Volk feierlich erklärt hatte, sie würden sich keine Götzen machen und keine anderen Götter anbeten, stellten sie ein Stierkalb her, das entweder die Rückkehr zur Anbetung des heiligen Stieres Apis (der Ägypter) darstellte oder die Praxis der Kanaaniter, für Gott einen entsprechend gestalteten Fußschemel oder Thron herzustellen (Baal wird oft auf dem Rücken eines Stieres dargestellt). Mose rettete das Volk davor, daß es ausgelöscht wurde, 11-14.

Die zerbrochenen Gesetzestafeln, 15-35. Die ganze Situation zeigte die Unfähigkeit des Gesetzes, das in sich selbst gut war, sündige Menschen „gut" zu machen. Der gefallene Mensch wird niemals durch das Halten des Gesetzes erlöst, sondern nur durch den Glauben. Zu jeder Zeit besteht das Heil für den verlorenen Menschen ausschließlich in der Rechtfertigung durch den Glauben. Das Gesetz kann nur ein „Schulmeister" sein, der dem Menschen seine Sünde zeigt und damit seine Bedürftigkeit für Gottes Gnade und Erlösung. Als Mose diejenigen zu sich rief, die auf der Seite Gottes standen, waren es die Leviten, die 3000 der abtrünnigen Israeliten töteten. Die Verse 30-35 berichten vom priesterlichen Eintreten Moses für das Volk. Sie bieten damit eine selten erhabene und eindrucksvolle Szene vom Ringen eines Menschen um das Wohl des Volkes Gottes.

Kap. 33-34
Wiederherstellung des Gesetzes

Mose schaut Gott, 33, 1-23. Die Reise nach Kanaan wurde fortgesetzt, 1-6, und das „Zelt der Zusammenkunft" (nicht die Stiftshütte, die erst später errichtet wurde) wurde außerhalb des Lagers aufgestellt, 7-11. Mose bat erneut darum, Gott sehen zu dürfen, 12-17, und Gott versprach es ihm im Blick auf die neuen, vor ihm liegenden Aufgaben, 18-23.

Neue Gesetzestafeln, 34, 1-4. Die zweiten Tafeln waren wieder von Gott selbst geschrieben. Sie hatten dieselbe Autorität wie die ersten.

Erneute Vision, erneuter Auftrag Gottes, 34, 5-17. Mose sah Gott nach, als er an ihm vorüberging, 5-9, und sein Auftrag wurde erneuert, 10-17. Hier begriff der Patriarch das verborgene Wesen Gottes (Jehovahs).

Die Feste und den Sabbat erneut ernstlich zu halten befohlen, 34, 18-35. Hier liegt eine Wiederholung der Gesetze über das Fest der ungesäuerten Brote vor, 18; über die Lösung der Erstgeburt, 19-20; über den Sabbat, 21; über das Fest der Wochen, die Weizenernte usw., 22-27. Als Mose nach 40 Tagen von dem Berg wieder zurückkam, „strahlte die Haut seines Angesichts", 28-35 (vgl. 2. Kor. 3,6-18).

Kap. 35-39
Die Stiftshütte aufgestellt

Der Sabbat, 35, 1-3. Dieses grundlegende Prinzip der Anbetung Israels wurde nochmals dargelegt und unterstrichen (vgl. 16,23-29; 20,8-11; 31,12-17; 34,21).

Gaben und Werkleute für die Stiftshütte, 35,4 – 36,7. Was in 2. Mo. 25,1-8 in bezug auf Spenden für den Bau der Stiftshütte gesagt worden war, wird hier zur Tat, und das Volk gab reichlich. Bezaleel und Oholiab (vgl. 31,1-11), die verantwortlichen Handwerksmeister, wurden wieder besonders hervorgehoben und ihnen von Gott geschenkten Gaben für die Ausführung ihrer Aufgabe erneut betont, 35,30-35. Das Volk zeigte so große Opferwilligkeit, daß man ihnen wehren mußte, 36,1-7.

Die Stiftshütte wird gebaut, 36,8 – 39,43. Diese Kapitel berichten über das Material und die Ausstattungsgegenstände der Stiftshütte, die gesammelt und hergestellt werden nach den Angaben, die in den Kapiteln 25-31 gemacht worden waren und hier wiederholt werden. Diese betreffen: die Leinenvorhänge, 36,8-13 (vgl. 26,1-6); die Teppiche von Ziegenhaaren, 36,14-18 (vgl. 26,7); die Decke von Widderfellen, 36,19 (vgl. 26,14); die Bretter, 36,20-23 (vgl. 26,15); die silbernen Füße, 36,24-30 (vgl. 26,19); die Riegel, 36,31-33 (vgl. 26,26); die goldenen Überzüge, 36,34 (vgl. 26,29); den inneren und äußeren Vorhang, 36,35-38 (vgl. 26,31.36). Ebenso wird die Ausstattung wieder in allen Einzelheiten beschrieben: die Lade, 37,1-5 (vgl. 25,10); der Gnadenstuhl, 37,6-9 (vgl. 25,17); der Schaubrottisch, 37,10-16 (vgl. 25,23); der Leuchter, 37,17-24 (vgl. 25,31); der Räucheraltar, 37,25-28 (vgl. 30,1); das Salböl, 37,29 (vgl. 30,23-38); der Brandopferaltar, 38,1-7 (vgl. 27,1); das eherne Becken, 38,8 (vgl. 30,18); der Vorhof, 38,9-31 (vgl. 27,9.16); Aarons hohepriesterliche Kleider, 39,1-43 (vgl. 31,10).

Kap. 40
Die Stiftshütte wird aufgerichtet

Gebaut, 1-19, nach Gottes Angaben, 1-15, in vollkommenem Gehorsam, 16-19.

Ausgestattet, 20-33. Die Lade wurde hereingebracht, 20-21. Die Ausstattungsgegenstände werden aufgestellt, 22-26. Die vorgeschriebenen Opfer werden gebracht, die Riten des Gottesdienstes ausgeführt, 27-33.

Von Gott angenommen, 34-38. Gott segnete Mose und das Volk mit seiner Gegenwart, und das Zelt wurde voll seiner Herrlichkeit. Ein Haufen unglücklicher Sklaven in Ägyptens Knechtschaft steht am Anfang des 2. Buches Mose, eine befreite Nation in Gemeinschaft mit Gott und auf dem Weg nach Kanaan steht am Ende. Dies ist wahrhaftig „das Buch der Erlösung".

Das 3. Buch Mose (Leviticus)

Das Buch der Versöhnung

Bronzestatue des heiligen Stieres Apis, bei Memphis gefunden

Allgemeines. Das 1. Buch Mose (Genesis) ist das Buch der Anfänge, das 2. Buch (Exodus) das Buch der Erlösung und das 3. Buch (Leviticus) das Buch der Versöhnung und eines daraus folgenden gottgeweihten Lebens. In Genesis (1. Mose) erleben wir den Menschen, der sich durch die Sünde zugrunde richtet; in Exodus (2. Mose) wird er erlöst, in Leviticus (3. Mose) gereinigt, dadurch zur Anbetung Gottes und in seinen Dienst geführt. Die Botschaft dieses Buches ist einmal: *„Bring dein Leben mit Gott in Ordnung!"* Das wird durch die fünf verschiedenen Opfer symbolisiert: das Brandopfer, das Speiseopfer, das Dankopfer, das Sündopfer und das Schuldopfer, Kap. 1-7. Das 3. Buch Mose sagt aber auch: *„Bleibe mit Gott in Ordnung!"* Das wird durch die sieben Feste dargestellt: Passahfest, Fest der ungesäuerten Brote, Fest der Erstlingsgarben der Ernte, Pfingstfest, das auch das Wochenfest genannt wird, Neujahrsfest, Versöhnungsfest, Laubhüttenfest (Kap. 23).

Leviticus ist das Buch der *Heiligkeit.* Dieser Grundgedanke der Heiligkeit findet sich 87 mal in diesem Buch. Gott sagt zu den (von ihm) Erlösten: „Ihr sollt heilig sein, denn ich bin heilig!" (11,4-45; 19,2; 20,7.26). Dieses Buch betont auch die Notwendigkeit, sowohl den Leib als auch die Seele heilig zu halten. Die Erlösten müssen heilig („für Gott abgesondert") bleiben, denn ihr Erlöser ist heilig, hält sich fern, d.h. getrennt von Unrecht und Sünde. Ein Leben mit Gott geschieht nur auf der Grundlage der Heiligkeit, welche erlangt wird durch *Opfer* und *Trennung* (von der Sünde). Für die Glaubenden des

Neuen Bundes zeigt Leviticus die Heiligkeit, die nicht aus den vom Gesetz vorgeschriebenen Riten und heiligen Handlungen kommt, sondern durch den Glauben an Jesus Christus, der das ganze Gesetz erfüllte.

Der Name des Buches. Der Name „Leviticus" beschreibt den Inhalt des Buches als das Gesetz für die Priester, die Söhne Levis, und ist sowohl von der Septuaginta *(Leueitikon)* als auch von der Vulgata (Leviticus) übernommen. Dieser Name kennzeichnet es als ein Handbuch für die Riten des Alten Bundes. Das Buch befaßt sich besonders mit den Dingen, die im NT unter der Bezeichnung „das levitische Priestertum" zusammengefaßt werden (Hebr. 7,11).

Der Opferdienst

Ursprung der Opfer. Obgleich

nicht ausdrücklich gesagt wird, daß die Opfer göttlichen Ursprungs sind, wird die Tatsache in der ganzen Schrift indirekt vorausgesetzt. Nach dem Fall wurden Adam und Eva unmittelbar darüber belehrt, wie der sündige Mensch Gott noch nahekommen konnte. Damit, daß Gott Adam und Eva Röcke aus Fellen machte, wollte er zeigen, daß die Sünde nur mit dem Blut eines unschuldigen Opfers bezahlt werden kann (1. Mo. 3,21).

Ebenso wird bei Kain und Abel von dem von Gott verordneten stellvertretenden Opfer berichtet. Kain wies Gottes Ordnung über den Zugang des Menschen zur Anbetung Gottes zurück. Abel beugte sich dem Willen Gottes und durfte sich ihm nahen auf dem von Gott verordneten Weg (1. Mo. 4,1-7; Hebr. 11,4). Noah (1. Mo. 8,20), Jakob (1. Mo. 31,54), Hiob (Hi. 1,5; 42,8) und Gottes Volk – vom Abend des Auszugs aus Ägypten an – kannten den Weg, auf dem man

Zugang zu Gott finden konnte, und beschritten ihn (2. Mo. 10,25).

Als Mose Israel aus Ägypten herausführte, wurde der Opferdienst, der wenigstens zum Teil bis zum Anfang der Menschheit zurückging, erweitert. Im Licht der erlebten Erlösung hatte es neue Bedeutung gewonnen. Es wurde zu einem System zusammengefügt, bestimmten Regeln unterworfen und unter göttlicher Leitung (Inspiration) in den Opfergesetzen niedergeschrieben, denen wir im zweiten und dritten Buch Mose begegnen.

Das Zeugnis der Archäologie. Die Archäologie und die Geschichte haben die weltweite Bedeutung und Verbreitung des Opfergedankens in allen Religionen der Menschheit von frühesten Zeiten an bewiesen. Die hebräischen Tieropfer hatten zwar Ähnlichkeit mit den Opfergebräuchen der Kanaaniter, Babylonier, Ägypter, Griechen und Araber, aber auch bedeutende Unterschiede aufzuweisen. Es bestanden genug Ähnlichkeiten, die auf einen *gemeinsamen Ursprung* in einer göttlichen Offenbarung an die Menschheit kurz nach dem Sündenfall schließen lassen. Doch wurde diese gemeinsam empfangene Offenbarung Gottes verwässert und mißachtet, als die Menschen mehr und mehr ins Heidentum abfielen. Das Ergebnis waren die Opfersysteme, die unter den Nachbarn Israels, die der Vielgötterei huldigten, vorherrschten. Während die alten sumerischen, babylonischen, hethitischen, ägyp-

tischen und amoritischen Berichte vorherrschend von Opfern sprechen, die denen der Hebräer des AT ähnlich waren, haben die religiösen Ras-Schamra-Tafeln, die beim einstigen Ugarit in Nordsyrien gefunden wurden (1929-1937 und später) die wichtige Tatsache belegt, daß neben den Ähnlichkeiten in Bezeichnungen (Terminologie) und Opfergebräuchen (Ritualen) auch Verschiedenheiten zwischen den israelitischen und den kanaanitischen Opfern bestanden.

Das Zeugnis der Theologie. Die archäologischen Funde stimmen sowohl mit den theologischen Überlegungen als auch mit den Andeutungen der Bibel darin überein, daß die Tieropfer nach dem Fall des Menschen von Gott verordnet wurden. Das entspricht dem Charakter Gottes, der unendlich heilig und dennoch in seiner erlösenden Liebe gnädig ist. (1. Mo. 3,15). Es entspricht aber auch dem Charakter des Menschen, der ein gefallenes Geschöpf ist, völlig unfähig, sich Gott aufgrund irgendwelchen eigenen Verdienstes zu nahen oder durch seine eigene Klugheit einen Weg zu finden, der solches möglich machen würde.

Die Bedeutung der Opfer für den Gläubigen des AT

Grundlegende Bedeutung. Wenn auch viele verschiedene Elemente am religiösen und geistlichen Wert der Opfer ausschlaggebend waren,

war doch die grundlegende Bedeutung für den Hebräer die, daß die Opfer dem sündigen Menschen einen Weg wiesen, auf dem er sich Gott nahen durfte. Dies geht deutlich hervor aus der dem allgemeinsten hebräischen Begriff für „Opfer" (*qorban*, von der Wurzel *qorb*, „sich nahen, nahekommen") zugrunde liegenden Bedeutung. Dies war die Bezeichnung für jedes Opfer, blutig oder unblutig, von den Pflanzen oder von den Tieren genommen, ganz oder nur teilweise verbrannt (3. Mo. 1,2-3.10.14; 2,1.4; 3,1-2; 7,13; 4. Mo. 5,15; 7,17 usw.; vgl. Mk. 7,11). Der sündige, schuldbeladene Mensch brauchte einen Weg, auf dem er dem unendlich heiligen Gott nahekommen und die Gewißheit der Annahme haben durfte. Diesen bereitete Gott vor durch die Einsetzung des Opfersystems, über dem die levitische Priesterschaft zu wachen hatte.

Weitere Bedeutungen. Neben dem Grundgedanken sich mit Hilfe des Opfers Gott nahen zu dürfen, hatte der atl. Gläubige noch andere wichtige Aspekte, unter denen er die vorgeschriebenen Opfer brachte. 1. Selbsthingabe an Gott im Brandopfer (3. Mo. 1; vgl. Röm. 12,1-2). Bei diesem Opfer war vor allem der Gedanke einer Gabe maßgebend. Das ist daran erkennbar, daß nichts von diesem Opfer an den Opfernden zurückkam. Alles wurde verbrannt als des Herrn Eigentum. 2. Großherzigkeit im Geben, ausgedrückt im Speiseopfer (3. Mo. 2).

Dieses folgte dem Brandopfer unmittelbar. Dieses Geben aus dem materiellen Besitz des Gläubigen, das ja die Frucht seiner Hände Arbeit war, sollte der natürliche Ausdruck der vorangegangenen Selbsthingabe an Gott sein.

3. Danksagung, Lobpreis Gottes und Gemeinschaft, denn der Anbetende durfte Gott nahen und mit ihm Gemeinschaft haben, weil Gott sein Opfer des Dankes, der Anbetung oder des Gelübdes im Friedensopfer (Heilsopfer) angenommen hatte (2. Mo. 3); oder er hatte vielleicht eine persönliche oder nationale Befreiung aus Not geschenkt.

4. Versöhnung durch Stellvertretung im Sündopfer (3. Mo. 4), wenn man gegen Gott gesündigt hatte und keine Pflicht zur Rückerstattung von irgendwelchen Dingen an Menschen vorlag, 5. Versöhnung und Rückerstattung beim Schuldopfer (2. Mo. 5), wenn irgendwelche Sünde oder verursachter Schaden vorlag, der Wiedergutmachung erforderte.

Die verschiedenen Opfer im AT.

Man kann zwei Arten von Opfern unterscheiden: 1. Opfer der Wiederherstellung zerbrochener Gemeinschaft; sie beziehen sich auf eine durch Sünde verursachte Störung der Gemeinschaft mit Gott, so beim Sündopfer (3. Mo. 4) und beim Schuldopfer (3. Mo. 5); 2. Opfer zur Aufrechterhaltung der Gemeinschaft; durch sie soll die bestehende ungetrübte Gemeinschaft mit Gott anbetend bezeugt werden, so beim Brandopfer (3. Mo. 1), beim Speisopfer (3. Mo. 2) und beim Friedens- (Heils- oder Dank-) opfer (3. Mo. 3).

Heidnische Opferbegriffe.

Unter den heidnischen Nachbarn Israels herrschten u.a. die folgenden abwegigen Vorstellungen von Opfern: 1. Die heidnische Idee der Ernährung: Durch Speiseopfer sollte der Hunger des Götzen, der wie der Mensch, Speise brauchte, gestillt werden. 2. Der totemistische Gedanke: Der Götzenanbeter dachte bei Opfermahlzeiten, an denen er teilnahm, daß er sich selbst von seinem Götzen nährte. 3. Die Vorstellung der Lebensbefreiung: Die Opfernden glaubten, daß sie durch das Schlachten des Opfertiers mit ihrem Götzen vereinigt würden. Des Götzen Teil war das Blut, das Fleisch des Opfers gehörte dem Opfernden. 4. Die magische Vorstellung: Man sah im Opfer einen magischen Ritus, der als Hebel (Druckmittel) wirkte, um den Götzen zu zwingen, ihm dargelegte Wünsche zu erfüllen.

Die typologische (gleichnishafte, sinnbildliche) Bedeutung der Opfer.

Für den ntl. Gläubigen liegt die Hauptbedeutung der atl. Opfer in ihrer Typologie, d.h., sie sind für ihn Symbole, die *prophetisch* nach vorne weisen. Diese Symbole sprechen von einem Bedürfnis, das sie zum Bewußtsein bringen, aber nicht befriedigen können, das aber der kommende verheißene Erlöser, auf den sie hinweisen wollen, erfüllen werde (Eph. 5,2; 1. Kor. 10,11; Hebr. 9,14). Andere dienen als Grundmerkmale, die man auf die Erlösung im Neuen Bund anwenden kann, während wieder andere das Handeln Gottes mit den Menschen verdeutlichen und in ihrer Anwendung zeitlos sind. Dies ist die richtige Anwendung der atl. Opfer für den ntl. Gläubigen, obwohl es *nicht* die eigentliche, grundlegende Bedeutung dieser Opfer für den atl. Gläubigen ist.

Übersicht

Das 3. Buch Mose (Leviticus)

Kap. 1
Das Brandopfer

Das Rind als Brandopfer, 1-9. Die erste Opfervorschrift, die Gott gibt, bezieht sich auf die „Opfer zum süßen Geruch dem Herrn", d.h. das Brandopfer, das Speisopfer und das Dankopfer. Sie sind ein Hinweis auf Jesu sündlose Vollkommenheit und seine restlose Hingabe an den Willen des Vaters, die das Wohlgefallen Gottes auslösen. Die Opfer, die nicht unter diesem Zeichen des Wohlgefallens Gottes stehen können, sind das Sündopfer und das Schuldopfer. Sie verkündigen Christus als den, der alle Folgen des Versagens der Sünder trägt. Das Brandopfer spricht von Christus als dem, der sich als der Sündlose Gott darbietet (Hebr. 9,11-14; 10,5-7). Das junge Rind als Opfertier spricht von Jesus als dem geduldigen, gehorsamen „Knecht", „gehorsam bis zum Tod" (Phil. 2,5-8). Die Vorschrift für den Opfernden, seine Hand auf den Kopf des Opfertiers zu legen, illustriert die Identifizierung des Gläubigen mit seinem Opfer. Die Erfüllung dieses Symbols (= der Antitypus) liegt darin, daß der Gläubige sich mit Christus identifiziert (Röm. 4,5; 6,3-11), der als sein Sündopfer starb (2. Kor. 5,21; 1. Petr. 2,24).

Das Schaf oder die Ziege, 10-13. Das Schaf (Lamm) zeigt unsern Herrn Jesus Christus in seiner Bereitschaft, sein Leben am Kreuz für uns in den Tod zu geben (Jes. 53,7; Joh. 1,29).

Die Turteltaube oder die junge Taube, 14-17, spricht von Jesu unschuldigem Erleiden des Gerichts (Jes. 38,14; 59,11; Hebr. 7,26) und zugleich von seiner Armut (3. Mo. 5,7), die er auf sich nahm, damit wir durch seine Armut reich würden (2. Kor. 8,9).

Kap. 2
Das Speisopfer

Allgemeine Bedeutung, 1-3. Dieses ist ein unblutiges Opfer. Hier wird Christus in seinem „Menschsein, doch ohne Sünde", dargestellt als der vollkommene Mensch. Das Speisopfer wurde aus feinem Mehl hergestellt, gleichmäßig gemahlen, und sprach so von der Vollkommen-

heit in bezug auf jede Seite des Menschseins Jesu. Das Feuer mag wohl Jesu menschliches Leiden bis zum Tod darstellen. Aaron und seine Söhne hatten Teil am Genuß dieses Opfers, 3, was uns ein Symbol dafür sein darf, daß wir von Christus als unserem Brot des ewigen Lebens die Nahrung für unser inneres Leben nehmen dürfen (Joh. 6,51-54).

Das gebackene Speisopfer, 4-11. Das ungesäuerte Brot, das erst gebacken und dann in kleine Stücke zerbrochen wurde, deutet auf die Abendmahlsszene Jesu mit seinen Jüngern hin, als Symbol seines eigenen Todes am Kreuz von Golgatha (vgl. Matth. 26,26; Mk. 14,22; Lk. 22,19).

Das Opfer der Erstlinge, 12-16. In Verbindung mit der Erstlingsgabe wird das Salz erwähnt als „das Bundessalz deines Gottes". Als solches bezeugt es die Gemeinschaft und Freundschaft Gottes in seinem Verhältnis zum gefallenen Menschen. Da das Salz in der Schrift als Mittel gegen „Verderbnis" gilt, spricht es hier von der Fortdauer der Gemeinschaft mit Gott, im Gegensatz zum Sauerteig der Sünde (4. Mo. 18,19; Mk. 9,49-50; Kol. 4,6). Das Opfer der Erstlingsfrüchte bildet hier offenbar die Verbindung zwischen Christus in seinem sündlosen Menschsein und seiner Auferstehung (vgl. 3. Mo. 23,9-14; 1. Kor. 15,20-23).

Kap. 3
Das Dank- oder Friedensopfer

Opfer von der Herde, 1-5. Dieses Opfer bezeugt das Werk Jesu Christi am Kreuz als die Quelle des Friedens für den Sünder, weil Gott dadurch mit dem Sünder ausgesöhnt und der Sünder mit Gott zum Frieden gebracht worden ist. Er, der Frieden machte (Kol. 1,20), verkündigte auch diesen Frieden (Eph. 2,17). Ja, er ist unser Friede (Eph. 2,14) und wird hier bezeugt als der, der sowohl „Frieden mit Gott„ (Röm. 5,1) als auch „den Frieden Gottes" schenkt, den er um den schrecklichen Preis des Feuers (Leiden und Prüfungen) und seines für uns vergossenen Blutes (in seinem Versöhnungstod) erworben hat. Friede mit Gott (durch Gerechtsprechung des Sünders) wird so zur Basis für den „Frieden Gottes", der sich in Danksagung und Gemeinschaft mit Gott äußert. Das ist es, was das „Friedensopfer" zuallererst zum „Dankopfer" macht (3. Mo. 7,11-12).

Opfer von Kleinvieh (Schafe und Ziegen), 6-17. Dieses Opfer kann nicht vom Brandopfer getrennt werden, da es auf dem Altar über dem Brandopfer geopfert wurde. Friede mit Gott ist untrennbar vom Tod Christi.

Kap. 4,1 - 5,13
Das Sündopfer

Gottes zweites Gebot, 4,1-2. Das erste Gebot (1,1-2), das aus der Herrlichkeit kam, die die fertiggestellte Stiftshütte füllte, gab die göttliche Weisung für die drei Opfer, die Gott „ein süßer Geruch" sein würden: das Brandopfer, das Speisopfer und das Dankopfer. Diese legten den von Gott verordneten Weg frei, auf dem Israel dem heiligen Gott in der Stiftshütte nahen durfte (Kap. 1-3). Die zwei letzten Opfer sind Gegenstand der nächsten Weisungen Gottes: das Sünd- und das Schuldopfer. Sie behandeln besonders Gottes Weg zur Vergebung der Sünden Israels und der Wiederherstellung der Gemeinschaft mit Gott.

Das Sündopfer für den Hohenpriester, 4,3-12. Das Sündopfer zeigt unsern Herrn Jesus Christus als den, der die Sünden seines Volkes trägt, „für uns zur Sünde gemacht" (2. Kor. 5,21). Dieses Opfer ist versöhnend und stellvertretend (3. Mo. 4,12.29.35) und erfüllt die gerechten Forderungen des Gesetzes durch stellvertretende Versöhnung. Wenn der Hohepriester sündigte, war das so bedeutungsvoll, als ob die ganze Gemeinde gesündigt hätte.

Das Sündopfer für die Gemeinde, 4,13-21. Wer auch immer es war, der sündigte, das bereits vorgeschriebene Sündopfer genügte.

Das Sündopfer für einen Fürsten (Regenten), 4,22-26. Das Sündopfer ist das einzige der Opfer, das Unterschiede in bezug auf die Person, die es darbrachte, kannte. Je nach deren Stellung waren die Opfervorschriften verschieden. Doch in einem Punkt gab es keine Unterschiede: in der Stellung der Opfernden vor Gott. Sie waren alle Sünder und bedurften ausnahmslos eines der verordneten Sündopfer.

Das Sündopfer für den Mann aus dem Volk, 4,27-35. Auch er war Gott Rechenschaft schuldig.

Für besondere Vergehen, 5,1-13. Vgl. Hebr. 13,10-13, zum besseren Verständnis des Sündopfers.

Kap. 5,14-26
Das Schuldopfer

Vergehen gegen den Herrn, 5,14-19. Dieses Opfer zeigt Christus, der durch seinen Opfertod für die schädlichen Folgen der Sünde, d.h. für

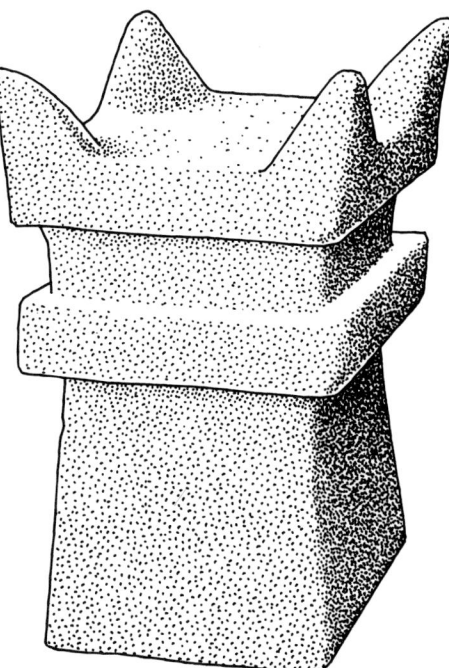

Ein Altar mit vier Hörnern

den verursachten Schaden Genugtuung leistet. Das Opfertier in solchem Fall war immer ein fehlerloser Widder (V. 15.18; 6,6).

Vergehen gegen Menschen, 5,20-26. Wo Gott oder Menschen Schaden zugefügt worden war, mußte der Schaden voll ersetzt und noch ein Fünftel des Wertes hinzugefügt werden (20% oder ein doppelter Zehnter). Handelte es sich um Schaden an den heiligen Dingen des Herrn, so wurde das Fünftel dem Priester gegeben; war ein Mensch geschädigt worden, so gehörte auch ihm das hinzugegebene Fünftel.

Kap. 6,1 - 7,38
Vorschriften über die Opfer

Gesetz über das Brandopfer, 6,1-6 (vgl. Kap. 1). Dieses fortgesetzte Opfer, dessen Feuer nie erlischt, ist ein Bild Jesu Christi, der sich beständig in Gottes Gegenwart für uns einsetzt als der Eine, in dem alle Gläubigen eine Garantie für ihre volle Annahme (durch Gott) haben. Jesus ist im himmlischen Heiligtum allezeit gegenwärtig und wirkt für uns. Unsere Antwort darauf, daß Er in seinem Erlösungswerk unser Brandopfer ist, sollte eine volle Hingabe sein.

Gesetz des Speisopfers, 6,7-16 (vgl. Kap. 2). Der Teil dieses Opfers, der von den aaronitischen Priestern (Vorbild des Gläubigen) gegessen wird, weist uns auf das Vorrecht hin, daß der Gläubige Christus als sein Speisopfer „essen" darf (Joh. 6,53). „Mit ungesäuertem Brot soll es am heiligen Ort gegessen werden", 9. Solches „Essen" des „Brotes vom Himmel" kann nur in der Absonderung (ungesäuert) an heiliger Stätte geschehen. Das war ein besonderes Speisopfer des Hohenpriesters (12-16).

Gesetz des Sündopfers, 17-23 (vgl. Kap. 4). Das Sündopfer mußte an dem Platz geschlachtet werden, wo auch das Brandopfer geschlachtet wurde. Darin kommt der untrennbare Zusammenhang zwischen stellvertretender Versöhnung und der sündlosen Vollkommenheit des Stellvertreters zum Ausdruck. Die Heiligkeit gerade auch dieses Opfers wurde mit großer Sorgfalt beachtet. Es war Gott „hochheilig", was zum Ausdruck bringt, daß unser Herr und Heiland, obwohl „zur Sünde gemacht" (2. Kor. 5,21) als unser Sündopfer, selbst aber „ohne Sünde" war.

Gesetz des Schuldopfers, 7,1-10 (vgl. Kap. 5). Auch das Schuldopfer war „hochheilig" wie das Sündopfer, und auch sein Schwerpunkt lag im für den Sünder vergossenen Blut.

Gesetz des Dankopfers, 7,11-38 (vgl. Kap. 3). Hier wird das dritte der Opfer „dem Herrn zum süßen Geruch" an das Ende der Gesetze über die verschiedenen Opfer gestellt – zweifellos, weil es in ganz besonderer Weise die Frucht des Versöhnungswerkes Jesu Christi bezeugt: Frieden mit Gott für den gerechtfertigten Gläubigen! In diesem Opfer steht der Gesichtspunkt der wiederhergestellten Gemeinschaft mit Gott im Mittelpunkt und als Folge davon der des Dankens. Auch in diesem Opfer steht bis in alle Einzelheiten hinein Christus im Mittelpunkt.

Kap. 8
Die Weihe der Priester

Die Weihe, 1-13. Die Grundlage aller Heiligkeit (allen „Gott-Geweiht-Seins") waren die in Kap. 1-7 beschriebenen Opfer. Das Ergebnis war die Priesterschaft (von Kap. 8-10). In diesem Zusammenhang ist Aaron ein Bild für Jesus Christus, und seine Söhne stellen die einzelnen Gläubigen dieser Welt dar. Ihr Priestertum war abhängig von ihrem Verhältnis zu Aaron, dem Hohenpriester. So ist auch das Priestertum des ntl. Gläubigen von seinem Verhältnis zu Jesus Christus abhängig. An den Priestern wurden drei Dinge vollzogen: 1) Sie wurden gewaschen, 6. Das ist ein Symbol der Wiedergeburt (Joh. 13,2-11; Tit. 3,5; Hebr. 10,22). Als Erklärung siehe 2. Mo. 29,1-4. 2) Sie wurden eingekleidet (s. 2. Mo. 28,1-43). 3) Sie wurden gesalbt (s. 2. Mo. 29,5-25).

Zwei wichtige Dinge unterschieden den Hohenpriester als Vorbild für Christus von den übrigen Priestern als Vorbildern der Gläubigen: 1) Er wurde gesalbt, ehe die Weihe-Opfer geschlachtet waren, im Gegensatz zu den Priestern, für die die Darbringung des Opferblutes der Salbung mit Öl vorangehen mußte. Christus war ohne Sünde, deshalb bedurfte es bei ihm keiner

Vorbereitung auf die Salbung mit dem heiligen Öl (Bild des Heiligen Geistes). 2) Nur auf den Hohenpriester wurde das Öl der Salbung „ausgeschüttet" – ein Bild der grenzenlosen Fülle des Heiligen Geistes, die Jesus besaß (Joh. 3,34; Hebr. 1,9).

Die Opfer der Priesterweihe, 14-30. Das Sündopfer, 14-17; das Brandopfer, 18-21; der Widder des Einweihungsopfers, 22, unter der Deckung des Blutes gestellt, 23-26; all diese Handlungen unterstrichen bis in die Einzelheiten die Tatsache, daß der priesterliche Dienst von einer vollbrachten Erlösung abhängig war. Das Blut, auf Ohrläppchen, Daumen und große Zehe gestrichen, symbolisiert die Weihe des Leibes für den Priesterdienst.

Das Opfermahl, 31-36. Das Essen des Opferfleisches und des Brotes, das immer wieder zum levitischen Ritual gehört, betont die Notwendigkeit für den Gläubigen, sich von Christus zu nähren (Joh. 6,50-55).

Kap. 9
Der Dienst der Priesterschaft

Einsetzung des Dienstes, 1-22. Der Woche der Ordination der Priester (Kap. 8), die ein Symbol des priesterlichen Standes der Gläubigen während dieser Weltzeit ist, folgte am achten Tag eine Anzahl weiterer priesterlicher Opfer. Dieser Dienst könnte auf eine zukünftige Priesterschaft des bekehrten Volkes Israel und ihres hohenpriesterlichen Dienstes hinweisen. Der achte Tag könnte für das Zeitalter des Tausendjährigen Reiches stehen, wenn Christus seinem Volk Israel als Königs-Priester in Herrlichkeit erscheinen wird und sie unter seiner Königsherrschaft „ein Königreich von Priestern und ein heiliges Volk" sein werden (2. Mo. 19,6; Sach. 3,1-10; Jes. 61,6). Sündopfer, Brandopfer und Speisopfer zeigen an, daß diese zukünftige Wiederherstellung des Königreiches Israel (vgl. Apg. 1,6) auf der Grundlage des bei seinem ersten Kommen von Christus vollbrachten Opfer- und Erlösungswerkes geschehen wird.

Gottes Herrlichkeit offenbart, 23-24. Aaron hatte das Volk gesegnet, 22, und war dann mit Mose zusammen in die Stiftshütte hineingegangen, 23. Nachdem er mit Mose wieder erschienen war (wodurch vielleicht die Wiederkunft Christi von seinem himmlischen Heiligtum in der doppelten Rolle des Königs und Priesters vorgeschattet wird, Sach. 6,9-15), fiel die Herrlichkeit des Herrn auf das Opfer und verzehrte es.

Kap. 10
Das fremde Feuer Nadabs und Abihus

Ungehorsam bestraft, 1-11. Nadab und Abihu brachten, in Unwissenheit oder Ungehorsam, fremdes Feuer vor den Herrn. Offenbar hatte die Sünde darin ihren Grund, daß das Räucherwerk nicht nach der göttlichen Vorschrift zusammengestellt war; sie nahmen die glühenden Kohlen dafür nicht vom ehernen Altar (vgl. 6,12-13), oder es war nicht die richtige Zeit, die für dieses Opfer vorgeschrieben war (2. Mo. 30,7-8). Jedenfalls verbrannten sie es eigenwillig, ohne in dieser Sache die Weisung Gottes zu suchen oder zu befolgen. Ihre Sünde geschah als Amtshandlung. Das machte sie schwerwiegend. Der Ernst der Sünde der Söhne Aarons wird unterstrichen, nicht nur durch ihren plötzlichen Tod, sondern auch durch den Befehl, nicht um sie zu trauern, 6-7. Das diesem Ereignis folgende Verbot des Genusses von „Wein und starkem Getränk" (Alkohol), 8-11, könnte den Grund für das Versagen Nadabs und Abihus aufzeigen.

Neue Anweisungen, 12-15, die sich auf das Essen der Opferanteile der Priester beziehen.

Versagen vergeben, 16-20. Eleasar und Itamar aßen das Fleisch des Sündopfers nicht. Doch war das offenbar entschuldbar, weil Aarons zwei Söhne Nadab und Abihu von Gott gerichtet worden waren. Daraus geht hervor, daß sowohl Aaron als auch seine beiden noch lebenden Söhne nicht frei genug von Sünde waren, daß sie wagen konnten, das Opferfleisch des Sündopfers zu essen.

Kap. 11
Ein heiliges Volk und seine Ernährung
Reine und unreine Speisen, 1-23. Leviticus (3. Mose) als Handbuch über das Gott wohlgefällige Leben legt jetzt dar, daß Gott von seinem erlösten Volk ein „heiliges", d.h. ihm ganz geweihtes Leben *erwartet* (Kap. 11-15). Der Grund für diese Forderung Gottes ist: „Ihr sollt heilig sein, denn ich bin heilig" (1. Petr. 1-16; vgl. 3. Mo. 11,44-45). „Bringet dar eure Leiber als ein lebendiges, heiliges, Gott wohlgefälliges Opfer" (Röm. 12,1). „Wisset ihr nicht, daß euer Leib ein Tempel des in euch wohnenden heiligen Geistes ist?" (1. Kor. 6,19). Der vor der Sintflut bestehende Unterschied zwischen reinen und unreinen Tieren (1. Mo. 7,2), der auch im mosaischen Gesetz seinen Platz fand, beruhte zum Teil auf gesundheitlichen Beweggründen und religiösen Bedenken und sollte durch solche besonderen Lebensgewohnheiten den Unterschied zwischen Israel und den anderen Nationen hervorheben. Im Zeitalter der Gemeinde Jesu haben solche Unterscheidungen ihre in atl. Zeitalter symbolische Bedeutung durch ihre Erfüllung verloren und sind deshalb als bedeutungslos aufgehoben. Das erhellt die Vision des Petrus, als Gott die Verkündigung des Evangeliums auch unter den Heiden freigab (Apg. 10,9-15).

Verunreinigung an einem Aas, 24-27. Der Tod ist ein Bild für das, was nur im naturhaften Bereich seinen Platz hat. Er hat keinen Raum in der Erfahrung dessen, der einem *lebendigen* Gott dient (vgl. Heb. 9,14). Die Berührung mit einem Aas verunreinigte deshalb und bedurfte der Reinigung.

Kap. 12
Ein heiliges Volk und seine Wöchnerinnen
Geburt macht die Wöchnerinnen kultisch unrein, 1-8. Die Unreinheit der Wöchnerin soll vor allem ein Symbol für die angeborene, von Geburt an mitgebrachte völlige sittliche Verdorbenheit des Menschen sein (1. Mo. 5,3; Ps. 51,7; Röm. 5,18; Eph. 2,3). Die erste Funktion dieser einschränkenden Gebote scheint mit der Unreinheit des Ausflusses nach der Geburt (Nachgeburt) verbunden zu sein, da dies mit der Menstruation der Frau verglichen wird (vgl. 12,2). So spielt diese Unreinheit, eine Frau für unrein zu erklären, für Israel eine religiöse, symbolische und auch hygienische Rolle. Die Beschneidung der neugeborenen Knaben (vgl. 1. Mo. 17,9-14) am achten Tag hatte sowohl hygienische wie auch geistliche Bedeutung (Kol. 2,11-12). Die Jungfrau Maria unterstellte sich auch diesem Gesetz und brachte Gott für ihre Reinigung zwei Tauben dar – das Opfer der Armen (Lk. 2,22-24).

Kap. 13-14
Ein heiliges Volk und der Aussatz
Der Aussatz, 13,1-59. Der hier beschriebene Aussatz stellt nicht nur die Hansensche Krankheit (die heutige Lepra) dar, sondern bezieht sich auch auf verschiedene Hauterkrankungen (z.B. Psoriasis, Vitiligo, Scabies u.a.). Manche Ausleger sehen in diesen Vorschriften auch Hinweise auf verschiedene Geschlechtskrankheiten. Lepra (hebr. „naga" = schlagen) versinnbildlicht die Auswirkungen der Sünde. Der Aussätzige war aus der Volksgemeinschaft ausgeschlossen, 45-46. Der Gläubige, der der innewohnenden Sünde erlaubt, in ihm zu wirken, ist weder zur Gemeinschaft mit Gott noch mit Gottes Volk fähig.

Reinigung des Aussätzigen, 14,1-32. Die kultische Reinigung des Aussätzigen setzte voraus, daß er von seiner Krankheit geheilt worden war. Die tatsächliche Heilung konnte, wie auch die Vergebung der Sünden, nur von Gott gewirkt werden. Der Priester untersuchte den Geheilten außerhalb des Lagers. War er davon überzeugt, daß dieser nun wirklich gesund war, so unterzog der Priester den ehemaligen Aussätzigen der kultischen Reinigung durch das Zwei-Vögel-Ritual. Der getötete Vogel und der lebende Vogel, der in das Blut des getöteten Vogels getaucht und dann fliegen gelassen wurde, sind Symbole für den Herrn Jesus Christus nach zwei Seiten hin: „... welcher um unserer Übertretung willen dahingegeben (der tote Vogel) und um unserer Rechtfertigung willen auferweckt worden ist" (der in das Blut des geschlachteten Vogels getauchte und dann freigelassene Vogel), Röm. 4,25. Das Blut war es, das vom Aussatz der Sünde reinigte. Der lebendige Vogel trug bei seinem Aufwärtsflug auf seinen

Schwingen das Opferblut, das Kennzeichen des vollbrachten Erlösungswerkes. Auch der auferstandene und gen Himmel gefahrene Herr Jesus Christus trug an seinem Leib die Zeichen des von ihm vollbrachten Erlösungswerkes. Auch die übrigen Einzelheiten der Reinigungszeremonie – die Opfer, Waschungen usw. – bezeugen den widergöttlichen Charakter der Sünde und die in Person und Werk Jesu begründete vollkommene Reinigung.

Aussatz am Hause, 14,33-57. Diese Vorschriften beziehen sich auf verschiedene Schimmelarten, Pilze oder Fäule, die am feuchten Gips der Innenwände in Erscheinung treten können und diese Wände zerstören. Symbolisch weist dies darauf hin, wie die Sünde ein Haus verunreinigen kann.

Kap. 15
Ein heiliges Volk und persönliche Verunreinigung

Unreinheit des Mannes, 1-18. Die menschliche Natur ist hoffnungslos befleckt und befleckend. Dieses Buch der Schrift ist ein treuer Spiegel für die stolze Menschheit und läßt „dem Fleisch" nichts, womit es sich vor dem heiligen Gott rühmen könnte. Die körperlichen Ausscheidungen, die genannt werden, die willkürlichen wie auch die unwillkürlichen, die gesunden wie auch die krankhaften, bezeugen die tief eingewurzelte Sünde, die der menschlichen Natur innewohnt, und den auf ihr ruhenden Fluch. All das spricht von der Notwendigkeit ständiger Reinigung durch Wasser (Bild des Wortes Gottes) aufgrund des für uns vergossenen Blutes des Stellvertreters, 14-15 (Joh. 13,3-10; Eph. 5,25-27; 1. Joh. 1,9).

Unreinheit der Frau, 19-33. Vgl. die Frau, die blutflüssig war (Matth. 9,20-22). Die gefallene menschliche Natur ist unrein selbst in den verborgenen Sphären des Unbewußten. Gott will uns zu heiligen Leuten machen auf dem Weg der durch Christus für uns vollbrachten Erlösung.

Kap. 16
Im Allerheiligsten – die Versöhnung des ganzen Volkes

Das Ritual, das Gottes objektive Erlösung darstellte, 1-28. Yom Kippurim, der große Versöhnungstag, die Fastenzeit (Apg. 27,9), am zehnten Tag des siebten Monats (September bis Oktober), bezeichnete den Höhepunkt des Zugangs zu Gott für den sündigen Menschen im Alten Bund. Es war der feierlichste Tag des ganzen Jahres, an dem der Hohepriester (ein Bild für Jesus Christus) in das Allerheiligste hineinging, um dort Sühne zu leisten für die Sünden des ganzen Volkes während des vergangenen Jahres, 1-5 (vgl. 2. Mo. 30,10; Hebr. 9,7-8; 10,19). Die Versöhnung und Vergebung der Sünden war nur für

ein Jahr. Aber dieser Tag wies in der Zukunft auf jenen, an dem durch den Tod Jesu Christi die Sünde ein für allemal hinweggetan sein würde (Hebr. 9,12). Dieses war die *eine Botschaft,* die die verschiedenen Opfer verkündeten, 6-10, wie auch das Blut des geopferten Bockes, das ins Allerheiligste hineingetragen wurde, 11-19.

Das Opfer, das der Hohepriester für sich selbst bringen mußte, 6, hat keine Parallele im Opfergang des sündlosen Christus (Hebr. 7,26-27). Die bildhafte Bedeutung liegt beim Hohenpriester und den beiden Böcken, die die Gemeinde für dieses Ritual ausgesucht hat. Alles was zu tun war, wurde vom Hohenpriester getan. Die Gemeinde hatte nur die Opfertiere zu stellen. („Er [Christus] hat durch sich selbst die Reinigung unsrer Sünden vollbracht", Hebr. 1,3). Aaron warf über den beiden Böcken das Los. Der Bock, den das Los „für den Herrn" bestimmte, 8-10.15-17, zeigt den Aspekt des Todes Jesu, durch den der Heiligkeit Gottes, wie sie im Gesetz und dessen gerechten Forderungen zu erkennen ist, Genüge getan wird (Röm. 3,24-26). Der lebendige Bock, der für Asasel in die Wüste getrieben wurde, 20-22, zeigt uns die Seite von Jesu Versöhnungstod, bei der unsere Sünde vor Gott völlig ausgelöscht wird (Röm. 8,33-34; Hebr. 9,26). Asasel bedeutet wahrscheinlich einfach „Entlassung", im Sinne von „vollständige Entfernung der Sünde aus dem Lager des Volkes Gottes". Der Eintritt des Hohenpriesters in das Allerheiligste ist das Bild für den Eintritt des auferstandenen Christus in das himmlische Heiligtum selbst (Hebr. 9,11.24), um die allgenugsamen Verdienste seines für uns vergossenen Blutes vor dem Thron des göttlichen Richters auszubreiten und ihn dadurch in einen Thron der Gnade (Gnadenstuhl) zu verwandeln.

Das Ritual stellt auch die subjektive Antwort des Menschen auf die Gabe der Erlösung dar, 29-34. „Ihr sollt eure Seelen demütigen", 31. Später kam dann noch das Fasten dazu (Apg. 27,9). Die absolute Ruhe während dieses Festes ist ein Bild der Erlösungsruhe und der Freude des gesamten Volkes Israel über die vollbrachte Versöhnung. Als das priesterliche Volk des NT freuen wir uns über einen für immer zerrissenen Vorhang, der uns den direkten Zugang zum Allerheiligsten im Himmel freigibt – ein Vorrecht, das Israel bis jetzt nicht kennt (Hebr. 4,14-16; 10,19-22).

Kap. 17
Ehrfurcht vor dem Blut

Von geschlachteten Tieren und dem Genuß von Blut (1-16). Das Blut sollte heilig gehalten werden, weil in ihm das Leben ist, das Gott, der Schöpfer, geschaffen hat. Zugleich war es das Mittel der Versöhnung, das auf ihn als den Erlöser hinwies.

Das Gesetz enthielt auch viele Bestimmungen für das tägliche Leben, z.B. für Kaufen und Verkaufen.

Kap. 18
Unheiliges Handeln verboten

Ein heiliges Leben verlangt, 1-5. In den Kapiteln 18-22 finden sich etwa 30 mal die feierlichen Worte: „Ich bin der Herr!" und „Du sollst heilig sein, denn ich, der Herr, dein Gott, bin heilig". Die Heiligkeit (von der Sünde abgesondert sein) des Erlösers ist der zwingende Grund dafür, daß auch die von ihm Erlösten Heilige, von der Sünde abgesonderte Leute sein sollen.

Unheiliges Verhalten des einzelnen, 6-23. Verschiedene unheilige Beziehungen, 16-18, machen einen Gläubigen untauglich für die Anbetung Gottes. Diese Aufzählung von verschiedenen Arten der Blutschande stellt die Grundlage für die allgemeine Rechtsprechung dar und ist bis heute durch unsere Gesetze in Kraft. Die verabscheuenswürdigen Bräuche der Kanaaniter und anderer Götzenanbeter sind namentlich aufgeführt, 19-23.

Gericht für Ungehorsam angedroht, 24-30. Das Gesamtbild der Geschichte hat gezeigt, daß Gottes mißachtete Warnungen sowohl den Kanaanitern als auch Israel gegenüber sich in vollzogenen Gerichten ausgewirkt haben.

Kap. 19-20
Andere Vorschriften für ein heiliges (von der Sünde abgesondertes) Leben

Gesellschaftsordnungen, 19,1-37. Diese Hinweise schließen ein: Ehrfurcht vor Gott und den Eltern, 1-8; Armenfürsorge, 9-10; Befehle gegen Lug, Trug und Diebstahl, 11-12; gegen Unterdrückung, 13-14; gegen ungerechtes Urteilen, 15-16; ausdrückliche Anweisungen für das Verhalten dem Nächsten gegenüber, 17-18; verschiedene weitere Vorschriften, 19-37.

Besondere Sünden, 20,1-27. Warnung vor Anbetung des Götzen Moloch und vor Dämonenanbetung, 1-8; davor, den Eltern zu fluchen, 9; vor verbrecherischen und gemeinen Beziehungen, 10-21. Ermahnungen zum Gehorsam und zur Absonderung von der Sünde werden gegeben, 22-27. Die Anbetung des Moloch (von *„melek"*, König), einer verabscheuenswürdigen Gottheit

der Ammoniter, der die Erstgeborenen geopfert werden, zeigt eine besonders grausame und abstoßende Seite des alten semitischen Heidentums.

Kap. 21-22
Vorschriften für die Priester

Heiligkeit der Priester, 21,1-16. Die vorhergehenden Gesetze betrafen die Heiligkeit des Volkes. Die jetzt folgenden betreffen Vorschriften, die den Priestern zu einem Dienst verhelfen sollten, der ohne jeden Makel (heilig) war. Da die levitische Priestertum ein Vorbild für die Gläubigen des gegenwärtigen Zeitalters (des NT) ist, zeigen die verschiedenen Vorschriften über zeremonielle Reinheit, den Ehestand, usw., wie wichtig es für einen Christen ist, sein Leben in bewußter Abwendung von der Sünde zu führen (2. Tim. 3,16-17). Die Heiligkeit des Hohenpriesters wurde durch besondere Vorschriften geschützt.

Körperliche Untauglichkeit eines Priesters, 21,17-24. Gebrechen wie Lähmungen (Gehbehinderungen), Blindheit (Sehbehinderung), Wachstumshemmungen (Entwicklungsstörungen) schlossen den Priester von seinen Funktionen in der Öffentlichkeit, aber nicht von seiner Stellung als Priester aus. Genauso schließen Versagen in eines Gläubigen Leben ihn nicht von seiner Stellung „in Christo" oder von dem Empfang der göttlichen Gnade aus (er soll essen vom Brot seines Gottes, 22), aber sie schränken seine Brauchbarkeit im Dienst ein.

Persönliche Reinheit eines Priesters, 22,1-16. Er muß sein persönliches Leben wie das seiner Familie umsichtig und verantwortungsbewußt führen.

Priesterliche Opfer, 22,17-33, müssen fleckenlos und ohne Gebrechen sein. Sie sind Sinnbilder der absoluten Vollkommenheit Jesu Christi (Hebr. 9,14).

Kap. 23
Die heiligen Feste

Der allwöchentliche Sabbat, 1-3. Er gehört nicht in die Reihe der sieben Feste des Jahres, die in 4-44 aufgezählt werden, sondern ist die Grundlage des gesamten Zyklus der Feste und der Religion Israels. Daher steht er am Anfang der Beschreibung dieser „heiligen Zeiten", oder „festgesetzten Zeiten".

Das Passahfest, 4-5 (hebr. „Pesah", „ein Vorübergehen"). Dieses Fest gedenkt der Erlösung aus Ägypten, als der Herr die unter der Deckung des Blutes stehenden Wohnungen Israels im Gericht über Ägypten überging. Es war und blieb das erste der Feste und die Grundlage für alle andern. So gibt es auch keinen geistlichen Segen im Leben des gefallenen Menschen ohne die durch Christus vollbrachte Erlösung (1. Kor. 5,7; 1. Petr. 1,19). Christus ist unser Osterlamm, für uns geopfert.

Ungesäuertes Brot, 6-8. Der Erlösung muß

ein heiliges Leben und ein heiliger Wandel folgen (1. Kor. 5,7-8; 2. Kor. 7,1; Gal. 5,7-9). Gemeinschaft mit Christus, dem „ungesäuerten Brot", führt zur Trennung von der Sünde („Sauerteig").

Die Erstlingsgarbe, 9-14. Sie ist ein Bild Jesu in seiner Auferstehung (Erstlingsgarbe) und der Erlösten bei seinem Wiederkommen (1. Kor. 15,23; 1. Thess. 4,13-18).

Pfingsten, 15-22. Dieses Fest wurde 50 Tage nach dem Fest der Erstlingsgarbe gefeiert, 15-16. Das neue Speisopfer, 16, weist auf die Gemeinde Jesu hin. Die beiden Webebrote (je ein Brot, nicht eine Garbe oder einzelne Körner), mit Sauerteig gebacken, 17, sprechen im voraus von dem besonderen Aspekt der Gemeinde, nach welchem die gläubigen Juden (Apg. 2) und Heiden (Apg. 10) durch das Kommen des Heiligen Geistes zu Pfingsten (Apg. 2,1-4) zu einer echten, geistgewirkten Einheit (1. Kor. 12,13) zusammengefügt werden.

Die Posaunen, 23-25. Das Blasen der Posaunen nach der Entrückung der Gemeinde Jesu Christi deutet auf die Sammlung Israels aus der weltweiten Zerstreuung am Ende dieser Weltzeit hin (Matth. 24,31; Jes. 18,3.7; 27,12-13; 58,1-14; Hes. 37,12-14).

Der große Versöhnungstag, 26-32. Dieses Fest spricht von der zukünftigen Erkenntnis und Buße Israels zur Zeit ihrer Bekehrung beim zweiten Kommen Jesu Christi. Dieses ist das gleiche Fest, das in 3. Mose 16 (vgl. Sach. 12,10-13,1) beschrieben wird.

Das Laubhüttenfest, 33-44. Dieses ist das letzte der Feste des jüdischen (Kirchen-)Jahres, das große Erntefest. Rückschauend feiert man mit diesem Fest die Erlösung aus der Knechtschaft Ägyptens, 43, vorausschauend sieht man im Glauben die von Gott durch die Propheten verheißene „Wiederherstellung des Reiches" (Apg. 1,6).

Kap. 24
Pflichten der Priester, Gotteslästerung

Öl für den Leuchter in der Stiftshütte, 1-4 (vgl. 2. Mo. 25,6).

Die Schaubrote, 5-9 (vgl. 2. Mo. 25,23-30). Die Priester sollten Gottes Anweisungen an Mose im Blick auf diese Elemente des Gottesdienstes in der Stiftshütte beachten.

Die Strafe für Gotteslästerung, 10-23. Der Gotteslästerer ist ein Mischling aus dem Stamme Dan, der im Streit mit einem Daniten den Namen Jehovas (Yahwehs) lästert. Dieser Name bedeutet „Er ist *gegenwärtig*" (als Erlöser, s. 2. Mo. 3,12-14). Das traditionelle Judentum spricht bis heute den Namen Gottes Jehova (Yahweh) nicht aus, sondern ersetzt ihn durch den Titel *Adonai* (Herr).

Kap. 25
Sabbatjahr und Jubeljahr

Das Sabbatjahr, 1-7. Die Sabbatruhe des sieb-

ten Tages wurde ausgedehnt auf das siebte Jahr. Jedes siebte Jahr war als ein Jahr der Ruhe für das Land bestimmt, 5. Da sollte sich der Boden erholen, und außerdem durften die Armen nehmen, was auf den unbestellten Äckern wuchs, 6. Als humanitäre Wirtschaftshilfe sollten in jedem 7 x 7 = 49sten Jahr alle Schulden gestrichen werden (vgl. die Verse 35-38). In erster Linie aber war das Sabbatjahr eine Bestätigung der Souveränität Gottes über das Land, das Gott ihnen, dem Volk Israel, geben würde (s. 3. Mo. 26,32-35).

Das Jubeljahr, 8-55. Dem Zyklus von 7 x 7 Jahren folgte das 50. Jahr, 8, das am großen Versöhnungstag durch das Blasen der Jubelposaune eingeleitet werden sollte, 9. Das ist ein Bild für Israels Eintritt in den Segen des messianischen Reiches, wenn Gott, der Herr, mitten in seinem Volk wohnen wird. Das Jubel- (oder Hall-)jahr ist ein Bild des zukünftigen Segens für die ganze Erde, wovon Röm. 8, 19-23 spricht. Dieser Segen schließt die große Ausgießung des Heiligen Geistes ein, die vollständige Erfüllung der Weissagung des Propheten Joel (Joel 2,28-32).

Kap. 26
Gottes Bedingungen für den verheißenen Segen im Lande

Der Segen des Gehorsams, 1-13. Voraussetzung für den Empfang des verheißenen Segens war, daß Israel ein in freudigem Gehorsam Gott geweihtes (heiliges) Leben führte und gemäß den Geboten der ersten Gesetzestafel vom Sinai ihm in heiliger Ehrfurcht diente, 1-2 (2. Mo. 20,3-11). (Vgl. 5. Mo. 28-30; die Bedingungen des Palästinabundes.)

Der Fluch des Ungehorsams, 14-39. Er würde Gefangenschaft und weltweite Zerstreuung für Israel bedeuten. Diese Voraussagen und ihre Erfüllung in der jüdischen Geschichte sind ein starker Beweis für die göttliche Inspiration der Bibel.

Die Wiederherstellung Israels als Nation im verheißenen Land, 40-46. Gottes Bund mit Abraham bleibt von Israels Versagen unberührt, und diese Gnade Gottes wird einen „heiligen Überrest" unter den uneingeschränkten Segen eines wiederhergestellten „Reiches" stellen.

Kap. 27
Anhang: Gelübde

Gottgeweihte Personen und Dinge betreffend, 1-25. Dies sind vor Gott freiwillig übernommene Verpflichtungen, oftmals im Zusammenhang mit der Bitte um einen bestimmten Segen, wie das Gelübde Jakobs (1. Mo. 28,20-22).

Eigentum Gottes an sich, 26-34. Dazu gehörten alle Erstgeborenen unter dem Vieh, 26-27; alles, was einmal Gott geweiht wurde an Sachwerten, 28-29, und alle Zehnten des Landes, 30-34.

Das 4. Buch Mose (Numeri)

Wandel und Dienst des Volks Gottes

Inhalt des Buches. Genesis (1. Mose) ist das Buch der Anfänge, Exodus (2. Mose) das Buch der Erlösung, Leviticus (3. Mose) das Buch der Versöhnung und des wahren Gottesdienstes. Der Inhalt des Buches Numeri liegt auf einer ganz anderen Linie: Es ist das Buch der (Eignungs-)Prüfungen. Das vierte Buch Mose (lat.: *numeri*, Zählungen; gr.: *arithmoi*, Zahlen) bekam seinen Namen, weil es von zwei Volkszählungen Israels berichtet (Kap. 1 und 26). Die erste Zählung geschah am Anfang der Wüstenwanderung, die zweite am Ende der 38jährigen Wüstenzeit. „Numeri" ist ein Wüstenbuch und berichtet über die Zeit vom 2. Monat des 2. Jahres nach dem Auszug aus Ägypten bis zum 10. Monat des 40. Jahres. Doch werden die Jahre des Unglaubens und des Wanderns in der Wüste zumeist stillschweigend übergangen.

Verfasser. Siehe unter „Verfasser des Pentateuchs".

Seine geistliche Bedeutung. Das NT weist wiederholt auf Numeri hin und führt viele Stellen daraus wörtlich an (vgl. Joh. 3,14 und 4. Mo. 21,9). Der Judasbrief weist im Vers 11 auf Bileam hin (4. Mo. 22-24), ebenso Petrus in 2. Petr. 2,15-16 und Johannes in Off. 2,14. Im gleichen Vers weist Judas auch auf die Rebellion der Rotte Korah hin (11; vgl. 4. Mo. 16; 27,3). Die reichhaltigen bildhaften Erzählungen des Buches haben tiefgreifende geistliche Bedeutung (1. Kor. 10,1-11) und sind mit den andern vier Büchern des Pentateuch inhaltlich untrennbar verbunden, ganz besonders mit Exodus (2. Mose) und Leviticus (3. Mose).

Überblick

Aufbruch vom Sinai, Kap. 1-10
Die Wüstenwanderung, Kap. 11-20
Der Marsch auf das Land zu, die Kämpfe auf dem Wege, Kap. 21-36

Palmyra (Tadmor) Syrien

Das 4. Buch Mose (Numeri)

tiert sich uns ein Beispiel der souveränen göttlichen Gnade zum heiligen Dienst in der Stiftshütte (vgl. 1. Mo. 34,25-31; 49,5-7). Leviticus (3. Mose) gibt eine Beschreibung des Dienstes Aarons und seiner Söhne. Das vierte Buch Mose beschreibt den Dienst der Leviten im allgemeinen, d.h. den Dienst an und vor der Stiftshütte und ihres Transportes, 5-10. Der Stamm Levi (d.h. „Verbunden") war als solcher dem Herrn zum heiligen Dienst geweiht, anstelle der Erstgeborenen des Volkes, 11-13. Der Stamm wurde „gemustert" (14-20), und dann wurden die besonderen Pflichten der Geschlechter der Söhne Levis, Gerson (21-26), Kahat (27-32) und Merari (33-37) festgelegt. Nochmals wird betont, daß die Leviten dem Herrn gehören als Ersatz für alle Erstgeborenen Israels, 40-51, und deshalb werden sie bereits im Alter von einem Monat bei der Zählung erfaßt (22), während die Erstgeborenen der übrigen Stämme Israels erst im Alter von 20 Jahren und darüber gezählt wurden.

Die Kahatiter, 4,1-20. Die atl. Priester sind Vorbilder der ntl. Gläubigen in ihrer priesterlichen Berufung (1. Petr. 2,9). So sind die Leviten, die „von dreißig Jahren und darüber gemustert" werden, Vorbilder der ntl. Gläubigen: Wie es die Aufgabe der Leviten war, die zur Stiftshütte gehörenden „heiligen Dinge Gottes" mit Einsatz aller ihnen zu Gebote stehenden Sorgfalt und Fürsorge durch die Wüste zu transportieren, so ist es dem wiedergeborenen Gläubigen aufgetragen, auf seinem Pilgerweg durch die Wüste dieser Welt für die kostbaren Dinge des Glaubens zu kämpfen, der ihnen ein für allemal übergeben worden ist (Jud. 3).

Die Gersoniter, 4,21-28. Jedem Leviten war von Gott eine ganz bestimmte Aufgabe zugewiesen worden innerhalb seines *Stammes* und gemäß der seinem *Alter* entsprechenden Reife. So hängt auch die Brauchbarkeit des ntl. Gläubigen im Dienst Gottes nicht nur von seiner Wiedergeburt ab, sondern auch ganz wesentlich von seiner geistlichen Reife. In Kap. 3 wird Gerson, der Älteste der Söhne Levis, als erster genannt (V. 17.21). Hier wird Kahat, der zweite Sohn, dem ersten vorgezogen. Das zeigt, daß Gott selbst auch dem einzelnen ntl. Gläubigen seine Aufgabe zuweist und sie seinem Willen entsprechend bis ins einzelne umreißt.

Die Merariter, 4,29-49. Das Leben jedes Leviten ist ausgefüllt mit der Sorge für die Dinge Gottes in der Stiftshütte. Damit sind sie dem ntl. Gläubigen ein Vorbild dafür, wie auch sein Leben in der Gemeinschaft mit Gott und einem daraus resultierenden Leben des Dienstes für Gott seinen Sinn finden darf (vgl. 4. Mo. 8-10).

Kap. 1
Zählung des Volkes

Die Zählung, 1-46. Der Befehl, das Volk zu zählen, war einen Monat nach der Errichtung der Stiftshütte (vgl. 2. Mo. 40,17) erteilt worden. Diese Volkszählung hatte offenkundig nichts zu tun mit der Zählung zur Bestimmung derer, für die das Lösegeld der Erstgeburten bezahlt werden mußte (2. Mo. 38,25-26), obgleich die Gesamtzahl dieselbe ist (603550; siehe auch 4. Mo. 1,46). Diese Zählung geschah für militärische Zwecke, 3, aufgrund des Familienstammbaums.

Der Stamm Levi vom Kriegsdienst ausgenommen, 47-54, und für den Dienst in der Stiftshütte bestimmt.

Kap. 2
Die Stämme lagern sich in von Gott bestimmter Ordnung

Der Befehl, 1-2. Das Lager des Volkes Israel war von Gott angeordnet und geordnet. Die Stiftshütte war in ihrer Mitte (was uns sagt, daß Anbetung und Im-Dienst-Stehen für Gott Mittelpunkt des Lebens der Erlösten sein muß). Im NT hat jeder Wiedergeborene seinen Platz als Glied an dem Leibe, dessen Haupt der Herr Jesus Christus ist (1. Kor. 12).

Die Ordnung des Lagers, 3-34. Auf der Ostseite des Lagers hatten Juda, Issaschar und Sebulon ihren Platz, 3-9; auf der Südseite Ruben, Simeon und Gad, 10-16; der Platz der Leviten war bei der Stiftshütte, 17. Auf der Westseite hatten Ephraim, Manasse und Benjamin ihren Standort, 18-24; und auf der Nordseite des Lagers Dan, Asser und Naphtali, 25-34.

Kap. 3-4
Den Leviten wird ihr Dienst zugewiesen

Die Priester, 3,1-4. Sie werden zuerst genannt, denn der Gottesdienst (in Opfer und Fürbitte) liegt zentral in ihrer Verantwortung als den Repräsentanten der Nation.

Die Leviten, 3,5-51. In der Wahl dieses Stammes aus den zwölf Stämmen Israels präsen-

Kap. 5
Scheidung von Verunreinigung durch die Sünde

Scheidung von unreinen Menschen, 1-4. Zu

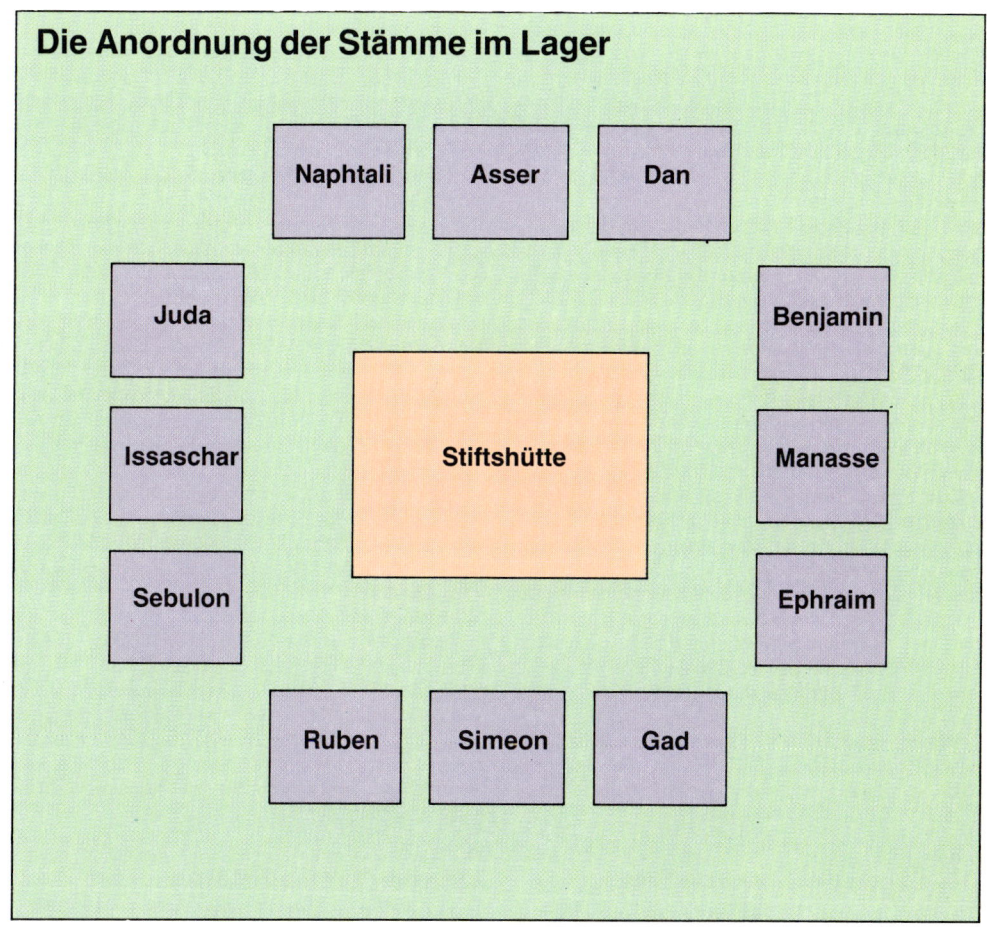

Die Anordnung der Stämme im Lager

Naphtali · Asser · Dan

Juda

Benjamin

Issaschar

Stiftshütte

Manasse

Sebulon

Ephraim

Ruben · Simeon · Gad

ihnen gehört der Aussätzige (s. 3. Mo. 13-14) und der durch körperliche Ausscheidung unrein Gewordene (s. 3. Mo. 15). Auch Berührung mit Toten verunreinigte. Verunreinigung aber machte unfähig zum Dienst für den *lebendigen* Gott (Hebr. 9,14). Daraus sollten wir ntl. Gläubigen lernen, daß auch wir nur durch Selbstgericht und entschiedene Trennung von aller Sünde Zugang sowohl zur Gemeinschaft mit Gott als auch zu seinem Dienst haben können.

Wiedergutmachung, 5-10. Hier handelt es sich um Unrecht, das in der Mitte des Volkes Gottes begangen wurde. Nicht bekannte Sünde kann unter dem Volk Gottes nicht geduldet werden. Die Gnade Gottes bietet grenzenlose Vergebung an. Wie tragisch wäre es da, wenn sie den Gläubigen nicht dazu brächte, sich von ihr in Zucht nehmen zu lassen und das „ungöttliche Wesen und die weltlichen Lüste zu verleugnen" und statt dessen „vernünftig und gerecht und gottselig zu leben in der jetzigen Weltzeit" (Tit. 2,12). Gäbe es etwas Unheilvolleres als Menschen, die offenkundig zu Gott gebracht worden

sind, die aber ein abgeschwächtes Empfinden für die außerordentliche Schwere der Sünde haben? (1. Joh. 1,7-9).

Entlarvung von Ehebrecherinnen, 11-31. Hier handelt es sich kaum um eine Prüfung durch ein Gottesurteil, wie es bei den Völkern im Altertum so vielfach üblich und in Europa noch bis ins Mittelalter gebräuchlich war. Das mosaische Gesetz verbot solchen volkstümlichen heidnischen Aberglauben. Hier handelte es sich um ein von Gott selbst eingesetztes schlichtes Ritual, in welchem Gott seine Macht offenbar machen würde, um eine Ehebrecherin zu entlarven und diese schwerwiegende Sünde zu strafen, um sie aus Israel auszurotten.

Kap. 6
Der Nasiräer

Das Gelöbnis, 1-8. Dies war ein freiwilliges Gelöbnis eines Mannes oder einer Frau, sich dem Herrn zu weihen, 2, das Abstinenz von Wein und anderen starken Getränken einschloß, 3, die ein Symbol der Lebensfreude waren (Ps. 104,15). Auch Weintrauben in jeder Form waren verboten, 4. Sie waren das Symbol an sich harmloser, irdischer Freuden, die aber doch zwischen dem Gläubigen und der Freude am Herrn stehen, nach der er sich sehnt. Deshalb ist dieses Merkmal des Gelöbnisses das äußere Symbol einer inneren Hingabe, die all ihre Freude am Herrn allein findet. Das Gelöbnis des Nasiräers (Abgesonderter, Gottgeweihter) erforderte das Tragen von langem Haar, 5, das äußere Kennzeichen, daß derjenige, der sich so von anderen Menschen absonderte, bereit war, sich als dem Herrn zugehörig darzustellen. Das Gelöbnis des Nasiräers bedeutet auch, daß man sich unnachsichtig trennen mußte, um sich nicht an einem Toten zu verunreinigen, und wäre es ein naher Angehöriger, 6-8. So waren Simson, Samuel und Johannes der Täufer Nasiräer. Da es ein freiwilliges Gelübde war, konnte Simson es brechen, was aber für ihn mit großen Verlusten und Nachteilen verbunden war.

Die Reinigung des Nasiräers von Verunreinigung, 9-21. Verschiedene Opfervorschriften wurden gegeben, die symbolisch auf das vollendete Erlösungswerk Jesu Christi hinweisen. Im Neuen Bund wird die Verunreinigung eines wiedergeborenen Gläubigen nur durch Bekennen und erneutes Ergreifen der von Christus dargebotenen Vergebung weggenommen (1. Joh. 1,7-9). Grundlage dafür ist der Kreuzestod Jesu.

Segensspruch für ein gereinigtes und Gott geweihtes Volk, 22-27. Dies ist eine wundervolle, dreifache Anrufung der Fürsorge, Gnade und des Wohlgefallens Gottes.

Kap. 7
Die Gaben der Stammesfürsten

Die Fürsten Israels und ihre Gaben, 1-88. Die Stammesfürsten gaben die Wagen und die Ochsen für den Transport der Stiftshütte. Die Gaben waren für alle 12 Stämme gleich, werden aber einzeln aufgezählt – nicht in erster Linie, weil Wiederholung charakteristisch für orientalische Listen war, sondern weil Gott von jeder Gabe der Seinen Notiz nimmt und in Seinen Augen das Geben eine ganz persönliche Angelegenheit ist. Nur die Gersoniter und Merariter bekamen Wagen und Ochsen, wie sie sie brauchten. Die Kahatiter bekamen keine, denn es war ihre Aufgabe, die heiligen Geräte der Stiftshütte auf ihren Schultern zu transportieren. Die Verse 84-88 geben als Summe der Gaben 2400 Schekel in Silber, 120 Schekel in Gold und 240 Opfertiere an.

Die Stimme vom Sühnedeckel, 89, offenbart Gottes Wohlgefallen über die Opfer der Stammesfürsten bei der Einweihung des Altars. Damit war die Verheißung von 2. Mo. 25,22 erfüllt.

Kap. 8
Weihe der Leviten

Die Lampen des Leuchters angezündet, 1-4 (vgl. 2. Mo. 25,31-40). Das Anzünden des sie-

benarmigen Leuchters in der Stiftshütte am Anfang der Wüstenwanderung Israels wies hin auf die Notwendigkeit des Volkes Gottes, den Heiligen Geist zu empfangen (das Öl in den sieben Lampen des Leuchters). Er allein kann Licht geben (Erkenntnis schenken), 2.4.

Reinigung der Leviten, 5-22. Zuerst wurden sie mit Wasser besprengt, ein Symbol ihrer Reinigung von Sünde (Eph. 5,26; Joh. 15,3; 17,17). Danach mußten sie das Haar von ihrem Körper abrasieren, ein Symbol für das Ablegen dessen, was zur alten Natur gehört. Dann mußten sie ihre Kleider waschen, das Symbol der Reinigung von alten Gewohnheiten und Lebensweisen durch das Wort Gottes. Die Opfer, 8, unterstreichen, daß Hingabe an Gott nur auf dem Fundament der Sündenvergebung durch am Altar bewirkte Versöhnung mit Gott möglich ist, 8. Das Auflegen der Hände der Israeliten auf die Leviten bedeutet Identifikation der ersteren mit den letzteren, die sie repräsentierten und an ihrer Stelle Gott dienten, 9-10. Zugleich bedeutet es aber auch die Identifikation mit den Erstgeborenen, an deren Stelle die Leviten in besonderer Weise Gott gehörten, 11-22.

Aufgabe der Leviten wiederholt, 23-26. Die Dienstzeit lag zwischen dem 25. und 50. Lebensjahr. Das ist kein Widerspruch zu 4. Mo. 4,3, wo die Dienstzeit als von 30-50 Jahren angegeben ist. Offenbar durchliefen die Leviten in ihrem Dienst erst eine fünfjährige Probezeit, ehe sie die volle Verantwortung im Dienst der Stiftshütte übernahmen.

Kap. 9
Führung für die Erlösten

Passahfeier in der Wüste, 1-14 (vgl. 3. Mo. 23,4-5). Das erste Passah war in Ägypten gehalten worden. Dieses zweite, das sie auf dem Wege nach Kanaan in der Wüste am Berg Sinai feierten, zeigt, wie nötig es ist, das Fest zur Erinnerung an die von Gott vollbrachte Erlösung durch das vergossene Blut in der Nachfolge immer wieder zu wiederholen. Gott trifft Vorsorge, daß kultisch Unreine und Reisende das Passahfest noch nachträglich feiern können, 6-14.

Übernatürliche Führung zugesichert, 15-23. Die Wolkensäule bei Tag und die Feuersäule bei Nacht sollten von nun an das Volk führen. In der weglosen Wüste dieser Welt der Sünde braucht Gottes Volk (des Alten wie das des Neuen Bundes) die Leitung des Heiligen Geistes bei Tag und bei Nacht (Ps. 23,2-3).

Kap. 10
Die zwei silbernen Trompeten;
das Heer bricht auf

Die Silbertrompeten, 1-10. Es waren zwei, und sie waren aus Silber. Wie die Wolken- und Feuersäule, die zur sichtbaren Führung gegeben waren, wurden diese Trompeten zur hörbaren

Trompete aus getriebenem Silber

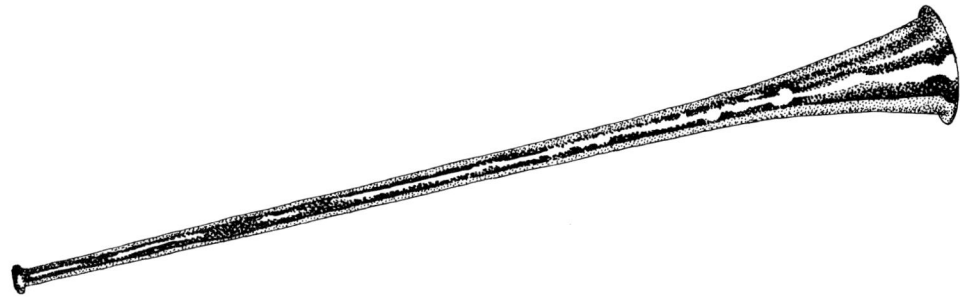

Führung bestimmt, 1-7. Aaron und die Priester, die mit Gott in Verbindung standen, sollten die Trompeten blasen und so dem Volk Gottes Weisungen weitergeben, 8. Das Trompetenblasen war das Zeichen für ihren Glauben, daß sie als Gottes erlöstes Volk die Gewißheit des Sieges im Kampf mit dem Feind hatten, 9. Im Frieden sollten die Trompeten bei ihren heiligen Festen über den Sühnopfern am Anfang der Monate geblasen werden, als Ausdruck ihres Glaubens an die (immer neu) erlösende Führung Gottes, 10 (vgl. 3. Mo. 23,24; 4. Mo. 29,1; Ps. 81,4; 89,16; Jes. 27,13).

Aufbruch vom Sinai, 11-36. Die Wolkensäule erhob sich, 11-13, und das Lager brach auf, mit der Standarte Judas als Vorhut, 14-17. Dann folgte Ruben, 18-21, Ephraim, 22-24, und Dan, 25-28. Ein schöner, geordneter Aufbruch nach den Anweisungen von 4. Mo. 1-10. Obwohl Gott versprochen hatte, das Volk durch Wolken- und Feuersäule durch die Wüste zu führen, bat Mose seinen Schwager Hobab, als Führer zu dienen. Das Prinzip der göttlichen Führung schließt menschliche Mitwirkung nicht aus.

Kap. 11
Versagen des Volkes bei Tabeera und den Lustgräbern

Murren bei Tabeera, 1-3. Dies ist die erste uns überlieferte Klage des Volkes Gottes, das so wohlgeordnet ausgezogen, so gut versorgt war und dem verheißenen Lande entgegengeführt wurde. Dieses Murren ist unbegreiflich, wäre es nicht deshalb verständlich, weil das Menschenherz von Grund auf verderbt ist. Die Strafe war ein verzehrendes Feuer. Deshalb wurde der Ort, wo das geschah, zur Erinnerung „Tabeera" (Brandstätte) genannt.

Undank für das Manna, 4-9. „Das hergelaufene Gesindel" bestand gewiß aus nicht-israelitischen Sklaven, die sich Israel angehängt hatten, als sie aus Ägypten flohen. Diese wußten nichts von Gottes Erlösung. Sie sind ein Bild für solche, die im Zeitalter der ntl. Gemeinde unfähig dazu

sind, sich Jesus Christus als „das wahre Brot vom Himmel" (Joh. 6,32) im Glauben anzueignen und zu würdigen (vgl. 2. Mo. 16,14-22). Sie sind lüstern nach den Dingen, die dem „Fleisch" gefallen, und widerstehen dem Wort Gottes in Dingen des Glaubens und der Hingabe an Gottes Willen im praktischen Leben.

Moses Klage und die Ernennung der 70 Ältesten, 10-30. Die Lage wäre eine schwere Probe für jeden Führer gewesen. Gott griff helfend ein, indem er 70 Männer zur Unterstützung Moses für die bürgerliche Verwaltung verordnete (vgl. 2. Mo. 18,17-23) und vom Geist, der auf Mose war, auf sie legte, so daß Eldad und Medad im Lager weissagten, 26-27. Die Demut Moses wird in V. 28-30 offenbar.

Wachteln und die Plage, 31-35. Da war ein Überfluß von Wachteln „zwei Ellen hoch über der Erde", was sagen will, daß sie leicht für das Volk zu fangen waren. Doch Gottes Zorn entbrannte über die Begierde des Volkes, und er sandte ihnen eine große Plage, 33, und viele starben. Deshalb nannten sie den Ort Kibroth-hattaavah, „Lustgräber", 34-35.

Kap. 12
Mirjam und Aaron kritisieren Mose

Mirjam und Aaron meutern, 1-10. Die allgemeine Ursache ihres Murrens war Eifersucht auf Moses Vormachtstellung, der unmittelbare Anlaß seine Heirat mit einer Äthiopierin. Mirjam, die Prophetin (2. Mo. 15,20), führte die Revolte an. Gott strafte sie mit Aussatz. Das zeigt, wie ernst Gott es nimmt, wenn man gegen einen seiner Diener spricht, dem Gott sich in einzigartiger Weise offenbart, 6-8. Mose blieb dennoch vorbildlich sanftmütig, 3. Das ist eine Bemerkung, die für den Hergang der Geschichte von Bedeutung ist und dennoch nicht im Widerspruch zur Annahme steht, daß Mose der Verfasser des Pentateuch ist.

Aarons Reue und Moses Fürbitte, 11-16. Mirjam wurde durch die Fürbitte ihrer beiden Brüder in die Volksgemeinschaft zurückgeführt.

Koriander, dessen Samen als Gewürz beliebt ist. Mit dieser Frucht wurde das Manna verglichen.

Kap. 13
Kadesch-Barnea: Entmutigender Bericht der Kundschafter

Die Kundschafter ausgesandt, 1-25. Kundschafter wurden auf Gottes Befehl hin ausgesandt, um das verheißene Land auszukundschaften, 1-3. Das war eine Zustimmung Gottes auf die Bitte des Volkes selbst (5. Mo. 1,19-25). Von den zwölfen, deren Namen genannt sind, 4-15, hört man nur von Josua und Kaleb an anderen Stellen der Bibel. Zu dieser Zeit änderte Mose den Namen des Hosea („Retter"), des Sohnes Nuns, in Josua *(Jehoschua, „Der Herr ist Retter, Befreier")*, 16. Zuerst sollten die Kundschafter in den Negev gehen. Das war die Steppe im Süden. Dann sollten sie auf das Gebirge oder den zentralen Gebirgskamm gehen, 17. Es war etwa Juni/Juli, also die Zeit der ersten reifen Trauben, 20. Im Tal Eskol („Traube") fanden sie eine Weinrebe mit einer Traube so groß, daß zwei Männer sie tragen mußten, 23. Die Gegend von Hebron ist bekannt für ihre Trauben, die 12 bis 20 Pfund wiegen können. Sie werden oft an einer Stange getragen, damit die reifen Trauben nicht vorzeitig zerquetscht werden.

Der Bericht des Unglaubens, 26-33. Das Land war wirklich so, wie es Gott in seiner Verheißung beschrieben hatte, 26-27. Beachten wir aber das „jedoch" und „nur", das aus dem Unglauben kam, 28. Große und „sehr feste" Städte waren für das alte Palästina charakteristisch, wie archäologische Ausgrabungen gezeigt haben, 28. Es war ein Land, das seine Bewohner „fresse", womit sie sagen wollten, daß die Kriege zwischen den Städten die Bevölkerung sehr reduzierte, 32. Der Glaube war vernehmbar bei Kaleb, 30, doch der allgemeine Unglaube übertönte seinen Rat, 31.

Kap. 14
Kadesch-Barnea: Die Tragödie des Unglaubens

Die Rebellion des Volkes, 1-10. Der Unglaube der Kundschafter streute eine furchtbare Saat der Verzweiflung unter dem Volk aus, und es kam zur offenen Rebellion gegen Mose und Gott, 1-5. Die Ermahnungen von Josua und Kaleb erzürnten das Volk bis zur Bereitschaft, sie zu steinigen, 6-10.

Moses Fürbitte, 11-25. Was für ein beredtes, selbstloses Gebet, in dem es Mose um die Ehre Gottes und um Gnade für das rebellische Volk geht! 13-19. Gott erhörte, verschonte das Volk und kündigte am Ende den Segen der Königsherrschaft an, 21. Gott hält Mose vor, daß Israel ihn im Unglauben nun bereits zehnmal versucht habe, 22 (vgl. 2. Mo. 14,11-12; 15,23-24; 16,2; 16,20; 16,27; 17,1-3; 32,1-10; 4. Mo. 11,1; 11,4;

14,2). Ihre Strafe wird angedeutet in den Versen 23-25.

Das göttliche Gericht, 26-39. Tod auf der Wanderung durch die Wüste, ein Jahr für jeden Tag, an dem sie das Land erkundeten, war die Strafe. Obwohl die Wüste mit dem Erleben des Durchgangs durch das Rote Meer, Marah, Elim und Sinai Teil einer wichtigen Schulung und Erziehung Gottes für sein Volk war und seine Parallelen im geistlichen Leben eines ntl. Gläubigen hat, *gilt das nicht für Israels Wanderjahre in der Wüste!* Das Schilfmeer (Rote Meer) spricht vom Kreuz, das uns von Ägypten (der Welt) trennt (Gal. 6,14). Marah bezeugt die Gnade Gottes, die Prüfungen in Segnungen verwandelt. Elim erzählt von der Macht Gottes, Ruhe und Erquickung auf Seinen Wegen zu geben. Sinai spricht von Gottes unendlicher Heiligkeit und unserer Verderbtheit (Röm. 7,7-24). Doch von Israels Versagen bei Kadesch-Barnea bis zu ihrem Einzug in Kanaan ist alles Geschehen für uns eine Warnung (1. Kor. 10,1-11; Hebr. 3,1-4,16), und nicht zur Nachahmung bestimmt.

Eine neue Sünde – Anmaßung, 40-45. Die Sünde ungläubiger Verzweiflung und der Weigerung, den Kampf zur Eroberung des verheißenen Landes aufzunehmen in der Kraft des Vertrauens auf Gottes Verheißung, wurde nun noch übertroffen durch die zusätzliche Sünde der anmaßenden Sicherheit. Sie weigerten sich, an die Strenge des göttlichen Gerichts zu glauben, und beschlossen, ohne Gottes Hilfe, nur im Vertrauen auf ihre eigene Stärke in den Kampf zu ziehen. Eine schimpfliche Niederlage war unausweichlich.

Die geistliche Bedeutung von Kadesch-Barnea

Das Volk hatte Glauben genug gehabt, sich unter die Deckung des Erlösungsblutes zu stellen (2. Mo. 12,28) und Ägypten zu verlassen (die Welt), aber es hatte nicht genug Glauben, in die Ruhe Kanaans einzugehen, sich an der Eroberung und am Sieg über seine Feinde und über den Besitz eines Landes, in dem Milch und Honig fließt (Hebr. 3,1-4,16), zu freuen. Anders ausgedrückt: Sie versäumten, den geistlichen Kampf aufzunehmen und damit auch den Sieg zu erringen.

Kap. 15
Verschiedene Gesetze

Opfervorschriften im Land, 1-31. Die Verse 1 und 17 enthalten zwei göttliche Mitteilungen über Opfer, die bemerkenswerterweise genau in dem Augenblick gegeben wurden, da das Volk im Unglauben sich vom Land der Verheißung abwenden will. Es ist eine tröstende, stärkende Versicherung der Treue Gottes, daß er

Israel zuletzt doch in ihr verheißenes Erbe hineinbringen werde, trotz ihres Unglaubens und ihrer Untreue. Während die Mehrzahl des Volkes in der Wüste sterben sollte, würde Gott einen kleinen Überrest ins verheißene Land bringen. Sie würden dort die Opfer bringen, die schon in Leviticus (3. Mose) beschrieben sind.

Der Sabbatschänder, 32-36. Dies war ein Fall von vermessenem Sündigen, 30-31, der den ganzen Ernst der Forderungen des mosaischen Gesetzes beleuchtet.

Die blaue Schnur, 37-41. An den Zipfeln der Gewänder sollte Israel mit den blauen Quasten eine Erinnerung daran besitzen, daß sie ein heiliges, für Gott abgesondertes Volk seien und seine Gebote halten sollten. Chassidische Juden sind heute noch an ihrer besonderen Kleidung zu erkennen.

Kap. 16
Die Empörung Korahs

Die Rebellion, 1-19. Diese Rebellion bedeutet einen weiteren Schritt nach unten in Unglauben und Abfall von Gott (vgl. Jud. 3-11). Korahs Sünde war die Nicht-Anerkennung der Autorität Moses als Gottes Mund und dazu die ungeheuerliche Einmischung in das Amt der Priester, das niemand an sich reißen durfte, es sei denn, daß er "von Gott dazu berufen war wie Aaron" (Hebr. 5,4). Korah und die 250 Aufständischen, die ihm folgten, versuchten, eine Priesterordnung zu gründen ohne die Zustimmung und den Segen Gottes (Hebr. 5,10).

Die Strafe, 20-50. Die Herrlichkeit des Herrn erscheint, 19, um mit den Aufständischen abzurechnen. Korah und seine Rotte, 27-33, wurden durch ein Erdbeben verschlungen und gingen lebendig ins Totenreich. Feuer vom Himmel verschlang die 250 Männer, die Weihrauch opferten, 35, aber die Söhne Korahs starben nicht (vgl. 26,11). Das zeigt Gottes souveräne und freie Gnade (vgl. 1. Chron. 6,54-67; 9,19-32; 26,1-20; 2. Chron. 23,3-4.19; 31,14-18). Zu einer bleibenden Erinnerung an dieses Ereignis wurden die bronzenen Räucherpfannen, die die Rebellen benutzt hatten. Sie wurden auf Gottes Geheiß "zu breiten Blechen geschlagen", um "den Altar damit zu bedecken", 36-40. Die Plage gegen die murrenden Israeliten wurde durch Aaron vollstreckt, 41-50. Dieser Vorgang zeigt, daß wir auch im Neuen Bund das Priestertum dessen brauchen, der Sühnung für unsere Sünden bei Gott erwirkt hat.

Kap. 17
Aarons grünender Stab

Der göttliche Befehl, 1-6. Diese Weisung, für jeden der zwölf Stammesfürsten einen Mandelstab, mit dem Namen des Stammes beschrieben, zur Stiftshütte zu bringen, um den Namen Aarons auf den Stab des Stammes Levi als dessen Repräsentanten zu schreiben, war ein weiterer Beweis dafür, daß Gott unwiderruflich die Leviten als Diener und die Aaroniten als Priester seines Heiligtums berufen hatte.

Das Zeichen, 7-13. Aaron, in der Mitte der Sterbenden stehend, um „Sühne vor Gott für sie zu schaffen", 16,40-48, erinnert uns an Christus und sein Erlösungswerk. Alle Fürsten der zwölf Stämme brachten ihren (toten) Stab. Gott ließ allein den Stab Aarons anfangen zu sprießen (ein Bild für Christus in der Auferstehung, von Gott als Hoherpriester beglaubigt). Alle großen Religionsgründer unter den Völkern der Welt sind gestorben und im Tode geblieben. Nur Christus wurde aus dem Tode auferweckt und erhöht, daß er ein ewiger Hoherpriester sei (Hebr. 4,14; 5,4-10). Aarons Hohepriestertum, das im Aufstand der Rotte Korah so starrköpfig geleugnet wurde, bekam hier die bleibende göttliche Beglaubigung, 10. Alle Rebellenstimmen mußten verstummen, als Aarons Stab zum Gedenken an diesen Aufstand gegen einen der von Gott Erwählten in die Bundeslade gelegt wurde (Hebr. 9,4). Die Rebellion Korahs hinterließ zwei Dinge für die Stiftshütte: 1) die Bleche aus den Räucherpfannen, zur Bedeckung des Altars umgearbeitet (17,3) und 2) Aarons Stab, der grünte.

Kap. 18
Die Bedeutung des levitischen Priestertums

Es mußte die Sünde des Volkes tragen, 1-7. Die levitischen Priester sollten jede göttliche Anordnung peinlich genau ausführen und die Versündigung am Heiligtum und die Sünde des Priestertums versöhnen. Das war unerläßlich, „daß hinfort kein Zorngericht über die Kinder Israel komme", 5. Korahs Rebellion war so bösartig, weil sie sich gegen das richtete, was Israel Schutz garantieren sollte. Ohne diesen priesterlichen Dienst wäre ganz Israel vom Zorn Gottes verzehrt worden. So lebt Christus, unser Hoherpriester, immerdar, um für uns einzutreten und uns im Zustand des Heils (Gerettetseins) zu erhalten (Hebr. 7,25).

Angemessene Vergütung für ihren Dienst

Aarons grünender Stab war aus dem Zweig des Mandelbaums

am Heiligtum, 8-32. Weder die Priester noch die Leviten sollten irgendwelchen Landbesitz in Israel haben. Es sollte keine reiche Priesterkaste entstehen, wie sie in Ägypten und in andern Völkern des Altertums bestand. Dafür sollten die Priester einen großen Anteil der Opfergaben bekommen, z.B. vom Speis-, Sünd- und Schuldopfer, 8-11; von den Erstlingsfrüchten, 12-13; alles Gebannte (Geweihte), 14; das Geld von der Lösung der Erstgeborenen, 15-19. Aaron sollte keinen Landbesitz haben, denn der Herr war sein Erbteil, 20. Die Leviten sollten den Zehnten bekommen, 21-24, und davon ihren Zehnten geben, 25-32.

Kap. 19
Verordnung betreffs der rötlichen Kuh

Die Verordnung, 1-10. Diese Verordnung findet sich nur in 4. Mose (Numeri) und nur zur Zeit der Wüstenwanderung. Sie war gegeben worden wegen des beständigen Kontakts des Volkes mit dem Tod, denn sehr viele Israeliten starben während der vierzig Jahre, die das Volk in der Wüste zubrachte (vgl. 1. Kor. 10,5.8.9). Der Gebrauch von Tierasche, in Wasser aufgelöst, zu Reinigungszwecken, ist ein bekannter religiöser Brauch im Altertum bei den außerbiblischen Völkern. Gott gibt ihm hier einen Platz im Glaubensleben Israels, doch bekommt er einen einzigartigen, ganz neuen Inhalt.

Die Bedeutung, 11-22. Das Opfer der rötlichen Kuh ist ein Bild des Opfers Jesu Christi als *Grundlage* der Reinigung eines ntl. Gläubigen von der Verunreinigung durch die Sünde während seines Lebens in der Nachfolge Jesu (1. Joh. 1,7-2,2; vgl. Joh. 13,3-10). Die Wahl des rötlich gefärbten Tieres mag auf eine Assoziation (Gedankenverbindung) der Farbe mit der Sünde zurückzuführen sein (Jes. 1,18). Die Tatsache, daß die Kuh tadellos und ohne Fehler sein mußte, 2, spricht von der Sündlosigkeit Jesu Christi (vgl. Hebr. 9,13-14). Zudem durfte das Tier noch kein Joch getragen haben, 2, d.h., das Tier durfte noch nicht irgendwelchem Zwang unterworfen gewesen sein. Christus war dem Willen des Vaters vollkommen und mit Freuden untertan (Ps. 40,7-8; Hebr. 10,5-9) und brauchte nicht zum Gehorsam gezwungen zu werden. Die junge Kuh wurde „außerhalb des Lagers" getötet, 3 (Hebr. 13,12). Das siebenmalige Sprengen des Blutes in der Richtung nach der Stiftshütte spricht von einer vollen Versöhnung, 4. Die Asche der jungen Kuh war das Gedächtniszeichen eines bereits von Gott angenommenen Opfers. In diesem Fall ist der Tod des Opfertieres das Bild für die verunreinigende Wirkung der Sünde im Leben eines ntl. Gläubigen. Ein sündenbeschwertes Gewissen macht ihn unwürdig, dem lebendigen Gott zu dienen (Hebr. 9,14).

Die Negev-Wüste

Kap. 20
Moses Sünde; Aarons Tod

Moses Sünde, 1-13. Dieses Kapitel beginnt mit dem Tod Mirjams und schließt mit Aarons Tod. Zwischendrin wird vom Versagen Moses berichtet. Die langen Jahre der Wanderschaft waren durchsetzt mit Versagen und Tod (vgl. Am. 5,25-26; Apg. 7,42-43; 1. Kor. 10,1-10). Doch Gottes Gnade wendete sich nicht von seinem sündigen Volk ab (5. Mo. 2,7; 29,5). Auch Mose versagte, als ihn das Volk wieder mit seinem ungeduldigen Murren bei Meriba beschwerte, 2-6, weil sie durstig waren wie in 2. Mo. 17,1-7 (vgl. 5. Mo. 32,51). Das Versagen Moses war ein zweifaches: 1) vermessener Ungehorsam. Er hätte den Fels nicht schlagen dürfen, am allerwenigsten zweimal, er hätte zu ihm sprechen sollen, 10-11. 2) Selbstüberhebung. Er hätte nicht sagen dürfen: „Sollen wir euch Wasser verschaffen?" Damit hatte er überheblich Gottes Platz eingenommen, 10, indem er sich eine Autorität anmaßte, die ihm nicht gehörte.

Fruchtlose Verhandlungen mit Edom, 14-22. Nachkommen Esaus, des Bruders (Jakobs =) Israels, verweigerten den Israeliten den Durchzug durch ihr Land. Durch diese Herzlosigkeit verschärften sich die Spannungen zwischen Edom und den Nachkommen Jakobs, trotz ihrer Blutsverwandtschaft und Rassengleichheit.

Aarons Tod, 23-29. Aaron starb auf dem Berge Hor. Sein Sohn Eleasar war sein Nachfolger. Der Berg Hor (Jebel Harun) liegt etwa 80 km südlich vom Toten Meer.

Kap. 21
Die eherne Schlange

Sieg über die Kanaaniter, 1-3. Der König von Arad im Negev, dem wasserlosen Gebiet südlich von Beerseba, das sich südlich und südwestlich über Kadesch-Barnea hinauszog, wurde besiegt, und seine Städte fielen unter den Bann völliger Zerstörung.

Die eherne Schlange, 4-9. Wieder murrte das Volk, 4-5, und wurde durch feurige Schlangen bestraft, 6-7. Mose wurde von Gott befohlen, eine eherne Schlange zu machen und sie an einem Pfahl aufzuhängen. Wer von einer Schlange gebissen war und zu der ehernen Schlange aufsah, sollte Leben bleiben. Diese erhöhte Schlange war ein Hinweis auf Christus, der „für uns zur Sünde gemacht" wurde (Joh. 3,14-15; 2. Kor. 5,21) und am Kreuz das Gericht über unsere Sünde trug (Röm. 8,3). Die Schlange (1. Mo. 3,14), das Werkzeug Satans, den Menschen zu Fall zu bringen, benutzte Gott, um an ihr die Wirkung des Sündenfalls bildlich darzustellen: die Wandlung von einem wunderschönen, zweifellos aufrecht sich bewegenden Wesen zu einer ekelerregenden Schlange. Die eherne Schlange ist ein Symbol der Sünde, die am Kreuz Jesu Christi gerichtet ist. Das Aufschauen auf die eherne Schlange zur Heilung vom Schlangenbiß spricht vom Glauben an den gekreuzigten Christus und von der Heilung von den Folgen des Giftes der Sünde, 8-9. Daß die Schlange Gegenstand götzendienerischer Anbetung werden konnte, zeigt, wie auch ein Gnadenmittel mißbraucht werden kann (vgl. 2. Kö. 18,4). König Hiskia zerstörte die eherne Schlange etwa um 700 v.Chr.

Freudige Reise nach Transjordanien, 10-35. Nach erfahrener Heilung (am Kreuz) hört man freudiges Singen, 17. Wir stehen hier vor wundervollen Zusammenhängen geistlicher Logik: 1) *Erlösung,* 8-9 (Joh. 3,14-15); 2) *Wasser,* das von der Gabe des Heiligen Geistes spricht, 16 (Joh. 7,37-39); 3) *Freude,* 17-18 (Röm. 14,17); 4) (geistliche) *Kraft,* 21-35, die sich im Sieg über (ntl. die Sünde) Sihon, den König der Amoriter, und über Og, den König von Basan, kundtut.

Das Bild der ehernen Schlange nach der Vorstellung eines Künstlers

Kap. 22
Bileam, der gewinnsüchtige Prophet

Balak ruft Bileam, 1-20. Balak, König von
Moab, ist besorgt, daß Israel, wenn es an seinen
Grenzen entlangzieht, auf dem Weg nach Kanaan, seinem Lande Schaden zufügen würde. So
läßt er Bileam rufen, einen heidnischen Wahrsager aus der Stadt Petor in Mesopotamien (5. Mo.
23,4). Bileam sollte Israel fluchen, d.h. seine dä-
monisch-magische Zauberkraft gegen das Volk
anwenden, während es in der Ebene Moabs lagerte (ca. 1401 v.Chr.). Bileam („Verschlinger
des Volkes") fühlte sich, wie Jethro (2. Mo. 18)
und Rahab (Jos. 2), durch Israels Ruhm aufgrund
seiner Erlösung aus Ägypten (2. Mo. 15,14; Jos.
5,1) zum Gott Israels hingezogen. So beschloß
er, seine Gabe der Weissagung im Namen des
Gottes Israels einzusetzen.

Bileam geht zu Balak, 21-35. Der wegwei-
sende Wille Gottes war Bileam bekannt gewesen, 12, doch er folgte ihm nicht, sondern seiner
eigenen, selbstsüchtigen Neigung, obwohl ihm
Gott nachträglich erlaubte, zu Balak zu ziehen,
20. Der „sprechende" Esel ist ein Beispiel der
Allmacht Gottes und ist nicht durch Unglauben
wegzuerklären (vgl. die Bestätigung des Wunders in 2. Petr. 2,15-16). Daß die sprachlose
Kreatur den Engel des Herrn eher sah als Bileam,
stimmt mit der Tatsache überein, daß Tiere oftmals eine stärkere instinktive Vorahnung für bevorstehende Gefahren haben als der Mensch.

Bileam bei Balak, 36-41. Bileam ist der Typus des gewinnsüchtigen Propheten, der seine
Gabe in finanziellen Gewinn umzusetzen bestrebt ist. Das nennt die Schrift „den Weg Bileams" (2. Petr. 2,15). Der „*Irrtum* Bileams" (Jud.
11) ist, daß er der Meinung war, Gott müßte notwendigerweise Israel um seiner Sünden willen
fluchen. Die „*Lehre* Bileams" (Offb. 2,14) war
die, so sehr am Geld zu hängen, daß ein gottgeweihtes Leben gegen Weltförmigkeit eingetauscht wird (4. Mo. 31,15-16; Jak. 4,4).

Kap. 23
Die beiden ersten prophetischen Sprüche Bileams

**Die erste Weissagung und das Ergebnis, 1-
12.** Zuerst bereiten Bileam und Balak Opfer zu,
jeder für sich selbst ein Opfer, 1-6, um dadurch
der von Gott erwarteten Weissagung den Weg
frei zu machen, 7-10. Es war und blieb Bileam
unmöglich, Israel, das Gott gesegnet hatte, zu
verfluchen oder zu verwünschen, 8-9. Die Erklärung dafür ist, daß Israels *Stellung* als erlöstes
Gottesvolk unwandelbar war. Israels Zustand
war, vom Ethischen her gesehen, tadelnswert.
Doch das erforderte Gottes erzieherisches, züch-
tigendes Handeln an seinem Volk, nicht Gottes
Fluch über sie (Röm. 11,29). Durch die Gnade

Gottes waren sie ein „auserwähltes Volk", anders als die übrigen Völker, 9, bestimmt für
höchsten unverlierbaren Segen, 10. Sie waren ein
Volk, beiseite gesetzt für eine besondere Bestimmung.

**Die zweite Weissagung und ihre Folgen,
13-30.** Wieder wird die zweite Weissagung,
18-24, mit Opfervorbereitungen und einem
Gespräch zwischen Balak und Bileam eingeleitet, 13-17. Gottes unwandelbare Erwählung
Israels als Nation und seine Treue zu seinem
Wort wird unterstrichen, 18-19. Gott hatte beschlossen, Israel zu segnen, und das konnten weder ein Bileam noch alle finstern Mächte des
heidnischen Okkultismus unwirksam machen,
20-23. Die Weissagung darf wörtlich auf Israel
und bildlich auf die ntl. Gemeinde bezogen werden. Israels Stellung war gesichert und vollkommen, 21, denn es war das erlöste Gottesvolk, 22,
wenn auch sein tatsächlicher *Zustand* der göttlichen Erziehung bedurfte. Gleichermaßen ist der
ntl. Gläubige erlöst und sicher in Gottes Hand
durch den auf Golgatha am Kreuz erhöhten
Herrn (Joh. 3,14), obgleich er immer wieder des
Vaters Züchtigung bedarf (1. Kor. 11,30-32; 2.
Kor. 1,4-9). Doch war Gott ein für allemal „*für*
Israel" und „*gegen* Balak" und all die andern
Feinde seines Volkes, 23, wie er „*für uns ist*"
(Röm. 8,31). Zuletzt, wenn das Reich in Israel
wieder aufgerichtet sein wird und Israel als Nation „gerettet" sein wird, dann wird das weltweite Zeugnis sein: „Wie Großes hat Gott getan!", 23 (vgl. Röm. 11,26-36). Und weil Bileam
bereits den Messias-König in der Zukunft über
die wiedererstandene Nation regieren sieht,
kann er sagen: „Königsjubel erschallt in ihm!"
(oder: „Der Ruf eines *Königs* ist unter ihnen!"),
21.

Der Esel war das erste Lasttier des Menschen

Kap. 24
Die letzten zwei Weissagungen Bileams

Die dritte Weissagung und ihre Folgen, 1-14. Einführung zu dieser dritten Vision, 2-9, war der Bericht, daß Bileam nicht mehr auf Wahrsagen aus war, sondern daß der Geist Gottes in einer Vision über ihn kam, 4, und er in wundervollen Bildern die zukünftige Reichsherrlichkeit Israels prophezeite, 5-7. „Sein König" – letztlich im Messias Wirklichkeit geworden – „wird höher sein als Agag", 7, der traditionelle Name für den König der Amalekiter (1. Sam. 15,8), Israels geschworenen Feind, der an den Antichristen und alle sonstigen antisemitischen Kräfte erinnert. Das Reich des Messias-Königs wird hoch erhöht sein und er selbst ein Sieger wie ein Löwe über seine Beute, 8-9. Bileams Hinweis darauf, daß die gesegnet sein werden, die Israel segnen, und die verflucht, die Israel fluchen, erinnert an den Bund Gottes mit Abraham (1. Mo. 12,3), der ganz gewiß erfüllt werden wird. Balaks zornig-verzweifelte Reaktion, 10, und Bileams Antwort werden in den Versen 10-14 berichtet.

Die letzte Vision und ihre Folgen, 15-25. Dies ist der bedeutendste der vier Aussprüche Bileams und enthält die wunderbare messianische Weissagung von dem „Stern aus Jakob" und einem „Zepter aus Israel", das „Moab auf beide Seiten schlagen" und „alle Kinder Seth vernichten" wird. Obwohl die königlichen Symbole „Stern" und „Zepter" David einschließen, dessen Reich das gesamte verheißene Land umfaßte (1. Mo. 49,10), werden sie doch ihre Erfüllung nur in dem größeren David finden können, wenn zur Zeit seines zweiten Kommens „das Reich" wieder an Israel gegeben werden wird (Apg. 1,6). Dann werden alle Feinde Israels (Moab, Edom, Amalek, Assur, Eber, Chittim, die alle die Macht der heidnischen Weltmächte der letzten Zeit darstellen) gerichtet werden (Matth. 25,31-46), ehe das Königreich Israel wiederhergestellt werden wird.

Kap. 25
Israels Sünde mit Baal-Peor

Die Sünde, 1-3. Diese schwere Sünde der Unzucht und des Götzendienstes Israels war die Frucht der Lehre Bileams (4. Mo. 31,16; Off. 2,14; Jak. 4,4). Obwohl Bileam als Instrument Satans Gott nicht zu Israels Feind machen konnte, gelang es ihm, Israel von Gott wegzuführen. Baal-Peor („Herr der Öffnung"), der in der Nähe des Berges Pisga verehrt wurde, 3 (vgl. 5. Mo. 4,3; Ps. 106,28; 2. Sam. 5,20) war als Zucht- und Fruchtbarkeitsgott verantwortlich für die Fruchtbarkeit von Familie, Vieh und Feld. Er wurde bei ausschweifenden Riten und religiösen Festen auf den Höhen angebetet.

Die Strafe, 4-9. Auf Gottes Befehl wurden im Lager Israel 24000 Abtrünnige getötet (bei den 23000 von 1. Kor. 10,8 sind nicht die 1000 Führer des Volkes mit eingerechnet, die kurz vorher vor dem Herrn gehängt worden waren).

Des Pinehas Einschreiten im Lager und seine Belohnung, 10-18. Des Pinehas Eifer für den Herrn bewahrte Israel vor weiterem Gericht, 11, und wurde durch einen Bund des Friedens und ein ewiges Priestertum von Gott belohnt, 12-13. Er erinnert uns an Christus in seinem gerechten brennenden Eifer für Gottes Ehre. Die Midianiter mußten ausgerottet werden, 16-18, was besagt, daß alles, was zu Kompromissen und Abtrünnigkeit führen kann, aus der Mitte des Volkes Gottes ausgerottet werden muß.

Kap. 26
Die zweite Zählung

Der Befehl und seine Ausführung, 1-51. Die zweite Zählung geschah nach der Plage und den Ereignissen in der Wüste. Die Endsumme, 51, war etwas kleiner als die der vorherigen Zählung (vgl. 4. Mo. 1,46 mit 2. Mo. 38,25-26).

Eine gerechte Methode der Verteilung des Landes, 52-65. Die Revision der Militärliste ergab eine gleichmäßigere Verteilung des Landes durch das Los. Zu beachten ist die Erfüllung

Baal als Gott des Sturmes

von Gottes Gericht, 64-65; aber vgl. Jos. 14,1 und 22,13, woraus ersichtlich ist, daß sowohl Eleasar wie auch Pinehas mit ins Land Kanaan einziehen durften. Offenbar bezog sich das Gericht der Hinrichtung nur auf die Stämme, die bereits zweimal vorher gezählt worden waren. Der Stamm Levi, der noch nicht auf diese Weise gezählt worden war, keine Kundschafter nach Kanaan mit ausgesandt hatte (4. Mo. 13,4-15) und offenbar keinen Teil an dem Unglauben gehabt hatte, den der Bericht der Kundschafter veranlaßte, war von diesem Gericht nicht betroffen worden.

Kap. 27
Zelophchads Töchter; Moses Tod von Gott angekündigt

Eine Frage des Erbrechtes, 1-11. Als ein Mann starb und kein Testament, auch keine männlichen Erben, wohl aber Töchter hinterließ, wurde sein Tod zum Anlaß einer Ausweitung des hebräischen Erbgesetzes. Töchter sollten nun auch erbberechtigt sein, nur mußten sie einen Mann aus ihrem eigenen Stamm heiraten (vgl. 4. Mo. 36,8).

Ein Nachfolger für Mose bestimmt, 12-23. Als der Tod Moses angekündigt und der Grund dafür von Gott nochmals klargestellt worden war, 12-14, bewies dieser große Führer Israels seine Demut und Selbstlosigkeit dadurch, daß er nur an das Interesse des Volkes Gottes dachte, 15-17. Josua wurde von Gott als sein Nachfolger erwählt, 18, und von Mose als solcher durch Handauflegung geweiht.

Kap. 28-29
Die Opfer für die Feste des Herrn

Festsetzung der Menge der Opfergaben für Gott, 28,1 – 29,11. Gottes Anteile an den Festopfern sollten von den täglichen Opfern genommen werden, 28, 1-8; den wöchentlichen Opfern, 9-10; den monatlichen Opfern, 11-15; dem Passah-Opfer, 16-25; vom Opfer der Erstlingsgaben, 26-31; vom Fest des Posaunenblasens, 29,1-6; vom großen Versöhnungstag, 7-11. Der Schlüssel zur rechten Darbringung wird in Kap. 28,2 gegeben: „Ihr sollt darauf achten, daß ihr *meine* Opfergaben, *meine* Speise für *meine* Feueropfer wohlgefälligen Geruchs mir darbringt zu ihrer bestimmten Zeit". (Vgl. 3. Mo. 23 bez. der Bedeutung dieser Feste.)

Vorrang des Laubhüttenfestes und seiner Opfer, 29, 12-40. Vgl. die zwölf Verse, die dieses Fest betreffen, in 3. Mo. 23,33-44 mit Kap. 29,28. Die sieben Tage dieses Festes weisen nach vorn auf das kommende messianische Reich für Israel und seinen Gottesdienst, wenn man eine vollbrachte Erlösung feiern wird, während der achte Tag der völligen Ruhe, 35, auf das darauffolgende ewige Gottesreich hinweist.

Kap. 30
Gesetze über Gelübde

Gelübde eines Mannes, 1-2. Der Mann, der sein Wort hält und alles tut, was er gelobt hat, bezeugt die Heiligkeit und Wichtigkeit des Gelübdes im alten Israel.

Gelübde einer Frau, 3-16. Diese ausdrücklichen Anweisungen betreffen Gelübde oder Versprechnungen von Frauen, über deren Leben Männer als Häupter des Haushaltes etwas zu sagen hatten und die Ausnahmen der allgemeinen Regel darstellten, daß jeder, der ein Gelöbnis getan hatte, es auch erfüllen mußte. Das Gelübde einer unverheirateten Tochter, 3-5, die zu Hause lebte, konnte vom Vater als ungültig erklärt werden, ebenso das einer verheirateten Frau von ihrem Mann, doch nur, wenn die Einwendung zu der Zeit geschah, in der das Gelübde ausgesprochen wurde, 6-8. Wenn die Frau ihr Gelübde nicht erfüllte, mußte der Mann es an ihrer Stelle tun. Dieses Gesetz betraf auch Witwen und geschiedene Frauen, 9-16 (betreffs Gelübde s. 3. Mo. 27).

Kap. 31
Krieg gegen Midian

Der göttliche Befehl, 1-12. Die letzte „Amtshandlung" Moses war, auf Gottes Befehl hin Rache an den Midianitern zu nehmen. Das zu tun war bereits früher schon befohlen (4. Mo. 25,16-18), wurde aber jetzt erst ausgeführt. Dieser Krieg, der einen heiligen Charakter hatte, wurde von Pinehas geführt. Der Zweck desselben war, kundzutun, wie kompromißlos Gottes Knechte immer gegen götzendienerischen Abfall und abgefallene Propheten wie Bileam sein müssen, 8. Der Krieg war ein Gericht Gottes über Midian, 3. Der Herr wird an allen Abtrünnigen, ganz besonders an den Feinden Israels, zur letzten Zeit solche Rache üben (vgl. Jes. 63,1-6; Thess. 1,7-9).

Reinigung, Sammlung der Beute und Opfergaben, 13-54. Gott gab vollkommenen Sieg. Das Ausrotten der Gefahr, von Gott abzufallen, verschaffte Israel materiellen Reichtum, und so opferten sie Gott dankbar die eroberte Beute.

Kap. 32
Das Land für Ruben, Gad und Manasse

Ihre Bitte und Kontroverse mit Mose, 1-24. Die Bitte war selbstsüchtig, charakterisiert von einer Bequemlichkeit, wie sie dem natürlichen Menschen eigen ist, 1-5. Das Land, um das sie baten, lag auch noch außerhalb des Gelobten Landes. Hier sprach ein gewisser Unglaube und die Neigung, dem Krieg auszuweichen. Moses Tadel, 6-15, erinnerte sie warnend an die Früchte des Unglaubens bei Kadesch-Barnea, als die Kundschafter ausgesandt worden waren. Ihr Angebot, ihren Brüdern bei der Eroberung Kanaans zu helfen, ehe sie mit der Ansiedlung begännen, 16-19, wurde von Mose angenommen, 20-24.

Das schließliche Übereinkommen, 25-42. Die Stämme Ruben und Gad und der halbe Stamm Manasse, 33, bekamen die reichen Weideländer Transjordaniens zugewiesen, doch war ihre Wahl mit der Lots zu vergleichen (1. Mo. 13,5-11), denn sie führte ebenfalls zu Unglauben und Angleichung an die Welt (2. Kö. 15,29; 1. Chron. 5,25-26).

Kap. 33
Zusammenfassung der Wüstenwanderung nach dem Auszug aus Ägypten

Erstes und zweites Stadium, 1-17. Dieses Kapitel zeigt Gottes Interesse und Fürsorge für sein Volk. Das erste Stadium der Reise führte von Ägypten bis Sinai, 1-15. Das zweite von Sinai bis Kadesch, 16-17.

Das dritte und vierte Stadium, 18-49. Das dritte Stadium führte von Ritma bis Kadesch, 18-36, die 38 Jahre Wüstenwanderung. Das vierte Stadium führte von Kadesch bis zur Ebene Moab im vierzigsten Jahr, 37-49. Die meisten der 21 Orte, die Mose in seinem Reisebericht nennt, sind jedoch bis heute noch nicht identifiziert worden.

Anweisungen über die Ausrottung der Kanaaniter, 50-56. Götzenanbeter und jede Spur ihres Götzendienstes waren auszurotten. Der Grund dafür wird in Vers 55 dargelegt (vgl. Jos. 23,13).

Kap. 34
Anweisungen für die Eroberung und Austeilung Kanaans

Die Kanaaniter müssen ausgerottet werden. Vgl. Kap. 33, 50-56.

Verteilung des Landes, 1-29. Die Grenzen des Landes werden angegeben, 1-12, und ebenso die Namen der Männer, die das Land austeilen sollen, 13-29.

Kap. 35
Städte der Leviten und die Freistädte

Die Städte der Leviten, 1-8. Es waren im ganzen 48. Darin waren die sechs Freistädte eingeschlossen, die aufgezählt werden (vgl. 1. Mo. 49,5-7). Diese Städte werden besonders reserviert, weil die Leviten kein Stammeserbe an Land besaßen (3. Mo. 25,32-34; Jos. 21; 1. Chron. 6,54-81).

Die Freistädte, 9-34. Die sechs Freistädte werden beschrieben (5. Mo. 4,41-43; 19,1-13). Diese Städte zügelten das Stammesgesetz der Blutrache, so daß ein Totschläger zur Gerichtsverhandlung gebracht werden konnte, 12. Mord und Totschlag werden unterschieden, 16-34. Mord ist ein grauenhaftes Verbrechen, weil das vergossene Blut das Land verunreinigt (1. Mo. 4,10-11), in dem Gott wohnt. Deshalb kann nur das Blut des Mörders das Verbrechen sühnen (5. Mo. 19,10-13).

Die Freistädte sind Bilder dafür, wie Christus den Sünder vor dem Gericht schützt (2. Mo. 21,13; 5. Mo. 19,2-9; Ps. 46,1; 142,4; Röm. 8,1; Phil. 3,9).

Kap. 36
Gesetz über das Erbrecht der Frauen

Die Bitte des Stammes Manasse, 1-4. Diese Bitte bezieht sich darauf, daß das Erbe, das von Frauen eingenommen wird, dem Stamm verbleiben möchte (vgl. 4. Mo. 27).

Moses Antwort, 5-12. Mose hieß diese Bitte gut. Vers 13 bezieht sich auf alle Statuten, Zusatzartikel oder Änderungen, die von ihm in der Ebene der Moabiter verkündigt wurden (Kap. 27-36).

Das 5. Buch Mose (Deuteronomium)

Das Buch des Gehorsams

Name des Buches. Deuteronomium wird von den Juden das „fünfte Fünftel des Gesetzes" genannt, da es die fünf Bücher Mose zum Abschluß bringt und vervollständigt. Es ist an der richtigen Stelle sowohl in bezug auf den Platz, den es im Kanon einnimmt, als auch hinsichtlich seiner Botschaft. Numeri (4. Mose) berichtet die Geschichte Israels bis zur Ankunft in der Ebene Moab. Deuteronomium wiederholt das Gesetz für die neue Generation, die aus der Wüste kam und nun der Eroberung Kanaans entgegensah. Der Name „Deuteronomium" („zweites Gesetz", die ungenaue Übersetzung aus dem Hebräischen ins Griechische von 1. Mo. 17,18) sollte heißen: „Dies ist die Abschrift (oder Wiederholung) des Gesetzes". Das Buch enthält kein „zweites Gesetz", das sich vom sinaitischen Gesetz unterscheidet, sondern ist nur eine teilweise Wiederholung und Erklärung früherer Gesetze Israels für die neue Generation, die in der Wüste aufgewachsen war. Daher nennt die Masorah (hebr. Tradition) es „Mishneh Torah", d.h. „Wiederholung (oder Abschrift) des Gesetzes", 17,18.

Besonderheit des Buches. Dies ist ein Buch, das vor allem mit dem *Gehorsam* zu tun hat. „Haltet und tut …" schärfte Mose dem Volk ein. Alles hing davon ab — das Leben selbst, der Besitz des verheißenen Landes, Sieg über die Feinde, Wohlstand und Zufriedenheit. Segen ist der Lohn für Gehorsam; Fluch die Folge von Ungehorsam. Es ist auch vor allem ein Buch der *Erinnerung* und des *Rückblicks*. Es schaut zurück auf die Erlösung aus der Sklaverei Ägyptens und zugleich auf die Züchtigung und die göttliche Bestrafung in der Wüste.

Man erkennt darin beides: die Güte und die Strenge Gottes. Es ist aber auch zugleich ein Buch der *Hoffnung* und des *Vorwärtsschauens,* hinein in die Zukunft des Lebens in Kanaan, und noch weiter voraus: in die prophetische Schau der Zukunft Israels am Ende der Zeit. Das Deuteronomium war das Lieblingsbuch Jesu, da es als das Buch vom Gehorsam seinen eigenen vollkommenen Gehorsam dem Vater gegenüber widerspiegelt. Es ist nicht ohne Bedeutung, daß Jesus in der Stunde seiner Versuchung durch den Gegenspieler Gottes mit Zitaten aus diesem Buch die listigen Angriffe des Versuchers zurückwies (Matth. 4,1-11; Lk. 4,1-13; vgl. 5. Mo. 8,3; 6,16; 6,13 und 10,20).

Deuteronomium und Bibelkritik
Obwohl die mosaische Verfasserschaft dieses Buches besonders betont wird (5. Mo. 31,9.24-26), und obwohl unser Herr Jesus Christus die Zuverlässigkeit desselben durch bekannte Zitate bestätigte, bleibt die Bibelkritik dabei, die mosaische Verfasserschaft zu verwerfen und das Buch in die Zeit Josias zu verlegen. Seine Veröffentlichung soll die Grundlage dieser großen Reformation dieses Königs gewesen sein (2. Kö. 22 und 23). Diese Behauptung muß zurückgewiesen werden, denn sie macht aus diesem Buch einen frommen Betrug und läßt klare Beweise dafür außer acht, daß es eines der frühen Bücher des atl. Kanons ist, und nimmt dagegen willkürlich an, daß es sich hier um spätere Zusätze handelt.

Überblick

Moses erste Rede (historisch), Kap. 1-4
Seine zweite Rede (rechtlich), Kap. 5-26
Seine dritte Rede (prophetisch), Kap. 27-30
Historischer Anhang, Kap. 31-34

Der Berg Moses auf der Sinaihalbinsel, der Überlieferung nach die Stelle, wo Mose den brennenden Dornbusch sah.

Das 5. Buch Mose (Deuteronomium)

Archäologische Streiflichter
Neue Untersuchungen von Vertragstexten im Nahen Osten durch Mendenhall, Klein u.a. haben ergeben, daß Gottes Bundesschluß mit Israel (2. Mo. 20; 5. Mo. 11-28; Jos. 24,1-26) bemerkenswerte Ähnlichkeit aufweist mit zeitgenössischen Lehensverträgen zwischen dem 13. und 15. Jahrhundert v.Chr. Die Ähnlichkeit in der äußeren Form sowie die im wesentlichen einheitliche Struktur des Textes selbst sprechen überzeugend für eine sehr frühe Entstehung des Deuteronomiums (unter Mose).

Kap. 1-4
Geschichtlicher Rückblick:
Die Geschehnisse in der Wüste

Einführung, 1,1-5. Übersicht über Israels Unglauben, 2-3. Eine Reise von elf Tagen für den Glauben wurde umgewandelt zu einer von 40 Jahren durch (Ungehorsam aufgrund von) Unglauben. Mose erklärt (hebräisch „be'er", erläutert) der jungen Generation das Gesetz als Vorbereitung für die Inbesitznahme des Landes (vgl. 1. Kor. 15,3; Hebr. 3,5).

Rückblick auf die Reise vom Sinai bis Kadesch, 1,6-46. Eine kurze Zusammenfassung der Wüstenwanderung wird gegeben. Das ist wichtig, um der neuen Generation Gottes Urteil über Israels Unglauben und Versagen in all diesen Ereignissen darzulegen. Es folgt der Befehl, hinzugehen und das Land einzunehmen, 6-8, sowie die Einsetzung von Richtern, 9-18, in kurzer Zusammenfassung, ebenso der Bericht über das mangelnde Gottvertrauen des Volkes, hinaufzuziehen und das Land einzunehmen, mit der daraus sich ergebenden Heimsuchung Israels durch Gottes Gericht, 34-36.

Die achtunddreißigjährige Wüstenwanderung, 2,1-15, wird nur kurz gestreift. Betont wird die Notwendigkeit, weder die Edomiter noch die Moabiter zu bekriegen.

Neue Periode des Glaubens und des Vorwärtsgehens, 2,16 - 3,29. Israel marschiert vorwärts, auf das Land der Amoriter zu, 2,16-23. Gott hatte den Befehl gegeben, das Land einzunehmen, 24-25, und das Ergebnis war Israels Sieg über Sihon (26-37) und Og (3,1-11) und die Inbesitznahme von Transjordanien, 12-20. Josua war inzwischen von Gott zu Moses Nachfolger bestimmt worden, 21-29.

Mose ermahnt das Volk ernstlich zum Gehorsam, 4,1-40. Diese Rede Moses enthält das Hauptanliegen des Buches (vgl. 11,26-28).

Übergangsbestimmungen, 4,41-43. Es wurden Freistädte bestimmt, 41-43 (vgl. 4. Mo. 35, besonders Vers 14). Im ganzen sollten es sechs sein. Mose bestimmte, Gottes Befehl gehorsam, sofort drei, und zwar Bezer („Verteidigung"), Ramoth („Höhen") und Golan („ihre Freude"), alle in dem bereits eroberten Land. Wegen der Bedeutung dieser Städte vgl. 4. Mo. 35.

Einleitung zu Moses zweiter Rede, 4,44-49. Die Zusammenfassung der ersten Rede Moses, 44-45, besagt ausdrücklich, daß Mose der Verfasser dieses literarischen Materials ist, und unterscheidet im Gesetz *Zeugnisse,* die den Willen Gottes verkünden; *Satzungen,* die die moralischen und geistlichen Verpflichtungen aufzeigen; und *Rechte,* d.h. Maßnahmen, die die soziale Gerechtigkeit sichern sollen. Das eroberte Gebiet, 48, ist heute unter dem Namen Transjordanien oder Ostjordanland bekannt und erstreckt sich von der Mitte des Toten Meeres bis zum Berg Hermon, und vom Jordan bis zur Wüste. Alle Vorbereitungen für die Eroberung des verheißenen Landes waren getroffen.

Kap. 5
Wiederholung der zehn Gebote

Einleitung zu Moses zweiter Rede. Siehe 4,44-49.

Der Dekalog wiederholt, 1-21. Mose wiederholte nun die zehn Gebote (2. Mo. 20,1-17). Sie waren die Grundlage für den mosaischen Bund, den Gott mit Israel geschlossen hatte, und setzten die Pflichten des Menschen gegen Gott und gegen seine Mitmenschen fest. Die zehn Gebote, zusammen mit den „Satzungen", die das soziale Leben Israels regelten (2. Mo. 21,1 - 24,11) und den „Verordnungen", die das religiöse Leben des Volkes regelten (2. Mo. 24,12 - 31,18), bildeten das „Gesetz" (Matth. 5,17-18), auch der „mosaische Bund" genannt. Mose änderte absichtlich den Wortlaut der Gebote, d.h. er führte die übernatürliche Erlösung aus Ägypten als den tiefsten Grund zur Heiligung des Sabbats an, im Gegensatz zu 2. Mo. 20,11, wo er die Sabbatruhe mit der Ruhe Gottes nach Beendigung der gesamten Schöpfung begründete.

Die Bedeutung des Geschehens am Sinai betont, 22-33. Der alt gewordene Mose, der bald aus diesem Leben scheiden sollte, versuchte, seinen Hörern einen feierlichen Eindruck von der tiefen Bedeutung der Gesetzgebung am Sinai zu vermitteln. Er erinnerte an das Feuer, die Wolke und die Dunkelheit, 22, aber besonders an die Stimme Gottes, 23, die man hörte. Das Volk war tief beeindruckt, 27-29, und Moses Aufgabe als Mittler zwischen Gott und dem Volk wurde herausgestellt, 31.

Kap. 6
Auslegung des ersten Gebots

Zusammenfassung und Ermahnung zum Gehorsam, 1-3. Dieser Abschnitt bezieht sich auf den Inhalt von Kap. 5.

Das erste Gebot, 4. Dieser Vers ist bei den orthodoxen Juden ein wichtiger Vers. Sie nennen ihn „Shema" nach dem ersten Wort: „Höre!" „Der Herr (YHWH), unser Gott, ist *ein* Herr

(Yhwh). Das Wort *„ein"* (hebr. echád) drückt zusammengesetzte (vereinigte) Einheit aus (nicht hebr. *yachíd,* das ein *einzelner* bedeutet). Damit wird die jüdische und unitarische Verleugnung der Trinität von der Schrift her nicht unterstützt. Die Bedeutung des Verses ist:

„Der ewig existierende Eine ist unser Gott, und er ist der Einzige und der *allein* ewig Existierende."

Verpflichtungen, die aus dem ersten Gebot kommen, 5-25. Da er der einzige und *alleinige* Herr und Gott ist, soll Israel *ihn* lieben, *ihm* gehorchen und *ihm* vor allen andern dienen, 5-25 (vgl. Matth. 22,37; Mk. 12,29-30). Die Grundlage für diese Forderungen Gottes ist Dankbarkeit für die Erlösung aus Ägypten, 21-22, für den von Gott behüteten Zug durch die Wüste und in das Gelobte Land, 23. In gleicher Weise ist es die Pflicht des ntl. Gläubigen, den Herrn Jesus als seinen Erlöser zu lieben (1. Joh. 4,19; 5,3; 1. Kor. 6,20). Die Juden haben die Verse 6-9 buchstäblich ausgeführt, indem sie diese Worte auf Pergament schrieben, in kleine Schachteln legten und diese an ihrer Stirn und auf ihren Handrücken festbanden. Später nannte man diese Einrichtung Phylakterien (Matth. 23,5; vgl. 5. Mo. 11,8; Josephus, „Jüdische Altertümer", Band IV, 8,13). Doch sollte dies nicht eine rituelle Vorschrift für das jüdische Volk sein, sondern eine geistliche Wirklichkeit.

Nach einem langen Aufenthalt bei Kadesch zog das Volk Israel zum Golf von Akaba

Kap. 7
Besitz des Landes und Scheidung von der Sünde

Befehl, den Götzendienst auszurotten, 1-11. Die Kanaaniter sollten ausgerottet werden, 1-4, weil ihre Ausschweifungen ansteckend wirkten und das Maß ihrer Ungerechtigkeit voll geworden war (vgl. 1. Mo. 15,16; 1. Kor. 10,14). Es war für Israel eine Frage von Vernichten oder Vernichtet-werden, von Scheidung von der Sünde oder von ihr verunreinigt und ruiniert zu werden. Aus diesem Grunde sollten die Götzenanbeter und ihr Götzendienst völlig ausgetilgt werden, 5-11. Die ugaritischen religiösen Texte, die 1929-1937 bei Ras Shamra (das alte Ugarit) an der nordsyrischen Küste entdeckt wurden, bezeugen eindeutig die moralische Verkommenheit der kanaanitischen Kulte (um 1400 v.Chr.). Diese heidnischen Texte bestätigen die biblischen Berichte und rechtfertigen die göttliche Unerbittlichkeit in dem Befehl, die Kanaaniter auszurotten.

Verheißung von Gottes Segen und Hilfe, 12-26. Sieg, nationales Wachstum und allgemeiner Wohlstand würde als Lohn für völlige Scheidung von der Befleckung durch den Götzendienst auf sie warten. Dasselbe göttliche Prinzip gilt für Gottes Volk aller Zeiten.

Kap. 8-10
Mahnung zum Gehorsam

Gedenkt der Vergangenheit, freut euch auf die Zukunft, 8,1-20. Gott gebot dem Volk durch Mose, sich seiner gnädigen Fürsorge in den vergangenen vierzig Jahren zu erinnern. Sie sollten getrost der wunderbaren Segensfülle Gottes im verheißenen Land entgegensehen, 7-10, und sorgsam darauf bedacht sein, den Herrn nicht zu vergessen, 11-20.

Warnung mit dem Hinweis auf vergangenes Versagen, 9,1 - 10,11. Die Warnung, 9,1-6, geschah angesichts des Unglaubens in der Vergangenheit, 7-24. Moses Fürbitte wurde gedacht, 25-29, und auf schreckliche Folge früheren Ungehorsams hingewiesen, 10,1-11. Daraus sollte die junge Generation lernen.

Gottes Liebe zu seinem Volk und ihre Verantwortung, 10,12-22. Gottes Liebe wird dem Volk vorgestellt, 12-15, und die Pflicht des Volkes, Gott zu fürchten und ihm zu dienen, 16-22.

Kap. 11-12
Vom Segen des Gehorsams und vom Fluch des Ungehorsams

Israels höchste Pflicht, 11,1-21, war, Gott zu lieben und diese Liebe durch das Halten seiner Gebote zu beweisen.

Der Segen und der Fluch, 11,22-32. Das Schlüsselwort „Gehorsam" in diesem Buch (Deuteronomium) wird weiter erläutert. Alle Segnungen sollten auf dem Berg Garizim, aller Fluch auf dem Berg Ebal gesprochen werden, 29 (vgl. 5. Mo. 27,12-13; Jos. 8,33).

Bedingungen des Segens im verheißenen Land, 12,1-32. Falsche Anbetung sollte ausgerottet werden, 1-4, und die wahre Anbetung Gottes in einem zentral gelegenen Heiligtum stattfinden, das Gott selbst sich erwählen würde, 5-14. Weitere Warnungen vor den Gefahren des heidnischen Götzendienstes wurden gegeben, 15-32.

Kap. 13
Falsche Propheten und ihr Untergang

Bestrafung eines falschen Propheten innerhalb Israels, 1-5. Er sollte mit dem Tod bestraft werden, denn solche Scharlatane würden das Volk in Götzendienst und Abfall von Gott führen. Ihre Zeichen und Wunder würden durch böse, übernatürliche Kräfte gewirkt werden. Damit würden sie die Wahrheit entstellen und in Lüge verwandeln.

Bestrafung von Blutsverwandten, die zum Götzendienst verleiten wollen, 6-11. Die Gefahr des Götzendienstes ist so furchtbar, daß auch die allernächsten Blutsverwandten, die des Versuchs schuldig sind, dazu zu verführen, nicht geschont werden dürften. Auch wir müssen Unterscheidungsvermögen beweisen, wenn religiöse Lehrer den Anspruch erheben, besondere übernatürliche Kräfte zu besitzen.

Bestrafung einer abtrünnig gewordenen Stadt, 12-18. Sollte eine Stadt sich dem Götzendienst zuwenden, so sollte sie vollkommen zerstört und mit Feuer verbrannt werden.

Kap. 14
Trennung des Volkes Gottes von der Sünde

Die Grundlage der Trennung, 1-2. Sie sind „Kinder des Herrn, ihres Gottes ... ein heiliges Volk ... erwählt ..., um ein besonderes Volk zu sein unter allen Völkern, die auf Erden sind" (vgl. 2. Mo. 19,5-7). Ihnen gehört noch „die Kindschaft" (Röm. 9,4). Gott nannte Israel seinen erstgeborenen Sohn unter den Völkern (Hos. 11,1). So sind sie als Nation erwählt und werden als solche wiedereingesetzt werden. Gemeinschaft mit Gott ist nur möglich auf der Grundlage der Trennung von den sündhaften Gebräuchen der Heiden, 1-2, besonders von Trauergebräuchen, verbunden mit Selbstverstümmelung oder auch dem Abscheren des Haupthaares als Zeichen eines Bundes oder einer Versöhnungsgabe für die Toten (vgl. Jer. 16,6; 41,5 mit 3. Mo. 21,5 und 1. Thess. 4,13).

Trennung und Besonderheiten der Speisen, 3-21. Diese Vorschriften waren vorwiegend religiöser Art, z.T. betrafen sie auch die Hygiene, und einige hingen zusammen mit heid-

Bar-Mizwah an der Klagemauer in Jerusalem

nischen Gebräuchen. Einen jungen Bock in seiner Mutter Milch zu kochen war eine heidnische Sitte. Die Milch wurde als Zaubermittel ausgegossen, um die Fruchtbarkeit des Bodens zu garantieren.

Trennung und die wahre Gottesverehrung, 22-29. Den negativen Anweisungen folgten die positiven, die sich auf den Zehnten bezogen. Der Zehnte als regelmäßige Abgabe an Gott war ein Ausdruck dafür, daß Gott der Herr und Eigentümer des Volkes wie des Landes war, das sie besitzen würden (vgl. 4. Mo. 18,21-32, das Gebot von der Zuweisung des Zehnten an die Leviten). Einmal in drei Jahren ging der Zehnte nicht in das Heiligtum und seine Priesterschaft, sondern an die Leviten, die zerstreut im Lande wohnten (5. Mo. 18,6-8), an die Armen, an Ausländer, die für die Israeliten arbeiteten, an Waisen und Witwen, 28-29. Das zeigt, daß Liebe zu seinen Mitmenschen immer auch mit der Liebe zu Gott und der Treue zu ihm verbunden ist.

Kap. 15-16
Das Sabbatjahr (Erlaßjahr) und die Hauptfeste

Das Sabbatjahr (Erlaßjahr), 15, 1-11. Jedes siebte Jahr brachte dem Land Ruhe und den Menschen Befreiung von Schulden und sonstigen Verpflichtungen. Hier bemerken wir eine erweiterte Auslegung des früher gegebenen Gesetzes (2.

Mo. 23,10-11; 3. Mo. 25,2-7). Gehorsam gegenüber diesen von Freundlichkeit und Liebe zu den Menschen bestimmten Verordnungen würden auch dem ganzen Volk Segen bringen, 4-6.

Befreiung hebräischer Sklaven, 12-18 (vgl. 2. Mo. 21,1-11). Gottes barmherzige Liebe sollte alle Bereiche des Lebens seines Volkes durchdringen – die Sorge für die Armen, die Behandlung der Sklaven usw.

Weihe (Heiligung) aller männlichen Erstgeburt des Viehs, 19-23. Dies ist eine Ergänzung zum Gesetz der Erstgeburten in 2. Mo. 13,1-16; 4. Mo. 18,15-19. Das Essen des fehlerlosen Opfers im zentralen Heiligtum ist ein Bild des ntl. Gläubigen, dessen Speise das Lamm Gottes (Jesus) in der Gegenwart Gottes des Vaters ist.

Die großen Feste des Jahres, 16, 1-17. Diese Feste waren: das Passahfest 1-8; das Wochenfest, 9-12; das Laubhüttenfest, 13-17 (vgl. 3. Mo. 23 über die vollständige Zahl der Feste). Mose betonte das Passahfest und das Laubhüttenfest, weil sie den Anfang und den vollendeten Höhepunkt des Handelns Gottes mit Israel ins Gedächtnis riefen: die Erlösung und den Segen des kommenden Reiches. Besondere Gaben sollen anläßlich der drei großen Feste Gott von den Männern dargebracht werden, 16-17.

Gerechtigkeit gewährleistet, 18-22, durch juristische Bestimmungen.

Kap. 17
Die bürgerliche Gesetzgebung im Lande

Einsetzung von Richtern, 16,18 - 17,13.
Richter waren für die bürgerliche Rechtsprechung zuständig. Götzenanbeter aus dem Volk sollten aufgrund der Aussagen von mindestens zwei Zeugen zum Tod durch Steinigen verurteilt werden, die auch die ersten Steine zu werfen hatten (vgl. Joh. 8,7). In schwierigen Rechtsfällen konnte man sich auch an die Priester oder die Leviten um Hilfe wenden, 8-13.

Das Königsgesetz, 17, 14-20. Der Geist Gottes in Mose sah die spätere Verwerfung der Theokratie (Gottesherrschaft) und die Wahl eines Königs in der Zeit Samuels voraus. Salomo mißachtete das Gesetz im 5. Buch Mose und ebnete dadurch der Abtrünnigkeit von Gott den Weg im Volk, 16-17 (vgl. 1. Kö. 9-11).

Kap. 18
Die Weissagung des großen Propheten

Der Anteil der Priester und Leviten, 1-8.
Hier wird offenbart, wie das Volk diejenigen versorgen soll, die für ihren Unterhalt vom Herrn abhängig und zugleich mit ihnen solidarisch waren.

Verbot des Götzendienstes, der Wahrsagerei und des Okkultismus, 9-14. Hier wird offenbart, daß Dämonenanbetung die Quelle und Triebfeder heidnischer Götzenverehrung ist (vgl. 1. Kor. 10,19-20; 1. Tim. 4,1-2; 1. Joh. 4,1-6; Off. 16,13-16).

Der große Prophet, der da kommen wird, 15-22. Hier haben wir eine wundervolle Weissagung von Jesus als *dem Propheten* (vgl. Joh. 1,21-45; 7,16; 8,28; 12,49-50; Apg. 3,22-23; 7,37), der als der wahre Prophet die Fülle des Geistes der Wahrheit besitzt, im Gegensatz zu den falschen Propheten, die unter dämonischer Inspiration stehen (1. Joh. 4,1-2). Wie man die falschen von den rechten Propheten unterscheiden kann, steht in den Versen 20-22.

Kap. 19–20
Gesetze für das Volk in Palästina

Die Freistädte, 19,1-13. Siehe Erklärungen zu 4. Mo. 35,1-34; 5. Mo. 4,41-49. Gnade sollte dem widerfahren, der aus Versehen einen Menschen erschlagen hat, doch nicht dem vorsätzlichen Mörder.

Andere Gesetze, 19,14-21. Verrücken des Marksteins und Bestrafung von Meineid wird näher ausgeführt.

Zukünftige Kriege des Volkes, 20,1-20. Da die Israeliten des Herrn Volk sind, sollten sie ohne Furcht sein, 1-4. Die Furchtsamen und Mutlosen sind für den Kampf ungeeignet, 5-9. Das Gesetz für die Belagerung wird gegeben, 10-20.

Grenzsteine wurden aufgestellt, um die Grenzen der Felder abzustecken. Dieser Grenzstein mit dem Bild des Gottes Marduk stammt aus Babylonien.

Kap. 21
Verschiedene Gesetze und Anweisungen

Die Sühne für einen unbekannten Mord, 1-9. Blutschuld dieser Art mußte so gesühnt werden, daß eine rötliche Kuh in einem von Menschen verlassenen Tal getötet wurde und dann die Leviten und Ältesten des Volks ihre Hände über dem toten Tier wuschen. Hier scheint sowohl eine Illustration für Israels Blutschuld (in der Kreuzigung des Messias bei seinem ersten Kommen), als auch eine solche für die Sühne der Nation vorzuliegen, gerade aufgrund des Todes

Jesu (das geopferte Tier), die bei Jesu zweitem Kommen wirksam wird, wenn sie ihn nach tiefer Buße mit Freuden aufnehmen (Sach. 12,10).

Familienrechtliche Bestimmungen, 10-21. Diese schließen die Frau ein, die ein Israelit im Kriege zur Ehefrau nahm, 10-14, ebenso das Recht des Erstgeborenen, wenn er der Sohn einer ungeliebten Frau war, 15-17, was natürlich Polygamie als erlaubt voraussetzt. Anweisung über die Behandlung eines widerspenstigen und unbußfertigen Sohnes, 18-21.

Das Begräbnis eines Verbrechers, 22-23. Daß ein solcher Fall auf den schmählichen Tod Jesu Christi am Kreuz hinweist, bei dem er unter die Verbrecher gezählt wurde, beweist die Zitierung von Vers 23 in Gal. 3,13 (vgl. Joh. 19,31). Jos. 8,29 berichtet, wie Josua dieses Gesetz beim Begräbnis des Königs von Ai zur Anwendung brachte.

Kap. 22
Auslegung von Geboten der zweiten Gesetzestafel

Nachbarliche und humanitäre Pflichten, 1-8. Nächstenliebe erweist sich u.a. darin, daß man des Nächsten Eigentum behütet und bewahrt, 1-4. Das Gesetz verbietet den Geschlechtern, ihre Kleidung untereinander auszutauschen. Das sollte nicht in erster Linie ein Verbot gegen Zügellosigkeit, gegen heidnische Praxis sein, sondern dieses Gebot sollte vor allem die Heiligkeit des Unterschiedes zwischen den Geschlechtern unterstreichen, den Gott bei der Schöpfung des Menschen gesetzt hatte. Den klaren Unterschied in der Stellung von Mann und Frau, wie Gott ihn wollte, zu mißachten, ist Gott ein Abscheu, d.h. ein schändliches und freches Infragestellen der von ihm gesetzten Schöpfungsordnung.

Weitere Gesetze der Menschlichkeit und Barmherzigkeit beziehen sich auf ein Vogelnest, 6-7 (vgl. 3. Mo. 22,28) und vorsorgliche Sicherheitsmaßnahmen gegen Unfälle auf dem eigenen Gelände, 8.

Gesetze, die die Trennung betonen, 9-12. Allgemeine Verhaltensunterschiede im alltäglichen Leben sollen die Notwendigkeit der Trennung des Gläubigen (im AT wie NT) vom Bösen und Hingabe an Gott bezeugen (2. Kor. 6,11-7,1).

Gesetze gegen Ehebruch, Blutschande und andere Unzucht, 13-30. Sie wurden gegeben, um Ehe und Familie zu schützen.

Kap. 23
Die Heiligkeit der Gemeinde des Herrn

Verfassung der Gemeinde des Herrn, 1-8. Die atl. Gemeinde *(qahal),* „Versammlung des Herrn" (Yhwh), wie auch die ntl. Gemeinde *(ecclesia),* sollte sich von allen und allem fernhalten, was sie verunreinigen könnte (2. Kor. 6,11-7,1), denn sie gehört dem Herrn als sein Eigentum. Für die ntl. Gemeinde gilt, daß nur wirklich Wiedergeborene und um ihrer *Stellung* in Christo willen Reine (vgl. Joh. 13,10 mit Joh. 13,3-15) tatsächlich dazugehören und daß nur die die Gemeinschaft und Vorrechte der Gemeinde in Anspruch nehmen können, die durch die ständige Reinigung durch das Wort Gottes auch *erfahrungsgemäß* rein bleiben (Eph. 5,26). Die Gemeinde Israels in der Wüste stellt diese Wahrheit dadurch dar, daß sie alle Weltlichgesinnten, alle Verstümmelten und alle Mischlinge, 1.2 (vgl. Sach. 9,6), die Ammoniter und die Moabiter ausschließen mußte, 3-6. Die Ausgeschlossenen sind Abbilder der Menschen, die der vollen Wahrheit Gottes feindlich gegenüberstehen und daher auch Gottes geistliche Kinder bekämpfen.

Reinheit des Lagers in Kriegszeiten, 9-14. Besonders nötig war die Absonderung von Sünde und Verunreinigung in Kriegszeiten – ein Bild für die Wahrheit, daß geistliche Eroberung und Sieg (Eph. 6,10-18) nur möglich sind bei völliger Scheidung von jeder Mittäterschaft mit Satan und seinen Helfershelfern, 14 (vgl. Hebr. 12,1-4; 1. Kor. 6,19-20).

Gesetz für einen geflohenen Sklaven und für Huren, 15-18. Der seinem Herrn entflohene Sklave durfte durch Gottes Barmherzigkeit eine Zuflucht in der Gemeinde Gottes finden, 15, wo er nicht unterdrückt werden sollte, 16. Die Hure (hebr. *qedeshah,* „weibliche religiöse Prostituierte") und der Sodomiter *(qadesh,* „männlicher religiöser Prostituierter") hatten eine schmutzige Rolle in der entarteten kanaanitischen Religion und ihrem Fruchtbarkeitskult. Sie waren besonders bestimmt für sexuelle Sünden im Namen ihrer Religion und meinten, daß sie ihren Götzen mit solcher Unzucht ehrten. Dem Herrn sind solche Dinge ein Greuel. Sexuelle Perversion im Gewand der Religion ist im höchsten Maße verabscheuenswürdig.

Weitere Vorschriften für die Gemeinde des Herrn, 19-25. Wucher oder Zins sollten nicht innerhalb der Gemeinde des Herrn genommen werden, wohl aber durfte man es von Fremden nehmen, 19-20. Gelübde, 21-23, sollten von dem Volk Gottes gehalten werden (vgl. 3. Mo. 27,1-25; 4. Mo. 30,1-16; Matth. 5,33-37). Das Gesetz, welches Weintrauben zu essen und Korn zu pflücken erlaubt, 24-25, zeigte deutlich, daß eigentlich Gott selbst Eigentümer des Landes war und dem Hungrigen mit diesem Gesetz gleichsam zu sich einlud (vgl. Matth. 12,1; Lk. 6,1). Doch der Herr behütete ebenso freundlich damit die Rechte des Pächters.

Kap. 24
Ehescheidung und andere Gesetze der Barmherzigkeit

Mosaisches Zugeständnis im Fall der Ehescheidung, 1-4. Hier handelt es sich *nicht* um *ein Gebot,* wie die Pharisäer, die mit Jesus ein Redegefecht angefangen hatten, irrtümlicherweise annahmen (Matth. 19,7-8), sondern nur um ein Zugeständnis. Das heißt, es war etwas, das Mose erlaubte, „aus Rücksicht auf die Herzenshärte" der Israeliten (vgl. Matth. 5,31-32; 19,3-12; Mk. 10,1-12; Lk. 16,18; 1. Kor. 7,10-15).

Andere Verordnungen, 5-22. Ein jung verheirateter Mann war frei vom Kriegsdienst oder sonstigen Verpflichtungen für ein Jahr, um sich mit seiner Frau des Zusammenlebens zu freuen, 5. Nichts, was zum täglichen Leben notwendig war, z.B. ein Mühlstein, um das Korn für die tägliche Nahrung zu mahlen, durfte als Pfand für eine Schuld genommen werden, 6. Menschenraub, 7 (vgl. 2. Mo. 21,16), sollte mit dem Tod bestraft werden. Die Gesetze, den Aussatz betreffend, 8-9, sollten mit Sorgfalt beachtet werden, ebenfalls die Gesetze, die ein Darlehen oder ein gepfändetes Kleid betreffen, 10-13; die Tagelöhner, 14-15; Bestrafung von Sünden, 16; Handhabung der Gerichtsbarkeit, 17, und die Nachlese bei der Ernte, die den Armen überlassen sein sollte, 18-22.

Kap. 25
Weitere Gesetze (Fortsetzung)

Körperliche Züchtigung, 1-3. Sie durfte angewandt werden, doch eine barmherzige Vorsorge begrenzte die Zahl der Schläge auf 40. Die Rabbiner schrieben eine Grenze von 39 vor, und Paulus wurde fünfmal in dieser Weise geschlagen (2. Kor. 11,24).

Ochse, 4. Wie der Ochse, der an einen Sklaven erinnert, fressen durfte, wenn er am Dreschen war, so ist auch der Arbeiter im Dienst Gottes seines Lohnes wert (vgl. 1. Kor. 9,9; 1. Tim. 5,18).

Die Schwagerehe, 5-10. Dieser Brauch war vor-mosaisch (1. Mo. 38,8-11). Ein Beispiel dafür ist die Ehe Ruths mit dem Verwandten, der verpflichtet ist, mit dem Erbe seines Bruders auch dessen Witwe zu heiraten, sie zu „lösen", d.h. sie zu der Sitte zu machen (s. das Buch Ruth). Das Ausziehen des Schuhes, 9 (vgl. Ruth 4,7), geht auf den Brauch zurück, auf dem ererbten Land herumzugehen, gleichsam als Erklärung für rechtmäßig erworbenen Besitz.

Andere Gesetze, 11-16. Verordnungen gegen Schamlosigkeit der Frau, 11-12, und gegen betrügerische Maße und Gewichte, 13-16.

Ausrottung der Amalekiter befohlen, 17-19. Siehe Erklärungen zu 2. Mo. 7, 8-16. Amalek, Feind des Volkes Gottes, sollte für immer ausgerottet werden (4. Mo. 24,20). Wenn Israel einst das Land besitzen würde und alle seine Feinde besiegt sein würden, dann sollte auch das Gedenken an die Amalekiter ausgelöscht sein.

Kap. 26
Opfer der Erstlingsfrüchte und das Gebet

Der Korb der Erstlingsfrüchte, 1-11. Der Besitz des Landes wird vorausgesehen. In einer eindrucksvollen Zeremonie wird die Darbringung der Erstlingsfrüchte für den Herrn in dem zentralen Heiligtum (bevor dieses bestand und bevor das Land erobert war) vorausbefohlen (vgl. 2. Mo. 23,16-19) als Zeichen des Lobes und der Anbetung gegenüber dem Herrn, um ihm damit für seine Treue und seinen Segen zu danken. Eindrucksvoll ist das Bekenntnis: „Ein wandernder Aramäer war mein Vater", 5. Das ist ein Hinweis auf Jakobs halbnomadisches Leben, im Gegensatz zur erhofften Niederlassung im „verheißenen Land".

Gehorsam und Gebet, 12-19, haben Segen zur Folge.

Kap. 27
Gedenksteine des Gesetzes im Westjordanland: Segen und Fluch
Dramatische Zeremonie im Hinblick auf Israels Bundesverpflichtungen, 1-26. Diese Zeremonie sollte auf dem Berg Ebal und auf dem Berg Garizim, angesichts der Stadt Sichem im Herzen des Landes, feierlich eingeführt werden. Auf dem Berg Ebal sollten die Gedenksteine aufgerichtet und der Fluch des Gesetzes ausgerufen werden. Auf dem Berg Garizim sollten weder Gedenksteine des Gesetzes aufgerichtet noch ein Fluch ausgesprochen werden, sondern nur der Segen verkündet werden, der dem Gehorsam folgen würde. Garizim ist ein Symbol der Gnade Gottes, Ebal ein Symbol des Fluches des Gesetzes (Gal. 3,10). Aber auf dem Berg Ebal stand außer den Gedenksteinen mit dem auf ihnen eingegrabenen Gesetz ein Altar des Herrn für Brandopfer und Dankopfer (Friedensopfer)

Ein Götzenbild von Baal nach der Vorstellung eines Künstlers

zum Fröhlichsein vor dem Herrn, dem Gott Israels, 5-7. Dieser Altar war ein Symbol, das hinweisen wollte auf das Kommen Jesu Christi, der uns vom Fluch des Gesetzes erlöste.

Kap. 28
Segen und Fluch prophezeit

Der verheißene Segen, 1-14. Diese Segnungen waren der Lohn für Gehorsam gegen Gottes Gebote im verheißenen Land.

Der angedrohte Fluch, 15-68. Hier finden wir einen Überblick über eine im voraus geschriebene Geschichte von Israels erschütterndem Weg des Unglaubens und der Sünde. Der Geist der Weissagung sah durch Mose die Leiden, Trübsale und weltweite Zerstreuung von Gottes Volk, das Er sich seit alters erwählt hatte, voraus. In diesem weitschauenden Panorama von Weissagungen zeichnet sich u.a. die Belagerung durch die Babylonier und später durch die Römer ab, 49-50. Der Schrecken der römischen Belagerung Jerusalems wurde vorausgesagt, 54-57, ebenso Israels weltweite Zerstreuung, 64-68.

Kap. 29
Der palästinensische Bund und der Fluch

Der Bund wird angekündigt, 1-15. Dies war ein Bund (der sogenannte „palästinensische"), der Israels Besitz des verheißenen Landes bestimmte und der sich von dem sogenannten „mosaischen Bund", am Horeb geschlossen, unterschied, 1. Erlösung war die Grundlage jenes Bundes, 1-3, doch das Volk zeigte geistliche Empfindungslosigkeit, 4 (vgl. Jes. 6,9-10; Matth. 13,14-15; Joh. 12,40; Apg. 7,51-52; 28,26-27), trotz Gottes wunderbarer Fürsorge für sie, 5-8. Gott hat aber ein Anrecht auf ihre Treue und Liebe, 9-15.

Der Fluch wiederholt, 16-29. Die Warnung vor Abtrünnigkeit wird wiederholt, 16-21. Alle Nationen würden es wissen, daß diese (angedrohten) Strafen wegen Israels Untreue gegen diesen Gottesbund über sie kommen würden, 22-29.

Kap. 30
Der palästinensische Bund genau bestimmt

Die Bedingungen des Bundes, 1-10. Die Kapitel 28 und 29 führen den palästinensischen Bund ein (s. 29,1) und sind ein wesentlicher Teil desselben. Dieser Bund, dem mosaischen ähnlich und doch deutlich von ihm unterschieden, bestimmte das Leben des Volkes in Palästina und wird hier in sieben prophetischen Aussagen dargelegt: 1) *Weltweite Zerstreuung Israels als Folge ihres Ungehorsams und ihrer Abtrünnigkeit,* 1 (be-

schrieben in 5. Mo. 28,63-68). 2) *Israels zukünftige Bekehrung in der Zerstreuung,* 2. 3) *Das zweite Kommen Jesu Christi,* 3 (vgl. Am. 9,9-14; Apg. 15,14-17). 4) *Wiederherstellung des Landes,* 5 (vgl. Jes. 11,11-12; 35,1-2; Jer. 23,3-8; Hes. 37,21-25). 5) *Israels zukünftige Bekehrung als Nation,* 6 (vgl. Röm. 11,26-27; Hos. 2,14-16). 6) *Das Gericht über die Nationen,* die Israels Unterdrücker waren, 7 (vgl. Jes. 14,1-2; Joel 3,1-8; Matth. 25,31-46). 7) *Nationaler Wohlstand während des Tausendjährigen Reiches,* 9 (vgl. Am. 9,11-14). Der Bund Gottes mit Abraham garantiert ohne jede Bedingung dem Abrahamssamen das Land aufgrund souveräner freier Gottesgnade (1. Mo. 15,1-18). Dieser Bund darf weder mit dem mosaischen noch mit dem palästinensischen Bund verwechselt werden.

Letzte drohende Warnung vor Verletzung des (palästinensischen) Bundes, 11-20. Hier haben wir die beeindruckendsten Aussagen der Heiligen Schrift vor uns, die den Hörern anschaulich die Wahl zwischen Gehorsam und Ungehorsam und die damit verbundenen Segens- und Fluchaussagen vor Augen stellen, die Gott denen zugedacht hat, die das Gute oder auch das Böse wählen.

Kap. 31
Moses letzte Worte und eine feierliche Weissagung

Moses letzte Ermahnung, 1-8. Er gab Ermutigung und zarte, liebevolle Ermahnung an „ganz Israel", 1-6. Besonders richtete er sich an den neuen Führer des Volkes, Josua, 7-8.

Das Gesetz aufgezeichnet und den Priestern zur Aufbewahrung übergeben, 9-13. Anordnungen wurden getroffen, daß das Gesetz jedes siebte Jahr anläßlich des Laubhüttenfestes vorgelesen werden sollte.

Gott sagt den Abfall Israels voraus, 14-23. Israel würde abtrünnig werden, 15-21. Deshalb wurde Josua feierlich mit der Leitung betraut, 14, und Mose wurde ein prophetisches Lied geschenkt, 19-23, als Warnung und Zeugnis für das sündigende Volk.

Mose gibt den Leviten Anordnungen, 24-30. Das Gesetz, von Mose aufgeschrieben und den Leviten übergeben, sollte in der Bundeslade seinen Platz haben.

Kap. 32
Das Lied Moses

Einführung, 1-3 (vgl. Jes. 1,2; Mi. 1,2). Diese herrliche prophetische Ode umfaßt die gesamte Geschichte Israels – Vergangenheit, Gegenwart und Zukunft. Sie ist, wie Bileams Weissagungen (4. Mo. 22-24; vgl. mit Röm. 9-11), gewissermaßen eine Bergspitze weissagender Dichtkunst.

Die Integrität (Rechtschaffenheit, Unversehrtheit) der Wege Gottes – Israels Ver-

derbtheit, 4-6. Der Herr ist „der Fels", 4, eine altehrwürdige Bezeichnung für Gott, 15.18, die auf Beständigkeit und Verläßlichkeit hinweist. Gottes Wort ist vollkommen. Er ist ein Gott der Wahrheit, ist gerecht und rechtschaffen. Sein Volk, 5-6, ist verdorben, verdreht, töricht und unvernünftig.

Gottes Liebe für Israel, 7-14. Gott setzte die Grenzen der Völker fest mit Israel als Mittelpunkt des Interesses, 7-9. Der göttliche Name „der Allerhöchste" ist der Titel Gottes für die Zeit des Milleniums, den er annehmen wird, wenn der Sohn das Königtum über Israel erhalten (vgl. 1. Mo. 14,19) und diese Prophezeiung vollständig erfüllt sein wird. Der Herr hat Israel gefunden. Er beschützte es, gab acht auf es, schenkte ihm Gedeihen und segnete es, 10-14.

Israels Abtrünnigkeit, 15-18. Wie ein gutgefüttertes Tier rebellierte Israel gegen seinen Herrn. „Jeschurun" („der Aufrichtige") ist eine ironische Bezeichnung für Israel (33,5.26). Israel ging fünf Schritte abwärts: es verließ Gott, 15; verwarf den Fels seines Heils, den Messias; diente fremden Göttern, 16; opferte den Dämonen, 17; sie ließen ihren Fels außer acht, 18. Der Ausdruck „Dämonen" bezieht sich auf die Götter der Kanaaniter, denn Dämonismus ist die Triebfeder der Götzenanbetung (1. Kor. 10,19-20).

Ergebnis der Abtrünnigkeit Israels, 19-33. Auch hier haben wir im voraus geschriebene Geschichte: die Leiden der Babylonischen Gefangenschaft 587 v.Chr. und die weltweite Zerstreuung mit ihren schweren Kümmernissen von 70 n.Chr. an bis zur Wiederkunft Christi spiegeln sich hier wider.

Gottes Handeln mit Israel am Ende der Zeit der Heiden, 34-42. Der plötzliche Wechsel des Geschehens, 36, wenn Israel bis zum „äußersten vermindert sein wird" und der Herr aufstehen wird, um sein Volk vor völliger Vernichtung durch seine Feinde zu befreien, geht auf die Zeit der „Großen Trübsal" (Jer. 30,5-7; Off. 8-17). Das Gericht, 40-42, ist dasjenige, das beim zweiten Kommen Jesu die Nationen treffen wird.

Die letzte Vollendung, 43. Die Nationen werden sich mit Israel freuen, ja, es preisen, weil Gott an Israels Feinden Rache genommen hat. Hier wird die endgültige Aufrichtung des Königreichs geschaut, wenn das Volk Israel der Kopf sein wird und nicht der Schwanz. Das Lied Moses ist eine Zusammenfassung der biblischen Prophetie.

Das Lied Moses wird Israel gelehrt, 44-47.
Moses Tod angekündigt, 48-52.

Kap. 33
Der Segen Moses

Der Herr offenbart sich in Herrlichkeit, 1-5. Hier haben wir ein prophetisches Bild vom zweiten Kommen Jesu, der Grundlage allen Segens für Israel und die übrige Erde.

Der Segen für die zwölf Stämme, 6-25. Mose sieht in diesem Segen bereits das Glück Israels zur Zeit, da der Herr sich in Herrlichkeit offenbaren wird. Der Segen über Ruben, Juda und Levi, 6-11, offenbart die Rettung und Befreiung, deren sich Israel beim zweiten Kommen Jesu erfreuen wird. Der Segen über Benjamin und Joseph, 12-17, spricht von dem Schutz und dem Wohlstand Israels im Tausendjährigen Reich. Der Segen über Sebulon und Issaschar, 18-19, spricht von der Freude und der geistlichen Anbetung in Israel zu jener Zeit. Der Segen über Gad, Dan, Naphtali und Asser, 20-25, weissagt Vermehrung, Sieg und Kraft Israels im „Reich".

Die zukünftige Freude Israels, 26-29. Jeschurun (s. 5. Mo. 32,15-18) ist in seiner tausendjährigen Wiederherstellung glücklich über seinen unvergleichlichen, 26, ewigen Gott. Er ist ihre Zuflucht, 27; ihr Befreier, 28; ihr Retter, 29, und er hat alle Feinde Israels besiegt. Sein Volk ist nun wirklich „Jeschurun", „das Aufrichtige", wiederhergestellt und gesegnet mit göttlichem Wohlgefallen.

Kap. 34
Moses Tod

Mose stirbt und wird begraben, 1-7. Der Berg Pisga (4. Mo. 21,20; 5. Mo. 3,27) ist ein herausragendes Gebirge der felsigen Abarim-Kette in Moab (heute: Jordanien), das sich am nordöstlichen Ende des Toten Meeres gegenüber Jericho entlangzieht. Der Pisga liegt in derselben Gebirgskette wie die benachbarte Erhebung des Berges Nebo, etwas nordwestlich davon. Vom Pisga und vom Nebo sah Mose das verheißene Land. Nach seinem Tod begrub der Herr ihn selbst im Tal bei Beth-Peor, 6. Der Leib Moses wurde der Gegenstand eines Streites zwischen Satan und Michael, dem Erzengel, dem Beschützer Israels (Jud. 9; Dan. 12,1). Obwohl Mose vor seinem Tode nicht in das verheißene Land kam, erscheint er dann doch auf dem Berg der Verklärung mit Jesus und Elia (Mt. 17,3; Lk. 9,31) innerhalb des verheißenen Landes.

Israel trauert, 8, und weint 30 Tage lang um Mose.

Josua Moses Nachfolger, 9, (vgl. 4. Mo. 27,18-23).

Mose als Prophet, 10-12. Der größte der Propheten Israels (4. Mo. 12,6-8; Mo. 18,15-22; Hos. 12,13) hatte einen besonderen Heimgang und wurde von Gott dadurch geehrt, daß er der einzige Mensch war, den Gott selbst begrub.

Josua

Das Buch von Kampf und Sieg

Allgemeines. Josua ist das erste Buch im zweiten Teil des hebräischen Kanons, das man „die Propheten" nennt, wobei „das Gesetz" (die 5 Bücher Mose) den ersten Teil und „die Schriften" den dritten Teil darstellen. Unter den Propheten ist Josua der erste der sogenannten frühen Propheten, die in der deutschen Bibel gewöhnlich als Geschichtsbücher bezeichnet werden. Josua oder Jehoschua bedeutet „der Herr (Jahwe) rettet (oder errettet)". Manche Kritiker sehen dieses Buch als Zusatz, literarisch verbunden mit dem Pentateuch, und nennen es dann „Hexateuch". Die Idee von einem Hexateuch entbehrt jedoch jeglicher überlieferter oder geschichtlicher Bestätigung. Sie entstand aus dem Unglauben an das Wunderbare und Prophetische im Josuabuch.

Bibeltreue Wissenschaftler datieren das Buch früh. Wahrscheinlich ist es zur Zeit Josuas oder kurz danach entstanden, so daß die beschriebenen Ereignisse geschichtlich belegt sind.

Der Tell (Ruinenhügel) des alten Jericho

Die geistliche Bedeutung des Buches.

Erwartung kennzeichnet das fünfte Buch Mose, *Erfüllung* das Buch Josua. Die Befreiung *aus Ägypten heraus* unter Mose versetzte die Israeliten in den Stand der Erlösten. Der Einzug *in das verheißene Land* unter Josua gab ihnen die *Erfahrung* der Erlösung, nämlich Sieg und Eroberung ihres Besitzes. Beide Tatsachen, *Stellung* und *Erfahrung*, gehören untrennbar zusammen, wo es um die Erlösung geht. Erlöstsein ist eine Stellung bzw. ein Zustand; es birgt aber ebenso eine Erfahrung des Segens im Besitzen dieses Standes in sich. Im geistlichen Sinn ist das Buch Josua der Epheserbrief des AT. Das Land Kanaan stellt „die himmlischen Regionen" von Eph. 1,3 und 6,12 dar, ein Bild von der *Erfahrung* des Sieges, der den Erlösten geschenkt ist. Die aus Ägypten durch das Blut des Passahlammes Erlösten konnten sich nun auf den Segen dieser Erlösung berufen, indem sie das Land in Besitz nahmen.

Das Buch Josua und die neutestamentliche Wahrheit.

Dieses Handbuch bringt Erläuterungen der im Buch Josua enthaltenen neutestamentlichen Wahrheiten. Zusammen mit den heilsgeschichtlichen Berichten im Pentateuch (die fünf Bücher Mose) bildet das Buch Josua einen roten Faden in der Heilsgeschichte. In Verbindung mit den neutestamentlichen Bezugspunkten entstehen so erklärende Hinweise, die nicht auf geschichtliche Begebenheiten beschränkt werden können. Vielmehr sollen sie geistliche Wahrheiten deutlich machen, deren Wirklichkeit dann im NT zu finden ist. Christen sind mehr als nur Studierende der Geschichte des Altertums; sie lernen auch geistliche Grundgesetze kennen, die im Leben gelten. Wir müssen jedoch dabei sorgfältig vorgehen und eher aus dem Text herauslesen, was darin an geistlichen Wahrheiten enthalten ist (Exegese), als etwas in den Text hineinzulesen (Eisegese).

Überblick

Josua

die Kundschafter entkommen ließ, zum herrlichen Symbol der Erlösung.

Kap. 3
Überquerung des Jordans

Die Bundeslade zeigt den Weg, 1-6. Die Bundeslade (2. Mo. 25,10-22), einer der anschaulichsten Hinweise auf Christus, führte an bei der Überquerung des Jordans. Auf eindrucksvolle Weise erkennt man, wie unser Herr durch die tiefen Wasser des Todes schreitet, um seinem Volk den Weg zu bereiten, damit es sieghaft vorangehen und durch ihn die himmlischen Güter in Besitz nehmen kann. Nachdem Jesus die Erlösung vollendet hat, führt er die Seinen auf „einem neuen und lebendigen Weg" durch den Tod zur Auferstehung des Lebens und zur Herrlichkeit (vgl. V. 4; Hebr. 10,20).
Josua wird groß gemacht, 7-8. Wenn das Volk des Herrn in die *Erfahrung* seines Standes in Christus eintritt, dargestellt durch Israels Durchquerung des Jordans, beginnt es, den göttlichen Josua, den Herrn seiner Erlösung, zu verehren und ihm zu gehorchen.
Josua leitet die Überquerung, 9-13. Josuas Botschaft an sein Volk gab ihnen die Zusicherung, daß der „lebendige Gott" seine Gegenwart unter ihnen durch die Austreibung der Kanaaniter beweisen werde, 10. Die Bundeslade ist das Zeichen des Bundes des „Herrn aller Lande", 11.13, das Sacharja auf die Zeit bezieht, wenn Israel in seinem Reich wohnen wird (Sach. 4,14), nachdem alle seine Feinde gerichtet sein werden (Sach. 6,5) und der Messias, aufgrund seiner Schöpfung, Erlösung und Überwindung, König aller Könige und Herr aller Herren sein wird. Wie zutreffend zeigte sich das bei der Besitznahme des Erbes, das von mächtigen und grausamen Feinden gehalten worden war. Das große Wunder des geteilten Wassers wurde vollbracht durch „den lebendigen Gott", d.h. durch Gott in seiner Allmacht, nicht durch die Macht einer Naturreligion.
Die Überquerung, 14-17, geschah allein durch ein Wunder, ob nun ein Erdbeben das Wasser oberhalb von Adam, einer Stadt 13 km nördlich von Sukkot, von wo man den Jordan übersehen konnte, zurückdämmte oder nicht. Den Ort Adam identifizierte Nelson Glueck mit Tell Damieh. Glueck ist der Meinung, daß die 15 km zwischen Adam und Zartan die einzige Strecke im Jordantal seien, wo eine solche Zurück- und Aufdämmung und eine Durchquerung wie auf trockenem Land habe stattfinden können.

Kap. 4
Die Gedenksteine

Die zwei Male des Gedenkens, 1-18. Weit entfernt von der These, hier handele es sich um

Kap. 1
Josua übernimmt die Führung

Josuas Auftrag, 1-9. Dem Nachfolger Moses war das Amt übertragen, das Volk Gottes in sein verheißenes Erbteil zu führen. Dazu hatte er die Zusage der göttlichen Gegenwart und des Erfolges, wenn er im Gehorsam bliebe. Josua („Jahwe ist Retter") stellt Christus als den Anführer des Heils dar (Hebr. 2,10-11), der sein Volk in der Kraft seines Geistes führt. Josua ist der Nachfolger Moses, der Christus, den im Gehorsam stehenden Diener (Hebr. 3,5), versinnbildlicht.
Josua übernimmt die Führung, 10-18. Er sprach zum Volk, 10-15, welches antwortete, 16-18, und Gehorsam versprach. Um das Land in Besitz zu nehmen würde die Kraft des Glaubens nötig sein. Dies werde zu Kämpfen führen, wie auch jeder aktive Fortschritt im Leben des Gläubigen geistliche Kämpfe mit sich bringt (Eph. 6,10-20).

Kap. 2
Die Kundschafter und Rahabs Glaube

Die Kundschafter und Jericho, 1. Josua, der selbst ein Kundschafter gewesen war, ging klug vor, indem er Kundschafter aussandte, um die Strategie des Feindes zu erforschen.
Rahabs Glaube, 2-14. Die Dirne ist eine gute Illustration für die Tatsache, daß Sünder durch den Glauben gerettet werden. „*Durch Glauben* kam die Dirne Rahab nicht mit den Ungehorsamen um, weil sie die Kundschafter mit Frieden aufgenommen hatte" (Hebr. 11,31). Durch Taten bezeugt sie ihren rettenden Glauben. „Ist nicht ebenso auch die Dirne Rahab durch Werke gerechtfertigt worden, da sie die Boten aufnahm und auf einem anderen Weg entließ?" (Jak. 2,25). Sie nannte einen triftigen Grund für ihren Glauben, 10-11, und flehte um die Errettung ihrer Angehörigen in Jericho, 13. Sie erhielt volle Zusicherung, 14.
Das rote Seil, 15-24. Von Rahab am Fenster befestigt, wird dieses Seil, mit Hilfe dessen sie

Der Jordan bei Jericho

die Zeichen zweier verschiedener, sich widersprechender Überlieferungen, wie Kritiker behaupten, sind die Gedenksteine Erinnerungen an zwei ganz verschiedene Ereignisse, wobei jedes eine andere Seite des Todes Jesu Christi beleuchtet. Die zwölf dem Jordan entnommenen und bei Gilgal zur Erinnerung aufgeschichteten Steine, 1-8.20, zeugen von Israels Zubereitung zum Eintritt *ins* Land und *in* den Bereich und die Erfahrung von Sieg und Eroberung. Die Steine, im strudelnden Jordan zurückgelassen, um von dessen Wassern überflutet zu werden, sind ein Bild vom Gericht, das Christus bei seinem Tod widerfuhr, stellvertretend für den Gläubigen (Ps. 22,1-18; 42,7; 88,7; Joh. 12,31-33). Das war die Grundlage des Sieges und der Einnahme des Landes.

Was bedeuten diese Steine? 19-24. Der gewaltige Gott hatte Erlösung geschaffen und sein Volk in dessen verheißenes Erbteil gebracht. Die Steine im Jordan bedeuten: Wir starben mit Christus (Röm. 6,1-10). Die Steine bei Gilgal drücken aus: Laßt uns mit diesem Tod rechnen und uns am Leben freuen und an der Eroberung des Landes (Röm. 6,11).

Kap. 5
Israel in Gilgal

Israels zu Tode erschrockenen Feinde, 1. Alle kanaanäischen Könige in der Umgegend, welche eine Generation früher das ungläubige Volk Israel so erschreckt hatten, waren nun ihrerseits zu Tode erschrocken, als die Israeliten in Gilgal vom Lande Besitz ergriffen. Ein erlöstes und sieghaftes Volk entmutigt den Feind immer.

Die neue Generation läßt sich beschneiden, 2-8. Dieses Zeichen des Abraham-Bundes (s. 1. Mo. 17; 2. Mo. 4,24-26), offenbar in der Wüste unterlassen, bis die ungläubige Generation gestorben war, wurde wieder bedeutungsvoll, und alles Männliche der neuen Generation wurde in Gibeah Ha'aralot („Hügel der Vorhäute") beschnitten, 5.7. Fortan trugen sie das sichtbare Zeichen der Gottzugehörigkeit, und Gott seinerseits hielt seinen Bund mit ihnen gnädig aufrecht. Die Beschneidung spricht von der Ausführung des Todesurteils über das Fleisch; der Tod Christi ist die geistliche Beschneidung für sein Volk (Kol. 2,11). Aber die Tatsache, daß die Gläubigen durch Jesu Beschneidung der Sünde gegenüber tot sind (der Stellung nach), muß im Glauben die entsprechende Erfahrung folgen. Das scharfe Messer muß am Fleisch und seinen Lüsten angesetzt werden.

Die Schande Ägyptens von Israel abgewälzt, 9-10. „Die Schande Ägyptens", welche

Josua erklärte, bei Gilgal weggerollt zu haben (Gilgal bedeutet „ein Rollen"), als er das Volk beschnitt, war ihre Versklavung an Ägyptens Pharao. In der Zeit ihres Unbeschnittenseins lebte das Volk ohne das Zeichen und Siegel des Abraham-Bundes und war darum im gleichen Zustand wie in Ägypten, gleichsam ohne das Bundes-Verhältnis. Als Beschnittene wurden sie nun bereit, das Passah zu halten, das Fest der Erinnerung an die Befreiung aus Ägypten, 10 (s. Erklg. zu 2. Mo. 12,1-28; 4. Mo. 23,4-5).

Das Manna und die Früchte des Landes, 11-12. Nach der Beschneidung und dem Feiern des Passah aßen die Israeliten „von den Früchten des Landes". Es war die Zeit der Gerstenernte, so daß das Volk Gottes beginnen konnte, sich an den Früchten der Befreiung (Erlösung) zu freuen. Sie machten sich die Segnungen ihres besonderen Erbes zu eigen.

Josuas Vision vom göttlichen Führer der Armee Gottes, 13-15. Der Mann mit dem gezückten Schwert vor Jericho war der Herr, der noch nicht Fleisch gewordene Christus in sichtbarer Gestalt. Er erschien als Kriegsmann, um Josua zu unterstützen und ihm zu zeigen, daß er, der Führer der himmlischen Armeen, für Israel streiten würde. Es wurde so für Josua ein geheiligter Boden wie für Mose, als derselbe, noch nicht Fleisch gewordene, Christus ihm erschien (s. 2. Mo. 3,1-12).

Hier stand das alte Jericho; man erkennt den von den Archäologen gezogenen Graben durch den Ruinenhügel.

Kap. 6
Die Eroberung Jerichos

Die göttlichen Verordnungen werden befolgt, 1-19. Das ungemein stark befestigte Jericho, durch die Archäologie heute bekannt als eine der ältesten bewohnten Festungen der Welt, bedeutete für die Israeliten ein ungeheures Hindernis bei der Eroberung des Landes. Dies ist geistlich gleichbedeutend mit der Welt, die der Gläubige überwinden muß, wenn er ein sieghaftes Leben führen will. Die Stadt war im Glauben und Gehorsam gegen Gottes Wort einzunehmen und nicht aufgrund menschlicher Weisheit oder ausgeklügelter Planung. Das Wunder der fallenden Mauern war das Wunder des Glaubens (vgl. Hebr. 11,30). „Unser Glaube ist der Sieg, der die Welt überwunden hat" (1. Joh. 5,4). Josua rechnete nicht mit den hohen Mauern oder mit den menschlichen Unmöglichkeiten, er zählte einzig auf die Macht Gottes. Obwohl General der Armee, war er vor allem doch der geistliche Führer. Er war nicht beleidigt, als er den göttlichen Befehl erhielt, während sechs Tagen täglich einmal um die Stadt zu marschieren und am siebten Tag siebenmal dasselbe zu tun mit sieben Priestern, die sieben Hörner bliesen, und dann am selben Tag die Leute laut rufen zu lassen. Vom militärischen Standpunkt aus betrachtet, war dieses Verhalten lächerlich, wenn nicht sogar unsinnig. Für Weltmenschen ist das Wandeln im Glauben und nicht im Schauen (2. Kor. 5,7) immer unrealistisch und unverständlich.

Der Fall der Stadt Jericho, 20-21. Was von den mächtigen und starken Mauern der Stadt, die Josua zufiel, übrigblieb (ca. 1400 v.Chr.) ist im Laufe der Zeit verwittert, da Jericho aus Lehmziegeln gebaut war. Die Ausgrabungen von Kathleen Kenyon seit 1952 haben ergeben, daß das meiste des noch vorhandenen Schutthügels der Stadt aus dem 16. Jh. v.Chr. oder noch früherer Zeit stammt. Anscheinend war es keine große Stadt gewesen. Die Wohnverhältnisse waren derart beengt, daß Häuser, wie das von Rahab, auf die Stadtmauer gebaut werden mußten.

Rahab nicht vergessen, 22-25. Das rote Seil, zweifellos ein Gegenstand des Spottes, rettete Rahab und ihre Familie, während die ganze Stadt dem Untergang geweiht war (hebr. *herem*) 17.24. Der Ausdruck „*herem*" bezieht sich auf etwas, das unwiderruflich dem Untergang preisgegeben (vgl. 5. Mo. 13,16) oder „dem Herrn vollständig geweiht" ist und nicht für weltliche Zwecke gebraucht werden kann.

Fluch über Jericho, 26-27. Der Untergang von Jericho könnte eine Illustration vom Untergang der Welt sein, am Ende der Zeiten (Off. 6,1-19,16). Jericho wurde unter den göttlichen Bann getan, *herem*. Es durfte niemals wieder auf-

Am Berg Ebal wurde ein Altar errichtet, um an die Siege bei Ai und Jericho zu erinnern.

gebaut werden, außer unter der Strafe des Verfluchtseins.

Kap. 7
Achans Sünde

Israels Niederlage und deren Ursache, 1-15. Die Einigkeit und Zusammengehörigkeit des Volkes Gottes stehen hier im Mittelpunkt. Die Sünde eines Gliedes trifft alle (vgl. den ähnlichen Fall von Ananias und Saphira, Apg. 5,1-11). Achans besondere Sünde war der Ungehorsam gegenüber dem Befehl des sich Fernhaltens von der „verfluchten Sache", *herem* (Jos. 6,17-18). Diese Sünde der Teilhaberschaft mit dem Bösen war schuld an der Niederlage des Volkes Gottes. Sofortiges Bekennen und Selbstgericht sind absolut notwendig, 13-15. Bei einer „Sünde zum Tode" ist Strenge geboten (1. Kor. 5,5; 11,20-32; 1. Joh. 5,16). Zeitpunkt, Ort und Art der geduldeten Sünde bringen Unehre für den Herrn, und sein Volk wird besonders gefährdet, 15 (vgl. 8.9.12). Josuas wahrer Charakter als der Verantwortliche für die Erlösung offenbart sich durch seine Fürsprache, als sein Volk eine Niederlage erlitt (vgl. 1. Joh. 2,1).

Die Sünde wird gerichtet, 16-26. Es war ein außerordentlich schlimmes Vergehen und zog leiblichen Tod nach sich (s. Erklg. zu 1-15). „Ich sah ... ich begehrte ... und nahm", 21, ist die Geschichte der Versuchung und des Falles.

Kap. 8
Die Einnahme von Ai

Josuas Kriegskunst, 1-17. Auf Selbsterkenntnis und Sündenbekenntnis folgt immer die göttliche Zusicherung des Sieges, 1. Göttliche Anweisungen können nun klar gegeben, verstanden und befolgt werden, 2. Die List aus dem Hinterhalt geschah auf göttliches Geheiß hin, nicht aufgrund von Josuas Überlegenheit, 3-8. Genauestens befolgt, brachte es den gewünschten Erfolg, 9-18. Alles Planen des Gläubigen muß vom Herrn her gesichert sein und ist von seinem geistlichen, inneren Stand in ihm abhängig (Eph. 6,10-12).

Die Einnahme von Ai, 18-27. Der Befehl des

Herrn an Josua, seinen Speer ohne Unterbrechung gegen die Stadt ausgestreckt zu halten, bis alle Bewohner umgekommen waren, 18.26, veranschaulichte die Gegenwart des Herrn, um zum vollständigen Sieg zu führen. Damit wird Josuas Glaube hervorgehoben. Vgl. Moses ausgestreckte Hand (2. Mo. 17,11-13) beim Sieg über die Amalekiter. Geistlicher Sieg hängt immer vom Glauben an das Wort und an den Geist Gottes ab.

Die Zerstörung der Stadt, 28-29. „Josua verbrannte Ai und machte es zu einem Schutthaufen", 28. Ai bedeutet „Ruine" und wurde mit et-Tell identifiziert, ausgegraben in den Jahren 1933-1935. Es zeigt keinerlei Zeichen von Bewohntsein zwischen 2200 und 1200 v.Chr., gibt aber keinen absolut zuverlässigen Beweis, daß et-Tell das gesuchte Ai ist. Die Annahme L.H. Vincents, daß Ai nur ein Vorposten von Bethel und zudem so klein war, daß es keinerlei Beweisspuren hinterließ, ist zweifellos zutreffend. Es ist auch denkbar, daß die Bewohner von Bethel die Ruinen von Ai (et-Tell) als befestigten Außenposten benutzten, um ihre Stadt vor den unvermeidbaren Angriffen zu schützen.

Der Altar von Ebal, 30-35, wurde in der lieblichen Gegend von Sichem im Herzen des Landes zur Erinnerung an die Siege von Jericho und Ai erbaut, als Gehorsamsakt gegen Moses Auftrag (5. Mo. 27,2-8). Das Gesetz, auf Steine abgeschrieben, mögen wohl die Zehn Gebote und andere Gesetze oder die Segnungen und Verfluchungen vom 5. Buch Mose oder auch eine Zusammenfassung der Gebote im Pentateuch gewesen sein. Der Brauch, Gesetze in Stein zu meißeln, findet sich im Altertum, denn diese Bräuche herrschten in sumerischen und babylonischen Zeiten (vgl. den Codex des Hammurabi, 1700 v.Chr. mit Prolog, 282 Abschnitten und Epilog).

Kap. 9
Die Hinterlist der Gibeoniter

Die Verschwörung der Feinde, 1-2. Die Könige vom Hügelland, der zentralen Hochlandkette, einschließlich Jerusalems und Hebrons und die von der Schephela oder dem niedrigen Hügelland, das gegen die Ebene abfällt, sowie die von „den Ufern des großen Meeres" (Mittelmeer) oder Meer-Ebene, schlossen sich zum Kampf gegen Israel zusammen.

Die List der Gibeoniter, 3-15. Eine Gruppe von Hevitern, 7, Angehörige einer wenig bekannten Völkergruppe in Palästina, vielleicht eine Nebengruppe der Horiter oder Hurriter, eine bekannte Völkergruppe des Mittleren Ostens im Altertum, entschieden sich für einen diplomatischen Weg statt zum Krieg. Ihre Hauptstadt war Gibeon (ej-Jib), ca. 8 km nordwestlich von Jerusalem, an der Straße nach Joppe. Sie gaben vor, Freunde zu sein. Ihre Lüge,

Die Stelle, wo das alte Ai stand (et-Tell).

daß ihre Weinschläuche alt und verbraucht von der langen Reise, ihr Brot schimmlig und ihre Sandalen abgenutzt seien, führte die Israeliten, welche ein Abkommen mit diesen Feinden schlossen, in die Irre. Der Grund ihrer Verfehlung lag darin, daß die Israeliten „Nahrung von ihren Feinden annahmen, ohne den Herrn um Weisung zu fragen", 14, und sie erlaubten ihnen aufgrund des friedlichen Abkommens, am Leben zu bleiben, 15.

Der Betrug wird entdeckt, 16-27. Man fand heraus, daß die Gibeoniter Nachbarn waren und zu den Feinden gehörten, die hätten ausgerottet werden sollen, 16-17. Israels Ungehorsam war schuld, daß sie nun ihren Feinden erlaubten, unter ihnen zu leben. Obwohl man den Gibeonitern niedere Arbeit als Wasserträger und Holzfäller gab, blieb doch die Tatsache, daß sie Feinde waren, bestehen. Diese Tatsache entspricht den geistlichen Mächten, die verführen wollen – den „Launen" oder Schlichen Satans, welcher oft als „ein Engel des Lichts" kommt (2. Kor. 11,14), uns zu verführen, anstatt uns offen anzugreifen.

Kap. 10
Das südliche Kanaan wird eingenommen

Adoni-Zedek und seine Verbündeten, 1-6.

Der Name dieses feindlichen Königs bedeutet „mein Herr ist Gerechtigkeit". Er begegnet uns im Zusammenhang mit der erstmaligen Erwähnung von Jerusalem in der Bibel und war der Kopf einer üblen Verschwörung, welche sich gegen Gibeon und Israel richtete.

Der Krieg und das Wunder, 7–15. Von Gilgal, Israels erstem Ruheplatz, Ort des Selbstgerichts und Gedenkens der Macht Gottes, zog Israel weiter zum Sieg gegen die südlichen Verbündeten. Diese Schlacht, die außergewöhnlichste in der Geschichte Israels, ist eine Vorschattung des kommenden Tages des Herrn (Hab. 3,11). In der alten Sammlung, „dem Buch des Rechtschaffenen", ist ein Zitat zu finden, das diesen Sieg erwähnt, 13 (vgl. 2. Sam. 1,18). Das unerhörte Wunder, 12–14, das Gott vollbrachte, um Josua zum wunderbaren Sieg über die südlichen Verschwörer zu verhelfen, könnte vielleicht die Folge einer Strahlenbrechung des Sonnenlichts gewesen sein, was eine intensive Kälte und Hagelsteine in einem normalerweise heißen Klima bewirkte. Andere vermuten, daß der Ausdruck „stand still" mit „still sein" oder „aufhören" übersetzt werden muß, was eine Fortdauer des Halbdunkels bedeuten würde, welches dem überraschenden Angriff der Israeliten zu Hilfe kam. Der Hagelsturm erzeugte dieses Dunkel und machte zusätzlich die kanaanitischen Streitwagen wirkungslos (Jos. 17,18); dabei kamen durch den Hagel in der feindlichen Armee mehr Menschen ums Leben als durch die angreifenden Israeliten. Wie auch immer man diese Stelle erklärt, Josuas überlanger Tag schloß ein, daß die normalen Naturgesetze außer Kraft gesetzt wurden. Die Einzigartigkeit des Wunders ist in Vers 14 ausgedrückt und muß daher als wissenschaftlich unerklärbar angesehen werden.

Ein großer Sieg und nachfolgende Eroberungen, 16–43. Die fünf Könige wurden getötet, 22–27, und weitere Eroberungen brachten die Unterwerfung des gesamten südlichen Palästina. Darauf kehrten die Israeliten nach Gilgal zurück (s. Jos. 5).

Kap. 11–12
Weitere Eroberungen in Kanaan

Eroberung des nördlichen Kanaan, 11,1–15. Jabin, König von Hazor, gründete einen nördlichen Staatenbund. Hazor (Tell-el-Wakkas, Qedah) liegt in strategisch günstiger Lage, südwestlich vom Hule-See, unweit der Jordanquelle. Josua erhielt göttliche Weisung, die Rosse zu lähmen und die Kriegswagen zu verbrennen, 6.9, so daß er sich auf den Herrn allein verlassen mußte und nicht auf diese Mittel der Kriegsausrüstung. Hazor wurde eingeäschert; aber die kleineren Städte auf den Hügeln („tells") wurden von Josua nicht vernichtet, 13. Sie konnten den Israeliten später noch nützlich werden.

Wiederaufnahme der Eroberung, 11,16–

Die israelitische Zitadelle bei Hazor, nördlich von Galiläa

12,24. Eine allgemeine Übersicht der Eroberungen finden wir in Kap. 11,16-23. Die Eroberungen in Transjordanien sind aufgezählt in Kap. 12,1-6, und von den Eroberungen in Kanaan mit einem Verzeichnis der besiegten Könige lesen wir in Kap. 12,7-24.

Kap. 13
Josua wird angewiesen, das Land zu verteilen

Gottes Botschaft an Josua, 1-7. „Es blieb aber noch sehr viel Land zu besetzen übrig", 1 – das ist die traurige Geschichte Israels und diejenige vieler Gläubigen, welche nie von den vollen geistlichen Besitztümern Gebrauch machen. Das unbesetzte Land wird in den Versen 2-7 umrissen. An erster Stelle unter den feindlichen Völkern, deren Land Israel noch nicht enteignet hatte, befinden sich die Philister, die nicht zu den Kanaanitern gehören. Sie stellen diejenigen dar, die das Volk Gottes daran hindern, in den Genuß des vollen Erbteils zu kommen.

Die Erbteile Rubens, Gads und des halben Stammes von Manasse, 8-33, werden nochmals erwähnt und bestätigt.

Kap. 14
Kalebs Bitte und Erbteil

Zusammenfassung der Verteilung des Landes, 1-5. Eleasar, Josua und die Stammesoberhäupter verteilten das Erbe durch das Los (4. Mo. 26,55; 33,54; 34,13).

Kalebs Bitte, 6-15. Judas Anteil war der erste, und Kaleb trat in Gilgal hervor, um Zeugnis von der Treue Gottes abzulegen, 6-12, und Hebron in Empfang zu nehmen, 13-15 (vgl. 4. Mo. 13,6; 14,24; 24.30).

Kap. 15-16
Judas und Ephraims Erbteile

Erbteil des Stammes Juda, 15,1-63. Judas Erbteil wurde abgegrenzt gegen die südliche Grenze, 1-4, die östliche und nördliche, 5-11, und die westliche Grenze, 12. Es ist bezeichnend, daß Kaleb sich ausdrücklich das Land erbat, das die Enakiter beherrschten, dieselben riesenhaften Menschen, welche die Kundschafter entmutigt hatten, so daß sie nicht gleich am Anfang der Wüstenwanderung das Land in Besitz nehmen wollten. Hebron wurde auch Kirjat-Sepher („Buchstadt") genannt.

Erbteil des Stammes Ephraim, 16,1-10.

Hebron, auch unter dem Namen Kirjath-Sepher, „Stadt des Buches", bekannt

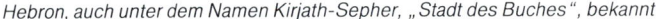

Josephs Nachkommen wurde ein wunderschöner Teil des Landes zugedacht, 1-4. Ephraim („doppelt fruchtbar") erhielt sein Gebiet, 5-9, nahm es aber nicht vollständig in Besitz und wies die Kanaaniter nicht aus Geser aus, 10. Geser, eine uralte Stadt, liegt in der Schephela, der Ebene am Meer, ungefähr 30 km nordwestlich von Jerusalem und ungefähr 28 km südöstlich von Joppe. Josua hatte den König von Geser (Kap. 12,12) geschlagen. Die Kanaaniter jedoch erlangten die Herrschaft über ihre Stadt mit ihren 4,25 m dicken Mauern zurück. Die Stadt blieb im Besitz der Kanaaniter bis zur Zeit Salomos (1. Kö. 9,16).

Kap. 17
Erbteil des Stammes Manasse

Namen und Grenzen, 1-13. Den Nachkommen von Josephs Erstgeborenem wurden Teile sowohl in Transjordanien als auch in Palästina zugewiesen, 1-6, und deren Grenzen beschrieben, 7-13.

Manasses Beschwerde und Josuas Antwort, 14-18. Diese Beschwerde zeugte von selbstsüchtiger Unzufriedenheit. Josuas mutige Antwort, 15, zeigte Vertrauen und Klugheit und bewies seinen Glauben an Gottes Verheißungen (vgl. Jos. 1,3). Manasses Armutszeugnis, 16, offenbarte Unglaube, indem er auf die eisernen Kriegswagen der Kanaaniter im Tal Esdraelon (Ebene Jesreel) schaute, anstatt auf die Macht Gottes. Diese Klagen standen in einem auffallenden Gegensatz zu Kalebs gläubiger Unerschrockenheit; doch Josua ermutigte sie, 17-18.

Kap. 18-19
Die Erbteile der anderen Stämme

In Silo wird die Stiftshütte aufgerichtet, 18,1. Silo wurde der Mittelpunkt (5. Mo. 12) der zwölf Stämme bis zur Zerstörung der Stadt durch die Philister (1. Sam. 4,11; 1050 v.Chr.), die so in den Besitz der Bundeslade kamen.

Sieben Stämme unterlassen es, ihren Besitz zu übernehmen, 18, 2-10. Offenbar fehlten den sieben Stämmen Glaube und Mut. So wurden sie von Josua aufgefordert, das Land zu erforschen und durchs Los in Silo ihren Besitz zu übernehmen.

Benjamins Erbteil, 18, 11-28. Benjamin war ein kleiner, aber einflußreicher Stamm in bergigem Gebiet.

Erbteile der übrigen Stämme, 19, 1-51. Die Erbteile von Simeon, 1-9, Sebulon, 10-16, Issaschar, 17-23, Asser, 24-31, Naphtali, 32-39, Dan, 40-48 und dasjenige von Josua, 49-51, sind hier aufgezeichnet.

Kap. 20
Die Zufluchtsstädte (Freistädte)

Wiederholung der Verfügung, 1-6. Diese Verfügung entsprach dem Gesetz von 5. Mo. 19,1-13 (s. 4. Mo. 35,1-34). „Der Bluträcher" (oder go'el), 3.5, war des Verstorbenen nächster Angehöriger, welchem die Verantwortung für die Ahndung seines Todes zufiel (vgl. Ri. 3,9; in Spr. 23,11 bedeutet es „Versöhner"). Das Stadttor war der Ort, 4, wo der Rat der Ältesten zusammentrat und wo man gewöhnlich die Geschäfte der Stadt abwickelte. Es war nicht einfach ein Durchgang in der Stadtmauer, sondern schloß Gebäude mit mehreren Räumen und verschiedenen Stockwerken ein, die in die Mauer hineingebaut waren. Fälle von unbeabsichtigtem Totschlag waren geschützt durch die Einrichtung der Zufluchtsstädte.

Die bestimmten Städte, 7-9. Der Pentateuch gibt nur die drei Städte außerhalb des Landes an. Auch hier sind die drei Städte speziell aufgeführt: Kedesch („Heiligtum"), Sichem („Schulter"), Hebron („Gemeinschaft"), zusammen mit Bezer („Verteidigung"), Ramot („Höhen") und Golan („Umkreis"), außerhalb des Landes. Sie könnten als Vorschattung der Rolle unseres Herrn als des Sünders Zufluchtsort angesehen werden.

Kap. 21
Das Erbteil der Leviten

Das Erbteil der Leviten, 1-42. Aufgrund ihrer religiösen Ämter wurde dem Stamm Levi kein Land zugeteilt wie den andern Stämmen. Obwohl dies in einem gewissen Sinne auf alle Stämme zutraf, da der Herr das Erbe aller war, war Er doch hauptsächlich das Erbteil des Stammes Levi (vgl. 4. Mo. 18,30; 5. Mo. 10,9; Jos. 13,14.33; 14,3-4). Um das Volk zur Anbetung des wahren Gottes und zur Abkehr vom Götzendienst zu führen, wurden die Kahatiter, 9-26; die Gersoniter, 27-33 und die Merariter, 34-40, im ganzen Land Israel verteilt.

Gottes Treue, 43-45, wurde erneuert. Er gab ihnen „das ganze Land", 43; „Ruhe" und Sieg, 44. Keines seiner Versprechen blieb unerfüllt (4. Mo. 23,19; 1. Kö. 8,56).

Kap. 22
Rückkehr der transjordanischen Stämme

Josua schickt die Stämme heim, 1-9. Josua sprach den Rubenitern, Gaditern und dem halben Stamm Manasse für ihre treue Mitwirkung bei der Eroberung Palästinas seine Anerkennung aus, 1-4, und mit freundlichen Mahnungen, 5-6, schickte er sie in ihre eigenen Gebiete östlich des Jordans (1.12-18). So gingen sie mit Reichtümern und Beute versehen, 7-9, weg.

Der große Altar und die Meinungsverschiedenheit, 10-29. Die wegziehenden Stämme bauten einen Altar in der Jordangegend, auf der Grenze von Kanaan, d.h. auf der Westseite des Jordans, da Kanaan streng genommen die Region westlich vom Jordan ist, 10-11. Die Israeliten versammelten sich bei Silo, um gegen sie zu streiten, 12, da sie annahmen, jene hätten sich einer groben Übertretung des Gesetzes über das Zentral-Heiligtum schuldig gemacht (5. Mo. 12,13-14). Der Bau des Altars wurde als eine Rebellion gegen Israel und den Herrn ausgelegt. Eine Delegation unter der Führung von Pinehas wurde abgesandt, diese Angelegenheit zu untersuchen, 13-20, ihre Brüder zu ermahnen und an die Folgen von Israels Sünde in Peor zu erinnern, 17-18 (4. Mo. 25,3-5), sowie an den Fall Achans, 20 (Jos. 7,1). Die zur Rede gestellten Stämme erklärten, daß das Monument nicht ein richtiger Altar, sondern nur ein Denkmal sei, ein „Zeugnis", 21-29.

Die Auseinandersetzung beigelegt, 30-32. Die Beilegung dieses Streites war ein Zeugnis dafür, daß die 12 Stämme, obwohl durch den Jordan getrennt, *ein* Volk waren.

Kap. 23
Josuas Abschieds-Ermahnungen

Ermahnungen zur Treue Gott gegenüber, 1-13. Israels großer geistlicher Führer und Feldherr vorgeschrittenen Alters, 1, versammelte das ganze Israel, 2, um nochmals Rückschau auf Gottes Güte und Treue zu halten, 3-5, und um zum Gehorsam gegenüber den Geboten Moses zu ermahnen, 6-11. Er forderte das Volk auf, es solle sich von abergläubischen Bindungen fernhalten. Mißachtung würde den Untergang bedeuten, 12-13.

Letzter Aufruf, 14-16. Warnungen wurden ausgegeben vor den fluchvollen Leiden, die den Segnungen folgen würden im Falle von Ungehorsam und Abfall.

Kap. 24
Bundesverpflichtung in Sichem; Josuas Tod

Geschichtlicher Rückblick und Josuas beredter Aufruf, 1-15. Ganz Israel hörte den Rückblick auf Gottes Handeln von Abraham bis zur Eroberung, 1-13, als Grundlage für den Aufruf, dem Herrn allein zu dienen, 14-15. Josua seinerseits erklärte seine unwiderrufliche persönliche Entscheidung.

Den Bund angenommen, 16-28. Israel nahm Josuas Aufruf an, 16-18, und beteuerte seine Treue gegenüber Gott und dem Bund. Die Generation, die das Land eroberte, verschrieb sich nun dem Bund in Sichem, zwischen Ebal und Garizim, im Herzen Kanaans, als Josua die Bedingungen, wie man Gott dienen solle, darlegte, 19-23, und richtete einen Denkstein auf, 25-28.

Josuas Tod, 29-33. Der große Führer starb und wurde begraben, 29-31. Josephs Gebeine, die von Ägypten heraufgebracht worden waren (vgl. 1. Mo. 50,25; 2. Mo. 13,19; Hebr. 11,22), wurden in Sichem und Eleasar, der Priester, zu Gibea begraben, 33.

Das Buch der Richter

Die Eintönigkeit und das Elend der Sünde

Der Name des Buches. Das Buch hat seinen Namen von den 12 geisterfüllten Heerführern und Richterpersönlichkeiten, die der Herr erweckte, um das Volk zu befreien. Die junge Nation hatte keine feste Zentralregierung, sondern lebte in einem losen Bundesverhältnis (Amphiktyonie), dessen Mittelpunkt die Stiftshütte in Silo war. Immer, wenn das Volk den Herrn verließ, wurde es eine leichte Beute für seine Feinde. Die Richter befreiten das Volk und herrschten dann über es. In ihrer Eigenschaft als Regenten entsprachen sie den „shufetim" der Phönizier und den „sufetes" von Karthago (hebr. „schophetim").

Inhalt des Buches. Das Buch der Richter ist ein Bericht über die dunklen Zeiten des Niedergangs und Abfalls Israels im Land. Israel wandte sich von Gott ab (2,13); Gott wandte sich von Israel ab (2,23). Der Schlüsselvers des Buches ist: „In jenen Tagen war kein König in Israel; und ein jeder tat, was ihm in seinen eigenen Augen recht dünkte" (17,6; 21,25). Der Bericht von Israels Versagen im Leben umfaßt etwa 350 Jahre – von Josua bis Saul. Sieben Perioden der Abtrünnigkeit von Gott, sieben Perioden der Knechtschaft und sieben Befreiungen können verfolgt werden. Das Buch der Richter beginnt mit Kompromissen und endet in Anarchie und Wirrnissen.

Datierung des Buches. Anhaltspunkte im Buch selbst sowie Tradition weisen auf die frühen Jahre der Monarchie als Entstehungszeit hin. Die Zeit Sauls (ca. 1025 v.Chr.) ist ein möglicher Zeitpunkt. Samuel, der zur Prophetenschule gehörte, könnte der Verfasser und Herausgeber gewesen sein.

Das Buch der Richter im Vergleich zum Buch Josua

Josua	Buch der Richter
Sieg	**Niederlage**
Freiheit	**Knechtschaft**
Glaube	**Unglaube**
Fortschritt	**Niedergang**
Geistliches Verständnis	**Irdische Gesinnung**
Treue gegen Gott	**Abfall von Gott**
Freude	**Leiden**
Kraft	**Schwäche**
Bewußtsein der Zusammengehörigkeit	**Zerfall, Anarchie**
Sünde gerichtet	**Sünde leicht genommen**

Überblick

Einführung in die Zeit der Richter, Kap. 1,1 - 2,5
   Politische Zustände (von Josua bis zu den Richtern) Kap. 1,1-36
   Israel weint über sein Versagen, Kap. 2,1-5
Zeit der Richter, Kap. 2,6 - 16,31
   Die religiösen Verhältnisse dieser Zeit, Kap. 2,6 - 3,6
   Aufzählung der Richter, Kap. 3,7 - 16,31
Doppelter Anhang, Kap. 17,1 - 21,25
   Götzendienst des Micha und der Daniter, 17,1 - 18,31
   Das Verbrechen Gibeas und seine Strafe 19,1 - 21,25

Die Ebene Jesreel, in der Bibel unter dem Namen Esdrelon bekannt

Kanaan
zur Zeit der Richter

0   10   20   30   40   50
Kilometer

DAS GROSSE MEER

Sidon

Damaskus

△ Berg Hermon

Tyrus

Dan

DAN

BASAN

Kedesch

ASSER

Hazor

NAPHTALI
Rama

Akko

See Genezareth
SEBULON

△ Berg Karmel

Bethlehem

Berg Tabor △

ISSASCHAR

Megiddo

Sunem
Jesreel

Ramoth-Gilead

MANASSE

MANASSE

Berg Ebal △

Berg Garizim △

Sichem

AMMON

Kanah

Jabbok

Joppe

Silo

GAD

EPHRAIM

Bethel

Ai

Jericho

Ekron

Jerusalem

BENJAMIN

Wanderung des
Stammes Dan

Askalon

Bethlehem

△ Berg Nebo

Gath

RUBEN

Gaza

Lachis

Hebron

Salz-
meer

PHILISTÄA

JUDA

En-Gedi

Arnon

KALEB

Beerseba

KENITER

JERAHMEEL

MOAB

SIMEON

Zered

WÜSTE ZIN

SEIR

EDOM

WÜSTE PARAN

Richter

Kap. 1
Israels Unterlassung, die Kanaaniter auszutreiben

Wer beginnt den Kampf?, 1-4. Die Israeliten „fragten" oder „erkundigten sich beim Herrn" durch die heiligen Lose, 1. „Wer soll zuerst in den Krieg gegen die Kanaaniter ziehen und für uns kämpfen?" Der Herr bestimmte Juda, 2, das offenbar dem Herrn nicht völlig vertraute und in der Not vom Stamm Simeon Hilfe erwartete.

Unvollkommener Sieg Judas, 5-20. Juda erfreute sich einiger Siege, so über Adoni-Besek bei Besek (ungewiß), 5-7, und Jerusalem, welches entweder nicht wirklich erobert wurde, 8, oder durch seine Einwohner später wieder zurückerobert worden ist (vgl. 1,21), denn Jerusalem wurde von Israel bis zur Zeit Davids nicht vollständig in Besitz genommen (2. Sam. 5,6-7, d.h. die Jebusiterfestung blieb bis dahin bestehen). Andere Siege schlossen den Negev mit ein und „im Süden und in der Ebene" (Schephela), 9, Hebron, 10; Debir, das mit Khirbet Rabud, südwestlich von Hebron, identifiziert wird. Kaleb, 20, (vgl. Jos. 14,13-15) wurde Hebron gegeben, die bedeutendste Stadt des südlichen Palästina.

Unvollkommener Sieg Benjamins, 21. Die Jebusiter wurden aus der Festung Jerusalem (vgl. 1,8 mit 2. Sam. 5,6-7) nicht vertrieben.

Versagen der anderen Stämme, 22-36. Das Haus Joseph, 22-26, nahm Bethel (Lus), 18 km nördlich von Jerusalem, am Wege nach Sichem ein (vgl. 1. Mo. 12,8; 28,11-17). Manasse unterließ es, die Kanaaniter im Tal von Esdrelon auszutreiben; sie hatten eiserne Kriegswagen. Israel wurde Gott ungehorsam, weil sie sich die Kanaaniter lieber zu Knechten machten, als sie zu vertreiben, 28. Ephraims Versagen bei Geser, 29; das von Sebulon, 30, Asser, 31-32, Naphtali, 33 und Dan, 34. Joseph, 35-36, gewann die Oberhand, aber sie trieben die Amoriter nicht aus. Die ugaritische religiöse Literatur von Ras Schamra (Ugarit, 1929-1937) legt die moralische Verkommenheit und den verderblichen Charakter der kanaanitischen Religion bloß. Daß Israel

versäumte, dieses moralisch verderbte Volk auszurotten, war sein größter Ungehorsam und der Grund für seine Abtrünnigkeit und seine Niederlage in der Richterzeit (1400-1040 v.Chr.).

Kap. 2,1 - 3,4
Die Folgen von Israels Versagen

Der Engel von Bochim, 2,1-5. Es war der Herr selbst, der die Israeliten aus Ägypten heraus- und in das Land der Verheißung hineingebracht hatte, 1. Er verlangte die völlige Trennung Israels von den Kanaanitern, 2, aber das Volk gehorchte nicht. Infolgedessen wurde Israel gesagt, daß der Herr ihre Feinde nicht austreiben würde, daß diese vielmehr Israel ein Dorn in seiner Seite und ihm zum Fallstrick und Verderben werden würden. Israel weinte, 4, aber sie taten keine Buße. Sie nannten den Ort Bochim, d.h. „Weinende", und verspielten so nationalen Wohlstand und Segen.

Israels früherer Gehorsam ihrer derzeitigen Abtrünnigkeit gegenübergestellt, 2,6-15. Das Volk war zur Zeit Josuas und der Ältesten, die ihn überlebten, Gott gehorsam gewesen, 6-9. Jetzt aber forderte die Abtrünnigkeit der jungen Generation Gottes Zorn heraus, 10-15. Baal und Astarte waren Abbilder der männlichen und weiblichen Götter der Kanaaniter, 11.13, deren unmoralische Ausschweifungen, wie sie in den ugaritischen Epen von Ras Schamra offenbar werden, wohlbekannt waren.

Zusammenfassung der Geschichte Israels unter den Richtern, 2,16-19. Der Herr erweckte „Richter", d.h. heldenhafte Heerführer, die aufgrund ihrer Erfolge lebenslang mit der Regierung des Volkes betraut wurden, 16. Doch sobald ein solcher geistgesalbter (geistbegabter) Führer starb, fiel das Volk von Gott ab und verfiel in die politische Knechtschaft eines feindlichen Angreifers, 17-19.

Die Feinde gebraucht, um Israel zu prüfen, 2,20 - 3,4. Die Völker, die im Lande geblieben waren, hatten eine zweifache göttliche Aufgabe von Gott:
1. Israel für seinen Ungehorsam zu strafen, 2,20-21;
2. die Treuen im Lande zu prüfen und sie im Kriegführen zu unterweisen, 2,22 - 3,4.

Der geistliche Kreislauf im Buch der Richter
Das Richterbuch ist vom geistlichen Aufstieg und Fall Israels her aufgebaut. Israel blühte auf, wurde in falscher Sicherheit nachlässig und gleichgültig, verfiel in Sünde, erlitt göttliches Strafgericht durch Feinde von außen, die es beherrschten, wandte sich dann wieder in Buße Gott zu, der sandte einen Befreier, worauf dann eine Zeit äußeren Friedens und Wohlstands folgte. Dieser immer wiederkehrende Kreislauf ist auch für den Glaubenden des Neuen Testaments aufschlußreich, der auch leicht in einen

solchen geistlichen Niedergang durch Unacht-
samkeit und mangelnde Nüchternheit geraten
kann.

Kap. 3,5-31
Otniel, Ehud und Samgar, Richter in Israel

**Erster Abfall, Knechtschaft und Richter
(Otniel), 5-11.** Die Geschichte des Verfalls wird
erzählt, 5-7; Kompromisse, Mischehen mit Göt-
zenanbetern, schließlich Götzenanbetung selbst.
Das Volk diente den Göttern und Göttinnen der
Kanaaniter, Baal und Astarot, und betete die ver-
schiedenen Bilder dieser Gottheiten an. Die
Strafe wurde verhängt, indem Israel acht Jahre
lang an Kuschan-Rischataim verkauft wurde, ei-
nen unbedeutenden König von Mesopotamien.
Otniel (1,13; Jos. 15,17) von Juda wurde von
Gott erweckt, sein Volk zu befreien.

**Der zweite Abfall, Knechtschaft und
Richter (Ehud), 12-30.** Eglon, König von
Moab, des Landes östlich des Toten Meeres, war
der Unterdrücker, 12-14. Er eroberte „die Stadt
der Palmbäume", d.h. Jericho. Ein Held aus
Benjamin, namens Ehud, tötete Eglon durch einen Trick. Auf Ehuds Befreiung von Moab
folgte eine 80jährige Friedenszeit, 30.

Samgar, 31, erschlug sechshundert Philister
mit einem Ochsenstecken.

Kap. 4-5
Debora und ihre Heldentaten

**Dritter Abfall, Knechtschaft und die Rich-
terin (Debora), 4,1-3.** Die Abtrünnigkeit, 1,
wurde bestraft mit Unterdrückung durch Jabin,
den König von Hazor, eine der bedeutendsten
kanaanitischen Städte in Galiläa, deren Ausgrabungen bestätigt haben, daß sie um diese Zeit
eingenommen wurde, 2-3. Der Besitz von „Wagen aus Eisen" zeigt, daß die Kanaaniter den Hebräern voraus waren, die damals weder Wagen
hatten, noch mit der Kunst der Eisenschmelzerei
vertraut waren (Jos. 17,16; 1. Sam. 13,19-22). Jabin könnte hier mit einem Nachkommen des Jabin in Zusammenhang gebracht werden, der
von Josua besiegt wurde (Jos. 11,1). Es könnte
sich aber auch um einen Erbtitel handeln, den die
Herrscher von Hazor annahmen (vgl. Pharao,
Hiram).

Debora und Barak und ihr Sieg, 4,4-24.
Debora befahl Barak, eine Armee am Berge Tabor aufzustellen, 14, nördlich von der Ebene Esdrelon (Jesreel) in Galiläa. Die Stätte des Sieges
Baraks war der Fluß Kison, ein kleiner Bach, der
nördlich vom Karmel westwärts durch die
Ebene Esdrelon fließt. Sebulon und Naphtali
waren Stämme von Galiläa. Frauen spielen auch
weiter eine herausragende Rolle in der Geschichte, da Sisera durch Jael getötet wurde, die

Deborah forderte Barak auf, am Berg Tabor ein Heer aufzubieten

ihm im Schlaf einen Zeltpflock durch die Schläfe trieb. Diese Vorgänge zeigen, daß die Sitten jener Zeit recht roh waren.

Deboras Siegeslied, 5,1-31. Dieser Siegesgesang ist eine geistreiche dichterische Wiedergabe des Inhalts von Kap. 4 in Versen. In anschaulicher Weise wird Gottes Lob gesungen, 1-5. Es beschreibt den Zustand des Volkes und seine Befreiung, 6-11, feiert den Sieg und die Sieger, 12-22, und begrüßt den Untergang des Feindes, 23-31.

Kap. 6
Gideon und die Bedrückung durch die Midianiter

Vierter Abfall von Gott, Knechtschaft und Richter (Gideon), 1-24. Die Midianiter, die Amalekiter und die Völker vom Osten, 3, waren Beduinen und Freischärler. Diese Wüstenbewohner überfielen sieben Jahre lang immer wieder das Gebiet Israels. Da sie Kamele zur Verfügung hatten, konnten sie tagelange Reisen ohne Wasser unternehmen, was die früheren Nomaden, die nur Esel hatten, nicht konnten. Israels Elend, 1-5, und Buße, 6, brachte ihnen durch einen Propheten vom Stamm Manasse, einem Glied der kleinen Sippe Abiesers, eine gnädige Antwort von Gott, 11,15. Gideon wurde berufen, Israel zu befreien, als er in der Weinpresse Weizen drosch, anstatt am gewohnten Platz auf einem Hügel. Er tat es, um sich vor den plündernden Angreifern zu verbergen, 11-24.

Erste Heldentaten Gideons, 25-40. Der Herr befahl Gideon, den Altar Baals, des Hauptgötzen der Kanaaniter, und die „Weihestätte", d.h. die Astarte, Abbild einer der Hauptgöttinnen der Kanaaniter, zu zerstören, 25. Ein Altar des Herrn sollte an deren Stelle errichtet werden, 25-26. Gideon gehorchte, 27-32. Die Angreifer lagerten sich in der Ebene Jesreel, 33, das ist der östliche Teil der großen Ebene von Esdrelon. Gideon, der mit dem Geist des Herrn ausgerüstet worden war (wie alle Richter), sammelte eine Armee, 34-35, und es wurde ihm die Zusicherung des Sieges durch das Zeichen des Schaffells gegeben, 36-40.

Kap. 7
Der Sieg von Gideons Dreihundert

Die Verminderung der Armee, 1-8. Gideon („Fäller"), auch Jerub-Baal („Es hadere Baal mit ihm") genannt (siehe 6,32), dessen Glaube geläutert und dessen Tapferkeit durch das Zeichen des Felles gestärkt worden war, siebte seine Armee von 32000 auf 10000 und schließlich auf 300 Mann. Geistliche Qualität und nicht große Zahlen sind wichtig, wenn Gott wirken und verherrlicht werden soll, 2-3. Die Probe, 4-7, des Wasserleckens aus der Hand, wie ein Hund leckt, an-

Harod, wo Gideon den Midianitern gegenüberstand

statt das Wasser auf die gewöhnliche Weise zu trinken, trennte die aufgeweckten und wachsamen von den mehr Sorglosen, denen es eher um die natürlichen Bequemlichkeiten ging und die weniger vom Glauben angefeuert waren, den Feind zu erspähen und zum Sieg voranzustreben. Gott erwählte die dreihundert Mann, die Wasser leckten, 7, um Israel zum Sieg zu führen.

Der Traum des Midianiters, 9-14. Der Gerstenbrotkuchen, 13, repräsentierte die israelitischen Bauern und Kleinbauern, und das Zelt, welches der Gerstenbrotfladen schlug und zu Boden riß, die nomadischen Midianiter und amalekitischen Angreifer.

Der Sieg des Glaubens, 15-25. Die Posaune war das Zeichen des Vordringens zur Schlacht gegen den Feind, die Künderin vom Sieg des Glaubens.

Kap. 8
Gideons Versagen

Eifersucht der Ephraimiter, 1-3. Der Sieg über die Midianiter und Amalekiter zog bald innere Auseinandersetzungen nach sich. Gideons freundliche Antwort (vgl. Phil. 2,1-5) an die eifersüchtigen und egoistischen Ephraimiter veranschaulichte seine Charakterstärke. „Die Nachlese der Trauben", d.h. die Gefangennahme der midianitischen Obersten Oreb und Seb durch die Ephraimiter war „besser als die Weinlese Abiesers", 2, d.h. der Sieg über die ganze Horde der Feinde in der Ebene von Jesreel. Eine sanfte, demütige Antwort dämpft den Zorn (Spr. 15,1).

Vollkommener Sieg über den Angreifer, 4-21. Eine größere Probe und ein Sieg folgten auf die Überwindung des inneren Streites. Die Leute von Sukkot und Pnuel, 5-8, verspotteten Gideon und verweigerten ihm jede Hilfe. Dadurch bewiesen sie, daß sie in Wirklichkeit heimliche Verbündete der Midianiter waren. Nach seiner siegreichen Rückkehr behandelte Gideon sie dann als solche.

Gideons Versagen, 22-32. Obwohl Gideon das Angebot des erblichen Königtums für sein Haus ablehnte, 22-23, fiel er in eine andere Falle: Er machte aus eroberten Ringen ein Ephod (wahrscheinlich eine Art Abbild oder Denkmal), 24-27, und stellte es in seiner Heimatstadt Ophra auf. Dies wurde ein Übel für Israel und stellte eine grobe Verletzung gegenüber der Heiligkeit der Priesterschaft dar.

Der fünfte Abfall, 33-35. Nach Gideons Tod diente Israel dem Götzen Baal-Berit (Herr des Bundes); dies bedeutete eine Perversion und Verhöhnung des Bundesverhältnisses Jahwes zu Israel.

Kap. 9
Abimelech und seine Bosheit

Der Mord an den Söhnen Gideons, 1-5. Abimelech („Mein Vater ist König") wollte an sich reißen, was sein Vater Gideon verworfen hatte. Als Sohn einer kanaanitischen Mutter zeigte sich an ihm das Übel des Kompromisses und des Ungehorsams gegen Gottes Wort durch die schreckliche Untat, daß er alle Söhne Gideons umbringen ließ. Nur Jotam, der Jüngste, konnte dem Blutbad entkommen.

Abimelechs Anmaßung und Tod, 6-57. Jotams Gleichnis, 7-21, vom Berg Garizim, dem Berg südlich von Sichem (5. Mo. 11,29), zeigt mit aller Schärfe die Gemeinheit Abimelechs (ein wertloser „Dornstrauch", 14). Seine dreijährige Regierungszeit war gekennzeichnet von einem Streit zwischen ihm und den Männern von Sichem, 26-49, dessen Höhepunkt Gaals Rebellion bildete, 26-41. Sie wurde niedergeschlagen. Abimelech starb in Unehren, wie er gelebt hatte, während er Tebez belagerte, eine Stadt etwa 18 km nordöstlich von Sichem, 50-57.

Kap. 10
Tola, Jair und der sechste Abfall Israels von Gott

Tola und Jair, 1-5. Von Tola wird keine erfolgreiche Tat berichtet, und von Jair („Aufklärer") erfahren wir nur wenig. Letzterer hatte 30 Söhne, denen 30 Städte gehörten, die „Havoth-Jair", d.h. „Jairs Dörfer" genannt wurden. Daß sie auf Eselsfüllen ritten, 4, zeigte ihre hohe soziale Stellung an.

Der sechste Abfall und Knechtschaft, 6-18. Israels besonders bedenkliche Abkehr von Gott, 6, brachte die Zuchtrute der Philister und Ammoniter, 7-9; dann Israels Verzweiflungs- schrei, 10, und ihre Reue, 15-16. Doch die Züchtigung dauerte an, 17-18.

Kap. 11
Jephtah befreit Israel von den Ammonitern

Jephtah verworfen, doch zum Heerführer gemacht, 1-11. Jephtah war ein Mann von großer Tapferkeit, aber der Sohn einer Dirne, 1. Von seiner Familie ausgestoßen, ging er nach Tob, einem Gebiet in Syrien, nördlich von Gilead in Transjordanien. Dort wurde er zu einem herumstreifenden Freibeuter. Als Krieg mit den Ammonitern ausbrach, einem Volk aus Zentral-Transjordanien, dessen Haupstadt Rabbath-Ammon (das heutige Amman) war, riefen die Ältesten von Gilead Jephtah zurück und machten ihn zu ihrem Heerführer.

Jephtahs Verhandlungen mit Ammon, 12-28. Sie bewiesen Taktgefühl, Weisheit und diplomatisches Geschick, konnten aber den Ausbruch eines Krieges nicht verhindern.

Jephtahs Gelübde und seine Erfüllung, 29-40. Am Vorabend der Schlacht, 30, tat Jephtah („Gott öffnet") ein Gelübde, daß, was immer als erstes ihm aus seinem Hause bei seiner siegreichen Rückkehr entgegenkomme, Gott gehöre und er es als Brandopfer darbringen werde, 31. (hebr. „olah" = „ein Opfer, das aufsteigt"); (vgl. 3. Mo. 1). Die Meinungen sind geteilt darüber, ob auch das Menschenopfer mit einbezogen war, da Jephtahs einziges Kind, eine junge, noch unverheiratete Tochter, die erste war, die den heimkehrenden Jephtah als Held in seinem Haus in Mizpa grüßte, 34-35. Diejenigen, die annehmen, daß es sich hier um ein wirkliches Opfer handle, begründen das 1) mit dem ausdrücklichen Text der Geschichte, 31; 2) mit der halb heidnischen Herkunft Jephtahs, der mit diesem extremen Schritt, ein Gelübde zu tun, das ein Menschenopfer einschließen kann (vgl. 2. Kö. 3,27), einem heidnischen Brauch nachkam und das mosaische Gesetz nicht kannte oder überging, das solche Bräuche verbietet (3. Mo. 20,2-3). Letztere Annahme wird dadurch bestätigt, daß seine Tochter damit einverstanden war, 36. Zudem scheint Jephtahs übergroßer Schmerz, 35, und die Tatsache, daß nichts in der Erzählung darauf hinweist, daß Jephtahs Handlungsweise die Zustimmung Gottes gefunden hätte, dafür zu sprechen, daß es sich hier um ein wirkliches Opfer handelte. Jephtahs Tochter bat um Zeit, ihre Jungfrauschaft zu beklagen, 37, denn es gab für eine jüdische Frau keine größere Schande, als kinderlos zu sterben. Manche wollen in dieser Ehelosigkeit der Tochter die Erfüllung des Gelübdes sehen, aber der Text scheint deutlich davon zu sprechen, daß sie durch die Hand ihres Vaters den Tod fand.

Eine Frau mahlt Getreide zwischen zwei Mühlsteinen

Kap. 12
Jephtahs Krieg mit Ephraim

Die zänkischen Ephraimiter werden bestraft, 1-7. Dieser Stamm, der westlich des Jordans lebte, zeichnete sich durch Streitereien und Eifersüchteleien aus. Das gleiche Volk legte Gideon gegenüber eine ähnliche Haltung an den Tag (Ri. 8,1). Doch in scharfem Gegensatz zu Gideon vertrat Jephtah die selbstsüchtige, stolze, egozentrische Haltung, die oftmals von Sekten und religiösen Kultgemeinschaften eingenommen wird. „Ich und mein Volk", 2; „ich rief euch", 2; „ich sah", 3; „ich setzte mein Leben daran", 3. Das Ergebnis war Streit und Krieg zwischen Brüdern, Tod und lang andauernde, bittere Fehden, die oft so bezeichnend sind für Gläubige, die den Sinn für die Einheit des Leibes Christi verloren haben (1. Kor. 12,13; Eph. 4,1-6). In der großen Schlacht, die folgte, als die Ephraimiter versuchten, sich in ihr Land abzusetzen, jenseits der von den Gileaditern kontrollierten Jordanfurten, wurden die, die das Wort „Schibbolet" (ein Getreidekörnchen oder eine Getreideähre) als „Sibbolet" aussprachen, also „s" anstatt „sch", als Ephraimiter erkannt und getötet. Die Ephraimiter sprachen einen leicht unterschiedlichen Dia-

lekt der hebräischen Sprache und konnten daran sofort als Ephraimiter erkannt werden, daß sie unfähig waren, den „sch"-Laut auszusprechen.
Die Richter Ibzan, Elon und Abdon, 8-15. Sie gehörten zu den sogenannten unbedeutenderen Richtern, die vielleicht nur die Regierungs- und Rechtsangelegenheiten des Volkes vertraten, aber offenbar nie Heldentaten vollbrachten wie die übrigen Richter (vgl. 10,1-5).

Kap. 13
Vorherrschaft der Philister;
Geburt Simsons

Die siebente Abtrünnigkeit, 1. Israel wurde 40 Jahre der Gewaltherrschaft der Philister überantwortet. Da war kein Notschrei zu Gott, auch kein Zeichen von Reue und Buße. Dieses war der letzte und wohl auch der tiefste Abfall von Gott. Auch die Errettung war deshalb nur teilweise und unvollkommen, 5, ebenso wie Simsons Werk. Die Philister waren in hohem Grade religiös und feierten ihre Siege im Haus ihrer Götzen (1. Sam. 31,9). Oft nahmen sie ihre Götzenbilder mit in die Schlacht (2. Sam. 5,21). Dagon, („Getreide") war ein Fruchtbarkeitsgott für die Vegetation, der auch in Ugarit und bei den früheren Amoritern verehrt wurde. Sie beteten auch die Astarte an (1. Sam. 31,10), die der altassyrischen Göttin der Fortpflanzung, Ishtar, entsprach und auch Baal-Sebub („Herr der Fliegen"), dessen Name eine spöttische Entstellung von „Baal-Sebul" („Herr der göttlichen Wohnung") war (2. Kön. 1,2). In der jüdischen Theologie wurde aus Baal-Sebub „Beelzebub", der „Oberste der Dämonen" (Matth. 12,24). Das Philistertum stellt eine mit Heidentum vermischte Religion dar, ein Synkretismus, der bei der wahren Gottesverehrung unannehmbar ist.
Philistertum gegenüber Nasiräertum, 2-23. Wer sollte Israel vom Joch der Philister befreien? 7. Ein „Nasiräer", 7, einer, der „für Gott abgesondert" war (siehe Anmerkungen über das Gelübde des Nasiräers und seine Reinigung von kultischer Verunreinigung in 4. Mo. 6,1-21). Nicht nur sollte der Befreier Israels selbst von Geburt an von den Verunreinigungen durch die Götzenanbetung der Philister frei sein, sondern auch seine Eltern sollten bereits als „für Gott Abgesonderte" leben, 2-14, und aufgrund der Engelserscheinung sollten sie unerschütterliches Vertrauen in die Kraft Gottes beweisen. Der „Engel des Herrn", 3-23, war Christus vor seiner Menschwerdung, derselbe, der Mose im brennenden Busch (2. Mo. 3,1-6) und Josua außerhalb Jerichos (Jos. 5,13-15) erschienen war.
Simsons Geburt, 24-25. Simson (hebr. Shimshon bedeutet „kleine Sonne") wurde geboren, als sein Stamm, die Daniter, 2 (vgl. Mahaneh-Dan, „Lager von Dan") im Südwesten in der Nähe des Landes der Philister wohnten. Eine später erfolgte Ausbreitung der Philister

Eine der Philisterstädte war Askalon. Dieser Teil der Stadtmauer stammt aus der Zeit der Kreuzzüge.

zwang den Stamm, sich weiter nördlich anzusiedeln (Ri. 18).

Kap. 14
Simsons erste Heldentaten

Simson tötet den Löwen, 1-7. Simson handelte zum ersten Mal gegen sein Nasiräergelübde, 1. Er ging nach Timnat, einer Stadt der Philister, wo er durch eine der dortigen Frauen in Versuchung geriet, 1-2. Doch Gott gebrauchte den Fehler Simsons, um im Zusammenhang damit seine Macht zu offenbaren, 4. Simson blieb ein Nasiräer, und so kam der Geist Gottes über ihn in Kraft, wie er immer durch ein geheiligtes Gefäß, das für Gott abgesondert ist, arbeitet. Simson zerriß den Löwen mit seinen bloßen Händen, 6. Aber während der Nasiräer einerseits Heldentaten verrichten und sozusagen Satan besiegen durfte, fiel er andererseits durch die Betörung der Timniterin als Beute an Satan, 16-17.

Honig im Aas des Löwen, 8-9. Auf dem Wege zu seiner Hochzeit ging Simson beiseite und besah das Aas des Löwen. Er fand Bienen und Honig darin und nahm von dem Honig in seine Hände. Das war eine grobe Verletzung seines Nasiräer-Gelübdes, das den Kontakt mit Leichen verbot.

Heldentaten trotz der Kompromisse, 10-20. Dieses erste Abenteuer auf dem Weg zur Verbindung mit den Philistern hatte Simson wohl Gelegenheit gegeben, seine physische Kraft unter Beweis zu stellen, doch folgten ihm weiteres Versagen und Enttäuschungen. Seine Frau ließ ihm keine Ruhe und verriet ihn, und die Philister übertölpelten ihn.

Kap. 15
Simsons Kampf mit den Philistern

Simsons Rache, 1-8. Die Ehe, die Simson geschlossen zu haben glaubte, war von der altertümlichen Art, da die junge Frau im Hause ihrer Eltern verblieb und der Ehemann sie nur von Zeit zu Zeit besuchte. Das „Ziegenböcklein" war wohl die gebräuchliche Gabe anläßlich eines intimen Besuches (1. Mo. 38,17). Die 300 Füchse mit den an ihren Schwänzen festgebundenen Fackeln, die Simson in die Kornfelder und Weingärten der Philister jagte, waren offenbar Ausdruck ausgesprochener Rache und nicht vom Geist Gottes veranlaßt. Simson war für seine Schwierigkeiten selbst verantwortlich, was immer der Fall ist, wenn Kompromisse mit den Philistern (Symbol für die gottlose Welt) eingegangen werden.

Von den eigenen Volksgenossen gebunden, 9-13. Seine eigenen Brüder aus Israel banden ihn aus Furcht, um ihn den Philistern auszuliefern. Lechi, 9-14, bedeutet „Kieferknochen".

Heldentat mit einem Eselskinnbacken, 14-17. In Ramat-Lechi („Kinnbacken-Höhe"), 17, tötete Simson 1000 Philister. Aber weislich warf er den Knochen dann fort, als er seinen Zweck erfüllt hatte, damit er nicht – wie das Ephod Gideons – dem Volk zum Fall würde (Ri. 8,27). Oftmals wird das Instrument, das Gott zum Segen gebrauchte, verehrt, anstatt der lebendige Gott, der es gebrauchte.

Simsons Gebet und Gottes Antwort, 18-20. Simson dürstete, und Gott ließ bei Lechi die Höhlung spalten, so daß Wasser herausfloß in „En Hakkore", „die Quelle des Anrufers". So sorgte Gott für seinen Knecht, der ihn in seiner Not anrief. Dadurch wurde er gestärkt, der Rache der übrigen Philister standzuhalten.

Kap. 16
Simson und Delila. Simsons Tod

Simson in Gaza, 1-3. Drei Frauen aus dem Volk der Philister plagten den Nasiräer Simson, beraubten ihn seiner Geistesmacht und wurden für ihn zuletzt zum Ruin: die Timniterin, 14,1-4; die Dirne in Gaza, 16,1-3; und Delila, 16,4-20. Jede von ihnen warf ihren Schatten auf die außergewöhnliche Kraft des Nasiräers, die sich gegen den dunklen Hintergrund des Kompromisses mit der Sünde abhob, letztlich aber davon zerstört wurde.

Archäologische Streiflichter
Die Pentapolis (Fünfstädtebund) der Philister. Zur Zeit der Richter wurden die Philister von einer Konföderation regiert, in der sich die fünf größten Städte zusammengeschlossen hatten: Gaza, Ekron, Askalon, Gath und Asdod. Die Regierung bestand aus fünf „Herren" (seranim), welche die absolute Macht auf militärischem und zivilem Gebiet ausübten.

Simson und Delila, 4-19. Delila, die der Anlaß zu Simsons Untergang war, ist ein Symbol der Welt in ihren religiösen, leichtsinnigen, das Vergnügen liebenden Wesenszügen, welche, wie diese listige Frau, zum Ziel hat, den echten Nasiräer seiner Absonderung für Gott zu berauben, die die geheime Kraft im Leben des Gläubigen darstellt. Mannigfaltig waren Delilas schlaue Spitzfindigkeiten, die hier berichtet werden, bis sie schließlich ihr Opfer dazu brachte, ihr das Geheimnis seiner Kraft anzuvertrauen, 4-17. Das Geheimnis war Simsons Gelübde, ein Für-Gott-Abgesonderter zu sein. Und als ihm das Kennzeichen für das nasiräische Abgesondertsein, seine Locken, abgeschnitten wurden, war seine Kraft dahin.

Das Ergebnis der Verletzung des Nasiräer-Gelübdes durch Simson, 20-25. 1) Unwissenheit über seine geistliche Kraftlosigkeit. Er *wußte nicht,* daß seine Kraft ihn verlassen hatte, 20. 2) Er wurde von den Philistern gefan-

gengenommen. 3) Er verlor sein Augenlicht. 4) Er wurde von den Philistern zum Sklaven erniedrigt, 21. 5) Er wurde zum Spott und Ärgernis und zum Instrument der Philister, einen Götzen anstatt des lebendigen Gottes zu verherrlichen, 23-25. 6) Er wurde zum Gespött der Philister und ein religiöser Hanswurst, 25. – Zu Dagon s. Erklg. zu Ri. 13,1.

Simsons Tod, 26-31. Wie in einer tragischen Ironie endet die Simsongeschichte mit seinem heldenhaften Tod, als Gott sein letztes Gebet gnädig erhörte und ihm seine Kraft zurückgab, so daß er töten konnte „mehr ... in seinem Sterben, als ... die er während seines Lebens getötet hatte."

Archäologische Streiflichter
Simsons langes Haupthaar und die damit in Zusammenhang stehende große Körperkraft ist ein allgemein bekanntes Motiv in der antiken Literatur. Die mächtigen Krieger von Achaja in der Ilias waren als „langhaarige Recken" bekannt. Die Stärke des Phöbus, eines Gottes in der Ilias, wird mit seinem nicht geschorenen Haupthaar in Verbindung gebracht. In ähnlicher Weise hatte der Held Enkidu „langes Haar wie eine Frau". Simson steht allen diesen gegenüber einzig da, weil die Bibel deutlich sagt, daß seine Kraft vom „Geist des Herrn" und nicht von seinem langen Haupthaar als solchem herrührte.

Kap. 17-18
Michas Götzendienst und der Stamm Dan

Micha und der Levit, 17,1-13. Der Geschichte von der Neuansiedlung des Stammes Dan geht der Bericht über Micha und seinen Bilderdienst voraus. Er erhielt von seiner Mutter als Geschenk Geld, das er ihr erst gestohlen und dann zurückgegeben hatte. Von diesem Geld gebrauchte seine Mutter dann 200 Silberlinge, um davon verschiedene Bilder zu machen. Sie gab vor, damit dem Herrn dienen zu wollen, 2-4. Micha hatte ebenfalls einen Götzenschrein, ein „Ephod" (Abbild) und „teraphim" (Bilder von Hausgötzen) machen lassen und setzte, nach dem Geist dieser gesetzlosen Zeit, einen seiner Söhne als Priester ein, 5-6. Als ein levitischer Priester aus Bethlehem-Juda zu seinem Hause kam (ca. 11 km südlich von Jerusalem), überredete Micha ihn, als Priester an seinem Heiligtum bei ihm zu bleiben. Diese gesetzlose, von Menschen erfundene religiöse Einrichtung, die die geistliche Abtrünnigkeit der damaligen Zeit erkenntlich macht, wurde von Micha in Unwissenheit als ein Zeichen des Segens Gottes angesehen.

Die Abwanderung der Daniter, 18,1-31. Als der Stamm Dan unter dem beständigen Druck der Philister nach Norden abwanderte (vgl. Jos. 19,40-47; Ri. 1,34; 13,2), stahlen sie Michas Schrein mitsamt dem levitischen Priester, 16-20. Das ist ein weiterer Beweis für die Gesetzlosigkeit, den Abfall von Gott und die politischen Wirrnisse jener Zeit (vgl. Ri. 17,6; 18,1; 19,1; 21,25). Die Absicht des gesamten Anhangs zum Richterbuch (Kap. 17-21) ist es, Israels tiefe innere Verdorbenheit zu beschreiben. Der Levit protestierte nicht gegen die schreiende Ungerechtigkeit, die man Micha antat. Es bedeutete ja persönlichen Vorteil für ihn. Michas Protest gegen diese Handlungsweise wurde im Namen der Religion erhoben. Seine Versuche, das ihm gestohlene Besitztum wiederzuerlangen, waren fruchtlos, 26. Kap. 17 und 18 zeigen Israels religiöse Verkommenheit. Kapitel 19-21 zeigen Israels moralische und politische Gesetzlosigkeit in jener Zeit.

Kap. 19-21
Gibeas Verbrechen und seine Strafe

Die Greueltat der Einwohner von Gibea, 19,1-30. Dieses Kapitel berichtet genauestens über die grauenerregenden Auswüchse der Abtrünnigkeit Israels von Gott (vgl. Röm. 1,26-32; 2. Tim. 3,1-5). Israel hatte die Sitten der Kanaaniter angenommen und war in den Abgrund kanaanitischer Grausamkeit und Unmoral hinabgesunken. Ähnliche Gesetzlosigkeit findet sich heute in der weltweiten Abtrünnigkeit von Gott (Lk. 17,28-30). Das Verbrechen der Benjaminiter von Gibea zeigt, daß die Stadt auf die moralische Ebene von Sodom gesunken war (1. Mo. 19,1-14).

Die Ernte von Krieg und Blutvergießen, 20,1-48. Die Obersten des Volkes versammelten sich zu Mizpa, einer Stadt an der Nordgrenze Benjamins, um zu entscheiden, was getan werden sollte, 1-7. Sie beschlossen, die Schuldigen mit dem Tod zu bestrafen, 12-13. Da aber die Benjaminiter sich weigerten, die Schuldigen auszuliefern, kam es zu einem grauenhaften Bürgerkrieg, in dem Tausende getötet wurden. Eine tragische Ernte wurde dabei eingebracht (vgl. Gal. 6,7). Der schuldige Stamm wurde beinahe ausgerottet.

Buße für Benjamin, 21,1-25. Die Einwohner von Jabes in Gilead wurden getötet und die Jungfrauen, die übriggeblieben waren, dem Rest des Stammes Benjamin zu Ehefrauen gegeben, 1-15. Benjamin wurde als Stamm wiederhergestellt. Sie erhielten junge Frauen von den Tänzerinnen beim alljährlichen Fest in Silo, 16-22. Das Buch der Richter endet mit der eindeutigen Feststellung, daß jene Zeit eine Zeit der Gesetzlosigkeit war, 25, – so, wie sie das Buch selbst darstellt.

Dan, das von den Danitern auf ihrem Zug nach Norden erobert wurde

Das Buch Ruth

Eine Liebesgeschichte als Bild der Erlösung

Platz des Buches im biblischen Kanon. Diese liebliche Geschichte von Liebe und Erlösung steht in enger Verbindung zum Buch der Richter. Sie ereignete sich zur gleichen Zeit, d.h. zwischen 1400 und 1050 v.Chr. (Ri. 1,1). Daher hat das Buch zu Recht seinen Platz nach dem Buch der Richter. In der hebräischen Bibel ist es im dritten Teil des dreiteiligen Kanons unter den fünf kürzeren „Schriften" oder „Rollen", Megillot genannt (Hohes Lied, Ruth, Klagelieder, Prediger, Esther), eingereiht. Es war wohl aus liturgischen Gründen aus dem zweiten in den dritten Teil übernommen worden. Da seine Begebenheiten sich zum großen Teil auf dem Erntefeld abspielen, ist sein Inhalt gut geeignet für die Feier des Erntefestes.

Verfasser und Entstehungszeit. Der Verfasser ist unbekannt. Doch da die Genealogie bis zu David reicht, 4,17.22, ist anzunehmen, daß es von einem vom Geist Gottes inspirierten Verfasser zur Zeit der Regierung Davids geschrieben wurde (ca. 1010 v.Chr.). Die Entstehung des Buches auf einen späteren Zeitpunkt verlegen zu wollen, besonders erst in die Zeit nach dem Exil, gründet sich auf nicht stichhaltige Voraussetzungen der Bibelkritik.

Typologie. Die reiche Typologie dieses Idylls macht es zu mehr als einer ländlichen Liebesgeschichte. Es ist ein wichtiges Verbindungsglied in der sich fortschreitend entfaltenden Geschichte der Erlösung (Heilsgeschichte) und stellt die Gestalt des Herrn Jesus als großen „(Er)Löser" der Menschheit im allgemeinen dar. Im besonderen aber weist es in die Zukunft, in der dieser Aspekt seines herrlichen Wesens für Israel, sein Bundesvolk, bedeutend wird in seiner zukünftigen Wiederherstellung. Es stellt eine wichtige Verbindung in der irdisch-menschlichen Generationenkette her, aus welcher unser Herr ungefähr 1100 Jahre später hervorging. Das Wunder an der Schrift für das gläubige Herz und das urteilsfähige Auge der Liebe ist der heilsgeschichtliche Faden, der sich durch die ganze Heilige Schrift hindurchzieht. Dieses Mosaik der Person und des Werkes Christi ist in vollkommener Weise in die Schrift eingefügt und offenbart unseren Herrn als Alpha und Omega der Wege Gottes mit den Menschen. Vgl. den Abschnitt „Typologie", Seite 12.

Überblick

Hügellandschaft um Bethlehem

Ruth

„Die Felder des Boas" bei Bethlehem

Kap. 1
Ruths Glaubensentscheidung

Naemis und Ruths Unglück, 1-5. Das Buch ist eine liebliche Geschichte und lehrt viel Gutes. Aber es ist mehr als das, denn es handelt von der Erlösung. Als Liebesgeschichte gibt uns das Buch gleichzeitig einen wunderbaren Einblick in die Entfaltung der Pläne Gottes mit Israel. Von dieser Seite will seine Botschaft ausgehen, um Gottes erlösende Liebe zur Welt deutlich zu machen. Naemi, „die Liebliche", ist ein Bild Israels, des erwählten Volkes. Ihre glückliche Ehe mit Elimelech („Mein Gott ist König"), in Bethlehem („Haus des Brotes") ist ein Bild des Wohlstandes im Lande, das in einem Eheverhältnis zu Gott steht, ihm treu, und seine Gunst und Segnungen genießt. Die Bedrängnisse, die durch die Hungersnot über Naemi kamen, sind Symbole des geistlichen Versagens Israels im Lande und der dadurch hervorgerufenen Züchtigungen. Die notgedrungene, erzwungene Auswanderung nach Moab, einem heidnischen Land, ist ein Symbol der weltweiten Zerstreuung Israels. Der Tod von Naemis Gemahl, 3, im fremden Land ist ein Symbol der Verwerfung Israels als Nation von seiten Gottes während der Jahrhunderte der Zerstreuung, ebenso auch von Israels Witwenschaft und Trennung von Gott, seinem Gemahl (vgl. Jes. 50,1-3). Der Tod Machlons („Kränklichkeit") und Kiljons („verschmachten") im fremden Land steht symbolisch für die Not und das Elend, das Israel (Naemi) in der Zerstreuung unter den Heiden zu ertragen haben wird, wo seine Lage hoffnungslos ist. Ruth und Orpa, die moabitischen Ehefrauen Machlons und Kiljons, wurden Witwen.

Ruth und ihre Entscheidung, 6-18. Die Botschaft, daß „der Herr sein Volk heimgesucht und ihm Brot gegeben habe", 6, und Naemis Plan, in ihr Land zurückzukehren, weist auf die Zeit hin, wenn das zerstreute Israel sich anschicken wird, in sein Land heimzukehren, 7. Orpa, die in Moab blieb, ist ein Symbol der ungläubigen Mehrheit des Volkes, die in den Tagen der Rückkehr Israels in sein Land es vorziehen wird,

in der Zerstreuung zu verbleiben. Ruth jedoch, die sich zu Naemi hält, ist ein wunderschönes Bild des gläubigen Überrestes der Nation, der sich der Für- und Vorsorge Gottes anvertraut und schließlich dem mächtigen (Er)Löser begegnen wird, durch den er Erbe des verheißenen Segens werden wird. Sowohl Orpa als auch Ruth sind Symbole einer Nation in der Zerstreuung und im Unglauben. In diesem Zustand der nationalen Verwerfung von Gott teilen sie das Schicksal der Heiden, die Gott bezeichnet als „Lo Ammi" („Nicht mein Volk", Hos. 1,9). Der Unterschied liegt darin, daß Orpa in diesem Zustand verharrte, während Ruth den Schritt des Glaubens tat, der sie am Ende nicht nur zu einem Glied der Gottesgemeinde („Ammi" = „mein Volk"), machte, sondern darüber hinaus zu einer der Vorfahren Jesu Christi werden ließ.

Naemi und Ruth im Land, 19-22. Nachdem sie in Bethlehem angekommen waren, nannte sich Naemi („die Liebliche", wie sie im Glauben hätte sein sollen) bei ihrer Rückkehr „Mara" („die Verbitterte", was sie war, als sie im Unglauben in ihr Land zurückkehrte). Die angegebene Jahreszeit war die Zeit „des Beginns" der Gerstenernte, 22, und auch diese Zeitangabe ist ein Symbol vom Ende der Zeiten (Matth. 13,30.39). Wenn jenes Ende kommen wird, nachdem die Gemeinde bereits verherrlicht ist, wird Israel, wie Naemi, mit einem gläubigen Überrest, der sich zu ihm hält, dargestellt in

Ruth, ins Land zurückkehren (vgl. Jes. 6,13; 10,21-22; Mi. 4,7; Zeph. 3,7 usw.).

Kap. 2
Ruth darf Ähren lesen

Ruth liest Ähren auf dem Felde des Boas auf, 1-17. Boas („In ihm ist Kraft), ein Verwandter der Naemi, wird eingeführt als ein „sehr vermögender Mann". Als ein Bild des Herrn Jesus, der reich ist, aber auch als der, „in dem Kraft ist", ist Boas ein Hinweis auf den „(Er)Löser". Ruths Wunsch, auf dem Feld Boas Ähren zu lesen, um „in seinen Augen Gnade zu finden", 2-3, ist ein Bild für das Sehnen des gläubigen Überrests Israels in der Endzeit, den Herrn, seinen (Er)Löser, in der Schrift zu suchen, um ihn in Gnaden zu finden. Das Kommen des Boas von Bethlehem, 4, seine freundliche Aufmerksamkeit Ruth gegenüber, 5-9, seine gütigen Worte an sie, 11-12, und seine Fürsorge für sie, 13-17, zeigen die Liebe des (Er)Lösers Israels für den gläubigen Überrest der Nation.

Ruth hört Näheres über Boas, 18-23. Als Ruth am Abend mit dem Ertrag ihrer Tagesarbeit zu Naemi zurückkam, hörte sie Näheres über Boas. Doch erfährt sie nur, daß er „einer" der „Löser" in der Familie von Naemis Mann ist, 20. Sie vernimmt nichts von ihm als *dem* (Er)Löser. Dies Letztere sollte Ruth erst später von Boas selbst erfahren. Ebenso wird Israel die ganze Geschichte des göttlichen Boas nicht verstehen, bis er sich selbst dem gläubigen Überrest seines Volkes in seiner Gnade und Macht bei seinem zweiten Kommen offenbart (vgl. Sach. 12,10 – 13,1; Jes. 60,1-22; Hos. 6,1-11; 14,4-9; Röm. 11,26-36).

Kap. 3
Ruth in der Gemeinschaft

Boas garantiert Ruths „Lösung", 1-13. Naemi unterwies Ruth über den israelitischen Brauch der Lösung von Besitz durch den nächsten Verwandten, 1-4, nach der Ordnung von 3. Mo. 25,25-28, und über die Schwager-Ehe (5. Mo. 25,5-10). Ruth handelte nach Naemis Rat, 5-6. Naemis Hauptziel war, Ruth eine Heimat zu schaffen, wo sie zur Ruhe kommen würde, 1. Nach der Begegnung zwischen Boas und Ruth fand Ruth Ruhe zu den Füßen Boas', 1-8, und erfuhr die Wahrheit, daß Ruhe nur zu den Füßen des Erlösers gefunden werden kann. Dies

Ein Bauer beim Dreschen des Getreides. Der Dreschschlitten, ein von Ochsen gezogenes, breites, mit Steinen beschwertes Brett, wird über das Getreide gezogen, um die Körner aus den Ähren zu gewinnen.

gilt für den einzelnen Gläubigen (Lk. 10,38-42) wie für das bekehrte Volk Israel (Jes. 59,20; Röm. 11,23-29), wenn Israel die Erlösung durch den „(Er)-Löser" erfahren und zu seines Königreiches Ruhe eingehen wird.

Des Boas Worfel-Arbeit auf der Gerstentenne, 2, wo Ruth ihn aufsuchte, um ihren Segen in Anspruch zu nehmen, sagt das Werk des göttlichen Boas voraus (Matth. 3,12), wenn er bei seinem zweiten Kommen Auslese unter seinem Volk halten wird und der gläubige Überrest, gleich Ruth, zu den Füßen seines Erlösers Ruhe suchen wird.

Ruth berichtete Naemi, 14-18, und wartete auf die zugesagte „Lösung".

setzten König, den Messias (vgl. 1. Chron. 2,5; 9,4; Matth. 1,3-6). So ist in diese schlichte Geschichte Gottes Plan für die Erlösung der Welt und die Wiederherstellung seines Volkes Israel hineinverwoben.

Kap. 4
Ruth findet Ruhe durch den (Er)Löser

Der nähere Verwandte gibt die Rechte des Lösers an Boas ab, 1-8. Am Tor, 1, (1. Mo. 23,10), dem gewohnten Platz, wo Geschäftsvorgänge geregelt wurden, sagte Boas dem näheren Verwandten Naemis, daß er das Eigentum gesetzlich nicht lösen könne, ohne zugleich Ruth zu ehelichen. Das aber konnte dieser Verwandte nicht tun, weil er wahrscheinlich schon verheiratet war. Einen Sohn im Namen eines andern großzuziehen würde unlösbare Schwierigkeiten bei der Regelung des Erbrechts von Gütern mit sich bringen. Der ungenannte Löser konnte zwar das Land lösen, jedoch nichts für die arme Fremde tun. Die symbolische Handlung des Ausziehens des Schuhs, 8, hat hier nichts zu tun mit der von 5. Mo. 25,8-10, wo es die Demütigung dessen bedeutet, der sich weigert, die Leviratsehe einzugehen. Hier ist der Schuh das Symbol für das Recht dessen, der ihn auszieht, seinen Fuß auf das in Frage stehende Land als sein Eigentum zu setzen (Ps. 60,8), und das Ausziehen ist symbolisch dafür, daß er dieses Recht an den abtritt, dem er den Schuh reicht.

Boas löst das Land und heiratet Ruth, 9-17. Ruth, die Moabiterin, wurde aufgrund von Boas' Handeln, 9-10, von den Ältesten der Stadt offiziell in Israel aufgenommen, und Gott bestätigte diese Erlösungstat damit, daß er Ruth einen Sohn gab, 13-17. Diese Ehe ist das Symbol für beides, sowohl für die Erlösung des Landes als auch des Volkes Gottes, wenn der erlöste Überrest eintritt in die Segnungen der Ruhe des messianischen Reiches (vgl. Jes. 4,1-6; 11,1-16; Sach. 8,6-8).

Geschlechtsregister des Messias, 18-22. Hier wird eine verkürzte Übersicht gegeben, beginnend bei Perez, dem Vorfahren der königlichen Familie Judas (1. Mo. 38,29), der auch aus einer Leviratsehe stammte, bis zu David. Letzterer weist hin auf den wahren, von Gott einge-

Das erste Buch Samuel

Von den Richtern zu den Königen

Allgemeines. Die beiden Bücher Samuel waren im Hebräischen ursprünglich ein Buch. Sie gehören zum Besten, was in der Geschichtsliteratur der Welt existiert. Sie sind vornehmlich als geschichtliche Biographien geschrieben und unterscheiden sich von den zeitgenössischen Dokumenten (assyrischen, ägyptischen und hethitischen) dadurch, daß sie Geschehnisse der Zeit nicht nur hölzern aneinanderreihen. Sie beleuchten die Geschehnisse selbst in ihrer Bedeutung und stellen die sittlichen wie auch die geistlichen Auswirkungen der einzelnen Ereignisse und die in sie verwickelten Personen ins Licht. Aus diesem Grunde haben diese Bücher einen überragenden moralischen und belehrenden Wert. Auch vom prophetischen Standpunkt aus sind sie wichtig, weil sie von der Gründung des Königreiches Israel unter David berichten. Diese Entwicklungen sind Vorschattungen des kommenden wahren Königs Israels (vgl. 4. Mo. 24,17-19 und 1. Sam. 2,10) und auf die Aufrichtung des Reiches unter dem Messias (Apg. 1,6).

Verfasser und Echtheit. Wohl gilt Samuel nicht als der Verfasser, doch könnte er, zusammen mit Nathan und Gad, diese Bücher geschrieben haben (vgl. 1. Chron. 29,29). Die Bibelkritik nimmt an, daß die beiden Bücher Samuel aus verschiedenen, sich widersprechenden Überlieferungen stammen. Eine sorgfältige Analyse und eine geistlich ausgerichtete Exegese können diese Annahme jedoch nicht bestätigen.

Überblick

Samuel als Richter, Kap. 1-7
Samuels Kindheit und Berufung, Kap. 1-3
Eroberung und Rückkehr der Bundeslade, Kap. 4-6
Israel verlangt einen König, Kap. 7
Die Regierung Sauls, Kap. 8-31
Der Aufstieg Sauls, Kap. 8-15
Der Aufstieg Davids und der Niedergang Sauls, Kap. 16,31

Silo. Hier wurde Samuel zum Propheten berufen.

1. Samuel

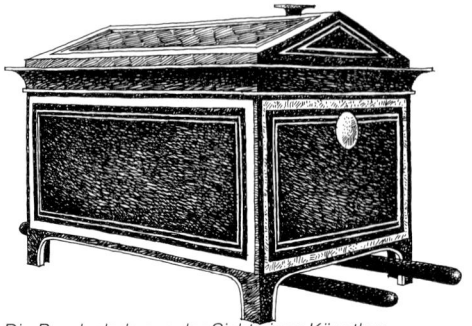

Die Bundeslade aus der Sicht eines Künstlers

Kap. 1
Samuels Geburt und Kindheit

Hannas Gebet und Gelübde, 1-18. Die Vorfahren Samuels werden genannt, 1-2. Seine Geburt ist ein Erweis des souveränen Wirkens Gottes. Ähnliche Fälle über die wunderbare Geburt der Söhne von natürlicherweise unfruchtbaren Müttern werden in der Bibel berichtet von Sara (1. Mo. 17,16-19), Rebekka (1. Mo. 25,21-26), Rahel (1. Mo. 29,31 und 30,22-24), Simsons Mutter (Ri. 13,2-5) und von Elisabeth (Lk. 1,5-17). Hannas Gebet wurde erhört, ihr Gelübde angenommen.
Samuels Geburt; er wird Gott geweiht, 19-28. Der Name Samuel („von Gott erbeten") wurde dem Kind als ein Ausdruck des Glaubens an Gott, der Hannas Gebet erhört hatte, gegeben. Das Kind wurde entwöhnt und Eli übergeben, dem Priester an Israels zentraler Anbetungsstätte in Silo (Seilun) in Ephraim, östlich der Hauptstraße, die von Sichem nach Jerusalem führt.

Kap. 2
Das Versagen des Hauses Eli

Hannas Lobgesang, 1-10. Dies ist eine inspirierte Hymne zum Lobpreis Gottes, 1-3, die Gottes Macht und Erlösungsgnade rühmt, 4-8, und eine prophetische Vision vom zukünftigen Tag des Herrn enthält, der dem Kommen des wahren Königs Israels und der Aufrichtung seines Reiches vorangeht, 9-10.
Versagen des Hauses Eli, 11-36. Der moralische Verfall und die Gesetzlosigkeit zur Zeit der Richter zeigte sich in der Schwäche Elis als Erzieher und in der offenkundigen Bosheit seiner Söhne Hophni und Pinehas, 12-17. Während das Haus Eli mehr und mehr reif wurde fürs Gericht, war Gottes Gnade sichtlich mit dem Knaben Samuel, der ihm in Silo diente, 18-26, inmitten der wachsenden Lauheit Elis und der sittlichen Verkommenheit seiner Söhne, 22-5. Gott sandte einen Propheten, der den Untergang der gottlosen Priester ankündigen mußte, 26-36.

Kap. 3
Berufung Samuels

Der Ruf, 1-18. Wegen der Sünden unter Gottes Volk war das Wort des Herrn „teuer" (yaqar = selten) geworden. „Es brach sich keine Offenbarung Bahn", 1. Die Berufung Samuels, 1-9, der die Botschaft vom Herrn befolgte, 10-18, offenbarte Gottes Gnade darin, daß er in diesen Mangel hinein einen Menschen kommen ließ, den er als Instrument gebrauchen und durch den er wieder reden konnte.
Samuels prophetischer Dienst, 19-21. Von Dan an der Nordgrenze Israels bis nach Beerseba an seiner Südgrenze erkannte ganz Israel in Samuel das von Gott erwählte menschliche Instrument der Offenbarung.

Kap. 4
Gericht über Elis Haus

Der Tod Elis und seiner Söhne, 1-22. Die Philister (s. Ri. 13) waren Gottes menschliche Werkzeuge, durch die das angekündigte Gericht über Eli und seine Söhne vollzogen wurde (1. Sam. 2,27-36). Israel hatte sein Vertrauen in die Bundeslade gesetzt (s. Erklg. zu 2. Mo. 25,10-22), anstatt in den, von dem die Bundeslade zeugte. Wenn religiöse Form an die Stelle des echten geistlichen Lebens tritt, so führt das stets zur Herrschaft der „Philister", d.h. der widergöttlichen Kräfte. Die verheerenden Folgen sind: 1) geistlicher Tod, hier dargestellt durch den leiblichen Tod Elis und seiner Söhne Hophni und Pinehas; 2) Verlust der unsichtbaren Gegenwart des Herrn in der Schechina, was zur Folge hat, daß es „keine Herrlichkeit" mehr gibt. Diese Erkenntnis wird angedeutet durch den Namen Ikabod, den die Witwe des Pinehas sterbend ihrem Neugeborenen gab (vgl. Ps. 78,60-61).

Archäologische Streiflichter
Silo lag etwa 12 km nördlich von Bethel. Solch ein religiöses Stammeszentrum (Schrein) hat zahlreiche Parallelen in alten außerbiblischen

Kulturen. Vgl. das Delphische Orakel in Griechenland, die etruskische Opferstätte in Italien, der Tempel des Mondgottes Sin in Haran, der Schrein von Belit-ekalli in Qatna wie auch die Tempel in Ninive, Assur und Nippur. Die Zerstörung Silos (ca. 1050 v.Chr.) ist durch die dänischen Ausgrabungen in jener Gegend bestätigt worden (vgl. Jer. 7,12-15; 26,6-7).

Kap. 5-6
Die Bundeslade bei den Philistern und ihre Rückgabe

Die Bundeslade im Tempel Dagons, 5,1-5. In Palästina spielte Dagon eine Rolle als Fruchtbarkeitsgott in der Erntezeit (hebr. „Dagan" gleich „Korn"). Das wird im Überfluß bestätigt durch die religiösen Tafeln, die bei Ugarit in Nord-Syrien gefunden worden sind. Viele Orte sind nach diesem Gott benannt worden (Jos. 15,41). Asdod war eine der bedeutendsten des Fünfstädte-Bundes der Philister, zu dem auch Gaza, Gath, Ekron und Askalon gehörten. Die geistliche Blindheit der Philister findet in der abergläubischen Verehrung Dagons ihren Ausdruck.

Gott straft die Philister, 5,6-6,21. Bösartige Geschwüre und eine Plage von Feldmäusen (vgl. 6,4.11.18) waren die Gerichte, mit denen Gott seine und Israels Feinde heimsuchte. Bei der Plage kann es sich um eine Art Beulenpest gehandelt haben, die oft durch Mäuse übertragen wird.

Kap. 7
Samuel als Richter

Samuels Botschaft, 1-8. Der Richter und Prophet Samuel veröffentlichte einen allgemeinen Aufruf zu echter Buße und Abkehr von der kanaanitischen Götzenverehrung. Die Baalim waren Bilder der nordwestlichen semitischen Fruchtbarkeitsgottheit Baal („Herr") und die Astarten Abbilder der Ashtoreth mit dem hebräischen Namen „Astarte". Sie war die Göttin des Sex und der Fruchtbarkeit, 3-4. Das Trankopfer (gewöhnlich wird Wein dazu benützt), 6, betont die Kostbarkeit des Wassers in einem trockenen Klima.

Sieg bei Ebenezer, 9-14. Für die Bedeutung des Brandopfers, das Samuel Gott darbrachte, 9-10, s. Erklg. zu 3. Mo. 1. Buße und Glaube an des Herrn Erlösungstat, bringt immer eine Bestätigung Gottes wie „Ebenezer" (der „Stein der Hilfe").

Zusammenfassung des Dienstes Samuels, 15-17. Er war ein Richter und Prophet, der alljährlich regelmäßig die Runde in den Städten Israels machte und das Volk „richtete".

Kap. 8
Israel verlangt einen König

Das Richteramt versagt, 1-3. Samuel machte den Fehler, seine Söhne zu Richtern zu bestellen. Obwohl sie ein göttliches Erbe besaßen, waren sie dessen unwürdig, da sie Bestechungsgelder

Abu Gosch. Hier blieb die Bundeslade eine Zeitlang, bevor sie nach Jerusalem gebracht wurde.

Als Saul nach den entlaufenen Eselinnen seines Vaters suchte, begegnete er Samuel.

annahmen und das Recht in Ungerechtigkeit verkehrten. Diese Wendung der Ereignisse ist eine tragische Ironie, da Samuel von Gott erwählt und berufen wurde, weil Elis Söhne nicht in den Spuren ihres frommen Vaters Eli wandelten.

Verlangen nach dem Königtum, 4-22. Samuels Alter, das Versagen seiner Söhne und der Wunsch, „wie andere Völker zu sein", waren die angegebenen Gründe für den Wunsch nach einem König, 5. Samuel legte ihnen alle Nachteile des Lebens unter der Herrschaft eines Königs dar, 7-18. Doch Unglaube und Eigenwille waren die Ursache dafür, die Herrschaft Gottes fortan abzulehnen, 19-22.

Kap. 9-11
Saul wird zum König gesalbt

Die Salbung Sauls, 9,1-10,16. Sauls Suche nach den verlorenen Eselinnen seines Vaters Kis, 9,1-10, war der Anlaß, daß er Samuel begegnete, 9,11-25, und von diesem Propheten zum König gesalbt wurde, 10,1-16.

Sauls scheinbar guter Anfang, 10,17-27. Samuel warnte das Volk nochmals bei Mizpa vor dem Fehler, die Theokratie (Gottesherrschaft) zu verwerfen, 17-19. Saul wurde durchs Los bestimmt, 20-22. Seine anfängliche Demut, 21-22, eindrucksvolle Erscheinung und seine achtunggebietende Körpergröße ließen ihn nach menschlichem Ermessen als eine vielversprechende Wahl erscheinen, 23-24. Obwohl Gottes Königsherrschaft dabei vom Volk abgelehnt wurde, half er doch gnädig bei der Wahl selbst mit. Samuel gründete das Königtum, 25, und Saul kehrte nach Gibea zurück, 26-27.

Sauls anfängliche Siege, 11, 1-15. Die grobe Beschimpfung des Nahas („Schlange"), eines Ammoniters, 1-3, mit der er die Einwohner von Jabes, einer Stadt von Gilead in Transjordanien, beleidigt hatte, wurde Saul angesagt, als er in Gibea war (dem heutigen, von W.F. Albright ausgegrabenen, Tell-el-Fuel), 4-5. Der Geist Gottes kam über Saul, damit er, nach der Art der früheren Richter, Israel befreien konnte, 6. Er rief Israel zu den Waffen, 7, und gewann beides: einen großen Sieg über die Ammoniter und die Bestätigung des Volkes als König über Israel, 8-15. Darauf wurde die Königsherrschaft erneut in Gilgal ausgerufen, was man als Symbol des Selbstgerichts Israels ansehen kann, (s. Erklg. zu Jos. 5,2-10). Dieses Ereignis könnte auch eine Zeremonie der Bundeserneuerung in Erinnerung an Josua (Jos. 24) und Mose (5. Mose) gewesen sein. Saul hatte einen guten Anfang gemacht.

Kap. 12
Samuels Abschiedsrede

Samuel ruft offziell das Königtum aus, 1-15.
Samuel beteuert seine Aufrichtigkeit als Prophet und Richter. Das geschah in Gilgal vor der Versammlung, die für ganz Israel dort zusammengekommen war, 1-4. Er betonte, daß Gott und sein Gesalbter (Saul) Zeugen dafür seien, daß er (Samuel) dem Volk keinen Anlaß dazu gegeben hatte, einer Regierung durch Richter überdrüssig sein zu müssen, 5. Damit wollte er sagen, daß die Schuld und Verantwortung dafür, daß sie einen König gefordert hatten, allein bei ihnen lag. Der alternde Prophet und Richter tadelte dann das Volk für seine Undankbarkeit, 6-15, als er sie an die „Wohltaten des Herrn" erinnerte. Statt „Samuel" sollte es wahrscheinlich „Simson" heißen, 11. Die Gründe des Volkes, die einen König zu wünschen, waren verkehrt, 12. Das Königtum würde sie manchen gefährlichen Versuchungen aussetzen. Nur Gehorsam gegen die Herrschaft Gottes könnte sie vor unliebsamen Folgen schützen, 13-15.
Das Zeichen des Herrn für Israels Sünde, um einen König zu bitten, 16-25. Donner und Regen während der Weizenernte (am letzten Junitag und im frühen Juli) waren eine solche Seltenheit, daß es wirklich ein Wunder war, besonders deshalb, weil es ohne besondere Anzeichen und allein durch das vom Propheten gesprochene Wort Gottes geschehen war. Das Volk betrachtete dann auch das Erlebte als ein Wunder und bat Samuel, für sie zu beten, da sie erkannten, daß sie aus verkehrten Motiven heraus um einen König gebeten hatten.

Kap. 13
Sauls erstes großes Versagen

Sauls Eigenwilligkeit, 1-10. Im ersten Jahr Sauls, 1, geschah, was in den Kap. 9, 10 und 11 berichtet wird. In seinem zweiten Jahr wurde seine Fähigkeit, König zu sein, durch einen massiven Einfall der Philister in das Land ernstlich auf die Probe gestellt, 2-7. Würde Saul sein Vertrauen auf Gott setzen und seinem Wort durch Samuel gehorchen? Jonathan, der Sohn Sauls, 3, der einen starken Gegensatz zu seinem Vater bildete, vertraute Gott. Doch Saul handelte in offenkundigem Unglauben und Ungehorsam, als er in das Priesteramt eingriff und in Gilgal Opfer darbrachte, was einzig ein priesterlicher Levit tun durfte (4. Mo. 16,1-3. 32.40). S. Erklg. zu Jos. 5. Das Vorgehen Sauls, des Benjamiters, war eine direkte Übertretung des Gottesgesetzes, ein Beweis des Unglaubens seines Herzens und seiner völligen Unfähigkeit, König des Volkes Gottes zu sein.
Ankündigung, daß Saul von Gott verworfen wird, 11-23. Sauls Entschuldigung Samuel gegenüber, 11-12, offenbarte seinen Unglauben und seinen Ungehorsam. Samuel verkündigte deshalb Sauls Untüchtigkeit und seine Verwerfung als König, 13-14. Die spätere Laufbahn des unwürdigen Monarchen zeigt, daß es sinnlos ist, Gottes Werk ohne Gnadenwahl und ohne Segen tun zu wollen.

Archäologische Streiflichter
Die Philister besaßen das Monopol für die Eisenproduktion (1. Sam. 13,19-22). Das verschaffte ihnen militärische Vorteile. Sie hatten das Geheimnis der Eisenschmelzerei offenbar von den Hethitern übernommen. Saul und David brachen dieses Monopol durch ihre Eroberungen. Vers 21 sollte, genau übersetzt, heißen: „Und der Preis war ein 'pim', d.h. zwei Drittel eines Schekels für die Pflugscharen und die Hauen und ein Drittel Schekel (ungefähr 11,7 Gramm Gewicht oder etwa 1,80 DM nach heutigem Geld) für das Schärfen ihrer Äxte und das Anpassen der Stacheln an die Ochsenstecken". Die Eisenzeit erstreckte sich von etwa 1200 bis 300 v.Chr.

Kap. 14
Jonathans Heldentat

Jonathans großer Sieg, 1-23. Er ist einer der feinsten Charaktere der Geschichte Israels und steht im leuchtenden Gegensatz zu seinem Vater, ein Sinnbild echten, sieghaften Glaubens, 6. König Saul war von einer großen Schar umgeben, in der sich auch Verwandte Elis befanden, stellte aber seinen Unglauben unter Beweis. Der Herr gab sein Eingreifen durch ein wundersames Erdbeben zu erkennen, das Verwirrung unter den Philistern anrichtete und zu ihrer Vernichtung führte, 15-23.
Sauls törichter Übereifer, 24-25. Aus Angst, ihm könnte sein Vorteil gegenüber den Philistern wieder verlorengehen, sprach Saul einen Fluch aus, der jeden treffen sollte, der bis zum Abend etwas Eßbares zu sich nähme. Er handelte sowohl unbedacht als auch überstürzt, daß er dabei die Abwesenheit Jonathans nicht bemerkte. Diese Begebenheit zeigt, wie unzuverlässig und unfähig er als König über das Volk des Herrn war. Saul baute einen Altar, aber seine Bitte wurde dem Herrn nicht erhört, 35-37. Jonathans Verurteilung durch den eigenen Vater, 38-44, und seine Errettung durch das Volk, 45, zeigen wieder deutlich Sauls schwachen Charakter, der eines Königs unwürdig ist.
Sauls Erfolg und seine Familie, 46-52. Trotz der Unwürdigkeit dieses Königs ließ Gott ihn in seiner Gnade um seines Volkes willen herrliche Siege erringen, 46-48. Sauls Ahnentafel und Familie werden beschrieben, 49-52.

Kap. 15
Sauls zweites großes Versagen

Sauls Auftrag, die Amalekiter auszurotten, 1-8. Samuel brachte Gottes klaren Befehl vor Saul, 1, und nannte den eindeutigen Grund dafür, weshalb Amalek ausgerottet werden sollte, 2-3. Sauls unvollständiger Gehorsam, 4-8, und sein unbeugsamer Eigenwille wurden erneut offenbar (s. Erklg. zu Amalek, 2. Mo. 17). Saul wurde daher für ungeeignet erklärt, Führer des Volkes Gottes zu sein.

Sauls Ungehorsam und Verwerfung, 9-31. Saul verschonte „das Beste" und „alles, was gut war", vergaß aber, daß *nichts,* was zum Fleisch gehört, gut ist oder Gott gefallen kann (Röm. 8,8). Es muß völlig ausgerottet werden, unter den Bann kommen, vernichtet werden um des Glaubens willen, d.h. es muß unter einem *tieferen geistlichen Gesichtspunkt* gesehen und aufgrund des göttlichen Befehles völlig vernichtet werden (5. Mo. 20,16-18). Es war kein Wunder, daß der Herr erneut die Verwerfung über diesen ungehorsamen König aussprechen ließ (1. Sam. 13,14), 10-11. Weder Samuels Fürbitte für Saul noch seine Tränen konnten etwas daran ändern. Sauls Verhalten, daß er sich selbst ein Denkmal errichtete, 12, und daß er gegenüber Amalek unter dem Deckmantel der Frömmigkeit Milde walten ließ, 13-15, bewies seine Schuld und zog das göttliche Gericht gegen ihn nach sich, obwohl er sich selbst zu verteidigen suchte, 16-23. Seine oberflächliche Buße, 24-25, führte nur zu den dramatischen Vorgängen, die in den Versen 26-29 berichtet werden. Sie unterstrichen die Tatsache, daß Saul das Königreich insofern schon verloren hatte, als er nicht mehr unter dem Segen Gottes stand. Sein Stolz schien jedoch unerschüttert, 30-31.

Vernichtung Agags, 32-33. Wenn man dem Wort Gottes gehorchen will (Röm. 8,13; Kol. 3,5) und sich des geistlichen Sieges erfreuen möchte, dann muß das „Fleisch" und alles, was mit ihm zusammenhängt, in den Tod gegeben werden.

Samuel trennt sich von Saul, 34-35. Samuel besuchte Saul nicht mehr als Überbringer einer offiziellen Botschaft Gottes an ihn (vgl. 1. Sam. 19,24 und 28,11). Der verworfene König zog in sein Landgut in Gibea zurück, 35, (ausgegraben von W.F. Albright, aus der Zeit um 1015 v.Chr.).

Kap. 16
David zum König gesalbt

Die Salbung, 1-13. Der Verwerfung des „Königs nach dem Herzen des Volkes" folgte die Wahl des „Königs nach Gottes eigenem Her-

Bethlehem, wo David zum König gesalbt wurde

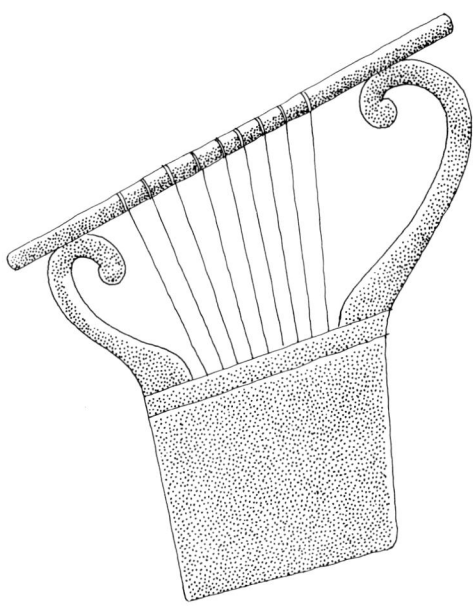

Eine alte Lyra oder „kinnor" (hebr.)

zen", 1-2, über dessen Leben im Exil und spätere Leiden die Kapitel 16-31 berichten. Wie Jonathan, so war auch David ein Mann des Glaubens, königlich in seiner Gesinnung und rückhaltlos dem Willen Gottes hingegeben. Er, der in besonderer Weise das Urbild des einen wahren Königs sollte, kam aus Bethlehem in Juda („Lobpreis"), dem königlichen Stamm Israels (1. Mo. 49,10). Samuel rief Jesse und seine Söhne zu einem Opferfest, 3-5, prüfte jeden, der in Frage kam, 6-10, wählte schließlich (auf Gottes Geheiß) David und salbte ihn, 11-13. Es ist beachtenswert, daß Samuel auf die äußere Erscheinung der Männer sah, Gott aber auf die innere Einstellung achtete und entsprechend seine Wahl traf.

Sauls Abstieg, 14-23. Der Geist Gottes wich von Saul, und ein böser Geist (Dämon), von Gott zugelassen, 14, fing an, ihn zu quälen. Die göttliche Allmacht gebraucht auch die bösen Mächte dazu, die Pläne Gottes zur Ausführung zu bringen. Gläubige, die starrköpfig Gottes Wort verwerfen, setzen sich dadurch in einem größeren oder geringeren Maß der Macht dämonischer Kräfte aus (1. Tim. 4,1; 1. Joh. 4,1-4; vgl. Matth. 12,43-45). David wurde gerufen, um durch sein ausgezeichnetes Spiel auf der Harfe (Leier) dem gequälten König Erleichterung zu verschaffen, 16-23. Wenn der König sich beruhigt hatte und David nicht länger brauchte, ging der junge Hirten-König wieder zurück zu den Schafen seines Vaters (vgl. 1. Sam. 16,19-23 mit 17,55-58, wo ein Widerspruch zu bestehen scheint). Man darf wohl annehmen, daß der viel-

beschäftigte Saul nicht nach der Herkunft des jungen Harfenspielers fragte, bis dieser um die Hand seiner Tochter anhielt.

Wissenschaftliche Anmerkung
Sauls böser Geist. Die moderne Psychiatrie hat die Vermutung geäußert, daß Saul an einer schweren Geisteskrankheit gelitten haben könnte, z.B. Schizophrenie, die sein unausgeglichenes und widersprüchliches Verhalten erklären könnte. Dies würde die Eigenverantwortlichkeit seines Handelns nicht schmälern, da diese Krankheit das Gericht Gottes über seinen Ungehorsam darstellte.

Kap. 17
David und Goliath

Die Herausforderung Goliaths, 1-11. Die Heere der Philister waren zum Streit angerückt, 1-3. Goliath von Gath beginnt, das Volk Gottes mit seinen verächtlichen Reden herauszufordern und damit zugleich Gott zu verhöhnen, 4-11. Dieser Philister, eine Riese, erinnert an Satan, der das Volk Gottes verhöhnt und durch seine Lehren und Schliche in Verwirrung bringt. Bemerkenswert ist in den Versen 5-7 das Erscheinen der Zahl „sechs", „des Menschen Zahl" unter der Herrschaft Satans in der Auflehnung gegen Gott. Vgl. einen anderen Riesen in 2. Sam. 21,20, Nebukadnezars Bild (Dan. 3,1) und Off. 13,18, wo die dreifache Sechs die Zahl des Antichristen genannt wird.

David erscheint im Lager, 12-30. Archäologische Beweise aus den Mari-Briefen, die 1933 bei Tell-el-Hariri am mittleren Euphrat entdeckt wurden, besagen, daß der Name „David" wahrscheinlich „Führer", in einem tieferen geistlichen Sinne auch „Geliebter", bedeutet. Im übertragenen Sinn weist David auf den Herrn Jesus hin. David, von seinem Vater Isai (Jesse) zu seinen Brüdern gesandt, 12-19; sein Gehorsam, 20-27; von seinen eigenen Brüdern mißverstanden und zu Unrecht angeklagt, 28-30, erinnert an den, der vom Vater in die Welt gesandt wurde, und an seine Behandlung durch seine Brüder und sein eigenes Volk.

Davids Sieg, 31-54. David ging hinaus, mit dem Riesen zu kämpfen, mit der Zuversicht des Glaubens und der Klugheit einer weisen Vorbereitung (siehe unten).

Archäologische Streiflichter
Schleudern in der Kriegführung des Alten Testaments. Im Gegensatz zu der bei uns üblichen Vorstellung eines Kinderspielzeugs, stellte die Schleuder des Hirten in der Zeit des AT eine gefürchtete Waffe dar. Richter 20,16 spricht davon, daß die Benjaminiter einen Stein mit der rechten oder linken Hand haargenau schleudern konnten. Man hat Schleudersteine bei Tell Beit Mir-

Felder unweit von Endor, wo Saul eine Wahrsagerin aufsuchte.

sim und in Megiddo ausgegraben, die einen Durchmesser von etwa 10 Zentimeter hatten und über zwei Pfund schwer waren. Die heute im Nahen Osten lebenden Hirten haben bewiesen, daß die maximale Reichweite einer Schleuder etwa 180 m und die Geschwindigkeit über 150 km/h betragen kann.

Sauls Frage, 55-58. S. Erklg. zu 16,14-23 als Antwort auf einen angeblichen Widerspruch.

Kap. 18-20
Davids Flucht vor Saul

Jonathans Liebe zu David, 18,1-30. Diese edle Freundschaft, 1-4, bildet einen leuchtenden Kontrast zu dem düsteren Hintergrund von Sauls dämonischer Eifersucht, 5-16, und seinem gemeinen Verrat an David in bezug auf seine Tochter Merab, 17-19, wie auch auf seine andere Tochter Michal, 20-30. Letztere wurde jedoch Davids Frau, trotz der Falle, die Saul David mit dieser Heirat zu stellen beabsichtigt hatte.

Sauls erneuter Versuch, David zu töten, 19,1-24. Saul war allmählich so gewissenlos geworden, daß er versuchte, seinen Sohn Jonathan zu überreden, David zu töten, obwohl er um die enge Freundschaft zwischen diesen beiden wußte, 1-6 (vgl. 1. Sam. 18,1). Der im Innersten zerrüttete König wurde trotz seines Versprechens Jonathan gegenüber, daß David nicht sterben sollte, 6, von dem bösen Geist zu einem weiteren Versuch getrieben, David mit seinem

Wurfspeer an die Wand zu spießen, 7-10. Michal rettete durch eine List sein Leben, 11-17, und David floh zu Samuel, 18-19. Gott begegnete Saul in Gnaden, 20-24, doch sein beständiger Ungehorsam wurde ihm zum Verhängnis.

Jonathan schützt David, 20,1-43. Was für ein Beispiel selbstloser Liebe! Der Thronerbe, weit davon entfernt, eifersüchtig oder neidisch auf David zu sein, der doch in gewissem Sinn sein Rivale für den Thron war, liebte David wie sich selbst (1. Sam. 18,1). Jonathan selbst war ein Held, wie sein kühner Sieg über die Philister bewies (Kap. 14). Auch hatte er einen beständigen Charakter, der eines Königs würdig gewesen wäre. Aber er hatte die Lektion gelernt, daß Gottes Wille der beste ist und daß Gott beschlossen hatte, David solle König werden. Dem beugte er sich mit bewundernswerter Selbstverleugnung. Jonathans selbstlose Freundschaft mit seinem Rivalen ist ein Beispiel edler Gesinnung und eine Perle der Menschheitsgeschichte.

Kap. 21
David flieht nach Nob und Gath

David in Nob, 1-9. Als er sich von Jonathan getrennt hatte, floh David nach Nob, nicht weit nördlich von Jerusalem, wo Achimelech, der Sohn Achitubs (1. Sam. 22,9), Urenkel Elis, Hoherpriester war. David kam am Sabbat nach Nob, hungrig und unbewaffnet, und bat um Nahrung. Als Beispiel dafür, daß die Bibel ehrlicherweise auch die schlechtesten Seiten im Charakter der Männer Gottes nicht verheimlicht, wird hier von Davids Unglaube und seinem Abirren in Betrug berichtet, 2. Welch ein Gegensatz zum größeren David! (1. Petr. 2,22). Dann aßen David und die Männer mit ihm das Schaubrot, das „Brot der Gegenwart (Gottes)" (vgl. Matth. 12,1-8; Mk. 2,23-28; Lk. 6,1-5). Eines Tages gebrauchte unser Herr dieses Ereignis in Davids Leben, um damit das Verhalten seiner Jünger zu rechtfertigen, die am Sabbat Ähren abgestreift und gegessen hatten. Jesus war sogar bereit, die jüdischen Gesetzesvorschriften beiseite zu setzen, um den Seinen das wahre Brot des Lebens zu geben, von dem das „Brot der Gegenwart" spricht (s. Ps. 34).

David in Gath, 10-15. Auch hier handelt David nicht aus dem Glauben. Wieder erscheint ein unschöner Charakterzug, indem er unter den Feinden des Gottesvolkes Geisteskrankheit vortäuscht.

Kap. 22
David in Adullam – Sauls Rache

David gewinnt Anhänger, 1-5. Davids Hauptquartier in der Höhle von Adullam, südwestlich von Bethlehem, wurde zu einer

„Feste", 4. Er befahl seine Eltern dem Schutz des Königs von Moab. Vgl. Ps. 62 und 142.

Sauls verzweifelte Gewalttätigkeit, 6-23. Doeg, ein gewissenloser Ausländer, spielte den Verräter (s. 21,7). Saul ließ die ganze Priesterschaft in Nob auf grausame Weise vernichten. Nur Abjatar, der Priester, entging dem Tod und informierte David darüber, 11-21. David fühlte sich dann seinerseits dazu verpflichtet, Abjatar zu schützen, 22-23.

Kap. 23
David befreit Kehila

David rettet die Leute von Kehila, 1-15. Abjatar hatte von Nob ein Ephod mitgebracht (Kleidungsstück der Priester, das die heiligen Lose enthielt). Durch den Gebrauch der Lose wurde David die Hilfe Gottes bei der Rettung von Kehila, einige Kilometer südlich von Adullam (1. Sam. 22,1), zugesagt. Durch den Gebrauch des Ephod, 6-12, wurde David später von Gott angewiesen, aus Kehila zu fliehen, weil Saul die Stadt belagern und David töten wollte, 13-14.

David von Saul verfolgt, 16-28. David hielt sich als Flüchtling in der Wüste Siph, einer felsigen, abgelegenen Gegend südlich von Hebron, auf, 15, wo der edle Jonathan ihn aufsuchte, 16-17. Die zwei machten einen Bund miteinander, 18. Die verräterischen Siphiten informierten Saul über Davids Aufenthaltsort, 19-24. Saul suchte David in Siph, Hachila und Jeshimon (Jos. 15,55) in der Wüste Arabah („Wüste" oder „Wildnis" – nicht die Vertiefung vom Jordan und dem Toten Meer), 24-26. Die Nachricht vom Einbruch der Philister ins Land lenkte Saul ab, 26-27. So bekam David ein wenig Erleichterung im Bollwerk von Engedi, am westlichen Ufer des Toten Meeres, südöstlich von Hebron. Die felsige Gegend mit ihren vielen Höhlen bot natürlichen Schutz.

Kap. 24
David schont das Leben Sauls

Davids Großmut in der Wüste von Engedi, 1-16. Nachdem Saul die Philister zurückgeschlagen hatte, nahm er die unbarmherzige Verfolgung Davids in der Wüste Engedi („die Berge

Erntezeit unweit Engedi. In den schroffen Bergen im Hintergrund jagte Saul den flüchtigen David.

Die Wüste Juda, wo David sich vor Saul verbarg.

der wilden Ziegen"), was eine anschauliche Beschreibung der Wüste von Engedi ist, wieder auf, 2. In dieser Gegend trat Saul in die gleiche Höhle, in der sich David und seine Männer verbargen. David weigerte sich, „den Gesalbten des Herrn" zu töten, 5-8. Er schnitt nur einen Zipfel von Sauls Rock ab, 5. Das war eine Glaubenstat, durch die er es Gott überließ, an seinem Feind Gericht zu üben. Davids Großherzigkeit spiegelte sich in seinen Worten an Saul wider, 9-16. „Ein toter Hund", 15, bedeutete „weniger als nichts", denn in jenen Tagen war schon ein lebendiger Hund so gut wie ohne jeglichen Wert.

Sauls Antwort an David, 17-23. Saul war erschüttert, jedoch unbußfertig, 17-20. Er wußte, daß Gott David zum König Israels bestimmt hatte, 21, und so bat er, daß David das Haus Sauls nicht ausrotten möchte, 22-23.

Kap. 25
David, Nabal und Abigail

Samuels Tod, 1. Diese Todesnachricht ist kurz, doch umfassend, und zeigt die große Liebe des ganzen Volkes Israel zu diesem treuen Mann Gottes.

David gewinnt Abigail zur Frau, 2-42. David hatte sich in friedlicher Absicht an einen reichen Mann aus dem Stamm Kalebs gewandt, dessen Frau Abigail hieß, 2-8. Nabal („Narr") hielt Schafschur in Karmel (Jos. 15,55), das zwischen Siph und Maon lag, südöstlich von Hebron (nicht zu verwechseln mit dem Berg Karmel, nördlich von der Ebene Saron an der Küste des Mittelmeeres). Nabal hatte in sinnloser Weise die Männer Davids beleidigt, 9-11, und sich wie ein Narr gegen sie benommen. Abigail dagegen handelte weise. Sie nahm ein Geschenk von Nahrungsmitteln für David und seine Männer, ging David entgegen und bat ihn in edler, weiser Rede um Gnade für ihren Mann, 23-31. David entgegnete ihr in der gleichen edlen Weise, 32-35. Nabal wurde von Gott geschlagen, daß er starb, 36-38. Abigail wurde Davids Frau, 39-42.

David nimmt auch Achinoam zur Frau, 43-44. Sie war von Jesreel, dem Tal von Esrelon. In Vers 44 wird eine Erklärung über das Verhältnis von Michal und David gegeben.

Kap. 26
David schont zum zweiten Mal das Leben Sauls

Die Siphiter verraten David ein zweites Mal, 1-4. (Vgl. 24,1-8). Bibelkritiker machen aus diesem Geschehen widersprechende Berichte des gleichen Vorgangs. Doch viele Einzelheiten beweisen, daß es sich hier um echte und zuverlässige Berichte zweier verschiedener Begebenheiten handelt. Die Siphiter hatten David bereits einmal verraten und wußten, daß nur Davids Tod sie vor seinem Zorn retten konnte. Deshalb waren sie so hartnäckig darauf bedacht, David Saul in die Hände zu spielen.

Sauls Leben wird zum zweitenmal geschont, 5-16. Der gesamte Personenkreis dieses Ereignisses unterscheidet sich von dem in 24,1-22. Abner, Joab und Abisai erscheinen hier. Diese Männer waren ausersehen, eine wichtige Rolle in Davids Regierung zu spielen, was in 2. Samuel berichtet wird. Achimelech, der Hetiter, darf natürlich nicht mit Achimelech, dem Priester (Kap. 21), verwechselt werden. Hetiter, die noch von früher her im Lande waren (1. Mo. 23,7; Jos. 1,4), gaben sich hebräische Namen, wie Uria, der Hetiter (2. Sam. 11,3). Die Einzelheiten der Umstände, unter denen Saul verschont blieb, 7-12, sind absolut verschieden von denen in 24,4-5. David verspottet Abner im Spaß, 13-16. Noch heute verständigen sich die Beduinen durch solche Zurufe über weite Entfernungen miteinander.

Zwiegespräch zwischen David und Saul, 17-25. David machte Saul aufs neue Vorhaltungen, daß er ihn verfolgte „wie man auf ein Rebhuhn in den Bergen Jagd macht", um ihn zu töten, 17-20. Sauls Schuldbekenntnis, 21, und Davids großmütige Antwort, 22-24, werden berichtet. Sauls Erwiderung an David in Vers 25 war prophetisch: „Gesegnet bist du, mein Sohn David! Du wirst viele Dinge tun und wirst sie vollenden!" In gleicher Weise müssen einst die Feinde des größeren David, des Herrn Jesus, seine Lauterkeit und seinen Endsieg anerkennen (Matth. 27,24; Phil. 2,10).

Kap. 27
Davids Mangel an Glauben

Unglaube und Entmutigung, 1-7. Davids Klage, 1, ist vom menschlichen Standpunkt aus gesehen verständlich. Er hatte eine lange und aufreibende Verfolgung von seiten Sauls hinter sich. Die Entmutigung als Folge seines Unglaubens veranlaßte den Gesalbten des Herrn, zu den Feinden des Volkes Gottes überzugehen, bei ihnen zu leben und sich gerade in *der* Stadt niederzulassen, aus der Goliath kam, jener Riese, den er einst durch den Glauben geschlagen hatte. Ihm wurde Ziklag gegeben, das irgendwo an der Grenze zwischen Juda und dem Philisterland lag, 5-7.

Betrug und Täuschung, 8-12. Der Unglaube brachte weitere böse Früchte. Um Achis Vertrauen in ihn zu stärken, log David in bezug auf die Ziele seiner militärischen Überfälle, 10.

Kap. 28
Saul und die Totenbeschwörerin zu Endor

Sauls verzweifelte Lage, 1-7. Die Philister rückten gegen Israel ins Tal Jesreel vor, 1. Dieses Tal bildet das östliche Ende der Ebene von Megiddo (Esdrelon). Sie lagerten sich bei Sunem, gegenüber dem Berge Gilboa, in der Nähe der Festung Bet-Sean, 4-5. Samuel war tot. Daher gab es kein Wort des Herrn durch ihn, 3, noch durch Träume, durch heilige Lose oder durch Propheten, 6. Dem verworfenen, ungehorsamen Herrscher war der Himmel sozusagen verschlossen. Deshalb nahm er, wie man sagen könnte, zur Hölle Zuflucht, 7. Was diesen Schritt noch verwerflicher machte, war die Tatsache, daß Saul in seinen guten Tagen selbst Gesetze gegen den heidnischen Okkultismus erlassen hatte, 9.

Saul nimmt seine Zuflucht zum Spiritismus, 8-19. Saul suchte ein Medium, „eine Frau, die Tote beschwören kann", 7. Verkleidet, damit man ihn nicht als den König erkennen sollte, 8, nötigte er die Frau, den Geist Samuels heraufzuholen, damit er ihn fragen könne, was er gegenüber dem Druck der Philister gegen Israel tun sollte. Samuels Geist wurde aus dem des Leibes entkleideten Zwischenzustand heraufgebracht. Doch geschah dies durch Gott, nicht durch das Medium. Die Furcht des Mediums beweist diese Tatsache. Hier handelt es sich nicht um den Verkehr eines Mediums mit dem Geist eines Verstorbenen. Gott hatte Samuel im vergeistigten Zustand zurückgerufen, um Saul seinen nahenden Untergang anzukündigen, 15-19. Damit ist dieser Fall ein für allemal ein Beweis für den Betrug und die schlimmen Folgen von Totenbefragung und Okkultismus in jeder Form.

Saul nimmt Speise zu sich, 20-25. Dadurch bekommt er Kraft, in seine letzte Schlacht auf dem Berg Gilboa zu ziehen. Er ist ein Beispiel für den Gläubigen, dessen Sünde eine Sünde zum Tode ist, „zum Verderben des Fleisches" (s. 1. Kor. 5,5; 11,30-32; 1. Joh. 5,16).

Kap. 29
Davids Treulosigkeit bei den Philistern

Die Folge von Davids Unglauben, 1-5, die hier angeknüpft wird (s. Kap. 27). David befand sich jetzt nicht nur inmitten der Feinde des Volkes Gottes, sondern kam in die beklagenswerte Lage, gegen das Volk des Herrn zu streiten. Der Unglaube macht aus jedem „Gläubigen" eine bedauernswerte Figur. Es kam in diesem Fall so weit, daß David in der Folge eine unerwünschte Person wurde, soweit es die Fürsten der Philister betraf. Sie hatten die Heldentaten, die David in vergangenen Zeiten vollbracht hatte, nicht vergessen, 5, und fürchteten Verrat.

Achis trennt sich von David, 6-11. Achis begegnete David mit größtem Respekt, 6, und schwor bei Davids Gott, daß er für ihn ohne Tadel und „wie ein Engel Gottes" bleibe. Doch beugte er sich den Forderungen seiner Kollegen, der Fürsten der Philister, 7. Davids Antwort, 8, in der er nochmals seine Bereitwilligkeit erklärte, auf der Seite der Philister gegen sein Volk zu kämpfen, zeigt, wie tief der Unglaube einen „Gläubigen" in Widersprüche und geistlichen Verrat hineinstürzen kann. Nur Gottes Gnade bewahrte David davor, sich in noch größere Verirrungen, wohin Unglaube immer führt, zu verwickeln. Die Philister rückten von Aphek, heutiges Ras-el-'Ain, in der Ebene von Saron, in Eilmärschen heran und stießen bei Jesreel – d.h. in der Ebene von Esdrelon (griechische Form von Jesreel) – auf die Israeliten, 1. Hier hatten sie vor Jahren die Bundeslade erbeutet (1. Sam. 4,1).

Kap. 30
Davids Züchtigung und Umkehr

Die Plünderung von Ziklag, 1-6. Achis hatte David Ziklag zum Wohnsitz gegeben (1. Sam. 27,6). Die Stadt lag etwa 120 km südlich von Aphek. Das war ein anstrengender 2-Tages-Marsch, 1. Als David und seine Männer am dritten Tage in Ziklag ankamen, war die Stadt geplündert, ein Zeichen dafür, daß Gottes züchtigende Hand sich schwer auf ihn gelegt hatte, 1-5. David war überaus bedrückt, und seine erbitterten Männer waren nahe daran, ihn zu steinigen, 6. Doch der Rückfällige kam durch diese Züchtigung wieder zurecht. Er „stärkte sich im Herrn, seinem Gott", 7.

Der Feind besiegt, 7-20. David erbat das Ephod vom Priester Abjatar (das das heilige Orakel enthielt) und bekam von Gott die Weisung, die Amalekiter zu verfolgen, 8. Mit 600 Mann ging er über den Bach Besor, südlich von Ziklag, 9. David konnte mit 400 seiner Männer dem Feind nachjagen. Mit der Hilfe eines Ägypters, 11-15, der ein zurückgelassener Knecht eines Amalekiters war und als Späher diente, wurden die Amalekiter (s. 2. Mo. 17) geschlagen, und David und seine Männer brachten alle ihre Familien und die von den Amalekitern geraubten Güter wieder zurück, dazu große Beute, 16-20.

Die Beute wird gerecht verteilt, 21-31. Davids Gerechtigkeitsgefühl und politische Weisheit kamen besonders darin zum Ausdruck, daß er den Ältesten in Juda Anteile von der Beute schickte, 26-31. Alle in Vers 27-31 genannten Orte lagen in Juda. Es ist nicht verwunderlich, daß David in Kürze zum König von Juda gemacht werden würde (2. Sam. 2,4).

Kap. 31
Sauls Tod

Der Selbstmord Sauls, 1-7. In der Schlacht gegen die Philister am Berg Gilboa im Süden des östlichen Teils der Ebene von Jesreel (Esdrelon) wurde Israel in die Flucht geschlagen, 1. Sauls ältere Söhne Jonathan, Abinadab und Malchischua wurden getötet, 2, und Saul verwundet, 3. Er beschwor seinen Waffenträger, auch ihn zu töten, verübte jedoch Selbstmord, als jener sich weigerte, 4-6. Dieses tragisches Geschehen folgte auf seinen Besuch bei dem spiritistischen Medium in Endor, der Sauls letzter Schritt zu seinem Untergang war (28,1-25). Er starb unbußfertig, in Rebellion gegen Gott, wie er gelebt hatte. Sein Tod ist der erste Selbstmord, der in der Bibel berichtet wird. Vgl. auch Ahitophel (2. Sam. 17,23); Simri (1. Kö. 16,18) und Judas Ischariot (Matth. 27,5).

Sauls Leiche geschändet, 8-10. Die siegreichen Philister trennten Sauls Kopf von seinem Körper, schleppten seine Rüstung in den Tempel der Astarot (Astarte) und hängten seine Leiche und die Leichen seiner Söhne zum Spott an den Mauern von Bethsan auf, der Festung, die den östlichen Zugang zur Ebene von Jesreel schützte.

Die Männer von Jabes in Gilead bringen die Leichen von Saul und seinen Söhnen nach Jabes, 11-13. Sie hatten jetzt Gelegenheit, Saul für das zu danken, was er einmal für sie getan hatte (1. Sam. 11). Nachdem sie die Leichen Sauls und seiner Söhne in die Stadt gebracht hatten, gaben sie ihnen ein ehrenvolles Begräbnis und hielten richtige Totenklage.

Das zweite Buch Samuel

Die Regierung Davids über Juda und ganz Israel

Thema des Buches. Das zweite Buch Samuel setzt den geschichtlichen Bericht (s. Einführung zu 1. Samuel) mit der Biographie Davids fort. In 1. Samuel wird das Versagen des Menschen in den beiden Gestalten von Eli und Saul unterstrichen. In 2. Samuel wird Gottes Ordnung mit der Einsetzung des von Gott bestimmten Königs auf den Thron wiederhergestellt. Jerusalem wird politischer Mittelpunkt der Nation (2. Sam. 5,6-12) und Zion (2. Sam. 5,7; 6,1-17) Mittelpunkt des religiösen Lebens und Gottesdienstes. Danach richtete Goot den großen „Davidischen Bund" auf (2. Sam. 7,8-17), der die Grundlage aller offenbarten Wahrheit in bezug auf das Reich bildete, das durch die Linie Davids noch errichtet werden sollte (Apg. 1,6). David besang dieses kommende Reich prophetisch in 2. Sam. 23,1-7.

Überblick

David, König von Juda, Kap. 1-4
David, König von Israel, Kap. 5-10
Davids Sünde und Züchtigung, Kap. 11-20
Geschichtlicher Anhang, Kap. 21-24

Überreste des römischen Amphitheaters in Bet-Sean. An den Außenmauern dieser Stadt wurde der Leichnam Sauls schändlich zur Schau gestellt.

2. Samuel

Kap. 1
Davids Klage über den Tod Sauls und Jonathans

Der Bericht des Amalekiters über Sauls Tod, 1-16. Hier muß kein Widerspruch zu dem Bericht von 1. Sam. 31,1-6 vorliegen, wie gewöhnlich angenommen wird, sondern es kann eine Ergänzung desselben vorliegen. Als der Amalekiter den Selbstmord Sauls bemerkte, erfand er offensichtlich seine Version der Geschichte, weil er hoffte, dadurch die Gunst Davids und auch eine gebührende Belohnung zu erhalten. Es ist wie eine Ironie, daß, nachdem Saul einst die Amalekiter verschont hatte (15,7-9), ausgerechnet einer von ihnen aus seinem Tod persönlichen Nutzen ziehen wollte. Davids Ehrfurcht vor dem von Gott Gesalbten bewahrte ihn, diese List zu belohnen; darum ließ er den Amalekiter töten. Seine Treue Saul gegenüber beweist seine Charaktergröße und seinen staatsmännischen Edelmut.

Davids Klage, 17-27. Diese majestätische Totenklage offenbart Davids tiefste Gefühle. Sie ist die großartige, poetische Lyrik eines begnadeten Musikers (1. Sam. 16,23) und talentierten Dichters (vgl. Davids zahlreiche Psalmen), eines Mannes Gottes, dessen Freundestreue selbst angesichts alles ihm von Saul angetanen Unrechts unterschütterlich blieb (vgl. Davids Klage um Absalom, 2. Sam. 18,33).

Kap. 2
David wird König von Juda – Abners Aufruhr

David zum König über Juda gesalbt, 1-7. Als Gottes König (vgl. 1. Sam. 16) beweist David sofort Glauben und Abhängigkeit vom Herrn, 1-3. Gottes Antwort war eindeutig. Er sollte in die Städte Judas gehen, wo man ihn zum König machen würde. Juda lebte offenbar getrennt von den andern Stämmen (vgl. 2. Sam. 3,10; 5,5; 19,8-15.40-43; 20,1-3 als weitere Beispiele für solche Trennung). Die erste offizielle Amtshandlung als König war, daß David den Männern von Jabes in Gilead dafür dankte, daß sie

Saul begraben hatten, was ein gutes Zeichen für seine glänzenden diplomatischen Fähigkeiten wie auch für seine politische Weisheit war, 5-7.

Abner macht Ischboset zum König, 8-11. Abner, Sauls Armeeführer, versuchte, die Dynastie Sauls fortzusetzen, 8-11. Ischbosets („Mann der Schande") 1. Chron. 8,33; 9,39). Das hebräische Wort für „Schande" (bosheth) ersetzte den verhaßten Namen des kanaanitischen Fruchtbarkeitsgottes (vgl. Jerub-baal zu Jerub-beschet, Merib-baal zu Mephi-boschet). Mahanaim war die bedeutendste Stadt in Transjordanien. Die Philister übten westlich des Jordans die Macht aus. Die Diener Ischbosets unter Abner und die Diener Davids unter Joab stießen bei dem Teiche zu Gibeon (Jos. 9), einer bedeutenden Stadt etwa 8 km nordwestlich von Jerusalem, zusammen, 12-17. Abner tötete den Asahel, was zu einer blutigen Fehde zwischen Joab und Abner führte, 22-23. Davids Männer waren siegreich, 29-32. Dieser erste Sieg kündigte weitere Siege an.

Kap. 3
Abner geht zu David über – sein Tod

Streit mit Ischboset, 1-11. Einer kurzen Zusammenfassung über den Krieg, 1, folgt eine Beschreibung von Davids Familie, 2-5, und die Episode von Abners Bruch mit dem Hause Sauls, 6-11. Ischbosets Beschuldigung wog schwer, denn in einem Harem war eine Konkubine königliches Eigentum und mußte auf den königlichen Haushalt beschränkt bleiben. Der Versuch, sich eine solche Konkubine zu verschaffen, war gleichbedeutend mit Verrat (2. Sam. 16,21-22; 1. Kö. 2,22).

Abner geht zu David über, 12-30. Sein Verhandlungsangebot, 12, wurde von David positiv beantwortet. Nur eine Bitte wurde geäußert: daß Abner Michal, Sauls Tochter, Davids erste Frau, zu ihm zurückbringe, 13 (vgl. 1. Sam. 18,20-27). Diese Bedingung Davids hatte auch einen wichtigen politischen Grund: die Ehe mit der Tochter Sauls bestärkte seinen Anspruch auf den Thron als Sauls Schwiegersohn. Abners freundlicher Empfang bei David, 20-21, veranlaßte ihn dazu an, unter dem Volk dafür zu werben, daß David König über ganz Israel sein sollte. Doch wurde er von Joab aus Blutrache getötet, weil Abner Joabs Bruder Asahel getötet hatte, 23-30.

Davids Klage über Abners Tod, 31-39. Die von David angeordnete Volkstrauer über den Tod Abners und sein weises Verhalten bildeten die Voraussetzungen für seine Erfolge auf dem Weg zum Thron Israels.

Kap. 4
Ischbosets Tod

Ischbosets Ermordung, 1-7. Abners Abfall von Saul breitete eine große Hoffnungslosigkeit

Hebron; hier wurde David zum König von Juda gesalbt.

über das Haus Sauls aus, 1, und tat sich in weiteren Beweisen der Treulosigkeit kund. Baana und Rechab, zwei Heerführer, ermordeten Ischboset, 2-7. Mephiboset, Jonathans Sohn, wird unvermittelt erwähnt, 4, vielleicht, um zu zeigen, wie traurig es allgemein um das Haus Saul stand. Durch seinen späteren Großmut gegen Mephiboset erfüllte er den Bund, den er mit Jonathan geschlossen hatte (1. Sam. 20,42).

David straft die Mörder Ischbosets, 8-12. Die Mörder brachten den Kopf Ischbosets zu David. Sie versuchten, ihr Verbrechen durch den frommen Hinweis darauf, daß Gott David an seinen Feinden gerächt habe, zu rechtfertigen, 8. Doch David fuhr fort, das Haus Sauls zu ehren und jeden zu bestrafen, der ihm Unrecht zufügte (vgl. 2. Sam. 1,14-16; 3,28-39).

Kap. 5
David zum König über Juda und ganz Israel gesalbt – Eroberung Zions

Gottes König kommt in das Seine, 1-5. Es war eine große Stunde, als ganz Israel nach Hebron kam, um das Königreich Sauls David zu

übergeben (vgl. 1. Chron. 12,23-40). Nach Ischbosets Tod wurde die ganze Nation von einer ungeheuren Begeisterung ergriffen. Davids eindrucksvolle Krönung gibt eine Ahnung davon, wie es an dem Tage sein wird, an dem Israels lange verworfener König, der Messias, der Sohn Davids (Matth. 1,1), in Herrlichkeit wiederkommen wird, um Israels Hirtenkönig zu werden. Das große Freudenfest, von dem 1. Chron. 12,39-40 berichtet, gibt eine schwache Ahnung von der Freude Israels, wenn sein wahrer König den Thron besteigen wird (vgl. Jes. 25,6-9).

David erobert Zion; weitere Siege, 6-25. Die Stadt Jerusalem war zur Zeit der Richter erobert worden (Ri. 1,8), doch nicht die Festung der Jebusiter. Das war der südöstliche Hügel, später „die Stadt Davids" oder „Zion" genannt. Zion steht in enger Verbindung mit dem Ereignis, daß David König über ganz Israel wurde. Seine Eroberung war politisch wichtig, weil damit der letzte Rest der kanaanitischen Macht im Lande ausgerottet wurde. Zugleich bekam das Reich eine neutrale Hauptstadt, zwischen Juda und Israel gelegen, doch zu keinem der beiden gehörig. Hiram I. von Tyrus (ca. 969-936 v.Chr.) erwies sich David gegenüber freundschaftlich, 11-12. Die phönizischen Berichte

Der Berg Zion, wo die Stadt Davids war

sprechen von ihm als Eroberer und Städtebauer. Diese Freundschaftsbande blieben bis in die Regierungszeit Salomos hinein bestehen (1. Kö. 9,10-14). Es folgt eine Beschreibung der wachsenden Familie Davids in Jerusalem, 13-16, sowie zwei seiner Siege über die Philister, 17-25.

Archäologische Streiflichter

Der östliche Hügel, auf dem die jebusitische Festung lag, war so gut wie uneinnehmbar (2. Sam. 5,6). Er lag oberhalb der Quelle von Gihon. Manche Gelehrte sind der Meinung, daß Davids Männer sich den Zugang nach Jerusalem auf dem Weg durch einen Wasserschacht erzwangen, den die Jebusiter gegraben hatten, um das Wasser aus der Quelle in die Stadt zu leiten (vgl. 5,8). Frühe Forschungen durch den „Palestine Exploration Fund" unter der Leitung von Charles Warren ergaben wichtige Entdeckungen über dieses jebusitische System der Wasserversorgung. W.F. Albright ist jedoch der Meinung, daß die Stadtmauer mittels „Haken" erklommen wurde und daß nicht „Wasserschacht" sondern „Haken" die Bedeutung des Wortes (çinnôr) ist (wie im Aramäischen und Arabischen auch). Eine dritte Möglichkeit bestünde darin, daß Davids Männer den Wasserschacht blockierten und auf diese Weise der belagerten Stadt die einzig mögliche Wasserzufuhr sperrten.

Kap. 6
Die Bundeslade wird nach Zion gebracht

Die Sünde Ussas, 1-11. Seitdem die Philister die Bundeslade erobert und Silo zerstört hatten, hatte diese keinen bleibenden Standort mehr (1. Sam. 4-7). Die Leviten allein waren befugt, die Bundeslade zu transportieren (d.h. sie zu „berühren") (4. Mo. 4,15; 1. Chron. 13,9). Ussa versündigte sich dadurch, daß er diese göttliche Ordnung brach. David hatte es offenbar versäumt, Gott wegen des Transportes der Bundeslade zu befragen. Sie wurde auf eine den philistinischen Verhältnissen entsprechende Weise befördert, nicht nach den Vorschriften Gottes. Obed-Edom, 10-11, war ein Levit (1. Chron. 26,1-5). Der Segen auf seinem Haus ermutigte David, die Bundeslade nach Jerusalem bringen zu lassen.

Die Bundeslade wird in die Stadt Davids gebracht, 12-19. Das wurde in der von Gott verordneten Weise getan (1. Chron. 15,1-28), und Segen folgte.

Michals Spott, 20-23. Sie wird nicht „das Weib des Königs David" genannt, sondern „Sauls Tochter" und trug den Stolz ihres Vaters zur Schau, auf den der Fluch Gottes gefallen war. Im Gegensatz dazu zeigte David einzigartige Demut und Selbsterniedrigung.

Kap. 7
Der davidische Bund

Davids Wunsch, den Tempel zu bauen, 1-3. Der Wunsch Davids, dem Herrn ein Haus zu bauen, war der Anlaß dazu, daß Gott ihm durch den Propheten Nathan offenbarte, daß der Herr David ein Haus bauen würde.

Gottes Bund mit David, 4-17 (Vgl. 1. Chron. 17,4-14). Dieser bedeutsame Bund eines Königtums, das in Christus seinen Mittelpunkt haben sollte, sah vor: 1) eine davidische Dynastie („Haus"), 11, oder Familie, die den Messias hervorbringen sollte (Matth. 1,1.16; Lk. 3,23); 2) ein nie endendes Königreich, 12, und einen Thron, 13. Dieser königliche Bund Gottes mit David hatte nur eine Bedingung: Züchtigung für jeden Ungehorsam in der königlichen Linie Davids. Der Bund als solcher aber sollte niemals aufgehoben werden, 15, sondern er sollte „ewigen Bestand" haben, 16. Er wurde Maria, der Mutter Jesu, durch den Engel Gabriel bestätigt (Lk. 1,31-33; Apg. 2,29-32; 15,14-17). Obwohl seit der Babylonischen Gefangenschaft nur *ein* König aus dem Hause Davids zu Jerusalem gekrönt worden ist – und das mit Dornen –, wird ihm einmal der Thron seines Vaters David gegeben werden, und er wird auf seinem eigenen Thron sitzen, wie er jetzt zusammen mit seinem Vater auf dessen Thron sitzt (Off. 3,21). Dieser Thron wird tausend Jahre bestehen und dann in das ewig während Reich dieses ewigen Königs übergehen (Off. 21,1-8).

David betet an, 18-29, in heiliger Demut und Scheu.

Kap. 8
Das Königreich Davids aufgerichtet

Davids Eroberungen, 1-14. Dem Königsbund in Kap. 7 folgt der Bericht von Davids bedeutsamen Eroberungen. Diese schließen die Siege über die Philister und Moabiter ein, 1-2; den Sieg über Hadad-Eser von Zoba, 3-8; über die Edo-

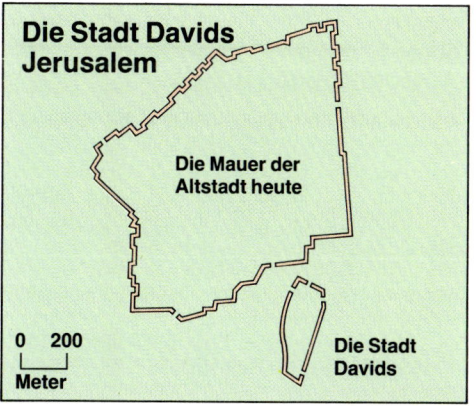

miter, 13-14, wie auch einen diplomatischen Sieg über Tohi von Hamat, 9-11.

Davids Regierung, 15-18. Seine Herrschaft in Recht und Gerechtigkeit, 15, ist ein Hinweis auf die Regierung des Messias in Gerechtigkeit. Davids Söhne waren nicht Priester, sondern Regenten (vgl. 2. Sam. 20,26; 1. Chron. 18,17). Die Kreter und Pleter waren ausländische Söldner (2. Sam. 15,18; 20,7.23; 1. Kö. 1,38.44), wahrscheinlich von der Insel Kreta und aus dem Philisterland.

Kap. 9
Davids Freundlichkeit zu Mephiboset

Mephiboset wird zu David gebracht, 1-6. Lahm an beiden Füßen (vgl. 2. Sam. 4,4), ein hilfloser Krüppel, der vor den König gebracht wird, ist Mephiboset ein wunderbares Symbol eines Sünders, der durch den Sündenfall hilflos und nutzlos, aber gerade darum ein Anwärter auf die Gnade Gottes geworden ist, 3. Als er hörte, wieviel Freundlichkeit ihm erwiesen werden sollte, bekannte Mephiboset seine Scham und Unwürdigkeit und nannte sich selbst „toten Hund" (vgl. 1. Sam. 24,15), und das ist weniger als ein lebendiger Hund, der in jenen Tagen wenig genug galt.

Davids Barmherzigkeit für Mephiboset, 7-13. Um Jonathans willen (vgl. 1. Sam. 18,1-4) gab David dessen verkrüppeltem Sohn einen Platz am königlichen Tisch, als wäre er einer der Königssöhne. In gleicher Weise hebt das Evangelium Jesu Christi uns aus unserer Schande heraus und macht uns zu Söhnen, denen ein herrliches Erbe zugesprochen ist (Röm. 8,16-17).

Kap. 10-11
Davids große Sünde

Die Vorgeschichte der Sünde, 10,1-19. Der ammonitisch-aramäische Krieg, der durch Chanuns Beleidigung gegen David entfesselt worden war, 1-5, bildete den Hintergrund zu Davids Sünde. Verstümmelung des Bartes, des Wahrzeichens der Mannesehre, und erzwungene schändliche Entblößung waren abscheuliche Beleidigungen. Dieser ganze Vorfall war eine Folge davon, daß David Gottes Führung nicht gesucht hatte. Er wurde ein Wegbereiter für Davids kommenden Fall.

Die schreckliche Sünde, 11, 1-27. Während Joab und das Heer Rabba (das heutige Amman) belagerten, beging David Ehebruch mit Bathseba, der Frau eines seiner Armee-Offiziere (Urija, des Hetiters) 1-5. Darauf ließ David Urija rufen, 6-13, und als es ihm auch aufgrund des listigen Vorschlags an Urija nicht gelang, seine Sünde zu verbergen, ließ er Urija ermorden, 14-25, und nahm Bathseba zur Frau, 26-27.

Kap. 12
Davids Bekenntnis

David wird zum Bekennen seiner Schuld geführt, 1-13. Gottes Tadel kam durch die Botschaft des Propheten Nathan zu David, 1-4, durch die ihm seine Heuchelei und Schuld gezeigt wurde, 5-6, und in der es klar hieß: „Du bist der Mann!" Die angekündigte Züchtigung brachte Gottes ungehorsamen Knecht, 10-12, zu einem vollen Bekenntnis, 13.

Die Züchtigung beginnt, 14-31. Der Tod des Kindes und Davids Schmerz, 14-23, Salomos Geburt, 24-25, und die Einnahme Rabbas, 26-31, waren Gnadenerweisungen Gottes, mit Züchtigung gemischt. Sünde bringt immer die göttliche Zuchtrute in das Leben der Knechte Gottes (1. Kor. 5,1-5; 11,30-32; Hebr. 12,3-11). Des Herrn Gnade verschonte David vor der Todesstrafe (13; vgl. 1. Joh. 5,16), nicht aber vor der ernsten Züchtigung.

Kap. 13-14
Amnon von Absalom getötet

Amnons Sünde gegen Tamar, 13, 1-22. Als ältester Sohn Davids (2. Sam. 3,2) war Amnon der Thronanwärter. Tamar war seine Halbschwester, und das mosaische Gesetz verbot eine solche Heirat (3. Mo. 18,9). Böse Lust und Gesetzlosigkeit bekamen die Oberhand, und Amnon vergewaltigte Tamar, die eine Vollschwester Absaloms war.

Absalom tötet Amnon und flieht, 23-29. Blutschande und Gewalttat in seiner eigenen Familie waren der Anfang, daß Gott David für die doppelte Sünde des Ehebruches und Mordes bestrafte. Absalom rächte nicht nur das Unrecht, das seiner Schwester angetan worden war, sondern war sich zweifellos auch der Tatsache bewußt, daß er den Thronanwärter damit aus dem Weg räumte, 23-26. Er floh nach Geschur (1. Sam. 27,8), dem Land seines Großvaters mütterlicherseits (2. Sam. 3,3). Das war ein aramäischer Staat, der unter Davids Herrschaft stand (2. Sam. 8,3-8; 10,6-19).

Absalom wird durch Joabs List vom König zurückgerufen, 14, 1-33. Joab war sowohl mächtig als auch verschlagen und bewerkstelligte die Rückkehr Absaloms durch einen Trick mit Hilfe einer Frau von Tekoa, einer Stadt nicht weit südlich von Bethlehem, in der Heimat von David und Joab, 1-20. Absalom wurde weitgehend verziehen, 21-24, und zuletzt wurde ihm des Königs Gunst wieder voll zugewandt, 25-33.

Kap. 15
Absaloms Aufruhr

Absaloms Verschwörung, 1-12. Durch Schmeichelei und weil David es nicht zustande brachte, im Lande ein festes Rechtswesen aufzubauen, gewann Absalom das Herz des Volkes Israel, 1-6. Vier Jahre lang plante er den Aufruhr, 7 (nach der griechischen und syrischen Übersetzung, nicht vierzig Jahre, nach der hebräischen Version). Er wählte wahrscheinlich Hebron, weil er entdeckt hatte, daß dort Unzufriedenheit herrschte, seit David Jerusalem anstelle von Hebron zur Hauptstadt des Landes gemacht hatte, 8-12.

David flieht von Jerusalem, 13-37. David war wohl zu dem Schluß gekommen, daß ein Beweis über die Treue seiner vermeintlichen Anhänger auf diese Weise besser zu erhalten wäre und auch seine eigenen Geheimagenten besser arbeiten könnten, wenn er nicht in Jerusalem wäre, 13-16. Der König ließ einen Teil seiner Kebsweiber zurück, 16. Er war von seinen Dienern begleitet, den Kretern und Pletern (s. Erklg. zu 2. Sam. 8,18) und 600 Gathitern, d.h. Philister von Gath, 18. Es war ein trauriger Zug über den Kidron, 23, die östliche Begrenzung der Stadt. Die Bundeslade wurde wieder nach Jerusalem zurückgeschickt, 24-29, ebenso Husai, der Architer, ein offizieller Titel, „Davids Freund", 37, d.h. sein königlicher Ratgeber (1. Kö. 4,5).

Kap. 16
David auf der Flucht;
Absalom in Jerusalem

David begegnet Ziba und Simei, 1-14. Seltsamerweise glaubte David der tückischen Lüge Zibas über Mephiboset 1-4 (vgl. 19,24-30). Doch er handelte weise und mit Zurückhaltung gegen den fluchenden Simei, 5-14. Letzterer war einer der Unzufriedenen in Israel wegen des Verlustes des Herrscherhauses, 8 (vgl. 19,16-23 bez. des Ergebnisses).

Absalom befolgt Ahitophels teuflischen Rat, 15-23. Daß Absalom in schamloser Weise und öffentlich den Harem seines Vaters (der königliches Eigentum war) gewaltsam in Besitz nahm, war sein letzter und unwiderruflicher Schritt, auch die Königsherrschaft und -würde an sich zu reißen.

Kap. 17
Ahitophel und Husai

Ahitophels und Husais Rat, 1-26. Ahitophels Rat war nur gegen Davids Leben gerichtet, 1-4, während Husai zu einem gut vorbereiteten Angriff riet, für den man sich Zeit lassen sollte, 5-13. Die Folge war, daß Ahitophels „guter Rat", der Davids sicheren Tod bedeutet hätte, von Gott durchgestrichen wurde. Er hatte wohl beschlossen, seinen Knecht David zu züchtigen, wollte ihn aber nicht wie Absalom vernichten, 14. David wurde dieser Plan hinterbracht, 15-22. Ahitophel beging Selbstmord, 23. Absalom schlug sein Lager in Gilead auf, 24–26, und David wich über den Jordan aus.

Davids Freunde dienen ihm, 27–29. Schobi, ein Bruder Hanuns, von Rabba (Amman), Machir von Lodebar (vgl. 9,4) und Barsillai, ein Aramäer dem Namen nach und wahrscheinlich ein Nicht-Israelit, halfen David.

Kap. 18
Absaloms Tod

Die Schlacht in den Wäldern Ephraims, 1–8. Absaloms eilig einberufene Truppen konnten es mit Davids Armee erfahrener Veteranen nicht aufnehmen. David hielt sich klugerweise aus dem Kampf heraus (vgl. 12,28–29; ebenso 21,17).

Absaloms Tod, 9–18. Sein Kopf (nicht sein Haar) (vgl. 14,26), war in der Eiche hängen geblieben, 9. Die Überlieferung, der zufolge sich Absaloms Haar in der Eiche verfing, stammt von Josephus (Ant. 7,10,2). Der große Steinhaufen über Absaloms Leiche, 17, bezeichnet das Grab eines Verbrechers und hat keine Beziehung zu dem heutigen „Grab Absaloms" im Kidrontal, das aus der Zeit des späten Hellenismus stammt. „Keinen Sohn", 18, muß bedeuten, daß seine drei Söhne (14,27) gestorben waren.

Davids Klage, 19–33. Eine eindrückliche Szene väterlichen Schmerzes über den Tod eines nichtswürdigen Sohnes, der verdiente, was ihm zuteil wurde.

Das Kidrontal. Auf diesem Wege verließ David Jerusalem.

Kap. 19
David kehrt als König zurück

Juda ruft David als König zurück nach Jerusalem, 1–15. Joab rüttelte David aus seinem übergroßen Schmerz auf, 1–8. Eine Bewegung in ganz Israel, David zurückzurufen, 9–10, wurde unterstützt von des Königs erfolgreichem Vorschlag, daß Juda die Initiative zur Verwirklichung dieses Zieles ergreifen sollte, 11–15.

Simei, Mephiboset und Barsillai, 16–40. David erwies Simei Gnade, 16–23. Mephibosets aufrichtige Freude, 24–30, über Davids Rückkehr war genug Beweis von Zibas Verrat. Offenbar war David nicht restlos überzeugt oder fürchtete sich, Ziba vor den Kopf zu stoßen, denn er teilte Mephibosets Erbe mit ihm, 29. Barsillais Abschied von David ist herzbewegend, 31–39. Kimham war zweifellos der Sohn Barsillais (vgl. 1. Kö. 2,7).

Spannungen zwischen Juda und Israel, 41–43, brachen erneut auf. Diese tiefe Kluft sollte wieder zum Vorschein kommen in dem endgültigen Bruch nach dem Tode Salomos (1. Kö. 12,16–20).

Kap. 20
Seba macht einen Aufruhr;
Joab tötet Amasa

Joab gewinnt seine Stellung zurück, 1–22. Seba aus dem sehr unzufriedenen Stamm Benjamin (16,5.8) organisierte eine letzte Revolte. Israel stellte sich auf seine Seite (vgl. 19,41–43). Amasa, der Joab als oberster Heerführer nachfolgt war (19,13), zog sich die brennende Eifersucht des letzteren zu. Die Tatsache, daß es Joab nicht gelang, die Revolte zu unterdrücken, war ein weiterer Grund dafür, daß er Amasa tötete (1. Kö. 2,31–32). Joab bewies seine grausame Gründlichkeit, indem er den Aufrührer niederschlug und die Frau aus Abel-Beth-Maacha gebrauchte, um Seba zu töten. Eine „Mutter"-Stadt, 19, war eine Stadt, zu der von ihr abhängige Dörfer oder „Töchter" gehörten (4. Mo. 21,25; Jos. 15,45; Ri. 11,26).

Eine Liste von Davids Beamten, 23–26. (Vgl. eine ähnliche Liste in 8,16–18). Über Kreter und Pleter, 23, s. Erklg. zu 8,15–18.

Kap. 21
Hungersnot und Philisterkriege

Die letzten vier Kapitel von 2. Samuel sind ein Anhang.

Die Hungersnot und die Gibeoniter, 1–14. Eine dreijährige schwere Hungersnot wird auf Blutschuld, im Lande begangen, zurückgeführt, nämlich auf Sauls Mord der Gibeoniter, die durch einen Bund unter Israels Schutz standen (Jos. 9,25–27). Dieser Bund war im Namen Gottes geschlossen und von Saul gebrochen worden. David erlaubte den Gibeonitern, als Vergeltung dafür, sieben Nachkommen Sauls zu töten. Nachdem man die Leichen geschändet hatte, indem man sie unbegraben auf freiem Feld liegen ließ, wurde David durch die Klage Rizpas zum Mitleid bewegt, 10-11, und ließ die Gebeine Sauls, Jonathans und aller Nachkommen, die getötet worden waren, in ihrem Ahnengrab, 12-14, beisetzen.

Erinnerungen an die Kriege mit den Philistern, 15-22. (Vgl. 1. Sam. 17,4; 1. Chron. 20,5).

Kap. 22
Davids prophetischer Triumphgesang

Lob Gottes für sein Eingreifen, 1-28. Diese herrliche Ode der Befreiung fand ihren Platz an dieser Stelle des 2. Samuelbuches und nochmals in den Psalmen (Ps. 18 und 22). Sie ist prophetisch und schaut über die Leiden und Triumphe Davids hinaus auf Davids Sohn und Herrn, Jesus Christus. Dem Anlaß zum Lob Gottes in den Versen 1-4 folgt der Bericht über Davids Leiden als Flüchtling vor Saul, 5-7, wodurch Jesu Verwerfung vorausgesagt wird. Gottes Eingreifen, 8-20, weist hin auf des Herrn Errettung vom Tod und sein „Hinausgeführtwerden in die Weite" (Auferstehung), 20. Gottes Einverständnis und Belohnung, 21-28, weisen weit über den irdischen David hinaus auf den himmlischen.

Lob Gottes für Erhöhung über die Feinde, 29-51. Das Gericht über die Feinde, 29-43, und die Erhöhung über die Gegner, 44-49, wird sich in Vollkommenheit nur durch *den* ereignen, dem alles Gericht übergeben ist (Joh. 5,22). In der Herrlichkeit des kommenden Reiches „wird Jesus Christus das Haupt der Nationen" sein, 44, und durch die Erfüllung des Davidischen Bundes (Kap. 7) werden die Verse 44-51 Wirklichkeit werden.

Kap. 23
Davids letzte Worte; seine Helden

Seine letzten Worte, 1-7. Diese inspirierte Weissagung, 1-2, hat wieder den ewigen Bestand der Dynastie des Hauses Davids zum Inhalt, 5, der in der gerechten Regierung von Davids Herrn in seinem Reich seine Verwirklichung finden und dadurch den königlichen Bund erfüllen wird (s. Kap. 7). Die Verse 3 und 4 sprechen von dem klaren Morgen des Zeitalters des Tausendjährigen Reiches.

Liste der Helden Davids, 8-39. Vgl. 2. Sam. 21,15-22 und 1. Chron. 11,11-47 bzgl. interessanter Verschiedenheiten in diesen Listen.

Kap. 24
Die Volkszählung – ein Versagen Davids

Die Sünde und ihre Strafe, 1-17. Der Herr erlaubte Satan, sich in Davids Herz durch Stolz Geltung zu verschaffen (1. Chron. 21,1; 1. Tim. 3,6), 1-9. Davids Bekenntnis, 10-14, folgte die Pestilenz, 15-17.

Der Altar und die Versöhnung, 18-25. Davids Verhandlungen um die Tenne sind aufschlußreich, da er hier etwas sagt, was zu einer festen Redewendung wurde: „Ich will dem Herrn, meinem Gott, kein Brandopfer darbringen, das mich nichts kostet", 24. Aravnas Tenne, wo Abraham den Isaak opfern und später der Tempel stehen sollte, war ein geeigneter Platz, um für Israel bei Gott Gnade zu erwirken.

Das erste Buch der Könige

Die Regierung Salomos und das geteilte Reich

Name des Buches. In der griechischen Fassung werden die beiden Bücher 1. und 2. Könige „drittes und viertes Buch der Königreiche" genannt, und in der lateinischen Fassung nennt man sie „drittes und viertes Buch der Könige". Ursprünglich war es ein Buch, in dem die Geschichte des ungeteilten Königreiches, beginnend mit Davids Tod bis zu Salomos und Rehabeams Regierung und dann das geteilte Königreich bis zu Israels Zusammenbruch im Jahre 722 v.Chr. und Judas Gefangennahme im Jahre 586 v.Chr. aufgezeichnet war.

Verfasser. Der (oder die) Schreiber war durch vorhandene Quellen inspiriert, diese Geschichte aufzuschreiben. Unter der Leitung des Heiligen Geistes ist dieses zu einem historisch zuverlässigen Bericht geworden. Es wäre durchaus möglich anzunehmen, daß Jeremia die Schrift bis auf das letzte Kapitel der Könige verfaßt hat.

Überblick

Davids Tod, Kap. 1,1 - 2,11
Salomos Regierung, Kap. 2,12-11,43
Teilung des Reiches, Kap. 12,1-16,34
Das Wirken des Propheten Elia, Kap. 17,1 - 22,54

Das Nordtor von Megiddo, eine der Bezirkshauptstädte Salomos

1. Könige

Salomos Säulen bei Elat

Kap. 1
Davids Tod

Adonias Anspruch auf die Königswürde, 1,1-27. Davids vorzeitiger gesundheitlicher Verfall, 1-2, als Folge seiner großen Sünde und der Züchtigungen, gaben seinem ältesten lebenden Sohn die Gelegenheit, Anspruch auf sein Erbrecht als Erstgeborener zu erheben, 5-9. Abisag war von Sunem, 3 (1. Sam. 28,4), in der Gegend vom Berg Gilboa in der Ebene von Esdrelon. Natan und Batseba konnten ihren Plan, 10-14, verwirklichen und durch David Salomo zum König ausrufen lassen, 15-27.

Krönung Salomos, 1,28-53. Gihon, 33, heute Marien-Quelle (2. Chron. 32,30) wie En-Rogel, Hiobsbrunnen, 9, war eine heilige Stätte und geeignet für eine solche Zeremonie (2. Sam. 17,17). Die Salbung Salomos, 28-40, erregte große Furcht in Adonia und brachte ihn zur Unterwerfung, 41-53.

Davids letzte Anordnung und Tod, 2,1-11. David forderte Salomo auf, die Gebote Moses zu befolgen (vgl. 5. Mo. 4,40; 5,1; 11,1-12,32; 17,14-20) und Joab (2. Sam. 3,27; 20,10) und Simei (2. Sam. 16,5-14; 19,18-23) umzubringen.

Salomo geht mit seinen Feinden ins Gericht, 2,12-46. Benaja wurde als Oberster der Armee und Zadok als Priester anstelle von Abjatar ernannt, 35; Simei wurde erschlagen, 46.

Kap. 3
Salomos Bitte um Weisheit

Salomo heiratet eine ägyptische Prinzessin, 1-3. Zweifellos war sie die Tochter eines der Pharaonen der 21. Dynastie, da Scheschonk (Sisak), Begründer der 22. Dynastie, alles tat, um Salomo zu schwächen.

Salomo betet um Weisheit, 4-28. Seine Regierung begann in Weisheit und endete in Torheit. Die „Höhen" waren Heiligtümer auf den Bergen. Gibeon (vgl. Jos. 9) war eines der berühmtesten dieser Heiligtümer (2. Chron. 1,2-6). Anbetung an diesen Stätten war an und für sich nichts Böses (1. Mo. 12,7; 22,2-4; 31,54;

Ri. 6,25), doch kam es zum Konflikt mit den vorläufigen Anbetungsstätten des 5. Mose-Buches (Deuteronomium), nachdem der Tempel auf Moria erbaut worden war (5. Mose 12,11-14).

Kap. 4
Salomos Regierung

Seine Amtsführung, 1-34. In den Versen 1-6 sind Salomos oberste Beamte aufgeführt. Bei seiner Amtsführung beachtete er nicht die aus früherer Zeit bekannte Einteilung in einzelne Stämme. Vom System der Besteuerung und Abgaben wurde die luxuriöse Lebensweise des Königs getragen.

Kap. 5-8
Salomos Tempel

Vorbereitung für den Bau, 5,1-18. Hiram I. von Tyrus (969-936 v.Chr.) trug den Titel „König der Sidonier". Sein Name war ein gewöhnlicher phönizischer Königsname. Inschriften, wie etwa die des Sarkophages Ahirams von Byblos, dem biblischen Gebal, entdeckt in den Jahren 1923-1924, bestätigen dies.

Beschreibung des Tempels, 6,1 - 8,66. Der Tempelbau begann, 6,1, im Monat Siv (April-Mai) um das Jahr 962 v.Chr. Seine spezielle Bauart, vor-griechisch und echt im Stil des 10. Jh. v.Chr., zeigt phönizischen Einfluß, wie das ein Tempel in Tell Tainat, 1936 entdeckt, beweist. Außer dem Tempel baute Salomo seinen eigenen Königspalast und die Amtsgebäude, 7,1-51. Jachin und Boas, 7,21, waren Weihrauch-Säulen mit Ölgefäßen zuoberst, welche als Fassadenbeleuchtung des Tempels dienten. Wie diese im einzelnen funktionierten, ist ungewiß.

Kap. 9
Salomos zweite Vision; seine Pracht

Salomo vor dem Abfall gewarnt, 1-9. Salomo wurde in einer zweiten Vision durch Gott gewarnt.

Ein Teil der ausgedehnten Überreste der Stallungen von Megiddo

Salomos Glanz, 10-28. Seine außenpolitischen, diplomatischen Beziehungen und Heiraten zum Zwecke friedlicher Beziehungen zu benachbarten Staaten werden beschrieben (3,1-3; 11,1-8). Seine Bauunternehmungen in Geser, Hazor und Megiddo sind bekannt, besonders letzteres, welches Hauptquartier von Salomos fünftem Amtsbezirk war. Seine Flotte, 26-28, waren Transportschiffe, welche geschmolzenes Kupfer von Minen in Sardinien und Spanien, den Kolonien Phöniziens, brachten. Tarsis war ein Raffinerie-Hafen. Ausgrabungen der Kupfer-Raffinerien in Tell el-Kheleifeh (früheres Ezjon-Geber) brachten Salomos Kupfer-Schmelzöfen am Golf von Akaba zum Vorschein.

Archäologische Streiflichter
Salomos Stallungen. Frühe Ausgrabungen in Megiddo brachten Ruinen zutage, die auf einen mächtigen Komplex von Stallungen und Unterständen für Pferde und Kriegswagen schließen ließen und die man auf die Regierungszeit Salomos (vgl. 9,19; 10,26) datieren kann. Neuere Untersuchungen mahnen zu etwas Vorsicht gegenüber dieser These. Manche sind der Meinung, daß dieser Gebäudekomplex später, in die Zeit des Königs Ahab, zu datieren ist (vgl. 1. Kö. 20; 22,39), während andere Forscher überzeugend zu dem Schluß kommen, hier handle es sich eher um Vorratshäuser als um Stallungen (vgl. 9,19). Jedenfalls bestätigen die Ausgrabungen auf vielfache Weise die historische Genauigkeit alttestamentlicher Zeugnisse.

Kap. 10
Salomo und die Königin von Saba

Der Besuch der Königin, 1-13. Saba liegt wahrscheinlich im südwestlichen Arabien, dem heutigen Jemen, und wird in Keilschrift-Quellen des 8. und 7. Jh.v.Chr. erwähnt. Obwohl die Königinnen in der späteren Geschichte von Südarabien eine unbedeutende Rolle spielten, regierten sie über weite Stammesbünde in Nordarabien vom 9. bis zum 7. Jh.v.Chr. Einige identifizieren diese Königin mit einer Kolonie Saba in Nordarabien.

Salomos Einkünfte, 14-29. Sein großer Reichtum, 14-15, seine berühmten Tartschen

Salomo baute auch Hazor, nördlich von Galiläa, zur Festung aus

(kleinere Schilde) und Schilde, 16–17, sein Elfenbein-Thron, 18–20, sein Überfluß an Gold und Silber, 21–22, und sein Handel mit Pferden und Wagen, 27–29, werden erwähnt. Der Handel mit Pferden und Wagen war eine der Quellen von Salomos großem Reichtum. Sein Jahreseinkommen betrug 666 Talente in Gold, 14; ein Talent = ca. 36 kg, ungefähr 95000 DM. Als Zwischenhändler für den Handel mit Pferden und Wagen zwischen Ägypten und Kleinasien führte er von Kue (Cilicien) und Ägypten Pferde ein. Gleichzeitig baute er seine eigene Streitwagen-Macht auf.

Kap. 11
Das Versagen Salomos

Salomos Sünde und Strafe, 1–43. Seine Sünde war der Abfall von Gott und sein Götzendienst, hervorgerufen durch seine vielen Eheschließungen mit heidnischen Frauen, um der irdischen Sicherheit willen, 1–13. Um ihn zu züchtigen, ließ Gott Hadad, den Edomiter, 14–22, Reson, Begründer des aramäischen Königreiches von Damaskus, 23–25, und Jerobeam, späterer König des Nordreiches, 26–40, gegen ihn aufstehen. Nach seinem Tode wurde sein Sohn Rehabeam sein Nachfolger, 43.

Kap. 12
Rehabeam und der Aufstand

Abfall der nördlichen Stämme, 1–24. Die Torheit Rehabeams ist beinahe unvorstellbar.

Aber Sünde macht Toren aus ihren Opfern. Der Schaden dieser Spaltung des Bundesvolkes Gottes konnte nie mehr geheilt werden.

Jerobeams üble Pläne, 25–33. Er baute zwei Heiligtümer zur Anbetung Gottes, eines in Bethel, im südlichen Teil seines Landes, nur einige Dutzend Kilometer nördlich von Jerusalem, und das andere in Dan, im Norden, beides alte Anbetungsstätten. Seine beiden goldenen Stierkälber waren kaum Abbilder Jahwes als eines Stiergottes (obwohl sie an das Goldene Kalb Aarons erinnern; siehe Anm. zu 2. Mo. 32,1–14). Vielmehr war es wie bei den heidnischen Nachbarn Israels, daß die Gottheit auf dem Rücken eines Tieres oder eines von Tieren getragenen Thrones stehend dargestellt wurde. Man sollte sich den Herrn, unsichtbar über dem Tier thronend, vorstellen (vgl. 1. Sam. 4,4; 2. Kö. 19,15). Der Stier, durch dessen Bild Baal verehrt wurde, machte diesen rein politischen Plan gefährlich und schlecht.

Kap. 13–14
Die Regierung Jerobeams und Rehabeams

Gott sendet einen Propheten, den Plan Jerobeams zu verdammen, 13,1–34. Die unerhörte Weissagung, 1–3, gesprochen von einem unbekannten Propheten, daß Josia die Knochen der Priester auf Jerobeams falschem Altar verbrennen werde, wurde erfüllt im Jahre 621 v.Chr. (2. Kö. 23,16-17). Für Jerobeam und sein Haus war dies eine schwerwiegende Anklage, die seinen Zorn hervorrief, 4-5. Der Prophet lehnte des Königs Vorschläge, mit Gottes Weisungen einen Kompromiß zu schließen, ab, 6-10. Was der König nicht ausrichten konnte bei dem Mann Gottes, ihn von der Ausführtung des Willens Gottes abzubringen, gelang einem alten Propheten in Bethel, der es mit Lüge und Verdrehung zustande brachte, 11-22. Dieser Ungehorsam brachte dem Propheten unverzügliches Gericht, 24, und demjenigen, der sich gebrauchen ließ, den Boten Gottes zu versuchen und zu verführen, 29-32, bittere Gewissensnot und Selbstanklage. Jerobeams Unbußfertigkeit besiegelte seinen Untergang, 33-34.

Jerobeams Strafe, 14,1-20. Gottes Strafgericht fiel auf des Königs kostbarsten Besitz, seinen Sohn. Seines Sohnes Krankheit trieb den König zu einem Verstellungsmanöver, um vom Propheten Achija die Zukunft zu erfahren, 2-6. Achija erkannte den Plan und eröffnete der Frau des Königs die vollständige Ausrottung des Königshauses als Folge seines gotteslästerlichen Ungehorsams; Israel werde in Gefangenschaft

Jerobeam baute ein Heiligtum in Dan im Norden seines Reiches.

gehen, 7-16. Der Knabe starb, wie der Prophet es vorausgesagt hatte, 17-18.

Rehabeams Regierung über Juda, 14,21-31. Dieser Sohn Salomos war ein Narr, der die zehn Stämme dazu trieb, sich von den anderen zu trennen. Er bewies auch weiterhin in seiner siebzehnjährigen Regierungszeit, wie töricht er war. Damit wurde Juda von seinem früheren Glanz, dessen es sich erfreut hatte, zur politischen Bedeutungslosigkeit verurteilt.

Archäologische Streiflichter

Im fünften Jahr der Regierung Rehabeams drang Sisak (vgl. 2. Chron. 12,2-4) sowohl in Juda als auch in Israel ein. Die Archäologie zeigt Sisak als Scheschonk I. von Ägypten (945-924 v.Chr.), Begründer der 22. Dynastie. Sein goldüberzogener Leib wurde 1938-1939 in Tanis entdeckt. Die Inschrift in Karnak (Theben) über seinen Triumph führt auch Städte in Juda, Israel und Gilead auf, die er eroberte. Ein Teil seiner Grabsäule wurde in Megiddo ausgegraben und bestätigt die Eroberung dieser Stadt, genau wie es das Karnak-Relief zeigt.

Die Dynastien Israels: Neun Dynastien mit 19 Königen. Gesamtregierungszeit 201 Jahre, mit durchschnittlicher Regierungszeit von etwas über 10 Jahren. Von allen diesen gottlosen Königen waren Ahab und seine Frau die übelsten.

Die Dynastien Judas: 20 Könige, jedoch nur die eine, die davidische Dynastie, mit der Ausnahme von Atalia, der Thronräuberin, die in die davidische Dynastie eindrang und sie durch Einheirat fünf Jahre unterbrach. Gesamt-Regierungszeit 335 Jahre, mit einer durchschnittlichen Regierungszeit von 16 Jahren. Die guten Könige waren Asa, Josaphat, Amazia, Ussija (Asaria), Jotam, Hiskia und Josia.

Kap. 15,1-24
Regierung Abijas und Asas

Abija, 1-8 (vgl. 2. Chron. 13,1-2) regierte drei Jahre unwürdig.

Asas Regierung, 9-24. Er war ein guter König (911-870 v.Chr.); er bestach Benhadad I. von Syrien, Israel anzugreifen, um ihn von Baesas Befestigungen von Rama zu befreien. Diese Festung an der südlichen Grenze bedrohte Jerusalems Sicherheit. Asa reinigte das Land von Abgötterei: heidnischen Säulen, Sonnenbildnissen, weiblichen und männlichen Kult-Prostituierten.

Archäologische Streiflichter

„Benhadad, Tabrimmons Sohn, Sohn des Hezion, des Königs von Aram (Damaskus)" wird bestätigt auf der Stele Benhadads I., die 1940 in Nordsyrien entdeckt wurde (vgl. Bulletin of the American Schools 87, Oktober 1942, Seite 23-29 und 90; April 1943, Seite 32-34).

Kap. 15,25–16,28
Die Könige Israels von Baesa bis Omri

Nadabs Regierung in Israel, 15,25-31. Sie war von kurzer Dauer, eine unwürdige Regierung von zwei Jahren.

Baesa, 15,32 - 16,7, führte Krieg mit Asa, wurde wegen seiner Abgötterei und Sünde verflucht. Er wurde in Tirza, der Königsstadt Israels, vor der Gründung Samarias durch Omri, begraben.

Ela, 16,8-14, ein Trinker, regierte nur zwei Jahre.

Simri, 16,15-20, verbrannte in seinem Hause, nach einer siebentägigen Regierungszeit. Staatsstreiche waren während dieser politisch unruhigen Zeit in Israel an der Tagesordnung. So folgten die Könige, die um die politische Vorherrschaft kämpften, in rascher Folge aufeinander, bis Omri schließlich seine Herrschaft im Nordreich wieder festigen konnte.

Tibni und Omri, 16,21-28. Nach dem tragischen Tod Simris teilte sich das Volk. Die eine Hälfte hängte sich an Tibni, die andere an Omri. Nach Tibnis Tod regierte Omri über ganz Israel. Er war unternehmend, fähig, energisch, und doch in seiner Gesinnung böse. Begründer der Dynastie von Omri (Ahab, Ahasia und Jehoram). Er baute die neue Königsstadt Samaria, 24.

Archäologische Streiflichter

Israel gelangte unter Omri (880-874 v.Chr.) zu neuer Macht. Er war ein willensstarker Politiker und festigte die Beziehungen zu Phönizien, um das aramäische Wirtschafts-Monopol zu neutralisieren. Mit dieser Zielsetzung wurde sein Sohn Ahab mit Isebel, der Tochter Et-Baals, des Königs von Sidon (16,31), verheiratet. Der moabische Stein von Dibon enthüllt, daß es Omri war, der Nord-Moab besiegte. Omris prächtige Königsstadt Samaria wurde ausgegraben. Die erste und zweite Periode gehören zu Omri und Ahab. Die Grundmauern seines Palastes und anderes mehr bestätigen, daß Omri der Begründer der Stadt war. (Vgl. The Harvard Excavations at Samaria 1908-10, 2 Bände, 1924, und The Buildings at Samaria, 1942).

Omris Weltruhm in jener Zeit wird bestätigt durch die diesbezüglichen assyrischen Angaben auf dem Schwarzen Obelisken von Salmanasser III. über ein Jahrhundert später, in Verbindung mit König Jehu von Israel, der bezeichnet wird als „Sohn (d.h. königlicher Nachkomme) Omris", obwohl Jehu zu einer ganz anderen Dynastie gehörte. Nach Omri wird Israel übrigens in den assyrischen Keilschrift-Texten als „Bit-Humbri" („Haus des Omri") bezeichnet.

Die Reste des römischen Forums (Marktplatz) in Samaria, der Hauptstadt König Ahabs.

Kap. 16, 29–34
Ahab, König von Israel

Ahab, 29-34, war klug und willensstark als Herrscher, aber böse und abgöttisch in seiner Gesinnung. Er regierte 22 Jahre lang in Samaria, dem neuen Hauptsitz der Dynastie von Omri. Er übertraf seine Vorgänger an Bosheit und Eigenwilligkeit, errichtete einen Altar zu Ehren Baals, der großen nordwestsemitischen Fruchtbarkeitsgottheit, und zwar im Baalstempel, den er in Samaria zu bauen wagte, 32. Er machte auch eine Aschera, 33, einen hölzernen Pfahl als Symbol der kanaanitischen Fruchtbarkeitsgöttin Aschera, bekannt von den Ugaritischen Tafeln her, 1929-1937 in Ras Shamra in Nordsyrien entdeckt. Diese kanaanitische Göttin, ungefähr vierzigmal im AT erwähnt, war für die Israeliten ein Fallstrick, denn ihr Kult war abschreckend und korrupt. Ahab heiratete Isebel, eine heidnische Prinzessin und Tochter des Et-Baal, „König der Zidonier", 31, d.h. der Phönizier. Dieser Titel bezeichnet die frühere Vorherrschaft von Zidon, das auf Tyrus' wirtschaftlichen und politischen Machtanspruch nach dem 11. Jh. v.Chr. folgte (vgl. 1. Kö. 5,1.5). Zu 34 vgl. Jos. 6,26. Einzelheiten von Ahabs Regierung sind aufgezeichnet in Kap. 17,1 - 22,40, infolge der sich zuspitzenden und umwälzenden religiösen Krise Israels.

Archäologische Streiflichter

Die Texte von Ras Shamra (Ugarit) aus dem 14. Jh. v.Chr. zeigen Baal als Sohn des El und den regierenden König der kanaanitischen Gottheiten, den Gott des Regens und des Sturmes, dessen Stimme in Unwetter donnerte. In Ugarit war Anath, Baals Schwester, seine Frau, in Samaria jedoch erscheint Aschera im 9. Jh. v.Chr. als solche (18,19). Wie Anath war Aschera die Schutzgöttin der sexuellen Sinnesfreude und des Krieges. Schlangen-Anbetung, männliche und weibliche Prostitution, Kindesmord und -opfer sowie jegliche Art von Greueltaten waren mit der kanaanitischen Religion verbunden. Die Priester und Propheten Baals waren offiziell Mörder von kleinen Kindern und verdienten daher ihr eigenes Todesurteil (18,40).

Der Wiederaufbau Jerichos (16,34) wird durch archäologische Ausgrabungen bestätigt. Die neuesten Ausgrabungen führen die Besiedlung der Stadt in die graue Vorzeit zurück. Trotz der Verwirrung bei der Interpretation der Belege von Garstangs Ausgrabungen, daß die Stadt ums Jahr 1400 v.Chr. gefallen sei, wird die Bibel doch in diesem Punkt bestätigt, daß es keine Siedlungsschichten von Josuas Zeit bis zu derjenigen Ahabs gibt, aus der wenige Ruinen auf den Wiederaufbau der Stadt durch Hiel hinweisen. Ferner ist bemerkenswert, daß beim Wiederaufbau Jerichos die Weissagung Josuas buchstäblich in Erfüllung ging, als das jüngste und älteste Kind Hiels von Bethel starben.

Kap. 17
Elia vor Ahab

Elias Botschaft an Ahab, 1-7. Baal, der phönizische Gott des Unwetters, wurde von Ahab, Isebel und seinen anderen Anbetern als Regenmacher angesehen. Elia („Mein Gott ist Jahwe") gab Ahab deutlich zu verstehen, daß sich Jahwe als der Einzige erweisen werde, der darüber bestimme, ob es regne oder nicht. Elia, aus Tisbe-Gilead, verschwand auf Weisung Gottes an einen kleinen Bach östlich des Jordans.

Elia und die Witwe, 8-24. Als der Bach austrocknete, wurde Elia zur Witwe von Zarpat geführt, 9 (assyr. Sareptu, an der Küste von Phönizien, südlich von Zidon und nördlich von Tyrus), außerhalb von Ahabs Gerichtsbarkeit. Hier wurde der Prophet, der von Gott auserwählt worden war, um die Baals-Verehrung auszurotten, dessen Gott Macht hatte, die Himmel dreieinhalb Jahre lang zu schließen, auf wunderbare Weise von Raben und später von der Witwe versorgt (vgl. Jak. 5,17). Der Sohn der Witwe wurde zum Leben auferweckt, 17-24. Selbstlose Hingabe an Gott bringt Segnungen herrlichster Art.

Kap. 18
Elia auf dem Karmel

Die Frage, 1-20. Das Ende der furchtbaren regenlosen dreieinhalb Jahre nahte. Wer hatte den Regen zurückgehalten, und wer wird den Regen senden? „Der Baal der Himmel" oder Jahwe?

Obadja („Knecht Jahwes") zeigte seinen Glauben, indem er Jahwes Propheten, die von Isebel zur Ausrottung bestimmt waren, vom Tode errettete, 3-16. Elia traf sich mit Ahab und forderte zu einem Entscheidungskampf auf dem Karmel auf, 17-19. Die Baalim waren die lokalen Vertreter des großen Himmelsgottes, 19. Aschera, die Gemahlin Baals, hatte 400 und Baal 450 Propheten. Dies zeigte, welch gewaltigen Einfluß das kanaanitische Heidentum unter Ahabs Herrschaft in Israel gewinnen konnte.

Der Entscheidungskampf, 21-46. Elias Glaube war unerschütterlich. Er setzte alles auf Jahwes Antwort durch Feuer und Regen, und beides kam. Isebel, die abgöttische, gemeine phönizische Königin, ließ sich nicht überzeugen und suchte einzig den Tod Elias. Elias meisterhafte Satire auf die Abgötterei, 27. Die rituellen Einschnitte, die die Baalspropheten ihren Körpern zufügten, 28, waren allgemein bekannt (3. Mo. 19,28; 5. Mo. 14,1; Jer. 16,6; Hos. 7,14). Der Kampf bewies Jahwes Macht. Elia rannte 28 km nach Jesreel, 46, der zweiten Hauptstadt Ahabs (21,1), um den vollen Sieg der Verehrung Jahwes über den Baalsdienst zu verkündigen (vgl. Jes. 40,30-31).

Der Berg Karmel

Kap. 19
Elia am Horeb

Elias Flucht und Niedergeschlagenheit, 1-14. Hier sehen wir Elia als Mensch mit gleicher Anfälligkeit und Schwäche wie wir. Er floh vor Isebels Zorn und Zugriff nach Beerseba, 220 km südlich von Jesreel, weit ins Land Juda hinein, außerhalb der Reichweite Isebels, 1-3. Mit Gottes Hilfe erreichte er nach weiteren 330 km den Horeb, 4-8, auch Sinai genannt, weiter südlich, dort, wo Mose das Gesetz offenbart worden war. Hier redete Gott mit dem verzweifelten Propheten, 9-18 (vgl. 2. Mo. 33,17-23), und machte ihm Vorwürfe, daß er war, wo er nicht sein sollte, 9.13. Was für ein Gegensatz! Elia, der Glaubensheld vom Karmel, Sieger über den Baalsdienst – und nun Elia, der kleingläubige Feigling am Horeb, mit sich beschäftigt, vollständig entmutigt, sich den Tod wünschend (vgl. Röm. 11,2-4).

    Gottes Botschaft, 15-21. Der Herr war nicht im Erdbeben, im Wind oder Feuer, aber er war im „sanften Säuseln" (12) seines offenbarten Willens, der das Versagen des Propheten ans Licht brachte und ihn veranlaßte, seinen Auftrag zum Abschluß zu bringen.

Kap. 20
Ahabs Kriege mit Damaskus

Die Belagerung Samarias, 1-34. Der schon lange drohende Angriff Syriens kam ungefähr fünf Jahre vor dem Ende der Regierung Ahabs. Benhadad belagerte plötzlich Samaria in einem Bündnis mit mehreren Königen. Ahabs brillante Strategie gewann diese und später eine noch ausschlaggebendere Schlacht in Aphek, 22-34, östlich vom galiläischen Meer an der Straße von Beth Sean nach Damaskus.

    Die Warnung des Propheten, 35-43, war ausgerichtet auf Ahabs törichtes Nachgeben seinem Feind gegenüber (mit dem er sich später zum Kampf gegen die vordringenden Assyrer verbündete). Das Vorgehen des Propheten bei diesem Gespräch, daß er Ahab dazu brachte, sein eigenes Urteil zu sprechen, erinnert an Nathans Begegnung mit David nach dessen Ehebruch mit Bathseba (2. Sam. 12,1-15).

Archäologische Streiflichter
Die Inschriften auf dem Monolithen Salmanassers III. (859-824 v.Chr.), die heute im Britischen Museum zu sehen sind, zeigen Assyriens Zusammenstoß mit syrisch-palästinensischen Verbündeten in Quarqar, nördlich von Hamat, im Tale des Orontes, im Jahre 853 v.Chr. „Ich überquerte den Euphrat; bei Qarqar vernichtete ich 1200 Kriegswagen, 1200 Reiter und 20000 von Benhadads Männern und 2000 Kriegswagen und 10000 Männer Ahabs, des Israeliten."

Kap. 21
Ahab und Naboths Weinberg

Ahab tötet Naboth, 1-16. Naboth war, vom religiösen und rechtlichen Standpunkt aus gesehen, im Recht, seine ererbten Besitztümer zu behalten (vgl. 3. Mo. 25,10-17. 23-24.34). Ahab wußte das. Jedoch übermannten ihn seine gemeinen Machtgelüste. Isebel spottete über Israels religiöse Vorschriften, 5-7, und stellte den teuflischen Plan auf, Naboth umzubringen und seinen Weinberg an sich zu nehmen, 8-14. Ahab wurde durch eine gottlose Ehefrau ins Verderben geführt, 15-16.

    Elias Gerichtsspruch, 17-29. Hunde leckten Ahabs Blut auf an der Stelle, wo Naboth ermordet worden war, 19 (vgl. 22,38), und Hunde fraßen Isebels Leib an der Mauer von Jesreel (2. Kö. 9,30-37). Auch Jehoram, der Sohn Ahabs, erntete die Früchte dieses Fluches, als er an derselben Stelle wie Jehu den Tod fand (2. Kö. 9,25-26).

Kap. 22
Ahabs Tod

Ahab und Josaphat gehen nach Ramot in Gilead hinauf, 1-28. Sie mißachteten Michajas Weissagung und hörten auf den Lügengeist der falschen Propheten.

    Ahabs Tod, 29-40.

    Josaphat und Ahasia, 41-54. Vgl. 2. Chron. 17-20 und 2. Kö. 1,1-18.

Zeittafel der Könige von Juda und Israel

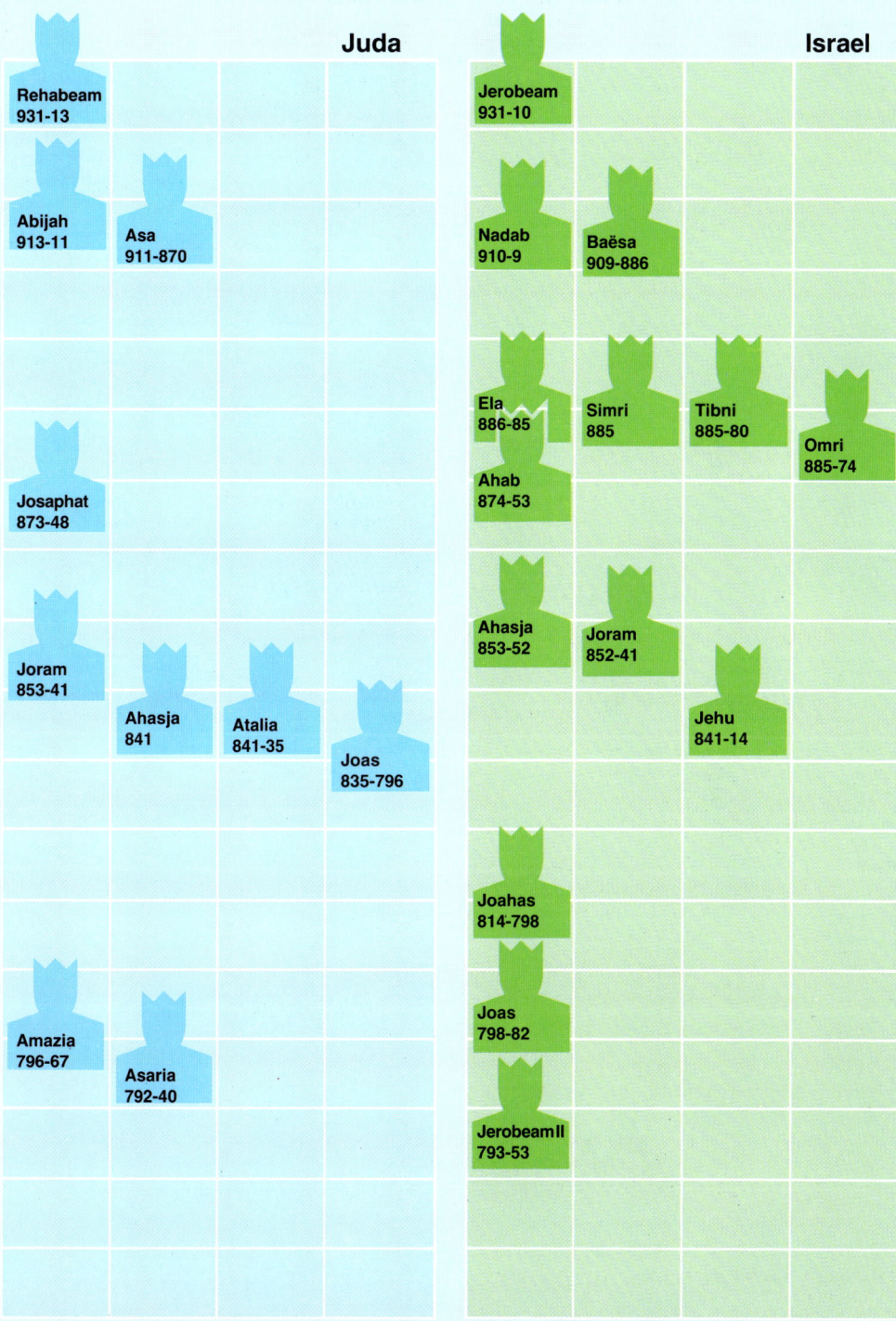

Fortsetzung der Zeittafel der Könige von Juda und Israel

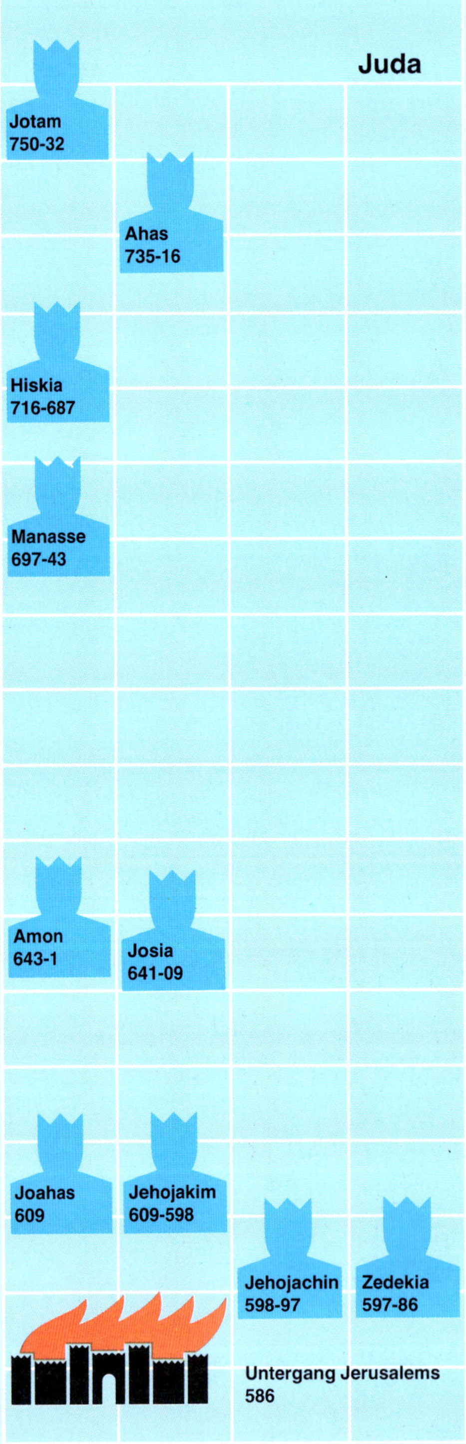

Juda

Jotam
750-32

Ahas
735-16

Hiskia
716-687

Manasse
697-43

Amon
643-1

Josia
641-09

Joahas
609

Jehojakim
609-598

Jehojachin
598-97

Zedekia
597-86

Untergang Jerusalems
586

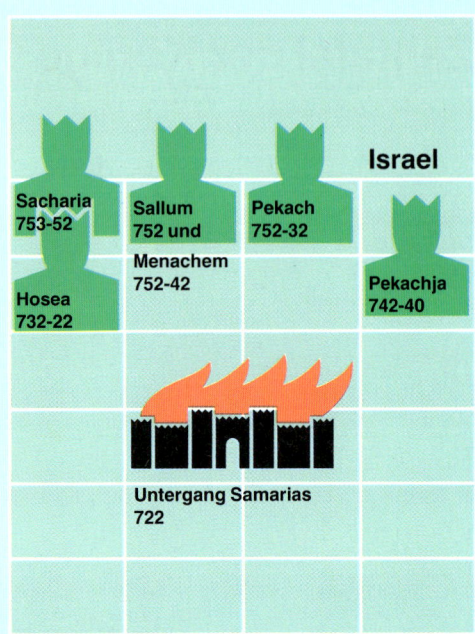

Israel

Sacharia
753-52

Sallum
752 und

Menachem
752-42

Pekach
752-32

Pekachja
742-40

Hosea
732-22

Untergang Samarias
722

Diese Zeittafel stammt von Edwin R. Thiele und ist seinem Buch „The Mysterious Numbers of the Hebrew Kings" entnommen. W.F. Albright im „Bulletin of the American Schools of Oriental Research", S. 100, legt die Teilung des Reiches auf 922 v.Chr. und verfolgt ein etwas abweichendes System.

Scheinbare Abweichungen sind auf parallele Regierungszeiten zurückzuführen.

Bei den Jahreszahlen handelt es sich um ungefähre Angaben.

Das zweite Buch der Könige

Das Königtum bis zum Exil

Gegenüberstellung von 1. und 2. Könige

1. Könige	2. Könige
Beginnt mit David	Hört auf mit dem König von Babylon
Fängt an mit Salomos Herrlichkeit	Schließt mit der Schande Jojachins
Beginnt mit dem Segen des Gehorsams	Schließt mit dem Fluch des Ungehorsams
Fängt an mit dem Tempelbau	Schließt mit dem Brand des Tempels
Verfolgt den fortschreitenden Abfall von Gott	Beschreibt die Folgen des Abfalls von Gott
Wie die Könige versagten bei der Regierung des Gottesvolkes	Die Folgen des Versagens
Der Prophet Elia tritt auf	Der Prophet Elisa wird vorgestellt
Die Langmut des Herrn	Die Strafe Gottes für die Sünde ist unausweichlich

Das Wirken der Propheten. Während dieser Zeit weissagten Hosea und Amos in Israel. Joel, Micha, Jesaja, Obadja, Nahum, Habakuk, Zephanja und Jeremia weissagten in Juda.

Zeitspanne. Ungefähr von der Mitte des 9. bis etwa zur Mitte des 6. Jh. v.Chr.

Überblick

Elias letztes Wirken, 1,1 - 2,11
Elisas Prophetendienst, 2,12 - 9,10
Von Jehu bis zum Untergang Samarias, 722 v.Chr., 9,11 - 17,41
Juda von 722 v.Chr. bis zum Exil, 18,1 - 25,30

Assyrische Speerkämpfer

2. Könige

wohl mit Recht gesagt wird, daß der biblische Bericht in diese Richtung weist; denn er beschreibt unter dem Wirken Elisas fast doppelt soviele Wunder wie unter Elia. Diese Bitte wurde Elisa gewährt, als Elias Mantel auf ihn fiel, 12-15.

Elisas zweifacher Anteil, 12-25. Die Wasser des Jordans teilten sich, 14. Die Quelle in Jericho wurde gesund, 22. Die gottlosen Knaben von Bethel wurden von Bären getötet, 24, die von Gott gesandt wurden, weil die Knaben nicht Elisa verspotteten, sondern Elisas Gott. Heute noch trägt die beste Quelle Jerichos, der Elisa-Brunnen, den Namen des Propheten.

Kap. 1
Elia und Ahasia

Ahasias Krankheit und Tod, 1-18. Ahasia war Mitregent seines Vaters. Als Baals-Anbeter zog Ahasia Baal Gott vor. Baal-Sebub („Herr der Fliegen") war sichtbarer Ausdruck des großen kanaanitischen Baal, wie man ihn in Ekron (Philisterland) anbetete. Es war eine absichtliche Verdrehung von Baal-Sebul, Beelzebul, („Herr der göttlichen Wohnung"). Dieser Ausdruck wurde später in der jüdischen Theologie mit Satan verbunden (Matth. 10,25; 12,24; Mk. 3,22; Lk. 11,15-19). Elias Auftreten, 3-8, das Schicksal der Boten Ahasias, 9-15, und Elias Unheilsweissagung an den König, der Baal anbetete und die heidnischen Priester der Philister befragte, 16, anstatt den Gott Israels.

Jorams Amtsantritt, 17-18. Dieser letzte König der Dynastie Omris sollte nicht verwechselt werden mit Jehoram, Sohn des Josaphat, König von Juda (8,16-18. 25-27).

Kap. 2
Elias Entrückung und Elisa

Elias Himmelfahrt, 1-11. Der Feuerprophet (1. Kö. 18,38; 2. Kö. 1,10.12) wurde in einem „Feuerwagen und feurigen Pferden", 11-12, zum Himmel aufgehoben. Henoch (1. Mo. 5,24; Hebr. 11,5) und Elia (Matth. 17,3-4) waren die einzigen Menschen, die entrückt wurden, ohne zu sterben. Dieses Gilgal, 1, lag nördlich von Bethel. Der Ausdruck „die Prophetensöhne", 3.5.7.15, bedeutet Mitglieder der Prophetenschule. Gleicherweise war der Ausdruck „Vater" ein alter Name für einen Mann Gottes, 12. „Ein zweifacher Anteil an deinem Geiste", 9, macht die Bedeutung des geistlichen Erben deutlich. In 5. Mo. 21,17 wurde dem Erstgeborenen der doppelte Anteil des Erbes zugesichert (d.h., wenn vier Söhne da sind, wird der Besitz in fünf Teile aufgeteilt und der Erstgeborene erhält zwei Fünftel). Der doppelte Anteil heißt hier nicht, daß Elisa zweimal soviel besaß oder wirkte, ob-

Kap. 3
Elisa und Joram

Moabs Aufstand, 1-20. Während der Regierung Jorams (852-841 v.Chr.) zettelte Moab einen Aufstand an und weigerte sich, den Tribut in Lämmern und Wolle zu bezahlen, 4-5. Der berühmte „Moabitische Stein", ein Schatz des Louvre, gefunden 1868, erzählt eindrücklich von jenem Krieg, allerdings aus der Sicht des Moabiterkönigs Mesa. Jorams Plan erforderte die Hilfe Judas und diejenige seines Vasallen Edom (1. Kö. 22,48), da der Angriff auf Moab aus dem Hinterhalt geplant war. Elisa, welcher „Wasser auf Elias Hände geleert hatte", als er sich wusch, 11, was bedeutet, daß er ihm diente wie ein Diener, prophezeite den Empfang göttlichen Wassers und den Sieg der Verbündeten über Moab, 16-20.

Moabs Niederlage, 21-27. Das trockene Flußbett, 16, wahrscheinlich der Bach Sared (5. Mo. 2,13), der Edom von Moab trennt, war voll von Wasserlöchern, und spiegelte die aufgehende Sonne und den roten Sandstein von Edom wider (1. Mo. 25,30). Deshalb wurde es für Blut gehalten. Mesas Opfer seines ältesten Sohnes für den Gott Kamos an der Mauer, in Sichtweite der Israeliten, 26-27, erfüllte die Angreifer mit derart großem Entsetzen, daß sie in ihr Land zurückkehrten, ohne den Sieg voll auszukosten. Doch das war ihrerseits auch wieder Unglaube. Menschenopfer waren gegen Gottes Gebot (2. Mo. 22,29-30; 34,20; 5. Mo. 18,10), wurden aber immer wieder dargebracht (2. Kö. 16,3; 21,6).

Archäologische Streiflichter
Der moabitische Stein, vom Moabiterkönig Mesa in Dibon, nördlich des Arnon ums Jahr 840 v.Chr. aufgestellt, zeigt Kamos' Größe als Nationalgott der Moabiter. „Ich bin Mesa, der Sohn Kamos' ... König von Moab, der Diboniter ... Omri, König von Israel ... unter-

drückte Moab während langer Zeit, weil Kamos zornig war auf sein Land. Und sein Sohn folgte ihm nach und sagte: ‚Ich will Moab unterdrücken' ..."

Kap. 4
Elisas vier Wundertaten

Das Öl der Witwe vermehrte sich, 1-7. Der Abschnitt Kap. 4,1 – 8,6 unterbricht die chronologisch parallellaufende Geschichte der Regierungen der Könige von Juda und Israel und bringt ein Zwischenstück mit den Aufzeichnungen der Wundertaten Elisas. In Israel war es möglich, daß ein Kind zur Tilgung einer Schuld als Diener verkauft wurde (2. Mo. 21,7; 5. Mo. 15,12-18; 3. Mo. 25,9-34; vgl. Jer. 34, 8-16; vgl. die Wundertaten des Elia, 1. Kö. 17,14-16).

Die Auferweckung des Sohnes der Sunamitin, 8-37. Die Frau lebte in Sunem, ungefähr 8 km nördlich von Jesreel. Sie hatte nicht nur nach einer Verheißung Gottes durch Elisa in vorgerücktem Alter einen Sohn bekommen, 8-17, sondern der Sohn wurde auch vom Tode auferweckt, 18-37 (s. Elias Wundertat in 1. Kö. 17,17-24, vgl. auch Hebr. 11,35).

Die vergiftete Speise genießbar gemacht, 38-41. Das Mehl, in den Topf mit den vergifteten Gurken geworfen zu dessen Gesundung (wahrscheinlich waren es Colocynthen, ein stark abführendes Mittel, das, in großer Menge genossen, wie Gift wirkt), zeigt die Macht Gottes, Böses zu entfernen. Durch unseren Glauben ist er imstande, das Böse in uns wegzunehmen.

Die wunderbare Brotvermehrung, 42-44, findet ihre Parallele in den Wundern unseres Herrn (Matth. 14,15-21; 15,32-38).

Kap. 5
Elisa und Naeman

Naemans Heilung, 1-19. Naeman („angenehm") ist das Bild des natürlichen Menschen, der alles Große und Schöne genießt, aber nicht zu neuem Leben wiedergeboren ist. „Er war jedoch aussätzig", 1; der Aussatz versinnbildlicht die Sünde. Das Zeugnis der israelitischen Magd im Exil beeindruckte ihn, und Naeman suchte den König von Israel zwecks Heilung auf, beladen mit „zehn Talenten Silber und sechstausend Schekel Gold", 2-7. Naeman erscheint als ein stolzer Mann, beleidigt wegen Elisas kurzen

Naeman verglich verächtlich den schlammigen Jordan mit den großen, klaren Strömen seiner Heimat.

Anweisungen, sich im schmutzigen Jordan siebenmal zu waschen, 8-12. Seine Einsicht ist wie die des stolzen Sünders, der Gottes demütigende Art der Erlösung durch Gnade annimmt, 13-14, und gerettet wird, 15-19. Naemans Bitte, „eine doppelte Maultierlast Erde" vom Lande Israel, 17, in seine Heimat mitzunehmen, entsprang seiner falschen Überzeugung, daß ein Gott außerhalb seines Landes nicht angebetet werden könne. Als Träger seines hohen Amtes war er verpflichtet, Rimmon, dem Hauptgötzen von Syrien, auch Hadad genannt, Lippendienst zu leisten; aber Naeman wurde wirklich geheilt und gerettet (vgl. Lk. 4,25-27).

Gehasis Sünde und Strafe, 20-27. Gehasis Habgier brachte ihm den Aussatz, von welchem der heidnische Syrer durch Gnade geheilt worden war. Ein größeres Heil als das von Elisa bewirkte wurde von den Heiden angenommen, während diejenigen, die so eng mit dem Erlöser verbunden waren (Israel) ihre Herzen verhärteten (Röm. 11,1-25).

Blick von der Stadt Samaria aus

Kap. 6-7
Elisas weitere Wundertaten

Das schwimmende Eisen, 6,1-7. Elisa ließ das eiserne Kopfstück der Axt wieder hochkommen.

Die syrische Armee wird mit Blindheit geschlagen und gefangengenommen, 6,8-23, durch das Gebet Elisas. Dotan, ungefähr 16 km nördlich von Samaria, hat J.P. Free vom Wheaton College in Illinois ausgegraben.

Die Abwehr der syrischen Belagerung von Samaria, 6,24 - 7,20. Durch das Eingreifen des Herrn wurde die Weissagung Elisas erfüllt.

Kap. 8
Elisa und Hasael

Elisa hilft wiederum der Sunamitin, 1-6. Ihre Geschichte von 4,8-37, wird fortgesetzt. Elisa prophezeite eine Hungersnot, 1-2, und schickte die Frau ins Land der Philister (vgl. 1. Mo. 26,1), wohin seinerzeit auch Isaak aus demselben Grund gegangen war. Elisas Einfluß verschaffte der Frau wieder ihren Besitz in Sunem.

Elisas Prophezeiung von Benhadads Tod und Hasaels Thronraub, 7-15. Nach göttlichem Beschluß wurde Hasael König, um Israel für seine Sünde zu strafen, und darum weinte Elisa, 11. Hasael wurde, wie vorausgesagt, König von Syrien (vgl. 1. Kö. 19,15-16; Hos. 14,1).

Jehorams und Ahasias Regierung in Juda, 16-29. Atalia war Jehorams Frau. Die „Leuchte" war symbolisch für die Fortdauer der davidischen Dynastie, 19. (vgl. 2. Sam. 21,17; 1. Kö. 11,36; 15,4). Jehorams Nachfolger war sein Sohn Ahasia, dessen Mutter Atalia war. Jehoram regierte von 853-841 v.Chr., Ahasia nur 841 v.Chr.

Archäologische Streiflichter
Benhadads I. lange und tatkräftige Regierung endete 842 v.Chr. Um 841 v.Chr. hatte sich Hasael des Thrones bemächtigt. Auf einem flachen Straßenbelagstein von Nimrod (Calah) fand man Salmanassers Aufzeichnung seines Angriffs auf Hasael (Haza'ilu) von Damaskus. Ein anderer Text von Assur sagt: „Adadidri verließ sein Land. Hasael, niemandes Sohn, nahm den Thron."

Kap. 9-10
Die Regierung Jehus

Jehu von Elisa zum König gesalbt, 9,1-37. Jehu regierte lange, 841-814 v.Chr. Er wurde zum König gesalbt (vgl. 1. Kö. 19,16-17) als rohes, grausames Werkzeug für die blutige Aufgabe, das Haus Ahabs und den Baalsdienst auszurotten. Ahab war so unsagbar grausam gewesen, daß dazu eine durchgreifende und unbarmherzige Person wie Jehu nötig war. Joram, Ahasia und Isebel wurden beseitigt. Simri, 31, war ein brutaler Mörder (1. Kö. 16,9-12).

Jehus setzt die Ausrottung fort, 10,1-36. Mit Klugheit und Rücksichtslosigkeit rottete Jehu das ganze Haus Ahabs aus, „siebzig Söhne", 1, zweifellos die Enkel inbegriffen, zudem alle Baalsanbeter, 1-11. Jonadab, der Rechabiter, („Sohn des Rechab") 15-17, half dabei. Die Rechabiter waren ein einfach lebendes Volk, welches sich genau an die der Wüste entsprechende Lebensführung hielten und die Verderbtheit des Stadtlebens mieden (1. Chron. 2,55; Jer. 35). Jehu, in seinem Eifer, war Elia ähnlich in seiner Ausrottung der Priester und Anbeter Baals, 18-28. Elia war jedoch anders in seinem Vorgehen. Hasaels grausame Laufbahn beginnt, 32-33.

Archäologische Streiflichter
Wie Hasael (Kap. 8) war auch Jehu ein Thronräuber. Der Schwarze Obelisk Salmanassers III., welchen Austen Layard im Palast in Nimrod fand, zeigt den vor dem Kaiser von Assyrien knienden Jehu. Hinter ihm stehen Israeliten, die Geschenke tragen. Die Inschrift sagt: „Tribut des Iaua (Jehu), Sohn des Omri. Silber, Gold, eine goldene Schale, einen goldenen Becher, goldene Trinkgefäße, goldene Krüge, Bleistäbe für das Bett des Königs, Wurfspiele erhielt ich von ihm."

Kap. 11
Atalias Regierung in Juda

Atalias Thronraub und ihr Tod, 1-16. Nach Jehus Versuch, das Haus Ahabs in Israel auszurotten, erscheint die vorübergehende Aneignung des Thrones Juda durch jemand, der nicht nur ein Glied von Ahabs Familie, sondern eine Baalsanbeterin war, 18, beinahe ironisch.

Joscheba, die Joas, Ahasias Sohn, rettete, war nicht Atalias Tochter und darum nur Ahasias Halbschwester. Sie war die Frau Jojadas, des Hohepriesters (2. Chron. 22,11), und unterrichtete den jungen Thronerben im Wort des Herrn. Jojada führte den Aufruhr an, krönte Joas als König, 4-12, und befahl, daß Atalia getötet würde, 13-16. Die „Karier" (vgl. 11,4.19), vielleicht eine Variante für Kerethiter (vgl. 1. Sam. 30,14; 2. Sam. 8,18), waren fremde Söldner.

Jojadas Neubesinnung auf den Glauben, 17-20. Das Volk des Landes, das Jahwe treu war, zerstörte den Baalstempel, 18.

Kap. 12
Joas, König von Juda

Ausbesserung des Tempels, 1-16. Joas (835-796 v.Chr.) hatte eine Auseinandersetzung mit den Priestern um die Ausbesserung des Tempels, 4-8. Das neue System des Sammelns, 9-16,

sicherte die nötigen Gelder für die Ausbesserung, nicht aber für Neuanschaffungen (vgl. 2. Chron. 24,7).

Joas Abstieg und Tod, 17-21. Joas kaufte sich vom Druck Hasaels los durch die Übergabe der Heiligtümer des Tempels, 17-18. Über den weiteren geistlichen Niedergang und seine Ermordung von Jojadas Sohn s. 2. Chron. 24,17-22. Des Joas eigene Diener machten eine Verschwörung gegen ihn und töteten ihn, 19-21.

Kap. 13
Joahas und Joas, Könige von Israel

Joahas Regierung, 1-9. Joahas (814-798 v.Chr.), der Sohn Jehus, war schwach, und Israel wurde durch Hasael, den König von Syrien politisch sehr erniedrigt. Er huldigte der Stier-Vergötterung in Dan und Bethel. Die Aschera war eine Nachbildung der kanaanitischen Göttin der Fruchtbarkeit.

Joas Regierung, 10-25. Joas (798-782 v.Chr.) führte erfolgreiche Kriege gegen Syrien und Juda und machte Israel wieder zu einer Macht für seinen Sohn Jerobeam II. (782-753 v.Chr.). Der Tod Elisas wird erzählt, 20-21.

Kap. 14
Amazia König von Juda und Jerobeam II. König von Israel

Regierung Amazias von Juda, 1-22. Amazia tötete die Mörder seines Vaters, 5-6 (vgl. 2. Mo. 20,5; 5. Mo. 5,9-10; 24,16); unterwarf Edom, 7, und wurde von Joas, dem König von Israel, besiegt, 8-14. Er regierte 796-767 v.Chr.

Jerobeam II. von Israel, 23-29, regierte 782-753 v.Chr. und stärkte die Macht Israels gegenüber Damaskus, führte das Nordreich zur Höhe seiner Macht und des Wohlstandes. Diese Eroberung von Syrien, 28, war nur möglich, weil Assyrien zu der Zeit verhältnismäßig schwach war.

Archäologische Streiflichter
Ausgrabungen in Samaria bestätigen den Glanz der Stadt Jerobeams II. Er befestigte die Stadt neu durch eine doppelte Mauer. Die Ruinen des prächtigen Palastes weisen darauf hin, daß dieser cher in die Zeit Jerobeams II. als die Ahabs gehört. Das Jasper-Siegel von „Sema, Diener Jerobeams" mit seinem glänzend ausgeführten Löwen zeigt die blühende Kunst jener Zeit. Ahabs „Elfenbein-Palast", (so bezeichnet wegen der Fülle von Elfenbeintäfelungen in der kunstvollen Inneneinrichtung des Palastes) wurde von vielen Wohlhabenden jener Zeit nachgebildet, was Funde von Elfenbein in Megiddo und anderswo bestätigen (vgl. die Prophetie des Amos, 3,15; 5,11; 1. Kö. 22,39).

Kap. 15
Asaria (oder Ussija) und Jotam;
Sacharia bis Pekach

Asaria (Ussija) von Juda, 1-7, hatte eine lange und erfolgreiche Regierungszeit (792-740 v.Chr.) wie Jerobeam II. von Israel (s. 2. Chron. 26,6-15). Als der König aussätzig wurde, weil er sich unerlaubt die Rechte der Priesterschaft angemaßt und sich in ihren Dienst eingemischt hatte, übernahmen seine Söhne die Regentschaft, 5. In einer Inschrift auf einem in Jerusalem aus dem 1. Jh. n.Chr. gefundenen Kalkstein ist zu lesen: „Die Gebeine Ussijas, König von Juda, wurden hierher gebracht; soll nicht geöffnet werden." Jotam regierte 750-732 v.Chr. In seinen Annalen nimmt Tiglat-Pileser III. Bezug auf Aziryau von Yaudu (Asaria von Juda), im Zusammenhang mit einem Bündnis von Königen im Westen.

Sacharia, Sallum und Menachem in Israel, 8-22 (ca. 753-742 v.Chr.). Sacharia, Sohn Jerobeams II., regierte nur sechs Monate in Samaria (753/752 v.Chr.) und wurde von Sallum getötet. Damit endete die Jehu-Dynastie, 8-12 (vgl. 10,30). Sallum, der Thronräuber, regierte nur einen Monat lang und wurde von Menachem er-mordet, 13-22, der von 752-742 v.Chr. regierte. Die entsetzliche Gewohnheit, die Schwangeren aufzuschlitzen (8,12; Hos. 14,1; Am. 1,13), zeigt die Bestialität antiker Kriegsführung sowie Menachems üblen Charakter.

Archäologische Streiflichter
Tiglat-Pileser III. (745-727 v.Chr.), welchem Menachem Tribut zahlte, 19-20, war auch unter dem Namen Phul (Pulu) bekannt, so allgemein auch in Israel. Dasselbe Ereignis ist in Tiglat-Pilesers Annalen aufgeführt: „Was Menachem betrifft, Schrecken übermannte ihn. Wie ein Vogel floh er allein und unterwarf sich mir. Ich brachte ihn zu seinem Palast zurück und ... Silber, farbige Wollkleider, Leinenkleider ... erhielt ich von ihm als Tribut." Menachem von Samaria (Menihummu von Samerina) wird auch wieder erwähnt in Tiglat-Pilesers Annalen unter „Rasunnu (Rezin) von Aram".

Pekachjas Regierung, 23-26, dauerte nur zwei Jahre (742-740 v.Chr.).

Pekachs Regierung, 27-31 (740-732 v.Chr. Mitregent 752-740 v.Chr.). Die „zwanzig Jahre" von Vers 27 lassen offensichtlich auf eine Mitregierung schließen. Tiglat-Pileser, der Nord-

Relief von Tiglat Pileser III. von Assyrien in Kalah

Jehu von Israel zahlt an Salmanassar III. von Assyrien Tribut; Ausschnitt aus dem schwarzen Obelisken Salmanassars

Galiläa überfiel, weist in seinen Aufzeichnungen auf Pekach, den König von Israel, hin.

Jotams Regierung, 32–38. Rezin von Syrien wurde zur Bedrohung.

Kap. 16
Ahas Regierung

Abgöttereien des Ahas, 1–4. Ahas regierte von 735–716 v.Chr. Er führte den kanaanitischen Götzendienst sowie den abscheulichen Brauch der Kindsopfer (s. 3,27; vgl. 2. Mo. 34,20; 5. Mo. 18,10) wieder ein. Für den Abfall von Ahas s. 2. Chron. 28.

Sein Hilferuf an Assyrien, 5–8. Der Syrisch-ephraimitische Krieg (2. Chron. 28,5–8) zeigt Ahas' heidnische Einstellung, als er Assyrien um Hilfe anging (2. Chron. 28,16–21), obwohl Gott ihm Hilfe zugesagt hatte (Jes. 7,1–17). Der König von Assyrien, erfreut über die großzügige Entschädigung von seiten des törichten Ahas, zerstörte Damaskus, was er ohnehin zu tun beabsichtigt hatte, 732 v.Chr. und verwüstete Israel (15,29). Tiglat-Pileser erwähnt diese Ereignisse in seinen Annalen.

Seine Reise nach Damaskus, 10–20, um Tiglat-Pileser III. zu huldigen, zeigt einmal mehr seine Torheit im Hinblick auf den Götzendienst.

Kap. 17
Untergang des Nordreiches

Hoseas Regierung, 1–23. Der letzte König von Israel, Hosea (732–722 v.Chr.), wurde von Assyrien politisch beherrscht und mit hohen Steuern belegt. Er wurde wegen einer Verschwörung mit Ägypten gefangengenommen, seine Königsstadt Samaria belagert und die Einwohner 722 v.Chr. als Gefangene weggeführt. Das zweihundertjährige Nordreich brach als Folge seiner Abgötterei zusammen, 7–23.

Assyriens Neu-Besiedlung Israels, 24–41. Sargons eigene Aufzeichnungen bestätigen, was in Vers 24 geschrieben ist. „(Die Städte) bevölkerte ich wieder und machte die Einwohnerzahl größer als zuvor. Menschen aus Ländern, die ich erobert hatte, siedelte ich dort an." Das Land wurde Samaria genannt (nicht Israel), seine gemischte Bevölkerung sind die Samariter, 29. Ihr Gottesdienst wurde zu einem Gemisch von fremden Kulten, 33–40. Vgl. die jüdische (feindliche) Einstellung gegenüber den Samaritern, die hier begann und sich fortsetzte bis in die neutestamentliche Zeit (Es. 4,1–4; Lk. 10,33; 17,16–18; Joh. 4,9; 8,48).

Kap. 18
Hiskia und Sanheribs Invasion

Hiskias Reformen, 1–8. Seine tatsächliche Regierungszeit, ohne die stellvertretende Amtszeit, dauerte von 716–687 v.Chr. Die hier erzählten Ereignisse fallen ohne Zweifel in die Zeit der stellvertretenden Regierung mit Ahas, wie etwa der Untergang Samarias, 9–12. Hiskia zerstörte die Ascherim oder hölzernen Säulen, die die kanaanitische Fruchtbarkeitsgöttin Aschera darstellten, und die bronzene (eherne) Schlange (4. Mo. 21,6–9). Da die Baalsreligion das Schlangen-Symbol hatte, wurde die eherne Schlange (Nehuschtan) als heidnisch verworfen.

Sanheribs Angriff, 13-37. Siehe Jes. 36. Die Sprache von Juda, 26, war hebräisch. Das Aramäische, die Sprache der Syrer, löste nach dem Exil das Hebräische in Palästina weitgehend ab.

Kap. 19-20
Hiskia und Jesaja

Hiskia fragt Jesaja um Rat, 19,1-37. Siehe Jes. 37. Sanherib wurde schließlich von seinen Söhnen ermordet.

Archäologische Streiflichter
Das Taylor-Prisma im Britischen Museum beschreibt Sanheribs Angriff auf Hiskias Reich. „Was Hiskia, den Juden, welcher sich meinem Joch nicht unterwarf, anbetrifft, 46 seiner befestigten Städte ... besiegte und nahm ich ein ... ihn selbst schloß ich in Jerusalem, seiner königlichen Stadt, wie einen Vogel im Käfig ein ... Betreffs Hiskia, er wurde benommen von der erschreckenden Pracht meiner Majestät ..." Es ist bemerkenswert, daß Sanherib nicht den Anspruch erhebt, die Stadt erobert zu haben; er machte nur eine bestmögliche Geschichte aus der Belagerung.

Die Vernichtung der assyrischen Armee wurde von einigen mit der Pest in Verbindung gebracht, übertragen von Feldmäusen. Herodot erwähnt solch einen Anfall, in welchem die Assyrer an der ägyptischen Grenze eine Niederlage erlitten, weil die Mäuse ihre Bogensehnen und das Lederzeug fraßen. Tirhaka, 9, der spätere König, war damals General (690 v.Chr.).

Hiskias Krankheit, 20,1-21. Siehe Jes. 38-39.

Archäologische Streiflichter
Hiskias Teich und Wasserleitung, 20 (vgl. 2. Chron. 32,2-4.30), die in Felsen gehauene Wasserleitung von der Gihon-Quelle bis zum Siloah-Reservoir, 512 Meter lang, ist eine der großartigsten Anlagen zur Wasserversorgung in biblischer Zeit, vergleichbar mit dem Tunnel in Megiddo und Geser. Hiskia baute zusätzlich ein neues und größeres Reservoir, den Teich von Siloah (Joh. 9,7-11). Vgl. Neh. 3,15.

Die Inschrift von Siloah, 1880 entdeckt, ist eine sechszeilige Inschrift in klassischem Hebräisch, wunderschön eingehauen im Felsen des Tunnels, ungefähr 6 Meter vom Siloah-Teich entfernt. Sie berichtet von der Vollendung des technischen Kunstwerks, wie Arbeiter mit Keilen, Hammer und Spitzhacke, von den gegenüberliegenden Seiten her grabend, schließlich aufeinandertrafen.

Kap. 21
Regierung Manasses und Amons

Manasses abgöttisches Treiben, 1-18. Hiskias Sohn, Manasse (697-643 v.Chr.), genau das Gegenteil seines Vaters, tat alles, um den hebräischen Gottesglauben durch eine vollständig mit heidnischen Elementen vermischte Religion zu verdrängen (vgl. 2. Chron. 33,1-20). Zum Baalsdienst gehörten ausschweifende, unzüchtige Tänze auf den bewaldeten Hügeln, den „Höhen", 3. Baals Gemahlin, Aschera, war die Fruchtbarkeitsgöttin. Schlangenanbetung, männliche und weibliche Prostitution, Anbetung der Himmelskörper, Menschenopfer und alle Arten von dämonisch-heidnischem Okkultismus waren Merkmale seines schrecklichen Abfalls.

Archäologische Streiflichter
Haufen von Asche und Skelette von Kindern in Friedhöfen um die heidnischen Kultstätten herum beweisen Kindermorde im Namen der Religion. Die Archäologie hat Beschwörungs-Tafeln, Geisterbeschwörungs-Rituale und unzählige Beweise von teuflischem Okkultismus im Altertum aufgedeckt. Was Manasse und Hinweise auf ihn in assyrischen Inschriften betrifft, s. 2. Chronika 33.

Amons Regierung, 19-26. Amon, schlecht wie sein Vater, wurde getötet.

Kap. 22-23
Josias Regierung

Ausbesserung des Tempels und Wiederauffindung des Gesetzbuches, 22,1-20. Josias lange und gottgefällige Regierung dauerte von 641-609 v.Chr. Ungeprägtes Metall (Münzen) wurde zur Ausbesserung des Tempels gesammelt (vgl. 2. Kö. 13,4-16). Dies geschah 621 v.Chr. Das größte Ereignis während der Regierungszeit Josias war die Entdeckung des Gesetzbuches, 8-10, das eine durchgreifende religiöse Umwälzung und eine Erweckung zur Folge hatte, 22,11 – 23,24. Übereinstimmend nimmt man an, daß diese Rolle „die Gesetze Moses", d.h. der Pentateuch war, dessen Abschriften während der gottlosen Regierung Manasses vernichtet worden waren. Dieser Pentateuch, der beim Bau des salomonischen Tempels in den Grundstein gelegt worden war (966 v.Chr.), wurde während der ausgiebigen Ausbesserungen durch die Arbeiter aufgefunden. Kritische Bibelwissenschaftler verbinden diese Entdeckung mit dem Deuteronomium, dem 5. Buch Mose, das nach deren Meinung erst kurze Zeit zuvor von Angehörigen der Prophetenschule als „fromme Fälschung" verfaßt worden war. Für diesen „Eckstein einer dokumentarischen Hypothese" lassen sich jedoch vom Text selbst oder von der Geschichte her kaum stichhaltige Begründungen finden.

Archäologische Streiflichter

Es war im Altertum Brauch, Urkunden in die Grundsteine zu legen. Nabonid, ein babylonischer König des 6. Jh. v.Chr., liebte es, in den Fundamenten von Gebäuden zu graben, um frühere Urkunden aufzufinden. Das tat er auch im Tempel von Samas in Unter-Mesopotamien. Zweifellos war das Mauerwerk des salomonischen Tempels so beschädigt, daß jener Stein ersetzt werden mußte, und so kamen die fünf Bücher Mose, welche dreieinhalb Jahrhunderte dort verwahrt gelegen hatten, zum Vorschein.

Josias Reformen und Tod, 23,1–30. Die Historiker wundern sich, weshalb Josia gegen Necho zog, 29, als der Pharao offenbar auf dem Weg war, Assyrien anzugreifen. Die babylonische Chronik hat neues Licht auf diese Sache geworfen und gezeigt, daß Necho Assyrien zu Hilfe eilen wollte, so daß Vers 29 so übersetzt werden muß: „… Necho zog hinauf *zum* König (nicht „gegen" den König) von Assyrien, an den Euphrat."

Joahas und Jehojakim, 23,31–37. Beide waren gottlos und dem Pharao Necho von Ägypten untertan (609 v.Chr.). Jehojakim regierte von 609–598 v.Chr.

Kap. 24
Jehojakim, Jehojachin und Zedekia

Der Fall Jerusalems und die erste Wegführung, 1–16. Ägyptens Vorherrschaft über Juda ging mit der Schlacht von Karkemis (605 v.Chr.) verloren, als die Neubabylonier (Chaldäer) sowohl die Assyrer als auch die Ägypter besiegten, 1–7. Jehojakim lehnte sich nun gegen Nebukadnezar von Neubabylonien auf und starb 598 v.Chr. Sein junger Sohn Jehojachin übernahm den wankenden Thron. Jehojachin ergab sich dem babylonischen Monarchen am 16. März 597 v.Chr., wie das die Keilschrift-Quellen besagen, 10–16, in Nebukadnezars siebtem Regierungsjahr (Jer. 52,28), (siehe 25,27–30).

Zedekia wird König, 17–20, er regierte von 597–586 v.Chr. Er war Jehojachins Onkel Matanja und wurde als Zeichen seiner Knechtschaft „Zedekia" genannt.

Kap. 25
Jerusalems Zerstörung und das Babylonische Exil

Zedekias Auflehnung, 1–21. Trotz seines Untertaneneids (2. Chron. 36,13) begann Zedekia, sich mit Ägypten und anderen Ländern gegen die Assyrer zu verbünden. Das hatte zur Folge,

Sanherib, König von Assyrien, eroberte Lachis, eine Stadt, die Jerobeam als Festung ausgebaut hatte.

daß Jerusalem hart belagert wurde und nach ent-
setzlicher Hungersnot 586 v.Chr. fiel. Die Stadt
wurde verbrannt und die Bewohner weggeführt
oder erschlagen (vgl. Jer. 52,29). Die Tempelgeräte und alles, was von Wert war, wurden nach
Babylonien weggeführt, 13-17. Jeremia schildert
noch manch andere Einzelheiten, merkwürdi-
gerweise jedoch wird der Prophet im 2. Buch der
Könige nicht erwähnt.

Gedaljas Statthalteramt, 22-26. Seine Ermordung brachte Chaos und Zusammenbruch
(vgl. Jer. 40-42).

Jehojachins Freilassung, 27-30. Nach
37jähriger politischer Gefangenschaft in Babylon wurde Johajachin 561 v.Chr. von dem Nachfolger Nebukadnezars II., Evil-Merodach (akkadisch „Amel Marduk" = „der Mann von Marduk"), 562-560 v.Chr., freigelassen. Eine Vase
von Susa bestätigt diesen König wie folgt:
„Palast von Amel-Marduk, König von Babylon,
Sohn Nebukadnezars, des Königs von Babylon". Babylonische Urkunden führen „Yaukin,
König vom Land Yahud", d.h. Jehojachin von
Juda, als einen von denen auf, die königlichen
Unterhalt genossen. Er wurde immer noch als
König von Juda betrachtet, sogar von den Babyloniern selbst. Gefäßgriffe vom Tell Beit Mirsim
und Bethsemes, 1928-1936 gefunden, sind gestempelt: „Eliakim, Diener des Yaukin" (Jehojachin), was deutlich macht, daß der gefangene
König auch vom Volk der Juden als rechtmäßiger Herrscher angesehen war.

Assyrien

Pekach und Hosea. Tiglat-Pileser sagt in einer Inschrift: „Pekach, ihren König, hatten sie verworfen. Ich setzte Hosea über sie. Von ihm empfing ich 10 Talente Gold und 1000 Talente Silber" (vgl. 15,30; 17,3).

Salmanasser V. (726-722 v.Chr.) war der assyrische Herrscher, der die Belagerung von Samaria begann (vgl. 17,3); er war Sohn und Nachfolger von Tiglat-Pileser III. Außer aufgrund biblischer Berichte ist er bekannt aus einer einzigen Inschrift, die daran erinnert, daß er

den Schaden an Nabus Tempel in Borsippa in Babylonien beheben ließ. „... Ich besserte seinen Schaden aus und verstärkte das Bauwerk". Er nahm Hosea wegen seiner Verschwörung mit So (Sibe), einem kleinen König vom Ost-Delta in Ägypten, gefangen, 17,3-6. Es ist bemerkenswert, daß weder 2. Könige 17,3-6 noch 2. Könige 18,9-11 aufführt, daß Salmanasser selbst Samaria einnahm. „Am Ende des dritten Jahres nahmen sie (d.h. die Assyrer unter Sargon II.) die Stadt ein."

Sargon II. (722-705 v.Chr.) nahm Samaria in den ersten Monaten von 722 v.Chr. nach Salmanassers Tod ein. „Im Anfang meiner Regierung, im ersten Jahr, führte ich die 27.290 Samerinai (die Leute von Samarien), die dort wohnten, weg". In Sargons „Inschriften-Ausstellung" in Korsabad, wo Sargons Königspalast von Paul Emil Botta im Jahre 1843 entdeckt wurde, sagt der Herrscher: „Ich belagerte Samaria, nahm es ein und führte 27.920 Einwohner weg ... Ich ließ andere ihre (der Weggeführten) Plätze einnehmen. Ich setzte meine

Relief einer Löwenjagd vom Palast Assurbanipals in Ninive

Beamten über sie und forderte den vom ehemaligen König bezahlten Tribut nun von ihnen." Vor der Zeit der Entdeckungen der modernen Archäologie fand sich Sargons Name nur in der Bibel, und zwar nur einmal (Jes. 20,1). Die Kritiker, welche die Bibel an diesem Punkt in Frage stellten, sind nicht nur stille geworden, sondern müssen zugeben, daß Sargon einer der größten und mächtigsten Herrscher des Altertums war. Eine andere Inschrift Sargons lautet: „Azuri, König von Asdod, entschied in seinem Herzen, keinen Tribut zu bezahlen. In meinem Zorn marschierte ich nach Asdod ... Ich besiegte Asdod, Gath. Ich siedelte dort Leute aus allen östlichen Ländern an. Ich erhielt Tribut vom Philisterland, Juda, Edom und Moab."

Das Volk der Assyrer

Assur und der Anfang Assyriens. Ungefähr 100 km südlich von Ninive, am Westufer des Tigris, war dieses Land (heute Qalat Scherqat) der ursprüngliche Mittelpunkt der assyrischen Herrschaft (3000 v.Chr.). Benannt nach dem Nationalgott „Assur" von Assyrien, wurde die Hauptstadt das Zentrum des späteren Kaiserreichs und gab seinen Namen dem „Riesen unter den Semiten". Assyrien wurde von Siedlern aus Babylonien gegründet und beherrschte zeitweise das Tigris-Euphrat-Tal. Tiglat-Pileser I. (1115 v.Chr.) machte es zur großen Nation; es verfiel jedoch während der Davidisch-Salomonischen Zeit, 1010-931 v.Chr., und ermöglichte wahrscheinlich dadurch deren Königsherrschaft.

Das mächtige Assyrer-Reich (885-612 v.Chr.). Seine Hauptstadt war Ninive. Siehe das Buch Nahum.

Assurnasirpal II. (885-860 v.Chr.) Seine furchterregenden Heere erweiterten die Macht der Assyrer bis zum Mittelmeer.

Salmanasser III. (859-824 v.Chr.) war der erste assyrische König, der mit Israel in Konflikt geriet. Ahab kämpfte gegen ihn mit Benhadad bei Karkar (853 v.Chr.). Jehu zahlte ihm Tribut.

Samsi-Adad V. (824-815 v.Chr) Adadnirari III. (810-783 v.Chr.) und mehrere schwache Könige bis 747 v.Chr. machten es Ussija von Juda und Jerobeam II. von Israel möglich, lange und erfolgreich zu regieren.

Tiglat-Pileser III. (745-727 v.Chr.) „Phul" führte die Bewohner des nördlichen Israels 734 v.Chr. ins Exil.

Salmanasser V. (727-722 v.Chr.) belagerte Samaria.

Sargon II. (722-705 v.Chr.) nahm Samaria 722 v.Chr. ein.

Sanherib (705-681 v.Chr.) war ein großer Eroberer, konnte aber Jerusalem nicht einnehmen.

Asar-Haddon (681-669 v.Chr.) baute Babylon wieder auf und eroberte Ägypten.

Assurbanipal (669-626 v.Chr.) Asnappar (Esra 4,10) war der letzte große Herrscher. In der Zeit von 626-607 v.Chr. Zerfall und Untergang dieses grausamen Großreiches.

2. Könige / 185

Assyrische Annalen erwähnen
die Berührung mit ungefähr neun
hebräischen Königen: Omri, Ahab,
Jehu, Menachem, Pekach, Ussija,
Ahas, Hiskia und Manasse. Die
assyrische Grausamkeit war sprich-
wörtlich, und die Hebräer hatten
unter der Gewalt der assyrischen
Könige sehr zu leiden.

*Gesandte von Rusa, dem König von Urartu, am Hofe Assurbanipals.
Flachrelief aus Ninive.*

*Die Mauern von Ninive sind teil-
weise bis zu ihrer ursprünglichen
Höhe rekonstruiert worden.*

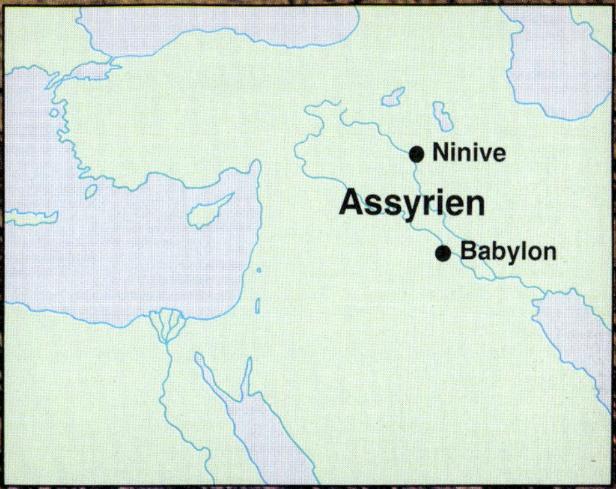

Ninive

Assyrien

Babylon

Palästina
unter David und Salomo

Kedesch

ZOBA

Sidon

PHÖNIZIEN

Damaskus

Tyrus

△ Berg Hermon

MAACHA

DAS GROSSE MEER

Astaroth

Megiddo

ISRAEL

Ramoth Gilead

Sichem

Bethel

AMMON

Gath • Jerusalem

PHILISTÄA

Gaza

Hebron

Beerseba

Arabische Wüste

JUDA

MOAB

Kadesch-Barnea

EDOM

0 10 20 30 40 50

Kilometer

Das erste Buch der Chronika

Davids Regierung

Name und Verfasser. Der Name „Chronika" ist von der lat. Bibelübersetzung, der Vulgata, abgeleitet. Diese nennt das Buch LIBER CHRONICORUM („Buch der Chronika"). Der hebräische Titel ist DEVRI HAYYAMMIM („Ereignisse der Zeiten"). Das griechische *Paraleipómena* bedeutet „Restliches", d.h. von den Büchern der Könige. Der Verfasser ist unbekannt. Es könnte Esra gewesen sein. Das Datum ist nach-exilisch, und die Bücher erscheinen am Ende des dritten Teiles des hebräischen Kanons, wo gewöhnlich Maleachi zu finden ist.

Vergleich der Chronika mit den Königsbüchern. Die Bücher der Könige wurden *vor* der Wegführung in die Gefangenschaft geschrieben, die Chronika *nach* diesem Ereignis (1. Chr. 6,15). Die Königsbücher schildern die Geschichte von einem *prophetischen* Gesichtspunkt aus; die Chronika vom *priesterlichen*, der das Tempel-Ritual betont. Gottes Segen und Gnade gegenüber David, dem Begründer des Gottesdienstes im Tempel, werden hervorgehoben, und es wird auch über seine Nachfolger auf dem Throne Judas bis hin zum Exil berichtet. Die Könige von Israel werden übergangen und nur da erwähnt, wo es absolut nötig ist, im Gegensatz zu den zwei Königsbüchern, welche die Geschichte der beiden Königreiche ineinander verweben.

Überblick

Blick auf das nächtliche Jerusalem

1. Chronika

Kap. 1-9
Geschlechtsregister

Von Adam bis zu den Edomitern, 1,1-54 (vgl. 1. Mo. 5; 10; 11; 25 betreffs dieser Namen). Die Geschlechtsregister in Kap. 1-9 sind aufgeführt, um zu zeigen, daß die Chronika sich mit eben diesem wahren, von Gott erwählten Volk befaßt, das sich von Abraham herleitet und das dazu bestimmt war, daß der Messias aus ihm hervorgehen sollte.

Judas Geschlechtsregister, 2,1-4,23. Juda wird zuerst genannt, weil der Messias aus diesem Stamm kommen würde (1. Mo. 49,8-12). Davids Linie bis Zedekia wird nachgewiesen, 3,1-24, mit noch anderen Geschlechtsregistern Judas in 4,1-23.

Simeon, Ruben, Gad und die Hälfte Manasses, 4,24 - 5,26. Aufgeführt sind die Söhne Simeons, 4,24-43, die Söhne Rubens, 5,1-10, die Söhne Gads und der halbe Stamm Manasse, 5,11-26.

Levi, 6,1-81. Erwähnt sind: die hohepriesterliche Linie, 1-15.48-53; die levitischen Verzeichnisse, 16-30; die Hauptsänger Davids, 31-47; Zuteilung der Wohnorte, 54-81.

Issaschar, die Hälfte von Manasse, Ephraim, Asser, 7,1-40.

Benjamin, 8,1-40. Die Söhne Benjamins werden erwähnt von 1-28 und das Haus Sauls 29-40.

Die Bewohner Jerusalems nach der Rückkehr, 9,1-44. Die Geschlechtsregister wurden sorgfältig geführt in Israel. Diejenigen in Kap. 1-9 sind gedrängt.

Kap. 10
Sauls Niederlage und Tod

Sauls Tod und Begräbnis, 1-12 (vgl. 1. Sam. 31). Der Chronist nimmt die Niederlage Sauls und seiner Söhne zum Anlaß, um des Herrn wahren König, David, einzuführen.

Gründe für Sauls Versagen, 13-14. Sein Ungehorsam und seine Untreue Gott gegenüber werden zu Vorstufen für seinen Rückfall in den Okkultismus (1. Sam. 28).

Kap. 11
David wird König

Der König und seine Stadt, 1-9. David wurde in Hebron zum König gesalbt, 1-3 (vgl. 2. Sam. 5,1-3). Er eroberte Jebus (Ri. 1,21; 19,10-11) und machte sie zur Königsstadt, 4-9 (vgl. 2. Sam. 23,8-39). Beachte die zusätzlichen Namen.

Kap. 12
Davids Kriegshelden

Die benjamitischen Krieger in Ziklag und andere, 1-22. Davids Ablehnung und Annahme sind eine Vorschau auf unseren Herrn, dessen Urbild David ist.

Die Hauptleute, die ihn zum König krönten, 23-40. Wieviel größer wird die Freude und das Fest sein, wenn unser Herr zum König aller Nationen gemacht wird.

Kap. 13
David bringt die Bundeslade von Kirjat-Jearim

Ein lobenswertes Werk falsch ausgeführt, 1-8. Die Bundeslade, in 1. und 2. Chronika 46mal erwähnt, sollte auf den Schultern von Leviten (4. Mo. 4,5.15) getragen werden, nicht in der Art der Philister, auf einem Wagen. Kirjat-Jearim heißt heute Tell-el-Asar, etwa 11-12 km nordwestlich von Jerusalem. Der Sihor von Ägypten, 5, war die östliche Abzweigung des Nil-Deltas. Der Zugang von Chamat war weit im Norden von Syrien. Die Cherubim, 6, waren die Hüter von geweihten Orten wie die Sphinx von Ägypten und könnten in ähnlicher Weise als geflügelte Löwen mit Menschenköpfen dargestellt worden sein (Hes. 41,18-19; 1. Mo. 3,24). In Phönizien erschien der König oft auf einem von Cherubim getragenen Thron.

Die Strafe, 9-14. Allein die Leviten durften die Bundeslade berühren (vgl. 2. Sam. 6,1-10). Das Vergehen Ussas, obwohl gut gemeint, war schwer und wurde mit dem Tod bestraft.

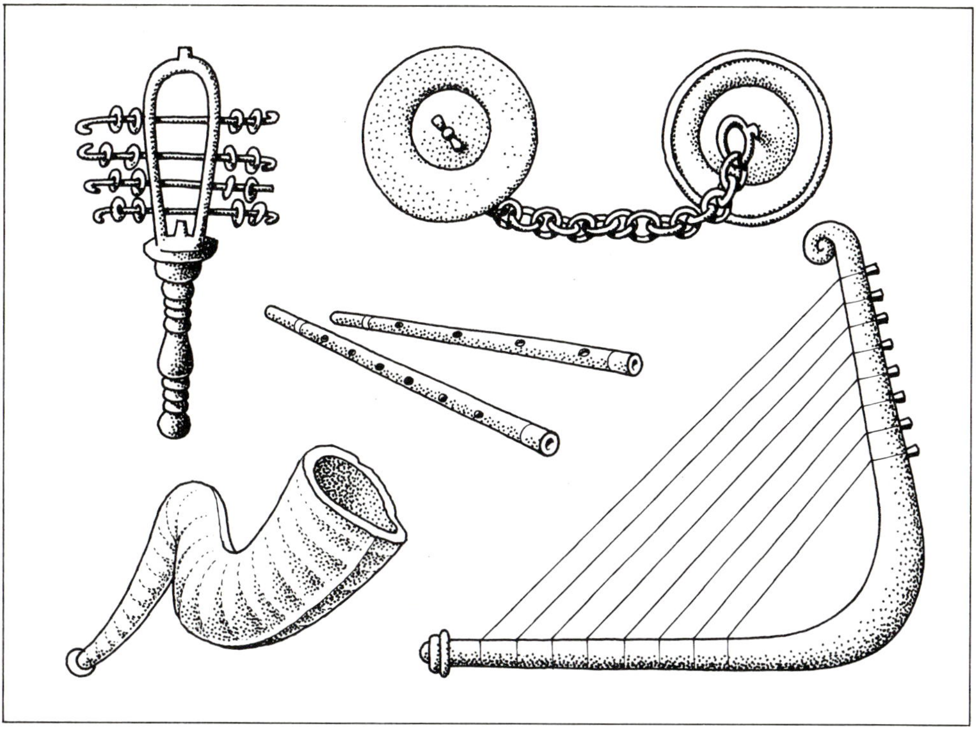

Musikinstrumente aus der Zeit Davids, im Uhrzeigersinn: Sistrum, Zimbeln, Harfe, Widderhorn (Schofár), Doppeloboe

Kap. 14
Davids Erhöhung und Erfolg

Seine Familie, 1-7. Davids Beziehung zu Hiram von Tyrus, 1-2, und seine Familie werden erwähnt, 3-7 (vgl. 2. Sam. 5,11).
 Seine Siege über die Philister, 8-17. Die Zusammenfassung des Chronisten steht in Vers 17.

Kap. 15-16
David bringt die Bundeslade nach Jerusalem

Die richtige Art, es zu tun, 15,1-29 (vgl. 1. Chron. 13 mit 4. Mo. 4,5.15 und 2. Sam. 6,1-10).
 Das Lob- und Dankfest, 16,1-43. Beschreibung von Davids Opfern, 1-3; seiner Sänger, 4-6; seines herrlichen Lob- und Dankliedes, 7-36; sowie seiner Anordnungen für die Rituale und Musik betreffs der Bundeslade, 37-43. Daß ein Teil der Bundesladen-Rituale in Gibeon ausgeführt wurde, zeigt die Verwirrung jener Zeit, bevor der Gottesdienst Israels in Jerusalem seinen Mittelpunkt fand, 39.

Kap. 17
Der davidische Bund

Davids Wunsch, den Tempel zu bauen, 1-6 (vgl. 2. Sam. 7,1-3).

Felder außerhalb Bethlehems

Der davidische Bund, 7-14. Nur durch Christus, Sohn und Herr Davids (Ps. 110,1), wird diese große Bundesverheißung erfüllt werden, wenn unser Herr zum zweitenmal wiederkommen wird. Dann wird „Gott der Herr ihm den Thron seines Vaters David geben" (Lk. 1,32; s. 2. Sam. 7,4-17).

Davids Lobpreis und Gebet, 16-27 (vgl. 2. Sam. 7,18-29).

Kap. 18-20
Davids Kriege

Festigung seines Königreichs, 18, 1-17 (vgl. 2. Sam. 8,1-18).

Siege über die Ammoniter und die aramäischen Verbündeten, 19, 1-19 (vgl. 2. Sam. 10,1-19).

Andere militärische Erfolge, 20, 1-8. David und Joab nahmen Rabba ein, 1-3 (vgl. 2. Sam. 12,26-31) und besiegten die Philister, 4-8 (vgl. 2. Sam. 21, 15-22).

Kap. 21
Davids Sünde durch die
Volkszählung

Joab erhebt Einspruch, 1-7 (vgl. 2. Sam. 24,1-9). Grund für die Volkszählung war Davids Hochmut.

Die Pest und Erwerb eines Grundstückes für das Heiligtum, 21, 8 – 22, 1. Der Chronist stellt hier David in seiner geistlichen Haltung und rituellen Tätigkeit ins beste Licht, im Einklang mit der Absicht der beiden Chronikbücher.

Kap. 22-27
David ordnet den Tempeldienst an

Vorbereitung und Auftrag an Salomo, 22,1-19. David wählte den Platz für den Tempel aus, 1, sammelte Baumaterialien, 2-5, wies Salomo an zu bauen, 6-16, und gebot allen Obersten Israels, Salomo bei dieser Aufgabe zu unterstützen, 17-19.

Vorbereitung der Leviten und Priester, 23,1-24,31. Die Priester wurden in 24 Priesterklassen eingeteilt, 24,1-19, s. die Ordnung Abias (Lk. 1,5).

Vorbereitung der Sänger und Musiker, 25,1-31. Die Söhne Asaphs, Jedutuns und Hemans, 1-7, werden aufgeführt. Sie wurden eingeteilt in 24 Klassen wie die Priester.

Vorbereitung der anderen Ämter des Tempeldienstes, 26,1-27,34. Türhüter, Schatzmeister und andere Beamte wurden bestimmt, 26,1-32, einschließlich Heerführer der Armee und Beamte für den Zivildienst, 27,1-34.

Kap. 28-29
Letzte Anordnungen Davids und
sein Tod

Davids Rede an die versammelten Verantwortlichen und an Salomo, 28,1-21. Der Rede, 1-10, folgte die Übergabe des Tempelplans an Salomo, 11-19, mit ermutigenden Ratschlägen, 20-21.

Davids letzte Worte und sein Tod, 29,1-30. Er besprach nochmals seine Pläne und Vorbereitungen für den Tempelbau, 1-19, und setzte Salomo als König ein, 20-25. Davids Tod wird berichtet, 26-30.

Das zweite Buch der Chronika

Judas Geschichte bis zur Wegführung

Zeitspanne von 2. Chronika. Neben David wird Salomo als Zweitwichtigster gezeigt im Zusammenhang mit dem Tempelbau und Tempeldienst, Kap. 1-9. Der größte Teil des Buches, Kap. 10-36, betrifft die Könige in Juda und Israel, hat jedoch des Herrn gnädige Handlungsweise mit dem Hause Davids zum Mittelpunkt. Das Nordreich wird so knapp wie möglich zusammengefaßt erwähnt. Es wurde nicht als das wahre Israel und daher nicht als so wichtig angesehen. Judas Abfall vom deuteronomischen Gesetz wird als Grund für das Unheil angegeben, das Juda befiel.

Überblick

Salomos Regierung, Kap. 1,1 - 9,31
Teilung des Reiches, Kap. 10,1-19
Geschichte Judas bis zur Verbannung, Kap. 11,1 - 36,14
Gefangenschaft und Nachwort, Kap. 36,15-23

Die Zitadelle in Jerusalem

2. Chronika

Kap. 1
Anfang der Regierung Salomos

Seine Vision in Gibeon, 1-13 (vgl. 1. Kö. 3,5-15). Gibeon (ej-Jib), etwa 9 km nordwestlich von Jerusalem, war der Ort, wo die Bundeslade war, nachdem Saul Nob zerstört hatte. Sie blieb dort, bis Salomo den Tempel gebaut hatte (1. Kö. 3,4; 1. Chr. 16,39). 1956 wurde Gibeon ausgegraben, und man fand Mauern und Teile der städtischen Wasserversorgungsanlage.

Salomos Pracht und Reichtum 14-17 (s. 1. Kö. 10,26-29; 2. Chr. 9,25-28). Salomo führte Pferde „von Ägypten und Kue" (Cilicien) ein. Die Händler des Königs erhielten sie von Kue für einen „Kaufpreis", 16. Cilicien in Kleinasien war seiner Streitrosse wegen berühmt.

Kap. 2-4
Salomos Tempelbau

Salomo trifft Vorbereitungen für den Bau, 2,1-18 (vgl. 1. Kö. 5,1-6,11). Der König von Tyrus wird hier Huram anstatt Hiram genannt. „Libanon", 8,16, war in der Antike wegen seiner Zedern berühmt. „Huram-Abi", 13, war der Künstler Hiram von Tyrus und ist nicht zu verwechseln mit dem König gleichen Namens. Die Holzstämme vom Libanon mußten mit Flößen auf dem Meer nach Japho (Joppe) geflößt werden, 16, dem alten palästinensischen Hafen, ungefähr 48 km nordwestlich von Jerusalem. Ausländer wurden zu Zwangsarbeit verpflichtet, 17-18 (vgl. 1. Kö. 5,13-16; 9,22).

Einzelheiten der Bauarbeiten, 3,1-17. Der Berg Morija kommt hier und in 1. Mo. 22,2 vor. In 2. Sam. 24,16 heißt Ornan *Aravnas*. „Ellen nach altem Maße", 3, waren größer (52,5 cm). „Parvaimgold", 6, ist unbekannt (vgl. 1. Kö. 9,28). Die Lage von Ophir ist auch unbekannt, wahrscheinlich lag es in Südarabien. Die Cherubim, 10-13, waren geflügelte Löwen mit Menschenköpfen. Jachin und Boas, 15-17, könnten riesige Leuchtfeuersäulen gewesen sein, mit Ölgefäßen für flackerndes Licht, um die Tempelfassade zu beleuchten (s. 1. Kö. 7,15-22).

Die Tempel-Ausstattung, 4,1-22 (vgl. 1. Kö. 7,23-51). Der eherne (Bronze-)Altar, 1, erscheint in 1. Kö. 8,64 und 2. Kö. 16,14. Das eherne Meer war ein mächtiges Becken auf 12 Rindern mit einem Inhalt ausreichend für 2000 Bäder (ein Bad = 27 Liter) und war für die Waschungen der Priester bestimmt, 2-6 (vgl. 1. Kö. 7,23-26).

Kap. 5-7
Salomo weiht den Tempel ein

Die Bundeslade wird gebracht, 5,1-14 (vgl. 1. Kö. 8,1-11). Der Chronist fügt den Bericht über die Priester und Sänger hinzu, 11-13.

Salomos Weihegebet, 6,1-42, entnommen aus 1. Kö. 8,12-53. Der Ansprache, 4-11, folgt das Gebet, 12-42.

Gottes Gegenwart heiligt den Tempel, 7,1-22.

Kap. 8
Salomos Wohlstand

Seine Bautätigkeit, 1-11. Sein Feldzug, 3, ist anderswo unbekannt. Tadmor, 4, ist Palmyra, die Metropole der syrischen Wüste (vgl. 1. Kö. 9,18).

Sein religiöses Wirken, 12-18. Der Aus-

Baalstempel in Palmyra (Tadmor)

Salomos Tempel

nach der Darstellung eines Künstlers:

1. Allerheiligstes
2. Heiligtum
3. Bundeslade
4. Brandopferaltar
5. Eherne Säulen

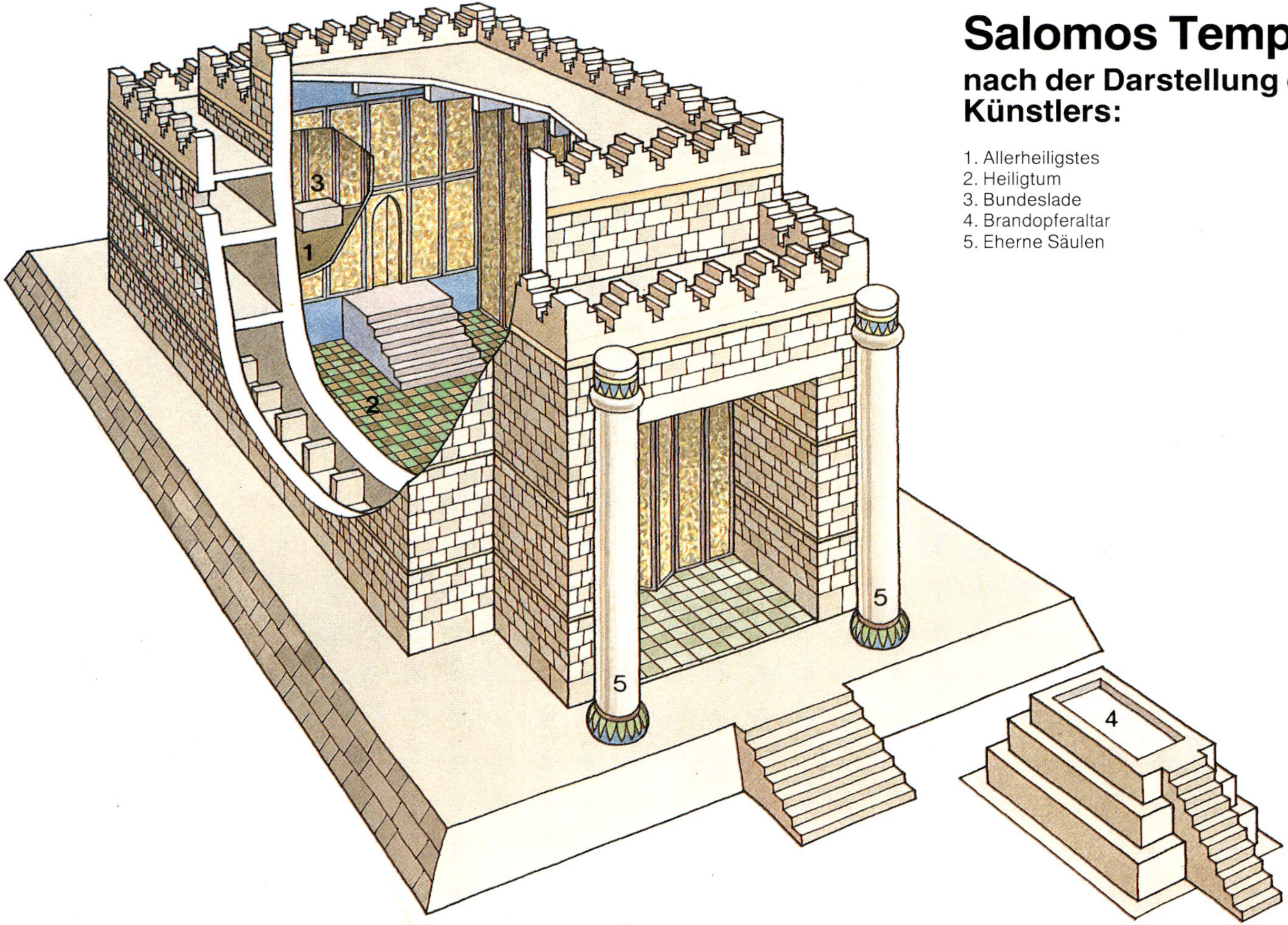

An dieser Stelle befand sich das antike Sichem.

druck „vor der Halle", 12 (vgl. 1. Kö. 9,25) wird gebraucht, weil einzig die Priester hineingehen konnten. Zu 17-18 s. Erklg. zu 1. Kö. 9,26-28. Salomos Kupfer-Schmelzwerke wurden in Ez-jon-Geber ausgegraben (Tell el-Kheleifeh).

Kap. 9
Die Königin von Saba und Salomos Tod

Besuch der Königin, 1-12. Hier wird dasselbe wie 1. Kö. 10,1-13 berichtet (s. Erklg. dort). Der Chronist zeigt Salomos gute Charaktereigenschaften, so wie er es bei David tat.

Salomos Reichtum und Glanz, 13-28. Vgl. 1. Kö. 10,14-29.

Salomos Tod, 29-31. Vgl. 1. Kö. 11,41-43. Ungünstige Einzelheiten sind ausgelassen.

Kap. 10
Abtrennung der zehn Stämme

Rehabeams Torheit, 1-15. Rehabeams Führungsanspruch wurde von den nördlichen Stämmen Israels abgelehnt. Das Königreich wurde gespalten. Rehabeam regierte über Juda von 931-913 v.Chr.

Kap. 11-12
Rehabeams Regierung

Der Beginn der Regierung Rehabeams, 11,1-23. Rehabeam durfte nicht gegen Jerobeam I. streiten, 1-4. Er baute viele Festungen in seinem Reich, 5-12, und gab den Priestern und Leviten, 13-17, seinen Schutz. Seine Familie wird beschrieben, 18-23. Er war dem Herrn drei Jahre lang gehorsam.

Rehabeams Sünde und Strafe, 12,1-16. Sisaks Überfall war die Folge von Abfall und Abgötterei (s. 1. Kö. 14,21-31). Sisak war Schechonk I. (945-924 v.Chr.); sein Einfall in Palästina-Syrien zu jener Zeit ist den Archäologen

wohlbekannt. Durch Buße wurde die vollständige Zerstörung vermieden, 5-12. Rehabeams Taten und sein Tod sind erwähnt, 13-16.

Kap. 13-16
Abija und Asa

Abijas Regierung, 13,1-23. Abija regierte von 913-911 v.Chr. Er wird auch Abijam genannt (vgl. 1. Kö. 15,1-2.7-8). Der Chronist zeigt, daß der richtige Gottesdienst im Tempel zu Jerusalem gehalten wurde, 1-12. Abijas großer Sieg über Jerobeam wird geschildert, 13-20.

Asas Regierung, 14,1 - 16,14 (911-870 v.Chr.). Asas Reformen werden berichtet, 14,2-7, und auch sein gewaltiger Sieg über Serach, den Äthiopier, 8-14. Asas Gebet, 10, atmete die Frische des Glaubens und führte zum Sieg, 11-14. Der siegreiche Asa wurde durch den Propheten Asaria, 15,1-7, gewarnt, worauf er eine geistliche Reform durchführte, 8-19. Aschera war das Standbild der kanaanitischen Fruchtbarkeitsgöttin, 16. Asas Krieg mit Baesa, sein Abfall und Tod werden berichtet in 16,1-14. Der 9. Vers ist berühmt und wird oft zitiert. Asas Fußleiden, 12, war sehr schlimm. Sein Begräbnis war prunkvoll, 14.

Kap. 17-20
Josaphats Reformation

Frömmigkeit und Wohlstand am Anfang seiner Regierungszeit, 17,1-19. Das „Gesetzbuch des Herrn", 9, das Josaphat in Juda lehren ließ, war das Gesetz Moses; von Kritikern wird behauptet, es sei eine spätere Ausgabe aus der Zeit Josias (2. Kö. 22,8-13; 5. Mo. 17,18-20).

Sein Fehler, 18,1 - 19,11. Josaphats Bündnis mit Ahab (1. Kö. 22,1-40) war ein schwerwiegender Kompromiß und Fehler, welcher den harten Vorwurf des Propheten Jehu, Sohn Hananis, verdiente, 19,1-3. Dies war wirkungsvoll, und Josaphat stellte wieder gerechte Gerichtsbarkeit und priesterliche Ordnung in Juda her, 19,4-11.

Seine Errettung vor einer Invasion, 20,1-37. Der Moab-Ammon-Einfall, 1-2, wurde, nachdem Josaphat gebetet hatte, 3-13, zunichte, 14-25. Große Beute wurde ihm zuteil, und Josaphat kehrte im Triumph zurück, 26-34. Sein mit Ahasia verbundenes Handelsabenteuer (1. Kö. 22,49-50) scheiterte in unheilvoller Weise. Ez-jon-Geber ist das heutige Tell el-Khaleifeh, wo Salomos Kupfer-Schmelzwerke ausgegraben wurden.

Kap. 21-22
Jehoram, Ahasia, Atalia

Jehorams (Jorams) schlechte Regierung, 21,1-20, Josaphats ältester Sohn erschlug seine Brüder und tat viel Böses, 1-7. Edom und Libna (Tell-es-Safi, ungefähr 37 km südwestlich von Jerusalem), wurden aufständisch, 8-10. Jehoram führte die Höhen wieder ein, 11. Sein Untergang wurde angekündigt durch einen Brief Elias, 12-15, zweifellos überreicht durch Elisa. Sein Ende war furchtbar, 16-20.

Ahasias schlechte Regierung, 22,1-9 (vgl. 2. Kö. 8,24-29). Er wurde von Jehu erschlagen.

Atalias widerrechtliche Machtübernahme, 22,10-12 (vgl. 2. Kö. 11,1-3). Joschabat versteckte Joas, Ahasias Sohn.

Kap. 23-24
Reform und späterer Abfall des Joas

Joas wird König, 23,1-11, 835-796 v.Chr. (vgl. 2. Kö. 11,4-12).

Atalia wird getötet, 23,12-15, 841-835 v.Chr. (vgl. 2. Kö. 11,13-16).

Erweckung durch Jojadja, 23,16-21 (vgl. 2. Kö. 11,17-20).

Die Regierung Joas', 24,1-27. Eine Übersicht seiner Regierung wird gegeben, 1-2. Die Ausbesserung des Tempels, 4-14; Jojadas Tod, 15-16, die Abgötterei der Obersten und des Königs, 17-19, sind erwähnt und fanden ihren Höhepunkt in der Steinigung von Jojadas Sohn,

Sacharja, 20-22, und dem Einfall der Aramäer von Damaskus, 23-24. Nach dem gewaltsamen Tod des Joas wurde sein Sohn Amazia König, 25-27.

Kap. 25-26
Amazia und Ussia

Amazias Regierung, 25,1-28, 796-767 v.Chr. (vgl. 2. Kö. 14,1-2). Sein Feldzug gegen Edom, 5-13, und seine Abgötterei, 14, hatten den göttlichen Zorn zur Folge, 15-16. Sein Fehler, Krieger aus Israel anzuheuern, 7, führte zu einem unheilvollen Krieg mit Joas vom Nordreich, 17-25, und zu seinem gewaltsamen Tod, 26-28 (2. Kö. 14,8-20).

Ussas (Asaria) Regierung, 26,1-23. Die Regierung Ussias, auch Asaria genannt, war lang und erfolgreich (792-740 v.Chr.). Er drängte sich ins priesterliche Amt ein, indem er Weihrauch opferte, und wurde mit Aussatz geschlagen (s. Erklg. zu 2. Kö. 15,1-7).

Kap. 27-28
Jotam und Ahas

Jotams Regierung, 27,1-9. Ein guter und erfolgreicher König, 1-2. Er baute an der „Mauer

Das römische Theater in Samaria, der Hauptstadt Ahabs

Petra, Hauptstadt des Nabatäerreiches. Die Nabatäer eroberten Edom und Midian nach der Zeit Alexanders d.Gr.

des Ophel", 3, einer befestigten Anhöhe im östlichen Teil der Stadt. Er unterwarf auch Ammon. Jotam regierte von 750-732 v.Chr.

Ahas' himmelschreiende Sünde, 28,1-27. Er regierte von 735-716 v.Chr. Sein Götzendienst, 1-4, brachte Strafe durch die Hand Rezins, des Königs von Syrien, und Pekach, des Königs von Israel, 5-8 (vgl. 2. Kö. 16,5-6). Der Prophet Oded tadelte die israelitischen Eindringlinge, 9-13. Ahas' Verkehr mit Tiglat-Pileser, 16-21, und seine weiteren schlimmen Taten werden erzählt, 22-27.

Kap. 29-32
Hiskias Reformation

Hiskias Regierung, 29,1 - 30,27 (vgl. 2. Kö. 18-20,1; Jes. 36-39), 716-687 v.Chr. Er bewirkte ein großes geistliches Erwachen, 29,1-19, stellte den Priester- und Tempeldienst wieder her, 29,20-36, und feierte das Passah, 30,1-27.

Weitere Reformen, 31,1-21. Er rottete den Götzendienst aus und stellte die Gottesdienstformen im Tempel wieder her.

Sanheribs Einfall, 32,1-32 (s. Erklg. zu 2. Kö. 18,13 - 19,37; Jes. 36,1-22).

Hiskias Krankheit, Genesung und Gesand-te von Babylon, 32, 24-33 (s. Erklg. zu Jes. 39-39).

Kap. 33
Manasses und Amons Abgötterei

Manasses heidnische Abscheulichkeiten, 1-10 (s. Erklg. zu 2. Kö. 21,1-18).

Seine Gefangenschaft, Buße und Rückkehr, 11-13. Manasses babylonische Gefangenschaft ist historisch belegbar, da sein Name als Vasall Asar-Haddons in den assyrischen Aufzeichnungen erscheint; Asar-Haddon, 680-669 v.Chr., und Assurbanipal, 669-631 v.Chr.

Seine Reformen und sein Tod, 14-20. Manasse regierte von 697-643 v.Chr.

Amons Regierung, 21-25, (643-641 v.Chr.). Er war götzendienerisch wie sein Vater.

Kap. 34-35
Josias Große Reformation

Erste Reformen, 34,1-7. Josia regierte von 641-609 v.Chr. als einer von Judas besten Königen. Er bekämpfte den kanaanitischen Baalsdienst.

Großes geistliches Erwachen, 34,8 - 35,19. Das war die Folge der Auffindung des mosai-

Kanaanitisches Heiligtum oder „Höhe" bei Megiddo

schen Gesetzbuches, das während der Schrek-
kensherrschaft Manasses verlorengegangen war
(s. Erklg. zu 2. Kö. 22,1-23,20).

Josias Tod, 25,20-27 (s. Erklg. zu 2. Kö.
23,29-30).

Kap. 36,1-14
Von Joahas bis Zedekia; das Ende

Absetzung des Joahas, 1-3 (vgl. 2. Kö. 23,31-
33), 609 v.Chr.

Jehojakims Regierung, 4-8 (vgl. 2. Kö.
23,24 - 24,6), 609-598 v.Chr.

Jehojachins Regierung, 9-10 (vgl. 2. Kö.
24,8-16), 598-597 v.Chr.

Zedekia, 11-14 (vgl. 2. Kö. 24,17 - 25,7). Er
regierte 597-586 v.Chr. bis zum Untergang Jerusalems.

Kap. 36,15-23
Gefangenschaft und das Edikt des
Kores

Jerusalems Fall und Gefangenschaft, 15-21
(586-539 v.Chr.). Der Chronist erinnert an des
Herrn Gnade und Geduld und zeigt die Gründe
für die Verbannung. Hier ist die einzige Bezugnahme auf den Propheten Jeremia in den Königsbüchern und Chronika, 21 (vgl. seine Weissagungen in Jer. 25,11-12; 29,10).

Das Edikt des Kores (Cyrus), 22-23 (538
v.Chr.). S. Esra 1,1-4, als Erfüllung von Jer. 29,10,
unter göttlicher Führung (Jes. 44,28 - 45,3).

Gefangennahme der Elamiter (zeitgenössisches Relief)

Altbabylonische Periode (1830-1550 v.Chr.). Babel datiert in die vorgeschichtliche Zeit zurück, doch wurde es bis ins 2. Jt. v.Chr. nie Hauptsitz eines großen Reiches. Hammurabi (1728-1686 v.Chr.), aus der ersten babylonischen Dynastie, führte es auf die Höhe seiner Macht. Babylon und Assyrien kämpften bis zur assyrischen Vorherrschaft (885-626 v.Chr.).

Das chaldäische Reich (605-539 v.Chr.). Dieses neubabylonische Reich fiel zeitlich mit Judas Wegführung und Gefangenschaft zusammen.

Nabopolassar (626-605 v.Chr.), Statthalter von Babylon, schüttelte das assyrische Joch ab und zerstörte Ninive 612 v.Chr. Er war der Vater Nebukadnezars II.

Nebukadnezar II. (605-562 v.Chr.). Seine erste Wegführung der Juden (Dan. 1,2) war im Jahre 605 v.Chr., die zweite 597 v.Chr. und die dritte 586 v.Chr., als er Jerusalem zerstörte. Er belagerte Tyrus (586-573 v.Chr.), marschierte in Moab, Amon, Edom und im Libanon ein und verwüstete diese Gebiete. Er überfiel Ägypten – 572 v.Chr. und 568 v.Chr. – und starb im Jahre 562 v.Chr. als einer der selbstherrlichsten und glänzendsten Herrscher der alten Welt. Sein Hauptsitz war Babylon, welches als prunkvolle Stadt des Altertums in die Geschichte einging. (s. Erklg. zu Jer. 50). Vgl. auch Dan. 4,30.

Evil-Merodach, Amel-Marduk („Mann von Marduk") (562-560

Das chaldäische Reich

v.Chr.), Sohn Nebukadnezars, wurde von seinem Schwager Nergal-Sarezer erschlagen.

Neriglissar, Nergal-shar-usur, auch Nergal-Sarezer (560-556 v.Chr.) regierte nur vier Jahre. Sein Sohn, Labasi-Marduk, wurde nach wenigen Monaten ermordet.

Nabonid (556-539 v.Chr.) war einer der Fürsten, der den Thron mit Gewalt nahm. Er wurde auch Nabunaid („der Gott Nabu [Nebo] ist erhaben") genannt. Sein ältester

Sohn, Belsazar, Bel-shar-usur („Bel möge den König schützen"), war Mitregent, als Babylon im Oktober 539 v.Chr. in die Hände der Perser fiel (Dan. 5).

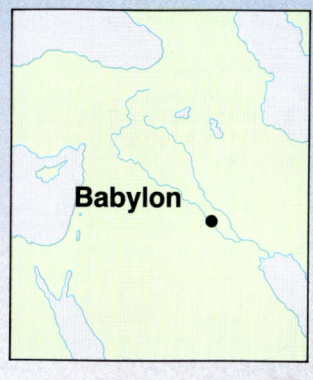

Der Ninmah-Tempel in Babylon

Die Stadt Babylon

Ausgrabungen. Die Pracht Babylons unter Nebukadnezar (Dan. 4,33) ist heute wohlbekannt. Von 1899-1914 fanden Deutsche die Überreste von ungeheuren Bauplänen, die von des Königs eigener Hand beschrieben waren. Das Ischtar-Tor führte durch eine massive doppelte Befestigungsmauer, verziert mit Motiven von Stierdrachen, eingelegt in farbigen glasierten Ziegelsteinen. Die große Prozessionsstraße verlief vom Ischtar-Tor aus. Das vorherrschende Gebäude war der königliche Ziggurat, der achtstöckige Tempelturm. Marduks Tempel stand daneben. Die berühmten „Hängenden Gärten" waren in Terrassen gebaut und stellten eines der sieben Weltwunder jener Zeit dar. Nebukadnezar war ein eifriger Bauherr und Babylon eine schillernde Königsstadt (Jes. 14,4).

Inschriften. Die meisten der gefundenen Ziegelsteine tragen Nebukadnezars Stempel „Nebukadnezar, König von Babylon ..." Eine Inschrift zeigt seine Prahlerei in Dan. 4,27: „Die Befestigungen von Esagila (Marduks Tempel) und Babylon machte ich stark und machte mir damit für immer einen Namen."

Untergang der Stadt. Sowohl Jesaja (13,17-22) als auch Jeremia (51,37-43) weissagten den Untergang Babylons. Inschriften des Persers Cyrus (Kores) und die königlichen Urkunden von Babylon beschreiben den Untergang der Stadt im Jahre 539 v.Chr.

Ausdehnung. Herodot sagt, die Mauer Babylons sei 100 km lang gewesen (25 km auf jeder Seite, ungefähr 96 m hoch, 25 m dick). Sie war durch Wassergräben oder Kanäle geschützt, und ihre 250 Türme waren von Soldaten besetzt. Die Stadt hatte 100 Tore aus Messing, und der Euphrat floß durch die Stadt.

Ruinen. Wenn auch Herodot in seiner Schilderung ein wenig übertrieben haben mag, bestätigen die neuesten Ausgrabungen die beinahe fabulösen alten Berichte über die Stadt weitgehend. Die heutigen Erdwälle werden meistens östlich des Flusses gefunden. Sie bestehen aus Kasr, der zentralen Ruine,

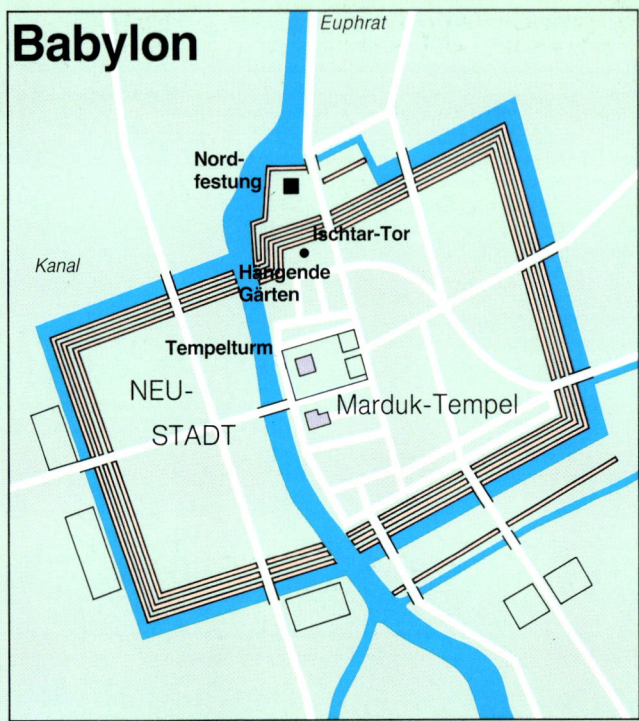

Das Ischtar-Tor in Babylon, vor kurzem restauriert

und Amran, dem südlichen Erdwall, welcher die Ruinen von Esagila, dem mächtigen Tempel des Marduk (des Schutzgottes der Stadt) enthält. Der Amran-Erdwall birgt die Ruinen des großen Turms von Babylon. Babil war die Festung, welche den nördlichen Stadt-Eingang bewachte, und liegt ungefähr 20 km von Kasr entfernt. Diese verstreuten Ruinen beleuchten die ungeheure Größe der alten Weltstadt (s. Jer. 50-51).

Das Buch Esra

Rückkehr aus Babylon

Zeitfolge der Rückkehr

605-536 v.Chr.	Hauptzeit der Gefangenschaft
605, 597 v.Chr.	Führende Juden weggeführt, einschließlich
586 v.Chr.	Daniel und Ezechiel (Hesekiel)
538 v.Chr.	Edikt des Kores (Cyrus) mit Erlaubnis zur Rückkehr
536 v.Chr.	Rückwanderung von 49.897 Juden von Babylon nach Jerusalem
536 v.Chr.	Wiederaufbau des Altars; Opferung im siebenten Monat
535 v.Chr.	Beginn des Tempelbaus, wurde jedoch unterbrochen
535-520 v.Chr.	Wirtschaftlicher und politischer Kampf
520 v.Chr.	Haggais prophetisches Wirken
520-515 v.Chr.	Sacharjas prophetisches Wirken
515 v.Chr.	Tempelbau vollendet
458 v.Chr.	Esras Rückkehr
445 v.Chr.	Nehemia baut die Mauern wieder auf

Weltgeschichtliche Ereignisse während der Rückkehr

557-447 v.Chr.	Buddha (in Indien)
551-478 v.Chr.	Konfuzius (in China)
549 v.Chr.	Kores (Cyrus) vereinigt Persien und Medien
546 v.Chr.	Kores erobert Lydien
539 v.Chr.	Kores erobert Babylon
530 v.Chr.	Tod Kores'
539-331 v.Chr.	Persisches Reich
530-522 v.Chr.	Kambyses' Regierung
522-485 v.Chr.	Darius I.
490 v.Chr.	Darius' Niederlage in Marathon
485-465 v.Chr.	Xerxes I. (Ahasveros)
485-425 v.Chr.	Herodot
480 v.Chr.	Niederlage Persiens bei den Thermopylen und in der Seeschlacht von Salamis
470-399 v.Chr.	Sokrates
461-429 v.Chr.	Das goldene Zeitalter des Perikles
427-322 v.Chr.	Plato und Aristoteles

Überblick

Rückkehr unter Serubbabel, Wiederaufbau des Tempels, Kap. 1-6
Rückkehr unter Esra. Seine Reformen, Kap. 7-10

Steinmetze im heutigen Jerusalem

Esra

Kap. 1
Edikt des Kores

Die Bekanntmachung, 1-4. Kores' (Cyrus) erstes Jahr in Babylon, 1, war 539 v.Chr. Die Weissagungen Jesajas (Jes. 44,28 - 45,2) und Jeremias (Jer. 29,10) fanden göttliche Erfüllung in Kores (Jes. 44,28 - 45,3), durch das Dekret des persischen Monarchen, 2-4. Die Archäologie hat gezeigt, daß die den jüdischen Gefangenen gegebene Erlaubnis von Kores nicht eine einmalige Tat der Freundlichkeit war, sondern die allgemeine politische Einstellung dieses menschenfreundlichen Staatsoberhauptes charakterisierte. Ein von H. Rassam im 19. Jh. gefundener Kores-Zylinder zeigt, daß er den unmenschlichen Brauch der Wegführung besiegter Gegner (Deportation), wie es die assyrischen und babylonischen Eroberer zu tun pflegten, umstieß; er gab den verschleppten Völkern ihre Gottheiten und ihre Heimat wieder zurück.

Abschiedsgeschenke, 5-11. Diese schlossen die heiligen Tempelgeräte, die Nebukadnezar beschlagnahmt hatte, mit ein (2. Kö. 25,13-16). Mitredat, 8, war Schatzmeister des Tempels, und Sesbazzar war der chaldäische Name Serubbabels, eines jüdischen Beamten am persischen Königshof.

Kap. 2
Die zurückkehrenden Gefangenen

Namensverzeichnis und Zahlen der Rückkehrer, 1-65. Die Personen werden im allgemeinen aufgezählt, 1-35; die Priester, 36-39; die Leviten, 40-54; die Nachkommen der Diener Salomos, 55-60; weitere Priester, 61-63. Die Gesamtzahl war 49.897, s. 64-65. Anscheinend wurden noch andere mit einbezogen, und alle Stämme Israels waren vertreten (vgl. Lk. 2,30; Apg. 26,7; Jak. 1,1; Es. 2,70; 6,17; 8,35). Die Vorstellung von den „zehn verlorenen Stämmen" wird hier wie auch an anderen Stellen, die sich mit der Geschichte der Juden nach dem Exil befassen, widerlegt.

Eigentum und Gaben der Rückkehrer, 66-70. Die Drachme war ein persisches Geldstück; das entspricht dem Wert von ungefähr 25 DM.

Kap. 3
Beginn des Tempelbaus

Der Altar wird errichtet, 1-7. Im siebenten Monat, Tischri (Sept.-Okt.), wurde der Brandopferaltar aufgerichtet. Dies war der erste Schritt zum Wiederaufbau des Tempels und zur Wiederherstellung der Nation. Das Laubhüttenfest wurde gefeiert, 4-6, und Baumaterial für den Tempel zusammengetragen, 7. Sesbazzar (Es. 5,14-16) war Statthalter.

Grundsteinlegung des Tempels, 8-13, im zweiten Monat (Mai) im Jahre 535 v.Chr. Serubbabel, 2, Enkel des Königs Jojakim (1. Chron. 3,17-19), später von Kores zum Statthalter gemacht, und Josua, der Hohepriester (Hag. 1,1; Sach. 3,1) waren die Leiter des Unternehmens.

Der Kores-Zylinder, der davon berichtet, wie Kores Babylon ohne Kampf eroberte und Gefangene in ihre Heimat zurückkehren ließ.

Teile der ältesten Mauern im Tempelbezirk gehen auf die Zeit Serubbabels zurück

Großer Jubel und auch Weinen, 12-13 (vgl. Hag. 2,3), begleiteten die Feier.

Kap. 4
Unterbrechung der Arbeit am Tempel

Feinde versuchen, den Wiederaufbau des Tempels zu verhindern, 1-5. Es war das Mischvolk der Samariter, entstanden durch den Zuzug der Fremdlinge von Assyrien (676 v.Chr.), die durch Asar-Haddon, 2, (680-669 v.Chr.) und durch den berühmten Asnappar, d.h. Assurbanipal (669-631 v.Chr.), 10, im Landesgebiet des früheren Nordreiches angesiedelt worden waren. Das Angebot mitzuhelfen war eine Falle, weil es ein Kompromiß mit Halbheiden, 3, gewesen wäre (vgl. 2. Kö. 17,32).

   Eingeschobener Bericht über fortgesetzten Widerstand, 6-24. Trotz der Versuche, diesen Abschnitt mit den Regierungszeiten des Kambyses (530-522 v.Chr.) und Darius (522-486) zu harmonisieren, und der Behauptung von Bibelkritikern, daß dieser Abschnitt hier an der falschen Stelle eingefügt ist, dient dieser Bericht von der späteren Opposition unter Ahasveros (Xerxes I., 486-465) und Artaxerxes (465-424) einem wichtigen Ziel. Er betont ausdrücklich, daß die nachexilische jüdische Gemeinde mit

fortgesetzten Schwierigkeiten zu kämpfen hatte. So wie Rehum und Simsai unter der Regierung des Artaxerxes (ca. 486 v.Chr.) den Mauerbau erfolgreich unterbrechen konnten, brachten es auch Tatnai und Setarbosnai bis zum zweiten Regierungsjahr des Darius (520 v.Chr.) fertig, den Bau des Tempels zu verzögern.

Archäologische Streiflichter

Asar-Haddons Berichte in Keilschrift auf einer im Britischen Museum aufbewahrten Zylinderwalze erzählen von der Wegführung der Israeliten und der Ansiedlung von Kolonisten an ihrer Stelle.

Kap. 5-6
Wiederaufnahme und Vollendung des Tempelbaus

Haggais und Sacharjas Prophetenamt, 5,1-17. Darius (522-485 v.Chr.) kam auf den persischen Thron, und durch seine Güte und das Wirken der Propheten Haggai und Sacharja (Hag. 1,4; 2,1-4; Sach. 4,8-9; 6,15) wurde die Arbeit wieder aufgenommen. Keilschrift-Tafeln erwähnen Tatnai, 3, Statthalter der Provinz „jenseits des Stromes".

   Der Tempel wird vollendet, 6,1-22. Darius

fand die Anordnungen von Kores in seinem Sommerpalast in Achmeta (Ekbatana), 1-5, und befahl, den Tempel zu vollenden, 6-13. Das Gotteshaus wurde fertiggestellt, 14-15, eingeweiht, 16-18, und das Passah sowie das Fest der ungesäuerten Brote gefeiert, 19-22.

Beachte: „König von Assyrien", 22. Wahrscheinlich wurde der Herrscher so genannt, weil Persien damals über das frühere Assyrien regierte.

Kap. 7-8
Die Ankunft Esras

Esra ging nach Jerusalem, 7,1-28, als Artasasta I. (465-423 v.Chr.) regierte, um das Gesetz Gottes zu lehren, 6.10. Die königlichen Anordnungen waren für Esra bestimmt, 11-26, der Gott dafür dankte, 27-28.

Esras Auftrag, 8,1-36. Esras Begleiter werden genannt, 1-14. Der Kanal Ahava ist nicht auffindbar; der Fluß, 21, ist wahrscheinlich ein Zufluß des Euphrat. Kasiphja ist ebenfalls unbekannt, 17. Der Schatz wurde 12 Priestern anvertraut, 24-30, und in den Vorratsräumen des Tempels, den „Kammern", abgegeben, 29.

Kap. 9-10
Esras Reform

Trauer wegen der Mischehen, 9,1-15. Die Mischehen mit Halbheiden verursachten Esra tiefen Schmerz, 1-4. Seine Fürbitte und sein Bekenntnis sind aufgeschrieben, 5-15.

Absonderung wiederhergestellt, 10,1-44. Die Männer bereuten und lösten sich von den fremden Frauen, 1-17. Ein Verzeichnis der Männer, die fremde Frauen geheiratet hatten, wird gegeben, 18-44. „Kislew" ist der neunte Monat (Nov.-Dez.), in dem gewöhnlich starke Regenschauer fallen. „Tebet" ist der zehnte Monat (Dez.-Jan.), in welchem die Arbeit begann. Sie wurde im „Nisan" beendet, dem ersten Monat (März-April).

Die Altstadt Jerusalems, vom Damaskustor aus gesehen

Das Buch Nehemia

Wiederaufbau der Mauern Jerusalems

Die Stadtmauer von Jerusalem

Name und Zweck des Buches.
Der Name des Buches kommt von der Hauptperson und dem überlieferten Verfasser (Kap. 1,1). Der Wiederaufbau Jerusalems zu einer befestigten Stadt, die Herstellung einer Verwaltungsbehörde unter Nehemia und seine Statthalterschaft werden berichtet. Obwohl das Buch Nehemia einen eher weltlichen Charakter hat als das Buch Esra, ist es dennoch auch vom priesterlichen Standpunkt aus geschrieben. Nehemia-Esra, bis 1448 *ein* Buch, das Buch von Esra genannt, zeigt Gottes Treue in der Wiedereinsetzung seines verbannten Volkes. Das Wirken Gottes wird deutlich an großen heidnischen Monarchen – Kores, Darius und Artaxerxes und den jüdischen, von Gott berufenen Führern – Haggai, Sacharja, Serubbabel, Josua, Esra und Nehemia.

Das persische Weltreich (539-331 v.Chr.). Die persischen Könige stellen unter den Herrschern der Welt eine menschenfreundliche Linie dar. Sie erlaubten den Juden, zurückzukehren und ihren Tempel sowie ihre Stadt wiederaufzubauen.

Persien kehrte das grausame Vorgehen der Assyrer und Chaldäer um und brachte ins Exil geführte Völker wieder in ihre Heimat zurück. Während der zweihundertjährigen wohlwollenden persischen Herrschaft war Juda eine winzige Provinz in der fünften persischen Satrapie (Statthalterschaft). Seine südliche Grenzfestung Lachis, bekannt durch archäologische Forschungen, wurde vom Palast des persischen Statthalters verwaltet.

Kores (Cyrus) (539-530 v.Chr.) vereinigte Medien und Persien (549 v.Chr.), eroberte Lydien (546 v.Chr.) und Babylon (539 v.Chr.), welches von Nabonid und dem Kronprinzen Belsazar regiert wurde. Sein Erlaß (Es. 1,1-4; 2. Chron. 36,22-23) erlaubte den Juden die Rückkehr nach Palästina.

Kambyses (530-522 v.Chr.) eroberte Ägypten. Er verübte Selbstmord.

Smerdis (522 v.Chr.), der Magier, riß widerrechtlich die Macht an sich und beschwor einen Bürgerkrieg herauf.

Darius I., der Große, (522-485 v.Chr.) schlug den Aufstand Smerdis' nieder und rettete so das Reich. Er stellte die berühmte Behistun-Inschrift auf der Straße von Babylon nach Achmeta auf, die den Zugang zur babylonisch-akkadischen Keilschrift ermöglichte, während sich der Rosettenstein in Ägypten als Schlüssel zu den ägyptischen Hieroglyphen erwies. Der Tempel von Jerusalem wurde 520-515 v.Chr. fertiggestellt (Es. 6,15).

Xerxes I. (485-465 v.Chr.) war Ahasveros, Esthers Gemahl. Mardochai war einer seiner führenden Minister. Ahasveros führte Krieg gegen Griechenland.

Artasasta (Artaxerxes I. Longimanus) (465-423 v.Chr.) erzeigte Jerusalem seine Gunst. Esra kehrte 458 v.Chr. zurück. Nehemia wurde im April/Mai des Jahres 445 v.Chr. Statthalter (Es. 7,1-8; Neh. 2,1). Die berühmten Papyrusrollen von Elephantine, der jüdischen Militärkolonie am ersten Nil-Katarakt, 1903 entdeckt, bestätigen diese Epoche und erwähnen Sanballat (Neh. 2,19) und Johanan (Neh. 3,1; 12,23).

Auf **Xerxes II.** (424 v.Chr.) folgte **Darius II.** (423-404 v.Chr.), **Artaxerxes II.** (404-358 v.Chr.), **Artaxerxes III.** (358-338 v.Chr.), **Arses** (338-336 v.Chr.) und **Darius III.** (336-332 v.Chr.

Überblick

Nehemias Wiederaufbau der Mauern, Kap. 1-7
Esras und Nehemias Reformen, Kap. 8-13

Das Buch Nehemia

Kap. 1-2
Nehemias Berufung

Nehemias Sorge um Jerusalem, 1,1-11. Im „Kislew" (Nov.-Dez.), in Artasastas 20. Regierungsjahr (445-444 v.Chr.; vgl. 2,1), hörte Nehemia („Gott tröstet") von Jerusalems trauriger Lage, 1-3. „Männer aus Juda", 2, waren Besucher in der persischen Winterresidenz Susa in Elam (Esth. 1,2.5; Dan. 8,2). Nehemias großer Kummer und sein Gebet sind aufgezeichnet, 4,11 (vgl. 5. Mo. 30,1-5). „Dieser Mann", 11, war Artasasta. Der Mundschenk war ein königlicher Kellermeister, der des Königs Wein u.a.m. kostete, um zu prüfen, ob nichts vergiftet war. Dieses Amt war besonders ehrenvoll (vgl. Herodot: Geschichte III, 34).

Nehemias Auftrag, 2,1-20. Der König sandte Nehemia, um Jerusalem wieder aufzubauen, 1-8. Sanballat, Statthalter von Samarien, in den Papyrusrollen von Elephantine erwähnt, und Tobija, ein ammonitischer Beamter in persischem Dienst, planten Widerstand, 9-10. Nehemia untersuchte während der Nacht die Mauern Jerusalems, 11-16, und drängte auf sofortigen Wiederaufbau, 17-18. Geschem, ein Araber, 19, vereinigte sich mit den Widersachern. Nicht-Juden hatten weder Anteil, Besitz, Recht, Vollmacht noch Andenken in der jüdischen Gemeinde, 20.

Kap. 3
Jerusalems Tore und Mauern ausgebessert

Die Bauleute des Schaftors, 1-2. Eljaschib (12,22; 13,4) war Jesuas Enkel (12,10), welcher mit Serubbabel arbeitete, und war auch der Großvater des späteren Hohepriesters Jonatan (12,11). Die Opfertiere wurden durch das Schaftor zum Altar geführt.

Bauleute der anderen Tore, 3,32. Sie werden zusammen mit den Bauleuten der Zwischenmauern aufgeführt. Das alte Tor (hebr. *jeschanáh*), 6-12, war vielleicht das in Jeremia 31,38 erwähnte Ecktor. Das Misttor, 14, war dasjenige, durch welches der Abfall der Stadt hinaus-

geschafft wurde. Das Osttor, 29-32 (vgl. Hes. 43,1-2), war dasjenige, durch welches die „Herrlichkeit Gottes", die „Schechina", Jerusalem verließ und durch welches sie wiederkommen wird. Das Wachttor (hebr. *mipqád*), 31, „ein auserwählter Ort, ein Ort der Aufsicht", könnte das Gerichtstor gewesen sein.

Kap. 4-5
Widerstand gegen die Arbeit

Störungsversuche durch Spott und Zorn, 4,1-9. Spott, 1-3, wurde mit Gebet beantwortet, 4-6. Dem Zorn, 7-8, begegnete man in gleicher Weise, mit Fürbitte zu Gott. Außerdem stellte man Wachen auf, 9.

Widerstand durch Entmutigung, 4,10-23. Dem Geist der Niedergeschlagenheit, 10-13, standen der Glaube, 14,20, und harte Arbeit gegenüber, 21-23.

Widerstand durch Selbstsucht, 5,1-19. Die Mißstände, hervorgerufen durch Habgier und Begehrlichkeit (5. Mo. 23,20) innerhalb der Gemeinde, 1-5, wurden überwunden, 6-13, unterstützt durch Nehemias persönliches Beispiel von Uneigennützigkeit während seiner zwölfjährigen Amtszeit als Statthalter, 14-19.

Kap. 6
Die Mauern werden fertiggestellt

Widerstand durch Schlauheit, 1-14. Zu Sanballat, Tobija und Geschem, s. Erklg. zu Neh. 2,1-20. Diese schlauen, teuflischen Widersacher versuchten, Nehemia nach Ono, in der Nähe von Lydda, ungefähr 10 km südöstlich von Joppe, zu locken, 2. In ihrer Erfolglosigkeit versuchten sie es wieder einmal mit Einschüchterung durch die Drohung, ihn dem König anzuzeigen, indem sie „Propheten" erwähnten, weil diese oft politische Unruhen schürten (Jer. 28,1-4). Semaja, den man gedungen hatte, 10-14, versuchte eine List (vgl. Sach. 13,2-6).

Die Mauer ist fertig, 15-19. Dieses Ereignis der Vollendung fand am 25. Tag des 6. Monats, Elul genannt (Aug.-Sept.), statt, trotz aller er-

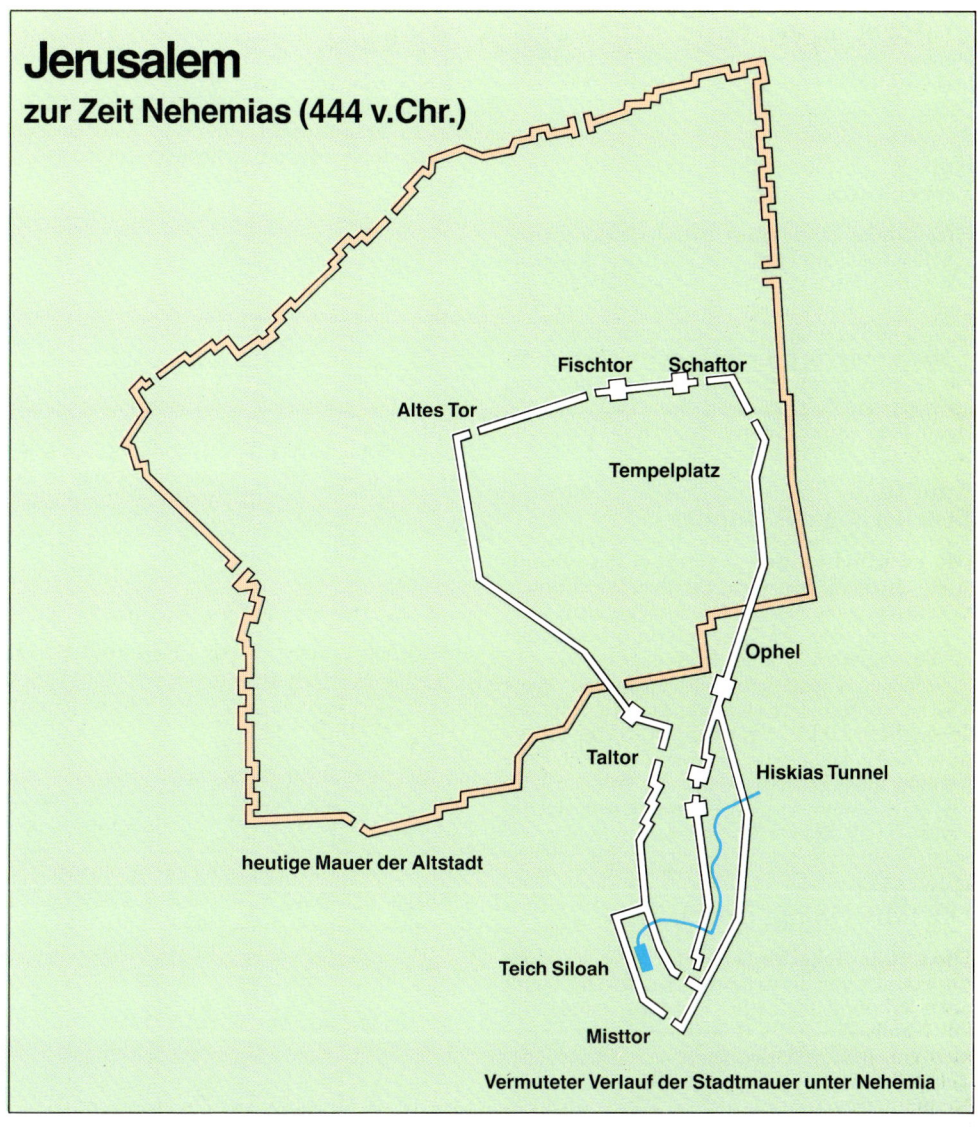

Jerusalem
zur Zeit Nehemias (444 v.Chr.)

Fischtor · Schaftor
Altes Tor
Tempelplatz
Ophel
Taltor · Hiskias Tunnel
heutige Mauer der Altstadt
Teich Siloah
Misttor
Vermuteter Verlauf der Stadtmauer unter Nehemia

denklicher hinterhältiger Versuche, das gute Werk zu vereiteln.

Kap. 7
Verzeichnis der mit Serubbabel Zurückgekehrten

Sicherheitsmaßnahmen zur Verteidigung der Stadt, 1-4. Endlich war Jerusalem wieder eine befestigte Stadt. Nehemia stellte Verordnungen für ihre Sicherheit auf.

Verzeichnis der ersten Rückkehrer, 5-73 (s. Es. 2,1-70). Das Geschlechtsregister ist aufgeführt, 6-65, die Gesamtzahl wird angegeben, 66-69, sowie die Beschreibung der Gaben für die Arbeiten, 70-73.

Kap. 8
Öffentliche Verlesung des Gesetzes

Das Gesetz wird vor dem Wassertor vorgelesen, 1-8. Der erste Tag des siebenten Monats, Tischri (Sept.-Okt.), war ein Tag der Festversammlung (4. Mo. 29,1). Das Wassertor wurde zum Ort der Reinigung durch die erfrischende Kraft des Wortes Gottes. Hier wurde das in hebräisch geschriebene Gesetz Moses in der allgemeinverständlichen aramäischen Sprache erklärt, 7-8.

Die Wirkung des Wortes, 9-12. Neubesinnung auf den Glauben und Feiern des Laubhüttenfestes, 13-18 (vgl. 3. Mo. 23,33-44), waren die Folge.

Kap. 9
Erweckung

Öffentliche Buße und Sündenbekenntnis, 1-5. Das Lesen und Hören des Wortes, ihm glauben und gehorchen hat immer geistliche Erweckung mit Demütigung, Selbsterkenntnis, Bekennen und aufrichtige Anbetung zur Folge.
Das große Bekenntnis und Gebet, 6-38. Esras Gebet ist eines der längsten uns in der Bibel überlieferten Gebete, 6-37. Im Blick auf den Bund, der gemacht wurde, 38, s. Kap. 10.

Kap. 10
Erneuerung des Bundes

Die Verpflichtungen gegenüber dem Bund, 9,38 - 10,39. Diejenigen, die den Bund unterzeichneten, werden namentlich aufgeführt, 10,1-27. Die talmudische Überlieferung bezeichnet die Versiegler als „die Große Synagoge".

Die Verpflichtungen schlossen ein: keine Mischehen mit den Heiden, 28-30; Heiligung des Sabbats, 31; Unterstützung des Tempeldienstes, 32-36; Abgabe des Zehnten und der Priestergelder, 37-39 (s. 3. Mo. 27,30; 4. Mo. 18,25-32). „Die Kammern", 39, bildeten einen Teil des Tempels (vgl. Neh. 13,12; Es. 8,29; 10,6).

Kap. 11-12
Die Einweihung der Mauern

Die treuen Arbeiter, 11,1-36. Die Namen der Einwohner von Jerusalem, ehemals eine Stadt der Gefahr und des Todes, werden genannt, 1-2. Die Namenslisten der Bewohner aus den Stämmen von Juda und Benjamin, der Priester, der Tempelbeamten, der Leviten, Tempelknechte, Nethinim usw. sind angegeben, 3-24, auch diejenigen der außerhalb von Jerusalem wohnenden Stammesglieder und Leviten, 25-36.
Weitere Getreue, 12,1-26. Genannt werden die Priester und Leviten der ersten Rückkehr, 1-9; Nachkommen Jesuas, des Hohepriesters, 10-11; die Oberhäupter der Priesterfamilien, 12-21; und diejenigen der levitischen Familien, 22-26.
Einweihung der Mauern, 12,27-43.
Verordnung bezüglich des Einkommens der Priester und Leviten, 12,44-47.

Kap. 13
Abschaffung der Mißstände

Absonderung, 1-9, von der mit Heiden vermischten Menge, 1-3, und von unheiligen Ver-

bindungen, 4-9. Eljaschib war der Hohepriester von 3,1.20; 12,22; Es. 10,6; er war durch Heirat mit Sanballat verwandt, 28.
Nehemia schafft andere Mißstände ab, 10-29. Sein Selbstzeugnis über sein Werk war gekennzeichnet durch Bescheidenheit und Frömmigkeit.

Das Buch Esther

Göttliche Fürsorge in der Geschichte

Allgemeines. Esther ist das letzte Buch der fünf Schriftrollen (megillot), die im dritten Abschnitt der hebräischen Bibel, genannt Kethubhim oder „Schriften", zu finden sind. Das Buch beschreibt die Entstehung des Purim-Festes („Lose"). Diese Feier wurde am 14. oder 15. Adar (Febr.-März) abgehalten. Demzufolge ist das Buch Esther die Purim-Schriftrolle. Der Verfasser ist unbekannt. Esra, Mardochai, Jojakim oder Männer der „Großen Synagoge" könnten mögliche Verfasser sein.

Geschichtliches. Trotz der allgemeinen kritischen Behauptung, daß das Buch eine fromme Legendendichtung sei, wird seine Geschichtlichkeit unterstrichen durch:
1. sein Eingebettetsein in die Geschichte und seine genaue Datierung (1,1.15; 2,1.10.20) während der Herrschaft des Ahasveros (Xerxes I.) (485-465 v.Chr.);
2. die Vertrautheit des Autors mit dem persischen Leben, z.B. der Architektur des Palastes und Hofs (1,5; 2,11; 7,8); der Hof-Etikette (,11; 8,11-17), den Palast-Intrigen (2,21-23; 7,9) und Bankett-Gebräuchen (1,6-8; 5,5);
3. das äußere Beweismaterial, durch Ausgrabungen in Susa und Keilschrifttexte, die einen gewissen Marduka (vgl. Mardochai), einen Beamten unter Xerxes in Susa, erwähnen.

Überblick

Mythologischer Greif (Relief aus glasierten Ziegelsteinen in Susa)

Esther

Kap. 1
Verstoßung der Königin Vasti

Des Ahasveros Gastmahl, 1-9. „Ahasveros"
war wahrscheinlich Xerxes I. (485-465 v.Chr.),
obwohl die Septuaginta ihn mit Artaxerxes II.
gleichsetzt. Das dritte Jahr seiner Regierung war
482 v.Chr., 3. Er kämpfte gegen die Griechen in
der Seeschlacht von Salamis und beim Thermo-
pylenpaß im Jahre 480 v.Chr. Sein Reich, 1, erstreckte sich von Indien (Indus-Tal) bis Äthiopien (heutiges Nubien), und schloß 20 Provinzen
(Satrapien) ein (vgl. Herodot: Geschichte III, 89),
die in viele Bezirke aufgeteilt waren. Phantasti-
sche persische Festlichkeiten sind von griechischen Schriftstellern beschrieben worden, und
Ausgrabungen in Susa, 5, der Hauptstadt von
Elam, haben einen solchen Königshof ans Licht
gebracht. Herodot sagt, daß Amestris die Gemahlin Xerxes' war (Geschichte VII, 61). Anscheinend war Vasti eine der königlichen Kon-
kubinen.

Vastis Absetzung, 10-22. Ihr Name war aus
dem Elamitischen abgeleitet.

Archäologische Streiflichter
Susa, 2, war die Winterresidenz von Persien,
Achmeta oder Ekbatana die Sommerresidenz.
Susa hat Ruinen, die auf 4000-1200 v.Chr. zurückgehen. Ausgegrabene Ruinen zeigen Überreste des von Darius dem Großen begonnenen
Palastes, der dann von späteren Königen erweitert wurde. Der Palast hat drei Höfe mit zahlreichen Räumlichkeiten, verziert mit Kriegern,
geflügelten Stieren und Greifen. Der berühmte Codex des Hammurabi (Gesetzsammlung)
wurde bei Ausgrabungen dort in der Gegend
(1901) gefunden. Weitere Funde von Susa schließen Inschriften von Artaxerxes II. (404-358
v.Chr.) ein.

Kap. 2
Esther wird Königin
Suche nach einer Nachfolgerin für Vasti, 1-4.
Zwischen Vastis Absetzung und der Hochzeit
von Xerxes mit Esther (478 v.Chr.) war der Mo-
narch auf dem schicksalhaften Feldzug gegen die
Staaten Griechenlands unterwegs.

Mardochai und Esther, 5-23. Mardochai
war Esthers Pflegevater (er hatte sie in ihrer
Kindheit adoptiert), aber auch ihr Vetter, 5-7. Er
war Benjaminiter wie Saul, 5. Sein Amt scheint
das eines Eunuchen-Torhüters gewesen zu sein,
denn er war eng verbunden mit dem Frauen-
haus, 11.19.21 (vgl. 6,10). Esther wurde zur Königin auserwählt im Monat Tebeth (Dez.-Jan.),
478 v.Chr., im siebenten Regierungsjahr des
Xerxes, 16. Die Verschwörung der Kämmerer,
21-23, welche die Schwelle des königlichen
Schlafgemachs hüteten, 21, war von der Art, der
Xerxes schließlich doch 465 v.Chr. zum Opfer
fiel.

Kap. 3
Hamans Verschwörung

Hamans Aufstieg, 1-6. Er wurde Premiermi-
nister (Großwesir). Niedere Beamte wurden an-
gewiesen, ihm zu huldigen. Der Hinweis, daß
Haman „Sohn Hamedatas, des Agagiters", war,
1, könnte sich auf das Gebiet von Agazi, das an
Midian angrenzt, beziehen oder der Vermutung
Raum geben, daß Haman ein Nachkomme
Agags war, jenes Amalekiterkönigs, den Saul im
Ungehorsam gegen Gott schonte (vgl. 1. Sam.
15,7-9). Jedenfalls verbot es Mardochai sein
Glaube, einem anderen als dem wahren Gott
Verehrung zu erweisen. Darüber war Haman
wütend.

**Hamans Anschlag zur Vernichtung der
Juden, 7-15.** Das Los („pur", akkadisches Wort)
zu werfen, 7, hatte den Zweck, eine günstige
Zeit für die Judenvernichtung zu bestimmen.
Haman bot dem König eine Bestechungssumme
von 1000 Talenten an, wenn er die Zusage zur
Vertilgung der Juden erteilte. Der königliche
Siegelring, 10.12, verlieh dem Erlaß zur Ausrottung der Juden königliche Autorität (vgl. 8,2; 1.
Mo. 41,42), obwohl der König das Bestechungs-
geld zurückwies. Die Verordnung zur Vernichtung, 12, wurde durch Eilboten bekanntgege-
ben, 13 (der berühmte Post-Dienst mit schnellen
Pferden, unter Kores im ganzen Perserreich ein-
gerichtet). Die in ihrer Echtheit umstrittenen
Zusätze zum Buch Esther (Stücke zu Esther)
enthalten den Wortlaut des Edikts.

Kap. 4-5
Esthers Fürsprache beim König

**Esthers Entschluß, beim König vorzuspre-
chen, 4,1-17.** Mardochais Trauer in Sack und
Asche machte ihn nach dem Gesetz unrein, denn
dies war bei den Persern ein Zeichen der Trauer
um einen Toten, 1-3. Esther wurde vom Erlaß
unterrichtet und faßte von sich aus den Entschluß, in dieser Sache beim König vorzuspre-
chen, 4-17.

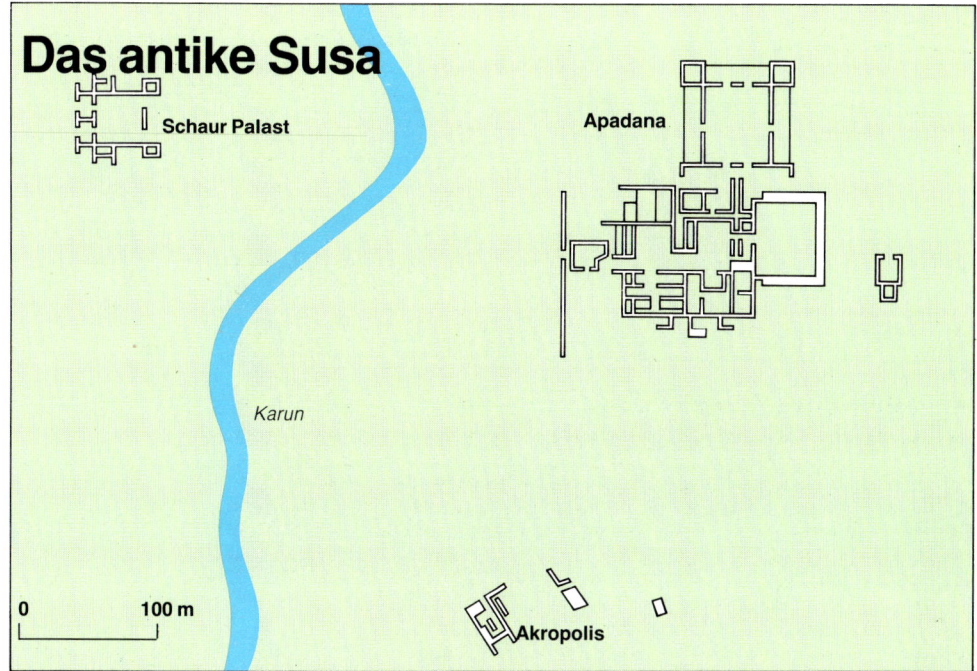

Das antike Susa

Schaur Palast

Apadana

Karun

0   100 m

Akropolis

Der König empfing Esther, **5,1–14,** und zeigte ihr an, er wolle ihrer Bitte entsprechen, 1–8. Haman war entschlossen, Mardochai zu beseitigen, 9–14.

Kap. 6–7
Ehrung Mardochais, Hamans Hinrichtung

Mardochai vom König geehrt, 6,1–14. Dem schlaflosen König wurde aus dem „Buch der Denkwürdigkeiten", 1, der Chronik, vorgelesen, in welchem Mardochais Enthüllung des Anschlags auf das Leben des Königs aufgeschrieben war, 1–3. Haman wurde befohlen, Mardochai zu ehren, 4–11.

Haman wird gehängt, 7,1–10. Er wurde von Esther beim König seiner Bosheit wegen verklagt und durch einen unvorhergesehenen Umstand belastet.

Kap. 8
Das Edikt der Errettung

Mardochais Erhöhung, 1–2. Es war Brauch, den Besitz eines überführten Verbrechers zu beschlagnahmen (Herodot III, 29). Der an Mardochai übergebene Siegelring bedeutete dessen Erhöhung zum ersten Minister anstelle Hamans.

Widerruf des Edikts, 3–17. Esthers Fähigkeit, mit dem Monarchen umzugehen, war be-

neidenswert. Mardochai erhielt die Vollmacht zu einer Verordnung, die die Selbstverteidigung der Juden ermöglichte.

Kap. 9
Einsetzung des Purimfestes

Vernichtung der Judenfeinde, 1–16, einschließlich der Söhne Hamans.

Einsetzung des Purimfestes, 17–32. Es wurde am 14. oder 15. Tag des Adar, dem zwölften Monat (Febr.-März), gefeiert. In späteren Zeiten wurde das Buch Esther an Festtagen vorgelesen. Die Gemeinde unterbrach gewöhnlich die Vorlesung mit Fluchrufen über Haman und Lobreden für Esther und Mardochai.

Kap. 10
Nachwort: Mardochais Ruhm

Die beständige Größe Xerxes' und Mardochais Macht werden geschildert. Die beiden Namen Mardochai (Marduk) und Esther (Ischtar; hebr. *Hadassa* = „Myrte") sind babylonisch. Es war Brauch, Fremden einheimische Namen zu geben (vgl. Dan. 1,7).

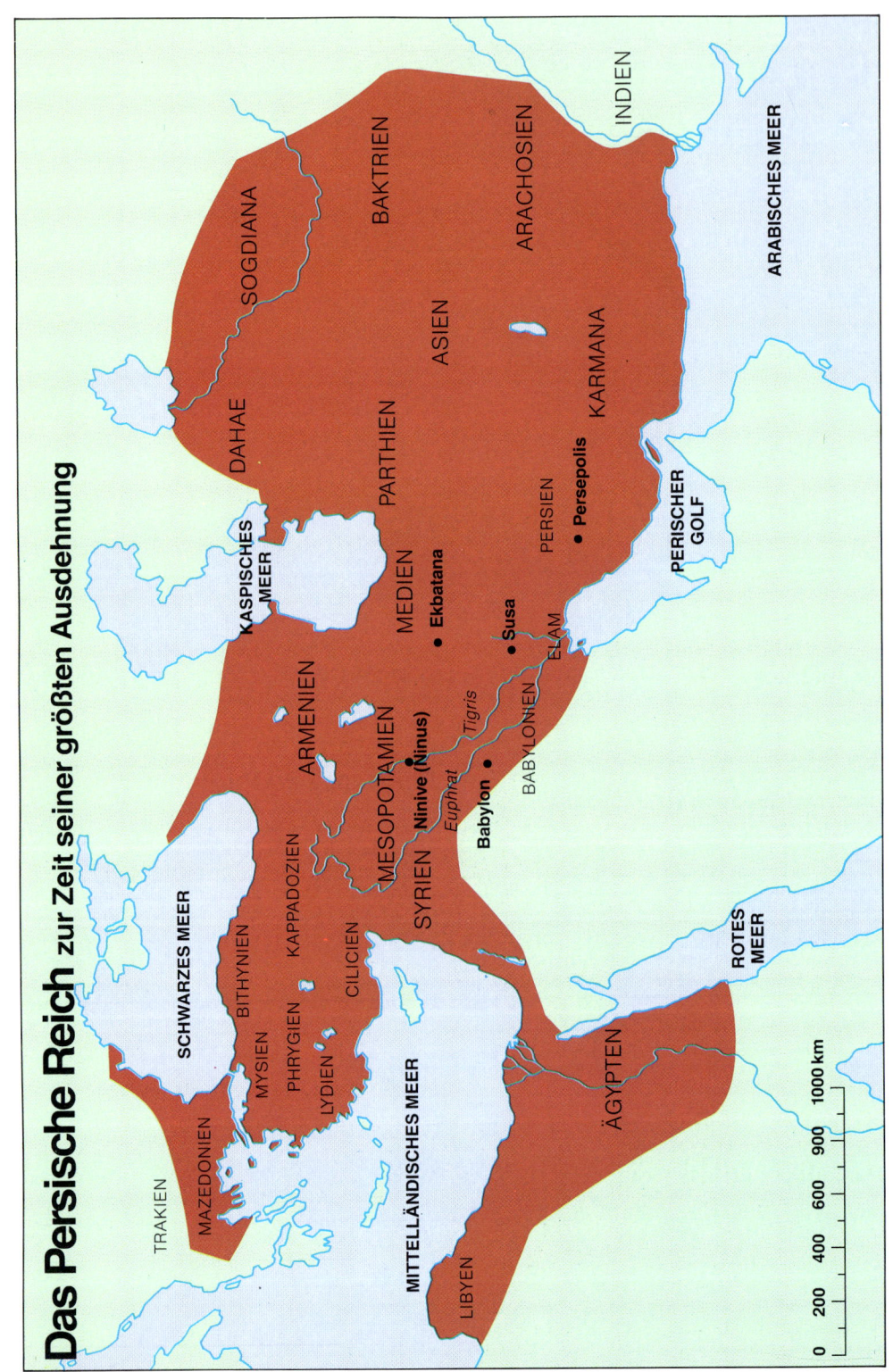

Das Persische Reich zur Zeit seiner größten Ausdehnung

TRAKIEN

MAZEDONIEN

SCHWARZES MEER

BITHYNIEN

MYSIEN

PHRYGIEN

KAPPADOZIEN

LYDIEN

CILICIEN

MITTELLÄNDISCHES MEER

LIBYEN

ÄGYPTEN

ROTES MEER

SYRIEN

MESOPOTAMIEN

ARMENIEN

Ninive (Ninus)

Babylon ●

Euphrat

Tigris

BABYLONIEN

ELAM

● Susa

MEDIEN

● Ekbatana

KASPISCHES MEER

DAHAE

PARTHIEN

ASIEN

SOGDIANA

BAKTRIEN

PERSIEN

● Persepolis

KARMANA

ARACHOSIEN

INDIEN

PERISCHER GOLF

ARABISCHES MEER

0   200   400   600   900   1000 km

Das Buch Hiob

Warum die Gerechten leiden

Das Buch Hiob und sein Rang im biblischen Kanon. Dieses große dramatische Gedicht führt die sogenannten dichterischen Bücher des AT an. Es erscheint vor den Psalmen, Sprüchen, dem Prediger und dem Hohenlied. Im Hebräischen ist es im dritten Abschnitt des Kanons, den „Kethubim" oder Schriften, wie folgt eingereiht: Psalmen, Sprüche, *Hiob,* Hohelied und Prediger auf den Schriftrollen. Es gehört auch zur atl. Weisheitsliteratur, die die einfache, fromme Weltanschauung des hebräischen Geistes hinsichtlich eines praktischen, gottesfürchtigen Lebens zeigt.

Das Buch Hiob und die hebräische Dichtung. Die hebräische Dichtkunst hat, anders als die abendländische, weder Versmaß noch Reim. Ihre Grundstruktur ist der „Parallelismus", d.h. eher Gedanken-Anordnung als Wortanordnung. Bekannte Arten von solchen Parallelismen sind: 1. *synonymer Parallelismus,* bei dem die zweite Verszeile den Gedanken der ersten wiederholt und damit ein Distichon (Verspaar) bildet (vgl. Hiob 3,1-12; 4,17; Ps. 2,4); 2. *antithetischer* (gegensätzlicher) *Parallelismus,* bei welchem die zweite Verszeile einen gegensätzlichen Gedanken zur Hervorhebung der ersten bringt (Hi. 42,5; Ps. 34,10); 3. *synthetischer* (verbindender) *Parallelismus,* bei welchem die zweite und die folgenden Verszeilen zunehmend weitere Gedanken hinzufügen zur Entfaltung der ersten Zeile (Hi. 4,19-21; Ps. 1,3). Andere Abwandlungen dieser Grundformen des Gedanken-Rhythmus kommen vor. Zusätzlich zum Parallelismus besitzt die hebräische Dichtung Rhythmus oder Akzentuierung: a) 3 + 3 = episch oder lehrhaft wie in Hiob und den Sprüchen;

b) 2 + 2 = lyrisch wie im Hohenlied; c) 3 + 2 = in Grabgesängen oder qinah (Klagen) wie in den Klageliedern.

Die hebräische Dichtkunst ist auch ausgesprochen bildhaft, reich an anschaulichen Schilderungen, Gleichnissen, bildhaften Übertragungen, Wortspielen, Synekdochen (Setzungen des engeren Begriffs für den umfassenderen), Übertreibungen, Personifizierungen und Stabreimen.

Das Buch Hiob, literarisch gesehen. Dieses Gedicht ist sogar in weltlichen Kreisen als eine der herrlichsten dramatischen Dichtungen der Welt anerkannt. Die Erhabenheit seines Themas, die Würde seines Gedankengutes, die Größe seines dichterischen Schwungs, finden in der gesamten Literatur kaum eine Parallele.

Das Thema des Buches. Es behandelt ein verwirrend tiefgründiges Problem. Warum müssen die Gerechten leiden? Wie kann ihr Leiden mit einem heiligen, liebenden Gott in Einklang gebracht werden? Hiobs drei Freunde boten im Grunde die gleiche Antwort an, Kap. 3-31. Leiden, so sagten sie, ist die Folge der Sünde. In seiner Verzweiflung kam Hiob zu dem Schluß, daß Gott ungerecht mit ihm verfahre. Er rang sich jedoch zum Glauben hindurch, daß er zuletzt doch gerechtfertigt werden würde. An diesem Punkt erschien Elihu und erklärte, daß Trübsal oft Mittel zur Reinigung des Gerechten, die Prüfungen oder Heimsuchungen eines liebenden Vaters seien und in keiner Weise der rächende Zorn eines unversöhnlichen Gottes, Kap. 32-27. Durch Gottes Rede aus dem Sturmwind, Kap. 38-41, wurde Hiob vor der göttlichen Majestät demütig zur

Selbstverleugnung geführt, 42,1-6. Seine Selbstverleugnung und geistliche Läuterung waren der Auftakt zu seiner Wiederherstellung und Segnung, 42,7-17.

Überblick

Hiob

Kap. 1
Vorwort: Hiobs Prüfung

Hiobs Prüfung und Frömmigkeit, 1-5. Das Land Uz war wahrscheinlich Edom (vgl. 1. Mose 36,28; Klgl. 4,21). Hiob war untadelig, jedoch nicht sündlos oder vollkommen, 1. Er war ein Mann, der tatsächlich gelebt hat (Hes. 14,14.20; Jak. 5,11). Das Datum ist unbekannt. Der Name „Hiob" *(ijjób)* kommt außerhalb der Bibel in den Berliner „Execration Texts" vor, als Name eines Prinzen von Damaskus aus dem 19. Jh. v.Chr. und später, um 1400 v.Chr., als Name eines Prinzen von Pella (heutiges Fahil).

Satans Anklage, 1,6-12. „Die Söhne Gottes", (hebr. *bené ha'elohim*) waren Engel. Satan („der Widersacher") war Luzifer, „Sohn des Morgens" (Morgenstern), Jes. (14,12-21; Hes. 28,11-19), der Versucher von 1. Mose 3. Hier erscheint er, wie oft in der Bibel, als der „Ankläger unserer Brüder" (Off. 12,10).

Hiobs Trübsal, 1,13 - 2,13. Harte Prüfungen kamen: Besitz und Familie wurden vertilgt, 1,13-22. Die Gesundheit wurde Hiob genommen, 2,1-8. Seine Frau stellte sich gegen ihn, 9-10. Seine drei Freunde kamen, um ihn zu trösten, 11-13. Die Sabäer (1,15) waren arabische Nomaden. Die Chaldäer (1,17) waren semitische Aramäer, die schließlich in Mesopotamien einbrachen.

Kap. 3-14
Die erste Runde der Reden

Hiobs erste Rede, Kap. 3. Er verfluchte den Tag seiner Geburt, 1-10, und ersehnte den Tod, 11-26. Im darauffolgenden Streitgespräch sprach Hiob neunmal, Eliphas dreimal, Bildad dreimal, Zophar zweimal, Elihu einmal, Gott einmal.

Eliphas' erste Rede, Kap. 4-5. Er tadelte Hiob, 4,1-6, und behauptete, daß kein Gerechter umkomme, 7-11. Seine furchterregende Vision, 12-21, dachte er, mache ihn zum Mahner, 5,1-16. Der Mann, den Gott zurechtweist, soll froh sein, 17-27.

Hiobs Antwort, Kap. 6-7. Er rechtfertigte seine Verzweiflung mit der Größe seiner Qual,
6,1-7, und bat Gott, ihn aufzugeben. 6,8-13. Gleichzeitig klagte er seine Freunde an, 6,14-30. Das Elend des Lebens, 7,1-11, warf zwei Fragen auf: Warum handelt Gott mit mir in dieser Weise? Warum vergibt er nicht? 7,12-21.

Bildads erste Rede, Kap. 8. Er folgte der allgemeinen Denkweise der anderen „Tröster" Hiobs und sagte, Gott strafe Hiob seiner Sünden wegen, 1-7. Dabei wird er auf die Überlieferungen der Vergangenheit hin, 8-10, nämlich: der Übeltäter kann nicht wirklich vorwärtskommen, und Gott wird den Gerechten nicht verstoßen, 11-22.

Hiob antwortet Bildad, Kap. 9-10. Gott ist so mächtig, 9,1-10, wie könnte Hiob mit ihm rechten? 9,11-24. Hiob erkannte seine Schwachheit und sehnte sich nach einem Schiedsrichter, „der seine Hand auf uns beide legen könnte", 9,25-35. Er klagte bitterlich, 10,1-17, und wünschte den Tod herbei, 10,18-22.

Zophars erste Rede, Kap. 11. Hiobs Wortfülle wurde getadelt, 1-6, und Gottes Größe und Allmacht gepriesen, 7-12. Er ermahnt Hiob, Buße zu tun, um wieder angenommen und gesegnet zu werden, 13-20.

Hiobs Antwort an Zophar, Kap. 12-14. Er war verärgert, reagierte mit beißendem Spott, 12,1-6, und berief sich auf Gottes Macht, 12,7-25. Seine „Freunde" anprangernd, 13,1-13, flehte er zu Gott, 13,14-28, und wies auf die Kürze und Unruhe des Lebens hin, 14,1-6, einzig erleichtert durch eine schwache Hoffnung auf Unsterblichkeit, 14,7-22.

Kap. 15-21
Zweite Runde der Reden

Eliphas' zweite Rede, Kap. 15. Die Streitenden wurden hitziger. Eliphas, sich auf Hiobs Strafbarkeit stützend, legte diesem zur Last, daß er sich selbst verurteile, 1-6, durch seinen Eigendünkel und Hochmut, 7-16, und beschrieb den Gottlosen und dessen Ende, 17-35.

Hiobs Antwort an Eliphas, Kap. 16-17. Hiob brandmarkte seine Freunde als „elende Tröster", 16,2. „Haben aufgeblasene Worte nie ein Ende?" 16,3. „Versetzt euch in meine Lage!" 16,4-5. Gott hatte ihn heimgesucht, 16,6-22. Das Unheil hatte ihn überwältigt, 17,1-14. Wo war seine Hoffnung? 17,15-16.

Bildads zweite Rede, Kap. 18. Er tadelte Hiob hart, 1-4, und versuchte, ihn durch die Beschreibung des Untergangs der Gottlosen zu ängstigen, 5-21.

Hiobs Antwort an Bildad, Kap. 19. Nicht gedemütigt, doch aufgebracht durch die Worte Bildads, 1-6, klagte Hiob in seiner Verwirrung Gott an, 7-12, und fiel in trübseliges Jammern über seine bedauernswerte Lage, 13-24. Doch dann kam ein Strahl von Glaube und Licht! Der Geist Gottes erleuchtete ihn und hob ihn aus seiner verzweifelten Niedergeschlagenheit heraus, 25-27, zu einem der überragendsten Aussprüche des Glaubens im ganzen AT. „Ich weiß, daß mein Erlöser lebt, und er wird zuletzt über dem Staube stehen. Und nachdem diese meine Hülle zerbrochen ist, alsdann werde ich, von meinem Fleische los, Gott schauen. Den werde ich mir ansehen, meine Augen werden ihn schauen, ohne (ihm) fremd zu sein."

Der *Goel,* „Verwandten-(Er-)Löser" (Jes. 59,20; Ruth 3,12-13; 4,4-6) ist der Herr Jesus Christus, auferstanden, wiederkommend, Sieger über Tod und Grab. Was für ein Zeugnis für die herrliche Hoffnung auf das Kommen des Herrn, die Auferstehung des Körpers und der Verherrlichung der Heiligen! (1. Thess. 4,13-18; 1. Kor. 15,51-52; Ps. 17,15).

Zophars zweite Rede, Kap. 20. . Seine eilige Antwort stützte sich auf Sprichwort und Brauchtum, und irrtümlicherweise zählte er Hiob zu den Gottlosen. Ihr Schicksal würde auch das Seine sein, 4-29.

Hiobs Antwort, Kap. 21. Er suchte Hilfe bei Gott und beklagte, daß die Gottlosen im Leben oft vorwärtskommen, 1-26. Die Schlußfolgerungen seiner Freunde hielt er für falsch, 27-34.

Kap. 22-31
Die dritte Runde der Reden

Eliphas' dritte Rede, Kap. 22. Eliphas von Teman (anscheinend südwestlich von Sela in Edom in Tawilan) schloß, daß Hiob ein großer Sünder sei, 1-5, und beschuldigte ihn des Geizes und der Grausamkeit, 6-11; sich heuchlerisch auf Gottes Allwissenheit und des Menschen Bosheit berufend, 12-20, drängte er Hiob, mit Gott ins reine zu kommen. 21-30.

Hiobs Antwort, Kap. 23-24. Er tastete sich zu Gott hin und zeigte, daß er nicht böse war, 23,2-9, aber zwischen Glauben und Unglauben

schwankend, 23,10-17. Hatte Gott versagt? 24,1-12. Hiob beklagt erneut, daß die Gottlosen oft besser dran sind, 24,13-25.

Bildads dritte Rede, Kap. 25. Obwohl er mit seinen Beweisführungen zu Ende war, gibt er eine eindrucksvolle Beschreibung der Größe Gottes, 1-3, und betont die Niedrigkeit der Menschen, 4-6.

Hiobs Antwort, Kap. 26. Er wies Bildads Erörterungen zurück, 1-4, und beschrieb Gottes Größe in gläubiger und ergreifender Weise, 5-14.

Hiobs abschließende Worte der Selbstrechtfertigung, Kap. 27-31. Er hielt sich an seine Redlichkeit, 27,1-6, indem er den großen Gegensatz zwischen sich und den Gottlosen hervorhob, 27,7-23. Er beschrieb die Schätze der Erde, 28,1-6, und den höheren Reichtum der Weisheit, 28,7-22, was Gott bekannt ist, 28,23-28. Hiob wies auf Gottes frühere Segnungen und sein Ansehen hin, 29,1-10, hob die guten Werke, die er getan hatte hervor, 29,11-25, und verglich sie mit der gegenwärtigen beschämenden Demütigung, 30,1-19 und mit Gottes Stillschweigen, 30,20-31. Er schloß zuversichtlich und stützte sich auf seine Reinheit und Unschuld, 31,1-12, seine Menschenfreundlichkeit, 31,13-23, seine Rechtschaffenheit und Gastfreundschaft, 31,23-24. Er forderte Gott und die Menschen auf, seine Unschuld zu widerlegen, 35-40 und behauptete: „Ich bin rein!" Als er das nächstemal redete, erklärte er: „Ich bin schlecht" (42,6). Der Grund für diese Wandlung wird am Ende des Buches beschrieben.

Kap. 32
Elihus Reden

Elihus erste Rede, Kap. 32-33. Gott züchtigt den Menschen durch Trübsal. Elihu („Er ist mein Gott") wird eingeführt, 32,1-6. Er war ein Busiter, der in der Nähe von Edom lebte, denn

Beduine

Hiob, ein reicher Mann, besaß Esel, Schafe und Kamele.

„Warest du vor den Hügeln da?" (Hiob 15,7)

Bus (1. Mo. 22,21) war ein Bruder des Uz (Hiob 1,1) und ein Aramäer (1. Mo. 11,26-32). Bus in Jer. 25,23 war ein Ortsname in Edom. Elihu war ein echter Vermittler, in gewissem Sinn die Antwort auf Hiobs Wunsch nach einem solchen. Und so dienten Elihus Reden zur Wegbereitung für das Reden Gottes selbst, Kap. 38-41.

Elihus zweite Rede, Kap. 34. Das Vorgehen Gottes gegenüber Hiobs vermessenen Reden wird gerechtfertigt, 1-30. Hiob hatte den Sinn des Leidens noch nicht erfaßt, 31-37.

Elihus dritte Rede, Kap. 35. Die Vorteile der Frömmigkeit werden hingestellt als Widerlegung von Hiobs falscher Denkweise, 1-8, um zu beweisen, daß es bei Gott darauf ankommt, ob ein Mensch gut oder böse ist, 9-16.

Elihus vierte Rede, Kap. 36-37. Gott hat eine Absicht, wenn er den Redlichen in Trübsal führt, 36,1-7. Er tut dies, um den Menschen vom Hochmut zu befreien und um seine züchtigende Gnade und Liebe zu erzeigen, 36,8-18. Hiob solle das beachten, 36,19-21, und Gottes Macht und Gegenwart in der Natur anerkennen, 36,22-33; im Gewitter, 37,1-5; im Schnee und Regen, 37,6-16. Elihus abschließende Bemerkungen heben des Menschen sündhafte Nichtigkeit (Ohnmacht) vor Gott hervor, 37,17-24, und bereiten so den Weg für den Allmächtigen, das Wort zu ergreifen.

Kap. 38,1-42,6
Gottes Gespräche mit Hiob

Gottes erstes Reden mit Hiob, 38,1-40,5. Die Schöpfung verkündigt Gottes Allmacht. Der Herr sprach „aus dem Gewittersturm", 38,1 ein häufiger Hintergrund für Gotteserscheinungen (Theophanien) (Nah. 1,3; Sach. 9,14; Ps. 18,8-15; Hes. 1,4; Hab. 3). Gott ist der Schöpfer des Meeres, 38,8-11, der Zeit, 38,12-15; Gott ist der Meister und Herr der Tiefe, des Lichts, der Finsternis, des Schnees, des Hagels, des Blitzes, der Gestirne, der Wolken und des Nebels, 38,16-38. Gott ist der Schöpfer und Beschützer der Tiere, 38,39 - 39,30. Hiob machte ein Geständnis, 40,1-5.

Gottes zweites Reden mit Hiob, 40,6-42,6. Gottes Macht und des Menschen Ohnmacht werden einander gegenübergestellt. Hiob wurde zum Verstummen gebracht, weil er mit Gott gestritten und ihm Vorwürfe gemacht hatte, nicht jedoch, weil er gesündigt hatte. Darum wurde das Streitgespräch Gottes mit Hiob wieder aufgenommen. „Willst du mir mein Recht absprechen, damit du gerecht werdest?", 40,6-8, fragt Gott in seinem Aufruf an Hiob, 40,9-14. „Behemoth", 40,15-24, ist scheinbar ein Intensivplural vom hebräischen *behemah* (Tier) und bezieht sich wahrscheinlich auf das Flußpferd (ägyptisch *p-ehe-mou*) oder den Wasserbüffel. Bilder dieses großen Amphibiums sind auf Amuletten und in palästinensischen Tempeln gefunden worden. „Leviatan", 40,25-41,1, ist das Krokodil; ist jedoch gewöhnlich anderswo gedeutet als ein mythologisches Chaos-Untier (Ps. 74,14; 104,26; Jes. 27,1). Die Beschreibung des Leviatan, 40,25-31, und seiner bemerkenswerten Kraft, 40,32-41,2, ist aufgezeichnet. Hiobs Antwort an Gott löst das Problem des Leidens, 42,1-6. Trübsal ist von Gott zugelassen, um den Menschen zu läutern, daß er Gott in all seiner Größe und Herrlichkeit sehen möge, 5, aber sich selbst in seiner Jämmerlichkeit und Sünde, mit der Absicht, daß der Mensch über seinen Hochmut in Staub und Asche Buße tue".

Kap. 42,7-17
Gott tadelt Hiobs Freunde und bringt Hiob wieder zurecht

Hiobs Rechtfertigung durch Gott, 7-9, gegenüber seinen Freunden. Gottes Gnade vergab Hiob seine Sünde, und Hiob betete für seine irrenden Freunde.

Hiobs Glück wiederhergestellt, 10-17. Er starb in Frieden.

Die Psalmen

Gebetbuch und geistliches Liederbuch des Gottesvolkes

Bedeutung der Psalmen. Der hebräische Titel für den Psalter ist „Buch der Lobpreisungen" *(Sepher Tehillim)*. Lobpreis, Anbetung, Bekenntnis und Klage kennzeichnen die Psalmen. Der Psalter war das Gesangbuch des jüdischen Volks und ist das Gebets- und Lobpreisbuch der christlichen Kirche. Martin Luther nannte den Psalter „eine Kleinbibel". Das deutsche Wort „Psalmen", von der Septuaginta Psalmoi, bedeutet „Gesänge", von Streichinstrumenten begleitet. In der hebräischen Bibel stehen die Psalmen am Anfang des dritten Teils, genannt Kethubhim oder Schriften (vgl. Lk. 24,44). Die hebräische Bibel enthält 150 Psalmen.

Die Psalmen und die hebräische Dichtkunst. Siehe Einleitung zu Hiob hinsichtlich der Besonderheiten hebräischer Dichtkunst.

Themen der Psalmen. 1. Die geistlichen Konflikte und Triumphe der Heiligen im Alten Bund bilden das Kernthema, doch spiegeln sich hierin die Konflikte des Volks Gottes in jedem Zeitalter wider.
2. Große prophetische Grundgedanken gehen durch das Buch, wie es die neutestamentlichen Zitate beweisen. Es sind a) die in die weite Ferne reichenden Voraussagen über den Messias (vgl. Lk. 24,44), einschließlich seines ersten Kommens in Niedrigkeit, seines Todes, seiner Auferstehung und Erhöhung und seines zweiten Kommens in Pracht und Triumph, Ps. 2; 8; 16; 22; 45; 69; 72; 89; 110; 118; 132. b) Sorgen, Prüfungen und Leiden Israels in der für die Nation kommenden Trübsalszeit, die mit Errettung, Wiederherstellung und in Herrlichkeit enden wird, Ps. 52; 58; 59; 69; 109; 140.

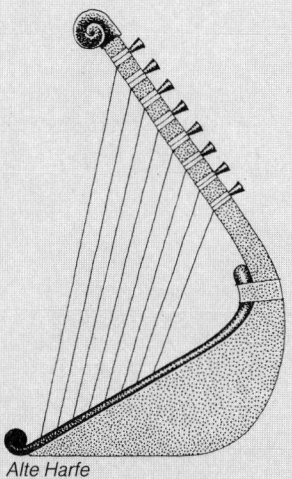

Alte Harfe

c) zukünftige Herrlichkeit für das erlöste Israel, die Welt und die ganze Schöpfung, Ps. 72; 110.
   Anmerkung: In den folgenden, notwendigerweise kurzen Auslegungen ist das Hauptgewicht auf die schwierigeren prophetischen Themen gelegt, da die erbaulichen Aussagen dem Leser vertrauter sind und daher einer Auslegung weniger bedürfen.

Die Verfasser, wie aus den Überschriften ersichtlich, sind:
David 73 (1. Buch: 37; 2. Buch: 18; 3. Buch: 1; 4. Buch: 2; 5. Buch: 15).
Asaph 12 (Ps. 50; 73-83).
Die Korahiten 12 (Ps. 42-49; 84; 85; 87; 88).
Salomo 2 (Ps. 72; 127).
Mose 1 (Ps. 90).
Etan 1 (Ps. 89).

Einteilung

Fünf Bücher: 1. Buch: Ps. 1-41; 2. Buch: Ps. 42-72; 3. Buch: Ps. 73-89; 4. Buch: Ps. 90-106; 5. Buch: Ps. 107-150.

Königspsalmen: 2; 18; 20; 21; 45;72; 89; 101; 110; 144. Sie beschreiben Christus als König.

Alphabetische Psalmen: 9; 10; 25; 34; 37; 111; 112; 119; 145. Sie sind ungefähr nach dem hebräischen Alphabet angeordnet.

Bußpsalmen: 6; 25; 32; 38; 39; 40; 51; 102; 130. Diese Psalmen bringen tiefe Zerknirschung über begangene Sünde zum Ausdruck.

Messianische Psalmen: 2; 8; 16; 22; 45; 69; 72; 89; 110; 118; 132. Sie sehen die Person und das Werk des kommenden Messias in der Zukunft.

Vergeltungs-Psalmen: 35; 52; 58; 59; 69; 109; 137; 140. In allen diese Psalmen wird Gott gebeten, die Seinigen gegen die gottlosen Verfolger zu schützen und zu rächen.

Hallelujah-Psalmen: 111-113; 115-117; 146-150. Diese Psalmen gebrauchen den Ausdruck Hallelujah, was bedeutet „Lobet Jah" (Jahwe) = „Lobet den Herrn".

Elohistische Psalmen: 42-83. Sie gebrauchen den Namen „Elohim" für Gott. Andere gebrauchen „Jahwe".

Wallfahrts-Psalmen: 120-134. Sie wurden gesprochen oder gesungen, während die Wallfahrer nach Jerusalem hinaufzogen, die Feste zu feiern.

Psalmen

es spricht von Gottes Güte und Gerechtigkeit, 4-7; sichert Gottes Führung zu, 8; seinen Schutz und die Bestrafung der Feinde, 9-11; und seinen Segen dem Gerechten, 12-13.

Psalm 6. Herzensschrei eines Verzweifelten. Schwer heimgesucht, 1-3; in Todesnot, 4-6; vom Kummer betroffen, 7-8, drückt der Psalmist Vertrauen in Gottes Errettung aus, 9-11.

Psalm 7. Hilferuf um Schutz gegen grausame Feinde, 1-3. Persönliche Unschuld wird beteuert, 4-5, und Strafe für die Übeltäter gefordert, 6-17. Lob und Dank wird dem Herrn dargebracht, 18.

Psalm 1
Der Gottesfürchtige gegenüber dem Gottlosen

Der gottesfürchtige Mensch ist glücklich, 1-3, weil er von der Sünde getrennt ist, 1; auf die Bibel ausgerichtet, 2; glücklich, 3; dem Gottlosen jedoch, 4-6, geht es ganz anders, 4; er ist zum Gericht verurteilt, 5-6. Ein Weisheitspsalm zur Einführung in die gesamten geistlichen Lieder (Psalter).

Psalm 2
Die Königsherrschaft und das Königreich des Messias

Er sieht Christi gegenwärtige Zurückweisung, 1-3, voraus (vgl. Apg. 4,25-28), welche durch dieses Zeitalter geht und im abgrundtiefen Abfall während der Großen Trübsal gipfelt. Die überlegene Haltung des Messias gegenüber dem Zorn seiner Feinde und sein zukünftiger Thron werden vorausgesagt, 4-6. Der zukünftige, menschgewordene und auferstandene Herr (vgl. Apg. 13,33-34) beansprucht seine Sohnschaft bei seinem zweiten Kommen und tritt seine Königsherrschaft an, 7-9. Der Psalmist ermahnt Könige und warnt die Aufrührer im Blick auf die Wiederaufrichtung seines Königreiches, 10-12.

Psalm 3-7
Prüfungen der Gottesfürchtigen

Psalm 3. Friedvolles Gottvertrauen. In Zeiten großer Angst, als Absalom gegen ihn aufstand, 1-2, fand David in Gott seinen Ruhm, seinen Schild (Beschützer) und Tröster, 2-4, als den Einen, der seine Gebete erhörte, 5, und als denjenigen, der ihm Frieden und Errettung gab, 6-9.

Psalm 4. Abendgebet. Glaube richtet auf und macht, daß das Herz weit wird, 2; Zuversicht auf die Hilfe Gottes, 3-4; Glaube, 5-6; göttliche Zustimmung, 7; Freude, 8; Friede und Geborgenheit, 9.

Psalm 5. Morgengebet, das Mut gibt, 1-3;

Psalm 8
Die Souveränität des Menschensohnes

Als Menschensohn erscheint Christus in Niedrigkeit, ein wenig niedriger als die Engel (Matth. 21,16; 1. Kor. 15,27; Hebr. 2,6-9), den Tod zu schmecken für alle Menschen, ist aber nun mit Pracht und Ehre gekrönt, 1-6. Dem Menschen (dem ersten Adam, der den zweiten oder letzten Adam darstellt) wurde die Herrschaft über die Schöpfung gegeben, die durch die Sünde verlorenging und welche einzig durch den zweiten Adam (Christus), 6-9 wiederhergestellt wird. Dieses Ziel des Schöpfer-Erlösers wird zur Verherrlichung Gottes führen, 2.10.

Die Psalmen 9-15
Der Gottesfürchtige und der Gottlose

Psalm 9. Die Gottesfürchtigen preisen den Höchsten, 1-3. Segen und Lobpreis seines Königreichs, 3-13. Gebet für das Eingreifen des Herrn im Gericht, das der Wiederaufrichtung des Königreiches vorausgeht, 14-21.

Psalm 10. Das Flehen der Gottesfürchtigen um göttliches Eingreifen wird fortgesetzt, 1-2, das Handeln der Gottlosen beklagt, 3-18.

Psalm 11. Die Quellen des Glaubens sind für die Tage der Not („Jakobs Not"), vgl. Jer. 30,5-7, wenn „die Grundfesten zerstört sind" in jener dunklen Stunde des allgemeinen Abfalls, 1-3. Der Herr jedoch wird die Sünder richten und die Gerechten belohnen, 4-7.

Psalm 12. Die Überheblichkeit der Sünder, 1-3, wird beschrieben. Doch Gott wird sie bald richten, 4-6, da das Maß ihrer Gottlosigkeit voll ist, 9.

Psalm 13. Das Vertrauen des Frommen, 1-5, führt endlich zum Sieg, 6.

Psalm 14. Des Menschen Abfall und Verderben werden beschrieben, 1-3, hauptsächlich die Zeit vor dem zweiten Kommen des Herrn, wenn Israel schreckliche Verfolgungen zu erleiden hat, 4-6. Für das Kommen des Messias, der Israel Heil und frohe Wiederherstellung bringt, wird gebetet, 7 (vgl. Röm. 11,26-27; Ps. 53).

Psalm 15. Das Wesen des Frommen. Solch ein Heiliger hat Gemeinschaft mit Gott, 1, und sein Leben ist im Einklang mit seinem Bekenntnis, 2-5.

Die Psalmen 16-24
Prophetischer Ausblick auf Christus

Diese neun Psalmen beleuchten das Wesen des Gottesfürchtigen, finden jedoch ihre allerletzte Erfüllung in Christus; angefangen mit Psalm 16, der unseren Herrn in seinem Gehorsam auf Erden schildert, bis zum Höhepunkt bei seinem zweiten Kommen, wo er als „der Ehrenkönig" (Ps. 24) geoffenbart wird.

Psalm 16. Der gehorsame Christus ist auferstanden. Er ist der Gehorsame, 1-3, dessen Weg der der vollständigen Hingabe an Gott war, 4-8, der ihn in den Tod und zur Auferstehung führte, 9-11 (Apg. 13,35).

Psalm 17. Christus als Fürsprecher (vgl. Joh. 17). Er allein kann der gerechte Fürsprecher sein, 1-5. Sein Gebet für die Seinen, 6-12, und um Errettung, 13-15, wird nur im größeren David, dem Herrn Davids, zur Vollendung.

Psalm 18. Die Macht Gottes bewahrte Christus. David als Prophet (Apg. 2,30) sagt hier Christi Todesleben voraus, 1-6. Gott beweist seine Macht und Herrlichkeit um Christi willen, 7-18. Er spricht nicht nur von seiner Auferweckung vom Tode, sondern auch von seiner Verherrlichung, 19-27, der Unterdrückung seiner Feinde, 28-42, und erhebt ihn zum „Haupt aller Völker", 44-51.

Psalm 19. Christus in der Schöpfung und Offenbarung. Er erscheint zuerst in der Schöpfung, 1-7, dann in der Offenbarung (sein geschriebenes Wort), 8-12. Des Menschen Antwort folgt, 13-15.

Psalm 20. Christus und sein Heil. Gebet für den Sieg des irdischen Königs, 1-3, der den größeren Sieg vom Heil Christi andeutet. Das ganze Brandopfer, 4, stellt den Tod Christi dar. Das Feiern des herrlichen Heils in Christus, 5-8, hat seinen Höhepunkt im Schrei des Gerechten in der Zeit der Trübsal, 9-10.

Psalm 21. Die königliche Herrlichkeit Christi wird im Glauben vorweggenommen, 1-8, und sein Sieg über seine Widersacher wird gefeiert, 9-13. Dann wird das erlöste Israel die Hymne von Vers 14 singen.

Psalm 22. Das Leiden und die kommende Herrlichkeit Christi. Die Leiden, 1-22, sind ein anschauliches Bild der Kreuzigung (vgl. Matth. 27,27-50) und münden in Herrlichkeit, 23-32.

Psalm 23. Christus, der große Hirte. Der *gute* Hirte von Psalm 22, der sein Leben für die Schafe gibt (Joh. 10,11), erscheint in Psalm 23 als der *große* Hirte „zurückgebracht von den Toten

... durch das Blut des ewigen Bundes" (Hebr. 13,20), der für die Schafe sorgt und ihnen Sicherheit, 1-4, und Wohlergehen, 5-6, bringt.

Psalm 24. Christus, der Oberhirte. Der *gute* Hirte von Psalm 22 und der *große* Hirte von Psalm 23, erscheint nun als der *Oberhirte*, „der König der Ehren", der kommt, um sich zu seinen Schafen zu bekennen und sie zu belohnen (1. Petr. 5,4). Wer wird bei ihm in seinem kommenden Königreich wohnen? 1-6. Welch würdiger Empfang wird ihm bei seinem Kommen zuteil werden? 7-10.

Ein Hirte im Nahen Osten

Die Psalmen 25–39
Geistliche Übung der Gottesfürchtigen

Psalm 25. Bitte um Befreiung. Es ist ein akrostischer Psalm (vgl. Ps. 9; 10), in welchem eine Anordnung der Buchstaben des hebräischen Alphabets mit bestimmter Absicht benützt wurde.

Psalm 26. Ein Gebet um Verteidigung gegen eine ungerechte Anklage wird vorgebracht, 1–3, mit Beteuerungen der Unschuld, 4–8, dramatisiert durch eine liturgische Feierlichkeit, 6 (vgl. 5. Mo. 21,6–8; Ps. 51,7). Ein Gebet um Hilfe wird ausgesprochen, 9–12.

Psalm 27. Gebet um geistliches Zurechtfinden hinsichtlich Gott, 1–3, hinsichtlich des Lebens, 4–6, hinsichtlich seiner selbst, 7–14.

Psalm 28. Gebet um Befreiung. Der Bitte, 1–5, folgt der Dank für die Erhörung, 6–9.

Psalm 29. Gewittersturm des Gerichts. Anbetung und Lob des Herrn, 1–2, weil der Tag des Herrn als gewaltiger Sturm kommen wird, 3–9, um die Luft für die Stille des messianischen Zeitalters zu reinigen, wenn der Herr König sein wird, 10–11.

Psalm 30. Lobpreis für Heilung. Die Genesung wird erwähnt, 1–4, und Dank dargebracht, 5–13.

Psalm 31. Sieg über Feinde. Das Gebet des Heiligen um Errettung, 1–17. Die Antwort weist auf Sieg, 18–25. Jesus sprach Vers 6, als er am Kreuz verschied (Lk. 23,46).

Psalm 32. Der Segen der Rechtfertigung. Dieser ist der erste der 13 „Masqil-Psalmen", d.h. Unterweisungspsalmen. Der gerecht spricht, 1–5, ist auch ein Zufluchtsort, 6–7; ein Führer und Bewahrer, 8–10, in welchem der Heilige jubeln darf, 11.

Psalm 33. Ehre wird dem Herrn als Schöpfer gebracht, 1–9, als Herrscher, 10–17; als Erhalter und Erretter der Gerechten, 18–22.

Psalm 34. Volles Lob wird dem Herrn vom Erlösten gesungen für die Errettung, 1–8; für Unterweisung, 9–15; für die Erlösung, 16–23. Vers 21 wurde in Joh. 19,36 erfüllt.

Psalm 35. Hilferuf in Not. Dies ist ein Vergeltungspsalm wie 52; 58; 59; 69; 109 und 137. Sie müssen verstanden werden als Gebet des Gottesfürchtigen in Tagen des Abfalls und der Greueltaten der Gottlosen. Gottes Geist bittet durch sie um die Vernichtung der Bösen, deren Maß voll ist und deren Gericht am Tag des Herrn vollzogen wird. Hier einen Widerspruch mit der Lehre Jesu von Liebe und Vergebung zu sehen, heißt Gottes Heiligkeit mißverstehen, die das Gericht fordert, wenn seine Gnade in Christus abgelehnt worden ist. Es ist auch wichtig, sich daran zu erinnern, daß diese Psalmen sehr genau menschliche Verhaltensweisen widerspiegeln, die man nicht immer ganz verstehen kann (vgl. Hiob, Prediger).

Psalm 36. Der Böse wird dem Herrn gegenübergestellt. Was der gottlose Mensch ist und tut, 1–5, wird dem gegenübergestellt, was Gott ist und tut, 6–10. Gott muß gebeten und ihm soll vertraut werden, 11–13.

Psalm 37. Der Gerechte gegenüber dem Gottlosen (vgl. Ps. 1). Der Gottlose wird gewiß bestraft werden. Die Gerechten, die übel behandelt wurden, sollen nicht entmutigt sein.

Psalm 38. Der leidende Heilige und die Sünde. In der Heimsuchung, 1–9, zum Herrn aufsehen, 10–16, hat Sündenbekenntnis und Gebet zur Folge, 17–23.

Psalm 39. Hinfälligkeit des Menschen. Die Nichtigkeit und Vergänglichkeit des Lebens, 1–6, sollte zum Selbstgericht und zum Gebet führen, 7–14.

Die Psalmen 40–41
Davids Erfahrungen deuten auf Christus hin

Psalm 40. Der gehorsame Christus (vgl. Hebr. 10,5–7). Sein Gehorsamsweg, 1–13, wird eingeleitet durch das Auferstehungslied des Erlösers, 1–4. Der Satz „Ohren hast du mir durchbohrt (aufgetan)", 7, deutet auf völligen Gehorsam und bezieht sich entweder auf den Brauch, einem Sklaven die Ohren zu durchbohren (2. Mose 21,6) oder auf die innere Bereitschaft und Offenheit, Gottes Wort zu hören und ihm zu gehorchen (Jes. 50,4–5). Die Frucht des Erlösungswerkes wird in 14–18 aufgeführt, wie er, als Träger der Sünde seines Volkes, betet.

Psalm 41. Der verratene Messias. Davids Erfahrung, 10, wirft seinen Schatten auf Christus voraus (Joh. 13,18–19). Vers 14 wird der Ruf der Erlösten Israels sein als Antwort auf die Erlösung durch Christus.

Die Psalmen 42–49
Durch Trübsal zum Segen des Königreichs

Diese Psalmen eröffnen das zweite Buch des Psalters. Es beginnt mit der Unterdrückung des gottesfürchtigen hebräischen Restes der letzten Tage und endet mit dem 72. Psalm, dem großen Königspsalm. Die erste Gruppe (42–49) zeigt Seiten dieser qualvollen Lage und die endgültige Errettung.

Psalm 42. Die Sehnsucht nach Gott aus tiefer Not, 1–5, wird beschrieben. Der Grundton liegt auf dem Glauben und dem Trost der Hoffnung, 6–12. Es ist ein Unterweisungspsalm für den göttlichen Rest in der schrecklichen Trübsalszeit (Dan. 12,1).

Psalm 43. Schreien zu Gott im Hinblick auf die Feinde. Der 43. Psalm ist die Fortsetzung des 42. Psalms (vgl. die Septuaginta, wo sie als ein Psalm erscheinen).

Elamitische Musiker, auf einem Relief im südwestlichen Palast von Ninive.

Psalm 44. Vermehrtes Rufen um Hilfe. Der Psalmist fleht zu Gott, um Rettung vor den Feinden, 1-9. Grund dafür ist eine Zeit großer nationaler Bedrängnis, welche auf die Große Trübsalszeit hindeutet, 10-23 (vgl. Off. 4,1 - 19,16). Aus dieser Angst heraus wird um Hilfe gerufen, 24-27.

Psalm 45. Die Antwort: Das Kommen des Messias-Königs in Herrlichkeit. Seine Majestät und Macht, 1-5, seine Herrschaft und Herrlichkeit, 6-9, und die, welche teilhaben an seiner Königsherrschaft, 10-18, werden vorausgesehen (vgl. Hebr. 1,8-9; Jes. 11,1-2).

Psalm 46. Errettung aus Trübsal und das Nachspiel. Auf die große Zeit der Not, 1-4, folgt das Kommen des Messias mit Macht und in Herrlichkeit, 5-8, und die Errichtung des Königtums, 9-12. „Sela" ist eine liturgische Anordnung, deren genaue Bedeutung heute ungewiß ist.

Psalm 47. Der Messias wird als König in seinem Königreich inmitten seiner Erlösten gesehen, 1-5; der Grund des Lobpreises seines erlösten Volkes, 6-10.

Psalm 48. Die Völker werden gerichtet, das Königreich wird aufgerichtet. Jerusalem wird als *die* Stadt auf der Erde im Zeitalter des Königtums gesehen, 1-4 (vgl. Jes. 2,1-5). Die Völker werden gerichtet, 5-8, und das König-

reich aufgerichtet, 9-15 (vgl. Mi. 4,1-10); Sach. 14,9-21).

Psalm 49. Die Vergänglichkeit der Gottlosen und ihres Reichtums. Im Gegensatz dazu steht das Schicksal der Gerechten, die dem Herrn vertrauen.

Die Psalmen 50-51
Der gerechte Gott und sein bußfertiges Volk

Psalm 50. Gottes Forderung nach Heiligkeit. Gott kommt zu Israel in seiner geoffenbarten Gerechtigkeit und verlangt Gerechtigkeit von seinem Volk, 1-6; nicht nur das Einhalten äußerer, ritueller Formen, 7-13, sondern geistliche Wirklichkeit, 14-15, welche dann zur Heils-offenbarung Gottes werden wird, 23.

Psalm 51. Der Sünder in tiefer Buße. Es ist der größte aller Bußpsalmen. Davids große Sünde des Ehebruchs und Mordes wird vor Gott bekannt und vergeben. Der Sünder, 1-2, bereut in Buße, 3-11, und der, dem die Schuld vergeben ist, 12-19, bittet nun seinerseits für Zion, 20-21.

Die Psalmen 52-55
Israels Zeit der Trübsal

Diese vier Psalmen sind Unterweisungspsalmen, Gesänge, die die qualvollen Erfahrungen des Psalmisten (David) selbst widerspiegeln. Sie könnten auch als Weissagungen für Israels Nöte in den letzten Tagen unter dem falschen Messias verstanden werden (Sach. 11,15-17; 2. Thess. 2,7-12).

Psalm 52. Der gottlose Gewaltherrscher und seine Vernichtung. Des Gottlosen Charakter (Doeg, der Edomiter), 1-9, dem gottesfürchtigen Charakter des Psalmisten anschaulich gegenübergestellt, 10-11, liefert den geschichtlichen Anlaß für die Beschreibung eines anmaßenden Gewaltherrschers, der den Vergeltungsschlag Gottes erfahren wird (1. Sam. 21,7; 22,9.18.22).

Psalm 53. Eine Zeit des Abfalls. Die Verleugnung Gottes in den letzten Tagen, 2; Gottlosigkeit, Verderbtheit, 3-4, und Verfolgung des Gottesvolkes werden vorausgesehen, 5; dann verfallen die Abgefallenen dem Gericht, 6. Der gottesfürchtige Rest betet für das Kommen des Messias und die Wiederherstellung Israels, 7. Psalm 53 lautet beinahe gleich wie Psalm 14, jedoch ist *Elohim* gebraucht anstatt *Jahwe*.

Psalm 54. Bitten der Gottesfürchtigen. Der Verrat Davids durch die Siphiter (1. Sam. 23,19-26) liefert den historischen Hintergrund für diesen Psalm und bietet eine prophetische Parallele zu den Gebeten, 1-5, der jüdischen Heiligen vor dem zweiten Kommen des Messias, 6-9.

Psalm 55. Im Wirbel großer Bedrängnis. Der gemeine Treubruch Ahitophels, Davids vertrautem Ratgeber, der zum Verräter Absalom überlief (2. Sam. 15,12 - 17,23), wurde zum Anlaß für den Psalmisten tiefe Bedrängnis, 4, und seine Sehnsucht, dem Anschlag zu entrinnen, 5-9. Jerusalem war eine Stadt der Gewalttätigkeit und des Streites geworden, 10-12, infolge des Verrats Ahitophes, 13-16. Davids Gewißheit der Hilfe Gottes, 17-20, wurde ausgesprochen, während er unter diesem klassischen Verrat leidet, 21-22. Trost für den Gerechten und Gericht für den Bösen werden angekündigt, 23-24 (vgl. 2. Sam. 17,23).

Die Psalmen 56-60
Prüfungen der Heiligen vor den Segnungen

Psalm 56. Lobpreis für zu erwartende Errettung. David war von zwei Arten von Feinden umringt: von seinen eigenen Leuten und von den Philistern während seines Aufenthaltes bei den letzteren in Gat (1. Sam. 27,1-28,25). Sein Vertrauen und Trost, 1-9, brachten ihm die Gewißheit der Errettung, 10-14.

Psalm 57. Errettung aus Ängsten. David schrie zu Gott mitten unter Feinden und Gefahren, als er Saul in einer Höhle in Adullam entkam (1. Sam. 22,11 24,3-5). Als seine Aufmerksamkeit sich von den gegenwärtigen Umständen ab-

wenden konnte, richtete er sein Herz auf den Gott des Erbarmens und der Wahrheit, und es folgte der Triumph, 8-12.

Psalm 58. Gericht über die Gottlosen. Sie müssen Strafe leiden, 1-6. Die Ausführung der Strafe wird beschrieben, 7-12.

Psalm 59. Der Haß der Gottlosen auf die Gerechten. Diese grausame Feindseligkeit spiegelt sich in Davids Klage wider, als Saul versuchte, ihn in seinem Haus zu töten (1. Sam. 19,10-17). Es war zu jener Zeit, daß der Psalmist den Haß der Gottlosen zu spüren bekam, was alle Heiligen Gottes immer wieder erleben.

Psalm 60. Ein nationales Klagelied. Ein vorübergehender Rückschlag Davids im Krieg mit den Syrern und Edomitern (2. Sam. 8,3-14) brachte ein Klagelied hervor, 1-6, welches vom Rest Israels in der Endzeit wiederholt werden wird, 7-14.

Die Psalmen 61-68
Durch Leiden zum Königreichssegen

Durch Erfahrungen des Psalmisten spiegelt diese Reihe von Psalmen nicht nur die Herzensschreie der leidenden Heiligen im allgemeinen wider, sondern auch diejenigen der Gottesfürchtigen in Israel in der Leidenszeit vor der Zeit des Messianischen Reiches.

Psalm 61. Gebet für den König. Die persönliche Klage Davids, 1-4, vielleicht auf einer weiten Reise oder zur Zeit des Aufruhrs durch Absalom niedergeschrieben, drückt den Herzensschrei der Frommen im Volke aus, die auf das Kommen des Messias warten und darauf, daß Er Seine Königsherrschaft errichtet. Die Bitte für den König, 5-9, geht über König David hinaus und umfaßt den Messiaskönig, wie es der „Targum", der alte jüdische Kommentar, richtig auslegt.

Psalm 62. Das Warten und das Vertrauen auf Errettung der Heiligen. Davids Ausharren im Glauben, 1-5, hat seinen Grund in Gott allein, 6-9, nicht in der Nichtigkeit des Menschen, 10-13.

Psalm 63. Die Heiligen dürsten nach Gott. Davids brennender Wunsch nach Gemeinschaft mit Gott, trotz seiner Prüfungen in der Wüste, 1-8, zeigt die Herzensübung jedes wahren Heiligen in Not. Das Wissen um das kommende Gericht über die Gottlosen bringt Ermutigung in Widerwärtigkeiten, 9-12.

Psalm 64. Das Schicksal der Bösen. Ihre freche Bosheit, 1-7, wird gerichtet werden, 8-9, und der gottesfürchtige Rest wird frohlocken im Herrn, 10-11.

Psalm 65. Das Zeitalter des Weltfriedens (das Tausendjährige Reich der Wiederherstellung). Geistliche Segnungen werden verwirklicht, 1-5, wie auch zeitliche und materielle Wohltaten, 6-14. Die Psalmen 65-68 beschreiben „die Wiederbringung aller Dinge, wovon Gott durch den Mund seiner heiligen Propheten von alters her geredet hat" (Apg. 3,21).

Psalm 66. Anbetung und Lobpreis im Königreich. Gottes mächtige Taten der Durchhilfe werden aufgezählt, 1-7. Sie führen Israel zur Anbetung und Verehrung Gottes, 8-20.

Psalm 67. Volle Freude am Königreich Gottes und Segnungen. Die Völker erkennen und loben Gott, 1-4, was zu weltweitem Wohlergehen führt, 5-8.

Psalm 68. Vollendung der Erlösung. Israels Freude über das Gottesreich ist das Ergebnis der mächtigen Rettertaten des Herrn, 1-20. Vers 19 wird in Eph. 4,7-16 zitiert, wo vom speziellen Dienst Christi die Rede ist. Israel ist wieder versammelt, und seine Feinde der Endzeit werden vernichtet, 21-24. Voller und weltumfassender Königtumssegen wird gefeiert, 25-36.

Die Psalmen 69-72
Christus verworfen und erhöht

Psalm 69. Die Leiden des verstoßenen Messias. Er wird grundlos gehaßt, 1-5; erträgt Anklagen, 8-13; und betet, 14-22. Die Bestrafung seiner Feinde wird beschrieben, 23-29. Seine Erhöhung und Ehre folgen, 30-37. Zu 14-20 vgl. Christi Erlebnisse in Gethsemane (Matth. 26,36-45). Vers 22 steht in Verbindung mit dem Kreuz (Matth. 27,48; Mk. 15,36; Lk. 23,36; Joh. 19,28-29). Apg. 1,20 erinnert an Vers 26. Dieser bemerkenswerte Psalm veranschaulicht die tiefe prophetische Spannung, die durch die Psalmen geht (vgl. Lk. 24,44).

Psalm 70. Israels Bitte um Befreiung erinnert an Psalm 40,14-18 und wird dort wiederholt. Davids Gebet zur Zeit großer Bedrängnis.

In Psalm 63 erinnert sich David an seine Bedrängnisse und Leiden in der Wüste.

Psalm 71. Israels Kampflied der Hoffnung. Der Psalmist bekennt seinen Glauben, 1-19, daraus folgen geistliche Erneuerung und Sieg, 20-24.

Psalm 72. Der große Königtumspsalm. Der König wird eingesetzt, 1-7. Die Ausdehnung des Königreiches, 8-11, und seine Segnungen werden betrachtet, 12-20. Alle Gebete Davids werden ihre Erfüllung im Messianischen Reich finden (vgl. 2. Sam. 23,1-4).

Die Psalmen 73-83
Asaphs Psalmen vom Heiligtum

Das dritte Buch des Psalters, die Psalmen 73-89, beschäftigt sich mit der Heiligkeit des Heiligtums des Herrn. Dieser Abschnitt ist mit dem dritten Buch Mose verglichen worden. Elf Psalmen stammen von Asaph, dem Leiter von Davids Chor (1. Chron. 6,39) und Komponist (2. Chron. 29,30).

Psalm 73. Das Problem des Wohlergehens der Gottlosen. Die verwirrende Frage ist dieselbe wie im Buch Hiob. Warum gedeihen die Gottlosen, 1-12, und die Gottesfürchtigen leiden? 13-14. Gottes Gerechtigkeit und Heiligkeit geben dem Psalmisten eine tröstliche Antwort, 15-28.

Psalm 74. Entheiligung des Heiligtums durch die Feinde. Der Anblick des Feindes im Heiligtum, 1-9, geht über die babylonische Zerstörung im Jahre 586 v.Chr. und die Entheiligung durch Antiochus Epiphanes hinaus. Sie wird verwirklicht werden im Antichristen der Endzeit (Matth. 24,15). Um göttliches Eingreifen wird gebetet, 10-23.

Psalm 75. Göttliches Eingreifen des Heiligtums wegen. Der Messias, der gerechte Richter, 1-8, übt sein Gericht aus bei seinem zweiten Kommen, 9-11.

Psalm 76. Göttliche Herrschaft aufgerichtet. Der Herr regiert in Zion, 1-3, nachdem seine Gerichte über die Gottlosen ergangen sind, 4-13.

Psalm 77. Der bedrängte Heilige, 1-10, findet Trost, indem er sich an die Durchhilfe Gottes in der Vergangenheit erinnert, 11-21.

Psalm 78. Gott ist sichtbar in der Geschichte Israels, 1-55, obwohl sein Volk ihn immer wieder erzürnte, 56-64. David erfährt Gnade, 65-72.

Psalm 79. Gebet um Gericht über die Feinde Jerusalems. Diese Klage weist auf ein großes nationales Unglück hin, wie etwa Sisaks Einmarsch, die Einnahme Jerusalems durch die Babylonier oder durch Antiochus Epiphanes oder durch die Römer. Aber die prophetische Bedeutung wird in Jerusalem unter dem falschen Messias Erfüllung finden, wenn die Greueltaten des Antiochus Epiphanes wiederholt werden (vgl. Off. 11,3-12).

Psalm 80. Flehen um die Wiederherstellung des Volkes Israel. Der Herr, der Hirte Israels (1. Mo. 49,24), wird angerufen, 1-2, das heimgesuchte und zerstreute Volk, 5-8, wiederherzustellen, 4.8. Mit dem Bild eines Weinstocks (vgl. Jes. 5,1-7) wird die Befreiung des Volkes aus Ägypten, 9-14, zur Grundlage der Bitte, am Ende das Reich Israel wiederherzustellen, bevor das Messianische Reich beginnt, 15-17, durch den Messias, „den Mann deiner Rechten", 18, der die zerstreuten Schafe suchen wird, um sie wieder zu versammeln, 19-20 (vgl. 3.8.20 mit Hes. 34,11-31).

Psalm 81. Israel wird wieder gesammelt. Das Blasen der Trompeten ist eine Vorschattung auf Israels Wiedervereinigung am Ende der Zeit, 1-5, als Antwort auf das Gebet von Psalm 80,4.8.20. Die Wiederherstellung wird prophetisch im Bild der Errettung aus Ägypten beschrieben, 6-11, mit dem darauffolgenden Ungehorsam und der Heimsuchung, 12-17.

Psalm 82. Das Gericht vor dem Anbruch des Messianischen Reiches. Gott nimmt den Platz des höchsten und gerechten Richters ein, 1, um die Völker zu richten und Gerechtigkeit walten zu lassen, im Gegensatz zu ungerechten Richtern, 2-7. Sein Recht zu richten gründet darauf, daß alle Nationen ihm gehören als dem, der von der Königsherrschaft Besitz ergreift, 8.

Psalm 83. Israels Feinde gestürzt. Die Feinde der Nation zur Zeit des Psalmisten, 1-13, deuten auf das endzeitliche Bündnis gegen Gott und seine Gemeinde und die vollständige Vernichtung der Feinde, 14-19 (Vgl. Jes. 10,28-34; Dan. 11,36-43; Joel 2,1-11; Sach. 12,2).

Die Psalmen 84-89
Gebet von der Herrlichkeit des kommenden Königreichs

Psalm 84. Göttliche Lebenskraft des Gottesreiches. Neubelebte Anbetung, 1-5, Glaube, 6-8, und Gottesdienst, 9-13, werden verwirklicht durch die Offenbarung des Herrn in der Person des von Gott Gesalbten, 10, der Sonne Israels (vgl. Ps. 80,4.8.20) und des Schildes, 12.

Psalm 85. Verheißene Segnung im Gottesreich. Die Segnungen, 1-3, durchs Gebet verwirklicht, 4-9, schließen Gerechtigkeit und einen tausendjährigen Frieden ein, 10-14.

Psalm 86. Ein Gebet, 1-11, und Lobpreis, 12-17, finden sich vollkommen verwirklicht in der Zeit des Königreichs, wie Vers 9 zeigt (vgl. Jes. 2,1-5).

Psalm 87. Zion kommt zu Ehren im Königreich. Zion (Jerusalem) wird über allen Städten geehrt, 1-6, und gefeiert als eine Quelle des Segens, 7.

Psalm 88. Der Notschrei der Seele, 1-8, ohne sichtbare Antwort, 9-19, schildert die düsteren Erfahrungen der Frommen in Israel.

Psalm 89. Gottes Treue, 1-19, wird kundgetan in der Erfüllung des davidischen Bundes, 20-38 (vgl. 2. Sam. 7,9-14.27), was nur auf Immanuel bezogen werden kann (Jes. 7,13-15; 9,6-7; Mi. 5,2). Das Flehen des gottesfürchtigen Restes (vgl. Jes. 1,9; Röm. 11,5) um die Beendigung der Heimsuchungen des Hauses Davids geht weiter, 39-52.

Die Psalmen 90-93
Vom Wandel in der Sünde zur Ruhe der Erlösung

Das vierte Buch des Psalters, die Psalmen 90-106, wird von einigen mit dem 4. Buch Mose verglichen, dem Buch der Wüstenwanderung (vgl. Ps. 90). Es enthält viele Psalmen, die die Erfahrungen des Gottesvolkes in der Wüste beschreiben, die mit Ruhm für Israel und die Nationen abschließen.

Psalm 90. Die Lage des gefallenen Menschen. Mose sinnt über des Menschen Schwachheit und Tod durch die Sünde nach, 1-10. Er betet um Gottes Eintreten für den sündigen Menschen, 11-17.

Psalm 91. Der erlöste Mensch in der Gemeinschaft Gottes. Seine Abhängigkeit von Gott, 1-2, sein Wandel „unter dem Schirm des Höchsten", unter „dem Schatten des Allmächtigen", bringt ihm Geborgenheit, 3-8, Triumph und Erhöhung, 9-16. Satan versuchte, mit den Aussagen dieses Psalmes Jesus zum Ungehorsam gegenüber Gott zu verführen, 11-12 (vgl. Matth. 4,6).

Psalm 92. Lobgesang auf die endgültige Ruhe (Gesang für den Tag des Sabbats) als Ergebnis des Erlösungs-„Werkes" Gottes, 5. Sein Sieg über die Feinde seines Volkes, 6-10; und seine Gunst für die Seinigen, 11-16. Die Anwendung dieses Psalms gilt für alle Zeiten. Seine Erfüllung jedoch tritt im Tausendjährigen Reich ein.

Psalm 93. Das ewige Reich des Herrn (vgl. Off. 11,15-18). Der Herr beginnt seine Herrschaft über die Erde in Heiligkeit, 5.

Die Psalmen 94-110
Gericht und Herrlichkeit der kommenden Zeit

Psalm 94. Gericht über die Gottlosen. Es wird um göttliche Vergeltung an den Gottlosen gebetet, 1-13. Die Gerechten werden getröstet, 14-23, da ihre und Gottes Feinde vernichtet werden.

Psalm 95. Anbetung und Freude im Hinblick auf das Kommen des Erlöser-Königs von Israel. Sein Recht zu regieren ist darin begründet, daß er der Eigentümer der Erde ist, 1-5, und des Menschen als Folge der Schöpfung und Erlösung, 6-7. Gewarnt werden die, welche zur heiligen Ruhe eingehen wollen, vor dem Ungehorsam derer, die sich die Ruhe Kanaans verscherzten, 8-11 (vgl. Hebr. 3,7-11).

Psalm 96. Das zweite Kommen. Der Herr ist der Höchste, 1-6. Die Schöpfung feiert, 7-13. Das „neue Lied" wird begründet mit der vollendeten Erlösung und dem von Gott geschaffenen Heil für den Menschen und die Welt (vgl. Ps. 98,1-3).

Psalm 97. Der König regiert, 1-5. Die Folgen seiner Herrschaft werden beschrieben, 6-12.

Psalm 98. Das neue Siegeslied. Die ganze Welt wird aufgefordert, die Aufrichtung der Königsherrschaft des Herrn auf der Erde mit einem neuen Lied zu feiern, 1-9.

Psalm 99. Die irdische Königsherrschaft des Herrn. Er ist der Herrscher der Erde, 1-3. „Heilig ist Er!" ist der Refrain, 5.9. Seine Herrschaft wird gerecht, 1-5, seine Handlungsweise von Treue und Aufrichtigkeit gekennzeichnet sein, 6-9.

Psalm 100. Ruhm des Königtums Israel. Der Ruf zur Anbetung ist begründet in der Göttlichkeit des Königs und die durch ihn vollbrachte Erlösung der Seinen, 2, in seiner Güte und Bundestreue, 5.

Die Psalmen 101-106
Der gerechte König in Niedrigkeit und Herrlichkeit

Psalm 101. Der gerechte König und seine Herrschaft. David redet als Prophet vom Charakter des wahren Königs, 1-3, und seiner gerechten Königsherrschaft, 4-8.

Psalm 102. Christus, der König, in seiner Verwerfung durch die Menschen. Der Hinweis auf die Verse 25-27 in Hebr. 1,10-12, macht deutlich, daß dieses Klagelied das Leiden und die Bedrängnis des Gottmenschen weissagt.

Psalm 103. Israels Lob auf das Königtum für die Segnungen des vollen Heils, 1-7, für die

Jerusalem, in Psalm 87 als Zion besungen

Gnade des Herrn, 8-18, und für sein aufgerichtetes Königtum, 19-22, wird besungen.

Psalm 104. Das Loblied der Schöpfung auf den Schöpfer, den Messias Christus, 1-9 (vgl. Hebr. 1,7), denn seine Werke bestätigen seine Güte und Erhabenheit, 10-35.

Psalm 105. Geschichtlicher Rückblick. Die Wunder des Auszugs aus Ägypten werden gepriesen.

Psalm 106. Geschichtlicher Rückblick. Die Güte und Geduld Gottes während der Wüstenwanderung werden in Erinnerung gerufen.

Die Psalmen 107-108
Israels Errettung und Lob Gottes

Das 5. Buch des Psalters, die Psalmen 107-150, wird von manchen mit dem 5. Buch Mose verglichen. Es zeigt das göttliche Handeln mit Israel und schließt mit einem mächtigen Halleluja-Chor auf die Erlösung der Nation und der ganzen Schöpfung.

Psalm 107. Gottes Gnadenerweisungen an Israel. Ihre endgültige Wiedervereinigung und Wiederherstellung, 1-9 (vgl. 5. Mo. 30,1-10); ihre Befreiung von der Sklaverei, 10-16, trotz ihrer Torheit, 17-22, und Ruhelosigkeit, 23-32, werden noch einmal vor Augen gestellt. Ihr Lob Gottes für seine Durchhilfen ist aufgezeichnet, 33-43.

Psalm 108. Israels Lob für sein Erbteil, 1-7, durch den Herrn, 8-14, wird dargebracht.

Die Psalmen 109-113
Christus in der Ablehnung, Erhöhung und in der kommenden Herrlichkeit

Psalm 109. Weissagung der Ablehnung Christi. David sieht als Prophet den Verachteten und Verstoßenen, 1-5; seine Verkläger und ihre Vernichtung, 6-20 (vgl. 8 mit Apg. 1,20). Die Stimme des Verstoßenen ertönt wieder in 21-25, und vermengt sich mit der Stimme des letzten Restes, 26-31, gleichbedeutend mit ihm.

Psalm 110. Christus als König-Priester. Christus, Davids Sohn und Herr (seine Gottheit) wird erhöht in seiner Auferstehung und Himmelfahrt, 1 (vgl. Joh. 20,17; Apg. 7,56) und wartet, bis seine Feinde unterworfen worden sind. Sein zweites Kommen, 2-3, nach dem er als König-Priester regieren wird, wie es seiner ewigen Priesterschaft von Gott her entspricht, wird beschrieben, 4 (Hebr. 5,6; 6,20; 7,21). Seine Gerichte und Siege, die der Aufrichtung seiner herrlichen Königsherrschaft vorausgehen, sind vorausgesagt, 5-7 (vgl. Joh. 4,9-17; Sach. 14,1-4; Off. 19,11-21).

Psalm 111. Halleluja! Der König-Priester auf seinem Thron (vgl. Ps. 110). Der erste der Halleluja-(„Preis dem Herrn") Psalmen. Sein Erlösungswerk wird gepriesen (Lk. 1,68).

Psalm 112. Halleluja! Die Gerechten werden vom König-Priester auf seinem Thron belohnt.

Psalm 113. Halleluja! Preis dem Herrn für das, was er ist, 1-6, und was er tut, 7-9.

Die Psalmen 114-117
Durchhilfe in der Vergangenheit und Ehre in der Zukunft

Psalm 114. Die Errettung aus Ägypten im Rückblick. Zukünftige Durchhilfe, darin einbezogen, wird in Aussicht gestellt (vgl. Jer. 16,14-15).

Psalm 115. Der Gott Israels. Wer er ist, 1-3, wird dem gegenübergestellt, was die Götzen sind, 4-8. Dem Erhöhten kann man uneingeschränkt vertrauen, 9-18.

Psalm 116. Israels Lob für Gottes Errettung vom Tod, 1-8. Es betont die grauenhaften Erfahrungen und unvorstellbaren Leiden des Martyriums, 15. Die Frommen, die dem entgehen, danken Gott, 9-19.

Psalm 117. Allumfassender Lobpreis im Messianischen Reich. Dem Lob, 1, folgt die Begründung dazu, 2.

Ägyptisches Götzenbild

Die Psalmen 118-119
Der Messias und das Wort Gottes verherrlicht

Psalm 118. Der Messias verherrlicht als der Eckstein. Dieser große Halleluja-Psalm wurde von unserem Herrn und seinen Jüngern gesungen, als sie das Passahmahl hielten in der Nacht, als er verraten wurde (Matth. 26,30; Mk. 14,26). Er bezog die Verse 22-23 auf sich selbst (Matth. 21,42). Der Psalm schaut über die Verwerfung des Steines (Christus) hinaus auf die endgültige Erhöhung im Königtum.

Psalm 119. Das Wort Gottes verherrlicht. Obwohl überzeitlich anwendbar, wird dieses glänzende alphabetische Akrostichon (jeder der 22 Buchstaben des hebräischen Alphabets kommt in den 22 Abschnitten achtmal vor) erfüllt, wenn Israel im Neuen Bund das Gesetz „in ihren Herzen" geschrieben haben wird (Jer. 31,31-33).

Die Psalmen 120-134
Die Wallfahrts-Psalmen

Anscheinend wurden diese Psalmen gesungen, wenn die Pilger nach Jerusalem zu den heiligen Festen hinaufzogen.

Psalm 120. Das Leiden der Gottesfürchtigen. Davids Gebet um Errettung von den Feinden und Verfolgern atmet denselben Geist wie der Schrei der bedrängten Frommen aller Zeiten.

Psalm 121. Israels Hüter und Erhalter. Er läßt die Seinen nie im Stich, 1-8.

Psalm 122. Gebet um den Frieden Jerusalems. Dies ist ein Gesang, der Zion verherrlicht als das Ziel der Pilger. Eine Gruppe von Wallfahrern kommt nach Jerusalem zu einem Fest und bewundert die Stadt, 1-5, und bittet um den Frieden und das Wohlergehen Jerusalems, 6-9.

Psalm 123. Ein Schrei um Erbarmen in Bedrängnis. Demütige Abhängigkeit von Gott, 1-2, und eine Bitte um Gnade, 3-4, werden angesichts des Spottes der Übermütigen und der Verachtung der Stolzen vorgebracht.

Psalm 124. Antwort auf das Gebet um Erbarmen. Dieser Psalm ist die Antwort auf das Rufen in Psalm 123.

Psalm 125. Belohnung für die Gerechten und Strafe für die Gottlosen. Ausdruck zuversichtlichen Glaubens, 1-3. Das Gebet um Hilfe, 4-5, wird erfüllt werden in den zukünftigen Segnungen Israels.

Psalm 126. Gesang der zurückgekehrten Gefangenen. Die Freude über vergangene Wohltaten, 1-3, drängt zur Bitte um die endgültige Wiederherstellung, 4-6.

Psalm 127. Preist den Herrn, von welchem alle Segnungen herkommen. Der Gottesglaube ist grundlegend für alles wirkliche Wohlergehen, 1-2. Das Geschenk vieler männ-

Jerusalem, vom Ölberg aus gesehen

licher Nachkommen ist im Orient ein Segen für einen Vater, 3-5.

Psalm 128. Segnungen, aus Zion kommend, werden voll verwirklicht werden, wenn der Herr regiert.

Psalm 129. Der Herr, Israels Erhalter, hat sein Volk in der Vergangenheit bewahrt, 1-4. Das Gebet wird vorgebracht, daß Israels Feinde nicht über sie triumphieren mögen, 5-8.

Psalm 130. Der Herr, Israels getreuer Erlöser. Die persönliche Erfahrung eines Gläubigen, 1-6, ist ein Muster für das ganze Volk, 7-8.

Psalm 131. Der Herr, die Hoffnung Israels. Des Psalmisten Erfahrung stiller Ergebenheit, 1-2, ist ein Beispiel für die Nation, 3.

Psalm 132. Der Messias, Davids Sohn, auf dem Thron. Davids Sorge um das Gotteshaus, 1-10, wird belohnt durch den davidischen Bund, 11-12. Er wird im König-Messias bei seinem zweiten Kommen, 13-18, zu seiner Erfüllung gelangen.

Psalm 133. Der Segen brüderlicher Eintracht. Solche Bruderschaft ist gut und wohltuend, 1, wie die Salbung Aarons, 2, und der erfrischende Tau auf dem Berg Hermon, 3. Es ist die Atmosphäre, in welcher Gott geistliche Segnung verordnet.

Psalm 134. Gesegneter Gottesdienst. Die Priester sind aufgerufen, den Herrn zu preisen, 1, und die Gemeinde zu segnen, 2-3.

Die Psalmen 135–136
Das wiederhergestellte Israel in Lobpreis und Anbetung

Psalm 135. Die Nation, gereinigt und bekehrt, betet an (vgl. 2. Mo. 19,4-5; Sach. 3,1-7). Der Aufruf zum Lob, 1-4, und zur Anbetung dessen, der die Natur beherrscht, 5-7, der das Gottesvolk erlöste und nach Palästina brachte, 8-18; der über allen Göttern ist und deshalb aller Anbetung würdig, 19-21.

Psalm 136. Das Lob der Barmherzigkeit Gottes von seiten des erlösten Volkes. Seine Gnade wird in der Schöpfung offenbar, 1-9; in der Erlösung Israels, 10-15; in der Wüstenwanderung, 16, und in der Eroberung Kanaans, 17-22. Eine Zusammenfassung seiner Gnade folgt in 23-26. Dieser Psalm wird in der jüdischen Passahliturgie (vgl. Ps. 114-118) das „Große Hallel" genannt und könnte von Christus und seinen Jüngern nach dem letzten Abendmahl gesungen worden sein (Matth. 26,30; Mark. 14,26).

Die Psalmen 137–139
Die Erfahrungen des Gottesvolkes im Lichte seines Gottes

Psalm 137. Der Psalmist schaut über die Erfahrung des Exils in der Babylonischen Gefangenschaft hinaus zur endgültigen Endzeit-Wiederherstellung, wenn Israels Feinde bestraft werden, 8-9 (vgl. Jes. 13,16; 47,6).

Psalm 138. Das Lob des Herrn, 1-3, gipfelt im vollen Königtumssegen, 4-6, bringt aber dem Anbetenden augenblicklichen Segen, 7-8.

Psalm 139. Israels Schöpfer-Erlöser ist allwissend, 1-6; allgegenwärtig, 7-12; alles Lobes würdig, 13-18; gerecht und heilig, um die Sünde und die Sünder zu bestrafen, 19-24.

Die Psalmen 140–143
Prüfungen und Nöte des Gottesvolkes

Die Psalmen 140-143. Gebet um Errettung von Feinden. Diese spiegeln Davids verschiedene Leidenserfahrungen wider. In seiner Bedrängnis schreit er um Vergeltung und bittet um Errettung und Wiederherstellung zu geistlichem Wohlergehen.

Die Psalmen 144–145
Davids Erfahrungen – ein Spiegel der Zukunft Israels

Psalm 144. Gebet um Bestätigung der Macht des Herrn. Gott wird gelobt, 1-21, und seine Hilfe wird angesichts der menschlichen Schwachheit erbeten, 3-4. Der Herr soll doch kommen, um von den Feinden zu erretten, 5-8. Israels „neues Lied" von der Erlösung, 9-11, wird unter den Segnungen des Tausendjährigen Reiches gesungen, 12-15 (vgl. Ps. 96,1; Off. 5,9; 14,3; 15,3).

Psalm 145. Die Herrlichkeit des Messias-Königs und seines Königreiches. Dies ist ein alphabetisches Akrostichon des persönlichen Lobpreises, 1-31, für die wunderbaren Werke des Herrn, 4-7; für seine Liebe, 8-9; für sein tausendjähriges Königreich, 10-13, und seine göttliche Fürsorge für seine Geschöpfe, 14-21.

Die Psalmen 146–150
Der gewaltige Halleluja-Abschluß

Jeder dieser fünf Psalmen beginnt und schließt mit Halleluja, „Lobet den Herrn".

Psalm 146. Hallelujah! Der Gott Jakobs, 1-2. Dies ist die Bezeichnung für den, der den hilflosen Sünder mit erlösendem Erbarmen liebt, 5; der aber auch der mächtige Schöpfer ist: treu, gerecht, fürsorglich, 6; der herrliche Retter und Beschützer, 7-9, und der ewige König, 10.

Psalm 147. Hallelujah! Für seine Macht und Fürsorge, 1-11, besonders für Israel, 12-20.

Psalm 148. Alle Geschöpfe sollen ihn preisen, im Himmel, 1-6, und auf Erden, 7-14.

Psalm 149. Hallelujah! Singt das neue Lied von der Erlösung. Das erlöste Israel führt den Halleluja-Chor an, 1-3, weil der Herr Sieg gegeben und die Seinen gerächt hat, 4-9.

Psalm 150. Hallelujah! Stufenweises Zunehmen des allumfassenden Lobes. Der eigentliche Zweck der Schöpfung ist das Lob auf den Schöpfer. Gott allein ist würdig, Hallelujah!

Die Sprüche

Ein gesammeltes Werk über sittliche und geistliche Unterweisung

Allgemeines. Unter den Schriften des AT sind die Sprüche ein besonders bezeichnendes Beispiel für die Weisheitsliteratur des AT. Es ist eine Bibliothek sittlicher und geistlicher Anweisungen für die Jungen, um ein gottesfürchtiges, glückliches Leben und die Belohnung im zukünftigen Leben zu gewährleisten. Ein Sprichwort (hebr. *mashal,* von einer Wurzel „regieren, herrschen". Die Grundbedeutung dieser hebräischen Wortwurzel ist „sein wie", „darstellen") ist eine kurze Vorschrift, die das Verhalten oder Leben ordnen und lenken will. Oft nimmt es die Form der Parabel oder des Gleichnisses an. Viele Sprüche sind verkürzte Gleichnisse.

Der Verfasser. Viele der Sprüche stammen von Salomo (1,1; 10,1; 25,1; vgl. 1. Kö. 4,32; 2. Chr. 1,10; Pred. 12,9); einige von Agur (30,1) und Lemuel (31,1), unbekannten Männern.

Die Empfänger. Der Sohn des Verfassers (1,8; 2,1 u.a.m.) ist vermutlich Rehabeam. Aber die Lehren sind für alle jungen Leute (4,1) und im weitesten Sinne für alle Menschen (8,1-5).

Sprichwörter und nahöstliche Literatur. Der Abschnitt 22,17 - 24,34 weist eine außerordentliche Ähnlichkeit mit den Sprichwörtern eines ägyptischen Schreibers namens Amenemope auf (datiert zwischen 1000-600 v.Chr.). Er zeigt die Bedeutung dieser Art von Weisheitsliteratur außerhalb der Bibel. Die Sprichwort-Literatur ist sehr alt; sie geht in der geschriebenen Form in Ägypten auf ungefähr 2700 v.Chr. zurück.

„Die Furcht des Herrn ist der Anfang der Erkenntnis" (Spr. 1,7)

Überblick

Buch I.   Sprüche Salomos, Kap. 1,1 - 9,18
Buch II. Verschiedene Reden Salomos, Kap. 10,1 - 22,16
Buch III. Worte der Weisen, Kap. 22,17 - 24,34
Buch IV. Sprüche Salomos, die von Hiskias Schreibern hinzugefügt wurden, Kap. 25,1 - 29,27
Worte Agurs, Kap. 30,1 - 33
Rat der Königsmutter an ihren Sohn, Kap. 31,1-9
Die tugendhafte Frau, Kap. 31,10-31

Sprüche

Kap. 2-3
Auswirkungen des Strebens nach Weisheit

Das Versprechen der Weisheit, 2,1-22. Das Streben nach Weisheit bringt Erkenntnis Gottes, 5; schafft moralische Sicherheit, 6-15; befreit von der verführerischen Frau, 16-19; und hat Wohlergehen zur Folge, 20-22.

Die Lehren der Weisheit, 3,1-35, verschaffen körperliches und geistliches Wohlergehen, 1-10. Sogar Widerwärtigkeit wird erkannt als Züchtigung eines liebenden Vaters, 11-12; bewirkt einen echten Sinn für Werte, 13-18; sowie das Verstehen der Schöpfung Gottes, 19-20, und praktisch tätige Rechtschaffenheit, 21-35.

Kap. 1
Die Botschaft des Buches der Sprüche

Weisheit und frommer Lebenswandel, 1-7. Vers 7 prägt den Sinn des ganzen Buches. Ehrfurcht vor Gott ist die wichtigste Voraussetzung aller Weisheit und eines glücklichen Lebens.

Zucht im Heim ist eine moralische Bürgschaft, 8-19, gegen ein Leben des Verbrechens.

Personifizierte Weisheit, 20-33, als Prophetin und Lehrerin. Sie zeigt die Torheit derer, die sittliche Belehrung und Zucht verwerfen.

Kap. 4
Der Vorrang der Weisheit

In beiden, dem Lehrer und dem Lernenden, 1-19. Der Lehrer wurde in der Weisheit von seinen Eltern unterrichtet, 1-9, und der Lernende wird gleicherweise ermuntert, Weisheit zu empfangen, und hat Nutzen davon, 10-19, als die wichtigste Errungenschaft des Lebens.

Weisheit verwirklicht, 20-27, ist fruchtbar für das Leben, die Gesundheit und die persönliche Rechtschaffenheit.

Weber an seinem Webstuhl

Kap. 5-7
Moralische Zurückhaltung der Weisheit

Zurückhaltung gegenüber sexuellen Sünden, 5,1-14, ist geboten, und es wird gewarnt vor ehelicher Untreue, 15-23.

Zurückhaltung gegenüber verschiedenen Sünden, 6,1-35. Erwähnt werden Schulden, Bürgschaft (Mitunterzeichnen von Schuldscheinen), 1-5; Faulheit, 6-11; unverantwortliches Geschwätz, 12-15; Böses im allgemeinen, 16-19; und Ehebruch, 20-35.

Zurückhaltung gegenüber der liederlichen Frau, 7,1-27. Die Weisheit ist personifiziert, 4 (vgl. 1,20-33).

Kap. 8
Bemerkenswerte Offenbarung dessen, was Weisheit ist

Personifizierte Weisheit, 1-21. Ihrem Ruf, 1-4, folgt die Ankündigung ihres Wertes, 5-11; ihrer Vollmacht, 12-16; ihrer Belohnungen, 17-21.

Offenbarung der Identität der personifizierten Weisheit, 22-31. Die Weisheit als Person wird offenbart als Christus, bevor er als Mensch geboren wurde (obwohl einige Gelehrte dies ablehnen). Sie existiert gleichzeitig mit Gott und ist ihm. „Der Herr besaß mich (nicht: schuf mich) am Anfang seiner Wege, ehe er etwas machte, vor aller Zeit", 22. Dieser Anfang, wie Joh. 1,1: „Im Anfang war das Wort ..." ist ein absolut zeitloser Anfang. Diese wunderbare Stelle nimmt 1. Kor. 1,30; Joh. 1,1-3; Hebr. 1,1-3, voraus.

Erneuter Aufruf, 32-36. Wie wahr ist es, daß der, welcher Gott findet, „glücklich" wird, 32.34, weil er in Christus, der wahren Weisheit Gottes, Leben findet.

Kap. 9
Gegenüberstellung von Weisheit und Torheit

Die Einladung der Weisheit, 1-12. Die personifizierte Weisheit (geoffenbart als Christus) läßt eine Einladung ausgehen (Matth. 11,28-29; vgl. Lk. 14,15-24).

Die Verführung der Torheit, 13-18. Auch die Torheit erscheint in Person einer törichten Frau. Wer sie anstatt unsern Herrn umwirbt, hat den Tod und die Hölle gewählt.

Kap. 10,1-22,16
Gegenüberstellung des Gottesfürchtigen und des Gottlosen und andere Lebensweisheiten für das Verhalten

Gegenüberstellung von Leben und Wandel, 10,1 - 11,31, in Sachen Arbeit, Fleiß, Ehrgeiz,

„Nimm dich deiner Herde an; denn kein Reichtum währt ewig" (Spr. 27,23-24).

Rede, Wahrheit, Beständigkeit, Ehrlichkeit, Lauterkeit, Treue, Führung, Güte, Freundlichkeit u.a.m.

Gegenüberstellung in bezug auf verschiedene Lebenslagen, 12,1-28, im Denken, in Worten, im häuslichen Zusammenleben, u.a.m.

Gegenüberstellung von Vorteil und Nachteil, 13,1-25.

Gegenüberstellung vom Weisen und Toren, vom Reichen und Armen, 14,1-35.

Der bessere Weg der Weisheit und des Wandels mit Gott, 15,1-33.

Der bessere Lebensweg durch den Wandel mit dem Herrn, 16,1-33.

Verschiedene Regeln für einen guten Lebenswandel, 17,1 - 18,24.

Verschiedene Sprüche für den persönlichen Lebenswandel, 19,1 - 22,16.

Kap. 22,17 - 24,34
Die Worte des Weisen

Dieser Abschnitt, Buch 3, zeigt Ähnlichkeit mit der Weisheit des Amenemope (siehe oben). Dieser Teil ist die Unterweisung eines Lehrers an seinen Schüler („Sohn"), welcher für ein verantwortungsvolles Amt ausgebildet wird.

Einleitung, 22,17-21. Die ägyptische Weisheit des Amenemope hat auch 30 Abschnitte, von welchen wir hier zehn Parallelen haben.

Verschiedene Ermahnungen werden gegeben, 23,1-35; in bezug auf das Gastsein, 1-8; das Reden, 9; die Verlegung eines Grenzsteins, 10-11; die elterliche Züchtigung, 12-14, u.a.m.

Verschiedene Ermahnungen werden angefügt, 24,1-34. Diese betreffen den Neid, 1-2, die Weisheit, u.a.m.

Kap. 25–29
Sprüche, die von Hiskias Schreibern hinzugesetzt wurden

Diese stellen das 4. Buch dar und bestehen aus einzelnen Sprüchen zur Anleitung sittlichen Verhaltens. Sie wurden in Hiskias Zeit gesammelt (716-687 v.Chr.).

Weises Benehmen wird empfohlen, 25,1-28, vor dem König, 1-7; vor Gericht, 8-10; im Reden, 11-18; im Verhandeln mit Feinden, 19-22, u.a.m.

Andere Sünden, 26,1-28. Herausgegriffen sind der Tor, 1-12; der Faule, 13-16; der Eindringling, der sich in fremde Angelegenheiten mischt, der Verleumder, 17-20.22-23; der Streitsüchtige, 21; der Hasser, 24-26; und der Lügner, 28.

Verschiedene andere Gebote, 17,1 - 29,27. Diese schließen verschiedene Phasen des Benehmens ein.

Kap. 30
Die Worte Agurs

Gottes Macht, Wahrheit und Erhabenheit, 1-10, überwältigen Agur (sonst unbekannt) von Massa (vgl. 1. Mo. 25,14) derart, daß er sich selbst erniedrigt und seine Unwissenheit bekennt, 1-3 (vgl. Hiob 42,1-6, als Folge der Macht Gottes, wie sie sich Hiob offenbarte, Kap. 40-41). Ein solcher Gott muß den ersten Platz einnehmen angesichts der Gefahren des Reichtums mit seinem Hochmut oder angesichts der Armut, 7-8, mit ihrer Verzweiflung, 9.

Bloßstellung der Schurken und Erpresser, 11-17, an ihren Gegenstücken in der Natur; solche, die sagen „nie genug" wie der Blutegel, 15, das Totenreich, der verschlossene Mutterleib, die durstige Erde und das Feuer, 16.

Bloßstellung der schamlosen Ehebrecherin, 18-20, durch vier Wunder in der Natur: den Adler im Flug, eine dahingleitende Schlange, ein Segelschiff, einen Mann und ein junges Mädchen (vgl. 2,16-20; 5,1-23; 23,27 u.a.m.).

Bloßstellung des Anmaßenden, des Toren, 21-23.

Bloßstellung des Trägen, des Unordentlichen, des Feiglings, 24-33, durch die fleißige Ameise, den bescheidenen Dachs, die geordneten Heuschrecken und die junge Eidechse, den furchtlosen Löwen, den dahineilenden Windhund, den Ziegenbock und den König. Eine Warnung vor dem Streit wird ausgesprochen, 32-33.

Numerische Sprichwörter. Die hebräische Dichtung enthält oft die Zahlenformel x, x+1 (d.h. einmal drei ... einmal vier). Diese Parallelstruktur versinnbildlicht Totalität oder umfassende Ganzheit (vgl. Hiob 33,14; Amos 1,3-2,16).

Kap. 31,1–9
Einer Königinmutter Rat an ihren Sohn

Die Worte Lemuels, 1, ihm von seiner Mutter übermittelt, stellen eine zweifache Unterweisung dar. Seine Name ist nicht feststellbar, und Massa könnte ein Ortsname sein (vgl. 1. Mo. 25,14) oder ganz einfach „König Lemuel, ein Orakelspruch".

Die mütterliche Warnung, 2-9, ist negativ ausgedrückt, die böse Lust zu meiden, 3, und berauschende Getränke, 4-7; und positiv, gerecht und unparteiisch zu regieren, 8-9.

Kap. 31,10–31
Die Tugenden einer idealen Frau

Dieses edle Akrostichon-Gedicht (jeder Vers beginnt mit einem Buchstaben des hebräischen Alphabets) ist ein kostbarer Edelstein in der Weisheitsliteratur. Es könnte ein Teil der Lehren der Königinmutter an ihren Sohn, 31,1-9, oder ein besonderes Gedicht sein.

Der Charakter der idealen Hausfrau, 10-28. Sie ist unschätzbar, 10; zuverlässig, 11; fleißig, 12-19; wohltätig und selbstlos, 20-22; eine Wohltat für ihren Mann, 23; sie besitzt geschäftlichen Scharfsinn, 24; ist stark, voller Würde, 25; weise, fürsorglich, 26-27; verehrt und geliebt von ihren Kindern, 28.

Der Verfasser preist sie, 29-31. Sie ist unübertrefflich, 29: Zwei angefügte Sprüche über die gottesfürchtige Frau sind davon abgeleitet, 30-31.

Der Wert der Frauen. Im Gegensatz zu Kritikern die behaupten, daß die Bibel eine abschätzige Einstellung gegenüber der Frau vertrete, bietet diese Schilderung ein sehr erhabenes Bild von der Frau und weist ihr viele verantwortliche Rollen in Gesellschaft und Familie zu.

Der Prediger

Das eitle (nutzlose) Denken und Leben des natürlichen Menschen

Das Buch als Teil des Kanons. In der hebräischen Bibel ist das Buch im dritten Abschnitt mit den anderen Büchern der „megillot" (Hoheslied, Ruth, Klagelieder, Esther) eingereiht, die an besonderen Festtagen benützt wurden. Der Prediger wurde am Laubhüttenfest im Herbst gelesen. In unserer Bibel hat es seinen Platz in der Weisheitsliteratur nach den Sprüchen. Seine Bedeutung ist oft mißverstanden worden; sein rechtmäßiger Platz im Kanon ist verschiedentlich umstritten gewesen.

Schwierigkeiten des Buches. Für den Durchschnittsleser ist der Prediger wohl das verblüffendste und verwirrendste Buch der Bibel. Gründe: 1. Die Stimmung seiner hoffnungslosen Verzweiflung; die Schilderung der Leere und Enttäuschung des Lebens. 2. Es fehlt völlig der Lobpreis Gottes oder der Friede mit Gott, im Gegensatz zu anderen Weisheitsbüchern der Bibel. 3. Sein scheinbares Gutheißen eines Wandels, der im Widerspruch zu den übrigen Büchern der Heiligen Schrift steht.

Charakter und Zweck des Buches. Die Schwierigkeiten können nur durch eine richtige Untersuchung der Besonderheit und des Zwecks des Buches gelöst werden. 1. Es muß zuerst verstanden werden als das „Buch des natürlichen Menschen" – sein Denken und sein Tun, fern vom Geist Gottes und der göttlichen Offenbarung (vgl. 1. Kor. 2,14). Das ist die Bedeutung des eigentümlichen Ausdrucks „unter der Sonne", der 29mal vorkommt. Das ist auch der Grund, warum der Bundesname „Herr" (Jahwe) nicht gebraucht wird, sondern nur „Elohim" als Schöpfer.

Daher ist der Verfasser in den meisten seiner Gedanken von der Erkenntnis der natürlichen Offenbarung bestimmt (auf das Licht beschränkt, das die menschliche Natur zu geben vermag), von seinem natürlichen Verstand (vgl. den Satz „Ich sprach zu meinem Herzen", der siebenmal vorkommt). 2. Die Absicht des Buches muß darin gesehen werden, daß dem natürlichen Menschen vor Augen geführt wird, wie vollständig die Leere alles dessen ist, was sich unter der Sonne befindet, unabhängig von dem, was *über* der Sonne ist, d.h. Gottes Offenbarung und Heil.

Überblick

Das Thema: Die absolute Leere des Lebens ohne Gott, Kap. 1,1-3
Das Thema bestätigt, Kap. 1,4 - 3,22
Das Thema erweitert, Kap. 4,1 - 12,8
Die Lösung gefunden, Kap. 12,9-14

„Geborenwerden hat seine Zeit und Sterben hat seine Zeit" (Pred. 3,2).

Prediger

Kap. 1,1-3
Das Thema des Buches

Siehe „Charakter und Zweck des Buches". „Eitelkeit der Eitelkeiten" ist ein hebräischer Ausdruck, gleichbedeutend mit höchste oder vollendete „Eitelkeit" oder „Leere" („Atem"). „Prediger" (hebr. *Koheleth;* griech. *Ecclesiastes*) deutet auf einen, der eine Versammlung (hebr. *qahal*) anredet oder unterweist. Die weibliche Form (Femininum) bezeichnet ein Amt oder einen Titel. „Koheleth" (ein Dichtername?) hat man auf Salomo gedeutet, 1.12.

„Weisheit ist besser als Kriegsgerät" (Pred. 9,18).

Kap. 1,4-3,22
Das Thema der Leere des Lebens bestätigt

Durch die Vergänglichkeit der Dinge, 1,4-11. Generationen vergehen, die Natur ändert sich nicht, es geschieht jedoch nichts Neues.

Durch die Nutzlosigkeit der menschlichen Anstrengung, 1,12-18.

Durch die Wertlosigkeit des Vergnügens, des Reichtums und der Arbeit, 2,1-26. Das höchste Gut des Menschen ist der gegenwärtige Genuß, folgert der natürliche Mensch, zu welchem Schluß später die griechischen Philosophen durch die natürliche Vernunft kamen.

Durch die Gewißheit des Todes, 3,1-22. Die Sterblichkeit beraubt den Menschen der Früchte seiner Arbeit (vgl. 2,12-26). Der Mensch ist unfähig, das vorausbestimmte Muster (den Verlauf) seines Lebens zu verstehen oder zu ändern, 1-15. Gleicht sein Ende nicht dem der Tiere? 16-22.

Theologische Anmerkung

Beim Studium dieses Buches muß man genauestens unterscheiden zwischen dem, was geoffenbarte Wahrheit und was bloß die eingegebene Aufzeichnung unbeholfener Überlegungen des Menschen ist. Von den falschen Lehren wie die der Vernichtung, 3,16-22, und vom Seelenschlaf, 9,6.10, kann man nicht sagen, sie seien durch das Wort Gottes gelehrt worden, wenn sie durch Eingebung aufgezeichnet sind, die auf bloße Überlegungen des natürlichen Menschen zurückgehen.

Kap. 4,1-12,8
Das Thema von der Hohlheit des Lebens wird weiter entfaltet

In bezug auf die Unausgewogenheiten des Lebens, 4,1-16. Die Torheit, das Leben durch Neid oder Geiz zu vergeuden, wird dargelegt, 1-6; der Reichtum des Geizhalses sei ein billiger Ersatz für menschliche Gemeinschaft, 7-12. Sogar königlicher Ruhm und Macht schwinden dahin, 13-16.

In bezug auf religiöse Unlauterkeit, 5,1-8, und Reichtum, 5,9-19.

In bezug auf des Menschen Ende, 6,1-12. Beides, sein Leben und sein Ende, sind ungewiß. Der natürliche Mensch ohne göttliche Erleuchtung täuscht sich über beides.

Bezüglich der Sünde des Menschen, 7,1-29. Der „Mensch unter der Sonne", der natürliche, von Gottes Geist nicht erleuchtete Menschengeist, erkennt keinen Vorteil im Gerechtsein, 13-21, und sieht nicht klar betreffs geistlicher Dinge und der Bedeutung des irdischen Daseins und seinem Ende.

Bezüglich der Ungewißheiten des Lebens, 8,1 - 9,18. Der natürliche Geist tappt im Dunkeln. Er beugt sich nur schwach unter die Weisheit, 8,1, und unter den König, weil er mächtig ist, 8,2-4. Aber das Leben selbst ist ein Rätsel, und nichts Bestimmtes kann man über die Zukunft wissen, 8,5-9, noch irgend etwas über das Leben im allgemeinen. Der Tod ist ein Rätsel, 9,1-18, für den geistlich nicht erneuerten Menschen.

Bezüglich der Wirrnisse des Lebens, 10,1-20. Nur die göttliche Offenbarung kann dem Leben Harmonie und Sinn geben. Der Mann „unter der Sonne" gibt hier einen weiteren Erweis seines Mangels an geistlicher Erleuchtung.

Bezüglich der Jugend, 11,1-10. Verschiedene Sprüche wurden vorgelegt, 1-7. Der natürliche Mensch braucht eine übernatürliche Geburt, damit er imstande ist, die geistliche Bedeutung von Leben und Tod zu erkennen. Der Prediger bestätigt das. Das Buch spiegelt das Herz des nicht wiedergeborenen Menschen wider und weist darauf hin, daß er des Heils in Christus bedarf. Die Bedeutung der Jugend, 9-10, ist dem Koheleth in seiner natürlichen Denkweise unklar.

Bezüglich des Alters, 12,1-8. Koheleth macht sich auf, die Schöpfermacht Gottes zu sehen, und dringt darauf, sich in der Jugend an

Gott zu erinnern. Der natürliche Mensch benötigt jedoch mehr als das Wissen um Gott, den Schöpfer, wenn er aus seiner natürlichen Blindheit herausgerissen werden soll. Er benötigt Gott als Retter (Heiland). Die Zeichen der Gebrechlichkeit des Alters werden genannt, 2-7; Müllerinnen (Zähne), 3; „die durch die Fenster schauen" (Augen?) 4, „Mandelbaumblüten", 5, sind weiß, und weisen auf das silberweiße Haar des Betagten hin; „die Heuschrecke schleppt sich fort", 5, ein Hinweis auf den knochensteifen Gang des Alten.

Kap. 12,9-14
Schlußfolgerung – Praktische Frömmigkeit im Licht des Gerichts

„Fürchte (verehre) Gott und halte seine Gebote!" Dies ist die umfassende Aufgabe des *erlösten* Menschen. Koheleth jedoch sagt nicht, wie der Mensch erlöst werden soll.

„Es gibt nichts Besseres für den Menschen, als daß er esse und trinke und seine Seele Gutes genießen lasse in seiner Mühsal" (Pred. 2,14).

„Pflanzen hat seine Zeit, und Gepflanztes ausreuten hat seine Zeit" (Pred. 3,2).

Das Hohelied

Heiligkeit der ehelichen Liebe

Das Buch und sein Autor. Der Verfasser ist zweifellos Salomo, wie es Kap. 1,1 erwähnt und wie es das Lokalkolorit und auch der Inhalt des Buches selbst bekräftigen. Wie dem auch sei, dieser Vers möge wiedergegeben werden: „Das Lied der Lieder von Salomo" (vgl. 1,4; 3,7-11; 8,11). „Lied der Lieder" ist eine hebräische Spracheigentümlichkeit, ein Ausdruck für das „höchste" oder „unübertroffene Lied", der 1005 Lieder des Monarchen (vgl. 1. Kö. 4,32). Das Datum ist ungefähr 965 v.Chr. Es ist die erste der fünf Schriftrollen im dritten Teil des hebräischen Kanons und wurde anläßlich des Passahfestes im Frühjahr gesungen. Es ist ein kostbares Kleinod der Literatur, von den Orientalen als außerordentlich züchtig (rein) empfunden. Wie schade, daß ein solches Meisterstück oftmals verdreht wird.

Die Absicht. Die Kritiker weichen der Frage aus, ob es ein echtes, in sich geschlossenes Gedicht oder einfach eine Sammlung von Liebesgedichten ist, um eine orientalische Hochzeit zu feiern. Wir glauben, daß es ein echtes Gedicht ist. Seine Absichten sind:
  1. ganz allgemein die Ehe zu ehren und ebenso die Freuden der ehelichen Liebe. Das Stichwort ist „Geliebte(r)" (32mal), und das Thema ist die Liebe des Bräutigams zur Braut.
  2. Dazu erlaubt das Gedicht auch eine Deutung als Allegorie, welche die Liebe des Herrn zu Israel (Hos. 2,19-20) und die Liebe Christi zu seiner Gemeinde bezeugt (2. Kor. 11,2; Eph. 5,25-33; Offb. 19,7-9).

Die Personen. Man hat das Hohelied verschieden ausgelegt; die einen sprechen von zwei, andere von drei beteiligten Personen. In der herkömmlichen Tradition hat das Lied nur zwei Hauptpersonen, die Sulamitin und den Geliebten (Salomo). Andere wollen drei handelnde Personen sehen: das sulamitische Mädchen, den Geliebten (ein Hirte, der mit dem Mädchen verlobt ist) und Salomo, der vergeblich versucht, das Mädchen für sich zu gewinnen und sie ihrem Liebhaber wegzunehmen. Diejenigen, die diese zweite Deutung vertreten, leugnen verständlicherweise die Verfasserschaft Salomos. Wir folgen der herkömmlichen Interpretation.

Der Hintergrund der Geschichte. Die Darstellung des Gedichtes durch H.A. Ironside ist bedeutungsvoll. König Salomo hatte einen Weinberg im Hügelland von Ephraim, ungefähr 80 km nördlich von Jerusalem, 8,11. Er verpachtete ihn an Wächter, 8,11, bestehend aus einer Mutter, zwei Söhnen, 1,6, und zwei Töchtern – die Sulamit, 7,1, und einer kleinen Schwester, 8,8. Die Sulamit war das Aschenbrödel der Familie, 1,5, von natürlicher Schönheit, aber unbeachtet. Ihre Brüder waren wahrscheinlich Halbbrüder, 1,6. Sie machten ihr die Arbeit in den Weinbergen schwer, so daß sie kaum Gelegenheit hatte, um ihre äußere Erscheinung besorgt zu sein, 1,6. Sie beschnitt die Weinstöcke und legte Fallen für die jungen Füchse, 2,15. Sie hatte auch für die Schafherde zu sorgen, 1,8. Da sie so viel im Freien war, wurde sie sonnenverbrannt, 1,5.

Eines Tages kam ein hübscher Fremder in den Weinberg. Es war Salomo, verkleidet. Er zeigte Interesse an ihr, und sie wurde ihres Aussehens wegen verlegen, 1,6. Sie meinte, er sei ein Hirte, und fragte ihn über seine Herde aus, 1,7.

Er antwortete ausweichend, 1,8, aber er sprach auch liebreiche Worte zu ihr, 1,9-10, und versprach ihr kostbare Geschenke für die Zukunft, 1,11. Er gewann ihr Herz und verließ sie mit dem Versprechen, daß er eines Tages wiederkommen werde. Nachts träumte sie von ihm, und manchmal dachte sie, er sei in der Nähe, 3,1. Endlich kam er wieder zurück in seinem vollen königlichen Prunk, um sie zu seiner Braut zu machen, 3,6-8. Dies versinnbildlicht Christus, der zuerst als Hirte kam und seine Braut erwarb. Später wird er als König wiederkommen; dann wird die Hochzeit des Lammes stattfinden.

Überblick

Das Hohelied

Kap. 1,1-3,5
Die Braut, in Gedanken vertieft, im Palast des Bräutigams

Sie ist versunken in Gedanken über ihre erste Liebe zu Salomo, 1,1-17. Über den Titel, 1,1, s. Einleitung. Das Lied beginnt mit der Erinnerung der Braut an ihre erste tiefe Sehnsucht nach ihrem Geliebten, 2-3, und wie sie ihre Liebe zu ihm zum erstenmal aussprach, 4. Sie erklärt den Palastfrauen ihre dunkle Schönheit. Sie rühre vom Sonnenbrand und harter Arbeit im Weinberg ihrer Brüder her, vor Salomos Besuch, 5-6, als sie sich verliebte (siehe Hintergrund der Geschichte in der Einleitung). In der Erinnerung verweilt sie bei ihrem Geliebten (Salomo), wie er zum erstenmal, als Hirte verkleidet, im Weinberg erschien, 7. Der 8. Vers ist offenbar die Antwort der Genossinnen der Braut. Sie erinnert sich lebhaft an des Königs hinreißendes Lob ihrer Schönheit, 9-10; und wie sie ihn als ihren Geliebten pries, 13-14. Er versichert ihr, daß er sich an ihrer Schönheit erfreut, 15, und erhält ihre Antwort auf seine Liebe, 16-17.

Das sinnende Verweilen der Braut bei ihrer erwachenden Liebe, 2,1 - 3,5. Sie erinnert sich, wie Salomo sich selbst und sie mit lieblichen Blumen vergleicht, 2,1-2, und ihre vollständige Befriedigung in seiner Gesellschaft, 2,3-6. Die Wiederholung, 2,7 (vgl. 3,5; 8,4), die die

„Steig herab vom Gipfel des Hermon ... " (Hohesl. 4,8).

Braut an „die Töchter von Jerusalem", d.h. an die Frauen des Harems des Königs in Jerusalem richtet, soll bedeuten, daß Salomo und das Mädchen nicht gestört werden möchten, „bis die Liebe selbst es wünscht", d.h. ihre Erfüllung hat. Indem sie fortfährt, in den Seiten des Erinnerungsbuches zu blättern, ruft sie sich Salomos Besuch bei ihr und seine Einladung, seine Braut zu werden und mit ihm nach Jerusalem zu kommen, lebhaft in Erinnerung, 2,8-17. Der erste Traum der Braut, 3,1-4 (vgl. 5,2-8), wird wachgerufen, in welchem sie sich von ihrem Geliebten in Jerusalem getrennt sah. Nachdem sie ihn gefunden hatte, träumte sie, sie habe ihn in ihr einfaches Heim im Norden geführt.

che die Königsstadt des Nordreiches war, bis dann Omri Samaria gründete.

Ihr Erlebnis im Nußgarten, 6,11 - 7,1. Dieses Erlebnis war eine Hochstimmung des Gefühls. In diesem Zusammenhang wird sie die „Sulamitin" genannt, 7,1, d.h. „das Mädchen von Sunem" – eine kleine Stadt im Norden Palästinas. (Das „l" wird in semitischen Sprachen oft ausgewechselt mit „n") Andere schlagen vor, den Namen „Sulamitin" durch „Selomith" zu ersetzen, eine weibliche Form des Namens Salomo (hebr. *Schelomó*), daher also Salomonitin (d.h. Königin oder Prinzessin Salomos).

Kap. 3,6 - 5,1
Die Braut nimmt die Einladung ihres Bräutigams an

Salomo bringt seine Braut nach Jerusalem, 3,6-11. Ihr Traum, 1-4, ist eng verbunden mit Kap. 2, ebenso mit 3,5 (vgl. 2,7). Salomo kommt und nimmt seine Braut aus ihrem ländlichen Heim und bringt sie nach Jerusalem, 6-11.

Der Bräutigam lobt die Braut, 4,1-15. Die Schönheit der Gattenliebe wird hier besonders herausgestellt. In ähnlicher Weise wird der Herr am Tage seiner Erscheinung seine Freude an seiner Braut zum Ausdruck bringen.

Die Erwartung der Freuden der ehelichen Liebe, 4,16 - 5,1, bedeutet die Segnungen der vom Herrn Erlösten in offenbarter Gemeinschaft und Herrlichkeit mit ihm (1. Joh. 3,3; Off. 19,6-8; 20,6).

Kap. 5,2 - 6,3
Der Traum der Braut von der Trennung vom Bräutigam

Der zweite Traum der Braut, 5,2-8 (vgl. 3,1-4). Der Bräutigam klopft an ihre Tür, aber er ist nicht dort, als sie öffnet. Sie wandert in der Stadt herum, ihn zu suchen. Dieses Erlebnis ist offenbar ein Traum (s. 5,2).

Ihn anderen gegenüber rühmend, erhebt sie den Anspruch, er gehöre ihr, 5,9 - 6,3. Ihr Traum zeigt, wie sehr sie ihn liebt und vermißt.

Kap. 6,4 - 8,14
Die Braut und der Bräutigam drücken ihre glühende Liebe aus

Er lobt ihre Lieblichkeit, 6,4-10. Sein Lob ihrer Schönheit erinnert an sein Lob in 4,1-15. Tirza, 4, war eine Stadt im Norden Israels, wel-

Die Propheten

Die Botschaft der Propheten. Sie war vor allem andern auf das Gewissen und das geistliche Leben der Nation ausgerichtet. Israels Propheten waren unbestechliche Reformatoren, in Zeiten nationalen Niedergangs von Gott dazu bestellt, das Volk aus Sünde und Götzendienst zurückzurufen. In den Jahrhunderten, die dem Fall Israels im Jahre 722 v.Chr. und dem Fall Judas im

Jahre 586 v.Chr. vorausgingen, waren ihre Botschaften vom drohenden Untergang wie das Grollen eines nahenden Gewitters warnend an die Ohren des Volkes gedrungen. Diese gewichtigen Ankündigungen kommender Gerichte wurden aber oftmals zugleich der Ausgangspunkt für messianische Prophezeiungen, deren Erfüllung noch in ferner Zukunft lag. Daniels und

Hesekiels Botschaften brachten Israel Hoffnung und Trost in der Babylonischen Gefangenschaft. Dem schwachen Häuflein, das dann später aus der Verbannung zurückkehrte, sprachen Haggai und Sacharja neuen Mut zu. Bei Maleachi wechselten düstere Warnrufe zu Buße und Umkehr mit blitzartig aufleuchtenden, herrlichen messianischen Weissagungen ab.

Die Botschaften der Propheten und ihre Zeit
Jesaja bis Maleachi

Zeit: ca. 800–400 v.Chr.

An Israel vor dem Fall des Nordreichs, 722 v.Chr.	An Juda während der Jahre des Niedergangs	An Juda in den letzten Jahren vor der Wegführung, 634 bis 606 v.Chr.	An die Gefangenen in Babylon, 606 bis 538 v.Chr.	An die wiederhergestellte Gemeinde, 538 bis 400 v.Chr.
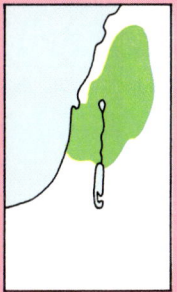	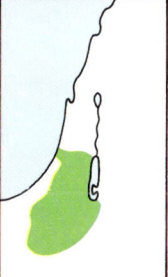		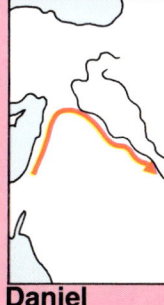	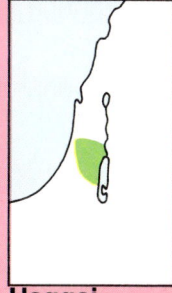

Amos
Hartnäckigem Sündigen folgt das göttliche Strafgericht.

Joel*
Der Tag des Herrn und das Gericht über die Völker.

Jeremia
Jerusalems Gericht und zukünftige Herrlichkeit

Daniel
Die Zeit der Heiden und Israels Messianisches Reich

Haggai
Wiederherstellung des Tempels und des Reichs vorausgesagt

Hosea
Gottes Liebe zu Israel.

Obadja*
Gerichtsankündigung über Edom

Nahum
Gottes Gericht über Ninive und Assyrien

Hesekiel
Zukünftige Wiederherstellung der Nation und des Landes Israel

Sacharja
Der Messias, der „Sproß" und Königspriester

Jona
„Ninive, tue Buße!" Gottes Liebe zu den Heiden.

Jesaja
Der kommende Weltheiland: Israels König

Habakuk
Gottes Reich und Volk wird triumphieren

Maleachi
Letztes Gericht und letzte Warnung an das Volk

Micha
Bethlehems König und sein Reich

Zephanja
Der Überrest wird errettet, um gesegnet zu werden

* Da diese Propheten ihren Dienst nicht besonders datieren und dazu auch keine konkreten Hinweise geben, gehen die Meinungen über ihre genaue Datierung auseinander.

Zu gleicher Zeit regierende Könige in Israel, Syrien und Assyrien
(in Jahren v.Chr.)

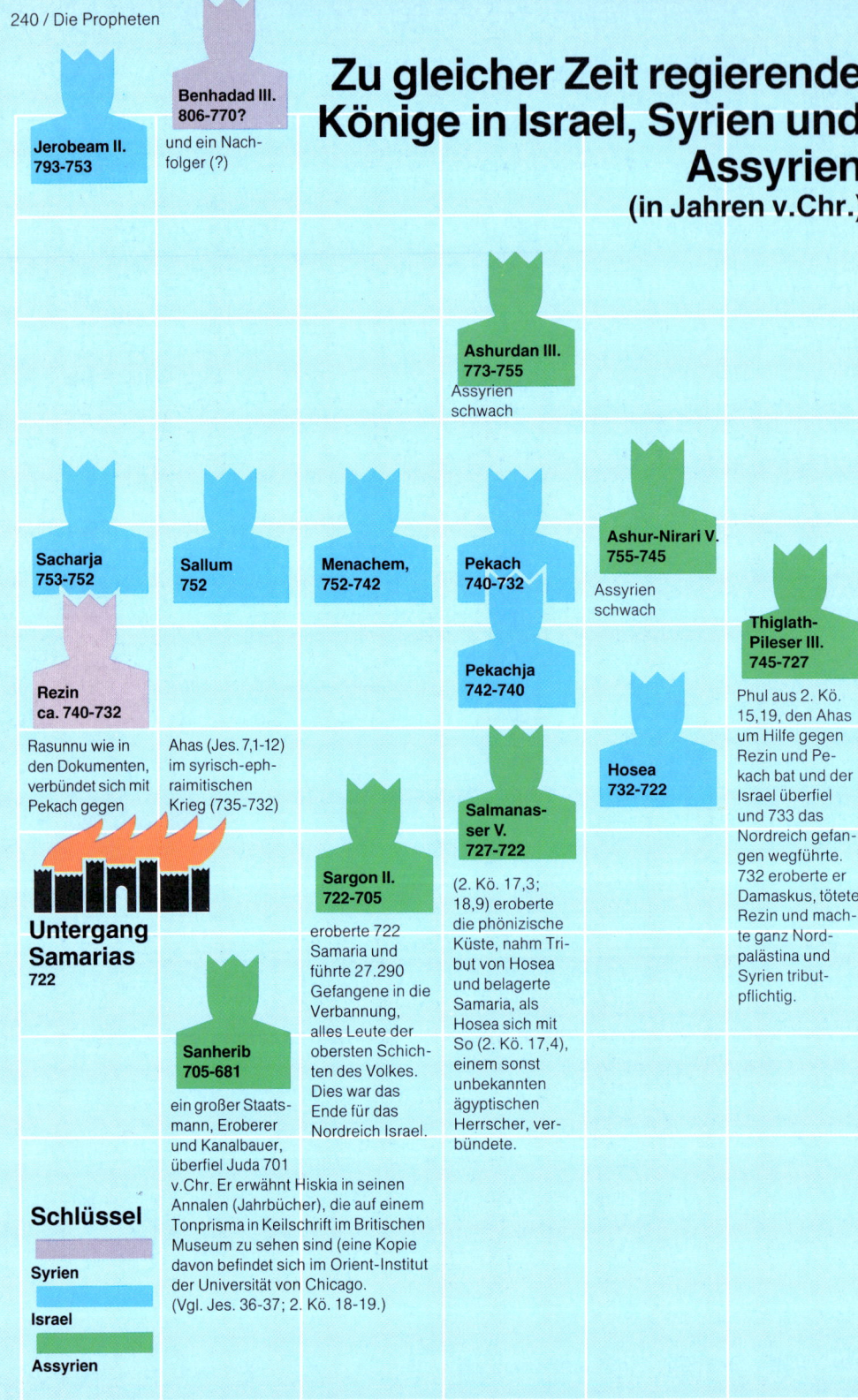

Jerobeam II.
793-753

Benhadad III.
806-770?
und ein Nachfolger (?)

Ashurdan III.
773-755
Assyrien
schwach

Sacharja
753-752

Sallum
752

Menachem,
752-742

Pekach
740-732

Ashur-Nirari V.
755-745
Assyrien
schwach

Rezin
ca. 740-732

Pekachja
742-740

Thiglath-Pileser III.
745-727

Rasunnu wie in den Dokumenten, verbündet sich mit Pekach gegen

Ahas (Jes. 7,1-12) im syrisch-ephraimitischen Krieg (735-732)

Hosea
732-722

Phul aus 2. Kö. 15,19, den Ahas um Hilfe gegen Rezin und Pekach bat und der Israel überfiel und 733 das Nordreich gefangen wegführte. 732 eroberte er Damaskus, tötete Rezin und machte ganz Nordpalästina und Syrien tributpflichtig.

Untergang Samarias
722

Salmanasser V.
727-722

Sargon II.
722-705

eroberte 722 Samaria und führte 27.290 Gefangene in die Verbannung, alles Leute der obersten Schichten des Volkes. Dies war das Ende für das Nordreich Israel.

(2. Kö. 17,3; 18,9) eroberte die phönizische Küste, nahm Tribut von Hosea und belagerte Samaria, als Hosea sich mit So (2. Kö. 17,4), einem sonst unbekannten ägyptischen Herrscher, verbündete.

Sanherib
705-681

ein großer Staatsmann, Eroberer und Kanalbauer, überfiel Juda 701 v.Chr. Er erwähnt Hiskia in seinen Annalen (Jahrbücher), die auf einem Tonprisma in Keilschrift im Britischen Museum zu sehen sind (eine Kopie davon befindet sich im Orient-Institut der Universität von Chicago. (Vgl. Jes. 36-37; 2. Kö. 18-19.)

Schlüssel

Syrien

Israel

Assyrien

Jesaja

Weissagung vom kommenden Erlöser, der zugleich Israels König ist

Verfasser. Jesaja („Jahwe ist Heil" oder „Rettung") ist der große, messianische Prophet, der Fürst der alttestamentlichen Seher. Es gibt keinen Propheten, der ihm gleichkommt an Gewalt der Sprache, Glanz der Vorstellungskraft, Wendigkeit und Schönheit des Stils, geistlicher Tiefe und Weite der prophetischen Schau. Er war der Sohn des Amoz und der Überlieferung nach von königlichem Geschlecht – der Bruder des Königs Amazja und Enkel des Königs Joas. Die Überlieferung legt die Zeit seiner Wirksamkeit in die Jahre 750-680 v.Chr.

Innere Einheit des Buches Jesaja. Seit der Zeit J.C. Doederleins (1775) wird bestritten, daß Jesaja der einzige Verfasser dieses Buches ist. Die Kritiker schreiben die Kapitel 40-66 einem unbekannten „zweiten" Jesaja (Deutero-Jesaja) zu, der 550-539 gewirkt haben soll, und wieder andere sprechen sogar noch von einem dritten, dem „Trito-Jesaja", als Verfasser der Kapitel 55-66. Er soll um 450 v.Chr. gelebt haben.

Es sind hauptsächlich drei Argumente, mit denen man die Einheit des Buches bestreitet: a) *der literarische Stil;* b) *die theologischen Gedanken;* c) *die Verschiedenheit der Themen und des behandelten Stoffes* in den zwei oder drei verschiedenen Teilen des Buches. Es wird behauptet, daß man diese Verschiedenheiten nur mit der Tatsache dreier verschiedener Verfasser erklären könne. Bei sorgfältigem Lesen des Buches fällt aber auf, daß die *Ähnlichkeiten des Stils* in den drei Teilen viel stärker hervortreten als die angenommenen Verschiedenheiten, die sich ganz natürlich aus den veränderten Umständen erklären lassen, in denen Jesaja sich in den späteren Jahren

befindet. Die auffallendste Ähnlichkeit besteht in dem Gebrauch des Titels „Der Heilige Israels", der in den Kapiteln 1-39 zwölfmal vorkommt, vierzehnmal in den Kapiteln 40-66 und nur an sechs anderen Stellen in der Bibel. Zu den angeblichen theologischen Unterschieden in diesen drei Perioden darf gesagt werden, daß die Lehren der Kapitel 40-66 im Ansatz bereits in den vorhergehenden Kapiteln zu finden sind.

Von *theologischen Widersprüchen* kann *keine Rede* sein. Die veränderten politischen Verhältnisse unter der Herrschaft des gottlosen Königs Manasse erklären voll und ganz die neuen Schwerpunkte, die in der Verkündigung des Jesaja in den späteren Jahren so deutlich hervortreten.

Das Argument, daß das Thema und der Stoff der späteren Kapitel des Buches einen zweiten oder gar dritten Verfasser verlangen, ist schwerwiegender. Die Kapitel 1-39 stammen ihrer Fassung nach zur Hauptsache aus der gleichen Zeitperiode, während die Kapitel 40-66

Überblick

Weissagungen von der Zeit Jesajas aus gesehen, Kap. 1-35

Band I Buch von Tadel und Verheißung 1,1 - 6,13
Band II Buch vom Immanuel 7,1 - 12,6
Band III Gottes Gerichtsdrohung über die Völker 13,1 - 23,18
Band IV Buch von Gericht und Verheißung 24,1 - 27,13
Band V Buch der Weherufe, die der kommenden Wiederherstellung Israels in Herrlichkeit vorausgehen 28,1 - 35,10

Geschichtliche Einlage, Band VI, Kap. 36-39

Weissagungen von der Babylonischen Gefangenschaft aus gesehen, Kap. 40-66

Band VII Trostbuch 30,1 - 66,24

Trost durch die Botschaft
von der kommenden Erlösung, Kap. 40,
von der Rechtfertigung durch Gott, Kap. 41,
vom Knecht Gottes, Kap. 42,
von der nationalen Wiederherstellung, Kap. 43-45,
von der Zerstörung des Götzendienstes, Kap. 46-48,
vom Messias und Erlöser, Kap. 49-57
von der zukünftigen Herrlichkeit Israels, Kap. 58-66

Parallelen zwischen Jesaja 1-39 und Jesaja 40-66

1,2	66,24
1,5-6	53,4-5
5,27	40,30
6,1	52,13
6,11-12	62,4
11,11	53,2
11,6-9	65,25
11,12	49,22
12,6	54,1
35,10	51,11

Die Könige Judas zur Zeit Jesajas

Asarja (= Ussija) 792-740	fromm	2. Kö. 15,1-5;	
		2. Chron. 26,1-23)	
Jotam 750-732	fromm	2. Kö. 15,32-38;	
		2. Chron. 27,1-9	
Ahas 735-716	gottlos	2. Kö. 16,1-20;	
		2. Chron. 28,1-27	
Hiskia 716-687	fromm	2. Kö. 18,1 - 20,21;	
		2. Chron. 29,1 - 32,33	
Manasse 696-642	gottlos	2. Kö. 21,1-18;	
		2. Chron. 33,1-20	

(Überschneidende Jahreszahlen bedeuten Ko-Regentschaften, z.B. regierten Asarja (Ussija) und Jotam ab 750 v.Chr. zusammen, ebenso Hiskia und Manasse ab 696.)

der Zeit, in der Jesaja lebte, weit vorauseilen. Das Argument der Kritiker ist, daß es vom Standpunkt der Vernunft aus unhaltbar ist anzunehmen, daß die Propheten sich jemals (auf Grund göttlicher Offenbarung) in einen noch in der Zukunft liegenden „erdachten" Zustand hätten hineinversetzen können. Da Jesaja in diesen späteren Kapiteln von Ereignissen spricht, die sich während der Babylonischen Gefangenschaft und der späteren Rückkehr Israels in ihr Land historisch erfüllt hätten, muß dieses Material später von einem „zweiten Jesaja", der zur Zeit der Rückkehr aus der Babylonischen Gefangenschaft gelebt habe, hinzugefügt worden sein. Dazu ist zu sagen, daß die *Weissagungen,* die in eine ferne *Zukunft* schauen, bereits in der ersten Hälfte des Buches eine ebenso *wichtige Rolle* spielen wie in seinem zweiten Teil. Zudem verlangte das dekadente Zeitalter des Manasse einfach eine Reihe von Weissagungen, die von der zukünftigen Herrlichkeit Israels sprechen, um ihrem zu jener Zeit schwachen Zeugnis neue Nahrung und Kraft zu geben. Es ist hier kein wesentlicher Unterschied in der Thematik festzustellen, wenn man die Kapitel 1-39 mit 40-66 vergleicht.

Der messianische Charakter des Buches Jesaja. Von allen prophetischen Büchern des AT weist das Buch Jesaja am deutlichsten auf Jesus Christus als den Welterlöser (Weltheiland) hin, sogar mehr noch als das Buch Sacharja. Nur die Psalmen enthalten eine noch größere Anzahl messianischer Weissagungen. Die ganze Herrlichkeit unseres Herrn und Heilandes und jeder Aspekt (besonderer Gesichtspunkt) seines Erdenlebens findet sich in dieser majestätischen, prophetischen Evangeliumsverkündigung des AT: seine Gottheit, sein „Ohne-Anfang-und-ohne-Ende-Sein" (Ewigkeit), seine Präexistenz, seine Schöpfereigenschaften, Allmacht, Allgegenwart, Allwissenheit und Unvergleichbarkeit (Jes. 40,12-18; 51,13); seine Menschwerdung (9,5; 7,14; Matth. 1,23); seine Niedrigkeit und Jugend in Nazareth (7,15; 9,1.2; 11,1; 53,2); sein Erscheinen als Knecht Gottes, als solcher gesalbt mit dem Heiligen Geist (11,2), erwählt, unter dem Wohlgefallen Gottes stehend (42,1); sanftmütig (42,2); zart und freundlich im Umgang mit denen, die seine Hilfe brauchen (42,3; Matth. 12,18-20); sein Gehorsam (50,5); seine Botschaft (61,1-2); seine Wunder (35,5-6); seine Leiden (50,6); sein Leiden als Tor zu seiner Erhöhung (52,13-15); seine Verwerfung seitens des jüdischen, d.i. *seines* Volkes (53,1-3); seine Schande: geschlagen, verwundet, gemartert (53,4-6); sein stellvertretendes Sterben (53,8); seine Grablegung (53,9); Auferstehung (53,10); Himmelfahrt (52,13); seine geistliche Nachkommenschaft (53,10); sein gegenwärtiger hohepriesterlicher Dienst im oberen Heiligtum (53,12); seine zukünftige Herrlichkeit (53,12; 52,13; vgl. Phil. 2,9-11). Von Kap. 54 an wird vom Messias nicht mehr als dem „Knecht" Gottes gesprochen, sondern seine zukünftige Herrlichkeit steht im Vordergrund (59,20; 63,1-6; 66,15-19).

Die Funde am Toten Meer: Zwei Rollen des Buches Jesaja. Die beiden Rollen dieses Buches, die in der Höhle I bei Qumran am Toten Meer im Jahre 1947 gefunden wurden, stellen den bedeutsamsten aller dortigen Funde dar. Die eine der beiden Rollen (Rolle des Klosters St. Markus, IQJsa) enthält den vollständigen hebräischen Text des Buches Jesaja, die andere (Rolle der Hebräischen Universität, IQJsb) etwa ein Drittel davon.

Die erste der beiden Rollen stammt aus dem zweiten Jahrhundert vor Christi Geburt. Sie besteht aus 17 zusammengenähten Lederstreifen, ist 7,32 m lang und 29,9 cm breit. Ihr Text ist dem Masoretischen Text (ältester vorhandener, allgemein gebräuchlicher hebräischer Text) erstaunlich gleich, obwohl dessen älteste Teile etwa ein Jahrtausend jünger sind. Diese Rolle gehört zu den größten Manuskriptfunden aller Zeiten und bestätigt den hohen Zuverlässigkeitsgrad hebräischer Textabschriften.

Jesaja

I. Das Buch von Tadel und Verheißung, 1,1 - 6,13

Kap. 1
Gottes Anklage gegen Juda (Erste Rede)

Jesajas Vorrede, 1. Der Prophet nennt seinen Namen; den Ursprung seiner Botschaft (ein „Gesicht", d.h. eine übernatürliche Offenbarung); die Zeitbestimmung (etwa 750 bis 680 v.Chr.); (siehe nebenstehende Liste der zeitgenössischen Könige); und die Namen der durch sie Betroffenen: Juda und Jerusalem, denn Jesaja war ja ein Prophet des Südreiches Juda.

Gottes Anklage, 2-6. Der Vorgang ist in Form einer Gerichtsverhandlung gekleidet, in der die gesamte Schöpfung, 2, aufgerufen wird, Zeuge einer doppelten Anklage Gottes gegen Israel zu sein. Es handelt sich 1) um größten Undank Israels gegen Gott, 2-3, und 2) um rebellische Abtrünnigkeit von ihm, 4. Dieser Zustand des Volkes wird unter dem Bild eines Schwerkranken erläutert, 5-6.

Gottes Züchtigung, 7-9. Gott straft mit Verwüstung, die das Reich an den Rand des Abgrunds bringt. 7. Die Vorstädte Jerusalems wurden von Feind überwältigt und von den Bewohnern verlassen, 8. Ein treuer Überrest war die einzige Hoffnung angesichts völliger Vernichtung, 9.

Gott verwirft Israels nur äußerliche Frömmigkeit, V. 10-15. Sie verwarfen Gott, 10. Jetzt verwirft Gott ihren glaubenslosen Gottesdienst, 11-15, nennt ihn bedeutungslos, ekelerregend, ungerecht, hassenswert, ohne jede geistliche Kraft, 15.

Der Herr ruft zu Buße und Umkehr, 16-20. Nach erfolgtem Aufruf zur Reinigung, 16-17, soll das Volk sich mit ihm auseinandersetzen, 18-20. Er will sie zu der Erkenntnis führen, daß er im Fall ihrer Bereitschaft zur Buße völlig vergeben will, 18-19, im Fall weiteren Ungehorsams sie jedoch schwer zu strafen entschlossen ist, 20.

Gottes Gegenüberstellung des einstigen und des jetzigen Jerusalem, 21-23. Die Stadt war einst treu, voll Recht, übte Gerechtigkeit,

21. Jetzt ist sie eine treulose Hure voller unbestrafter Mörder und unehrenhafter Richter geworden, 21-23, dargestellt unter dem Bild entwerteten Geldes und verdünnten Weins.

Gottes Zusage der Wiederherstellung Jerusalems, V. 24-31. Obwohl in der Rückkehr des Restes Israels aus der Gefangenschaft schon ein Vorgeschmack der Erfüllung dieser Verheißung liegt, weist die Wucht dieser messianischen Heilsweissagungen darauf hin, daß die endgültige Erfüllung noch in der Zukunft liegt.

Kap. 2
Jerusalem und der Tag des Herrn (Zweite Rede)

Jerusalem im Millennium (1000jährigen Reich) Mittelpunkt der Erde, 1-5. Gegenstand der Prophetie ist Juda und Jerusalem, 1; die Zeit: Israels Zukunft, wenn das Volk Gottes bei der Wiederkunft des Messias unter dem endzeitlichen Segen Gottes lebt. Dieses Gesicht bezieht sich auf die Zeit, wenn Israel sich zum Messias bekehrt haben und als Nation wieder im Lande wohnen wird; wenn Jerusalem das Zentrum der Anbetung Gottes für die ganze Welt sein wird, 2-3, nachdem der Tempel wiederaufgebaut ist und die Nationen der ganzen Welt, 2, dort den lebendigen Gott anbeten und sich (vom Volk Gottes) unterweisen lassen werden, 3; denn an jenem Tag wird Jerusalem der Ort sein, von dem das Gesetz und das Wort Gottes ausgehen werden. Jerusalems Erhöhung zum Mittelpunkt der Weltregierung Gottes wird auf der Tatsache beruhen, daß der Messias dort als der Richter-König seinen Thron haben wird. Das Ergebnis all dessen wird weltweiter Friede sein, da man Kriegswaffen zu Friedenswerkzeugen umwandeln und alle Kriegswissenschaft aufgeben wird, 4. Zu Gott bekehrt, als Nation wiederhergestellt, hält Israel seine Bürger dazu an, im Licht des Herrn zu wandeln, 5.

Der Tag des Herrn, 6-22. Das ist die Zeit, da der Herr die Sünder auf der Erde sichtbar mit Gerichten heimsuchen wird (Off. 4,1 - 19,16), und zwar in Vorbereitung auf die Zeit des Tausendjährigen Reiches, wie in 1-5 beschrieben. Hier ist der Tag des Herrn dargestellt als die Periode, „wenn der Herr sich aufmachen wird, zu schrecken die Erde", 19-21 — wenn er seine herrliche Majestät im Gericht über die Sünder offenbaren wird.

Kap. 3
Judas Sünde und der Tag des Herrn (Zweite Rede)

Dieses Kapitel ist eine Fortsetzung der zweiten Rede, die zeigt, wie nur Züchtigung der Nation für vergangene Sünden während des kommenden „Tages des Herrn" Israel für seinen Auftrag im Tausendjährigen Reich reinigen und fähig machen kann (2,1-4; 4,1-6). Das ganze Volk, von

Bedeutende, noch unerfüllte (oder erst teilweise erfüllte) Weissagungen des Buches Jesaja

Der Tag des Herrn: Mit Hinweis auf die noch vor uns liegende Periode der (auch in der Offenbarung des NT angezeigten) Endgerichte gebraucht Jesaja etwa 45mal den Ausdruck „an jenem Tage" (vgl. 2,10-22; 4,2; 13,9-13; 24,1-23; 32,1-20; 63,1-6).

Segen über das bekehrte Israel: 2,1-5; 4,2-6; 9,7; 11,4-16; 12,1-6; 14,1-3; 25,1-12; 32,15-20; 35,1-10; 52,1-12; 59,20.21; 60,1-12; 61,3-62,12; 65,17 - 66,24.

Rückführung Israels nach Palästina: 11,11-12; 14, 1-2; 27,12.13; 35,10; 43,5.6; 49,10-12; 66,20.

Wiederherstellung des Landes Palästina: 30,23-26; 35,1-10; 49,19; 60,13; 61,4; 62,4.5; 65,21-25.

Jerusalem, die Hauptstadt der Erde: 1,26; 2,3; 4,2-6; 12,6; 24,23; 26,1; 40,2; 52,1-12; 60,1-22; 62,1-7.

Segen für den Überrest: 12,1-6; 25,1-12; 26,1-19; 33,24; 35,10; 43,25; 44,22; 46,13; 54,6-10; 61,6; 62,12; 66,8.

Segen über die Nationen: 2,1-4; 11,3-4.9-10; 25,6-9; 60,1-12.

Segen für die gesamte Schöpfung: Jesaja hatte einen ganz flüchtigen Einblick in das, was nach dem Tausendjährigen Reich kommen wird: der neue Himmel und die neue Erde der Ewigkeit (65,17; 66,22). Doch, wie Johannes im Buch der Offenbarung (Kap. 21-22), hatte er gewissermaßen eine „Zusammenschau" dieser beiden an sich getrennten Perioden: des Tausendjährigen Reiches und der Ewigkeit danach (vgl. Jes. 11,6-8 mit 65,25; 66,22).

den Vornehmsten bis zu den Geringsten, muß für seine Sünde bestraft werden: die Regierenden, Amtsleute und andere, die in 1-15 aufgezählt werden – auch die eitlen, bösen, weltlichen Frauen, 3,16 - 4,1. Die Sünden, zur Zeit des Propheten begangen, müssen am „Tag des Herrn" gerichtet werden, ehe wieder Segen auf Israel als Nation kommen kann.

Kap. 4
Herrlichkeit erwartet den erlösten Überrest (Zweite Rede, Schluß)

Der Überrest überlebt das Gericht des „Tages des Herrn", 1. Zwar wird nur ein Mann von sieben überleben, so daß als Folge davon sieben Frauen um einen Mann werben werden (vgl. 3,16-26).

Der Überrest nimmt den Messias, den Sproß des Herrn, an, 2. Vgl. Jer. 23,5; 33,15; Sach. 3,8; 6,12. Die Aussage über den Messias findet sich ferner in Jes. 11,1-3, wo „ein Sproß aus dem Stumpfe Isais hervorgehen und ein Schoß aus seinen Wurzeln" hervorbrechen wird. So wird er von nun an „heilig" genannt. Das wird erreicht durch die „dezimierenden" Gerichte am „Tag des Herrn", 4, wenn Gott Israel als Nation reinigen wird (vgl. Röm. 11,16-27).

Der Überrest wird behütet und beschirmt, 5-6, durch eine Wolkensäule bei Tag und eine Feuersäule bei Nacht – eine Erinnerung an Israels Wüstenwanderung (2. Mo. 13,21.22), und durch eine schützende Überdachung „alles dessen, was herrlich ist". Dies wird die offen-

barte Herrlichkeit des Messias inmitten seines Volkes sein. Hier endet die zweite Rede Jesajas an das Volk, die 2,1 beginnt.

Kap. 5
Dem Volk Gottes wird seine Sünde und ihre Folgen gezeigt (Dritte Rede)

Durch ein Gleichnis, 1-7. Das Volk Israel wird mit dem Weinberg Gottes verglichen, 7. Gottes liebevolle Fürsorge für Israel wird daran deutlich, daß er seinen Weinberg auf eine sehr „fruchtbare Höhe" pflanzte (Palästina), 1; durch intensive Pflege desselben, Wahl der edelsten Reben und durch den Bau eines Turms im Weinberg, 2. Mit Recht durfte er auf gute Erträge von diesem Weinberg hoffen, 2. Doch er brachte wilde Trauben und Klage des Besitzers, 3-4, und die Androhung, den Weinberg zu verwüsten (als Züchtigung). Das erforderte, daß die ihn umgebende Hecke beseitigt und die schützende Mauer (durch Feinde) eingerissen und der Weinberg selbst für eine gewisse Zeit völlig vernachlässigt würde.

Durch Aufzählung ihrer Sünden, 8-23. Begehrlichkeit und Geiz sollen mit Hungersnot bestraft werden, 8-10; Aufruhr und Schlemmerei, 11-12.22, durch das Elend der Gefangenschaft, 13-17. Gott deckt ihre Anmaßung auf, gewissenlos zu sündigen, 18-19; ihren Mangel an Selbstbeherrschung und ihre Parteilichkeit in der Rechtsprechung, 23.

Durch Androhung der Gefangenschaft und damit des nationalen Untergangs, 24-30, allgemeine Verwüstung des Landes, 24-25, und Überfall durch eine fremde Nation, 26-30.

Kap. 6
Jesajas Berufung und Auftrag (Vierte Rede)

Der Prophet sieht Gott, 1-4, d.h., er schaute „die Herrlichkeit Jesu Christi" (Joh. 12,41), etwa im Jahr 740 v.Chr., dem Todesjahr des Königs Ussija, 1. Das kann eine Vision am Anfang seiner prophetischen Laufbahn gewesen sein, die ihn ermutigen sollte, oder eine Bestätigung in seinem bereits angetretenen Dienst. In jedem Fall sah er den Herrn Jesus Christus in seiner Herrlichkeit, auf seinem Thron sitzend, umgeben von den Seraphim.

Der Prophet sieht sich selbst, 5. Auf diesem Hintergrund der Herrlichkeit Gottes kann er sich selbst nur verabscheuen und bekennen, daß er vor Gott nicht bestehen kann, weil er sündig ist. Das ist immer der von Gott gewirkte Verlauf bei einer Berufung zum Dienst: Erkenntnis der Herrlichkeit Gottes, dann der eigenen Unwürdigkeit.

Der Prophet wird gereinigt (von seiner Sünde), 6-7. Feuer ist das Symbol dieser Reinigung.

Der Prophet wird beauftragt, 8-10. Der dreieinige Gott – man beachte den Plural „uns" – ruft nach einem Freiwilligen zur Übernahme eines wichtigen Auftrags. Jesaja ist bereit, ihn zu übernehmen, 8, worauf Gott ihn mit seinem Auftrag bekanntmacht, 9-10, der ein Verstockungs- und geistliches Taub- und Blindheitsgericht über die ganze Nation (Matth. 13,14-15; Joh. 12,39-41; Apg. 28,25-27) in sich schließt.

Gott kündet dem Propheten das Ergebnis des Auftrags an, 11-13. Wie lange soll der geistliche Niedergang der Nation anhalten? Bis zum vollständigen Verstummen des Zeugnisses Israels von dem einen wahren Gott? Die göttliche Antwort lautet: „Nein" – nur bis zur vollständigen Verwüstung des Landes und der Wegführung des Volkes nach Babylon. Dann werde ein kleiner *Überrest*, d.i. der zehnte Teil der Weggeführten, zurückkommen, würde aber auch noch durch Gericht vermindert werden. Doch werde ein „heiliger Same" übrigbleiben, der den Grundstock der Hoffnung Israels bilden werde und in dem alle Bündnisse und Verheißungen Gottes ihre Erfüllung finden sollen.

II. Das Buch vom Immanuel (Gott mit uns), 7,1 - 12,6

Kap. 7
Das bedeutsame messianische Zeichen für den Immanuel (Erste Rede)

Die geschichtlichen Umstände, durch die das Zeichen hervorgerufen wird, 1-2. Um 735 v.Chr. sieht sich Ahas einem Bündnis zwischen Rezin, dem König Syriens (ca. 740-732), und Pekach (ca. 740-732), dem König des Nordreichs (Israel), gegenübergestellt. Diese beiden Könige marschierten gegen Jerusalem zu aus Protest dagegen, daß Ahas sich nicht mit ihnen gegen die wachsende Macht Assyriens verbünden wollte, die unter Thiglath-Pileser III. (745-727) unablässig in Richtung des Mittelmeeres vorzustoßen entschlossen war, 1. Ahas und sein Volk fürchteten sich vor der feindlichen Heeresmacht, von der sie unter Druck gesetzt wurden, 2. Wie würde dies enden? Sollte die Hilfe bei den Assyrern oder bei Gott gesucht werden?

Eine ermutigende Botschaft, 3-9. Gott sendet Jesaja mit seinem Sohn Schearjaschub („ein Überrest kehrt wieder") zu Ahas, um ihn dazu zu bringen, daß er Gott und nicht den Assyrern vertraue, weil der Herr bereits beschlossen hatte, diese beiden Verbündeten zu verderben und ihren Plan zu vereiteln, den Vasallenkönig auf Jerusalems Thron zu setzen. Für eine Zeit würde alles sowohl in Damaskus (Syrien) als

auch in Israel bleiben, wie es ist, 8-9, und Juda würde nicht erobert werden. Die Erfüllung dieser Vorhersage (bezüglich Syriens und des israelitischen Nordreichs) vollzog sich 65 Jahre später, während der Herrschaft Assar-haddons (681-668). Zu der Zeit drangen Ausländer in Syrien und Israel ein und eroberten beide Länder. So wurde das Nordreich Israel völlig zerstört und existierte als Nation nicht mehr.

Das Gotteszeichen zur Bestätigung der Botschaft des Propheten, 10-13. Das zu erbittende Zeichen oder Wunder war unbegrenzt und uneingeschränkt, 11. Doch Ahas berief sich in vorgetäuschter Frömmigkeit auf 5. Mo. 6,16, um damit seinen Unglauben zu bemänteln, der sich bereits erdreistet hatte, Bestechungsgelder für den König von Assyrien aus dem Tempelschatz zu rauben. Er erntet eine schwere Rüge von Jesaja, der ihn daran erinnert, daß er ein Glied des Hauses David ist, 13.

Welches ist das bedeutsame messianische Zeichen? V. 14-15. Diese Bibelstelle stellt das schwierigste Auslegungsproblem im Alten Testament dar. Das Neue Testament bezeugt in aller Deutlichkeit, daß die endgültige Erfüllung dieses verheißenen Zeichens in der Geburt Jesu Christi von der Jungfrau zu sehen ist (Matth. 1,22-23). Mit dieser Deutung stimmen fast alle Kommentatoren überein. Man ist sich jedoch nicht einig in der Frage, ob dies wunderbare Zeichen zusätzlich eine zeitgeschichtliche Bedeutung hat. In der evangelischen Welt bestehen zur Zeit zwei Hauptrichtungen in der Auslegung dieser Stelle.

Die eine vermutet, daß der Zusammenhang von Jesaja 7 ein weit bedeutungsvolleres Wunder als die Geburt eines Kindes zu jener Zeit notwendig erscheinen läßt (7,11), und stellt darüber hinaus fest, daß das angekündigte Zeichen über Ahas hinaus auf das ganze Haus Davids („euch" – Plural!) hinweist.

Der Name des Kindes „Immanuel" („Gott mit uns") deutet besonders stark auf Christus. Andere vermuten, daß das Zeichen sich auf ein Kind zur Zeit Jesajas und auch auf die endgültige Erfüllung in Christus bezieht. Das Wort, das hier für „Jungfrau" gebraucht wird *('almáh)*, erscheint in 1. Mose 24,43; 2. Mose 2,8; Ps. 68,26; Spr. 30,19; Hohesl. 1,3; 6,8; und meint gewöhnlich eine unverheiratete Frau, die noch unberührt ist. Jesaja könnte hier auch an die Prophetin von 8,3 gedacht haben, die er nach dieser Weissagung heiratete (Jes. 8,1-12; vgl. Herbert Wolf, JBL 1972). Jesajas Sohn Maher-Schalal-Chasch-bas deutete mit diesem Namen auf seine Weise auf die erste assyrische Invasion nach Syrien und Israel hin, welche 732 v.Chr., etwa drei Jahre nach dieser Weissagung, erfolgte (7,15-16; 8,4). Bemerkenswert ist ferner, daß sowohl Pekach als auch Rezin drei Jahre nach der Verkündigung dieser Prophetenbotschaft getötet wurden.

Ahas wird schwere Strafe angedroht, 17-25. In V. 17 wird die Schwere der Strafe betont. Das Werkzeug der Strafe sollte nach Gottes Willen der Mann sein, dem Ahas mehr vertraut hatte als Gott: der König von Assyrien würde kommen und das Land verwüsten (17-25).

Kap. 8,1 – 9,7
Gegenwärtige Befreiung, ein Angeld auf den zukünftigen Befreier (Zweite Rede)

Ein weiteres Zeichen für den Fall von Damaskus und Samaria, 8,1-4. Drei Kinder werden im Zusammenhang mit der syrisch-israelitischen Invasion Judas genannt: 1) Schearjaschub (7,3: „Ein Überrest soll umkehren"), 2) Maher-Schalal Chasch-bas (8,1-4: „Bald kommt Plünderung, eilends Raub!") – beides die Söhne des Jesaja; und 3) „Immanuel" („Gott mit uns"), Davids Sohn und Herr 7,13-14). Alle drei Kinder stellen Hauptpunkte in Jesajas täglichem Predigen dar: 1) „Ein Rest wird umkehren" von Babylon und aus der weltweiten Zerstreuung der Endzeit (1,9; 4,1-4; 6,13 etc.). 2) „Bald kommt Plünderung, eilends Raub!" spricht von der baldigen Befreiung von Rezin und Pekach. Damaskus wurde 732 v.Chr. eingenommen, und Rezin wurde erschlagen. Das Nordreich mußte seine Nordprovinzen an Assyrien abtreten (2. Kö.

15,29), und wenige Jahre später wurde auch die Hauptstadt erobert (722 v.Chr.). 3) Der Jungfrauensohn ist die zukünftige Herrlichkeit der Nation.

Die falsche Wahl des Unglaubens und ihre Auswirkungen, 8,5-8. Das Volk folgte Ahas und wählte die Allianz mit Assyrien, anstatt Gottes Führung und Hilfe zu suchen, deren Symbol die stillen Wasser zu Siloah waren (das Siloah von Joh. 9,7.11; Luk. 13,4). Da die ungehorsame Nation in Unglauben und weltlicher Weisheit diese stillen Wasser verachtet hatte, sollte sie von den Fluten des Euphrats überschwemmt werden – ein Bild für den Einbruch der assyrischen Armeen in das Land. Doch die Tatsache, daß Palästina „Immanuels Land" genannt wurde, 8, brachte die Gewißheit, daß im Blick auf den Jungfrauensohn Immanuel Israel von dieser schrecklichen Flut nicht ausgelöscht werden würde.

Die Herausforderung (der Feinde Judas) durch die Gnade Gottes, l8,9-15. Der Herr forderte die Feinde Judas heraus, ihr Ärgstes zu tun, um Juda zu zerstören, 9-10. Sie sollten gegen den harten Felsen der Gerichte Gottes geworfen werden. Der Grund dafür: Gottes Gnade sollte der echten Schar seiner Auserwählten im „Immanuel" offenbar werden, 10. Der Herr ermutigte und belehrte Jesaja und dessen treue Anhänger, sich durch den allgemeinen Vorwurf der Verschwörung oder des Verrats nicht erschrecken zu lassen, 12, den man ihnen wegen ihrer Opposition gegen eine Allianz mit Assyrien gegen die nördlichen Verbündeten entgegenschleuderte. Gott versprach, ihnen ein (bergendes) Heiligtum zu sein, all denen aber ein Stein des Anstoßes (1. Petr. 2,7.8) und ein Fallstrick zu werden, die, wie Ahas, in Untreue und Rebellion den Immanuel (d.i. Christus) verwerfen, 14-15).

Gottes Herausforderung, seiner Gnade allein zu trauen, 8,16-20. Das Zeugnis der großen Tafel mit dem Namen „Maher-Schalal-Chasch-bas" („Bald kommt Plünderung, eilends Raub"), 1, sollte versiegelt werden, damit seine Erfüllung in aller Öffentlichkeit von Gott selbst, dem Herrn der Geschichte, bestätigt würde, 16. Der gläubige Rest wird auf dem verläßlichen Gotteswort stehen und zuversichtlich auf dessen Erfüllung warten. Der treue Prophet tat sein persönliches, unbeirrbares Zeugnis kund, 18-19. Er sprach die Warnung aus, daß die, die sich auf Inspiration oder irgendwelche Autorität berufen, die im Gegensatz zu Gottes Wort steht und in dämonisch-bestimmter Religiosität ihre Wurzel hat, des göttlichen Lichtes verlustig gehen, 19-20. Spiritismus und allgemein übliche Kulte wurden verdammt. Sie hatten zu Fehlurteilen und geistlicher Blindheit geführt.

Fehlendes Vertrauen zu Gott, 8,21-22, würde die unbeschreiblichen Qualen und das

Elend der assyrischen Invasion und letztlich der Wegführung aus dem Land zur Folge haben.

Die Weissagung vom Immanuel als dem „großen Licht", 9,1-2. Hier wird vorausgesagt, daß Immanuel, nach Gottes Vorsehung, im dunklen, verachteten Galiläa erscheinen würde, 1, und zwar im Gebiet von Sebulon und Naphtali. Es ist genau dieses Gebiet, das als erstes in Schmach und Not stürzte durch Thiglath-Pilesers plündernde Armeen (732 v.Chr.). Hier erschien dann Jahrhunderte später das strahlende Licht des Messias, der besonders in Galiläa wirkte (Matth. 4,13-17).

Weissagung vom Immanuel, dem großen Befreier, 9,3-5. Er würde des Volkes viel und seine Freude groß machen, 3. Er würde die Nation von allen ihren Unterdrückern und Feinden befreien, auf übernatürliche Weise (vgl. Sach. 12,1-8; 14,1-15), doch in einem letzten, grauenhaften Konflikt, 5. Diese Verheißung bezieht sich auf das zahlenmäßige Anwachsen des Volkes nach der Babylonischen Gefangenschaft und seine Siege in der Zeit der Makkabäer; doch wird sie ihre letzte und volle Erfüllung finden in der Schlacht bei Harmagedon und der folgenden Wiederherstellung der Königsherrschaft in Israel (Apg. 1,6).

Weissagung vom Immanuel als dem „Herrn aller Herren", 9,6-7. Immanuels Menschlichkeit („ein Kind geboren") und seine Gottheit („ein Sohn gegeben") werden hier verheißen. Seine Regierungszeit wird als erfolgreich beschrieben, als friedevoll, davidisch, gerecht, ewig, gewiß, 6-7. Seine messianischen Titel sind angeführt: 1) *Wunderbar, Rat,* dessen Rat allein Menschen von der Sünde erlösen kann; 2) *starker Gott,* was seine göttliche Macht als „Held im Streit" beschreibt; 3) *Ewigvater,* Besitzer der Ewigkeit wie auch die Quelle ewigen Lebens; 4) *„Friedefürst",* d.i. der Herrscher, der im kommenden Reich eine „Welt ohne Krieg" zustande bringen wird. Gottes Bund mit David (2. Sam. 7,8-17) wird im Tausendjährigen Reich verwirklicht werden, und diese letzte Zeitperiode (auf der alten Erde) wird in die Ewigkeit einmünden durch den Eifer des Herrn; denn er wird seine wunderbaren Verheißungen ewiger Segnungen für Israel und die Welt erfüllen.

Kap. 9,8 - 10,4
Das stolze Samaria im Gericht Gottes (Dritte Rede)

Israels Stolz und Vermessenheit, 9,8-10, wird durch eine syrische und philistinische Invasion gestraft werden, 11-12; seine Unverbesserlichkeit, selbst unter Züchtigung, 13, wird durch den zerstörenden, erbarmungslosen Zorn des Herrn gestraft werden, 14-19, durch Bürgerkrieg und Hungersnot, 20-21. Des Herrn Hand „ist noch immer ausgereckt" in zorniger Züchtigung und nicht zurückgezogen wegen der Wei-

Assyrischer Bogenschütze

gerung (des Volkes), sich zu ändern (beachte die traurige Wiederholung des düsteren Refrains in 9,11(12). 16.20; 10,4; vgl. 5,25). Für die gewissenlose Klasse der Regierenden in Samaria, die das Volk herzlos ausbeuteten, stand die Zeit der Wegführung unmittelbar bevor (10,1-4).

Kap. 10,5-34
Assyrien überfällt Immanuels Land (Vierte Rede)

Assyrien, Gottes Instrument zum Gericht über Israel, wird auch gerichtet werden, 5-19. Assyrien war das Werkzeug in Gottes Hand, mit dem er sein Volk züchtigte, 5-6. Trotz seines selbstgefälligen Stolzes, 7-14, wird es unwiederbringlich von Gott zerstört werden, dem es jetzt als Geißel dient, 15-19.

Die Rückkehr eines treuen Überrestes, 20-23. Die Zeit: „an jenem Tage", dem „Tage des Herrn" (2,10-22), nachdem die *letzten* Feinde Israels vernichtet worden sind. Die geschichtliche Erfüllung dieser Weissagung in der Vernichtung der Assyrer weist auf einen ähnlichen Überfall Palästinas durch den „König des Nordens" (Dan. 11,40) in der Endzeit (Jes. 14,24-25; 30,31-33; Micha 5,4-7; Dan. 8,23-26; 11,40-45). Der Überrest wird dann, wie jetzt Jesaja und seine Gesinnungsgenossen, diesen falschen Regenten verwerfen und „sich verlassen auf den Herrn, den Heiligen Israels, in Treue", 20.

Darum: Keine Furcht vor Assyrien! (24-34) für die, die dem Herrn vertrauen, 24-27, wenn es auch noch so erschreckend vorwärtsstürmt in Immanuels Land, 28-32, denn der Herr wird den Assyrern ein schnelles Ende bereiten, 33-34.

Relief einer sterbenden Löwin am Palast Assurbanipals in Ninive

Kap. 11
Der Immanuel-König und sein Reich (Vierte Rede)

Immanuel-Königs davidische Abstammung, 1. Er ist hier beschrieben als „ein Sproß" aus dem nach dem Fällen übriggebliebenen „Stumpf aus Isai", was seine unbekannte Herkunft und seine Niedrigkeit anzeigt – denn das Haus Davids war zur Zeit der Geburt Jesu arm und unbekannt. Er wird zudem ein „Schoß" genannt, hebr. *neser* (vgl. Matth. 2,23: „Und kam und wohnte in der Stadt Nazareth; auf daß erfüllt würde, was gesagt ist durch den Propheten: Er soll Nazarenus heißen").

Immanuel-Königs Ausrüstung, 2. Der Heilige Geist, in siebenfacher Fülle, d.i. in unmeßbarer Vollkommenheit (Joh. 3,34), soll auf ihm ruhen oder bleiben (Joh. 1,32-34; vgl. „die sieben Geister" – sie kommen dem einen Geist in seiner ganzen Fülle gleich, Off. 1,4; 4,5). Seine allgemeine Ausrüstung ist „der Geist des Herrn", die notwendige Voraussetzung für sein Regieren in Gerechtigkeit. Das Ergebnis dieser Ausrüstung ist Immanuels Freude an der „Furcht des Herrn", 3.

Immanuel-Königs gerechtes Regieren, 3-5. Er wird nicht willkürlich nach dem äußeren Schein richten, 3 (vgl. 1. Sam. 16,7), sondern er wird gerecht richten und kraftvoll regieren, 4, „mit eisernem Stabe" (Ps. 2,9; Off. 2,27; 12,5; 19,15). Er wird Gottes heiligem Gesetz als der zweite Adam zum Recht verhelfen gegen den Stolz und die Auflehnung der von Satan beherrschten Menschheit, der die Erde verseuchen wird, bis Christus das satanische Weltsystem bei seiner Wiederkunft und in seinem Königreich beseitigt. „Gerechtigkeit wird der Gurt seiner Lenden sein und Treue der Gurt seiner Hüften", 5.

Immanuel-Königs Friedensreich, 6-9. Es wird keine böswilligen Angriffe in Immanuels heiligem Königreich geben. Da wird eine so völlige Veränderung herrschen, daß selbst die Tierwelt mit einbezogen sein wird in den Wandel, der eine wunderbare Befreiung von Vergänglichkeit und Bosheit bedeutet, die durch den Fall über die gesamte Schöpfung gekommen ist (Röm. 8,19-22). Paradiesische Zustände werden, wenigstens teilweise, wiederhergestellt sein, so daß Raubtiere und giftige Schlangen weder einander noch den Menschen angreifen werden. Der Grund dafür liegt darin, daß „das Land voll Erkenntnis des Herrn" sein wird und alle Menschen den Willen Gottes ganz und gerne tun werden, 9.

Immanuel-König wird die Heiden in sein Königreich hineinbringen, d.h. mit einbeziehen, 10. Wie ein militärisches Banner oder Feldzeichen wird der Messias erscheinen, daß „die Heiden nach ihm fragen" (Offb. 5,5; 22,16).

Immanuel-König wird Israel wieder sammeln, 11-16, wenn er sein Reich aufrichtet, 11. Das wird eine zweite und letzte Sammlung eines Überrestes aus einer weltweiten Zerstreuung sein, 11-12, durchgesetzt von der Macht Gottes. Die alte Zwietracht zwischen Juda und Ephraim (d.i. dem Süd- und Nordreich) wird ausgelöscht sein, und Sicherheit und Herrschaft über jeden Feind wird gesichert sein, 13-14. Es wird kein Hindernis für die letzte Sammlung Israels aus der Zerstreuung mehr geben, was hier von Jesaja durch große geographische Begrenzungen symbolisch angezeigt wird. Die Bucht des „Ägyptischen Meeres" („Zunge") ist das Hindernis, das sie durch das wunderbare Eingreifen Gottes nach dem Auszug aus Ägypten überwinden durften (Durchgang durchs Rote Meer). Der Fluß ist der Euphrat (8,7).

Kap. 12
Der Überrest singt das Lied der Erlösung (Vierte Rede, Schluß)
Das Danklied des einzelnen Gläubigen, 1-3. Es ist ein Jubelgesang zum Preis des Immanuel-Erlösers, weil (durch ihn) der Zorn Gottes abgewendet ist und statt dessen sein Trost im Überfluß erfahren wird, 1. Weil Gott des Sängers Heil ist, 2, und weil er des Sängers Stärke und sein Lied ist, 3. Dieses Lied wird „an jenem Tag" gesungen werden, 1, d.i. am Tag der Sammlung Israels aus den Nationen, seiner endgültigen Befreiung vom „Ägypten" der Welt. So wird das Lied Moses und Israels nach dem Durchgang durchs Rote Meer tausendfach verstärkt erschallen (2. Mo. 15,1-21).

Das gemeinsame Lied der Erlösung des Überrestes, 4-6. Hier wechselt die Anrede von der Einzahl zur Mehrzahl „ihr", denn inzwischen ist auch der letzte der Zerstreuten Israels zum großen Chor der Erlösten gestoßen, um mit ihnen zusammen ins Königreich des Immanuel einzuziehen. Als Fortsetzung und zugleich Verstärkung des Lobes Gottes enthält es zusätzlich eine Ermahnung zu Gebet und Zeugnis, 4; zu frohem Gesang, 5; und zu heiliger Freude und Frohlocken, 6. Wie wird es einst sein, wenn dieses Lied als Ausdruck der grenzenlosen Freude der Erlösten dem Immanuel entgegenbraust, wenn er kommt, um Zions König und zugleich der Herrscher über die ganze Erde zu sein!

III. Gottes Gerichtsandrohungen über die Nationen, 13,1 - 23,18

Kap. 13
Das Gericht über Babylon

Die Verwirrung der Nationen vor ihrem Untergang, 1-16. Babel („Verwirrung") – der Name wird hier symbolisch gebraucht, als Bezeichnung der Unordnung, die die Regierungsweise der Nationen und ihre Politik während „der Zeit der Heiden" charakterisiert (Luk. 21,24). Sie steht im Gegensatz der göttlichen Ordnung (Jes. 11), die herrschen wird, wenn Israel in seinem Land leben und das Zentrum des Segens sowie der göttlichen Weltregierung sein wird (Jes. 2,1-5). Jeder andere Zustand als der, daß die Nationen durch ihre Verbindung mit Israel Segen empfangen, ist ein politisches Babel („Verwirrung"). Das Gericht über Babylon bezieht sich hier sowohl auf die Eroberung durch die Perser (539 v.Chr.) als auch auf das endzeitliche Gericht Gottes über das dann herrschende Weltreich, auf das Babylon bildhaft hinweist (Offb. 17,5). Die Verse 12-16 weisen hin auf die zukünftigen Gerichte des „Tages des Herrn" (Off. 6-16), die zuletzt in der Vernichtung des religiösen (Off. 17) sowie des politischen (Off. 18) Babylon enden.

Weissagung von der Zerstörung Babylons zur Zeit Jesajas, 17-22. Das Babylon Nebukadnezars II. (605-562), welches zur Weltherrscherin wurde und schließlich dem Perserkönig Kyrus unterlag (539 v.Chr.), ist hier im Blickfeld. Dieses Reich, das Juda in Gefangenschaft geführt hatte, ist ein Hinweis auf das politische Babylon der Endzeit, das herrschen wird, bis es bei der Wiederkunft Jesu für immer zerstört wird.

Kap. 14
Babylons Fall und Israels Wiederherstellung

Weissagung von Israels Wiederherstellung setzt Babels Fall voraus, 1-3. Israel kann erst seinen ihm von Gott bestimmten Platz als Zeuge des lebendigen Gottes unter den Nationen einnehmen und von seinen weltweiten Leiden zur Ruhe kommen, nachdem das politische Babel vernichtet ist.

Israels Siegeslied über den Fall des letzten Königs von Babel, 4-11. Das ist weder Nebukadnezar II. noch Belsazar, sondern das letzte politische Haupt des zur Endzeit wiedererstandenen Römischen Reiches (Off. 13,1-18), „der Mensch der Sünde, der Sohn des Verderbens" (2. Thess. 2, 3-4), „das kleine Horn" (Dan. 7,8.24-27; 11,36-45). Er wird hier im Totenreich gesehen (vgl. Off. 19, 2), wo er in die Hölle (Gehenna) geworfen wird.

Die Hängenden Gärten von Babylon

In der Person des letzten Königs von Babel wird Satan als der, der ihn anspornt, angesprochen, 12-17. Satan, der Organisator und Diktator dieses (letzten) Regierungssystems der Welt, wird mit dem letzten und wahrhaft diabolischen Herrscher (2. Thess. 2,9) desselben so eng verbunden sein, daß im Sturz des Königs von Babylon eine Offenbarung des ursprünglichen Falles Satans und des Eintritts der Sünde ins Universum gesehen wird. Diese Offenbarung zeigt auch die Rolle, die Satan im Bereich der menschlichen Politik spielt, ganz besonders seit der Zeit, da Israel nach der Babylonischen Gefangenschaft von Gott „beiseitegesetzt" ist.

Zukünftige Zerstörung des satanischen Weltsystems, 18-27. Diese Stelle geht weit über eine Weissagung des Untergangs des geschichtlichen babylonischen Reiches hinaus, 18-24, ebenso über den des assyrischen Reiches, 25. Sie enthält „Gottes Ratschluß über die ganze Welt", 26, und bezieht sich auf das Königreich Gottes, dessen Kommen nach Gottes unwandelbarem Plan garantiert ist, 27.

Weissagung gegen das Land der Philister, 28-32. Das Land der Philister soll durch den Ansturm der assyrischen Macht unter Sargon und Sanherib völlig zerstört werden. Doch der Herr wird sein Volk beschützen.

Kap. 15-16
Gericht über Moab

Moab soll erbarmungslos verwüstet werden, 15,1-16,9. Furchtbare Verheerungen durch Assyrien werden seine Anmaßung und seinen Stolz demütigen, 16,10-14. Ereignisse am „Tag des Herrn" werden angekündigt (vgl. 16,5).

Kap. 17
Gericht über Damaskus und Samaria

Damaskus und Ephraim (das Nordreich) werden verwüstet werden, 1-3. Aber in Samaria wird sich schließlich ein Überrest herausschälen, der sich vom Götzendienst abwendet, 3-8. Doch muß Züchtigung dem Gesegnetwerden vorausgehen, 9-11; dies wird mit den furchtbaren Grausamkeiten der assyrischen Invasion vorhergesagt, 12-14. Vers 14 könnte von der Zeit sprechen, als der Engel des Herrn 185.000 Assyrer schlug (37,16).

Kap. 18
Gericht über Äthiopien

Der Prophet sagt den äthiopischen Abgesandten, daß Raubvögel ihre Leichname auffressen werden, die nach der Schlacht auf dem Schlachtfeld verwesen, 1-6. Doch werden dem Herrn der Heerscharen zur Zeit des Tausendjährigen Reichs von Äthiopien Geschenke dargebracht werden auf dem Berg Zion, 7.

Kap. 19-20
Gericht über Ägypten

Bürgerkrieg, Dürre, Verwüstung plagen Ägypten als Folge der assyrischen Invasion, 18,1-10. Ägyptens Weisheit und Stolz werden zur Narrheit, 11-15. Es wird durch das kleine Juda in Schrecken versetzt. So hat Gott es gegen Ägypten beschlossen, 16-18. Doch wird Ägypten sich zum Herrn bekehren und wird zuletzt teilhaben am Segen Gottes, zusammen mit Israel (und Assyrien), 19-25.

Noch aber liegt vor Ägypten Eroberung und Wegführung in die Gefangenschaft durch Assyrien (Assar-haddon), 20,1-6. Jesaja läuft unbekleidet und barfuß herum, 1-2, als Zeichen dafür, daß der assyrische König Ägypter und Äthiopier in die Gefangenschaft führen würde, 3-6. Damit soll Jesaja in Gottes Auftrag einer starken Partei in Jerusalem, die sich mit Ägypten verbünden wollte, anzeigen, wie vergeblich ihre Hoffnung auf Hilfe durch eine solche Allianz sein würde.

Kap. 21
Das Gericht über Babylon, Edom und Arabien

Gericht über die „Meereswüste", 1-10. Die „Meereswüste" war Babylon: „Gefallen, gefallen ist Babylon!", 9. Das Gerichtsinstrument Gottes für Babylon ist Medien, 2. Das geschichtliche Ereignis, von dem hier gesprochen wird, lag noch etwa zweihundert Jahre in der Zukunft, doch sah Jesaja hier die persischen Eroberer im Vormarsch. Welch ein überzeugendes Beispiel für die Zuverlässigkeit des prophetischen Wortes! Vorausgeschriebene Weltgeschichte!

Gericht über Duma (Edom), 11-12. „Duma" („Schweigen") scheint ein Anagramm, d.h. eine Buchstabenverschiebung des Namens „Edom" zu sein. Dieses Land südlich des Toten Meeres, reich an Bodenschätzen, die Heimat von Esaus Nachkommen, den Nebenbuhlern der Stämme Jakobs, wird auch Seir genannt (1. Mo. 32,3; 4. Mo. 24,18; Ri. 5,4). Der Reichtum der Edomiter ist an dem hohen Tribut, den sie an Assar-haddon zahlten, zu erkennen. Kupfer und Eisen machten die Edomiter reich, ebenso wie die Zölle, die die alte Königsheerstraße einbrachte, die nach Ezion-Geber führte. Der Ruf des Wächters und seine geheimnisvolle Antwort war das einzige, was man in dieser bedrückenden Stille hörte, 11-12.

Gericht über Arabien, 13-17. Die nordwestlichen Stämme, die in den Gebieten entlang des Roten Meeres lebten (1. Mo. 25,3; Hes. 27,20; 38,13), die Dedaniter genannt, führten ihre Güter auf Schiffen nach den phönizischen Tyrus aus (Hes. 27,15). Sie und die Kedariter, die östlich von Palästina und Syrien lebten und für ihre besonders gute Viehzucht bekannt waren (Jes. 60,7) und die in schwarzen Zelten wohnten, würden von den anrückenden Assyrern und Chaldäern in die Flucht gejagt werden.

Kap. 22
Gericht über Jerusalem

Die fröhliche, weltberühmte Stadt, 1-4, in die feindliche Armeen eingefallen waren, 5-7, sollte Belagerung und Elend durchleiden, 8-14. Sie wird „Tal der Gesichte" genannt, 1.5, denn Gott offenbarte sich auf dem Berg Zion, der von Tälern umgeben ist, hinter denen höhere Hügel aufragten. Trotz der Gefahr der assyrischen Invasion lebten die Bewohner Jerusalems leichtsinnig dahin, 13. Sebana, der Verwalter, 15-19, der stolze, aufs Materielle ausgerichtete Usurpator (Typ des Antichristen) sollte aus seinem Amt beseitigt werden. Seine Stelle sollte der treue Eljakim, 20-25 (Typus des Messias), bekleiden.

Das „ihm" in V. 22 bezieht sich auf den kommenden Messias, dem der Schlüssel zum Haus Davids gegeben werden wird, 22 (Off. 3,7). Aber am Ende ist es Christus, der das Recht hat zu regieren, 20, als der Heilige und Wahrhaftige. „Und ich will ihn als Nagel einschlagen an einem festen und zuverlässigen Ort ..., so daß sich die ganze Herrlichkeit seines Vaterhauses an ihn hängen wird ...", 23-24 (vgl. Sach. 10,4).

Kap. 23
Das Gericht über Tyrus

Tyrus ist das Symbol für den Pomp und Hochmut des satanischen Weltsystems (vgl. Hes. 28,12-15) in bezug auf seinen Welthandel. Tyrus war ein reiches Handelszentrum an der phönizischen Küste, das die Begierde all seiner Eroberer erweckte. Sein betrügerischer Glanz, seine stolze Selbstgenügsamkeit und seine Weltklugheit waren von Satan inspiriert. Es gelang Nebukadnezar selbst nach zwölfjähriger Belagerung nicht, die Inselstadt zu

Jesaja predigte eine ernste Gerichtsbotschaft über Jerusalem.

erobern. Alexander dem Großen gelang das jedoch im Jahre 332 v.Chr. (Sach 9,2-4). Jesaja sah den Fall dieses Welthandelszentrums voraus, 1-7. Gott hatte es so beschlossen wegen seines Stolzes, 8-12. Die siebzig Jahre, in denen Tyrus der Vergessenheit anheimfallen würde, 17, beziehen sich vielleicht auf die Zeit zwischen Nebukadnezars Eroberung im Jahre 571 v.Chr. und dem Fall Babylons, als Tyrus ein gewisses Ansehen in der Welt zurückgewann. Nach siebzig Jahren der Verödung würde die Stadt Tyrus ihre Bedeutung wiedergewinnen, und im Millennium wird sie „dem Herrn geweiht" sein (vgl. Hes. 26-27).

IV. Das Buch von Gericht und Verheißung 24,1 - 27,13

Diese Kapitel bilden eine fortlaufende Weissagung über das Thema vom Gericht „am Tage des Herrn" mit darauffolgendem Segen. Sie werden manchmal „Apokalypse (d.h. Offenbarung) des Jesaja" genannt.

Kap. 24
Der Tag des Herrn und der Segen im Messianischen Reich

Die Gerichte des „Tages des Herrn", 1-13. Der Herr wird die Erde richten und die darauf wohnen, 1. Alle Gruppen der menschlichen Gesellschaft, die Christus verwerfen, werden von diesen Gerichten betroffen werden, 2. Die apokalyptischen Verwüstungen werden beschrieben, 3-13, und der Grund dafür wird klargelegt, 5. Das ist die Zeit, von der folgende Bibelstellen sprechen: 2. Thess. 1,7-10; Matth. 24-25; Off.

4,1 - 19.16; Jes. 2,6-22; Zeph. 1,1-18; Sach. 12,1 bis 14,15.

Einschub: Bewahrung und Loblied des Überrestes, Kap. 24,14-16. „An jenem Tage" beginnt der Lobgesang, geboren aus der Erfahrung wunderbarer Errettung durch Gott während der Großen Trübsal (Off. 7,1-8; 14,1-5).

Die Gerichte des „Tages des Herrn", Fortsetzung, 17-22, werden die Erde und die „bösen" Erdbewohner, Satan und die Dämonen treffen, 21. Die letzteren nehmen Besitz von den gottlosen Menschen und inspirieren sie (Eph. 6,10-12; Off. 9,1-12; 9,20-21; 12,7-10), ganz besonders verführen sie die „Könige der Erde" (Off. 16,13-16) in der letzten Phase des Aufstandes gegen Gott, der in der Schlacht bei Harmagedon niedergeschlagen wird. Dann werden Satan und seine Dämonen in den Abgrund geworfen,

22 (vgl. Off. 20,1-3), und das Tier und der falsche Prophet werden lebendig in den Feuersee geworfen (Off. 19,20; 20,10). Die Böses getan haben, werden in den Siegel-, Trompeten- und Schalengerichten weggefegt (Off. 6,1-19,6) oder bei der Wiederkunft des Messias vernichtet werden (Off. 19,11-19).

Die Herrschaft Christi im Messianischen Friedensreich, 23. So herrlich wird sie sein, daß Sonne und Mond bestürzt sein werden, wenn der Messias „König sein wird auf dem Berge Zion" in Jerusalem.

Kap. 25
Israels Lobgesang im Blick auf die Segnungen des Tausendjährigen Reiches

Lobgesang der befreiten Nation, 1-5. Israel preist seinen Herrn für die erlebten Wundertaten, 1; für die Bestrafung seiner Feinde, 2-3; für Gottes Hilfe an den Armen und Bedürftigen, 4-5 (vgl. Jes. 12,1-6).

Segnungen für alle Nationen verheißen und beschrieben, 6-8. Ein fettes Mahl „auf diesem Berge" (Zion) wird verheißen (vgl. Jes. 2,1-5); die geistliche Blindheit wird weggenommen, 7. „Der Tod wird verschlungen werden in den Sieg" (Hos. 13,14; 1. Kor. 15,54.55; Off. 20,14; 21,4). Der Herr wird die Schmach seines Volkes

auf der ganzen Erde wegnehmen, 8. Der Zustand in der Ewigkeit und im Messianischen Reich gehen ineinander über.

Israels Lohn fürs Warten, 9. Heil und dazugehörende Freude im Herrn werden verheißen.

Israels Feinde werden gerichtet, 10-12, einschließlich Moab.

Kap. 26
Judas Jubellied während des Friedensreiches

Preis für Gottes Treue und Gnadenerweisungen, 1-6. Jerusalem wird als eine Stadt des Heils gefeiert, die ihre Tore weit öffnet, um die Gerechten willkommen zu heißen, 1-2. Gottes Segen für die, die ihm vertrauen, 3-4, und seine Demütigung derer, die stolz sind, werden besonders hervorgehoben, 5-6.

Erfahrungen während des Wartens (auf Gott) in der Nacht, 7-11.

Zusage von Frieden und (endgültiger) Befreiung, 12-18. Israel, wiederhergestellt und bekehrt, erfreut sich des Segens, der auf dem Land liegt, und gibt seiner Anbetung Ausdruck im Lob Gottes und frohen Zeugnis für ihn.

Zusage der leiblichen Auferstehung der alttestamentlichen Gläubigen, 19. „Deine Toten sollen leben, ihre toten Leiber (der im Herrn Verstorbenen) sollen auferstehen." Obgleich die Wiederherstellung Israels als Nation

Ein Bauer worfelt sein Getreide, um die Spreu vom Weizen zu trennen.

im Bild der Auferstehung symbolisiert wird (Hes. 37,1-11), wie in Dan. 12,1-2, spricht diese besondere Bibelstelle offenbar von der leiblichen Auferstehung, da das Teilhaben am Tausendjährigen Reich die erste Auferstehung voraussetzt (Off. 20,4-6).

Schau des göttlichen Zorns am Tag des Herrn, 20-21. Der Überrest wird aufgefordert, sich zu verbergen (vor den Zorngerichten Gottes). Vers 21 faßt anschaulich die (gesamten) Gerichte von Off. 6,1 - 19,21 zusammen.

Kap. 27
Bestrafung der Feinde Israels und der Triumph des Reiches Gottes

Vernichtung der Feinde Israels, 1. Diese sind symbolisiert durch Leviathan (Ps. 74,14), das Seeungeheuer und den Drachen, zweifellos mit Hinweis auf die satanischen Kräfte, die hinter ihnen stehen, wie im Fall des Königs von Babylon (Jes. 14,1-14) und von Tyrus (Hes. 28,12-14 – vgl. den siebenköpfigen Lotan der Ugaritischen Literatur, Off. 11,7; 12,3; 13,1).

Gottes Fürsorge für die Seinen, selbst im Gericht, V. 2-9, wird in dem Bild eines Weinbergs dargestellt (vgl. Jes. 5,1-7), und Israel wird blühen, 6, nachdem die Zeit der Züchtigung vorüber ist, 8,9.

Israels Feinde werden vernichtet – völlig und endgültig, 10-11.

Die Rückkehr des Überrestes, 12-13. Diese letzten Worte des Abschnittes von Gericht und Verheißung sprechen von Israels letzter Sammlung (aus den Völkern) am Tag der großen Posaune (vgl. Matth. 24,31) und seiner zukünftigen Anbetung in Jerusalem (vgl. 2,1-5). Der „Bach Ägyptens" (1. Mo. 15,18; Hes. 47,19) ist der Wadi-el-Arish, der Südwestpalästina von Ägypten trennt.

V. Das Buch von den Trübsalen, die der Wiederherstellungsherrlichkeit vorausgehen, 28,1 - 35,10

Kap. 28
„Wehe" über Ephraim

Gericht über die zehn Stämme, 1-13. Ihr Stolz und ihre Trunksucht werden erwähnt, 1,3.7-8. Die Strafandrohung durch die assyrische Invasion wird wiederholt, 2-4. Das Zeugnis des göttlichen Wortes geht aus zu diesen Sündern, 9-12, doch sie verwerfen seine Warnung und besiegeln damit ihren Untergang, 13. Nichtsdestotrotz soll ein Überrest errettet werden, um den Herrn als „eine Krone der Herrlichkeit" und „ein schönes Diadem" im Königreich zu bezeugen, 5.

Das Geschick Ephraims eine Warnung für Juda, 14-29. Die spottenden Herrscher Jerusalems haben „einen Bund mit dem Tod" gemacht und „mit der Hölle" (wahrscheinlich symbolisch für ein Bündnis mit Ägypten), um der assyrischen Invasion zu entgehen, 14-15, aber der messianische Hinweis auf „den erwählten Stein" (Dan. 2,34; 1. Petr. 2,8) verlegt die Erfüllung der Weissagung in die Endzeit, und der Bund deutet die Zeit an, da die abtrünnige Nation ein Bündnis mit dem Antichristen eingehen wird (Dan. 9,27). Doch alle, die in diesen verräterischen Bund mehr Vertrauen setzen als in Gottes Befreiung (des Volkes) durch den „Stein" (Messias) werden im Gericht untergehen, 17-29.

Kap. 29
„Wehe" über „Ariel" (Jerusalem)

Jerusalems letzte Belagerung, 1-4. Trotz seines gottgeweihten Charakters als „Ariel" (Löwe Gottes), seiner Beziehung zu David, 1, dem Typus des großen Befreiers Jerusalems (Christus, dem „Löwen aus dem Stamm Juda", Off. 5,5), wird der Herr selbst durch seine Werkzeuge der Züchtigung (Israels Feinde dieser letzten Zeit) gegen die Stadt Jerusalem zu Felde ziehen. Er wird sie belagern, 2-3, bis sie in Asche liegt, 4-5 (vgl. Sach. 12,1-14; Sach. 14; Micha 4,11; 5,4-15; Dan. 11,40-45).

Dann wird der Herr mit Jerusalems Feinden abrechnen, 5-10. „In einem Augenblick, plötzlich", 6, wenn die Werkzeuge seines züchtigenden Zorns seine Absicht mit seinem Volk erreicht haben, wird der Herr sich gegen sie wenden und „die Menge der Nationen ... die gegen Zion kämpfen", 7-8, blind und berauscht machen, um sie ins Verderben zu stürzen, 9-10 (vgl. Sach. 14,3.12-15).

Die Weissagung ist für die Endzeit, 11-12. Sie soll versiegelt werden, denn sie wird weder durch die Belagerung Sanheribs noch durch diejenige der Römer erfüllt werden, sondern ihre Erfüllung liegt noch in der Zukunft.

Der Zustand des Volkes, 13-16, ist von religiöser Blindheit und leerem Formalismus gekennzeichnet (vgl. Matth. 15,8-9; Mk. 7,6-7). Das „Wehe!" wird über diejenigen ausgesprochen, die meinen, daß ihre bösen Taten vor Gott verborgen bleiben, 15-16.

Segen für einen erlösten Überrest, 17-24. Die „Sanftmütigen" sollen „neue Freude" empfangen, und „die Armen unter den Menschen" werden „frohlocken" in dem Heiligen Israels, 17-19. Die Boshaften werden ausgerottet werden, 20, und das Haus Jakob wird Segen empfangen, 22-24.

Kap. 30–31
Warnung vor einem Bündnis mit Ägypten

Die Gottlosigkeit des pro-ägyptischen

Volksteils, 30,1-14. Sie begünstigten ein törichtes Unternehmen, 1-7, und widerstrebten seinem Wort, 8-11. Darum erwächst Unglück daraus, daß man ihrem Rat folgte, 12-14.

Aufforderung, dem Herrn zu vertrauen, 30,15-33. Segen, der auf die Befreiung unter der Herrschaft des Messias hinweist, und Freude wird denen versprochen, die Gott glauben, Wehe, die göttlichen Gerichte am Tage des Herrn, denen, die gegen Gott rebellieren.

Das erneute göttliche „Wehe" wegen des Vertrauens auf Ägypten, 31,1-9. Erneute Verurteilung eines Bündnisses mit Ägypten, 1-3. Der Herr verspricht, Jerusalem zu erretten, 4-9. Israel wird ermahnt, sich im Glauben an Gott zu halten, gegen den sie sich so sehr aufgelehnt haben, 6-7, denn die Assyrer der Endzeit, 8, werden durch Israels Messias-König auf übernatürliche Weise vernichtet werden, 9.

Kap. 32
Der Messias-König und sein Reich

Israels schließliche Befreiung durch seinen Messias-König, 1-8. Dieses Kapitel ist Teil einer Rede, die in 31,1 beginnt. Befreiung durch Gottes gnädiges Eingreifen, 31,1 - 32,20, wird letztlich durch Israels Messias-König bewirkt werden, 32,1-8 (nicht durch Vertrauen auf Ägypten, 31,1-9). Israels König (Jesus Christus) wird sein „eine Zuflucht vor dem Wind, ein

Oleanderblüten in der Wüste

Bergungsort vor dem Sturm, ein Schirm im Ungewitter...", 1-2. Auch des Königs irdische Herrschaft wird beschrieben, 3-8.

Sünden und Leiden Israels in der Zwischenzeit umrissen, 9-14. Die Sünden der verantwortungslosen Frauen (vgl. 3,16 - 4,1.4) sind besonders erwähnt. Der Glaubensstand der Frauen ist ein feiner Gradmesser für den moralischen Stand jedes Volkes.

Hoffnung für die Zukunft – die Ausgießung des Geistes und die Folgen, 15-20. Israels Leiden und Gerichte sind nicht für immer – „bis der Geist aus der Höhe über uns ausgegossen wird", 15, in Erfüllung von Joel 2,28-32. Die

Folge der Ausgießung des Hl. Geistes ist Segen für das Land, 15; die Herrschaft von Recht und Gerechtigkeit, 16; Friede und Sicherheit, 17-20.

Kap. 33
Strafe für den Assyrer – Triumph Jesu Christi

Die Vernichtung des Assyrers angekündigt, 1-12. Ruchlose Betrüger wie Sanherib sollen von Gott vernichtet werden, 1, um der Güte Gottes willen, die er seinem Volk entgegenbringt, und als Antwort auf ihre Gebete, 2-6. Der Schrecken vor der Grausamkeit und Treulosigkeit (Falschheit) des Assyrers bei der Invasion wird beschrieben, 7-9. Ankündigung des göttlichen Beschlusses, ihn zu verderben, 10-12.

Die Ratlosigkeit der Gottlosen angesichts der assyrischen Gefahr, 13-16. Ihr furchtsames Zittern ist die Folge ihrer Sünde und ihres Unglaubens.

Rettung durch die Schau des Messias-Königs in seiner Schöne, 17-24. Diese Vision des kommenden Befreiers will die Furcht Israels vor der assyrischen Gefahr (der Invasion des Landes) und vor einem fremden Eindringling vertreiben, 17-19. Dafür wird Jerusalem eine sichere Stadt sein, eine Stadt der Herrlichkeit Gottes und der Befreiung, 20-22. Der Überrest wird die Beute verteilen, 23-24.

Kap. 34
Harmagedon und die Vernichtung der heidnischen Weltmacht

Die Schlacht bei Harmagedon, 1-7. Alle Nationen werden zum Kampf versammelt, 1-3. Ein schauerliches Blutbad folgt, denn Gott schüttet seine Rache aus über die Armeen des satanischen Weltsystems, dessen Mittelpunkt Edom ist, 4-6 (vgl. Off. 19,11-21; Jes. 63,1-6).

Verwüstung folgt dieser Katastrophe, 8-15. Der Zorn Gottes ergießt sich dann auf alle Nationen und ihre von Dämonen beherrschten Armeen, die entschlossen sind, Israel zu vernichten und Besitz von der Erde zu nehmen (vgl. Off. 16,13-16).

Göttliche Zusage, daß Israel das Land besitzen und bewohnen wird, 16-17. Gottes Verheißung an Israel wird erfüllt werden: Sie werden das Land besitzen und darin wohnen „für und für", 16-17.

Kap. 35
Die Herrlichkeit des Reiches

Die Wiederherstellung des Landes und die Offenbarung Gottes, 1-2. Wie Jes. 34 eines der dunkelsten Kapitel der Bibel ist, so ist Kap. 35 eines der strahlendsten und freudigsten. Dieses Kapitel ist ein Höhepunkt im Buch der „Wehen"

(Trübsale), das 28,1 begann und der Herrlichkeit der Wiederherstellung vorangeht. Das Land heißt den Erlöser bei seinem zweiten Kommen und die Schar seiner Erlösten in einem physisch und klimatisch völlig veränderten Zustand willkommen. Dies wird hier in dichterisch anschaulicher Sprache beschrieben. Die überströmende Freude wird geschildert, mit der die Wüste, die Steppe (Arabah), Libanon, der Karmel und die Ebene Saron die Herrlichkeit der Majestät ihres Gottes schauen.

Rückblick auf die dieser Segenszeit vorangegangene Leidenszeit, 3-7. Befehl, die Schwachen und Furchtsamen zu ermutigen, 3-4, und sie durch die Finsternis hindurchzuführen,

die der Dämmerung vorangeht. Sie sollen Mut fassen, denn der Messias-König kommt, um die Feinde Israels zu strafen, die Seinen aber zu befreien und ihnen wohlzutun, 4; um den Menschen an Leib und Seele seine Wunder zu erweisen, 5-6, und auch in der Natur Wunder zu wirken, 6-7.

Rückkehr des erlösten Überrestes nach Zion, 8-10. Es wird ein für sie bereiteter Weg da sein, ein gebahnter Weg, ein heiliger Weg, ein Weg mit klaren Wegzeichen versehen, 8, ein sicherer Weg, 9. Die Erlösten werden nach Zion zurückkehren mit Jauchzen, und ewige Freude wird ihr Teil sein. Kummer und Seufzen (so lange ihr Teil) werden entfliehen, 10.

VI. Historischer Zwischenbericht, 36,1 - 39,8

Kap. 36-37
Vernichtung der assyrischen Heeresmacht

Die Kapitel 36-39 enthalten einen historischen Zwischenbericht, der die Verbindung zwischen dem ersten Teil des Buches (Kap. 1-35) und dem zweiten Teil des Buches Jesaja bildet. Während Kap. 1-35 Weissagungen von Gerichten und Segnungen aus der assyrischen Zeit enthalten, finden wir im zweiten Teil Weissagungen des Trostes für die babylonische Periode. Der Name des Königs Hiskia erscheint in diesem Abschnitt etwa 35mal, und so wurde letzterer manchmal „das Buch des Hiskia" genannt (vgl. 2. Kö. 18,13 - 20,19). Es ist anzunehmen, daß Jesaja diesen Bericht niederschrieb, der später in die Geschichte des Königshofes von Juda und dann in die Königsbücher eingefügt wurde.

Anmaßende Herausforderung Gottes durch den Assyrer, 36,1-22. Der arrogante Eroberer Sanherib schickte im Jahr 701 den Rabsake (seinen assyrischen Oberbefehlshaber des Heeres) von Lachis (die judäische Festung, von der aus man den Weg nach Ägypten beherrscht) nach Jerusalem, um die bedingungslose Übergabe Judas zu fordern. Rabsake hatte eine Besprechung mit Hiskias Delegation, 1-3, in deren Verlauf er Juda für sein Vertrauen auf Ägypten, 4-6, und auf Hiskias Gott, 7-10, verhöhnte. Er blieb bei seinem gotteslästerlichen Spott vor allen Bewohnern Jerusalems, 11-22.

Gottes Antwort auf diese Herausforderung, 37,1-38. Hiskia breitete diese Sache vor Gott im Tempel aus, 1. Er sandte eine Delegation zu Jesaja mit der Bitte um Rat und Fürbitte, 2-5. Er erhielt von Jesaja die erste Versicherung, daß Juda befreit werden würde, 6-7. Inzwischen war der Rabsake zu Sanherib zurückgekehrt, der gerade Libna belagerte (eine andere befestigte Stadt Judas, nördlich von Lachis). Da hörte Sanherib, daß Prinz Tirhaka (in der Liste der ägypti-

schen Könige Taharka genannt, der später der dritte König in der ägyptischen XXV. Dynastie wurde) gegen ihn zum Kampf rüstete, 8, und sandte Hiskia einen weiteren Droh- und Schmähbrief, 9-13, um ihn einzuschüchtern. Wieder breitet Hiskia den Brief vor Gott im Tempel aus und betet um Hilfe, 14-20. Gott gab

Sanheribs eigenhändiger Bericht der Belagerung Jerusalems ist auf diesem Prismenstein eingraviert.

ihm eine erneute Zusicherung durch Jesaja, daß der gotteslästerliche Sanherib besiegt werden würde, 21-35.

Kap. 38-39
Hiskias Krankheit und Sünde

Hiskias Errettung aus schwerer Krankheit, 38,1-22. Jesaja sagte, daß Hiskias Krankheit zum Tod führen würde, 1. Des Königs Gebet, 2-3, wurde erhört. Gott verlängerte sein Leben um fünfzehn Jahre und bestätigte die Weissagung mit dem „Zeichen", 4-8 (das man nur als Wunder ansehen kann). Hiskias Lob- und Danklied, 9-20. Jesaja verordnet das „Rezept" für die Behandlung der Krankheit des Hiskias, 21.

Hiskias törichter Stolz, 39,1-8. Merodach Baladan (Marduk-apil-iddina), ein Chaldäer, Sohn des Baladan, gab vor, Hiskia für seine Genesung zu beglückwünschen, beabsichtigte aber, die Juden für ein Bündnis mit ihm gegen Assyrien zu gewinnen. Zu diesem Zweck schickte er eine Gesandtschaft mit verschwenderischen Geschenken zu Hiskia, 1. Hiskias törichter Hochmut, mit dem er den Babyloniern all sein Vermögen und seine Macht zeigte, 2, veranlaßte Jesaja, ihn schwer zu rügen. Er warnte Hiskia vor der kommenden Babylonischen Gefangenschaft, 3-7. Hiskia bekannte sich schuldig und beugte sich unter das Gerichtswort Gottes, 8.

Geschichtliche Anmerkung
Merodach Baladan war zweimal König von Babylon: 722 bis 710 und 703 bis 701 v.Chr. Unter seiner Führung erstarkte das Chaldäerreich und legte damit die Grundlage für den späteren Aufstieg Nabopolassars und Nebukadnezars II. und damit für die Zeit der Babylonischen Gefangenschaft Judas.

VII. Das Buch des Trostes, 40,1 - 66,24

Kap. 40
Trost für ein befreites Israel

Der Aufruf, Jerusalem zu trösten und die näheren Umstände, 1-11. Der Ruf geht aus, Jerusalem zu trösten, 1, denn ihre Leiden werden als beendet vorausgesehen, wenn ihr Ungehorsam bestraft und ihre Sünde vergeben ist, 2. Der Vorläufer des verheißenen Trostes (Johannes der Täufer und seine Botschaft), 3-8, wird als Wegbereiter für den Messias, Israels einzigen und wirklichen Tröster, gesehen (Matth. 3,3; Luk. 3,4-6; Joh. 1,23). Der Anlaß des Trostes ist die Offenbarung Gottes in Jesus Christus, 9-11, als der personhafte Gott, Befreier und König, 10, ein Vergelter, 10, und ein Hirte, 11.

Das Wesen des Trösters, 12-26. Seine Macht zu trösten kennt keine Grenzen, 12. Seine Weisheit ist unergründlich, 13-14. Er selbst ist absolut unvergleichlich, 15-17. Der Gottesdienst, der ihm gilt, muß geistlich sein, 18-26. Daher ist Götzenanbetung völlige Narrheit und kann nur verurteilt werden, 18-20, im Licht der unendlichen Größe Gottes, 21-26, die von seiner Schöpfung bezeugt, 21-22. 25-26, und von seinen Werken unter den Menschen verkündigt wird, 23-24.

Der Weg, heute Gottes Trost zu erleben, 27-31. Der Prophet rügt die Verzagtheit Israels, 27, und dann richtet er den Blick des Volkes auf die Dinge, die trösten können, 28-31: Er erinnert an das Wesen Gottes, 28-29, an seine Treue, 29-31, besonders daran, daß er Hilfe für die Hilflosen ist, 29, und treulich ihre Gebete erhört, 30-31.

Kap. 41
Die Anklage des Herrn gegen den Götzendienst

Götzenanbeter zusammengerufen, 1-7. Der Gerichtshof Gottes tritt zusammen, die Auseinandersetzung beginnt, 1. Daß Gott den Prozeß gegen die Götzenanbeter eröffnet, wird daran deutlich, daß er Cyrus, den Begründer des persischen Weltreichs und Befreier der Juden aus der Babylonischen Gefangenschaft, aufkommen läßt, 2-4. Die Torheit der Götzenverehrer wird bloßgestellt, 5-7. (Über Cyrus vgl. 41,25-26; 44,24-28; 45,1-6.13; 46,11; 48,14)

Ermutigung für Gottes Volk, 8-20. Der Grund der Ermutigung, 8-9, ist die Tatsache, daß sie Gottes Diener sind, seine Auserwählten, Abrahams Nachkommen, 8, die Gott vor Zeiten befreit hat, 9. Als solche werden sie besonders ermutigt, 10-20. Gott verspricht ihnen seine persönliche Gegenwart und seinen Schutz, 10; Befreiung von ihren Feinden, 11-14; Sieg über ihre Feinde, 15-16; und äußeren, sichtbaren Segen für das Land, 17-20.

Die Götzen selbst werden aufgerufen, 21-24, ihre Kenntnis von Zukunft oder Vergangenheit unter Beweis zu stellen, 21-23; ebenso ihre Fähigkeit, irgend etwas zu tun, sei es gut oder böse, 23. Da sie beides nicht zu tun vermögen, werden sie für nicht vorhanden und ihre Verehrer für verabscheuenswürdig erklärt, 24.

Der Herr selbst beweist, daß er allein Gott ist, 25-29. Gott allein hat die unwiderstehliche Macht, Cyrus' Aufstieg zu bewirken, und er hat die unfehlbare Voraussicht, diesen Aufstieg eineinhalb Jahrhunderte im voraus anzuzeigen.

Deshalb richtet er sowohl die Götzen als auch ihre Anbeter. Sie sind nutzlos, ihre „Werke" existieren nicht, sie zu verkünden ist Wind und bringt Verwirrung, 29.

Kap. 42
Der Messias-Knecht Gottes

Gott (der Vater) führt den „Knecht" ein, 1-4, und bezeichnet sein eigenes Verhältnis zu ihm als „mein" Knecht, „mein" Auserwählter, „mein" Wohlgefallen, 1. Gott erwähnt seine besondere Befähigung für seinen Dienst, 1, umreißt seine Aufgabe und beschreibt den Charakter seines Knechtes, 2-4. Hier haben wir das erste „Lied des Knechts", 1-6 (s. 49,1-6; 50,4-11; 52,13-53,12).

Die Weissagung vom Dienst des Knechts, 5-9. Die Beschreibung dessen, der den Knecht zum Dienst beauftragt, besagt, daß er Gott (der Vater) ist, Schöpfer des Universums, Erhalter des Menschen auf der Erde, 5. Seine Zusagen an den Knecht machen dessen Erfolg gewiß, 6. Die Beschreibung des Dienstes des Knechts lassen in ihm den Mittler des Gnadenbundes erkennen, 6; als ein Licht der Heiden, 6-7, und als den, der die Gefangenen freimacht, 7. Die Bestätigung seines Auftrags wird sichergestellt, 8-9, durch die Gottheit und höchste Autorität des Beauftragenden, 8, und die Verläßlichkeit seines Wortes, 9.

Lob und Anbetung Gottes seitens der Menschen für die Sendung seines Knechts, 10-12. Dieser Gottessegen läßt ein „neues Lied" aus dem Herzen der Menschen bis an die Enden der Erde erschallen.

Weissagung von der Rache des Knechts, 13-17. Als Kriegsmann wird er über seine Feinde triumphieren, 13. Er wird sein Schweigen gegenüber den Beleidigungen seiner Feinde brechen, 14-15. Seinen Freunden wird er Gnade zuteil werden lassen, 16; die Götzenanbeter wird er tief beschämen, 17.

Bloßstellung und Tadel Israels als eines treulosen Knechts, 18-25. Gott ruft sein Volk, 18, und in Treue zeigt er ihre traurige Verfassung auf, 19-20. Um seines Namens und seines Wortes Ehre willen, 20, muß er die Sündhaftigkeit und Untreue seines Volkes, das er „seinen Knecht" nennt, züchtigen, 22. Doch in seiner Gnade will er ihnen zurechthelfen, indem er ihnen rät, seine Hand in allen Züchtigungen zu erkennen, 23-24, und zuzugeben, daß sie ihn durch ihre Sünden herausgefordert haben, sie zu strafen, 25.

Kap. 43,1 – 44,5
Verheißungen für das als Nation wiederhergestellte Volk

Tröstende Zusage für den Überrest, 43,1-7. Die Zusage beruht auf einem doppelten Grund:

1) Der Herr ist der Schöpfer, und 2) der Erlöser der wiederherzustellenden Nation, 1. Die Verheißung, daß er mit Israel durch Wasser und Feuer gehen will, ruft die Erfahrungen Israels in der Wüste in Erinnerung, als der Herr sie durch das Meer hindurchführte und sie mit der Feuersäule leitete (vgl. 1. Kor. 10,1-2). Die Gewähr für die Wirksamkeit dieser Verheißung auch in der Zukunft ist Gottes persönliche Gegenwart. 5, die sie aus der Gefangenschaft herausbringen wird, 5-6. Dadurch wird Gott seinen Plan rechtfertigen, daß er diese Nation ins Leben gerufen hat, sie beständig nach seinem Plan formt und zur Vollkommenheit führen wird, um sich selbst in ihnen zu verherrlichen und durch sie verherrlicht zu werden, 7 (vgl. Röm. 11,29).

Gottes Absicht mit Israel, 43,8-13. Israel sollte den durch Götzendienst verblendeten Heiden ein Zeuge, 8-9, des einen wahren Gottes und seines Knechts sein, 10-13.

Gottes unumschränkte Macht soll dadurch offenbar werden, daß das Reich der Chaldäer zerschlagen und Israel aus der Gefangenschaft befreit werden wird, 43,14-21. Das wird zu Gottes Ehre sein.

Die Züchtigung Israels ist die Folge seines Undanks, 43,22-28. Dieser wird offenbar in seiner Gebetslosigkeit, 22; seiner religiösen Gleichgültigkeit, 23; seiner Sünde, 24, trotz der Bereitschaft Gottes, ihnen zu vergeben, 25, und mit ihnen zu rechten, 26-28.

Gottes rettende Gnade wird in der Bekehrung seiner „Knecht-Nation" offenbar werden, 44,1-5. Als sein „Knecht", als die von ihm erwählte Nation, 1, erhält Israel die Verheißung der Ausgießung des Heiligen Geistes über das bekehrte Volk (Jes. 32,15; Joel 2,28-32), dem Gott hier symbolisch den Namen „Jeschurun" („Aufrecht", poetischer Name Israels) gibt, 2 (s. 5. Mo. 32,15; 33,5-6).

Kap. 44,6-28
Israel, ein Zeuge des einen wahren Gottes

Gott erklärt, daß er der eine wahre Gott ist, 6-8. Als der Herr, der König Israels und sein Erlöser, Herr der Heerscharen, 6, erklärt Gott, die einzige Gottheit zu sein, der Unvergleichliche, der Allwissende, der Fels, 7-8.

(Gottes) Spottlied auf den völligen Unsinn des Götzendienstes, 9-20. Götzenanbetung verfinstert den Geist des Menschen und macht blind für geistliche Wahrheiten.

Gottes Volk Israel soll ein Zeuge gegen die Götzenanbetung sein, 21-23. Das ist seine Aufgabe als Knecht, 21, als sein erkauftes Volk, 22, damit Gottes Herrlichkeit an ihnen und durch sie offenbar werde, 23.

Der Herr verkündet die Rückführung seines Volkes durch Kores (Cyrus), 24-28. Er nennt Kores „mein Hirte", der „all meinen Willen vollführen wird", 28 (vgl. 41,2-4; 44,24-28; 46,11; 48,14).

Kap. 45
Kores, ein Typus (Symbol) des Messias

Der Herr sagt Kores als einem Typus des Messias uneingeschränkten Sieg zu, 1-6. Gott nennt ihn „meinen Gesalbten" – es ist das einzige Mal, daß Gott diese Bezeichnung einem Heiden zuerkennt. Diese Benennung, zusammen mit der anderen, „mein Hirte" (Jes. 44,28), die auch eine messianische Bezeichnung ist (also auf Christus angewendet wird), macht Kores zu einer außergewöhnlichen Ausnahme unter den Menschen – nämlich zu einem heidnischen Typus des Messias. Beide bauen Jerusalem wieder auf (Jes. 44,28; Sach. 14,1-11). Beide sind unüberwindliche Sieger über Israels Feinde (Jes. 45,1; Off. 19,19-21; Ps. 2,9). Beide werden von Gott zu dem einen Ziel benutzt: den Namen des einen wahren Gottes zu verherrlichen (Jes. 45,6; 1. Kor. 15,28).

Die höchste Macht Gottes vor menschlichen Kritikern gerechtfertigt, 7-25. Gottes Herr-Sein wird herausgestellt durch seine Taten, 7-12 dadurch, daß er Kores zu seinem Knecht machte, 13; durch seine Zusage, daß Heiden ebenso wie Israel sich zu ihm bekennen werden, 14-19, und durch seine „an die Enden der Erde" gerichtete Einladung, zu ihrer Errettung an ihn zu glauben, 20-25.

Kap. 46-47
Befreiung von Babylon und die daraus folgenden Lehren

Die Ohnmacht der Götzen im Gegensatz zur Allmacht Gottes, 46,1-13. Bel (Marduk, Merodach, Jer. 50,2, der Hauptgötze und Schutzpatron Babylons) und Nebo (eine einflußreiche babylonische Gottheit, Schutzherr der Kultur und Bildung) werden den Lasttieren beschwerlich sein, wenn sie sie in demütigende Gefangenschaft transportieren müssen, 1-2. Im Gegensatz dazu trägt Gott jeden einzelnen seines Volkes von Geburt an, bis sie alt werden, als ihr Schöpfer und Erlöser, 3-4. Gott ist zudem der Unvergleichliche, 5, so unähnlich einem vom Menschen fabrizierten Götzenbild, das, leblos, von seinen Anbetern getragen werden muß, anstatt daß sie von ihrem Gott getragen werden, 6-7. Der Götze ist unwissend, im Gegensatz zum allwissenden Gott, der die Zukunft kennt, 8-10, der seine Pläne offenbart, indem er Kores groß werden läßt, 11, und Menschen auffordert, seine Erlösung anzunehmen, 12-13.

Araber fliehen vor den Assyrern; Relief aus dem Palast Assurbanipals in Ninive.

Züchtigung der Gefangenen über das von Gott gewollte Maß hinaus wird an Babylon heimgesucht werden, 47,1-7. Die maßlose Grausamkeit der Babylonier gegen Gottes Volk soll an ihrer stolzen Stadt mit Demütigung und Versklavung gestraft werden, 47,1-7.

Die gottlose Kultur, Philosophie und Religion dieser Welt wird verdammt, 8-15. Babylons fleischliche Vergnügungssucht und Selbstsicherheit, 8-9; ihr Stolz, ihre Weltweisheit, ihre Wissenschaft, 10-11, ihre dämonische, okkulte Religion, 12-13, wird Babylon zum Fall werden, 14-15. Ihr Untergang wird zum Symbol für die Zerstörung des satanischen Weltsystems bei der Wiederkunft des Königs von Israel zur Aufrichtung seines Reiches.

Kap. 48
Gottes Handeln mit dem ungehorsamen Israel

Der Herr bringt den Beweis erfüllter Weissagung, 1-8. Götzendienerische, heuchlerische Juden, 1-2, werden mit den Tatsachen erfüllter Weissagungen konfrontiert, als Beweis der Allwissenheit und Macht Gottes gegen jede Berufung auf ihre Götzen.

Um seines Namens Ehre willen muß Gott Israel züchtigen, 9-11. Um seines Namens willen hält Gott auf der einen Seite seinen Zorn zurück und vernichtet sein Volk nicht ganz, 9; doch muß er sie auf der anderen Seite im Schmelzofen der Trübsal reinigen, damit sein Name nicht gelästert wird und seine Herrlichkeit unantastbar bleibt, 10-11.

Er wird einen heidnischen Befreier für sie erwecken und sie aus der babylonischen Gefangenschaft erlösen, 12-16. Als der Ewige, der Schöpfer, 12-13, versammelt er sein irrendes Volk und sagt ihm voraus, daß er einen, der „geliebt" ist (Kores), erwecken will, der seinen Willen gegen Babylon ausführen wird, 14-16.

Gott beklagt die Tragik ihres Ungehorsams, 17-19. Das Ziel seiner Züchtigung ist, Israel zu lehren, „was nützlich ist", und „in den Wegen Gottes zu wandeln", 17. Hätten sie Gehorsam geleistet, wären ihnen zahlreiche Segnungen zugeflossen, 18-19.

Ihre Aufgabe: Gottes Erlösung aus der babylonischen (wie ägyptischen) Gefangenschaft zu verkündigen, 20-22. Seine Güte soll bezeugt werden, sowohl in der Befreiung aus Babylon, 20, wie in seinem gnädigen Eingreifen bei ihrer Befreiung aus Ägypten. Sie sollen immer dessen eingedenk sein, daß es „für die Gottlosen keinen Frieden" gibt, 22.

Kap. 49
Der Messias-Knecht und sein Auftrag

Des Knechts interessante Proklamation, 1-4. In dramatischer Weise ruft der Herr die Heiden zusammen und teilt ihnen mit, daß sein Ruf göttlich ist, 1. Dann beschreibt er seine Zubereitung für den ihm aufgetragenen Dienst (ausgerüstet mit einer kraftvollen Botschaft, beschützt durch die Majestät Gottes) 2, und seine göttliche Beglaubigung, 3. Dennoch beklagt der Messias-Knecht – vom rein menschlichen Standpunkt aus – (und er ist wahrer Mensch geworden!) den offensichtlichen Mißerfolg am Anfang seines Dienstes. Doch schnell überwindet er die Versuchung, der Entmutigung zu erliegen, und hält sich an die Überzeugung, daß er Gottes Willen getan hat und daher mit Gottes Lohn rechnen darf, 4.

Gottes Verheißung des uneingeschränkten Erfolgs seines Knechts, 5-13. Das Wesen Gottes und sein Ziel, 5, ebenso der besondere Dienst seines Knechts, der zuerst den Juden, dann aber auch den Heiden gilt, 5-6, garantieren das weltweite Ausmaß seines Segens. Dieser wird dem vorangegangenen Leiden und der Verwerfung (des Knechts Gottes) folgen, 7. Nicht nur ist ihm ein gesegneter Dienst als Erlöser geschenkt, 8-9, sondern seine Erlösten werden sich seiner ungeteilten Segnungen freuen, die er auszuteilen hat, 10-13.

Der Herr ermutigt das entmutigte Israel, 14-26. Gott hat sein Volk nicht vergessen; es ist eingegraben in seine beiden Hände, 14-18. Er will sein Volk wieder in ihr Land zurückbringen und sie dort segnen, 19-23, und alle ihre Feinde strafen, 24-26.

Kap. 50
Gegenüberstellung: Das ungehorsame Israel und der gehorsame Gottesknecht

Das ungehorsame Volk vorgestellt, 1-3. In dramatischer Weise fordert Gott selbst Israel auf, seine Untreue als Gatte wie als Vater unter Beweis zu stellen, 1. Gott legt die Verantwortung für ihre Gefangenschaft wie auch für ihre „Ehescheidung" von ihm auf das Volk selbst und verurteilt entschieden ihren Unglauben, Ungehorsam und ihre Mißachtung der Allmacht Gottes, 2-3.

Weissagung vom gehorsamen Gottesknecht als Welterlöser, 4-9. Das Kommen des Gottesknechts wird vorausgesagt. Er wird kommen als der Unterrichtete, der Gelehrige, der auch in Leiden, Verwerfung und Tod noch Gehorsame, 4-6 (vgl. Phil. 2,6-8). Der Gottesknecht wird siegen als ein mutiger Kämpfer, in unbeirrbarer Abhängigkeit von Gott, willens gehorsam, in grenzenlosem Vertrauen auf seinen Erfolg, allen Widerständen zum Trotz, 7-9.

Seine Heilsverheißung und Gerichtsandrohung, 10-11. Der Heilsweg geht durch Glauben und Gehorsam, 10, der Weg der Zerstörung durch Unglaube und Ungehorsam, 11.

Kap. 51
Ermutigung für die Getreuen Gottes

Den Treuen wird die Weissagung von Zions Zukunft gegeben, 1-3. Beschreibung ihres gegenwärtigen Zustands und Verhaltens, 1; sie werden an ihre Herkunft und Vergangenheit erinnert, 2; und getröstet mit der Weissagung von der zukünftigen Befreiung Zions, 3.

Den Treuen wird die Erfüllung dieser Weissagung für Zion zugesagt, 4-8. Die Weissagung wird erfüllt durch die persönliche Übernahme der Regierung durch den Messias, 4-5, und nie endendes Heil, 6, mit der Voraussage der Vernichtung ihrer Verfolger besonders hervorgehoben, 7-8.

Der Treuen Bitte um Verwirklichung der Weissagung durch Befreiung, 9-16. Das Gebet wird vor Gott ausgebreitet, 9, und unterstrichen durch Aufzählung der Wunder bei der Befreiung vom ägyptischen Joch, 9-11. Es wird (von Gott) beantwortet, 12-16, mit Bezug auf die Furchtsamen, 12, die in Ketten Gekrümmten, 14-15, und die Treuen, 16.

Weissagung über die mißliche Lage Jerusalems, 17-20. Die Stadt ist wie betäubt vom Taumelkelch des Zorns Gottes, 17; aller Hilfe entblößt, 18; durch Verwüstung dezimiert, 19-20.

Weissagung über Jerusalems kommende Befreiung, 21-23. Der Herr versichert Jerusalem, daß er ihr Gott ist und in Kürze ihre Betrübnis beenden wird, 22. Er wird den sie verfolgenden Feinden den gleichen Taumelkelch reichen, 23.

Kap. 52
Jerusalem zur Herrlichkeit erhoben

Der dunkle Hintergrund dieser leuchtenden Szene liegt in Kapitel 51,17-23.

Aufforderung an Jerusalem, sich für die kommende Herrlichkeit zu rüsten, 1-2. Sie soll die Demütigung ihrer Gefangenschaft abstreifen und ihr hohepriesterliches Gewand anlegen (vgl. Sach. 3,1-8), sich absondern von aller Befleckung und ihre königliche Stellung einnehmen, 2.

Gottes Begründung für die Befreiung seines Volkes, 3-6. Ihre Unterdrücker haben nichts für Gottes Eigentum bezahlt noch Gottes Macht anerkannt, daher haben sie auch keinen Anspruch an Gottes Volk noch an einen Preis, den Gott ihnen zahlen müßte, 3. Er hat sein Volk in der Vergangenheit aus ähnlichen Lagen befreit, 4. Ihre Fronherren haben die Herrlichkeit Gottes durch ein Übermaß an Grausamkeit gegen sein Eigentumsvolk mißachtet, 5, so daß ihre Befreiung zu Gottes Herrlichkeit beiträgt, 6.

Loblied des Propheten und des Volkes anläßlich der Befreiung Zions, 7-10. Der Bote solcher Nachrichten ist hochwillkommen, 7. Seine Botschaft ist theokratisch: „Dein Gott ist König!" (vgl. Sach. 6,8-14; Christus, der Priester-König, hat seinen Thron eingenommen). Die Empfänger der Botschaft sind erwartungsvoll, frohlocken, sind besonders erleuchtet, 8. Die zertrümmerte Stadt wird aufgefordert, sich zu freuen, 9. Der Herr wird verherrlicht und sein weltweites Heil verkündet, 10.

Die Bedeutsamkeit ihrer Rückführung, 11-12, verlangt Eile und völlige Lösung von Babylon, 11. Doch soll sie geordnet und in Abhängigkeit von Gott vor sich gehen, 12.

Die Herrlichkeit des Gottesknechts kurz dargestellt, 13-15. Er wird erhöht, denn Gott betrachtet seinen Knecht als göttlich beauftragt und seiner Aufgabe gewachsen, 13. Der Umfang seiner Erhöhung wird dargestellt, von der Tiefe seiner Erniedrigung zu einer Position „hoch über allen Himmeln" (Eph. 1,20-23; Phil. 2,6-9). Die Vorläufer seiner Erhöhung waren seine abgrundtiefe Erniedrigung und seine Leiden, 14. Er wird in seiner Erhöhung viele Völker erschrecken und Könige zur Ehrfurcht führen, daß sie sich vor ihm niederwerfen und anbetend schweigen, 15.

Kap. 53
Weissagung vom Messias-Knecht als Träger der Sünden

Einführung: Die Herrlichkeit des Gottesknechtes kurz dargestellt, 52,13-15 (siehe oben).

Die Person des Gottesknechtes verachtet, 1-3. Als erstes: Der unvorstellbare Unglaube der Juden ihm gegenüber wird hervorgehoben, 1 (vgl. Joh. 1,11). Sie verachteten ihn wegen seines stillen, bescheidenen Kommens, wegen seiner Armut und Niedrigkeit, wegen des Mangels an weltlichem Gepränge und äußerer Pracht, 2; vor allem aber wegen ihrer eigenen Blindheit und Sünde, 3.

Das Leiden des Gottesknechtes kurz zusammengefaßt, 4-6. Obgleich er für die ganze Menschheit starb, enthalten diese Verse das reuige Bekenntnis der zukünftigen (jüdischen) Nation. Sie wird zuerst stellvertretendes Tragen ihrer (und der Welt) Sünden erkennen, wie auch seine (um ihretwillen erlittene) Schande, Verleumdung, Striemen und Wunden.

Das Ausharren des Gottesknechts im einzelnen ausgeführt, 7-10. Er litt schweigend, 7, ungerechterweise, uns zugute und an unserer Statt, stellvertretend, 8, unter Ehrverlust, 9, und unter der Ungnade des Himmels, 10.

Der Lohn des Gottesknechts anschaulich dargestellt, 10-12. Er erwirbt eine durch Gott verherrlichte geistliche Nachkommenschaft („Er wird Nachkommen haben"), freut sich einer siegreichen Auferstehung („er wird lange leben"), erfüllt den göttlichen Willen in vollkommener Weise („das Vorhaben des Herrn wird durch seine Hand gelingen"), 10. Sein Lohn ist überreiche Genugtuung, 11; er macht viele gerecht, 11; erlangt unbestrittenen Sieg und universale Herrschaft, 12; außerdem ist ihm ein wirksamer hohepriesterlicher Dienst anvertraut, 12.

Kap. 54
Das Glück des wiederhergestellten Israel

Die Segnungen des bekehrten Gottesvolkes, 1-10. Dem Bericht vom Kreuz des Christus folgt das Jubellied der Erlösten. Wenn Israel aufschauen wird auf ihn, den sie durchbohrt haben

„Ich mache die Wüste zum Wasserteich" (Jes. 41,18).

(53,1-8), welch eine strahlende Freude, geistliche Fruchtbarkeit und nationales Wachstum werden sie dann erleben! 1-3. Das Volk Israel, das wegen seiner Sünde und Untreue gegen Gott den Scheidebrief seines Herrn bekam, ist nun wieder an seinem Platz als sein „Eheweib" eingesetzt, 4-6. Seine Wiederherstellung wird für immer sein, und Gottes Friedensbund wird nicht mehr von ihm genommen werden, 7-10.

Die strahlende Schönheit der wiederhergestellten Nation, 11-17. Israel wird mit einer wunderschönen Stadt verglichen, 11-12, deren Bürger vom Geist Gottes gelehrt werden und geistliche Frucht bringen, 13-14. Und sie werden siegreich und sicher sein, 15-17.

Kap. 55
Weltweite Einladung, die Evangeliumsbotschaft zu hören und anzunehmen

Die Einladung, 1. Sie ist weltweit, gilt „jedermann"; einzige Bedingung: daß man bedürftig ist, „alle, die ihr durstig seid". Solche werden Wein finden für ihren Durst und Milch zur Nahrung (1. Petr. 2,2) ihrer Seelen. Jeder ist eingeladen, zu „kommen, zu kaufen und zu essen". Es wird ihnen versprochen, daß sie alles „frei und umsonst" haben dürfen, denn das angebotene Heil ist unbezahlbar, bereits erkauft mit dem

kostbaren Blut Jesu Christi (53,1-8; 1. Petr. 1,19).

Die Einladung dringlich gemacht, 2-4. Der Ruf wird verstärkt mit der Hervorhebung, wie falsch es für den Betreffenden selbst ist, der die Einladung ablehnt, 2, und wie segensreich bei dankbarer Annahme derselben, 2-4.

Die Einladung erweitert und erklärt, 5-7. Sie ist erweitert durch die Einladung an die Heiden, 5 (Apg. 14,14-15; Röm. 1,16), und unbekannten Nationen, 5. Sie wird erklärt als ein Ruf, „den Herrn zu suchen", 6; Buße zu tun und Glauben zu üben, 7; und (Gottes) Vergebung zu empfangen, 7.

Die Einladung mit Vollmacht versehen, von Israel angenommen, 8-13. Die Vollmacht kommt nicht von Menschen, denn zwischen Gottes Gedanken und denen der Menschen besteht ein unüberbrückbares Mißverhältnis, 8-9. Diese Vollmacht kommt von Gott selbst, 9-10, und zwar beruht sie auf der Tatsache, daß Gott seine Zusagen ganz gewiß erfüllen wird, 10-11. Die Einladung wird angenommen, 12-13, mit dem Ergebnis, daß Israels Herz erneuert, 13, und das Land zu neuem Leben erweckt wird, 13. Auch die Kreatur wird frei werden von der ihr durch den Fall des Menschen aufgezwungenen Knechtschaft und Vergänglichkeit (Röm. 8,19-23).

Kap. 56,1-8
Die Heiden sind Teilhaber am Segen des Reiches Gottes auf Erden

Israel der Endzeit ermahnt, als echter Zeuge Gottes zu leben, 1-2. Sie sollen Gerechtigkeit üben, recht tun, den Sabbat halten, Unrecht meiden. Der Grund dafür: das Heil Gottes wird bald offenbar werden, 1-2.

Segen auch den Nicht-Israeliten zugesagt, 3-8. Der Ausländer und der Eunuch, die Gottes Sabbat halten und sich zum Bundesvolk Gottes halten, 3-5, werden im Tausendjährigen Reich am Segen der Anbetung Gottes im Tempel zu Jerusalem teilhaben, 2,1-5, der ein „Gebetshaus für alle Völker" genannt wird, 6-8.

Kap. 56,9 – 57,21
Verdammnis für die Ungehorsamen in Israel

Die Sünden der ungläubigen Führer in Israel werden angeprangert, 56,9-12. Die Sünden der falschen Propheten Israels werden verurteilt: ihre geistliche Blindheit, Gesetzlosigkeit, ihr Geiz, ihre Schlemmerei, ihre falsche Hoffnung, sich selbst helfen zu können.

Die Sünden des rebellischen Teils Israels werden angeprangert, 57,1-13. Sie kümmern sich nicht um das Sterben eines Gerechten, 1-2. Sie dienen den Götzen, 3-10, aber ohne Gewinn, 11-13.

Gnade für den, der sich in Buße vor Gott

beugt; **Gericht für die Unbußfertigen, 57,14-21.** Die Zerschlagenen und Demütigen werden gezüchtigt und neu belebt, 14-20, aber die Gottlosen haben keinen Frieden, 21.

Kap. 58
Falscher und rechter Gottesdienst

Heuchlerischer Gottesdienst und Israels sonstige Sünden, 1-5. Dem Predigtauftrag des (echten) Propheten, 1, folgt die Beschreibung der offenen Sünden Israels. Wie dem ersten Kommen Jesu der Bußruf Johannes des Täufers voranging (Matth. 3,1-11), so wird der gleiche Ruf vor dem zweiten Kommen Jesu erschallen (Mal. 4,5-6 oder Mal. 3,23-24).

Echte Anbetung Gottes wird charakterisiert, 6-7. Echte Buße führt zu Selbstverleugnung und Demut.

Verheißungen für den zur Buße bereiten Überrest, 8-14. Hier werden alle großen zukünftigen Segnungen verkündet, die auf den bekehrten Überrest Israels warten. Diese Verse bilden den Kernpunkt des gesamten Schlußteils des Buches Jesaja.

Kap. 59
Der Erlöser kommt nach Zion

Sünde und Unglaube Israels in der letzten Zeit, 1-8. Die erschreckende Liste der geistlichen und sittlichen Verkommenheit Israels (vgl. Röm. 3,10-18) bezeugt, was sie von Gott geschieden hat.

Das Sündenbekenntnis Israels in der letzten Zeit, 9-15. Sie bekennen vor Gott ihre geistliche Umnachtung, 9; ihre innere Leere und ihren geistlichen Tod, 10; ihre Heillosigkeit, 11; ihre Sündhaftigkeit, 12; und ihre Gottlosigkeit, 13-15.

Gottes gnädiges Eingreifen, 16-19. Gott schaltet sich persönlich für sie ein, 16, richtet und straft die Bösen, 17-18. Sein Geist wird „Gottes Banner" erheben gegen die Flut der Ungerechtigkeit, die sich auf dem Höhepunkt der Großen Trübsal über Israel ergießen wird, 19.

Das zweite Kommen des Erlösers, 20-21. Der Messias erscheint persönlich zum Heil derer, die sich von der Sünde abwenden (Röm. 11,26-27).

Kap. 60
Die Herrlichkeit Jerusalems im Tausendjährigen Reich

Israels geistliche Erleuchtung während des Messianischen Reichs, 1-2. Das Licht des Messias, des Gesalbten Gottes, ist über Jerusalem angebrochen, und Jerusalem ist das Licht der Erde geworden, 1. Die enge innere Verbindung dieses Abschnittes mit den Kapiteln 58 und 59 ist bemerkenswert: zuerst der Ruf zur Buße; dann das Aufdecken der Sünden Jakobs; die auf das Schuldbekenntnis Israels folgende Antwort Gottes in der persönlichen Wiederkunft des

Herrn – Israels Feinden gegenüber als Richter, Zion gegenüber als Retter. Dann bricht das helle Licht hervor, von dem Kap. 60,1 spricht. Es ist die Beschreibung des zukünftigen herrlichen Tages, dem die Nacht des allgemeinen Abfalls und der damit verbundenen Gottlosigkeit vorangeht, 2.

Territoriale Vergrößerung des Landes während des Tausendjährigen Reiches, 3-14. Die Heiden werden vom Licht (Jerusalems) angezogen, 3, und die Juden kehren zu diesem Licht zurück, 4. Die Heiden bringen ihre Reichtümer, es gibt eine weltweite Erweckung, 5-9. Die durch Landwirtschaft und Handel reich gewordenen Nationen werden miteinander wetteifern, Jerusalem wiederaufzubauen, 10, und der Stadt von ihren Reichtümern Geschenke zu machen, 11. Rebellen werden vernichtet, 12; der Tempel wird wiedererbaut (vgl. 56,7) und herrlich verziert, 13; bisherige Feinde und Spötter werden sich reumütig tief vor Jerusalem verneigen, 14.

Jerusalem (d.h. Israel) wird in der Zeit des Tausendjahrreichs in seiner Stellung erhöht sein, 15-22. Ihre Demütigung wird dem Ruhm weichen, 15; ihre Schwäche der Kraft, 16; ihre Armut dem Reichtum, 17; ihre Trübsal dem Heil und der Sicherheit, 18; ihre Dunkelheit dem ewigen Gotteslicht, 19-20; ihre Sündhaftigkeit der Gerechtigkeit, 21; und ihre Bedeutungslosigkeit unvergleichlicher Bedeutsamkeit, 22.

Kap. 61
Des Messias Dienst für Israel und die Welt

Die Wirksamkeit des Messias bei seinem ersten Kommen ausführlich beschrieben, 1-2. Sein Dienst bei seinem ersten Kommen geschah in der Kraft der Salbung des Hl. Geistes, 1 (vgl. 42,1). Er bestand insbesondere in Evangeliumsverkündigung, 1, geistgewirkter Heilung und Gewährung gnädiger Hilfe für alle, die an Ihn glaubten (vgl. Luk. 4,18-20, wo Jesus an dieser Stelle innehält).

Die Wirksamkeit des Messias bei seinem zweiten Kommen, 2-3. In diesem Zusammenhang verkündigt er „den Tag der Rache unseres Gottes", 2, und „Trost allen Traurigen", besonders in Zion, 3.

Auswirkungen des Dienstes des Messias bei seinem zweiten Kommen, 4-9. Wüste Stätten werden wieder aufgebaut werden, 4. Man wird dem vorher versklavten Israel dienen, 5; eben noch erniedrigt, werden sie nun eine priesterliche, reiche, von allen hochgeachtete Nation sein, 6. Statt der erlittenen Schmach wird Israel ein doppeltes Erbteil der Freude empfangen, 7; aus der Zerstreuung werden sie als sein Bundesvolk von Gott selbst gesammelt und heimgebracht werden, 8. Waren sie bis dahin von Gott verworfen, stehen sie nun voll gerechtfertigt vor den Nationen, 9.

Die Freude des Messias über seinen Dienst wird beschrieben, 10-11. Er persönlich frohlockt darüber, daß Gott ihm „die Kleider des Heils angezogen" hat, 10, und in Erwartung dessen, was Gott nun vor den Nationen tun wird.

Kap. 62
Jerusalem – Gottes Ruhm auf Erden

Gottes Eifer für Jerusalem, 1. Hier spricht der Herr selbst. Er hat beschlossen, weder zu schweigen noch zu ruhen, bis Jerusalem zu seinem Ruhm auf Erden geworden ist; bis seine Gerechtigkeit leuchtet wie des Himmels Glanz und „ihr Heil entbrennt wie eine Fackel". Gott liegt alles daran, daß Jerusalem, die Hauptstadt des Messianischen Reiches, selbst gesegnet, ein Segen für andere wird, 1.

Das Ergebnis des göttlichen Eifers für Jerusalem, 2-5. Zion soll von den Nationen geehrt und bewundert werden, 2. Es soll mit einem neuen, von Gott selbst gegebenen, königlichen Namen genannt werden. Es soll nicht länger „die Vergessene" oder „Verlassene" heißen, sondern *Chephzibáh* („Meine Lust an ihr") und *Be'uláh* („die Vermählte"), 3-4. Diesen Namen soll sie tragen, weil der Herr sich an ihr freuen wird, und sie wird vermählt sein, wie es im Bild von Vers 5 beschrieben ist.

Der konkrete Ausdruck des göttlichen Eifers für Zion, 6-12. Die Entschlossenheit Gottes, für Jerusalem zu eifern, wird dargelegt in seinem Tun („Wächter auf ihre Mauern gestellt"), 6; durch die Ermahnung Jesajas, für die Stadt zu beten, 6-7; in des Herrn Eid, Jerusalem davor zu bewahren, daß es jemals wieder von Feinden überrannt wird, 8-9; in seinem Ruf, aus Babylon zurückzukommen, 10; in der zukünftigen Befreiung in der Endzeit, 11, und den schließlichen Segnungen der Endzeit. Dies wird ausgedrückt in einem vierfachen Namen, den der Herr den

Seinen gibt: „das heilige Volk", „die Erlösten des Herrn", „die Aufgesuchte", „eine nichtverlassene Stadt", 12.

Kap. 63,1-6
Der Messias als Rächer und der Tag der Rache

Fragen an den Messias als Rächer, 1-2. „Das angenehme Jahr des Herrn", d.h. das Jahr seiner Gnade (61,2), ist beendet, und furchtbares Gericht geht über die Erde (Off. 19,11-21). Zwei rhetorische Fragen werden gestellt: „Wer kommt dort von Edom her?" (die Antwort: V. 1), und: „Warum ist dein Kleid so rot?" (Antwort: V. 3-6).

Die Antwort des Messias als Rächer, 3-6. Bereits auf seinem Siegeszug antwortet die Stimme (des Christus in der Herrlichkeit seines zweiten Kommens): „Ich, der ich in Gerechtigkeit rede und mächtig bin zu erretten!" Er zieht durch Edom ins Tal Josaphat (Joel 3) zu der großen Schlacht von Harmagedon. Das leuchtende Rot seiner Kleider (Off. 14,18-19) wird damit erklärt, daß er die Weinpresse seines Zorns gegen seine Feinde getreten hat. Er hat sie allein durch seine Macht und seinen Eifer „zertreten", in vollständiger Erfüllung des prophetischen Wortes, 3-4. Trotz der Tatsache, daß ihn sein Volk in diesem letzten Kampf allein ließ, vollendet er die vollständige Vernichtung seiner Feinde, 6.

Kap. 63,7-64,12
Das große Bittgebet des heiligen Überrestes

Der Überrest gedenkt der Befreiungen in der Vergangenheit, 63,7-19. Jesaja, der Vertreter des gläubigen Restes, betet eines der bedeutendsten Gebete der Bibel – das Gebet, das der gläubige Überrest Israels zur Zeit der Großen Trübsal beten wird, die dem Messiasreich vor-

Ägyptische Nachbildung eines Mannes, der mit Ochsen pflügt.

angeht. Es wird darin die unerschütterliche Liebe Gottes gepriesen, 7-9. Besonders wird auf die Befreiung aus der ägyptischen Gefangenschaft hingewiesen, 10-14. Das Gebet um Gottes Hilfe ist bestimmt für Zeiten der Not, 15-19.

Der Überrest fleht, daß Gott seine Macht den Nationen beweisen möchte, 61,1-4. In der dunklen Nacht der Trübsal, wenn Israels Feinde sie immer tiefer in die Enge treiben, betet man inständig um Gottes Eingreifen, 1-2.

Das reuige Bekenntnis des glaubenden Überrestes, 64,5-7. Sie sind der festen Zuversicht, daß Gott sie erhören wird, 5, nachdem sie sich wegen ihrer Sünden vor ihm gebeugt haben, 6-7.

Das Flehen um Vergebung und Wiederherstellung, 64,18-12. Der herzbewegliche Schrei kommt von einem gezüchtigten und nun Gott hingegebenen Volk, 8-9, das sich durchlebter Gerichte erinnert, 10-11, und Gott um Gnade anfleht, 12.

Kap. 65
Gottes Antwort: Seine Gnade dem Überrest vorbehalten

Die Sünden des während der Endzeit abgefallenen Israel, 1-7. Gottes strenger Tadel wegen der Rebellion des abtrünnigen Volkes gegen ihn zu einer Zeit, da er ihnen immer wieder Gelegenheiten anbot, ihnen seine Treue zu erweisen, 1; angesichts einer Fülle von Gottesoffenbarungen, 2, die sie für Götzendienst eintauschten, 3-4, und mit Selbstgerechtigkeit beantworteten, 5. Die Warnung vor Bestrafung bezieht sich auf den „Tag der Rache", 6-7.

Gnadenwahl und Segen für den gläubigen Überrest, 8-10. Gott wird den Überrest nicht untergehen lassen, denn „es ist ein Segen drin!", 8. Er wird den Überrest wie auch das Land wiederherstellen, daß sie darin wohnen können, 9-10.

Gericht für den abgefallenen Teil Israels, 11-12. Götzenverehrung, Geiz, Auflehnung gegen Gott und Ungehorsam bestimmen die Abgefallenen dazu, im Gemetzel der Feinde unterzugehen.

Die Segnungen für den Überrest im Gegensatz zu den Flüchen, die auf die Abtrünnigen in Israel warten, 13-16. Scharfer Gegensatz zwischen den Lebensbedingungen des gläubigen und des ungläubigen Teils in Israel.

Zukünftige Herrlichkeit und Segen für die, die das Reich ererben, 17-25. Ein flüchtiger Blick des Propheten in den sündlosen Zustand des Volkes Gottes in der Ewigkeit, 17. Er sieht Jerusalem im Reich des Messias unter seinem Segen, 18-19; Langlebigkeit wieder vorhanden, 20; Sicherheit und Freude herrschen, 21-23; Gebete werden erhört, 24; der Fluch ist weggenommen, 25 (vgl. 11,6-9).

Kap. 66
Ein letzter Überblick – Rückblick auf die gesamte Weissagung

Die falsche Anbetung des abgefallenen Israel am Ende der Zeit, 1-4. Dieses letzte Kapitel des Buches zählt noch einmal die führenden Themen der Weissagungen auf. Die abgefallene Masse der jüdischen Nation (Israel), die im Unglauben wiederhergestellt ist, baut einen Tempel in Jerusalem und nimmt die überlieferten Gottesdienste wieder auf. Da sie aber im Unglauben geschehen, sind sie dem Herrn ein Greuel, 1-4 (vgl. 2. Thess. 2,4; Dan. 19,27; Matth. 24,15; Off. 11,1-2). Gegensatz des wahrhaftigen, 2, zum abgefallenen Anbeter, 2-4.

Der Überrest verfolgt und ermutigt, 5. Der Überrest ist erschrocken über Gottes Wort, wird von den abgefallenen Brüdern verspottet und gehaßt. Sie aber sollen zuschanden werden. Noch rufen sie spottend: „Wird der Herr bald zu Ehren kommen?"

Die Wiederkunft des Herrn, 6. Plötzlich kommt der Herr zu seinem Tempel (Mal. 3,1). Bei seinem Erscheinen vergilt er seinen Feinden.

Israels nationale Wiedergeburt, 7-9. An einem Tag wird ein Volk und ein Land geboren! In einem Augenblick wird eine Nation wiedergeboren (Röm. 11,26.27).

Jerusalems Herrlichkeit und hohe Ehrenstellung im Messianischen Reich, 10-14. Die Stadt wird mit einer Mutter verglichen, die ihre Kinder nährt, 10-11. Ihr Wohlstand und ihr ganzes Reich gehört ihren Kindern, 12-14 (vgl. 60,1-7).

Messias, der Rächer, und der Tag der Vergeltung, 15-17. Der Herr wird mit Feuer kommen und seinen Zorn mit Schrecken walten lassen (vgl. 61,2; 63,3-4) gegen seine Feinde unter den Nationen, 15-16, und gegen die abgefallenen Massen Israels, 17.

Die Heiden werden ins Reich Gottes gebracht, 18-21. Alle Nationen und Sprachen werden zusammengebracht werden, um Gottes Herrlichkeit zu sehen, 18. Die Geretteten sollen die frohe Botschaft verkündigen und andere herzubringen, 19. Auch Juden werden herzugebracht werden, 20-21.

Das Fortbestehen Israels in alle Ewigkeit, 22. Die Tatsache des neuen Himmels und der neuen Erde, die ewig sein werden, soll ein Gleichnis sein für die Tatsache, daß auch Israel ewig fortbestehen wird.

Segnungen für die Gerechten, 23. Die gesamte Menschheit wird Gott anbeten.

Das Los der Abgefallenen, 24. Ewige Verdammnis ist ihr Teil – „ihr Wurm wird nicht sterben, und ihr Feuer erlöscht nicht". (Vgl. Jesu Warnung vor der Hölle, Mk. 9,44-48; Off. 20,14-15.)

Jeremia

Eine Nation in den Todeswehen des Untergangs

Die Welt Jeremias. Der Prophet Jesaja lebte und wirkte zu einer Zeit, als Assyrien auf der Höhe seiner Macht stand. Jeremias Wirkungszeit lag, etwa hundert Jahre später, unmittelbar vor dem Verfall Assyriens. Babylon und Ägypten rangen um die Weltherrschaft. Der Prophet wies warnend auf die Juda drohende Gefahr eines babylonischen Sieges hin. Doch Juda überhörte diese Warnungen und weigerte sich, von seinen Sünden zu lassen. Die Folge mußte Judas Untergang sein. Doch weissagte Jeremia, daß Juda eines Tages als Nation wiedererstehen und dann, kraft der durch seinen Messias erfahrenen Erlösung, zum weltweiten Segen für die Nationen der Erde werden würde. Babylon jedoch würde zerstört und für immer ausgelöscht werden.

Anordnung des Buches Jeremia. Die den Botschaften beigegebenen Daten zeigen, daß die Berichte nicht in chronologischer Reihenfolge geordnet sind. Botschaften aus der Regierungszeit Josias finden wir z.B. in 1,2 und 3,6, jedoch die aus der Zeit Jojakims in 22,18; 25,1; 26,1; 35,1; 36,1; 45,1. Die aus der Zeit Zedekias in 21, 1.8; 27,2.3.12; 28,1; 29,3; 32,1; 34,2; 37,1-2; 38,5; 39,1; 49,34; 51,59. Zwei solche Botschaften wurden spät in Ägypten geschrieben, 43,7-8 und 44,1. Die meisten Botschaften stammen wahrscheinlich aus der Zeit Jojakims und Zedekias. Hinter dem Fehlen einer chronologischen Ordnung verbirgt sich anscheinend eine Absicht. Wahrscheinlich hat der Prophet gegensätzliche Themen einander zuordnen und nicht Daten der Niederschrift angeben wollen.

Jeremias Botschaft. Es handelte sich vor allem um eine mit großem Ernst verkündete warnende Voraussage des unvermeidlichen Gerichts der kommenden Babylonischen Gefangenschaft (25,1-14), wenn das Volk sich nicht unter seine Schuld der Götzenanbetung und anderer Sünden beugen würde. Die drohende Stimmung einer „bilderstürmenden" (d.h. gegen die Götzenbilder gerichteten) Botschaft (1,10) wurde jedoch zum Hintergrund leuchtender messianischer „Blitzlichter" (23,5-8; 30,4-11; 31,31-34; 33,15-18). Die schließliche Wiederherstellung Israels als Nation sollte nach einer Zeit unvorstellbarer Leiden (30,3-10) durch das Erscheinen von Davids „gerechtem Sproß", nämlich dem Messias selbst, erfolgen (23,6; 33,15).

Überblick

Weissagungen gegen Juda und Jerusalem, Kap. 1-45
Unter Josia und Jojakim, Kap. 1-20
Zu verschiedenen Zeiten bis zu Jerusalems Zerstörung, Kap. 21-39
Nach dem Fall Jerusalems, Kap. 40-45
Weissagungen gegen die Nationen, Kap. 46-51
Geschichtlicher Anhang, Kap. 52

Mythologisches Tier auf glasierten Kacheln an einem Torbogen in Babylon

Jeremia

Freiheit verloren und ist Sklave Assyriens („die Löwen") und Ägyptens (Memphis, Hauptstadt von Nordägypten), 14-19, geworden.

Die Anklage und der Protest Gottes, 2,20-37. Israel war wie ein „eigensinniger Ochse" geworden, 20; ein verwilderter Weinstock, 21; eine lüsterne Prostituierte, 22-25; ein schamloser Dieb, 26; ein törichter Götzenanbeter, 27-28; ein gedankenloses, undankbares Volk, 29-32; ein unverschämter Übertreter, 33; eine verblendete Nation, 34-37.

Ergebnis der Untreue Israels, 3-15. Seine Verhärtung machte die kommende Strafe unvermeidlich.

Kap. 1
Einführung; Berufung Jeremias

Überschrift, 1-3. Jeremia („der Herr erhöht") war ein Nachkomme des Priesters Abjatar, der von Salomo nach Anatot (Ras Karrubeh) verbannt worden war (etwa 4 km nordöstlich von Jerusalem im Land Benjamin). Jeremias Wirksamkeit, 2, erstreckte sich vom dreizehnten Regierungsjahr Josias (627 v.Chr.) bis zum elften Jahr Zedekias (586 v.Chr.).

Jeremias Berufung, 4-19. Gottes erwählende Gnade, 5, und des Propheten Demut, 6, verbanden sich zu einem bestimmten Auftrag, die unbeliebte Botschaft zu predigen, „daß du ausrottest und zerstörest, verderbest und niederreißest", aber auch die aufbauende Nachricht, „daß du bauest und pflanzest", 7-10. Jeremias Begegnung mit Gott und seine Berufung waren von zwei Visionen (Gesichten) untermauert: 1) der des Mandelbaums (hebr. *shakedh*), dem ersten Frühlingsboten – ein Bild dafür, daß Gott „auf der Wacht" war, „früh erwacht" (hebr. *shakedh*), um seinem Wort Nachdruck durch baldige Erfüllung zu verleihen, 12. 2) dem eines siedenden Topfes, den der Nordwind vorantreibt – das Bild eines Gottesgerichtes, das, aus dem Norden kommend, Juda bald überrollen wird als Strafe für seinen Götzendienst und seine anderen Sünden, 13. Gottes Wort bleibt nicht ohne Gottes wirksame Taten (1. Petr. 4,17; Hebr. 4,12).

Kap. 2,1-3,5
Die erste Botschaft:
Sünde der Nation

Ein treuer Gott und sein untreues Volk, 2,1-19. Einer Darstellung von Gottes Güte, 1-3, folgt eine Darstellung der Abwendung Judas von seinem Gott, 4-13. Das Volk hat eine doppelte Sünde begangen: Sie haben den Herrn, die „Quelle lebendigen Wassers", verlassen (vgl. Joh. 4,10-15; 7,38) und trinken mit ihrer Götzenanbetung das schmutzige Wasser aus einer löcherigen, verunreinigten, von Menschen gemachten Zisterne, 13. Ergebnis: Israel hat seine

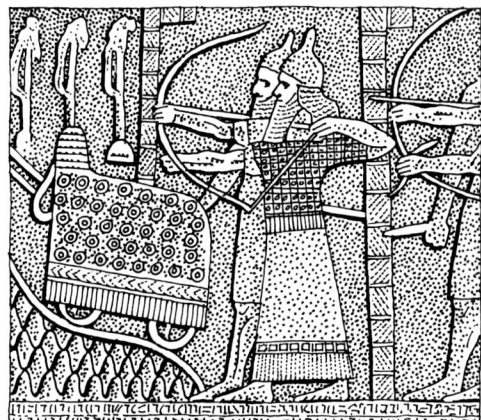

Eine befestigte Stadt wird angegriffen

Kap. 3,6-6,30
Zweite Botschaft:
Verwüstung von Norden her

Judas Abtrünnigkeit ist schwerwiegender als diejenige Israels, 3,6-25. Die Strafe, die das Nordreich mit der Wegführung seiner Bewohner und der schließlichen Vernichtung traf, hat Juda nicht beeindruckt, 6-11. Juda blieb eine Hure, verunreinigt durch ihre Beziehungen zu einer verdorbenen kanaanitischen Religion, die sie von Gott schied. Ähnliche Züchtigung wie die Israels (2. Kö. 17,1-18) bedroht nun auch Juda. Doch aufrichtige Buße, 10-14, würde erneuter Segen folgen, 15-25.

Der Feind aus dem Norden, 4,1-31. Jeremia spricht offensichtlich von der drohenden babylonischen Invasion. Obwohl Babylon östlich von Jerusalem lag, mußte die angreifende Armee wegen der dazwischen liegenden Wüste dem Lauf des Euphrat bis nach Karkemisch folgen, um Palästina dann von Norden her anzugreifen. Manche Ausleger vermuten, daß Jeremia hier die Skytheninvasion Assyriens (653-630 v.Chr.) oder Kappadoziens (ca. 597 v.Chr.) meint. Dies ist jedoch unwahrscheinlich, da es nirgends einen Hinweis gibt, daß Palästina von diesem Skytheneinfall betroffen war.

Gericht und drohende Katastrophen, 5,1-31. Weinend beklagt der Prophet aus Anatot die Sünden Jerusalems, die sein Empfinden für das, was recht ist, tief verletzen.

Weitere Warnung, 6,1-30. Eine schwere Zerstörung droht Jerusalem, 1-26. Den Einwohnern Jerusalems wird geraten, in die Wüste Tekoa zu fliehen (16 km südlich von Jerusalem; Heimat des Propheten Amos). Gott nennt hier Jeremia seinen „Goldprüfer", der den Zustand des Volkes untersuchen soll, 27-30 (vgl. Hiob 23,10).

Kap. 7-10
Dritte Botschaft:
Gott droht mit Verbannung

Diese Tempelrede war, wie die beiden vorangegangenen Reden Jeremias, sowohl strenger Tadel als auch ernste Warnung und eindringliche Mahnung. Ihr Ausgangspunkt: der besorgniserregende innere Zustand Judas.

Tadel des Abfalls von Gott bei formgerechten, doch innerlich unwahren Gottesdiensten, 7,1-34. Würden diese innerlich so gottfernen Tempelbesucher „Gottes Haus zur Mördergrube" machen, 1-11? Möchte die Zer-

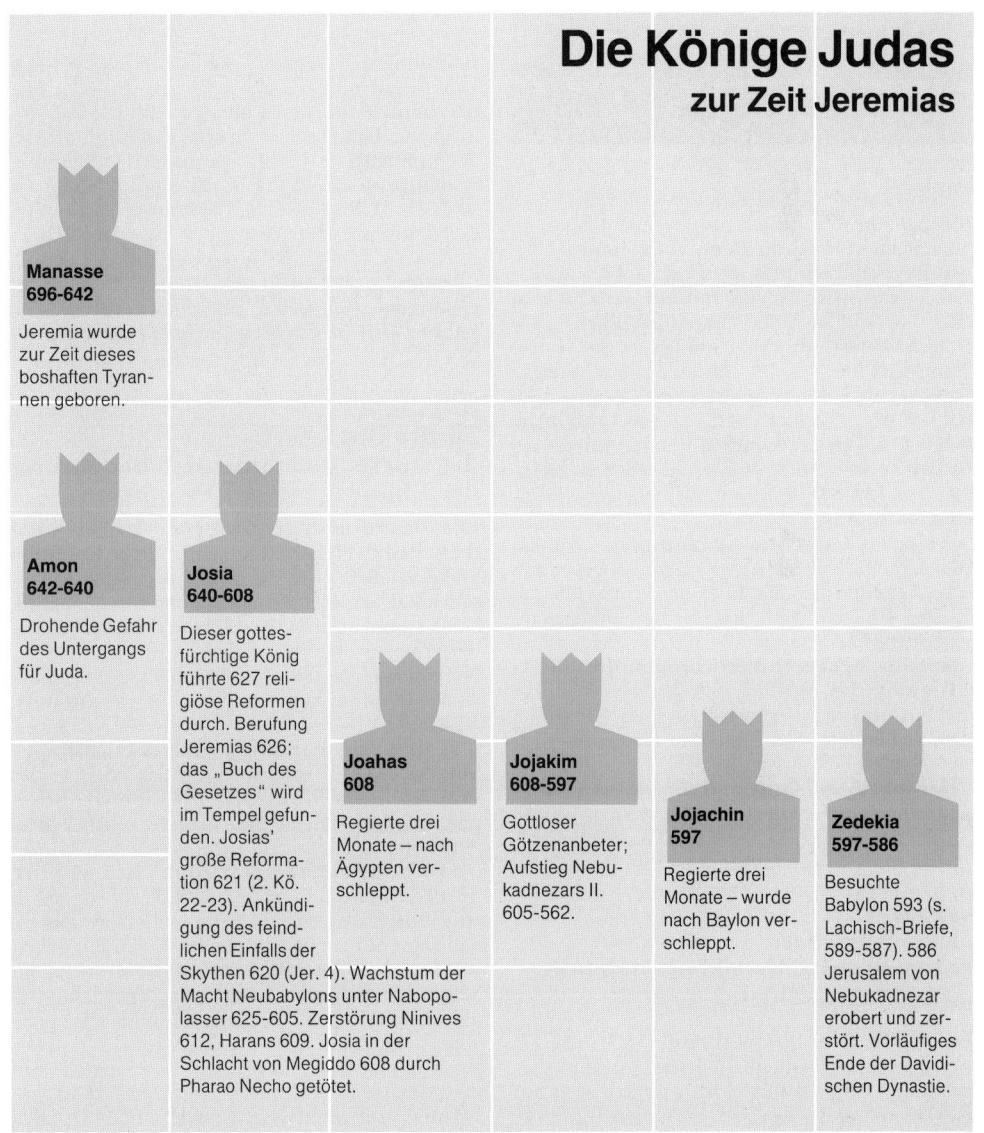

Die Könige Judas
zur Zeit Jeremias

Manasse
696-642

Jeremia wurde zur Zeit dieses boshaften Tyrannen geboren.

Amon
642-640

Drohende Gefahr des Untergangs für Juda.

Josia
640-608

Dieser gottesfürchtige König führte 627 religiöse Reformen durch. Berufung Jeremias 626; das „Buch des Gesetzes" wird im Tempel gefunden. Josias' große Reformation 621 (2. Kö. 22-23). Ankündigung des feindlichen Einfalls der Skythen 620 (Jer. 4). Wachstum der Macht Neubabylons unter Nabopolasser 625-605. Zerstörung Ninives 612, Harans 609. Josia in der Schlacht von Megiddo 608 durch Pharao Necho getötet.

Joahas
608

Regierte drei Monate – nach Ägypten verschleppt.

Jojakim
608-597

Gottloser Götzenanbeter; Aufstieg Nebukadnezars II. 605-562.

Jojachin
597

Regierte drei Monate – wurde nach Baylon verschleppt.

Zedekia
597-586

Besuchte Babylon 593 (s. Lachisch-Briefe, 589-587). 586 Jerusalem von Nebukadnezar erobert und zerstört. Vorläufiges Ende der Davidischen Dynastie.

Auf einem Platz in Megiddo stand in der Steinzeit ein Tempel.

störung von Silo (Altar aus der Zeit Josuas, 30 km nördlich von Jerusalem, etwa 1050 v.Chr. zerstört) eine Lehre für sie sein, 12-14 (vgl. Jer. 26,6; 1. Sam. 4,10; Ps. 78,60). Des Herrn Zorn ist entbrannt wegen Jerusalems Götzendienst, 15-19, und wegen seiner Abtrünnigkeit, 20-34. Die „Himmelskönigin", 18, war eine alte semitische Gottheit, die babylonische Ischtar (Venus), vgl. 44,17-19.25. „Tophet", 32, war ein Opferplatz im Tal Hinnom, südwestlich von Jerusalem, wo zur Zeit Jesajas und Jeremias Menschen ihre Kinder dem Moloch opferten, der ein ammonitischer Götze war.

Weitere Gerichtsandrohungen, 8,1-22. Alle Gesellschaftsschichten des Gottesvolkes waren korrupt, einschließlich der Propheten und Priester, 10. Man war schamlos und unbeugsam geworden, 12.

Jeremia beklagt unter Tränen die Sündhaftigkeit des Volkes, 8,1-26. Der Prophet war hin und her gerissen zwischen Erbarmen mit den Sündern und Ekel über ihre Sünden, 1, die unverzeihlich waren, 2-26.

Der lebendige Gott und die Götzen, 10,1-25. Heidnische Götzenanbetung wird als große Torheit bezeichnet, 1-16, die mit Gericht bestraft werden muß, 17-22. Gebet, 23-25.

Kap. 11-13
Vierte Botschaft:
Gottes Bund gebrochen; Gleichnis vom leinenen Gürtel

Der gebrochene Gottesbund, 11,1 - 12.17. Die Zurechtweisungen, Warnungen und Ermahnungen dieser Botschaft gründen sich auf die Verletzung des „palästinensischen Bündnis-

ses" zwischen Gott und seinem Volk (mit Mose geschlossen, s. 5. Mo. 28,1-30.9). Jeremia verteidigte den Bund, 11,1-8. Die Reformation unter König Josia war in Vergessenheit geraten, 9-17, und des Propheten eigene Landsleute zu Anatot wollten ihn töten, 18-23. Diese heimtückische Handlungsweise und das gleichzeitige Gedeihen der Ungerechten quälte Jeremia, 12,1-6. Gott machte durch Jeremias Klage seinen eigenen Schmerz über Juda kund, 12,7-17.

Das Gleichnis vom leinenen Gürtel, 13,1-27. Hier stellte der Prophet selbst ein Gleichnis dar, 1-11. Das schneeweiße Leinenkleid, das vom Priester auf der Haut getragen wurde, ist ein Symbol der ursprünglichen Reinheit des Volkes in ihrer Gemeinschaft mit Gott. Am Euphrat abgelegt und der Feuchtigkeit und Verschmutzung ausgesetzt, 4.6.7, wird das verdorbene Kleid zum Gleichnis für den Ruin der Nation in der Gottesferne und weissagt die Babylonische Gefangenschaft jenseits des Euphrat. Die Weinschläuche, 12-14, bis zum Rand gefüllt, stellen die von Gott verursachte Trunkenheit dar und den Untergang der gesamten Nation im Gottesgericht. Der Warnung vor dem Hochmut, 15-17, folgt die Wehklage um den König (Jojachin) und die Königin-Mutter, die beide als Gefangene nach Babel weggeführt worden sind (597 v.Chr.), 18-19. Wehrufe über Jerusalem, 20-27.

Kap. 14-17
Fünfte Botschaft:
die Dürre; gleichnishafte Bedeutung der Ehelosigkeit des Propheten

Die Dürre und das drohende Unheil über dem Volk, 14,1-22. Die schreckliche Katastrophe der Dürre, 1-6; die innere Leere der liturgischen Gebete der Nation, 7-9; Gottes Weigerung, sie anzuhören, 10-12. Die falschen Propheten, 13, die ohne göttlichen Auftrag in Gottes Namen weissagten, mußten angeklagt werden, 14-16. Jeremias herzzerreißende Klage um Juda, 17-22.

Gottes Antwort auf Jeremias Fürbittegebet, 15,1-21. Zurückweisung der Fürbitte des Propheten; das Schicksal der Nation war besiegelt, 1-9. Der tiefgebeugte Prophet erhält Gottes Antwort, 10-21.

Die kommende Katastrophe ist Lohn der Sünde, 16,1-21. Gott verbietet dem Propheten, eine Ehe einzugehen. Damit will Gott zeigen, daß seine Worte unerbittlich in Erfüllung gehen werden, 1-4. Jeremia soll außerdem weder an Trauerfeierlichkeiten noch an Freudenfesten teilnehmen, 5-9. Diese Zeichen sollen die unabwendbare, herannahende Katastrophe darstellen, als Folge von Judas Abfall, 10-13. Doch wird dem Gericht Segen ohne Ende folgen, 14-21.

Judas schreckliche Sünde, 17,1-27. Beschreibung derselben, 1-4; Fluch und Segen werden dem Volk vor Augen gestellt, 5-11. Jeremia betet Gott an und erbittet Gottes Sieg über seine Feinde, 12-18. Ernsthafte Warnung gegen Sabbatentheiligung, die ein Hinweis ihrer Untreue gegenüber Gott ist, 19-27.

Kap. 18-20
Sechste Botschaft:
Das Gleichnis vom Töpfer

Des Propheten Besuch beim Töpfer, 18,1-23. Diese Episode ist Sinnbild für das souveräne Handeln Gottes mit seinem Volk (Röm. 9,20-24). Als der souveräne Gott handelt er nach seinen Gedanken und Plänen mit ihnen. Seine Gerichtspläne könnten noch jetzt gegen Pläne des Segens eingetauscht werden, wenn das Volk aufrichtig Buße tun würde, 1-11. Doch weist Gott auf ihre eherne Unbußfertigkeit hin, 12-17, die bezeugt wird durch die bösen Pläne, die sie gegen Jeremia haben, 18, und die der Prophet in seinem Verwünschungsgebet beklagt, 19.23.

Der zerbrochene irdene Krug, 19,1-15, war ein anderes Zeichen dafür, daß Gott das götzendienerische Volk vernichtend schlagen würde. Tophet (s. 7,31) war das Zentrum des grausamen Molochkultes. Das Scherbentor, 2, später das Misttor genannt (Neh. 2,13), führte nach Hinnom, wo das Bild des Moloch stand, dem Kinder geopfert wurden.

Öffentliche Bestrafung Jeremias, 20,1-18. Paschhur, Befehlshaber der Tempelpolizei, legte Jeremia für seine Botschaft vom zerbrochenen Krug in den Stock (Folterwerkzeug), 1-6. Paschhurs und seiner Familie und Freunde Untergang wurde angekündigt, 6, und sein Name, der „Befreiung" bedeutet, wurde in „Schrecken" umgeändert, 3 (vgl. 6,25; 25,8-11; Ps. 31,13). Die schweren Glaubensproben Jeremias verursachten ihm zuweilen schwere Stunden und manche Klage, doch triumphierte der Glaube immer wieder über seine Zweifel, 7-18.

Kap. 21-24
Weissagungen über regierende Könige

Jeremias Botschaft an Zedekia, 21,1-14. Die Anfrage Zedekias (597-586 v.Chr.), 1-2, betraf Nebukadnezar (akkadisch: Nabu-kuddur-riusur, d.i.: Nabu, beschütze meinen Grenzstein), 605-562 v.Chr. Dieser Paschhur ist ein anderer als der Paschhur von 20,1. Der Priester Zephanja wurde später in Ribla enthauptet (52,24-27). Jeremias Antwort an Zedekia, 3-7, an das Volk, 8-10, und an das Königshaus, 12-14, entsprach der Wahrheit und muß seine der Sünde so sehr ergebenen Hörer zutiefst getroffen haben.

Jeremias Botschaft an andere Könige

Tonkrüge

Ein Töpfer an seiner Scheibe

Judas, 22,1-30. Dies war eine einleitende, warnende Botschaft an das Haus Davids, 1-9, und sie sollte dem König Sallum (auch Joahas genannt, 2. Kö. 23,31) Mut zusprechen, der nach nur dreimonatiger Regierungszeit nach Ägypten verschleppt wurde (608 v.Chr.), 11-12. Es folgt eine Weissagung gegen Jojakim (608-597), 13-19, einen fanatischen Götzenanbeter und Feind Jeremias (vgl. 2. Kö. 23,24-24,7). Auch gegen Jojachin, der nach Babylon deportiert wurde, wurde Gericht geweissagt, 20-30, (er wird hier und in 37,1 Konja genannt; Jekonja in 24,1; 27,20; vgl. 2. Kö. 24,8-16; 25,27-30).

Die große messianische Weissagung, 23,1-40. Die „falschen Hirten" (unwürdigen Herrscher) Judas, 1-2, bildeten den dunklen Hintergrund für die leuchtende Weissagung der Sammlung und Wiederherstellung Israels im Königreich des Messias, 3-4, unter dem Messias, dem „rechtschaffenen Sproß Davids", 5, dessen Name sein wird „Der Herr, unsre Gerechtigkeit", 6. Diese Weissagung wird in der Endzeit erfüllt werden und betrifft den letzten Auszug des jüdischen Volkes und die Erlösung aus weltweiter Zerstreuung und Knechtschaft und Zurückbringung in den Stand eines (freien) „Königreichs Israel", 7-8, unter der Herrschaft des Messias (Röm. 11,25-27). Auf dieses kurze Aufleuchten einer messianischen Weissagung folgt wiederum eine Klage Jeremias, 9-14, und eine Anklage Gottes gegen die falschen Propheten, 15-32. Die hartnäckigen Sünder jener Zeit sind bereits verworfen, 33-40.

Vision von den zwei Feigenkörben, 24,1-10. Sie ist gegen den König Zedekia gerichtet. Die guten Feigen symbolisieren die Besten des Volkes, die zusammen mit Jojachin (597 v.Chr.), hier Jechonja genannt (vgl. 22, 20-30), nach Babylon geführt worden sind. Die schlechten Feigen stehen für die Abtrünnigen, die in Jerusalem geblieben waren, um den gottlosen König Zedekia zu unterstützen. Diese hatten die Absicht, mit Hilfe Ägyptens gegen Babylon Widerstand zu leisten (2. Kö. 24,10-20).

Kap. 25
Weissagung der 70jährigen Gefangenschaft

Die Babylonische Gefangenschaft verkündet, 1-11. Im vierten Jahr Jojakims (604 v.Chr.) hielt Jeremia Rückblick auf seine dreiundzwanzigjährige Wirksamkeit als Prophet, 1-7. Inzwischen war durch Nebukadnezars Sieg bei Karkemisch über Ägypten die Vorherrschaft Babylons sichergestellt. In diesem Jahr verkündigte Jeremia die siebzigjährige Babylonische Gefangenschaft Israels, 8-11 (vgl. 3. Mo. 26,33-35; 2. Chron. 36,21; Dan. 9,2).

Gericht über die Nationen und der „Tag des Herrn", 12-38. Babylon und dessen König, 12-14, sowie alle übrigen Nationen, 15-29, sollen bestraft werden (vgl. Jes. 51,17; Off. 14,10). Das wird den „Tag des Herrn" einleiten, und Gott wird seinen Zorn walten lassen, 30-38. Das ist die kommende Zeit der Gerichte Gottes sowohl über das abtrünnige Israel wie über die heidnischen Nationen. Das Ende und zugleich der Höhepunkt der Ereignisse wird das zweite Kommen Jesu sein (Matth. 24,30; Off. 4-19).

Kap. 26
Jeremia in Todesgefahr

Seine Weissagung von der Zerstörung des Tempels, 1-11. Dieser würde wie einst Silo (vgl. 7,12.14 mit 1. Sam. 4,10-11) zerstört werden. Alle Schichten des Volkes verwarfen diese Wahrheit und verfolgten den Propheten, 11.

Jeremias Befreiung, 12-24. Seine tapfere Selbstverteidigung und Befreiung wird beschrieben, 12-19. Seine Verteidiger berufen sich auf die sehr ähnliche Weissagung des Propheten Micha, 18-19 (vgl. Mi. 1,1 ff.), ebenso auf den Märtyrertod Urijas unter Jojakim, 20-24.

Kap. 27-28
Das Zeichen des Jochs

Das dem Volk von Gott auferlegte Joch der Babylonischen Gefangenschaft, 27,1-22. Jeremia legte ein Ochsenjoch um seinen Hals, um deutlich zu machen, wie Babylon eines Tages ein Joch auf den Nacken Jerusalems und Judas legen würde. Diese Wahrheit war dem Volk zuwider.

Widerstand durch die falschen Propheten, 28,1-17. Hananja, einer von ihnen, zerbrach unverschämterweise Jeremias Joch, 10. Gott bestrafte ihn mit dem Tode, 16-17.

Kap. 29
Jeremia tröstet die Gefangenen in Babel

Sein Brief an sie, 1-23. Er drängte die Weggeführten, im fremden Land gefügig und friedlich zu leben, zu heiraten und ein normales Leben zu führen, 1-9, in der Hoffnung auf ihre Rückführung am Ende der von Gott festgesetzten siebzig Jahre (vgl. 25,11; 27,7). Gott plane Gutes für sie, 10-14. Sie hätten eine Zukunft und eine Hoffnung, 11. Doch müßten sie sich der Beeinflussung durch die falschen Propheten unter ihnen verschließen, nämlich den Königen Ahab und Zedekia gegenüber, 21, deren Untergang bei Gott bereits fest beschlossen war, 22-23.

Semajas Angriff auf Jeremia und dessen zweiter Brief, 24-32. Einer der falschen Propheten, Semaja, der Lügen weissagte und Rebellion gegen den Gott Israels schürte, schrieb einen flammenden Brief an Zephanja, den neuen Tempelaufseher, in dem er Jeremia angriff.

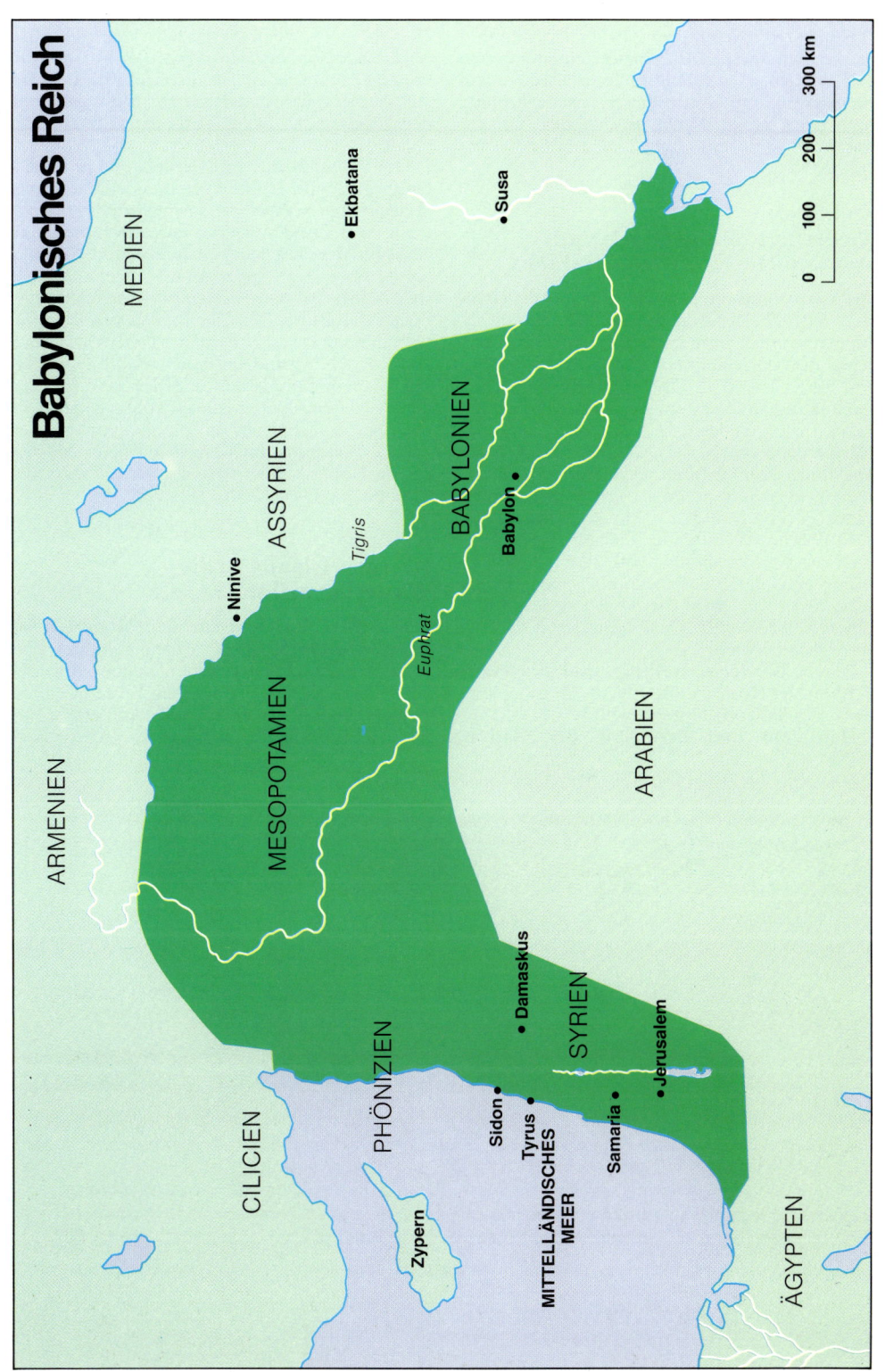

Babylonisches Reich

MEDIEN

ARMENIEN

ASSYRIEN

Ninive

MESOPOTAMIEN

Tigris

Euphrat

BABYLONIEN

Babylon

Ekbatana

Susa

ARABIEN

CILICIEN

PHÖNIZIEN

Zypern

Sidon

Tyrus

MITTELLÄNDISCHES
MEER

Damaskus

SYRIEN

Samaria

Jerusalem

ÄGYPTEN

0   100   200   300 km

Zephanja zeigte Jeremia den Brief, der daraufhin an die Gefangenen in Babylon einen zweiten Brief schrieb, in welchem er Semaja tadelte und voraussagte, daß weder dieser falsche Prophet noch einer seiner Nachkommen den Tag der Rückkehr Judas aus dem Exil erleben würde (vgl. 20,6).

Kap. 30–31
Wiederherstellung Israels und messianische Hoffnungsstrahlen

Die kommende große Trübsal Jakobs (Israels), 30,1-17. Jeremias düstere Gerichtsandrohungen wurden immer wieder überstrahlt von der Weissagung einer herrlichen Zukunft der Nation, Kap. 30 und 31. Doch wird dieser Wiedervereinigung und nationalen Wiederherstellung Israels in der Endzeit, 30,1-3, eine Zeit großer Trübsal vorangehen, 4-11, die hier „die Zeit der Angst für Jakob" genannt wird. Sie wird den Höhepunkt des jahrtausendelangen Leidens Israels bilden, 7 (vgl. Matth. 24; Mk. 13; Off. 7), und wird sich mitten im endzeitlichen Israel abspielen. Nachdem das sündige Volk, durch diese Läuterung gereinigt, zur Erkenntnis seines Messias gekommen ist, wird der wiedergekommene Christus, 9 (vgl. Off. 19,11-16), in Israel sein Königreich aufrichten.

Israels Wiederherstellung und die Herrlichkeit des Königreichs, 30,18-24. Israel wird als Gottes Volk wiederhergestellt.

Heimkehr und Errettung der Nation, 31,1-26. Die wiederhergestellte Nation, 1-6, wird Lieder der Erlösung singen, 7-14, denn die vorangegangene Zeit der (großen) Trübsal (wie 30,1-17.23.24) hat echte Buße gewirkt und sie auf den kommenden Segen vorbereitet, 15-20, und Glaubensgewißheit geschenkt, 21-26.

Der Neue Bund und Israels ewige Berufung, 31,27-40. Diese Wiederherstellung Israels in den vollen Segen Gottes ist gegründet auf „einen neuen Bund", 31-34. Der „alte Bund" war ein Bund des Gesetzes, gegründet auf das Halten der Gebote. Der „neue Bund" (Hebr. 8,8-12) steht völlig auf dem Boden der Gnade und des geopferten Blutes Jesu Christi. Das von Christus Gott dargebrachte Opfer seines Lebens in seinem Blut wird die Grundlage einer zukünftigen inneren Wiedergeburt Israels und der darauffolgenden Wiedereinsetzung in das Wohlgefallen Gottes. Israels Eingehen in die Segnungen des „neuen Bundes" schließt in sich die Zusage, daß es von Gott zu einer Nation gemacht wird, die ewig bleibt, 33-36 (Röm. 11,1-26).

Kap. 32
Jeremias Glaube an die Wiederherstellung Israels

Das äußere Zeichen für den Glauben des Propheten, 1-25. Er kaufte Land in Anatot, und zwar vor dem Fall Jerusalems, am Anfang des Jahres 586 v.Chr. Hanameel, ein Vetter Jeremias, wollte seinen Acker an ihn verkaufen, um zu vermeiden, daß ein Teil des Landes seines väter-

Tell Lachisch; hier befand sich früher die alte Festungsstadt Lachisch.

Die Belagerung von Lachisch durch Sanherib, wie sie sich ein Künstler vorgestellt hat.

lichen Erbes verlorengeht (3. Mo. 25,25-28). In Ägypten (Elephantine) hat man solche Kaufbriefe gefunden, auf Papyrusrollen geschrieben und in irdenen Gefäßen aufbewahrt, 14. Jeremias Glaube, auch im Gefängnis noch lebendig, 3, fand hörbaren Ausdruck im Gebet, 16-25. Baruch, 12, war Jeremias treuer Schriftführer.

Gottes Antwort, 26-44. Das Schicksal der fürs Gericht bestimmten Stadt Jerusalem wird angekündigt, 28,35, dazu die künftige letzte Sammlung Israels aus den Völkern, von der die Weissagung der Rückführung aus Babylon ein Vorauswerfen des Schattens (dieses Endzeitereignisses) ist, 36-44.

Kap. 33
Die bedeutsame Prophezeiung vom davidischen Königreich

Der bevorstehende Untergang Jerusalems, 1-5. Gott fordert den Propheten zum Gebet auf, 1-3, da die Belagerung Jerusalems bereits begonnen hat. Wiederum leuchtet hell über dem dunklen Hintergrund der Katastrophe die Weissagung von der zukünftigen Herrlichkeit der Nation.

Zusage von Segen und Herrlichkeit in der Zukunft, V. 6-14. Nach der Rückkehr aus dem Exil wird Gott sein Volk reinigen, 6-8 (vgl. Hes. 36,25; Sach. 13,1; Hebr. 9,13.14; Röm. 11,25-27). Der Jubel der Errettung wird gehört werden,

9-11, und Friede und Wohlstand (der Reichszeit) werden beschrieben, 12-14.

Der davidische König und sein Reich, 15-26. „In jenen Tagen" spricht von der Zeit des zweiten Kommens Jesu, wenn er, der „gerechte Sproß", kommen wird, um den Thron seines Vaters David einzunehmen (Lk. 1,31-33; vgl. 2, Sam. 7,8-16). Dann wird der Herr in seiner erlösenden Kraft vor Israel offenbar werden als „der Herr, unsere (d.i.: Israels) Gerechtigkeit", (vgl. 33,6-8). Dann wird der Tempeldienst wiederhergestellt werden (s. Hes. 40 bis 44), 18. Die Unverletzlichkeit des davidischen Bundes wurde bestätigt, 20-22, wie auch Gottes Treue, alle Bündnisse mit und Verheißungen an Israel zu erfüllen, 23-26 (vgl. Röm. 9,4-5; 11, 29).

Kap. 34
Jeremias Warnung an Zedekia

Die Warnung 1-7. Die Belagerung der Stadt (Januar 588 v.Chr.) stand unmittelbar bevor. Jeremia warnte Zedekia vor ihrem Fall. Lachisch, die Festungsstadt etwa 36 km südwestlich von Jerusalem, und Aseka, etwa 16 km nördlich von Lachisch, sind durch die „Lachischbriefe" wohlbekannt.

Archäologische Streiflichter
Die „Lachisch Ostraca" (Tonscherben mit Inschrift), im Jahr 1935 in Lachisch (Tel ed-

Duweir) gefunden, gehören genau zu dieser Zeit. Brief Nr. IV sagt: „Wir schauen nach den Feuersignalen von Lachisch aus ..., denn wir können die Signale von Aseka nicht mehr sehen." Die Namen, Orte und Umstände, von denen auf diesen 21 hebräischen Tonstücken berichtet wird, erinnern sehr an die Zeit Jeremias kurz vor der Einnahme von Lachisch, Aseka und Jerusalem 589-586 v.Chr.

Zedekias Treulosigkeit, 8-22. Zedekia hatte versprochen, alle jüdischen Sklaven freizulassen, wie es die Sabbatgesetze vorschrieben (2. Mo. 21,2). Seine Absicht dabei war jedoch, Gottes Gunst zu „kaufen" und damit mehr kampffähige Männer zu erhalten. Als die Belagerung für kurze Zeit unterbrochen wurde, brachte der Rückzieher Zedekias in dieser Frage seine wahren Absichten ans Licht. Jeremia tadelte sein Verhalten scharf, 12-22, und verurteilte Zedekia. Er sollte von seiten der Feinde Israels das gleiche Schicksal erleiden wie die Opfertiere, durch deren Tod das Bündnis vor Gott besiegelt wurde (vgl. 1. Mo. 15,9-17).

Kap. 35
Die Treue der Rechabiter

Das Gebot, unter dem die Rechabiter stehen, 1-11. Sie sind ein religiöser Orden, der die Einfachheit und Reinheit des Beduinenlebens hochhielt und während der Regierung des Königs Jehu (841-814 v.Chr.) von Jonadab, dem Sohn Rechabs, gegründet worden war. Sie halfen bei der Ausrottung des Baalkultes in Israel. Sie mieden das Stadtleben mit seinen verderblichen Einflüssen und lebten in Zelten. Sie waren Hirten und tranken keinen Wein (vgl. die ihnen ähnlichen Nasiräer, 4. Mo. 6,1-21).

Was die Juden von ihnen lernten, 12-19. Die Rechabiter weigerten sich, Wein zu trinken, als er ihnen angeboten wurde, weil sie den Vorschriften Rechabs, ihres Gründers und Ahnherrn, gehorsam bleiben wollten, 6. Die Juden aber waren bewußt ungehorsam gegen Gottes Gebote. Diese anschauliche Darstellung des gegensätzlichen Verhaltens der beiden Gruppen wurde zum Anlaß, den Juden ihren Untergang, den Rechabitern jedoch den Segen Gottes anzukündigen.

Kap. 36
Jojakims Widerstand gegen Gottes Wort

Das Verlesen der Schriftrolle, 1-20. Das Aufsetzen der Schriftrolle wurde Jeremia im vierten Jahr Jojakims von Gott befohlen (604 v.Chr.), 1-4. Gottes Absicht war, dadurch dem Volk zu sagen, welches Unheil über sie kommen würde, wenn sie sich nicht vom Bösen abwendeten. Jeremia befahl seinem Sekretär Baruch, die von

ihm aufgesetzte Schriftrolle im Tempel vorzulesen, 5-10. Der Anlaß war ein Fasten, das der König Zedekia ausgerufen hatte, weil Nebukadnezar bereits bis Askalon vorgedrungen war (November 604 v.Chr.). Jojakim zerschnitt und verbrannte die Schriftrolle, 21-26. Der gleiche satanische Geist beseelt die ungläubigen Bibelkritiker und Gegner des göttlichen Wortes zu allen Zeiten.

Die Unzerstörbarkeit des Gotteswortes, 27-32. Das Wort lebt weiter. Aber über seine Verächter und solche, die es, wie Jojakim, gerne vernichten würden, bringt es Gericht.

Kap. 37-38
Jeremias Erlebnisse während der Belagerung

Jeremias (Gottes) Antwort auf Zedekias Frage, 37,1-10. Im Frühjahr 587 v.Chr. erschien eine Armee des Pharao Hophra (Apries), um Jerusalem gegen die Babylonier zu entsetzen. Letztere zogen sich daraufhin zurück, 5. Jeremia warnte eine Abordnung des Königs Zedekia, daß die Babylonier in Kürze wiederkommen würden, um die Stadt zu verbrennen, 6-10.

Jeremias Gefangennahme, 37,11 - 38,13. Als der Prophet auf dem Weg nach Anatot war, um dort seinen Anteil am Grundbesitz seines Vetters in Empfang zu nehmen, 12, (vgl. Jer. 32,8), wurde er beschuldigt, zu den Chaldäern überlaufen zu wollen. Wegen Verrats warf man ihn in die Zisterne, 38,1-13. Er wurde des Verrats beschuldigt und daß er darauf hinwirkt, „daß die in der Stadt noch übriggebliebenen Kriegsleute und alles Volk die Hände sinken lassen", 4. Dieser Ausdruck kommt auch im VI. Lachischbrief vor: „Siehe, die Worte des Fürsten sind nicht gut, sie schwächen nur unsere Hände" (s. Archäologische Streiflicher, Kap. 34).

Jeremias Schlußappell an Zedekia: 38,14-28. Der weise, oftmals wiederholte Rat Jeremias, sich Nebukadnezar zu ergeben, wurde von Zedekia endgültig verworfen.

Kap. 39
Der Fall Jerusalems

Die Verbrennung der Stadt und das Schicksal Zedekias, 1-10 (s. auch 2. Kö. 25; Jer. 52; 2. Chron. 36). Gottes Wort an Jeremia fand seine Bestätigung: Die Stadt wurde zerstört. Zedekias Söhne wurden getötet, er wurde geblendet und in Ketten nach Babylon gebracht. Die „Rabsaris" und die „Rabmag" waren Titel babylonischer Offiziere (vgl. 3,13).

Jeremia wird freundlich behandelt, 11-18. Man stellte es ihm frei, nach Babylon zu gehen oder in Palästina zu bleiben. Er wählte letzteres, 11-14, und teilte sein Los mit Gedalja, dem Statthalter. Seine Botschaft an Ebed-Melech, 15-18, und seine Befreiung (Fortsetzung von 38,13) werden hier erwähnt, um zu zeigen, daß die, die im Glauben ausharren, den Lohn ihrer Treue empfangen dürfen, wenn Gott Gericht hält.

Kap. 40-41
Gedalja wird ermordet

Jeremia bleibt mit Gedalja im Lande, 40,1-8. Der von den Babyloniern eingesetzte Gouverneur hatte sein Hauptquartier in Mizpa (dem offenbar in Brand gesteckten Tell en-Nasbeh oder Nebi Samwil), 12 km nördlich von Jerusalem. Im Jahre 1935 n. Chr. wurde ein Siegel in der Asche des von Nebukadnezar niedergebrannten Lachisch gefunden, mit der Inschrift: Dieses Siegel „gehört Gedalja, der über das Haus gesetzt ist".

Verschwörung gegen Gedalja, 40,9-16. Gedaljas weise Regierung war erfolgreich, 9-12, aber Ismael, ein Glied der Königsfamilie, bekam von Baalis, dem König der Amoriter, den Auftrag, Gedalja zu ermorden, 13-16.

Der Anschlag wird ausgeführt, 41,1-18. Ismael, in Begleitung von zehn Männern, tötet Gedalja und eine Schar trauernder Juden, die auf dem Weg nach Jerusalem waren, 4-10. Ismael floh nach Ammon, 11-18.

Kap. 42-43
Der Überrest flieht nach Ägypten

Jeremia sucht im Gebet Weisung von Gott für den Überrest, 42,1-22. Der Überrest der Juden, in völliger Ratlosigkeit, bat Jeremia, für sie zu beten, 1-6. Nach zehn Tagen kam die Antwort Gottes; sie sollten (unter der Zusage von Gottes persönlicher Gegenwart und Hilfe) im Land bleiben. Sie aber weigerten sich, das zu tun, und beschlossen, lieber nach Ägypten zu gehen, 7-22.

Rebellion gegen Jeremia und der Zug nach Ägypten, 43,1-7. Das Volk zog nach Ägypten und nahm Jeremia trotz seines Widerstrebens mit. Sie blieben in Tachpanches, 7, der ägyptischen Grenzfestung, die auch Baal-Zephon (gr. Daphne, heute Tell Defneh) heißt.

Jeremias Weissagung von der Eroberung Ägyptens durch Nebukadnezar, 43,8-13. Das wurde im Jahr 586 v.Chr. Wirklichkeit, als Nebukadnezar, von Gott „mein Knecht" genannt (25,9; 27,6; vgl. 43,10), in Ägypten einfiel und Amasis (Ahmosis II., vgl. 46,13-20) besiegte. Vers 13 erwähnt Heliopolis, die „Sonnenstadt" (in 1. Mo. 41,15 „On" genannt), Zentrum der Anbetung des Sonnengottes Re (Jes. 19,18). Die hier gefundenen berühmten Obelisken sind charakteristische ägyptische Denkmäler, leicht konische (spitz zulaufende) Granitsäulen, bedeckt von einem Prymidion, dem Symbol eines Sonnenstrahls.

Ägyptische Ruinen bei Theben (heutiges Luxor)

Kap. 44
Jeremias letzter Versuch, das Volk in Ägypten zur Einsicht zu bewegen

Auseinandersetzung mit den Juden in Ägypten, 1-19. Jeremias Botschaft ging an „alle Juden", 1 (in Memphis, Hauptstadt Nordägyptens, 20 km südlich von Kairo), Migdol (Tell el-Heir, östlich von Tachpanches, s. 43,7) und in „Oberägypten", d.h. Südägypten, wo bei Elephantine (heute bekannt durch die aramäischen Papyrusrollen aus dem 5. Jh. v.Chr.) bereits eine jüdische Kolonie bestand. Der Drohrede des Propheten, 1-10, folgt eine Weissagung von Strafe, 11-14. Die Diasporajuden in Pathros antworteten Jeremia mit herausforderndem Trotz, 15-16, und erklärten hartnäckig, daß sie auch weiterhin die „Himmelskönigin" anbeten würden, 17-19 (das ist die assyrische Göttin Istar, kanaanitische Astarte, gr. Aphrodite, röm. Venus). Es handelt sich um einen unsauberen Kult, dessen Weihgeschenke u.a. aus mond- oder sternähnlichen Kuchen und Nachbildungen dieser Göttin der sinnlichen Liebe bestanden.
Gottes Antwort und Zeichen, 20-30. Über diese frechen Götzenverehrer wurde Gottes Gericht ausgesprochen, 20-28. Das Zeichen, das Gottes Wort durch Jeremia an die Juden bestätigen sollte, war Pharao Hophra (Apries, 588-569 v.Chr.; vgl. 37,5), der „in die Hände seiner Feinde gegeben und von ihm ermordet" werden sollte. Er wurde von Amosis II. (Amasis, 569-526 v.Chr.) getötet, einem früheren Hofbeamten, der die XXVII. Libysche Dynastie gründete.

Kap. 45
Jeremias Botschaft an Baruch wieder in Erinnerung gebracht

Baruchs Klage, 1-3. Die Botschaft, auf die Baruch sich hier stützte, war von Jeremia im 4. Jahr Jojakims, 604 v.Chr., gepredigt worden, 1. Baruch, Sekretär und Mitarbeiter Jeremias, war am Anfang seines Dienstes auf die kommenden, mit diesem Dienst verbundenen Schwierigkeiten hingewiesen worden (vgl. 1,10; 36,1-4).
Gottes stärkende Zusage an Baruch, 4-5. Baruch empfängt am Ende seiner Mitarbeit bei Jeremia und dessen „Memoiren" von Gott die Zusage, daß sein Leben „allenthalben bewahrt" werden sollte (vgl. 39,15-18).

Kap. 46
Weissagung gegen Ägypten

Diese Weissagungen gegen fremde Nationen, Kap. 46-51, sind vergleichbar mit denen in Jes. 13-23 und Hes. 25-32.
Weissagungen gegen Pharao Necho, 1-12. Necho II. von Ägypten war im Juni 604 v.Chr. bei Karkemisch an der großen Biegung des Euphrats, etwa 90 km westlich von Haran (1. Mo. 11,31), besiegt worden. Der siegreiche Kronprinz Nebukadnezar von Babylon verfolgte seinen besiegten Feind bis nach Ägypten, 2-6. Ägypten, dessen Symbol der majestätische Nil war, 7-8, war entschlossen, das Nordland zu überschwemmen. Aber es wurde gedemütigt. Put ist das heutige Somaliland. Lydien liegt in Kleinasien.
Nebukadnezars Einfall in Ägypten, 13-26. Im Jahre 601 v.Chr. stand Nebukadnezar in unentschiedenem Kampf an der ägyptischen Grenze, wie die babylonische Chronik sagt. Doch 568 v.Chr. hat sich die Weissagung Jeremias erfüllt (s. Anmerkung zu 43,8-13). Theben, 25, war die großartige Hauptstadt Oberägyptens und Amon die große Sonnengottheit, die man dort verehrte.
Verheißung künftiger Segnung an Israel, 27-28. Trost für die Zukunft wurde Gottes Volk gegeben.

Kap. 47
Weissagung gegen die Philister

Der Vormarsch Nebukadnezars, 1-4. Diese Weissagung muß wohl mit der Zerstörung Askalons zusammen gesehen werden, 5.7. Es scheint, daß Tyrus und Sidon, 4, im Bündnis mit den Philistern standen (vgl. 27,3).
Ergebnis der Invasion Nebukadnezars, 5-7. Die Philister (Pelischti) waren Indo-Europäer von Kaphtor (Kreta) (vgl. Amos 9,7), deren Hauptstrom sich im 12. Jh. v.Chr. in Südwestpalästina ansiedelte, dem „Land der Pelischti".

Kap. 48
Weissagung gegen Moab

Die Vernichtung Moabs, 1-19. Das Vordringen des Feindes, wahrscheinlich Nebukadnezars, wird beschrieben. Kamos war der Nationalgott, 7. Obgleich es durch seine Isolierung von Handelswegen und Heerstraßen auch gegen feindlichen Überfall geschützt schien – sollte Moab seinem Schicksal nicht entgehen, 11-17.
Grund für die Vernichtung, 20-47. Moab sollte ernten, was es gesät hatte, 20-28, und für seinen Hochmut bestraft werden, 29-42. Nach schweren Zerstörungen aber wird Moab wieder aufgebaut werden, 43-47.

Kap. 49
Weissagungen gegen verschiedene Nationen

Gegen Ammon, 1-6. Ammon war das nördliche „Brudervolk" Moabs (1. Mo. 19,30-38),

Moloch (Milkom), 1, war der Nationalgott (1. Kö. 11,5.33). Rabba, das heutige Amman im Königreich Jordanien, war seine Hauptstadt, 2-3.

Gegen Edom, 7-22. Vgl. Ob. 1-9. Dort findet sich eine weitere Weissagung vom Gericht über Edom für begangene Grausamkeiten und Grenzübertritte gegen Juda in Verbindung mit den Ausdehnungsbestrebungen arabischer Stämme. Teman, 7, ist das heutige Tawilan, etwa 5 km östlich von Sela (Petra), der in Felsen gehauenen Stadt. Bozra, 13, ist eine befestigte Stadt Nordedoms.

Gegen Damaskus, 23-27. Arpad in Nordsyrien, etwa 34 km nördlich von Aleppo, wird gewöhnlich in der Schrift mit Hamat zusammen genannt, einem bekannten Stadtstaat am Orontesfluß nördlich von Damaskus. Die Macht dieser Stadtstaaten wurde durch Assyrien gebrochen und durch Babylon weiter gedämpft.

Gegen Kedar und Hazor, 28-33. Hazor (nicht Tell el Qedah, etwa 9 km südwestlich vom Hule-See, das die alte Handelsstraße Via Maris beherrschte) ist ein bisher unbekannt gebliebener Ort in der Arabischen Wüste östlich des Landes Palästina, das Nebukadnezar 598 v.Chr. plünderte. Kedar (1. Mo. 25,13) war ein arabischer Stamm von Wüstenbeduinen, die von Ismael abstammen. Nebukadnezar führte einen erfolgreichen Feldzug gegen diese Beduinenstämme der Wüste (9,26; 25,23-24).

Gegen Elam, 34-39. Elam, östlich des zwischen Euphrat und Tigris gelegenen Landes Babylon, mit seiner Hauptstadt Susa, wurde im Winter 596 von Nebukadnezar überrannt. Zedekia kam im März 597 v.Chr. auf den Thron durch die Absetzung Jojachins. Der Ausspruch „der Bogen von Elam" bezieht sich auf die Gewandtheit der elamitischen Bogenschützen, 35.

Kap. 50
Weissagung gegen Babylon

Das Reich fällt an Persien, 1-3. Zwei Themen sind mit dem Namen Babel verflochten: der Fall des historischen Babel jener Zeit und der Fall des Babylon der Offenbarung des NT (Off. 17-18). Die Götter Babylons erschraken, als sie von der Weissagung des Falls der Stadt hörten: Beel (d.i. Baal) und Merodach (d.i. Marduk,). Das zu erwartende Unglück würde aus dem Norden kommen – ein Hinweis auf Kores (Cyrus), den Perserkönig, der Babylon im Oktober 539 v.Chr. eroberte (vgl. Dan. 7,4-5).

Rückkehr aus dem Exil (Verbannung), 4-7. Diese Weissagung erfüllte sich zunächst in der Rückkehr Israels aus der Babylonischen Gefangenschaft im Jahre 536 v.Chr., weist aber weit darüber hinaus auf die letzte noch zukünftige Sammlung Israels vor dem kommenden Reich des Messias.

Thema der Zerstörung Babylons (AT)

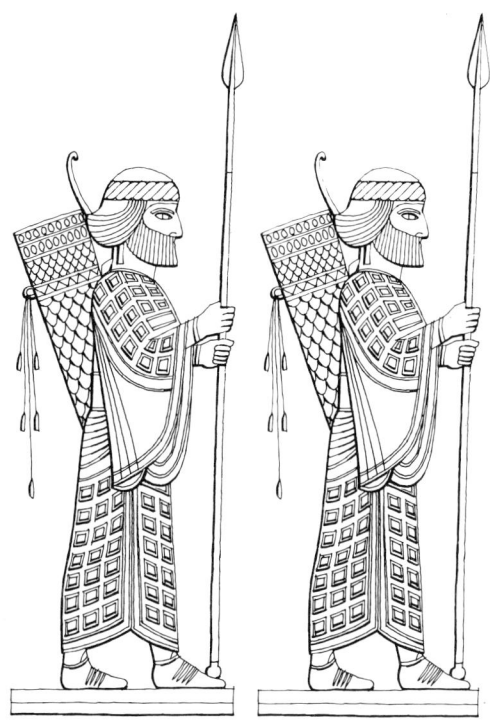

Relief aus dem alten Babylon

fortgesetzt, **8-16.** Die riesige, alte Stadt Babylon, an einem Nebenarm des Euphrat, in der Nähe der heutigen Stadt Hilla gelegen, südwestlich von Bagdad, wurde im Jahre 1899-1914 n.Chr. von deutschen Archäologen ausgegraben, zunächst unter der Leitung von Robert Koldewey, später unter der Leitung von Heinrich Lenzen. Seine prächtigen Paläste, hängenden Gärten, sein Tempelturm, das Ischtar-Tor, seine Wälle und Befestigungen sind heute bekannt. Die Archäologie bestätigt voll und ganz die Pracht Babylons, der berühmten Stadt des Altertums (s. Text zu 2. Kö. 25).

Israels Wiederherstellung, 17-20. Babylon würde zerstört werden wie einst Assyrien, doch Israel wird wiederhergestellt und in einer noch fernen Zukunft aus der Zerstreuung gesammelt werden.

Das göttliche Gericht über Babylon, 21-32. „Merathaim" („Land des zwiefachen Trotzes"), 21, war ein Wortspiel mit dem akkadischen Wort „mat murrati" („Land der Lagunen"), die Bezeichnung Südbabyloniens im Volksmund. Ebenso ist das hebr. Wort „Pekod" (Heimsuchung, im Sinne von Bestrafung), 21, ein Wortspiel mit akkad. „Pukudu", dem Namen eines ostbabylonischen Stammes (Hes. 23,23).

Weissagung von Israels Befreiung wiederholt, 33-34. Israels „Erlöser" ist stark und wird „ihre Rechtssache hinausführen", d.h. sie erretten.

Babylons Fall erneut bestätigt, 35-46. Keine Nation kann es sich leisten, Gott ungestraft zu trotzen.

Kap. 51
Weissagung gegen Babel fortgesetzt

Gottes Gericht über Babel, 1-5. Babylon wird „niedergemäht und gesichtet werden wie Weizen" – dieses bekannte Bild des Dreschens für Gericht wird hier auf Babylon angewandt (Jes. 21,10). Es hat sich an dem „Heiligen Israels" versündigt, 5.

Botschaft für den „Überrest", 6-10. Gottes Volk wurde befohlen, aus Babylon zu fliehen. (Vgl. den Fall des kirchlichen Babylon, Off. 17, und die Zerstörung des Handelszentrums Babylon, Off. 18.) Babylon war der goldene Becher, 7 (Off. 17,4). Das ganze Kapitel 51 ist eine prophetische Schau der Zerstörung des satanischen Weltsystems in der Endzeit, kurz vor dem zweiten Kommen des Messias zum Tausendjährigen Reich.

Kommender Angriff Babylons durch die Meder, 11-19. Medien lag nordöstlich von Babylon. „Viele Wasser", 13, bezieht sich auf den Euphrat und die vielen Südbabylonien durchziehenden Kanäle (vgl. Off. 17, 1.15). Die Götzenanbetung wird verhöhnt, 16-19, im Gegensatz zu Israels wahrem Gott, 15-16.

Babylons Untergang, 20-33. Babylon war Gottes Hammer, Kriegskeule, 20-23, – ein Instrument in seiner Hand, um sein ungehorsames Volk zu strafen. Doch Babylon wird zugrunde gehen wie Assyrien, 24-26. Wie vorher Babylon viele Nationen eroberte, 27-33, so werden sie es nun angreifen. Ararat, 27, ist Armenien, das Urartu des Altertums, nördlich vom Van See. Das Königreich Minni umfaßte die Mannäer südlich vom See Urmia. Askenas umfaßte das Land der Skythen.

Israels Erlösung, 34-40, aufs neue betrachtet.

Fortsetzung über den Fall Babylons, 41-46. Sesach, 41-43, war Babylon, das von seinen Angreifern überschwemmt werden würde.

Kap. 52
Judas Fall und Gefangenschaft, Jojachins Befreiung

Jerusalem eingenommen, 1-30. Dieses letzte Kapitel ist ein geschichtlicher Anhang, z.T. eine Wiederholung von 2. Kö. 24,18 - 25,30 (vgl. auch Jer. 39,1-10; 40,7 - 43,7). Beschrieben wird Zedekias Regierung, 1-3, seine Rebellion, 4-11. Die Belagerung der Stadt dauerte länger als 18 Monate. Ribla, 9, lag im zentral gelegenen Tal nordöstlich von Byblos. Jerusalem wurde im August des Jahres 586 v.Chr. durch Feuer zerstört, 15-16. Nebusaradan war Nebukadnezars Armeegeneral. Die aus dem Tempel entführte Beute wird beschrieben, 17-23, ebenfalls der Tod einer Anzahl von Priestern in Ribla, 24-27. Drei Deportationen werden aufgezählt, 28-30, offenbar im Zusammenhang mit Jojachins Wegführung im Jahre 597 v.Chr. (2. Kö. 24,12-16). Die Unterdrückung der Revolte Zedekias (586 v.Chr.) wird erwähnt, ebenso die Strafe für die Ermordung Gedaljas (40,7-41,18).

Jojachins Begnadigung, 31-34. Siehe auch 2. Kö. 25,27-30.

Klagelieder

Klage über die Zerstörung Jerusalems

Juden beten an der Klagemauer in Jerusalem

Stellung des Buches in der Bibel. Die deutsche Bibel folgte der Tradition der Septuaginta (griech. Übersetzung des hebr. AT) und stellte die Klagelieder hinter das Buch des Propheten Jeremia. Im hebr. AT steht es im 3. Teil, den hebr. *Kethubhim,* d.h. „Schriften" (oder Hagiographen), und zwar unter den Schriftrollen (hebr. *Megilloth*): Hohelied, Ruth, Klagelieder, Prediger und Esther. Diese „Schriften" wurden bei bestimmten Gelegenheiten gelesen. Das war im Falle der Klagelieder während des Fastens am 9. Ab (August), wenn der Zerstörung Jerusalems und der Verbrennung des Tempels (586 v.Chr.) gedacht wurde.

Verfasser. Es besteht kaum Zweifel darüber, daß der Prophet Jeremia der Verfasser ist. Die Septuaginta beginnt das Buch mit den Worten: „Und es begab sich, nachdem Israel gefangengenommen und Jerusalem zerstört worden war, daß Jeremia saß und weinte und mit den folgenden Klageworten klagte und sprach ..." Die Vulgata (lateinische Übersetzung des hebr. AT) schließt sich dieser sehr alten Tradition an.

Literarische Form. Von den fünf Gedichten, aus denen die Klagelieder bestehen, sind die ersten vier akrostisch. Kap. 1, 2 und 4 haben je 22 Verse, von denen jeder Vers mit einem der 22 Buchstaben des hebr. Alphabets anfängt. Kap. 3 hat je drei Verse, die mit dem gleichen hebr. Buchstaben beginnen. Das macht 66 Verse. Kap. 5 hat auch 22 Verse, doch sind sie nicht alphabetisch geordnet. Der „Klagelied *(qinah)*-Rhythmus" (3 plus 2) herrscht vor, wobei ein lebhafter Dreiertakt allmählich in einen traurigen Zweiertakt übergeht.

Die Botschaft. Das Thema dieses Buches ist: „Der Herr ist betrübt, wenn sein Volk stirbt" (2. Mo. 3,7). „Er leidet, wenn sie leiden." „Gnadenbeweise des Herrn sind's, daß wir nicht gänzlich aufgerieben wurden, denn seine Barmherzigkeit ist nicht zu Ende; sie ist alle Morgen neu, und seine Treue ist groß!" (Klgl. 3,22-23). Die Überlieferung sagt, daß der Prophet weinend in einer Grotte außerhalb von Jerusalems nördlicher Mauer saß, über welcher sich der Hügel namens Golgatha wölbte, wo der Heiland der Welt einmal sterben sollte. Wie dem auch sei, der Geist Christi im Propheten machte ihn tatsächlich zu einem „Urbild" unseres Herrn (Jer. 13,17); ähnlich hat der Herr selbst einmal über Jerusalem geweint (Matth. 23,36-38).

Überblick

Ein verödetes Jerusalem fleht um Erbarmen, Kap. 1.
Gottes Züchtigung und ihre schweren Folgen, Kap. 2.
Herzensschrei eines gezüchtigten Volkes, Kap. 3.
Die Schrecken durch Belagerung und Fall der Stadt, Kap. 4.
Klage und Bitte um Wiederherstellung, Kap. 5.

Klagelieder

Kap. 1
Ein verödetes Jerusalem fleht um Erbarmen

Verlassenheit der Stadt beschrieben, 1-11. Nur zweimal spricht in diesem Abschnitt Jerusalem selbst, unter dem Bild einer Witwe, in Vers 9b und 11b. Die übrigen Verse beschreiben das Elend der zerstörten Stadt. Wenn Jerusalem spricht, wird ein Gebet daraus.

Jerusalem beklagt seine Zerstörung, 12-22. Auch hier ist die Stadt personifiziert. Dieser ganze Abschnitt, mit Ausnahme von Vers 17, ist der Schmerzensschrei einer Person, die in der Ich-Form redet. Jerusalem beschreibt sein Elend, 11-13; findet Worte echter Buße und bekennt, daß das Gericht für seine Ungerechtigkeit gerecht ist, 14-16; bestätigt Gottes Gerechtigkeit bei seiner Bestrafung, 18-20; und bittet um Rechtfertigung von seiten Gottes gegenüber seinen Feinden, 21-22.

Kap. 2
Gottes Züchtigung und ihre schweren Folgen

Das Gottesgericht über Jerusalem, 1-8. Jerusalems Zerstörung war weder ein Unglücksfall noch Zufall. Mehr als siebenmal wird in diesem Abschnitt „der Herr" als der genannt, der all das Leid über die Stadt hat kommen lassen.

Die Folgen des Gottesgerichtes, 9-17. Die Stadt ist verödet, geistliches Dunkel umfängt den Propheten wie die übrigen Einwohner, 9-10. Jeremia weint und klagt über all das Geschehen, 11-14, welches die Feinde Israels mit hämischem Triumph erfüllt, 15-16. Doch hat Gott in all dem nur nach langem Warnen sein Wort mit seinen Gerichtsdrohungen erfüllt, 17.

Des Propheten Mahnung zu aufrichtiger Reue und Buße, 18-19. Seine Fürbitte, 20-22, in der er sich mit dem gezüchtigten Volk identifiziert.

Kap. 3
Herzensschrei eines gezüchtigten Volkes

Ein Psalm unbeirrbaren Glaubens an die

Gnade Gottes, 1-24. Dieses Kapitel ist ein dreiteiliges Gedicht in akrostischer Form, in welchem je drei der 66 Verse mit einem der 22 Buchstaben des hebr. Alphabets anfangen. Der Prophet Jeremia identifiziert sich mit dem gezüchtigten Volk und schüttet die Qualen und Nöte seines Herzens im Glauben vor Gott aus. Seine Probleme erinnern an die schweren Prüfungen, die Hiob durchlitt: Vers 1 (Hi. 9,34); 2 (Hi. 19,8); 3 (Hi. 7,18); 4 (Hi. 7,5); 5 (Hi. 19,6.12); 6 (Hi. 23,16-17); 7.9 (Hi. 19,8); 8 (Hi. 30,20); 10-11 (Hi. 16,9); 12-13 (Hi. 16,12-13); 14 (Hi. 30,9); 15 (Hi. 9,18); 16-18 (Hi. 19,10; 30,19).

Jeremia dringt beim Volk auf Buße und Unterwerfung unter den Willen Gottes, 25-51. Der Prophet rät in Weisheit angesichts des gerechten Gerichts Gottes zur Unterwerfung unter seinen Willen und zum Bekenntnis der Schuld.

Sein Gebet um Rechtfertigung vor den Feinden (des Volkes Gottes), 52-66. Jeremia beruft sich auf Gottes Treue und seine Segnungen in der Vergangenheit und fleht um Bestrafung derer, die Jerusalem zerstört haben.

Kap. 4
Schrecken durch Belagerung und Fall der Stadt

Die Leiden werden beschrieben, 1-20. Das Gold und die Steine des Tempels sind entweiht worden, 1. Die Söhne Zions, die mehr wert sind als Gold, sind nun dem gewöhnlichen Ton gleichgestellt, 2. Große Hungersnot in der Stadt, 3-9, machte selbst Mütter zu Kannibalen, 10. Der Zorn Gottes wurde ausgegossen, 11-12, in blutigem Gemetzel und religiöser Verunreinigung, 13-15, in Gefangenschaft, 16; Tod, 17-19; und Gewalttätigkeit gegen den König (Zedekia, 2. Kö. 25,4-6).

Weissagung vom Strafgericht Gottes über Edom, 21-22. Edom wird auch unter die züchtigende Hand Gottes kommen (vgl. Ob. 8-14).

Kap. 5
Klage und Bitte um Wiederherstellung

Klage über Judas Elend in der Babylonischen Gefangenschaft, 1-18. Das Volk erleidet innere Not und äußere Härte, 1-14. Das davidische Königshaus herrschte nicht mehr, der Tempel war zerstört, 15-18.

Gebet Jeremias um Gottes Gnade, 19-22. Diese Verse greifen das Anliegen von Ps. 74,1-2; Ps. 79,5-8 und Ps. 80,1-7 auf: das inbrünstige Gebet des gläubigen Überrestes um die Wiederherstellung des davidischen Reiches.

Hesekiel

Das Ziel der göttlichen Züchtigung

Altstadt von Jerusalem und Felsendom, vom Damaskustor aus

Der Prophet Hesekiel (hebr.: *Yehezkel*, „Gott stärkt") war der Sohn eines Priesters vom Geschlecht Zadok. Er war mit König Jojachin im Jahre 597 v.Chr. nach Babylon weggeführt worden. Seine Frau starb am Tage, als die Belagerung Jerusalems begann, 588 v.Chr. (24,1.15-18). Der Prophet lebte in Tel-Abib, einer Stadt am Kebar, einem Kanal, der aus babylonischen Quellenberichten bekannt ist, der von der Stelle aus, wo der Euphrat sich oberhalb Babylons gabelt, durch die Stadt Nippur fließt und dann nahe der Stadt Erech wieder in den Euphrat mündet.

Datierung. Hesekiel begann seine Wirksamkeit als Prophet im 5. Jahr des Exils des Königs Jojachin (1,1-2), d.i. im Jahre 593 v.Chr. Aus seiner letzten mit Datenangabe versehenen Botschaft (29,17) ist zu schließen, daß er mindestens bis April 571 v.Chr. als Prophet wirkte.

Zweck der Botschaft. Während Jeremia in Palästina die Zerstörung Jerusalems prophezeite, verkündete sein jüngerer Zeitgenosse Hesekiel in Babylon der abtrünnigen Stadt das gleiche (Kap. 1-24). Der Unterschied in der Verkündigung der beiden Propheten lag darin, daß die Botschaft Hesekiels, der ja vor allem zu den Weggeführten sprach, einen großen Teil tröstlicher Elemente enthielt. Hesekiel zeigte seinen leidenden Landsleuten, daß Gott damit, daß er sein Volk ins Exil führte, recht handelte (vgl. 18,25.29; 33,17.20). Im Mittelpunkt seiner Verkündigung stand die vorbeugende und zurechtweisende Art der Züchtigungen Gottes, damit sein Volk „erkenne, daß ich der Herr bin" (dieser Ausdruck erscheint im Buch Hesekiel mehr als 30mal zwischen 6,7 und 39,28).

Deshalb zeigte er dem Volk, daß sie selbst für ihre jetzige Lage verantwortlich zu machen seien, nicht der Herr (18,25). Er sagte ihnen aber auch, daß Gott die Nationen, die jetzt über Israels Fall jubilieren, strafen werde (Kap. 25-32), während Israel am Ende auf die Wiederherstellung seines Reiches hoffen dürfe.

Das Buch Hesekiel und die Offenbarung des NT. Die Visionen Hesekiels tragen vielfach auffallende Ähnlichkeit mit denen des Johannes in der Offenbarung (vgl. Hes. 1 mit Off. 4-5; Hes. 3,3 mit Off. 10,9-10; Hes. 9 mit Off. 7; Hes. 10 mit Off. 8,1-5). Der Prophet Daniel war bereits bekannt und berühmt in Babylon, als Hesekiel anfing zu weissagen (Hes. 14,14.20; 28,3).

Überblick

Berufung des Propheten, Kap. 1-3.
Weissagungen gegen Jerusalem, Kap. 4-24.
Weissagungen gegen die Nationen, Kap. 25-32.
Weissagungen der endzeitlichen Wiederherstellung Israels, Kap. 33-48.

Hesekiel

Einführung, 1-3. „Das dreißigste Jahr", 1, bedeutet wahrscheinlich Hesekiels dreißigstes Lebensjahr. Zu „Tel-Abib" (babylonisch „Til Abubi", „Wall gegen die Flut", eine jüdische Kolonie in der Nähe der Stadt Nippur am Kebarkanal), s. 3,15 und Einleitung. Das 5. Jahr des Exils Jojachins wäre das Jahr 593 v.Chr., der 5. Tag des 4. Monats wäre der 31. Juli. „Die Hand des Herrn kam über mich" – mit diesem Ausdruck will Hesekiel seine Verbindung mit Gott während seiner Visionen darlegen (3,14.22; 8,1; 33,22; 37,1; 40,1).

Die Vision von der Herrlichkeit Gottes, 4-28. Diese Offenbarung der Schechina-Herrlichkeit Gottes bereitete Hesekiel auf seinen speziellen Dienst vor, wie einst Mose (2. Mo. 3,1-10), Jesaja (Jes. 6,1-10), Daniel (Dan. 10,5-14) und den Seher Johannes (Off. 1,12-19). Gottesoffenbarungen in Wind (1. Kö. 19,11), Wolke (2. Mo. 19,16) und Feuer (1. Kö. 19,11-12) waren nichts Ungewöhnliches. Hesekiel kommt in seinem Buch wiederholt auf diese Vision zurück (10,1-22; 11,22-25; 43,1-7). Der Sturmwind kam „von Norden her", 4, nicht, weil Hesekiel dieses Bild aus der kanaanitischen (ugaritischen) Mythologie geborgt hat, nach der die Götter „im Norden" lebten, sondern weil eine Sturmwolke göttlichen Zorns aus dem Norden (Babylon) sich zu entladen drohte. Obwohl Babylon östlich von Jerusalem liegt, zwang die dazwischen befindliche Wüste die Reisenden, den Flußläufen des sog. „fruchtbaren Halbmondes" zu folgen. Darum trugen auch die Armeen aus dem Osten ihre Angriffe von Norden aus vor. Der Heilige Israels offenbarte sich in seiner Herrlichkeit, dazu bereit, sein abtrünniges Volk mit Gericht heimzusuchen. Die „lebendigen Wesen", 5, waren Cherubim (Off. 4,7), die die Heiligkeit des Thrones Gottes bewachten (2. Mo. 25, 10-22; 1. Kö. 6,23-28; vgl. 1. Mo. 3,22-24). Es waren geflügelte Lebewesen, die sich von den Seraphim (Jes. 6,2) unterschieden. Die einen wie die anderen sind wirkliche himmlische Wesen, nicht

etwa Schöpfungen menschlicher Kunst. Die vier Räder symbolisieren die Beweglichkeit dieser Wesen nach allen vier Himmelsrichtungen hin. Der Herr, der über seinen Geschöpfen thront, 26-28, erinnert an den Gott Israels, der in der Stiftshütte über der Bundeslade zwischen den Cherubim thronte (2. Mo. 37,9; 1. Sam. 4,4).

Kap. 2-3
Hesekiels fünffacher Auftrag

Sein Auftrag als Prophet, 2,1-10. Wie auch immer seine Botschaft aufgenommen werden würde, „das widerspenstige Haus" – eine Bezeichnung des abtrünnigen Juda in der Verbannung (Jer. 2,29; 3,13) – „soll wissen, daß ein Prophet unter ihnen gewesen ist", 2,5. Im Buch Hesekiel erscheint mehr als 90mal der hier nicht messianisch gemeinte Ausdruck „Menschensohn" (2,1). Er will nicht nur auf die menschliche Begrenztheit und Bedürftigkeit im Vergleich zu der in der Vision offenbar werdenden unendlichen Herrlichkeit Gottes hinweisen, sondern unterstreicht auch die Tatsache, daß der Herr Juda, obwohl in Gefangenschaft, nicht vergessen hatte, daß aber das von ihm auserwählte Volk seine besondere Aufgabe des Zeugnisses für ihn an die Nationen vergessen hatte (Hes. 5,5-8; Röm. 9,4-5). Dieser Ausdruck würde sie daran erinnern, daß Israel nur ein kleiner Bruchteil der ganzen Menschheit ist, um die sich Gott kümmert.

Als furchtloser Ankläger, 3,1-9. Daß Hesekiel Gottes Wort „essen" und „verdauen" mußte, wurde symbolisch zum Ausdruck gebracht durch das Essen der Papyrusrolle, auf der die kommenden Gerichte geschrieben waren, 1-3 (vgl. Sach. 5,1-4; Off. 10,8-11). Die Tatsache, daß die Schriftrolle beidseitig beschrieben war – sonst nicht üblich – könnte zeigen, wie Gott darauf bedacht war, daß Hesekiel zu dieser Botschaft nichts Eigenes hinzufügte. Gottes Wort reichte aus. Das Wort war „süß" (Ps. 19,10), wenn man ihm gehorchte, doch bitter, wenn es unbußfertigen Sündern übermittelt werden würde, die reif fürs Gericht waren, 4-9.

Als Gottes Sprachrohr für die nach Babel Weggeführten, 3,10-15. Bezüglich Tel-Abib und Kebar, s. 1,1.

Als Wächter, 3,16-21. Ein Wächter (hebr. *sopheh*) ist jemand, der „auf der Wacht" steht, 17 (Jes. 21,6; Mi. 7,4), nicht nur gegen den Feind, sondern auch hoffnungsvoll und in Erwartung der Erfüllung der von Gott gegebenen Verheißung. Hesekiels Lehre von der persönlichen Verantwortung (vgl. 18,1-32) wird hier auf seinen eigenen Dienst als Prophet angewendet (33,7-16).

Als getreuer Herold, 3,22-27. Das „Tal" war die flache südliche Tigris-Euphrat-Ebene, die aus angeschwemmtem, fruchtbarem Schlamm bestand (1. Mo. 11,2; Hes. 37,1). Hesekiel zeitweilige Stummheit war ein Zeichen dafür, daß er

*Der riesige Stier mit
Menschenkopf am Eingang zum Palast
bei Kalah, Ninive*

dann, wenn Gott es wollte, als Gottesbote nichts verkünden sollte: Keine Botschaft für das „widerspenstige Haus"!

Kap. 4-5
Symbolische Weissagungen von der Belagerung Jerusalems

Das Symbol des Ziegelsteins, 4,1-3. Jerusalem wurde auf einen weichen, noch feuchten Ziegelstein skizziert, der dann in der Sonne getrocknet wurde, wie das im Süden Babyloniens üblich war. Die „eiserne Pfanne" (wohl ein Backblech) sollte ausdrücken, wie Gott gegen die Stadt und nicht für sie kämpfen werde (vgl. Jer. 21,5). Die Gefangenen erhofften eine baldige Rückkehr nach Jerusalem, doch der Prophet weissagte eine schreckliche Belagerung und schließlich Zerstörung der Stadt.

Eine Botschaft, durch die Körperlage des Propheten ausgedrückt, 4,4-8. Die unbequeme Lage des Propheten – 390 Tage auf der linken, 40 Tage auf der rechten Seite (zusammen 430 Jahre, da jeder Tag für ein Jahr steht) – rief die Erinnerung an die Gefangenschaft Israels in Ägypten wach (2. Mo. 12,40-41). Eine ähnliche Gefangenschaft würde vor Israel und Juda liegen. Die des Nordreichs würde jedoch länger sein als die Judas.

Zeichen der Hungersnot, 4,9-17. Hunger und Kannibalismus würden sich im belagerten Jerusalem einschleichen. Das Mischen von Getreide, 9, bedeutet Knappheit. Getrockneter Kuhdung wird bis heute im Orient als Heizmaterial gebraucht, doch machten menschliche Exkremente Gottes Volk kultisch unrein (5. Mo. 23,12-14). Wassermangel, 16, würde die Not noch schlimmer machen. Die Quellen von En-Rogel im Süden und von Gihon im Kidrontal würden vertrocknen und die Zisternen leer sein.

Zeichen des geschorenen Haares und Bartes, 5,1-17. Kopf- und Barthaar, mit einem scharfen Schwert anstatt mit einem Rasiermesser geschnitten, 1, deuten zeichenhaft auf die beschämende militärische Niederlage Jerusalems hin. Der Grund für diese ehrenrührige Erniedrigung war Israels abgrundtiefes Versagen in seiner Vorzugsstellung sowohl als „Mittelpunkt (Nabel) der Völker" wie auch als ein Licht für die Welt und ein Zeuge des einen wahren Gottes, 5-6. Die in dieser Weise beschriebenen Leiden würden sie heimsuchen als Vergeltung dafür, daß Israel das von Gott in sie gesetzte Vertrauen enttäuscht hatte, 7-17.

Kap. 6
Gericht wider die „Berge Israels"

Gericht über den Götzendienst Israels auf den „Höhen", 1-7. „Berge Israels", 2, ist der bildliche Ausdruck für die Höhen, die von Gottes Volk wie heidnische Heiligtümer unter freiem Himmel gebraucht wurden, während

„das Schwert", 3, von der Zerstörung derselben mitsamt ihrem kultischen Personal und ihren Anbetern sprach. „Götzenbilder", 5, waren Teil der kultischen Ausstattung, Bilder von Baal und solchen Gottheiten der Fruchtbarkeit wie Anath und Aschera, entartete Gottheiten, die uns heute durch die ugaritische Mythologie gut bekannt sind. Vgl. 3. Mo. 26,27-33, ein Teil der Schrift, der hier bei Hesekiel widerhallt.

Der überlebende Rest, 8-14. Der Überrest (Röm. 11,5) würde überleben und Gottes Absicht bei diesen furchtbaren Züchtigungen begreifen lernen, 10.14 (vgl. Jes. 6,10-13).

Kap. 7
Das bevorstehende Ende

Untergang der Stadt, 1-9. Der Tag des Gerichts über Jerusalem ist ein Hinweis auf den kommenden großen „Tag des Herrn", wenn er seinen Zorn über Israel ausgießen wird, ehe er es wiederherstellt (Ps. 2,5; Off. 6-19; vgl. Joel 1,15; Mal. 4,1; Am. 5,18-20; Jes. 2,11-17).

Schrecken in der Stadt, 10-27. Verwirrung und die herrschende Grausamkeit in der zerstörten Stadt werden dargelegt.

Kap. 8-9
Vision von Jerusalems Sünden

Vision der Götzenanbetung, 8,1-18. Das Datum, 1, ist der 17. September 592 v.Chr. Bezüglich „Hand des Herrn" s. 1,1-3. Eine weitere Vision der Herrlichkeit Gottes, 2-4, bildete den geeigneten Hintergrund für das Gericht über die Götzen. „Der Eingang des inneren Tores, das gegen Mitternacht schaut", 3, war das 3. Tor, das nördlich von den Palastgebäuden in die Tempelzone führte. Das „Bild der Eifersucht (Gottes)" war vielleicht das Bild der Astarte. Die Anbetung des ägyptischen Gottes Osiris, der angeblich ein glückliches Leben nach dem Tode garantieren sollte, ist wohl in 7-13 gemeint. Die Tammus-Anbetung, 14-15, galt dem sumero-akkadischen Götzen der Pflanzenwelt, dessen Hinabsteigen in die Unterwelt das periodische Dahinschwinden des Lebens in der Natur (Winter) ankündigte. In 16-18 ist wohl an Tammus(Adonis) gedacht oder an die Anbetung des ägyptischen Sonnengottes Re.

Vision von der Strafe für die Götzenanbetung, 9,1-11. Ein Ruf Gottes geht aus zur Zerstörung (der Stadt), 1-2. Bezüglich des Ausdrucks „von Norden her" s. Erklärung zu 1,4. Die Verwüster kommen von Norden her. Für „das Zeichen an der Stirn", 4-5, s. Off. 7,3; 9,4; 13,16-17; 20,4. Was den „frommen Überrest" derer, die gezeichnet werden, betrifft, vgl. Jes. 1,9; Röm. 11,5. Der Mann mit dem leinenen Kleid (und dem Schreibzeug), das jüdisch-kultische Reinheit darstellt, ist zweifellos ein Repräsentant Gottes. Vgl. Nabu, den Gott der Weisheit unter den babylonischen Göttern.

Kap. 10-11
Die Herrlichkeit des Herrn verläßt den Tempel

Erneute Erscheinung der Herrlichkeit Gottes, 10,1-22 (vgl. Hes. 1,11.43). Die offenbarte Herrlichkeit des Gottes Israels war der Hintergrund für das Gericht über Israels Götzendienst und seine grauenhafte Entweihung des Tempels. Der Mann mit dem Leinenkleid, 9,2-4; 10,2-4, der Kohlen vom Feuer zwischen den Cherubim über die götzendienerische Stadt streute, 1,13, war im Licht von Off. 5,1; 8,3-5, offensichtlich Christus vor seiner Inkarnation (Menschwerdung), der „Engel Seines Angesichts", welcher Abraham, Isaak, Jakob, Mose, Josua, Gideon und Daniel (Dan. 10,5-6) erschienen war. Das Gericht ist in seine Hände gelegt (Joh. 5,22). „Die Herrlichkeit des Herrn" (vgl. 2. Mo. 16,10; 4. Mo. 10,34) ist die offenbarte Heiligkeit und Macht Gottes (3. Mo. 9,23; 4. Mo. 20,6).
Ikabod – keine Herrlichkeit mehr in Israels Mitte! 11,1-25. Ein kurzer Einblick in das wirkliche Wesen der korrupten politischen Führer des Volkes wird gegeben, 1-13. Eine Botschaft der Gnade folgt, 14-21, Weissagungen, deren Erfüllung für Israel noch aussteht. Sie beziehen sich auf einen (vom Gericht) verschonten Überrest, 14-16, und auf die Verheißung der Rückführung ins Land und auf die geistliche Wiedergeburt des Volkes, 17-21. Nun erfolgt die Trennung der Schechina-Herrlichkeit Gottes von der gottentfremdeten Stadt, 22-25. Sie entfernt sich stufenweise (vgl. 9,3; 10,4) vom Tempel und von der Stadt in der Richtung zum Ölberg hin, 23. (Vgl. 1. Kö. 8,5-11; Esra 3,12; und die Rückkehr zum Tempel im Tausendjährigen Reich, Hes. 43,2-5). Christus fuhr vom Ölberg gen Himmel (Apg. 1,10-12), und er wird dorthin zurückkehren, wenn er als König aller Könige in Herrlichkeit wiederkommen wird (Sach. 14,4).

Kap. 12
Symbol des kommenden Exils

Dem Volk werden durch Hesekiel Zeichen gegeben, 1-20. „Das widerspenstige Geschlecht betreffend", 2, s. Bemerkungen zu 2, 5 und zu Jes. 6,10-13. Hesekiel mußte das Geschick der Weggeführten bildlich darstellen, 1-7. Der Fürst war Zedekia, 12, von dem auch in 17,20 gesprochen wird. Er wurde nach Ribla verschleppt und seines Augenlichtes beraubt (Jer. 39, 1.10; 52,10-11; 2. Kö. 25,1-7).
Botschaft vom bevorstehenden Gericht, 21-28. Der Unglaube gegenüber den Worten seiner wahren Propheten war die Ursache des Gerichtes Gottes. Gottes Wort, durch seine Propheten dem Volk gegeben, konnte man nicht einfach mißachten (Hos. 12,10).

Kap. 13-14
Verurteilung des falschen Prophetentums

Die falschen Propheten von Gott gebrandmarkt, 13,1-23. Sie redeten Lügen und waren mit heidnischer Wahrsagerei verunreinigt, 1-9. Diejenigen, die Friede verkünden, „wo doch kein Friede ist", sind so unnütz wie tüncheloser Kalk an einer einstürzenden Wand, mit dem man sich nicht gegen den kommenden Sturm zu schützen vermag, 10-16. Prophetinnen (Zauberinnen und spiritistische Medien, 1. Sam. 28,7-25) wurden ebenfalls gebrandmarkt, 17-23.
Die Verderbtheit der götzendienerischen Ältesten, 14,1-23. Sie offenbarten das ganze Ausmaß ihrer Verderbtheit, indem sie wagten, den Herrn zu befragen, 1-11, und machten das Gericht Gottes unabwendbar, 12-23.

Kap. 15
Allegorie vom Weinstock

Die Allegorie, 1-5. Die Zweige des Weinstockes sind kaum als Holz zu gebrauchen. Es ist nur dazu nützlich, Frucht zu bringen. Selbst als Brennholz ist es praktisch wertlos.
Ihre Bedeutung, 6-8. Der Weinstock ist ein Bild für Israel (Jerusalem; vgl. Ps. 80,8-12; Jes. 5,1-7; Hos. 10,1). Jerusalem, eine unfruchtbare Rebe, war nur noch gut dazu, verbrannt zu werden. Dieses ist das erste von drei Gleichnissen in Kap. 16 und 17, an denen gezeigt wird, daß für diese sündenverhaftete Stadt keine Hoffnung auf Befreiung besteht.

Kap. 16
Das Gleichnis von der treulosen Ehefrau

Israels Götzenanbetung beschrieben, 1-52. Unter dem Bild eines verwahrlosten Kindes, 1-7; eines jungen Mädchens, 8-14; einer Entarteten, 15-34; einer Hure, 35-52. Als ein Findling, der keine Verbindung zu Gottes Bund hatte, war Israel heidnischen Ursprungs, 3. Ehe Israel nach Kanaan kam, waren die semitisch-sprechenden Kanaaniter im Lande Palästina ansässig. Die Hethiter, ein nichtsemitisches Volk (Jos. 3,10; 2. Sam. 11,3), gründeten ein bedeutendes Reich, das Nordpalästina und Kleinasien umfaßte. Als Findling war Israel dem Tode ausgesetzt wie weibliche Säuglinge oft im heidnischen Altertum. Als junges Mädchen, „verlobt" mit Gott durch seinen Bund mit ihm, dann „verheiratet", 8-14, erlangte Israel zuletzt königlichen Rang. Doch fiel das Volk zurück in religiöse geistliche Unzucht (kultische Prostitution und allgemeine Untreue und Dekadenz), 15-34. Es wurde zur schamlosen Hure, 35-53, und mußte gesteinigt werden (5. Mo. 22,21.24). Juda war zuletzt schlimmer als „Sodom" – schlimmer als seine „jüngere Schwester" Samaria (Jer. 3,6-11).

Ägyptisches Relief in Theben

Verheißung gnädiger Wiederherstellung, 53-63. Selbst unter diesen düsteren Umständen versprach Gott ihr zukünftige Segnungen unter dem palästinensischen Bund (5. Mo. 30,1-10) und dem Neuen Bund (Jer. 31,31-34; Hebr. 8,8-12).

Kap. 17
Die Allegorie von den Adlern und dem Zedernbaum

Allegorie von den Adlern, 1-21. Der „große Adler", 3-6, war Nebukadnezar (Jer. 48,40; 49,22). Der „Wipfel" der Zeder, 3, war das Haus Davids (Jer. 22,5.6.23). Der „oberste Zweig", 4, war Jojachin; das „Krämerland" war Babylon; der „Same des Landes", 5, war Zedekia. Der „andere große Adler", 7, war Psammetich II. (594-588 v.Chr.), der mit Zedekia und anderen westlichen Mächten ein Bündnis gegen Babylon schloß (Jer. 27). „Der Ostwind", 10, war Nebukadnezar, der dem König Zedekia, 13-21, zum Verhängnis wurde (Jer. 52).
Allegorie von der Zeder, 22-24. Wieder kommt Israels Zukunftshoffnung (auf Wiederherstellung als Nation) ins Blickfeld. Der Herr will einen kleinen „Sproß" (Messias) vom „Wipfel des hohen Zedernbaumes" (Haus Davids) nehmen und „ein zartes Reis" (Messias) davon abbrechen und es „auf dem hohen Berge Israels" pflanzen (Berg Zion, Mi. 4,1). (Vgl. Jes. 11,1; 53,2; Jer. 23,5-6; Sach. 3,8). Der „hohe Baum", der „erniedrigt" wurde, und der „grüne Baum, der verdorrte", 24, sind Symbole für die heidnischen Weltmächte. Der niedrige, dann erhöhte Baum, und der dürre, dann zum Grünen ge-

brachte schildern die Wiederherstellung des Reiches Israel (Apg. 1,6), wenn „der Sohn Davids" wiederkommen wird. Dann wird die heidnische Weltmacht gebrochen sein, und die Reichshoheit und geistliche Herrlichkeit Israels unter der Herrschaft des Messias wird aufgerichtet sein.

Kap. 18
Göttliches Gericht und persönliche Verantwortung

Falsche Anklage gegen Gott und die göttliche Antwort, 1-13. Sünder, die mit ihrer Weisheit am Ende sind, neigen dazu, Gott und ihre Vorfahren für ihre Nöte anzuklagen. Das war es, was die Weggeführten Israels in Babylon und die zurückgebliebenen Sünder in Jerusalem taten, 1-2. Der Herr tadelte diese Verschiebung der Verantwortung, 3-4, und stellte durch Hesekiel die Gerechtigkeit Gottes und die persönliche Verantwortung des einzelnen für die Folgen seines Unrechts klar heraus. Der Nachdruck wurde auf die Lebensweise, 5-9, des einzelnen gelegt (nicht als Bedingungen fürs ewige Leben, sondern als Beweis der rechtfertigenden Gerechtigkeit, um im herannahenden Gericht dem Tode zu entgehen). Die Bedingungen für die Todesstrafe wurden festgelegt, 10-13.
Hesekiels Lehre von der persönlichen Verantwortung, 14-32. „Auf den Bergen essen", 6,15, bezieht sich auf die Teilnahme an den Götzenopfermahlzeiten bei heidnischen Höhenheiligtümern (6,1-14). Das Gute oder Böse, das eine Generation getan hat, ist auf die nächste übertragbar, 19-20. Diese Wahrheit zu verleugnen, heißt Gottes Gerechtigkeit mißzuverstehen, 25-29. Israel muß sich im Licht der Gerechtigkeit Gottes reumütig beugen. Dieses war der einzige Weg, einem furchtbaren Gericht zu entgehen, 30-32.

Kap. 19
Klagelied um die Fürsten Israels

Klagelied um die Fürsten, 1-9. Unter den Fürsten war Joahas der erste „junge Löwe", 3-4, der nach Ägypten verschleppt wurde (Jer. 22,10-12; 2. Kö. 23,30-34). Der zweite, 5-9, war Jojachin, der ins Exil nach Babylon weggeführt wurde (Jer. 22,24-30; 2. Kö. 24,8-16). Die „Löwin", 2, war Juda. Dieses Symbol (Judas) findet man auf israelitischen Siegeln (vgl. 1. Mo. 49,9; 1. Kö. 10,18-20).
Klagelied um das Land, 10-14. Der „Weinstock" ist das Bild für Juda (Jes. 5,1-7; Jer. 2,21). „Ihr stärkster Ast", 11, war Zedekia (17,13), der „vom Ostwind" abgerissen, 12, und von Nebukadnezar „verpflanzt" wurde, 13, nach Babylon (Jer. 52,1-11).

Kap. 20
Rückerinnerung Israels an erfahrene Gnadenbeweise Gottes

Israels Sünden in Ägypten, 1-8. Diese Rückerinnerung trägt das Datum vom 14. August 591 v.Chr. Sie wurde wachgerufen durch die Bitte der Ältesten während des Exils, 1-4 (14,1-11), den Herrn zu befragen. Die Götzenanbetung Israels in Ägypten wird beschrieben, 5-8 (vgl. Ps. 106). Doch Gott offenbarte sich in Gnaden.

Israels Sünden in der Wüste, 9-26. Hier wird auf die Wunder der Erlösung zurückgeschaut, die Gott um seines Namens Ehre willen, 9.10.14, tat; er, der ihnen auch den Sabbat gab, 11-13, und immer neu Gnade erzeigte, 14-26.

Israels Sünden im Lande (der Verheißung), 20,27-44. Gericht und seine zukünftige Wiederherstellung werden vorausgesagt.

Kap. 21
Gericht durch das Schwert

Die Sünden des Südlandes Israel, 1-5 (vgl. 20,27-44)

Der Herr zieht sein Schwert aus der Scheide, 6-22. Das Schwert war ein geläufiges Symbol göttlichen Gerichtes (14,21; Jes. 34,5; Jer. 14,12; Off. 6,8). Es wird als geschärft gesehen, d.h. das Gericht ist ganz nahe, 13-22 (vgl. Jer. 50,35-37). „Auf die Hüfte schlagen", 17, war ein Ausdruck der Trauer (Jer. 31,19).

Das Schwert Nebukadnezars, 23-37. Sein Schwert würde Gottes Gerichtswaffe sein, 23-24. Im Bund mit Finsternismächten, 26, würden sie ihn nach Jerusalem führen, und Grausamkeiten würden seinen Weg zeichnen. Wahrsagerei war das heidnische Gegenstück zur echten Prophetie. Kriegswahrsagerei, indem man mit Pfeilen warf, die den Namen des Feindes trugen, 26, und Leberschau, indem man Zeichen aus der Leber von Tieren zu erkennen suchte – beides waren in Babylon hoch entwickelte Erscheinungsformen der Wahrsagekunst. Die „teraphim" (Hausgötter), 26, kleine orakelhafte Götzen, wurden befragt. Das Schwert würde Zedekia vernichten, 30-32, und Ammon schlagen, 33-37 (vgl. Vers 25).

Kap. 22
Anklage gegen Jerusalem

Jerusalems Gewalttätigkeit und Schande, 1-16. Ehe das vergeltende Schwert der Gerechtigkeit Jerusalem traf, war seine furchtbare Verderbtheit aufgedeckt worden. Sein Unrecht waren Götzenanbetung, Gewalttätigkeit, Betrug, Ungerechtigkeit, Verleumdung und sexuelle Verirrungen (vgl. 6,2-14; 14,3-5; 18,6).

Der Schmelzofen des Zornes Gottes, 17-31, läuterte alle Schichten der derzeitigen innerlich verkommenen jüdischen Gesellschaft. Der Zweck des Schmelzens, 17-22, und die Schlakken (d.h. der wertlose Abfall), 23-31, werden dargelegt.

Kap. 23
Ohola und Oholiba

Die Allegorie, 1-4. Ohola ist Samaria (das

Assyrischer Krieger

Nordreich Israel) und ihre Schwester Oholiba ist Jerusalem (die durch Begriffsvertauschung das Südreich darstellt). Die gottlosen politischen wie religiösen Beziehungen dieser beiden „Schwestern" zu den umliegenden Nationen werden kritisiert. Es liegt ein Wortspiel in den beiden Namen. Ohola bedeutet: „Sie, die ein Zelt besitzt" (d. i.: ein Heiligtum), nämlich in Samaria. Oholiba bedeutet: „Mein Zelt (Heiligtum) ist in ihr", nämlich in Jerusalem. Dieses Wortspiel will besagen, daß, obwohl auch Samaria ein Heiligtum besitzt, das wahre Heiligtum des Gottes Israels doch in Jerusalem ist. In dieser Tatsache liegt der Schwerpunkt für die wiederholte Betonung der Ungeheuerlichkeit der Sünde Jerusalems.

Die Bedeutung des Bildes, 5-49. Ohola, 5-10, verunreinigte sich politisch und religiös mit Assyrien durch Bündnisse und religiösen Synkretismus. Oholiba, 11-21, sündigte gleichermaßen. Ihre politische und religiöse Versündigung verlangte Strafe, 22-35. So wurde für die beiden losen Schwestern Gericht geweissagt, 36-49.

Kap. 24
Der siedende Topf und das Ende

Die Allegorie des siedenden Topfes, 1-14. Er war ein Symbol für die nahe bevorstehende Zerstörung Jerusalems. In diesem Topf (Jerusalem) würde alles gekocht werden. Die Belagerer würden Feuerungsmaterial anhäufen (d.i.: durch die

Belagerungsmaschine; vgl. Jer. 1,13-19). Nach gründlichem Kochen würde der Topf am Ende der Belagerung ausgeleert werden, und die Knochen würden verbrannt, d.h., die Stadt würde geplündert werden. Der „Rost", 6.11, weist auf die Sünde und innere Entartung der Stadt hin, 12-13. Das Datum, 1, des Beginns der Belagerung ist angegeben: Januar 588 v.Chr. (vgl. 2. Kö. 25,1).

Hesekiels Frau stirbt, 15-27. Das geschah am ersten Tag der Belagerung. Der Prophet war angewiesen, weder zu klagen noch zu weinen. So wie der Tod ihn von seiner geliebten Frau schied, so würde das Verhältnis zwischen Gott und Jerusalem aufgelöst werden, und die Zerstörung würde folgen. Das war Anschauungsunterricht für die Verbannten, 19-24. Am Tage, da die Nachricht von der Zerstörung Jerusalems kommen würde, würde auch Hesekiels Zunge für die Weitergabe einer neuen Botschaft gelöst werden, 25-27.

Kap. 25
Weissagungen gegen verschiedene Nationen

Hes. 25-32 entspricht den Kapiteln Jes. 13-23 und Jer. 46-51. Diese Nationen sollten gerichtet werden, bevor Israel wiederhergestellt werden würde (36,5-7).

Voraussagen gegen Ammon, Moab und Edom, 1-14. Die in diesem Kapitel genannten Nationen waren direkte Nachbarn Judas. Die Ammoniter, 1-7, und die Moabiter, 8-11, waren rassisch verwandt mit Israel (1. Mo. 19,37-38) und ständig unversöhnliche Feinde (vgl. Jes. 15,1-16,14; Jer. 48,1-49,6). Edom, 12-14, würde auch Gottes Zorn zu spüren bekommen (Jer. 49,7-22; vgl. 5. Mo. 23,7; Am. 1,11).

Voraussagen gegen das Philisterland, 15-17. (vgl. Jer. 47). Die Kreter, 16, lebten im Land der Philister.

Kap. 26
Weissagung der Zerstörung von Tyrus

Gericht angekündigt, 1-6. Nebukadnezar belagerte Tyrus 13 Jahre lang (585-572 v.Chr.), 1. Das Gericht kam, weil sie sich geweigert hatten, dem verbündeten Jerusalem zu helfen (Jer. 27,3), und außerdem wegen ihres übermäßigen Stolzes darüber, daß sie der bedeutendste phönizische Handelshafen war (vgl. 28,2-10).

Das Gericht vollzogen, 7-21. Tyrus bestand aus der Hauptstadt an der Küste und einer Inselstadt auf einer Insel in nur geringer Entfernung von der Küste. Nebukadnezar nahm die Stadt auf dem Festland im Jahre 572 v.Chr. ein, konnte aber die Inselfestung nicht erobern. Erst Alexander der Große erfüllte diese Weissagung

(26,4), als er nach sechsmonatiger Belagerung, während der er aus dem Schutt der bereits zerstörten Stadt auf dem Festland einen Damm baute, die Insel eroberte. Die Handelsnachbarn von Tyrus, die „Fürsten am Meer", würden die Totenklage für Tyrus halten, 15-18. Die Stadt sollte in die Grube (Scheol), das Reich der Toten, hinunterfahren, 19-21 (vgl. Jes. 14,15; Sach. 9,3-4). Diese Weissagung hat also Alexander der Große erfüllt.

Kap. 27
Klagelied über Tyrus

Tyrus symbolisiert durch ein Schiff, 1-24. Die Handelsgroßmacht Tyrus wird treffend mit einem ansehnlichen Handelsschiff verglichen, 3, das als „vollendete Schönheit" bezeichnet wird. Das Schiff war aus Föhrenholz vom Berge Senir, dem Hermon, gebaut (5. Mo. 3,9). Der Libanon („der Schneeweiße") ist das Gebirgsmassiv, das aus zwei parallel laufenden Höhenzügen besteht, dem Libanon und dem Anti-Libanon, der im Altertum berühmt war durch seine Zedernbäume, 5. Die Eichen von Basan, 6, standen in den imposanten Wäldern östlich vom Galiläischen Meer. Elischa (Cypern) und Gebal (Byblos), zusammen mit Arvad (Küstenhafen einer Insel, wie Tyrus) und Sidon, 35 km nördlich von Tyrus, bildeten die geschäftigen Mittelpunkte des bedeutenden Handelszentrums Tyrus. Die Verse 10-25 (in Prosa) beschreiben viele Namen, die ihre Erklärung bei der Völkertafel (1. Mo. 10) finden (siehe Bemerkungen zu diesem Kapitel).

Zerstörung des Schiffes, 25-36. Der „Ostwind", 26, ist Nebukadnezar (vgl. 19,12; Jer. 18,17).

Kap. 28
Klage über den König von Tyrus

Der König von Tyrus, 1-10. „Fürst" oder Beherrscher von Tyrus war zu der Zeit Ithobaal II., der den Stolz und die Arroganz der gesamten Stadt in seiner Person vereinte. Er erhob den Anspruch, ein „Gott" zu sein, 2, und „weiser als Daniel", 3; er war nicht der Daniel, von dem die ugaritischen Tafeln Zeugnis geben, der ein Richter der hilflosen Waisen und Witwen war, wie die Kritiker der Bibel annehmen, sondern der historische, zeitgenössische Daniel, der damals an Nebukadnezars Hof einen sehr bedeutenden Ruf hatte (vgl. 14,12-23).

Die geistliche Macht hinter dem König von Tyrus, 11-19. Diese umfassende, panoramische Schau dieses Abschnitts göttlicher Offenbarung reicht, wie Jes. 14,12, weit über den menschlichen Potentaten hinaus, von dem sie ausgeht – nämlich bis hin zu der Geistermacht, die ihm als Regierungschef seine besondere Wirkungskraft verlieh. Auf diesem Gebiet spielen Satan und Dämonen eine bemerkenswerte Rolle, wie Dan. 10,13 und Eph. 6,12, „die Weltbeherrscher dieser gegenwärtigen Finsternis", zeigen. Als der geistige Urheber, Anreger und die unsichtbare treibende Kraft hinter solchen gottlosen, überheblichen Gestalten des Weltregierungssystems wird Satan hier gezeigt, wie er vor seinem Fall war. Diese Hesekielstelle, zusammen mit Jes. 14,12-14 berichtet uns vom Eintritt der Sünde in ein sündloses Universum und von Satans Fall. Die Vision sagt jedoch nichts aus über Satan in Person, sondern zeigt uns, wie er in Verbindung steht mit den Regierungsgewalten des gegenwärtigen teuflischen Weltsystems. Der Stolz, das Gepränge und nicht zuletzt der ungebührliche Anspruch darauf, Gott zu sein, den allein der lebendige Gott, Schöpfer Himmels und der Erde, erheben darf, machen die Könige von Tyrus und Babel (Jes. 14,12-14) zu Illustrationen des kommenden Antichristen, dieses letzten Gott trotzenden Herrschers des satanischen Weltsystems vor seiner Zerstörung beim zweiten Kommen Jesu Christi (Off. 18,1-19, 16). Zur Erläuterung über Satans ursprüngliche Herrlichkeit vor seinem Fall, vergleiche die Bemerkungen zu Jud. 8-10.

Gericht über Sidon, 20-26. Etwa 35 km nördlich von Tyrus liegt Sidon (das heutige Saida in der Republik Libanon), 40 km südlich von Berytus (Beirut). Sidon war vielleicht die älteste der sidonischen (phönizischen) Küstenstädte. Nach 1200 v.Chr. kam Tyrus an die Macht. Jeremia weissagte Sidons Unterwerfung durch Nebukadnezar (Jer. 27,3.6), die der von Tyrus folgte. „Ein schmerzender Dorn" für das Haus Israel, 24, bezieht sich auf die sidonische Baalsanbetung, die Israel immer wieder in die Abtrünnigkeit von Gott führte (vgl. 1. Kö. 16,31-33; 18,17-40). Für Israel folgt hier eine Zusage der Wiederherstellung, 25-26 (vgl. 11,17; 20,41; 34,13; 37,21; Jes. 11,12), die erfolgen wird, wenn alle seine Feinde von Gott gerichtet worden sind.

Kap. 29-32
Gericht über Ägypten

Ägypten sollte eine Macht zweiten Ranges werden. Das vollzog sich nach zwei Einfällen Nebukadnezars in Ägypten in den Jahren 572 und 568 v.Chr.

Gegen Pharao Hophra, 29,1-16. Diese Weissagung trägt das Datum des Jahres 586 v.Chr., ein halbes Jahr vor dem Fall Jerusalems. Hophras Vormarsch gegen Nebukadnezar im Jahre 588 v.Chr. hatte Jerusalem Hilfe gebracht. Ägypten wird unter dem Bild eines Krokodils (Meerungeheuers) dargestellt, 3 (Jes. 27,1). „Von Migdol bis Syene", 10, ist ein Ausdruck, der die Ausdehnung Ägyptens nach Norden (Migdol ist südwestlich von Pelusium, 30,15) sowohl als auch nach Süden (Syene, d.h. Assuam, am ersten Nil-Katarakt) angeben soll.

Nebukadnezar erobert Ägypten, 29,17-21.

Dieses ist die letzte Weissagung Hesekiels, die ein Datum trägt: April 571 v.Chr. Da sich Nebukadnezars lange Belagerung von Tyrus als ein wirtschaftlicher Fehlschlag erwiesen hatte, verschaffte ihm die Eroberung Ägyptens Entschädigung für die erlittenen Verluste, so daß Nebukadnezar seinen Truppen nun wieder Sold auszahlen konnte. Das „Horn", 21, ist aus dem Hause Davids und bezieht sich zweifellos auf den Messias.

Das Gericht über Ägypten, 30,1-26. Diese Weissagung spricht vom „Tag des Herrn" im eschatologischen (endzeitlichen) Sinn (Jes. 2,12; Jer. 30,5-7), von der Zeit des Gerichts über Nationen, die dem Tausendjährigen Reich vorausgeht. Nebukadnezars Erfolge in Ägypten bilden den Hintergrund für diese Botschaft.

Klage über Pharao als einem Zedernbaum, 31,1-18. Datum: 586 v.Chr., unmittelbar vor dem Fall Jerusalems.

Klage über Pharao als einem Löwen, 32,1-32. Datum: März 585 v.Chr. Der stolze Herrscher Ägyptens betrachtete sich als einen königlichen Löwen. Doch war er nur ein Seeungeheuer, das in einem Netz gefangen werden sollte. Die Klage über Ägypten, datiert auf April 586 v.Chr., zeigt diese Nation mit anderen Regierungen dieses bösen Weltsystems in der Unterwelt, 17-32.

Kap. 33
Hesekiels Verantwortung als Wächter

Die Kapitel 33-39 bringen Vorgänge, die der Wiederherstellung des Reiches Israel vorausgehen (vgl. Apg. 1,6). Die Kapitel 40-48 beschreiben diese Wiederherstellung.

Ein Wächter und seine Verantwortung, 1-20. Die Berufung des Propheten schließt ein, daß er ein Wächteramt hat (s. Bemerkungen zu 3,16-21). Hier wendet Hesekiel seine Lehre von Gottes Gerechtigkeit und der individuellen Verantwortung des Menschen, die in Kap. 18 entfaltet wird, auf seinen eigenen Dienst an (s. Bemerkungen zu Kap. 18). In seiner Diskussion über die persönliche Verantwortung des einzelnen, 10-20, bestätigt der Prophet, was er bereits vorher gelehrt hatte (in 14,12-23; 18,1-32).

Nachricht vom Fall Jerusalems, 21-33. Das Hesekiel aufgezwungene Schweigen (3,24-27) wird aufgehoben durch die Nachricht vom Fall Jerusalems. Die Botschaft, die er dann von Gott erhält, verkündet er, 23-29, und empfängt die Zusage, daß das Wort Erfüllung findet, das Gott durch ihn hat verkünden lassen, ganz gleich, wie das Volk sich dazu stellen mag, 30-33.

Kap. 34
Die falschen Hirten und der gute Hirte

Verurteilung der ungetreuen Hirten (Herrscher), 1-19. Das Gesetz von der persönlichen Verantwortung des einzelnen (3,16-21; Kap. 18

„Sollen die Hirten nicht die Herde weiden?"
(Hesekiel 34,2)

und 33) wird im Blick auf die Führer der Nation, bildhaft „Hirten" genannt, angewandt; diese waren verantwortlich für Mißbrauch und Ausbeutung von Gottes Herde (Jer. 23,13-17), was Israel in die Zertreuung führte (Jer. 10,21; 23,1-4). Gott ist der „gute" Hirte (Jes. 40,11; Jer. 31,10), der seine Herde wieder sammeln wird, 11-16, und zwischen den Schafen (dem gläubigen Überrest Israels) und den Widdern und Ziegenböcken (Nationen, die Israel mißhandelt haben, 17-19) richten wird; vgl. Matth. 25,31-46; Joel 4,11-16. Das ist das Gericht über die Nationen, das der Wiederherstellung von Israels Königtum vorausgeht.

Wiederherstellung Israels unter dem Messias, dem wahren Hirten, 20-31. Diese Prophezeiung geht weit über Serubabel, den zivilen Führer Judas bei der Rückkehr von Babylon nach Jerusalem im Jahre 536 v.Chr., hinaus und bezieht sich auf den Messias, Davids Sohn und Herrn. Davids Name wird hier in seiner typologischen Bedeutung gebraucht (Jer. 23,5.6; Hos. 3,5; Jes. 9,6-7; 55,3-4). „Der Bund des Friedens", 25 (vgl. Jer. 31,31-34; Hebr. 13,20) ist der „Neue Bund". Die „wilden Tiere", 5.25, sind die Nationen, besonders Babylon, die Israel Böses zugefügt haben. Die „Regen des Segens", 26, werden Israel nach seiner Wiederherstellung geschenkt werden (Apg. 3,19-20). Die Verse 26-27 beschreiben das Messianische Reich (vgl. Jes. 11,6-9; Röm. 8,19-22).

Kap. 35
Das Gericht über Edom

Edoms üble Absichten, 1-10. Der Berg Seir, 3.7.15, ist das Plateau östlich der Ebene Arabah, in welcher Sela (Petra), die Hauptstadt Edoms lag (vgl. 25,12-14; Jes. 34; Jer. 49,7-22). Edoms

Übergriff auf Südjuda und der Haß, den das erzeugte, wird in Erinnerung gebracht. Während Israel und Juda im Exil waren, wollte Edom sich ihr Land aneignen, 10 (vgl. Obadja).

Edoms Untergang, 11-15. Kap. 35 ist hier eingefügt als ein Hintergrund für Kap. 36-37 und bezieht sich auf Israels Wiederherstellung in seinem Land.

Kap. 36
Israels Rückführung in sein Land

Hes. 36-48 ist noch unerfüllt. Es spricht von der zukünftigen Wiederherstellung des Landes wie des Volkes Israel.

Zukünftiges Gericht über Israels Feinde, 1-7. Die „Berge Israels" bilden die zentrale Gebirgskette des Landes. Der Ausdruck wird hier als Bezeichnung für ganz Israel gebraucht (5. Mo. 3,25; vgl. die Verse 1 und 4). Das Gericht über die Israel feindlichen Nationen (Matth. 25,31-46) muß der Wiederherstellung Israels vorangehen (Joel 4,11-16; Off. 16,12-16).

Rückkehr ins Land verheißen, 8-38. Die souveränen „Ich-will"-Aussagen Gottes in bezug auf Israels zukünftige Hoffnung und Herrlichkeit werden in diesem Abschnitt 18mal wiederholt. Dem Land wird seine frühere Fruchtbarkeit wiedergegeben werden, 11. Dieses Land, das durch Götzendienst und heidnische Hügelheiligtümer, mit Fruchtbarkeitskulten und Menschenopfern entweiht worden war, 14, soll nicht länger „Menschen fressen" (vgl. 5. Mo. 12,1-3; 29-31). Es wird Rückblick gehalten auf Israels vergangene Sünden und Züchtigungen, 16-21, und dann folgt wieder die große Zusage zukünftiger Wiederherstellung und gnädiger Segnungen, 22-38. Die Sammlung des Volkes, 22-24, von der hier die Rede ist, geht weit über die Sammlung der kleinen Schar, die aus Babylonien nach Jerusalem zurückkehrte, hinaus. Geistliche Wiedergeburt folgt, 25-29. Das Besprengen mit reinem Wasser, 25, spricht von dem Wasser, das mit der Asche der roten Kuh vermischt wurde (4. Mo. 19; Hebr. 9,13-14; 10,22; vgl. Sach. 12,10; 13,1). Der Neue Bund wird hier umrissen und deutlich gemacht, daß diese Erneuerung („reinigen" – „neuer Geist" – „fleischernes Herz") die Voraussetzung für den Zugang zum Messianischen Reich ist (vgl. Joh. 3,1-12).

Kap. 37
Die Vision von den toten Gebeinen

Der Horizont, 1-14. Das befriedigendste Verständnis dieses Schriftabschnittes liegt darin, daß man hier die Ankündigung der *nationalen und geistlichen Wiedereinsetzung von Gottes erwähltem Volk Israel* in die ihm zugedachten Segnungen des *Messianischen „Reiches"* sieht. Die Methode dieser Wiederherstellung wird durch Gottes Macht geschehen, 3; durch das göttliche Wort, 4-6 (vgl.

Matth. 24,32-35; Mk. 13,27-31; Jer. 16,14-15); durch den Geist des Lebens aus Gott, 7-10. Hinter der Vision steht Gottes feste Absicht, sein Wort zu erfüllen, 14; Israels verlorene Hoffnung wieder aufleben zu lassen, 11.22; erneute Zusage, Israel das ihm verheißene Land zum Besitz zu geben, 12-13; und Israels Rang als das von Ihm auserwählte Volk zu bestätigen, 12-13. Die „Totengebeine" sind die Weggeführten; das Tal – ihre Zerstreuung; die Gräber – der Verlust ihrer Existenz als Nation.

Das Ausmaß von Israels Wiederherstellung, 37,15-28. Sie umfaßt das Haus Israel (alle zwölf Stämme), in dem Juda und Israel wieder eine einzige Nation bilden, 15-17. Als Ergebnis dieser Wiederherstellung wird Israel haben: ein Land „auf ewig", 25; einen König „ewiglich", 24-25; einen „ewigen Bund" des Friedens „für immer", 26; und ein „ewiges Heiligtum", 26-28.

Kap. 38-39
Vernichtung der letzten Feinde Israels

Die große nördliche Konföderation der Endzeit, 38,1-6. Gog ist der Führer dieser Koalition, 2; Magog ist sein Land. Er wird der „Fürst von Mesech" genannt (assyrisch: „Mushku"). Mesech liegt südlich von Gomer (assyrisch: „Gimirrai"), dem Land der Zimbern im mittleren Kleinasien (1. Mo. 10,2-3). Manche sehen in „Gog" den „Prinzen von Rosch" und identifizieren Rosch mit Rußland. Die These hat sich weitgehend durchgesetzt, da das Land des hier erwähnten Gebietes vom heutigen Rußland eingenommen wird („das Land des äußersten Nordens", 6), und dazu gehört außerdem das Land der heutigen Türkei. Tubal, 3 (assyrisch: „Tabali"), ist westlich von Togarma (Tilgarimmu) in der Nähe des Halys-Flusses, südöstlich von Gomer. Im Bündnis mit dieser starken Macht aus dem Norden sind Persien (Iran), Kusch (wahrscheinlich besteht hier ein Zusammenhang mit dem „Kish" des Altertums in Mesopotamien) und Put (Libyen?). (Vgl. Bemerkungen zu 1. Mo. 10,6).

Angriff auf Israel, 38,7-23. Die Zeitangabe: „Zur letzten Zeit", 8, wenn Israel wiederhergestellt ist (liegt noch in der Zukunft) und der Herr seine besondere Gemeinschaft mit dem Volk wiederaufgenommen hat. Der Herr greift persönlich ein und verleiht Israel Sieg, 14-23.

Vernichtung Gogs, 39,1-24. Der vollständigen Niederlage Gogs, 1-10, folgt ein Massengräbnis der Erschlagenen seiner Armee, 11-20, von Gott zur Verherrlichung seines Namens gebraucht, 21-24.

Vision eines gesammelten und wiedergeborenen Israels, 39,25-29.

Kap. 40
Beschreibung des Tempels

Die Kapitel 40-48 enthalten Hesekiels bedeutsame Vision Israels als wiederhergestellter Nation in ihrem Land während des Tausendjährigen Reiches. Gesehen werden der Tempel, Kap. 40-42, der Gottesdienst, Kap. 43-46, und das Land im Tausendjährigen Reich, Kap. 47-49.

Die Einführung, 1-4. Das Datum, 1: 28. April 573 v.Chr. Anlaß: der 25. Jahrestag der Wegführung der Propheten nach Babylon. In der Vision wird Hesekiel auf übernatürliche Weise von Babylon nach Israel entrückt, 2, und weissagte von einem zukünftigen Standpunkt aus, auf einem „sehr hohen Berg" (Tempelberg) (Mi. 4,1; Jes. 2,2-3).

Die Vision des Tempels, 5-49. Was für ein Tempel war das? Verschiedene Ansichten bestehen darüber: 1) Es sei eine idealisierte Nachbildung von Salomos Tempel, der 586 v.Chr. zerstört wurde und nach der Rückkehr aus Babylon hätte wieder aufgebaut werden sollen; 2) eine Beschreibung des Reiches Gottes in seiner letzten Form; 3) die christliche Kirche in ihrer irdischen Herrlichkeit und ihren Segnungen. 4) Die Deutung jedoch, die dem Zusammenhang im Buche Hesekiel und dem Zeugnis anderer Teile der Schrift am besten zu entsprechen scheint, ist die, daß *Hesekiels Tempel ein buchstäbliches, künftiges Heiligtum ist, das in Palästina gebaut werden wird, während des zukünftigen Messianischen Reiches.*

Die „Meßrute", 5, war 6 Ellen lang (nach deutschem Maß 3 m 15 cm). (Die kleinere Elle ist 44,425 cm, die größere 51,829 cm lang.) Das Osttor oder Prozessionstor, 6, könnte man mit Salomos Tempeltoren vergleichen (die bei Gezer, Hazor und Megiddo ausgegraben wurden). Der äußere Vorhof wird beschrieben, 17-27; ebenfalls der innere Vorhof, 28-37; und die Tische für die Opfer und Kammern für den inneren Vorhof, 38-47. Die Vorhalle wird ebenfalls beschrieben, 48-49 (vgl. 1. Kö. 7,15-22).

Kap. 41
Anordnung des Tempelgebäudes

Das Gebäude selbst, 1-14, wird die Wohnung der sichtbaren Gegenwart des Herrn in seinem Reich sein. Das Heilige, 1-2, und das Allerheiligste, 3-4, werden beschrieben. Jeder Hinweis auf Bundeslade, Gnadenstuhl, Hoherpriester oder Gesetzestafeln fehlt. Alle diese werden durch die offenbarte Herrlichkeit der Gegenwart Gottes ersetzt sein. Die Seitengemächer, 5-11, sind wahrscheinlich für das Tempelpersonal bestimmt. Besondere Beschreibung eines „Raumes vor den Nischen" wird in V. 12-14 gegeben.

Einzelheiten der inneren Ausstattung, 15-26. Sie ist holzgetäfelt und geschmückt mit Cherubim, die zwei Gesichter haben (vgl. 1,6-12), und mit Palmen, den Zeichen des Sieges. Das Gesicht eines Löwen (Symbol der königlichen Majestät) und eines Menschen, das nach den Palmen hinüberschaut, drücken die königliche Würde des verherrlichten Menschensohnes aus, des Löwen aus dem Stamme Juda, der nun in königlichem Glanz auf dem Thron Davids regiert. Die Türen zum Heiligtum sind ebenfalls mit dem Palmen-Cherubim-Motiv verziert.

Kap. 42-43
Die Bestimmung des von Hesekiel geschauten Tempels

Er ist ein Zeugnis der Heiligkeit Gottes, 42,1-20. Die Heiligkeit Gottes ist das Thema, das das ganze Buch Hesekiel durchzieht (s. Einführung) und ganz besonders in Zweck und Einzelheiten dieses Tempels zur Geltung kommt (vgl. 43,10). Die Heiligkeit des Herrn wird weiterhin durch das Prinzip der *Trennung* betont. Als erstes wird die Mauer erwähnt, 40,5, die die Vorhöfe und den Tempel von allem trennt, das verunreinigen könnte. Die Kammergebäude, 42,1-14, werden „heilig" genannt und haben ebenfalls die Aufgabe zu „trennen". Die vollzogene Trennung durch die ganze Ummauerung wird betont, 15-20.

Er ist die „Wohnung" der Herrlichkeit Gottes, 43,1-17. Hesekiel schaut in der Vision, wie die Herrlichkeit Gottes zurückkehrt und im Allerheiligsten des Tempels für die Dauer des Messiasreiches „Wohnung" nimmt. Er hatte auch das Weichen der Herrlichkeit Gottes vom Tempel vor dem Fall Jerusalems (586 v.Chr.) geschaut (vgl. 9,3; 10,4; 11,23-24). Der Herr verheißt, daß er „ewig unter den Kindern Israel wohnen will", 7.

Er ist das Zentrum der Regierung Gottes, 43,7. „Dies ist der Ort meines Thrones" (vgl. Jes. 2,2-3; Micha 4,2). Die Vision unterstreicht durchweg die theokratische Regierungsform während des Tausendjährigen Reiches.

Er soll das „Gedächtnis" des „ewigen Opfers" des Messias lebendig erhalten (Hebr. 10,14), 43,18-27. In diesem Tempel wird natürlich nicht geopfert, um das Heil zu erlangen, sondern es ist eine Gedächtnisfeier der vollbrachten Erlösung, die in der Gegenwart der offenbar gewordenen Herrlichkeit Gottes gehalten wird.

Kap. 44-46
Anbetung im Zeitalter der Königsherrschaft Jesu

Die Priester und der Fürst, 44,1-31. Das äußere östliche Tor für den Fürsten wird beschrieben, 1-3. Es folgen Vorschriften für die Fremdlinge, die unter dem Volk wohnen, und für rebellische Volksstämme, 4-14; Anordnungen für die Priester, die Söhne Zadoks, 15-27, und ihr Erbe, 28-31.

Erbanteile anderer Gruppen des Volkes, 45,1-25. Die Erbanteile der Priester, Leviten, des ganzen Hauses Israels und seines Fürsten werden angegeben, 1-8. Das Erbe des Prinzen wird besonders besprochen, 9-17, und danach die Feste (Passah- und Laubhüttenfest), 18-25.

Der Gottesdienst des Fürsten, 46,1-18. Vorschriften für seine persönlichen Opfer, 1-8, und andere gottesdienstliche Vorschriften, 9-15. Schenkungen des Fürsten an seine Söhne und Knechte, 16-18.

Schlußbeschreibung von besonderen Räumen im Tempel, 46,19-24.

Kap. 47-48
Das Land im Messianischen Reich

Der Strom aus dem Heiligtum, 47,1-12 (vgl. Sach. 14,8-9; Off. 22,1). Die Wirklichkeit dieses Stromes bildet ein Ganzes, zusammen mit der Vision von Tempel, Land und Volk Israel. Es muß sich um einen buchstäblich verstandenen Strom handeln, wie auch die wunderbaren Heilungen, die er bewirkt, wirkliche Heilungen sind. Er gehört zu den Oberflächenveränderungen des Landes Palästina zu der Zeit, da die Bündnisse und Verheißungen Gottes mit und für Israel ihre Erfüllung gefunden haben werden und aller Fluch aufgehoben sein wird.

Die Grenzen des Landes, 47,13-23. Die Nordgrenze wird vom Ufer des „Großen Meeres" (Mittelmeer) gebildet und verläuft über Hethlon (Heitala), östlich von Tripolis im Libanon, 15, und Hamath (das heutige Nahr el-'Asi) am Orontes in Syrien, nördlich von Damaskus. Man vergleiche den Verlauf dieser Grenzen mit der Verheißung an Abraham in 1. Mo. 15,18-21 und den Instruktionen an Josua in Jos. 13,1-19,51.

Die Aufteilung des Landes, 48,1-29. Der Ausdruck „von der Grenze Hamaths an" (vgl. 4. Mo. 34,8) beschreibt die idealen Grenzen des verheißenen Landes. Salomos Reich erstreckte sich vom Wadi-el-Arisch (Bach Ägyptens) „bis zur Grenze Hamaths" (1. Kö. 8,65; vgl. 2. Kö. 14,25; Am. 6,14). „Labo-Hamath" ist ebenso der Name einer Stadt (des heutigen Lebweh) am Orontes-Fluß unterhalb von Ribla. Der Aufteilung des Landes an die Stämme, 1-9, folgt diejenige der Priester und Leviten, 10-20, und zuletzt folgt die Beschreibung des Restes des Landes, das „dem Fürsten gehört", 21-29.

Jerusalem im Zeitalter des Messianischen Reiches, 48,30-35 (vgl. Off. 21,10-27). Hesekiel sieht Jerusalem als die Hauptstadt des Messianischen Reiches, während der Apostel Johannes das neue Jerusalem der Ewigkeit schaut, in das Messianische Zeitalter einmal einmündet. Da das Reich ein ewiges sein wird, wird das zeitliche in dieses übergehen. Der Name des Königtums Jerusalem (im Tausendjährigen Reich) wird sein: „YHWH – Shammah", das heißt: „Der HERR ist hier", 35.

Daniel

Weissagungen über die Zeit der Heiden

Palast des Darius in Persepolis

Daniel der Prophet. Daniel wird vom Herrn Jesus Christus als Prophet bezeichnet (Matth. 24,15). Seine Weissagungen sind von ungeheurer Bedeutung, weil sie die unerläßliche Voraussetzung für das Verständnis der Prophetie im NT bilden. Daniel war fürstlichen Blutes (1,3), ein Umstand, durch den sich an ihm bemerkenswerterweise eine Weissagung Jesajas betreffs der Babylonischen Gefangenschaft erfüllte (Jes. 39,7; vgl. 2. Kö. 20,18). Er war ein Zeitgenosse nicht nur Jeremias und Hesekiels (Hes. 14,20), dessen Schicksal als Weggeführter er teilte, sondern auch Josuas und Serubabels. Diese Männer standen am Anfang des Wiederaufbaus von Tempel und Gottesdienst nach der Rückführung nach Jerusalem. Seine lange Wirksamkeit erstreckte sich von Nebukadnezar (605 v.Chr.) bis zur Zeit des Kores (530 v.Chr.).

Die Echtheit des Buches Daniel. Seit den Tagen des Porphyrus, eines neu-platonischen Philosophen des 3. Jh. n.Chr., bis zur Gegenwart wurde die Echtheit des Buches Daniel bestritten. Viele der Bibelkritiker sehen es als eine fromme Fälschung aus der Zeit der Makkabäer an (167 v.Chr.). Es sind besonders zwei Gründe, derentwegen man Daniel nicht als Verfasser des Buches anerkennen will: 1) Der bis ins Kleinste genaue prophetische Bericht über die seleukidisch-ptolemäischen Kriege und die Laufbahn des Antiochus Epiphanes (Kap. 11) – ein Umstand, den der rationalistisch eingestellte Kritiker nicht begreifen kann, weil er echte Weissagung von Gott her nicht anerkennt; und 2) scheinbare historische Ungenauigkeiten. Der erste Einwand beruht auf eindeutiger Leugnung göttlicher Offenbarung, und der zweite auf Argumenten, die von scheinbar richtigen, doch in Wirklichkeit irrigen Voraussetzungen, ungenügenden Informationen oder unhaltbaren Auslegungen ausgehen. Viele der angeblichen „Probleme" dieses Buches sind durch die Fortschritte der Archäologie und der geschichtlichen Wissenschaft geklärt worden. Dennoch scheint das Buch Daniel das Schlachtfeld der Auseinandersetzungen zwischen Glauben und Unglauben zu bleiben.

Die Botschaft des Buches. Das Buch Daniel ist der Schlüssel zur gesamten biblischen Prophetie. Ohne seine bedeutsamen endgeschichtlichen Enthüllungen müssen die gesamten prophetischen Teile des Wortes Gottes „versiegelt" bleiben. Die Rede Jesu am Ölberg (Matth. 24-25; Mk. 3; Lk. 21) wie auch 2. Thess. 2 und das ganze Buch der Offenbarung kann uns nur erschlossen werden, wenn wir die Weissagungen des Buches Daniel verstehen. Die großen Themen der NT-Prophetie, wie die Offenbarung des Antichristen (des Menschen der Sünde), die große Trübsal, das zweite Kommen Jesu, die Zeit der Heiden, die beiden Auferstehungen, die kommenden Gerichte – alle diese werden im Buche Daniel behandelt.

Überblick

Daniel

Kap. 1
Daniel – der Mann und sein Charakter

Der Anfang der Babylonischen Gefangenschaft Judas, 1-2. Das dritte Jahr Jojakims war 605 v.Chr., doch Jeremia bezeichnet das vierte Jahr Jojakims als das erste Jahr Nebukadnezars (Jer. 25,1). Er hat offensichtlich die palästinensische Kalenderberechnung benutzt, in welcher das Jahr der Thronbesteigung eines Herrschers nicht mitgezählt wird, im Gegensatz zum babylonischen System, das Daniel anwandte. Diese frühe Unterwerfung Jerusalems durch „König" Nebukadnezar (Daniel gebraucht den Titel „König" im Vorgriff, da Nebukadnezar den Thron erst später bestieg) – wird von keiner Seite auf Grund widersprechender geschichtlicher Tatsachen in Zweifel gezogen, obwohl sie nicht durch positives außerbiblisches Beweismaterial gestützt wird.

Dieses Datum, 605 v.Chr., ist ein Markstein in der Heilsgeschichte: Es bezeichnet den Beginn der „Zeit der Heiden" (Lk. 21,24), d.h. der Zeit, da Jerusalem unter heidnische Oberhoheit geriet. 2. Kö. 24,1-4 und 2. Chron. 36,3 bezeugen, daß Jerusalem von da an der Herrschaft der Heiden unterworfen war. Und so ist es geblieben, zu einem gewissen Grad selbst in der Blütezeit der Makkabäer. Und es wird so bleiben bis zur Wiederkunft Christi. Nebukadnezars Götze, 2, war Marduk (Bel, der oberste des babylonischen Götzenhimmels). Das „Land Sinear" ist Babylonien (vgl. 1. Mo. 10,10; Sach. 5,11).

Daniels bedeutsame moralische Entscheidung, 3-21. Bei dieser ersten Wegführung war Nebukadnezars (babylonisch lautet sein Name Nebuchadrezzar; akkadisch Nabû-Kudurri-usur, „Nabu, beschütze meine Grenze") Augenmerk nur auf die Edelsten und Gebildetsten gerichtet. Daniel war von königlichem Blut, hochbegabt und ein vielversprechender junger Mann. Seine Entscheidung, sich nicht an den Speisen des heidnischen Königshofes zu verunreinigen, beweist seinen unbeirrbaren Glauben und seinen Mut, in seiner Stellung zu Gott und seinen Ge-

boten unbeeinflußbar und abgesondert von der Verunreinigung Babels zu bleiben. Der Name Daniel („Gott richtet") wird in der Schrift zusammen mit Noah und Hiob genannt (vgl. Hes. 14,14.20; 28,3). Die Bibelkritik möchte Hesekiels Bezugnahme auf „Daniel" mit dem legendären „Danel" in Verbindung bringen, dem Richter der Witwen und der Waisen aus der religiösen Literatur von Ras Shamra (Ugarit). Daniel hatte aber genug Zeit gehabt, sich bis zum Beginn der Wirksamkeit Hesekiels (etwa 13 oder 14 Jahre nach Daniels Deportation) einen wahrhaft bedeutenden Ruf in Babylon zu erwerben. Was Daniels Gefährten betrifft, s. ebenso bei 2,46-49. Bezüglich Daniels babylonischen Namen „Betsazar" s. 10,1.

Die Sprache Daniels
Das Danielbuch ist einzigartig darin, daß es Abschnitte in Hebräisch und andere in Aramäisch enthält. Das Aramäische, eine semitische Sprache ähnlich dem Hebräischen, war die Verkehrssprache im Assyrischen, Neubabylonischen und Persischen Reich und wurde daher in dieser Zeit auch für die Juden zur Umgangssprache. Daniel 2,4-7, 24, ein Abschnitt, der von den Heiden handelt, erscheint ganz natürlich in Aramäisch, obwohl man nicht sicher weiß, ob Daniel diesen Teil des Buches selbst in Aramäisch niederschrieb oder dieser Abschnitt erst später übersetzt wurde.

Kap. 2
Nebukadnezars Traum von dem Kolossalstandbild

Der vergessene Traum, 1-28. Den Traum hatte der König „im zweiten Jahr" seiner Regierung. Diese Angabe soll mit einer solchen in 1,5.6.17.20 in Konflikt stehen. Wahrscheinlich liegt die Lösung dieses „Problems" darin, daß die drei Jahre der Ausbildung Daniels nicht drei volle Jahre waren, sondern nur Teile von drei Jahren, und daß das erste Jahr der Ausbildung Daniels das Jahr der Thronbesteigung Nebukadnezars war, das zweite Jahr dessen erstes und Daniels drittes Nebukadnezars zweites Regierungsjahr war, in dem er auch seinen bedeutsamen Traum hatte. – Die Chaldäer waren eine Gesellschaftsklasse von Zauberern, verbunden mit anderen Wahrsagern und Okkultisten, 2-5. Die Schwierigkeit für sie lag darin, daß der König seinen Traum vergessen hatte. Wenn man den Traum herausfinden konnte, waren Traum- und Zeichenlisten verfügbar, die zur Auslegung des Traums führen konnten. So bezeugen es vorhandene Keilschrift-Wahrsagetafeln, 6-9. Doch ging es über die Möglichkeit menschlicher oder dämonischer Fähigkeit, einen vergessenen Traum in Erinnerung zu rufen, 10-16. Daniel und seine Freunde aber beteten und empfingen Hilfe vom

„Gott des Himmels", 17-23, und so ging Daniel hinein zum König, 24-28.

Die Offenbarung und Auslegung des Traumes, 29-45. Mit göttlicher Hilfe konnte Daniel Nebukadnezar den vergessenen Traum erzählen, 31-35, und auch deuten, 36-45. Das große Standbild oder der Koloß bedeutet nach Daniels Auslegung die gesamte Zeitperiode, die in der Prophetie „Zeit der Heiden" genannt wird (Lk. 21,24, s. Erklg. zu 1,1). In dieser Zeit wird Jerusalem von den heidnischen Nationen abhängig sein, unter die das auserwählte Volk nicht gezählt wird (4. Mo. 23,9). Diese „Zeit der Heiden" fing mit der ersten Wegführung nach Babel an (605 v.Chr.). Sie wird bis zum zweiten Kommen des Messias andauern, des „losgerissenen Steins", 34-35, der die heidnischen Weltsysteme mittels einer Katastrophe vernichten wird.

Dann, und erst dann, wird der „Stein" (d.i. Christus) zum „Berg" werden (der Berg = das Millennium, d.i. das 1000jährige Reich, Jes. 2,2. Ein Berg ist in der Schrift das Symbol für ein politisches Königreich, Off. 13,1; 17,9-11) und „die ganze Erde füllen", 35. Dies ist das „Reich, das ewiglich nie untergehen wird", 44; denn nachdem es während der ihm von Gott bestimmten Zeit bestanden hat (Off. 20,4-5), wird es in die Ewigkeit einmünden als „das Reich, das ewig ist" (1. Kor. 15,24-28).

Die vier genannten Metalle sind Symbole für vier Weltreiche: Babylon, Medo-Persien, das griechisch-mazedonische und das römische Reich, 37-40. Das vierte Weltreich (Rom), 40-44 (vgl. 7,7), wird wie im „Panorama" geschaut, d.h. in den Einzelheiten seiner künftigen Gesamtgeschichte: zunächst in seinem ursprünglichen Glanz im Altertum, dann nach seiner Teilung in ein Ost- und ein Westreich (364 n.Chr.), was den beiden Beinen entspricht. Viele glauben, daß diese zwei Aufteilungen am Ende der Zeit in einem politischen Bündnis von zehn Reichen oder Staaten wiedererstehen werden, die teils Diktaturen (Eisen) und teils Demokratien (Ton) sind, 43. Zuletzt wird der übernatürliche „Stein" diese heidnische Weltmacht zerstören und das Reich Israel wiederherstellen (Apg. 1,6).

Daniels Beförderung, 46-49 (vgl. Hes. 14,14.20; 28,3). Sadrach ist vielleicht „Shudur-Aku" („Befehl des Aku", des sumerischen Mondgottes) oder aber einfach eine entstellte Form des Namens Marduk. Mesach ist vielleicht das akkadische „Mishaaku" („Wer ist, was Aku ist?"). Abednego steht für das akkadische „Abed-nebo", „Abdi-Nabu" („Diener des Nabu", des Gottes der Weisheit). Es war allgemein üblich, Angehörigen besiegter Völker, die in der zivilen Verwaltung Dienst taten, babylonische Namen zu geben.

Kap. 3
Die drei Männer im Feuerofen

Das goldene Standbild, 1-7. Nebukadnezars Stolz, der sich in diesem Akt der Götzenanbetung und zugleich der Vergottung des Menschen ausdrückte, ist eine Widerspiegelung des Geistes, der in der Zeit der Heiden vorherrscht (s. Erklg. zu 1,1-2; 2,36-45). Das Standbild war 60 Ellen hoch (d.h. 26,25 m) und sechs Ellen breit (d.h. 2,625 m) und hatte entweder eine menschliche Gestalt oder die übliche Form eines Obelisken.

„Die Ebene Dura" (akkadisch: duru, „Mauer", „Umfassung") ist vielleicht Tulul Dura, einige Kilometer südlich von Babylon. Die Musik, 5-6, sollte die religiöse Gefühle erregen und so die Menschen in die rechte Stimmung versetzen, die Götzen anzubeten.

Die drei Getreuen und ihre Errettung, 8-25. Sadrach, Mesach und Abednego wurden durch den feurigen Ofen der Trübsal „hindurch" gerettet. „Die Gestalt des Vierten", der im Feuerofen ebenfalls völlig unversehrt wandelte und aussah „wie der Sohn Gottes" oder „wie ein Sohn der Götter", 25, war nicht bloß ein Engel, wie der König meinte, sondern offensichtlich Christus vor seiner Menschwerdung, 28. Mitten im Leiden dürfen Gottes Kinder die Gewißheit haben, daß der Herr selbst bei ihnen ist, um sie zu erretten.

Des Königs Bekenntnis und Verfügung, 26-30. Obgleich der König wohl nie aus persönlichem Glauben Jahwe anbetete, erkannte er doch schrittweise dessen souveräne Macht an (vgl. 2,47; 3,28; 4,34-35).

Der Ninmah-Tempel in Babylon (Rekonstruktion)

Das rekonstruierte Ischtar-Tor von Babylon

Kap. 4
Nebukadnezars Geisteskrankheit

Des Königs Gruß, 3,31-33 (oder 4,1-3). Er war sich der Ausdehnung seines Reiches und seiner Macht wohl bewußt, 1 (vgl. 3,29).

Die Vision von einem großen Baum und ihre Deutung, 4,1-24 (oder 4,4-27). Nebukadnezar sieht einen großen Baum, 1-15, das Symbol seines Stolzes und seiner Selbsterhöhung (vgl. 3,1-25; Hes. 17,22-24; 31,3-9; Matth. 13,31-32). Daniel, dessen babylonischer Name Beltsazar (akkadisch: „balusu-usur", „Möge er, Bel, sein Leben beschützen") war, erklärt dem König die Bedeutung seiner (echten, d.h. von Gott gegebenen) Vision, 16-24.

Archäologische Streiflichter
Nebukadnezar war ein großer Baumeister. Als Kommentar zu seiner Prahlerei in 3,27, s. Erklärung zu 2. Kö. 25, wo die Ausgrabungen seiner Hauptstadt, Babylon, erwähnt werden; s. auch Erklärung zu Jer. 50-51. Des Königs Inschriften sind denen von Dan. 4,30 sehr ähnlich.

Die Vision erfüllt, 25-34. Der König wurde für seinen Stolz mit vorübergehender Geisteskrankheit (Lycanthropie) bestraft. Er hatte die Wahnvorstellung, er sei ein wildes Tier, eine Art

krankhafter Verirrung, die in allen Epochen der Geschichte bekannt ist. Berossus, ein babylonischer Priester des 3. Jh. v.Chr., schreibt, daß Nebukadnezar nach 43jähriger Regierungszeit „plötzlich von Krankheit befallen" wurde („Contra Apionem", 1,20), womit er offenbar auf eine ungewöhnliche Art von Erkrankung hinweist. Eusebius führt in seiner „Praeparatio Evangelica" (9,41) Zitate von Abydenus an, in denen es heißt, daß Nebukadnezar in seinen späteren Jahren „von dem einen oder anderen Gott (Dämon) besessen" gewesen sei, der „sofort verschwunden" wäre, nachdem er eine Weissagung vom Kommen des persischen Eroberers ausgesprochen hätte. Bibelkritiker schieben diese Anspielungen beiseite und bleiben dabei, daß Nebukadnezars Geisteskrankheit ein erdichtetes Element im Buche Daniel sei. Doch selbst wenn die Geschichtsschreibung über diesen Abschnitt des Lebens Nebukadnezars mit Schweigen hinweggehen würde, so wäre das immer noch kein stichhaltiger Grund dafür, die Geschichtlichkeit dieses Kapitels des Buches Daniel anzuzweifeln. „Die sieben Zeiten" sind wahrscheinlich „sieben Jahre", 13. Ein Text der Toten-Meer-Rollen berichtet von einer solchen Geisteskrankheit des Nabonidus. Weshalb sollte sie für Nebukadnezar undenkbar sein? Der König wurde wieder gesund, 31, demütigte sich, lobte den „Allerhöchsten", 31, und nannte ihn den „König des Himmels", 34.

Kap. 5
Belsazars Gastmahl

Ein ausschweifendes und lästerliches Fest, 1-9. Der moralische Verfall der Nation trat offen in Erscheinung. Die heiligen Gefäße aus dem Tempel in Jerusalem wurden für Trinkgelage, Ausschweifung und Götzendienst benutzt und so entweiht. Babylons Sündenkelch war voll, wie auch der der Amoriter (1. Mo. 15,16), und so schlug Gottes Stunde des Gerichts. Durch die Erkenntnisse der modernen Archäologie wissen wir, daß Belsazar (akkadisch: Bel-shar-usur, „Bel schütze den König") der Sohn des Königs Nabonidus und sein Mitregent war. Einzigartig in der Keilschriftliteratur ist die Anerkennung Belsazars als Mitregent. Zwei gesetzliche Dokumente, im zwölften und dreizehnten Regierungsjahr des Nabonidus datiert, berichten von Eiden, die bei dem Leben des Königs und des Kronprinzen Bel-shar-usur geschworen worden sind. Nabonidus (Nabunaid, akkadisch: Nabûna'id, „Nabu begeistert") war der letzte König Babylons, 556-539 v.Chr. In einem persischen Bericht heißt es, daß Nabonidus im dritten Jahr seiner Regierung den Thron seinem Sohn Belsazar überließ und selbst seine Residenz in Tema (Arabien) aufschlug. Die geheimnisvolle Schrift an der Wand, 5-9, verwandelte das Gastmahl in einen Alptraum des Entsetzens.

Der vergessene Daniel und seine Gerichts-Botschaft, 10-28. Zu diesem Zeitpunkt erinnerte sich die Königin – wahrscheinlich die betagte Witwe Nebukadnezars – an Daniel, der zur Zeit ihres Mannes eine so bedeutende Rolle gespielt hatte, 10-16. Der Prophet, nun hochbetagt, wurde gerufen. Belsazar bekannte, daß in Daniel „der Geist der Götter" oder „die heilige Gottheit" wohne; Daniel, der um das heraufziehende Gericht wußte, wies die leere Ehrung ab, die ihn zum „dritten Mann des Königreiches" machen sollte, 16.29. Weshalb zum dritten Mann? Weil Belsazar als Mitregent der zweite war.

Daniel war mehr als nur der Ausleger der geheimnisvollen Handschrift an der Wand. Er war Gottes Bote, der Gottes Gerichtsratschluß über Belsazar und das babylonische Reich zu übermitteln hatte. Die Handschrift: „Mene, mene, tekel, upharsin", 25, bedeutet wörtlich: *Mene* = „gezählt, gezählt", die Wiederholung betont den Gedanken: „Gründlich gezählt"; *tekel* = „gewogen"; *upharsin* = „und geteilt". „*Peres*" ist das Perfekt-Partizip von „geteilt". Es wird hier als Wortspiel auf das Wort „Parus" (Persien) oder „perasin" (Perser) bezogen. Die Aussage der rätselhaften Inschrift ist, daß das Chaldäerreich vollständig gezählt, gewogen und unter die Meder und Perser aufgeteilt werden sollte. Für die Bildersprache des Ausdrucks „Auf der Waage gewogen werden", s. Hiob 31,6; Psalm 62,9; Sprüche 16,2.

Daniels Lohn und Belsazars Tod, 29-31. Gewisse Bibelkritiker greifen die geschichtliche Zuverlässigkeit dieses Berichtes deshalb an, weil Belsazar von der Botschaft Daniels so wenig betroffen worden sei, daß er sofort an dessen Belohnung gedacht habe. Doch hielt der König damit nur sein gegebenes Wort und bewies, daß er Daniels Weissagung glaubte. Es gibt auch keinen Grund dafür, daß Daniel zu diesem Zeitpunkt die ihm angebotene Ehre hätte abweisen sollen, hatte er doch zur Genüge bewiesen, daß ihm an der Ehrung nichts lag. Kritiker wenden auch ein, die Berichte über den Fall Babylons wie über den Tod Belsazars seien nicht zuverlässig. Doch in den griechischen Quellen – Herodot, Xenophon, Berossus – oder in den Keilschriftberichten, der Nabonid-Chronik oder dem Kyrus-Zylinder, hat sich bisher nichts gefunden, was Anlaß zu der Annahme geben könnte, daß dieser Bericht über den Mord Belsazars nicht stimmen würde. Über Darius, den Meder siehe 6,1.9.25; 9,1.

Kap. 6
Daniel in der Löwengrube

Darius der Meder und Daniel, 1-28. Daniel war inzwischen gewiß weit über achtzig Jahre alt geworden. Darius war in den Sechzigern. Man nimmt an, daß Darius identisch ist mit Gotyras (Gubaru), der unmittelbar nach dem Tode Belsazars die Regierung in Babylon übernahm und Satrapen und Präsidenten einsetzte, unter ihnen auch Daniel. Sie sollten ihn bei den Regierungsgeschäften dieses mächtigen Reiches unterstützen. Er regierte wahrscheinlich etwa zwei Jahre, bis Kores frei war und das Reich übernehmen konnte (6,28; 9,1; 11,1). Daß die Bibel einen anderen Namen für den Interim-Regenten Gubaru (oder Cyaxares, den medischen Schwiegervater des Kores, wenn des Josephus Behauptung zutrifft) überliefert, darf nicht überraschen; denn es war Brauch zu jener Zeit, neben dem im Geburtsland erhaltenen Namen noch einen babylonischen Namen zu führen (vgl. Daniel und seine drei jüdischen Freunde, 1,6.7).

Daniels lange diplomatische Karriere und seine Weissagung eines medo-persischen Sieges waren zweifellos der Anlaß dafür, daß Darius ihm die Regierungsführung in die Hände legte. Daniels Glaube und Mut, 10-15, waren der Anlaß zu einem gewaltigen Gotteswunder, das durch den Kampf gegen die heidnischen Götzenkulte noch unterstrichen wurde. Diese außerordentliche Demonstration dafür, daß der Gott der gefangenen Hebräer wirklich der Herr Himmels und der Erde ist, hatte eine große Wirkung auf

Darius. Dafür ist seine Verfügung, 25-28, ein deutlicher Beweis. Zweifellos liegt hier die Ursache dafür, daß auch Kores günstig dafür gestimmt war, den Juden einige Jahre später zu erlauben, nach Jerusalem zurückzukehren.

Kap. 7
Daniels Vision von den vier Tieren

Die Vision, 1-8. Die Zeit: das Jahr 553 v.Chr., als Belsazar anfing, als Mitregent im Namen seines Vaters zu regieren, 1. Die vier Winde, die auf „das große Meer" losbrachen (die Nationen der Welt, Off. 17,15), sprechen von bösen (dämonischen) Mächten in den himmlischen Regionen (Dan. 10,13; Eph. 6,12), die innerhalb der Staatsregierungen der gefallenen Menschheit eine verhängnisvolle Rolle spielen. Die vier „Tiere" skizzieren dieselben 4 Weltreiche wie im Bilde Kap. 2, 37-45, nur mit dem Unterschied, daß das Standbild von Kap. 2 den äußeren blendenden Glanz dieser Weltregierungen in bezug auf ihr politisches, wirtschaftliches und soziales Leben herausstellt, während Kap. 7 ihren inneren, selbstsüchtigen, raubtierähnlichen Charakter bloßlegt.

Diese vier Reiche sind, wie in Kap. 2, Babylonien, Medo-Persien (nicht ein separates Medien, wie die Bibelkritiker behaupten), Griechenland und Rom. Der Löwe steht für Babylonien, der Bär für Medo-Persien, der Leopard für Griechenland und das unbestimmbare Tier des „eisernen" Rom sind zehn Könige, 7-8 (vgl. 24), die den zehn Zehen von 2,40-44 entsprechen. Das „kleine Horn", 8, ist der Antichrist der Endzeit, der in Antiochus Epiphanes (8,23-25) ein Vorbild hat, der „Mensch der Sünde" von 2. Thess. 2,3-8, der „König" von Dan. 11,36-45, das „Tier" von Off. 13,4-10, der letzte grausame Regent der „Zeit der Heiden", den der Messias bei seinem zweiten Kommen vernichten wird (Off. 19,20).

Daniels Vision vom zweiten Kommen des Messias, 9-14. Dieser Abschnitt ist das AT-Gegenstück zu Off. 19,11-16. Der „Hochbetagte", 9.13, ist Gott. „Einer wie eines Menschen Sohn", 13, ist Christus, dem das Reich übergeben ist und der nun zur Erde zurückkehrt als „König der Könige und Herr der Herren" (Off. 19,16). Er bringt „die Zeit der Heiden" zum Abschluß und damit auch die heidnische Weltherrschaft und richtet an ihrer Stelle sein Reich der Gerechtigkeit auf über Juden und anderen Völkern (Nationen). Daniel sieht und beschreibt die Amtseinsetzung des Messias in das Königreich, 13-14, die *vor* dem zweiten Kommen Jesu, beschrieben in 9-12, im Himmel stattfinden wird, und die identisch ist mit dem Bericht Off. 5,6-10. Daniel beschreibt das Gericht über die Nationen und die Aufrichtung des Reiches, 10,26-27 (vgl.

Matth. 25, 31-46; Off. 20,1-6). Die Vision von der Vernichtung des „kleinen Horns", 11 (vgl. 8), erfüllt sich beim zweiten Kommen des Messias (Off. 19,20; 20,10).

Die Bedeutung der Vision, 15-28. Die „Heiligen des Höchsten", die das Reich besitzen werden, 18.22.25.27, sind die Glieder des erretteten jüdischen Überrestes. Sie werden durch die „große Trübsal" gehen und das Reich und die Bundesschließungen und die Verheißungen an Israel im Zusammenhang mit dem Reich ererben. Bedeutsam ist, daß dieses Reich ein *Ewiges* Reich ist, 18. Die dazwischenliegenden und zeitlichen Züge, die diesem Reich noch eigen sind, wie die tausendjährige, d.h. zeitlich begrenzte, Regierungsdauer Jesu (Off. 20,4.7), gehen in den ewigen Zustand über, wenn Christus am Ende seiner Herrschaft von tausend Jahren auf der (alten) Erde das Reich Gott und dem Vater übergibt „... daß Gott sei alles in allem" (1. Kor. 15,24-28). Es ist bedeutsam, daß die Bezeichnung Gottes als des „Allerhöchsten" und „Besitzers des Himmels und der Erde" (1. Mo. 14,18-22) in dem Augenblick gebraucht wird, da der Messias kommt und durch seine Königsherrschaft im Tausendjährigen Reich die Gültigkeit dieses Titels verteidigt, 27. Es ist auch wesentlich zu erkennen, daß das „vierte Tier", 23, und das Bündnis der zehn Mächte, das sich später aus ihm entwickelt, 24, *nicht* das griechisch-mazedonische Reich und Antiochus Epiphanes waren, 25-26, wie die Bibelkritiker gewöhnlich behaupten, sondern das endzeitliche, wiedererstandene Rom. Der ganze Textzusammenhang bezieht sich auf das *zweite* Kommen des Messias und seine darauffolgende Herrschaft.

Kap. 8
Der Widder, der Ziegenbock und das kleine Horn

Die Vision, 1-14. Daniel hatte diese Vision zwei Jahre nach der im 7. Kapitel berichteten, also im Jahr 551 v.Chr. (7,1). Der Ort, in den er versetzt wurde, ist die Burg Susa, die während des Winters Regierungssitz der Perserkönige wurde. Der Ulai-Fluß ist der Eulaeus der klassischen Literatur, 2,16, ein künstlich angelegter Kanal (akkadisch: U-la-a), der nahe bei Susa an der N- und NO-Seite der Stadt entlangfließt und die Flüsse Kerkha und Abdizful miteinander verband. Der assyrische König Assurbanipal rühmte sich, das Wasser dieses Kanals mit dem Blut seiner Feinde rotgefärbt zu haben, als er in die Provinz Elam, östlich von Babylon, einfiel.

Der Widder, 3-4, mit den zwei Hörnern (Medien und Persien) ist das medo-persische Reich, 539-331 v.Chr. Der Ziegenbock ist das griechisch-mazedonische Reich mit seinen blitzartigen Eroberungen unter Alexander dem Großen, dem „ansehnlichen Horn" des Ziegenbocks, 5.

Alexanders Eroberung des medo-persischen Reiches ist im Bild des Ziegenbocks prophetisch dargestellt, 6-7. Die entscheidenden Schlachten ereigneten sich bei Granikus (334 v.Chr.), Issus (333 v.Chr.) und bei Gaugamela (331 v.Chr.). Sein vorzeitiger Tod in Babylon (323 v.Chr.) und die Aufteilung seines Weltreiches unter seine vier (tüchtigsten) Generäle wird vorausgesagt, 8. Das Ergebnis dieser Teilung waren (um 275 v.Chr.) die drei großen hellenistischen Reiche Mazedonien, Ägypten (unter den Ptolemäern) und Syrien (unter den Seleukiden). **Die Laufbahn des Antiochus Epiphanes (175-163 v.Chr.) wird prophetisch skizziert, 9-14.** Im Jahr 167 v.Chr. eroberte er Palästina, entweihte den Tempel und weihte ihn dem Zeus Olympus. 164 v.Chr. wurde der Tempel kultisch gereinigt. Das ist die Periode der „2300 Abende und Morgen", 14. Als „das kleine Horn", 9, darf Antiochus Epiphanes nicht mit dem „kleinen Horn" von Dan. 7,8,24-25 verwechselt werden, dem Antichristen der Endzeit, obwohl Antiochus ihn symbolisierte, 24-25. Beide haben Ähnlichkeiten in ihrer Götzenanbetung und der Entweihung des Tempels (vgl. 2. Thess. 2,3-4; Off. 13,1-18), aber es sind zwei verschiedene Persönlichkeiten, wie aus dem Textzusammenhang hervorgeht und wie das Buch der Offenbahrung bezeugt.

Die Deutung der Vision, 15-27. Die Erklärung, die der Engel Gabriel dem Daniel gibt, zeigt klar, daß die Vision von Antiochus Epiphanes eine Weissagung für die Endzeit ist, die sie abbildet, und die die „große Trübsal" bringen wird, 17, das „Zorngericht", 19, wenn „die Übertreter das Maß voll gemacht haben werden", 23.

Kap. 9
Die Weissagung von den siebzig Wochen

Daniels Gebet, 1-19. Diese Prophezeiung ist Gottes Antwort auf Daniels ernstes Bußgebet. Zeit: das erste Jahr des Darius (538 v.Chr.), des Sohnes des Ahasverus (Xerxes). Daniel war zum Gebet um die Wiederherstellung seines Volkes angeregt worden, als er Jeremias Weissagung von den 70 Jahren las (Jer. 11-12; 29,10).

Gottes Antwort – die Weissagung von den 70 Wochen, 20-27. Jeremias Weissagung von der 70jährigen Babylonischen Gefangenschaft wurde von Gott zur Grundlage gemacht für eine neue zusammenhängende Vorschau der gesamten zukünftigen Geschichte des Volkes Daniels, der Juden (nach der Babylonischen Gefangeschaft), vom Wiederaufbau der Mauern Jerusalems bis zur Aufrichtung des messianischen Reiches auf der alten Erde.

Es wird von 70 Wochen gesprochen. Diese „Wochen" (hebr. *schabûa*, gr. *Heptadeis*, „hepta-

Darius

den", „Siebner") sind Siebner von Jahren. 70 „Siebner" sind siebzigmal sieben Jahre oder 490 Jahre. Es ist eine geschichtlich vollständige Antwort Gottes auf Daniels Gebet, 1-19, die die Geschichte Israels und der Nationen abschließt. Am Ende dieser Zeit wird Israels Züchtigung beendet und damit alle prophetische Weissagung als „erfüllt" abgeschlossen sein (vgl. Apg. 3,21). Ewige Gerechtigkeit wird Israels Teil sein, wenn das Volk seinen Messias bei seinem zweiten Kommen annehmen wird, 24.

Dieses Ganze von siebzig „Wochen" (Siebnern) besteht aus verschiedenen Zeitabschnitten von ungleicher Länge. Der erste Zeitabschnitt besteht aus *sieben* (Jahr)*wochen* oder 49 Jahren, 25. Am Anfang dieser 49 Jahren steht der Erlaß des Perserkönigs Artaxerxes I., die Stadt Jerusalem wieder aufzubauen (Nisan, März/April, 445 v.Chr., Neh. 2). Während dieser Zeit (445-396 v.Chr.) sollen die Straßen und die Mauer wieder aufgebaut werden, „wenngleich in bedrängter Zeit".

Der nächste Zeitabschnitt beträgt 62 „*Wochen*" oder 434 Jahre, 26. Nach diesen 62 Wochen (plus den vorgenannten sieben, vgl. V. 25) „wird der Gesalbte ausgerottet werden" (396 v.Chr. bis 30 n.Chr., März-April). Die 62 Wochen gingen zu Ende, und Christus, der „Messias-Fürst", wurde getötet und „hatte nichts", d.h. nichts, was von Rechts wegen ihm gehörte, nämlich: kein Reich.

Auf diese 62 Wochen folgt ein Zeitabschnitt, dessen Länge *nicht berechnet* werden kann, eine Zeit der Verwerfung Israels als Nation, während der „das Volk eines zukünftigen Fürsten" kommen wird (des Tieres, des Weltherrschers am Ende der „Zeit der Heiden", vgl. 7,8; Off. 19,20) und „die Stadt und das Heiligtum zerstören" wird, 26b. Unter Titus sind die Römer gekommen und haben im Jahr 70 n.Chr. Jerusalem zerstört, die Stadt wurde zertreten durch die Heiden (Lk. 21,24), die Juden wurden unter alle Völker zerstreut, und Kriege und Verwüstung haben seither das Zeitalter gekennzeichnet.

Die *letzte Woche* von sieben Jahren birgt den Höhepunkt der Geschichte Israels vor dem Kommen des Messianischen Reiches, 27. Sie wird in zwei halbe Perioden von je dreieinhalb Jahren geteilt. Während der *ersten Hälfte* der letzten Jahrwoche wird der „Fürst" (Weltherrscher, das „kleine Horn" von 7,8.24-25) ein Bündnis mit den Juden schließen, die nach Palästina zurückgekehrt sind und den Tempelgottesdienst wieder aufgenommen haben. In der *Mitte der Woche* wird aber der Bund von diesem Weltherrscher gebrochen, und die Anbetung im Tempel muß aufhören (2. Thess. 2,3-4). Nun folgt die Zeit der „großen Trübsal" für Israel. Die *Ankunft Christi,* des Messias, setzt diesem Zeitabschnitt der Trübsal für Israel ein Ende und bringt dem Volk ewige Gerechtigkeit, 24, dem Verwüster-Fürsten und seinen Scharen aber das Gericht (Off. 19,20).

Kap. 10
Die Rolle der dämonischen Mächte bei den Regierungen

Die Vision, 1-14. Dieses Kapitel ist das Vorwort für Kap. 11, und Kap. 12 ist das Nachwort. „Das dritte Jahr des Kores" war 535 v.Chr. Beltsazar (Daniels babylonischer Name) scheinbar eine Kurzform des akkadischen „Bel-balasusur" („Möge Bel, d.i. Baal, sein Leben schützen").

Vers 1 sollte übersetzt werden: „... und das Wort (das offenbarte) war wahr (Wahrheit), und es war ein Konflikt (betraf einen geistlichen Kampf oder Krieg)." Der Konflikt betraf eine geistliche Auseinandersetzung mit dämonischen Mächten, die innerhalb des (letzten) Weltsystems ihren Einfluß ausüben, 13. Daniels dreiwöchiges Beten und Fasten, 2-3, forderte diese „Dämonen in den himmlischen Örtern" (vgl. Eph. 6,12), d.h. die bösen Geister, die verbunden waren mit der Regierungs-Administration des Kores, 13, heraus. „Der Fürst des Königreichs Persien" war der böse Geist, der in der Regierung des Kores daraufhin wirkte, diesen in seiner guten Absicht, die Juden in ihre Heimat zurück-

kehren zu lassen, zu hindern. Michael, 12-13, der Erzengel und Schutzherr des jüdischen Volkes, 12,1, kam Daniel zu Hilfe, durch dessen gläubiges Gebet dieser Kampf ausgelöst worden war. Hiddekel, 4, ist der Tigris (vgl. 1. Mo. 2,14). Uphaz, 5, ist unbekannt.

Bedeutung der Vision, 15-21. Die Weltregierungen der „Zeit der Heiden" (Lk. 21,24) stehen unter den unguten Einflüssen der unsichtbaren bösen Geister oder Dämonen des satanischen Weltsystems. Sie versuchten, Daniels Fürbitte für sein Volk zu verhindern. Denn der letztlichen Wiederherstellung Israels zum Reichsvolk Gottes muß das Ende der „Zeit der Heiden" und die Gefangensetzung Satans und seiner Dämonen im Abgrund vorangehen (Off. 20,1-3), um die vollkommene Regierung des Messias im Messianischen Reich zu ermöglichen.

Kap. 11
Die Könige des Nordens und Südens

Die Kriege der Ptolemäer und Seleukiden, 1-35. Diese erstaunliche Vorausschreibung geschichtlicher Ereignisse durch den Geist der Weissagung erscheint den rationalistisch eingestellten Bibelkritikern als eine Unmöglichkeit. Hier liegt ein Hauptgrund dafür, daß sie die Echtheit des Buches Daniel nicht anerkennen. Die Geschichte hat die Erfüllung eines Teils dieser Weissagungen bis ins kleinste hinein bestätigt: durch die persischen Könige, 2; durch Alexander den Großen, 3-4; durch die Ptolemäer von Ägypten, 5; durch „den König aus dem Süden" und die Seleukiden von Syrien (die Könige aus dem Norden), 6-35. Sogar die Römer, 30, in „Schiffen von Kittim" (Zypern), die in der Beschreibung Antiochus IV. (Epiphanes), 21-45, erwähnt werden, und der „Greuel der Verwüstung", 31, den er anrichtete, als er den Tempel in Jerusalem entweihte – sie alle erfüllten die betreffenden Weissagungen aufs genaueste (vgl. Erklg. zu 8,1-14).

Die Endzeit und der Mensch der Sünde, 36-45. Zwischen V. 35 und 36 liegt eine unbegrenzte Zeitspanne, von der geschichtlichen Erfüllung dieser Prophezeiungen durch Antiochus Epiphanes und die siegreichen Makkabäer bis zur zukünftigen Erfüllung von 36-45, gleich die Erfüllung von 10,14 ist. Der „eigenwillige König" dieser Verse ist der Antichrist der Endzeit, der Mensch der Sünde von 2. Thess. 2, 3-4, der Gesetzlose von Off. 13,1-10, dessen schwacher Schatten Antiochus Epiphanes ist. „Es wird ihm gelingen, bis der Zorn vorüber ist", 36 (12,1), d.h. bis Gottes Zorn im vollen Maß ausgeschüttet ist (Matth. 24,21; Off. 6-19). Sein gesetzloser, Gott herausfordernder Charakter, 36-39, wird dargelegt. Seine endzeitliche Tätigkeit wird skizziert bis zu seinem Untergang, 40-45 (vgl. Off. 19,20; 20,10), und beschrieben in

2. Thess: 2,3-10. Der letzte Angriff der Könige des Nordens und des Südens soll ihn noch nicht vernichten. Erst das direkte Gericht Gottes, das durch die Wiederkunft des sieghaften Christus über ihn kommt, wird seinen Untergang besiegeln. Solange er regiert, ist er unbesiegbar.

Kap. 12
Die Zeit der „großen Trübsal" und Israels Erlösung

Die große Endzeitperiode der Trübsal, 1. „Zu jener Zeit" (zweimal gebraucht in V. 1) bezeichnet die letzte Zeit, d.h. die zweite Hälfte von Daniels siebzigster Jahrwoche (s. Erklg. zu 9,27), die grauenvolle „Zeit der Angst für Jakob" (Jer. 30,5-7), die der Wiederkunft Christi unmittelbar vorausgeht. Von dieser Zeit spricht Off. 12,7-17, die in den furchtbaren Zornschalen-Gerichten von Off. 15-16 und der Zerstörung des satanischen religiösen und politischen Weltsystems (Off. 17-18) gipfelt. Ihren letzten Höhepunkt findet sie in der Erscheinung des Messias (Off. 19,11-16). Auf diese „End"zeit weist Dan. 8,17-19; 9,26; 11,35.40; 12,4.6.9. „Dein Volk", 1, ist Daniels Volk, die Juden. „Die im Buch Eingeschriebenen" sind solche, die vom leiblichen Tod errettet (Jes. 4,2-3) und wiedergeboren sind. Sie werden sich am Segen des Reiches Gottes freuen. Betreffs des Dienstes Michaels für das endzeitliche Israel, vgl. Off. 12,7-12 und Dan. 10,21 (den Überrest Israels vor dem Zorn Satans zu befreien, der auf die Erde geworfen ist).

Israels Auferstehung, 2-3. Die folgenden Punkte zeigen, daß es sich bei dieser Auferstehung nur um Israel und nicht um die Auferstehung aller Toten handelt: 1) Der Textzusammenhang handelt nur von „Daniels Volk", den Juden, 1. 2) Es wird der Ausdruck „viele", nicht „alle" gebraucht. 3) Der Text sagt (grammatikalisch: Partitive Präposition gebraucht), daß „viele von ihnen", d.h. von denen, die da schlafen (der Schlaf des physischen Todes) im „Erdenstaub" (oder „Land des Staubes"), eine bildliche Bezeichnung für das Grab (vgl. Hiob 20,11; 1. Mo. 3,19). 4) Das Zeitwort „aufwachen" spricht von körperlicher Auferstehung (Jes. 26,19), vom Todesschlaf (2. Kö. 4,31; Jer. 51,39.57; Hiob 14,12). 5)Der Ausdruck „zu ewigem Leben" besagt, daß es sich hier um die körperliche Auferstehung zum ewigen Leben handelt. 6) Daniel wird (mit allen atl. Gläubigen) an dieser Auferstehung teilhaben, 12,13.7). Aussprüche Jesu wie die in Matth. 8,11; 19,28 werden dann ihre Erfüllung finden. 8) „Die einen zum ewigen Leben, die andern zu ewiger Schmach und Schande". Das bedeutet nicht, daß zu dem gleichen Zeitpunkt auch unbekehrte Israeliten auferweckt werden sollen (vgl. ähnliche Gedanken bei Joh. 5,28.29). Die erste Kategorie betrifft alle gläubig gewordenen Israeliten, die dann auferstehen werden, während die zweite Kategorie alle die betrifft, die bis zur zweiten Auferstehung behalten werden (Off. 20,11-15). 9) Vers 3 spricht von Belohnung der auferweckten alttestamentlichen Gläubigen.

Die letzte Vollendung, 4-13. Der Charakter der zwischen beiden Auferstehungen liegenden Zeit, besonders ihr letzter Teil, ist Daniel von Gott offenbart worden, 5-8. Doch die Weissagung sollte bis auf die Endzeit versiegelt bleiben (nicht verstanden werden), 4. Die Verse 11 und 12 geben die Zeit an, da der Antichrist sein Bild (9,27) im Tempel zu Jerusalem (2. Thess. 2,3-4) aufstellen lassen wird, ebenso die Dauer der Zeit des großen Zorns Gottes.

Die Kleinen Propheten und ihre Botschaft mit Zeittafel

Hosea

Gott liebt Israel trotz seiner Sünde
755-715

Joel

Gericht – dann geistliche Erweckung Israels
835-796*

Amos

Gott ist gerecht und muß die Sünde richten
765-750

Obadja

Vergeltung für stolze Überheblichkeit
848-841*

Jona

Gottes Gnade gilt der ganzen Welt
780-750

Micha

Der in Bethlehem geborene Messias, Erlöser der Menschen
740-690

Nahum

Ninives Bosheit führt zum Untergang
630-612

Habakuk

Gerechtigkeit durch den Glauben ist Gottes Weg zum Heil
625 oder vorher

Zephanja

Erst der Tag des Herrn, dann Segen des Reichs
625-610

Haggai

Tempel und Anliegen Gottes haben Vorrang
520

Sacharja

Der Herr wird seines Volkes Israel gedenken
520-515
Kap. 9-14
nach 500

Maleachi

Gewißheit eines kommenden Gerichts soll die Bösen warnen
433-400

* Über diese Propheten können dem Bibeltext keine Zeitangaben entnommen werden. Ihre zeitliche Zuordnung ist unsicher.

Die Kleinen Propheten

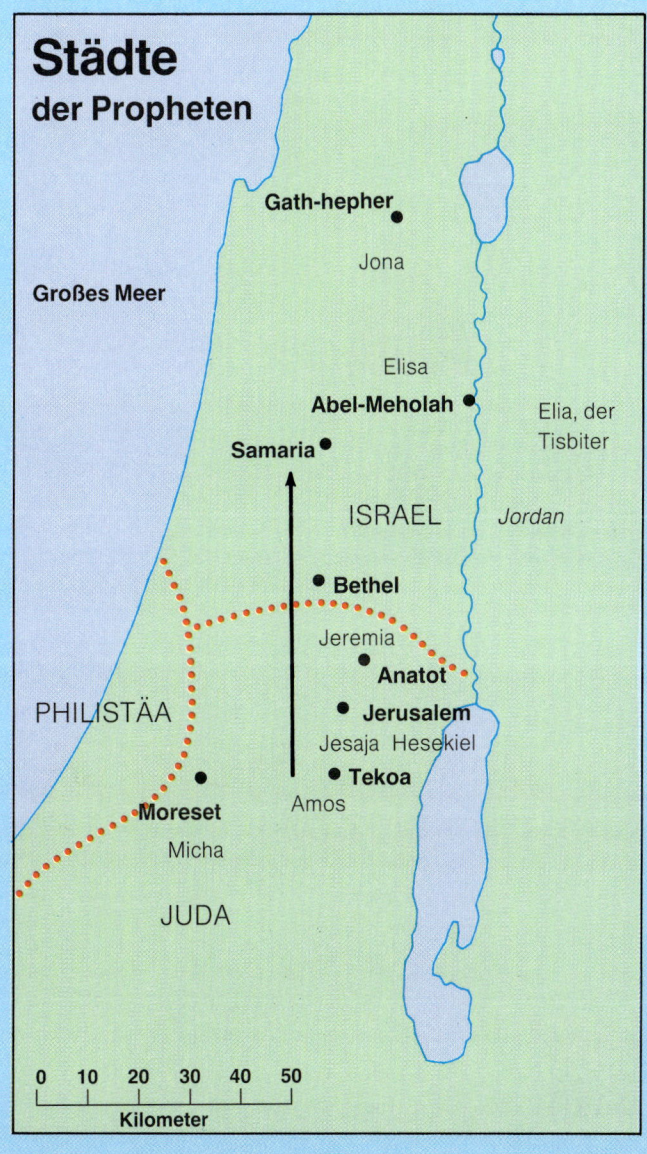

Städte
der Propheten

Gath-hepher •

Jona

Großes Meer

Elisa

Abel-Meholah •

Elia, der
Tisbiter

Samaria •

ISRAEL   *Jordan*

• **Bethel**

Jeremia

Anatot •

PHILISTÄA   • **Jerusalem**

Jesaja Hesekiel

• **Tekoa**

• Amos

Moreset

Micha

JUDA

0 10 20 30 40 50
Kilometer

Die sogenannten „kleinen" Propheten unterscheiden sich darin von den vier „großen" Propheten, Jesaja, Jeremia, Hesekiel und Daniel, daß sie bedeutend kürzer als diese sind. Im hebr. Kanon (hebr. Bibel) sind sie alle in *einem* Buch, die Zwölf genannt, zusammengefaßt und bilden mit den ersten drei der „großen" Propheten *vier* Bücher, die die „späten" Propheten genannt werden, während die Bücher Josua, Richter, 1. und 2. Samuel und 1. und 2. Könige, die auch als vier Bücher angesehen werden, zu den „frühen" Propheten gezählt werden. So hat die Hebräische Bibel im ganzen acht prophetische Bücher, die den zweiten Teil derselben bilden und einfach „die Propheten" genannt werden (hebr. *Nebhi'im*). Das Buch Daniel wurde in den dritten Teil eingedordnet, die sog. „Schriften" (hebr. *Kethubhim*). Seit Augustin (spätes 4. Jahrhundert n.Chr.) hat die römisch-katholische Kirche die Bücher Hosea bis Maleachi ihrer Kürze wegen die „kleinen" Propheten genannt. Sie sind nicht weniger wichtig als die „großen" Propheten.

Zeitgenössische Könige

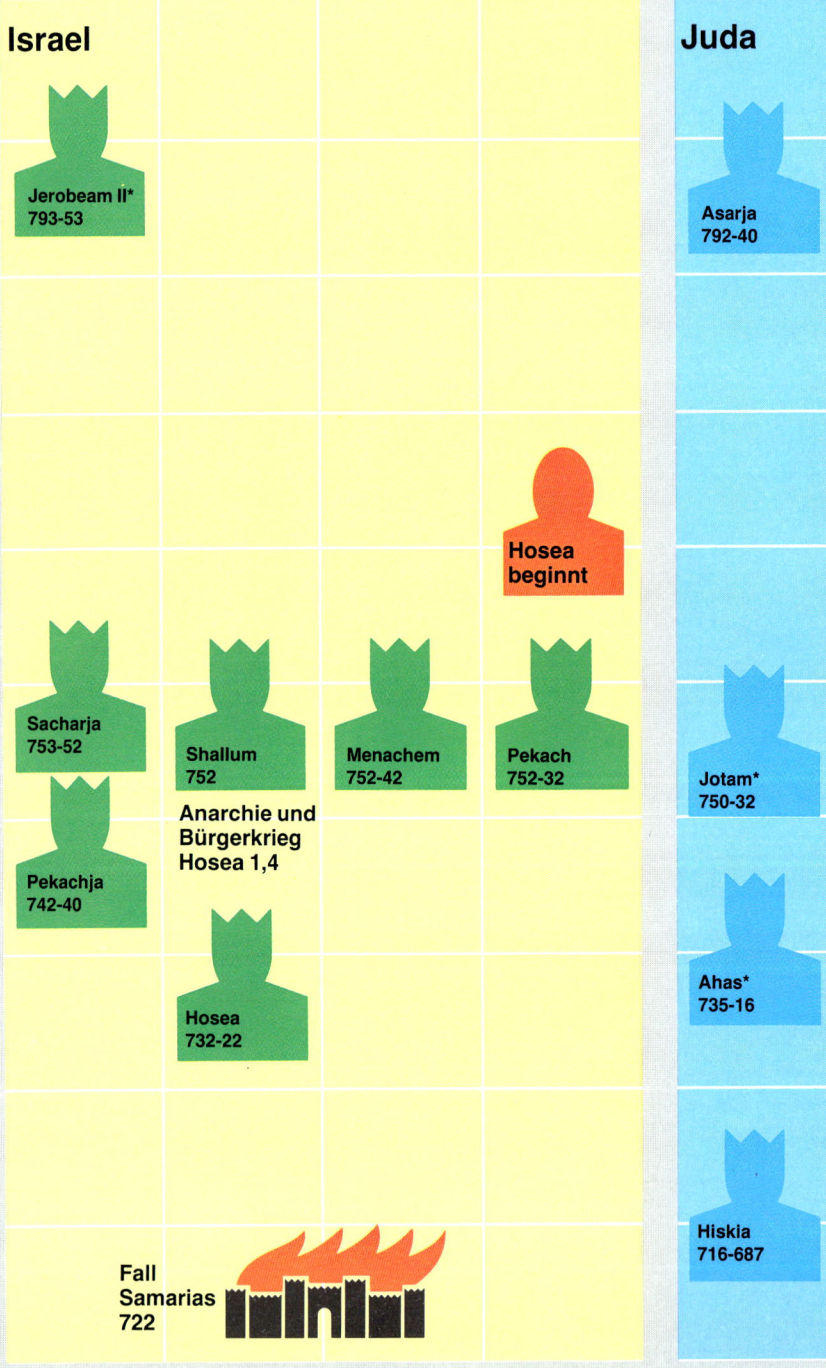

Israel

Jerobeam II*
793-53

Sacharja
753-52

Pekachja
742-40

Shallum
752

Anarchie und
Bürgerkrieg
Hosea 1,4

Hosea
732-22

Menachem
752-42

Hosea
beginnt

Pekach
752-32

Fall
Samarias
722

Juda

Asarja
792-40

Jotam*
750-32

Ahas*
735-16

Hiskia
716-687

* Gemeinsame Regentenschaft eingeschlossen.

Hosea

Gottes Liebe für sein verirrtes Volk

Der Prophet und seine Zeit. Hoseas Wirksamkeit begann gegen Ende der äußerlich erfolgreichen, doch moralisch dekadenten Regierung Jerobeams II. von Israel (782 bis 753 v.Chr.). Nach dem Fall Samarias (722 v.Chr.) wirkte der Prophet weiter bis in die unruhige Zeit der Könige Jotam, Ahas und Hiskia von Juda (1,1). Er trat kurz nach dem Propheten Amos auf, der als Judäer seine flammenden Prophezeiungen einem ausschweifenden Israel entgegengedonnert hatte, während Hosea mit der Leidenschaft eines Bruders zu seinen Landsleuten sprach. Jona (vor Amos) war der Prophet des Nordreichs, der für Heidenmission bestimmt war, während Hoseas Auftrag dem eigenen Land galt. Er hatte das für sein Volk blutende Herz und die Leidenschaftlichkeit eines Jeremia und dazu ein Feingefühl, das ihn zum Apostel der Liebe des AT macht. Obwohl die Botschaft vom Gericht für Israels Abtrünnigkeit durch sein Buch geht, leuchtet doch immer wieder die Verkündigung der Gnade und Liebe Gottes auf. So gleicht seine Bloßstellung der Sünde und die Warnung vor dem kommenden Gericht nicht den feurigen Drohungen eines Amos, sondern einem klagenden, feierlich-ernsten Trauergesang, der die tiefe Liebe Gottes zu seinem verirrten Volk zum Ausdruck bringt.

Überblick

Israels Verwerfung als untreues Eheweib; seine zukünftige Annahme und Wiederherstellung, Kap. 1-3
Gerichtsbotschaften, zusammen mit Angeboten göttlicher Liebe und Gnade, Kap. 4-14

Gott verhieß, Segen über Israel zu bringen.

Hosea

sich Israel und Juda (zu Christus) bekehren und gemäß ihrer Bestimmung wieder ein Volk sein werden.

Zukünftige Wiederherstellung Israels, 2,1-2 (oder: 1,10.11). Vgl. Röm. 9,23-26 als den göttlichen Kommentar, Gottes Oberhoheit und Israels Wiedereinsetzung betreffend. Vers 11 ist bisher noch nicht erfüllt. „Der (große) Tag von Jesreel" wird sich in der Schlacht von Harmagedon erfüllen, die das Vorspiel der Vernichtung der letzten Feinde Israels und seiner dann folgenden Wiederherstellung sein wird, 11.

Ein moralisches Problem
1) Befahl Gott Hosea, eine Frau zu heiraten, die bereits eine Hure war, oder 2) wurde sie eine Hure nach der Eheschließung? oder 3) haben wir es hier nur mit einer Allegorie zu tun? Da Israel, Gottes „unzüchtiges Weib", nicht immer treulos war, könnte das zweite 2) zutreffen. Doch spricht der vorliegende Text für das ersterwähnte Verständnis, und das würde zu der Heiligkeit des souveränen Gottes nicht im Widerspruch stehen. Die letztgenannte Möglichkeit 3) erscheint sehr weit hergeholt.

Kap. 1
Die Ehe des Propheten veranschaulicht Israels Sünde

Einführung, 1. Hoseas Name bedeutet „Heil" oder „Erlösung". Gleich zu Beginn des Buches wird die Grundlage aller hebräischen Prophetie aufgezeigt: daß die von Gott berufenen menschlichen Boten und Vermittler durch den Heiligen Geist inspiriert sind und daß die Autorität ihrer Botschaften in dieser Tatsache unwiderruflich verankert ist.

Hosea heiratet auf göttlichen Befehl eine Hure, 2-9. Hosea tat, was Gott ihm befohlen hatte: Er „nahm ein Hurenweib" namens Gomer, die ihm Kinder gebar. Er gab ihnen Namen, 2-9, die sowohl geschichtliche als auch prophetische Bedeutung hatten. „Jesreel", der Name des ersten Sohnes, bedeutet: „Der Herr sät", 3-5, und weist zurück auf das von König Jehu in der Ebene Jesreel vergossene Blut (1. Kö. 19,15-17; 2. Kö. 10,1-14), und vorwärts auf das nahende Gericht über die Jehu-Dynastie, zu der auch der derzeitige erfolgreiche König Jerobeam II. gehörte. „Jesreel" deutete aber auch hin auf die zukünftige Wiederherstellung Israels (2,21-23).

Die Geburt einer Tochter, „Lo-ruhama", wird angekündigt, 6-7. Dieser Name bedeutet: „Nicht-in-Gnaden". Das kleine Mädchen würde eine beständige, lebendige Mahnung dafür sein, daß Israel wegen seiner Hurerei – gemeint ist der Abfall Israels vom lebendigen Gott und seine Anbetung der heidnischen Götzen – kein vergebendes Erbarmen mehr von Gott erfahren wird. Der Name des dritten Kindes (ein zweiter Sohn), „Lo-Ammi", bedeutet: „Nicht-mein-Volk". Er sollte eine lebendige Erinnerung daran sein, daß Gott sich nicht länger erbarmen würde. Weil Israel Gottes Gesetz gebrochen hatte, war damit auch das Bundesverhältnis zerbrochen. „Mein Volk" weist auf die Tatsache hin, daß Israel das von Gott erwählte Volk des AT war. „Nicht mein Volk", 8-9, drückt die befristete Beiseitesetzung Israels als Nation aus (vgl. Röm. 11,1-5). Die „Lo-Ammi"-Periode für Israel (d.h. für die zehn Stämme des Nordreichs) wird enden, wenn

Kap. 2
Israels Leiden sind die Strafe für seine Untreue

Der gläubige Überrest wird gewarnt, 3-15 (oder: 2,1-13). Der getreue Überrest wird angesprochen, 3, und gedrängt, eindringlich zu argumentieren mit dem treulosen Israel (seiner Mutter), 4, das Gott wegen seiner Untreue nicht mehr als „sein Weib" anerkennt. Gott selbst droht seiner „ungetreuen Gattin" mit schwerer Strafe, 5-15.

Israel soll wiederhergestellt werden, 16-25. Das Tal Achor (Unglückstal; Jos. 7,26; Jes. 65,10) ist im SW von Jericho (das moderne el-Buque'ah). Israel, jetzt von Gott entrechtet, wird wiederhergestellt werden. Sie, die schamlos Baal zu ihrem „Mann" gemacht und sich an den stinkenden Fruchtbarkeitskulten der Kanaaniter beteiligt hat, 8-9, wird zum lebendigen Gott, ihrem „Mann", zurückkehren. Sie wird Baal nicht länger als „Baali" (d.i. „Mein Baal", Herr) bezeichnen, sondern wird zum Herrn zurückkehren und ihn „Ishi" (d.i. „Mein Mann") nennen, 18. Diese Verse sind Weissagung einer herrlichen Zukunft für Israel. (Zu V. 25 vgl. Röm. 9,25-26).

Kap. 3
Israels zukünftige Wiederherstellung

Israels Vergangenheit im Spiegel, 1-3. Hosea kaufte sein untreues Weib zurück, bestrafte sie, wie Gott Israel straft, und beteuerte seine unsterbliche Liebe zu ihr. „Gleichwie der Herr die Kinder Israel liebt, wiewohl sie sich andern Göttern zuwenden", 1 – diese Worte sprechen das zentrale Thema der Weissagungen Hoseas aus: Gottes unvergängliche Liebe für sein Bundesvolk. „Traubenkuchen" wurden bei heidnischen Götzenfesten verwendet (Jes. 16,7; Jer. 7,18). Obgleich Hosea sein Weib zurückkaufte (Bild für den von Christus am Kreuz vollzogenen „Rückkauf", bezahlt mit dem Preis seines Lebens), durfte sie doch nicht wieder als seine Frau bei ihm sein, sondern muß, einer Witwe gleich, allein sitzen in Trauer und Zucht, bis Gott sie, nach ihrer Reinigung, eines Tages wieder „zu sich bringen" wird.

Israels Gegenwart beschrieben, 4. Während dieser Periode der Züchtigung ist Israel in seinem Verhältnis zu Gott in einem Zustand, der dem einer Witwe gleichkommt: Sie darf ihre religiösen wie staatlichen Rechte nicht ausüben.

Hinweise auf Israels Zukunft, 5. Die Aussagen dieses Verses sind noch unerfüllt und werden in der Endzeit, kurz vor der Aufrichtung des Messianischen Reiches, Wirklichkeit werden (Apg. 1,6). Dann hat das ehebrüchige Weib sich gereinigt (Sach. 12,10; 13,1) und wird als Ehepartnerin wieder eingesetzt werden.

Kap. 4
Ephraims Bindung an die Götzen

Die Frucht der Götzenanbetung, 1-11. Ein ausführlicher Katalog verbreiteter Sünden, 1-5,

wird noch vergrößert durch eigenwilliges Festhalten des Volkes Gottes an der Unwissenheit, 6-11.

Beschreibung der Götzenanbetung Ephraims, 12-19. Welche Verurteilung der Torheit und Verderbtheit des kanaanitischen Götzenkultes liegt in diesen Versen! Beth-aven (Haus der Bosheit oder der Eitelkeit), 15, ist offenbar eine abwertende Bezeichnung für Bethel (5,8; vgl. 10,8), das ein Zentrum kanaanitischer, götzendienerischer Verunreinigung war (vgl. 10,5, „Kalb von Beth-aven"). „Ephraim", 17, wurde die Bezeichnung für Israel nach dem syrisch-ephraimitischen Krieg (734-732 v. Chr.), als das Nordreich seine Grenzgebiete an Assyrien verloren hatte und ihm nur der zentrale Rumpf des ehemaligen Reiches geblieben war. Ephraims leidenschaftliche Bindung an Götzen, 17, mußte unwiderruflich Gericht bringen, 19 – die Zerstreuung im Exil, in das sie „vom Wind" getragen werden.

Kap. 5-6
Botschaft von Gerichten und zukünftiger Begnadigung

Gott zieht seine Gnade zurück, 5,1-14. Israels Führer (Priester und zivile Oberhäupter), 1, waren dem Volk zum Fallstrick geworden. Gericht mußte folgen. Tabor scheint einen heidnischen Schrein auf seinen Höhen beherbergt zu haben, wie auch Mizpa, das nördlich von Jerusalem liegt

Auf dem Berg Tabor befand sich wahrscheinlich ein heidnischer Götzenschrein.

(1. Sam. 7,5). Ephraim (s. Erklg. zu 4,12-19) war der Götzenanbetung so ergeben (4,14), daß es unfähig geworden war, zu Gott zurückzukehren. „Fremde Kinder", 7, war ein Nachwuchs, der Gott fern blieb.

Zukünftige Rückkehr und damit verbundener Segen, 5,15-16, 3. Der Herr hatte sich von Israel zurückgezogen. Dessen zwischenzeitliche Leiden waren die Folge und werden es bleiben, bis der Messias zum zweitenmal kommt, 5,15. In 6,1-3 ist der Schrei des gläubigen Überrestes ausgedrückt (vgl. Jes. 1,9; Röm. 11,5), ihr Schrei unmittelbar vor dem Kommen des Messias, ausgesprochen in 5,15. Die „zwei Tage", 2, sind ein Bild für die lange Leidenszeit Israels (5,15) bis dahin. „Der dritte Tag", 2, ist der Tag seiner geistlichen „Auferstehung" (Wiedergeburt) und den darauffolgenden geistlichen Segnungen (Joel 2,28-29).

Gottes Antwort, 6,4-11. Er wehklagte über Ephraim und Juda, 4-6, und deckte ihre Sünde auf, 7-11, die ihre Not verursachte.

Kap. 7-13
Des Herrn Anklage gegen Israel

Ihre moralische Verdorbenheit, 7,1-16. Die furchtbare Ernte ihres Götzendienstes, 1-7, und ihre Vermischung mit dem erniedrigenden Heidentum der sie umgebenden Völker wird dargelegt, 8-16.

Gericht über ihre Abtrünnigkeit, 8,1-9,9. Der Ankündigung des Gerichts, 8,1-7, wegen ihrer Abtrünnigkeit, 8-14, folgen Warnungen vor dem Geist der Selbstsicherheit, 9,1-9.

Rückblick auf die Sünden und Leiden der Nation, 9,10-11,11. Es wird erzählt, wie Israel Gottes Liebe vergalt, 9,10-17, und furchtbare Schuld auf sich lud, 10,1-11. Ermahnungen und Tadel folgen, 10, 12-15. Gottes Gnade offenbart, 11,1-11.

Anklage gegen Ephraim, 11,12-13,13. Israel hat sich selbst schmutzigen, ansteckenden, götzendienerischen Einflüssen ausgesetzt, 11,12-12,2. Gott erinnert sie an erfahrene Beweise seiner Gnade, 12,3-8, im Gegensatz zu der Not, in der sie sich jetzt befinden, 7-14. Israels frühere Größe wird verglichen mit der derzeitigen Schande und ihrem geistlichen Tod, der eine Folge ihrer Verunreinigung mit dem Baalkult ist, 13,1-6. Der Herr mußte sich gegen sie stellen wie ein Leopard, wie ein Löwe, 7, wie eine Bärin, der man ihre Jungen geraubt hat, 8. Der Grund für Israels Ruin ist die Tatsache, daß sie sich vom Herrn, der doch ihre Hilfe ist, abgewendet, ja, gegen ihn gewendet haben, 9-11. Konnten seine Könige Israel vor der Zerstörung retten, die es selbst verschuldet hatte, als es sich gegen den Herrn stellte? Israels Könige konnten es vor dem vernichtenden Gericht Gottes nicht retten. Er setzte die Könige ein und stieß sie wieder von ihrem Thron herab. So mußten sie sein Gericht erfahren.

Israels künftige Auferstehung, 13,14-16. Hier ist eine herrliche Verheißung der leiblichen Auferstehung (1. Kor. 15,55) für gläubige Israeliten vor der Aufrichtung des „Reiches" (Dan. 12,2). Leibliche Auferstehung der Gläubigen ist eine unwiderrufliche Tatsache einer gewissen göttlichen Zusage.

Kap. 14
Die Königsherrschaft Israels wiederhergestellt

Ruf zur Umkehr, 1-3. Gottes Geist ruft durch seinen Propheten das abtrünnige Ephraim, in Buße und Glauben zu seinem Gott zurückzukehren. „Die Farren unserer Lippen" ist ein poetischer und zugleich symbolischer Ausdruck für die „Frucht" unserer Lippen.

Gottes gnädige Antwort, 4-9. Die unumschränkte Liebe des lebendigen Gottes drückt sich in seinem dreimaligen „Ich will" aus, 5-6. In seiner wiederhergestellten Reichsherrlichkeit wird Israel „blühen" wie die Lilie und der Ölbaum (vgl. Röm. 11,16-24). Der Ölbaum ist hier Symbol für Israel in der Herrlichkeit seiner geistlichen Segnungen.

Schlußwort, 10. Der „geistlich Weise" wird alle diese Dinge verstehen – der Sünder nicht.

„Der Herr wird ihre Altäre zerbrechen und ihre Götzenbilder zertrümmern" (Hos. 10,2).

Joel

Der große Tag des Herrn

Verfasser und Datierung. Der Name Joel bedeutet „Der Herr (Yahweh) ist Gott". Der Name seines Vaters ist angegeben, doch nur, um ihn von anderen gleichen Namen zu unterscheiden. Es bleibt sogar die Zeit seines Wirkens offen. Obgleich „moderne" Bibelkritiker ihn zeitlich unter den nachexilischen Propheten ansetzen, wird er von konservativen Theologen für den frühesten der „kleinen" Propheten, und zwar zur Zeit des Joas (ca. 800 v.Chr.), gehalten.

Überblick

Die Heuschreckenplage – der „Tag des Herrn", Kap. 1-20
Ereignisse am „Tag des Herrn", Kap. 2,1-27 und 3,1-5 (oder: 2,1-32)
Das Gericht der Nationen, Kap. 4,1-16 (oder: 3,1-16)
Segen im Messianischen Reich, Kap. 4,17-21 (oder: 3,17-21)

Die Ebene Jesreel – Schauplatz der Schlacht von Harmagedon (Joel 2)

Joel

Kap. 1
Die Heuschreckenplage –
der Tag des Herrn

Die Verwüstung des Landes, 1-7. Der Prophet hat sich vorgestellt, 1. Eine so noch nie dagewesene Heuschreckenplage wird beschrieben, die für die Zukunft unvergeßlich bleiben sollte, 3. Die Plage hatte eine äußerst zerstörende Wirkung. Vier Namen werden den Heuschrecken gegeben, die ihre verheerende Zerstörung wiederspiegeln. Was der „gazam", „der Abschneider" (Säbler), übriggelassen hat, hat die „Heuschrecke" gefressen, und was die Heuschrecke übriggelassen hat, hat der „yelek", der Lecker (oder: der Springer) gefressen, und was der „yelek" übriggelassen hat, das hat der „chasil", der Abfresser, gefressen, 4. Die „Trunkenen" der Nation werden aufgefordert, das Unglück zu beweinen, 5. Die Heuschrecken deuten auf etwas viel Schrecklicheres und zeichnen das prophetische Bild eines größeren Unglücks. Sie deuten auf eine einfallende Armee, 6-7 (vgl. 2,25), und deren Verwüstung des Landes. Die Weinrebe (Ps. 80, 8-14; Hos. 10,1; Jes. 5,1-7) und der Feigenbaum sind Symbole für Israel in seinem geistlichen Vorrecht (vor anderen Nationen) und seiner Erwählung (von Gott) aus dem Kreis der Nationen der Welt (Hos. 9, 10; Matth. 24,32-33; Lk. 13,6-7; Röm. 11,17-24).
Aufruf, die Plage zu beklagen, 8-13. Alle Israeliten, 8-10, besonders die Bauern und Weinbergbesitzer, 11-12, die Priester und geistlichen Führer der Nation, 13, werden zur Klage aufgerufen.
Ruf zur Selbsterniedrigung und Buße, 14. Fasten und Beten soll den Beweis aufrichtiger Buße erbringen.
Die Plage, ein prophetisches Symbol des „Tages des Herrn", 15-20. Wie der Geist der Prophetie oftmals örtliche Gegebenheiten benutzt, um daran eine Weissagung zu knüpfen, die sich in ferner Zukunft erfüllt (vgl. Jes. 7,1-14 im Falle der Jungfrauengeburt), so ist die Heuschreckenplage zu einem Symbol des noch in ferner Zukunft liegenden „Tages des Herrn" ge-

macht (Jes. 2,12-22; 4,1-6; Hes. 30,3; Off. 19,11-21). In diesem apokalyptischen (endzeitlichen) Zeitabschnitt (Off. Kap. 6-19) will Gott seine Macht dadurch offenbaren, daß er seine Feinde durch sein öffentliches, für alle wahrnehmbares Eingreifen überwindet, um dann sein Reich der Gnade über Israel aufzurichten. Es ist das die Zeit, die Ps. 2 so anschaulich schildert.

Kap. 2
Ereignisse am Tag des Herrn

Die Armee, die von Norden her das Land überfällt, 1-10. Joel 2 führt uns direkt ans Ende der „Zeit der Heiden", hin zum historischen Ablauf des Tages des Herrn, 1. Doch liegt das alles, wie auch die Geschehnisse in Kap. 3, noch in der Zukunft. Die einfallende Armee bereitet die Schlacht bei Harmagedon vor (Off. 16, 13-16). Das Blasen des Horns (Schophar, ein gekrümmtes Horn) signalisierte die Gefahr: Feindliche Armeen sind im Anzug (Hos. 8,1; Jer. 4,5; 6,1). „Mein heiliger Berg" (Ps. 2,6) ist Morija, der Tempelberg. Der Tag des Herrn und die furchtbare Zerstörungswut der Armee werden beschrieben, 2-10, und immer bildet die Heuschreckenplage den Hintergrund des Bildes einer Armee.
Gottes Armee erscheint, 11. Dieser Schriftabschnitt bezieht sich auf das zweite Kommen Jesu und ist eine Phase des gewaltigen Kampfes bei Harmagedon (3, 9-13; Off. 16,14). Die Heiligen und Engel bilden des Herrn „Heerlager".
Der bußfertige Überrest, 12-17. Der Herr ruft den Überrest im Land zu aufrichtiger Buße, 12-13, und fordert ihn auf, den Segen des Herrn zu suchen, 14. „Alle Bewohner des Landes", 15-17, sind angesprochen. Keiner darf wegbleiben, nicht einmal der jungverheiratete Bräutigam (vgl. 5. Mo. 24,5).
Gottes Antwort an die bußfertigen Juden im Lande, 18-27. Anstatt daß Gottes heiliger Zorn gegen sie entflammt, erwacht feuriger Eifer zu ihren Gunsten im Herzen Gottes, und seine Gnade überschüttet sie mit Zusagen seines Segens, 18. Er verspricht irdische Segnungen, 19; militärische Befreiung, 20; Freude und Froh-

locken, 21-23; Regen zu rechter Zeit und reichliche Ernten, 24-26; wiederhergestellte Gemeinschaft mit Gott, 27. Gelehrte haben V. 23 übersetzt: „Frühregen in rechtem Maß", andere: „Lehrer der Gerechtigkeit", und haben dieser Stelle damit eine messianische Bedeutung beigelegt.

Die Verheißung der Ausgießung des Geistes, 3,1-5 (oder: 2,28-32). Keil sieht in der Ausgießung des Geistes ein zweites und späteres Ergebnis der Gabe des „Lehrers der Gerechtigkeit" (vgl. V. 23). Das „nach diesem" und „in jenen Tagen", 3,1.2 (28.29) (Apg. 2,16) bezieht sich auf die Tage der zukünftigen Erhöhung und Segnung Israels unmittelbar vor dem Beginn des Messianischen Reiches (Jes. 2,2-4; Mi. 4,1-7). Der Ausdruck „Ausgießen" will das Übermaß der Gabe betonen (vgl. Jes. 32,15; Hes. 39,29). Des Petrus Berufung auf diese Prophezeiung am Pfingsttag (2,15-21) geschah, um zu illustrieren, was der Geist Gottes tun kann. Die Erfüllung dieser Verheißung erwartet noch den Anbruch des messianischen Zeitalters. Dann wird die Ausgießung des Geistes (auf die Gläubigen) universal sein, 3,1.2 (28.29), und wird mit dem Höhepunkt des „Tages des Herrn" in Verbindung stehen, 3,3.4 (30-31). Ihm werden Zeichen vorangehen, die das Gericht über die Bösen beim Beginn des Königreichs Jesu Christi auf Erden anzeigen werden, 3,5(32).

Kap. 4 (oder Kap. 3)
Das Gericht über die Nationen

Israels Wiederherstellung in der Endzeit, 1. „In jenen Tagen und zu jener Zeit" bezeichnet die Phase des Tages des Herrn, die die Wiederherstellung Israels bringen wird (Jes. 11,10-12; Jer. 23,5-8; Hes. 37,21-28; Apg. 15,15-17). Diese Verse führen ein in das Hauptthema des Gerichtes über die Nationen, 2-8, da dieses Ereignis eine notwendige Voraussetzung für Israels Wiederherstellung ist. Die Nationen, die Israel verfolgt haben, müssen bereits gerichtet sein, ehe Israel in Sicherheit und Segen (in sein Land) hineingeführt werden kann (vgl. Matth. 23,31-46; Röm. 11,25-27; Sach. 6,1-8; Off. 16,14).

Das Gericht über die Nationen, 2-16. Der Herr selbst spricht, 2-8. Er kündigt an, was er den Feinden Israels tun wird, wenn er sein Volk wieder einsetzen wird in seine ursprüngliche Berufung (beachte: *„Mein* Volk", 3). Der Ort des Gerichts ist „das Tal Josaphat", 2,12. Dieser Name wird gewöhnlich eher als ein symboli-

Teil der Ruinen bei Jerasch, Jordanien

scher als ein geographischer gewertet, und zwar
schließt man das aus der Etymologie des Wortes,
„Yahweh wird richten"; ebenso von Vers 14, wo
das gleiche Tal das „Tal der Entscheidung" genannt wird, und zwar im Sinne eines juristischen
Urteilsspruches gegen die „bösen" Nationen,
die hier gerichtet werden. Jedoch sahen beide,
Joel und Sacharja (vgl. Sach. 14,4), offenbar diesen Schauplatz des Gerichts als das Kidrontal mit
seinem sich erweiternden Gebirgsbecken an der
Südseite Jerusalems, jenseits von Hinnom, an.
Das Kidrontal ist auch heute bekannt als „das Tal
Josaphat" und wird schon seit der Zeit des Kirchenvaters Eusebius so genannt – wahrscheinlich auf Grund der Joel- und Sacharjastellen.

Der Anlaß zu diesem Gericht wird sein „wegen meines Volkes ... meines Erbes Israel", 2.
Die Sünde der Nationen besteht darin, daß sie
die Juden mißhandelt haben (vgl. Ps. 79,1-13;
83,1-18; Jes. 29,1-8; 34,1-3; Jer. 25,13-17; Sach.
1,14-15; 12,2-3; Matth. 25,31-46). Joel 3,2-3 deutet auf das Verbrechen gegen die Phönizier und
Philister, 4-8. Die Sabäer, 8, waren Handelsleute
aus SW-Arabien. Das Gericht der Nationen
weist voraus auf Harmagedon, 9-14, (Off. 16,13-
16; 19,11-21); Vers 15-16 ist eine Parallele zu 3,3-
5 (2,30-32). Die Verse 9-16 sind eine Zusammenfassung von 2,9-27; 3,1-5 (2,9-32).

**Der volle Segen des „Reiches" (der wie-
derhergestellten „Königsherrschaft Israels"
unter dem Messias), 17-21.** Endlich nimmt das
bis dahin ungläubige Israel seinen Messias an,
der die Grundlage seiner Heiligkeit ist, 17 (vgl.
Sach. 14,20-21). „Mein heiliger Berg" ist Morija,
der Tempelberg (vgl. Ps. 2,6; Dan. 11,45; Ob.
16; Sach. 8,3). Die Entfaltung der Herrlichkeit
des Landes Palästina, 18, ist ein Thema, das sich
durch die gesamte hebr. Prophetie hindurchzieht
als ein Ziel, auf das sie immer wieder hinweist
(vgl. Jes. 35,1-3). In engem Zusammenhang damit stehen die weiteren wichtigen Themen der
Niederwerfung der Feinde Israels, Ägypten und
Edom, 19 (vgl. Sach. 14, 18-19), und der Wiederherstellung Judas, 20-21.

Amos

Drohendes Gericht

Die Zeit des Amos. Amos weissagte in den letzten Jahren der Regierung Jerobeams II. (etwa um 782-753 v.Chr.), als dieser erfolgreiche, aber götzendienerische König in Israel zur selben Zeit wie Ussija (Asarja) in Juda regierte (etwa um 791-740 v.Chr.). Die Zeit der Wirksamkeit des Amos dürfte ungefähr um 765-750 v.Chr. liegen. Es war eine Zeit wirtschaftlichen Wohlstands, die geprägt war von luxuriösem Lebensstandard, moralischer Korruption und ungezügeltem Götzendienst. Die feurigen Reden des Amos waren unerschrocken gegen diese Sünden des Volkes gerichtet.

Der Prophet. Amos („Last") war ein einfacher Schafhirte aus Tekoa, der auch Maulbeerfeigen züchtete (7,14). Tekoa war ein Landstädtchen, auf dem Hügel gelegen, etwa 16 km südlich von Jerusalem. Er war als Prophet für „das ganze Haus Jakob" gerufen (3,1.13), doch hauptsächlich für das Nordreich Israel (7,14-15), das sein Hauptheiligtum in Bethel hatte (7,10). Der Hohepriester Amazja stand gegen ihn und verklagte den furchtlosen Prediger bei dem König Jerobeam II. Amos hat gewiß seine Botschaften kurz nach seiner Rückkehr nach Tekoa aufgeschrieben.

Überblick

Gericht über Israel, Juda und die umliegenden Nationen,
Kap. 1,1-2,16
Gottes Klage gegen das „ganze Haus Jakob", Kap. 3,1-9,10
Vier Gerichtspredigten,
Kap. 3,1-6,14
Fünf symbolische Gerichtsankündigungen, Kap. 7,1-9,10
Verheißungen für das wiederhergestellte Israel, Kap. 9,11-15

Orientalischer Schafhirte mit seiner Herde

Amos

Kap. 1,1–2,3
Gericht über die umliegenden Nationen

Überschrift, 1,1-2. Das Erdbeben wird auch wieder in Sach. 14,5 erwähnt. Der Herr „brüllt" wie ein Löwe in wachsendem Zorn gegen die zunehmende Sünde. Karmel („der Garten", oder: „Obstgarten"), ein Vorgebirge, das ins Mittelmeer hineinragt, war im Altertum berühmt für seinen üppigen Pflanzenwuchs.

Gericht über sechs Nationen, 1,3-2,3.

Gericht über Damaskus, 3-5. Damaskus war die Hauptstadt eines mächtigen aramäischen Stadtstaates, der Israel ständig angriff (etwa 900-780 v.Chr.), besonders unter Benhadad I. (etwa 880-842 v.Chr.) und Hazael (etwa 842-806 v.Chr.). „Wegen drei Übertretungen ... und wegen vier", 3.6.9.11.13; 2,1; 2,4.6, bedeutet „Sünde auf Sünde häufen" (vgl. Spr. 30,18; Hiob 33,14). Die numerische (Zahlen-) Folge x, x+1 ist ein verbreitetes dichterisches Ausdrucksmittel in der hebräischen Poesie (vgl. Spr. 3,18.21.29; Hiob 33,14) und bezeichnet hier den Abschluß, das Vollwerden eines Maßes. Es war Hazael, der Usurpator, 3-4, der Gilead in Transjordanien „mit eisernen Dreschschlitten" zerdrosch (2. Kö. 10,32-33; 13,7). „Das Tor von Damaskus" war „der Riegel seiner Tore". (Jer. 51,30). Die „Burgen Benhadads", 4, waren die Festungen Benhadads II., des Sohnes von Hasael (2. Kö. 13,3). Das Tal von Aven, 5, ist das Tal von On, nicht weit von Damaskus, (Hes. 30,17), oder Baalbek, nicht weit von Damaskus. Beth-Eden („Haus von Eden"; das Bit-idini der assyrischen Tafeln) lag in der Nähe des Euphrat und wurde Eden genannt (Hes. 27,23).

Archäologische Streiflichter
Betreffs Hazael s. Kommentar zu 2. Könige 8. Kir ist in Mesopotamien, ein Ort, von dem die Aramäer ausgewandert waren (9,7) und nach welchem sie wieder verbannt wurden (2. Kö. 16,9).

Gericht über das Land der Philister, 6-8. Gaza, Asdod, Askalon und Ekron wurden gerichtet, weil sie die Israeliten den Edomitern in die Sklaverei verkauft hatten (2. Chron. 21,16-17; Joel 3,4-8).

Gericht über Tyrus, 9-10. Vgl. 3,4-8, wegen seiner unmenschlichen Grausamkeit gegen Israel. „Bund der Bruderliebe" bezieht sich auf den Bund Davids und Salomos mit Tyrus (vgl. 1. Kö. 9,13).

Gericht über Edom, 11-12. Obwohl Israel nahe verwandt (sein „Bruder"), 11, war Tyrus dennoch mitleidlos in seinem Haß und seiner Grausamkeit (vgl. Mal. 1,2; Ob. 1-21). Teman ist zweifellos Tawilan südöstlich von Sela (Petra), und Bozra ist im nördlichen Teil Zentraledoms.

Gericht über Ammon, 13-15. (vgl. Zeph. 2,8-11). Die Ammoniter, nördlich von Moab, mit Hauptstadt in Rabbah (das heutige Amman), plünderten das benachbarte Gilead.

Gericht über Moab, 2, 1-3. So wild war ihr Haß, daß sie die Leiche des Königs der Edomiter durch Verbrennung entweihten (vgl. 2. Kö. 3,26-27).

Anordnung der Gerichtssprüche
Die Anordnung des Textes dramatisiert (verschärft) die Ankündigung des drohenden Gerichtes über Israel. Geographisch gesehen, ziehen die über die Nachbarländer verhängten Gerichte eine immer enger werdende Schlinge um Israel, die schließlich den brennenden Zorn Gottes über sein sündiges Volk brennpunktartig konzentriert. Die Anordnung läßt auch erkennen, wie die Gerichtsworte von den Ländern, die Israel ethnisch sehr fernstehen (Aram, vgl. 1. Mose 25,20; 5. Mose 26,5) bis zu seinem Brudervolk Juda vordringen.

Kap. 2,14–16
Gericht über Juda und Israel

Gericht über Juda, 4-5. Juda und Israel waren ebenso schuldig vor Gott wie die umliegenden Nationen und würden gestraft werden.

Gericht über Israel, 6-16. Das Gericht über Israel wurde in der gleichen literarischen Form ausgesprochen, doch wurden mehr Einzelheiten der Verfehlungen erwähnt, weil Israel mehr Licht hatte (als Juda) und mehr Vorrechte besaß.

Kap. 3
Die größeren Vorrechte Israels und seine größere Schuld

Israels Schuld wegen seiner größeren Vorrechte, 1-11. Das Volk Israel war eine von Gott erwählte Nation. Gott hatte sie aus Ägypten erlöst. Zudem standen sie unter der Verantwortung des Bundesschlusses mit Gott (2. Mo. 19,4-6; 5. Mo. 6,7; Luk. 12,48). Sein Versagen mußte deshalb besonders schwer bestraft werden, 1-2. Israel soll den Entschluß fassen, mit Gott zu wandeln, 3, Gottes Gerichtswarnungen durch den Mund seiner Propheten und aus herannahendem Unglück heraushören, 4-8. Als Gottes auserwählte Nation haben sie den heidnischen Nachbarn solch ein armseliges Zeugnis gegeben, 9-11.

Die Gründlichkeit des göttlichen Gerichtes, 12-15, ist in den folgenden Versen unmißverständlich deutlich gemacht, 12. Auf seinem Höhepunkt würde es die entweihten Altäre von Bethel, 14, und den Wohlstand der der Sünde ergebenen wohlhabenden Untertanen der Regierung Jerobeams II. treffen. „Elfenbeinhäuser", 15 (vgl. 1. Kö. 22,39) wurden solche Wohnhäuser genannt, weil sie reich mit eingelegtem Elfenbein geschmückt waren. Zahlreiche Fragmente solcher Einlegearbeiten sind durch die

Elfenbein aus Assyrien. Amos predigte gegen die „Elfenbeinhäuser", die sich die Reichen bauten.

archäologischen Ausgrabungen im alten Samaria ans Tageslicht gekommen.

Kap. 4
Bereite dich, deinem Gott zu begegnen, o Israel

Verurteilung der reichen Frauen Samariens, 1-3. Diese habgierigen, eitlen Frauen (vgl. Jes. 3,16-20) wurden „Kühe von Basan", 1, genannt (vgl. Ps. 22,12). Damit sollte ihre Sucht verurteilt werden, an ihre Männer unnötige luxuriöse Ansprüche zu stellen. Basan war eine fruchtbare Ebene östlich vom See Genezareth und war bekannt für seine gut gepflegten, fetten Rinderherden.

Israels verabscheuenswürdiger religiöser Formalismus verurteilt, 4-5. Sie liebten die leere heidnische Förmlichkeit bei der Ausübung ihrer Religion. Bethel war das götzendienerische Heiligtum des Königshauses, Gilgal ein weiterer Götzenschrein.

Israel muß dem Gericht Gottes entgegensehen, 6-13. Da sie nicht auf Gottes züchtigende Liebe reagierten, 6-11, muß Israel jetzt darauf vorbereitet werden, Gottes Gerechtigkeit und Zorn zu begegnen, 12. Es muß erkennen, wie groß Gott in seiner Macht, Weisheit und Gerechtigkeit ist, 13.

Kap. 5
Suchet den Herrn, so werdet ihr leben

Wehklage über die gefallene und verelendete Nation, 1-3. Sie, die einst eine dem Herrn geweihte Jungfrau war, ist nun in Hurerei gefallen und verabscheuenswürdig geworden, ist hilflos geworden. Ihr Lohn muß nun Verarmung durch feindliche Einfälle in ihr Land und zuletzt der Tod sein.

Sucht den Herrn, 4-17. Wenn sie nicht als Nation untergehen wollten, müßten sie den Herrn wieder suchen und den Götzendienst in Bethel, Gilgal und Beerseba aufgeben. Wenn man daran denkt, wer der Gott Israels ist, muß man den Götzendienst als ein verbrecherisches Greuel betrachten, 8-9, dessen Ausübung nichts als krasse Unmoral hervorbringt, 10-13. Deshalb sollten sie sich davon ab- und dem Herrn allein zuwenden, 14-17.

Fürchtet euch vor des Herrn Tag, 18-20. Sie irrten, in ihrer falschen Frömmigkeit anzunehmen, daß des Herrn Tag sie vor ihren Feinden rechtfertigen würde. Sein grimmiges Dunkel würde sie verschlingen!

Gottes Haß gegen ihre leere Religiosität, 21-27. Wenn Israel gerettet werden wollte, so mußte wieder „das Recht einherfluten wie Wasser und Gerechtigkeit wie ein unversiegbarer Strom", 24. Dies ist die besondere Botschaft des

Amos. Anstatt „die Hütte eures Moloch" ist zu lesen „Sikkuth euer König". V. 26: „Habt ihr nicht Sikkuth, euren König, getragen und Kewan, den Stern, den ihr euch zum Gott gemacht habt?" Beides waren assyrische Götter (Apg. 7,42-43), Bezeichnungen für Saturn.

Kap. 6
Das göttliche Strafgericht über die Selbstsicheren

Warnung an die sorglosen Sünder, 1-7. Die Sorglosen in Zion (Jerusalems Tempelberg, d.i. Juda, im Bild gesprochen) und die Sicheren auf dem Berg Samaria (der Berg von Semer, auf dem Samaria gebaut wurde, d. i. das Nordreich) sollen sich warnen lassen, 1, durch das Schicksal Kalnes in Nordsyrien und das Hamats am Orontes-Fluß in Syrien (letzteres durch die dänischen Ausgrabungen unter H. Ingholt heute wohlbekannt). Das verschwenderische Wohlleben, 4-5, und die geistliche Unbesorgtheit, 6, der fleischlich gesonnenen Reichen in Samaria würden mit der baldigen assyrischen Gefangenschaft enden, wie es zuvor für Kalne und Hamat geschah. „Elfenbeinerne Betten" (vgl. Erklg. zu 3,12-15) sprechen vom Wohlstand Israels.

Kommende Strafe ist unausweichlich, 8-14. Die feierliche Gewißheit eines kommenden Gerichts wird betont durch Gottes bei sich selbst geschworenen Eid, 8 (vgl. 1. Mo. 22,16-17). Stolz und Ungerechtigkeit konnten nicht weiter ungestraft dahingehen. „... wo es nach Hamat geht", 14 (vgl. 1. Kö. 8,65; 2. Kö. 14,28), bezeichnete Israels ideale Nordgrenze, und „der Bach der Wüste", wahrscheinlich der Bach Sered (Wadi el-Hesa, der in das Südostende des Toten Meeres fließt), bezeichnet die äußerste Südgrenze.

Kap. 7
Die Heuschreckenplage, die Dürre und das Senkblei

Amos spricht von 5 symbolischen Gerichtsweissagungen, 7,1-9,10.

Die Heuschreckenplage, 1-3. Gott zeigte Amos eines der kommenden Gerichte als eine Heuschreckenplage zur Zeit des „Emdgrases", nachdem der Anteil des Königs an der Heuernte eingebracht war und der zweite Schnitt heranwuchs, 1. So furchtbar war diese Plage, daß Gott auf des Amos Fürbitte hin zusagte, daß „es nicht kommen sollte", 3 (vgl. Joel 1-2).

Die Dürre, 4-6. Es war wohl die Dürre, die mit dem Wort „Feuer" hier ausgedrückt werden sollte (vgl. Joel, 1,19). Des Propheten Fürbitte wurde wiederum mit der Zusage erhört: „Es soll nicht geschehen!", 3.

Das Senkblei, 7-9. Jedoch erklärte Gott das Gericht der Zerstörung Israels als unwiderruf-

lich, nachdem er „ein Senkblei mitten durch sein Volk Israel hindurchgezogen" (vgl. 2. Kö. 21,13-15), d.h. sein Volk gemessen und es so tief in Sünde und Götzendienst verwickelt gefunden hatte, daß jede Hoffnung auf Besserung vergeblich schien.

Amos und Amazia, 10-17. Die kühnen Gerichtsweissagungen des Amos gegen das Haus Jerobeams der Jehu-Dynastie, 9, veranlaßten Amazia, den königstreuen offiziellen Priester des königlichen Heiligtums in Bethel, ihn beim König anzuzeigen. Zugleich drängte dieser schwache Mann, der sich dem allgemeinen religiösen Trend anzupassen wußte, den Propheten, nach Juda zu fliehen. Des Amos Antwort erwies seine geistliche Größe in dieser Zeit, die von innerem Verfall und der Vermischung des wahren Gottesglaubens mit heidnischer Religion gekennzeichnet war, 16-17. Er hatte den Mut, festzustehen gegen die Flut der Ungerechtigkeit und bequemen Gleichschaltung und im Gehorsam gegen Gott gegen den Strom zu schwimmen.

Maulbeerfeigenbaum (Sykomore) mit Früchten

Kap. 8
Der Korb mit reifem Obst

Der mit des Sommers Ernte gefüllte Obstkorb, 1-3. Der mit der leicht verderblichen Ernte gefüllte Obstkorb war ein Symbol für das nahe bevorstehende Ende Israels.
Der Anlaß zu diesem Gericht, 4-14. Israels schwere Sünde führte zu vernichtender Anklage. Unehrliche Geschäftsleute jammerten während der heiligen Feste und Sabbate über den Ausfall ihrer unehrlichen Einnahmen, 4-5, und über die verlorenen Gelegenheiten, Arme und Wehrlose auszubeuten, 6 (vgl. Jes. 1, 13-17; 3. Mo. 19,35-36; 5. Mo. 25,13-16). Das Gericht, das über alles ergehen soll, worauf „Jakob stolz ist", 7, schließt tiefe Trauer über das ganze Land, 8-10, und einen „Hunger nach dem Wort Gottes ein, den zu stillen zu der Zeit keine Möglichkeit mehr besteht, 11-14. Götzenanbetung und Stolz löschte das Licht aus, das Gott durch sein Wort hat geben wollen.

Dan und Beerseba waren heidnische Götzenschreine im höchsten Norden und tiefsten Süden des Landes, 14. Die Schutzgötter dieser Zentren heidnischer Anbetung würden sich in den kommenden großen Nöten als machtlos erweisen. „Die Schuld (hebr. *ashimah*) Samariens", 14, die „Ashimah Samariens", ist eine bewußte hebräische Verdrehung des Namens der Aschera (kanaanitische Mutter-Gottheit), die eine Angleichung des Namens an das hebräische Wort *asham* = Schuld vollzieht.

Kap. 9,1-10
Gott der Herr am Altar

Gott der Herr am Altar, 1-6. Der Herr stand „am" (besser als „auf dem") Altar. Das bedeutete Gericht. Der Altar Gottes will das Symbol der *Gnade* Gottes sein, weil auf ihm das Gericht an einem stellvertretenden Opfer vollzogen wurde. Wurde dieser Altar jedoch durch Götzenanbetung entweiht und damit bewußt verachtet, mußte er zum Ort des Gerichtes werden (Joh. 12,31). Hier liegt der Grund für die unerbittliche Verfolgung des gerade an diesem Punkt so schuldig gewordenen Volkes durch die Gerechtigkeit Gottes, 2-4. Weil der Herr der allmächtige Gott ist, 5-6, muß er der Richter derer sein, die seine Gnade abweisen.
Der Herr und das sündige Israel, 7-10. Dieser große Gott würde alle sündigen Königreiche ausrotten, Israel nicht ausgenommen. Die von Ihm aus Liebe erwählte Nation hatte bezüglich der Sünde nicht das geringste Vorrecht. Deshalb mäßigt der Prophet seine Botschaft von der Gnadenwahl Israels (3,2) durch die Verkündigung von der gleichen, allumfassenden Gerechtigkeit Gottes (Universalismus) sowohl den Nationen wie auch Israel gegenüber (Kap. 1 und 2).

Kaphtor, 7, war Kreta. Kir war ein Ort irgendwo in Mesopotamien (Jes. 22,6).

Kap. 9, 11-15
Zukünftiger Segen im Messianischen Reich

Die Wiederkunft und Regierung des Messias, 11-15. Die „Hütte Davids" ist die davidsche Dynastie, die Gott in der Person Jesu Christi bei seiner Wiederkunft in Herrlichkeit wiederherstellen will, wenn er als Israels (und aller Nationen) König sein Reich aufrichten wird (Apg. 1,6). Jakobus führt im ersten Apostelkonzil diese große Weissagung wörtlich an (Apg. 15,15-17). Der Heilige Geist benutzte diese Worte, um das göttliche Programm für die Zukunft darzulegen, nämlich, daß Gott sich während des gegenwärtigen Zeitalters ein Volk (aus allen Nationen) herausrufen wird zur Ehre seines Namens. Danach wird Jesus Christus wiederkommen und die davidische Dynastie wieder aufrichten, 11-12. Er wird während des Tausendjährigen Reiches eine bis dahin nicht gekannte Ära der Blüte und des Wohlstandes heraufführen, 13, und Israel wird wiederhergestellt sein (14-15).

Die Provinzen Assyriens

zur Zeit Tiglath-Pilesers III. (745-727 v.Chr.)

MANSUATE

SIDONIEN

● Damaskus

DAMASKUS

Tyrus ●

KARNAIM

● Megiddo

GILEAD

HAURAN

DOR

● Samaria

ISRAEL

AMMON

● Rabbath-Ammon

Jerusalem ●

● Gaza

JUDA

MOAB

PHILISTÄA

EDOM

| 0 | 10 | 20 | 30 | 40 | 50 |

Kilometer

Obadja

Gottes vergeltende Gerechtigkeit

Über das Buch. Es ist das kürzeste prophetische Buch der Bibel des AT. Sein Verfasser war Obadja. „Obadja" bedeutet „Knecht des Herrn". Seine Weissagung enthält das Verdammungsurteil Gottes über Edom für seinen Verrat an Juda. Es lautet: völlige Vernichtung. Juda aber wird Heil finden am „Tage des Herrn".

Datum: Viele Bibelkritiker leugnen die Einheitlichkeit des Buches und wollen die Zeit seiner Entstehung an den Anfang der Babylonischen Gefangenschaft, nach dem Fall Jerusalems 586 v.Chr. oder später, legen; es ist jedoch als ein authentisches Buch zu sehen, das während der Regierung Jehorams (Jorams) (848-841 v.Chr.) geschrieben wurde. Zu der Zeit fielen die Philister und die Araber in Juda ein und plünderten Jerusalem (2. Chron. 21,16-17; Joel 4,3-6 [3,3-6]; Am. 1,6). Während dieser Zeit waren auch die Edomiter erbitterte Feinde Judas (2. Kö. 8,20-22; 2. Chron. 21,8-10). Die historischen Zusammenhänge rechtfertigen also die Überzeugung, daß Obadja das Buch geschrieben hat.

Obadja und Amos. Amos (ca. 760 v.Chr.) hat wahrscheinlich das Buch Obadjas gekannt (vgl. 4 mit Am. 9,2; 9.10.18 mit Am. 1,11-12; V. 14 mit Am. 1,6.9; V. 19 mit Am. 9,12; V. 20 mit Am. 9,14). Jeremia hat offensichtlich ebenfalls die Botschaft Obadjas berücksichtigt (vgl. Jer. 49,7-22 mit Ob. 1-6). Diese Tatsachen geben zusätzlichen Grund für die Annahme, daß Obadja einer der ältesten Propheten ist.

Überblick

Edoms Untergang vorausgesagt, Verse 1-9
Ursache von Edoms Fall, Verse 10-14
Der Tag des Herrn, Verse 15-21

Priester der Philister

Obadja

Kap. 1–9
Edoms Untergang angekündigt

Aus seiner Gebirgsfestung vertrieben, 1–4. Obadja („Knecht des Herrn") ist ein unbekannter Mann und kann mit keinem der etwa ein Dutzend zählenden Männer identifiziert werden, die im AT diesen Namen tragen. Edom („die rote Region") war Israels Nachbar im Südosten, südlich von Moab und dem Toten Meer. Sein kupfer- und eisenreiches Gebiet erstreckte sich im Süden bis zum Golf von Akaba. Seine Grenze war überall durch Festungen geschützt. Nordedom liegt 1500 bis 1600 m ü.d.M. Bozra ist eine seiner bedeutendsten Festungen (das heutige Buseireh). Südedom mit seinen Bergen und Plateaus liegt etwa 1600 bis 1700 m ü.d.M. Seine wichtigste Festung ist Teman (Tawilan). Edoms Stolz, 3, mußte gedemütigt werden. Die Wohnstätten der Edomiter lagen versteckt, zum Teil waren sie in Felsen gehauen. Die Ausdrücke „die Felsspalten" (Sela, griechisch *Petra*), 3, und „zwischen den Sternen angelegte Nester", 4, sind Ausdrucksweisen, die erstaunlich gut auf die Beschreibung der Landschaft und ihrer Menschen passen.

Geplündert und gänzlich verlassen, 5–9. Esau, 6 (1. Mo. 25,30; 36,1), war der Stammvater der Edomiter. Er war Jakobs Zwillingsbruder, und so bestand eine nahe Verwandtschaft zwischen den Edomitern und den Israeliten (vgl. „Bruder Jakob", 10). Esaus Schatz bestand in enormen Reichtümern an Eisen- und Kupferminen und im Handel mit den Karawanen, 6. Zudem war es berühmt für seine „weisen Männer" (Jer. 49,7).

Kap. 10–14
Die Ursache für Edoms Fall

„Wegen deines unbrüderlichen Verhaltens gegen deinen Bruder Jakob", 10, beschreibt, wie Esau es bewußt unterließ, seinem Bruder in der Not zu Hilfe zu kommen. Edom wurde ebenso strafwürdig wie diejenigen, die Jerusalem angriffen, 12, mit denen sich Edom verbündet, ja, an deren Angriffen es sich sogar beteiligt hatte, 13–14 (vgl. 4 Mo. 20, 14–21; Ps. 137,7; Hes. 35,5).

Kap. 15–21
Der Tag des Herrn

In Vers 15 verbindet der Prophet Vergangenheit und Zukunft in einer Weissagung, die bis hierher noch unerfüllt ist: „Nahe ist der Tag des Herrn für *alle Nationen*". An dem Tag werden alle Nationen, gleich Edom, nach ihrem Verhalten Israel gegenüber gerichtet werden (vgl. Matth. 25, 31–46; Off. 16,13–16 mit Jo. 4,1–14; andere Zählung: 3,1–14). Jakobs Befreiung und Erlösung, 17–20, wird beschrieben (vgl. Joel 3,5 oder 2,32). „Der Süden", 19, ist der Negev, die wüstenähnliche Gegend südlich von Juda. Die Bewohner des Judäischen Hügellandes (hebr.: „abfallende Region" oder „Shephela") werden die Ebene des Philisterlandes erben, 19. Gilead lag in Transjordanien. „Halah", 20, bezieht sich auf „die Gefangenen dieses Heeres" und liegt in Mesopotamien (vgl. 2. Kö. 17,6). Wo Sepharad, 20, lag, ist ungewiß. Es könnte das Sardis Kleinasiens sein. Zarpat war eine phönizische Stadt zwischen Tyrus und Sidon. Israelitische „Heilande" sollen während des Messianischen Reiches Edom verwalten. Der Messias selbst aber wird in seiner Königsherrlichkeit als „König der ganzen Erde" über alle und alles herrschen (Ps. 22,28; 103,19).

Moab erstreckte sich bis zum Golf von Akaba.

Jona

Israels Mission unter den Völkern

Der Mensch Jona. Jona („Taube")
war der Sohn Amittais aus Gatthepher (Khirbet ez-Zurra), 5 km nordöstlich von Nazareth. Die Tradition
sagt, daß sich nicht sehr weit nördlich davon, im Dorfe Meschhed,
Jonas Grab befindet. Jonas Wirksamkeit liegt kurz vor der des Propheten Amos, zur Zeit Jerobeams
des II. (782-753 v.Chr.). Er prophezeite den Sieg Israels über die Syrer
und die größte Ausdehnung der
Grenzen Israels während der Regierung Jerobeams (2. Kö. 14,25).

Das Buch. Das Buch Jona ist mehr
als eine biographische Geschichte.
Es ist *im voraus geschriebene Geschichte mit typologischer,* d.h.
symbolisch-heilsgeschichtlicher
Bedeutung. Es ist von einem Propheten geschrieben und hat ein
prophetisches Leitmotiv. Das Erleben des jüdischen Propheten im
Zusammenhang mit der Sendung
in die heidnische Stadt Ninive wird
nämlich zum Symbol der Sendung
Jesu Christi in diese Welt. Auch er
ist der Gesandte, der den Tod erlitt,

begraben wurde, und der nach
seiner Auferweckung für den Auftrag der Rettung der Heiden eintrat
(Matth. 28,18-20). Die Heiden
glaubten, wie zur Zeit Jonas Ninive
glaubte und Buße tat (vgl. Matth.
12,39-41; Lk. 11,29-32).

Überblick

Jonas Auftrag und Ungehorsam,
Kap. 1-2
Jonas erneuter Auftrag und dessen
Auswirkungen, Kap. 3-4

Die Mittelmeerküste Israels

Jona

Archäologische Streiflichter

Die kritische theologische Forschung hat lange die Historizität Jonas bestritten und das Buch als Mythologie, Allegorie oder einen Midrasch (Lehrschrift) verstehen wollen. Neuere Forschungen und Entdeckungen haben neue Argumente für die historische Glaubwürdigkeit dieses Buches geliefert. Ausgrabungen haben ergeben, daß „die große Stadt" Ninive ein Gebiet von 50-80 Kilometer im Quadrat umfaßte, was zum Inhalt des Jonabuches paßt. Auch Einzel-

Tel-Aviv – Japho – Joppe. Von hier aus trat Jona seine Flucht über das Meer an.

heiten in der Jonageschichte passen zu historischen Gegebenheiten der Stadt Ninive zu jener Zeit (vgl. auch Erläuterungen zu 3,5-10).

Kap. 1
Jonas Berufung und Ungehorsam

Der göttliche Ruf und die versuchte Flucht, 1-3. „Die große Stadt", das ist die richtig gewählte Bezeichnung für Ninive, die damalige Hauptstadt des assyrischen Reiches, die z.Z. Jonas ihren Höhepunkt erreicht hatte. Ninive war bis zu ihrem Fall (612 v. Chr.) die größte Stadt der damals bekannten Welt. Die Ausgrabungen (die Ruinen erstrecken sich 5 km weit) zeigen zwei breite Hügel, Quyunjiq und Nebi Yunus (Prophet Jona), die von Wällen von beinahe 12 km Umfang umgeben sind und sich am linken Ostufer des Tigris, gegenüber dem heutigen Mosul, entlangziehen. Der Prophet Nahum berichtet ausführlich über Ninives moralischen Tiefstand (Nah. 3).

Tarsis, 3, das Ziel seiner Flucht in seinem offenen Widerstand gegen Gott, 3-4, war der entfernteste Punkt im Westen, den der ungehorsame Prophet hätte wählen können. Es war wahrscheinlich der Ort Tartessus in Südwestspanien, jenseits der Straße von Gibraltar, ein Handelsplatz, der von großen und kleineren Schiffen angelaufen wurde, die mit geschmolzenem Kupfer handelten. Japho, das heutige Jaffa, war im Altertum Palästinas einziger Hafen zwischen dem Berg Karmel und Ägypten, 51 km nordwestlich von Jerusalem gelegen.

Sturm auf See, 4-7. „Aber der Herr schleuderte einen großen Sturm auf das Meer", 4, um den flüchtigen Propheten aufzuhalten. Die heidnischen Seeleute, 5, (hebr. „Seebär"), waren erfahrene und seekundige Männer; sie stellten den schlafenden Jona, der gar nicht merkte, in welcher Gefahr er sich befand, aufgebracht zur Rede, 6. Ungehorsam gegen Gottes Weisungen führt immer zu geistlicher Betäubung und bringt oft berechtigte Kritik von seiten der Ungläubigen.

Jonas Zeugnis und Schicksal, 8-17. Als Jona sich selbst in dieser Situation erkannte, bekannte er seine Sünde. Doch wurde gerade sein Schuldbekenntnis für die heidnischen Seeleute ein wirksames Zeugnis. Sie empfanden wohl die Kluft zwischen Jonas Glauben und seinem Verhalten. Daß sich das Wasser beruhigte, nachdem sie Jona ins Meer geworfen hatten, beeindruckte diese heidnischen Seefahrer so sehr, daß sie „große Ehrfurcht vor dem Herrn" bekamen, ihm opferten und ihm Gelübde taten. Das Buch Jona berichtet von fünf „großen" Dingen: von einem *großen* Nein zu Gott, 3; von einem *großen* Fisch, 2,1; von einer *großen* Stadt, 1,2; von einer *großen* Eifersucht, 4,1; und von einem *großen* Gott, 4,2b. Jona war leider kein „großer Prophet".

Hunde an der Leine.
Relief aus dem Palast Asurbanipals in Ninive.

Kap. 2
Jonas Gebet und Errettung

Sein Dankgebet, 1-9. Bemerkenswert ist, daß dieses Gebet nicht eine verzweifelte Bitte, sondern dankbares Lob Gottes für die Errettung vom leiblichen Tode ist. Gottes ernste Züchtigung bis an die Grenze des leiblichen Todes (vgl. 1. Kor. 5,5; 11,31-32; 1. Joh. 5,16-17; Hebr. 12,4-11) führte bei Jona zur Erneuerung seines geistlichen Lebens. Sein Lobgesang erinnert an die Psalmen (vgl. 2,2 mit Ps. 120, 1; 2,3 mit Ps. 42,7; 2,4 mit Ps. 31,22; 2,7 mit Ps. 143,4; 2,8 mit Ps. 31,6; 2,9 mit Ps. 3,8).

Jonas Befreiung, 10. Als Jona seine Lektion gelernt hatte, wurde er befreit, um Gottes Willen auszuführen. Die Folgen seines Ungehorsams zeigten ihm sehr klar die beiden entgegengesetzten Pole, zwischen denen Gottes Wille zur Ausführung kommen kann.

Kap. 3
Jonas Auftrag erneuert

Jonas Gehorsam, 1-4. V. 3: „Ninive aber war eine so große Stadt, daß man drei Tage gebraucht hätte", wenn man das gesamte Gebiet dieser Metropole mit ihren vielen Vororten hätte durchwandern wollen (vgl. Erklg. zu 1,2 und 1. Mo. 10,11-12). Die lange verschüttete und vergessene Stadt hat die Archäologen bei der Ausgrabung (seit 1843) in höchstes Staunen versetzt. Es war ein Komplex von zusammengefügten Stadtteilen, wie das moderne New York. Dazu gehörten: im Süden Calah, Resen, zwischen Calah und der eigentlichen Innenstadt Ninive gelegen, und Rehoboth-Ir (Rebit-Ninua), westlich der Innenstadt. Andere Vororte waren Tarbisu und Dur-sharrukin (Sargonsburg). Letztere war noch nicht aufgebaut, als Jona in Ninive Buße predigte, sondern entstand erst später.

Ninive tut Buße, 5-10. Unter Adad-nirari III. (810-782 v.Chr.) machte sich in der Anbetung des Gottes Nabu (Nebo) ein Zug zum Monotheismus bemerkbar. Jona kam entweder am Ende seiner Regierung oder am Anfang der Regierung von Ashur-dan III. (772-755 v.Chr.) nach Ninive. Ob eine totale Sonnenfinsternis im Jahr 763 v.Chr., die man als göttliche Warnung ansah, oder die Plagen der Jahre 765 und 759 v.Chr., von denen die Geschichte der Assyrer berichtet, die Niniviten auf eine Hinwendung zum Monotheismus vorbereitete, kann man heute nicht mehr feststellen. „Säcke", 5, aus rauhem Ziegenhaar über der nackten Haut getragen, waren der Ausdruck bußfertiger Trauer. Ninive ging zu der Zeit nicht unter, 10 (vgl. Amos Kap. 1-2).

Kap. 4
Jonas Reaktion auf die Erweckung in Ninive

Jona ist zornig, 1-5. Der heidnische König von Assyrien (3, 7-9) gab ein besseres Beispiel als der egoistische, engherzige Jona.

Der Prophet von Gott zurechtgewiesen, 6-11. Jona mußte begreifen lernen, daß Gott all seine Kreaturen liebt, nicht nur die sündigen Niniviten, sondern sogar die stummen Tiere.

Micha

Persönliche und soziale Gerechtigkeit

Der Dichter Micha und Jesaja.
Michas Prophetie ist ein Beispiel für die Schönheit und Innerlichkeit hebräischer Dichtung. Wie sein Zeitgenosse Jesaja besaß er große dichterische Kraft. Doch Jesaja war ein Poet am Hof der Könige, Micha dagegen ein Bauer aus einem unbekannten Dorf. Jesaja war ein Staatsmann, Micha war ein Evangelist und Sozialreformer. Jesaja war eine Stimme Gottes an die Könige, Micha war ein Herold Gottes für das einfache Volk. Jesaja stellte sich den Problemen der Politik, Micha fast ausschließlich solchen der persönlichen Frömmigkeit und der sozialen Gerechtigkeit.

Die Botschaft Michas: Zurück!
1) Zurück nach Bethlehem (5,2), zurück zu David und zum Messias, Davids Sohn und Herrn. 2) Zurück zu sittlicher Rechtschaffenheit (6,8) und zum Praktizieren von Gerechtigkeit, Freundlichkeit, Mitleid, Barmherzigkeit und Demut. 3) Zurück zum kommenden Friedefürsten (4,3), zu dem Mann, der „unser Friede" sein wird (5,4) – der Welt einzige Hoffnung auf bleibenden Frieden.

Überblick

Allgemeine Gerichtsweisungen, Kap. 1-3
Das zukünftige Messianische Reich, Kap. 4-5
Des Herrn Auseinandersetzung mit seinem Volk und das Geschenk seiner Gnade, Kap. 6-7

Eroberung einer antiken Stadt, wie etwa Ninive.

Micha

Kap. 1
Gericht über Samaria und Juda

Einführung, 1. Der Name Micha ist offensichtlich eine Verkürzung von „Mikajahn", „wer ist wie Gott" (vgl. 7,18; Jer. 26,18). Der Heimatort Michas war Moreschet, ein kleines Dorf in der Nähe von Gat, wohl identisch mit Tell ed-Jadeideh, etwa 30 km südwestlich von Jerusalem, in der Nähe von Gath im Nordphilisterland (vgl. 14, wo es Moreschet-Gat genannt wird). Micha war ein Zeitgenosse Jesajas (s. Jes. 1,1) und weissagte zur Zeit des Jotam (750-736 v.Chr.), des Ahas (735-716 v.Chr.) und des Hiskia (716-687 v.Chr.).

Gericht über Samaria, 2-7. Die Stadt Samaria war von Omri um 857 v.Chr. (1. Kö. 16,24) gegründet worden. Sie entwickelte sich zu einer solchen Blüte, daß ihr Name bald auf das ganze Nordreich übertragen wurde, dessen Hauptstadt sie war. Diese prächtige Stadt, deren Glanz durch die Archäologie entdeckt wurde, wurde zum Steinhaufen, dessen Steine den Hügel Shemer, auf dem sie erbaut worden war, hinabrollten. Das geschah 722 v.Chr., als Sargon von Assyrien Samaria eroberte. In seinen Annalen von Khorsabad sagt Sargon (722-705 v.Chr.) darüber: „Am Anfang meiner Herrschaft, im ersten Jahr meiner Regierung ... führte ich die Samerinai (das Volk Samariens) ... 27290 ... die darin lebten, gefangen weg ..."

Wehklage über Samarien und Juda, 8-16. Als Zeichen des unmittelbar bevorstehenden assyrischen Einfalls ging Micha „ausgezogen und bloß einher" und sagte, daß das Gericht des feindlichen Überfalls sich bis an die Tore Jerusalems erstrecken würde, 8-9. Im Jahr 701 v.Chr. eroberte die Armee Sanheribs alle befestigten Städte Palästinas und belagerte auch Jerusalem. Micha, der Dichter, beschrieb die Schrecken der kommenden feindlichen Invasion in einer Gruppe drastischer Wortspiele, 10-14, wie: „Weint Tränen in Tränenstadt (Bochim), wälzt euch im Staube in Staubstadt (Betz-ophra)", 10, u.a.m.

Kap. 2-3
Gericht über verschiedene Gruppen des Volkes

Die Führer Samariens und Jerusalems sind irregeleitet, 2,1-11. Sie ersinnen Böses in der Nacht und tun es am Tage, 1-5. Seher und Propheten predigen Lügen, 6-11. Soziale und moralische Vergehen schreien nach Gericht.

Gnade für einen Überrest, 2,12-13. Der Herr wird die Seinen sammeln.

Anklagen gegen verschiedene Gruppen des Volkes, 3,1-12. Die Unterdrücker der Armen werden angeklagt, 1-4. Ihr grenzenloser Geiz wird mit den Eigenschaften wilder Tiere verglichen, die ihre Opfer zerreißen, und deren Fleisch von einem Schlachter zum Kochen zerschnitten wird. Die gewinnsüchtigen Propheten und Seher, die ihren Dienst für Geld verkaufen, um Sündern damit zu Gefallen zu sein, sollen völlig von dem Gott getrennt werden, der die Quelle aller echten Offenbarung ist, 5-7. Im Gegensatz dazu war Micha ein Mensch, erfüllt vom Heiligen Geist, treu in der Ausrichtung seiner Botschaft, 8. Die lohnsüchtigen Priester wurden ebenfalls gescholten und Gericht für Jerusalem vorausgesagt, 9-12. Diese Weissagung wurde erfüllt in der Zerstörung der Stadt, 586 v.Chr.

Kap. 4
Die Aufrichtung des Messianischen Reiches

Eigenschaften des Reiches, 1-5. Kap. 4 und 5 sprechen von Israels herrlicher Zukunft und der Wiederherstellung des Davidischen Reiches. Die Verse 1-3 finden sich auch bei Jesaja (Jes. 2,2-4). Beide Propheten empfingen die gleiche Botschaft durch göttliche Inspiration, sie waren ja Zeitgenossen. Der „Berg" ist der Berg Zion, 1, das „Haus" des Herrn ist der Tempel des Tausendjährigen Reiches (Hes. 40-42). Der Prophet sagt, daß während des Tausendjährigen Reiches Jerusalem das religiöse und politische Zentrum der Erde sein wird, 2. „Die Völker" sind die Nationen, die dem Berg Zion „zuströmen" werden, so ungezwungen, wie ein Fluß seiner Mündung zustrebt, 1. Die Art des wiederhergestellten Davidischen Reiches, 3-4, das ein Reich der Gerechtigkeit, des Friedens, 3, und der Sicherheit, 4, sein soll, wird dargestellt. Vers 5 sagt: „Denn alle Völker wandeln (jetzt), ein jedes im Namen seines Gottes; wir aber wollen wandeln im Namen des Herrn, unsres Gottes (frei vom Götzendienst), immer und ewiglich!" Dieser Vers sagt eindeutig, daß Israel im Tausendjährigen Reich frei von Götzenanbetung sein wird; er gibt aber keinerlei Hinweis darauf, daß die Nationen auch frei davon sein werden.

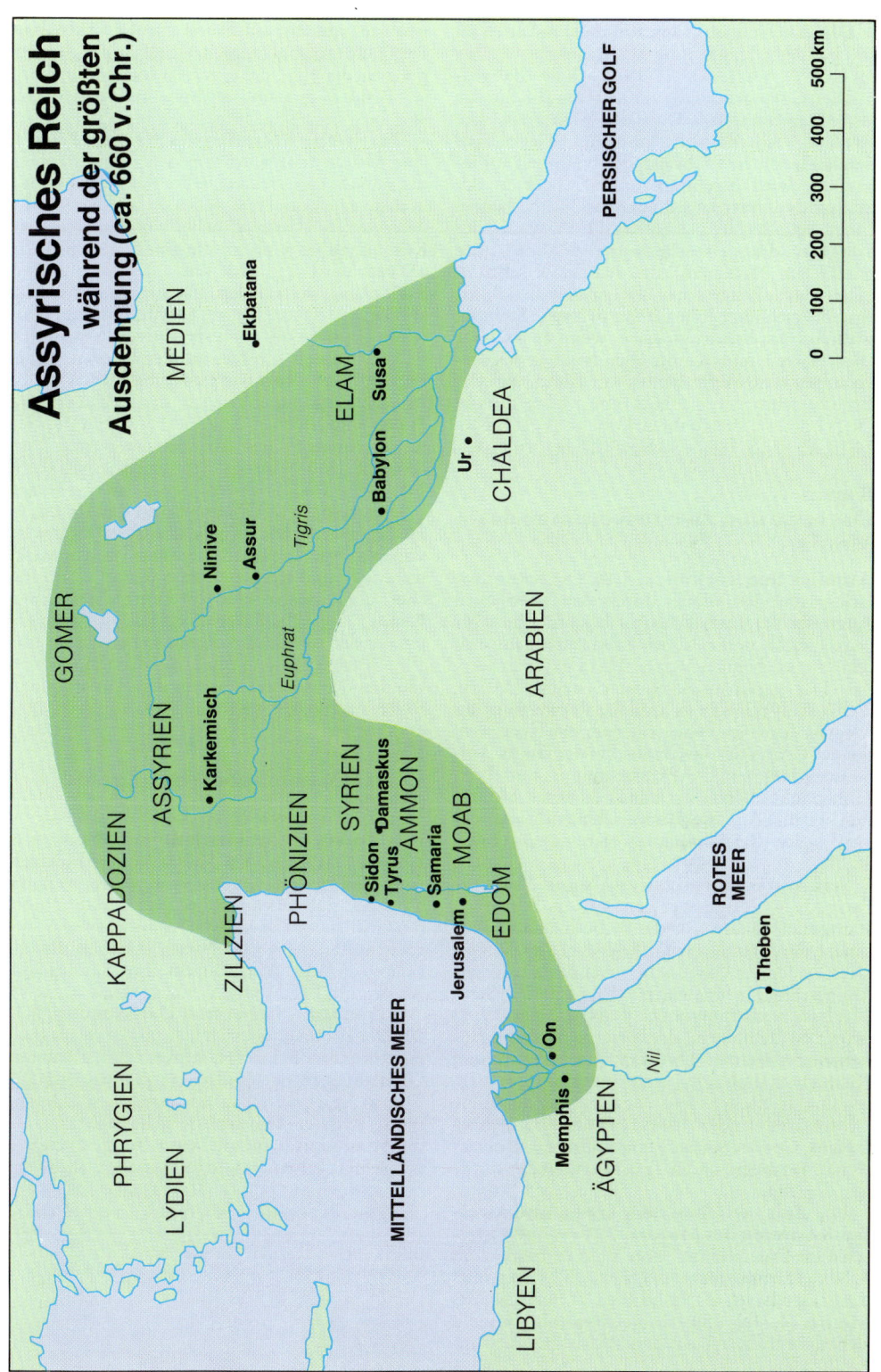

Assyrisches Reich
während der größten
Ausdehnung (ca. 660 v.Chr.)

0 100 200 300 400 500 km

MEDIEN
Ekbatana
ELAM
Susa
Babylon
Ur
CHALDEA
Tigris
Ninive
Assur
Euphrat
GOMER
ASSYRIEN
Karkemisch
KAPPADOZIEN
ARABIEN
SYRIEN
Damaskus
AMMON
Sidon
Tyrus
Samaria
MOAB
Jerusalem
EDOM
PHÖNIZIEN
ZILIZIEN
PHRYGIEN
LYDIEN
MITTELLÄNDISCHES MEER
On
Memphis
ÄGYPTEN
Nil
ROTES MEER
Theben
LIBYEN
PERSISCHER GOLF

Die Aufrichtung des Reiches, 6-13. Israel soll aus der „Zerstreuung heimgebracht werden ins Reich", 6-8 (Jes. 11,11-16), nach der Babylonischen Gefangenschaft, 9-10, die ein Bild für die letzte Sammlung Israels aus den Völkern ist. Die Art und Weise der Aufrichtung des Reiches nach dem endzeitlichen Überfall der Nationen auf Jerusalem wird beschrieben, 11-13, der in der Schlacht von Harmagedon endet. Für Jerusalem endet diese Schlacht siegreich, 11-13, was in der Tätigkeit des „Dreschens der Garben" (der feindlichen Nationen) zum Ausdruck kommt. „Der Herr, Beherrscher der ganzen Erde", ist eine Bezeichnung Jesu Christi in seiner Stellung während des Friedensreiches, wenn er als Herr aller Herren und König aller Könige wiederkommen wird (Off. 19,16), um Besitz von der Erde zu nehmen. Sie gehört ihm, weil er sowohl ihr Schöpfer als auch ihr Erlöser ist (vgl. 1. Mo. 14,19.22; Jos. 3, 11.13; Sach. 4,14; 6,5; Off. 11,4).

Kap. 5
Das erste und zweite Kommen des Messias

Ausblick und Rückblick, 4,14. Die zukünftige Belagerung Jerusalems durch den nördlichen Angreifer der Endzeit ist im Blickfeld in 4,14a (vgl. Joel 1), und muß im Zusammenhang mit den vorangehenden Versen 11-13 gesehen werden. Der „geschlagene Richter" in 14b (Matth. 26,67; 27,30) bezieht sich auf die Verwerfung des Messias durch Israel bei seinem ersten Kommen, die der Grund für die Geschichte der langen Leidenszeit Israels in der Zerstreuung ist und ihren Höhepunkt in den Geschehnissen von 4,14a finden wird. „Auf die Backe schlagen" war der Gipfel der Beleidigung (1. Kö. 22,24; Hiob 16,10).

Sein erstes Kommen und seine Verwerfung, 1. V. 2 sagt, wer der „auf die Backe geschlagene" Richter ist: der in Bethlehem geborene, präexistente, ewige Eine (vgl. Jes. 9,5-6). Die Glieder der Davidischen Familie werden als „Ephrathiten" bezeichnet (Ri. 1,2; 1. Sam. 17,12), d.h. als Einwohner Ephratas, eines Vorortes von Bethlehem, der später in die Stadt eingemeindet wurde. Die doppelte Bezeichnung (Bethlehem-Ephratha) stellt nicht nur die Verbindung zwischen dem Messias und der Linie Davids dar, sondern beide Namen, Bethlehem („Haus, Ort der Speise") und Ephrata („Produktivität") erinnern an die Fruchtbarkeit der dortigen Gegend.

Die Zeit zwischen dem ersten und zweiten Kommen des Messias, 2. Vers 3 ist eingeschaltet. Das „darum" von V. 2 verbindet mit 4,14b. „Darum gibt er (Gott) sie hin", bezeichnet die Leiden Israels als Folge ihrer Verwerfung des Messias (4,14b). „Sie, die gebären soll", bezieht sich nicht auf Israel, das den Messias hervorbringen soll, sondern auf Israels „große Trübsalsarbeit", die einen gläubigen Überrest hervorbringen soll, der hier „der Überrest seiner (d.h. Christi) Brüder" genannt wird wie in Matth. 25,31-46.

Das zweite Kommen des Messias, 3-5. Der eine Verworfene wird nun der „Hirte" Israels, der seine Schafe weidet „in der Kraft des Herrn", 3, denn er ist der Herr. Deshalb werden sie (d.i. der gerettete Überrest) sicher wohnen, denn sein Königreich geht bis an die Enden der Erde, 3. „Dieser wird der Friede sein", 4 (vgl. Jes. 9,6-7; Sach. 9,10), der Frieden machte durch das Blut an seinem Kreuz. Er ist sowohl unser Friede (Eph. 2,14.15) als auch der Friede Israels (Jes. 9,7). Es handelt sich hier um den Frieden, den er erkauft hat, an sein wiederhergestelltes Volk Israel weitergibt, den Frieden, den er sicherte, als er den endzeitlichen Angreifer aus dem Norden niederschlug, 5, den „Assyrer der letzten Tage aus dem Land Nimrods" (Assyrien, 1. Mo. 10,9-11).

Der gesegnete Überrest und das Reich, 6-14. Die zweifache Aufgabe des Überrestes wird wie folgt beschrieben: 1) Er soll ein geistgewirkter Zeuge und ein Segen sein, 6, und 2) ein Rächer alles Bösen und ein Vernichter seiner Feinde, 7-8. Alles Kriegsmaterial wird vernichtet werden, 9-10; alle dämonischen Kulte und alle Götzenanbetung mitsamt den Kultgegenständen der Aschera (Göttin der Fruchtbarkeit) sollen ausgerottet werden, 11-14.

Kap. 6-7
Letzte Auseinandersetzung und Gnade

Des Volkes Undankbarkeit und Sünde, 6,1-7,6. Der Grund dieser letzten Auseinandersetzung Gottes mit seinem Volk, 6,1-8, war die Tatsache, daß sie seine ihnen geschenkten früheren Gnadenerweise und die rechte Art der Anbetung Gottes vergessen hatten. Gott mußte sie richten, 6,9-16. Micha deckt ihre Sünden auf, 7,1-6.

Bekenntnis, Gebet und Danksagung, 7,7-20. Der Prophet, der sich hier mit Israel identifiziert, ist das Echo der Stimme des gläubigen Überrestes in der Endzeit (vgl. Dan. 9,3-19). Wer in Israel den Glauben festhielt, wie Micha selbst, hatte ein unerschütterliches Vertrauen in die Treue Gottes, die alle seine Zusagen einlösen und Israel als Nation wiederherstellen wird.

Nahum

Gottes Heiligkeit wird im Gericht gerechtfertigt

Nahums Thema. Der Prophet Nahum hat nur ein Thema: Gericht über Ninive, die Hauptstadt des mächtigen assyrischen Reiches (s. Erklg. zu Jona 3,1-4), und damit über Assyrien, den „Riesen unter den Semiten". Seine tyrannische Grausamkeit war in der Zeit zwischen 850 v.Chr. und seinem Fall im Jahre 612 v.Chr. immer wieder eine Geißel für die damalige alte Welt gewesen. Nahums Wirksamkeit lag zwischen der Eroberung No-Amons (Theben) in Ägypten (3,8) im Jahre 661 v.Chr. und Ninives Fall im Jahre 612 v.Chr. Das Buch Nahum wird zu den Klassikern der hebr. Poesie gezählt. Es ist in seinen Darstellungen außerordentlich fein und lebendig geschrieben. Die Versuche der Bibelkritik, Teile des Gedichtes Nahum abzusprechen, waren nicht sehr erfolgreich.

Überblick

Ein Psalm über Gottes Majestät, Kap. 1.
Weissagung über Ninives Fall, Kap. 2-3.

Assyrische Belagerungsmaschine in Aktion

Der ägyptische Gott Ammun-Re

Nahum

Kap. 1
Gottes majestätische Heiligkeit

Überschrift, 1. Nahum („Tröster") war ein Mann von Elkosh (unbekannt). Seine Weissagung vom Gericht über das gottlose Ninive und Verkündigung von Gottes Gnade für die Seinen macht ihn zum Tröster derer, die rechtschaffen sind. – Eine „Last" ist eine Prophezeiung, die schweres Gericht enthält.

Gottes Wesen im Gericht, 2-11. Auf der einen Seite ist Gott eifersüchtig. Der Urgrund seiner Leidenschaftlichkeit ist seine Liebe für sein Volk, 2. Auf der anderen Seite ist er unendlich heilig. Deshalb muß er die, die seinem Volk Unrecht tun, die Bösen, strafen, 3. Das Wesen Gottes im Gericht wird dargelegt, 4-6. Der Herr ist gut gegen die, die auf ihn vertrauen, 7, aber unerbittlich gegen seine Feinde, 8. Keiner der Seinen soll sich der falschen Vorstellung hingeben, daß Gott seine Feinde nicht aufs Gründlichste strafen wird, 9. Den Assyrern war das Gericht gewiß, 10. Von ihnen war einer ausgegangen, der Arges gegen den Herrn ersann (Rabschake, 2. Kö. 18,13-37), 11.

Der Fall Ninives angekündigt, 12-15. Gott kündigte durch den Propheten das kommende Verhängnis über Ninive an, 12.14, und zugleich Befreiung für Israel, 12b.13. Die tröstliche Ankündigung der guten Botschaft von Ninives Fall ist für Israel ein Vorbild für den schließlichen Fall aller seiner Feinde in der Endzeit und die frohe Zusage seiner endlichen Befreiung zum Teilhaben am Segen des Reiches und wahrer Anbetung Gottes, 15 (vgl. Jes. 52,7; Röm. 10,15).

Kap. 2
Belagerung und Zerstörung Ninives

Fall Ninives vorausgesagt und beschrieben, 1-12. In prächtigen Versen beschreibt Nahum dramatisch die Belagerung der Stadt. Unter den vereinten Angriffen der Meder im Norden und der Chaldäer von Südbabylonien her fiel Assur, die Hauptstadt des alten Reiches 614 v.Chr. Im Jahre 612 v.Chr. war dann Ninives endgültiger Zusammenbruch. Damit war die Macht Assy-

Diese Tafel einer babylonischen Chronik enthält einen Bericht über den Fall Ninives.

riens dahin. Einige Gelehrte nehmen an, daß V. 7 sich auf Assyriens Schutzpatron, die Göttin Ishtar, bezieht.

Der Anlaß zu Ninives Zerstörung, 13. Gott war *gegen* Ninive.

Kap. 3
Ninive – ein Beispiel dafür, wie Gott Gericht hält

Das Gericht ist der Lohn seiner Sünden, 1-17. Seine Gewalttätigkeit, 1-3, seine Betrügereien und seine böse Handlungsweise gegen andere Nationen werden aufgeführt, 4-7. Das Schicksal von No-Amon (Theben), der berühmten Stadt Ägyptens, war eine Warnung gewesen, als sie im Jahre 661 v.Chr. fiel, 8-10. Ninives Festungen und Waffenlager sollten nutzlos sein, 11-13, seine Anstrengungen, das Unglück abzuwenden, schlugen fehl, 14-17. Sie war dem Gericht ausgeliefert.

Wehklage über den König von Assyrien, 18-19. Der Prophet Micha spricht ihn in dramatischer Weise direkt an. Sein Untergang wurde angekündigt, 18, und die Freude, die es denen bringen wird, die unter seiner Bosheit hatten leiden müssen, wird erwähnt, 19 (s. Erklg. zu Jona 3,1-3).

Habakuk

Der Gerechte wird durch seinen Glauben leben

Der Prophet und seine Botschaft.

Man weiß so gut wie gar nichts über den Propheten Habakuk, darf aber annehmen, daß er in der Zeit des Aufstiegs des neubabylonischen Reiches lebte (ca. 625 v.Chr.), denn die chaldäische Invasion lag drohend über Juda (1,5-6), und die Ungerechtigkeit Judas häufte sich. Habakuks Thema: Die theologische Auseinandersetzung darüber, wie sich Gottes Geduld gegenüber dem Bösen mit seiner Heiligkeit verträgt. Die Antwort, die der Prophet erhielt, ist für alle Zeiten gültig. Ein souveräner Gott hat das unbestreitbare Vorrecht, mit den Bösen zu seiner Zeit und in seiner Weise zu verfahren. „Aber der Gerechte wird durch seinen Glauben leben" (2,4).

Literarische Schönheit.

Habakuks Botschaft ist, wie die Jesajas und Nahums, in erhabene Verse eingebettet. Sein Buch spiegelt die klassische Ära hebr. Prophetie wider. Die prächtige lyrische Ode des 3. Kap. enthält eine der eindrücklichsten Beschreibungen der Erscheinung Gottes in bezug auf die Wiederkunft des Messias, die der Hl. Geist je gegeben hat, und die am „Tag des Herrn" ihre Erfüllung finden wird (vgl. 2. Thess. 1,7-10).

Überblick

Ankündigung des Gerichtes über Juda durch die Chaldäer, Kap. 1.
Endliches Gericht über die Chaldäer vorausgesagt, Kap. 2.
Des Propheten Vision vom kommenden König, Kap. 3.

Assyrer überschreiten einen Fluß auf aufgeblasenen Tierhäuten, um eine befestigte Stadt anzugreifen.

Kap. 1
Judas Gericht durch die Chaldäer

Das Problem: Weshalb hat Gott Judas Sünde nicht gerichtet? 1-4. Habakuk („Umarmer") hängt sich an den Herrn und stellt ihm die Frage nach seiner gerechten Regierung der Welt: Wie kann ein heiliger Gott die Sünde seines Volkes, Juda, ertragen, 1-4.?

Die göttliche Lösung des Problems, 5-11. Gott würde durch die Chaldäer sein Gericht an Juda vollziehen. Nach Apg. 13,37-41 nimmt Vers 5 hier das Erlösungswerk Jesu Christi vorweg. Die Chaldäer, oder Neubabylonier, beherrschten von 612-539 v.Chr. den Nahen Osten des Altertums, indem sie in tyrannischer Weise eine völlig eigenwillige „Gerechtigkeit" anwandten. Sie beteten ihre eigene Macht an (vgl. 11, „Seine Kraft macht es zu seinem Gott"). Die Chaldäer waren angriffslustige, semitisch-aramäische Nomaden, die allmählich in Südbabylonien seßhaft geworden waren (Chaldäa vom akkadischen „Kaldu"). Nabopolassar (625-605 v.Chr.) war der Begründer des chaldäischen Reiches, das dann sein Sohn Nebukadnezar II. erbte (605-562 v.Chr.). V. 10 gibt ein genaues Bild der militärischen Praxis der Chaldäer, Wälle von Erde aufzuwerfen, um Festungen zu erobern.

Problem: Weshalb gebraucht Gott die bösen Chaldäer, um Juda zu strafen? 12-17. Wie kann Gott ein Volk gebrauchen, um sein Volk zu strafen, das mehr Sünde tut als sein eigenes Volk? Die Frage von Gottes Heiligkeit wird im Lichte des Schweigens Gottes bezüglich dieses Problems behandelt, 12-13. Die rücksichtslose Barbarei der Chaldäer wird beschrieben. Wie ein Fischer, der mit Angelrute und Netz neben einem Weiher sitzt, so sitzen die Babylonier bei den Wassern der Erde, die Gott bis zum Überfluß mit menschlichen „Fischen" gefüllt hat, 14-15. Sie fangen einen Fisch nach dem anderen und verschlingen, soviel sie verschlingen können. Was übrigbleibt, wird ans Ufer geworfen und dem Verderben preisgegeben, 17. Wie lange soll dieser Völkermord weitergehen? Wie lange soll die unmenschliche Brutalität, ungehindert durch Gottes gerechtes Eingreifen, weiter wüten, 17?

Kap. 2
Gottes Lösung: Gericht über die Chaldäer

Ein gerechter Überrest soll bewahrt werden, 1-5. Der Prophet nimmt seinen Platz „auf seiner Warte" ein und stellt sich auf den „Turm" (Bild für den einsamen, stillen Platz, wo Gott der Seele des nach oben lauschenden Propheten begegnen und seine bangen Fragen beantworten kann), 1. Gottes Antwort: „Schreibe, was du siehst! Grabe es ein auf Tafeln, so daß, wer es liest, die Botschaft *mit Windeseile* verbreiten kann", 2 – als Bote der Vision (vgl. Sach. 2,4-5).

„Wer nicht aufrichtig in seiner Seele ist, 4, wird fallen, „aber der Gerechte wird durch seinen Glauben leben" (der gläubige Überrest).

Die Chaldäer werden auch gestraft werden, 6-19. Die fünf „Wehe!" dieses Gerichtes fallen auf die Nation, die „Völker" ausgeplündert hat, 6-8; die mit Gewalt unredlichen Gewinn an sich gebracht hat, 9-11; die „eine Stadt mit Blut aufgebaut" hat, 12-14; die ihre Nachbarn trunken macht und sich dann an ihrer Schande weidet, 15-17; die auf Götzen vertraut, 18-19. Bedeutsam ist, daß inmitten dieser Weherufe der Prophet einen kurzen Augenblick das zukünftige „Reichszeitalter" schauen darf, 14, das frei von all diesen Übeln sein wird (vgl. Jes. 11,9, wo der Zeitpunkt der Erfüllung dieser Weissagung angegeben wird, wenn Davids gerechter Zweig, Christus, das Reich aufgerichtet hat). Die Verklärung Jesu in Lk. 9,26-29 war eine Vorausschau dieses glücklichen Ereignisses. „Die Herrlichkeit des Herrn", 14, wird Christus selbst sein in seinem königlichen Glanz (Matth. 24,30; 25,31).

Der souveräne Herr regiert, 20. Dieser Vers ist ein Teil der Antwort Gottes an den Propheten. Der Herr hat seinen heiligen Tempel weder heimlich verlassen (vgl. Zeph 1,7; Sach. 2,13), noch ist seine heilige Wohnung unheilig geworden. Diese Tatsache genügt, um den ganzen Erdball vor ihm zum Schweigen zu bringen, denn seine souveräne Macht und Gerechtigkeit sind auf der *ganzen* Erde am Werk.

Kap. 3
Die Vision von der Wiederkunft Jesu und seinem kommenden Reich

Gebet des Propheten, 1-2. Der Prophet ist dankbar und steht in tiefer Ehrfurcht vor der Offenbarung des weltweiten Wirkens Gottes. In Erwartung der letzten Vollendung der Gerichte Gottes am „Tag des Herrn" fleht er um Gnade mitten „im Zorn" Gottes, 2. „Shigionoth", 1, ist unbekannt.

Das Kommen des Herrn als Richter und Kriegsmann, 3-15 (vgl. 5. Mo. 33,2; Ps. 18,8-19; 68,8; 77,17-20; Jes. 63,1-6; Off. 6,1-19,16). Paran lag südöstlich von Edom, und der Berg Paran ist ein bedeutender Gipfel des Hochlandes in der Wüste Sinai, 3. Teman ist in Südzentral-Edom, in der Nähe von Sela (Petra), 3. Kuschan, 7, ist in Midian, südlich von Edom und östlich vom Golf von Akaba. – („Sela", nach dem ersten Teil von Vers 3 bedeutet „Pause" in einem musikalischen Vortragsstück.)

Die Wirkung der Erscheinung Gottes auf den Propheten, 16-19. Des Propheten Reaktion ungebrochenen, stillen Vertrauens spiegelt die Haltung des gläubigen Überrestes während der „großen Trübsal" wider, 16. Er bekennt sich zu seinem unbeirrbaren Glauben an Gott, der trotz aller äußeren Leiden ausharren und durchhalten sollte, 17-19.

Zephanja

Gerichtswarnung

Datum. Zephanja, ein Zeitgenosse Jeremias, wirkte während der Regierungszeit Josias (640-608 v.Chr.). Er war zweifellos Gottes Instrument zur Herbeiführung der Erweckung unter Josia (2. Kö. 22-23; 2. Chron. 34-35), doch erwies sich diese geistliche Bewegung als zu oberflächlich, um das herannahende Gericht der Babylonischen Gefangenschaft abwenden zu können (vgl. Jer. 2,11-13). Zephanja hatte Zutritt zum Königshof und Einfluß auf die Politik Josias.

Überblick

Judas herannahendes Verhängnis, Kap. 1,1-18
Gericht über die benachbarten Nationen, Kap. 2,1-3,8
Israel im Segen des „Reiches", Kap. 3,9-20

Ammon und Moab wurden gewarnt, ein gleiches Schicksal wie Sodom und Gomorrha zu erleiden. Sodom lag in der Nähe des Toten Meeres.

Zephania

Kap. 1
Judas Untergang und der „Tag des Herrn"

Gericht über die ganze Erde, 1-3. Zephanja („der Herr hat verborgen" oder „beschützt") war vielleicht ein Urenkel Hiskias. Diese Verse kündigen ein weltweites Gericht des „Tages des Herrn" an (vgl. 1,17; 2,11.14.15).

Gericht über Juda und Jerusalem, 4-13. Der Herr wird Judas gottlosen Synkretismus ausrotten. Malkom, 5, war der Hauptgötze der Ammoniter. Die Assyrer beteten „das Heer des Himmels" an.

Der Tag des Herrn, 14-18. Die unmittelbar bevorstehende Invasion der Chaldäer unter Nebukadnezar wird als Vorbild des endzeitlichen „Tages des Herrn" gesehen, in dem alle irdischen Gerichte ihren Höhepunkt erreichen werden (vgl. Jes. 2,10-22; Joel 1-2; Off. 19,11-21).

Kap. 2,1-3,8
Das Gericht über die Nationen

Der Ruf zur Buße, 2,1-3. Das „Volk ohne Scham", d.i. das ungetreue Israel, 1, wird zur Buße aufgerufen (vgl. Jer. 3,13). Dieser Abschnitt ist ein Ruf an den jüdischen Überrest der Endzeit, kurz vor dem Gericht über die Nationen. „Bergung finden", 3, ist ein Wortspiel mit dem Namen des Propheten (s. 1,1) und bedeutet eine Zusage Gottes an den gläubigen Überrest.

Gericht über die Philister, 4-7. Die Hauptstädte des Philisterlandes in Südwestpalästina werden aufgezählt (vgl. Joel 3,4-8). „Das Kretervolk", 5, waren offensichtlich Kreter, die im Philisterland lebten (1. Sam. 30,14; 2. Sam. 8,18; Hes. 25,16). „Kanaan" (die Bedeutung des Namens bezieht sich auf den Handel mit blauer Purpurfarbe, gewonnen aus den Schalen einer besonderen Weichtierart, Murexmollusken, an der Küste Palästinas) ist der ältere Name für Palästina. Die spätere Benennung Palästinas ist eine im Griechischen entstellte Form des Namens des Landes der Philister (griechisch: *Palaistine*).

Gericht über Moab und Ammon, 8-10. Beide Völker sollen vernichtet werden, weil sie Gottes Volk verhöhnt und sich gegen den Herrn prahlerisch überhoben haben (Jes. 15-16; 25,10-12; Jer. 48,1-49,6; Hes. 25,8-11; Am. 1,13-2,3).

Gericht über andere Nationen, 11-15. Die Kuschiten (Äthiopier) sollen „vom Schwert des Herrn verwundet", die stolzen Assyrer vernichtet werden; Ninives Fall wird angekündigt (vgl. Nah. 3; s. Erklg. zu Ninive, Jona 3,1-3).

Gericht über Jerusalem, 3,1-8. Vier Anklagen werden gegen die Stadt erhoben: Ungehorsam, Widerstand gegen Gottes Zurechtweisung, Unglauben und Gottlosigkeit. Gott droht mit schwerer Strafe, 6-8.

Kap. 3,9-20
Israel im Segen des Messianischen Reiches

Heil und Freiheit im Reich Gottes, 9-13. Die Gabe einer veränderten, „reinen Sprache" wird den Fluch der Sprachenverwirrung beim Turmbau zu Babel aufheben (1. Mo. 11,1-9) und weist hin auf die große Ausgießung des Hl. Geistes (Joel 2,28-32), von der das Geschehen an Pfingsten (Apg. 2,1-11) die Erstlingsgabe darstellte. Der erlöste Überrest wird anschaulich beschrieben, 12-13 (vgl. Hes. 34,13-16; Sach. 8,3-16).

Lobpreis Gottes im Messianischen Reich, 14-20. Israels Herrlichkeit und sein Lobpreis Gottes erfüllt die Bundeszusagen Gottes an Abraham (1. Mo. 12,1-3).

Haggai

Der Ruf, den Tempelbau zu vollenden

Geschichtlicher Hintergrund.
Der Erlaß des Kores (538 v.Chr.) erlaubte den Juden, nach Jerusalem zurückzukehren und dort den Tempel wieder aufzubauen (Esr. 1,1-4). Die Monumente aus jener Zeit geben klare Beweise für den edlen Charakter des Kores. Der „Überrest" legte das Fundament (Esr. 3,1-3.8-10), doch lag die Bauarbeit in den Jahren zwischen etwa 535 und 520 v.Chr. brach. Durch das vereinte Wirken Haggais und Sacharjas (520 v.Chr.)

wurde der Tempel zwischen 520 und 515 v.Chr. fertiggestellt. Die Umstände des Tempelbaus gaben Gelegenheit zu umfassenden messianischen Weissagungen durch die beiden Propheten, besonders durch Sacharja.

Überblick

Aufforderung, den Tempel wieder aufzubauen, Kap. 1,1-15
Weissagung vom Tempel des Messianischen Reiches, Kap. 2,1-19
Weissagung von der Zerstörung der heidnischen Weltmacht, Kap. 2,20-23

Relief: Darius gibt eine Audienz.

Haggai

Dan. 12,1; Off. 16,18-20). Die Übersetzung des hebr. Ausdrucks „aller Heiden Bestes", 7, folgt der Septuaginta, wo es wörtlich heißt: „Die Kostbarkeiten aller Nationen *(hamudoth)* werden kommen", d.h. ihre kostbaren Schätze werden hergetragen werden, um den Tempel des Tausendjahrreiches damit zu schmücken. Doch der masoretische hebr. Text hat „den Wunsch", „das Sehnen" *(hemdath)* aller Völker als ein weibliches Wort in der Einzahl mit einem Zeitwort im Plural. Es ist also besser, diesen Ausdruck mit „das Sehnen aller Völker wird kommen" zu übersetzen. Damit wird diese Schrift-stelle messianisch verstanden.

Verheißung sofortigen Segens, 10-19. Diese dritte Rede Haggais trägt das Datum November/Dezember 520 v.Chr. Durch einen Vergleich, den der Prophet aus ihrem gottesdienstlichen Ritus herleitet, 10-14, zeigt er dem Volk, daß die Vernachlässigung des Tempelbaues ihren Gottesdienst und ihre Opfer vor Gott „unrein" machte, weil sie eine Beleidigung Gottes bedeutete. Ein „heiliger" (d.i. „Gott geweihter") Gegenstand kann nicht einen anderen Gegenstand auch heilig machen, doch macht die Berührung des Unheiligen alles andere, auch das Heilige, „unrein". So war es mit dem Volk gewesen, als sie den Tempelbau vernachlässigten. Nun aber, mit der Wiederaufnahme des Tempelbaues, ist diese „Unreinheit" aus dem Wege geschafft, und damit haben sie die erneute Zusage des Segens Gottes auch für die Lösung ihrer drückenden volkswirtschaftlichen Probleme, 15-19.

Kap. 1
Ruf zum Wiederaufbau des Tempels
Der Vorwurf sündhafter Vernachlässigung des Tempelbaus, 1-6. Es war August/September 520 v.Chr., im zweiten Jahr Darius I. des Großen (522-486 v.Chr.), des durch die archäologischen Funde berühmt gewordenen Monarchen der Behistun-Inschrift. „Haggai" bedeutet „mein Fest" oder „der Festliche". Serubabel war nach Sesbazzar Statthalter unter persischer Oberhoheit (Esra 1,8-11). Josua („der Herr ist Heil") war der Hohepriester (Esra 2,2; 3,1-13). Den Führern wie dem Volk wurde ihr Versagen deutlich gemacht, 1-6.

Gottes Gericht angesagt, 7-11. Die wirtschaftlichen Schwierigkeiten, Dürre und Arbeitslosigkeit (vgl. Sach. 8, 9-13) wurden direkt auf die Vernachlässigung des Tempelbaues zurückgeführt, 9.

Die Antwort des Volkes, 12-15. Zunächst stellten sich die Führer der Verantwortung, dann auch freudig das Volk, 12. Dann konnte Haggai ein Wort der Ermutigung vom Herrn weitergeben, 13, und die Menschen nahmen die Arbeit am Tempel am 24. Tage des gleichen Monats wieder auf, in dem Haggai seine Wirksamkeit begonnen hatte, 15 (vgl. 1).

Kap. 2,1-19
Weissagung über den Tempel des Messianischen Reiches
Zusagen den Tempel betreffend, 1-9. Diese zweite Botschaft wurde dem Propheten im September/Oktober 520 v.Chr. gegeben. Menschliche Unzufriedenheit mit den bescheidenen Plänen für den Bau des zweiten Tempels verursachte Pessimismus und Entmutigung, 1-3. Haggai durfte dem Volk die Zusage der Gegenwart Gottes und deshalb des Gelingens ihres Unternehmens geben, 4-5 (vgl. 2. Mo. 29,45-46; Jes. 43,1-7). Der Bau dieses Tempels nach der Rückkehr aus der Gefangenschaft wurde zum Hintergrund der in ferne Zukunft weisenden Prophezeiung vom Tempel des Messianischen Reiches, 7-9. Das „Erschüttern aller Nationen" weist hin auf die Trübsal der Endzeit, 7 (vgl. Hebr. 12,26;

Kap. 2,20-23
Zerstörung der heidnischen Weltmacht
Die Erschütterung der Nationen, 20-22. Dieser Auszug aus der vierten und letzten Predigt Haggais trägt das Datum der vorherigen: November/Dezember 520 v.Chr. (10-19) und ist eine bisher noch ganz unerfüllte Weissagung. Das „Erschüttern des Himmels und der Erde", 21, und der Untergang der Reiche der heidnischen Nationen weisen auf die künftige Leidenszeit hin wie 2,7-9. Diese Erschütterung wird die Throne der irdischen Reiche umstoßen, so daß das Messianische Reich aufgerichtet werden kann. Der Messias ist der „Stein" (Dan. 2,44-45), der das „erhabene Standbild" (Dan. 2,31) zermalmen wird.

Der verheißene König, 23. Serubbabel, ein „Sohn" (Nachkomme) Davids (Sealtiel, Serubbabels Vater, war ein Nachkomme Davids, vgl. Matth. 1,12; Lk. 3,27), symbolisiert hier Jesus Christus, den „Sohn" Davids. „An jenem Tage" wird Christus mit dem Thron Davids betraut werden und zum „Siegelring" gemacht werden, einem Ehrenzeichen, das das Kennzeichen königlicher Autorität ist und das nur Könige ihr eigen nennen und nur von ihnen selbst ihren Verwaltungsbeamten übertragen werden kann.

Sacharja

Israel, die Nation, die Gott nicht vergißt

Eigenart des Buches. Dieses Buch ist einzigartig unter den „Kleinen" Propheten wegen der starken Betonung des messianischen Elementes und der Entfaltung vieler Ereignisse, die sich auf das erste und zweite Kommen Jesu Christi beziehen. Man hat es das am stärksten messianisch ausgerichtete, apokalyptisch geprägte und endzeitlich orientierte Buch des AT genannt.

Wichtige messianische Weissagungen. Diese Weissagungen beziehen sich auf:

a) des Herrn Knecht, den Sproß (3,8)
b) den Mann, den Sproß (6,12)
c) den Priester-König (6,13)
d) den wahren Hirten (11,4-11)
e) den wahren Hirten im Gegensatz zum „nichtsnutzigen" Hirten, dem Antichrist (11,15-17; 13,7)
f) den Verrat gegenüber dem guten Hirten (11,12-13)
g) seine Kreuzigung (12,10)
h) seine Leiden (13,7)
i) sein zweites Kommen in Herrlichkeit (14,4).

Überblick

Erster Teil
Einführung, 1,1-6
Acht Nachtgesichte, 1,7-6,8
Krönung des Hohenpriesters, 6,9-15
Fragen, die das Fasten betreffen, 7,1-8,23
Zweiter Teil
Weissagung 1: Das erste Kommen des Messias und seine Verwerfung, 9,1-11,17
Weissagung 2: Das zweite Kommen des Messias und seine Annahme, 12,1-14,21

Modell des Herodianischen Tempels. Sacharja sieht prophetisch die Wiederherstellung Jerusalems und des Tempels.

Sacharja

Kap. 1,1-17
Nachtgesicht vom Mann unter den Myrten

Vorwort, 1. Die Zeit: Oktober/November 520 v.Chr., das zweite Jahr Darius I. des Großen (522-486 v.Chr.). „Sacharja" bedeutet: „Der Herr hat sich erinnert". Der Inhalt dieses Buches ist dem Propheten wie auch seinem (und des Herrn) Volk ein Beweis dieser Tatsache. Sacharja war der Sohn des Priesters Iddo (Esra 5,1; 6,14; Neh. 12,16).

Der Ruf zur Buße, 2-6. Das ist der Schlüssel zu dieser göttlichen Botschaft, die den Überrest von weniger als 50000 Menschen geistlich vorbereiten soll für die Botschaften der bedeutsamen Gesichte, die Gott ihnen durch den Propheten vermitteln möchte. Sacharja verkündigt den göttlichen Zorn, 2, aber auch die göttliche Gnade, 3, und führt dabei ein warnendes Beispiel an aus der Geschichte des Volkes, 4-6. „Die früheren Propheten" hatten unentwegt zur Buße aufgerufen (Jes. 1,16-20; 30,15; 55,6-9; Jer. 3,12; Joel 2,12-13; Hos. 7,10). Sacharja war mit den Botschaften dieser Propheten wohlvertraut.

Der Mann unter den Myrten, 7-17. Dieses Gesicht bedeutet Hoffnung für das zerstreute und niedergetretene Israel. Das Datum für dieses und die folgenden sieben Gesichte der gleichen Nacht war der 24. Februar *(shebat)* 519 v.Chr. Der Reiter auf dem roten Pferd ist der Herr, der sich hier in menschlicher Gestalt offenbart, 8 (vgl. 13). Die rote Farbe will daran erinnern, daß wir es hier mit dem zu tun haben, der bei seinem ersten Kommen auf Grund seines eigenen, für die Menschen vergossenen Blutes eine ewige Erlösung gebracht hat, der aber bei seinem zweiten Kommen als Richter und um Krieg zu führen erscheinen wird (Off. 19,11). Die Patrouillen, die ihm unter den Myrten Bericht geben, sind Engel, die ausgesandt waren, die Zustände auf der Erde zu erkunden, weil diese im Zusammenhang mit Israels Wiederherstellung im verheißenen zukünftigen „Reich" stehen, 11-12 (vgl. Hag. 2,21-22). Die Myrtenbäume sind das Symbol für Israel als Gottes Bundesvolk und als

Empfänger und Gegenüber der Bündnisse Gottes und seiner Verheißungen für die Wiederherstellung Israels. Die Bedeutung des Gesichtes, 9-12, ist die: Die weltweite Not, die der Wiederherstellung Israels vorangehen muß, hat noch nicht begonnen (vgl. Hag. 2,21-22); aber der Prophet darf „gute und tröstliche Worte" weitergeben, 13, die das Volk der großen Liebe Gottes zu ihnen versichern sollen, 14; ferner seiner großen Entrüstung über die Israel verfolgenden Nationen, 15; und der gewissen endlichen Wiederherstellung Israels im Königreich Gottes, 16-17.

Kap. 1,18-21 (oder 2,1-4).
Gesicht von den vier Hörnern und den vier Schmieden

Israel wird über seine Feinde triumphieren, 2,1-4. Der Prophet sieht zuerst vier „Hörner", 2,1-2. Diese symbolisieren vier feindliche Nationen, d.h. die vier großen Weltreiche der „Zeit der Heiden" (vgl. Dan. 2,37-45; 7,2-8.17-28), nämlich Babylon, Medo-Persien, Griechenland und Rom (letzteres wird in der Endzeit wiedererstehen, Dan. 2,42-44; 7,7.8.20; Off. 13,1).

Der Herr zeigt dann dem Propheten vier Schmiede, 20-21. Diese vier Schmiede (Techniker) sind Symbole der Reiche, die Gott benutzte, um die Gegner seines Volkes Israel zu unterwerfen. Drei dieser „Schmiede" (Medo-Persien, Griechenland und Rom) waren „Hörner", die dann später auch als Schmiede eingesetzt wurden. Der vierte Schmied ist das Symbol des Reiches, das der wiederkommende König der Könige und Herr der Herren selbst aufrichten wird (Off. 19,16) und das den Zehnstaatenbund der Endzeit zerstören wird (Dan. 2,44). Sowohl das babylonische (Jer. 25,9; 27,6; 43,10) als auch das persische (Jes. 44,28-45,1), als auch das mazedonisch-griechische Weltreich (Sach. 9,3-4) wurden von Gott, dem allerhöchsten Herrscher über die Reiche der Menschen, beherrscht. Er gebrauchte diese Reiche zuerst jeweils als „Hörner", um sein Volk durch sie zu züchtigen, und danach als „Schmiede", um jedes dieser Völker zu zerstören, nachdem sie seinen göttlichen Ratschluß zur Erfüllung gebracht hatten.

Kap. 2
Gesicht vom Mann mit der Meßschnur

Die Meßschnur, 5-7. Dieses Gesicht will Jerusalem in der Herrlichkeit des Messianischen Reiches zeigen. Der „Vermesser" ist wahrscheinlich die gleiche göttliche Person wie der Reiter auf dem roten Pferd im ersten Gesicht. Seine Vermessungen sollen das Wachstum und den Wohlstand Jerusalems aufzeigen, und zwar nicht nur für jene Zeit, sondern hinübergleiten zu höchster Erfüllung im Messianischen Reich, wie 8-17 zeigt.

Die in diesem Gesicht enthaltenen Verheißungen, 8-17. Jerusalem wird Wohlstand und äußere Ausdehnung zugesagt, 8; göttlicher Schutz

Die nachexilische Periode:
Haggai, Sacharja, Maleachi

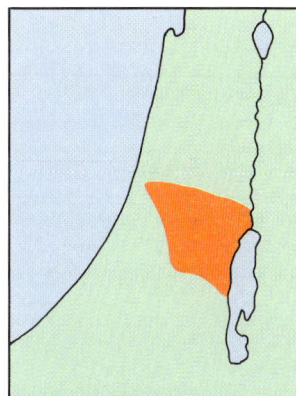

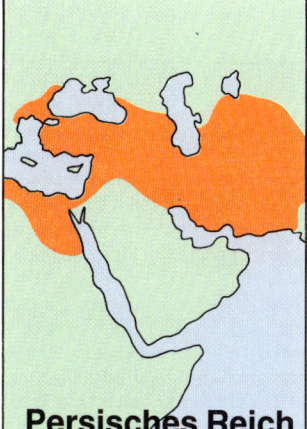

Palästina

538 Edikt des Cyrus (Kores)

536 Juden kehren zurück nach Jerusalem

536-534 Brandopferaltar wieder aufgerichtet. Wirtschaftliche und geistliche Armut

520 Haggai

535-515 Sacharja – Tempel wieder gebaut

480 Sacharjas spätere Wirksamkeit (Sach. 9-14)

458 Esras Rückkehr

445 Nehemia baut die Mauern wieder auf

435 Maleachi

Persisches Reich

549 Cyrus der Große vereinigt Medien und Persien

546 Lydien erobert

539 Kronprinz Belsazar regiert in Babylon

530-522 Kambyses

525 Ägypten erobert

522-486 Darius I.

490 Darius I. von den Griechen bei Marathon besiegt

486-465 Xerxes I. (Ahasveros) Esthers Mann

480 Sieg der Griechen bei den Thermopylen und der Seeschlacht von Salamis

465-424 Artaxerxes I.

424-423 Xerxes II.

423-404 Darius II.

404-358 Artaxerxes II.

358-338 Artaxerxes III.

338-336 Arses

336-331 Darius III.

336-323 Das Reich fällt an Alexander den Großen

Griechenland

490 Griechenlands Aufstieg – Besiegte Perser unter Darius I.

485-425 Herodot, der Vater der Geschichte

480 Perser unter Xerxes I. besiegt

470-399 Sokrates

460-429 Goldenes Zeitalter des Perikles

428-348 Plato

384-322 Aristoteles

336-323 Alexanders Aufstieg

und große Herrlichkeit, 9; Wiederherstellung, 10-11; Rechtfertigung gegen seine Feinde, 12-13; auf einer Erde, die im vollen Segen Gottes stehen wird, 14-17, und auf der Palästina das „heilige Land" genannt werden wird. V. 17 ist eine beeindruckende Zusammenfassung der gesamten Botschaft von Off. Kap. 6-19.

Kap. 3
Gesicht von Josuas gereinigtem Priestertum

Dieses Gesicht verkündet die Wiederherstellung Israels als hohepriesterliches Gottesvolk.

Israel, verunreinigt und verurteilt, 1-3, wird in der Gestalt des Hohenpriesters Josua dargestellt. Es wird des Verbrechens beschuldigt, 1-2, weil es versucht hat, vor dem Engel des Herrn, d.h. vor dem Herrn selbst, Priesterdienst zu tun und zur gleichen Zeit in seiner Sündhaftigkeit dem Teufel Raum gegeben zu haben (vgl. Eph. 4,27), der Israel widerstand. Die „unreinen" (mit Exkrementen, d.h. mit menschlichen Ausscheidungsprodukten bedeckten) Kleider sprechen von Israels Selbstgerechtigkeit, die sich vor der Gerechtigkeit Gottes nicht beugen wollte (vgl. Röm. 10, 1-4). Doch wird Satan, der als Ankläger neben Josua steht, wirkungsvoll von dem Engel (dem Herrn selbst) zurückgewiesen auf Grund der freien, erwählenden Gnade Gottes, 2, trotz der Sündenschuld Israels, 3.

Israel unter der völligen Vergebung Gottes wiedereingesetzt als „priesterliches Königreich", 4-5. Dieser Vorgang bezeugt die Be-

Siebenarmiger Leuchter (Menorah)

kehrung Israels als Nation beim zweiten Kommen des Messias. Zuerst wird die negative Seite des Heils gezeigt, 4, die Vergebung der Sünden (vgl. Röm. 3,25; Eph. 1,7). Dann folgt die positive Seite: das Geschenk der göttlichen Gerechtigkeit, d.h. zugerechnete, unverdiente Gerechtigkeit, und die volle Wiedereinsetzung in den priesterlichen Dienst, 4-5 (vgl. 2. Mo. 19,5-7; Röm. 1,16-17; 3,22-26; Sach. 12,10-13,1). 2. Mo. Kap. 28 beschreibt, wie der Priester gekleidet war, wenn er Dienst tat.

Der Bund des levitischen Priestertums mit Josua erneuert, 6-7.

Weissagung von der Wiederherstellung Israels unter dem Bild des Messias als Zweig, 8-10. Josua und seine Mitpriester waren zu Männern geworden, die als „Zeichen" dienten, d.h., die in ihrer Person Symbole für zukünftige Ereignisse in der Geschichte Israels darstellten, 8. „Mein Knecht, der Sproß" ist die Bezeichnung für Christus als Erlöser im Zusammenhang mit seinem ersten Kommen, 8 (vgl. Jes. 53,1-10; Phil. 2,6-8), das die Voraussetzung ist für Israels Reinigung und Wiederherstellung bei seinem zweiten Kommen. Der allwissende „Stein", ein kostbarer, geschliffener Edelstein, ist das Bild für den Messias bei seinem glorreichen zweiten Kommen, wenn Israel als Nation sich zu ihm bekehren wird, 12, 10. Die Vision endet mit der Zusage des vollen Segens im Messianischen Reich, 10 (vgl. Mi. 4,4 und 1. Kö. 4, 24-25).

Kap. 4
Vision vom goldenen Leuchter

Diese Vision zeigt Israel als das Licht der Welt unter dem Messias, dem Priester-König.

Die Symbolik der Vision, 1-5. Der Prophet, vom Engel vorbereitet, 1, empfängt die Vision, 2-3. Der Leuchter von reinem Gold (2. Mo. 25, 31-40) symbolisiert Christus als reines Licht (Joh. 8,12; Matth. 5,14). Er wird offenbar gemacht in seiner Gottheit (reines Gold), in der Fülle der Kraft des siebenfachen Geistes (Hebr. 1,9; Off. 1,4), welcher durch die sieben Lampen (Fülle des göttlichen Zeugnisses) dargestellt wird. Israel war die *eine* Nation, die dazu von Gott auserwählt war, Zeuge des einen wahren Gottes zu sein. Der siebenarmige Leuchter *in Israels Mitte* stellt die Verwirklichung der göttlichen Berufung Israels dar, ein Zeuge und Bekenner des Heiles Gottes in Christus an die ungläubigen heidnischen Nationen um sie herum zu sein. Hier ist also Israel gezeigt als in völliger Gemeinschaft mit Gott stehend, so, wie Gott es von Anfang geplant hatte und wie es tatsächlich nach Israels Wiederherstellung im Messianischen Reich Wirklichkeit sein wird.

Zweck der Vision, 6-10. Die Frage des Propheten nach der Bedeutung der Vision, 4-5, wird von dem Engel beantwortet, 6-10. Der Tempel würde durch Gottes Macht fertiggestellt werden, 6, und jedes Hindernis würde aus dem Weg geräumt werden, 7. Serubbabel sollte dies vollenden, 7.9. Gottes Wort würde in Erfüllung gehen, 9; die Kritiker Gottes würden zum Schweigen gebracht werden, 10; Freunde Israels würden sich freuen, 10, und Gott würde verherrlicht werden, 10.

Dem Propheten wird eine vollständige Erklärung gewährt, 11-14. Die doppelte Frage des Propheten, 11-12, erhält eine klare Antwort durch den Engel, 13-14. Die beiden Ölbäume sind Symbole für das zivile (königliche) und das priesterliche Amt. Die beiden Olivenzweige sind die Symbole für die beiden Männer, die diese Ämter zur Zeit bekleiden, nämlich Serubbabel und Josua. Die beiden goldenen Röhren sind das Symbol für die Vereinigung dieser beiden Ämter in Christus als dem Priester-König. Das Gold (Öl), 12, ist das Symbol für die auserlesene Arbeit des Heiligen Geistes vermittels des Priester-Königs, die das wiederhergestellte Israel zum Lichtträger macht. „Der Herr der ganzen Erde" (Jos. 3,11.13; Mi. 4,13; Sach. 6,5; Off. 11,3-4) ist des Messias Herrschertitel, wenn er kommt als König aller Könige und Herr aller Herren (Off. 19,16). Er wird seine Feinde vernichten und absolutes Eigentumsrecht und Herrschaft über die Erde übernehmen, die ihm verborgen schon jetzt gehört als ihrem Schöpfer und Erlöser (Eph. 1,13-14). Der Wiedergeburt (der Nation), Kap. 3, folgt das Zeugnis, Kap. 4.

Kap. 5
Vision von der fliegenden Buchrolle und dem Epha

Die fliegende Buchrolle, 1-4. Das sechste Gesicht, 1-2, ist eine fliegende Buchrolle, etwa 9 m lang und halb so breit. Sie symbolisiert die „Regierung des eisernen Stabes" im Messianischen Reich. Der Sinn der Vision, 3-4, ist der, daß sie das Symbol für den Fluch Gottes gegen die Sünder darstellt. Sie enthält beide Gesetzestafeln (10 Gebote) und kann nur verfluchen (5. Mo. 27-28; Gal. 3,10-14). Ihre fliegende Fortbewegung besagt, daß der Fluch sich weltweit auswirkt, 3, und die genannten Sünden sind charakteristisch für alle Sünder, 3. Die unerbittliche Durchführung des Fluchs über die Sünder wird ein Zeichen für die unerbittliche Regierungsweise („mit eisernem Stabe") des Messias nach seiner Wiederkunft und während der darauffolgenden tausendjährigen Regierung im Messianischen Reich (Ps. 2,9; Off. 2,27; 12,5; 19,15) sein.

Das Epha, 5-11. Diese siebente Vision ist die Botschaft von der Beseitigung der Bosheit im Bereich des Handels und der Kirche auf der Erde. Das Epha, 6, ist ein hebr. Hohlmaß und deutet auf den Handel hin, der zu gottlosem Geschäft und unmäßigem Gewinn entartet ist. Das Epha ist hier ein Bild für das kommerzielle Babylon (Off. 18). Es ist ein im Handel gebräuchliches Trockenmaß (vgl. Jak. 5,1-3), das einen Rauminhalt von etwa 22 l hat. Es wird verbunden mit einem Talent (ebenfalls ein im Handel gebrauchtes Maß) Blei (das Talent wird im AT als Gewicht für schweres Metall gebraucht), 7. Das Weib, das so zufrieden im Epha sitzt, 7, ist die personifizierte Bosheit (vgl. Matth. 13,33; Off. 2,20; 17,3-7). Sie ist das Symbol des kirchlichen Babylon (der „religiösen" Seite des satanischen Weltsystems), d.h. einer Religiosität, die sich niederläßt und nichts gegen die gottlose Art und Weise einzuwenden hat, in der gottwidriger Handel getrieben wird (vgl. die „Hure" von Off. 17, die das kirchliche Babylon in einer gesteigerten Phase der Ungerechtigkeit darstellt). Der Grund, daß das Weib plötzlich aus dem Epha herauszukommen sucht, liegt darin, daß sie dem Schicksal, dem das Epha entgegengeht, entfliehen möchte, 10-11. Doch ihre Mittäterschaft und Verwicklungen in sündige Geschäfte (das Talent Blei) halten sie im Epha fest, und ihre Sünden werden ihr zum Verderben (vgl. Spr. 5,22). Sinear, 11, ist Babylon (1. Mo. 10,10; 11,1-9; Dan. 1,2).

Kap. 6
Gesicht von den vier Wagen

Diese Vision stellt das Gericht über die Völker dar, das dem Kommen des Messias als „König der ganzen Erde" vorangeht. Die Ergebnisse der Beobachtung der Patrouillen in der ersten Vision ziehen Gerichte nach sich, die nun zur Ausführung kommen.

Das Gesicht, 1-3. „Die zwei Berge" (der Ölberg und der Berg Zion) sind „eherne Berge" (d.h. Berge, von denen göttliches Gericht ausgeht), denn Bronze (eine Mischung aus Kupfer und Zinn) ist typisch für das offenbarte göttliche Gericht. (Vgl. den Bronze-Altar, 2. Mo. 27,2; Joh. 12,31-33; Joh. 3,14 mit 4. Mo. 21,9). Die vier Wagen werden mit Pferden dargestellt, 2-3. Die *roten* Pferde sprechen von Krieg und Blutvergießen (Off. 6,4); die *schwarzen* vom Hungertod (Off. 6,5-6); die *weißen* Pferde von Sieg und Eroberung (Off. 6,2); die *gefleckten, rötlich-braunen* („Hagel-fleckigen" und „starken") sprechen vom Tod (Off. 6,8).

Die Vision erläutert, 4-8. Die Aufmerksamkeit konzentriert sich auf die *Wagen,* nicht auf die Pferde. Vers 5 gibt uns den Schlüssel zur richtigen Auslegung dieser Vision. Die vier von Pferden gezogenen Wagen bedeuten „die vier Geister" (Engel, dienstbare Geister, nicht „Winde"; vgl. Dan. 7,10; 1. Kö. 22,19; Ps. 103,20-21; 104,4; Hebr. 1,7; Lk. 1,19), himmlische Boten, die das Gericht gegen die Nationen auszuführen haben. Die *Pferde* sind die Symbole für die Gerichte; die *Wagen,* die Symbole für die *Engel,* die diese Gerichte vollziehen (wie in Off. 8,2.7.8.10.12; 9,1.13; 11,15; 15,1; 16,1-3) und bösartige Erdbewohner („Schwarzsiedler") enteignen, damit ihr Besitz an den „Herrn der ganzen Erde" zurückfallen kann, 5 (s. Erklg. zu Sach. 4,14). Die Botschaft schließt mit deutlichem Hinweis auf die Hoffnung für die Zeit des Propheten, 8. Das Wort „Geist" in V. 8 hat hier die besondere Bedeutung von „Zorn" (Ri. 8,3; Jes. 33,11; Pred. 10,4).

Kap. 6,9–15
Der Hohepriester wird gekrönt

Die acht Gesichte sind vorüber. Es folgt ein aktuelles geschichtliches Ereignis – die Krönung Josuas –, für das die acht Visionen die Vorbereitung waren. Dieses symbolische Ereignis ist die Zusammenfassung und der Höhepunkt dieser Geschichte.

Das geschichtliche Ereignis und die prophetische Symbolik, 9–11. Die Ankunft der Gesandten von Babel mit Gaben für den Tempel ist ein Ereignis von symbolischer wie prophetischer Bedeutung. Sacharja, der durch die Visionen vorbereitet war, wurde befohlen, in Josias („Der Herr stützt") Haus zu gehen und dort als Gabe für den Tempel alles Gold und Silber entgegenzunehmen, das die aus Babylon zurückgekehrten ehemaligen Gefangenen mitgebracht hatten – nämlich Heldai („Des Herrn Welt"), Tobia („Der Herr ist gut") und Jedaja („Der Herr weiß"). In V. 14 wird Josia mit dem Beinamen „Hen" („Wohltäter") belegt, vielleicht wegen seiner Gastfreundlichkeit. Sacharja wurde ange-

Das Goldene Tor in Jerusalem. Der Überlieferung nach soll es erst geöffnet werden, wenn der Messias in Herrlichkeit erscheint.

wiesen, aus dem Edelmetall „eine Krone" (die Einzahl, *eine* Krone, ist der Lesart in der Mehrzahl „Kronen" vorzuziehen) zu fertigen. Die einzigartige Bedeutung dieser ganzen Episode liegt darin, daß die Krone dem Hohepriester Josua aufgesetzt werden soll, *nicht* Serubbabel, dem Vertreter der Staatsgewalt, trotz der strengen Trennung des hohepriesterlichen und königlichen Amtes in Israel (vgl. 2. Chron. 26,16-21). Die Erklärung für dieses überraschende Geschehen war – und die acht Visionen hatten bereits klar darauf hingedeutet –, daß das wiedererstandene „Reich" an Israel fallen würde, unter der Oberhoheit des Messias als Priester-König (vgl. Hebr. 7,1-3; Ps. 110,4).

Messianische Bedeutung der prophetischen Symbolik, 12.13.15. Messias, „der Sproß" (s. Erklg. zu 3,8), wird als Josuas Antitypus (d.h.: Erfüllung des von Josua dargestellten Typusbildes) erscheinen, 12a (vgl. Joh. 19,5; Jes. 53,2; Jer. 33,15; Ps. 2,6). Das ist der Messias in seinem Menschsein. Messias, „der Sproß", soll den Tempel des Messianischen Reiches bauen, 12-13 (Hes. 40-42; vgl. Jes. 2,2-4; Mi. 4,1-2). Er selbst (und niemand anders) wird Träger der Herrlichkeit sein (*hodh*, dieser Ausdruck ist fast ausschließlich für die Bezeichnung der *göttlichen* Herrlichkeit gebraucht, Ps. 8,1; Jes. 45,3; Ps. 148,13; Hab. 3,3; Off. 19,16). Des Menschen Sohn, der „letzte Adam", der zweite Mensch (1. Kor. 15,45-47), der die durch den Fall des ersten Adam verlorene Herrschaft über die Erde zurückerobert hat – er wird ein Priester-König sein. Der Messias wird die beiden Ämter des Hohenpriesters und des Königs in vollkommener Harmonie in seiner Person vereinigen, 13, und damit auch Juden und Heiden zu einer Einheit zusammenbringen, 15. Damit wird er dem Wort Gottes rechtgeben und wird für dieses Wort von den Bürgern des Reichs unverkürzten Gehorsam verlangen, 15.

Vorschrift für ein bleibendes Denkmal, 14. Die Krone soll als prophetisches Symbol zu einem unvergänglichen „Gedächtnis" aufbewahrt werden.

Kap. 7
Fragen zum Fasten

Die aufgeworfene Frage, 1-3. Die Zeit: Dezember (Chislev) 518 v.Chr. (vgl. 1,1). Die Stadt Bethel, 16 km nördlich von Jerusalem, sandte eine Delegation nach Jerusalem, um „das Angesicht des Herrn zu besänftigen", 2, und um wegen des Haltens bestimmter Fastentage Information einzuholen (vgl. 3. Mo. 23,27; Joel 1,13-14). Die Frage verriet eine Haltung von äußerlichem Formalismus an Stelle einer inneren Überzeugung gegenüber den unsichtbaren geistlichen Wirklichkeiten hinter den sichtbaren Symbolen. Das Fasten des 5. Monats galt der Trauer über die Zerstörung Jerusalems (2. Kö. 25,8-9; Jer. 25,13; vgl. Sach. 8,19); dasjenige des siebten Monats erinnerte an die Ermordung Gedaljas (Jer. 41,1-2); das des vierten Monats (Tammuz) erinnerte an die Zerstörung der Mauern Jerusalems (2. Kö. 25,3; Jer. 39,2-4); das des zehnten Monats (Tebeth) an den Beginn der Belagerung Jerusalems (2. Kö. 25,1).

Das Motiv der Selbstsucht aufgedeckt, 4-7. Der Prophet tadelte den bedeutungslosen Ritualismus, 4-6 (vgl. Jes. 1,10-15) und drang auf Gehorsam gegen Gottes Wort, 7, das von den „früheren Propheten" verkündet worden war, besonders von Jesaja und Jeremia, aber auch von Joel, Amos, Hosea und Micha.

Öffentlicher Aufruf zur Buße, 8-14. Der göttliche Befehl war, das Wort Gottes in die Praxis umzusetzen, 8-10, und sich warnen zu lassen durch die grausamen Folgen, 13-14, der Weigerung der vorexilischen Generationen, dem Wort Gottes zu gehorchen, 11-12.

Kap. 8
Wenn die Fastentage zu frohen Festen werden

Die teilweise Wiederherstellung – Herold einer am Ende vollkommenen Wiederherstellung Israels, 1-8. Eine solche vollkommene Wiederherstellung Israels ist garantiert durch Gottes Wort und seine erwählende Liebe, 1-2, letztere immer wieder leidenschaftlich erklärt. Die Resultate einer solchen zukünftigen Wiederherstellung werden sein: 1) *Die Wiederkunft Jesu Christi, 3* (vgl. 1,16; Jos. 5,15; 6,3; Matth. 23,39); 2) *die dauernde göttliche Gegenwart, 3* (vgl. Hes. 11,22-25; 43,2-5); 3) *die Erhöhung Jerusalems, 3* (vgl. Jes. 1,26; 60,14; 62,12); 4) *ihr Wachstum in Größe und Sicherheit, 4-5;* 5) *das Offenbarwerden der Macht Gottes, 6.* In 7-8 wird die Verheißung einer zukünftigen Sammlung und Wiederherstellung Israels, 1-6, wiederholt.

Ermutigung inmitten der Härten der gegenwärtigen teilweisen Wiederherstellung, 9-17. Zu den Ermutigungen hinzugefügt, 9, werden die Gründe für ihre Entmutigung, 10, mit Einzelheiten über ihre Hoffnung, 11-15, und praktischen Ratschlägen für die Nutzanwendung, die sie daraus entnehmen sollten, 16-17.

Weissagung über volle Wiederherstellung im Tausendjährigen Reich, 18-23. Die Fastentage werden eines Tages von Festen abgelöst werden, 18-19. Zur Zeit des messianischen Reichs werden die Nationen eifrig den Herrn suchen, 20-22. Der Jude wird sich besonderer Gunst Gottes erfreuen, 23. Das Versprechen der Wiedereinsetzung von Gottes Bundesvolk summiert und krönt die an sich schon weitreichenden acht nächtlichen Gesichte des Propheten (1,7-6,8) und die Vision von der symbolischen Krönung des Hohenpriesters Josua (6,9-15) und gibt eine befriedigende Antwort auf die Frage betreffs des Fastens in Kap. 7 und 8.

Kap. 9,1-10,1
Menschliche Weltherrscher gegen den göttlichen Friedefürsten

Der plötzliche Aufstieg Alexanders des Großen, 9,1-8. Eine „Last" ist eine Weissagung drohenden oder warnenden Charakters. Das Land Hadrach, 1, ist die Region von Hatarika, die in den Annalen der Assyrer erwähnt wird. Es ist ein aramäisches Land, gegen das Assyrien im 8. Jh. v.Chr. gekämpft hat. Die wohlbekannte Stadt und Gegend war im Hinterland von Phönizien gelegen, hinter den Bergen des Antilibanon, in der Nähe von Hamat am Orontes und von Damaskus, das etwa 150 km südlich lag. Tyrus, die führende Stadt, und Sidon, 30 km nördlich an der Küste, auf dem gleichen Breitengrad wie Damaskus, waren die besonders wichtigen Städte Phöniziens, die wie im Wirbelsturm von Alexander dem Großen erobert wurden (333 v.Chr.), 2-3. Die Belagerung und der Fall von Tyrus werden anschaulich vorausgesagt, 3-4, und dramatisch in Alexanders Eroberung dieser Inselstadt nach achtmonatiger Belagerung erfüllt. Weissagungen gegen die Festungen der Philister, 5-7, geben ein Bild von dem stürmischen Siegeszug des Eroberers in Ägypten. Von der Pentapolis (5 Städte) fehlt nur Gat. Das Schicksal Gazas, nach fünfmonatiger Belagerung, ist ausführlich in Alexanders Annalen beschrieben. Gaza hatte, wie auch Tyrus, den Mut zu einer langen Verteidigung aufgebracht, weil es sich stark dafür fühlte. Doch erlitt es eine furchtbare Zerstörung. Vers 8 ist eine wunderbar erfüllte Prophezeiung über Jerusalems Entrinnen vor einer Zerstörung durch Alexander, 8a (vgl. Josephus Antiq XI. 8.3). Doch ist dieser Vers darüber hinaus eine Weissagung einer vollen, zukünftigen Befreiung Jerusalems durch den Messias beim zweiten Kommen, 8b.

Das erste Kommen des Königs und Heilands in Demut, 9,9. Der freudigen Ankündigung seines Kommens, 9a, folgt die genaue Beschreibung seines Wesens und der näheren Umstände, 9b. Er muß „gerecht" sein, sich als ein Helfer derer, die in Not sind, erweisen; ebenso demütig, was dadurch zum Ausdruck kommt, daß er auf einem Esel reiten wird, den kein König dieser Zeit je zu seinem Reittier machen würde.

Das zweite Kommen von Israels glorreichem König, 9,10-10,1. Er wird Frieden schaffen, 9,10. Das leidende Israel wird ermutigt durch das Licht, das von der Hoffnung auf die Zukunft der Nation ausgeht, 11-12. Der Aufstand der Makkabäer gegen ein gottloses Heidentum (175-130 v. Chr.) war ein anschauliches Beispiel für Israels zukünftigen letzten Konflikt, 13-15, der nach der Prophezeiung in der letzten Befreiung des endzeitlichen Israel und seinem ewigen Gesegnetsein enden wird, 9,16-10,1.

Kap. 10,2-12
Der göttliche Friedefürst und Befreier

Sein zweites Kommen und das Mittel gegen den Betrug durch die Nationen, 2-4. Die verschiedenen Arten des Betruges werden aufgezählt, denen Israel zum Opfer gefallen ist, 2.3. Das schmerzliche Ergebnis dieses Betruges ist, daß das Volk sich verirrte und ohne Hirte umherlief wie eine Herde Schafe und schwere Schäden davontrug, 2. Doch werden die Unterdrükker Israels bestraft werden, und Israel wird schließlich nationale Wiederherstellung und endlicher Sieg über die Feinde zugesagt, 3. Das Mittel gegen den Betrug der Nation, 4, liegt im Kommen des Messias als 1) der Eckstein (Jes. 28,15-16); 2) der Zeltpflock (Jes. 22,15-25); 3) der Kriegsbogen (vgl. Ps. 45,5; Off. 19,11).

Das zweite Kommen und der Triumph Israels über seine Feinde, 5-12. Der Herr verspricht seine Gegenwart bei seinem Volk, dem Überrest, und garantiert ihnen, sie zu stärken und heimzubringen, 6-7. Er wird Israel aus seiner gegenwärtigen weltweiten Zerstreuung sammeln, 8-9, und es in sein eigenes Land bringen, 10; jedes Hindernis forträumen, 11, und Israels völlige Erneuerung bewirken, 12.

Kap. 11
Israel verwirft den guten Hirten

Drohende Verwüstung des Landes, 1-3. Diese Zerstörung, die auf die angekündigte Verwerfung des Messias bei seinem ersten Kommen zurückzuführen ist, beginnt in der Gegend des Libanon im Norden, 1-2, und geht weiter bis nach Basan in Transjordanien, das für seine herrlichen Eichenwälder bekannt ist (Jes. 2,13). Die Verwüstung zieht sich vom Plateau von Basan in die Ebene hinunter und von dort ins untere Jordantal, 3, das sich eines üppigen Wuchses von Tamarisken, Weiden, Gras und Rohr erfreut; in alten Zeiten war es ein beliebter Unterschlupf für Löwen (2. Kö. 17,25; Jer. 49,19; 50,44).

Voraussage der Verwerfung des guten Hirten, 4-14. Das wird erreicht durch den Auftrag an den Propheten, eine prophetisch-symbolische Handlung vor seinen Zeitgenossen zu vollführen, 4. Es würde den Ruin der Herde von Schlachtschafen bedeuten, wenn sie den Propheten so verächtlich behandeln würden, wie sie einmal den kommenden Messias behandeln werden, 4-6. Die beiden Stäbe „Huld" und „Einheit" sind ein Symbol für des Herrn Bemühungen, das abtrünnige Volk, das ihn verwirft, zurückzugewinnen, 7-8. Das Zerbrechen dieser Stäbe symbolisiert das Aufhören seines gnädigen und geduldigen Verhaltens Israel gegenüber, wie auch zugleich den Verlust der Bruderschaft untereinander und der Einigkeit nach dem Verrat und der Verwerfung des Herrn, 9-10. Diese Weissagung sah in erstaunlicher Weise den bedauerlichen Zustand innerer Zerrissenheit, ja, selbst des Hasses voraus, der das Zusammen-

Sacharja 11 spricht von zwei Hirten.

leben der Juden von der Kreuzigung an bis zum Fall Jerusalems, 70 n. Chr., charakterisierte. „Dreißig Silberlinge", 12, waren der Preis für einen gewöhnlichen Sklaven (vgl. 2. Mo. 21,32 und Matth. 27,3-10). In Erfüllung dieser Weissagung und einer ähnlichen Prophetie bei Jeremia (Jer. 18,1-4; 19,1-3) kaufte der Hohepriester den Töpfersacker mit dem Geld, welches Judas für den Verrat Christi erhalten sollte.

Voraussage der Annahme des bösen Hirten, 15-17. Sacharjas Auftrag, einen weiteren symbolischen Akt zu vollziehen, 15, spricht von Israels Annahme des Antichristen, dessen bösartiger Charakter aufgedeckt und dessen Untergang angedeutet wird, 17. Die Verwerfung des guten Hirten geschieht in Verbindung mit seinem ersten Kommen, wie die Annahme des bösen Hirten im Zusammenhang mit seinem zweiten Kommen steht (Joh. 5,43; Off. 19,20; 20,10).

Kap. 12
Israels Befreiung und Bekehrung als Volk

Zukünftige Belagerung Jerusalems, 1-9. Die Zuverlässigkeit des zweiten prophetischen Ausspruchs (Kap. 12-14) wird garantiert, 1. Die Nationen greifen Jerusalem an, 2-3, und werden verwirrt, 4. Das geschieht „an jenem Tage", d.h. am „Tag des Herrn", womit jene Epoche der Zukunft gemeint ist, da der Herr öffentlich vor allen Völkern seine Macht kundtun wird, indem er Israel von seinen Feinden befreien und sie in Frieden und Wohlstand versetzen wird. Judas bemerkenswerter Glaube an den Herrn, 5, und seine Antwort auf diesen Glauben, 6-7, führen zu Israels Triumph, 8, und zum Untergang seiner Feinde, 9.

Die Vision vom gekreuzigten Messias und ihr Ergebnis, 10-14. Die Erscheinung des Durchbohrten (vgl. Off. 19,13) bewirkt eine weitverbreitete Ausgießung des Heiligen Geistes (vgl. Joel 2, 28-32; Hes. 39,29), und eine nationale Bekehrung des Volkes in großem Ausmaß, 11-14, die alle Götzenverehrung und Sünde gründlich auskehrt, 13,1-5.

Kap. 13
Israels nationale Reinigung

Weissagung von Israels kommender nationaler Reinigung, 1-6. Diese Weissagung wurde in dem Born, 1, der auf Golgatha für alle Sünde und Unreinigkeit eröffnet wurde erfüllt (vgl. Röm. 10,3). Die Weissagung von Israels Reinigung von aller nationalen Sünde wird dargestellt in der Ausrottung der Götzenanbetung und der damit verbundenen falschen Prophetie, 2-5 (vgl. 5. Mo. 18,20-22; Jer. 14,14-15). In V. 6 wird der Reiniger vom Götzendienst (Christus) offenbar gemacht, und damit ist der Gegenstand

vom 12,10 wieder aufgenommmen, nachdem er von 12,11-13,5 ausgeklammert war.

Vorsorge für Israels nationale Bekehrung, 7. Dies ist der Messias, der mit solch dramatischer Plötzlichkeit in V. 6 eingeführt wurde. Er wird jetzt durch Gott beschrieben in seinem *Tod,* 7a, und in seiner *Gottheit,* 7b, „der Mann, der mein Nächster ist", d.h. „der Mann, der *mir ebenbürtig* ist, ein menschliches Wesen, eng verbunden oder vereinigt mit mir". Hier sehen wir die göttlich-menschliche Person unseres Herrn im Gott des Alten Testaments vereint mit der Menschheit in einer einzigen Person.

Vorspiel zu Israels nationaler Bekehrung, 7-9. Die Schafe müssen zerstreut werden, die Getreuen vor Verfolgung und Tod gewarnt werden, 7, und nach der vorausgesagten großen Trübsal darf die Erlösung eines Überrestes im Glauben erwartet werden, 8-9.

Die Aneignung der von Gott getroffenen Vorkehrungen für die Reinigung, 9. Der Überrest ruft zum Herrn, wird befreit und bezeugt das Heil in Christus, 9.

Kap. 14
Das zweite Kommen des Messias in Herrlichkeit

Die letzte feindliche Belagerung Jerusalems, 1-3. Die Zeit ist der Tag des Herrn, 1 (s. Erklg. zu 12,1-9). Der Feind hat anscheinend triumphiert, 2, und die unmittelbare Zerstörung der Stadt und des Überrestes droht. Doch der Herr greift ein und befreit die Seinen, 3.

Des Messias persönliche Wiederkunft, 4-7. Der *Ort* ist der Ölberg; das *Ergebnis* ein riesiges Erdbeben, das die Erdoberfläche verändert, 4. *Das Ziel,* Gottes Volk zu befreien und seine Feinde zu vernichten, 5. Wie? „Mit seinen Heiligen", 5 (Apg. 3,21; 1. Thess. 3,13; Jud. 14; 1. Joh. 3,2), und das bedeutet: mit den Engeln und den verherrlichten Menschen. Die *Zeit* ist die des zweiten Kommens des Messias, 6-7.

Das Messianische Reich über Israel aufgerichtet, 8-21. Der zeitliche und geistliche Segen des Reiches, 8, und die absolute Herrschaft des Königs, 9, haben ihren Mittelpunkt in Jerusalem als der Hauptstadt der Erde während des Messianischen Reiches, 10-11. Rückschauend wird die Vernichtung der Feinde Israels beschrieben, 12-15 (vgl. Hes. 38-39). Tausendjährige Anbetung Gottes als des „Herrn der ganzen Erde" und Herrschaft des Messias, mit Jerusalem als dem politischen wie auch religiösen Mittelpunkt der Erde, 16-19, werden vorausgesagt. Die Weissagung schließt mit der Feststellung von Israels Heiligkeit als hohepriesterlicher Nation (vgl. Kap. 3-4), 20-24.

*Der Ölberg von Jerusalem aus; an dieser Stelle wird der Messias
bei seinem zweiten Kommen erscheinen.*

Maleachi

Gottes Liebe zu seinem sündigen Volk

Name des Propheten und Zeit seiner Wirksamkeit. Der Titel des Buches wird häufig als „mein Bote" ausgelegt (vgl. 3,1) und nicht als ein Eigenname. Es ist jedoch wahrscheinlicher, daß Maleachi der Name des Propheten ist, wenn man in Betracht zieht, daß alle übrigen alttestamentlichen Bücher so bezeichnet werden. Maleachi lebte später als Haggai und Sacharja. Der Tempelbau war lange zuvor beendet. Priesterschaft und Gottesdienste waren bereits eine Reihe von Jahren in Funktion gewesen. Die Frage ist: Wie lange? Wahrscheinlich einige Zeit nach Esras und Nehemias Abstellung so mancher Mißstände; denn Niedergang hatte bereits wieder eingesetzt. Ein Datum zwischen 433-425 v.Chr. wird wohl nicht zu weit von der Wirklichkeit entfernt liegen.

Die Botschaft des Propheten Maleachi. Die letzte Prophetenstimme des AT klingt aus in den Jahren bis zum Kommen des Vorläufers Jesu, Johannes des Täufers, und dem ersten Kommen des Königs von Israel. Doch Maleachis prophetische Botschaft spricht vom „Tag des Herrn" mit seinem Gericht für die Bösen und seiner Erlösung eines gerechten Überrestes einer sündigen Menschheit. Diese großen Themen verbinden Maleachi mit dem großen Strom der hebr. Prophetie. Seine unmittelbare Botschaft bezieht sich auf die Sünden der Priester und des Volkes seiner Zeit. Sie bilden den Hintergrund für seine Gerichtsbotschaften, die sich einmal in der Zukunft erfüllen werden.

Überblick

Einleitung: Gottes Liebe zu Israel, Kap. 1,1-5
Spruch gegen die Priester, Kap. 1,6-2,9
Spruch gegen die jüdischen „Laien", Kap. 2,10-4,3
Abschließende Warnung, Kap. 4,4-6

Maleachi prophezeite das Kommen des Vorläufers für den Messias, Johannes des Täufers, der im Jordan taufte.

Maleachi

Kap. 1,1–5
Gottes Liebe zu Israel

Erklärung dieser Liebe, 1-2. Die Botschaft an Israel, Gottes auserwähltes Volk, ist: „Ich habe euch geliebt", 2, (vgl. 5. Mo. 10,15; 33,3; Hos. 2,18-20; Am. 3,2). Der Bericht von dieser Liebe ist auf jede Seite des AT niedergeschrieben. Des Volkes unverschämte Infragestellung dieser Liebe, 2, zeigt ihre Abtrünnigkeit und Undankbarkeit angesichts ihrer Befreiung aus der Knechtschaft Ägyptens, ihrer Wiederherstellung aus der Babylonischen Gefangenschaft und vieler sonstiger Beweise der freundlichen Fürsorge Gottes.

Gegensatz zu Esau (Edomiter), 3-5. Die Nachkommen Esaus, des Zwillingsbruders von Jakob, hatten den göttlichen „Haß" völlig verdient, während andererseits die Nachkommen Jakobs die göttliche Liebe *nicht* absolut verdient hatten. Es war auf der einen Seite eine gnädige Liebe der Erwählung, doch auf der anderen Seite keine ungnädige Erwählung zum Gehaßtwerden; denn es steht nirgends im 1. Buch Mose, wo Esaus Lebensweg beschrieben wird: „Esau habe ich gehaßt." Nur im Buch Maleachi ist diese Aussage zu finden, und das auch nur, nachdem der böse Charakter Edoms voll offenbar geworden war (vgl. Röm. 9,13).

Kap. 1,6-2,16
Spruch gegen die Priester und das Volk

Die Unbußfertigkeit der Priester, 1,6-14. Gott als Vater und Herr erwartet mit vollem Recht Ehrerbietung und Gehorsam, 6. Doch die Priester verachteten ihn und leugneten ihre Sünden, 6. Sie opferten schamlos und trotzig unreine Speiseopfer und blinde oder lahme Tiere, 7-8, die als Opfertiere für Gott ein Greuel waren (3. Mo. 22,17-25; 5. Mo. 15,21). Das war eine Beleidigung für Menschen, wieviel mehr also für Gott, 9. Sie waren faul und gewinnsüchtig, 10-13. V. 11 wird sich noch erfüllen, wie er andererseits erfüllt worden wäre, wenn Israel in AT-Zeiten Gott treu gedient hätte. Das Verhalten der Priester war jedoch absolut zu verurteilen angesichts des Gottes, der heilig ist, und im Gedanken an seinen Ruf unter den Nationen, 14.

Ihre Unbußfertigkeit muß bestraft werden, 2,1-9. Wenn sie nicht Buße tun wollten, 1, müßte ihr Segen in Fluch verwandelt werden, 2 (5. Mo. 27,26; 28,15). Der Fluch wird erläutert, 3. Der Befehl, Buße zu tun, 1, sollte den Bund, den Gott mit Levi geschlossen hatte, 4-5 (vgl. 4. Mo. 25,12-13), schützen und den geschichtlichen Charakter des levitischen Priestertums wiederherstellen, d.h. Treue und Wahrhaftigkeit beim Reden, Rechtschaffenheit im Wandel und Brauchbarkeit des Dienstes, 6-7. Bußfertigkeit würde das wahre levitische Ideal von (geistlicher) Erkenntnis und Autorität bewahren helfen und das schamlose Verhalten der gegenwärtig im Amt stehenden Priesterschaft bloßlegen, 8-9.

Der erste Spruch gegen das Volk, 2,10-16, wendet sich gegen ihre Tücke Menschen, 10, und Gott, 11, gegenüber. Sie würden dafür gezüchtigt werden, 12. Die Auswirkungen ihres verräterischen Verhaltens zeigten sich in Ehescheidung, Untreue und Gewalttaten, 13-16.

Kap. 2,17-3,24
Weissagung vom Kommen des Messias

Der Anlaß zu dieser Weissagung, 2,17. Dieses ist der zweite „Spruch" gegen das Volk, 2,17-3,6. Der Anlaß dazu war der Tadel des Propheten wegen ihres unaufrichtigen Lippenbekenntnisses und ihres Unglaubens, besonders wegen ihres Unglaubens an ein kommendes Gottesgericht, 2,17.

Die Weissagung der göttlichen Vergeltung, 3,1-6. Der „Engel" (d.h.: „Mein Bote") bezieht sich auf den Vorläufer des Messias, Johannes den Täufer (vgl. Matth. 11,10). „Der Herr, den ihr sucht", „der Engel des Bundes" ist der Messias, der hier besonders bei seinem zweiten Kommen als Richter gesehen wird, 2-5. Damit soll die in 2,17 gestellte Frage klar beantwortet werden. (Vgl. Matth. 3,10-12; Jes. 4,4; Mal. 4,1; Off. 6,17).

Des Volkes Sünde: Sie haben Gott beraubt, 3,7-12. Dieses ist der dritte „Spruch gegen das Volk". Gott zieht sie mit großem Ernst dafür zur Rechenschaft, daß sie den Zehnten zurückgehalten haben, der dem Herrn gehört (vgl. Neh. 13,10.12; 3. Mo. 27,30-32; 4. Mo. 18,21.24).

Eine weitere Sünde des Volkes: Kritik an Gott, 3,13-21. Dieses ist der vierte „Spruch gegen das Volk". Sie haben gesagt: „Es ist umsonst, daß man Gott dient; Bosheit ist der Weg zum Glück" (3,14,15). Diese Verleumdung Gottes beantwortet der Prophet mit der Weissagung von dem gläubigen Überrest und dem Lohn, der seiner wartet, 16-18, und vom kommenden Gericht am „Tag des Herrn", 3,19. Dieses Gericht wird seinen Höhepunkt erreichen bei der Wiederkunft Jesu, 3, 20-21: Dann werden die Bösen vom Gericht ereilt werden.

Eine letzte Warnung, 3,22-24. Die Abtrünnigen unter den Priestern und im Volk werden ermahnt, an das Gesetz Moses zu denken, 22, und die kommenden Gerichte des großen und schrecklichen Tages des Herrn zur Strafe für die Sünder mit Gewißheit zu erwarten, 23. Kurz vor dieser Zeit soll der Prophet Elia (vgl. Matth. 17,11; Off. 11,3-6) erscheinen und einen Überrest von Gerechten aus der Masse der abgefallenen Menschheit herausrufen. Indem Maleachi auf diese Weise Einwände gegen die Sünden der Priester und des Volkes erhebt, hat er auch eine Botschaft für uns in unseren Tagen, die Zeugen ganz ähnlicher Sünden sind. Das Aufblitzen der messianischen Weissagungen in diesem Buch (3,16.20) bereitet uns auf die Botschaft der NT-Offenbarung vor und richtet unsere Aufmerksamkeit auf Jesus Christus, der allein unsere und der ganzen Welt Hoffnung ist.

Maßstabgetreues Modell des Herodianischen Tempels in Jerusalem.

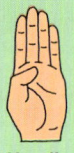

Finger   **Handbreit**

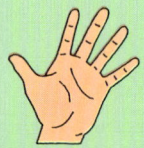

3 Handbreit =   **1 Spanne**

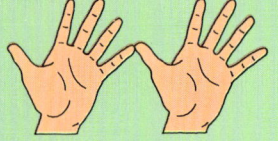

2 Spannen = 1 Elle

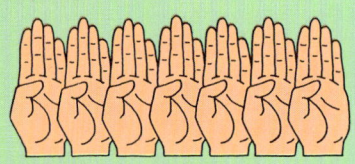

Hesekiels Elle = 7 Handbreit

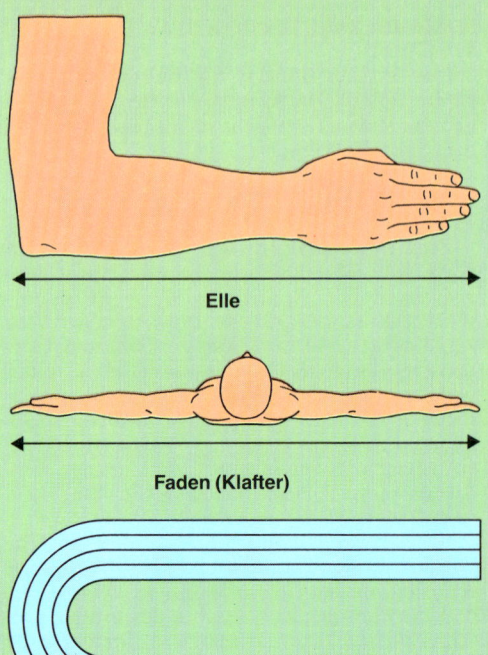

Elle

Faden (Klafter)

Achtelmeile (Stadion)

Biblische Gewichte und Maße

Längenmaße im Alten Testament

Finger	1,82 cm
Handbreit = 4 Finger	7,31 cm
Spanne = 3 Handbreit	22,19 cm
Elle = 2 Spannen	44,38 cm
Hesekiels Elle = 7 Handbreit	51,73 cm

Längenmaße im Neuen Testament

Elle *(pechys)*	etwa 45,72 cm
Faden *(orguia)*	etwa 1,83 m
Achtelmeile *(Stadion)*	etwa 184,52 m
Meile *(Milion)*	etwa 1,487 km
Sabbatweg	etwa 892 m

Hohlmaße im Alten Testemant
(Trockenmaße)

Kab	1,31 l
Omer = 1 4/5 Kab	2,04 l
Seah = 3 1/2 Omer	7,90 l
Epha = 3 Seah	23,71 l
Lethech = 5 Epha	118,63 l
Kor/Homer = 2 Lethech	237,26 l

Hohlmaße im Neuen Testament
(Trockenmaße)

Choinex	1,11 l
Modios (Scheffel)	8,72 l
Saton (hebr. Seah)	13,83 l
Koros (hebr. Kor)	237,12 l

 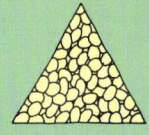

Gerah **Bekah**

Silberschekel = 4 Denare

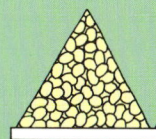 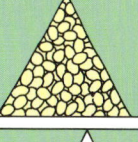
2 Bekah = 1 Schekel

Goldschekel = 15 Silberschekel

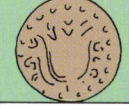
Maneh = 50 Schekel

Silbermine = 50 Silberschekel

Talent = 60 Maneh

Goldmine = 50 Goldschekel

Gewichte im Alten Testament

Gerah	= 0,75 gr
Bekah = 10 Gerah	= 5,70 gr
Schekel = 2 Bekah	= 10,14 gr
Maneh = 50 Schekel	=507,00 gr
Talent = 60 Maneh	= 30,42 kg

Goldtalent = 3000 Goldschekel

Hohlmaße im Alten Testament
(Flüssigmaße)

Log	0,38 l
Kab = 4 Log	1,53 l
Hin = 3 Kab	5,00 l
Bat = 6 Hin	30,00 l
Kor = 10 Bat	300,00 l

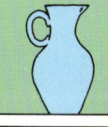 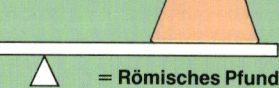
Litra = Römisches Pfund

Hohlmaße im Neuen Testament
(Flüssigmaße)

Xestes (lat. Sextarius)	= 0,63 l
Batos (hebr. Bat)	= 27,55 l
Metretes (Joh. 2,6)	= 46,76 l
Koros (hebr. Kor)	= 275,71 l

Gewichte im Neuen Testament

Silberschekel	= 4 römische Denare
4 griechische Drachmen	
Goldschekel	= 15 Silberschekel
Silbermine	= 50 Silberschekel
Mine (Gold)	= 50 Goldschekel
Talent (Gold)	= 3000 Schekel
Liter (Joh. 12,3; 19,39) – 1 röm. Pfund	= 340,2 gr

Zwischen den Testamenten

Die vierhundert Jahre des Schweigens

Von Maleachi (ca. 400 v.Chr.), der letzten Prophetenstimme des AT, bis zum ersten Kommen Jesu hielt Gott alle weitere Offenbarung in der Schwebe. Die göttliche Offenbarung war bis dahin allmählich und schrittweise in den kanonischen Schriften des AT entfaltet worden. Das Ergebnis der vier Jahrhunderte des Schweigens war, daß man die 39 verschiedenen Bücher, die man als von Gott inspiriert (eingegeben) und darum als autoritativ erkannt hatte, im alttestamentlichen Kanon (Bibel) zusammenfaßte und diese Büchersammlung für abgeschlossen erklärte. Nach Josephus, einem jüdischen Geschichtsschreiber der zweiten Hälfte des ersten Jh. n.Chr., geschah dies in der Zeit der Regierung von Artaxerxes I. Longimanus, 465-424 v.Chr.

Bedeutung des zwischentestamentlichen Zeitabschnittes. Unter vielen anderen wichtigen Ereignissen dieser 400 Jahre, die zwischen den beiden Testamenten liegen wurde auch das Alte Testament in die griechische Sprache übersetzt. Die Übersetzung entstand etwa zwischen 280 und 150 v.Chr. und wurde die „Septuaginta" genannt. Sie befreite die großen Wahrheiten der AT-Schriften aus der nationalen Enge der hebr. Sprache und ihres Volkes und machte sie der griechisch-römischen Welt in der Tagessprache der damaligen Zeit zugänglich.

Die Apokryphen

Apokryphen heißen jene 14 Bücher, die in der Zeit zwischen dem Alten und dem Neuen Testament entstanden, nachdem der alttestamentliche Kanon abgeschlossen war (siehe auch Anhang: „Wie die Bibel zu uns gekommen ist"). Diese apokryphen Bücher gehörten nie zum Kanon des Alten Testaments, wurden jedoch zur griechischen Septuaginta und lateinischen Vulgata hinzugenommen, zwischen dem Alten und dem Neuen Testament. Die Römische Kirche erkennt 11 dieser 14 Bücher als sogenannte deutero-kanonische Schriften an und erklärte sie auf dem Konzil von Trient 1546 als einen gleichberechtigten Bestandteil der Heiligen Schrift. Die Protestanten lehnen den kanonischen Wert dieser Bücher ab, da sie von ihrem Inhalt und auch von ihrer äußeren Bezeugung her nicht zum Kanon gehö-

ren können. Weder die Juden haben sie als kanonische Schriften anerkannt noch Jesus selbst, weder die apostolische Urgemeinde noch einer der Kirchenväter, welche gründlich und objektiv prüften, ob diese Schriften wirklich kanonisch sind. Im folgenden werden diese Bücher kurz aufgeführt und von ihrem Inhalt her beschrieben.

1. Esra. Dieses Buch hat es mit demselben historischen Stoff zu tun, den wir im kanonischen Esrabuch, in Nehemia und den beiden Chronikbüchern vorfinden. Doch enthält es einen ausführlichen Abschnitt (3,1-5,6), der in der hebräischen Bibel keine Parallele hat. Hier geht es vor allem um eine legendäre Geschichte vom Wettstreit dreier jüdischer Edler am Hof des Darius, um die Bedeutung der wahren Weisheit herauszufinden. Serubbabel war der Sieger und machte als Preis dafür geltend, daß der König den Juden die Erlaubnis gebe, nach Jerusalem zurückzukehren und die Stadt wieder aufzubauen. Dieses Buch wird auf das Jahr 100 v.Chr. datiert.

2. Esra. Hier handelt es sich um ein apokalyptisches Werk mehrerer Verfasser, welches erst im Jahre 100 n.Chr. abgeschlossen wurde. Die Kapitel 1-2 stellen einen antijüdischen Zusatz zu der ursprünglich von Juden verfaßten Esra-Apokalypse dar, die in den Kapiteln 3-14 zu finden ist. Letztere besteht (1) aus der Sealthiel-Apokalypse, die in den Kapiteln 3-10 das Problem des Bösen und dessen Bewältigung im zukünftigen Leben beschreibt; (2) aus der Adler-Vision, Kap. 11-12, die sich in ihrem Inhalt mit dem Römischen Weltreich und dem Kommen des Messias befaßt; (3) aus der Vision des Menschen (Messias), der aus dem Meer aufsteigt, Kap. 13; und (4) schließlich einer Legende, die berichtet, wie Esra das Heilige Schrifttum neu verfaßte (Kap. 14). Die letzten beiden Kapitel 15-16 enthalten Wiederholungen aus den Schriften des Neuen Testaments und wurden erst verhältnismäßig spät hinzugefügt, etwa im Jahre 270 n.Chr.

Tobit (Tobias). Diese Erzählung aus dem Jahre 150 v.Chr. ist eine fromme Dichtung. Sie schildert eine lehrhafte, rührende Geschichte von einem frommen Juden aus der assyrischen Diaspora namens Tobit (Tobias), der unglücklicherweise sein Augenlicht verliert, als er seinen Landsleuten,

Ereignisse aus dem zwischentestamentlichen Zeitabschnitt

Jüdische Geschichte

424-331

Maleachi letzter Prophet.

Palästina: Winzige Provinz unter der Regierung eines persischen Statthalters (Satrapen).

Palästina innerhalb der Grenzen der 5. persischen Satrapie, mit Hauptstadt Damaskus oder Samaria.

359-323

Die Juden leben verhältnismäßig friedlich und im Wohlstand unter ihrer persischen Besatzungsmacht.

338-323

Die Juden zwischen Treue zu Persien und Bedrohung durch Alexander hin- und hergerissen.

Alexander erstürmt Syrien, erobert Palästina, Tyrus (332 v.Chr.), Gaza. Die Juden ergeben sich Alexander, werden gut behandelt. Er erobert Ägypten (332 v.Chr.). Alexandria gegründet.

323-277

Alexanders territoriale Eroberung bahnbrechend für die Verbreitung der griechischen Sprache, Kultur und Philosophie.

Weltgeschichte

Persisches Weltreich

Xerxes II.
(424-423 v.Chr.)
Darius II.
(423-404 v.Chr.)
Artaxerxes II.
(404-358 v.Chr.)
Artaxerxes III.
(358-338 v.Chr.)
Arses (338-336 v.Chr.)
Darius III.
(336-331 v.Chr.)

Mazedonisches Weltreich

Philipp (359-336 v.Chr.) erringt die Herrschaft über die griechischen Staaten. Sieg bei Chaeronea (338 v.Chr.). Die Macht der gr. Stadtstaaten gebrochen.

Alexander der Große (336-323 v.Chr.) erobert das Perserreich in drei entscheidenden Schlachten: Granikus (334 v.Chr.), Issus (333 v.Chr.), Gaugamela (331 v.Chr.); erreicht Indien (327 v.Chr.). Alexanders Generäle kämpfen um die Macht.

Palästina unter den Ptolemäern (323-198 v.Chr.)

Ptolemäus I. begünstigt die Juden, siedelt viele in Alexandrien an. Bringt die Stadt zu wirtschaftlicher und kultureller Blüte.

Auch **Ptolemäus II.** begünstigt die Juden. Übersetzung des AT in die griechische Sprache (Septuaginta).

Brief des Aristeas.

Hellenisierung der Juden in Alexandrien fortgesetzt. Palästinensische Juden bleiben unbeugsam bei der Tradition.

Die bemalten Gräber von Marisa.

Palästina unter den Seleukiden (198-165 v.Chr.)

198 v.Chr.

Antiochus III. der Große vertrieb die Ägypter aus Palästina und machte es zu einem Teil des seleukidischen Reiches.

Das Buch „Prediger", geschrieben (ca. 180 v.Chr.). Septuaginta vollendet (ca. 150 v.Chr.).

167-165 v.Chr.

Juden zur Hellenisierung gezwungen.

Antiochus IV. plündert Jerusalem, entweiht den Tempel, opfert auf dem Brandopferaltar dem olympischen Zeus.

Aufstand der Makkabäer unter Leitung des greisen Priesters Mattathias und seiner fünf Söhne.

166-134 v.Chr.

Palästina unter den Hasmonäern (166-163 v.Chr.).

Judas (166-160) schlägt die syrischen Heere, reinigt und weiht den Tempel (166-165).

Jonathan (160-142 v.Chr.) erkämpft bedeutende Fortschritte, auf militärischem und diplomatischem Weg, für die Unabhängigkeit der Juden.

Simon (142-134 v.Chr.) leitet eine Zeit jüdischer Unabhängigkeit ein (143-63 v.Chr.). Vertreibt syrische Besatzung aus Jerusalem, erobert Gezer und Joppe. Die (apokryphen) Bücher 1. Makkabäer, Tobias und Judith entstehen.

Das ptolemäische und das seleukidische Reich

Ptolemäus I. (323-282 v.Chr.)

Ptolemäus II. (285-246 v.Chr.)

Ptolemäus III. (246-221 v.Chr.)

Ptolemäus IV. (221-203 v.Chr.)

Ptolemäus V. (203-181 v.Chr.)

Linie der Ptolemäer unter römischer Herrschaft fortgesetzt, bis

Seleukus I. (312-280 v.Chr.)

Antiochus I. (280-262 v.Chr.

Antiochus II. (261-246 v.Chr.)

Seleukus II. (246-226 v.Chr.)

Seleukus III. (226-223 v.Chr.)

Antiochus III. (223-187 v.Chr.)

Seleukus IV. (187-175 v.Chr.)

Antiochus IV. Ephiphanes (175-163 v.Chr.)

Ägypten dem Römischen Reich als Provinz einverleibt war (30 v.Chr.).

Antiochus V. (163-162 v.Chr.)

Demetrius I. (162-150 v.Chr.) Kampf zwischen Demetrius II. und Alexander Balas um den Thron.

Alexander Balas (150-145 v.Chr.).

Demetrius II. (145-139 v.Chr.) erkennt Simon als Hohenpriester an und gewährt den Juden praktisch volle Selbständigkeit (143 v.Chr.).

134-104

Johannes Hyrkanus (134-104 v.Chr.), Simons Sohn, beginnt Siegeszug in Transjordanien, in Samaria (zerstört Gegentempel auf dem Berg Garizim) und in Edom. Er beherrscht ein kleines Reich: von Südgaliläa bis zum Negev, und vom Mittelmeer bis an die Grenzen des Nabatäerreiches.

Entstehen der beiden großen Parteien im Judentum: Pharisäer und Sadduzäer, ebenso der Essener, deren Existenz durch Philo, Josephus, Plinius und die Funde der Schriftrollen am Toten Meer bestätigt wird.

104-69 v.Chr.

Aristobul I. (104-103 v.Chr.), ein Sohn des Johannes Hyrkanus, ergriff die Macht, starb aber bald danach.

Alexander Jannaeus (103-76 v.Chr.), ein unbarmherziger Eroberer, besiegelte das Los der Hasmonäischen Dynastie, indem er die Pharisäer zu ihren Gegnern machte.

Alexandra (76-67 v.Chr.), die Frau des Alexander Jannaeus. Das goldene Zeitalter des Pharisäismus. Wahrscheinlich die Zeit der Entstehung folgender Bücher: das Buch der Weisheit Salomos, die Sybillinischen Orakel, das Buch Henoch, das Buch der Jubiläen und das 2. Makkabäerbuch.

Aristobul II. (66-63 v.Chr.) abgesetzt und nach Rom gebracht als Siegestrophäe des Pompejus.

62-41 v.Chr.

Pompejus bringt Palästina unter römische Herrschaft, organisiert die Zehn-Städte-Liga in Transjordanien, um die Macht Judäas in Schach zu halten. Letzteres wurde auf seine früheren engen Grenzen gebietsmäßig reduziert.

Palästina unter den Römern (63 v.Chr. bis 135 n.Chr.)

40-4 v.Chr.

Antipater, der Idumäer, regiert in Palästina unter der Begünstigung und Duldung des Römischen Reiches (55-43 v.Chr.).

Herodes und Phasael, der Sohn Antipaters, waren Tetrarchen (41 v.Chr.).

Antigonus, des Aristobul Sohn, war mit Hilfe der Parther Hoherpriester und König (40-37 v.Chr.).

Herodes der Große war mit Genehmigung des römischen Senats König von Judäa (37-4 v.Chr.).

Geburt Johannes des Täufers und Jesu (etwa 6 oder 5 v.Chr.).

Antiochus VII (139-129 v.Chr.), fällt in Juda ein, erobert Jerusalem, fordert schwere Tribute. Sein Tod (134 v.Chr.) bedeutet praktisch das Ende der seleukischen Macht über Palästina.

Das schwache, einflußlose Königreich Syrien existierte, bis Pompejus diese Region übernahm und sie zur römischen Provinz machte (64 v.Chr.).

Khirbet Qumran, Zentrum des Essener am NW-Ufer des Toten Meeres, wurde um 110 v.Chr. gegründet und bestand bis etwa 37 v.Chr.

Viele der am Toten Meer gefundenen Schriftrollen sind aus dieser Zeit und später (etwa zwischen 100 v.Chr. und 70 n.Chr.).

Hyrkanus, der ältere Sohn der Alexandra, war Hoherpriester. Als sie starb, bewegte Antipater, der Gouverneur von Idumäa, ihn dazu, nach Petra zu fliehen und die Hilfe des nabatäischen Fürsten Aretas zu gewinnen, damit er den Thron Judäas erobern könnte gegen die Ansprüche seines Bruders Aristobul. Als zuletzt Rom in diesem Kampf um Hilfe gebeten wurde, schaltete er sich so ein, daß es der Monarchie der Hasmonäer ein Ende machte. Catilinas Verschwörung. Cicero kommt auf den Plan. Catilina wird ermordet (62 v.Chr.).

Pompejus, Cäsar und Crassus bildeten das erste Triumvirat (60 v.Chr.). Cäsars Gallische Kriege folgen (58-51 v.Chr.). Bürgerkrieg (Cäsar gegen Pompejus) endet mit Cäsars Ermordung (44 v.Chr.).

Zweites Triumvirat: **Antonius, Oktavian, Lepidus** (43 v.Chr.). Schlachten bei Philippi (42 v.Chr.). und bei Actium (31 v.Chr.) machen Oktavian (Augustus) zum alleinigen Herrscher.

Augustus Kaiser (27 v.Chr. bis 14 n.Chr.). Wiederaufleben von Khirbet Qumran, dem Essener-Zentrum am Toten Meer. Stand während des Dienstes Johannes des Täufers, Jesu und des Apostels Paulus wieder in Blüte.

die unter assyrischen Königen ihr Leben verloren, ein würdiges Begräbnis verschaffen will. In seiner Not bittet Tobit um die Hilfe Gottes und sendet seinen Sohn Tobias, um eine große Geldsumme zurückzuholen, die er bei einem Verwandten mit Namen Gabael hinterlegt hatte. Der Engel Raphael, als ein Wandersmann verkleidet, begleitet Tobias, nicht nur in Erhörung des Gebetes des blinden Vaters, sondern auch, um Sara, der Tochter Raguels und Ednas in Ekbatana Hilfe zu senden. Deren bisher sieben Ehemänner waren jedesmal in der Brautnacht von dem eifersüchtigen Dämon Asmodäus umgebracht worden. Als er am Tigris lagert, fängt Tobias einen Fisch. Auf Raphaels Weisung verbrennt er dessen Herz und Leber, treibt den bösen Dämon aus und nimmt Sara zur Frau. Inzwischen geht Raphael zu Raguel, erhält das Geld und kehrt zurück, um Tobias und seine jungvermählte Frau zu Tobit und seiner Frau Hanna zurückzuleiten. Ihre tiefe Sorge um das lange Ausbleiben des Sohnes Tobias schlägt in große Freude um, als sie ihren geliebten Sohn und seine Frau gesund begrüßen dürfen. Ihre Armut ist durch das Geld behoben, und auch die Blindheit des Vaters Tobias wird auf Weisung Raphaels wunderbar geheilt, indem er die Galle des Fisches auf die blinden Augen des betagten Vaters legt, wodurch er das Augenlicht wiedererlangt. Der Engel gibt sich als Raphael zu erkennen, bevor er wieder verschwindet.

Judith. Auch dies ist eine fiktive Geschichte von lehrhafter Bedeutung, die aus dem zweiten Jahrhundert v.Chr. stammt. Judith ist eine schöne und beherzte jüdische Witwe aus Bethulia (Pseudonym für Sichem), die durch ihren Mut ihre Stadt vor der heranziehenden Armee Nebukadnezars unter dem Feldherrn Holofernes (in der zeitgenössischen babylonischen Literatur unbekannt) errettet. Als die Ältesten der Stadt sich entschließen, sich zu ergeben, wenn innerhalb von fünf Tagen keine Hilfe kommt, verläßt die edle Judith heimlich die Stadt und geht in das Feldlager des Holofernes; sie betört ihn mit ihrer Schönheit und ihren Versprechungen, bis sie dann später nach Bethulia zurückkehrt, das abgeschlagene Haupt des Holofernes in ihrem Tuch. Daraufhin unternehmen die Verteidiger der Stadt einen Ausfall. Die nun führerlose Armee des Holofernes wird aufgeschreckt und in der sich ausbreitenden Verwirrung vernichtet. Der Hohepriester Jojakim und die Ältesten von Jerusalem kommen nach Bethulia, um die Heldin Judith zu ehren.

Stücke zu Esther. Dies sind Schriftstellen, in griechischer Sprache verfaßt, die in der Septuaginta in das kanonische Estherbuch eingefügt wurden. Sie wollen die Hand Gottes in der Erzählung dadurch bezeugen, daß sie das Wort „Gott" in den Text einfügen. Diese Zusätze bestehen aus (1) einem Traum Mardochais und einem Bericht,

wie er eine Verschwörung gegen den König aufdeckt – ein Kapitel von 17 Versen, die dem 1. Kapitel des hebräischen Estherbuches vorausgehen; (2) einem königlichen Brief, der die Beseitigung aller Juden im Reich anordnet. Dieser folgt auf Kapitel 3,13 im kanonischen Estherbuch; (3) aus Gebeten Mardochais und Esthers, hinter dem 4. Kapitel des hebräischen Textes; (4) Esthers dramatischer Audienz vor Ahasveros; es sind 14 Verse, angefügt an Kapitel 5; (5) einem königlichen Brief, der von Hamans Tod berichtet, die Juden lobt und ihnen erlaubt, sich zu verteidigen; dies folgt auf Kapitel 8,12 des hebräischen Textes; (6) einer Deutung des Traumes Mardochais und einem abschließenden Wort über die Bedeutung des Purimfestes. Dies schließt an das letzte Kapitel des hebräischen Estherbuches an.

Weisheit Salomos. Es ist eines der attraktivsten und interessantesten Bücher innerhalb der Apokryphen und stammt aus der Zeit um 50 v.Chr. Der erste Abschnitt 1,1-6,8 ist „Das Buch der Eschatologie" genannt worden; er stellt die Wahrheit der Unsterblichkeit dar, indem er das Schicksal der Gerechten und der Ungerechten gegenüberstellt. Der zweite Abschnitt 6,9-11,11 ist ein Lobpreis der Weisheit, wortgewaltig und schön, Salomo in den Mund gelegt. Der dritte Abschnitt 11,2-19,22 fällt gegenüber den beiden ersten Teilen merklich ab. Es ist ein historischer Rückblick auf Israel in Ägypten und in der Wüste, unterbrochen durch eine Diskussion über den Ursprung und das Übel des Götzendienstes, Kap. 13-15. Man hält das Buch für eine Komposition anonymer Verfasser.

Jesus Sirach (Ecclesiasticus). Dieses Buch mit seinen 51 Kapiteln gehört zur *chokhmáh* oder Weisheitsliteratur der Hebräer. Es ist das einzige Buch der apokryphen Literatur, dessen Verfasser bekannt ist: Jesus, der Sohn Sirachs von Jerusalem (50,27), der um 175 v.Chr. schrieb. Sein Enkel übersetzte das hebräische Original im Jahre 132 v.Chr. ins Griechische, wie aus dem Vorwort ersichtlich ist. Der traditionelle lateinische Name Ecclesiasticus bezeichnet es als „das Kirchenbuch" schlechthin unter dem apokryphen Schrifttum und bestätigt den hohen sittlichen und geistlichen Standard seiner Aphorismen oder „Weisheitssprüche", und auch seine Bekannt- und Beliebtheit unter den Christen der frühen Zeit.

1. Makkabäer. Als ein geschichtliches und literarisches Werk von hoher Qualität gibt das 1. Buch der Makkabäer einen Bericht über die Kämpfe der Makkabäer vom Aufstand bei Modin (167 v.Chr.) bis zur Ermordung des Dimon Makkabäus (134 v.Chr.). Es beschreibt den wagemutigen Aufstand der Söhne des Mattathias von Modin, Judas, Jonathan, Johannes, Eleasar und Simon, gegen Antiochus Epiphanes und seine Nachfolger.

2. Makkabäer. Dieses Werk berichtet zum Teil von derselben Zeit wie das 1. Makkabäerbuch (175-160 v.Chr.), ist aber von geringerem historischem Wert. In gewisser Weise stellt es eine mythische Verherrlichung des jüdischen Aufstandes gegen das griechische Heidentum dar. Es erhebt den Anspruch, der verdichtete Bericht eines Werkes zu sein, das von einem gewissen Jason von Kyrene stammen soll, über den jedoch nichts bekannt ist.

Baruch. Es ist ein Werk, das von sich behauptet, in Babylon durch Baruch, den Sekretär des Propheten Jeremia, verfaßt worden zu sein. Die erste Hälfte (1,1-3,8) ist in Prosa geschrieben, die zweite Hälfte (3,9-5,9) in Versen. Hier werden Worte von Jesaja, Jeremia, Daniel und anderen Propheten wiederholt. Das Buch enthält Gebete und Bekenntnisse von Juden im Exil, mit Verheißungen auf die Wiederherstellung.

Der Gesang der drei Männer im Feuerofen. Dieser apokryphe Zusatz zum kanonischen Danielbuch wurde hinter der Erzählung vom Feuerofen (Dan. 3,23) eingefügt. Er enthält ein wortreiches Gebet Asarjas aufgrund der wunderbaren Errettung, und einen Dankpsalm, in den alle drei Männer einstimmen.

Die Geschichte von Susanna und Daniel. Auch dies ist ein Zusatz zum kanonischen Buch Daniel und erzählt, wie Susanna, eine treue und gottesfürchtige Frau in Babylon, durch die Weisheit des jungen Daniel von falscher Anklage des Ehebruches freigesprochen wird. Es erscheint vor Kapitel 1 der griechischen Fassung und als Kapitel 13 der lateinischen Vulgata.

Vom Bel und vom Drachen zu Babel. Diese Legenden wurden geschrieben, um den Götzendienst lächerlich zu machen. Sie stellen den dritten apokryphen Zusatz zum Buch Daniel dar. Es wurde behauptet, daß das Standbild des Götzen Bel eine lebende Gottheit sei, weil es angeblich große Mengen von Nahrung verschlang, die man jeden Abend neben das Standbild stellte. Indem Daniel Asche auf dem Boden des Tempels ausstreuen läßt, beweist er dem König, daß es in Wirklichkeit die Götzenpriester sind, die allnächtlich die Speisopfer der Gottheit verzehren. Daraufhin läßt der König das Standbild vernichten und die Priester Bels töten. Die zweite Legende betrifft einen Drachen, der in Babylon verehrt wird. Als Daniel aufgefordert wird, diesem Verehrung zu erweisen, gibt er ihm eine Mischung aus Pech, Haaren und Fett zu fressen, woraufhin der Drache zerbirst. Der aufgebrachte Pöbel zwingt den König, Daniel in die Löwengrube werfen zu lassen. Am sechsten Tag wird er dort durch den Propheten Habakuk mit Essen versorgt, der durch einen Engel an seinem Haupthaar nach Babylon ge-

bracht wird, als er Schnittern in Judäa Essen und Trinken bringen will. Am siebten Tag rettet der König Daniel und wirft seine Feinde, die ihn vernichten wollten, den hungrigen Löwen zum Fraße vor.

Das Gebet Manasses. Es ist ein angebliches Bußgebet Manasses, des gottlosen Königs von Juda, als er von den Assyrern als Gefangener nach Babylon gebracht wird. Es wurde hinter 2. Chron. 33,19 eingefügt und ist wahrscheinlich frühestens ins 1. Jahrhundert v.Chr. zu datieren.

Die Pseudepigraphen

Neben den Apokryphen gibt es noch andere Schriften, die man die Pseudepigraphen nennt („Bücher mit falscher Überschrift" oder „Falschschriften"). Es sind religiöse Schriften, die unter dem Namen eines falschen Verfassers zusammengestellt wurden, und zwar in der Zeit zwischen 200 v.Chr. und 200 n.Chr.; so wurden sie z.B. bekannten Gestalten des Alten Testaments wie Adam, Henoch, Noah, Mose, Zephanja, Baruch u.a. zugeschrieben. Im Gegensatz zu den Apokryphen (von deren 14 die Römische Kirche 11 als kanonisch anerkennt) ist die pseudepigraphische Literatur nie als kanonisch angesehen worden. Diese Schriften sind von ihrem Inhalt her meist apokalyptisch, lehrhaft und legendenhaft. Es folgt hier eine kurze Beschreibung einiger der wichtigsten dieser Schriften.

Die Entrückung Moses (Assumptio Mosis). Dies Buch enthält angebliche Ankündigungen des großen Gesetzgebers Mose, an Josua gerichtet und ihm anvertraut, kurz bevor er starb. Das Buch stammt von einem Pharisäer um das Jahr 15 n.Chr. und ist ein Protest gegen die zunehmende Verweltlichung der Pharisäerpartei seiner Zeit.

Die Himmelfahrt Jesajas. Dieses Werk besteht aus drei Teilen – dem Martyrium Jesajas, der Vision Jesajas und dem Testament Hiskias. Das lange Zeit verlorene Testament des Hiskia (2,13-4,18) gibt einen aufschlußreichen Einblick in die innere Verfassung der christlichen Gemeinde am Ende des apostolischen Zeitalters. Die Vision Jesajas (6,1-9,40) läßt erkennen, wie die Christen des 1. Jahrhunderts an die Dreieinigkeit Gottes, die Menschwerdung Christi, die Auferstehung und den Himmel glaubten. Das Martyrium Jesajas ist nur fragmentarisch erhalten (1,1-2.6-13; 2,1-8.10; 3,12; 5,1-14). Es beschreibt den Tod des Propheten Jesajas durch den gottlosen König Manasse, der ihn zersägen ließ.

Das Henochbuch. Dieses fragmentarische Werk besteht aus Offenbarungen, die angeblich Noah und Henoch vom Kommen Christi und dem zukünftigen Gottesgericht erhielten. Die Verfasser sind unbekannt. Entstanden ist es in den ersten beiden Jahrhunderten n.Chr.

Das Jubiläenbuch. Es teilt die Weltgeschichte in Jubiläumszeiträume von je 50 Jahren ein (vgl. 3. Mo. 25,8-12). Der Autor des Werkes, ein Pharisäer (153-105 v.Chr.) will damit das Judentum vor den sittlichen zerstörerischen Wirkungen des Hellenismus retten, indem er das Gesetz rühmt und die Erzväter der Juden in einem besonderen Licht darstellt, das sie über jeden Tadel erhaben erscheinen läßt.

Die Sibyllinischen Sprüche. Diese Sprüche entstanden in der Makkabäerzeit. Sie handeln vom Niedergang der Weltreiche und vom Kommen des Messianischen Zeitalters. In der Form gleichen sie den prophetischen Orakelsprüchen der griechischen Sibyllen. Die ursprüngliche Sibylle von Kumae erscheint zum ersten Mal im Jahre 500 v.Chr. bei Heraklit von Ephesus.

Die Psalmen Salomos. Sie bestehen aus 18 Psalmen aus der Mitte des 1. Jahrhunderts v.Chr. Offenbar stammen sie von einem namentlich nicht genannten Pharisäer und erzählen vom kommenden Messias.

Testamente der zwölf Patriarchen. Diese zwölf Testamente berichten angeblich von den Abschiedsreden der zwölf Söhne Jakobs, angeregt von den in 1. Mose 49 überlieferten Worten Jakobs. In seiner abschließenden Form datiert dieses Buch vielleicht erst aus dem Jahr 250 n.Chr., obgleich es Schrifttum enthält, das schon im zweiten vorchristlichen Jahrhundert zusammengestellt wurde.

Die Targume

Die Targume sind freie Übertragungen der Hebräischen Bibel ins Aramäische, nachdem dies in der nachexilischen Epoche die Umgangssprache Palästinas geworden war. Sie wurden zuerst mündlich weitergegeben, wenn die hebräische Bibel gelesen wurde (vgl. Esr. 8,4-8). Die ältesten schriftlichen Targume, wie z.B. des Onkelos vom Pentateuch (5 Bücher Mose) und des Jonathan von den Propheten, sind in die Zeit Christi zu datieren.

Der Talmud

Er stellt eine Sammlung von zivilen und kanonischen Gesetzen der Juden dar, die auf der Thora, dem Gesetz Moses, beruhen. Hier finden wir eine Zusammenfassung des rabbinischen Denkens von etwa 300 v.Chr. bis 500 n.Chr. Der Talmud

(Lehre) besteht aus der Mischna oder dem mündlich überlieferten Gesetz, das sich von dem schriftlichen Gesetz Moses herleitet, und der Gemara, einem Kommentarwerk zu diesen Gesetzestraditionen. In der Gemara wird die aramäische Sprache benutzt. Eng verbunden mit dem Talmud ist der Midrasch, die ältesten Synagogenpredigten in Hebräisch und Aramäisch, die die Schriften des hebräischen Alten Testaments auslegen. Der Midrasch erlebte seine Blüte von 100 v.Chr. bis 300 n.Chr.

Jüdische Auslegung im Midrasch

Der Midrasch bediente sich oft einer ziemlich lokkeren Auslegungsmethode, welche die praktische Anwendung des Textes für wichtiger hielt als seine Bedeutung im biblischen Zusammenhang. Kritiker haben häufig neutestamentliche Verfasser kritisiert (besonders Matthäus und den Verfasser des Hebräerbriefes), daß sie in ihrem Umgang mit Worten aus dem Alten Testament Methoden des Midrasch anwendeten. Doch sind die Auslegungsmethoden der neutestamentlichen Verfasser zu verteidigen, besonders im Licht der Tatsache, daß sie vom Heiligen Geist inspiriert sind.

Die Synagoge

Die Synagoge (aus dem gr. *synagogé,* eine Versammlung) hat ihren Ursprung offenbar zuerst in den Häusern der im babylonischen Exil lebenden Juden (vgl. Hes. 8,1; 20,1-3). Die „Haus-Synagoge" entwickelte sich dann später, ähnlich wie bei den christlichen Gemeinden, die sich anfangs in Häusern trafen, nach dem Exil in regelrechte Versammlungen zu Unterricht, öffentlicher Gottesanbetung und Gebet. Diese Versammlungen ersetzten den Tempelgottesdienst, der den Juden nicht mehr möglich war, weil sie weit von Palästina entfernt in der Verbannung und Zerstreuung lebten. Jede Stadt in der griechisch-römischen Welt, die eine größere Anzahl von Juden beherbergte (von 300 v.Chr. bis 300 n.Chr.), besaß ihre Synagoge zum Gottesdienst, zur Unterweisung im Gesetz und in den Propheten (vgl. Luk. 4,16-30). Hier wurde die Hebräische Bibel (Schriftrollen) aufbewahrt, und an diesem Ort wurde auch zuerst das Evangelium von Jesus Christus verkündet (Apg. 13,5.14; 14,1). Da überall Juden in der Diaspora lebten, war die Synagoge eine verbreitete Einrichtung in der römischen Welt.

Der Sanhedrin (Hoher Rat)

Der Sanhedrin war eine aristokratische Körperschaft, mit richterlicher Vollmacht versehen, die in ihrem Prinzip zweifellos auf die Zeit des Königs Josaphat zurückging (vgl. 2. Chron. 19,5-11). Sie entwickelte sich zum obersten Gerichtshof der Juden zur Zeit Jesu und wirkte bis zum Fall Jerusalems im Jahre 70 n.Chr. sowohl auf ziviler als auch religiöser Ebene. Ein Rat aus der Zeit Esras und Nehemias (450-400 v.Chr.), unter dem Namen „Große Synagoge" bekannt, spiegelt sich in der zeitgenössischen Überlieferung wider. Man nimmt an, daß sich daraus etwa 250 v.Chr. der Sanhedrin mit 70 Mitgliedern (aramaisierte Form des griechischen Wortes *synedrion* = „Zusammensitzen" oder „Versammlung") entwickelte, dessen Vorsitz jeweils die Hohenpriester innehatten.

Die Pharisäer

Während der Makkabäerzeit unter der Herrschaft des Johannes Hyrcanus (134-104 v.Chr.) entstanden die sich bekämpfenden Parteien innerhalb des Judentums: die Pharisäer, Sadduzäer und Essener. Die Pharisäer waren offenbar die Nachfolger der „Chassidim" („Fromme"), die unter der Ächtung des jüdischen Glaubens durch Antiochus Epiphanes im Jahre 168 v.Chr. treu zum Gesetz standen. Sie waren streng und gesetzesgläubig, von anderen bewußt abgesondert. Sie sprachen immer wieder bestimmte Gebete, übten Buße und gaben Almosen. Von den bewunderungswürdigen Anfängen im Feuer der Leiden der Makkabäerzeit entartete diese Bewegung zur Zeit Jesu allmählich in eine leere, rein formalistische Gesetzesfrömmigkeit aus.

Die Sadduzäer

Wahrscheinlich Zadokiden, Parteigänger des Priesters Zadok aus der Zeit Salomos (1. Kö. 2,35), waren die Sadduzäer hauptsächlich vornehme, weltlich gesinnte Priester, die dem äußeren Buchstaben des Gesetzes zwar gehorchten, aber den Glauben an die Auferstehung und ein zukünftiges Gericht leugneten. Sie begrüßten die hellenistische Kultur und waren entschlossen, irdische Vorteile durch militärische Strategie oder kluge Diplomatie zu erlangen. Die tiefe Kluft zwischen ihnen und den Pharisäern bestand bis zur Zeit Jesu, nachdem ihre Streitigkeiten etliche Jahre zuvor zum Untergang der hasmonäischen Königsherrschaft geführt hatten.

Die Schriftgelehrten und Essener

Die Schriftgelehrten schrieben und vervielfältigten den Text der Heiligen Schrift; da sie aufs engste mit dem Gesetz Moses vertraut waren, nannten sie sich auch Gesetzeslehrer oder Rechtsgelehrte. In der Zeit zwischen dem Alten und Neuen Testament gewannen sie Einfluß und erschienen vor allem zur Zeit Jesu häufig in der Öffentlichkeit.

Die Essener waren eher eine Mönchssekte als eine politisch-religiöse Partei wie die Pharisäer und Sadduzäer. Bis zur Entdeckung der Schriftrollen vom Toten Meer im Jahre 1947 waren Philo, Josephus und Plinius die einzigen Quellen, die über diese Mönchsgemeinschaft Auskunft gaben. Eine ähnliche, wenn nicht sogar gleiche Gruppe ist heute nach den Ausgrabungen ihres Zentrums bei Qumran am Nordwestufer des Toten Meeres bekannt geworden. Die Entdeckung ihres Buches über ihre Regeln und Ordnungen hat ältere Quellenschriften bestätigt und unsere Kenntnisse über Sekten innerhalb des Judentums von 200 v.Chr. bis 70 n.Chr. wesentlich bereichert.

Vorbereitung für das Griechische Neue Testament

Durch die Eroberungszüge Alexanders des Großen entwickelte sich in der Zeit zwischen den Testamenten aus den verschiedenen griechischen Dialekten die Einheits- und Umgangssprache der hellenistischen Welt. Diese Weltsprache beeinflußte und prägte entscheidend die Juden in der Diaspora und führte am Ende zur Übersetzung des Alten Testaments ins Griechische (zur Septuaginta). Diese Übersetzung erwies sich auch als ein wichtiger Faktor bei der Entstehung des Neuen Testaments und brachte damit die Bibel der frühen Christenheit.

Darüberhinaus bereiteten griechische Bildung und Kultur, römisches Gesetz und römische Fernstraßen, jüdischer Monotheismus und jüdische Synagogen (letztere weitverbreitet infolge der Zerstreuung der Juden) und jüdische Endzeiterwartung (Apokalyptik) und messianische Hoffnungen die Welt für das Kommen Christi und die Entstehung des christlichen Glaubens vor. Überall in der langen Zwischenzeit zwischen dem Alten und Neuen Testament können wir die deutlichen Spuren der göttlichen Vorsehung erkennen. Ziel alles dessen war die Menschwerdung des lange erwarteten Messias und Heilands der Welt, der so oft im Alten Testament angekündigt worden war. Auf dieses große Ereignis wiesen alle vorangegangenen Jahrhunderte der Weltgeschichte, insbesondere der Geschichte der Juden, hin (vgl. Gal. 4,4).

1) Das AT stellt die *Vorbereitung* auf Christus dar und enthält prophetische Weissagungen auf Seine göttliche Person und Sein Erlösungswerk. Das Neue Testament ist der Bericht über die Verwirklichung dieser Voraussagen in der *Erscheinung* des Erlösers und der Ausrichtung Seines wunderbaren Evangeliums.

In den Evangelien wird Christus vor der Welt *offenbart* und Sein Evangelium *erfüllt* in Tod, Auferstehung und Himmelfahrt des Erlösers.

In der Apostelgeschichte wird Christus öffentlich *proklamiert* (bezeugt) und Sein Evangelium in der Welt *verbreitet.* In den Briefen wird die praktische und lehrhafte Bedeutung Seiner Frohbotschaft dargelegt. In der Offenbarung werden alle Heils- und Erlösungsabsichten in und durch den Erlöser für Zeit und Ewigkeit abschließend und ein für allemal vollendet. So ist das NT der Schlußstein und die Erfüllung der prophetischen Heilswahrheiten, die im AT enthalten sind; das AT bildet das Fundament für das vollendete Bauwerk der von Gott offenbarten Wahrheit, die wir im Neuen Testament finden.

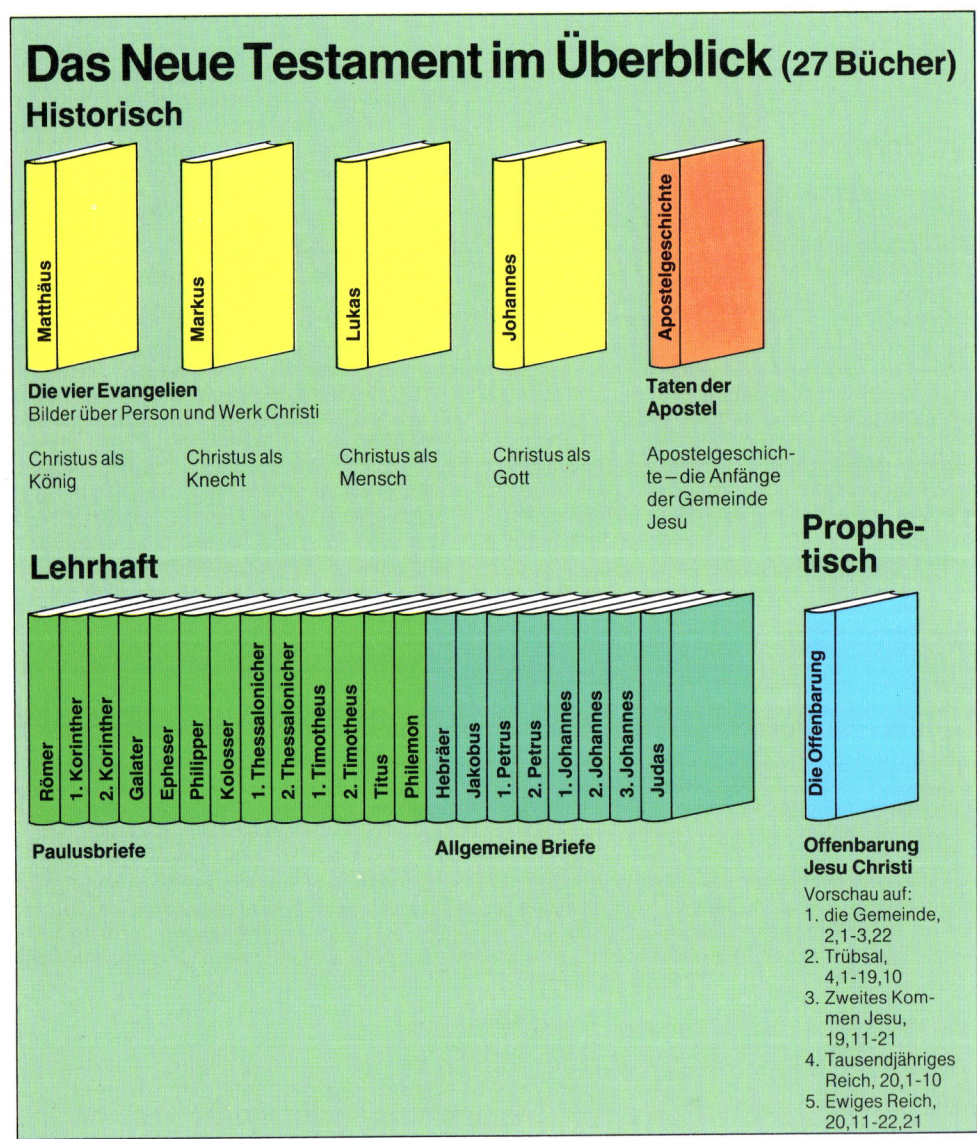

Das Neue Testament im Überblick (27 Bücher)

Historisch

Matthäus Markus Lukas Johannes Apostelgeschichte

Die vier Evangelien
Bilder über Person und Werk Christi

Taten der Apostel

Christus als König

Christus als Knecht

Christus als Mensch

Christus als Gott

Apostelgeschichte – die Anfänge der Gemeinde Jesu

Lehrhaft

Römer 1. Korinther 2. Korinther Galater Epheser Philipper Kolosser 1. Thessalonicher 2. Thessalonicher 1. Timotheus 2. Timotheus Titus Philemon Hebräer Jakobus 1. Petrus 2. Petrus 1. Johannes 2. Johannes 3. Johannes Judas

Paulusbriefe

Allgemeine Briefe

Prophetisch

Die Offenbarung

Offenbarung Jesu Christi

Vorschau auf:
1. die Gemeinde, 2,1-3,22
2. Trübsal, 4,1-19,10
3. Zweites Kommen Jesu, 19,11-21
4. Tausendjähriges Reich, 20,1-10
5. Ewiges Reich, 20,11-22,21

Die vier Evangelien

Was sind die Evangelien?

Die vier Evangelien sind keine isolierten Einzelgeschichten über das Leben Jesu Christi; sie sind auch keine Biographien. Sie sind eher „geistliche Bilder" von der Person und dem Werk des lange verheißenen Messias, der nach Gottes Plan sowohl König Israels als auch Heiland der Welt sein sollte.

Als „geistliche Bilder" zeigen die vier Evangelien vier verschiedene Seiten der einen und einzigartigen Person Jesu Christi. Matthäus offenbart durch den Heiligen Geist Jesus als König, Markus als Knecht, Lukas als Mensch und Johannes als Gott.

Obwohl jeder der Evangelisten das Hauptaugenmerk auf *eine* besondere Seite des Messias lenkt, erkennen doch alle auch jede andere entscheidende Seite Jesu, des Messias, in seinem Leben und Dienst. Alle vier Evangelisten beschreiben also dieselbe einzigartige Person: Jesus Christus, den Gott-Menschen, Gottesknecht, König Israels und Erlöser der Menschheit.

Die Zielsetzung der Evangelien

Bei ihrer Schilderung des vierfältigen Wesens der Person Jesu Christi als König, Knecht, Mensch und Gott konzentrieren sich die Evangelisten zugleich auf das dreifache Amt des Messias als Prophet, Priester und König. Jesus ist der Prophet, auf den Moses große Voraussage zutrifft (5. Mo. 18,15-19). Durch die Einzigartigkeit seiner Person ist er der Prophet schlechthin. Er sprach nicht nur im Auftrag Gottes wie die anderen Propheten vor ihm, sondern Gott sprach durch ihn als Sohn (Hebr. 1,1-2). Im Gegensatz zu den atl. Propheten, die eine Stimme für Gott waren, ist der Sohn die Stimme Gottes selbst. Als Priester wurde er, als er am Kreuz starb, um die Sünder zu retten,

sowohl das Opfer als auch der Opfernde (Hebr. 9,14). Durch seine Auferstehung lebt er ewig, um für die Seinen Fürbitte zu tun (Hebr. 7,25). Als König Israels wurde er bei seinem ersten Kommen abgelehnt, aber bei seinem zweiten Kommen wird er als König regieren und so Gottes Bund mit David erfüllen (2. Sam. 7,8-16; Lk. 1,31-33; Apg. 2,29-36; 15,14-17).

Die Bedeutung des Wortes „Evangelium"

In den vier „Portraits" des Lebens Jesu Christi wird der Ausdruck „Evangelium" (vgl. Mk. 1,1) im Sinn der guten Botschaft von der Erlösung gebraucht, vollbracht durch Tod, Begräbnis und Auferstehung Jesu (vgl. 1. Kor. 15,1-5). Genau genommen sind die vier Evangelien gar keine Auslegung der Frohen Botschaft, obwohl gelegentlich bei Johannes erläuternde Aufzeichnungen vorkommen; vielmehr sind sie ein einziges Portrait der Person und des Werks Christi, eine Mitteilung der grundlegenden Tatsachen, die die Voraussetzung zur Erlösung bedürftiger Sünder bieten. Die geschichtliche Auswirkung des göttlichen Evangeliums zeigt die Apostelgeschichte. Die lehrhafte und praktische Bedeutung des Evangeliums, also die eigentliche Auslegung, finden wir in den Briefen des NT, hauptsächlich in den 13 Briefen des Apostels Paulus.

Was die Evangelien ausrichten

Sie beschreiben die ewige Existenz Jesu Christi, schon vor seiner Menschwerdung, seine Geburt als Mensch, seinen Tod, seine Auferstehung und Himmelfahrt sowie sein Leben und Lehren. Sie „malen" damit eine lebendige, dynamische, einzigartige Persönlichkeit vor Augen, den Gott, der Mensch

wurde, um die Menschen von der Sünde zu erlösen. Die vier Portraits zeigen Jesus mehr als Herrn und Heiland, als daß sie alles in der genauen Reihenfolge beschreiben, was er getan hat. Sie machen uns mit Jesus selbst bekannt, weniger mit seinem Leben als Ganzem.

Die Evangelien sind als Geschichten absichtlich unvollständig gehalten, jedoch wunderbar vollständig und bedeutungsvoll als göttliche Offenbarung des Sohnes Gottes, unseres Heilands! Sie bieten alles, was zum Glauben an Jesus nötig ist. Für den Unglauben ist dieser Gesichtspunkt natürlich ein Stein des Anstoßes.

Der Schlüssel zur rechten Auslegung der Evangelien

Man muß sich stets dessen bewußt sein, daß der in den vier Evangelien beschriebene Zeitabschnitt den Höhepunkt der Zeit des AT bildet. Er bereitet eine neue Zeit vor und kündigt sie an, ist jedoch nicht die neue Zeit selbst. Erst mit Jesu Himmelfahrt und dem darauffolgenden Kommen des Geistes an Pfingsten (Apg. 2) begann das Zeitalter der Gemeinde.

Der jüdische Hintergrund der Evangelien

Der Stoff der Evangelien ist aus dem Muster, den Hinweisen und Zitaten des AT gewoben (vgl. Matth. 1,1; Lk. 24,27.44-45). Unser Herr war „unter das Gesetz getan" (Gal. 4,4), diente vorwiegend den Juden in der Zeit des Gesetzes (Matth. 10,5-6; 15,23-26) und war „ein Diener der Beschneidung um der Wahrhaftigkeit Gottes willen, um die Verheißungen an die Väter zu bestätigen" (Röm. 15,8).

Als König und Messias wurde Jesus von Johannes dem Täufer angekündigt. Er bot Israel das Reich

Vergleich der vier Evangelien

Die vier Evangelien und das Alte Testament

alttestamentliche Zitate	Hinweise auf das AT
Matthäus 53	76
Markus 36	27
Lukas 25	42
Johannes 20	105

Matthäus	Markus	Lukas	Johannes
Der verheißene König	Der gehorsame Knecht	Der vollkommene Mensch	Der göttliche Sohn
wie ein Löwe	wie ein Ochse	wie ein Mensch	wie ein Adler
prophetisch	praktisch	geschichtlich	geistlich
für Juden	für Römer	für Griechen	für den Gläubigen
der davidische König	der Knecht des Herrn	der Menschensohn	das Wort Gottes
Davids rechtmäßiger Sproß (Jer. 23,5-6)	Mein Knecht, der „Sproß" (Sach. 3,8)	Der Mann, dessen Name „Sproß" ist (Sach. 6,12-13)	Der Sproß des Herrn (Jes. 4,2)
OFFIZIELL			PERSÖNLICH
König	Knecht	Menschensohn	Gottessohn
synoptisch (unter gemeinsamem Gesichtswinkel betrachtet)			ergänzend
nach außen	öffentlich	galiläisch, irdisch	innerlich, persönlich, jüdisch, himmlisch

Worte Jesu in den vier Evangelien

	Matthäus	Markus	Lukas	Johannes
Verse, die Worte Jesu enthalten	644	285	586	419
ungefährer Prozentsatz	60%	42%	50%	50%

Von den 3779 Versen sind 1934 oder über 50% von unserem Herrn gesprochen.

Gottes an und wurde von den Juden abgelehnt (Matth. 1-12). Als Prophet sagte er die neue Zeit (Matth. 13) und sein zweites Kommen (Matth. 24-25) voraus. Als Priester starb er und stand wieder von den Toten auf. Er erfüllte das Gesetz und brachte die Gnade (Joh. 1,17).

Bis zum Geschehen am Kreuz sind die Evangelien eine Erweiterung der atl. Ordnung, was besonders in der starken jüdischen Färbung zum Ausdruck kommt. Erst als der Vorhang im Tempel auf übernatürliche Weise beim Tode Christi zerriß (Matth. 27,51), änderte sich dieser Zustand.

Die Evangelien und die Menschheit

Die vier Evangelien richten sich an die verschiedenen Gesellschaftsklassen im Palästina des 1. Jh. n.Chr.: Matthäus an die Juden, Markus an die Römer, Lukas an die Griechen und Johannes an alle, die nicht mehr Juden oder Heiden waren (vgl. 1. Kor. 10,32), sondern an Jesus Christus glaubten.

Politischer Hintergrund zur Zeit des Neuen Testaments

Römische Kaiser	Herodianische Herrscher			Prokurator von Judäa und Palästina
			Herodes der Große **37-4 v.Chr.** König der Juden, großer Baumeister	
Kaiser Augustus **27 v.Chr-14 n.Chr.**				
Geburt Jesu, Kindheit in Nazareth	**Archelaus 4 v.Chr.- 6 n.Chr.** Sohn des Herodes, Ethnarch von Judäa, grausam	**Herodes Antipas 4 v.Chr.-39 n.Chr.** Tetrach von Galiläa und Perea. Tötet Johannes den Täufer	**Philip 4 v.Chr.- 34 n.Chr.** Tetrach von Ituräa und Trachonitis	**Judäa 6-41 n.Chr.**
				Coponius 6-10 n.Chr.
				M. Ambivius 9-13 n.Chr.
				Annius Rufus 12-15 n.Chr.
Kaiser Tiberius **14-37 n.Chr.** Öffentliches Wirken, Tod, Auferstehung Jesu				**Valerius Gratus 15-26 n.Chr.**

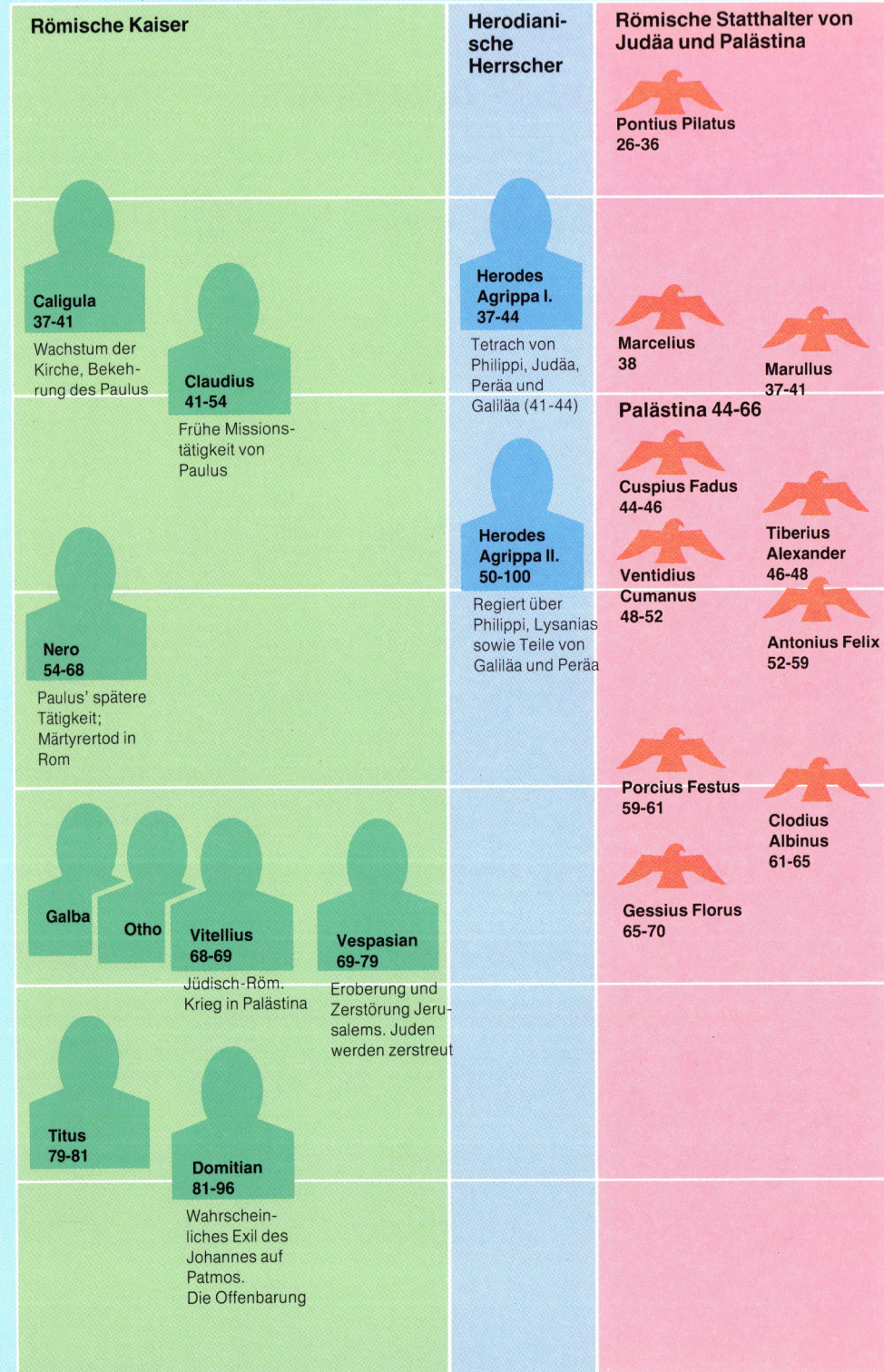

Römische Kaiser

Herodianische Herrscher

Römische Statthalter von Judäa und Palästina

Pontius Pilatus
26-36

Caligula
37-41
Wachstum der Kirche, Bekehrung des Paulus

Claudius
41-54
Frühe Missionstätigkeit von Paulus

Herodes Agrippa I.
37-44
Tetrach von Philippi, Judäa, Peräa und Galiläa (41-44)

Marcelius
38

Marullus
37-41

Palästina 44-66

Cuspius Fadus
44-46

Tiberius Alexander
46-48

Herodes Agrippa II.
50-100
Regiert über Philippi, Lysanias sowie Teile von Galiläa und Peräa

Ventidius Cumanus
48-52

Antonius Felix
52-59

Nero
54-68
Paulus' spätere Tätigkeit; Märtyrertod in Rom

Porcius Festus
59-61

Clodius Albinus
61-65

Galba

Otho

Vitellius
68-69
Jüdisch-Röm. Krieg in Palästina

Vespasian
69-79
Eroberung und Zerstörung Jerusalems. Juden werden zerstreut

Gessius Florus
65-70

Titus
79-81

Domitian
81-96
Wahrscheinliches Exil des Johannes auf Patmos. Die Offenbarung

Matthäus

Das Evangelium des Sohnes Davids

Verfasser. Der Schreiber dieses Evangeliums wird nicht genannt. Aber schon seit sehr früher Zeit wurde er mit Matthäus oder Levi, dem Zöllner, identifiziert. Matthäus war ein Jude aus Galiläa und einer der Jünger Jesu. Die moderne Bibelkritik lehnt Matthäus als Verfasser ab; ebenso das geschichtlich überlieferte frühe Entstehungsdatum. Allgemein halten die Bibelkritiker einen unbekannten Christen für den Verfasser. Dieser soll das Evangelium nicht vor 66 n.Chr. geschrieben haben. Dabei wird angenommen, der ungenannte Verfasser habe eine Sammlung von „Worten", die Matthäus zusammenstellte, benützt. Auf sie weise Papias (ca. 140 n.Chr.) hin. So sei es gekommen, daß man dieses Evangelium mit dem Namen Matthäus in Zusammenhang brachte. Diese Ansicht läßt sich jedoch nicht beweisen. Es besteht kein Anlaß, an der überlieferten Verfasserschaft des Matthäus zu zweifeln und das Buch um die Mitte des 1. Jh. zu datieren.

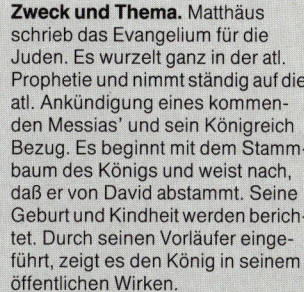

Zweck und Thema. Matthäus schrieb das Evangelium für die Juden. Es wurzelt ganz in der atl. Prophetie und nimmt ständig auf die atl. Ankündigung eines kommenden Messias' und sein Königreich Bezug. Es beginnt mit dem Stammbaum des Königs und weist nach, daß er von David abstammt. Seine Geburt und Kindheit werden berichtet. Durch seinen Vorläufer eingeführt, zeigt es den König in seinem öffentlichen Wirken.

Auf seine Abweisung als König folgt sein Tod als Sohn Abrahams und seine Auferstehung als Sohn Gottes.

Da das Evangelium für Juden geschrieben wurde, ist das Wissen um Gottes Plan mit Israel und seinem Messias der Schlüssel zur Deutung des Matthäus-Evangeliums. Das schließt die wichtige Prophetie über Israels zukünftiges irdisches Königtum unter dem Messias ein. Es wurde beim ersten Kommen abgelehnt, soll aber beim zweiten Kommen aufgerichtet werden (Apg. 1,6). Das Thema des Matthäus ist der Erlöser-König und seine Königsherrschaft.

Überblick

Der König geoffenbart und seine Königsherrschaft abgelehnt, Kap. 1-12
Der verschmähte König; sein Lehren und Wirken, Kap. 13-25
Das Leiden und der Tod des Königs, Kap. 26-27
Auferstehung und Missionsauftrag, Kap. 28

Der Überlieferung nach wurde Jesus hier geboren, in einer Höhle unterhalb der Geburtskirche von Bethlehem.

Matthäus

Kap. 1
Stammbaum und Geburt des Königs

Seine königliche Abstammung, 1-17. Der König wird bei der Aufzählung der Namen in der königlichen Abstammungslinie *zuerst* „Sohn Davids" genannt (er ist also der wahre Erbe des Thrones Davids), 1, dann „Sohn Abrahams", d.h. der Same, durch welchen die ganze Erde gesegnet wird. Die Reihenfolge ist bedeutsam, weil für den Juden (und dieses Evangelium wendet sich an die Juden) der Herr sich zuerst als König einzuführen hat und danach erst als Erlöser (vgl. Joh. 1,11-12). Der Stammbaum, 2-17, wählt nur ganz bestimmte Vorfahren aus. Er gliedert sich in drei Teile mit je 14 Generationen. Nur David wird deutlich als König bezeichnet, 6 (vgl. 2. Sam. 7,8-16). Der Stammbaum bei Matthäus zeigt, daß Jesus einen rechtmäßigen Anspruch auf den Thron Davids durch die Linie Salomos und Josephs hatte. Joseph wurde allgemein als der Vater Jesu angesehen (Lk. 3,23; 4,22). Wäre Jesus nur der Sohn Marias und Maria nicht die rechtmäßige Frau Josephs, eines Nachkommens Salomos gewesen, dann hätte man den Anspruch Jesu auf die Königswürde von Anfang an abgelehnt. Der Stammbaum bei Lukas zeigt Jesus als Menschensohn und Nachkommen Davids durch Maria; jedoch über das Haus Nathans (nicht Salomos). Als der von der Jungfrau Maria geborene Sohn der Maria jedoch hatte er keinen gesetzmäßigen Anspruch auf den Thron. Dies mußte über die Linie Josephs erfolgen.

Die Jungfrauengeburt, 18-25. Der Stammbaum (1-17) beweist, daß Jesus als rechtmäßiger König der Juden, als Sohn Davids und Abrahams, geboren wurde. Der Bericht von seiner Zeugung durch den Heiligen Geist im Schoß einer Jungfrau, 18-25, zeigt Jesus auch als Sohn Gottes, des ewigen Wortes, das bei Gott war und Gott ist (Joh. 1,1-2), jedoch in Erfüllung von Jesaja 7,14 (vgl. Matth. 1,22-23) Mensch wurde (Lk. 1,26-35; 2,1-7; Joh. 1,14) Allein ein Gott-Mensch konnte „Jesus" sein (griech. Form des hebr. „Jehoshua", Joshua = der Herr-Erlöser).

Die Verse 18-25 bezeugen, daß Jesus durch den Heiligen Geist gezeugt wurde und deshalb eine sündlose menschliche Natur hatte, die zu seiner Göttlichkeit hinzukam. Dadurch ist Jesus imstande, sein Volk „von Sünden zu retten", 21.

Kap. 2
Kindheit des Königs

Der Besuch der Weisen, 1-12. Dieser Besuch von gläubigen Heiden mit dem Ziel, den neugeborenen König anzubeten, paßt insbesondere in den Rahmen dieses Evangeliums vom König und ist deshalb nur hier berichtet. Das Geschehen spielte sich vielleicht Monate nach der Geburt Jesu ab, während sich die heilige Familie noch in Bethlehem aufhielt. Die Magier gehörten zu den gebildeten Leuten in Persien, entweder als Priester mit dem Zoroastrismus (Zarathustra-Kult) verbunden oder in der Kunst der Astrologie bewandert.

Herodes der Große, ein fähiger, aber grausamer Idumäer, regierte von 37 bis 4 v.Chr. in der Gunst des römischen Senats in Judäa als König. Zu dieser Zeit war er ein betagter, schwächlicher Tyrann, unverbesserlich, eifersüchtig und unbeherrscht, ein starker Gegensatz zum wahren „König der Juden", 2. Die flüchtige Notiz in der Bibel über diesen geistesgestörten, unberechenbaren Unmenschen stimmt vollkommen mit dem überein, was aus Geschichte und Archäologie über ihn bekannt ist. Herodes, der sogar einige Angehörige seiner eigenen Familie ermorden ließ, erscheint als Mörder der unschuldigen Kinder von Bethlehem und als der, der auch den Messias umbringen wollte. Die Heiden (vgl. Lk. 2,32) brachten Gold, um des Königs Göttlichkeit zu bekunden; Weihrauch, seines Lebens Wohlgeruch darstellend, und Myrrhe, die zum Einbalsamieren der Toten benützt wurde, was darauf hinweist, daß er in diese Welt kam, um zu sterben.

Der Stern von Bethlehem. Man hat das Erscheinen des Sternes auf verschiedene Weise zu erklären versucht. Jede dieser Theorien aber hat ihre eigene Schwierigkeit. Die sonst einleuchtenden Erklärungen, der Stern sei eine sogenannte Supernova oder ein Komet gewesen, der nur für eine kurze Zeit in Erscheinung trat, oder es habe sich hier um eine dreifache Konjunktion von Jupiter und Saturn im Jahre 6 v.Chr. gehandelt, sollten dennoch die Tatsache nicht verdunkeln, daß dieser Stern ein übernatürliches, d.h. von Gott selbst wunderbar gewirktes Zeichen gewesen ist, das auf die Geburt des Königs aller Könige und Heilandes aller Menschen hinweisen sollte.

Die Flucht nach Ägypten, 13-23. Dämonische Mächte widerstanden dem König durch Herodes und später durch die Führer seines eigenen Volkes. Satan wollte Gottes Plan für die Welt in Jesus Christus vereiteln. Ägypten, das Land der großen Knechtschaft Israels, wurde nun zum Zufluchtsort für Israels Befreier, den Erlöser der Welt in der Gestalt eines hilflosen Kindleins.

Kap. 3
Der Vorläufer des Königs und die Taufe

Des Königs Herold, 1-12. Johannes der Täufer, in der atl. Prophetie angekündigt, 3 (vgl. Jes. 40,3-5; Mal. 3,1), erscheint nun als Vorläufer des Königs. Geburt und Auftrag des Johannes sind bei Lukas beschrieben (Lk. 1,5-80). Seine Botschaft „Tut Buße, denn das Himmelreich ist nahe herbeigekommen", 2, war eine erneute Ankündigung des messianischen Königreiches, das bereits die atl. Propheten geweissagt hatten. Der Sohn Davids, der Herr, sollte es regieren, sobald es aufgerichtet sein würde. Dieses Reich stand unmittelbar bevor, seit Johannes es verkündigt hatte. Hier stieß es auf Ablehnung (Matth. 12,1-45; s. Erklg. zu Matth. 4,17). Gleichzeitig wurde eine neue Bruderschaft angekündigt (Matth. 12,46-50). Es ist das „Königreich des Himmels" (der Himmel), weil es die Regierung des Himmels auf der Erde darstellt (Matth. 6,10). Damit wird auf die Prophetie im Buch Daniel Bezug genommen (vgl. Dan. 2,34-35.44; 7,23-27).

Die Taufe des Johannes war nicht die christliche Taufe (vgl. Apg. 18,1-7), sondern eine äußerliche Handlung, die die Buße des Täuflings und seine Übereinstimmung mit der Botschaft des Johannes ausdrückte, 11. In den Versen 11 und 12 sind das erste und zweite Kommen Jesu zusammengefaßt. Nach seinem ersten Erscheinen und nach seinem Tod am Kreuz tauft Jesus mit dem Heiligen Geist. Pfingsten (vgl. das erstmalige Vorkommen dieser Taufe, Apg. 2,1-4) war eine Auswirkung des Versöhnungswerkes Jesu Christi. Die Taufe mit Feuer (Gericht) erfolgt erst vor dem zweiten Kommen Jesu.

Die Taufe des Königs, 13-17. Warum bestand der Sündlose auf einer Handlung, die Sündenbekenntnis und Buße voraussetzte? 13-14. Die Antwort Jesu war, es gelte, „alle Gerechtigkeit zu erfüllen", 15, d.h., Jesus wollte den rechtmäßigen Forderungen des mosaischen Gesetzes Genüge leisten. Jesus wird hier für sein öffentliches Wirken als König, Prophet und Priester geweiht, wobei der Schwerpunkt seines Wirkens auf dem Priesteramt lag, das in seinem Erlösungswerk auf Golgatha gipfelte. Die Aussonderung Jesu für sein Amt als Priester kommt in seiner Taufe am deutlichsten zum Ausdruck. Das levitische Gesetz forderte, daß alle Priester geweiht wurden, wenn sie „ungefähr dreißig Jahre alt waren" (Lk. 3,23; vgl. 4. Mo. 4,3). Das geschah durch Waschungen und Salbung (2. Mo.

Nazareth

29,4-7; 3. Mo. 8,6-36). Aaron nahm an der Waschung teil, weil er ein Sünder war und sie nötig hatte. Damit bietet er eine Vorschattung für die Art der Taufe Jesu Christi. Obwohl Jesus selbst kein Sünder ist und die Taufe daher nicht benötigte, stellte er sich trotzdem den Sündern gleich und erfüllte das aaronitische Vorbild. Auf die Taufe Jesu (Waschung), 14-16, folgte seine Salbung, als sich der Himmel öffnete, der Heilige Geist auf ihn herabkam, 16, und des Vaters Stimme sein dreifaches Amt besiegelte, 17. Das war die priesterliche Salbung Jesu (vgl. 2. Mo. 29,4-7, wo die Salbung der Waschung folgte), damit vom Vater selbst für das Werk der Erlösung geweiht wurde (Apg. 4,27; 10,38). Es war auch die Weihe für das Königs- und Prophetenamt.

Kap. 4
Die Versuchung des Königs

Die Versuchung durch den Teufel, 1-11. Die Versuchung des „letzten Adam" (1. Kor. 15,45) in der Wüste steht in auffallendem Gegensatz zu derjenigen des ersten Adam im Paradies. Der erste Adam, Herr der ersten Schöpfung, handelte aus sich selbst im Ungehorsam gegen Gott, fiel und verlor alles. Der letzte Adam, Knecht in gehorsamer Unterordnung unter den Willen des Vaters, handelte in völliger Abhängigkeit vom

Griechisch-orthodoxe Kirche unweit von Kapernaum

Vater und gewann dadurch, daß er der dreifachen Versuchung des Teufels widerstand, alles wieder. Jesus, der allein Sündlose, bewies damit seine Würde und Fähigkeit als Priester, die Sünder zu erlösen. Als der einzig Wahre, der die Lügen Satans abwies, bekundete er die Wahrheit als Prophet, und indem er Satans falsche Königsherrschaft ablehnte, bewies er, daß er der wahre König aller Könige und Herrscher der erlösten Welt sei. Der Mann des Gehorsams besiegte Satan durch Worte aus dem Buch des Gehorsams, dem 5. Buch Mose (vgl. 5. Mo. 6,16; 8,3; 10,20).

Der König tritt das öffentliche Amt an, 12-25. Jesus wohnte in Kapernaum (Tell Hum), 12-13, einem stark bevölkerten, geschäftigen Fischerhafen am Nordwestufer des galiläischen Sees. Sein Anfangswerk war eine Erfüllung der Prophetie Jesajas (Jes. 9,1). Die Botschaft des Königs (wie auch diejenige seines Vorläufers) war: „Tut Buße, denn das Himmelreich ist nahe herbeigekommen", 17 (s. Erklg. zu Matth. 3,1-12). Der Ausdruck „nahe" oder „nahe herbeigekommen" bedeutet, daß der König gekommen war und Israel das Königreich anbot. Israel brauchte nur eine Bedingung zu erfüllen: es sollte Buße tun. Die Weigerung des Volkes, Buße zu tun, obwohl der König mitten unter ihm war, und seine Ablehnung als König und auch die Zurückweisung seines Reiches war in Gottes Plan eingeschlossen. Dadurch sollte die tiefverwurzelte Sündhaftigkeit des Volkes und die Notwendigkeit des Sühnetodes des Königs als Voraussetzung für die künftige Aufrichtung des Königreichs offenbar werden.

Die Berufung der Jünger Petrus und Andreas, 18-20 (vgl. Mk. 1,16-20; Lk. 5,2-11), und Jakobus und Johannes, 21-22, wird berichtet. Zu Dekapolis (Zehnstädte), 25, s. Erklg. zu Markus 7.

Kap. 5-7
Der König macht die Gesetze seines Reiches bekannt

Wesen der Bewohner des Königreiches, 5,1-16. Die Kap. 5-7 enthalten die Bergpredigt des Königs. Er verkündigte „das Königreich der Himmel" als „nahe" bevorstehend. Die Seligpreisungen, 1-12, zeigen die Eigenschaften derer, die das Himmelreich erben werden. Die, welche in Wahrheit „Buße tun", werden sowohl „das Salz der Erde", 13, als auch „das Licht der Welt", 14-16, sein.

Der König und das mosaische Gesetz, 5,17-48. Der König erfüllte das Gesetz, wobei er seine tiefere geistliche Bedeutung bestätigte und betonte. Auf diese Weise verurteilte er jeden natürlichen, geistlich nicht erneuerten Menschen und zeigte, daß das Himmelreich nur durch einen König aufgerichtet werden wird, der zuvor der Retter seiner künftigen Untertanen werden muß. Nur dann werden sie sich der Gerechtigkeit, Liebe und Vollkommenheit erfreuen, die der König hier beschreibt. Beim zweiten Kommen des Königs, wenn Seine Herrschaft aufgerichtet ist, wird sein Wille auf Erden wie im Himmel getan werden (Matth. 6,10).

Die Erben des Königreichs und das Gebet, 6,1-18. Die Erben des Königreiches sollen von rechter innerer Aufrichtigkeit bestimmt sein, welche sie durch Gott besitzen und im alltäglichen Leben in die Tat umsetzen sollen. So kommen sie in die Gemeinschaft mit Gott als ihrem Vater (12mal in diesem Kap. erwähnt). Solche Gemeinschaft und die daraus folgende Gerechtigkeit nimmt vorweg, was durch das Geschehen am Kreuz möglich gemacht wurde. Das Gebet des Herrn ist ein zeitloses und meisterhaft formuliertes Gebet. Es stellt ein unübertroffenes, einfaches und dennoch tiefgründiges Modell für alles Beten überhaupt dar und enthält alle wesentlichen Elemente wirksamen und erhörlichen Gebets.

Die Erben des Königreichs und die Welt, 6,19-34. Hier ist aufgezeichnet, wie sich diejenigen, die reinen Herzens sind und in der Gegenwart des Vaters wandeln, gegenüber irdischem Reichtum und den Sorgen des Lebens zu verhalten haben.

Erben des Reiches und hartes Richten, 7,1-14. Das Richten der Beweggründe anderer ist hier verboten (vgl. 1. Kor. 4,5; 5,12-13). Vgl. Vers 6 mit 2. Petrus 2,22, wo „Hunde" und „Schweine" nichtwiedergeborene Außenseiter versinnbildlichen. Das Gebet ist die Heilung für hartes Richten, 7-11; und die „goldene Regel", 12, faßt die richtige menschliche Haltung zusammen. Die beiden Wege, 13-14, erinnern an Psalm 1.

Erben des Reiches werden vor falschen Lehrern gewarnt, 7,15-29. Die Früchte falscher Lehrer geben Zeugnis, 15-20, nicht ihr leeres Bekenntnis, 21-23. Diese Wahrheit wird durch solche, die auf einen Felsen und solche, die auf Sand bauen, versinnbildlicht, 24-29.

Kap. 8-9
Offenbarung des Königs

Des Königs Macht über Krankheit, 8,1-17. Erstaunliche Zeichen zeigten Israel, daß das Himmelreich nahe herbeigekommen war. Ein Aussätziger wurde geheilt, 1-4, der Knecht des Hauptmanns, 5-13, die Schwiegermutter des Petrus, 14-15, und viele andere, 16-17. Matthäus gibt diesen Wundern keine zeitliche Reihenfolge (vgl. Mk. und Lk.), sondern ordnet eher von der Thematik her, um den jüdischen Charakter seines Evangeliums zu unterstreichen.

Des Königs Macht über die Natur und die Dämonen, 8,18-34, zeigt ihn als Herrn der Schöpfung und Herrscher über die Welt der Dämonen (s. Erklg. zu „See Genezareth" in Mk. 6).

Des Königs Macht, Sünden zu vergeben, und andere Zeichen, 9,1-38. Die Heilung des Gelähmten zeigt des Königs Macht, Sünden zu vergeben, 1-8. Die Berufung des Matthäus, 9, und des Königs Tischgemeinschaft mit den Zöllnern, 10-13, stellen seinen Auftrag, Sünder zur Buße zu rufen, dar. Das neue Tuch und die neuen Weinschläuche, 16-17, sind Bilder einer besseren Gerechtigkeit durch Gnade, im Gegensatz zu dem alten Kleid und den Weinschläuchen der gesetzlichen Vorschriften (vgl. Mk. 2,21-22; Lk. 5,36-39). Jesu Ankündigung des Königreiches wurde leider abgewiesen, 27-34, trotz der sie begleitenden Wunder, 25-38, und des Hirtenherzens des Königs.

Kap. 10
Des Königs Gesandte

Die Zwölf und ihr Auftrag, 1-15. Der König sandte seine zwölf Jünger aus, ausgerüstet mit wunderbaren Kräften. Sie sollten das Reich nur den Israeliten verkünden, 1-6. Ihre Botschaft war dieselbe wie die von Johannes, dem Vorläufer des Königs, 7 (vgl. Matth. 3,2 und Erklg. zu Matth. 3,1-12), und die des Königs selbst (Matth. 4,17 und Erklg. zu Matth. 4,12-25). Ihr Auftrag war, das Evangelium vom Königreich durch Wundertaten zu bekräftigen. Auftrag und Botschaft waren zeitlich begrenzt und endeten mit Israels offizieller Ablehnung des Königreichs (Kap. 11-12).

Wiederaufnahme des Auftrags, 16-42. Die Bedeutung des Auftrags, 16-23, geht über den unmittelbaren Dienst der Zwölf hinaus. Er weist prophetisch auf die Verkündigung des jüdischen Überrestes in den dunklen Verfolgungstagen der großen Trübsal hin, welche dem zweiten Kommen des Königs vorausgehen. In diesen Tagen wird das Evangelium vom Reich wiederum verkündigt werden. Vers 23 wird dann in Erfüllung gehen. Die Verse 24-42 bringen den treuen Nachfolgern des Königs Ermutigung.

Kap. 11
Ablehnung der Botschaft vom Königreich

Johannes der Täufer abgewiesen, 1-19. Jesu Wirken für das Königreich regte Johannes zu einer Erkundigung über ihn an, 1-6. Die Gefangenschaft des Johannes könnte der Anlaß für seine Zweifel gewesen sein; aber die durch seine Krafttaten wunderbaren Zeugnisse über die Person Jesu sollten seine Befürchtungen zerstreuen. Das Lob des Königs über Johannes war freundlich und überzeugend, 7-19. Derjenige, welcher der „Kleinste im Himmelreich ist", 11, wenn es auf Erden aufgerichtet sein wird, wird eine höhere Stellung einnehmen (nicht im Blick auf Charakterstärke) als Johannes, der nicht ins Himmelreich einging, sondern nur das ankündigte, was damals abgelehnt wurde. Vers 12 betont die Gewalt, die dem Reich von Gegnern und Sündern angetan wurde.

Der König abgelehnt, 20-24. Das von Johannes angekündigte, durch den König und seine Gesandten gepredigte und mittels wunderbarer Zeichen beglaubigte Himmelreich wurde durch das Volk abgelehnt. Deshalb verkündete der König das Gericht. Chorazin (Kerazeh) lag kaum 3 km nördlich von Kapernaum (Tel Hum) in der Gegend des Nordwestufers des Sees Genezareth. Beträchtliche Ruinenreste sind verblieben, einschließlich einer seit 200 Jahren bekannten Synagoge. Bethsaida war der Fischerhafen („Fischerstadt") von Kapernaum; der Name bedeutet „Häuser", d.h. Ort, wo Fische gefangen werden. Offenbar breitete es sich auf beiden Seiten des Jordan aus, und zwar an der Stelle, wo der Fluß in den See fließt. Kapernaum war die blühende, bevölkerte Hauptstadt der Region am Nordwestufer des Sees.

Die neue Botschaft des Königs, 25-30. Dies war eine Krise im Wirken des Königs. Er wandte sich von dem ablehnenden, unbußfertigen Volk ab und bot einzelnen im Volk, die bußfertig und sich ihrer Not bewußt waren, Frieden und Hilfe an.

Kap. 12
Endgültige Ablehnung des Königs

Der König wird abgelehnt, 1-21. Die Ereignisse in diesem Kap. führen zur vollständigen Ablehnung des Königreichs und bezeichnen den großen Wendepunkt im Evangelium des Matthäus. Von nun an wurde das Evangelium vom Himmelreich Israel nicht mehr verkündigt. Die Ablehnung der Botschafter des Reichs wurde in der Anschuldigung der Pharisäer sichtbar, die Jünger hätten das Sabbatgebot übertreten, 1-8. Als zurückgewiesener König wies Jesus geschickt auf das hin, was David tat, als er abgewiesen wurde (1. Sam. 21,6). Er erklärt sich selbst zum Herrn über den Sabbat und heilte den Mann mit der verdorrten Hand am Sabbat, 9-14. In dämonischem Haß planten die Obersten des Volkes seine Ermordung, 14. Der abgelehnte König Israels deutete eine Hinwendung zu den Heiden an, 16-21 (vgl. Matth. 10,5-6; Jes. 42,1-4). Sie würde auf die in seiner Kreuzigung klar bekundete offizielle Ablehnung hin erfolgen (Matth. 26-27), auf die endgültige Abweisung des Auferstandenen (Lk. 24,46-47; Apg. 9,15; 13,46; 28,25-28).

Der König und die unverzeihliche Sünde, 22-45. Die Heilung des Besessenen, 22-23, deckt die Gotteslästerung der Pharisäer auf, 24. Sie begingen die unverzeihliche Sünde, die mächtige Taten des fleischgewordenen Königs satanischer (dämonischer) Macht anstatt dem Heiligen Geist zuzuschreiben, 25-32. Wiederum kündigte der

König Gericht an, 33-42 (vgl. 11,20-24), und sprach eine umfassende Prophezeiung über das Volk Israel aus. Er benutzte dabei das „Bild" eines Besessenen, 43-45. Die damalige Generation glich in ihrem pharisäischen Beharren auf Äußerlichkeiten einem Besessenen in von Dämonen gereinigtem Zustand – leer, gesäubert, aufpoliert. Der Einzug von sieben schlimmeren Dämonen weist auf das dämonisch beherrschte Volk der letzten Zeit hin, wenn es von Gott abfallen und unter den Einfluß des Antichristen kommen wird (Dan. 9,27; Off. 9,1-12; vgl. 2. Thess. 2,8-10; Joh. 5,43).

Des Königs neue Verwandtschaft, 46-50. Auf die Ablehnung des Königs und des Reichs hin weigerte sich der König sogar, seine eigenen Verwandten zu sehen. Dadurch soll die Tatsache versinnbildlicht werden, daß seine Verbindung zu seinem eigenen Volk, zu welchem er als der versprochene König gekommen war, nun abgebrochen war. Eine neue Botschaft und Verwandtschaft war nun da, Kap. 13.

Kap. 13
Der abgelehnte König spricht von dem vorläufigen Königreich

Der König am Seegestade, 1-2. Der König begann, in Gleichnissen zu lehren. Diese Gleichnisse sind nur im Matthäus-Evangelium vollständig aufgezeichnet und stellen die Geheimnisse des Himmelreichs dar. Das war nun nicht mehr das Reich, das Israel durch die atl. Propheten so klar verheißen war; das der Vorläufer des Königs, Johannes der Täufer, der König selbst und seine Gesandten (Kap. 3-12) als nahe herbeigekommen verkündigt hatten und das von den Juden abgelehnt worden war (Kap. 11-12). Hier handelte es sich vielmehr um ein Reich, von dem bisher nicht offenbart worden war, daß es ein geistliches Reich sein würde, das in der Zeit zwischen Israels Ablehnung des Königs und seines Reiches und seiner zukünftigen Annahme bestehen würde. Die Geheimnisse dieses Reiches waren im AT nicht offenbart worden (vgl. Matth. 13,11.34-35), während das Königreich, das eben vom Volk abgelehnt worden war, von der ganzen atl. Prophetie her gut bekannt war (z.B. Jes. 9; 11; 35; Mi. 5 usw.).

Die sieben Gleichnisse (Geheimnisse) des Himmelreichs, 3-52. Sie werden „Geheimnisse" genannt, weil sie Wahrheiten enthalten, die vorher nicht geoffenbart worden waren. Die sieben Gleichnisse befassen sich mit dem gegenwärtigen Zeitalter, wo Israel, der Weinberg, unbearbeitet liegt (Jes. 5,1-7). Das erste Gleichnis zeigt, daß unser Herr den Samen des Wortes auf den Acker (die Welt) sät, 3-23. Das zweite Gleichnis, der gute Same und das Unkraut, 24-30, erläutert in den Versen 36-43, zeigt Satans Geschäftigkeit und Betrug während dieser Zeit,

![Überreste der Synagoge von Kapernaum]

Überreste der Synagoge von Kapernaum aus dem 3. Jh.

Ein Säemann sät seinen Samen aus.

indem er den Weizen verfälscht und die treuen Kinder des Himmelreichs durch falsche Lehrer verführt (Matth. 7,21-23). Das dritte Gleichnis, das Senfkorn, 31-32, zeigt das schnelle und geheimnisvolle Wachstum des Himmelreichs. Das vierte Gleichnis, der in den drei Maß Mehl verborgene Sauerteig, 33, warnt vor der Vermischung der Wahrheit des Wortes mit dem Irrtum des Sauerteigs durch falsche Lehren in diesem Zeitalter (vgl. Matth. 16,11-12; Mk. 8,15; 1. Kor. 5,6-8; Gal. 5,9). Das fünfte Gleichnis zeigt das Bild unseres Herrn, der alles, was er hatte, gab, um den Schatz (Israel), der im Acker verborgen lag, zu besitzen, 44 (vgl. Jes. 53,2-10; Ps. 22,2; 2. Kor. 8,9). Er wird diesen Schatz aufgrund seines Sühnetodes wiederherstellen. Das sechste Gleichnis zeigt unseren Herrn als Kaufmann, der „eine hochwertige Perle" fand (die Gemeinde, Eph. 5,25-27) und alles (auf Golgatha) verkaufte, um sie zu erwerben, 45-46. Das siebte Gleichnis zeigt das Netz, das Gute und Böse sammelt, 47-52, die während dieses Zeitalters zusammenbleiben werden, bis sie am Ende der Weltzeit voneinander getrennt werden.

Weitere Beweise der Ablehnung des Königs, 53-58, als er nach Nazareth zurückkehrte.

Kap. 14
Das Martyrium des Vorläufers des Königs

Märtyrertum des Johannes, 1-12. Herodes Antipas, ein Sohn Herodes des Großen und einer

Samariterin, Malthake, daher nicht-jüdisch von Geburt, war Vierfürst von Galiläa (Lk. 3,1) und Peräa (4 v.Chr. – 39 n.Chr.). Er machte sich bei seinen jüdischen Untertanen durch seine blutschänderische Ehe mit seiner Nichte Herodias, der früheren Frau seines Halbbruders Herodes Philippus, verhaßt. Diese Tat wurde ihm von Johannes dem Täufer vorgehalten und führte schließlich zu dessen Enthauptung.

Jesu barmherziges Wirken, 13–36. Er speiste die Fünftausend, 15–21 (Mk. 6,30–44; Lk. 9,10–17; Joh. 6,1–4) und stillte den Sturm auf dem See Genezareth, 22–36 (Mk. 6,45–52).

Kap. 15
Weitere Wirksamkeit des abgelehnten Königs

Seine Verurteilung der Schriftgelehrten und Pharisäer, 1–20. Sie beschuldigten Jesus, die von Menschen verfaßten Überlieferungen übertreten zu haben, 1–2. Er warf ihnen vor, daß sie das Wort Gottes durch menschliche Überlieferungen ersetzten, 3–6, und stellte ihre Heuchelei und Verderbtheit bloß, indem er Jesaja 29,13 anführte und sie öffentlich wegen ihrer gottlosen Art, die an bloßen Äußerlichkeiten festhielt, rügte, 7–20.

Er diente einer Heidin, 21–28. Nachdem Jesus von seinem eigenen Volk abgewiesen worden war, deutete er an, daß er nun unter den Heiden wirken werde (Matth. 12,18; vgl. Jes. 42,1–4). Dies begann er nun im Vorgriff zu erfüllen. Als abgelehnter Sohn Davids half er einer Nicht-Israelitin von Phönizien, hier nach seinen zwei wichtigsten Meerhäfen „die Küste von Tyrus und Zidon" genannt. Die „Hunde" waren Heiden außerhalb des Bereichs der jüdischen geistlichen Sonderrechte, ausgedrückt durch „das Brot der Kinder". Als die kanaanäische Frau Jesus mit

Einige glauben, daß Jesus auf dem Berg Tabor verklärt wurde.

„Herr" anredete und den Platz demütigen Glaubens unter den „Hündlein" einnahm, wurde ihre Bitte erhört. Dieses Ereignis war eine Vorschattung der Rettung der Heiden in diesem Zeitalter.

Jesus diente der Volksmenge, 29–39. Die Heilung vieler Kranker, 30–31, stellte die Segnungen des „Gottes Israels" für alle dar, die im Glauben zu ihm kommen. Die Speisung der Viertausend zeigte ferner das Erbarmen des Königs mit der Volksmenge, 32–39 (vgl. Mk. 8,1–9).

Kap. 16
Der abgewiesene König sagt seinen Tod voraus

Der Sauerteig der Schriftgelehrten und Pharisäer, 1–12. Ein weiterer Bericht über die Bosheit der jüdischen Führer wird gegeben, 1–4. Sie versuchten Jesus und verlangten, ihnen ein Zeichen zu geben, nachdem sie allen seinen früheren Wundertaten ungläubig gegenübergestanden und sie abgelehnt hatten. Das Zeichen des Propheten Jona, seine Auferstehung betreffend, 4, war das einzige, das er ihnen gab (vgl. Matth. 12,39–41; Lk. 11,29–30). Das diente zur Verschärfung ihrer Schuld. Dann ging Jesus noch weiter, als er das Symbol des Sauerteigs auf falsche und böse Lehre deutete, 6–12 (vgl. Matth. 13,33; 1. Kor. 5,6). Der Sauerteig der Pharisäer war heuchlerisches Festhalten an Äußerlichkeiten, derjenige der Sadduzäer vernunftmäßiger Unglaube. Beide Parteien lehnten den König und sein Reich ab.

Das Bekenntnis des Petrus, 13–19. Zu Cäsarea Philippi, 13, s. Erklg. bei Markus 8,27. Das Bekenntnis des Petrus schloß die ganze Göttlichkeit Jesu, „Christus, der Sohn des lebendigen Gottes", 16, ein. Diese Offenbarung, die Petrus oder auch anderen geschenkt wurde, entspringt nicht menschlicher Weisheit oder Begabung, sondern kommt von Gott, dem Vater, 17. Zudem wurde diese Wahrheit der Göttlichkeit Christi („Sohn des lebendigen Gottes", nicht der „Sohn Davids") Grundlage der Gemeinde, 18, und nicht die Person des Petrus. „Du bist Petrus (*petros* = „Stein"), und auf diesen Felsen (*petra* = „große Felsbank") will ich meine Gemeinde bauen (vgl. 1. Petr. 2,4–6, wo der Apostel klarmacht, daß Jesus ihn niemals mit dem „Felsen" gemeint hatte). „Die Schlüssel des Himmelreiches", 19, sind im Sinne von Matthäus 13 (s. Erklg. zu Matth. 13,1–2) zu verstehen. Petrus gebrauchte diese Schlüssel, indem er Israel an Pfingsten die Möglichkeit eröffnete, das Evangelium anzunehmen (Apg. 2,38–42), ebenso den rassisch gemischten Samaritern (Apg. 8,14–17) und den Heiden in Cäsarea (Apg. 10,34–44). Auf diese begrenzte Weise gebrauchte Petrus die Schlüsselgewalt.

Christus sagt seinen Tod, seine Auferstehung und seine Wiederkunft voraus, 20-28. Der König beschwor seine Jünger, niemandem zu sagen, „daß er der Christus sei", 20, denn sie hatten Christus verkündigt als den König eines rechtmäßigen Königreichs, das Israel verheißen und „nahe herbeigekommen" war. Andererseits mußte die Gemeinde auf ihn als dem gekreuzigten, auferstandenen und aufgefahrenen Herrn erbaut sein (Eph. 1,19-22), und das mußte ebenfalls bald verkündigt werden. Obwohl die frühere Botschaft abgeschlossen war, war die neue insofern noch nicht reif, als das Blut des Neuen Bundes noch nicht geflossen war. Darum sagte der Herr an diesem entscheidenden Wendepunkt seinen Tod, seine Auferstehung, 21, und sein zweites Kommen voraus, 28. Kein Wunder, daß Petrus und die anderen Jünger, die bis dahin von dem König und der Erwartung des Königs, der in sein Reich kommen soll, gepredigt hatten, Jesu plötzliche Voraussage seiner Leiden und seines Todes, 22-23, nicht verstehen konnten. Sie mußten darum über die Härten echter Jüngerschaft, 24-26, und über die Belohnungen beim zweiten Erscheinen, wenn der König und sein Reich von Israel angenommen werden wird, 27-28, unterwiesen werden. Drei Jüngern wurde dieses zukünftige Reich hörbar und sichtbar vorgeführt (Kap. 17,1-9).

Kap. 17
Der abgewiesene König und seine zukünftige Herrlichkeit

Die Verklärung, 1-21 (s. auch Erklg. zu Lukas 9,28-36). Jesus hatte sein zweites Kommen in Herrlichkeit angekündigt (vgl. 16,27), um das zuvor abgewiesene Königreich aufzurichten (Matth. 3-12). Er sagte voraus, daß etliche, die damals bei ihm waren (Petrus, Jakobus und Johannes), 1, nicht sterben würden, bis sie „des Menschen Sohn haben kommen sehen in seinem Reich" (16,28). Diese Weissagung wurde eine Woche später in der Verklärung Christi erfüllt. Sie gab eine winzige Ahnung von den herrlichen, zukünftigen Geschehnissen (2. Petr. 1,16-21). Alle wesentlichen Einzelheiten des Bildes sind vorhanden: (1) Christus als Menschensohn, nicht in der Erniedrigung als Mensch, wenn auch ohne Sünde, sondern in Herrlichkeit; (2) Mose, verherrlicht, der die Erlösten, die durch den Tod in die Herrlichkeit eingegangen waren, darstellt; (3) Elia, gleicherweise verherrlicht, jedoch die durch die Entrückung ins Reich eingegangenen Erlösten darstellt (1. Thess. 4,14-18; 1. Kor. 15,50-53); (4) Petrus, Jakobus und Johannes, nicht verherrlicht in der Erscheinung, den jüdischen Rest am Ende darstellend, welche als Unverwandelte ins Reich eingehen werden; (5) das Volk in Not am Fuß des Berges, 14-21, das die Nationen versinnbildlicht, die an den Segnungen des Königreichs nach seiner Wiederherstellung für Israel teilhaben werden (Apg. 1,6; Jes. 11,10-12), die sichtbar mit der Befreiung von Satan und allen dämonischen Mächten verbunden sein wird (Offb. 20,1-3).

Jesu erneute Ankündigung seines kommenden Todes, 22-23 (vgl. Matth. 16,21; Mk. 9,30-32; Lk. 9,44-45). Sie war notwendig, denn sie ist die Voraussetzung für sein zweites Kommen und seine Königsherrschaft. S. auch Erklg. zu Markus 9,1-13.

Das Steuergeld, 24-27. Das Wunder, daß das Steuergeld bei der geschäftigen Metropole Kapernaum am Seeufer aus dem Munde eines Fisches genommen wurde, zeigt die Demut und Unterwerfung des allmächtigen und allwissenden Herrn des Weltalls, der erst kurz zuvor seine Herrlichkeit in seinem kommenden Reich offenbart hatte. Die betreffende Steuer war für den Unterhalt des Tempels bestimmt (2. Mo. 30,13; 2. Chron. 24,6.9). Jesus wollte eigentlich sagen: „Diese Steuer ist für den Unterhalt des Hauses meines Vaters bestimmt. Als sein Sohn bin ich eigentlich nicht verpflichtet, sie zu zahlen. Ich bin frei."

Kap. 18
Anweisungen des abgelehnten Königs – Vergebung

Das Wesen der Bürger des Reiches Gottes, 1-14. Die Jünger interessierten sich für künftige Ämter im Himmelreich, 1. Jesus jedoch betonte, daß es wichtiger sei, durch „Umkehr" (Bekehrung) Bürger des Himmelreichs zu werden, 2-3, und die Demut eines Kindes zu zeigen, 4-5. Dann sprach Jesus von Verfehlungen (Handlungen und Auffassungen, die anderen schaden oder zur Sünde verleiten), 6-10. Gegen solche Verfehlungen muß man sehr streng vorgehen, wie Jesus dies durch die Anwendung von radikalen Bildern über Selbstverstümmelung des Körpers anschaulich macht, welche natürlich nicht buchstäblich, sondern geistlich zu verstehen sind. Die Bürger des Himmelreichs haben Schutzengel, 10, und erfahren den rettenden Hirtendienst des Menschensohns, 11-14.

Zucht und Gebet im Reich, 15-20. Es ist im AT nicht geoffenbarte Seite des Reiches Gottes, die in diesem Abschnitt ins Blickfeld kommt (s. Erklg. bei Matth. 13,1-2). Da dieses geistliche Reich weitgehend, wenn auch nicht vollständig, mit der Gemeinde Jesu gleichbedeutend ist, ist diese hier wie in Matthäus 16,18 vorweggenommen. Das eigentliche Wesen dessen, was Gemeinde ist, wird erst durch Paulus geoffenbart (vgl. Eph. 3,1-10). Gemeindezucht ist in einer bestimmten Weise auszuüben, so daß das gekränkte Glied weiß, wie es handeln soll. Wer so vorgeht, handelt in der Liebe und Geduld Jesu. Alles soll unter anhaltendem Gebet geschehen.

Vergebung im Reich Gottes, 21–35. Siebzigmal sieben sind 490. Diese Zahl bedeutet, daß echtes Vergeben alle Rekorde bricht und nicht eingeschränkt werden darf. Das Gleichnis vom Himmelreich (vgl. die sieben Gleichnisse in Matth. 13) weist auf die Bedeutung der Vergebung hin (vgl. Eph. 4,32).

Kap. 19
Anweisungen des abgelehnten Königs – Ehescheidung

Über Ehescheidung, 1–15. Jesus verließ Galiläa, um sein Wirken in Peräa zu beginnen, 1–2 (Kap. 19–20). Eine Frage der Pharisäer war der Anlaß seiner Lehre über die Ehescheidung, 3–12 (vgl. Matth. 5,31–32; Mk. 10,2–12; Lk. 16,18 und Ausführungen des Paulus in 1. Kor. 7). Einehe ist Gottes Norm, 4–6, doch wurden im mosaischen Gesetz gewisse Zugeständnisse an die menschliche Schwäche gemacht, 7–8 (5. Mo. 24,1–4). Jesus scheint nur Ehebruch als Scheidungsgrund anzuerkennen, 9, doch nimmt er auch Rücksicht auf die menschliche Schwäche, 10–12. Er hatte das Interesse der kleinen Kinder im Sinn, die Leidtragenden bei Ehescheidungen, 13–15.

Jesus heilte zwei Blinde bei Jericho, bevor er in Jerusalem einzog.

Der reiche Jüngling, 16–26. Er ist religiös und moralisch einwandfrei, jedoch ohne echtes geistliches Leben. Dieser junge Mann versinnbildlicht die falsche Auffassung vieler Christen, es sei wichtiger, etwas zu tun (Werke), um selig zu werden, als zu glauben, daß Christus etwas für sie getan hat. Der Herr versprach dem jungen Mann nicht das ewige Leben, weil er „gute Werke" getan hatte; er bat ihn vielmehr, eine Tat zu vollbringen, welche ihm seinen Mangel an rettendem Glauben und die Unrichtigkeit seiner Behauptung, er befolge das Gesetz, beweisen sollte (Mk. 10,17–31; Lk. 18,18–30).

Belohnung bei der Wiedergeburt, 27–30. Die Neuschöpfung (Wiedergeburt) weist auf die Erneuerung der Erde im davidischen Königreich hin, das durch Jesus, den Mittler, angeboten, jedoch zurückgewiesen wurde (Matth. 3–12) und das bei seinem zweiten Kommen (Matth. 25,31) wiederhergestellt werden wird. In diesem Reich werden offenbar die 12 Apostel Israel verwalten, 28 (vgl. Jes. 1,26).

Kap. 20
Lehren des abgewiesenen Königs – die Arbeiter

Gleichnis von den Arbeitern, 1–16. Dieses Gleichnis veranschaulicht die Wahrheit, die Jesus in Kap. 19,30 erklärt und in Kap. 20,16 wiederholt hat, um die Überheblichkeit und den feilschenden Geist des Petrus (19,27) zu korrigieren. Gott bewertet den Dienst seiner Knechte anders als die Menschen. Einige, die im Dienst für den Herrn Hervorragendes leisten und offensichtlich mit Erfolg arbeiten, auf die wir schauen als auf solche, die Gott mächtig gebrauchen kann, werden fast am Schluß der Liste der treuen Diener des Herrn stehen, während demütige, sich selbst in den Schatten stellende Knechte, die von den Menschen kaum beachtet werden, bei Gott hoch geachtet sind. Ferner müssen wir uns zuerst für den Dienst des Herrn interessieren, nicht für die Belohnung; für den Wert, nicht für die Dauer unseres Dienstes.

Jesus sagt wiederum seinen Tod und seine Auferstehung voraus, 17–28. Es ist die vierte Vorhersage dieser Ereignisse (Matth. 12,39–41; 16,21–23; 17,22–23). Im Licht dieser Leidensankündigung, 17–19, erscheint die selbstsüchtige Bitte der Mutter des Jakobus und Johannes befremdend. Sie begehrte eine hohe Stellung für ihre Söhne im prophezeiten Königreich, dessen tiefste Wesensart sie jedoch nicht verstanden hatte.

Zwei Blinde geheilt, 29–34. Diese riefen Jesus mit „Sohn Davids" an, 30,31, und wurden außerhalb Jerichos (Tulûl Abû el-'Alâyik am Wadi Qelt, 27 km von Jerusalem) geheilt. Sie erkannten seine messianische Vollmacht und könnten das Vorzeichen für die künftige Bekehrung des jüdischen Überrestes sein, der den Messias bei seinem zweiten Kommen annehmen wird (vgl. Mk. 10,46-52; s. dortige Erklg. über Jericho).

Kap. 21
Der abgewiesene König zieht in Jerusalem ein

Der königliche Einzug in Jerusalem, 1-11. Er kam nach Jerusalem als König. Die von Sacharja ausgesprochene Weissagung erfüllte sich (Sach. 9,9). Obwohl vom erregten Volk oberflächlich mit Freudenrufen empfangen, war er noch immer der verstoßene König, denn die offiziellen Vertreter des Volkes hießen ihn bei diesem letzten öffentlichen Angebot seines Königtums an sie nicht willkommen. Mehr als das! Sogar in der Antwort der Hosianna schreienden (Ps. 118,26), Girlanden schwenkenden Menge kam auf die Frage, wer er denn eigentlich sei, 11, die Ablehnung ihres Königs zum Ausdruck. Anstatt zu sagen: „Er ist der prophezeite Messias-König, Jahwe (Herr)-Jesus, Heiland-Gott" antworteten sie: „Das ist Jesus, der Prophet von Nazareth in Galiläa." Nachdem der König und sein Königreich (Matth. 3-12) in Galiläa abgelehnt worden waren, sollte auch Jerusalem, der königlichen Stadt, eine Gelegenheit gegeben werden, ihn anzunehmen. Und diese Gelegenheit war jetzt gekommen!

Zweite Reinigung des Tempels – der Feigenbaum verflucht, 12-32. Die erste Reinigung des Tempels fand am Anfang seines Wirkens statt (Joh. 2,13-17); die hier beschriebene am Ende seines Wirkens, 12-13. Damals war es sein Eifer um das Gotteshaus. Hier handelte er in königlicher Hoheit und diente in wunderbarer Weise den Bedürftigen im gereinigten Tempel, 14 (vgl. Jes. 56,7; Jer. 7,11; Lk. 14,21). Die Verfluchung des unfruchtbaren Feigenbaums, 18-22, ist ein Bild für Israel (Joh. 1,7), hier symbolisiert in dem Israel, das als ganzes Volk verworfen wird. Lukas 13,6-9 steht hier in scheinbarem Gegensatz zu Matthäus 24,32-33, wo symbolische Weissagung zeigt, daß Israel als Volk wieder angenommen wird (Röm. 11,1-27). Die Frage nach Jesu Vollmacht seitens der nationalen Führer, 23-27 (vgl. Mk. 11,27-33; Lk. 20,1-8) wie auch das Gleichnis von den zwei Söhnen, 28-32, zeigt wiederum ihren Haß und ihre Ablehnung des Königs.

Das Gleichnis vom Hausherrn, 33-45. Der Hausherr (Gott) pflanzte einen Weinberg (Israel, Jes. 5,1-7). Die Knechte waren die Propheten, welche mißhandelt wurden. Zuletzt sandte Gott seinen Sohn (Messias), und sie töteten ihn, 37-39. Die Ereignisse des römisch-jüdischen Krieges, 67-70 n.Chr., wurden prophezeit, 40-41. Jesus zitierte passende Weissagungen, die sich auf ihn

Der Felsendom steht heute dort, wo früher der Tempel war.

als den verworfenen Stein bezogen (Ps. 118,22-23) und zeigte, daß das Reich Gottes im Sinn geistlicher Erleuchtung und Erlösung (Heil) Israel als Volk weggenommen und den Heiden gegeben werde (Röm. 9,30-33; 11,1-24). In Vers 42 wies Jesus auf sich selbst als den Richter hin. Er ist der zerschmetternde Stein der Zerstörung (Dan. 2,34).

Kap. 22-23
Zusammenstoß des abgewiesenen Königs mit den Führern

Das Gleichnis vom Hochzeitsfest, 22,1-14. Dieses Gleichnis stellt dar, wie der König und das Himmelreich dem Volk Israel angeboten wurden, 1-2. Das Volk wies jedoch das Angebot zurück, 3. Die Verse 4-6 zeigen das wiederholte Angebot und seine erneute Zurückweisung; das Wort „alles ist bereit" weist auf Jesu Tod und die daraus erwachsenden Heilswirkungen hin. Nach Jesu Sühnetod hatte das Volk Gelegenheit, Buße zu tun (Apg. 1-8). Es war jedoch nicht dazu bereit. Das weltweite Angebot an die Heiden wurde vorausgesagt, 8-10, nachdem die Geschehnisse von 67-70 n.Chr. beschrieben worden waren, 6-7. Das Hochzeitskleid, 11-14, ist die Gerechtigkeit Christi. Vielen wird die Einladung zum Heil dargereicht; verhältnismäßig wenige nehmen sie an, 14 (vgl. Röm. 8,30).

Das Volk zeigt weiterhin seine Ablehnung, 22,15-46. Die Herodianer (Anhänger des Herodes) waren Juden, die an äußerlichen religiösen Formen festhielten, die aber in ihrer Anpassung an den bequemen, weltliebenden Hellenismus, für den die verschiedenen „Herodes" so entschieden eintraten, eine bittere Beleidigung für das Volk als Ganzes waren, 15-22. In ihrem Haß gegen Jesus machten sie mit den Sadduzäern, 23-33, den religiösen Rationalisten (Vernunftgläubigen), und den Pharisäern, 34-40, mit ihrer leeren, nur äußerlichen Frömmigkeit, gemeinsame Sache. Jesus verwirrte die Pharisäer, indem er ihnen zu Psalm 110,1 Fragen stellte. Dieser Psalm ist ein Hinweis auf seine eigene göttlich-menschliche Person, 41-46. Alle drei Gruppen – sie waren Vertreter ganz Israels – waren zum Verstummen gebracht worden. Sie hatten keine Antwort, blieben jedoch unbußfertig. Nun wurde ihnen keine andere Botschaft mehr gegeben als die des bevorstehenden Gerichts.

Das Gericht wird angekündigt – Klage über Jerusalem, 23,1-39. Die donnernden „Wehe" des abgelehnten Davidsohnes lösten sich in Tränen auf, als er Segen und Hoffnung für den bußfertigen Überrest verkündete, welcher ihn bei seinem zweiten Kommen mit dem messianischen Willkommensgruß aus Psalm 118,26 begrüßen wird: „Gesegnet sei, der da kommt im Namen des Herrn."

Kap. 24-25
Rede des abgelehnten Königs am Ölberg

Weissagung der Zerstörung des Tempels, 24,1-3. Der abgewiesene König sagte als Prophet in diesem Gespräch die Ereignisse der Zeit voraus, da er wieder mit Israel zu handeln anfangen wird (vgl. 23,39). Das wird kurz vor Jesu majestätischer Wiederkunft auf die Erde geschehen. Der Prachtbau, 1-2, Anlaß zu dieser großen prophetischen Rede, war der herodianische Tempel. Er war so unerhört schön, daß sogar die Römer bei der Eroberung im Jahre 70 n.Chr. versuchten, ihn zu verschonen. Der Tempel lag direkt vor Augen, wenn man vom Ölberg aus auf die Stadt blickte. Jesus, der größte Prophet, sagte den Untergang dieses Prachtbaus und des jüdischen Staates voraus. Er trat dann im Jahre 70 n.Chr. ein. Die Jünger stellten drei Fragen, 3. „Wann wird das alles geschehen?" (Zerstörung der Stadt und des Tempels). Die Antwort findet sich in Lukas 21,20-24. „Welches wird das Zeichen deiner Wiederkunft und des Endes der

Jerusalem vom Ölberg aus

Weltzeit sein?" Die Antwort darauf findet sich in Kap. 24,4-34.

Geschehnisse zur Zeit der großen Trübsal, 24,4-26. Diese Weissagungen befassen sich mit Israel zur Zeit der Trübsal. Es ist die Zeit kurz vor der Wiederkunft des Messias-Königs, der sein irdisches Königreich aufrichten wird. Das Ende des gegenwärtigen Zeitalters wird durch die allgemeinen Verhältnisse, die in Kap. 24,4-8 erwähnt sind, gekennzeichnet sein. Ein Vergleich der Verse 4-8 mit Offenbarung 6 zeigt, daß sich diese Verse besonders auf die erste Hälfte der Trübsalszeit beziehen, in der Israel wegen seines Bundes mit „dem Fürsten, der kommen wird", dem Antichristen (Dan. 9,27), in verhältnismäßiger Sicherheit leben wird. Die Verse 9-26 beschreiben die Ereignisse der letzten Hälfte der Trübsal, wenn der Fürst der Welt (Antichrist) seinen Bund mit Israel gebrochen hat und die abgöttische Anbetung seiner Person fordern wird (Dan. 9,27; 2. Thess. 2,4; Off. 13,15-18). Diese Zeit wird durch eine große Verfolgung, 9-10.16ff. (Off. 12,12-17), durch Verwüstung des Tempels, 15 (Dan. 9,27), Verführung des ungläubigen Teils von Israel durch falsche Propheten, 11-12 (Off. 13,11-18), und der Bezeugung der guten Nachricht vom Reich des Messias durch den gläubigen Teil des Volkes, 14, gekennzeichnet sein. Die Ankunft des Messias wird diesen Geschehnissen ein Ende bereiten (27).

Das zweite Kommen des Messias, 24,27-30. Im zeitlichen Ablauf der Geschehnisse wird die Beschreibung des zweiten Kommens Jesu eingeschoben. Es folgt gleich nach der Trübsal, 29, der ein ganz besonderes Zeichen vorausgeht, 30. Das Kommen wird plötzlich sein, 27, und für alle sichtbar, 30.

Die Wiedervereinigung Israels, 24,31. Das Ereignis, das auf das zweite Kommen Jesu folgt, wird die Sammlung der Erwählten Israels durch besondere Engelsdienste sein.

Die Gewißheit des Kommens des Messias, 24,32-36. Das Gleichnis vom Feigenbaum veranschaulicht die Gewißheit des zweiten Kommens; denn das Eintreffen der Zeichen, die angegeben werden, soll in der Trübsalszeit das Kommen des Messias so gewiß ankündigen, wie neue Triebe am Feigenbaum das Nahen des Sommers anzeigen.

Aufruf zur Wachsamkeit, 24,37-51. Alle drei Bilder betonen das plötzliche und unerwartete Kommen des Herrn. Sie zeigen, daß die Menschen jener Zeit mit den gewohnten Sorgen des Lebens beschäftigt sein werden, ohne an die Wiederkunft des Messias zu denken. Das glaubende Israel wird dadurch ermahnt, auf jenen Tag vorbereitet zu sein.

Das Gericht über Israel, 25,1-20. „Dann", 1, bereitet auf das nächste Ereignis vor, das auf die Sammlung Israels folgen wird: das Gericht kurz vor der Aufrichtung der messianischen Königsherrschaft. Dieses Gericht ist in den Gleichnissen von den zehn Jungfrauen, 1-13, und den Talenten, 14-30, veranschaulicht. Die zehn Jungfrauen stellen Israel am Ende der Trübsalszeit dar. Die fünf klugen Jungfrauen versinnbildlichen den gläubigen Überrest, die fünf törichten den gläubigen Teil, der nur mit den Lippen bekennt, nach dem Kommen des Messias auszuschauen, 1-5. Sie werden ohne Öl sein (Symbol für den Heiligen Geist) und vom messianischen Königreich, das dann aufgerichtet wird, ausgeschlossen sein, 6-13.

Der Mann im Gleichnis von den Talenten, 14-30, der in ein fernes Land reiste, stellt Christus während seiner Abwesenheit von der Erde dar. Er hat seinen Knechten (Israel während der Trübsalszeit) Gaben anvertraut. Die Knechte mit den fünf und den zwei Talenten sind Gläubige, die „zu ihres Herrn Freude" (Königreichs-Segen) eingehen, 21.23. Der Knecht mit der einen Gabe – ein bloßer Bekenner – wird vom Königreich ausgeschlossen („äußerste Finsternis") und im Gericht mit den Gottlosen weggetan werden, 24-30.

Das Gericht über die Völker, 25,31-46. Zum Abschluß seiner großen prophetischen Rede zeigt der abgelehnte König ein Bild dessen, was Israel bei seinem ersten Kommen erwartet hatte: den Messias in Herrlichkeit auf dem Thron Davids sitzend, 31. Der Zeitpunkt dieses Geschehnisses geht aus dem Zusammenhang hervor, nämlich bei seinem Kommen in Herrlichkeit. Der Anlaß ist das Gericht über die Völker, 32-33, die aus „Schafen" und „Böcken" bestehen. Die „Schafe" sind Menschen, die das Evangelium vom Reich Gottes (Matth. 24,14) empfangen und „diese meine Brüder", den gläubigen Überrest der Juden, freundlich behandeln, 34-36. Die „Böcke" sind die Bösen, die das Evangelium vom Reich ablehnen, den jüdischen Überrest verfolgen, 41-46, und auf diese Weise ihr Bündnis mit Satan, dem Tier und dem falschen Propheten (Off. 13,1-18) zeigen, 41. Diejenigen, welche sich so gegen die 144 000 Verkündiger des kommenden Königreiches stellen (Off. 7,1-8; 14,1-5), werden mit Satan untergehen, 41 (Off. 20,10).

Kap. 26
Verrat und Gefangennahme des abgelehnten Königs

Seine Salbung zum Tode, 1-16. Zum letzten Mal sagt der König seinen Tod voraus, 1-2 (vgl. Matth. 12,38-42; 16,21-28; 17,22-23; 20,18-19). Auf diese Weissagung folgte der verbrecherische Beschluß der Hohenpriester und Schriftgelehrten, Jesus zu töten, 3-5, und danach seine Salbung durch Maria von Bethanien, 6-13 (vgl. Mk. 14,3-9; Joh. 12,1-8). Sie allein schien die Bedeutung seines Todes verstanden zu haben. Matthäus, der das Evangelium vom König berichtet, erzählt, daß Maria sein Haupt salbte, wie Samuel das Haupt Davids gesalbt hatte (1. Sam. 16,13), während Johannes, der das Evangelium vom Sohn Gottes berichtet, nur die Salbung von Jesu Füßen erwähnt, die einzige einem sterblichen Menschen zustehende Annäherung an den Sohn Gottes. Diese ergreifende Szene offenbart den gemeinen Charakter des Judas (Joh. 12,4-6) und bildet den Auftakt dazu, daß er seinen Herrn verkaufte, 14-16 (vgl. Mk. 14,10-11; Lk. 22,3-6). Der Preis, den er erhielt, waren 30 Silberlinge, der Kaufpreis für einen gewöhnlichen Sklaven (vgl. Sach. 11,12-13; 2. Mo. 21,32).

Das Passahmahl und das Mahl des Herrn, 17-35. Das Passahmahl, die Erinnerung an Israels Befreiung aus Ägypten durch das Blut des geschlachteten Lammes (2. Mo. 12), sollte in dem Tod Jesu, dem wahren Passahlamm, erfüllt werden. Beim letzten Passahmahl, 17-30, führte der König das neue Gedächtnismal, das Mahl des Herrn, mit der neuen Bedeutung ein, 26-29: „Solches tut zu meinem Gedächtnis" (1. Kor. 11,24-25). Die Trennungslinie zwischen AT und NT ist nicht das weiße Blatt zwischen Maleachi und Matthäus, sondern Jesu „Blut des Bundes, welches für viele (alle, die ihn aufnahmen) vergossen wird zur Vergebung der Sünden", 28. Der König gelobte, er werde den Wein dieses Mahls nicht wieder mit seinen Jüngern trinken, bis das Königreich bei seinem zweiten Kommen aufgerichtet sein würde. Danach sagte Jesus die Verleugnung des Petrus und seine eigene Auferstehung voraus, 31-35.

Der Todeskampf in Gethsemane, 36-56. Hier ging es nicht darum, daß Jesus Angst vor dem Tod gehabt hätte. Vielmehr schreckte seine sündlose Seele vor der Berührung mit der Sünde der ganzen Welt, die er stellvertretend tragen und durch den Tod am Kreuz sühnen mußte, zurück (Jes. 53,10; 2. Kor. 5,21). Das war der Kelch, der an ihm vorübergehen sollte, 39, jedoch nur nach seines Vaters Willen. Es muß eine entsetzliche Qual für ihn gewesen sein, als seine reine und heilige Seele dem Gottesurteil, „zur Sünde gemacht zu werden", gegenüberstand und er um die Verhüllung des Angesichts seines Vaters wußte (Ps. 22,2; Matth. 27,46). Der Verrat und die Gefangennahme Jesu folgten auf den harten Seelenkampf im Garten, aber der Sieg wurde dort erfochten; Golgatha war nur der Abschluß seines Leidensweges.

Der König vor Kajaphas und dem Hohen Rat, 57-68. Im Verhör erhob der abgewiesene König den Anspruch, Gottes Sohn zu sein, 64 (vgl. Dan. 7,13-14). Er wurde demgemäß wegen Gotteslästerung angeklagt (Joh. 10,31-36). Das Verhalten der Obersten im Hohen Rat bewies ihre Torheit, da sie gezwungen waren, mehrere ihrer eigenen Gesetze zu verletzen, um Christus zu verurteilen (vgl. Mischna, Sanhedrin 4,1; 5,24).

Des Petrus Verleugnung, 69-75, zeigt die menschliche Schwäche eines Jüngers, der seinen Herrn kannte, aber nicht mit seiner eigenen Schwachheit rechnete.

Kap. 27
Das Verhör und der Tod des abgelehnten Königs

Jesus vor Pilatus, 1-32. Der Hohe Rat lieferte Jesus an Pontius Pilatus, den römischen Landpfleger von Judäa (26-36 n.Chr.) aus, weil Rom die letzte Instanz war. Das Hauptquartier des Pilatus befand sich in Cäsarea an der Mittelmeerküste. An jüdischen Festen kam er wegen der Gefahr von Aufständen nach Jerusalem. Sein „Prätorium" oder Palast war anscheinend Teil der Festung Antonia, nahe der heutigen Via Dolorosa. In der Zwischenzeit bereute Judas sein gemeines Handeln, nahm das 30 Silberlinge (vgl. Sach. 11,12-13; Jer. 18,1-13; 19,1-13), warf sie in den Tempel und verübte Selbstmord, 3-10. Die Schwäche des Pilatus und seine vergeblichen Versuche, sich aus der Verurteilung Jesu herauszuhalten, sind erschütternd. Die Wahl des Barabbas, eines berüchtigten Verbrechers, 15-23, kennzeichnet ebenfalls die Feigheit des Pilatus wie auch sein Händewaschen als Zeichen seiner Unschuld, 24. Auspeitschung, 26, war erbarmungsloses Schlagen mit einer Lederpeitsche, in deren Schnüren Metallstücke befestigt waren. Normalerweise ging diese Auspeitschung der Todesstrafe voraus. Anscheinend hoffte Pilatus, die Menge durch diese schwere Strafe zu befriedigen, so daß sie nicht weiter auf die Kreuzigung bestehen würde. Die Verspottung des Königs, 27-31, zeigt das Ausmaß frevelhafter Bosheit und moralischer Gefühllosigkeit, deren Menschen fähig sind. Simon, gezwungen, Jesu Kreuz zu tragen, 32, war vielleicht ein Jude, da viele Juden im nordafrikanischen Kyrene, der Hauptstadt der Cyrenaica, wohnten.

Die Kreuzigung des Königs, 33-44. „Golgatha" ist das aramäische Wort für „Schädel" (lat. Calvaria, gr. kranion, Lk. 23,33, „Schädelstätte"). Seit 1842, als Otto Thenius von Dresden die Schädelstätte auf einem felsigen Hügel, etwa 228 Meter nordöstlich vom Damaskustor, ausfindig machte, wird diese allgemein als Ort der Kreuzigung angesehen. Galle war ein bitteres und giftiges Kraut, das Jesus als schmerzstillendes Mittel dargereicht wurde; er hat es jedoch zurückgewiesen. Die Kreuzigung als Strafe war von den Phöniziern und Persern praktiziert und darum von den Römern übernommen worden. Sie durfte jedoch nur an Sklaven und Nicht-Römern vollstreckt werden. In Palästina diente diese schmach- und qualvolle Todesart als öffentliche Erinnerung an die

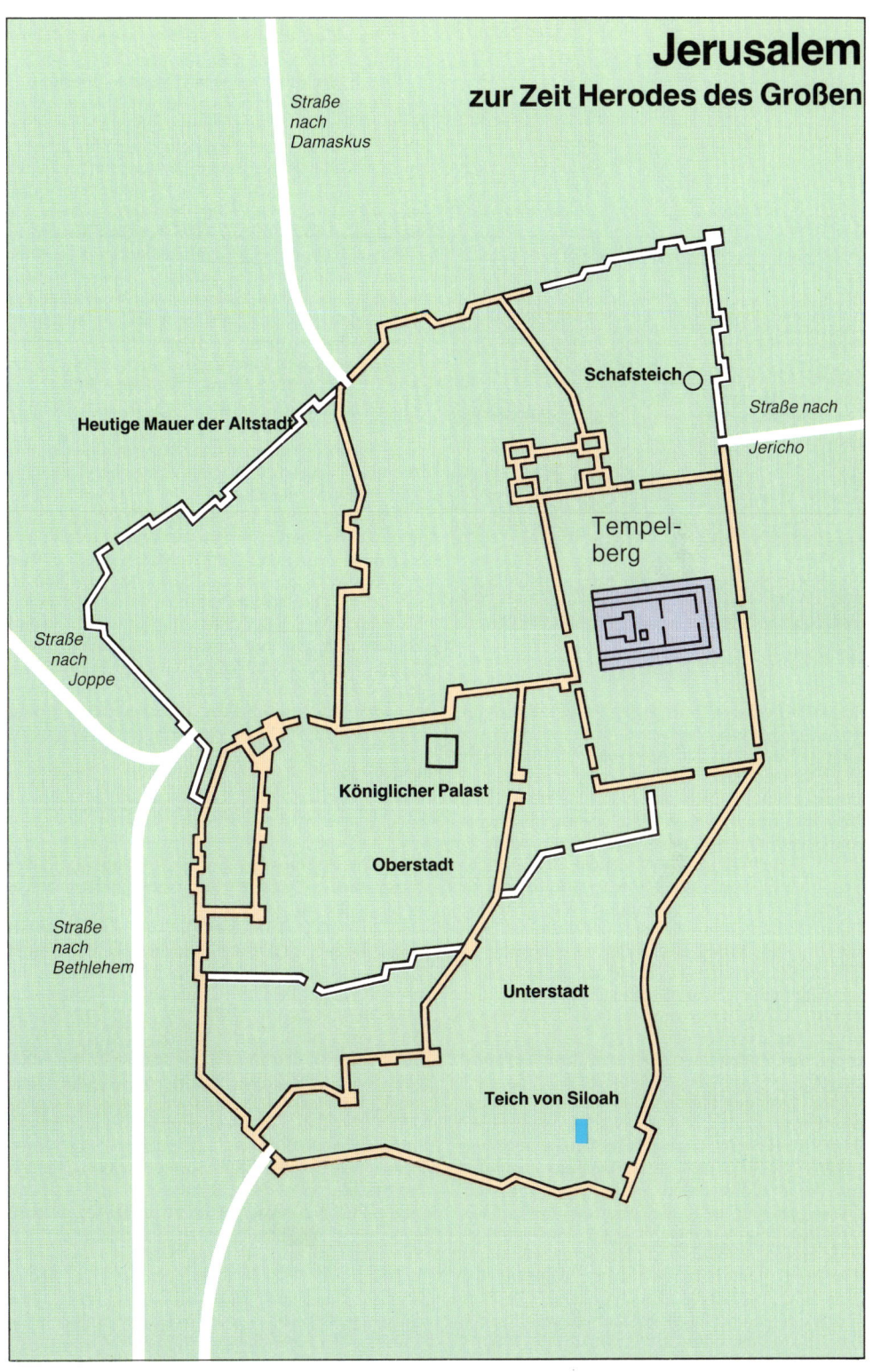

Jerusalem
zur Zeit Herodes des Großen

Straße nach Damaskus

Schafsteich ○

Straße nach Jericho

Heutige Mauer der Altstadt

Tempel-berg

Straße nach Joppe

Königlicher Palast

Oberstadt

Straße nach Bethlehem

Unterstadt

Teich von Siloah

Das Hinnomtal bei Jerusalem

Dienstbarkeit der Juden gegenüber Rom und wurde bei Raub, Aufstand und Aufruhr verhängt. Die spielenden Soldaten erfüllten Psalm 22,19. Die vollständige Anklage der kombinierten Evangeliums-Berichte lautet: „Dies ist (Matthäus und Lukas) Jesus (Matthäus und Johannes) von Nazareth (Johannes), der König der Juden (alle)." Über dem Kopf jedes Gekreuzigten wurde sein Verbrechen geschrieben. Im Falle des Königs war es als Spott gemeint. Wie wenig war seinen verblendeten Mördern bewußt, daß Jesus wirklich der König der Juden war. Sogar ihre Schmähungen trafen zu, ohne daß sie es wußten; „Andere hat er gerettet, sich selbst kann er nicht retten", 42. Wenn er der Heiland der Welt sein wollte, konnte er sich selbst nicht retten (s. Erklg. zu „Passionswoche" und „Jesu Verhöre", Lk. 23).

Der Tod des Königs, 45-50. Die dreistündige Finsternis war das übernatürliche Ereignis, als der Vater sein Angesicht vor dem Sohn verhüllte, weil er für uns zur Sünde gemacht wurde und die erschütternden Worte von Psalm 22,2 ausrief, 46. Der lange Todeskampf mit der körperlichen Pein war das geringste der Leiden unseres Herrn. Größer war der Schmerz, als der Vater sein Angesicht von ihm abwandte, weil seine sündlose Seele die drückende Last der Sünde der ganzen Welt auf sich nahm. Der König „gab seinen Geist auf", 50 (vgl. Joh. 10,17-

18). Sein Tod aus freiem Willen unterschied ihn vom leiblichen Tod jedes anderen Menschen.

Das Ende der Zeit des Gesetzes, 51-56. Das übernatürliche Zerreißen des mächtigen Vorhangs (Josephus berichtet, daß der Vorhang etwa 10 cm dick war) zwischen dem Heiligtum, zu dem die Priester Zutritt hatten, und dem Allerheiligsten, welches nur der Hohepriester einmal im Jahr, am Versöhnungstag, betreten durfte (2. Mo. 26,31; 3. Mo. 16,1-34), bedeutete, daß ein „neuer und lebendiger Weg" durch den Tod Christi für alle Gläubigen zu Gott eröffnet worden war (vgl. Hebr. 9,1-8; 10,19-22). Ein neues Zeitalter war angebrochen, in welchem blutige Opferungen, ein Tempel und ein spezielles aaronitisches Priestertum nicht mehr nötig waren. Die Auferstehung, die in den Versen 52-53 erwähnt ist, geschah *nach* Jesu Auferstehung (vgl. 3. Mo. 23,10-12), weil er der Erstling ist (1. Kor. 15,20). Der römische Hauptmann erkannte den gekreuzigten König als den Sohn Gottes, 54 (vgl. Mk. 15,39; Lk. 23,47).

Das Begräbnis des Königs, 57-66. Zart und liebevoll wurde er in einem neuen Grab beigesetzt, das von einem reichen Mann (Jes. 53,9) angeboten worden war. Joseph war von Arimathia, ca. 16 km südöstlich von Antipatris in der Shephela. Die Vorsichtsmaßnahmen, die seine Feinde trafen – Versiegelung des Grabes, Aufstellen einer Wache, 62-66 – mußten am Ende dazu dienen, daß Gott die Pläne der Gottlosen zunichte machte, und brachten den unwiderlegbaren Beweis der Auferstehung des Königs.

Kap. 28
Die Auferstehung des abgelehnten Königs

Die Auferstehung, 1-10. Der Sabbat (Samstag) war um 18 Uhr zu Ende, und gerade vor Tagesanbruch am Sonntag, dem ersten Ostern (vgl. Joh. 20,1), kamen die Frauen, die bis zuletzt beim Kreuz geblieben waren, als erste zum Grabe, um den Leib Jesu zu salben. Dadurch bewiesen sie große Liebe, aber keinen Glauben an seine Auferstehung (Mk. 16,1.11). Die Macht und Erhabenheit Gottes wurde offenbar im Erdbeben, durch den Engel, der den Stein wegrollte und den bewußtlosen Wächtern, 2-4. Der Stein, das ist zu beachten, wurde weggewälzt, *nachdem* der König auferstanden war, damit die Jünger hineinschauen konnten, *nicht,* damit der König der Herrlichkeit herauskommen konnte. Er war bereits in einem Herrlichkeitsleib auferstanden (vgl. Phil. 3,20-21), der nicht mehr den natürlichen Gesetzen unterworfen war. Es war keine Sinnestäuschung, als die starken römischen Wächter vor dieser Kundgebung von Gottes Macht „erbebten" und „wie tot wurden". Der Engel verkündigte die frohe Botschaft von Ostern: „Er ist nicht hier; denn er ist auferstanden, wie er gesagt hat", und dann den weiteren Beweis der Wirklichkeit des Ereignisses: „Kommet her, sehet den Ort, wo er gelegen hat", 6. Getötet, weil er beanspruchte, der König der Juden zu sein, war er nun auferstanden, weil er König aller Könige und Herr aller Herren ist (Apg. 2,20-36). Von Israel abgelehnt bei seinem ersten Kommen, wird er bei seinem zweiten Kommen als König angenommen werden (Sach. 12,10-13,2; Jes. 9,1-7; 11,1-16; 52,13-53,12). Nach der Engelsbotschaft erschien der auferstandene König selbst den Jüngern, 9-10. Betreffs der Reihenfolge der Ereignisse s. Markus 16. S. Erklg. zu Johannes 20 über „die Auferstehung beglaubigt".

Der falsche Bericht der Juden, 11-15. Im letzten Akt der Tragödie von der Ablehnung ihres Königs durch die Führer des Volkes Israel kommt die abgrundtiefe Bosheit der Obersten des Volkes an den Tag. Sie hatten den Beweis der Auferstehung aus erster Hand, 11, aber sie wiesen ihn zurück, 12, gaben den Soldaten Schmier-geld, damit sie über die ganze Sache Lügen verbreiteten. Gott jedoch benutzte diesen Anlaß dazu, einen weiteren Beweis der Auferstehung zu geben. Wenn die römischen Soldaten geschlafen hätten, 13-14, wären sie des Todes schuldig geworden. Und welchen Wert hätte in diesem Fall ihr Zeugnis von dem angeblichen Leichenraub gehabt?

Der große Auftrag, 16-20. Der auferstandene Herr gab den 11 Jüngern den großen Missionsauftrag in Worten, die sich auf die gegenwärtige Form des Königreichs bezogen (vgl. Erklg. zu Matth. 13,1-2). Seine Vollmacht, die sich auf alle Bereiche erstreckt, stand hinter diesem Auftrag, der darin bestand, Menschen unter seine Herrschaft zu bringen („machet zu Jünger") und seine Nachfolger durch die Taufe ihm gleichzumachen (vgl. Röm. 6,3-5) und sie die Wahrheiten seines Wortes zu lehren, 18-20. Das Evangelium schließt mit der Verheißung des Herrn, allezeit bei den Seinen zu sein, 20.

Golgatha in Jerusalem nach Gordon

Vergleich zwischen Matthäus und Markus

Matthäus	Markus
Jesus als König	Jesus als Knecht
für die Juden bestimmt	für die Heiden bestimmt
Jesus als wunderwirkender König vorausgesagt	Jesus, der wunderwirkende Knecht
In der atl. Prophetie verwurzelt	Weniger prophetische Hinweise aus dem AT
Der Schlüssel ist Gottes Absicht mit Israel	Der Schlüssel ist Gottes Plan mit der Welt
Göttlichkeit des Königs durch seine Geburt, erfüllte Weissagungen und Taten	Göttlichkeit des Knechts durch mächtige Taten
Berichtet Ereignisse, die den König, seinen Stammbaum, seine Geburt in Bethlehem, den Besuch der Weisen und seine Kindheit in Nazareth betreffen	All dies entfällt, weil es nicht zum Bild des Knechts gehört
Bergpredigt des Königs, Grundbegriffe des Reichs	Ausgelassen
Enthält viele Gleichnisse, die zum Evangelium vom König gehören, jedoch nicht zum Evangelium vom Knecht	Läßt viele Gleichnisse aus – fünf von denen in Matth. 13; zahlreiche andere und vor allem diejenigen aus Matth. 25
Zeigt die Ablehnung des Königs der Juden, das Geheimnis der Gemeinde zwischen seiner Ablehnung und seinem zweiten Kommen, bei dem er das Königtum für Israel wiederherstellen wird	Zeigt den Knecht des Herrn in Leben, Tod und Auferstehung, der der Menschheit das Heil bringt

Markus

Das Evangelium vom Knecht des Herrn

Verfasser. Die ersten Christen schrieben das zweite Evangelium Johannes Markus zu, dem Sohn einer gewissen Maria von Jerusalem (Apg. 12,12). Er begleitete Paulus und Barnabas auf der ersten Missionsreise (Apg. 13,5), verließ sie jedoch aus irgendeinem Grund in Perge (Apg. 13,13). Später trennten sich Paulus und Barnabas, weil Paulus sich weigerte, Markus auf die zweite Reise mitzunehmen. Infolgedessen ging Markus mit

Alexandrien und von Irenäus etwas später. Wie Lukas war auch Markus kein Apostel.

Art und Botschaft des Markus-Evangeliums. Es ist das kürzeste der vier Evangelien, ein Bericht voller Leben und Handlung, „und er", „gleich darauf" („alsbald") werden über 40mal gebraucht. Jesus wird mehr als Handelnder, nicht so stark als Redner dargestellt. Es wendet sich nicht an

besondere spannungsvolle Aussage dieses Evangeliums besteht darin, daß der mächtige Sohn Gottes zugleich der Knecht der Menschen ist und dadurch ihr Retter und Erlöser (Mk. 10,45).

Ort und Zeit. Frühe Zeugen der Kirchengeschichte erklären, daß Markus sein Evangelium als ein Jünger des Apostels Petrus in Rom geschrieben habe. Seine Abfassung ist darum zwischen 64 und 68 n.Chr. anzusetzen. Bibelkritiker betrachten es als das früheste der Evangelien. Man hat berechnet, daß es ca. 93 Prozent des Materials, das die drei „synoptischen" Evangelien (Matthäus, Markus, Lukas) gemeinsam haben, enthält. Daraus läßt sich jedoch nicht schließen, daß die Evangelien ihre Berichte von Markus entlehnt haben. Der Geist Gottes hat jeden Schreiber unabhängig vom anderen inspiriert, so daß das Matthäus-Evangelium in Wirklichkeit älter sein dürfte (ca. 50 n.Chr.) als das des Markus. Auch das Lukas-Evangelium ist älter (ca. 58 n.Chr.). S. „Die synoptischen Evangelien" bei Lukas.

Überblick

Galiläa vom Berg der Seligpreisungen aus

Barnabas. Später versöhnten sich Paulus und Markus (Kol. 4,10-11). Daß Markus der Verfasser dieses Evangeliums ist, wird von Papias ums Jahr 135 n.Chr. erwähnt, von Justin dem Märtyrer ums Jahr 150 n.Chr., von Klemens von

die Juden wie das Evangelium des Matthäus, sondern an die römische Welt, indem es ein Bild von Jesus als dem machtvollen Sohn Gottes zeichnet, dessen Wort sowohl im natürlichen als auch im übernatürlichen Bereich Gesetz war. Die

Markus

war eine göttliche Notwendigkeit, weil Jesu Menschlichkeit als Knecht geprüft werden mußte, 12 (vgl. Matth. 4,1-11; Lk. 4,1-13). Hier, im Kampf mit Satan (vom hebr. *satan*, „Widersacher"), erwies er sich als Sieger, damit er fähig würde, „sein Leben zum Lösegeld für viele zu geben". „Die Wüste", 12, und die „Tiere", 13, zeugen von der durch die Sünde verderbten Schöpfung und zeigen die Selbsterniedrigung des Schöpfers, der gekommen ist, um das gefallene Geschöpf, Satan, zu besiegen und in den durch den Sündenfall entstandenen Verhältnissen zu überwinden.

Kap. 1,1-13
Das Kommen des Knechts

Die Identität des Knechts, 1. Er ist „Jesus (s. Erklg. zu Matth. 1,18-25), der Christus (Messias, der Gesalbte), der Sohn Gottes", d.h. der Fleisch gewordene Gott. Die Göttlichkeit des Knechts wird zuerst hervorgehoben. Das ist „das Evangelium", die gute Nachricht. Ohne die Tatsache seiner Gottessohnschaft hätte er nicht der vollkommen gehorsame Knecht sein können, auch nicht der sieghafte Wundertäter und Retter der Welt. Seine Sohnschaft und sein Dienst sind eng miteinander verbunden.

Das Kommen des verheißenen und verkündigten Knechts, 2-8. Maleachi sagte sein Kommen voraus, 2 (Mal. 3,1), Jesaja ebenfalls, 3 (Jes. 40,3). Johannes der Täufer, sein Vorläufer, kündete sein Kommen an (s. Erklg. zu Matth. 3,1-12). Wir dürfen nicht vergessen, daß das Wirken des Täufers Israel galt. Seine Taufe als ein Prophet Israels war nicht die christliche Taufe (vgl. Apg. 19,1-6). Sie sollte Israel auf das Angebot des Königtums und den Empfang des göttlichen Königs vorbereiten. Markus erwähnt kurz das Wirken des Johannes, um den Knecht vorzustellen. Im Gegensatz zu Matthäus 3,11 und Lukas 3,16-17 erwähnt Markus nur die Taufe mit dem Heiligen Geist, 8, wirksam beim ersten Kommen (vgl. Apg. 1,5 mit 2,3 und 11,16), läßt aber die Taufe „mit Feuer" aus, die mit dem Gericht beim zweiten Kommen verbunden ist. Der Grund ist der, daß Jesus als demütiger Knecht keine Gerichte ausübte, während er es tun wird, wenn er als König (Matthäus) und als Menschensohn (Lukas) kommt (s. Erklg. zu Matth. 3,11; vgl. Lk. 3,16-17).

Die Taufe des Knechts, 9-11 (s. Erklg. zu Matth. 3,13-17 und Lk. 3,21-22). Der Sündlose unterzog sich als Knecht der Sündertaufe, um sich mit den Sündern und ihrer Not einzusmachen. Sein Wirken richtete sich darauf aus, die Verlorenen zu suchen und zu retten (Mk. 10,45). Seine Taufe war seine Einsetzung in dieses priesterliche Erlösungswerk.

Die Versuchung des Knechts, 12-13. Sie

Kap. 1,14-45
Sein Wirken in Galiläa

Die Botschaft des Knechts, 14-15. Matthäus berichtet, daß beide, Johannes (s. Erklg. zu Matth. 3,1-12) und Jesus (s. Erklg. zu Matth. 4,12-25), dieselbe Botschaft von der Buße und dem nahen Himmelreich verkündigten. Markus, der sein Evangelium für die Heiden schrieb, verwendet den erweiterten und umfassenderen Ausdruck „Reich Gottes", der für seine Hörer angemessen ist, 14. Die einfachste Unterscheidung zwischen der Bezeichnung „Reich der Himmel" und „Reich Gottes" besteht darin, daß das „Reich Gottes" universal ist und Gottes Kinder aller Zeitalter einschließt (Lk. 13,28-29; Hebr. 12,22-23), während mit „Reich der Himmel" das bereits David verheißene Reich gemeint ist. Es wird auch „messianisches Reich" genannt, weil durch den Messias auf Erden aufgerichtet werden soll.

Der Knecht beruft Helfer, 16-20. Selbst ein demütiger Knecht, berief er einfache Fischer, 16-20, „Menschenfischer zu werden", 17. Von den zwölf Jüngern sind zumindest vier – Simon, Andreas, Jakobus und Johannes – Fischer (vgl. Matth. 4,18-22; Lk. 5,1-11). Diese hatten schon früher geglaubt (Joh. 1,35-42) und wurden nun zu einem Leben des Dienstes berufen (vgl. Erklg. zu „Der See Genezareth" in Mk. 6).

Der Knecht treibt in Kapernaum Dämonen aus, 21-28. Der Knecht handelte in der Vollmacht Gottes und nicht als Magier, 21-22. Erfüllt mit dem Heiligen Geist (vgl. Joh. 3,34), forderte er unreine Geister (Dämonen) heraus, 23 (vgl. Lk. 4,33; Mk. 5,1-20 und Erklg. zu „Dämonie").

Andere Dienste des Knechts, 29-45. Einer der Dienste war die Heilung der Schwiegermutter des Petrus, 29-31 (vgl. Matth. 8,14-15; Lk. 4,38-39); außerdem heilte Jesus viele und trieb Dämonen aus, 32-34 (vgl. Erklg. zu Mk. 5,1-20); das Gebetsleben des Knechts, 35; seine Reise durch Galiläa, 36-39; und die Heilung eines Aussätzigen, 40-45, werden beschrieben.

Kapernaum

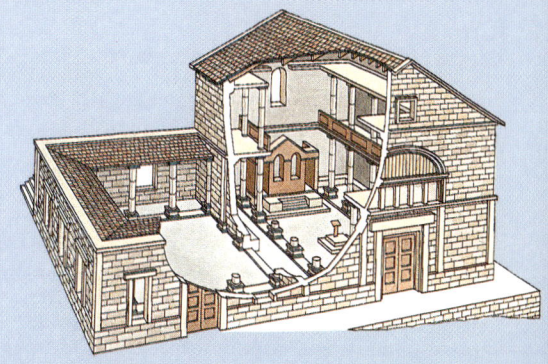

Dieser geschäftige Fischereihafen am Nordwestufer des Sees Genezareth, 4 km südwestlich der Jordanmündung, wird mit dem heutigen „Tell Hum" gleichgesetzt, wo sich ausgedehnte Ruinen befinden (vgl. Matth. 11,23). Kapernaum war auch Zollstation (Matth. 9,9; 17,24-27), wo Abgaben von den durchziehenden Karawanen erhoben wurden, die von Damaskus zur Mittelmeerküste und nach Ägypten unterwegs waren. Hier befand sich auch Jesu „Standquartier". Ausgrabungen in Tell Hum haben eine der schönsten Synagogen Palästinas zum Vorschein gebracht. Sie ist aus weißem Kalkstein gebaut und wurde von den Franziskanern wieder aufgebaut. Verziert mit Motiven von Centauren, Löwen, Adlern, Palmen und Reben, stammt sie aus dem 2. oder 3. Jh. n.Chr. Sie wurde wahrscheinlich an der Stelle der Synagoge gebaut, in welcher Jesus lehrte.

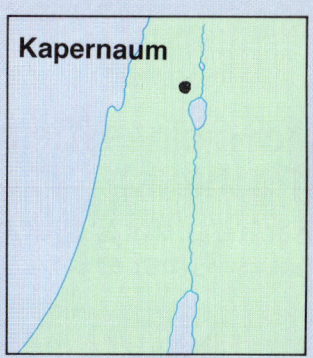

Kapernaum

In Stein gehauene Ornamente an der Synagoge von Kapernaum

Überreste der Synagoge von Kapernaum aus dem 3. Jh. n.Chr.

Kap. 2
Weiteres Wirken in Kapernaum

Heilung des Gelähmten, 1-12. Der Knecht kehrte zu seinem Standquartier in Kapernaum (s. obige Erklg.) zurück. Die Heilung des Gelähmten war ein Beweis der Göttlichkeit des Knechts, denn er allein konnte Sünden vergeben, 5. Den Schriftgelehrten, die die heiligen Schriften abschrieben und ihren Inhalt kannten, war diese Tatsache wohl bewußt; sie weigerten sich jedoch, an seine Göttlichkeit zu glauben, die durch seine gewaltigen Wunder kundgetan wurde, 6-7. Seine Wunder waren darauf ausgerichtet, seine Göttlichkeit zu beweisen, 8-11. Der demütige Knecht war der Heiland der Welt, 10, der körperliche und seelische Krankheiten heilte, weil er mit dem großen dahinterliegenden Problem, nämlich der Sündenvergebung, fertig wurde, 12 (vgl. Matth. 9,1-8; Lk. 5,18-26).

Berufung des Matthäus, 13-22. Da er ein Zöllner war (Steuereinzieher für Rom), verachtete man ihn und betrachtete ihn als gemeinen Sünder. Jesu Liebe zu den Sündern, sein heiliger Wunsch, sie zu retten, 15, und seine tiefe Demut, die darin zum Ausdruck kam, daß er ihre Gesellschaft nicht verschmähte, erweisen ihn als wahren Knecht, 16-17. Sein Verhalten rief den Zorn der Schriftgelehrten und Pharisäer hervor. Die gesetzliche Frage über das Fasten offenbarte, daß Jesus „der Bräutigam" war, 18-20 (Joh. 3,29), der Überbringer der Gnade Gottes. Solange der (gnadenbringende) Bräutigam unter ihnen war, bestand kein Anlaß zum Wehklagen und Fasten.

Haus eines Kleinbauern (Pächters)
nach der Vorstellung eines Künstlers

1 Raum für die Tiere
2 Wohnraum für die Familie
3 Futterkrippe
4 Dach aus Zweigen und planierter Erde
5 Rolle zum Glätten des Daches

Die in Jesus angebotene Gnade würde das Gesetz aufheben, und das war Grund zur Freude. Dieses Gleichnis, 21-22, weist ferner auf die bevorstehende Änderung der atl. gesetzlichen Ordnung hin. Das alte Tuch und die alten Weinschläuche (Bilder für den gesetzlichen Judaismus) dürfen nicht mit dem neuen Tuch und dem neuen Wein, dem „Evangelium der Gnade" (Joh. 1,17), vermischt werden, welches Jesus bringen sollte (s. Erklg. zu Matth. 9,1-38; Lk. 5,30-39).

Der Knecht und der Sabbat, 23-28. Eng verknüpft mit der kommenden neuen Ordnung ist das Ereignis, das den Knecht als den „Herrn auch des Sabbats" zeigt, 28. Als Schöpfer ruhte er am siebenten Tag. Als Zeichen seines Bundes mit seinem Volk Israel war der Sabbat in seiner geistlichen Bedeutung für sie bedeutungslos geworden. Als der erlösende Knecht sollte er durch seinen Tod und seine Auferstehung den Sabbat durch den Tag des Herrn ersetzen (s. Erklg. zu Matth. 12,1-8).

Kap. 3
Weitere Offenbarung der Göttlichkeit des Knechts

Der Mann mit der verdorrten Hand geheilt, 1-12. Durch dieses Wunder in der Synagoge bewies der Knecht, was er über den Sabbat in Markus 2,27-28 gesagt hatte. Die hohle Gesetzlichkeit und Heuchelei der Juden, 1-4, erregte seinen gerechten Zorn, 5. Sie weigerten sich zu glauben, und es war die Verstocktheit ihres Herzens, die den Herrn betrübte. Die Pharisäer (Gesetzesgetreuen) taten sich mit den Herodianern (Anhänger der griech. Kultur), die sich der Welt angepaßt hatten, zusammen, 6. In der Ablehnung des Knechts und dem Haß gegen ihn waren sie eines Sinns, 6. Jesus war bereit, denen zu helfen, die seinen gnadenvollen Dienst annehmen würden, 8-12.

Die Wahl der Zwölf, 13-19 (vgl. Matth. 10,2-4; Lk. 6,13-16; Apg. 1,13).

Petrus. Sein Name bedeutet griech. „Fels"; „Kephas" ist aramäisch. Er war verheiratet (Matth. 8,14; Mk. 1,30; Lk. 4,38). Obwohl er aus Bethsaida stammte (Joh. 1,44), lebte er in Kapernaum und war Fischer. Er hatte sich mit Jakobus und Johannes zusammengeschlossen. Sein Charakter war eine merkwürdige Mischung aus Feigheit und Mut, Leidenschaftlichkeit und Furchtlosigkeit. Seine Verbindung mit dem Knecht jedoch veränderte seinen Charakter und machte aus ihm einen außergewöhnlichen Christen.

Jakobus. Er war der Bruder des Johannes. Beide hatten den Spitznamen Boanerges („Donnersöhne"). Sie und ihr Vater Zebedäus betrieben einen Handel mit Fischen. Simon Petrus und Andreas waren ihre Teilhaber. Jakobus erlitt unter Herodes (Apg. 12,2) den Märtyrertod.

Der See Genezareth von nahegelegenen Hügeln aus

Johannes. Vgl. die Einleitung zum Johannes-Evangelium.

Andreas. Einer der ersten Bekehrten des Knechts, der seinen Bruder Petrus zu Jesus führte (Joh. 1,40-42).

Philippus. Er stammte wie Petrus und Andreas ebenfalls aus Bethsaida, einer Stadt am See Genezareth, nordöstlich von Kapernaum. Philippus brachte Nathanael zu Jesus.

Bartholomäus. Von ihm ist wenig bekannt. Einige identifizieren ihn mit Nathanael.

Matthäus. Vgl. die Einleitung zum Matthäus-Evangelium.

Thomas („Zwilling") zeigte Eifer (Joh. 11,16), aber auch Skepsis gegenüber der Auferstehung Jesu (Joh. 20,24-25). Dieser Zweifel verschwand jedoch vollständig, als er dem Auferstandenen begegnete und ihn berühren durfte.

Jakobus, Sohn des Alphäus. Einige identifizieren Jakobus (hebr. „Jakob") mit dem Jakobus des ersten „Kirchenkonzils" (Apg. 15) und Schreiber des Jakobusbriefes (vgl. Apg. 21,18), obwohl allgemein eher angenommen wird, daß es Jakobus, der Bruder Jesu, war, der in der Apostelgeschichte als Leiter der Jerusalemer Gemeinde und Verfasser des gleichnamigen Briefes erwähnt wird. Er wurde „Jakobus der Kleine" genannt (Mk. 15,40), weil er offensichtlich kleiner von Statur war als Jakobus, der Sohn des Zebedäus.

Thaddäus ist eine griech. Form von Theudas; sein Nachname war Lebbäus (aram.: „Herz") (Matth. 10,3). Der Name ist wahrscheinlich ein Spitzname für den Judas, der im Lukasevangelium und der Apostelgeschichte erwähnt wird, um damit eine Verwechslung mit Judas Ischariot zu vermeiden.

Simon, der Zelot, war Mitglied einer extremen nationalistischen Sekte der Juden gewesen. Matthäus, der Zöllner, stellte das entgegengesetzte Extrem dar. Es ist interessant, daß Jesus Männer mit solch verschiedenartigem Hintergrund erwählte.

Judas Ischariot. Judas ist die griech. Form von

Juda. Er war das schwarze Schaf unter den Zwölfen. Geizig, habgierig, ehrsüchtig, entschied er sich dazu, den Herrn zu verraten, als sich die Hoffnung auf eine hohe Stellung und Belohnung im als nahe bevorstehend angekündigten Königreich zerschlug (Matth. 26,14.47; 27,5; Apg. 1,18).

Die unverzeihliche Sünde, 20–30 (s. Erklg. zu Matth. 12,24–37).

Die neue Verwandtschaft des Knechts, 31–35 (s. Erklg. zu Matth. 12,46–50).

Kap. 4
Des Knechts Verkündigung am Seegestade

Das Gleichnis vom Sämann, 1–29. Markus erläutert nur zwei der sieben Gleichnisse, die in Matthäus 13 dargelegt sind, und verbindet sie mit dem gegenwärtigen Reich Gottes, 11.30, im Gegensatz zu Matthäus, der sie auf das Himmelreich bezieht. Der Grund dafür ist, daß Markus das Evangelium des Knechts und nicht des Königs geschrieben hat. Weil Markus das Evangelium des Knechts schreibt, bezieht er sich mehr auf das alle Nationen umfassende Reich Gottes (Gemeinde Jesu) als auf das national begrenzte Reich der Himmel, das Gottes letztes Ziel für Israel darstellt.

Das Gleichnis bezieht sich auf die Aufnahme des Wortes Gottes (Same) bei den Menschen. Jesus wählte die Form des Gleichnisses, um die Gläubigen zu belehren, ohne den Inhalt der Lehre den geistlich Blinden, die kein geistliches Verständnis haben, 11–12, offenbaren zu müssen. Der starke Gegensatz zwischen dem leeren Lippenbekenntnis und dem echten inneren Besitz des Wortes kann durch das ganze Gleichnis hindurch deutlich verfolgt werden. Das Evangelium soll nicht nur aufgenommen, sondern auch bezeugt, 21–25, und durch den neuen Wandel erkennbar und für andere fruchtbar werden, 26–29.

Das Gleichnis vom Senfkorn, 30–34. Hier beschreibt der Knecht das schnelle Wachstum des gegenwärtigen Gottesreiches, denn das gewöhnliche Senfkorn ist außerordentlich klein; wenn es jedoch gepflanzt wird, wächst es zu einer 3,5 m hohen Pflanze heran. Der Hinweis auf die Vögel könnte bedeuten, daß bei der Ausbreitung des Reiches auch Dinge hineinkommen, die für das Reich Gottes nicht taugen (vgl. Dan. 4,20–22).

Der Knecht und der Sturm, 35–41. Der Sturm ist ein passender Schluß zu diesem Kap., welches das Zeitalter der Gemeinde vorausnimmt. Der Knecht war mit seinen Knechten im Schiff. Sein Schicksal war ihr Schicksal, und seine Anwesenheit ihr Schutz. Die Stillung des Sturms zeigte seine Vollmacht und Rettung, die er den Seinen zugute kommen läßt, mit denen sie rechnen dürfen (vgl. Matth. 8,23–27; Lk. 8,22–25). S. Erklg. zu „See Genezareth" in Markus 6.

Kap. 5,1–20
Die Macht des Knechts über Satan

Das sündlose Menschsein des Knechts forderte die Dämonen heraus. Der Ort, wo der Besessene geheilt wurde, 1, wird in Matthäus 8,28 Gadara genannt. Bei Lukas 8,26 ist es als „das Land der Gerasener" erwähnt, und Textkenner früherer Jahrhunderte nennen die Bewohner jener Gegend „Gerasener", „Gadarener" oder „Gergesener". Einige halten Gergesa (das heutige Kursi, ein kleiner Ort) am östlichen Ufer des Sees Genezareth, gleich unterhalb des Wadi-es-Semak, wo steile Hügel in den See abfallen, für diesen Ort. Wie dem auch sei, Gadara (Umm Qeis), 8 km südöstlich vom südlichen Ende des Sees, könnte dafür in Frage kommen. Diese wichtige Stadt der Zehnstädte (Dekapolis) könnte sich zu jener Zeit sehr wohl bis zum See ausgedehnt haben. S. Erklg. zu „Die Zehnstädte" in Markus 7.

Kap. 5,21–43
Die Gewalt des Knechts über Krankheit und Tod

Er, der sündlose Sohn Gottes, der Herr der Geisterwelt (1–20), hatte zunächst seine Vollmacht über Satan und die Dämonen bewiesen. Nun bekundete er sie auch über Krankheit und Tod, die Folgen der Sünde für die Menschheit.

Kap. 6–7
Die Ablehnung des Knechts

In seiner Vaterstadt, 6,1–6. Unglaube seiner Person und seinem Wirken gegenüber kommen hier zum Ausdruck. Seine Landsleute sahen ihn als den leiblichen Sohn Josephs, als einen Zimmermann, 3, als einen gewöhnlichen sündigen Menschen, der Brüder und Schwestern hatte (vgl. Lk. 4,16–30).

Aussendung der Zwölf, 6,7–13 (vgl. Matth. 10,5–42; Lk. 9,1–6).

Beschreibung des Martyriums des Johannes, 6,14–29. (S. Erklg. zu Matth. 14,1–12; Lk. 9,1–9) Herodes Antipas, Sohn Herodes des Großen, regierte als Vierfürst über Galiläa und Peräa von 4 v.Chr. bis 39 n.Chr. Seine blutschänderische Heirat mit seiner Nichte Herodias, der früheren Frau seines Halbbruders Philippus, führte zur Ermordung Johannes des Täufers auf seinen Befehl hin.

Wunder der Speisung der Fünftausend, 6,30–44. (S. Erklg. zu „Wunder im Reich der Natur" bei Mk. 5.)

Wunder vom Wandeln auf dem Wasser, 6,45–52 (vgl. Matth. 14,22–32; Joh. 6,16–21). Der Knecht ist der mächtige Sohn Gottes.

Heilungen in Genezareth, 6,53–56. Genezareth ist die fruchtbare Ebene nordwestlich des Sees Genezareth, wo die Berge flach auslaufen.

Dämonie

Dämonen sind böse oder unreine Geister (vgl. Mk. 1,23 mit Mk. 1,32-34; Off. 16,13-14). Sie sind gefallene Engel, Diener Satans (Matth. 12,26-27; 25, 41). Es gibt nur einen Teufel, aber Millionen von Dämonen, die dem Teufel dienen und dadurch seine Macht weltumfassend machen. Ein Besessener (Mk. 5,1-20) ist ein Mensch, von dessen Persönlichkeit ein oder mehrere Dämonen Besitz genommen haben, die durch ihr menschliches Opfer sprechen und handeln können und dadurch an dessen Geist und Körper schweren Schaden anrichten. Eine Anzahl solcher Opfer Satans wurden durch den Knecht befreit (s. „Austreibung von Dämonen"). Die Macht Gottes, die sich durch das sündlose Menschsein des Knechts ungehindert auswirken konnte, forderte die übernatürliche Welt des Bösen heraus und erklärt die Mobilisierung und verstärkte Aktivität der Dämonen während seines irdischen Wirkens.

Die Wirklichkeit und Wirksamkeit von Dämonen ist seit dem Sündenfall in jedem Zeitalter der Geschichte festzustellen, so z.B. im Fall Sauls und des spiritistischen Mediums von Endor (1. Sam. 28,7-21), im früheren Götzendienst, dessen Triebkraft Dämonen waren (Ps. 106,36-37; 1. Kor. 10,20), in der Wahrsagerei und Magie sowie in der Totenbeschwörung und im modernen Spiritismus.

Die Dämonen können Geist und Körper zerrütten bzw. ruinieren (Matth. 12,22; 17,15-18; Lk. 13,16). Sie kennen die göttliche Natur und den Herrschaftsanspruch Jesu Christi in der unsichtbaren Welt (Matth. 8,31-32; Mark. 1,24; Apg. 19,15; Jak. 2,19), sie wissen um ihr von Gott bestimmtes Schicksal

(Matth. 8,31-32; Lk. 8,31). Sie spielen eine bedeutende Rolle in der Beherrschung der Welt durch Satan (Dan. 10,13; Eph. 6,12), indem sie Kulte und falsche Lehren fördern (1. Tim. 4,1-3) und sich dem Plan Gottes und dem Volk Gottes entgegenstellen (Eph. 6,12; 1. Joh. 4,1-6). Es gibt zwei Klassen von Dämonen: freie und gefangene. Die letzteren werden als Teil der Gerichte über die unbußfertigen Menschen in der großen Trübsal freigelassen werden (Off. 9,1-21; 16,13-16). Das Gebet ist die Waffe des Gläubigen gegen Satan und die Dämonen (Eph. 6,10-20). S. auch Erklg. zu „Dämonenaustreibung und Warnungen" in Lukas 11,14-54.

Austreibung von Dämonen (Besondere Fälle)

Besessener in der Synagoge in Kapernaum: Mk. 1,21-28; Lk. 4,31-37

Stummer Besessener: Matth. 9,32-34

Tochter der syrophönizischen Frau: Matth. 15,21-28; Mk. 7,24-30

Gadarenische Besessene: Matth. 8,28-34; Mk. 5,1-20; Lk. 8,26-39

Blinder und stummer Besessener: Matth. 12,22; Lk. 11,14

Epileptisches Kind: Matth. 17,24-21; Mk. 9,14-29; Lk. 9,37-43

Wunder

Methode und Zweck der Wundertaten des Knechts

Jesus vollbrachte die Wunder nicht einfach deshalb, weil er Gott war; er vollbrachte sie als sündloser Mensch in enger Verbindung mit Gott. Es war der Heilige Geist, der unbegrenzt durch Jesu sündlose Natur diese mächtigen Zeichen tat. Sie geschahen durch das gesprochene Wort, manchmal auch zusammen mit äußerlich sichtbaren Heilmitteln wie Lehm oder Speichel.

Der Zweck der Wunder des Knechts war, den König (Matthäus), den Knecht (Markus), den Menschen (Lukas) und Gott (Johannes) als den Schöpfer-Erlöser zu erweisen. Gott wurde Mensch, das ewige Wort wurde Fleisch, wurde Israels König und Retter der Welt. Die Wunder Jesu waren äußerliche Beweise seiner Göttlichkeit und Messianität (vgl. Joh. 15,24). Sie waren auch Ausdruck seiner Liebe zu den Menschen und seiner Identifizierung mit ihnen, um sie von Leid, Sünde und Tod zu erlösen.

Die meisten Wunder Jesu sind nicht aufgezeichnet (vgl. Matth. 4,24; 15,30-31; Mk. 6,53-56; Lk. 4,40; 6,17-19; Joh. 21,25). Die, welche berichtet werden, wurden – wie wir im Johannes-Evangelium lesen (Joh. 20,30-31) – für einen bestimmten Zweck ausgewählt. Sie sollten den Glauben an Jesus, „den Christus, den Sohn Gottes", wecken, „damit ihr durch den Glauben Leben haben möget in seinem Namen".

Beispiele körperlicher Heilungen

Ein Aussätziger	Matth. 8,2-4; Mk. 1,40-45; Lk. 5,12-15
Ein Gelähmter	Matth. 9,2-8; Mk. 2,3-12; Lk. 5,18-26
Fieber (Schwiegermutter des Petrus)	Matth. 8,14-17; Mk. 1,29-31
Sohn eines königlichen Beamten	Joh. 4,46-53
Körperliche Behinderung	Joh. 5,1-9
Eine verkümmerte Hand	Matth. 12,9-13; Mk. 3,1-5; Lk. 6,6-10
Taubheit und Stummheit	Mk. 7,31-37
Blindheit in Bethsaida	Mk. 8,22-25;
in Jerusalem	Joh. 9
bei Bartimäus	Mk. 10,46-52
Zehn Aussätzige	Lk. 17,11-19
Abgehauenes Ohr des Malchus	Lk. 22,50-51
Blutungen	Matth. 9,20-22; Mk. 5,25-34; Lk. 8,43-48
Wassersucht	Lk. 14,2-4

Wunder der Auferweckung

Tochter des Jairus	Matth. 9,18-25; Mk. 5,35-43; Lk. 8,41-56
Sohn der Witwe	Lk. 7,11-15
Lazarus von Bethanien	Joh. 11,1-44

Wunder im Reich der Natur

Wasser zu Wein verwandelt (in Kana)	Joh. 2,1-11
Einen Sturm gestillt	Matth. 8,23-27; Mk. 4,35-41; Lk. 8,22-25
Wunderbarer Fischfang	Lk. 5,1-11; Joh. 21,6
Vermehrung von Speise:	
Fünftausend gespeist	Matth. 14,15-21; Mk. 6,35-44; Lk. 9,12-17; Joh. 6,5-13
Viertausend gespeist	Matth. 15,32-39; Mk. 8,1-9
Wandel auf dem Wasser	Matth. 14,22-33; Mk. 6,45-52; Joh. 6,16-21
Geld aus dem Maul eines Fisches	Matth. 17,24-27
Feigenbaum verdorren lassen	Matth. 21,18-21; Mk. 11,12-14

Obwohl von seinen Landsleuten und anderen abgewiesen, setzte der Knecht freundlich seinen Auftrag und Dienst fort, zu suchen und zu retten, was verloren ist (vgl. Matth. 14,34-36).

Die leere Religiosität der Pharisäer, 7,1-23. Die Pharisäer, die an bloß äußerlichen Formen der Überlieferung festhielten, ohne zu glauben oder geistliches Leben zu haben (2. Tim. 3,5), waren in ihrer Ablehnung und Feindschaft gegenüber dem Knecht, Gottes Sohn, verblendet. Sie erfüllten die Weissagung in Jesaja 29,13 (s. 6-8; vgl. Erklg. zu Matth. 15,1-20).

Der Knecht und die syrophönizische Frau, 7,24-30 (s. Erklg. zu Matth. 15,21-28). Der Knecht konnte nicht verborgen bleiben, 24, denn er war ja „gekommen, um zu dienen" (vgl. Mk. 10,45). Dies ist bereits eine Vorschattung dafür, daß das Evangelium, nachdem Israel den König und sein Reich abgelehnt hat, den Heiden verkündigt wird. Beachten wir, Markus schreibt nichts davon, daß die syrophönizische Frau Jesus als Sohn Davids angerufen hätte, wie es im Evangelium vom König berichtet wird (Matth. 15,22). S. Erklg. zu „Dämonie", Mk. 5,1-20, und „Austreibung der Dämonen" in Markus 5. Tyrus lag an der Küste, 37 km nördlich von Ptolemäus und 30 km südlich von Zidon.

Heilung des Taubstummen, 7,31-37 (vgl. Matth. 15,29-31). S. Erklg. zu „Beispiele körperlicher Heilungen" in Markus 5 und zu „Der See Genezareth" in Markus 6.

Die Zehnstädte

Die Dekapolis (Zehnstädte) lag in der Gegend südöstlich vom See Genezareth. Es war ein Zusammenschluß hellenistischer Städte (ursprünglich zehn). Alle, mit Ausnahme von Skythopolis (Beisan), westlich des Jordan am Eingang in die Ebene Esdrelon, lagen in Transjordanien, südlich der Gaulonitis, das dem Vierfürsten Philipp gehörte, östlich der nördlichen Hälfte von Peräa des Herodes Antipas und westlich und nördlich von Aretas' ausgedehntem Königreich von Nabatäa. Plinius, ein zeitgenössischer römischer Geschichtsschreiber, führt diese Zehn-Städte-Gruppierung auf: Damaskus, Philadelphia (Amman), Raphana, Skythopolis, Gadara, Hippos, Pella, Gerasa, Dion und Canatha (vgl. Matth. 4,25; Mk. 5,20; 7,31).

Kap. 8
Der Knecht sagt seinen Tod voraus

Das Wunder der Speisung der Viertausend, 1-9 (vgl. Matth. 15,32-39). S. Erklg. zu „Wunder im Reich der Natur" in Markus 5.

Der große Unglaube der Pharisäer, 10-21. Vgl. Erklg. zu Matthäus 16,1-12, besonders zum Stichwort „Sauerteig". „Dalmanutha", 10, ist unsicher. Nach der Speisung der Viertausend irgendwo in der nordöstlichen Gegend des Sees,

nahm Jesus ein Schiff nach Magdala (Matth. 15,39, andere Lesart Magadan), in die „Gegend von Dalmanutha" (Mk. 8,10), vielleicht identisch mit Khirbet Mejdel, das ca. 5 km nordöstlich von Tiberias, zwischen diesem und Kapernaum, liegt.

Der Blinde in Bethsaida geheilt, 22-26. Damit war nicht die Stadt östlich der Mündung des Jordan in den See Genezareth gemeint, die vom Vierfürsten Philipp ausgebaut und „Bethsaida Julius" genannt wurde, sondern die Stadt in der unmittelbaren Nachbarschaft Kapernaums, westlich der Stelle, wo der Jordan in den See mündet (s. Mk. 1,16-17; Joh. 1,44; 12,21).

Glaubensbekenntnis des Petrus, 27-38 (s. Erklg. zu Matth. 16,13-19).

Cäsarea Philippi

Cäsarea Philippi, d.h. das Cäsarea des Philippus, wurde wieder aufgebaut und durch diesen Sohn Herodes' des Großen erweitert. Es hatte ursprünglich zu Ehren des Naturgottes Pan, den man dort anbetete, „Panias" geheißen, wurde dann aber zu Ehren des damals regierenden Kaisers Tiberius in Cäsarea umbenannt. Auf diese Weise konnte man es von der Stadt Cäsarea unterscheiden, die Herodes der Große an der Mittelmeerküste Palästinas erbaut hatte. In diesem heidnischen Zentrum in allernächster Nähe der Paneion-Grotte am Fuß des Berges Hermon, an der Hauptquelle des Jordan, warf Jesus bezeichnenderweise die Frage nach seiner Göttlichkeit auf (s. Erklg. zu Matth. 16,13-19; Lk. 9,18-20). In der Nähe befand sich auch ein wunderschöner, von Herodes dem Großen zu Ehren des Kaisers Augustus erbauter Marmortempel.

Kap. 9
Die kommende Herrlichkeit des Knechts

Die Verklärung, 1-13. Einerseits war dies eine Bestätigung des Petrusbekenntnisses zu Christus als dem Sohn des lebendigen Gottes. Es war

Die Jordanquelle, nahe bei Cäsarea Philippi

Der See Genezareth

Zur Zeit Jesu war diese wunderschöne Ansammlung frischen Wassers 20 km lang und 11 km breit. Stark bevölkerte Städte wie Kapernaum (s. Erklg. zu Mk. 1,21-28), Bethsaida, Chorazin, Magdala und Tiberias lagen am See. Er liegt in einem tiefen Becken 213 m u.d.M. An seinen Ufern herrscht ein gesundes subtropisches Klima. Der See wird oft von plötzlichen heftigen Stürmen heimgesucht, wenn die kalte Luft vom schneebedeckten Libanon mit der wärmeren Luft über dem See zusammenprallt.

Der See weist einen großen Fischreichtum auf, daher ist Fischfang dort eine wichtige wirtschaftliche Erwerbsquelle (vgl. Matth. 4,18-22; Mk. 1,16-20). Das sonnige Klima mit den heilenden Schwefelquellen in der Nähe von Tiberias machte es zu einem Mekka für Kranke und zu einem reichen Betätigungsfeld für Heilungen Jesu (Mk. 1,32-34).

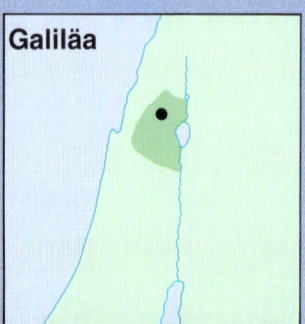

Galiläa

Fischerboote bei Tiberias

eine Offenbarung der vollen Göttlichkeit des Knechts an die drei einsichtsvollsten Jünger, um sie so auf die Mitteilung des nahenden Todes Jesu vorzubereiten. Andererseits war die Verklärung ein himmlisches Zeugnis und ein besonders eindrucksvoller Beweis dafür, daß Jesus der Christus ist, der Messias, der Knecht und Retter, auf welchen alle atl. Weissagungen hindeuten und in welchem sie erfüllt werden. Außerdem war es ein sichtbares Zeichen dafür, daß die Herrlichkeit des Gottesreiches zu den Heiden gebracht und sich machtvoll an ihnen erweisen würde (vgl. Erklg. zu Matth. 17,1-21).

Der besessene Knabe, 14-29. (Siehe Erklg. zu „Dämonie" in Mk. 5,1-20 und „Beispiele körperlicher Heilungen" in Mk. 5,21-43. Siehe auch Erklg. zu Matth. 17,14-19; Lk. 9,37-43.)

Der Knecht sagt wiederum seinen Tod voraus, 30-41 (vgl. Erklg. zu Matth. 16,20-28). Diese Tatsache wurde den Jüngern schrittweise enthüllt, nachdem der König und sein Reich abgelehnt worden waren, obwohl Jesus es Nikodemus am Anfang seines Wirkens angedeutet hatte (Joh. 3,14; vgl. Matth. 16,21; 17,9.22-23; 20,17-19). Die Jünger stritten unter sich, wer wohl der Größte sein werde, 33-37. Ihr Parteigeist zeigt, wie wenig sie des Herrn nahenden Tod oder dessen Bedeutung verstanden, 38-41.

Die Verklärung Jesu geschah wahrscheinlich auf dem Berg Hermon.

Der Knecht warnt vor der Hölle, 42-50. Dies ist die Gehenna, die ewige Hölle, der „Feuersee" (Off. 19,20; 20,10.14-15), „der zweite Tod" (Joh. 8,24; Off. 21,8), der ewige Trennung von Gott bedeutet. Gehenna war der Ort im Hinnomtal, südwestlich von Jerusalem, wo in atl. Zeit Menschenopfer dargebracht worden waren (2. Chron. 33,6; Jer. 7,31). Später wurde es ein Abfall-Platz, wo der Wurm nie ausstarb und das Feuer nie erlosch – ein drastisches Bild der ewigen Bestimmung derjenigen, die Christus ablehnen. Im Gegensatz zur Gehenna ist der Hades, auch „Totenreich" genannt (Lk. 16,23), der zwischenzeitliche Aufenthaltsort der Ungläubigen nach dem Tod, wo sie das Gericht erwarten.

Kap. 10
Wirksamkeit des Knechts in Peräa

Die Frage der Ehescheidung, 1-16. Judäa, 1, war die Gegend auf der anderen Seite des Jordan, von Samaria her gesehen, und erstreckte sich von der Dekapolis (Zehnstädte) östlich und südlich des Sees Genezareth bis zum Toten Meer. Es wurde von Herodes Antipas (s. Erklg. zu Mk. 6,14-29) regiert. Jesus ging in der Frage der Ehescheidung von der Einehe aus, 6-8 (vgl. 1. Mo. 1,27), indem er sich darauf berief, daß Gott Mann und Frau in der Ehe zusammengefügt, 9, und daß Ehescheidung Ehebruch ist, 11-12. Jesu Segnung der kleinen Kinder, 13-16, steht in engem Zusammenhang mit diesem Text. Sie sind die eigentlichen Opfer des Schadens bei Ehebruch und Ehescheidung (Matth. 19,13-15; Lk. 18,15-17).

Der reiche Jüngling, 17-31 (s. Erklg. zu Matth. 19,16-26; vgl. Lk. 18,18-30).

Der Knecht sagt wiederum seinen Tod voraus, 32-34 (vgl. Matth. 20,17-19; Mk. 9,30-32).

Der selbstsüchtige Ehrgeiz des Jakobus und Johannes, 34-45. Ihr Wunsch, bedient zu werden, wird dem Ziel des Knechtes, zu dienen, gegenübergestellt, 45. Dieser Vers ist bei Markus der Schlüssel zur Darstellung des Sohnes Gottes als Knecht.

Bartimäus wird sehend, 46-52 (vgl. Matth. 20,29-34; Lk. 18,35-43). Dieses Wunder geschah in der Nähe von Jericho. S. Erklg. zu „Beispiele körperlicher Heilungen" bei Markus 5.

Kap. 11
Der Einzug des Knechts in Jerusalem

Seine Vorstellung als König, 1-11, war die Erfüllung von Sacharja 9,9 (vgl. Erklg. zu Matth. 21,1-11). Es war eine scheinbar volkstümliche, aber im Grunde oberflächliche Bekun dung der Gunst des Volkes. Der König und sein

Jericho

Jericho

Das Jericho zur Zeit Jesu war der Ort, wo Herodes seinen Winterpalast hatte. Er und sein Sohn Archelaus verschönerten die Stadt durch prächtige hellenistische Bauten: Palast, Theater, Festung und Pferderennbahn. Alte Ruinen, die seit 1950 an der Stelle des heutigen Tulul Abu el'Alayiq ausgegraben werden, liegen ca. 1,5 km westlich der heutigen Stadt. Architektur und Grundriß gleichen anderen Städten der griechisch-römischen Welt jener Zeit. Das Jericho des Herodes war eine prächtige Stadt. Sie war 27 km von Jerusalem entfernt und lag im Jordantal, 305 Meter u.d.M. Es hatte im Winter ein angenehm mildes Klima.

Der ausgedehnte Trümmerhügel, wo das alte Jericho stand. In Jericho wurden wichtige Ausgrabungen vorgenommen.

Reich waren in Wirklichkeit jedoch bereits abgelehnt worden (vgl. Erklg. zu Matth. 3,1-12; 4,17; 13,1-2). Die Wankelmütigkeit des sündigen Menschenherzens kommt hier klar zum Ausdruck. Einige Tage später verhöhnten ihn viele aus derselben Menge und erbrachten damit den Beweis, daß sie weder den König noch die Grundsätze seines Reiches aufzunehmen bereit waren.

Der unfruchtbare Feigenbaum, 12-14 (s. Erklg. zu Matth. 21,18-22). Wenn der Feigenbaum Palästinas seine Blätter den Winter über behalten hat, trägt er meistens auch Früchte. Das Bild weist auf die geistliche Unfruchtbarkeit des Volkes hin, das bald den König kreuzigen würde, den es so auffällig laut begrüßt hatte.

Die Tempelreinigung, 15-19, ist ein weiterer Beweis des Abfalls der Nation (s. Erklg. zu Matth. 21,12-17). Der verdorrte Feigenbaum versinnbildlicht diesen geistlichen Ruin.

Glaube im Gegensatz zum Unglauben, 20-33. Das Gebet des Glaubens, 22-26 (vgl. Jak. 5,15), auf dem Hintergrund des Unglaubens der Schriftgelehrten und Ältesten, die die Vollmacht Jesu anzweifelten, 28-33, ist ein weiterer Hinweis auf die Ablehnung des Königs und Knechtes.

Kap. 12
Der Knecht lehrt in Jerusalem

Gleichnishafte Zusammenfassung der geistlichen Geschichte Israels, 1-12. Israel, der Weinberg (Jes. 5,1-7), brachte nur wilde Trauben hervor. Es wird auf die atl. Propheten und Johannes den Täufer hingewiesen, 2-5, wie auch auf Jesus selbst, 6-8, und die Zerstörung Jerusalems (70 n.Chr.), 9-10 (vgl. Ps. 118,22; 1. Petr. 2,7). Die Verse 10-11 zitieren Psalm 118,22-23 (vgl. Erklg. zu Matth. 21,33-45; Lk. 20,9-18).

Die Steuerfrage, 13-17. Die Pharisäer und Herodianer taten sich zusammen, um dem Knecht eine Falle zu stellen. Jesus, in seiner Allwissenheit, erklärte das Prinzip der Trennung von Kirche und Staat und brachte so beide Gruppen zum Schweigen (s. Erklg. zu Matth. 22,15-46; vgl. Lk. 20,19-26).

Der Knecht bringt die Sadduzäer zum Schweigen, 18-27. Die wohlhabenden Materialisten, die durch Vernunftschlüsse zu ihrer Haltung gekommen waren, glaubten nicht an die leibliche Auferstehung. Ihre verfängliche Frage schien die Vielehe im Himmel zu begünstigen. Jesus erledigte die Frage meisterhaft. Er offenbarte, daß es im Himmel kein Heiraten gebe, aber eine Auferstehung, denn so sagt es die Schrift, und er zitierte aus den fünf Büchern Mose, welchen die Sadduzäer zu glauben vorgaben (vgl. 2. Mo. 3,6).

Die wichtigsten Gebote, 28-34. (Vgl. 5. Mo. 6,4-5; 3. Mo. 19,18) Gott muß den ersten Platz in unserem Herzen haben, unser Nächster den zweiten (s. Matth. 22,34-40; Lk. 10,25-37).

Der Knecht fragt die Pharisäer, 35-40. An Psalm 110,1 zeigte er, daß dieser Psalm, von David geschrieben und vom Geist eingegeben, messianisch sei und daß er Davids Sohn (als Mensch), aber auch Davids Herr (als Gott) sei. Damit brachte er sie zum Verstummen und deckte gleichzeitig ihren Unglauben auf.

Das Scherflein der Witwe, 41-44. Ein Scherflein war die Münze von kleinstem Wert. Diese Witwe gab zuerst sich selbst (Lk. 21,1-4; 2. Kor. 8,5).

Das Goldene Tor in Jerusalem

Kap. 13
Die Rede des Knechts auf dem Ölberg

Weissagung über den Tempel, 1-4. Auf dem Ölberg, von wo man Herodes' prachtvolles Gebäude direkt vor sich sah, sagte Jesus dessen Zerstörung voraus. Es ist interessant zu wissen, daß Titus seine unbesiegten Legionen zur Belagerung der Stadt auf dem Ölberg einteilte. Diese Belagerung führte zur vollständigen Zerstörung des Tempels. Die schicksalsschweren Worte Jesu (vgl. Matth. 24-25; Lk. 21) erfüllten sich.

Geschehnisse der großen Trübsal, 5-23 (s. Erklg. zu Matth. 24,4-26).

Zweites Kommen des Menschensohns, 24-26 (s. Erklg. zu Matth. 24,27-30).

Sammlung Israels, 27 (s. Erklg. zu Matth. 24,31).

Die Gewißheit der Wiederkunft Christi, 28-33 (s. Erklg. zu Matth. 24,32-36 und untenstehende Erklg. zum „Zeitpunkt des zweiten Kommens").

Ermahnungen zur Wachsamkeit, 34-37 (s. Erklg. zu Matth. 24,37-51).

Gethsemane; im Hintergrund die Stadtmauern Jerusalems

Kap. 14
Ereignisse, die zum Tod des Knechts führen

Die Handlung, 1-2. Zum Passahmahl vgl. 2. Mo. 12,1-28. Das Passahmahl deutet auf ihn (Jesus) hin, der jetzt verraten wurde, um zu sterben (Matth. 26,2-5; Lk. 22,1-2).

Der Knecht zum Sterben gesalbt, 3-9 (s. Erklg. zu Matth. 26,6-13; Joh. 12,1-8). Maria von Bethanien war „das Weib", 3. Sie allein begriff die volle Tragweite seines nahenden stellvertretenden Todes, und nur diejenigen, welche wie sie zu seinen Füßen sitzen (Lk. 10,39), verstehen es ebenfalls.

Der Plan des Judas, Jesus zu verraten, 10-11 (vgl. Matth. 26,14-16; Lk. 22,3-6).

Das letzte Passahmahl und das Mahl des Herrn, 12-25. Das Passahfest der Erlösung wurde vorbereitet, 12-16 (vgl. 2. Mo. 12,8), und gefeiert, 17-21. Dann setzte der Knecht zur Erinnerung an seinen Tod und sein Wiederkommen das Mahl des Herrn ein (1. Kor. 11,23-26). Damit ersetzte er das Passahmahl und wies als das Passahlamm mit seinem stellvertretenden Tod zugleich auf dessen eigentliche Bedeutung hin.

Der Zeitpunkt des zweiten Kommens

Kannte der Sohn den Zeitpunkt seines zweiten Kommens nicht? „Um jenen Tag aber und die Stunde weiß niemand, auch die Engel im Himmel nicht, sondern *allein mein Vater*" (Matth. 24,36; Markus 13,32). Im Markus-Evangelium wird Jesus als der beschrieben, der die Stellung völliger Erniedrigung als Knecht einnimmt und „nicht weiß, was sein Herr tut" (Joh. 15,15). Nachdem seine Knechtschaft im Tod beendet und er zur Herrlichkeit erhoben worden war, wußte der Sohn in seiner Allwissenheit alles, weil ihm diese besondere Offenbarung gegeben wurde (Off. 1,1).

Die Verleugnung des Petrus vorausgesagt, 26-31 (vgl. Matth. 26,31-35; Lk. 22,31-34; Joh. 13,36-38).
Der Todeskampf in Gethsemane, 32-42 (s. Erklg. zu Matth. 26,36-56).

Gethsemane
Oberhalb der heutigen Straße von Jerusalem nach Bethanien kommen vier Orte nach der Überlieferung als Stätte des Todeskampfes Jesu in Frage. An jedem dieser Orte wachsen alte Öl-bäume. Man kann nicht mit Sicherheit sagen, wo das biblische Gethsemane lag. Irgendwo am Öl-berg rang Jesus im Gebet. Es wird angenommen, daß Gethsemane (hebr. *gat semaním*) „Ölpresse" bedeutet; Hieronymus jedoch brachte es mit dem hebr. *ge'e shemanim* („Öltal" oder „fruchtbares Tal") in Verbindung. Damit wäre der Hinweis berechtigt, daß der Garten in einem Tal lag, in dem viele Ölbäume wuchsen.
Verrat des Judas und Gefangennahme Jesu, 43-52. Auf den gemeinen Verrat des Judas, 43-46 (vgl. Matth. 26,47-56), folgte der Zornausbruch des Petrus, bei dem er zugleich seinen Mut bewies, 47. Wer der junge Mann war, der Jesus folgte, 51-52, ist nicht bekannt.
Jesus vor dem Hohen Rat, 53-65 (vgl. Matth. 26,57-68; Joh. 18,12-24).
Verleugnung des Petrus, 66-72 (vgl. Matth. 26,69-75; Lk. 22,55-62; Joh. 18,16-27).

Der Ölberg vom Tempelbezirk aus

Kap. 15
Tod und Grablegung des Knechts

Jesus vor Pilatus, 1-15. Pontius Pilatus war römischer Landpfleger (Prokurator) von Judäa (26-36 n.Chr.). Prokuratoren waren dem Kaiser untergebene Statthalter, Kommandanten der berittenen Truppen, ähnlich wie die mittelalterlichen Ritter. Sie konnten, falls es erforderlich war, vom Gesandten in Syrien Hilfe erhalten. Sie hatten ihren Sitz in Cäsarea, hielten es jedoch für klüger, sich während größerer jüdischer Feste in Jerusalem aufzuhalten. Die Regierungsweise der Prokuratoren erwies sich als unglücklich. Römische Geschäftsleute und Beamte waren unfähig, ein wankelmütiges und an religiöse Zeremonien gebundenes orientalisches Volk zu verstehen. Deshalb nahmen sie (z.B. Pilatus), wenn ihre Geduld erschöpft war, oft zu Grausamkeiten Zuflucht. Das Stillschweigen Jesu vor Pilatus, 5, war die Erfüllung von Jesaja 53,7. Zu Barabbas, 7-15, s. Matthäus 27,15-23. S. Erklg. zu „Jesu Verhöre", Lukas 23.
Der König der Juden verspottet, 16-23. Der Amtssitz des Pilatus, 16, ist wahrscheinlich derselbe wie der mit den prächtigen Türmen Hippicus, Phasael und Mariamne geschmückte Palast des Herodes auf der westlichen Seite der Stadtmauer. Die spätere Überlieferung jedoch bringt das Prätorium mit der Burg Antonia an

Reihenfolge der Geschehnisse bei der Kreuzigung

Ankunft auf Golgatha (Schädelstätte): Matth. 27,33; Mk. 15,22; Lk. 23,33; Joh. 19,17.
Jesus wird ein betäubendes Getränk angeboten: Matth. 27,34.
Die Kreuzigung: Matth. 27,35.
Der Ausruf „Vater, vergib ...": Lk. 23,34.
Verteilung der Kleider Jesu: Matth. 27,35.
Jesus verspottet: Matth. 27,39-44; Mk. 15,29.
Die Mörder schmähen ihn, einer jedoch glaubt: Matth. 27,44.
Zweiter Ausruf „Heute wirst du mit mir ...": Lk. 23,43.
Dritter Ausruf „Weib, siehe dein Sohn ...": Joh. 19, 26-27.
Die Finsternis: Matth. 27,45; Mk. 15,33.
Der vierte Ausruf „Mein Gott, mein Gott ...": Matth. 27,46-47; Mk. 15,34-36.
Der fünfte Ausruf „Mich dürstet ...": Joh. 19,28.
Der sechste Ausruf „Es ist vollbracht": Joh. 19,30.
Der siebte Ausruf „Vater, in deine Hände ...": Lk. 23,46.
Jesus gibt seinen Geist auf: Matth. 27,50; Mk. 15,37.

Reihenfolge der Ereignisse bei der Auferstehung

Maria Magdalena, Maria, die Mutter des Jakobus und Salome machen sich auf zum Grab: Lk. 23,55-24,1.
Sie finden den Stein weggerollt: Lk. 24,2-9.
Maria Magdalena geht, den Jüngern zu berichten: Joh. 20,1-2.
Maria, die Mutter des Jakobus, kommt näher und sieht den Engel: Matth. 28,1-5.
Sie kehrt zurück zu den anderen Frauen, die mit den Spezereien folgen.
Mittlerweile kommen Petrus und Johannes an, schauen hinein und gehen fort: Joh. 20,3-10.
Maria Magdalena kehrt weinend zurück, sieht zwei Engel, dann Jesus: Joh. 20,11-18.
Der auferstandene Christus bittet sie, es den Jüngern mitzuteilen: Joh. 20,17-18.
Maria, Mutter des Jakobus, kehrt mittlerweile mit den Frauen zurück: Lk. 24,1-4.
Sie kehren zurück und sehen die zwei Engel: Lk. 24,5; Mk. 16,5.
Auch sie hören die Botschaft des Engels: Matth. 28,6-8.
Auf dem Weg zu den Jüngern begegnen sie dem auferstandenen Christus: Matth. 28,9-10.

Erscheinungen Jesu nach der Auferstehung

Maria Magdalena: Mk. 16,9; Joh. 20,14-18.
Den Frauen, die vom Grab zurückkehrten: Matth. 28,8-10.
Dem Petrus (später am Tag): Lk. 24,34; 1. Kor. 15,5.
Den Jüngern, die am Abend nach Emmaus gehen: Lk. 24,13-31.
Den Aposteln (außer Thomas): Lk. 24,36-45; Joh. 20,19-24.
Den Aposteln, eine Woche später (Thomas ist anwesend): Joh. 20,24-29.
In Galiläa den sieben am See von Tiberias: Joh. 21, 1-22.
Auf einem Berg in Galiläa den Aposteln und 500 Gläubigen: 1. Kor. 15,6-7.
In Jerusalem und Bethanien wiederum dem Jakobus: 1. Kor. 15,7.
Auf dem Ölberg und bei der Himmelfahrt: Apg. 1,3-12.
Dem Paulus bei Damaskus: Apg. 9,3-6; 1. Kor. 15,8.
Dem Stephanus außerhalb Jerusalems: Apg. 7,55.
Dem Paulus im Tempel: Apg. 22,17-21; 23,11.
Dem Johannes auf Patmos: Off. 1,9-20.

der Nordwestküste des Tempelplatzes in Zusammenhang. Dieser Bau wurde von Herodes dem Großen auf einem früheren makkabäischen Gebäude wieder aufgebaut und nach Mark Antonius benannt. Zu Golgatha, 22, s. Erklg. zu Matth. 27,33-44.

Die Kreuzigung, 24-41 (s. Erklg. zu Matth. 27,57-61).

nen Texte bereits im Umlauf. So entstand ein weiterer Text (der vollständigere, der die Verse 9-20 enthält). Er ist in den alexandrinischen und Cambridge-Handschriften vorhanden.

Kap. 16
Die Auferstehung des Knechtes

Seine Auferstehung, 1-8 (s. Erklg. zu Matth. 28,1-10). Wie freundlich ist der Bericht des Engels von Jesu Auferstehung, 6-7, mit dem angefügten Wort für Petrus, den Verleugner, der gewiß gedacht haben mußte, daß er verstoßen sei. „Aber gehet hin, saget seinen Jüngern *und* dem Petrus", 7. S. Erklg. zu „Die Auferstehung beglaubigt", Johannes 20.

Erscheinungen des Knechts nach der Auferstehung, 9-20. Dieser Abschnitt ist in den sinaitischen und vatikanischen Handschriften (Codex Sinaiticus bzw. Codex Vaticanus) nicht zu finden. Andere Manuskripte enthalten ihn nur teilweise. Möglicherweise wurde die Originalschrift des Markus abgeschrieben, bevor er sie beendet hatte. Als Markus sein Evangelium schließlich fertig hatte, waren die abgeschriebe-

Dieses Grab in Jerusalem zeichnet sich, ähnlich wie das Grab Jesu, durch einen „rollenden Stein" aus.

Lukas

Das Evangelium vom Menschensohn

Der Verfasser. Der Schreiber ist Lukas, „der geliebte Arzt" (Kol. 4,14; vgl. Philem. 24; 2. Tim. 4,11). Er und Markus waren Mitarbeiter des Paulus. Das zeigen die „Wir"-Abschnitte in Apostelgeschichte 16,10-16; 20,5 ff; 21,1 ff. Daß Lukas dieses Evangelium geschrieben hat, wird beim Vergleich von Lukas 1,1-4 mit Apostelgeschichte 1,1-3 klar. Auch die Überlieferung bezeugt die Verfasserschaft des Lukas. Sehr wahrscheinlich schrieb Lukas sein Evangelium um 58 n.Chr., als er während der Gefangenschaft des Paulus in Cäsarea war (Apg. 27,1). Er schrieb es vor der Apostelgeschichte (um 63 n.Chr.).

Die synoptischen Evangelien. Matthäus, Markus und Lukas bilden die „synoptischen" Evangelien. Synoptisch bedeutet „zusammen, unter einem gemeinsamen Gesichtswinkel". Diese drei Evangelien haben, im Gegensatz zu dem des Johannes, eine gemeinsame Geschichte und berichten im wesentlichen dieselben Ereignisse im Leben unseres Herrn, natürlich mit einigen Auslassungen, Zusätzen und Unterschieden. Das synoptische Problem beschäftigt immer noch die Gemüter der Bibelkritiker. Viele Hypothesen sind aufgestellt worden, von denen mehrere die geschichtliche Zuverlässigkeit und Echtheit der Berichte, der Wunder usw. bestreiten.

Die Erklärung, die den Tatsachen am ehesten gerecht wird und den Christus der Synoptiker ehrt, ist die, daß der Heilige Geist ohne Widerspruch, durch drei verschiedene menschliche Schreiber den *einen* Messias-König, Knecht-Erlöser, Gott-Menschen darstellt. Jeder zeigt ihn unter einem anderen Gesichtspunkt, mit einem bestimmten Ziel; doch die dreifältige Darstellung bezieht sich auf ein- und dieselbe göttlich-menschliche Person.

So vielschichtig ist die Herrlichkeit der Person Jesu Christi und so weitreichend die Auswirkung seiner vollbrachten Erlösung, daß der Bericht eines einzigen Evangeliums seinen Glanz und seine Erhabenheit niemals erschöpfend darstellen könnte. Diese Berichte als bloße menschliche Produkte anzusehen, die aus vorhandenen Überlieferungen mechanisch zusammengefügt wurden, hieße, ihre geistliche Bedeutung und Bestimmung völlig zu verkennen. Das sogenannte synoptische Problem, das sich daraus ergibt, ist ungelöst und wird auch nie zu lösen sein.

Überblick

Geburt, Kindheit, erstes Wirken, Kap. 1,1 – 4,13
Wirken in Galiläa, Kap. 4,14 – 9,50
Reise nach Jerusalem und dortige Geschehnisse, Kap. 9,51 – 21,38
Ablehnung und Tod, Kap. 22,1 – 23,56
Auferstehung und Himmelfahrt, Kap. 24,1-53

Charakteristische Merkmale des Lukas-Evangeliums
Vergleich zwischen Lukas, Matthäus und Markus

Lukas	Matthäus	Markus
Evangelium des Menschen	Evangelium des Königs	Evangelium des Knechts
Das vollkommene Menschsein Jesu	Göttliches Königtum Jesu	Göttliche Knechtschaft Jesu
Grundlage der Erlösung und seiner gegenwärtigen Mittlerschaft (Hebr. 5,1-2)	Grundlage seines Angebotes, in dem er Israel sich selbst und sein kommendes messianisches Reich vor Augen stellt (Apg. 1,6)	Grundlage der Hingabe seines Lebens als Lösegeld für viele (Mk. 10,45)
Ethische Vollkommenheiten und Mitgefühl des vollkommenen Menschen	Königliche Macht und demütige Gnade von Israels Retter-König	Wunderkräfte im Dienst an Menschen durch den gottgesandten Knecht
Unser Herr im Gebet (vgl. Luk. 3,21; 5,16; 6,12-13; 9,18, bei dem er seine Abhängigkeit von Gott als Mensch beweist	Unser Herr in seiner Offenbarung als der König	Unser Herr in seinem von Gottes Geist bevollmächtigten Dienst
Ruf an die Griechen	Ruf an die Juden	Ruf an die Römer

Ereignisse, die nur bei Lukas vorkommen

Zacharias' Vision und Elisabeths Empfängnis: Kap. 1,5-25.

Begrüßung der Maria: Kap. 1,26-38.

Marias Besuch bei Elisabeth: Kap. 1,39-56.

Geburt Johannes des Täufers und Zacharias' Lobgesang: Kap. 1,57-80.

Der Volkszählungs-Erlaß des Kaisers Augustus: Kap. 2,1-3.

Christi Geburt in Bethlehem: Kap. 2,4-7.

Einzelheiten der Weihnachtsgeschichte: Kap. 2,8-20.

Die Beschneidung des Kindes Jesus: Kap. 2,21.

Die Darstellung des Kindes Jesus im Tempel: Kap. 2,22-24.

Die Geschichte von Simeon und Hanna: Kap. 2,25-38.

Die stillen Jahre in Nazareth: Kap. 2,39-40.

Jesus am Passahfest und mitten unter den Lehrern: Kap. 2,41-52.

Die Datierung der Anfänge des öffentlichen Wirkens Johannes des Täufers: Kap. 3,1-2.

Die Wirkung der Predigt des Johannes: Kap. 3,10-15.

Menschliche Abstammung Jesu von Maria: Kap. 3,23-38.

Ablehnung Jesu in Nazareth: Kap. 4,16-30.

Einzelheiten der Berufung von Petrus, Jakobus und Johannes: Kap. 5,1-10.

Rede Jesu in der Ebene: Kap. 6,17-49.

Auferweckung des Sohnes der Witwe aus Nain: Kap. 7,11-17.

Die Frau, die Jesus im Hause Simons salbte: Kap. 7,36-50.

Die Frauen, die Jesus dienten: Kap. 8,1-3.

Gespräch mit Jakobus und Johannes: Kap. 9,51-56.

Die Siebzig ausgesandt: Kap. 10,1-12.

Ihre Rückkehr und ihr Bericht: Kap. 10,17-24.

Gleichnis vom barmherzigen Samariter: Kap. 10,25-37.

Jesus im Hause der Maria und Martha: Kap. 10,38-42.

Gleichnis vom Freund um Mitternacht: Kap. 11,5-8.

Jesus von einem Pharisäer eingeladen: Kap. 11,37-54.

Rede an eine große Volksmenge: Kap. 12,1-53.

Galiläer von Pilatus ermordet: Kap. 13,1-5.

Gleichnis vom unfruchtbaren Feigenbaum: Kap. 13,6-9.

Die Heilung der verkrümmten Frau: Kap. 13,10-17.

Das Problem, wie viele gerettet werden: Kap. 13,23-30.

Antwort an die Pharisäer, Herodes Antipas betreffend: Kap. 13,31-33.

Der Wassersüchtige: Kap. 14,2-6.

Gleichnis vom ehrgeizigen Gast: Kap. 14,7-14.

Gleichnis vom großen Gastmahl: Kap. 14,15-24.

Schwierigkeiten der Nachfolge: Kap. 14,25-35.

Gleichnis vom verlorenen Schaf: Kap. 15,3-7.

Gleichnis vom verlorenen Groschen: Kap. 15,8-10.

Gleichnis vom verlorenen Sohn: Kap. 15,11-32.

Gleichnis vom unehrlichen Haushalter: Kap. 16,1-18.

Der reiche Mann und der arme Lazarus: Kap. 16,19-31.

Unterweisung der Jünger: Kap. 17,1-10.

Heilung der zehn Aussätzigen: Kap. 17,12-19.

Fragen über das Reich Gottes: Kap. 17,20-37.

Gleichnis von der bittenden Witwe: Kap. 18,1-8.

Gleichnis vom Pharisäer und Zöllner: Kap. 18,9-14.

Bekehrung und Berufung des Zachäus: Kap. 19,2-10.

Gleichnis von den anvertrauten Pfunden: Kap. 19,11-27.

Jesus weint über Jerusalem: Kap. 19,41-44.

Warnung an Petrus: Kap. 22,31-32.

Rat zum Kauf eines Schwertes: Kap. 22,35-38.

Erscheinung eines Engels in Gethsemane: Kap. 22,43.

Der blutige Schweiß: Kap. 22,44.

Jesus wird von Pilatus zu Herodes gesandt: Kap. 23,6-12.

Jesu Botschaft an die Frauen von Jerusalem: Kap. 23,27-31.

Der bußbereite Schächer am Kreuz: Kap. 23,39-43.

Der auferstandene Christus erscheint den Jüngern von Emmaus: Kap. 24,13-35.

Einzelheiten seines Erscheinens bei den elf Jüngern: Kap. 24,37-49.

Christi Himmelfahrt, wobei er seine Jünger segnet: Kap. 24,50-53.

Lukas

Gottes (des Höchsten) sich selbst mit der auf wunderbare Weise erzeugten menschlichen Natur im Leib der Jungfrau vereinigte. Das Ergebnis war „das Heilige", einzigartig und nicht einzuordnen, das Gottheit und Menschheit vereinigt zur Erlösung des gefallenen Menschengeschlechts. Darum mußte sein Name „Jesus" heißen, Herr-Erlöser (vgl. Erklg. zu Matth. 1,18-25).

Marias Lobgesang, 46-56. Erfüllt mit dem atl. Schrifttum und dem Geist Gottes, stimmte die Jungfrau als Echo auf Hannas Gesang (1. Sam. 2,1-10) einen Lobgesang an (vgl. Ps. 34,2-3; 103,17; 111,9).

Die Geburt Johannes des Täufers und die prophetische Freude Zacharias', 57-80. Zacharias' Zunge wurde gelöst, wie es auch diejenige Israels sein wird, wenn sie sehen und glauben werden, 57-64. Seine Weissagung, 67-79, wie auch der Lobgesang der Maria, waren in atl. Verheißungen eingebettet, die er in der Person und im Werk des kommenden Königs in Erfüllung gehen sah.

Kap. 1
Ankündigung der Geburt von Johannes und Jesus

Einleitung, 1-4. In geschliffenem Griechisch abgefaßt, zeigt dieser Prolog, wie sich der Heilige Geist des menschlichen Werkzeugs ganz natürlich bedient. Dieses Evangelium und die Apostelgeschichte (1,1) hatte Lukas für einen gewissen „Theophilus" (Gott-Liebender) geschrieben. Er war der literarische Gönner des Lukas, zweifellos ein Römer oder Grieche von hohem Stand, wie sein Titel „vortrefflichster" anzeigt.

Ankündigung der Geburt Johannes des Täufers, 5-25. Das Schweigen Gottes über vier Jahrhunderte hinweg, von Maleachi bis Matthäus, war gebrochen. Der amtierende Priester Zacharias (Zechariah = „an den Gott sich erinnert") hörte dies von Gott durch Gabriel, den Erzengel. Derselbe Engel hatte Daniel die Vision der siebzig Wochen vermittelt (Dan. 9,21-27). Johannes sollte von einem bisher kinderlosen Ehepaar geboren werden und im Geiste und in der Kraft eines Elia wirken (1. Kön. 21,20; 2. Kön. 1,8; vgl. Mal. 3,23-24).

Die Geburt Jesu ebenfalls angekündigt, 26-45. Gabriel besuchte Maria in Nazareth, 26-27, um ihr das wunderbarste Ereignis der Menschheitsgeschichte anzukündigen, 28-33. Die Verse 32-33 sind heute noch unerfüllt. Sie werden beim zweiten Kommen Jesu Wirklichkeit (vgl. 1. Mo. 12,2-3; Jes. 9,6-7; Dan. 7,27). Maria war die „Jungfrau" der Weissagung (Jes. 7,14). Ihr Kind war die göttlich-menschliche Person, von der Jesaja sprach: „ein Kind ist geboren" (menschlich) und „ein Sohn ist uns gegeben" (göttlich); (Jes. 9,6; Joh. 3,16; 2. Kor. 9,15). Es war ganz natürlich, daß Maria fragte, wie dies zugehen könnte, 34. „Der heilige Geist wird über dich kommen", 35, bedeutet, daß die (vollkommen heilige) menschliche Natur Jesu im Leib der Jungfrau durch eine schöpferische Tat des Geistes Gottes gezeugt wurde (vgl. Matth. 1,18-20). „Die Kraft des Höchsten wird dich überschatten", 35, heißt, daß der ewige Sohn

Kap. 2,1-20
Geburt Jesu

Steuerzählung unter Kyrenius, 1-3. Daß die Einschreibung, von der Lukas berichtet, Teil einer reichsweiten Volkszählung war, wird aufgrund von ägyptischen Papyrusrollen angenommen, die von einer alle 14 Jahre durchgeführten

Die Franziskanerkirche, die auf dem Hirtenfeld von Bethlehem gebaut wurde.

Bethlehem

Diese alte, malerische Stadt, ca. 11 km südlich von Jerusalem, in Micha 5,1 Bethlehem-Ephrata genannt, war die ursprüngliche Heimat der davidischen Familie, Ephratiter genannt (Ri. 1,2; 1. Sam. 17,12), weil sie Bewohner von Ephrat waren, einem früheren Vorort der Stadt. Erinnerungen gingen auf Jesu Vorfahren, Boas und Ruth, zurück. Ruth las Ähren auf den fruchtbaren Äckern von Bethlehem („Brothaus"). Unter der alten Geburtskirche, ursprünglich im 4. Jh. von Helena, der Mutter Konstantins, erbaut, soll der Überlieferung entsprechend der Geburtsraum sein, der auch mit dem Heim der Vorfahren Davids, Boas und Ruth, in Verbindung gebracht wird. Östlich der Stadt ist das Hirtenfeld, wo die Engel die frohe Ankunft „des Retters, welcher ist Christus, der Herr", 11, besangen.

Die Geburtskirche in Bethlehem

Volkszählung berichten. Mehr als das, Beweismaterial liegt vor, daß Kyrenius zweimal Landpfleger in Syrien war, das erstemal etwa um das Jahr 8 v.Chr., als die erste Einschreibung durchgeführt wurde. Haushaltszählungen werden auch auf Papyrusrollen bestätigt, so daß aufgrund neuerer archäologischer Forschung erwiesen ist, daß Lukas in diesem Abschnitt, der oft von Bibelkritikern in Frage gestellt wird, historische Tatsachen beschreibt.

Geburt in Bethlehem, 4-20. Nach Gottes Vorsehung sollte die Geburt seines Sohnes in Bethlehem erfolgen. Deshalb benutzte er das Gebot des Kaisers Augustus, um Maria und Joseph, die in Nazareth in Galiläa wohnten, nach Bethlehem zu führen und damit die Weissagung Michas bezüglich der Geburt des Messias zu erfüllen (Mi. 5,1).

Lukas, der den vollkommenen Menschen darstellt, läßt den Besuch der Weisen und die Flucht nach Ägypten aus.

Datierung von Weihnachten

Der 25. Dezember als Tag der Geburt Christi, wurde im vierten Jahrhundert n.Chr. festgelegt, und zwar durch die westliche Kirche. Die Ostkirche feiert den 6. Januar. In Wirklichkeit ist der Tag unbekannt. Offensichtlich erfolgte die Geburt jedoch nicht im Winter, da die Hirten in Palästina mit ihren Herden gewöhnlich nur von Frühjahr bis Herbst auf dem offenen Feld übernachten.

Kaiser Augustus

Kap. 2,21-38
Die Kindheit Jesu

Die Beschneidung und Darstellung, 21-24. Diese Riten waren im mosaischen Gesetz vorgeschrieben (2. Mo. 13,12.15; 3. Mo. 12,3; 4. Mo. 8,17). Sie bekunden, daß der vollkommene Mensch „von einem Weibe geboren" und „unter das Gesetz getan" werden sollte, um die, „die unter dem Gesetz waren", loszukaufen (Gal. 4,4-5). Durch die Beschneidung war er „ein Diener der Beschneidung um der Wahrhaftigkeit Gottes willen, um die Verheißungen an die Väter zu bestätigen" (Röm. 15,8), „Schuldner des ganzen Gesetzes" (Gal. 5,3), das er allein erfüllen konnte. Indem er es erfüllte, erlöste er uns von dem Fluch des Gesetzes, „indem er ein Fluch für uns wurde" (Gal. 3,13). Zu seinem Namen „Jesus" s. Matthäus 1,21; Lukas 1,31. Die Art des Opfers bei der Darstellung zeigt die Armut von Maria und Joseph (vgl. 3. Mo. 12,8).

Simeons und Hannas Weissagungen, 25-38. Diese beiden betagten Heiligen gehörten zum gottesfürchtigen Überrest, der an das Wort Gottes glaubte und auf Jesu erstes Erscheinen wartete. Simeon erkannte das Kindlein als den Verheißenen, als Gottes „Heil" und als „ein Licht zur Erleuchtung der Heiden" (erstes Kommen) und „zur Verherrlichung deines Volkes Israel" (zweites Kommen), 32 (Jes. 42,6-7). Simeons bemerkenswerte Weissagung, 34-35, fand Erfüllung in Johannes 19,25 (vgl. 1. Kor. 11,19; 1. Joh. 2,9). Hanna, 36-38, ist ein wunderschönes Beispiel echter Frömmigkeit. Sie kam zu „derselben Stunde", 38, um das Kindlein zu sehen, und ihr Glaube an ihn, der Erlösung bringen konnte, wurde belohnt.

Kalender-Korrektur

Der christliche Kalender, der in seiner Zeitrechnung von der Geburt Jesu ausgeht, löste im 6. Jh. den alten römischen Kalender, der die Gründung Roms (753 v.Chr.) als Ausgangspunkt nahm, ab. Dabei verrechnete sich der Mönch Dionysius Exiguus um mindestens 4 Jahre. Dieser Fehler wurde nicht sofort entdeckt, sondern erst, nachdem der christliche Kalender allgemein im Gebrauch war. Dionysius legte das Jahr 748 bzw. 749 v.Chr. anstatt 753 v.Chr. als Datum der Gründung Roms zugrunde. Daher muß 5 oder 4 v.Chr. das eigentliche Jahr der Geburt Jesu sein.

Zeitfolge dieser Epoche

6-5 v.Chr.

Zacharias wird die Geburt des Johannes angekündigt	Lk. 1,5-25

6 Monate später

Jesu Geburt wird der Maria angekündigt	Lk. 1,26-38
Maria geht zu Elisabeth	Lk. 1,39-56

3 Monate später

Maria kehrt nach Nazareth zurück	Lk. 1,56
Joseph empfängt eine Botschaft	Matth. 1,18-24
Geburt des Johannes	Lk. 1,57-80

5 v.Chr.

Geburt Jesu	Matth. 1,25; Lk. 2,1-7

8 Tage später

Jesus wird beschnitten	Lk. 2,21

33 Tage später

Jesus im Tempel dargestellt	Lk. 2,22-38

4 v.Chr.

Die Weisen besuchen den König	Matth. 2,1-12
Flucht nach Ägypten	Matth. 2,13-15
Kindermord von Bethlehem	Matth. 2,16-18

3 oder 2 v.Chr.

Rückkehr nach Nazareth	Matth. 2,19-23; Lk. 2,39

Kap. 2,39-52
Die Kindheit Jesu

Übersicht über seine Kindheitsjahre, 39-40. Im Gegensatz zu den phantasievoll ausgeschmückten Legenden der apokryphen (unechten) Evangelien, wird in der Bibel wenig von der Kindheit Jesu berichtet. Sicherlich kannte die große Familie Armut und Entbehrung, und Jesus wußte um das Müdewerden bei der täglichen Arbeit in der Zimmermannswerkstatt.

Reise nach Jerusalem als Zwölfjähriger, 41-52. Einzig Lukas berichtet davon. Jesus muß von seinem 12. Lebensjahr an regelmäßig die drei hohen Feste – das Passah-, Versöhnungs- und Laubhüttenfest – mitgefeiert haben. Dieser Zwischenfall ist bedeutungsvoll, weil er Anlaß für das erste Selbstzeugnis unseres Herrn über seine Göttlichkeit war. Seine Mutter hatte erklärt: „Dein Vater und ich haben dich mit Schmerzen gesucht", 48. Er korrigierte seine fehlbare Mutter mit

der Erklärung, daß Gott sein Vater sei: „Wußtet ihr nicht, daß ich sein muß in dem, was meines Vaters ist?" 49, und daß sein göttlicher Auftrag in allem Vorrang haben mußte. Er begleitete seine Eltern gehorsam nach Nazareth und war ihnen untertan.

Kap. 3,1-20
Das Wirken des Johannes

Das Wirken des Johannes, 1-14. In einem Abschnitt, der wegen seiner Genauigkeit und Vollständigkeit bemerkenswert ist, 1-2, legt Lukas den Anfang des Wirkens von Johannes ganz genau fest. Tiberius (14-37 n.Chr.) folgte auf Kaiser Augustus (27 v.Chr. bis 14 n.Chr.). Das fünfzehnte Jahr des Tiberius war etwa 29 n.Chr. Pontius Pilatus war Landpfleger von Judäa (26-36 n.Chr.). Herodes Antipas (4 v.Chr. bis 39 n.Chr.), der den Täufer tötete, war Vierfürst von Galiläa und Peräa. Herodes Philippus (4 v.Chr. bis 34 n.Chr.) war Vierfürst von Ituräa und der Trachonitis. Lysanias beherrschte Abilene mit der Hauptstadt Abila am Barada-Fluß, nordwestlich von Damaskus. Joseph Kajaphas war vom Landpfleger Valerius Gratus (15-26 n.Chr.) zum Hohenpriester ernannt worden und

Kaiser Tiberius

Nazareth

Kirche der Verkündigung in Nazareth.

Nazareth war ein kleiner, wenig bekannter Ort (vgl. Joh. 1,46), bis er im NT als Ort der Kindheit Jesu weltberühmt wurde. Die archäologische Forschung hat gezeigt, daß das Städtchen nicht sehr alt war. Tonscherben lassen sich nur bis zur jüngeren Eisenzeit um 600 v.Chr. nachweisen. Nazareth war ein Bauern- und Handwerkerdörfchen. Joseph paßte mit seinem Beruf als Zimmermann sehr gut in diesen Ort. Nazareth lag nicht an einer der großen Handelsstraßen, die von Damaskus nach Ägypten führten, sondern an einer Nebenstraße, die von Sepphoris im Norden kam. Obwohl kein geschäftiger Marktflecken, war es trotzdem nicht abgeschnitten von den bedeutenderen Städten Galiläas und den wichtigen Ereignissen der Zeit. Seine landschaftliche Schönheit und die ruhige Umgebung machten es zu einem idealen Ort, an dem Jesus aufwachsen konnte. Der Flecken liegt 350 Meter ü.d.M. Oberhalb des Dorfes bietet sich dem Betrachter eine herrliche Aussicht: das Panorama vom schneebedeckten Hermon im Norden, dem nahen Tabor im Osten, der weiten Ebene von Esdrelon im

Süden und dem Karmel sowie dem Mittelmeer im Westen. In Nazareth erhielt Jesus die übliche Erziehung eines jüdischen Knaben in Familie und Synagoge (Lk. 4,16).

Das heutige Nazareth ist eine mittelgroße Stadt von ca. 22 000 Einwohnern. Der Ort der Synagoge soll sich nach der Tradition an der Stelle der „Kirche der Vereinigten Griechen" befunden haben. Die orthodoxen Griechen verlegen sie jedoch an die Stelle, wo die „Kirche der vierzig Märtyrer" stand.

Nazareth

Mauer-Mosaik der Jungfrau Maria mit dem Kind, in der Kirche der Verkündigung in Nazareth.

N. K. LEE

평화의 모후여   하례하나이다

Jesus wurde in der Wüste vom Teufel versucht.

hatte das Amt offiziell inne, während Hannas eigentlich von Amts wegen Hoherpriester war und deshalb sehr großen Einfluß hatte. Lukas gibt den vollständigen Bericht vom Wirken des Johannes, vgl. aber auch Matthäus 3,1-12; Markus 1,1-8; Johannes 1,6-8.15-36. Die strenge Bußpredigt des Johannes (s. Erklg. zu Matth. 3,1-12; 4,12-25) bereitete den Weg für das Wirken Jesu vor. Die Botschaft des Johannes war jedoch nicht das christliche Evangelium (vgl. Vers 14 mit Apg. 16,30-31); die Taufe des Johannes war auch nicht die christliche Taufe (vgl. Apg. 19,4-5). Aber Johannes bereitete den Weg vor, indem er den Messias-Erlöser und sein Heil ankündigte.

Das Zeugnis des Johannes über Christus, 15-20. Die Taufe Jesu mit dem Heiligen Geist (Apg. 1,5; 2,4; 11,15-16; Röm. 6,3-4; 1. Kor. 12,13; Gal. 3,26-27; Eph. 4,5) steht im Zusammenhang mit seinem Tod, seiner Auferstehung und Himmelfahrt bei seinem ersten Kommen, 16-17. Die Taufe „mit Feuer", 16, deutet auf das Gericht bei seinem zweiten Kommen hin

(s. Erklg. zu Matth. 3,1-12; Mk. 1,2-8). Zu Herodes Antipas und des Johannes Gefangenschaft s. Erklg. zu Matthäus 14,1-12.

Kap. 3,21-38
Taufe und Geschlechtsregister Jesu

Die Taufe Jesu, 21-22 (s. Erklg. zu Matthäus 3,13-17 und Markus 1,9-11). Lukas fügt hinzu, daß Jesus betete, als er getauft wurde und der Himmel sich öffnete, 21. Sein Evangelium vom vollkommenen Menschen zeigt das Gebet Jesu als Ausdruck menschlicher Abgängigkeit von Gott.

Die menschliche Abstammung Jesu, 23-38. Bei Lukas haben wir den Stammbaum Marias vor uns, während Matthäus den Stammbaum Josephs aufführt (s. Erklg. zu Matth. 1,1-17). Der Stammbaum bei Matthäus geht auf David und Abraham zurück (zeigt Jesu rechtmäßigen Anspruch auf den Thron Davids und bringt ihn mit dem abrahamitischen Bund in Verbindung). Lukas bringt Marias Stammbaum, weil er die blutsmäßige Herkunft Jesu „aus dem Samen Davids nach dem Fleisch" (Röm. 1,3) betonen will. In Matthäus 1,16 wird Joseph Sohn Jakobs genannt, bei Lukas Sohn Elis (Lk. 3,24). Dabei meint Lukas den Schwiegersohn Elis, der, wie Joseph, ein Nachkomme Davids war. Für diesen Sprachgebrauch vgl. 1. Sam. 24,16.

Kap. 4,1-13
Die Versuchung Jesu

Die Versuchung, 1-12. Lukas zeigt die Reihenfolge der Versuchung, wie sie auf Jesu vollkommene menschliche Natur (Körper,

---

Gebete Jesu bei Lukas

Bei seiner Taufe: Lk. 3,21
In der Wüste: Lk. 5,16
Vor der Berufung der Zwölf: Lk. 6,12-13
In Cäsarea Philippi: Lk. 9,18
Vor der Verklärung: Lk. 9,28-29
Bei der Unterweisung seiner Jünger: Lk. 11,1-4
Für Petrus: Lk. 22,31-32
In Gethsemane: Lk. 22,41
Am Kreuz: Lk. 23,34
In Emmaus: Lk. 24,30

Seele und Geist) wirkte. Die erste Versuchung, 2-4, betraf den Körper; die zweite die Seele, 5-8; die dritte den Geist, 9-12. Der ganze Mensch wurde versucht. Vgl. Erklg. zu Matthäus 4,1-11; Markus 1,12-13. Die Reihenfolge bei Matthäus ist anders.

Den Teufel vertrieben, 13. Der Ankläger entwich jedoch nur vorübergehend. Der Teufel versucht uns in diesem Leben nicht ununterbrochen, aber beharrlich immer wieder.

Kap. 4,14-44
Jesu Auftreten in Galiläa

Er beginnt seine Wirksamkeit in Galiläa, 14-15. Matthäus und Markus beschreiben Jesu Wirken in Galiläa ausführlicher als Lukas in Kap. 4,14-9,50 (vgl. Joh. 1,43-2,25; 4,1-54).

Ablehnung in Nazareth, 16-30. Jesus wird beim Vorlesen von Jesaja 61,1-2 nach der Weissagung von seinem ersten Kommen und der Verkündigung des Evangeliums der Gnade an die Heiden, 17-20, unterbrochen. Seine Predigt, daß die göttliche Gnade nicht auf Israel beschränkt sei, sondern auch die Heiden erreichen werde, wie im Fall Naemans und der Witwe von Sarepta, rief den Zorn seiner Landsleute hervor, 25-28 (vgl. 1. Kö. 17,9; 18,1; 2. Kö. 5,1-14).

Der Besessene geheilt, 31-37 (vgl. Mk. 1,21-28). S. Erklg. zu „Dämonie" bei Markus 5,1-20, zu „Beispiele körperlicher Heilungen" in Mk. 5,21-43, zu „Kapernaum" in Markus 1,21-28, zu „Satan" in Lukas 4,1-13.

Des Petrus Schwiegermutter geheilt, 38-44 (vgl. Matth. 8,14-17; Mk. 1,29-38). S. Erklg. zu „Dämonie" bei Markus 5,1-20. Zum Reich Gottes, 43, s. Erklg. zu Markus 4,1-29. Jesus predigte in „den Synagogen von Judäa" (Galiläa), 44.

Die Synagogen von Galiläa
Ausgrabungen in Kapernaum (s. Erklg. bei Mk. 1,21-28) haben die Ruinen einer der schönsten

Satan

Er trat im Paradies als Schlange auf: 1. Mo. 3,1-14.
Er ist der Same der Schlange: 1. Mo. 3,15.
Er war vor seinem Fall Luzifer, der Sohn der Morgenröte: Jes. 14,12.
Er war der gesalbte Cherub, der schützte: Hes. 28,14.
Er verleitete David zur Sünde: 1. Chron. 21,1.
Er klagte Hiob an und quälte ihn: Hiob 1,7-2,10.
Er stellt sich dem ungläubigen Israel entgegen, das durch den Hohenpriester Josua vorgeschattet ist: Sach. 3,1-9.
Er ist der Versucher: Matth. 4,3.
Er ist der Oberste der Dämonen: Matth. 12,24; Apg. 10,38.
Er bringt falsche Lehren auf: 1. Tim. 4,1-6.
Er verdreht das Wort Gottes: Matth. 4,4; Lk. 4,10-11.
Er wirkt mit bei dämonischer Besessenheit: Matth. 12,22-29.
Er ist Satan, der Widersacher: Sach. 3,1.
Er ist der Teufel, der Verleumder: Lk. 4,13.
Er bewirkte, daß Judas Christus verriet: Joh. 13,2.27 und daß Ananias log: Apg. 5,3.
Er macht Menschen geistlich blind: 2. Kor. 4,4.

Er sucht den Gläubigen zu schaden: 1. Petr. 5,8.
Er ist das Haupt böser Mächte in himmlischen Regionen: Eph. 6,11-12.
Er wohnt in den Ungeretteten: Eph. 2,2, welche seine „Söhne" sind: Joh. 8,44.
Er wirkt teuflische Wunder: 2. Thess. 2,9.
Er wurde von Jesus gebrandmarkt als „ein Lügner" und „Vater der Lüge": Joh. 8,44.
Er ist ein Mörder: Joh. 8,44.
Er ist der Fürst dieser Welt: Joh. 12,31; 14,30.
Er verblendet Menschen körperlich und seelisch: Lk. 13,16.
Er ist ein gefallener Engel: Matth. 25,41.
Er sät Unkraut: Matth. 13,38-39, und nimmt uns das Wort weg: Matth. 13,19.
Er wird während des Tausendjährigen Reiches gebunden werden: Off. 20,1-3.
Er ist „der Feind": Matth. 13,39, „der Böse": Matth. 13,38.
Er wird durch geistgewirktes Gebet vertrieben: Eph. 6,10-20.
Er wird überwunden durch den Glauben: 1. Petr. 5,8-9.
Er hemmt Gottes Willen in den Gläubigen: 1. Petr. 5,8-9.
Er ist der Verführer: Off. 12,9.
Er ist der Drache, die alte Schlange: Off. 12,9; 20,2.

Er fiel aus einem sündlosen hohen Stand: Lk. 10,18.
Er hatte es auf Simon Petrus abgesehen: Lk. 22,31.
Er hat eine Synagoge von buchstabentreuen Gesetzlichen, die Gottes Gnade in Christus leugnen: Off. 2,9.
Seine Kinder sind ungerettete Leute: 1. Joh. 3,7.10.
Sein endgültiges Schicksal ist die Gehenna: Matth. 25,41; Off. 20,10.

Kalkstein-Synagogen Palästinas ans Licht gebracht. Die Franziskaner bauten das Gebäude wieder auf. Der damaligen Sitte entsprechend war der Grundriß dieser Synagoge nach Jerusalem hin ausgerichtet. Das Rechteck war innen 21 x 15 m groß. Es hatte eine Galerie für Frauen und Säulengänge auf drei Seiten. Andere Synagogen sind in Chorazin, Bethsaida, Julias, Kefr, Birim, Meiron und Beth Alpha in der Ebene Esdrelon ausgegraben worden. Sie alle stammen aus dem 2. Jh. Diejenige von Beth Alpha ist ihrer Mosaike wegen berühmt. Vgl. auch „Die Synagoge" im Abschnitt „Zwischen den Testamenten".

Kap 5
Wunder und Belehrungen in Galiläa

Die Berufung von Petrus, Jakobus und Johannes, 1-11 (vgl. Mk. 1,16-20). Über den See von Genezareth, 1, s. Erklg. zu Lukas 8,1-3. Der wunderbare Fischzug stellt die Herrschaft des vollkommenen Menschen, des letzten Adam, über die Schöpfung der Tiere dar, die durch den ersten Adam verlorenging. Die Sündhaftigkeit des Petrus wurde offenbar. Vgl. den wunderbaren Fischzug in Johannes 21, der nach der Auferstehung geschah.
Der Aussätzige und der Gelähmte geheilt, 12-26. S. Matthäus 9,2-8; Markus 1,40-42; 2,1-12 und Erklg. zu „Beispiele körperlicher Heilungen" bei Markus 5,21-43.
Die Berufung des Levi (Matthäus), 27-29 (vgl. Matth. 9,9). S. Erklg. zu Markus 2,13-14.
Die Schriftgelehrten und Pharisäer erhalten Antwort, 30-39 (vgl. Matth. 9,10-17; Mk. 2,16-22). Zu den Gleichnissen von den Kleidern und den Weinschläuchen, 36-39, s. Erklg. zu Matthäus 9,16-17; Markus 2,21-22.

Kap. 6
Wahl der Zwölf;
Die Seligpreisungen

Die Sabbatfrage, 1-11. S. Erklg. zu Matthäus 12,1-21; Markus 2,23-28. Die Heilung der verdorrten Hand (vgl. Matth. 12,9-14; Mk. 3,1-6) zeigte unseren Herrn, wie er über die bloßen religiösen Äußerlichkeiten hinausging. Religiosität erstarrt im Buchstaben und läßt den Geist außer acht, 7-11. Über die Synagoge, 6, s. Erklg. zu Lukas 4,44.
Wahl der Zwölf, 12-19. Der vollkommene Mensch verbrachte vor dieser äußerst wichtigen Aufgabe die ganze Nacht im Gebet mit Gott, 12; s. Erklg. zu Matthäus 10,1-5 und besonders Markus 3,13-19. Zu seinen Wunderheilungen und Dämonenaustreibungen, 17-19, s. Erklg. zu „Dämonie" in Markus 5,1-20 und zu „Beispiele körperlicher Heilungen" unter Markus 5,21-43.
Die Seligpreisungen, 20-49. Viele der Aussagen, die wir hier finden, kennen wir aus der Bergpredigt (Matth. 5-7) bei Matthäus. Dort wird sie als Proklamation des Königs bezüglich der sittlichen und geistlichen Grundsätze, die in dem von ihm verkündeten Reich herrschen werden, dargestellt (s. Erklg. zu Matth. 5-7). S. Erklg. zum Reich Gottes bei Markus 4,1-29.

Kap. 7,1-35
Wunder der Gnade

Der Knecht des Hauptmanns geheilt, 1-10. S. Erklg. zu Matthäus 8,5-13. Zu „Kapernaum" s. Erklg. bei Markus 1,21-28.

Römischer Hauptmann
Der römische „Centurio", rangmäßig etwa einem Hauptmann entsprechend, befehligte ca. 100 Mann. Das war ein Sechzigstel einer römischen Legion, die 6000 Mann umfaßte. Obwohl ein Centurio die ihm unterstellten Männer oft drillte und auf ihre Einsatzfähigkeit prüfte, glichen seine Pflichten meistens eher denjenigen eines Unteroffiziers. Der Centurio war das Rückgrat der römischen Armee. Man erwartete von ihm, daß er ein guter, mutiger, vernünftiger Führer war.

Der Sohn der Witwe von Nain auferweckt, 11-17. Dieses Ereignis wird nur von Lukas berichtet. Nain, heute noch immer so genannt, ist ein galiläisches Dörfchen 8 km südsüdöstlich von Nazareth am Ende des Jebel ed Dahi (Kleiner Hermon) und 3 km westsüdwestlich von Endor. Von seiner Höhe aus (515 m) hat man eine prachtvolle Aussicht auf die Ebene Esdrelon im Süden und Südwesten und zum Berg Tabor im Nordwesten. Es besteht aus einer Gruppe Ruinen mit alten Gräbern.
Das Zeugnis Jesu über Johannes, 18-35. Johannes schmachtete im Gefängnis. Dadurch wurde sein Glaube schwer geprüft, 19-20; der vollkommene Mensch jedoch stärkte ihn mit einer erstaunlichen Aufzählung von Wundern, Heilungen und Dämonenaustreibungen

Das Dorf Nain

Synagoge,

wie sie sich ein Künstler vorstellt:

1 Eingang, der nach Jerusalem ausgerichtet ist
2 Lade (heiliger Schrein), welche die Buchrollen der Heiligen Schrift enthält
3 Kanzel
4 Ältestenbank
5 Galerie (Empore) für Frauen und Kinder
6 Hof

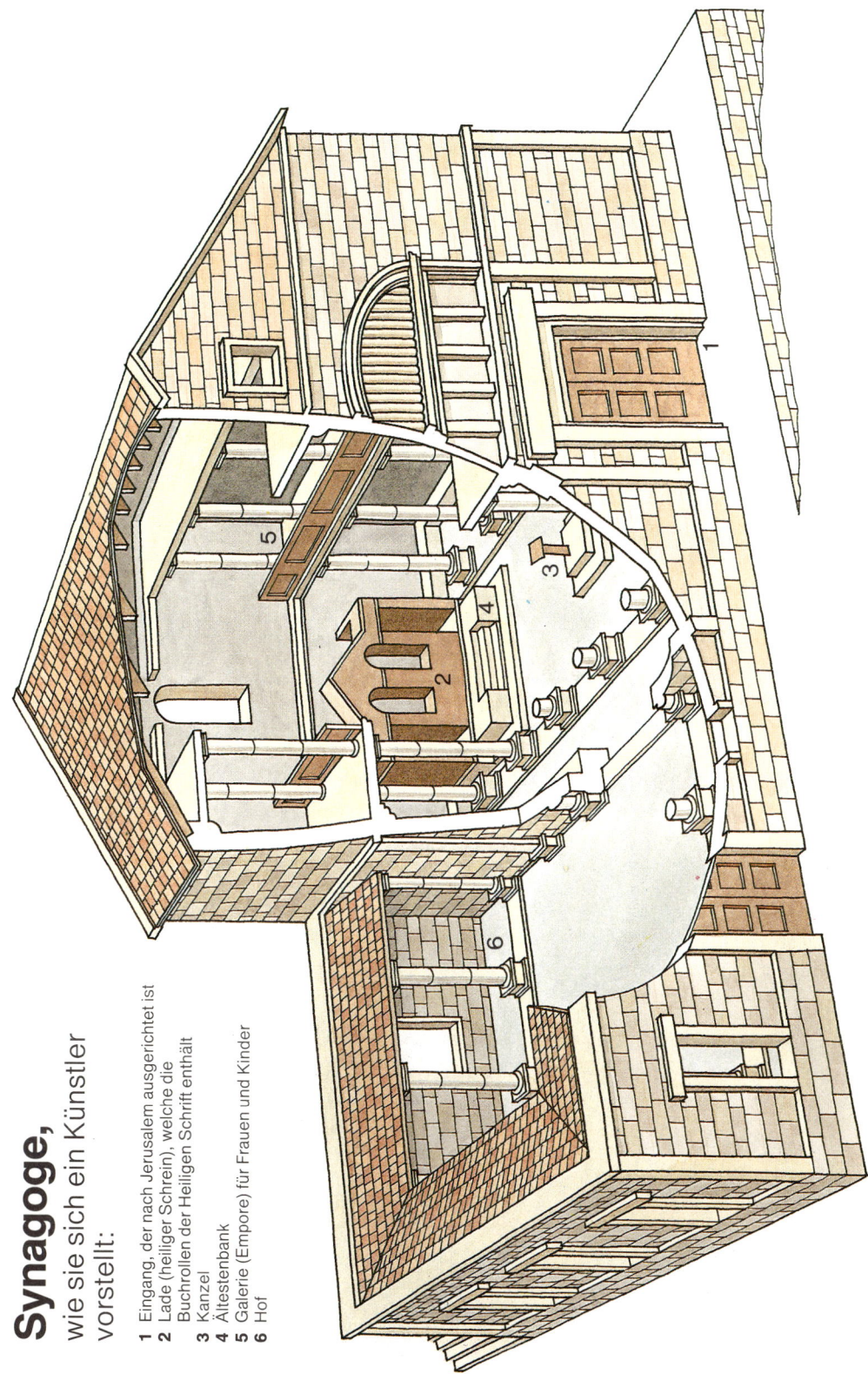

(s. Erklg. zu Mk. 5). Es folgt ein warmes, inniges Lob für Johannes, 24-28, und eine Darlegung der Unsinnigkeit des Unglaubens, 30-35.

Kap. 7,36-50
Salbung Jesu

Die Salbung durch eine Sünderin, 36-50. Diese Frau war weder Maria von Bethanien (Joh. 12,1-8) noch Maria Magdalena. Sie war eine sündige Frau, eine Prostituierte, 37, die wahrscheinlich unter dem Wirken des Johannes oder auch durch Jesus selbst bekehrt worden war. Sie wollte die Bekehrung und Dankbarkeit für ihre Errettung öffentlich bekunden. Das orientalische Bankett fand im Hause eines Pharisäers statt. Die Gäste lagen, auf Ellbogen gestützt, auf dem Boden. So war es leicht für die Frau, mit ihren Tränen Jesu Füße zu waschen und sie zu salben. Das Gleichnis, 41-50, war ein Vorwurf gegenüber der Kritik des Pharisäers an der Handlungsweise der Frau.

Kap. 8
Befreiungen und Belehrungen

Frauen, die Jesus dienten, 1-3. Dieser Bericht erscheint nur bei Lukas. Die Frauen hegten eine besondere Zuneigung und Hingabe zu dem, der sie befreit hatte. Maria Magdalena war „Maria von Magdala" (Khirbet Mejdel), einem Ort ca.

5 km nordwestlich von Tiberias und zwischen Tiberias und Kapernaum gelegen, am Südende der Ebene von Ginnesar (Genezareth). Der See von Galiläa wurde auch See Genezareth genannt (Lk. 5,1).

Das Gleichnis vom Sämann, 4-15. S. Erklg. zu Matthäus 13,1-23; Markus 4,1-29.

Das Gleichnis vom angezündeten Licht, 16-18 (vgl. Matth. 5,15-16; Mk. 4,21-23; Lk. 11,33).

Die neue Verwandtschaft, 19-21 (vgl. Matth. 12,46-50; Mk. 3,31-35).

Jesus stillt den Sturm, 22-25 (vgl. Matth. 8,23-27); Mk. 4,36-41).

Der Besessene von Gadara, 26-39. S. Erklg. zu Matthäus 8,28-34 und „Dämonie" bei Markus 5,1-20 und zu „Beispiele körperlicher Heilungen" in Markus 5,21-43.

Eine Frau geheilt und Tochter des Jairus auferweckt, 40-56 (vgl. Erklg. zu Matth. 9,18-26 und Mk. 5,21-43).

Kap. 9,1-17
Aussendung der Zwölf

Die Wirksamkeit der Zwölf, 1-9 (vgl. Matth. 10,1-42; Mk. 6,7-13). Ihnen wurde Vollmacht „über alle Dämonen" und Krankheiten gegeben, 1. Es gibt nur einen Teufel, aber viele Dämonen (s. Erklg. zu „Dämonie" bei Mk. 5,1-20 und zu „Beispiele körperlicher Heilungen" in

Migdal steht heute an der Stelle des biblischen Magdala.

Mk. 5,21-43.). Zum Vierfürsten Herodes, 7-9, Mörder Johannes des Täufers, s. Erklg. zu Matthäus 14,1-12 und Markus 6,14-29 (vgl. auch Lk. 3,1-2).

Speisung der Fünftausend, 10-17. Diese Wundertat wird von allen Verfassern der Evangelien berichtet (s. Matth. 14,13-21; Mk. 6,30-44; Joh. 6,1-14). Bethsaida, 10 („Haus oder Ort des Fischens"), war die Heimat des Philippus, Petrus und Andreas (Mk. 6,45; Joh. 1,44; 12,21). Das NT berichtet, daß der See Genezareth zur Zeit Jesu von aufstrebenden Dörfern, einschließlich Kapernaum, Chorazin, Magdala, Bethsaida und Tiberias, dicht besiedelt war. Zu Bethsaida s. Matthäus 11,20-24.

Kap. 9,18-62
Voraussage Jesu über seinen Tod und seine kommende Herrlichkeit

Das Bekenntnis des Petrus, 18-26. S. Erklg. zu Matthäus 16,13-19; Markus 8,27-30. Das Bekenntnis des Petrus von der Göttlichkeit des vollkommenen Menschen, 20, löst sein geistliches Problem nicht. Daher unterwies Jesus seine Jünger in der Nachfolge, 23, im Gesetz der Selbstverleugnung und der persönlichen Hingabe, 24-25, im Licht seiner bevorstehenden Verwerfung und seines Todes, 22 (9,31.44).

Die Verklärung, 27-36. Bei der Verklärung wurde den drei in der geistlichen Erkenntnis reifsten Jüngern Petrus, Johannes und Jakobus, 28, eine hör- und sichtbare Lektion über das Gesetz des Sich-Verlierens vermittelt, das zur Rettung führt (9,24). Die Herrlichkeit der überstrahlenden Göttlichkeit Christi, 29, und das Erscheinen Moses und Elias in Herrlichkeit, 30, die von seinem „Ausgang" oder Tod in Jerusalem redeten, 31, sollten den Jüngern zeigen, daß der einzige Weg zur Herrlichkeit für unseren Herrn wie auch für seine Jünger über die Hingabe des eigenen Willens an den Willen Gottes und an die anderen führt. Petrus und die übrigen Jünger begehrten die Herrlichkeit ohne das Leiden und lebten auf der Ebene der Selbsterhaltung, mit der Selbstaufgabe. Daher der selbstsüchtige Vorschlag der drei Hütten, 33, und die Wolke und die Furcht, 34, die nur durch die Worte „dies ist mein lieber Sohn, auf den sollt ihr hören" gebannt wurde, 35.

Demonstration der Nutzlosigkeit der Selbsterhaltung, 37-50. Die auf sich selbst bezogenen, machtlosen Jünger, 37-43, stehen in auffallendem Gegensatz zu dem machtvollen Herrn, der wiederum seinen Tod ankündete, 44. Ergebnisse der Selbstsucht der Jünger waren der Zusammenprall von Gläubigen mit Gläubigen, 46-48; Gruppe mit Gruppe, 49-50; Rasse mit Rasse (9,51-56). Das einzige Heilmittel war das Sich-Selbst-Verlieren (9,24), bestätigt in echter Hingabe an das Reich Gottes (9,57-62).

Reise nach Jerusalem, 51-62. Als Jesus schließlich Galiläa verließ, 51, wirkte er bis zur Zeit seines Todes in Peräa, dem Gebiet östlich des Jordans, das vom Vierfürsten Herodes regiert wurde, und in Judäa unter dem römischen Landpfleger Pontius Pilatus (9,51-19,27). Lukas beschreibt diese peräisch-judäische Wirksamkeit ausführlich, während Matthäus nur einige Ereignisse davon berichtet (Matth. 19-20); Markus berichtet in einem (Mk. 10), Johannes in fünf Kapiteln (Joh. 7-11).

Kap. 10
Aussendung der Siebzig; der barmherzige Samariter

Die Aussendung der Siebzig, 1-24. Diese Aussendung geschah zusätzlich zu der etwa neun Monate zuvor erfolgten Aussendung der zwölf Jünger. Damit wollte Jesus die Verkündigung vom König und dem Reich vollenden, damit die, welche nicht glaubten, 13-24, keine Ausrede hatten, sie hätten nichts davon gehört (vgl. Matth. 10,1-42; 11,20-24). Die Feststellung unseres Herrn, er habe Satan „wie einen Blitz vom Himmel fallen" sehen, 18, war eine Weissagung (vgl. Off. 12,8-9). Satan wird erst beim zweiten Kommen und der Aufrichtung des Reiches aus den himmlischen Örtern geworfen werden (Off. 20,1-3). Die 70 waren Ankündiger und Vorläufer dieses großen Ereignisses.

Die Frage des Schriftgelehrten, 25-29. „Wer ist mein Nächster?" lieferte die Einführung zum nachfolgenden Gleichnis (vgl. Matth. 22,34-40; Mk. 12,28-34).

Der barmherzige Samariter, 30-37. Dieses großartige Gleichnis finden wir nur im Lukas-Evangelium. Es spiegelt unsere Verantwortung zur Fürsorge für andere Menschen wider, ganz gleich, ob es unsere Freunde oder Fremde sind. Es zeigt im tieferen Sinne auch die Menschlichkeit unseres Herrn. Er ist der barmherzige Samariter. Der arme Reisende, der unter die Mörder gefallen war, ist ein Bild für die in Sünde gefallene Menschheit. Das Versagen des Priesters und des Leviten zu helfen stellt die Unfähigkeit des Gesetzes und der Vorschriften dar, den Menschen aus seiner traurigen Lage zu befreien. Mit unendlicher Liebe, Gnade und Barmherzigkeit kam der vollkommene Mensch an den Ort, wo der unglückliche Mensch war, und „erbarmte sich seiner", verband seine Wunden, indem er Öl (Sinnbild für den Heiligen Geist) und Wein (der vom reinigenden Blut spricht) darauf goß. Die Herberge, 34, versinnbildlicht die Gemeinde, und die zwei Denare sprechen von der Belohnung derer, die an der Errettung der Menschen mitarbeiten. Das Versprechen des Wiederkommens mit größerer Belohnung, 35, weist auf das zweite Kommen Jesu hin.

Maria und Martha, 38-42. Dies ist ein weiterer Sonderbericht von Lukas, der zeigen soll, daß echtes Hören auf Gott wichtiger ist als der äußere Dienst für Gott. Wenn der Dienst nicht zu bloßer irdischer Geschäftigkeit herabsinken soll, beeinträchtigt durch Unwillen und Spannungen (versinnbildlicht durch Martha), muß er in echter geistlicher Anbetung Jesu begründet sein (durch Maria versinnbildlicht), 39. Bethanien liegt ca. 2,5 km von Jerusalem entfernt am Osthang des Ölbergs.

Kap. 11,1-13
Jesu Lehre vom Beten

Jesus betet, 1. Dieses Evangelium zeigt uns des öfteren den vollkommenen Menschen im Gebet vor Gott. S. Erklg. zu Lukas, 3,21-22 „Gebete Jesu bei Lukas".

Jesus unterweist im Beten, 2-4. Dies ist eigentlich eher das Gebet der Jünger als das Gebet des Herrn, denn er war sündlos und brauchte niemals zu beten „vergib uns unsere Sünden". S. Erklg. zu Matthäus 6,9-13. Das Gebet ist auf das Verhältnis zum Vater gegründet und soll für alle diejenigen, die zu seiner Familie gehören, als Muster dienen.

Das Gleichnis von dem bittenden Freund, 5-13. Es kommt wiederum ausschließlich bei Lukas vor und veranschaulicht die Beharrlichkeit im Bitten. Das in der Vaterschaft Gottes begründete Gebet, 11-13, bringt in diesem Verhältnis Vertrauen zum Ausdruck. Vers 13 wurde an Pfingsten erfüllt. Heute um den Heiligen Geist zu bitten (als Gläubige), nachdem diese Gabe geschenkt worden ist, hieße einen Freund um etwas bitten, das er bereits gegeben hat.

Kap. 11,14-54
Dämonen-Austreibung und Warnungen

Jesus belehrt über das Wesen der Dämonie, 14-28. Als Jesus einen Dämon austreibt, klagt man ihn an, daß er die Dämonen „durch Beelzebub (ein anderer Name für Satan), den Obersten der Dämonen", austreibe, 15. S. Erklg. zu „Dämonie" und „Austreibung von Dämonen" bei Markus 5,1-20, sowie „Satan" bei Lukas 4,13. Satan ist ein Herrscher, 17-18, der über ein Reich von gefallenen bösen Geistern regiert, 17-19. Das Reich Gottes, d.h. die Herrschaft Gottes über die Menschheit, kommt zu einem Menschen, wenn Satan und seine Dämonen von dem Stärkeren (Jesus Christus) ausgetrieben worden sind, 20. Dies geschieht als Antwort auf gläubiges Beten (1-13). Die Darstellung des Besessenen, 24-26, wird bei Matthäus und auf das Volk Israel angewandt (s. Erklg. bei Matth. 12,43-45). Lukas jedoch bezieht die Lehre auf die Menschheit im allgemeinen, indem er die Nutzlosigkeit

der Erlösung aus eigener Kraft darstellt. Äußerliche Reinigung ohne echte Wiedergeburt lädt Satan ein, mit sieben schlimmeren Geistern zurückzukommen.

Das Zeichen Jonas, 29-32 (vgl. Matth. 12,39-42; Mk. 8,11-12). „Die Königin von Mittag", 31, war die Königin von Saba (1. Kö. 10,1-13).

Das Gleichnis von der Lampe, 33-38 (vgl. Matth. 5,15-16; Mk. 4,21-22; Lk. 8,16).

Die Pharisäer öffentlich angeprangert, 39-44 (vgl. Matth. 23,13-35).

Die Schriftgelehrten öffentlich angeprangert, 45-54. Mit „Schriftgelehrter" (*nomikos*, „vom Gesetz") wird einer bezeichnet, der für das Gesetz Moses und die überlieferten jüdischen Gebote Sachverständiger war (Matth. 22,35; Lk. 7,30; 10,25; 11,45-46.52; 14,3). „Vom Blute Abels an, 51 (vgl. 1. Mo. 4,8-10) bis auf das Blut des Zacharias" (Matth. 23,35; vgl. 2. Chron. 24,20-21) weist auf die hebr. Anordnung der biblischen Bücher hin, bei der die Genesis (1. Buch Mose) das erste und 2. Chronika das letzte Buch ist.

Kap. 12
Gleichnisse und Warnungen

Warnung vor falscher Lehre, 1-12. „Sauerteig", 1 (2. Mo. 12,8.15-20; Matth. 13,33; 1. Kor. 5,7-8), weist auf falsche Lehre hin. Die Lehren der Anhänger leerer religiöser Formen, der Pharisäer, waren nichts als Schein und Heuchelei, 1-3 (s. Matth. 16,1-12). Der Herr ermutigt die Seinen, 4-12. Er, der Macht hat, in die Hölle, Gehenna, zu werfen ist Satan, der zur Sünde und zur Ablehnung Christi verführt, 5. Der Ausdruck „fünf Sperlinge um zwei Pfennige" (die kleinste Münze), die nicht „vor Gott vergessen" sind, 6, zeigt seine Fürsorge sogar für die unbedeutendsten seiner Geschöpfe. Zu Lästerung gegen den Heiligen Geist, 10, s. Erklg. zu Matthäus 12,31-45.

Warnung vor Habsucht, 13-34. Das Anliegen eines Menschen aus der Menge, 13-15, führte zum Gleichnis vom reichen Kornbauern, 16-21, und zu einer allgemeinen Warnung vor dieser Sünde des Begehrens, 22-34 (vgl. Matth. 6,25-33; Kol. 3,5). Zu „trachtet nach dem Reich Gottes", 31-32, vgl. Matthäus 3,2; 4,17; 13,1-2.

Erwartung des zweiten Kommens, 35-48. S. Erklg. zu den Reden auf dem Ölberg, Matthäus 24,37-25,30.

Jesus scheidet die Menschen, 49-59. Die „Taufe" Jesu, 50, war sein stellvertretender Tod für die Sünder (Matth. 20, 18.22; Mk. 10, 38-39). Jesus bewirkt, daß die Menschen zwischen Gut und Böse, Licht und Finsternis wählen müssen. Deshalb scheiden sie sich an ihm.

Kap. 13,1–21
Lehren und Befreiungen

Lehren von der Buße und vom harten Verurteilen, 1-5. Auch dieses Ereignis steht ausschließlich bei Lukas. Pontius Pilatus (26-36 n.Chr.) verlor oft die Geduld und ging dann sehr hart gegen schwierige Juden vor. Hier ist ein Beispiel, das Jesus benützt, um die Notwendigkeit der Buße zu unterstreichen (Matth. 3,2). Er wies auch auf den Einsturz des Turms von Siloah hin, bei welchem 18 Menschen den Tod fanden, 4.

Der unfruchtbare Feigenbaum, 6-9. Vgl. Jesaja 5,1-7 und Erklg. zu Matthäus 21,18-22. Das Volk Israel war der Feigenbaum. Weil das Volk keine Buße zeigte, mußte der Baum abgehauen werden (vgl. Matth. 24,32-34 und Erklg.).

Die Frau von der Gebrechlichkeit befreit, 10-17. Zu den Synagogen, 10.14, s. „Die Synagogen von Galiläa" bei Lukas 4,38-44. Dieser Bericht findet sich nur im Lukas-Evangelium. Satan wird als der dargestellt, der diese jüdische Frau, genannt „eine Tochter Abrahams", gebunden hat (s. Erklg. zu „Satan" bei Lk. 4,13). Dieser Zusatz zeigt, daß die Frau den Glauben Abrahams hatte.

Gleichnisse vom Senfkorn und dem Sauerteig, 18-21. S. Erklg. zu Matthäus 13,31-33; Markus 4,30-32.

Kap. 13,22–35
Lehren auf dem Weg nach Jerusalem

Wie viele werden gerettet werden? 22-30. Auch dies steht nur bei Lukas. Jesus gab auf diese Frage eine praktische Antwort, 24, um Vermessenheit zu vermeiden, 25-30. Er möchte uns lehren, „unsere Berufung und Erwählung fest zu machen" (vgl. 2. Petr. 1,10).

Jesus warnt vor Herodes Antipas, 31-33. Er befand sich in Peräa, dem Gebiet des Antipas. Jesus nannte den verschlagenen, verbrecherischen Mörder Johannes des Täufers einen „Fuchs". Der Ausdruck „heute und morgen" beschreibt Christi heilendes und befreiendes Wirken. Der „dritte Tag" weist auf seine Auferstehung hin, wenn er „vollendet" sein wird (Joh. 17,4-6; 19,30; Hebr. 2,10; 5,8-9). Zu Herodes Antipas s. Erklg. zu Matthäus 14,1-12; Markus 6,14-29; Lukas 9,7-9.

Jesu Klage über Jerusalem, 34-35. Dahinter sehen wir die zarte Liebe des vollkommenen Menschen, des letzten Adam (vgl. Matth. 23,37-39; Lk. 19,41-44).

Kap. 14
Der Preis der Nachfolge

Heilung am Sabbat, 1-6. Jesus antwortete auf die leere, heuchlerische Frömmigkeit der Phari-

säer und ihre strenge Beobachtung des Sabbats mit einem Heilungswunder (s. Erklg. zu Mk. 5,21-43).

Gleichnis des ehrgeizigen Gastes, 7-15. Mit diesem Gleichnis will Jesus auf die Weisheit der Demut hinweisen, 11; es findet sich nur im Lukas-Evangelium. Die Worte „vergolten in der Auferstehung der Gerechten", 12-14, weisen auf zwei Auferstehungen hin, eine zum Leben (Off. 20,6) und die andere zum Tod (Off. 20,11-15).

Gleichnis vom großen Gastmahl, 16-24 (vgl. Matth. 22,1-14). Die selbstgerechten (ungläubigen) Juden, besonders die Pharisäer, hatten Ausreden, um nicht am großen Mahl des Heils, das von Gott hergerichtet war, teilnehmen zu müssen, 18-20. Der Ausdruck „bereit", 17, weist auf die vollbrachte Tat am Kreuz hin. Die „auf den Straßen und Plätzen der Stadt" und „an den Landstraßen und Zäunen", 21-23, sprechen von den Heiden, die hereingebracht werden müssen, und von dem Ausschluß des selbstgerechten Israel, 24.

Bedingungen für die Nachfolge Jesu, 25-35. So ausschließlich soll des Jüngers Liebe zu Jesus sein, daß seine Zuneigung zu seinen nächsten Verwandten und sogar zu sich selbst im Vergleich dazu wie Haß ist, 26. An dieser hingebenden Liebe würden sich die Geister der oberflächlichen Menge scheiden, 25. Sie befähigt Jesu Nachfolger, in Verfolgung, Bedrängnis und beim Tragen des Kreuzes auszuharren, 27. Überschlagt die Kosten! Dieses Erfordernis ist im Gleichnis vom Menschen, der einen Turm baute, 28-29, einem König, der in den Krieg auszieht, 31-33, und dem Salz, das den Geschmack verloren hat, 34-35, bildhaft dargestellt.

Kap. 15
Drei Gleichnisse: vom verlorenen Schaf, der verlorenen Münze, dem verlorenen Sohn

Anlaß für die Gleichnisse, 1-2. Der Herr beantwortete den heuchlerischen Vorwurf der Pharisäer, 2, mit drei Gleichnissen, die das eigentliche Anliegen des Lukas-Evangeliums illustrieren: „Des Menschen Sohn ist gekommen, zu suchen und zu retten, was verloren ist" (19,10). Die Bereitschaft der Steuereinnehmer (oder Zöllner) und Sünder, ihn zu hören, 1, bestätigte seinen Auftrag und führte zu dem Vorwurf.

Das verlorene Schaf, 3-7. Die neunundneunzig Schafe stellten die murrenden Pharisäer dar; das eine verlorene Schaf die Zöllner und Sünder, zu deren Rettung der Menschensohn kam. Das Gleichnis tadelt streng die leere Religiosität und stolze Selbstgerechtigkeit der Pharisäer.

Die verlorene Münze, 8-10. Wiederum stellt das eine verlorene Geldstück die Zöllner und Sünder dar. Der Jubel der Frau gleicht der Freude der Engel Gottes im Himmel über einen Sünder, der Buße tut, 10; wieder ein ernsthafter Tadel für die stichelnden Pharisäer.

Der verlorene Sohn, 11-32. Der verschwenderische Sohn stellte die Zöllner dar, 11-22; der ältere Sohn, 25-32, die Pharisäer. Seine Selbstgerechtigkeit und Selbstgefälligkeit waren offensichtlich. Er hatte nie etwas falsch gemacht und wähnte sich selbst über den armen, sündigen Nichtsnutz, der heimgekehrt war, erhaben. Der Tadel an der Kritik der Pharisäer durch Jesus als dem Heiland und Freund der Sünder ist klar ersichtlich.

Kap. 16
Der ungetreue Haushalter; der reiche Mann und der arme Lazarus

Das Gleichnis vom ungetreuen Haushalter, 1-18. In dieser Darstellung empfiehlt Jesus die vorsorgliche Voraussicht und das entschlossene Handeln des Haushalters, nicht seine Unehrlichkeit. Das Gleichnis bot nicht nur Gelegenheit, den richtigen Gebrauch des Geldes zu lehren, sondern diente auch dazu, den falschen, selbstsüchtigen Gebrauch desselben durch die habgierigen Pharisäer zu tadeln, die dennoch daran festhielten, sie glaubten an das zukünftige Leben. Wenn das so ist, sollten sie ihren Glauben an die Zukunft vorleben und ihr Geld dazu benutzen, andere zu Freunden zu machen, die sie dann an der Himmelstür erwarten würden, um sie daheim willkommen zu heißen, 9. Richtige Anwendung des Geldes in diesem Leben bringt den Beweis der Echtheit unserer Rettung und wird im kommenden Leben belohnt werden. Die Pharisäer, die über die Lehre Jesu vom Geld spotteten, 14-17, bewiesen damit, wie scheinheilig ihr Glaube war und daß sie in Wirklichkeit nicht an einen Himmel glaubten. Ihre Habgier war der beste Beweis dafür. Ihre übertriebene Ehrfurcht vor dem Gesetz war auch nur frommes Theater, da sie die klare Lehre des Gesetzes über die Ehescheidung, 18, mißachteten, sie aber auf Nebensächlichkeiten anwandten.

Der reiche Mann und der arme Lazarus, 19-31. Dieses Gleichnis (oder wie einige lehren, eine historische Beispielgeschichte) ist wieder an die spöttischen, ungläubigen, selbstgerechten Pharisäer gerichtet. Diese prahlten mit ihrem angeblichen Halten des Gesetzes (vgl. 15-17) und betrachteten ihren Reichtum, den sie eifrig anhäuften, als Beweis dafür. Jesus zeigte, wie verkehrt solche Überlegungen sind. Der große Reichtum des wohlhabenden Mannes war keinesfalls ein Beweis göttlicher Gunst, denn er kam in die Hölle (Hades, Scheol, Zwischen-Aufenthalt der verlorenen menschlichen Seelen zwischen Tod und Auferstehung zum Gericht). Lazarus, ein armer Bettler, kam jedoch in „Abrahams Schoß", 22, d.h. ins Paradies, wo die Seelen aller atl. Geretteten sich aufhielten. Er hatte keine Gelegenheit, mit dem „ungerechten Mammon" Freunde für sich zu gewinnen (Jesu Attribut für Geld), um ihn „in den ewigen Hütten" (Himmel; vgl. 16,9) willkommen zu heißen. Und doch war er dort! Und zwischen ihm und dem reichen Mann befindet sich ein unüberbrückbarer Abgrund, der die Verlorenen von den Geretteten trennt. Das war eine deutliche Warnung an die habgierigen Pharisäer.

Himmel und Hölle
Jesus hob den Vorhang zum Leben nach dem Tod und ließ uns einen Blick in das Totenreich tun, in dem sich sowohl die Gerechten als auch die Ungerechten zwischen Tod und Auferstehung befinden.

Das Totenreich (gr. *Hades*, hebr. *Scheol*) ist der Ort, an den alle Toten in der Zeit Moses und der Propheten kamen, 29. Die Gerechten jedoch kamen in „Abrahams Schoß", 22, und waren von den ungerechten Toten des AT durch eine „große Kluft" geschieden, 26. Der Schächer am Kreuz sollte am selben Tag mit Jesus im Paradies sein (Lk. 23,43). Dieser Umstand scheint im Licht von Epheser 4,8-10 anzudeuten, daß seit der Himmelfahrt Jesu das Paradies oder „Abrahams Schoß" in den „dritten Himmel" (2. Kor. 12,1-4), die unmittelbare Gegenwart Gottes (1. Kor. 15,52-53; 2. Kor. 5,2.8; Phil. 1,23; 1. Thess. 4,13-18), versetzt worden ist. Die Ungeretteten aus atl. wie ntl. Zeit gehen jedoch noch in den Hades oder die sogenannte „Vorhölle", in die bewußt empfundene Qual, 24.

Im Gericht der Sünder (Off. 20,11-15) werden die ungerechten Toten auferweckt und in die ewige Verdammnis geworfen, zusammen mit

Jesus erzählte das Gleichnis von der verlorenen Silbermünze.

dem Tod und dem Hades (Off. 20,14). Dieses ist der „zweite Tod" oder die ewige Gottesferne (Off. 20,14), der endgültige Zustand der Verlorenen.

Kap. 17
Vergebung; zweites Kommen vorausgesagt

Belehrung über Vergebung und Dienst, 1-10. Diejenigen, welche anderen, insbesondere jungen Menschen, zum Straucheln Anlaß geben, haben eine harte Strafe zu erwarten, 1-2. Vergebung und Freundlichkeit müssen ausgeübt werden, wenn wir im Glauben wandeln (vgl. Eph. 4,32). Das Dienen sollte für den, der die Herrschaft Christi anerkennt, selbstverständlich und natürlich sein, 7-10.

Heilung der zehn Aussätzigen, 11-19. Dieses Ereignis wird nur von Lukas berichtet. Alle zehn Aussätzigen wurden auf wunderbare Weise geheilt. Während alle zehn ihren Glauben und Gehorsam gegenüber dem Wort Jesu unter Beweis stellten, kehrte doch nur einer von ihnen in großer Dankbarkeit zurück, um diese auch äußerlich zu bekunden. Der Samariter war der einzige, der dem, der ihn geheilt hatte, mehr Anerkennung entgegenbrachte als der Tatsache, geheilt worden zu sein. Sein Glaube brachte ihm nicht nur körperliche Heilung, sondern auch geistliches Heil, 19.

Wann das Reich Gottes kommen soll, 20-37. Die Frage der Pharisäer, 20, wurde mit Jesu Erklärung beantwortet, daß das Reich Gottes nicht äußerlich wahrnehmbar komme, sondern bei ihnen oder in ihrer Mitte sei, 21, d.h. in der Person des Königs, den die Pharisäer ablehnten. Dann wandte sich Jesus an seine Jünger und gab weitere Belehrung über die äußeren Zeichen des kommenden Gottesreiches für die Zeit, da der König angenommen wird, 22-37. Dann wird sein Kommen allen erkennbar sein, 24. Zuvor aber müsse er viel leiden und verworfen werden, 25. Das Gericht wird des Königs sichtbarer Wiederkunft unmittelbar vorausgehen, 26-37. Die Verse 34-36 beziehen sich auf die plötzliche Aussonderung der Übertreter zum Endzeit-Gericht. Vers 37 beschreibt das schreckliche Blutbad von Harmagedon (Off. 16,14; 19,17).

Kap. 18
Gleichnisse und Belehrungen

Das Gleichnis von der bittenden Witwe, 1-8. Dieses Gleichnis kommt im Zusammenhang mit Jesu Wiederkunft vor (17,20-37). Vers 8 stellt diese Frage: „Doch wenn des Menschen Sohn kommt, wird er auch den Glauben finden auf Erden?" In der dunklen Zeit des Abfalls, der großen Trübsal, wird nur bei dem getreuen Überrest des Gottesvolkes Glauben gefunden

werden. Die Auserwählten werden leidenschaftlich verfolgt werden und fortwährend zu ihm um Errettung schreien. Bei seinem zweiten Kommen wird er den gläubigen Überrest an dessen Verfolgern rächen.

Das Gleichnis vom Pharisäer und Zöllner, 9-14. Wie das vorhergehende, findet sich auch dieses Gleichnis ausschließlich bei Lukas. Es war gegen den Hochmut und die leere, formelle Selbstgerechtigkeit der Pharisäer gerichtet, 9. Der Pharisäer war voller Selbstsucht. Fünf „Ich" in diesem kurzen Gebet waren an ihn selbst gerichtet und nicht an Gott, 11-12. Der Zöllner war voll demütiger Zerknirschung: „O Gott, sei mir Sünder gnädig", 13. Er hatte dabei den Sühnedeckel im Sinn (2. Mo. 25,17-22; Hebr. 9,5). Das bedeutet: „Gott, sei versöhnt", „sei zu mir, wie du bist, wenn du den blutbesprengten Sühnedeckel anschaust". In Jesus ist Gott versöhnt und gnädig.

Jesus segnet die Kinder, 15-17 (s. Matth. 19,13-15; Mk. 10,13-16).

Der reiche Jüngling, 18-30 (vgl. Matth. 19,16-30; Mk. 10,17-31).

Jesus sagt wiederum seinen Tod voraus, 31-34 (vgl. Matth. 20,17-19; Mk. 10,32-34).

Der Blinde in der Nähe von Jericho geheilt, 35-43 (vgl. Matth. 20,29-34. S. Erklg. zu Jericho in Mk. 10,46-52).

Kap. 19,1-27
Zachäus; Gleichnis von den anvertrauten Pfunden

Bekehrung des Zachäus, 1-10. Als reicher Zöllner war Zachäus bei seinen Judengenossen verachtet, 1-2. Er wünschte, Jesus zu sehen, 3-4, jedoch viel mehr wünschte Jesus, *ihn* zu sehen, 5-6. Zur Zeit des NT waren die Straßen Jerichos von Maulbeerbäumen gesäumt. Es ist Holz erhalten geblieben, das von Archäologen als Maulbeerbaum analysiert wurde. Die Wiedergutmachung des Zachäus, 8-9, war ein Beispiel für die Echtheit seiner geistlichen Erfahrung und veranschaulicht in eindrücklicher Weise die Tatsache, daß „des Menschen Sohn gekommen ist", 10. Hier ist also wieder das Kernwort des Lukas-Evangeliums entfaltet.

Das Gleichnis von den anvertrauten Pfunden, 11-27. Dieses Gleichnis erzählte Jesus, um die falsche Auffassung, das Reich Gottes stehe unmittelbar bevor, zu korrigieren, 11. Zum Ausdruck „Reich Gottes" in Markus und Lukas s. Erklg. zu Markus 4,1-29. In diesem besonderen Zusammenhang benützt Lukas den Ausdruck „Reich Gottes" jedoch im engeren Sinn. Matthäus verwendet dafür die Bezeichnung „Himmelreich" (siehe Erklg. zu Matth. 3,2; 4,17; 13,1-2). Das damals abgelehnte Reich Gottes wird hinausgeschoben (Lk. 17,21; Apg. 1,6-7), aber zu seiner Zeit sichtbar werden (s.

Erklg. zu Lk. 17,20-37). Im Gleichnis ist Jesus der „Edelmann", 12, der in ein fernes Land zieht (Himmel), um für sich selbst ein Königreich zu empfangen, das er bei seinem zweiten Kommen aufrichten wird. Die zehn Knechte stellen dieselben Gruppen wie die zehn Jungfrauen in Matthäus 25,1-13 dar. Vers 27 beschreibt den Zorn des Lammes und die Vernichtung seiner Feinde „am Tag des Herrn" (Off. 6-19). Jesu zweites Kommen wird die Belohnung der Gerechten und die Strafe der Bösen bringen.

Kap. 19,28-48
Der Einzug in Jerusalem; zweite Tempelreinigung

Der Einzug in Jerusalem, 28-40. (S. Erklg. zu Matth. 21,1-11; Mk. 11,1-11; Joh. 12,12-19). Lukas bringt die interessante Einzelheit „Die ganze Menge der Jünger fing freudig an, Gott zu loben ... wegen all der Taten, die sie gesehen hatten", 37. Lukas berichtet auch ihren Ausruf „Gepriesen sei der König, der da kommt im Namen des Herrn! Friede im Himmel und Ehre in der Höhe", 38. Friede im Himmel wird kommen, wenn Satan aus dem Himmeln (Off. 12,7-12) und gebunden in den tiefen Abgrund geworfen werden wird (Off. 20,1-3). Friede auf Erden, die Verkündigung der Engel bei Jesu Geburt (Lk. 2,14), wird erst beim zweiten Kommen Jesu verwirklicht werden.

Der vollkommene Mensch weint über Jerusalem, 41-44 (s. Erklg. zu Matth. 23,37-39). Hier sehen wir, wie zartfühlend und freundlich unser Herr ist! Sein Herz floß über vor Mitleid (Lk. 13,34-35), als er die Zerstörung der Stadt voraussagte, 43-44 (vgl. Lk. 21,20-24). Im Jahre 70 n.Chr. wurde diese Weissagung erfüllt.

Zweite Tempelreinigung, 45-48 (s. Erklg. zu Matth. 21,12-17; Mk. 11,15-18). Man stelle die erste Reinigung am Anfang des Wirkens Jesu der hier berichteten gegenüber (Joh. 2,13-17). Das „Bethaus", 46 (vgl. Jes. 56,7), wurde zur „Räuberhöhle" gemacht (Jer. 7,11).

Kap. 20
Zusammenstoß mit den jüdischen Führern

Die Vollmacht Jesu in Frage gestellt, 1-8 (s. Erklg. zu Matth. 21,23-27; Mk. 11,27-33). Jesus deckt die Heuchelei und den Unglauben der jüdischen Führer auf, indem er sie auffordert, zur Taufe des Johannes Stellung zu nehmen, 1-4. Die Obersten sind unfähig, darauf zu antworten. Das zeigt ihre mißliche Lage, in die sie durch ihre Sünde gekommen waren. Es gab für sie jetzt kein Ausweichen mehr: Sie mußten entweder zugeben, daß sie die göttliche Botschaft des Johannes abgelehnt hatten, oder das Mißfallen des Volkes auf sich nehmen.

Gleichnis vom Weinberg, 9-18 (s. Erklg. zu Matth. 21,33-45). Jesus war der verworfene Stein, 17 (Ps. 118,22-23). Bei seinem zweiten Kommen wird er der „Schlußstein" sein (Sach. 4,7). Wer auch immer „auf diesen Stein fällt im Glauben", wird nach seinem alten Wesen in Reue und Vergebung zerbrochen werden; auf welchen er aber fällt (im Gericht), den wird er zermalmen", 18. Das ist ein klarer Hinweis auf den zerschmetternden Stein, der die heidnischen Weltmächte vor der Errichtung des Gottesreiches zermalmen wird (Dan. 2,34-35).

Die Steuerfrage, 19-26 (s. Matth. 22,15-22; Mk. 12,13-17).

Die Sadduzäer zum Schweigen gebracht, 27-38 (s. Matth. 22,23-33; Mk. 12,18-27).

Die Schriftgelehrten befragt, 39-47 (s. Matth. 22,41-46; Mk. 12,35-37).

Kap. 21
Die Ölbergrede

Das Scherflein der Witwe, 1-4 (vgl. Mk. 12,41-44).

Die Rede auf dem Ölberg, 5-38. Man stelle den Bericht des Lukas dem von Matthäus gegenüber (Kap. 24 und 25). Letzterer ist am ausführlichsten (vgl. auch Mk. 13). Während Matthäus viele Einzelheiten über das Ende des Zeitalters unmittelbar vor der Wiederkunft Jesu aufführt, gibt Lukas einen Überblick über diesen Zeitabschnitt, 5-19 und 25-36, unterstreicht ihn mit der Weissagung vom Fall Jerusalems (70 n.Chr.), 20-23, und der weltweiten Zerstreuung der Juden während der Zwischenzeit („Zeiten der Heiden"), 24. Während dieser Zwischenzeit wird Jerusalem unter heidnischer Herrschaft stehen und erst bei der zweiten Wiederkunft des Herrn vollständig befreit werden, 25-28. Dann wird dieser Zeitabschnitt, der mit der Gefangennahme Judas durch Nebukadnezar (606 v.Chr.) eingeleitet wurde, abgeschlossen werden. „Der Feigenbaum", 29, ist Israel. „Alle Bäume" sind andere Nationen, die auch eine Erweckung erleben werden, bevor der Herr kommt (Völker unter dem wiederauflebenden Römischen Reich). „Sommer", 30, ist das Zwischenreich Gottes unter dem Messias bei seinem Kommen. „Dieses Geschlecht", 32, ist der unausrottbare, sich nicht der Welt angleichende Jude, der bewahrt werden wird, um Gottes prophetisches Wort zu erfüllen, 33 (s. Erklg. zu Matth. 24 und 25; Lk 13).

Kap. 22,1-23,26
Ereignisse vor der Kreuzigung

Verschwörung, Jesus umzubringen, 22,1-2 (vgl. Mk. 14,1-2).

Verrat des Judas, 22,3-6 (vgl. Matth. 26,14-15; Mk. 14,10-11).

Vorbereitung für das Passahmahl, 22,7-13 (vgl. Matth. 26,17-19; Mk. 14,12-16).

Das letzte Passahmahl, 22,14-18 (vgl. Matth. 26,20; Mk. 14,17; Joh. 13).

Das Mahl des Herrn, 22,19-20 (vgl. Matth. 26,26-29; Mk. 14,22-25).

Ankündigung des Verrats, 22,21-23 (vgl. Matth. 26,21-25; Mk. 14,18-21; Joh. 13,18-30).

Der Platz der Apostel im zukünftigen Reich, 22,24-30 (vgl. Matth. 19,28; Off. 3,21; vgl. Erklg. zu Matth. 3,2; 4,17; 13,1-2).

Jesu Voraussage von der Verleugnung des Petrus, 22,31-34 (vgl. Matth. 26,33-35; Mk. 14,29-31).

Warnung vor bevorstehenden Schwierigkeiten, 22,35-38.

Jesus in Gethsemane, 22,39-46 (s. Erklg. zu Matth. 26,36-56; Mk. 14,32-42).

Der Verrat, 22,47-53 (vgl. Matth. 26,47-49; Mk. 14,43-45; Joh. 18,3-11).

Die Gefangennahme, 22,54-65 (vgl. Matth. 26,50-57; Mk. 14,46-53).

Vor dem Hohen Rat, 22,66-71 (vgl. Matth. 26,59-68).

Vor Pilatus und Herodes, 23,1-26 (vgl. Matth. 27,1-15; Mk. 15,1-5; Joh. 18,28-40).

Kap. 23,27-56
Kreuzigung und Begräbnis

Die Kreuzigung, 27-38 (s. Erklg. bei Matth. 27,33-44; Mk. 15,24-28; Joh. 19,17-19). Das Kreuz Christi hat nicht nur die Welt gerichtet (Joh. 12,31), sondern auch aufgedeckt, wie die Welt wirklich ist. Im allgemeinen starrten die Leute einfach in einfältiger Gleichgültigkeit auf die Szene, die sich vor ihren Augen abspielte, 35; die geistlichen Führer des Volkes spotteten, 35; die rohen Kriegsknechte verhöhnten ihn, 36-37; der von seiner Sünde überführte Schächer betete (42); materialistische Ungläubige spielten (Mk. 15,24); der gläubige Hauptmann pries Gott (47); die Jünger standen in der Ferne (49).

Der bußfertige Schächer, 39-45, ist ein Beispiel für eine echte Bekehrung „auf dem Totenbett". Zu „Paradies", 43, s. Erklg. zu Lukas 16,19-31. Die Erzählung vom bußfertigen Schächer am Kreuz findet sich nur bei Lukas (vgl. Matth. 27,44; Mk. 15,32).

Jesus gibt seinen Geist auf, 46-49. Es ist eine Tat seines freien souveränen Willens, wodurch sich der Tod des Gott-Menschen von allen anderen Fällen leiblichen Todes unterscheidet, 46 (Mk. 15,37; Joh. 19,30). „Niemand nimmt es (das Leben) von mir, sondern ich lasse es von mir aus" (Joh. 10,18).

Jesu Begräbnis, 50-56 (s. Erklg. zu Matth. 27,57-66; Mk. 15,42-47; Joh. 19,38-42). Joseph war Mitglied des Hohen Rats, 50, d.h. des Sanhedrin, des offiziellen jüdischen Gerichtshofes, der aus 70 Priestern, Schriftgelehrten und Älte-

sten bestand und dem der Hohepriester vorstand. „Der auf das Reich Gottes wartete", 51, bezeichnet seine messianische Erwartung, entsprechend den großen Verheißungen des AT (vgl. Matth. 3,2; 4,17; 13,1-2). Der Sabbat, 54, begann bei Sonnenuntergang. Lukas, der sich an nichtjüdische Leser wendet, möchte die Dringlichkeit der Grablegung nach jüdischer Sitte verständlich machen.

Kap. 24
Auferstehung und Himmelfahrt

Die Auferstehung, 1-12 (vgl. Matth. 28,1-6). Zu der „Reihenfolge der Ereignisse bei der Auferstehung", s. Erklg. zu Markus 16,1-8; vgl. Johannes 20,1-17. S. Erklg. zu Johannes 20, „Die Auferstehung beglaubigt".

Nachösterliche Begegnung mit den Emmaus-Jüngern, 13-35. Emmaus lag ca. 12 km von Jerusalem entfernt. Das Dorf ist wahrscheinlich mit Amwas gleichzusetzen, das etwa der von Lukas angegebenen Entfernung westlich von Jerusalem entspricht. Seine Verbindung mit dem ntl. Emmaus ist sehr alt und datiert aus der Zeit vor den Kreuzzügen. Nur Lukas berich-

Römischer Centurio (Hauptmann)

Die Passionswoche (April 30 n.Chr.)

Samstag:
Abendessen in Bethanien.

Sonntag:
Die Jünger bringen ein Füllen; triumphaler Einzug in Jerusalem; Jesus in der Stadt und im Tempel; Rückkehr nach Bethanien.

Montag:
Den Feigenbaum verflucht; zweite Tempelreinigung.

Dienstag:
Letzer Tag im Tempel; Jesu Vollmacht angegriffen; Gleichnis von den zwei Söhnen; Gleichnis vom ungetreuen Haushalter; Gleichnis vom Eckstein; Gleichnis vom Hochzeitsmahl; Frage der Steuerzahlung an den Kaiser; Frage nach der Auferstehung; das wichtigste Gebot; Davids Sohn und Herr; Anklage der Schriftgelehrten und Pharisäer; Wehklage über Jerusalem; die Gabe der armen Witwe; Griechen wünschen, Jesus zu sehen; die Rede auf dem Ölberg; Gleichnisse (vom Feigenbaum, vom Türhüter, vom Hausherrn, vom treuen und bösen Knecht, von den Schafen und Böcken); Judas verhandelt, um Jesus zu verraten.

Mittwoch:
Tag der Stille in Bethanien.

Donnerstag:
Vorbereitung für das Passahmahl; das Passahmahl und das Mahl des Herrn; Jesus wäscht die Füße der Jünger; Judas als Verräter bezeichnet; die Apostel werden vor dem Weglaufen gewarnt; die große Rede im Obergemach (Joh. 13-17); das hohepriesterliche Gebet (Joh. 17); der Todeskampf in Gethsemane (s. Erklg. zu Matth. 26,36-56); Verrat und Gefangennahme; Petrus und die Heilung am Ohr des Malchus.

Freitag:
Erstes jüdisches Verhör (vor Hannas); zweites jüdisches Verhör (vor Kajaphas); drittes jüdisches Verhör (vor dem Hohen Rat); Jesus erklärt seine Messianität; Jesus verspottet; Verleugnung und Reue des Petrus; erstes römisches Verhör (vor Pilatus); zweites römisches Verhör (vor Herodes); drittes römisches Verhör (wieder vor Pilatus); Pilatus händigt Jesus den Juden aus; Pilatus versucht nochmals, Jesus zu retten; Selbstmord des Judas; der Weg zum Kreuz.

Am Kreuz:

Erste Phase:
9.00 – 12.00 Uhr
Drei Ausrufe: „Vater, vergib ihnen, denn sie wissen nicht, was sie tun."
„Heute wirst du mit mir im Paradiese sein."
„Weib, siehe, dein Sohn."

Zweite Phase:
12.00 – 15.00 Uhr
Vier Ausrufe: „Mein Gott, mein Gott, warum hast du mich verlassen?"
„Mich dürstet."
„Es ist vollbracht."
„In deine Hände befehle ich meinen Geist."

Übernatürliche Naturerscheinungen, die Jesu Tod begleiten:
Finsternis, Erdbeben, Zerreißen des Vorhangs im Tempel. Grablegung in Josephs Gruft.

Samstag:
Der Leib im Grab, der Geist im Scheol.

Sonntag:
Die Auferstehung (s. „Reihenfolge der Ereignisse bei der Auferstehung" bei Mk. 16).

Verhöre Jesu

	Verhör	Schriftstelle	Richter	Urteil
Religiöse Verhöre	**(durch die Juden)**			
	erstens	Joh. 18,12-14	Hannas	Einwilligung zur Beseitigung Jesu gegeben
	zweitens	Matth. 26,57-68	Kajaphas	Todesurteil, Anklage wegen Gotteslästerung
	drittens	Matth. 27,1-2	Hoher Rat (Sanhedrin)	Todesurteil rechtskräftig gemacht
Behördliche Verhöre	**(durch die Römer)**			
	viertens	Joh. 18,28-38	Pilatus	Nicht schuldig
	fünftens	Lk. 23,6-12	Herodes	Nicht schuldig
	sechstens	Joh. 18,39-19,6	Pilatus	Nicht schuldig; übergibt Jesus trotzdem den Juden

tet von diesem zarten Dienst des Auferstandenen an seinen Jüngern. Das Stichwort „Mose", 27, weist auf den Pentateuch hin, der voll messianischer Prophetie und Vorbilder auf Christus hin ist. „Alle Propheten", 27, war der zweite Teil der hebr. Schriften (Gesetz – Propheten – Schriften). Der dritte Teil wurde auch „Psalmen" genannt (44), weil am Anfang dieses Abschnitts die Psalmen, Israels Schatzkästlein zur Anbetung Gottes, standen.

Nachösterliche Erscheinungen bei den Elfen, 36-43. Der auferstandene Herr bewies, daß er kein Geist war, sondern einen Herrlichkeitsleib aus Fleisch und Knochen besaß, 39. Der Beweis liegt in der Tatsache, daß sie ihn berührten, mit ihm redeten aß, 43. All das paßt zum Evangelium vom Menschsein Jesu Christi. Das NT lehrt klar die leibliche Auferstehung Jesu. S. Erklg. zu Johannes 20, „Die Auferstehung beglaubigt". Zu den „Nachösterlichen Erscheinungen" Christi s. Erklg. zu Markus 16,9-20.

Der weltweite Auftrag, 44-49. Der verherrlichte Menschensohn erklärte, daß die Verheißungen und Voraussagen der Schrift über ihn erfüllt werden mußten, 44. Er erleuchtete den Geist seiner Jünger, daß sie diese Tatsache, 45, und die Bedeutung seines Todes und seiner Auferstehung verstehen konnten, 46. Das Ziel, das Jesus dabei im Auge hatte, war, daß in seinem Namen „Buße zur Vergebung der Sünden *unter allen Völkern*" gepredigt werden" sollte, 47. So schließt der Bericht des Lukas mit der Betonung der weltweiten Verkündigung – das Heil wird der ganzen Welt angeboten.

Die Himmelfahrt, 50-53. „Die Verheißung meines Vaters" (49), der Heilige Geist, mußte gegeben werden (Apg. 2,1-4). Solange die Jünger nicht mit Macht von oben bekleidet waren, sollten sie in der Stadt (Jerusalem) bleiben und nicht versuchen, ihren übermenschlichen Auftrag mit rein menschlichen Hilfsmitteln zu erfüllen. Die Himmelfahrt war der abschließende Höhepunkt, 50-53 (s. Mk. 16,19-20; Apg. 1,9-11). Bethanien, 50, war ein kleines Dorf, etwas weniger als 3 km östlich von Jerusalem gelegen, am östlichen Hang des Ölbergs.

Palästina
zur Zeit
Herodes des Großen
(40–4 v.Chr.)

● Sidon

Berg Hermon △

● Damaskus

PHÖNIZIEN

TRACHONITIS

● Tyrus

ULATHA

GALILÄA

BATANÄA

● Ptolemais

Kapernaum ●   ● Bethsaida

Berg Karmel △

Tiberias ●

See Genezareth

AURANITIS

● Nazareth

MITTELLÄNDISCHES MEER

Ebene Esdralon

DEKAPOLIS

● Cäsarea

● Pella

Jordan

● Apollonia

● Gerasa

SAMARIA

● Joppe

PERÄA

● Philadelphia

JUDÄA

Jericho ●

● Jerusalem

● Bethlehem

● Gaza

● Hebron

Totes Meer

IDUMÄA

NABATÄA

0 10 20 30 40 50
Kilometer

Johannes

Das Evangelium vom Gottessohn

Der Verfasser. Seit der Zeit der Kirchenväter ist das vierte Evangelium Johannes, dem geliebten Jünger, zugeschrieben worden. Theophilus von Antiochien (ca. 180 n.Chr.), Irenäus (ca. 200 n.Chr.), Clemens von Alexandrien (ca. 220 n.Chr.), Tertullian (ca. 220 n.Chr.) und Origenes (ca. 250 n.Chr.) waren sich darin einig, daß Johannes der Verfasser sei. Sogar Porphyrios und Julian der Abtrünnige, zwei frühe, hartnäckige Gegner des Christentums, stellten offensichtlich die johanneische Verfasserschaft nicht in Frage. Sie hätten es bestimmt getan, wenn Grund dazu gewesen wäre, die Echtheit des Evangeliums zu bestreiten, das in so hervorragender Weise die völlige Göttlichkeit Jesu betont.

Johannes, der Geliebte. Johannes und sein Bruder Jakobus waren galiläische Fischer und stammten aus einer gutgestellten Familie. Ihr Vater, Zebedäus, hatte nämlich Tagelöhner angestellt (Mk. 1,20). Johannes und sein Bruder waren feurig und ungestüm. Sie erhielten den Beinamen „Donnersöhne" (Mk. 3,17). Johannes gehörte zum engeren Kreis derer, die Jesus nahestanden (Matth. 17,1; Mk. 5,37; Lk. 8,51).

Der Verfasser im Evangelium. 1. Beim letzten Abendmahl lehnte sich Johannes an Jesu Seite (Joh. 13,23). 2. Er verharrte treulich beim Kreuz, und Jesus vertraute ihm die Sorge um seine Mutter an (Joh. 19,26-27). 3. Beim Grab war er es, der zuerst an Jesu Auferstehung glaubte (Joh. 20,1-10). 4. Am Ufer des galiläischen Sees war er der erste, der den Herrn erkannte (Joh. 21,1-7).

Der „Ecce-homo"-Bogen am Anfang der Via Dolorosa

Datierung des Evangeliums. Das Johannes-Evangelium wurde nach den synoptischen Evangelien geschrieben, jedoch nicht später als 85 oder 90 n.Chr., und zwar aus folgenden Gründen: 1. Es *ergänzt* die Synoptiker. Es läßt vieles aus, was jene berichten, und berichtet manches, was sie auslassen; es ist ausführlich, wo die Synoptiker knapp sind und umgekehrt. 2. Es zeigt eine Reife christlichen Verständnisses, die für jene frühe Zeit der Kirche auffallend ist. 3. Es enthält keinen Hinweis auf Jerusalems Fall im Jahre 70 n.Chr., weder im Ausblick noch im Rückblick; man kann deshalb annehmen, daß es eine Reihe von Jahren nach jenem Ereignis geschrieben wurde. 4. Die Archäologie unterstützt diese wohlbegründete Datierung, wie die folgenden Abschnitte zeigen werden.

Überblick

Die Schriftrollen vom Toten Meer

1947 wurden am Toten Meer Schriftrollen gefunden. Diese Dokumente zeigen, daß das NT vor dem Hintergrund des Judentums gesehen werden muß. Der griechische Einfluß ist verhältnismäßig gering. Die Schriftrollen liefern außerdem Beweismaterial für die Datierung der synoptischen Evangelien. Das Markus-Evangelium wurde demnach zwischen 60 und 65 n.Chr. verfaßt. Das Johannes-Evangelium kann nach diesen Funden nicht später als 90 n.Chr. geschrieben worden sein. Die Entdeckung der Essenischen Handschriften bei Qumran am Nordwestufer des Toten Meers – dort wurden 1947 die ersten, aufsehenerregendsten Schriftrollen gefunden – beweisen, daß das Johannes-Evangelium tatsächlich den jüdischen Hintergrund von Johannes dem Täufer und Jesus widerspiegelt, nicht aber den gnostischen Hintergrund des späten 2. Jh.n.Chr. Diese Tatsache wird dadurch bestätigt, daß man sowohl im Johannes-Evangelium als auch in den Essenischen Schriften von Qumran dieselben Begriffe und Bilder finden kann. Diese Funde haben der Bibelkritik einen schweren Schlag versetzt. Ihre Verfechter hatten nämlich das Datum der Abfassung des Johannes-Evangeliums vom überlieferten Datum des apostolischen Zeitalters (90-130 n.Chr.) auf einen noch späteren Zeitpunkt verlegt. Diese Spätdatierung gab dann Anlaß, das Evangelium des Johannes größtenteils als unecht zu bewerten.

Gnostische Literatur von Hag Hammadi

1945 wurden 13 Handschriften (Kodizes oder Schriften in Buchform), die 49 gnostische Dokumente enthielten, in Oberägypten im alten Sheneset-Chenoboskion, in der Umgebung von Nag Hammadi, ca. 48 km nördlich von Luxor, gefunden. Diese Funde stammen aus dem 3. Jh.n.Chr. und sind in koptischer Sprache geschrieben. Sie sind ebenso bedeutsam wie die Schriftrollen vom Toten Meer und beweisen einmal mehr, daß der Gnostizismus viel später zu datieren ist als die Abfassung des Johannes-Evangeliums. In Wirklichkeit haben die Gnostiker viele ihrer Gedanken diesem Evangelium entnommen. Das vierte Evangelium kann deshalb keine spätere gnostische Abhandlung sein.

Ziel des vierten Evangeliums

Das Ziel geht aus Johannes 20,30-31 hervor. Demnach soll es die Messianität und Göttlichkeit Jesu durch unwiderlegbare Beweise seiner Wundertaten unterstreichen und in den Menschen Glauben an Jesus wecken, damit sie das ewige Leben bekommen. Um dieses Ziel zu erreichen, hat Johannes eine sehr sorgfältige Auswahl getroffen. Die Juden sollten überzeugt werden, daß der historische Jesus „der Christus" ist, und die Heiden sollten diesen selben Jesus als „Sohn Gottes", Heiland der Menschen, annehmen. Es ist das „Evangelium vom Glauben".

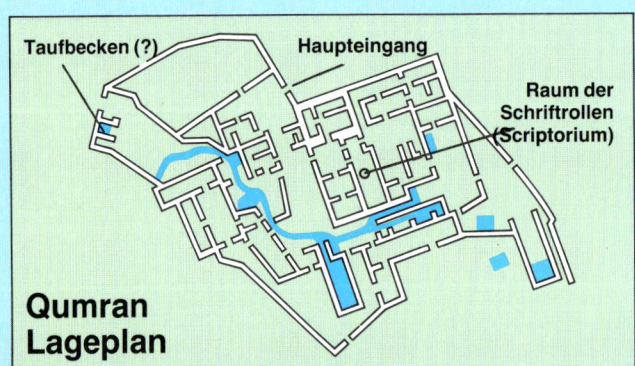

Taufbecken (?) — **Haupteingang** — **Raum der Schriftrollen (Scriptorium)**

Qumran Lageplan

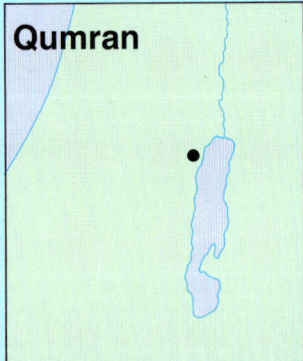

Qumran

Johannes

erkundigte sich: „Wer bist du?", 19.22. Johannes verneinte, Christus oder Elia zu sein (2. Kö. 2,11), dessen Rückkehr man vor Christus erwartete, oder der „Prophet", d.h. der in 5. Mose 18,15 geweissagte Messias (vgl. Joh. 6,14; 7,40). Johannes bekundete, daß er nur „eine Stimme" (Jes. 40,3) sei, die das Kommen des Messias prophetisch ankündige, 23. Die jüdischen Obersten wollten dann wissen, warum Johannes taufe oder eine amtliche Handlung ohne amtliche Befugnis ausführe, 24-25. Seine Antwort war, daß die Wasserzeremonie an sich nicht der eigentliche Zweck seines Dienstes sei, vielmehr bestehe seine Aufgabe darin, einen geistlichen Vorgang von weit größerer Bedeutung vorzubereiten. Ausgeführt würde er von dem, dessen Weg er vorbereitete und dessen Schuhriemen er nicht wert sei zu lösen (Sklavenarbeit).

Kap. 1,1-18
Das Vorwort: Das Wort –
wer es war und was es wurde

Das Wort – wer Jesus war, 1-13. Diese Verse sagen acht große Wahrheiten über unseren Herrn Jesus Christus aus. (1) Er war und ist der Ewige, der immer da war, vor der Zeit und vor allem Geschaffenen: „Im Anfang war das Wort." (2) Er war und ist eine Person, verschieden von Gott dem Vater: „Das Wort (Christus vor seiner Menschwerdung) war bei Gott (dem Vater)." (3) Er war und ist Gott: „Das Wort war Gott", 1. (4) Er war koexistent (gleichzeitig) mit Gott (dem Vater) von Ewigkeit her, 2. (5) Er ist der Schöpfer der Welt, 3. (6) Er ist die Quelle alles Lebens und des Lichtes, sowohl körperlich als auch geistlich, 4.5.9 (nicht zu verwechseln mit Johannes dem Täufer, 6-8, der nur ein Zeuge für ihn als das wahrhaftige Licht war, 9. (7) Er ist der Gott, der sich einer gefallenen Schöpfung selbst offenbart hat, und dieser Selbst-Offenbarung konnte sich nichts entgegenstellen, 5. (8) Er kam in die Welt der Menschen, und sie lehnten ihn ab, 10. Sein Volk Israel wies ihn ab, 11. Aber diejenigen, welche ihn aufnehmen, gelangen zur geistlichen Wiedergeburt, 12-13.

Das Wort – wer Jesus wurde, 14-18. „Das Wort (der ewige Schöpfer-Gott) ward Fleisch (Mensch)", 14. Das ist das Geheimnis aller Zeiten! Gott wurde Mensch, der Gott-Mensch. Die Gottheit vereinte sich für immer mit der Menschheit in einer glorreichen gottmenschlichen Person und „zeltete" unter uns in einer „Fleischeshütte", einem Leib aus Fleisch und Blut, 14. Die, welche den Gottmenschen sahen, sahen die Herrlichkeit „des Eingeborenen (Sohnes) vom Vater", wie Johannes der Täufer es bezeugte, 15 (vgl. 6-8). Sie sahen wirklich den unsichtbaren Gott im „eingeborenen Sohn", der Gott bekanntmachte, 18, und ein neues Zeitalter der Gnade und Wahrheit heraufführte, 17.

Kap. 1,19-51
Das Zeugnis des Johannes und der ersten Jünger Jesu

Das Zeugnis Johannes des Täufers, 19-34. Die religiöse Obrigkeit der Juden von Jerusalem

Die Bußtaufe Johannes des Täufers
Die Taufe des Johannes war ein Zeichen der Buße (Sinnesänderung zur Vorbereitung des kommenden Gottesreiches, welches Jesus errichten sollte. Sie stand zwischen der Proselytentaufe, einem jüdischen Aufnahmeritus, und der Taufe der Kirche, einem Ritus, in dem sich der Täufling mit der Gemeinde des Christus identifiziert.

Die Taufe Jesu, 29-34.
Jesus ist das Opferlamm Gottes, 29 (2. Mo. 12; Jes. 53,7; 1. Petr. 1,19), und übertraf Johannes, da er vor Johannes gewesen war, 30 (vgl. 1-18). Das Wissen des Johannes um Jesu Messianität wurde von Gott bei der Taufe Jesu durch den taubenähnlichen Geist, der herniederkam und auf ihm ruhte, bestätigt, 31-33. Dadurch wurde er als der, „der mit dem Heiligen Geist tauft", 33, als der Sohn Gottes, der Messias, 34, ausgezeichnet (vgl. 1,49; 11,27). Johannes erkannte offensichtlich Jesus als Opferlamm, das sterben, 29, wieder zum Leben auferweckt und zum Himmel auffahren würde, um die Gabe des Heiligen Geistes an Pfingsten auszugießen (Apg. 2,1-4). Diese Gabe würde auch das Werk der Taufe mit dem Heiligen Geist einschließen (Apg. 1,5; 2,4; 11,14-16). Da dieses Werk erst durch Jesu Sühnetod möglich wurde, wird Jesus, der Erlöser, auch der, „der im Heiligen Geist tauft" genannt. Seit Pfingsten ist der Geist selbst die handelnde Person bei der Taufe im Heiligen Geist (1. Kor. 12,13).

Zeugnis der ersten Jünger Jesu 35-51. Das Zeugnis des Johannes, daß Jesus der Messias sei, 35-37, hatte die Bekehrung des Andreas zur Folge, 38-40. Durch das Zeugnis des Andreas wiederum wurde Simon gewonnen, dessen Name Jesus in Kephas (aramäisch: „Fels", gr. *Petros,* „Petrus") umwandelte, 42. Philippus wurde berufen, 43. Er war von Bethsaida am See Genezareth in der Nähe Kapernaums, 44. Er gab Zeugnis vom Messias und gewann

Nathanael, 45-51, von Kana in der Nähe von Nazareth (21,2).

Kap. 2
Wasser wurde zu Wein; der Tempel gereinigt

Das erste Wunder 1-12. Dieser „Anfang der Zeichen", 11, zeigt die grundlegende Art des neuen Lebens, das Jesus zu geben gekommen war (vgl. 20,30-31). Der Segen des ewigen Lebens, das durch Glauben empfangen wird, ist im Wasser zu sehen, das in Kana zu Wein wurde. Kana lag in der Nähe Nazareths. „Zeichen" sind mächtige Taten oder Wunder, die geistliche Wahrheiten versinnbildlichen. Das erste Zeichen weist darauf hin, daß Jesus, der das Leben bringt, derselbe ist wie der allmächtige Schöpfer von Kapitel 1, fähig, Wasser in Wein zu verwandeln. Der Wein ist ein Bild für Freude und das Wirken der Gnade, die zu bringen er gekommen war (1,17) und die Leben hervorbringt. Der Schöpfer allein kann unser geistlicher Neuschöpfer werden. Er allein kann den frohen Jubel des ewigen Lebens (im Wein bildhaft dargestellt) schenken (vgl. Jes. 55,1; Eph. 5,18-20). Durch dieses „Zeichen" wurde die Herrlichkeit seiner Person offenbar, 11.

Der Tempel gereinigt, 13-25. Dies war die erste Reinigung des Tempels am Anfang der Wirksamkeit Jesu, nicht die zweite am Ende, die bei den Synoptikern erwähnt wird (s. Erklg. zu Matth. 21,12-17; Mk. 11,15-21; Lk. 19,45-48). Diese Tat Jesu bekundete seine Vollmacht als Sohn Gottes und erfüllte Psalm 69,10 („meines Vaters Haus", 16). Die Juden vermuteten dies und baten um ein „Zeichen", 18. Jesus wies auf das Zeichen seines Todes und seiner Auferstehung hin, 19, was von seinen Feinden völlig mißverstanden (vgl. Matth. 26,61) und von seinen Freunden erst nach seiner Auferstehung verstanden wurde (Matth. 26,6; 27,40; vgl. Joh. 10,18).

Kap. 4
Nikodemus und die neue Geburt

Gespräch über Wiedergeburt, 1-21. Von Johannes 2,23 bis 17,26 lesen wir, wie der Gottessohn ewiges Leben verleiht. Johannes beschreibt auch, wie es ist und was es wirkt. „Viele glaubten an seinen Namen, da sie seine Zeichen sahen, die er tat" (2,23-25). In seinem Gespräch mit Nikodemus, einem strengen Sittenlehrer und Mitglied des Hohen Rats, 1, zeigte Jesus die Notwendigkeit der Wiedergeburt. „Ihr müßt von neuem geboren werden", 7, und die Notwendigkeit seines Todes, um die Voraussetzung für dieses geistliche Geschehen zu schaffen, „also muß des Menschen Sohn erhöht werden", 14. Mit großem Ernst und mit feierlichem Nach-

druck, „wahrlich, wahrlich ...", 3.5, erklärt Jesus, daß niemand das Reich Gottes „sehen", 3, noch in dasselbe eingehen kann, der nicht „aus Wasser geboren" ist (Bild des reinigenden Wortes, Eph. 5,26; 1. Petr. 1,23; Jak. 1,18) und aus dem Geist (dem Heiligen Geist, der handelnden Person bei der Wiedergeburt), 5. Damit ist das übernatürliche Verleihen des ewigen Lebens aufgrund des Todes Christi gemeint, bildhaft durch die mosaische Schlange in der Wüste dargestellt, 14 (s. Erklg. zu 4. Mo. 21,4-9; 2. Kor. 5,21). Das Thema des Johannes-Evangeliums wird in Vers 16 deutlich genannt.

Das Zeugnis Johannes des Täufers, 22-36. „Enon, nahe bei Salim", 23, ist wahrscheinlich Umm el-'Amdan, südöstlich von Sichar. Hier tauften die Jünger unter Jesu Leitung (vgl. 3,22; 4,2). Johannes wußte sich lediglich als „Freund des Bräutigams, der dabeisteht" (Christus), 29. Die Verse 31-36 drücken des Johannes klare Erkenntnis über die Person und das Werk des Messias aus, der als sündloser Mensch mit der ganzen Fülle des Heiligen Geistes ausgerüstet war, 34.

Wunder im Johannes-Evangelium
Bedeutung

Wunder	Bedeutung
1. Wasser in Wein verwandelt, Kap. 2,1-11	Wesen des ewigen Lebens
2. Heilung des Sohnes des königlichen Beamten, Kap. 4,46-54	Bedingung für das ewige Leben (Glaube)
3. Heilung des Kranken am Teich Bethesda, Kap. 5,1-9	Kraft, das Leben zu leben
4. Speisung der Fünftausend, Kap. 6,1-14 (auch Matth. 14,13-21; Mk. 6,32-44; Lk. 9,10-17)	Speise für das Leben
5. Jesus wandelt auf dem Wasser, Kap. 6,15-21 (auch in Matth. 14,22-36; Mk. 6,45-56)	Führung für das Leben
6. Heilung eines Blindgeborenen, Kap. 9,1-41	Licht für das Leben
7. Auferweckung des Lazarus, Kap. 11,1-44	Sieg des Lebens über den Tod
8. Der Fischfang, Kap. 21,1-14	Volle Gemeinschaft des Lebens

Palästina
zur Zeit Jesu

Sidon

Berg Hermon △

Damaskus

Sarepta

TRACHONITIS

Tyrus

Cäsarea Philippi

PHÖNIZIEN

ITURÄA

GAULANITIS

GALILÄA

Chorazin

Kapernaum

Bethsaida

See Genezareth

Berg Karmel △

Kana

Tiberias

AURANITIS

Berg Tabor △

Nazareth

Nain

Gadara

MITTELLÄNDISCHES MEER

DEKAPOLIS

Cäsarea

Pella

Samaria

Gerasa

Berg Garizim △

Sichem

Jordan

SAMARIA

Joppe

PERÄA

Lydda

Ephraim

Philadelphia

Emmaus

Jericho

Jerusalem

Bethanien

Bethlehem

JUDÄA

Totes Meer

Gaza

Hebron

IDUMÄA

NABATÄA

0 10 20 30 40 50

Kilometer

Reden im Johannes-Evangelium

Zwölf Reden erscheinen ausschließlich in diesem Evangelium:

1. über geistliche Wiedergeburt, Kap. 3,1-21

2. über das ewige Leben, Kap. 4,4-26

3. über die Quelle des ewigen Lebens und sein Zeugnis, Kap. 5,19-47

4. über das wahre Brot des Lebens, Kap. 6,26-58

5. über die Quelle der Wahrheit, Kap. 7,14-29

6. über das Licht der Welt, Kap. 8,12-20

7. über das wahre Ziel des Glaubens, Kap. 8,21-30

8. über geistliche Freiheit, Kap. 8,31-59

9. über den guten Hirten, Kap. 10,1-21

10. über das Einssein von Gott Vater und Sohn, Kap. 10,22-38

11. über den Erlöser der Welt, Kap. 12,20-36

12. Lehren im Obergemach: von der bevorstehenden Trennung, Kap. 13,31-14,31

   vom Einssein mit Christus, Kap. 16,1-33

   vom Heiligen Geist und der Zukunft, Kap. 16,1-33

Diese Reden lassen sich in zwei Gruppen einteilen: 1. Jesu öffentliche Reden, Kap. 1-12, in denen er sich der Welt als letzte grundlegende Wirklichkeit vorstellt, und 2. Jesu persönliche Unterweisung, Kap. 13-16, wo er sich den Seinen als ewige Fülle vorstellt.

Kap. 4
Die Samariterin und das ewige Leben

Jesus und die Samariter, 1-45. Die feindseligen Pharisäer, 1-3, veranlaßten Jesus offenbar dazu, aufzubrechen und über das dazwischenliegende Samaria nach Galiläa zu ziehen. Samaria hatte eine z.T. aus Überresten der nördlichen Stämme bestehende Mischbevölkerung, die gefangengenommen wurde, als Israel im Jahre 722 v.Chr. fiel. Sie benützten den Pentateuch (5 Bücher Mose) und beteten den Herrn an. Als Mischlinge in rassischer und religiöser Hinsicht wurden sie von den Juden verabscheut, 9. Das Zeugnis am Brunnen von Sichar, mitten in der Ebene von Sichem, im Schatten des Berges Garizim, zeigt Jesu Erbarmen für die Verlorenen, das über alle gesellschaftlichen und religiösen Vorurteile hinausging. Die Begegnung mit der Samariterin war der Anlaß zu seinem zweiten bedeutungsvollen Gespräch über das Lebenswasser, 4-26, das auf sein erstes über die Wiedergeburt folgte (3,1-21). Das Zeugnis der Frau hatte eine außergewöhnliche Wirkung auf die Samariter, 27-39, und öffnete den Weg für Jesu zweitägiges Wirken unter ihnen, 40-45.

   Das zweite Zeichen, 46-54. Die Heilung des kranken Sohnes des königlichen Beamten in Kapernaum stellt den Glauben als Bedingung für die Erlangung des ewigen Lebens dar. Zu Kapernaum s. Erklg. bei Markus, 1,21-28.

Kap. 5
Heilung eines Gebrechlichen

Das dritte Zeichen im Johannes-Evangelium: der Kranke am Teich Bethesda geheilt, 1-9. Dieses Zeichen stellt die göttliche Kraft dar, die geschenkt wird, um das neue Leben zu leben (s. Einleitung zum Johannes-Evangelium). Dieser hilflose Krüppel ist ein anschauliches Bild für die vollständige Hilflosigkeit des Menschen als Sünder und für die Macht Jesu, zu retten und ihn zu befähigen, ein neues Leben zu führen. Bethesda („Haus der Gnade") war ein rechteckiger Teich mit fünf Säulenhallen, der aus einer Quelle gespeist wurde und dessen Wasser oft plötzlich in Bewegung geriet. Es ist wahrscheinlich der Teich, der 1888 nahe der St. Anna-Kirche im Stadtteil Bezetha von Jerusalem entdeckt wurde. Er liegt in der Nähe der Festung Antonia, nicht weit vom Schaftor, und hat einen Säulengang mit fünf Bögen, mit verblaßten Fresken von der Heilung Jesu.

   Widerstand der Juden, 10-18. Die Juden mit ihrer leeren, äußerlichen Frömmigkeit kritisierten die Heilung und den geheilten Mann, der am Sabbat sein Bett trug, 10-11, und ließen ihren Zorn an Jesus aus, 16. Jesus erhob Anspruch darauf, eine einzigartige Beziehung zu Gott zu

Bethesda

den Täufer, 33-35; 2. seine mächtigen Zeichen oder Werke, 36; 3. den Vater, 37-38 (vgl. Matth. 3,17); 4. die Heiligen Schriften, 39-47 (vgl. Lk. 24,27.44-46). Zu den weiteren Reden s. Einleitung zum Johannes-Evangelium.

Kap. 6
Speisung der Fünftausend;
Rede über das Brot des Lebens

Die Fünftausend gespeist, 1-21. S. Erklg. zu „Wunder" in der Einleitung zum Johannes-Evangelium (vgl. Matth. 14,13-21; Mk. 6,32-44; Lk. 9,10-17). Diese Speisung nach Jesu Wandeln auf dem Wasser, 16-21 (vgl. Matth. 14,23-36; Mk. 6,45-56), liefert den Rahmen für die nächste große Rede.

Rede vom Brot des Lebens, 22-59. S. Erklg. zu „Reden" in der Einleitung zum Johannes-Evangelium. Er, der auf dem See wandeln konnte, war in der Tat das Lebensbrot, das vom Himmel herabkam und der Welt das Leben gab, 33. Klar und unwiderruflich verkündet Jesus sich selbst als den vom Himmel Gekommenen, der das ewige Leben gibt und nährt. Die ungläubigen Juden konnten weder seine Göttlichkeit, 42, verstehen noch wie Gläubige sich geistlich von ihm ernähren, 52-58. Zu „Manna", 31.58, s. Erklg. bei 2. Mose 16,14-22. Jesus erfüllte das Urbild des Gebers und Erhalters des Lebens (vgl. auch 2. Mo. 16,35). Zur Synagoge in Kapernaum, 59, s. Erklg. zu Markus 1,21-28.

Jüngerschaft geprüft; Bekenntnis des Petrus, 60-71. Angesichts der vielen Jünger, die sich von Jesus abwandten, sprach Petrus im Namen der Zwölf und bekannte sich eindeutig zum Vertrauen auf Jesus. Johannes bezeugt gleichzeitig, daß Judas niemals ein echter Jünger Jesu war.

Tiberias und der See von Tiberias
Johannes nennt den See Genezareth (6,1; vgl. 21,1) „See Tiberias". Die Stadt wird in Johannes 6,23 erwähnt. Von Herodes Antipas gegründet, wurde sie zu Ehren des damals herrschenden Kaisers Tiberius (14-37 n.Chr.) „Tiberias" genannt. Sie wurde vor 25 n.Chr. am Westufer, ca. 10 km vom unteren Ende des Sees, wo der Jordan einmündet, gebaut. Herodes verlegte seinen Hof von Sepphoris im Norden Galiläas dorthin. Die oberflächliche hellenistische Atmosphäre des Thermal-Erholungsortes zog unseren Herrn, dessen Wirksamkeit auf die Juden ausgerichtet war, nicht an. Bald wurde die Stadt so bedeutungsvoll, daß der See eine Zeitlang nach ihr genannt wurde. Nach dem Fall Jerusalems (70 n.Chr.) wurde Tiberias eine jüdische Metropole und der Mittelpunkt rabbinischer Gelehrsamkeit.

haben („mein Vater"), 17. Die Juden erkannten darin klar Jesu Anspruch, Gott zu sein, 18 (vgl. Joh. 10,30.33; Phil. 2,6).

Streitgespräch über die Quelle des ewigen Lebens, 19-47. Als Antwort auf den Widerstand der Juden wies Jesus darauf hin, daß er in Person und Werk mit dem Vater eins sei, 19-23. Dieser Abschnitt allein genügt, um die törichte Auffassung zu zerstreuen, Jesus habe nie den Anspruch erhoben, Gott zu sein, oder Behauptungen zu widerlegen, der Sohn sei nicht „wahrer Gott vom wahren Gott". Er, der so mit dem Vater eins ist, der fleischgewordene Gott, ist die Quelle des ewigen Lebens. Vers 24 sagt, wie man ewiges Leben bekommt; die Verse 25-26 zeigen die Wirkung des ewigen Lebens auf den leiblichen Tod und die Auferstehung. Die Verse 28 und 29 beziehen sich auf die leibliche Auferstehung. Es wird eine Auferstehung der Gerechten (1. Kor. 15,52; 1. Thess. 4,13-18) und eine besondere Auferstehung der Ungerechten geben (Off. 20,4-6.11-14).

Jesus stellte vier Zeugen für sich selbst als Quelle des ewigen Lebens auf, 33-47: 1. Johannes

Kap. 7
Die Weissagung über das Kommen des Geistes

Jesus zögert, nach Jerusalem zu gehen, 1-13. Er blieb in Galiläa, weil die Juden in Judäa ihn töten wollten, 1. Seine Brüder verhöhnten ihn in ihrem Unglauben, 2-5, drängten ihn aus selbstsüchtigem, weltlichem Geist heraus, seine Werke anzupreisen und für persönliche Vorteile auszunützen. Er tadelte diesen Geist selbstsüchtiger Eigenmächtigkeit und zeigte ihnen den Unterschied zwischen ihnen und ihm in bezug auf den Willen Gottes, 6-9. Als jedoch nach Gottes Willen die Zeit gekommen war, ging er hinauf zum Laubhüttenfest, 10-13. Dieser Teil des Evangeliums (7,1 - 11,53) leitet die Zeit der Auseinandersetzung um die Person Jesu ein. Ursache war einerseits der Unglaube seiner Brüder, 3-9, anderseits die Verwirrung des Volks, 10-13.
    Jesus auf dem Fest, 14-36. Das Laubhüttenfest oder Hüttenfest (s. Erklg. bei 3. Mo. 23,33-44) war das Erntefest, das zur Erinnerung an die Befreiung Israels gefeiert wurde. Gleichzeitig wies es prophetisch auf die Ruhe und die Segnungen des Königreichs hin, die den Völkern durch Israel gebracht würden. Der Streit um die Person Jesu hielt an, als er im Tempel predigte. Er trug etwas scheinbar Widersprüchliches vor, indem er einerseits Anspruch auf seine Autorität (Vollmacht) erhob, 14-15, anderseits auf seine Unterordnung unter den Vater hinwies, 16. Dadurch wurde eine Auseinandersetzung ausgelöst, 21-24. Die Leute wurden verwirrt, was in den Versen 20,25-32.35-36 zum Ausdruck kommt. Die fünfte Rede Jesu über die Quelle der Wahrheit finden wir in den Versen 14-29 (s. „Reden" in der Einleitung zum Johannes-Evangelium).
    Weissagung über den Heiligen Geist, 37-39. Der letzte Tag des Laubhüttenfestes (3. Mo. 23,36) war der feierlichste und zugleich der Höhepunkt der ganzen Festzeit. Es war der achte Tag und als solcher der Ruhe und der heiligen Versammlung geweiht. Während der sieben Tage, die die Wüstenwanderung des Volkes darstellen sollten, wurde das Wasser aus dem Teich Siloah geschöpft und dann ausgeschüttet, um so an das Wasser, das Israel in der Wüste erhielt, zu erinnern. Der achte Tag versinnbildlichte den Genuß des Wassers aus den Quellen des Landes selbst. Deshalb wurde kein Wasser ausgegossen. Eine Seite des Festes galt der Rückschau, der Erinnerung, die andere der Vorausschau auf die Sammlung Israels nach der weltweiten Zerstreuung und der Erfüllung der Königreichs-Ode von Jesaja 12,1-6, wenn das Volk „mit Freuden Wasser aus den Brunnen des Heils schöpfen wird" (Jes. 12,3; vgl. Joel 2,27-3,5; Sach. 14,8). Jesus stand auf und bot die geistliche Wirklichkeit des Gottesreiches einzelnen Gläubigen an, 39, aber die Erfüllung alles dessen, was die Festriten versinnbildlichten, wird für Israel als Ganzes erst beim zweiten Kommen Jesu verwirklicht werden. Vers 39 zeigt, daß diese Weissagung durch die Ausgießung des Geistes an Pfingsten erfüllt wurde (Apg. 2,1-4). Der Ausdruck in Vers 39 lautet: „Der heilige Geist war noch nicht da." Nach Pfingsten, als Jesus durch Auferstehung und Himmelfahrt verherrlicht worden war, konnte gesagt werden: „Der Geist ist jetzt da" (vgl. Apg. 19,2-4, wo derselbe Ausdruck vorkommt und als Hinweis auf das Kommen des Geistes zur Einleitung eines neuen Zeitalters erklärt wird).
    Die Verwirrung des Volkes, 40-53. Die Frage um das Für und Wider, ob Jesus der Christus sei, wurde hier besonders brennend.

Kap. 8
Die Ehebrecherin; Rede vom Licht der Welt

Die Frau im Ehebruch ertappt, 1-11. Viele Textkritiker übergehen diesen Zwischenfall, weil er in den ältesten Handschriften fehlt. Einige Bibelübersetzer schließen ihn mit ein, setzen ihn jedoch in kleiner Schrift, um ihn vom Haupttext zu unterscheiden. Andere bringen ihn nach Lukas 21,38. Wieder andere nehmen an, daß er in gewissen Handschriften absichtlich ausgelassen wurde, weil die Barmherzigkeit, mit der die Frau behandelt wurde, für die, welche sich an den Buchstaben des Gesetzes hielten, unvorstellbar war. Ob diese Erzählung nun in den frühesten Texten zu finden war oder nicht – sie ist gewiß authentisch und lehrreich und stellt das Mitgefühl und Erbarmen unseres Herrn mit der Sünderin in ein helles Licht.
    Reden über das Licht der Welt, 12-20, und über den Glauben, 21-30. Dies war die sechste und siebte Rede Jesu im Evangelium. Unglaube, der ihn ablehnt, bedeutet ewige Trennung von Gott, 21-25. Wer er ist, darum geht es, 25-29. Viele glaubten an ihn, das wahre Gegenüber des Glaubens, 30.
    Rede über geistliche Freiheit, 31-59. Dies ist die achte Rede im Johannes-Evangelium. Sie handelt vom Glauben an Jesus, der sich im Festhalten an seinem Wort äußert, 31-32. Solcher Glaube ist der Weg zur geistlichen Freiheit, nicht fromme Riten oder menschliche Abstammung, 33. Wer unter die Sünde versklavt ist, 34, ist nicht frei. Nur der Sohn kann den Sünder frei machen, 36. Die Juden, die sich hier ihrer Abstammung von Abraham rühmten, waren Kinder des Teufels, 44. Jesus erklärt sein ewiges Sein, 58. Er war der „Ich bin" (2. Mo. 3,14; Jes. 43,13), der vor Abraham war. Die Juden bewiesen ihr Versklavtsein unter die Sünde durch ihr Verhalten gegenüber dem Befreier von der Sünde.

Kap. 9
Der Blinde geheilt

Der Blinde wird wieder sehend, 1–34. Dies ist das sechste Wunderzeichen im Johannes-Evangelium. Es ist ein Hinweis auf das Licht und die Erleuchtung für das neue Leben, das in Jesus zu finden ist, 5. Lehm und Speichel brachten nicht die Heilung, versinnbildlichten jedoch die schöpferische Kraft Jesu, des Schöpfer-Erlösers, 6. Die Waschung im Teich Siloah, 7, deutet an, daß der Zweck des Zeichens geistliche Erneuerung war, 36–38 (vgl. Eph. 5,26). Als die Juden den geheilten Mann ausstießen, 27–34, trieben sie ihn in die Arme des liebenden Herrn.

Jesus offenbart sich dem Mann, 35–41. Hier haben wir ein weiteres Zeichen im Johannes-Evangelium, das darauf hinweist, wie Gläubige einmal von Juden und solchen, die Jesus ablehnen, behandelt werden (Hebr. 13,13).

Kap. 10
Rede über den guten Hirten

Die Rede selbst, 1–21. Diese neunte Rede wurde durch das Wunder der Heilung des Blinden veranlaßt, der aus dem Judentum ausgestoßen worden war. Die wahren Schafe Jesu würden einmal aus der jüdischen Gemeinde hinausgeworfen werden. Der geheilte Blinde war so behandelt worden und wurde eines der Schafe Jesu. Unser Herr gab daher gleichnishafte Lehren vom neuen Stand der Schafe Gottes. Israel – das wahre auserwählte Bundesvolk Gottes – war seine Schafherde und er der Hirte (Ps. 23,1; 95,7; 100,3; Hes. 34,1–31; Sach. 11,7–9; 13,7). Im Gleichnis, 1–6, ist das Judentum die Schafhürde, 1. Jesus, der wahre Hirte, war durch die richtige Tür (die prophezeite messianische Linie) in den Schafstall gekommen, 2. Der Türhüter (Heiliger Geist) öffnete ihm den Stall. Seine Schafe antworteten (wie der blinde Mann in Kap. 9), und Jesus führte sie aus dem Abfall und Unglauben heraus, 3, in den das Judentum gesunken war. Das zeigte sich daran, daß es den wahren Hirten verwarf, 4–5.

Die Lehren, die aus diesem Gleichnis gezogen werden können, 7–21, sind: (1) Jesus (nicht der Judaismus) wird nun die Tür zu den Schafen – eine neue Ordnung, 7. (2) Alle anderen sich anmaßenden Erlöser (die Führer des abgefallenen Judentums) sind Diebe, 8. (3) Jesus allein ist Erlöser, Erhalter, Schöpfer des Lebens, 9–10. (4) Er ist der gute Hirte, der für die Schafe (Israel) sterben wird, 11–15. (5) Der gute Hirte hat andere Schafe (Heiden), die mit den Juden in einen Stall (die Gemeinde), mit einem Hirten (Jesus) gebracht werden, 16 (vgl. 1. Kor. 12,13; Eph. 4,4–6). (6) Dies wird durch den einzigartigen und freiwilligen Tod des guten Hirten für die Schafe ver-

Der Teich von Siloah

wirklicht, 17–18. Der Unglaube, 19–21, war zu nichts fähig, außer Verwirrung zu stiften und freche, gotteslästerliche Reden zu führen.

Rede über die Einheit Jesu mit Gott, seinem Vater, 22–39. Die zehnte Rede des Johannes-Evangeliums wurde am Fest der Tempelweihe gehalten, 22, das am 25. Tag des Kislev (Nov. – Dez.) gefeiert wurde. Es war die Erinnerung an die neue Weihe des Tempels in Jerusalem durch Judas Makkabäus im Jahre 165 v.Chr. Während der achttägigen Festlichkeiten verlangten die Juden von unserem Herrn eine Antwort auf die Frage, ob er der Christus sei. Seine Antwort, 25–38, machte folgendes deutlich: (1) Christi Schafe, zu denen die ungläubigen Juden nicht gehörten, kennen seine Göttlichkeit und Messianität, 25–27. (2) Seine Schafe sind erlöst, bewahrt und sicher, 28–29. (3) Jesus bezeugte seine wesensmäßige Einheit mit dem Vater, daher seine unanfechtbare Göttlichkeit, 30 (vgl. 14,9; 20,28–29), und so verstanden ihn die Juden, 31. (4) Jesus verteidigte seine Göttlichkeit durch seine Werke und durch die Schrift, 32–39. Wenn Israel seine Richter „elohim" (Götter) nannte, 34–35, weil sie Gott vertraten (Ps. 82,6), warum stießen sie sich dann am wahren Sohn Gottes, den der Vater gesandt hatte, 36?

Jesus am Ort, wo Johannes getauft hatte, 40–41. Viele glaubten an Jesus aufgrund des Zeugnisses Johannes' des Täufers.

Kap. 11
Die Auferweckung des Lazarus

Die Macht des Sohnes über den Tod, 1-44.
Dies ist das siebente Wunderzeichen im Johannes-Evangelium, das den Gottessohn als den beglaubigt, der Leben bringt (vgl. 20, 30-31). Es war das letzte und größte der öffentlichen Wunder Jesu, die von Johannes berichtet werden, und erhärtete seinen Anspruch, die Auferstehung und das Leben zu sein. Dieses große Ereignis ist durch viele überzeugende Einzelheiten beglaubigt. Bethanien lag gleich auf der anderen Seite des Ölbergs, weniger als 4 km von Jerusalem entfernt. Jesus erklärte, Lazarus' Krankheit sei „nicht zum Tode", d.h. sie führe nicht zum Tode, sondern sei „zur Ehre Gottes, damit der Sohn Gottes dadurch verherrlicht werde", 4. Jesus wartete, bis Lazarus gestorben war und vier Tage im Grab gelegen hatte. Dann vollbrachte er ein großes, unbestreitbares Wunder. Die inhaltsschweren Worte der Verse 25 und 26 haben in 1. Thessalonicher 4,13-18 und 1. Korinther 15,22-23 ihre Erfüllung gefunden.

Folgen dieses größten Zeichens, 45-57. Viele jüdische Freunde Marias glaubten, 45. Andere berichteten den Pharisäern davon, 46. Daraufhin beriefen sie den Hohen Rat ein, 47, und verschworen sich, Jesus zu töten, 48-57. Die Prophezeiung des Kajaphas, daß lieber ein Mann für das Volk sterben solle, als daß das ganze Volk umkäme, 49-52, war überraschend, besonders,

weil derjenige, der starb, „die zerstreuten Kinder Gottes (die Heiden) in Eins zusammenbringen sollte" (Ps. 22,28; Joh. 10,16; Röm. 1,16; Eph. 2,14-17). Die Stadt Ephraim, 54, war ein weit entferntes, abgelegenes Dorf nördlich von Jerusalem.

Kap. 12
Abendmahlzeit in Bethanien; Einzug in Jerusalem

Salbung durch Maria, 1-11 (s. Erklg. zu Matth. 26,6-13; Mk. 14,3-9; vgl. Lk. 7,37-38). Martha diente wie immer bei Tisch. Maria war wie immer andächtig. Andere waren zu ihm gekommen, um Hilfe in ihrer Not zu erbitten. Maria gab ihm, was ihm zustand. Sie salbte ihn für seinen nahenden Tod, 7, welchen sie möglicherweise aufgrund ihres andächtigen Zuhörens bei Jesus ahnte. In krassem Gegensatz dazu stand Judas' Falschheit, 4-6, sowie die Bosheit der Hohenpriester, 10, die aus ihrem giftigen Haß gegen Jesus, 11, beschlossen, Lazarus zu töten.

Der triumphale Einzug, 12-19 (s. Erklg. zu Matth. 21,1-11; Mk. 11,1-11; Lk. 19,28-40). Psalm 118,25-26 wurde von den Menschen ausgerufen, 13, welche durch die Auferweckung des Lazarus von den Toten überwältigt waren, 17-19. Sacharja 9,9 erfüllte sich damit, 15. Johannes fügt Einzelheiten über den Grund des triumphalen Empfangs am Palmsonntag hinzu: Begeiste-

Der Überlieferung nach befand sich an dieser Stelle das Grab des Lazarus in Bethanien.

Johannes und Jesaja

Thema	Jesaja	Johannes
Der Hirte und die Schafe	40,11	10,1-21
Wasser für die Durstigen	41,18; 44,3; 48,21; 49,10; 55,1	4,13-14; 6,35; 7,37
Speise für die Hungernden	49,10	6,35
Führung	42,16; 48,17	14,6
Der göttliche Tröster	51,12	14,16
Die Gabe des Geistes	59,21	14,26; 15,26; 16,13
Weltweites Heil	43,19; 45,22; 49,12; 56,7-8; 60,3	4,21-24; 10,16
Freiheit von Furcht	41,10; 51,7	14,1
Licht für die Blinden	35,5; 42,7	9,39
Freiheit für die Gebundenen	61,1	8,36
Göttliche Unterweisung	50,4-5	14,10; 17,6-8

rung über das in Bethanien gewirkte unerhörte Zeichen.

Rede über den Welterlöser, 20-36. Dies ist die elfte Rede im Johannes-Evangelium. Anlaß dazu gab die Anfrage „etlicher Griechen", 20. Sie wollten gern Jesus sehen, 21-22. Jesus weist auf die Ausbreitung des Evangeliums über die ganze Welt als Folge seines Todes hin, 23-24, und wird durch eine Stimme vom Himmel bestätigt, 28 (vgl. Matth. 3,17). In Vers 31 wird das Gericht angedeutet, das Jesus Christus (als Träger der Sünden der Welt) am Kreuz an Satan vollziehen wird. Satan, der „Fürst dieser Welt" (das satanische Weltsystem), wird „hinausgeworfen" werden. Damit kündigt Jesus an, die Sünden der Glaubenden würden bei seiner Erhöhung auf Golgatha gerichtet werden, 32. Die Folge ist die Rechtfertigung *all derer,* die dieses Urteil über Satan im Glauben annehmen. Dabei ist die Ausbreitung des Evangeliums in der Heidenwelt eingeschlossen.

Die letzten Worte Jesu, 37-50. Beachte die Hervorhebung der Weissagungen Jesajas in den Zitaten der Verse 38 (Jes. 53,1) und 40-41 (Jes. 6,10).

Kap. 13
Fußwaschung der Jünger

Die Bedeutung der Fußwaschung, 1-20. Die Fußwaschung durch Jesus ist ein Bild dafür, daß der Gläubige, nachdem er ein für allemal durch das Bad der Wiedergeburt gereinigt worden ist, ständige Reinigung (Vergebung der Sünden) nötig hat. „Wer gebadet ist (durch das Bad der Wiedergeburt, völlige Abwaschung), hat nicht nötig, (noch einmal ganz) gewaschen zu werden, ausgenommen die Füße, sondern er ist (aufgrund der Wiedergeburt) ganz rein, und ihr seid rein, aber nicht alle (gemeint ist der nichtwiedergeborene Judas)", 10. Das Bild der Fußwaschung handelt von einem Menschen, der nach einem öffentlichen Bad (wie die Römer es hatten) nach Hause zurückkommt. Unterwegs sind seine Füße wieder schmutzig geworden. Genauso geht es dem Gläubigen; er ist ein für allemal durch das Bad der Wiedergeburt gereinigt (Eph. 5,25-27; Hebr. 10,1-12), muß jedoch seine Sünden bekennen, die er durch seinen täglichen Wandel in einer sündigen Welt auf sich geladen hat (1. Joh. 1,9). Ein Wiedergeborener (hier

Der Herodianische Tempel
nach der Vorstellung eines Künstlers

1 Heiligtum
2 Altar
3 Vorhof der Priester
4 Frauenvorhof
5 „Nikanor" oder das „Schöne Tor"

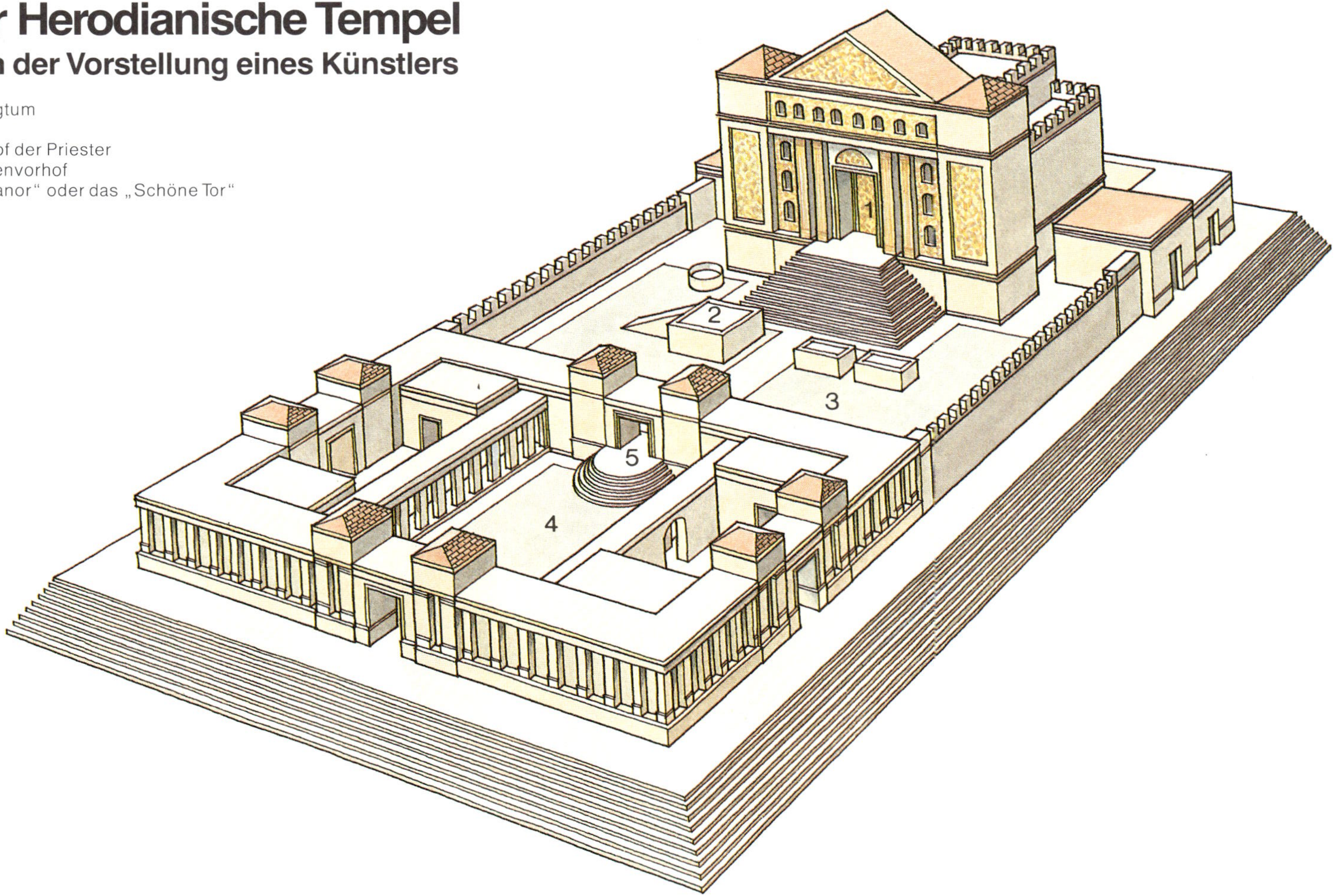

Petrus), 8, der sich wieder beschmutzt hat, kann keine Gemeinschaft mit Jesus Christus haben. Deshalb mußte Petrus sich die Füße waschen lassen, d.h. die Vergebung Jesu annehmen. Der Befehl Jesu, einander die Füße zu waschen, 14, bedeutet, daß die Nachfolger Jesu einander ihre Sünden vergeben sollen, wenn einer am andern gesündigt hat (Matth. 6,12; Eph. 4,32).

Verrat des Judas vorhergesagt, 21-35 (s. Matth. 26,20-25; Mk. 14,17-21; Lk. 22,21-22). Judas hatte nie eine Wiedergeburt erlebt, 10 (vgl. Joh. 6,70-71; 13,27). Er war von teuflischem Ehrgeiz besessen, dem er rückhaltlos frönte. Auf diese Weise geriet er so sehr unter die Gewalt Satans, daß er von Jesus „Teufel" genannt wird (Joh. 6,70). Die Tatsache, daß Jesus ihn als Jünger berief, war ein Beispiel dafür, wie Gott das Böse (bei Judas) zum Guten wendet (der Verrat des Judas bewirkte Jesu Opfertod). Der Name Judas (griech. Form von „Juda") wurde nach der Zeit des Judas Makkabäus (166 v.Chr.) allgemein üblich.

Weissagung der Verleugnung des Petrus, 36-38 (vgl. Matth. 26,33-35; Mk. 14,29-31; Lk. 22,33-34). Der ungestüme und wohlmeinende Petrus mußte lernen, den schweren Weg der Erkenntnis seiner eigenen Unfähigkeit zu gehen. Sein Beispiel ist menschlich ernüchternd und darum hilfreich, weil es zeigt, daß der Mensch in der Nachfolge in der Gefahr steht, sich falsch einzuschätzen.

Kap. 14
Das zweite Kommen Jesu und das Kommen des Geistes

Die Wiederkunft Jesu für die Seinen, 1-6. Dieser Abschnitt handelt von Jesu Reden im Obergemach (Kap. 14-16). Er enthält persönliche Anweisungen Jesu an die Seinen, die er in Kürze verlassen würde. Die Wiederkunft, auf die sich Jesus hier bezieht, ist sein Kommen für die Seinen (1. Thess. 4,13-17; 1. Joh. 3,1-3), nicht seine Wiederkunft in Herrlichkeit mit den Seinen (Matth. 24,29-30). Es war Jesu erste Unterweisung über die himmlische Hoffnung des Gläubigen (vgl. Phil. 3,20-21).

Jesus erklärt seine Göttlichkeit, 7-15. Jesus erklärt sein Einssein mit dem Vater, 7-11, vgl. die zehnte Rede im Johannes-Evangelium über das Einssein mit Gott, dem Vater (Kap. 10,22-38). Dort sprach Jesus öffentlich dieselbe Wahrheit aus: „Ich und der Vater sind eins" (dem Wesen nach, *nicht* aber der Person nach), 10,30. Wer den sichtbaren Sohn sah, sah den unsichtbaren Vater (vgl. 1,18). Die „größeren Werke", 12, sind möglich, weil Jesus im Fleisch an Ort und Zeit gebunden war. Nachdem dann der Geist an Pfingsten ausgegossen war (Apg. 2), kann all das, „was Jesus zu tun und zu lehren begonnen hat" (1,1), durch seine ihm ergebenen Nachfol-

ger weltweit fortgesetzt werden. Auch das neue Versprechen und das Vorrecht des erhörlichen Gebets, 13-15, wird durch die Verheißung von Vers 12 möglich.

Die Verheißung des Geistes, 16-26. Der Paraklet („einer, der zur Hilfe herbeigerufen wird") war der Heilige Geist, auch „ein anderer Tröster" genannt, 16, weil er Jesu Wirken nach dessen Tod, Auferstehung und Himmelfahrt durch seine Jünger weiterführen würde. Er wird auch „Geist der Wahrheit" genannt, 17, weil er die Wahrheit offenbart. Ferner wird vom Heiligen Geist gesagt, daß er *„bei"* den Jüngern und in Zukunft (Pfingsten, Apg. 2) *„in"* ihnen bleiben werde (vgl. Röm. 8,9; 1. Kor. 6,19). Wenn der Heilige Geist kommen würde, würde er die Gegenwart Jesu ersetzen, 18. „An jenem Tag" (Pfingsten) würden die Jünger imstande sein, Jesu Einssein mit dem Vater zu verstehen, weil sie durch den Heiligen Geist zu einer lebendigen Gemeinschaft mit Christus getauft würden, 20. „Ich in euch", war das vorausgesagte Innewohnen des Geistes, 20. „Ihr in mir" war die vorausgesagte Taufe des Geistes (1. Kor. 12,13). Vers 26 weist auf die Lehrtätigkeit des verheißenen Geistes hin.

Die Gabe des Friedens, 27-31 (vgl. Phil. 4,7).

Kap. 15
Einssein mit Christus und Fruchtbringen

Ausharren und Fruchtbringen, 1-17. Die Beziehung des Gläubigen zu Jesus ist hier als Einssein (Stellung) und als Bleiben (Erfahrung) dargestellt. Das Einssein würde durch Tod, Auferstehung, Himmelfahrt Jesu Christi und das Kommen des Geistes ermöglicht werden (Apg. 2), der den Gläubigen in Christus (Röm. 6,3-4) und in seinen Leib, die Gemeinde (1. Kor. 12,13), hineintaufen würde. Der Geist kam an Pfingsten, um diese Tat zu vollbringen (vgl. Apg. 1,5 mit Apg. 11,15-16). Wer nun um diese Stellung des Einsseins mit Jesus weiß und praktisch damit rechnet, erfährt diese Einheit (Röm. 6,1-10). Das Ergebnis ist „Frucht", 2.4; „mehr Frucht", 2; „viel Frucht", 5.8. Als „der wahre Weinstock", 1, war Jesus das wahre Israel, der die Berufung, in der Israel versagt hatte, erfüllte (Jes. 5,1-7; Jer. 2,21; Hes. 19,10-14). Die Reben stellen das neue Gottesvolk, die Gemeinde, dar. Sie ist die durch die Taufe im Heiligen Geist gewirkte neue Einheit mit Christus. Frucht wächst aus dem Bleiben bzw. aus dem Rechnen mit diesem Einssein im Glauben, 5. Sie wird offenbar im Gebet, 7, und im Gehorsam aus Liebe, 9-10. Das führt zur Freude, 11, zur Liebe gegenüber den Gefühlen des Glaubens, 12-14, und zu einer innigeren Vertrautheit mit dem Herrn als seine Freunde und nicht nur als Knechte, 15-17.

Der Gläubige und die Welt, 18-27. Die

Welt wird den, der Jesus treu nachfolgt und Frucht bringt, hassen und verfolgen. Das weist auf das böse, vom Satan beherrschte Weltsystem hin, das von den satanischen Grundsätzen Habgier, Ehrgeiz, Eigensinn und Vergnügen beherrscht wird (Matth. 4,8-9; Joh. 12,31; 14,30; Eph. 2,2; 6,12; 1. Joh. 2,15-17). Satan ist das Haupt, das das ganze System nach seinen Grundsätzen lenkt. Die Welt steht in verbissenem Kampf mit Jesus und all denen, die nach Stellung und Wandel zu ihm gehören.

Kap. 16
Das Werk des verheißenen Geistes

Die Jünger werden auf das Leiden vorbereitet, 1-6. Diese Verse sind mit Kap. 15,18-25 verbunden. Jesus wußte, daß er seine Jünger bald verlassen würde. Deshalb warnte er sie vorsorglich vor den kommenden Gefahren.

Das dreifache Wirken des kommenden Geistes, 7-11. Jesus wies deutlich darauf hin, daß sein Tod und seine Himmelfahrt unabdingbare Voraussetzungen für das Kommen des Heiligen Geistes sein würden, 7. Jesus gab einen Überblick über das Werk des Heiligen Geistes an den Ungeretteten, 8-11: 1. Er würde Sünder von der Sünde überführen, 8, daß sie „nicht an mich glauben", 9, also von der einen verdammungswürdigen Sünde, Jesus als Erlöser abzulehnen. 2. Er würde die Gerechtigkeit Gottes vor Augen stellen, 10. Die Rückkehr des Sohnes zum Vater würde der Beweis dafür sein, daß eine vollkommene Gerechtigkeit für Sünder geschaffen worden war. Diese Gerechtigkeit würde dem Sünder durch den Glauben an Christus zugerechnet. Ohne diese Gerechtigkeit kann kein Mensch vor dem heiligen Gott bestehen. 3. Der Heilige Geist überführt „vom Gericht" Gottes, 11, d.h. der Sünder erkennt, daß die Ablehnung Jesu und seines Werkes auf Golgatha zu ewiger Verdammnis führen wird. Ohne die Gerechtigkeit Jesu Christi erleidet der Sünder dasselbe Urteil wie Satan (Matth. 25,41-46).

Der Heilige Geist als Lehrer, 12-15. Jesus beglaubigt hier im voraus die göttliche Inspiration der ntl. Schriften, 12-13. Das gilt auch für das, „was zukünftig ist". Damit ist die gesamte ntl. Prophetie gemeint (2. Thess. 2, die Offenbarung usw.). Der an Pfingsten ausgegossene Geist würde in alle Wahrheit leiten, d.h. in die völlige Erkenntnis der ntl. Offenbarung und ihre Bedeutung für die heutige Zeit.

Jesus sagt seinen Tod, seine Auferstehung und sein zweites Kommen voraus, 16-33. Dem Gebetsleben der Nachfolger wird eine neue Grundlage gegeben. Jesus fordert auf, in seinem Namen zu beten, 26. Das bedeutet, daß der Gläubige von Gott jederzeit gehört wird. Grundlage dafür ist das von Jesus vollbrachte Werk und die neue Würde und Siegesstellung der Gläubigen im Einssein mit Jesus, dem geliebten Sohn.

Kap. 17
Jesu großes hohepriesterliches Gebet

Die sieben Bitten, 1-26. (1) Daß der Sohn verherrlicht werden möchte, 1. Darin war unsere Erlösung eingeschlossen. Jesus verherrlichte den Vater durch sein Leben und sein vollendetes Werk, das in Vers 4 vorweggenommen wird. Auf diesem Erlösungswerk ruht unser Heil. Jesus hatte die Macht, allen, die der Vater ihm gegeben hatte, ewiges Leben zu geben, 2. Jesus sagt genau, was er unter ewigem Leben versteht, 3. (2) Bitte um Wiederherstellung seiner Herrlichkeit vor der Fleischwerdung im Einssein mit seinem Vater, 5. Diese schloß die Verherrlichung seiner Person mit ein. Er allein konnte der wahre Retter sein. (3) Sicherheit der Seinen vor den Angriffen der Welt, 11, und vor „dem Bösen", 15. Das schließt die Bewahrung des durch den Glauben gerechtfertigten Sünders ein. (4) Heiligung der Gläubigen, 17. Dadurch war ihnen die Gemeinschaft mit Gott und ein erfülltes Leben zur Ehre ihres Herrn sicher. (5) Die geistliche Einheit der Gläubigen, 11.20-21. Sie wurde durch den an Pfingsten ausgegossenen Heiligen Geist verwirklicht (Apg. 1,5; 2,4; 11,15-16), der alle Gläubigen in die lebensnotwendige Gemeinschaft mit Christus (Röm. 6,3-4) und den Mitgläubigen (1. Kor. 12,13) taufen würde. (6) Damit die Welt glaube, 21. Dazu gehörte die Anerkennung der Einheit der Gemeinde in ihrer Verbindung mit Christus und mit allen wiedergeborenen Gläubigen, 20. (7) Daß die Gläubigen einmal mit ihm im Himmel seien, um seine Herrlichkeit zu schauen und daran teilzuhaben, 24. Das bedeutete Gewißheit und garantierte all den Seinen die ewige Seligkeit.

Kap. 18
Der Gottessohn vor seinen Feinden

Die Gefangennahme in Gethsemane, 1-11 (s. Erklg. zu Matth. 26,36-56; Mk. 14,32-50; vgl. Lk. 22,39-53). Im Bericht des Johannes steht nichts von Jesu Todeskampf und seinem blutigen Schweiß. Diese Züge gehören zur Beschreibung seiner Menschlichkeit. Das Evangelium von der Göttlichkeit Christi jedoch beschreibt, was die Synoptiker ausgelassen haben – das flüchtige Aufleuchten der Göttlichkeit des großen „ICH BIN", 5-6 (vgl. 2. Mo. 3,13-14), das die Männer, die ihn gefangennehmen sollten, zu Boden warf. Keine Macht konnte ihm etwas anhaben, *bis seine Stunde gekommen war!*

Verhör vor Hannas und Kajaphas, 12-27 (s. Matth. 26,57-68; Mk. 14,53-65; Lk. 22,66-71). Hannas war von den Römern als Hoherpriester abgesetzt worden (15 n.Chr.); sein Nachfolger wurde Kajaphas, sein Schwiegersohn. Aber Hannas übte noch immer großen Einfluß aus, 12-13. Während des Verhörs wurde Jesus vom

Die Grablegung Jesu

Jüdische Begräbnissitten

Es gibt keinen Anhaltspunkt dafür, daß es bei den Juden den Brauch des Einbalsamierens gegeben hätte. Statt dessen wurde der Leichnam gewaschen (Apg. 9,37) und in bandähnliche Leinentücher (*othonia*, leinene Tücher) eingewickelt, 40 (20,5-7; Lk. 24,12). Hippokrates und Aristophanes gebrauchten das Wort für „Verbände". Dicke Lagen mit wohlriechenden Konservierungsmitteln wurden in die Falten der Tücher gepackt (Matth. 27,59; Lk. 23,53; vgl. Joh. 11,44). Weil der Abend unmittelbar bevorstand, der um 6 Uhr den Sabbatbeginn des hohen Festes einleitete, wählten Joseph und Nikodemus ein in der Nähe befindliches Gartengrab aus, das ersterem gehörte. Eine frühe Überlieferung aus dem Beginn des 4. Jahrhunderts sieht den Ort der Grablegung Jesu direkt unterhalb der Kirche zum Heiligen Grab. Archäologische Ausgrabungen haben jedoch von anderer Seite diese Lage des Grabes nicht bestätigt, außer daß sich diese Stelle außerhalb der Stadtmauer in diesem Gebiet befand. Steinbehälter, die Knochen von Verstorbenen enthielten, wurden in Jerusalem bei Ausgrabungen aus jener Zeit in großer Anzahl gefunden, wenn Grabstätten für neue Bestattungen geräumt werden mußten. Gebräuchliche Namen sind auf hebräisch, aramäisch oder griechisch in die Beinhäuser eingeritzt.

Das Gartengrab

Gordons Schädelstätte und das Gartengrab

Eine andere Stelle, bekannt als das Gartengrab, in der Nähe von Gordons Schädelstätte, macht der Grabeskirche den Rang als Ort des Grabes Jesu streitig. Außerhalb der heutigen Nordmauer gelegen, wurde dieser in den Felsen gehauene Raum ursprünglich durch einen mächtigen Steinblock versiegelt. Es handelt sich hierbei um eine jüdische Grabstätte aus römischer Zeit. Es mangelt jedoch an schriftlichen oder archäologischen

Beweisen, um eindeutig zu zeigen, daß es Jesu Grab war. Die genaue Lage dieser Orte ist heute nicht mehr bekannt, wahrscheinlich durch göttliche Vorsehung, da Gott den tief eingewurzelten Aberglauben des menschlichen Herzens kennt, das dazu neigt, Orte zu verherrlichen, während doch Gott allein Ehre gebührt.

Das Turiner Leichentuch

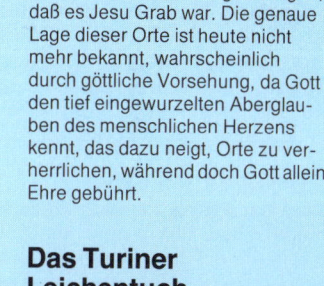

Eine neuere wissenschaftliche Untersuchung des Turiner Grabtuches, das sich im Besitz der Römisch-Katholischen Kirche in Turin befindet, läßt die Möglichkeit zu, daß dies das Leichentuch Jesu sein könnte. Die Einzelheiten des Abdruckes passen recht gut zu geschichtlichen und biblischen Zeugnissen im Blick auf jüdische Bestattungsgebräuche jener Zeit. Die Reaktionen darauf von seiten der protestantischen Kirchen sind unterschiedlich. Auf jeden Fall ist Vorsicht geboten.

Wohnsitz des Hannas zum Palast des Kajaphas gebracht, 24. Letzterer hatte vorausgesagt, daß Jesus für das Volk sterben sollte (11,49-52). Zur Verleugnung des Petrus s. 15-18; 25-27 (vgl. Matth. 26,69-75; Mk. 14,66-72; Lk. 22,54-62).

Verhör vor Pilatus, 28-40 (vgl. Matth. 27,11-14; Mk. 15,1-5; Lk. 23,1-7.13-16). S. Erklg. zur „Passionswoche" und „Jesu Verhöre" in Lukas 23. Jesus sagte Pilatus, daß sein Reich (Ps. 45,4.6; Jes. 9,6-7; Sach. 9,9) nicht von dieser Welt sei, d.h. von diesem satanischen Weltsystem, das von Hochmut, Lust und Krieg beherrscht wird, 36. Wenn das sein Reich wäre, würden seine Knechte kämpfen. Jesus hob das wahre Wesen seines Reiches hervor, das in ausgesprochenem Gegensatz zu Rom und anderen Regierungen in dieser Welt steht.

Kap. 19
Der Gottessohn verurteilt, gekreuzigt, begraben

Pilatus bringt Jesus vor das Volk, 1-15. Auspeitschen war eine unbarmherzige, grausame römische Strafe, die oft zum Tode führte, 1. Die Worte des Pilatus „Sehet, welch ein Mensch", 5, erinnern an Sacharjas Prophezeiung: „Siehe, es ist ein Mann, der heißt *Sproß*" (Sach. 6,12) und an die Worte Johannes des Täufers: „Siehe, das Lamm Gottes, welches die Sünden der Welt hinwegnimmt" (Joh. 1,29). Was für Schande und Spott mußte der Gott-Mensch auf sich nehmen! Da war die Dornenkrone, das Zeichen des Fluches; er, der eines Tages in sein Königreich kommen würde, mußte sie tragen, weil er den Fluch der Sünde auf sich nahm (Off. 19,12). Vers 7 zeigt den verblendeten Unglauben der Juden: „Er hat *sich selbst* zu Gottes Sohn gemacht (vgl. 3. Mo. 24,16). Vers 15 („Wir haben keinen König als den Kaiser") deckt den schrecklichen Abfall des Volkes auf. Das „Steinpflaster" (aramäisch *Gabbatha*), 13, war ein prächtiger, 2500 qm großer Platz, der als Paradegelände für römischen, militärischen Pomp und als Zufahrt zur Gerichtshalle des Statthalters gedacht war. Es befand sich in der Nähe der alten Festung Antonia und gehörte offenbar zum nordwestlichen Teil des Tempelplatzes. Heute wird dieses Steinpflaster unter der Kirche der „Dames de Sion" gezeigt.

Die Kreuzigung, 16-30. S. Erklg. zu „Passionswoche" in Lukas 23 und „Reihenfolge der Geschehnisse bei der Kreuzigung" bei Markus 15. Über das Kreuz wurde, wie es bei gekreuzigten Verbrechern Brauch war, die Anklage geschrieben. Sie war in Hebräisch (Aramäisch), Lateinisch und Griechisch, den drei in Palästina damals üblichen Sprachen, abgefaßt. Pilatus hatte offenbar den Wortlaut der Anklage in den drei Sprachen verschieden gesetzt. Matthäus und Johannes geben offensichtlich die hebräische

Überschrift wieder, Markus die lateinische und Lukas die griechische, 19-20. Das nahtlose Oberkleid (Tunika), 23, ein Bild für Jesu vollkommene Gerechtigkeit, 23, wurde nicht zerrissen, sondern als Ganzes verlost, 24. Damit wurde Psalm 22,19 erfüllt. Jesus liebevolle Fürsorge für seine Mutter, 25-27, wird nur in diesem Evangelium, und zwar überaus feinfühlig, berichtet.

Erfüllung der Schrift, 31-37. Der „große Sabbat" war besonders heilig, weil er aufs Passahfest fiel (2. Mo. 12,16). „Der Rüsttag", 31.42, war der Tag vor dem Sabbat. Inhaltslos gewordene jüdische Bräuche, 31 (vgl. 5. Mo. 21,23), wurden von Gott dazu benutzt, die Weissagung zu erfüllen: „Es soll ihm kein Bein zerbrochen werden", 36 (Ps. 34,21; vgl. 2. Mo. 12,46; 4. Mo. 9,12). Das Schriftwort: „Sie werden den ansehen, welchen sie zerstochen haben", 37 (Sach. 12,10), wurde damals noch nicht erfüllt, sondern wird erst beim zweiten Kommen Jesu in Erfüllung gehen (Off. 1,7). Die Beine eines gekreuzigten Verbrechers wurden gebrochen, um seinen qualvollen Tod, der sich manchmal über Tage hinzog, zu beschleunigen.

Jesu Grablegung in einem Garten, 38-42. Nikodemus, 39, mußte inzwischen zum lebendigen Glauben gekommen sein, und so erscheint er hier (vgl. Joh. 3,1-2; 7,50-52). Die Grablegung Jesu durch diese wohlhabenden Freunde zeigt, daß Jesus tatsächlich tot war.

Blut und Wasser
Jesu Tod war tatsächlich außergewöhnlicher Art. Er ist wohl durch ein Herzversagen, ein „gebrochenes" Herz, herbeigeführt worden. Das Leiden und der Druck, der auf einem sündlosen Menschsein, das zum Sündopfer geworden war, lastete, war zuviel für seinen Körper. So zerriß sein Herz. Das Blut, das sich im Herzbeutel sammelte, löste sich auf in eine Art geronnenes Blut und wässerige Masse, 34.

Kap. 20
Die Auferstehung

Zeugnisse der Auferstehung, 1-29. Dieses unerhörte Ereignis, die größte Tatsache, auf der der christliche Glaube ruht, der Schlußstein des Evangeliums von der Göttlichkeit Christi, wird hier beglaubigt: (1) durch das offene Grab, 1-2. Maria entdeckte es zuerst, 1. Sie kehrte eilends nach Jerusalem zurück, um Simon Petrus und den anderen Jüngern davon zu berichten, 2. Ihre Schlußfolgerung war: „Sie haben den Herrn aus der Gruft genommen", 2. Ihr Beweis: Der mächtige Steinblock, der das aus dem Felsen gehauene Grab verschloß, war weggewälzt worden. (2) Durch die Grabtücher, 4-7. Die beiden Jünger Petrus und Johannes rannten zum Grab und sahen die leinenen Tücher, 6-7. Johannes sah und

Die Auferstehung beglaubigt

Das offene Grab, Joh. 20,1-2
Die aufgefundenen Grabtücher, Joh. 20,3-8

Der Auferstandene offenbart sich
1. Maria Magdalena, Joh. 20,11-18; Mk. 16,9
2. den Frauen, die vom Grab zurückkehrten, Matth. 28,8-10
3. Petrus später am Tag, Lk. 24,34; 1. Kor. 15,5
4. den Emmausjüngern, Lk. 24,13-33
5. den Aposteln (Thomas abwesend), Lk. 24,36-43; Joh. 20,19-24
6. den Aposteln (Thomas anwesend), Joh. 20, 26-29
7. sieben Jüngern am See von Tiberias, Joh. 21,1-23
8. einer Menge von Gläubigen auf einem galiläischen Berg, 1. Kor. 15,6
9. Jakobus, 1. Kor. 15,7
10. den Elfen, Matth. 28,16-20; Mk. 16,14-20; Lk. 24,33-53; Apg. 1,3-12
11. bei der Himmelfahrt, Apg. 1,3-12
12. Paulus, Apg. 9,3-6; 1. Kor. 15,8
13. Stephanus, Apg. 7,55
14. Paulus im Tempel, Apg. 22,17-21; 23,11
15. Johannes auf Patmos, Off. 1,10-19

Durch das im Auftrag des Pilatus versiegelte und bewachte Grab, Matth. 27,62-66
Das Entfernen des Felsblocks durch einen Engel, Matth. 28,1-3
Die Bestürzung der römischen Wächter, Matth. 28,4
Die Botschaft des Engels an die Frauen, Matth. 28,5-6
Der Bericht der Wächter an die Hohenpriester, Matth. 28,11
Die Bestechung der römischen Wächter durch die Hohenpriester, Matth. 28,12-13
Die römischen Wächter verbreiten die Lüge, der Leib Jesu sei gestohlen worden, Matth. 28,15
Die Gewißheit des Todes Jesu, Joh. 19,34-42
Die Gewißheit seiner Grablegung, Mk. 15,42-47

Die Gewißheit, daß sein Leib nicht gestohlen worden war:
1. Wenn seine Feinde das getan hätten (Matth. 28,4-15), hätten sie den Leichnam zur Schau gestellt.
2. Wenn seine Freunde es getan hätten, hätten sie keine Lüge gepredigt und wären auch nicht willig gewesen, dafür zu sterben.

Eine Sinnestäuschung? Wie konnten der zweifelnde Thomas oder die 500 Menschen zur selben Zeit eine Sinnestäuschung gehabt haben?

Eine absichtliche Täuschung? Wie ist dann die wunderbare Verwandlung der Jünger zu erklären, die aus tiefster Verzweiflung zu größter Freude kamen, aus Feiglingen zu mutigen Bekennern wurden, aus schüchternen Jüngern zu mächtigen Zeugen?

Die Bekehrung des Saulus von Tarsus
Das Wunder des christlichen Glaubens: die persönliche Wiedergeburt

glaubte, 8. Überzeugt verließen die beiden Jünger das Grab, 9-10. (3) Durch die Selbst-Offenbarung des Herrn gegenüber Maria Magdalena, 11-18. Durch diese Begegnung mit dem auferstandenen Heiland wurde ihre Trauer und Verzweiflung in Freude verwandelt. Jesus erschien auch den verzagten Jüngern, 19-20, als Thomas abwesend war, 24-25; dann nochmals eine Woche später, als Thomas dabei war. Aber jetzt glaubten die Jünger und freuten sich, 26-29. Der überwundene Zweifel des Thomas ist seitdem die Antwort auf die Ungewißheit jedes ehrlichen Zweiflers.

Zweck des Johannes-Evangeliums, 30-31 (s. „Zweck des vierten Evangeliums" in der Einführung in das Buch). Die berichteten Wundertaten sind sorgsam ausgewählt, mit dem Ziel, 1. zu beweisen, daß Jesus der Messias, der Gott-Mensch, war; 2. ihn als Heiland darzustellen, der Rettung und Leben schafft; 3. die Menschen zum Glauben an Jesus zu führen, damit sie 4. ewiges Leben empfangen möchten.

Dieses Ziel erklärt die Unvollständigkeit, aber auch die inhaltliche Einheit und Geschlossenheit des Buches, seine bildhafte Darstellung, seine Sinnbilder, die Charaktere, die beschrieben werden, sowie die klare und unmißverständliche Darstellung des Messias, des Gottessohnes.

Kap. 21
Nachwort: Anweisungen für den geistlichen Dienst

Erscheinungen nach der Auferstehung, 1-2. Der auferstandene Christus zeigt uns die Bedingungen unseres Dienstes für ihn, 1-2. Das kann nur geschehen, wenn der auferstandene Herr sich den Seinen offenbart. Zu „Meer von Tiberias", 1, s. Erklg. bei Johannes 6,1.

Petrus wird für den geistlichen Dienst unterwiesen, 3-25. Die Worte des Petrus „Ich gehe fischen" erinnern an sein früheres Leben, an selbsterwählten Dienst, an die Zeit, bevor er Jesu

Ruf folgte, seine Netze zu verlassen. Die anderen Jünger, die Petrus in dieser menschlichen, selbstgewählten Führungsrolle folgten, fingen in jener Nacht nichts, 3. Beim Erscheinen Jesu, 4-5, zeigte es sich, daß ihre eigenen Anstrengungen fruchtlos geblieben waren (vgl. Erklg. zu Joh. 15,1-17). Dagegen ist der von Jesus angewiesene Dienst nicht vergeblich, 6-11; er deckt die eigene Unzulänglichkeit auf und führt zur Beschämung über sich selbst, 7, offenbart aber auch die Allgenügsamkeit des auferstandenen Herrn, 12-14 (vgl. Lk. 22,35; Phil. 4,19). Die Liebe zur Person des Auferstandenen, die sich in erster Linie im Gehorsam gegen seinen Willen im Alltag kundtut, 15-17, ist die einzige Voraussetzung für den geistlichen Dienst (2. Kor. 5,14; Off. 2,4-5). Petrus wurde über die Art seiner Liebe zu Jesus geprüft. „Weide meine Schafe" ist ein seelsorgerliches Amt (Hirtenamt), dessen wichtigste Voraussetzung die Liebe zum guten Hirten der Schafe ist.

Es gibt zu denken, daß Christus Petrus dreimal fragte, ob er ihn liebhabe, was an die dreimalige Verleugnung seines Herrn erinnert. Kommentatoren haben auch darauf hingewiesen, daß Johannes in dieser Erzählung im Verlauf des Gespräches von dem Begriff *agápe* (göttliche Liebe) zum Wort *philéo* (brüderliche Liebe) überwechselt, woraus deutlich wird, daß Petrus jetzt erkannte, wie unfähig er zu göttlicher Liebe *(agápe)* ohne die Hilfe Gottes war. Es ist jedoch auch möglich, daß Johannes die verschiedenen Begriffe synonym gebraucht.

Nachdem er ihn auf die Verantwortung als Leiter der Herde Christi hingewiesen hatte, sprach Christus auch davon, daß Petrus am Ende den Märtyrertod erleiden würde. Petrus würde die Gelegenheit bekommen, seine einst stolze und prahlerische Ankündigung, er werde auch bereit sein, für Christus zu sterben (13,37), wahrzumachen. Bis es soweit käme, würde Gott durch seine besondere Führung Petrus zu geistlicher Reife gelangen lassen, 18-19. Jesus sprach dann auch noch von dem Schicksal des Johannes als eines Dieners am Evangelium.

Zeittafel der Apostelgeschichte

Ereignisse	Daten
Himmelfahrt (Kap. 1,9-11)	30 n.Chr.
Pfingsten (Kap. 2,1-41)	30 n.Chr.
Erste Gemeinde (Kap. 2,42 – 6,7)	30 n.Chr.
Erste Verfolgung (Kap. 4,1-31)	31 n.Chr.
Zweite Verfolgung – Märtyrertod des Stephanus (Kap. 6,8 – 8,3)	35-36 n.Chr.
Dienst des Philippus in Samaria und an dem Äthiopier (Kap. 8,5-40)	36 n.Chr.
Bekehrung des Paulus (Kap. 9,1-21)	37 n.Chr.
Paulus in Damaskus, Jerusalem und Tarsus (Kap. 9,22-30)	38 n.Chr.
Petrus in Cäsarea (Kap. 10,1 – 11,18)	41 n.Chr.
Gründung der Heidenchristengemeinde in Antiochien (Kap. 11,19-24)	41 n.Chr.
Paulus in Antiochien (Kap. 11,25-26)	43 n.Chr.
Märtyrertod des Jakobus; Petrus im Gefängnis (Kap. 12,1-19)	44 n.Chr.
Erste Missionsreise (Kap. 13,1 – 14,28)	45-47 n.Chr.
Apostelkonzil in Jerusalem (Kap. 15,1-29)	50 n.Chr.
Zweite Missionsreise (Kap. 15,36 – 18,22)	51-54 n.Chr.
Dritte Missionsreise (Kap. 18,23 – 21,19)	54-58 n.Chr.
Paulus in Jerusalem gefangengenommen (Kap. 21,27 – 23,22)	58 n.Chr.
Paulus, Gefangener in Cäsarea (Kap. 23,23 – 26,32)	58-60 n.Chr.
Reise des Apostels Paulus nach Rom (Kap. 27,1 – 28,31)	60-61 n.Chr.

Die Apostelgeschichte

Das Evangelium bis an die Enden der Erde

Der Verfasser. Der Verfasser der Apostelgeschichte ist derselbe wie der des Lukas-Evangeliums. Das geht aus Lukas 1,3-4 und Apostelgeschichte 1,1 hervor. „Der erste Bericht", an Theophilus gerichtet (Lk. 1,3; Apg. 1,1), ist das dritte Evangelium. Beweise, die aus dem Text hervorgehen, vor allem die „Wir"-Berichte der Apostelgeschichte (16,10-17; 20,5 – 21,18; 27,1 – 28,16) bestätigen, daß Lukas der Verfasser ist. Lukas war Arzt (Kol. 4,14) und wahrscheinlich ein Heiden-Christ, da sein Name im Kolosserbrief bei der Erwähnung derjenigen aus der Beschneidung nicht vorkommt, sondern erst einige Verse später erscheint (vgl. Kol. 4,11). Als Wiedergeborener aus den Heiden schrieb er durch den heidnischen Gönner, Theophilus, an Heiden und berichtet von der Ausbreitung des Evangeliums vor allem unter den Heiden.

Datierung. Dieses Buch wurde wahrscheinlich um 63 n.Chr. geschrieben, da es mit der zweijährigen Gefangenschaft des Paulus in Rom (28,30) abschließt. Da Lukas dem Verhör des Paulus und dessen Berufung auf den Kaiser so viel Platz einräumt, ist es sehr unwahrscheinlich, daß das Buch später geschrieben worden wäre, ohne daß der Verfasser auf den Ausgang der Verhandlung des Apostels Bezug genommen hätte.

Zweck und Inhalt. Das „Buch der Taten", seit ungefähr Mitte des 2. Jh. n.Chr. „Taten der Apostel" bzw. „Apostelgeschichte" genannt, überbrückt die Zeit zwischen den vier Evangelien und den späteren Briefen. Wenn man sich mit der Geschichte der Entstehung des Christentums befaßt, ist es die natürliche Fortsetzung der Evangelien und gleichzeitig eine unentbehrliche Einführung in den Dienst des Apostels Paulus und seine Briefe.

Das Buch zeigt erstens die Ausbreitung des Christentums in Jerusalem und ganz Judäa und Samaria und bis an das Ende der Erde (1,8). Dieser Auftrag des auferstandenen Herrn wurde bereits im Lukas-Evangelium angedeutet (Lk. 24,47-49). Hier wird er nochmals beschrieben und seine Ausführung auf das Kommen des Heiligen Geistes zurückgeführt.

Das Buch zeigt zweitens, wie die Taten des auferstandenen Herrn durch den Heiligen Geist fortgeführt werden. „Im früheren Bericht" (dem Lukas-Evangelium) sagt Lukas, daß er „alles, was Jesus zu tun und lehren begonnen hat", behandelt habe (Apg. 1,1). In der Apostelgeschichte beschreibt er, was Jesus *fortfuhr* zu tun und zu lehren durch seinen Leib, die Gemeinde, die an Pfingsten ins Leben gerufen wurde (Apg. 2) und in der der Heilige Geist wohnt. Dieses Handeln des auferstandenen Christus im Himmel durch den Heiligen Geist auf Erden müßte statt der „Taten der Apostel", die ja nur menschliche Werkzeuge waren, eher die Überschrift die „Taten des auferstandenen Christus" oder die „Taten des Heiligen Geistes" tragen. Die Wahrheit, daß der verherrlichte Christus durch die vom Heiligen Geist erfüllten Gläubigen auf Erden wirkt, wird in ihrer geschichtlichen Auswirkung in der Apostelgeschichte beschrieben und kommt dann weiter in der Lehre der paulinischen Briefe zum Ausdruck. Außer den menschlichen Werkzeugen sind in der Apostelgeschichte noch zwei übernatürliche Wesen am Werk: Jesus Christus im Himmel und der Heilige Geist auf Erden. Außerdem ist noch Satan da, stets eifrig bemüht, das Werk Gottes zu hindern und zu durchkreuzen.

Überblick

Von Jerusalem nach ganz Judäa, Kap. 1-7
Nach Samaria, Kap. 8
Zu den Heiden, Kap. 9-12
Bis ans Ende der Erde, Kap. 13-28

Paulus reiste oft durch wild zerklüftetes Gebiet wie hier in Kleinasien.

Die Apostel- geschichte

Kap. 1
Die vierzig Tage

Unterweisung nach der Auferstehung, 1-8. Zur Einführung des Lukas, 1-2, s. Anmerkungen über den Verfasser und die Datierung der Apostelgeschichte. In den Versen 3-8 bringt Lukas eine kurze Zusammenfassung des 40tägigen Wirkens unseres Herrn nach der Auferstehung. Es ist die Zeit, da er mit den Seinen über das Reich Gottes redete, 3. Diese Unterweisung hatte „die Verheißung des Vaters" zum Mittelpunkt, d.h. die Gabe und das Kommen des Geistes, 4. Das wurde an Pfingsten verwirklicht (Apg. 2). Daraufhin erwähnte unser Herr das einzigartige Wirken des verheißenen Geistes, welches das neue Zeitalter prägen würde, 5, die Taufe im Heiligen Geist, durch welche er die Gemeinde, den Leib Christi auf Erden, bald ins Leben rufen würde (Röm. 6,3-4; 1. Kor. 12,13; s. Erklg. zu Apg. 2). Johannes der Täufer hatte diese Taufe im Heiligen Geist vorausgesagt (Matth. 3,11). Der Grund, weshalb Jesus keinen Bezug auf die Taufe mit Feuer nahm, die Johannes auch vorausgesagt hatte, war der, daß diese Taufe mit dem Gericht bei seinem zweiten Kommen in Verbindung steht (Matth. 3,12). Die Frage nach der Wiederherstellung der Königsherrschaft für Israel, 6 (vgl. Vers 3), war für einen Juden natürlich, da Jesus in seiner Unterweisung über das neue Zeitalter sich offenbar mit dieser Wahrheit nicht befaßt hatte (vgl. Erklg. zu Matth. 3,1-12; 4,12-25; 13). Weit davon entfernt, die Wiederherstellung der Königsherrschaft in Israel zu bestreiten, wiederholte unser Herr nochmals, daß die Zeit dafür immer noch nicht gekommen und Gottes Geheimnis sei (Matth. 24,36.42-44; 1. Thess. 5,1-3; vgl. Matth. 25,13 mit Mk. 13,32).

Himmelfahrt und verheißene Wiederkunft, 9-11. Jesu Himmelfahrt, 9, war der krönende Abschluß seines Todes und seiner Auferstehung; sie war aber auch ein Vorzeichen für seine zweite Wiederkunft, 10-11. Jedes dieser Ereignisse ist ein unzerbrechliches Glied in einer unzertrennbaren Kette von Geschehnissen. Die „Wolke", die ihn aufnahm, 9, war offenbar die Wolke der „Schechina"-Herrlichkeit, die so oft im AT zu sehen war und auch bei Jesu Wiederkunft wieder zu sehen sein wird (Matth. 26,64; Off. 1,7).

Das zehntägige Warten auf den Geist, 12-14. Die Jünger warteten und beteten. Der Heilige Geist kam zur verheißenen Zeit, um den göttlichen Plan zu erfüllen.

Wahl des Matthias, 15-25. Diese Wahl darf nicht als eine Fehlentscheidung angesehen werden. Viele sind nämlich der Meinung, Paulus sei der rechtmäßige zwölfte Apostel. Die Zwölf hatten den Auftrag, ihr Zeugnis an das gesamte jüdische Volk auszurichten. Erst als Israel dieses durch den Tod des Stephanus endgültig abgelehnt hatte (Apg. 7), wurde Paulus durch direkte göttliche Offenbarung zum Apostel für die Heiden auserwählt (1. Kor. 15,5-8).

Kap. 2
Die Ausgießung des Geistes – Geburtsstunde der Gemeinde

Die Ausgießung des Geistes, 1-13. Dieses Kapitel ist von ausschlaggebender Bedeutung, weil es einen neuen Zeitabschnitt einleitet. Pfingsten bedeutet (1) das Kommen des Geistes (Joh. 16,7-8.13), (2) die Austeilung und den Empfang der Gabe des Heiligen Geistes (Joh. 14,16; Apg. 2,38-39), (3) das Ausgießen des Geistes (Apg. 10,45). Es schloß alle seine Funktionen für dieses Zeitalter ein: a) er führt den Gläubigen zur Wiedergeburt; b) er tauft ihn in die Gemeinde, d.h. in den Leib Jesu (Apg. 1,5; 11,16; 1. Kor. 12,13) und gleichzeitig in Christus als den persönlichen Herrn, das Haupt des Leibes (Röm. 6,3-4); c) er wohnt in dem Gläubigen (Joh. 14,17); d) versiegelt ihn (Eph. 4,30) und e) erfüllt ihn (Apg. 2,4; Eph. 5,18). (4) Pfingsten ist also der Anfang der Gemeinde Jesu, weil an diesem Tag zum ersten Mal in der Geschichte Menschen in den Heiligen Geist hineingetauft wurden. Allein dadurch konnte die Gemeinde Jesu entstehen (Apg. 5,14; 1. Kor. 12,13). (5) Juden und jüdische Proselyten (Apg. 2,5) erhielten so die Möglichkeit, das Evangelium zu hören. (6) Petrus benutzte bei dieser Gelegenheit erstmals „die Schlüssel des Himmelreichs", d.h. 3000 Menschen wurden wiedergeboren (Apg. 2,14; vgl. Erklg. zu Matth. 16,13-19). (7) Pfingsten war eine vorläufige Erfüllung der in Joel 3,1-5 vorhergesagten Ausgießung des Heiligen Geistes (Apg. 2,16-18). Die endgültige Erfüllung der von dem Propheten Joel vorausgesagten Ausgießung des Heiligen Geistes bezieht sich auf das wiederhergestellte Israel im Tausendjährigen Reich. (8) Pfingsten war der Beginn der weltweiten Verkündigung des Evangeliums von der Gnade Gottes an alle Völker und Rassen. Dies wird durch das Sprachenwunder (Apg. 2,4–11) veranschaulicht, das eine Vorschattung für die Erfüllung des Missionsbefehls im neuen Zeitalter darstellt (1,8) (s. Erklg. zu Apg. 8; 10; 11,1–18; 19,1–7).

Die Folgen der Geistesausgießung, 14–47. Der Empfang des Heiligen Geistes hatte für die neu entstandene Gemeinde weitreichende Folgen. Er war die Kraftquelle für die gewaltige Predigt des Petrus, in der er Jesus als Herrn und Messias vorstellte, 14–36. Dreitausend Menschen bekehrten sich und erhielten die Segnungen des Geistes, 37–41. Vollmacht, Gemeinschaft untereinander und stetiges Wachstum waren die Folgen bei der neu entstandenen Gemeinde der Gläubigen, 42–47.

Kap. 3–4
Das erste Wunder und seine Folgen

Heilung des Gelähmten, 3,1–11. Dieses Wunder war wie die Predigt des Petrus für das ungläubige jüdische Volk ein weiteres Zeugnis für die Herrschaft und Messianität dessen, den sie gekreuzigt hatten (2,14–36). Es bezeugte die Tatsache, daß der Gekreuzigte auferstanden und zur Herrlichkeit aufgefahren war und daß seine Allmacht durch seinen Namen in der sofortigen Heilung des Gelähmten offenbar geworden war (3,12–16).

Zweite Predigt des Petrus, 3,12–26. Seine Worte waren an das Volk Israel gerichtet. Das Volk wurde zur Buße aufgerufen, 19, weil es den Fürsten (Urheber) des Lebens getötet hatte, 15. Buße hätte die nationale Befreiung, „Zeiten der Erquickung", 20 (vgl. Joel 3,1–5), und „die Wiederherstellung alles dessen, wovon Gott durch den Mund seiner heiligen Propheten von alters her geredet hat", zur Folge gehabt, 21, d.h. die Wiederherstellung der Königsherrschaft für Israel, worauf Apostelgeschichte 1,6 und die ganze atl. Prophetie hinweist. Die offizielle Reaktion des Volkes war völlige Unbußfertigkeit (Kap. 4), so daß „die Himmel" Israels kommenden Erlöser „aufnehmen" müssen, bis dieses gegenwärtige Zeitalter abgeschlossen ist, 21. Die Auswirkung des Nicht-Hörens auf den Propheten Jesus Christus (5. Mo. 18,15–18) würde die vollständige Vertilgung sein, 22–23, die dann auch im Jahre 70 n.Chr. erfolgte, als die Römer den größten Teil des Volkes ausrotteten.

Die Folgen der Heilung, 4,1–37. Das Volk lehnte die Botschaft des Wunders und den Aufruf des Petrus ab, nahm die Apostel gefangen, 1–3, und verbot ihnen, im Namen Jesu zu lehren, 17–21. Die Rede des Petrus vor dem Hohen Rat, 5–12, zeigte keine Spur von Furcht und gipfelte in einem Zitat, 11, aus Psalm 118,22 und einem Aufruf, sich erretten zu lassen, der abgelehnt wurde. Die geistliche Blütezeit der Gemeinde von Jerusalem beweisen die Verse 23–37.

Der heutige Tempelbezirk

Kap. 5
Gemeindezucht und Verfolgung

Die Sünde Ananias' und Saphiras, 1–11. Wie Simson und Saul begingen Ananias und Saphira die „Sünde zum (leiblichen) Tode" (1. Kor. 5,1–5; 1. Joh. 5,16; vgl. 1. Kor. 11,30). Es war ein direktes Nachgeben gegenüber Satan, weil sie den Heiligen Geist belogen und versucht hatten, 3, der so gewaltig unter ihnen wirkte, indem er dem jüdischen Volk Zeugnis von der Macht des gekreuzigten und auferstandenen Christus gab, 9. Petrus war Gottes Werkzeug bei der Züchtigung (vgl. Matth. 16,19; 18,18).

Machtvolles Zeugnis vor dem jüdischen Volk, 12–42. Der Ort, Salomos Halle im Tempel, war berühmt, 12. Die Folgen waren für das Volk deutlich sichtbar so und unglaublich und wunderbar, daß sogar der Schatten des Petrus Heilung bewirkte, 15. Jesu Werke wurden von den Aposteln durch die Kraft des Heiligen Geistes fortgesetzt (1,1). Sie sollten dem Volk Israel eine letzte Gelegenheit zur Buße geben und geschahen mit dem Ziel, das Evangelium von dem gekreuzigten und auferstandenen Christus Israel und später den ersten Bekehrten aus den Heiden glaubwürdig zu machen. Als diese Ziele erfüllt waren, wurden die Wunder und Zeichengaben seltener, vielleicht deshalb, weil nun eine schriftliche Offenbarung bestand, welche Gegenstand des Glaubens war. Die Ablehnung der Juden wird in der zweiten Verfolgung der Jünger sichtbar, 17–40. Gamaliel war ein wohlbekannter Rabbiner, 34–39. Theudas, 36, wird von Josephus erwähnt (Ant. XX.5.1). Judas, 37, machte im Jahre 6 n.Chr. einen Aufstand.

Kap. 6
Die ersten Diakone

Wahl der Sieben, 1-7. Die Hellenisten (Griechen), 1, waren Juden, die die griechische Sprache und Sitten angenommen hatten. Die Hebräer hielten sich an aramäische und jüdische Bräuche. „Bei den Tischen zu dienen", 2, schloß Opfer an Zeit und Geld ein. „Gebet und Dienst des Wortes", 4, sind immer die wichtigsten Aufgaben für einen Pastor, Ältesten oder Bischof. Die Pflicht eines Diakons bestand darin, dafür zu sorgen, daß diese Aufgaben nicht durch andere wichtige Arbeiten (die nun der Diakon verrichtete) beeinträchtigt wurden. Ein Proselyt, 5, war ein zum Judentum bekehrter Heide. Das zahlenmäßige Wachstum der Gemeinde in Jerusalem, 7, wird bezeugt. Das Handauflegen, 6, bedeutet, daß die Apostel und die Gemeinde sich mit dem besonderen Dienst der ausgewählten Diakone identifizierten (vgl. 3. Mo. 3,2). Zugleich war dieser Akt auch ein Zuspruch göttlichen Segens.

Dienst und Gefangennahme des Stephanus, 8-15. Das geisterfüllte, durch Zeichen bestätigte Zeugnis des Stephanus an die Führer des Volkes wurde zurückgewiesen. Damit hatten die Juden das Zeugnis des dreieinigen Gottes – Gott der Vater im AT, Gott der Sohn in den Evangelien und nun Gott der Geist in der machtvollen Aufforderung durch Stephanus – endgültig abgelehnt. Die Libertiner, eigentlich „Freigelassene", 9, waren Juden, die römische Sklaven gewesen waren, jedoch später freigelassen wurden. Diese Feststellung bezieht sich anscheinend auf eine Synagoge in Jerusalem, die von Juden aus verschiedenen Ländern der Zerstreuung besucht wurde – Kyrene in Nordafrika, westlich von Ägypten; Alexandrien in Ägypten; Zilizien, nordwestlich von Syrien und der durch Statthalter verwalteten römischen Provinz Asia.

Kap. 7
Märtyrertod des Stephanus

Predigt des Stephanus, 1-53. Er war das auserwählte Werkzeug, um das letzte Zeugnis von Jesus Christus an das jüdische Volk auszurichten. Er, der Angeklagte, wurde zum Ankläger. Er, der vom Volk Verurteilte, wurde zum Richter des Volkes. In seiner Verteidigungsrede zitierte er Abrahams Geschichte bis Isaak und Jakob, 2-8; Josephs Geschichte, 9-16; die Ablehnung Moses und die Befreiung des Volkes, 17-38; Israels Abfall, 39-50. Es folgt die Anklage seiner Richter und der Urteilsspruch über das Volk, 51-53.

Märtyrertod des Stephanus, 54-60. Der erste Märtyrer war seinem Herrn erstaunlich ähnlich. Er war vom Geist erfüllt und tat „große Wunder und Zeichen unter dem Volk" (6,8). Wie Jesus wurde er angeklagt, gegen Mose, das

Das Stephanustor in Jerusalem

Gesetz und den Tempel geredet zu haben (6,13-14) und wurde als Gotteslästerer zum Tode verurteilt, 57. Wie Jesus wurde er vor den Hohen Rat gebracht und stand vor falschen Anklägern (6,11-14). Er bezeugte die Wahrheit des Bekenntnisses unseres Herrn, daß er zur Rechten Gottes sitzen werde, 55-56, indem er ihn dort sah. Wie Jesus betete er um Vergebung für seine Feinde und daß der Herr seinen Geist aufnehmen möge, 59-60. Der erste Märtyrer wurde durch den Heiligen Geist in eine wunderbare Ähnlichkeit mit Christus verwandelt (2. Kor. 3,18). Drei Offenbarungen des erhöhten Herrn werden berichtet: an Stephanus (7,55-56); an Paulus (9,3-6; vgl. Kap. 7,58 mit Kap. 8,1); und an Johannes (Off. 1,10.12-16).

Kap. 8
Die Samariter hören die frohe Botschaft

Philippus' Wirken in Samaria, 1-25. Gelegenheit dazu bot die Verfolgung, 1-3; die Auswirkung war, daß das Evangelium zu nicht-jüdischen Völkern kam (1,8). Das von Wundern begleitete Wirken des Philippus in Samaria, 4-13, machte die Samariter zur Annahme des Evangeliums und der Gabe des Heiligen Geistes bereit, 14-25. Die Reise des Petrus nach Samaria war von ausschlaggebender Bedeutung. Er war gekommen, um für die gläubigen Jünger zu beten und ihnen die Hand aufzulegen, damit sie den Heiligen Geist empfingen, 15-17. Dadurch fand das Evangelium bei einem anderen Volk Einlaß (wie bei den Juden an Pfingsten), und der Heilige Geist kam zum erstenmal auf Nichtjuden. Daher war die Anwesenheit des Petrus notwendig, denn ihm allein waren die „Schlüssel des Himmelreichs" anvertraut worden (Matth. 16,19). Wie er den Juden das Evangelium gebracht hatte (21,4) und den Heiden (10,34), so erschloß er es auch den rassisch und religiös vermischten Samaritern, die eine Brücke zu den Heiden bildeten. Die Ausgießung des Geistes auf die gläubigen Samariter stellte keine Wiedergeburt dar, sondern kennzeichnete den erstmaligen Empfang des Heiligen Geistes durch die Samariter als einer Völkergruppe. Ehe der Heilige Geist an Pfingsten den Juden, den Samaritern (Kap. 8) und den Heiden in Cäsarea (Kap. 10) gegeben wurde, genoß kein wiedergeborener Gläubiger das „so große Heil" in dem Sinn, wie es heute von jedem wiedergeborenen Christen erfahren wird, nämlich (neben der Wiedergeburt) die Taufe durch den Geist in Christus hinein (Röm. 6,3-4), die Versiegelung (Eph. 4,30) und das bleibende Innewohnen (1. Kor. 6,19-20) mit dem Vorrecht fortwährender Erfüllung (Eph. 5,18).

Simon der Magier, 18-24. Die Geschichte vom Magier Simon kann zu allen Zeiten denen eine Lehre sein, die aus den Geistesgaben Gottes für sich ein Geschäft machen möchten, in der Hoffnung, daraus persönlichen Nutzen zu ziehen. Diejenigen, die „nicht aufrichtig vor Gott sind", haben „keinen Anteil noch Erbe" an den Gaben Gottes.

Der äthiopische Kämmerer, 26-40. „Kandace", 27, war ein Titel der Königinnen von Nubien, dem Land am Nil, das vom ersten Katarakt bis in die Umgebung von Khartum reichte. Ein Eunuch (kastrierter Mann) war nach dem mosaischen Gesetz ernsthaften religiösen Benachteiligungen ausgesetzt (5. Mo. 23,1; vgl. 3. Mo. 22,23-25). Die Bekehrung des Eunuchen versinnbildlicht die Ausbreitung des befreienden Evangeliums zu solchen Menschen, die rassisch und religiös mit den Juden und ihrer Religion verbunden sind (wie die Samariter) und zu solchen, die nur eine religiöse Beziehung zu den Juden haben (wie der Eunuch). Er war anscheinend ein Proselyt, ein Heide, der zum Judentum übergetreten war. Die in Christus angebotene Gnade durchbrach nun alle rassischen und religiösen Schranken und schenkte Menschen das volle Heil, die – mochten sie auch eine hohe Stel-

Römischer Säulengang (Kolonnade) in Samaria

lung haben – von der Gemeinde des Volkes durch das Gesetz Moses ausgeschlossen gewesen waren.

Kap. 9
Bekehrung des Heiden-Apostels

Die Bekehrung des Saulus, 1-19. Während Kapitel 1-8 der Apostelgeschichte die Ausbreitung des Evangeliums von Jerusalem nach „ganz Judäa und Samaria" darstellt (1,8), handelt der Rest (Kap. 9-28) von der Zubereitung des großen Evangelisten für die Heiden (Kap. 9); dem offiziellen Eingang des Evangeliums bei den Heiden (Kap. 10-11) und seiner Ausbreitung „bis ans Ende der Erde" (Kap. 12-28). Es ist bezeichnend, daß die Bekehrung des Saulus von Tarsus unmittelbar nach dem offiziellen Eingang des Evangeliums bei den Juden und Samaritern und unmittelbar vor dem Bericht über den Eingang der Gnadenbotschaft von Jesus Christus bei den Heiden berichtet wird. Saulus sah den auferstandenen und erhöhten Herrn, 1-8, was grundlegend für sein späteres Apostelamt war; wurde mit dem Geist erfüllt, 17; getauft, um sein Einssein mit Christus (vgl. Röm. 6,4-5) und seiner Gemeinde zu bezeugen, 18-19.

Damaskus und der Beginn der Wirksamkeit des Saulus, 20-25. Saulus' furchtloses Predigen löste eine Verfolgung durch die Juden aus, 22-24. Er wurde in Damaskus in einem Korb über die Mauer hinabgelassen, 25. Damaskus war eine der freien Städte der Dekapolis, könnte damals aber unter der Herrschaft der Nabatäer

Ein Haus, das auf der alten Stadtmauer von Damaskus erbaut ist

gestanden haben, da zu jener Zeit der „Landpfleger des Königs Aretas die Stadt bewachte" (2. Kor. 11,32). Der Volksfürst Aretas IV. (9 v.Chr. bis 40 n.Chr.) wartete wahrscheinlich außerhalb der Stadt und hoffte, Saulus zu fassen, wenn er herauskäme.

Saulus kehrt nach Tarsus zurück, 26-31. Zuvor besuchte er jedoch Jerusalem, 26-29. Bitterer Haß und Verfolgung, 29, machten die Rückkehr in seine Vaterstadt Tarsus über Cäsarea (Provinzhauptstadt und wichtigster Seehafen von Judäa) notwendig. Tarsus lag in Zilizien in Südwest-Kleinasien, gegenüber von Seleucia, dem Hafen Antiochiens auf der anderen Seite des Golfs von Issus. Sie war eine bedeutende Freistadt und ein Handelszentrum.

Petrus wird für die Evangelisation der Heiden vorbereitet, 32-43. Petrus heilte den gelähmten Äneas in Lydda (heutiges Lod, 17,5 km südöstlich von Joppe), 32-35. In Joppe erweckte er Tabitha (Dorkas) von den Toten und wohnte bei „einem gewissen Simon, einem Gerber", 36-43. Das jüdische Gesetz betrachtete einen Gerber als einen Ausgestoßenen und seine Arbeit als unrein. Joppe war streng jüdisch, dazu ein Zentrum der Pharisäer und deshalb der passende Ort für die Offenbarung von Reinem und Unreinem an Petrus als unerläßlicher Voraussetzung für seinen Auftrag an die Heiden, 9,43-10,33.

Kap. 10
Die Heiden nehmen das Evangelium an

Kornelius und Petrus, 1-33. Das Geschehen im Hause des Kornelius, 1-8, zeigt, daß die Gabe des Heiligen Geistes auch für die Heiden da war. Kornelius, obwohl fromm und gottesfürchtig, war bisher ausgeschlossen gewesen von dem allgemeinen Heil des neuen Zeitalters, das Pfingsten angebrochen war (11,14). Die große Vision des Petrus, die sein ganzes Denken und Leben veränderte, 9-16, war ein Sinnbild für die göttliche Wahrheit, daß die Heiden, die als unrein und in religiöser Hinsicht als „Hunde" (Matth. 15,24-27) galten – durch die verschiedenen unreinen Tiere sinnbildlich dargestellt – und daher von den geistlichen Vorrechten des Gottesvolkes ausgeschlossen gewesen waren, die „gleiche Gabe" empfangen sollten, die Gott an Pfingsten den Juden gegeben hatte (11,17; s. Erklg. zu Kap. 2 und 8).

Petrus benützt die Schlüssel zum letzten Mal, 34-48. Zum letzten Mal wird berichtet, daß Petrus die Schlüssel des Himmelreichs benutzte (Matth. 16,19). Er war es, der die entscheidende Predigt hielt, 34-44 (vgl. 2,14; 8,14), durch die das Evangelium und die Gabe des Heiligen Geistes den Heiden zugänglich gemacht wurde. Damit hatte er die Norm für das neue

Cäsarea

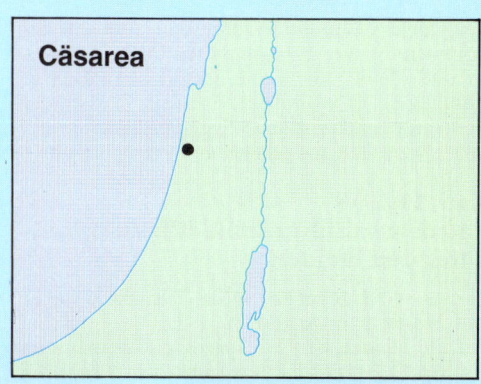

Cäsarea

Das Römische Theater in Cäsarea

Durchgang zum Orchesterraum des Theaters von Cäsarea

Diese prachtvolle Hauptstadt der römischen Regierung in Judäa wurde von Herodes dem Großen erbaut (25-13 v.Chr.). Er weihte die Stadt Kaiser Augustus im Jahre 12 v.Chr., indem er zu Ehren des Kaisers den alten Namen „Straton's Turm" in „Cäsarea" umänderte. Durch seinen gut ausgebauten Hafen bekam Cäsarea freien Zugang zu allen Teilen der römischen Welt. Ein mächtiger Hafendamm, 61 m breit und 37 m tief, wurde errichtet. Heute noch sind Überreste davon zu sehen. 1960 wurde der Hafen von der „Link-Expedition" erforscht. Damit wurde ein Kapitel in der Unterwasser-Archäologie (Aquäologie) eröffnet. Eine Münze, die den Hafen mit zwei einfahrenden Schiffen darstellt, enthält die Buchstaben KA, anscheinend eine Abkürzung für Cäsarea.

Eingang zum Römischen Theater in Cäsarea

Abbildung eines römischen Weizenschiffes von Nordafrika auf einer Münze des Kaisers Commodus

Die Stadt hatte schöne gräkoromanische Gebäude, ein Forum, ein Stadion und ein Amphitheater. Letzteres wurde durch Luftaufnahmen von israelischen Archäologen entdeckt. Es war mit seinen 91 m x 61 m größer als das Kolosseum in Rom. Hier wurden blutige Gladiatoren-Wettkämpfe ausgetragen, als Herodes die Stadt im Jahre 10 v.Chr. einweihte. Gräkoromanische Kultur und Bräuche hatten gerade an diesem Ort Palästinas ihr Zentrum.

Zeitalter der Gemeinde aufgestellt. Mit den Ereignissen der Verse 44-48 hatten Juden, Samariter und Heiden die Gabe des Heiligen Geistes empfangen. Er wohnt jetzt im Leib Christi, der Gemeinde, und wird zum Segen für einen jeden, der an Jesus Christus als seinen Heiland glaubt.

Kap. 11,1-18
Petrus verteidigt seine Wirksamkeit unter den Heiden

Petrus wird gerufen, seine Tätigkeit unter den Heiden zu erklären, 1-3. Die Tatsache, daß die Heiden den Heiligen Geist empfangen und am Segen des Evangeliums Anteil erhalten hatten, bedurfte einer Erklärung. Die Partei derer, die für die Beschneidung eintrat, 2, bildeten die konservativen Gläubigen, nachdem Heiden zum Glauben an Jesus Christus gekommen waren (15,1-5; 21,21).

Die Erklärung des Petrus, 4-18. Er erzählte von seinen Erfahrungen in Joppe und Cäsarea, 4-14 (vgl. 10,1-33). Seine Erläuterungen gegenüber seinen Brüdern in Jerusalem, 15-18, bezogen sich auf folgende Tatsachen: (1) Kornelius und seiner Familie wurde als ersten Vertretern der Heiden Rettung zuteil, 14. (2) Der Heilige Geist kam auf die Heiden gleichwie an Pfingsten auf die Juden, 15. Dabei wies Petrus auf das mächtige Erfülltwerden hin (2,4), welches die erstmalige Ausgießung des Geistes an Pfingsten über die jüdischen Gläubigen, die Samariter (8,17) und Heiden (10,44) kennzeichnete (vgl. den Ausdruck „ausgegossene" Gabe, 2,17;

10,45). (3) Die Taufe im Heiligen Geist, 16, war für Petrus ursprünglich mit Pfingsten verbunden, wie ein Vergleich mit Kapitel 1,5 und auch mit den Ereignissen von Kapitel 10 zeigt. Dies beweist, daß die Gemeinde an Pfingsten entstand, da sie durch diese „eine (geistliche) Taufe" gebildet wurde, wie es 1. Korinther 12,13; Römer 6,3-4; Galater 3,26-28 zeigen. (4) Petrus sagte, daß die Gabe des Geistes, die den Heiden geschenkt wurde, „dieselbe" war, d.h. identisch mit der Gabe, die Israel erstmals in Kapitel 2 erhielt. Diese schloß übernatürliche Sprachen mit ein (2,4; 10,46; 19,6).

Kap. 11,19-30
Die Gemeinde in Antiochien

Die Jünger werden Christen genannt, 19-26. Das Evangelium wurde in Antiochien am Orontes (in Syrien), 19-20, zum erstenmal Nichtjuden verkündigt. Viele Heiden wurden bekehrt, 21, nachdem sie von dem im Evangelium angebotenen Heil gehört hatten (s. Erklg. zu Kap. 10). Barnabas (4,36) war von Cypern, und viele Cyprier wohnten in Antiochien, 20. Er brachte Saulus von Tarsus herüber, 25-26 (s. Erklg. zu 9,26-31). Die Gläubigen in Antiochien wurden erstmals „Christen" genannt, 26. Der Ausdruck „christiani" (Anhänger von Christus) war wahrscheinlich ein Name, mit dem römische Beamte in Antiochien die Jünger Jesu bezeichneten. Vgl. Pompeianer, Sullanier, Herodianer (Matth. 22,16) und andere Parteinamen. S. Erklg. zu Antiochien in Kap. 13.

Das Zungenreden

Es gibt zwei Aspekte bei der Offenbarung der Zungen: erstens das Zeichen der Zungen in Apg. 2,11.19 (und wahrscheinlich in Kap. 8); zweitens die Gabe der Zungenrede. Unter dem zweiten Aspekt war diese Gabe offenbar nicht ständig vorhanden (1. Kor. 13,9-13) und wurde auch nicht jedem Gläubigen verliehen. Sie erforderte in der Gemeinde die gleichzeitige Geistesgabe der Auslegung (1. Kor. 12,10; 14,1-10).

Unter dem ersten Aspekt war die Gabe des Zungenredens (vgl. 2; 11; 19) ein Mittel, durch welches der Heilige Geist sich Israel an Pfingsten bezeugte (2,4-13). Sie war ein Beweis für die Tatsache, daß Jesus wirklich auferstanden und der Messias war, und ist bis heute noch ein Merkmal für das

Wirken des Heiligen Geistes im Zeitalter der Gemeinde.

Die Juden wurden erneut herausgefordert, als die Samariter den Heiligen Geist empfingen (8,14-17). Obwohl es nicht besonders erwähnt wird, hätte den Juden dieses übernatürliche Zeichen ein Beweis dafür sein können, daß auch die verachteten Samariter „dieselbe" Gabe des Geistes empfangen hatten wie die Juden (vgl. 11,17).

Dies ist der eigentliche Sinn der Erscheinung des Zungenredens bei der *ersten* Ausgießung des Geistes auf die Heiden (10,44-47). Nichts konnte den zweifelnden, skeptischen Petrus und seine jüdischen Begleiter mehr überzeugen als die Tatsache, daß Kornelius und seine Freunde genauso in über-

natürlichen Sprachen redeten wie die Juden an Pfingsten.

Ähnlich verhielt es sich bei den Jüngern Johannes' des Täufers in Ephesus. Auch sie empfingen den Heiligen Geist und redeten in Sprachen, die sie niemals gelernt hatten (Apg. 19,6-10). Auch das sollte für die starke jüdische Gemeinde in Ephesus ein Zeugnis für dieselbe Gabe des Heiligen Geistes sein. Denn die Jünger Johannes' des Täufers, die die Juden allgemein als gottgesandten Propheten anerkannten, hatten den Heiligen Geist empfangen, nachdem sie auf den Namen des abgelehnten Messias getauft worden waren. Aber wie Jesaja in Kapitel 28,11-12 vorausgesagt hatte, „wollten sie (die Juden) nicht hören" (1. Kor. 14,21; vgl. Erklg. zu 1. Kor. 14).

Unterstützung nach Jerusalem gesandt, 27-30. Die Hungersnot zur Zeit des Claudius (41-54 n.Chr.) brach wahrscheinlich im Jahre 46 n.Chr. aus. Propheten wie Agabus, die eine übernatürliche Gabe der Weissagung besaßen, waren in der frühchristlichen Gemeinde etwas Selbstverständliches – ebenso Personen, die in Zungen redeten oder andere Geistesgaben hatten.

Kap. 12
Verfolgung unter Herodes und dessen Tod

Gefangennahme des Petrus und seine Befreiung, 1-19. Jakobus, der Sohn des Zebedäus, erlitt den Märtyrertod. Petrus wurde gefangengenommen. Sein Verfolger war Herodes Agrippa I., ein Enkel Herodes des Großen und der Makkabäerin Mariamne. Agrippa I. war von Kaiser Caligula zum König über Judäa und Samaria gemacht worden und herrschte von 41-44 n.Chr. über annähernd dasselbe Gebiet wie sein Großvater Herodes der Große. Zu „Engel des Herrn", 7, vgl. 1. Mose 48,16; Matthäus 18,10.

Tod des Herodes in Cäsarea, 20-25. Zu Cäsarea s. Erklg. bei Apostelgeschichte 10,34-48. Herodes war anscheinend in Cäsarea, um an dem alle vier Jahre stattfindenden Fest zu Ehren des römischen Kaisers teilzunehmen, das im Frühjahr des Jahres 44 n.Chr. gefeiert wurde. Josephus (Ant. XIX. 8,2) erzählt, wie der König von einer tödlichen Krankheit befallen wurde, nachdem man ihm göttliche Ehren erwiesen hatte.

Kap. 13,1-12
Erste Reise – Cypern

Antiochien, Geburtsstätte der Mission, 1-3. Antiochien am Orontes in Syrien war in den Tagen des Paulus die drittgrößte Stadt im römischen Reich. Die dortige große heidenchristliche Gemeinde hatte nicht nur begabte Lehrer, 1, sondern der Heilige Geist wirkte mächtig unter ihnen, 2-3. Er veranlaßte die Aussendung der ersten Missionare in die westlichen Länder. Seleucia (4) war der Seehafen von Antiochien, 8 km vom Mittelmeer entfernt, am Orontes gelegen. Zwei mächtige Molen, die ins Meer hinausragen, sind heute noch stumme Zeugen dieses einstmals wichtigen Hafens.

Die Reise nach Cypern, 4-12. Zeit: Frühjahr 45 n.Chr.; Ziel: Salamis, 209 km südwestlich von Antiochien, an der Ostküste Cyperns, der drittgrößten Insel im Mittelmeer (238 km lang und 24-32 km breit). Cypern hat eine lange heidnische Kulturgeschichte, die auch die ausschweifende Verehrung der Aphrodite einschloß. Salamis, 5, war die größte Stadt der Insel. Sie hatte einen großen jüdischen Bevölkerungsanteil, 5.

Ein Pfeiler bei Kato Paphos auf Cypern; der Überlieferung nach wurde Paulus an dieser Stelle geschlagen.

Paphos, 6, das heutige Baffo, in der Nähe von Ktima, lag im westlichen Teil der Insel. Es war ein Kult-Zentrum, Hauptsitz der senatorischen Provinz von Cypern, Wohnsitz des Statthalters (Prätor) und das Mekka für die ausschweifende Verehrung der Aphrodite. Elymas (von arabisch *alimun* = „weise", „gelehrt" oder aramäisch „mächtig") war ein von Dämonen besessener Jude, 8. In Soli, einer Stadt an der Nordwestküste Cyperns, wurde eine griechische Inschrift aus dem Jahre 52-53 n.Chr. gefunden. Darauf ist zu lesen: „Unter Paulus, dem Statthalter." Zweifellos bezieht sich diese Inschrift auf Sergius Paulus, den bekannten Mann, den Paulus bekehrte.

Antiochien am Orontes und die Archäologie

Antiochien wurde im Jahre 300 v.Chr. von Seleucus I. Nikator gegründet. Drei Jahrhunderte Kulturgeschichte bereiteten die Stadt für ihre große Rolle in der christlichen Mission vor. Ihr Vorort Daphne war das Zentrum der lasterhaften Stadt und für seine Ausschweifungen und Vergnügungen bekannt. Das Evangelium der Gnade fand hier guten Boden, denn die schamlosen Ausschweifungen und das unmoralische Leben der Leute von Daphne waren sogar im abgebrühten Rom berüchtigt.

Zahlreiche Ausgrabungen, die seit 1932 in der Nähe des heutigen Antakia vorgenommen wurden, haben wunderschöne Boden-Mosaiken, ebenso Bauten, Mauern und andere Überreste zutage gefördert. Dadurch ist es möglich, die Geschichte der Stadt in groben Zügen zu verfolgen. Es wurde früher behauptet, auf dem berühmten Abendmahlskelch von Antiochien, der 1910 gefunden wurde, seien die frühesten Bilder von Christus und den zwölf Aposteln abgebildet. Er stammt aus dem letzten Teil des 1. Jh. Der innere Kelch war vermutlich der ursprüngliche Abendmahlskelch Christi. Die Gelehrten verlegen ihn nun allgemein als Produkt frühchristlicher Kunst in die Zeit zwischen dem 2. und 6. Jh.

Berühmte Kirchen, die in Antiochien ausgegraben wurden, sind das achteckige Gebäude Konstantins und ein kreuzförmiges Gebäude, beide aus dem späten 4. Jh. So hat das Christentum der Architektur von Antiochien ihr Gepräge gegeben. Die Schutzgöttin der Stadt war Tyche. Eine prächtige Marmor-Nachbildung von ihr wird im Vatikan aufbewahrt.

Kap. 13,13–52
Erste Missionsreise – Perge und Antiochien in Pisidien

Von Paphos nach Perge, 13. Von Paphos aus fuhren Paulus und Barnabas die 275 km über das Meer nach Perge, der Hauptstadt von Pamphylien in Kleinasien. Dieser Ort, heute „Murtana" genannt, ist bekannt für seine vollständig erhalten gebliebenen Ruinen. Wie Münzen aus Perge zeigen, wurde hier Artemis, die Göttin der Natur, angebetet. In Perge entschloß sich Johannes Markus, die Reise abzubrechen, 13 (vgl. 15,38; 2. Tim. 4,11).

Von Perge nach Antiochien in Pisidien und Ikonium, 14–52. Die ca. 165 km lange Reise nach Antiochien in Pisidien führte durch rauhes, von Räubern heimgesuchtes Gebiet. Sir William Ramsay führt von diesem Gebiet zahlreiche Inschriften an, die das Banditenunwesen beweisen (vgl. 2. Kor. 11,26). Paulus und Barnabas brachten das Banner des Evangeliums in ein Hauptverkehrszentrum im Herzen Kleinasiens; hier verlief eine Verkehrsader in west-östlicher Richtung, die es im Westen mit Apamäa, Kolossä, Laodizea, Magnesia, Ephesus und der griechischen Welt der Ägäis verband. Ostwärts führte sie nach Lystra, Derbe und über die Cilicische Pforte weiter nach Tarsus, Issus und Antiochien am Orontes. In den Versen 16–41 wird die große Rede des Paulus von der Rechtfertigung durch den Glauben ausführlich berichtet. Jüdische Ablehnung zeichnet sich ab.

Kap. 14
Erste Missionsreise – Ikonium, Derbe, Lystra

Ikonium, 1–7. Von boshaften, ungläubigen Juden aus Antiochien vertrieben, schlugen Paulus und Barnabas die Königsstraße nach Ikonium

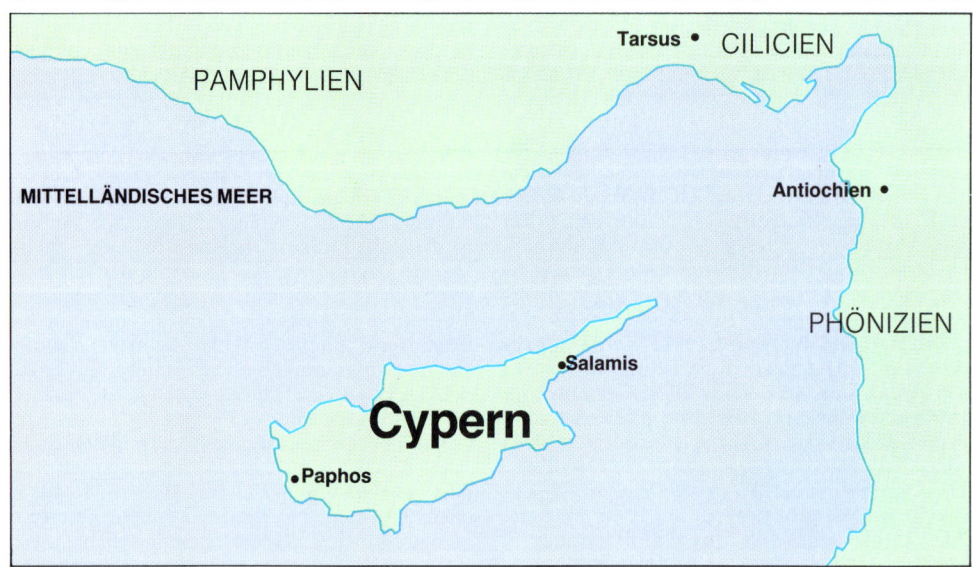

Ausbreitung des Evangeliums	Apg. 1-12	Zentrum: Jerusalem	Hauptperson: Petrus	Evangelium an: Judäa und Samaria	Evangeliumsverkündigung: für Juden
	Apg. 13-28	Zentrum: Antiochien	Hauptperson: Paulus	Evangelium an: das Ende der Erde	Evangeliumsverkündigung: für Heiden

Antiochien in Pisidien

Diese Stadt gehört zusammen mit Antiochien am Orontes in Syrien zu den 16 von Seleucus Nikator (312-280 v.Chr.) gegründeten Städten. Sie wird heute allgemein als Antiochien in Pisidien bezeichnet, weil sie im späten 3. Jh.n.Chr. zur Hauptstadt einer kurz zuvor geschaffenen Provinz Pisidien gemacht wurde. Zur Zeit des Paulus war sie ein Teil der römischen Provinz Galatien im Distrikt Phrygien. Inschriften weisen auf phrygische Besetzung hin. Rom übernahm die Stadt, als Galatien im Jahre 25 v.Chr. römische Provinz wurde. Augustus erkannte ihre militärisch-strategische Bedeutung, machte sie zu einer seiner wichtigsten Militärkolonien und nannte sie offiziell „Colonia Cäsarea Antiochia". Eine Heerstraße, die Königsstraße, verband sie mit der Schwester-Kolonie Lystra, 193 km südöstlich von Antiochien gelegen. Antiochien war von einem starken römischen Militärstab besetzt. Außerdem wohnten zahlreiche Griechen, viele Juden (13,14.50) und jüdische Proselyten dort (13,16.26.43). Zu der herrschenden Militärklasse („coloni") gehörten die gottesfürchtigen Frauen in ehrenvoller Stellung und die Vornehmsten der Stadt (13,50).

Antiochien in Pisidien und die Archäologie

Die Lage der Stadt wurde 1833 am rechten Ufer des Anthios-Flusses ausgemacht, am Abhang des Sultan Dagh, einem Berg nahe der türkischen Stadt Yalovach. Ruinen einer alten römischen Wasserleitung sind noch heute sichtbar. Münzen zeigen den Flußgötzen Anthios. Sir William Ramsay grub 1910-1913 das Heiligtum des Gottes Men aus, der Hauptgottheit der Stadt.

Der gewaltige, 20 m x 12 m große Altar stand auf einem heiligen, 73 m x 41 m umfassenden Platz und war von einer 1,5 m hohen Mauer umgeben. Men wurde als stierköpfiger Krieger dargestellt und mit Artemis (Diana), einer hellenistischen Form von Kybele, gepaart. Hier wurden die phrygischen Geheimriten gefeiert (vgl. Kol. 2,18). Eine bedeutende Stein-Inschrift, die in Antiochien gefunden wurde, lautet: „Lucius Sergius Paulus, dem Jüngeren." Damit kann ein wichtiger Beamter in Antiochien, der ein Sohn des cyprischen Statthalters gewesen sein könnte, gemeint sein (13,7).

Spätere Ausgrabungen brachten eine Stadt aus der Zeit des Augustus und andere Bauten aus der Zeit des Kaisers Tiberius ans Tageslicht. Ein prächtiger Fries (ein in der Baukunst waagrecht verlaufender, gemalter oder plastischer Streifen mit ornamentalen oder figürlichen Formen) der die Siege des Augustus zu Wasser und zu Land darstellt, wurde entdeckt. Es war geschmückt mit Tritonen, einer Darstellung Poseidons, mit Delphinen und anderen Meeres-Symbolen. Abbildungen von Men, als stierhäuptiger Krieger dargestellt, mit Blättern und Früchten bekränzt, zierten den Augustusplatz und sind ein schönes Beispiel gräkoromanischer Kunst. Außerdem sind Terrakotta-Röhren, die der Wasserversorgung Antiochiens dienten, freigelegt worden.

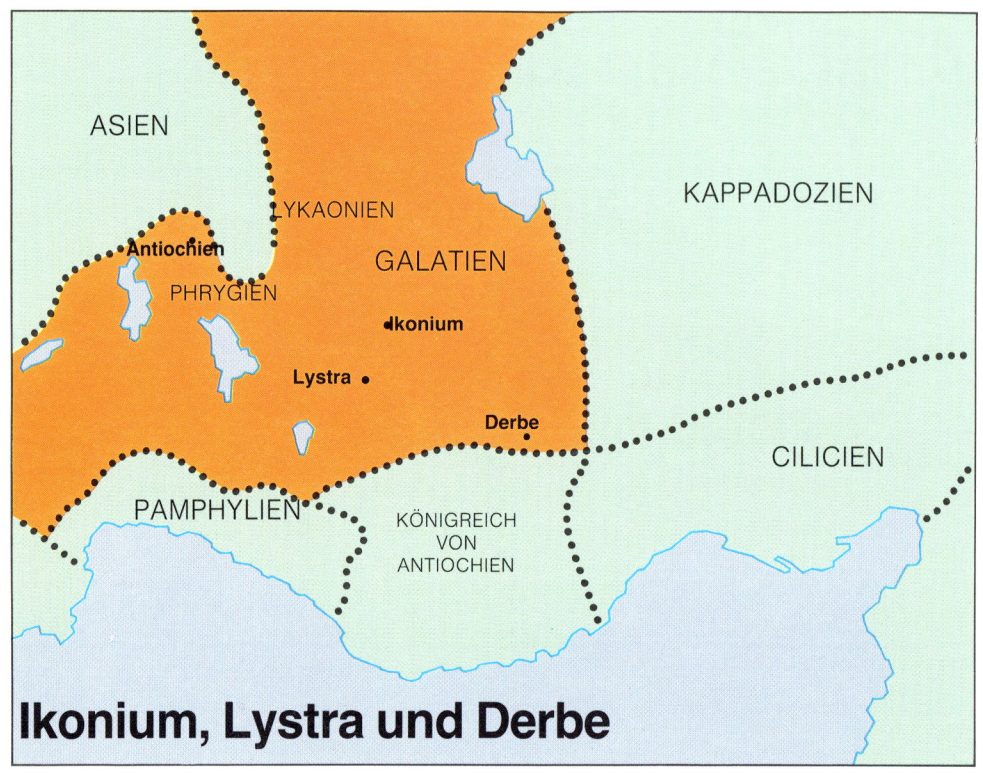

Ikonium, Lystra und Derbe

ein, von wo sie in die Städte Lykaoniens (heutiges Konia) in Phrygien kamen, 6. Die Archäologie hat aus Inschriften nachgewiesen, daß die Stadt rassisch vorwiegend phrygisch geprägt, verwaltungsmäßig jedoch galatisch war. Als Paulus in die Stadt kam, war sie eine der wichtigsten Orte im Südteil der römischen Provinz Galatien. Sie zog viele Juden an, da sie der Mittelpunkt einer blühenden Weberei-Industrie war, wofür der Hochland-Flachs, die Wolle der Taurus-Schafe und -Ziegen das Rohmaterial lieferten. Die Stadt lag zudem an einer Handelsstraße, die sie mit Ephesus im Westen und der mesopotamischen Welt im Osten verband.

Missionsarbeit in Lystra, 8-19. Durch ungläubige Juden aus Ikonium vertrieben, kamen die Missionare nach Lystra und Derbe, zwei weiteren Städten in der Provinz Galatien. Das frühere Lystra konnte 1885 durch einen beschrifteten römischen Altar ermittelt werden, der den Namen der Stadt in Lateinisch – „Lustra" – trug und dazu die Bemerkung, daß sie unter Augustus eine römische Kolonie gewesen sei. Zur Zeit des Paulus waren wenige oder gar keine Juden dort, da die Stadt kommerziell keine Bedeutung hatte. Die ungebildete und abergläubische Natur der Lykaonier, die weder Griechen noch Römer waren, zeigt sich in ihrem einheimischen Kult, der hier unter einer dünnen Maske zum Vor-

schein kommt. Barnabas wurde als Zeus angesehen und Paulus als Hermes, 12. Diese Identifizierung erinnert an Mose und Aaron am Hof des Pharao, wo der Herr Mose für Pharao „zum Gott" setzte und Aaron sein Prophet war (2. Mo. 7,1). Ähnlich wurde Paulus als Hermes, der Bote des älteren Barnabas (Zeus) betrachtet. Eine 1909 gefundene Inschrift aus Lystra enthält eine Liste mit mehreren Zeus-Priestern. Eine andere bezieht sich auf Hermes und Zeus. Die brutale Steinigung des Paulus durch die Einheimischen läßt erkennen, wie groß der Unterschied zwischen ihnen und der gebildeten griechischen und römischen Gesellschaftsschicht der Kolonie war (vgl. 2. Kor. 11,25; 2. Tim. 3,11).

Aufenthalt in Derbe und Rückkehr nach Antiochien in Syrien, 20-28. Derbe war die letzte Stadt in ausgesprochen römischem Gebiet und lag an der Straße, die durch das südliche Galatien nach Osten führte. Sie war daher eine Zollstation, wie Strabo sagt. Paulus besuchte sie wegen ihrer strategischen Lage an der großen ostwest-lichen Heer- und Handelsstraße. Römische Meilensteine waren der Straße entlang aufgestellt. Östlich von Derbe lag Commagene, das unter einem römischen Lehnsherrn stand, aber unabhängig war.

Dort herrschte der Mithras-Kult vor, und Paulus mied die Gegenden, wo Könige die

Schutzherren gewisser Kulte waren und mit drastischen Mitteln eingreifen konnten. Die Rückreise nach Antiochien am Orontes, 24-28, führte durch dieselbe Gegend, die die Missionare durchzogen hatten, als sie die entstandenen Gemeinden besuchten und im Glauben festigten. In Perge, 25 (s. Erklg. zu Apg. 13,13), predigten sie und schifften sich in dem von Attalus II. Philadelphus (159-138 v.Chr.) gegründeten Hafen Attalia nach Syrien ein.

Kap. 15,1-35
Das Apostelkonzil in Jerusalem

Das Apostelkonzil und die Streitfrage, 1-12.
Es ging um die Frage, ob die Heiden ohne die Beschneidung und die Beachtung der mosaischen Gesetzesvorschriften gerettet werden konnten, 1.5. Daß dies möglich und auch tatsächlich geschehen war, hatte Paulus auf dieser ersten Missionsreise in seinem Bericht vor der Gemeinde in Antiochien klar dargelegt. Die Tür des Glaubens war den Heiden aufgetan worden (14,27). Gott hatte das Evangelium als Rettungsmittel für die Völker ohne die Beschneidung und die mosaischen Gesetzesvorschriften bestätigt. Hier haben wir eine zusammenfassende Erklärung vor uns, die dem Evangelium eine internationale, weltweite Dimension gibt. Es war nun unabhängig von der Gesetzlichkeit und strengen nationalen Absonderung des jüdischen Glaubens und war nun zu den äußersten Enden der Erde gelangt (1,8). Die Gemeinde in Antiochien sollte eine Abordnung an die Muttergemeinde in Jerusalem senden, 2-4, um auf diese Weise Zeuge vom Kampf des Christentums mit dem Judentum zu sein (vgl. Gal. 2,1-10). Petrus sah ein, daß es sinnlos war, darauf zu bestehen, daß die Heiden erst Juden werden müßten, um gerettet zu werden, 7-11. Er erkannte die Unvernunft der Judaisten, welche die Tür für die Heiden nur halb öffneten und nur diejenigen aufnehmen wollten, die sich zusätzlich zum Glauben an den Messias auch den jüdischen Riten, vor allem der Beschneidung, unterzogen. Paulus und Barnabas fügten ihr Zeugnis hinzu, 12.
Das Apostelkonzil und sein Beschluß, 13-35. Die Streitfrage beim ersten Kirchenkonzil wurde dadurch glücklich beigelegt, daß das Evangelium von der freien Gnade Gottes, welches Paulus durch Gott so deutlich bestätigt gefunden hatte, sich durchsetzte. Jakobus faßte die Entscheidung kurz zusammen: „Darum halte ich dafür, daß man diejenigen aus den Heiden, die sich zu Gott bekehren, nicht weiter belästigen soll", 19. Den Neubekehrten wurde lediglich aufgetragen, sich vom Götzendienst, von der Unzucht, von Ersticktem und von Blut zu enthalten, 20. Dieser Beschluß wurde Antiochien und der Heidenwelt durch eine Abordnung der Gemeinde von Jerusalem übermittelt, 22-35.

Die Bedeutung des ersten Kirchenkonzils
Die weitreichende Bedeutung des ersten Kirchenkonzils liegt erstens darin, daß das Evangelium vor judaistischer Vermischung bewahrt wurde. Damit wurde das Christentum zu einer weltumfassenden geistlichen Bewegung, die alle gesellschaftlichen, rassischen und religiösen Schranken durchbricht. Jedem, der glaubt, wird das ewige Leben geschenkt. Zweitens wurden die gnädigen Absichten Gottes für das gegenwärtige und das kommende Zeitalter offenbart, 14-18. Das Ziel Gottes für das gegenwärtige Zeitalter ist, aus den Heiden ein Volk für seinen Namen zu sammeln, 14, die „Herausgerufenen", die Gemeinde, der Leib Christi. „Danach will ich wiederkommen", 16. Das ist Jesu zweites Kommen. Wenn die Zahl der Herausgerufenen voll ist, wird Jesus wiederkommen. Dann wird Israel wiederhergestellt werden: „Ich will die zerfallene Hütte Davids wieder aufbauen ... und sie wieder aufrichten", 16 (vgl. 1,6; 3,21 mit Erkl.). Dann wird die Königsherrschaft aufgerichtet werden, die Völker werden den Herrn suchen und sich bekehren, 17, und Gottes Plan für die Welt wird erfüllt werden, 18.

Kap. 15,36 – 16,11
Zweite Missionsreise – Kleinasien und Ruf nach Europa

Paulus und Barnabas trennen sich, 15,36-41.
Diese epochemachende Reise, durch die das Evangelium nach Europa gebracht werden sollte, fing mit einer scharfen Auseinandersetzung an. Wegen Johannes Markus trennten sich Paulus und Barnabas (Apg. 12,12.25; 13,13; 2. Tim. 4,11). Barnabas reiste mit Markus in seine Heimat Cypern. Paulus und Silas machten sich nach Kleinasien auf, diesmal zu Land über den Amanusberg, die Syrische Pforte, nach Cilicien und weiter nach Galatien durch die Cilicische Pforte (heutiges Gulek Bogaz), die in 980 m Höhe über das Taurus-Gebirge führt.
Paulus findet Timotheus, 16,1-5, als er Derbe und Lystra wieder besucht (s. Erklg. zu Kap. 14). Timotheus bedeutet „Gottverehrer". Timotheus wurde des Paulus „geliebter Sohn" (1. Tim. 1,2.18; 2. Tim. 1,2) und sein enger „Bruder und Mitarbeiter am Evangelium" (1. Thess. 3,2). Anscheinend auf der ersten Missionsreise des Paulus bekehrt, wurde Timotheus als Sekretär und Gehilfe des Apostels Paulus auf der zweiten Missionsreise berufen. Die Beschneidung des Timotheus, 3, geschah aus weiser Überlegung und liebender Rücksichtnahme auf seine jüdischen Brüder, um auch sie für den Glauben

an das rettende Evangelium zu gewinnen, war also kein Kompromiß.

Der Ruf nach Europa, 16,6–11. Die sorgfältige Leitung des Heiligen Geistes, 6-7, weist auf die große geistliche Bedeutung der Tatsache hin, daß das Evangelium jetzt westwärts nach Europa ausgebreitet werden sollte. „Asien", 6, war die römische Provinz „Asia", die von Statthaltern verwaltet wurde. Mysien und Bithynien lagen im Norden von Asia. Der Heilige Geist führte nach Troas, dem Ausgangspunkt für den Seeweg nach Europa, 8, wo Paulus die mazedonische (europäische) Erscheinung sah, 9. Wenn man der Leitung des Geistes folgt, führt sie immer zu wirksamem Zeugnis. Lukas, der geliebte Arzt und Verfasser der Apostelgeschichte, gesellte sich zur Gruppe des Paulus, 10-17 (vgl. 20,5 - 21,18; 27,1 - 28,16). Paulus schiffte sich in Troas ein, einer alten Hafenstadt am Ägäischen Meer. Sie war eine römische Kolonie und zugleich eine freie Stadt seit der Zeit des Augustus. Sie ist mit dem heutigen Eskistanbul, wo zahlreiche Ruinen aus der römischen Zeit ausgegraben worden sind, identisch. Das Schiff des Paulus berührte Samothrace, eine ägäische Insel, ungefähr halbwegs auf der 281 km langen Strecke zwischen Troas und Neapolis, 11 (dem heutigen Kavalla), auf dem europäischen Festland, dann den Hafen Philippi, Endstation der großen Egnatischen Straße, welche durch Philippi und von dort durch Mazedonien nach Dyrrachium (Durazzo), gegenüber Brindisi in Italien, verlief. Jenseits des Adriatischen Meeres führte die Via Appia nach Rom.

Kap. 16,12–40
Zweite Missionsreise – Philippi

Der erste europäische Christ, 12-15. Es war kein Mann, wie in der Vision, sondern eine fähige und begüterte Geschäftsfrau, 14. Sie war Purpurhändlerin, gebürtig aus Thyatira im äußersten Süden von Mysien, einer Kolonie der Mazedonier und blühender Handelsplatz für Purpur. Lydias Haus war das erste Privathaus in Europa, das als Versammlungsort für Christen benutzt wurde. Zwei Jahrhunderte lang sollten die Häuser begüterter Christen als Versammlungsorte der jungen Christengemeinde dienen. Anscheinend gab es keine Synagoge in Philippi, da nur wenige Juden hier ansässig waren. Die Sabbat-Zusammenkünfte wurden am Gangitesfluß abgehalten, wo sich Juden oder Proselyten an einem „Gebetsplatz" versammelten. Es waren vorwiegend Frauen, 13. Die erste Wirkung des Evangeliums in Europa war ein günstiges Vorzeichen für die Emanzipation der Frauen durch das Christentum, im Gegensatz zum Heiden- und auch zum Judentum.

Zusammenstoß mit Dämonen in Philippi, 16-24. Die Ausbreitung des Evangeliums im strategisch wichtigen Europa mußte früher oder später satanischen Widerstand hervorrufen, 16-19. Wie konnte das Evangelium gegen die Bollwerke des Heidentums angehen, ohne von Dämonen, den treibenden Kräften des Heidentums, herausgefordert zu werden? (5. Mo. 32,17; Ps. 96,5; 1. Kor. 10,20-21). Die Magd, 16, war ein spiritistisches Medium mit der Gabe der

Mazedonische Landschaft

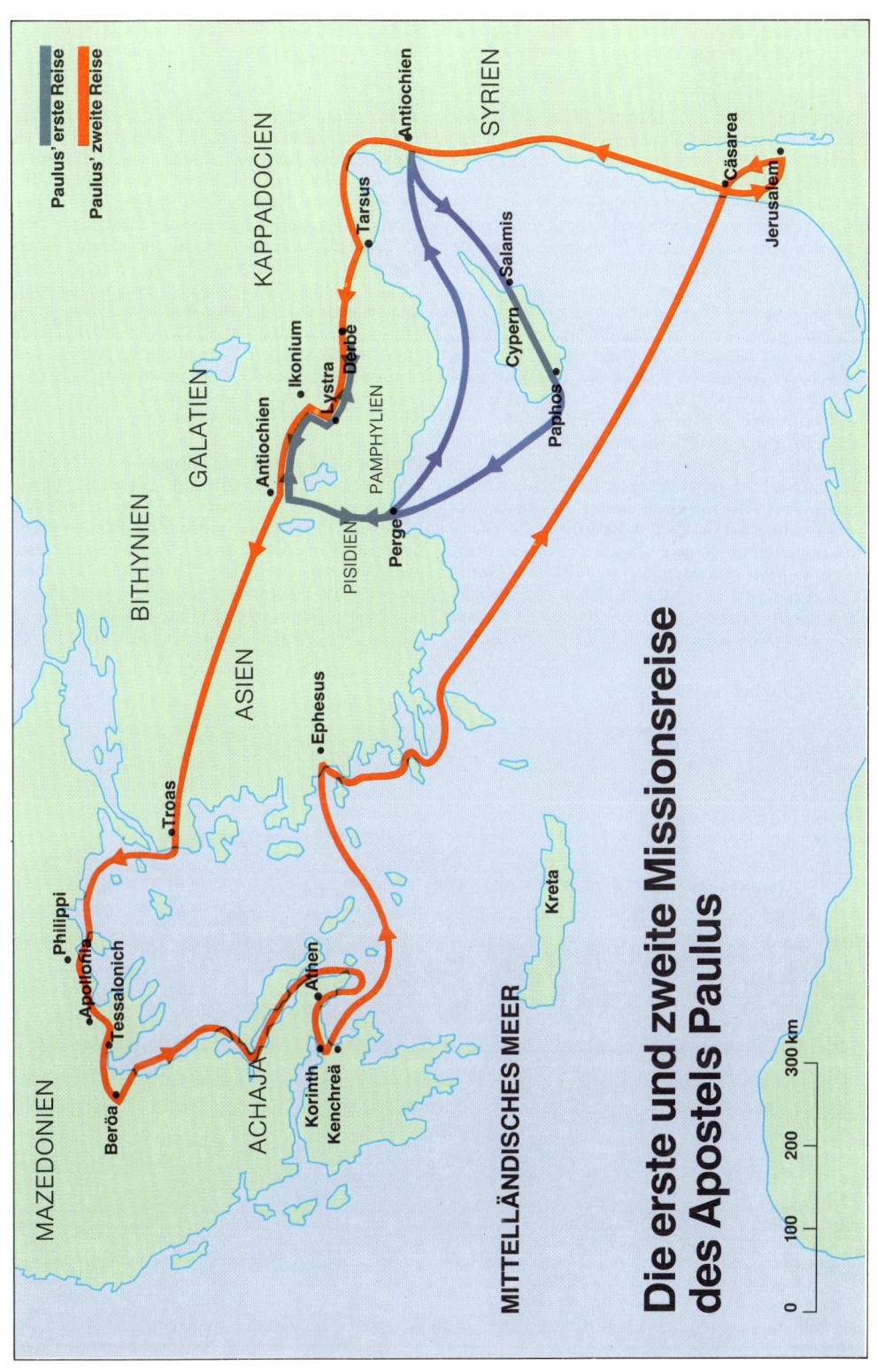

Die erste und zweite Missionsreise
des Apostels Paulus

Paulus' erste Reise
Paulus' zweite Reise

SYRIEN
KAPPADOCIEN
GALATIEN
BITHYNIEN
ASIEN
PISIDIEN
PAMPHYLIEN
MAZEDONIEN
ACHAJA

Antiochien
Tarsus
Ikonium
Lystra
Derbe
Antiochien
Perge
Salamis
Cypern
Paphos
Cäsarea
Jerusalem
Ephesus
Troas
Philippi
Apollonia
Tessalonich
Beröa
Athen
Korinth
Kenchreä

MITTELLÄNDISCHES MEER
Kreta

0   100   200   300 km

Wahrsagung, 16. Sie war keine Schwindlerin. Der wirkliche Feind war nicht das Mädchen, sondern der böse Geist, der sie beherrschte und sie dämonisch inspirierte. Darum sprach Paulus „den Geist" (Dämon), 18, und nicht das Mädchen an, indem er den Pythongeist bzw. Wahrsagegeist, der sie beherrschte, austrieb. In der griechischen Mythologie war Python der legendäre Drache, welcher, so stellte man es sich vor, Delphi, die berühmteste heidnische Orakelstätte des Altertums, bewachte. „Der Pythongeist" wurde zum Sammelbegriff für die angebliche Quelle der Inspiration für Wahrsager im allgemeinen. Die Delphische Seherin (Pythia) war ursprünglich eine junge Frau aus der ländlichen Umgebung, und von dem Gott wurde gesagt, daß er in den Körper eintrete und durch die Jungfrau spreche. Die Schrift bestätigt die Wahrheit der Lehre von Dämonen (1. Tim. 4,1-6; 1. Joh. 4,1-4).

Verfolgung in Philippi, 25–40. Das satte, selbstzufriedene Heidentum wachte auf, als die Nutznießer des spiritistischen Mediums sahen, daß die Aussicht auf ihren weiteren Gewinn dahin war. Der römische Bevölkerungsteil war in Philippi angesehen, wie man das in einer römischen Kolonie erwarten konnte (12). Der Name (gr.) „Prätor" (20) wird von Lukas als Höflichkeitstitel für den obersten Gerichtsbeamten einer römischen Kolonie angewandt. Es war ein hohes

und angesehenes Amt (nach dem Konsul). Der Name wurde als Ehrentitel anstelle des mehr gebräuchlichen Ausdrucks „duumvir" gebraucht. Die „Liktoren" (übersetzt „Offiziere"), 35-36.38, waren Römer, die Stäbe oder Bündel von Stäben mit einer Axt trugen. Mit diesen Stäben schlugen die Liktoren Paulus und Silas. Jeder Statthalter hatte zwei Liktoren, die ihn beschützten und seine Befehle ausführten. Die Verletzung der Rechte, die Paulus als römischer Bürger hatte, 37, war ein berechtigter Grund für die Angst des Statthalters, 38. Die „Lex (Gesetz) Porcia" (248 v.Chr.) schützte einen römischen Bürger grundsätzlich vor Auspeitschung. Einen Römer ohne ordentliches Verhör und Verteidigung zu verurteilen widersprach ebenfalls dem römischen Recht. Aber Paulus nutzte sein Bürgerrecht nicht zu selbstsüchtigem Gewinn, sondern zur Verkündigung des Evangeliums.

Philippi und die Archäologie

Der heutige Ort, „Felibedjik" genannt, wurde von der Ecole Française d'Athènes zwischen 1914 und 1938 ausgegraben. Die Ruinen stammen meist aus der Zeit nach dem Apostels Paulus. Die meisten hatten Bäder. Man fand das Theater, das Forum und bemerkenswerterweise den kolonialen Bogengang der römischen Kolonie im Westen der Stadt. Das war möglicher-

Das riesige Amphitheater in Philippi

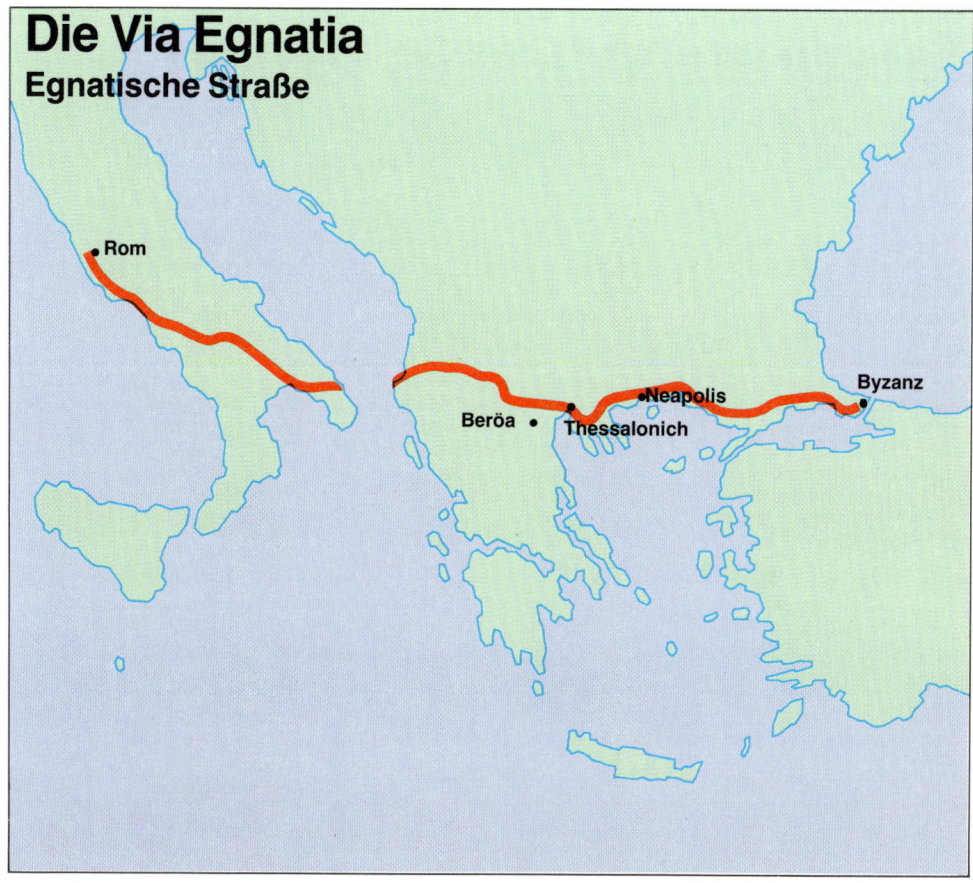

Die Via Egnatia
Egnatische Straße

Rom

Byzanz

Neapolis

Beröa

Thessalonich

---

weise der Bogengang, der in Apostelgeschichte 16,13 erwähnt wird. Unter diesem führte die Via Egnatia hindurch, die dort die Stadt verläßt.

Kap. 17,1-14
Zweite Missionsreise – Thessalonich und Beröa

Paulus in Thessalonich, 1-9. Thessalonich lag 110 km südwestlich von Philippi an der Via Egnatia, die durch Amphipolis und Apollonia führte. Unter den Römern war Thessalonich (das heutige Saloniki mit einer Bevölkerung von über 200 000 Einwohnern) am Golf von Therma ein Mittelpunkt für den Handel zu Wasser und zu Land und ein Anziehungspunkt für Juden. Paulus fand durch die Synagoge eine offene Tür für das Evangelium, 1-4. Die Herrscher der Stadt waren „Politarche", ein mazedonischer Ausdruck, der durch Inschriften bestätigt worden ist. Besonders die Inschrift der Vardarpforte beweist die Genauigkeit der Beschreibung des Lukas. Thessalonich war eine freie Stadt mit einem „Demos", einer sogenannten „Volksversamm

lung", die von fünf oder sechs Politarchen, 5-9, geleitet wurde. Jason, 6, Freund des Paulus, war offenbar ein Jude, dessen semitischer Name „Jesus" durch einen vergleichbaren griechischen Namen ersetzt worden war. Der Gebrauch von Doppelnamen unter den Juden der Diaspora war in jener Zeit gebräuchlich (vgl. Saulus und Paulus, Eliakim und Alkimos, Jesus und Justus, Kol. 4,11). Durch das intensive Wirken des Paulus und Silas entstand eine starke Gemeinde in der Stadt. Der Straßenpöbel, 5, hier von den Juden angestellt, war ein gewohnter Anblick auf dem Marktplatz griechisch-römischer Städte. Diese Leute lungerten um das Rostrum („Rednerpult") herum, klatschten Beifall oder stellten verfängliche Fragen, je nachdem, wer sie bezahlte. Cicero bezeichnete sie treffend als *subrostani* (die unter dem Rostrum).

Paulus in Beröa, 10-14. Eine etwa dreitägige Reise auf der Via Egnatia brachte Paulus nach Beröa, einer, nach Cicero, „abseits von der Straße gelegenen Stadt". Sie lag östlich des Golfs von Therma, etwa 53 km im Landesinnern. Was Paulus in dieser Stadt erlebte, stand in scharfem Gegensatz zum Verhalten der Juden an anderen

Ausgrabungen in Athen

Der Marktplatz oder Agora, 17, war der Mittelpunkt allen Geschehens in Athen. Die Ausgrabungen, die seit 1930 von der „American School of Classical Studies" durchgeführt werden, lieferten einige der besten Beispiele archäologischer Untersuchungen auf der Welt. Unter den berühmten Gebäuden (einige datieren aus der Zeit nach Paulus) sind das Odeion oder die Musikhalle, die Philosophenschule des Attalos, die Stoa des Zeus, der Tempel des Apollo Patroos, das Bouleterion oder die Versammlung des Rates der Fünfhundert von Athen, der

Tholos der Tempel des Ares (Mars), das römische Forum und das Horologium, d.h. die öffentliche Uhr.

Auf der 156 m hoch gelegenen Akropolis befinden sich die Ruinen des prachtvollen Tempels der Pallas Athene (Parthenon), der Schutzgöttin Athens. Dort sind auch die Propyläen und die berühmten Tempel, das Erechteion und der Schrein der Athena Nike. Die Bronzestatue der Athene, aus der Beute von Marathon (Schlacht i.J. 490 v.Chr.) geschmiedet, überragt die Akropolis.

Unter der Akropolis war die Konzerthalle, das Odeion des Perikles,

das Theater des Dionysos und südöstlich, gegen den Ilissos(fluß) hin, der mächtige Tempel des Olympischen Zeus, 108 m x 41 m x 27 m, einer der größten Tempel des Altertums.

Die Akropolis von Athen mit dem Parthenon

Athen

Die Stoa des Attalos ist in ihrem früheren Zustand wiederhergestellt worden.

Orten. Die „vornehmen" Juden suchten mit offenem Herzen in der Schrift, um zu sehen, „ob es sich also verhalte", 11. Viele kamen zum Glauben, unter ihnen einige angesehene Heiden, 12.

Kap. 17,15–34
Zweite Missionsreise – Athen

Paulus und die Abgötterei Athens, 15-18.
Während Paulus in Athen auf Silas und Timotheus wartete, „ergrimmte sein Geist in ihm, da er die Stadt so voll Götzenbilder sah", 16. Für den Apostel verblaßten die künstlerische Pracht und die kulturellen Feinheiten der Stadt hinter dem Aberglauben und der geistlichen Unwissenheit ihrer Bewohner. Da die jüdische Gemeinde hier offensichtlich klein war, führte Paulus seine Diskussion auf der Agora (dem Marktplatz), 17. Lukas schildert die Volksmenge auf dem Marktplatz mit denselben Worten wie die heidnischen Schriftsteller, angefangen von Demosthenes und Thukydides bis Pausanias: „Alle Athener, auch die Ausländer, die sich dort aufhielten, vertrieben sich mit nichts anderem so gern die Zeit, als damit, etwas Neues zu sagen oder zu hören" (21). Die Epikuräer, 18, bezogen sich auf Epikur (342-271 v.Chr.), indem sie von der verstandesmäßigen Suche nach der reinen Wahrheit aus Gründen der Hoffnungslosigkeit

abließen und sich dem augenblicklichen Vergnügen hingaben. Die Stoiker, 18, folgten Zeno und Chrysippos (3. Jh. v.Chr.) und vertraten eine Philosophie strenger Selbstbeherrschung auf der Grundlage menschlicher Selbstgenügsamkeit. Paulus fand für beide in dem Erlösungswerk Jesu Christi die Antwort. Sie nannten ihn einen Schwätzer *(spermologos),* d.h. eine redselige Person, die nichts Wichtiges zu sagen hat.

Die Rede des Apostels auf dem Areopag, 19-34. Die Ratsversammlung traf sich auf dem 115 m hohen Hügel des Kriegsgottes Ares, dem Areopag, in einiger Entfernung nordwestlich der Akropolis. Zur Zeit des Paulus befaßte sich diese Behörde mit Fragen, die mit Religion, Kultur und Erziehung zu tun hatten. Sie bewerteten die Redekunst herumreisender Lehrer und sahen in Paulus den Begründer und Förderer einer neuen Religion. Die Predigt des Paulus an den Gerichtshof selbst, ob auf dem Marshügel oder in der Stoa des Zeus Eleutherios oder im Tempel des Apollo Patroos versammelt, war ein Meisterstück der Anpassung an die griechische Mentalität. Er zitierte den griechischen Dichter Aratus, einen Stoiker aus dem 3. Jh. v.Chr., 28, indem er zuerst von der menschlichen Vernunft her die Sache erörterte, 22-29. Als er zur Offenbarung kam und Buße und Glauben an den auferstandenen Christus predigte, 30-31, betrachte-

Der Areopag oder Marshügel, westlich der Akropolis in Athen

Korinth in den Tagen des Paulus

Korinth lag nur etwa 2,5 km von dem schmalen Isthmus (Landenge) entfernt, der Mittelgriechenland mit dem Peloponnes verbindet. Es war eine wichtige Handelsstadt mit zwei Häfen – Kenchreä im Osten und Lechäum im Westen. Die Schiffsladungen wurden zu Land quer über den strategischen, ca. 7 km breiten Landstreifen befördert. Dies ersparte den Seeleuten die 322 km lange beschwerliche und gefährliche Fahrt um Kap Malea im Süden.

Der Kanal von Korinth wurde erst 1881-1893 gebaut, obwohl Nero im Jahre 66 n.Chr. bereits dieses abenteuerliche Unternehmen versucht hatte. Gewinnsucht und ausschweifende Sexualität waren zwei Laster, die die Stadt heimsuchten. Ihr lebhafter, blühender Handel förderte das eine, der alteingesessene Kult der Aphrodite begünstigte das andere. Die Göttin der Liebe (Lust) hatte ihren Tempel über der Akrokorinth, der von über tausend religiösen Prostituierten bedient wurde. Wollüstige und lasterhafte Formen der Verehrung dieser Göttin machten Korinth zu einem berüchtigten Mittelpunkt der Unsittlichkeit (vgl. die Korintherbriefe, vor allem 1. Kor. 5,1-5). Ausdrücke wie „korinthisieren" und „Korinthische Krankheit" usw. erinnern an die moralischen Ausschweifungen der Bewohner dieser Stadt.

Ausgrabungen aus jüngerer Zeit haben die in Stein gehauene Startlinie für die athletischen Wettspiele in Korinth zutage gefördert. Die Isthmischen Spiele wurden in Korinth veranstaltet, wahrscheinlich auch, während Paulus sich dort aufhielt.

Der dorische Tempel des Apollo in Korinth; das einzige größere griechische Bauwerk, das die römische Weiterentwicklung der Stadt überdauert hat.

ten diese spitzfindigen Intellektuellen seine Botschaft als unterhaltsamen Witz, 32 (vgl. 1. Kor. 1,18). Das Ergebnis in geistlicher Hinsicht war bescheiden, 33-34.

Kap. 18,1-22
Zweite Missionsreise – Korinth

Gründung der Gemeinde, 1-11 (s. zu 1. Kor. 1-4 des Paulus eigenen Bericht). Sein Dienst in dieser ausschweifenden, blühenden Stadt begann, als er sich in geistlicher und finanzieller Not befand. Von Silas oder Timotheus war keine Nachricht über den Fortgang der Arbeit in Mazedonien gekommen; in Athen hatte er auch wenig Ermutigendes gefunden. Was sollte nun in Korinth werden? Die Begegnung mit Aquila und Priscilla, bei welchen er wohnte und Arbeit als Zeltmacher fand, bestätigte ihm Gottes freundliche Fürsorge, 2-3. Das Dekret des Klaudius im Jahre 49 n.Chr. hatte zur Folge, daß Aquila Rom verlassen mußte und sich schließlich in Korinth niederließ. Das aufblühende Korinth lockte zahlreiche Juden an. Ein Stein mit der Inschrift „Synagoge der Hebräer" wurde am Fuß der Propyläen gefunden. Die Juden lehnten die Botschaft des Paulus ab; deshalb wandte er sich an die Heiden. Die Bekehrung des Justus und Krispus, 7-8, war ein bedeutsamer Sieg. Die ermutigende Vision, in der ihm der Herr selbst begegnete und tröstlich zusprach, machte Paulus über den Erfolg des Werkes in der Stadt gewiß, 9-11.

Paulus vor Gallion, 12-17. Gallion war im Sommer 51 n.Chr. Statthalter, 12. Dies ist heute durch eine wichtige, in Delphi gefundene Inschrift bekannt, die in Form eines Briefes von Kaiser Klaudius an Gallion „als Luzius Junius Gallio, mein Freund und Statthalter von Achaia ..." Bezug nimmt. Das Datum des Briefes ist 52 n.Chr. Gallion hatte seinen Dienst im Jahre 51 n.Chr. angetreten. Er mußte lange genug im Amt gewesen sein, um dem Kaiser aufschlußreiche Informationen über die Leute von Delphi übermitteln zu können. Die Ankunft des Paulus in Korinth war noch früher, im Jahre 50 n.Chr. Die jüdische Anklage gegen Paulus, 13, wurde von Gallion oberflächlich behandelt, 12-17. Spitzfindige Streitfragen über Einzelheiten jüdischen Brauchtums vor einem römischen Gericht ließen ihn unberührt. Seine Entscheidung war klug und rettete Paulus vor der Wut jüdischer Fanatiker.

Ende der zweiten Reise, 18-22. Paulus verließ Korinth (etwa im Herbst 51 n.Chr.) vom Hafen Kenchreä am Ägäischen Meer aus, um nach Syrien zu fahren. Er landete in Ephesus und fuhr weiter nach Cäsarea und Jerusalem und dann zurück nach Antiochien.

Kap. 18,23 - 19,7
Beginn der dritten Missionsreise – Die Jünger des Johannes

Beginn der dritten Reise, 18,23. Paulus besuchte seine Heimatgemeinde Antiochien und berichtete über die Ergebnisse der zweiten Reise, wie er es auch bei der ersten getan hatte (14,26-28). Damit stellte er ein bleibendes Vorbild für die Methode der Missionsarbeit auf, 23.

Apollos in Ephesus, 18,24-28. Apollos stammte aus Alexandrien, Ägypten, 24. Obwohl er in den atl. messianischen Schriften gut unterrichtet war, 25, wußte er nur von der vorbereitenden, zum Messias hinführenden Taufe des Johannes, 25 (Matth. 3,11; Mk. 1,8; Lk. 3,16), jedoch nichts von der Taufe des Heiligen Geistes, die an Pfingsten geschah (Apg. 1,5; 2,1 ff.). Aquila und Priscilla, die durch die enge Zusammenarbeit mit Paulus sorgfältig im Evangelium unterrichtet waren (18,2-3), erläuterten ihm den Weg Gottes genauer, 26, d.h. sie gaben ihm wahrscheinlich genaue Unterweisung über den Heiligen Geist und erklärte ihm, daß der Gläubige im Augenblick, da er an Christus glaubt, in Christus und seinen Leib, die Gemeinde, hineingetauft wird.

Die Jünger des Apollos werden Christen, 19,1-7. Als Paulus nach Ephesus kam, fand er einige Apollos-Jünger, 1. Diese wußten wegen Apollos' beschränktem Wissen noch von der Gabe des Heiligen Geistes (s. Erklg. zu Joh. 7,37-39) noch von den Funktionen, die er bei jedem Gläubigen ausübt. Die Not war nicht, daß die ephesischen Jünger nicht glaubten, sondern was sie glaubten, d.h. die einführende und nun überholte Botschaft des Johannes. Wegen dieser begrenzten Botschaft des Johannes wußten die Jünger nicht einmal, „ob ein heiliger Geist sei", 2 (vgl. auch Joh. 7,39). Nun, da der Heilige Geist gekommen war, verkündigte Paulus Jesus Christus und seine vollbrachte Erlösung, 4. Das Ergebnis ihres Glaubens an diese Botschaft war, daß „der heilige Geist auf sie kam", d.h., sie wurden in das Heil des Neuen Bundes hineingenommen.

Kap. 19,8-40
Dritte Missionsreise – Ephesus

Machtvolles Wirken des Apostels in Ephesus, 8-22. Paulus wirkte zuerst in der Synagoge, 8, dann in der Schule des Tyrannus, 9, der anscheinend ein griechischer öffentlicher Redner war. Wahrscheinlich war Paulus vom Tagesanbruch an bis ungefähr 11 Uhr an seinem Webstuhl beschäftigt und mietete für den Rest des Tages einen Schulraum. Die griechische *scholē* („Schule"), 9, war ein Ort für intellektuelle Beschäftigung und Unterweisung und fand ihre schönste Verwendung, als Paulus sie benützte, um Christus, die Weisheit Gottes, zu verkündigen, 10. Durch geistesmächtige Verkündigung des Apostels, begleitet von Zeichen und Wundern, wurde das Evangelium in der ganzen Provinz Asia, die von Statthaltern verwaltet wurde, bekannt, 10. Aber auch hier stieß der Dienst des Paulus auf den Widerstand der Dämonen, die treibenden Kräfte für die Abgötterei der Stadt und ihr heidnisch unterwandertes Judentum. Die Folge war die Auseinandersetzung mit jüdischer Teufelsaustreibung, 13-17, und der Gewalt der Dämonen im abgefallenen Judentum (Matth. 12,43-45), das den Messias wie auch das Zeugnis des Stephanus abgewiesen hatte. Der Zusammenstoß mit dem von dämonischer Kraft erfüllten Heidentum endete mit der völligen Vernichtung aller Zauberbücher, für die Ephesus berühmt war, 19. Diese Schriftrollen waren die „Ephesia grammata", ein Ausdruck, der in der griechisch-römischen Welt allgemein für magische Schriften bekannt war. Tempel-Wahrsager murmelten die Zauberformeln. Diese Tätigkeit stellte ein Gewerbe in der Stadt dar. Fünfzigtausend Silberdrachmen (etwa 9200 Golddollar oder 42000 DM) waren eine große Summe für jene Zeit, 19.

Zusammenstoß mit dem Diana-Kult, 23-40. Das religiöse Leben von Ephesus konzentrierte sich auf die Verehrung der Fruchtbarkeitsgöttin Artemis oder Diana, der Magna Mater (Große Mutter), die in einem Tempel verehrt wurde, der zu den „Sieben Weltwundern" des Altertums gehörte. Der Erfolg des Paulus in

Ephesus war so groß, daß der Kult der Artemis und ihr mächtiger Tempel ernstlich bedroht waren, 27. Demetrius, offenbar das Haupt der Silberschmied-Zunft, verfertigte Miniatur-Ausgaben des Tempels und der Göttin. Die Aufrührer rannten zum Theater, das von Ausgrabungen und Hinweisen in Inschriften bekannt ist. Der Schrei der Volksmenge „Groß ist die Diana der Epheser", 28, wurde durch die archäologischen Funde bestätigt. Viele Abbilder und andere Gegenstände der Artemis sind gefunden worden, und Hinweise auf sie kommen in Inschriften vor.

Der Stadtschreiber *(grammateus)* ist aus nichtbiblischen Quellen als wichtiger Verwaltungsbeamter der Stadt bekannt, 35-40. Er schrieb Erlasse, die der Volksversammlung vorgelegt wurden, und fungierte als Vorsitzender bei Volkszusammenkünften, die oft im Theater abgehalten wurden. Diesem maßgebenden Mann gelang es dann, den Aufruhr niederzuschlagen. Als der Stadtschreiber die Stadt Ephesus „die Tempel-Pflegerin" *(neokoros)* der Diana nannte, 35, gebrauchte er einen allgemein bestätigten Ausdruck, der sowohl Einzelpersonen als auch Städten verliehen wurde, die zu Ehren eines Gottes einen Tempel bauten. Die Volksmenge im Theater wurde „Versammlung" *(ecclesia)*, 32.39, genannt. Dieser Ausdruck wurde auch im allgemeinen Sinn gebraucht und erscheint oft in Inschriften in Ephesus. Die Bezeichnung „Asiarch" (Oberste von Asien), 31, war ein Ehrentitel, der bürgerlichen Wohltätern in der römischen Provinz Asia verliehen wurde.

Das Theater in Ephesus; hier fand die Volksversammlung statt, von der Apg. 19 berichtet.

Die Stadt Ephesus

Ephesus war zur Zeit des Paulus die Metropole der Provinz Asia. Sie wurde von Statthaltern verwaltet und gehörte mit Alexandrien in Ägypten und Antiochien in Syrien zu den drei größten Städten des Ostens. Ihre Ruinen, die an der Mündung des Kaystros-Flusses, 5 km vom Ägäischen Meer entfernt, gefunden wurden, sind sorgfältig untersucht und ausgegraben worden. Ihr ausgebaggerter Hafen verschaffte der Stadt Zugang vom Meer her. Durch die gute Verbindung mit dem Binnenland, das durch ein Netz von Straßen erschlossen war, kam die Stadt zu Wohlstand. Man hat die Bevölkerung auf 200 000 Einwohner geschätzt.

Ephesus und der Artemis-Kult

Die Verehrung der Artemis war der eigentliche Grund für das Ansehen von Ephesus. Der Tempel der Artemis wurde Artemision genannt. Dieses mächtige Gebäude war 104 m lang, 49 m breit und mit 100 Säulen von über 16 m Höhe verziert. Reich mit Kunstschätzen geschmückt, war der Tempel gleichzeitig eine Bank, ein Zufluchtsort für Flüchtlinge und der Mittelpunkt eines ausgeprägten Kultes.

Die Entdeckung des lange verschütteten Tempels ist ein Epos in der archäologischen Forschung. Ausgrabungen und Forschungen begannen am 2. Mai 1863; aber erst am 31. Dezember 1869 wurde in einer Tiefe von 6 m der weiße Marmor-Fußboden des Tempels bloßgelegt. Während der folgenden fünf Jahre wurden die märchenhaften Funde, die jetzt in der ephesischen Galerie des Britischen Museums ausgestellt sind, ausgegraben; dazu gehören solch hervorragende Kunstwerke wie Herkules im Kampf mit der Königin der Amazonen sowie Hunderte von rituellen Inschriften im Zusammenhang mit dem Kult. Spätere Ausgrabungen (1904-1905) brachten einen Schatz reicher Weihegaben für die Göttin ans Tageslicht, die unter dem Sockel des Standbildes der Göttin gefunden wurden.

Ephesus und andere archäologische Entdeckungen

Laufende Ausgrabungsarbeiten werfen weiteres Licht auf die wechselvolle Geschichte der Stadt seit ihrer Gründung, ungefähr 1044 v.Chr. Das große Theater aus der Zeit des Paulus, in dem die Bevölkerung sich zusammenrottete, stand in einer Mulde am Abhang des Pionberges und konnte unge-

fähr 24 500 Zuschauer aufnehmen. Die heutigen Ruinen sind eine Nachbildung aus der Zeit nach Paulus.

Die mit Marmor gepflasterte und mit Standbildern geschmückte Hauptstraße von Ephesus, „Arkadiane" genannt, hatte prächtige Säulengänge mit Verkaufsläden und war mit dem Hafen durch das schöne Hafentor verbunden. Die griechische *agora* (Marktplatz) lag südlich und südwestlich des Theaters. Das größere römische Forum befand sich nördlich der Arkadiane. Das Magnesia-Tor lag im südöstlichen Teil der Stadt; nordwestlich davon stand das Odeum oder lyrische Theater. Südöstlich des Artemision befand sich die sogenannte „Höhle der Sieben Schläfer". Eine Anzahl christlicher Kirchen aus einer späteren Epoche beweisen die Durchschlagskraft des Evangeliums in der Stadt. Hierzu gehören auch Justinians „Kirche des Hl. Johannes" und die Doppelkirche der Jungfrau Maria.

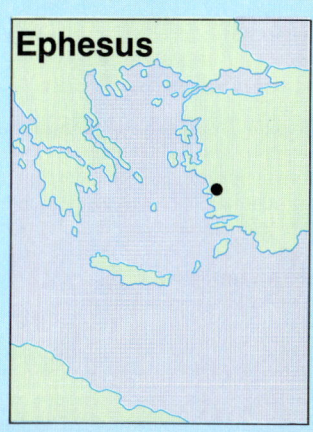

Ephesus

„Basilika des heiligen Johannes" in Ephesus

Teil der umfassenden Ruinen des antiken Ephesus

Kap. 20
Dritte Missionsreise –
Mazedonien bis Milet

Letzter Besuch in Griechenland, 1-6. Als Paulus Ephesus verließ, kehrte er zuerst nach Mazedonien zurück, um die Gemeinden, die er dort gegründet hatte, erneut zu besuchen, 1. Dann zog er weiter nach Griechenland. Dort blieb er drei Monate, 2-3. Offenbar schrieb er den Römerbrief von Korinth aus. Er hatte im Sinn, am Passahfest in Jerusalem teilzunehmen. Die Entdeckung einer Verschwörung gegen ihn, wahrscheinlich gerade, als das Schiff von Korinths östlichem Hafen Kenchreä auslaufen wollte, 3, veranlaßte Paulus, seinen Plan zu ändern und nach Mazedonien zurückzukehren, um das Passahfest und das Fest der ungesäuerten Brote in Philippi zu feiern. Dann schiffte er sich in Neapolis ein, um nach Troas zu fahren (16,11-12), und kehrte auf demselben Weg, auf dem er bei seiner zweiten Reise nach Europa gekommen war, zurück.

Von Troas nach Milet, 7-16. In Troas hatte Paulus die entscheidende Vision gehabt, daß er Europa die Botschaft von Jesus Christus bringen solle (16,8-10). Hier geschah es, daß der schlafende Eutychus aus dem Fenster fiel, 9, und die Christen das Mahl des Herrn am ersten Tag der Woche feierten, 7 (vgl. 2,42). Zwecks körperlicher Übung, Erholung und geistlicher Gemeinschaft zog Paulus es vor, zu Fuß von Troas nach Assos zu gehen, 13. Es war normalerweise eine sechs- bis achtstündige Wanderung, wahrscheinlich auf der Straße, die von Norden her durch ein Tal führte. Assos war eine schöne Stadt auf einem hohen Hügel mit einem bewundernswerten Hafen, der durch die Insel Lesbos geschützt war. Die Stadt bot einen der schönsten Anblicke in der ganzen Provinz Asia, die von einem Statthalter regiert wurde. Dort wurden reiche archäologische Schätze und zahlreiche architektonische Überreste gefunden, vor allem der dorische Tempel der Athene. Mitylene, 14, die wichtigste Stadt auf Lesbos, die an der Ostküste der Insel lag, war der nächste Aufenthalt. Man fuhr an Chios und Samos, 15, den malerischen Inseln im Ägäischen Meer, vorbei, dann nahm das Schiff Kurs auf Milet, das heutige Palatia. Milet, 17, war eine bedeutende Hafenstadt an der Mündung des Mäander-Flusses, die sich an Bedeutung mit Ephesus an der Mündung des Kaystros maß. Im dortigen großen heidnischen Theater lautet eine Inschrift: „Ort der Juden, die auch gottesfürchtig sind", was auf die Verweltlichung der Juden der Stadt hinweist.

Abschied von den Ältesten aus Ephesus in Milet, 17-38. Die ergreifende Rede des Apostels an die Ältesten und durch sie an die Gemeinde von Ephesus ist die dritte von Lukas berichtete Rede. Die erste war an die *Juden* in der Synagoge Antiochiens in Pisidien (13,16-41), die zweite an die *Heiden* in Athen (17,22-31) und die dritte an die *Gemeinde* gerichtet, 18-35. Es war das meisterhafte Zeugnis eines Dieners Jesu Christi, der seinem Meister rückhaltlos hingegeben ist, und gleichzeitig eine eindringliche Warnung vor falscher Lehre und falschen Lehrern. Vers 35 ist ein Ausspruch Jesu, der in den Evangelien nicht zu finden ist.

Kap. 21
Ende der dritten Missionsreise –
weiter nach Jerusalem

Von Milet nach Cäsarea, 1-14. Kos und Rhodus, 1, sind die südlichsten Inseln im Ägäischen Meer, nordöstlich von Kreta. Rhodus war der Name sowohl für die Insel als auch für ihre Hauptstadt am nordöstlichen Ende der Insel, wo Paulus eines der sieben Weltwunder bestaunen konnte – den Koloß von Helios, dem Sonnengott, der sich 32 m über dem schönen Hafen der Stadt erhob. Strabo, der griechische Geograph, lobte den Hafen von Rhodus, die Straßen und Mauern. Patara war der Meerhafen von Lycia, nahe der Mündung des Xanthos-Flusses, 2, ein Mekka für Handelsschiffe, ein Mittelpunkt der Apollo-Verehrung und heute ein Ort mit vielen Ruinen aus jener Zeit. Auf einem Triumphbogen ist zu lesen: „Patara, die Metropole des Lycianischen Volkes". Über Cypern, 3, s. Erklg. zu 13,4-12. In Tyrus, 3-6, warnten Gläubige Paulus vor kommendem Unheil. Dieser alte Stadtstaat war bis 65 v.Chr., als er Rom einverleibt wurde, eine freie Stadt. Ptolemais ist das heutige Akre, in der Nähe von Haifa, das atl. Akko (Ri. 1,31). In Cäsarea, der Hauptstadt der Provinz Judäa und der angrenzenden Gebiete, wurde Paulus im Hause des Philippus, des Evangelisten, einem der sieben Diakone, aufgenommen (6,1-7; 8,5-12). Agabus (11,28) war ein atl. Prophet, indem er eine symbolische Handlung ausführte, 10-12 (vgl. Jes. 20,2-6). Cäsarea war eine prachtvolle hellenistische Stadt (s. Kap. 10). Der schöne Hafen wurde zu Ehren Herodes des Großen, des Erbauers der Stadt, „Hafen des Herodes" genannt.

Paulus in Jerusalem, 15-40. Der Erfolg der Missionsarbeit des Apostels unter den Heiden wurde Jakobus und den Ältesten berichtet, 17-20. Es kam jedoch zu einer Krise. Paulus stellte sich den Juden zuliebe unter das Gesetz, 23-26, um den Argwohn der gesetzeseifrigen Gläubigen, die aus dem Judentum kamen, zu zerstreuen. Dies hatte verheerende Folgen. Paulus wurde gefangengenommen und eingekerkert. Die Weissagung des Agabus erfüllte sich damit. Aber in all dem zeigte der Apostel seine ungeheure Liebe und sein Interesse für seine jüdischen Volksgenossen und bewies, daß das, was er in Römer 9,1-5 bezeugte, keine leeren Worte waren, die einfach um der rhetorischen Wirkung willen ausgesprochen worden waren.

Die Archäologie zur Gefangennahme des Paulus

Wenn die Anklage begründet gewesen wäre, Paulus habe Heiden in den Tempel gebracht, zu welchem nur jüdische Männer, die nicht Priester oder Leviten waren, Zugang hatten, wäre das ein todeswürdiges Verbrechen gewesen. In diesem Punkt hatten sogar die römischen Behörden Verständnis für die jüdischen Gewissensbedenken, so daß sie die Todesstrafe für dieses Verbrechen bewilligt hätten, selbst wenn es durch einen römischen Bürger verübt worden wäre.

Die Warntafeln an den Türen zu den Innenhöfen lauteten in Griechisch: „Kein Fremder darf den Raum innerhalb der Schranken und der Tempelmauer betreten. Wer dabei ertappt wird, ist allein verantwortlich für die Todesstrafe, die darauf folgt." Einer dieser Steine vom herodianischen Tempel wurde 1871 auf einem Friedhof gefunden. Einen anderen fand man 1935 in der Nähe des Stephanstores.

Modell der Burg Antonia in Jerusalem, das Hauptquartier der römischen Besatzungsarmee

Kap. 22
Paulus' Verteidigungsrede vor der Bevölkerung

Paulus gibt sein Zeugnis, 1-21. Er redete die Juden in Hebräisch (Aramäisch) an (21,40), um ihnen zu zeigen, daß ihm ihre Sprache nicht fremd war, und um ihre Aufmerksamkeit zu wecken. Gamaliel (5,34-40) war ein berühmter Rabbiner, der Enkel Hillels, ein Pharisäer, 3. Zu Tarsus, 3, s. Erklg. zu 9,26-31; zu Damaskus, 5, s. Erklg. zu 9,20-25.

Paulus beruft sich auf sein römisches Bürgerrecht, 22-30. Das Verhör unter Geißelhieben war keine Strafe, sondern sollte Beweise erbringen. Ein nicht verurteilter römischer Bürger wurde von diesem grausamen Brauch verschont (vgl. Erklg. zu 16,25-40). Während der Regierung des Kaisers Klaudius (41-54 n.Chr.) wurde das römische Bürgerrecht oft gegen eine hohe Summe Geldes erworben, 28.

Kap. 23
Paulus' Verteidigung vor dem Hohen Rat

Vor dem Hohen Rat, 1-10. Das Militärgericht stellte Paulus vor den höchsten jüdischen Gerichtshof, nicht, um ihn zu verurteilen, sondern um Beweise zu erhalten (22,30). Ananias, 2, war während der Amtszeit der Kaiser Klaudius (41-54 n.Chr.) und Nero (54-68 n.Chr.) Hoherpriester. Er wurde im Jahre 66 n.Chr. ermordet. „Getünchte Wand" war ein treffender Ausdruck für den heuchlerischen Hohenpriester, der das jüdische Gesetz brach, indem er Paulus schlagen ließ, bevor er schuldig gesprochen war. Die Bezeichnung deutet auf eine wacklige Wand hin, deren Baufälligkeit durch eine dicke Schicht weißer Tünche verdeckt wird. Durch Ananias' unwürdiges Benehmen konnte Paulus ihn nicht ohne weiteres als den Hohenpriester erkennen, 4-5 (vgl. sein Zitat von 2. Mo. 22,28). Paulus gebrauchte seinen Witz und Humor, 6-10, obwohl er sehr unter Druck stand. Die Sadduzäer waren vernunftmäßige Kritiker, die die Auferstehung leugneten.

Paulus soll ermordet werden, 11-22. Paulus wurde in seinen Prüfungen durch eine Vision des Herrn gestärkt, 11, gerade angesichts der Verschwörung mit dem Ziel, ihn zu töten, 12-22.

Paulus nach Cäsarea gesandt, 23-35. Zu Cäsarea s. Erklg. bei Kap. 10; 21,8. Die dritte Stunde war von 9 bis 10 Uhr abends. Die große Leibwache für Paulus, 23, zeigt den Ernst des Aufruhrs und der Verschwörung gegen ihn. Felix, der Gouverneur, war von Klaudius (52 n.Chr.) zum Statthalter von Judäa ernannt worden. Er war grausam und hatte keine besonders hohen sittlichen Maßstäbe. Der Brief des Klaudius Lysias, 26-30, zeigt den Stil jener Zeitepoche. Der Palast des Herodes, 35, war der von Herodes dem Großen erbaute pompöse Palast, der seine hellenistische Stadt Cäsarea verschönern sollte. Er wurde von den Römern übernommen und als Hauptquartier der römischen Statthalter in Palästina benutzt.

Kap. 24
Paulus vor Felix

Zum erstenmal vor Felix, 1-23. Hier erscheint der Hohepriester Ananias wiederum in einem schlechten Licht, indem er den Redner Tertullus anstellte, der die Anklage gegen Paulus vor Felix brachte, 2-9. „Die Sekte der Nazarener", 6, bezieht sich auf die Christen, die Nachfolger Jesu von Nazareth; dieser Ausdruck erscheint sonst nirgends in der frühchristlichen Literatur. Die Verteidigung des Paulus vor Felix ist in den Versen 10-21 wiedergegeben. „Der Weg",

14.22, d.h. der wahre Weg des Herrn (Joh. 14,6), war eine der ersten Bezeichnungen für das Christentum (vgl. 9,2).

Zum zweitenmal vor Felix, 24-27. Die Frau des Felix, Drusilla, war die Schwester von Herodes Agrippa II. und von Bernice (25,13). Felix benahm sich ähnlich wie Herodes Antipas (Mk. 6,20). Tacitus schreibt über ihn: „Er übte die Macht eines Königs mit der Gesinnung eines Sklaven aus" (Annalen XII, 54). Die Art, wie er den „Fall Paulus" behandelte, bestätigt diese treffende Charakteristik. Seinem starken Ehrgeiz opferte er bewußt Pflicht und Gerechtigkeit. Paulus mußte seinetwegen zwei Jahre im Gefängnis schmachten, 27.

Kap. 25–26
Paulus vor Festus und Agrippa

Vor Festus, 25,1-12. Porcius Festus war von 60-62 n.Chr. Prokurator (Landpfleger). Er zeigte dieselbe Unentschlossenheit, 9, wie Felix. Paulus, der wußte, was es bedeutete, einem jüdischen Gericht ausgeliefert zu werden, wählte den kaiserlichen Gerichtshof, 10-11. Er berief sich auf die römische Gerichtsbarkeit in der Person des Landpflegers. Festus entschied, der Kaiser selbst solle die Sache hören. Aus der Behandlung des Falles von Paulus ist die Schwäche der Regierungsweise dieses römischen Statthalters ersichtlich.

Paulus vor Agrippa, 25,13-26,32. Agrippa, 25,13, war Herodes Agrippa II. (50-93 n.Chr.).

Er und seine Schwester Bernice waren die Kinder von Herodes Agrippa I. (vgl. Kap. 12). In einem Versuch, den „Fall Paulus" zu klären, ging Festus Agrippa um Hilfe an. Eine glanzvolle Zuhörerschaft hatte sich in dem prächtigen Saal des Prätoriums versammelt, 25,23-27. Nach dem erneuten Zeugnis des Paulus, 26,2-23, kam Festus zu dem Schluß, Paulus sei geistesgestört, aber harmlos, 26,24. Beide, Festus und Agrippa, waren sich darin einig, daß Paulus keines Verbrechens schuldig sei, das den Tod oder auch nur die Gefangenschaft verdient hätte, 26,30-31. Agrippas Worte: „Du überredest mich bald, daß ich ein Christ werde", 26,28, sind berühmt geworden.

Kap. 27
Reise des Paulus nach Rom – Cäsarea bis Malta

Von Cäsarea nach Myra, 1-6. Der Fall des Paulus war nun der Zuständigkeit des Statthalters von Judäa entnommen. Als ein Gefangener Roms hatte sich Paulus entschlossen, sich auf den Kaiser in Rom zu berufen. Zu jener Zeit bedeutete die Bezeichnung „Italien" die gesamte italienische Halbinsel, von den Alpen im Norden bis zum Absatz des Stiefels im Süden, mit der kaiserlichen Stadt am Tiber als Regierungs-Hauptsitz. Der „Centurio" (Hauptmann) war über ungefähr 100 Mann gesetzt, die Grundeinheit der römischen Armee. „Die kaiserliche Schar" war die kaiserliche Kohorte und bezeich-

An dieser Stelle bei Cäsarea befand sich der römische Hafen

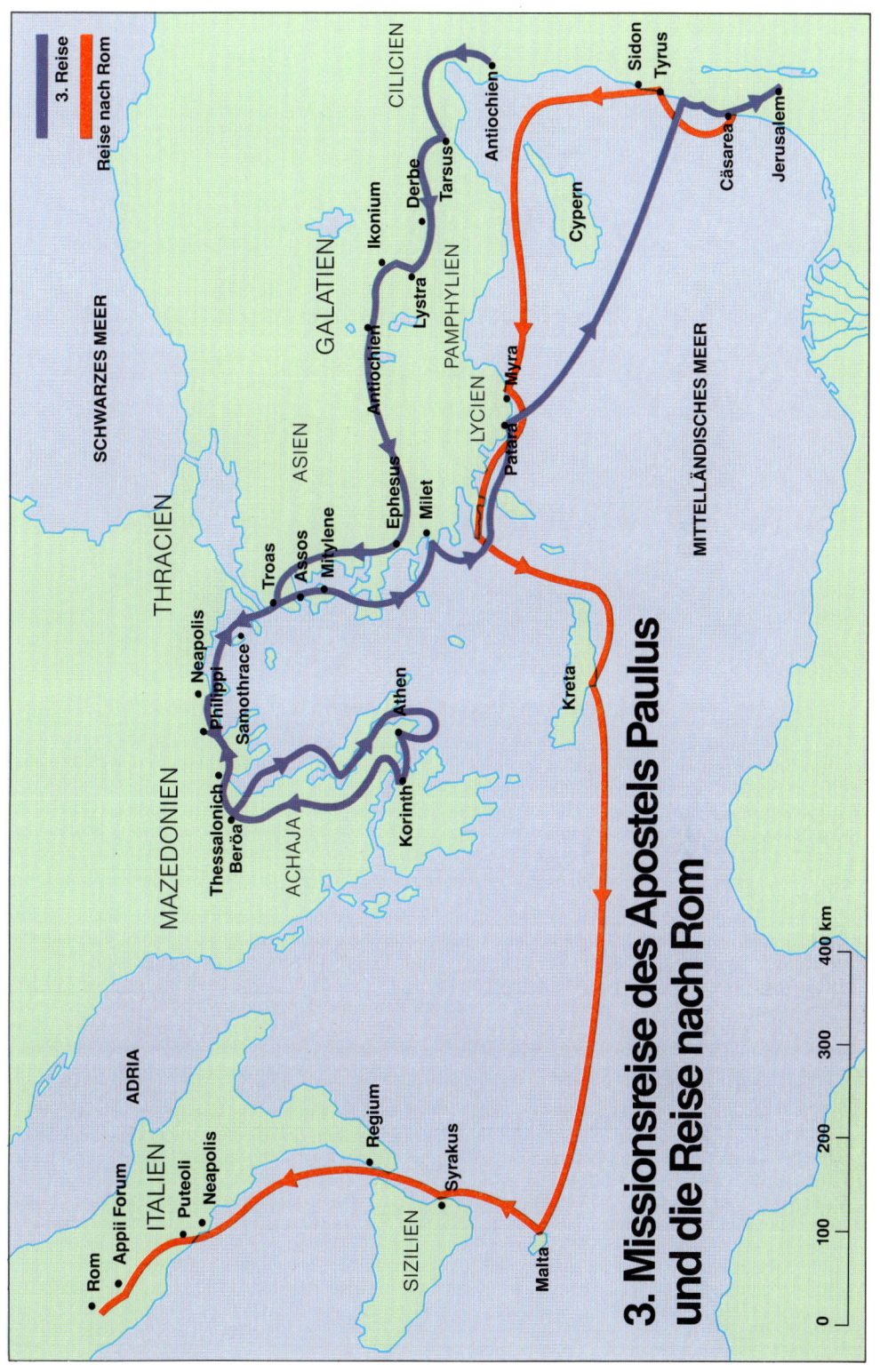

3. Missionsreise des Apostels Paulus und die Reise nach Rom

Modell eines römischen Handelsschiffes. In einem solchen Schiff wurde Paulus nach Rom gebracht.

nete eine der fünf Kohorten, die in oder nahe bei der Provinzhauptstadt stationiert war. Dieser Begriff ist auch aus der Profangeschichte belegt. Cäsarea war zweifellos der Einschiffunghafen. Sidon, 3, lag in weniger als 120 km Entfernung im Norden, an der phönizischen Küste. Dieser alte phönizische Handelsplatz hatte eine christliche Gemeinde. Seine dortigen Freunde durfte Paulus mit Erlaubnis des Julius besuchen. Cypern, 4, brachte eine Flut von Erinnerungen an die erste Missionsreise (13,4-13). Die windgeschützte Seite der Insel Cypern, 4, lag im Norden und Osten der Insel, da die westlichen Winde überwogen. Myra, 5, in Cilicien (das heutige Dembre) rühmt sich heute eindrucksvoller Ruinen und war in frühchristlicher Zeit der Zugangshafen zum östlichen Mittelmeer. Dort fand der Hauptmann einen alexandrinischen Getreidefrachter, der nach Italien segeln wollte, und brachte Lukas (bezeichnet durch den „Wir"-Abschnitt) und die Gruppe des Paulus an Bord.

Von Myra nach Kreta, 7-13. Gegenwinde machten die 209 km lange Reise nach Knidus, 8, schwierig und langwierig. Die Angabe der Fastenzeit (5. Oktober), 9, weist darauf hin, daß gefährliches Wetter eingesetzt hatte, mit dem man nach dem 14. September rechnen mußte, 10. „Phönix", 12, ist wahrscheinlich Lutro, ein Hafen etwa 55 km westlich von Kap Matala auf Kreta. Es ist jedoch auch möglich, daß Phineka, westlich von Lutro, auf der anderen Seite der Halbinsel Muros, damit gemeint ist.

Der Sturm, 14-44. Dieser Bericht ist das Muster einer und genauen Berichterstattung. Der orkanartige Nordostwind, der das Schiff mit sich riß, 15, wird durch ein griechisch-lateinisches Mischwort *Euraquilo* ausgedrückt, von *euros* („Ostwind") und dem lat. Wort *aquilo* („Nordwind"), d.h. ein Ost- bis Nordostwind. „Klauda", 16 (das heutige Ghaudo, Gozzo), ist eine ungefähr 37 km südöstlich gelegene Insel. Die Syrte, 17, war der seichte Flugsand vor der afrikanischen Küste westlich von Kyrene. Paulus bewies während dieser schrecklichen Fahrt Vertrauen und innere Kraft, 21-26, und wurde durch einen Engel von Gott gestärkt. Die Entfernung von Klauda bis Malta beträgt 766 km, und die Geschwindigkeit des Schiffes betrug durchschnittlich 2,4 km in der Stunde. Um Mitternacht des vierzehnten Tages würde das Schiff weniger als 5 km von der St. Paulus Bucht auf Malta entfernt sein. Das Adriatische Meer, 27, war der mittlere Teil des Mittelmeers, das von Italien im Norden, Sizilien im Westen, der cyrenäischen Küste Afrikas im Süden und Kreta im Osten begrenzt war. Der Golf von Adria war das kleinere Meer zwischen Italien und Griechenland.

Die Via Appia, die römische Straße, auf der Paulus seine Reise nach Rom beschloß.

Kap. 28,1–16
Von Malta bis Rom

Paulus in Malta, 1–10. „Melite", 1, ist der griechische Name für Malta, südlich von Sizilien, mitten im Mittelländischen Meer. Den Namen „Melita", ein phönizisches Wort für „Entrinnen", haben die späteren Griechen von frühen phönizischen Seeleuten übernommen, für welche diese Insel sich oft als Zufluchtsort erwiesen hatte. Die Eingeborenen („Barbaren" in dem Sinn, daß sie wie ihre phönizischen Vorfahren einen punischen Dialekt sprachen; bedeutet hier also *nicht* unzivilisiert), 2, nahmen die durchnäßten Schiffbrüchigen auf. „Publius" („erster Mann"), 7–8, war des Proprätors nächster Untergebener in Malta, da Malta dem Proprätor der nur 97 km entfernten Provinz Sizilien unterstand. Das Erlebnis des Apostels mit der Viper offenbarte die göttliche Vorsehung. Die Heilung des Vaters von Publius und anderen Kranken gab Paulus Gelegenheit, Publius seine Dankbarkeit für seine Freundlichkeit zu erzeigen, 7–9. Das Maltesische Fieber, das von einem Virus in der Ziegenmilch herrührt, ist auf der Insel eine allgemein bekannte Krankheit.

Von Malta bis Puteoli, 11–13. Ein anderes Schiff von Alexandrien war gezwungen worden, in Malta, wahrscheinlich im Hafen von Valetta, zu überwintern. Um den 5. März herum, mit der Eröffnung der Schiffahrtssaison, setzte Paulus seine Reise in Richtung Sizilien fort, 11. „Das Zeichen der Zwillinge" (Sternbild von Kastor und Pollux) wurde von den Matrosen verehrt. Als legendäre Söhne des Zeus waren sie die Beschützer von Schiffsleuten in Seenot. Wenn in einem Sturm das Sternbild der Gemini (Zwillinge), deren zwei Hauptsterne Kastor und Pollux sind, gesichtet wurde, betrachtete man sie als Vorboten des Glücks. Syrakus, 12, wurde von Cicero als „die größte aller griechischen Städte und die schönste aller Städte" beschrieben (in Verrein IV, 52). Regium, 13, lag auf der Zehe von Italien (das heutige Reggio di Calabria), jenseits der Straße von Messina, ungefähr 10 km von Messina (auf der sizilianischen Seite) entfernt. Puteoli, 13, ist das heutige Pozzuoli, in der Nähe von Neapel. Zur Zeit des Paulus war Puteoli für die großen Getreideschiffe der Hafen Roms, bis dann später Ostia so ausgebaggert wurde, daß es die Hafenstadt Roms wurde und Puteoli verdrängte.

Von Puteoli nach Rom, 14–16. Das erste Augusteum (Tempel des Kaiserkults) stand in Puteoli. Von der alten Hafenstadt ist wenig erhalten geblieben, lediglich Ruinen der Mole, auf der Paulus zum erstenmal italienischen Boden betrat, und das Amphitheater, in dem Nero als

Schauspieler auftrat. Das Forum von Appius, 15, war 69 km von Rom entfernt. Hier wurde Paulus von einer Schar römischer Christen begrüßt. „Tres Tabernä" („Drei Kneipen"), 15, lag 53 km von Rom entfernt. Beide Orte lagen an der berühmten Via Appia, auf der Paulus nach Capua wanderte und von wo es noch 212 km bis Rom waren. Einige der Abgesandten waren so erpicht darauf, Paulus zu begegnen, daß sie die zusätzlichen 16 km zum Forum Appium wanderten.

Kap. 28,17-31
Paulus in Rom

Paulus sucht Verbindung mit den Juden, 17-22. Er betrat die Stadt zweifellos durch die Porta Capena. Endlich war er in der Hauptstadt der Welt! Obwohl er Gefangener war, erwartete er eine offene Tür zu allen Teilen des Kaiserreichs (vgl. Röm. 15,23-28). Seine große Liebe zu seinen jüdischen Landsleuten kam klar zum Ausdruck. Obwohl sie ihn in vielen Teilen des Ostens und vor allem in Jerusalem so abscheulich behandelt hatten, brachte er seinen Landsleuten in Rom nur Liebe entgegen (Röm. 9,1-5). Diese Juden wünschten, seine Ansichten zu hören.

Endgültige Ablehnung des Evangeliums, 23-31. Hier wurde zum letztenmal in der Apostelgeschichte nach dem paulinischen Grundsatz gehandelt „zuerst zu den Juden". Die „Kette" des Paulus (20) war ein Beweis seiner Liebe zu Israel; aber hier in Rom fiel die letzte Entscheidung. Die Ablehnung der Botschaft dessen, der solch ein Siegeszeichen der Gnade Gottes war und solche Liebe zu Israel bewiesen hatte, konnte nur Gericht zur Folge haben. Welche Einsicht und Weisheit wurden offenbar, als Paulus „das Reich Gottes" bezeugte, 23, die neue Ordnung für das Zeitalter, das jetzt für die Heiden angebrochen war! Er gab Erläuterungen zu Mose und den Propheten, 23. Der Unglaube der Juden veranlaßte Paulus, Jesaja 6,9-10 zu zitieren und anzukündigen, daß das Evangelium jetzt den Heiden verkündigt würde (vgl. 13,46; 18,6). Dieser letzte Aufruf an die Juden in der Hauptstadt der Welt, das Evangelium anzunehmen, war von entscheidender Bedeutung. Es war ein Signal dafür, daß das neue Zeitalter begonnen hatte und Gottes Absicht, sich den Heiden zuzuwenden, nun verwirklicht werden würde (vgl. 15,14).

Das Leben des Apostels Paulus

Sein früheres Leben
In Tarsus geboren (Apg. 22,3) ca. 10 n.Chr.
Im Judentum erzogen (Apg. 22,3) 20-30 n.Chr.
Zeuge von Stephanus' Tod (Apg. 7,58) ca. 35 n.Chr.
Verfolger der Christen (Apg. 9,1-2) 35-36 n.Chr.
Bekehrung vor Damaskus (Apg. 9,3-18) 37 n.Chr.
Aufenthalt in Arabien (Gal. 1,17) 37-39 n.Chr.
Besuch in Jerusalem (Apg. 9,26-29) 39 n.Chr.
Rückkehr nach Tarsus (Apg. 9,30) 39 n.Chr.
Nach Antiochien gebracht (Apg. 11,25-26) 43 n.Chr.

Erste Missionsreise
Mission auf Cypern (Apg. 13,4-12) 45 n.Chr.
Perge (Apg. 13,13)
Antiochien in Pisidien (Apg. 13,14-50) 46 n.Chr.
Ikonium (Apg. 13,51-14,5)
Lystra (Apg. 14,6-19)
Derbe (Apg. 14,20)
Rückkehr nach Lystra, Ikonium, Antiochien in Pisidien (Apg. 14,21-24) 47 n.Chr.

Perge, Attalia (Apg. 14,25) 47 n.Chr.
Antiochien in Syrien (Apg. 14,26-28) 47-50 n.Chr.
Apostelkonzil in Jerusalem (Apg. 15) 50 n.Chr.

Zweite Missionsreise
Antiochien auf dem Landweg, durch Syrien und Cilicien (Apg. 15,41) 50 n.Chr.
Derbe und Lystra (Apg. 16,1-5)
Phrygien und Galatien (Apg. 16,6)
Troas, Samothrace, Neapolis, Philippi (Apg. 16,8-40)
Thessalonich (Apg. 17,1-9)
Beröa (Apg. 17,10-14)
Athen (Apg. 17,15-34)
Korinth (Apg. 18,1-17) Abfassung des 1. und 2. Thessalonicherbriefs
Ephesus, Cäsarea, Jerusalem (Apg. 18,18-22)
Rückkehr nach Antiochien (Apg. 18,22) 53 oder 54 n.Chr.

Dritte Missionsreise
Galatien und Phrygien (Apg. 18,23) 54 n.Chr.
Ephesus (Apg. 19,1-40) 54-57 n.Chr.
1. und 2. Korintherbrief, Römerbrief und Galaterbrief abgefaßt

Mazedonien und Achaia (Apg. 20, 1-5) 57 n.Chr.
Troas (Apg. 20,6-12) 58 n.Chr.
Milet (Apg. 20,13-38)
Reise nach Jerusalem (Apg. 21, 1-17) 58 n.Chr.
Gefangennahme in Jerusalem (Apg. 21,27-36) 58 n.Chr.

Gefangenschaft und Tod
Gefangener in Cäsarea (Apg. 23,23-26.32) 58-60 n.Chr.
Reise nach Rom (Apg. 27) 60 n.Chr.)
Ankunft in Rom (Apg. 28,16) 61 n.Chr.
Erste Gefangenschaft 61-63 n.Chr.
Briefe aus der Gefangenschaft: Philemon, Kolosser, Epheser, Philipper
Freilassung 64-67 (?) n.Chr.
1. Timotheusbrief und Titusbrief verfaßt
Spanien (?) Kreta (Tit. 1,5)
Asien (2. Tim. 4,13)
Mazedonien (1. Tim. 1,3)
Griechenland (2. Tim. 4,20)
Zweite Gefangenschaft (?)
67 n.Chr. 2. Timotheusbrief verfaßt
Märtyrertod 68 n.Chr.

Rom zur Zeit des Apostels Paulus

Größe der Stadt. Zur Zeit des Paulus war Rom die größte Stadt der Welt. Eine Inschrift, 1941 in Ostia, Roms Seehafen, entdeckt, gibt die Einwohnerzahl der Riesenstadt mit 4.100.000 im Jahre 14 n.Chr. an. Obwohl diese Zahl mehr als dreimal so groß ist wie gewöhnlich angenommen wird, gibt sie zumindest eine Vorstellung von der ungeheuren Größe der Weltstadt am Tiber. Die meisten Bewohner lebten in großen, vielstöckigen Mietshäusern, „insulae" genannt. Die Reichen wohnten in „domi" (Häusern), deren Zimmer um einen Innenhof gruppiert waren.

Paläste und Tempel. Das Forum war ein Wirrwarr von auserlesenen Tempeln und Altären. Auf dem Palatin standen die Paläste der Kaiser; die bedeutendsten waren das Haus Livia, der Frau des Augustus, mit seinen prächtigen Wandmalereien und der märchenhafte Palast des Nero, der sich bis zum Fluß des Esquilin ausdehnte und eines der Wunder des Weltreiches darstellte. Auch der Apollotempel und der Tempel der Kybele schmückten den Palatin. Unzählige Tempel, u.a. der des Jupiter, Augustus, Saturn und des Göttlichen Julius verschönerten die Stadt.

Alleen und Hügel. Auf sieben Hügeln gebaut, war die Stadt berühmt für ihre Straßen und malerischen Alleen, welche sich zwischen den Hügeln hindurch und am Tiber entlangzogen. Die berühmtesten Hügel waren der Palatin, Esquilin, Caelius, Aventin und Kapitol. Berühmte Straßen und Alleen, oft 4,5 bis 6 Meter breit oder noch mehr, führten ins Herz der Stadt hinein, darunter die Via Appia, Via Flaminia, Via Nomentana, Via Salaria und Via Pinciana, Via Ostensis,

Via Latina, Via Labicana und die Via Tiburtina.

Das Forum Romanum, vom Kapitol aus gesehen

Theater- und Vergnügungsorte.
Rom hatte sich in der Zeit des Paulus dem Vergnügen ergeben. „Brot und Spiele" waren laut Juvenal die Hauptinteressen der Bevölkerung. Es gab bis zu 159 Feiertage im Jahr, 93 mit öffentlichen Spielen auf Regierungskosten. Ferner waren berühmte Zirkusse vorhanden, z.B. der riesige Circus Maximus, der zu Neros Zeit etwa 200.000 Sitzplätze hatte. Andere waren der berühmte Circus des Caligula, Circus Flaminus und der sogenannte Circus des Nero.

Die Theater zur Zeit des Paulus waren: das Theater vom Pompei (55 v.Chr.) mit 10.000 Sitzplätzen, das Theater des Balbus (13 v.Chr.) mit 8.000 Sitzplätzen und das Theater des Marcellus (11 v.Chr.) mit 14.000 Sitzplätzen. Die Amphitheater wie das Kolosseum, außer demjenigen auf dem Marsfeld (29 v.Chr.), sind aus der Zeit nach Paulus. Rom degenerierte sehr schnell. Blutige Orgien waren von den Tagen Neros an allgemein üblich.

Gärten und öffentliche Parks.
Zahlreiche Erholungsplätze lagen in der Stadt zerstreut. Der Grundbesitz der Domitia, Neros Tante, im Vatikan-Distrikt, war märchenhaft angelegt und wurde als die „Gärten Neros" bekannt. Prächtige öffentliche Bäder (Thermae) waren für die Allgemeinheit da. Viele von diesen eindrücklichen Ruinen stammen aus der Zeit nach Paulus, so das Thermalbad des Titus, das des Trajan und des Diokletian.

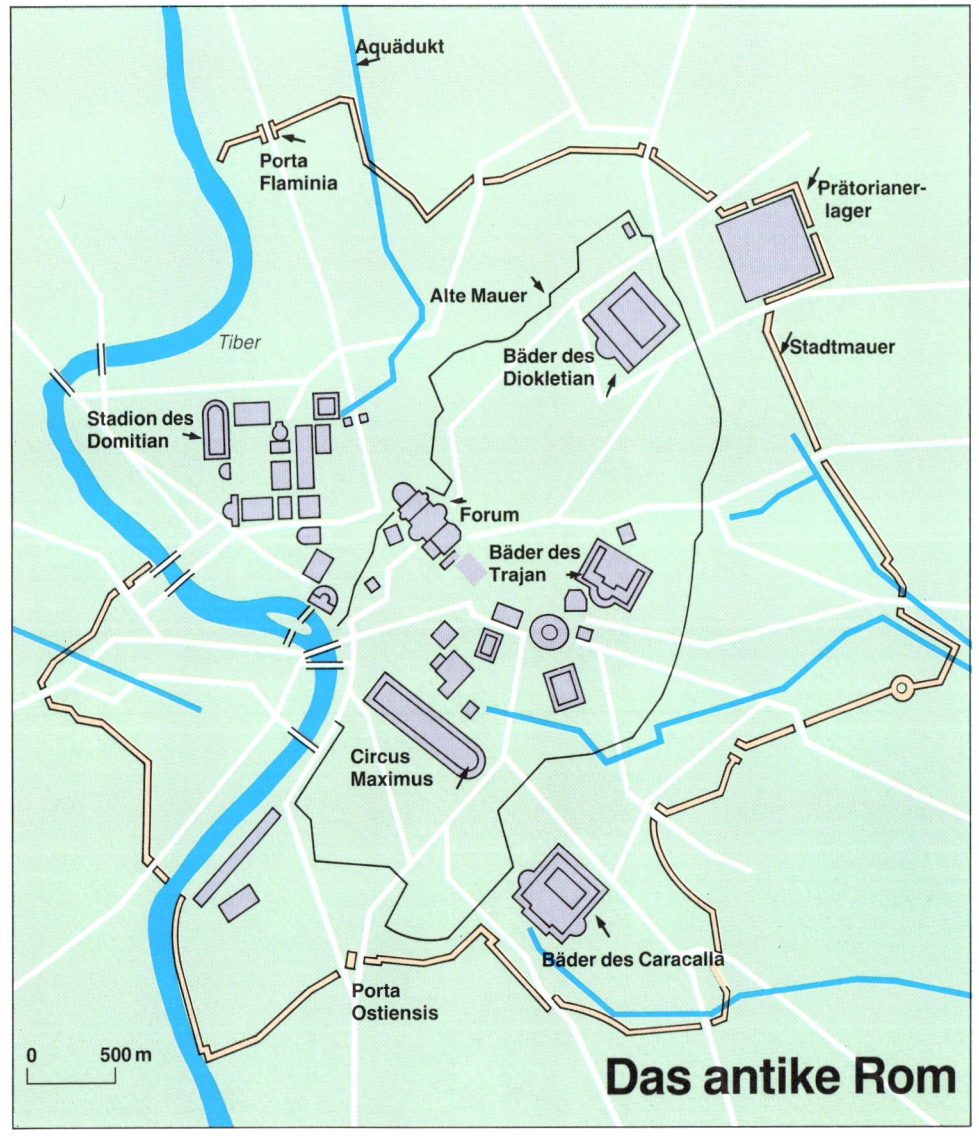

Das antike Rom

Die Briefe des Apostels Paulus

Das Besondere an den Briefen des Paulus

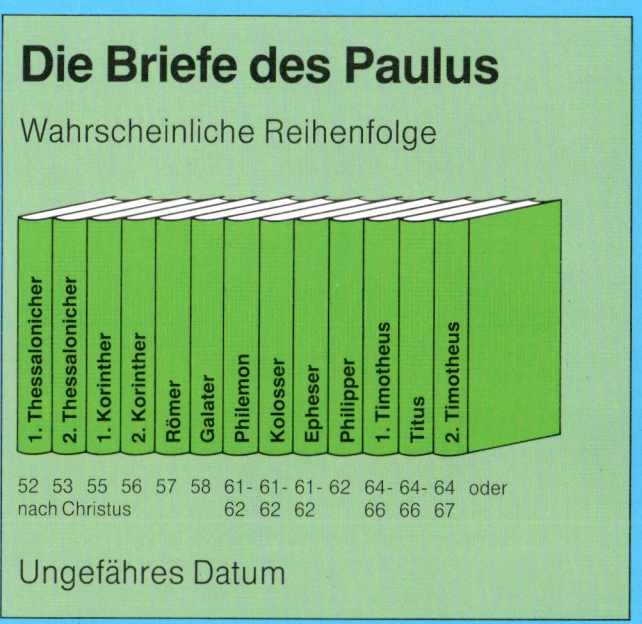

Die Briefe des Paulus

Wahrscheinliche Reihenfolge

1. Thessalonicher
2. Thessalonicher
1. Korinther
2. Korinther
Römer
Galater
Philemon
Kolosser
Epheser
Philipper
1. Timotheus
Titus
2. Timotheus

52 53 55 56 57 58 61- 61- 61- 62 64- 64- 64 oder
nach Christus   62   62   62   66   66   67

Ungefähres Datum

Heilung und Vollendung umfassend dargelegt (Röm. 1-8), weil sie für alle Gläubigen, die Juden eingeschlossen (Röm. 9-11), grundlegend sind und auch dem Gesetz Moses einen neuen Stellenwert geben (Gal. 1-6).

Die paulinischen Briefe beschreiben den Auftrag, die Hoffnung und die Zukunft der Gemeinde Jesu. In den vier Evangelien werden die Person und das Werk Jesu von der geschichtlichen Seite dargestellt; sie schließen mit dem Tod, der Auferstehung und die Himmerfahrt des Herrn. In der Apostelgeschichte werden die Folgen dieser historischen Ereignisse, die Gründung und das Wachstum der Gemeinde Jesu aufgezeichnet. In den paulinischen Briefen wird die Lehre aus dieser Offenbarung und die theologische Bedeutung all dieser Geschehnisse entfaltet.

Paulus wurde die Offenbarung der bis dahin verborgenen Absicht Gottes (Eph. 3,9) für das gegenwärtige Zeitalter (zwischen Himmelfahrt Christi und seiner Wiederkunft) geschenkt. Diese Absicht bestand darin, daß Gott sich ein Eigentumsvolk vornehmlich aus den Heiden schaffen wollte, den Leib und die Braut Christi (vgl. Apg. 15,14). In Matthäus 16,18 hatte der Herr diese göttliche Absicht bereits im Blick auf die Gemeinde Jesu angekündigt. Das Wie, Wozu und Wann dieses neuen geistlichen Gebildes sowie seine Stellung, sein Verhältnis, seine Aufgaben und seine Zukunft waren jedoch noch verhüllt. Diese Geheimnisse wurden erst Paulus geoffenbart.

Auch die Lehre von der Bedeutung des Kreuzestodes Christi und der Rettung allein durch den Glauben wurde Paulus anvertraut (Eph. 2,8-10). Er hat das Evangelium von der Gnade Gottes in den großen Lehrwahrheiten der Rechtfertigung,

Das Grabmal der Caecilia Metella an der Via Appia (Appische Straße), das Paulus auf seinem Weg nach Rom auch gesehen hat.

Der Römerbrief

Die Offenbarung des Evangeliums Gottes

Überblick

Bedeutung. Der Römerbrief ist von allen paulinischen Briefen der umfangreichste und zugleich der bedeutendste; er ist das erste große Werk christlicher Theologie. Diese lehrmäßige Darlegung der Bedeutung des Kreuzes Jesu hat seit der Zeit des Augustinus einen ungeheuren Einfluß auf das Denken der westlichen Welt ausgeübt. Sie war das Bollwerk der Reformation, die große Schrift gegen die Irrtümer des mittelalterlichen Katholizismus, der Schutz gegen die moderne Betonung des Kultischen. Das wunderbare, von Gott offenbarte Evangelium im Römerbrief ist auch heute – angesichts der Verwirrung, die durch falsche Verkündigungsinhalte gestiftet wird – ein bedeutender Gegenpol. Der Brief, der an die sündige Menschheit gerichtet ist, wird die tiefschürfendste und doch einfachste Beweisschrift des christlichen Glaubens genannt. Er weist darauf hin, wie diese verlorene, hilflose Menschheit Befreiung in Christus erlangen kann und was diese Rettung einschließt. Die Erlösung durch den Kreuzestod Jesu Christi wird als einzige Hoffnung der Menschheit gezeigt. Was für eine herrliche, frohmachende Hoffnung ist das doch!

Ort und Anlaß des Briefes. Anscheinend wurde er von Korinth aus geschrieben, nachdem die von Paulus in den heidenchristlichen Gemeinden Griechenlands und Kleinasiens veranlaßte Sammlung von Liebesgaben für die Jerusalemer Gemeinde abgeschlossen war (Röm. 15,25-26; vgl. 1. Kor. 16, 3-5). Paulus wollte die Gaben nach Jerusalem bringen und beabsichtigte, anschließend Spanien (Röm. 15,28) und unterwegs dann die Gemeinde in Rom zu besuchen. Er schrieb sein Meisterwerk christlicher Unterweisung an die Gemeindeglieder in der kaiserlichen Stadt, um seine Absicht anzukündigen, daß er sie besuchen wolle. Er wollte sich ihrer Gebete und ihres Interesses, den Westen zu evangelisieren, vergewissern. Der Brief wird um das Jahr 57 n.Chr. gegen Ende der dritten Missionsreise geschrieben worden sein.

Römischer Reichsadler

Der Römerbrief

Kap. 1,1-17
Das Thema – die Heilsbotschaft

Paulus und sein Evangelium, 1-6. Der Verfasser des Briefes stellt sich in seiner persönlichen Beziehung zu Jesus Christus als „Knecht" vor, in seiner amtlichen Beziehung zu ihm als „Apostel" und in Beziehung zu der ihm aufgetragenen Botschaft als „ausgesondert zum Evangelium Gottes", 1. Das „Evangelium" oder die gute Nachricht, die er auslegt, 1-6, hat *göttlichen Ursprung* („das Evangelium Gottes"), 1, und ist in den prophetischen Schriften des AT *verheißen,* 2. Es fußt auf der Menschwerdung Jesu Christi, des Sohnes Gottes, 3. Es ist verbürgt in seiner Auferstehung, 4; und es ist beglaubigt durch den Sohn zur weltweiten Verkündigung, 5-6.

Paulus und seine Leser, 7-17. Der Gruß der Gnade und des Friedens gilt seinen Lesern in Rom, 7. Er wird mit Danksagung an Gott für diese Menschen verbunden, 8; hinzu kommt die Bitte an den Herrn wegen seiner geplanten Reise zu ihnen, 10, der Wunsch, ihnen zu dienen, 11-15, und die Überzeugung, daß das Evangelium von Christus, das ihnen gebracht worden war, sogar im kaiserlichen Rom des Ruhmes würdig ist, 16, weil es wirksam zu retten vermag und eine Offenbarung göttlicher Gerechtigkeit ist, die durch den Glauben erlangt wird (vgl. Hab. 2,4). Über das Rom in den Tagen des Paulus s. Erklg. zu Apostelgeschichte 28,17-31. In der Darlegung seines Themas, 16-17, erscheinen die großen Worte des Briefes – „das Evangelium", „Gottes Kraft", „Rettung", „Glauben", „Offenbarung", „Gerechtigkeit", „Leben". Paulus hat die Herrlichkeit des Evangeliums besonders deutlich erkannt; das erklärt seinen Eifer. „Aus Glauben zum Glauben", 17, heißt, daß der Glaube die einzige Bedingung für die Rettung ist.

Kap. 1,18-2,16
Die allgemeine Sündhaftigkeit der Menschheit – die Heiden

Gottes Zorn über die Sünde der Menschen geoffenbart, 1,18-32. Dieser göttliche Zorn ist eine Offenbarung, die Gott geschenkt hat. Er ist nicht die Folge falscher Überlegungen des gefallenen Menschen im Blick auf seine vermeintliche Rechtschaffenheit. Die göttliche Anklage gegen das gefallene Menschengeschlecht gipfelt in zwei Punkten: seiner schuldhaften Verwerfung der Herrlichkeit Gottes, 18-23, und seinem fortschreitenden sittlichen Verfall, 24-32. Daher steht der Mensch unter Gottes Zorn, 18. Wegen seiner unendlichen Heiligkeit muß Gott notwendigerweise sein Mißfallen über die Sünde des Menschen zum Ausdruck bringen, und zwar aus folgenden Gründen: (1) Der Mensch vertauschte die göttliche Herrlichkeit mit Abgötterei, 21-23; das Ergebnis: Gott gab ihn dahin in Unreinheit, 24. (2) Der Mensch vertauschte Gottes Wahrheit mit der Lüge, 25; das Ergebnis: Gott gab ihn dahin in verheerende sittliche Verfehlungen, 26-27. (3) Der Mensch verwarf die Erkenntnis Gottes, 28; das Ergebnis: Gott gab ihn dahin in niedere Gesinnung und unsittlichen Lebenswandel, 29-32. Was für ein furchtbares Bild menschlicher Verdorbenheit!

Die Sünde der Heiden geoffenbart, 2,1-16. Unverzüglich erklärt der Heide unter der Anklage Gottes, er sei „unschuldig" und versucht, seine Sünden zu beschönigen, indem er auf seine guten Absichten hinweist. Diese Entschuldigung wird widerlegt, weil der unerlöste Mensch keine sittlichen Maßstäbe besitzt. Er tut die Dinge, die er verdammt, 1. Das Urteil Gottes, 16, beruht, im Gegensatz zum Urteil des Menschen, auf Wahrheit, 2-5; entsprechend seinen Werken, 6-10; ohne persönliche Voreingenommenheit, 11-15; und in Übereinstimmung mit dem Evangelium, 16.

Kap. 2,17-3,20
Die Sündhaftigkeit der Menschen – die Juden

Die Sünde der Juden enthüllt, 2,17-29. Der Jude unter dem Gesetz Mose beginnt ebenfalls sofort, sich für unschuldig zu erklären, indem er auf seine Frömmigkeit und Religiosität hinweist und sich dessen rühmt, daß er ja zum auserwählten Volk gehört, 17-20. Sein Lebenswandel straft jedoch eine solche Entschuldigung Lügen, 21-29, und zieht noch mehr den Zorn Gottes auf sich, 21-23, weil durch sein Verhalten der Name Gottes unter den Heiden gelästert wird, 24. Als ein Opfer inhaltloser, äußerer Frömmigkeit (Irrweg des Sakramentalismus) macht er jeden Anspruch auf seine höhere religiöse Stellung unglaubwürdig, 28-29.

Mehrere jüdische Einwände werden angeführt, 3,1-8. Haben denn die Juden keinen Vorzug gegenüber den Heiden, 1? Die Antwort lautet: „Viel, in jeder Hinsicht!", hauptsächlich dadurch, daß „ihnen die Aussprüche Gottes anvertraut" wurden, 2. Sie wurden nicht einfach zu Verwaltern der Bibel gemacht, vielmehr gab Gott ihnen ihre eigenen besonderen Verheißun-

Blick vom Kapitol in Rom über das Forum; im Hintergrund das mächtige Kolosseum.

Kap. 9-11). Aber hebt der jüdische Unglaube nicht die Treue Gottes auf, 3? Unter keinen Umständen! *Gottes Verheißungen für Israel werden dennoch erfüllt werden!* (vgl. 11,29). Es gibt eine Zukunft für Israel. Sie gründet sich auf atl. Bündnisse und auf Verheißungen, die dem Volk gegeben wurden (Kap. 11). Der Unglaube einiger kann nicht zur Folge haben, daß Gott seinen Verheißungen dem Volk gegenüber untreu wird, 4 (vgl. Ps. 51,3). Dann wird ein weiterer jüdischer Einwand erhoben, 5. „Wenn aber unsere Ungerechtigkeit Gottes Gerechtigkeit beweist ... ist dann Gott nicht ungerecht, wenn er darüber zürnt?" Antwort des Paulus: „Das sei ferne! Wie könnte Gott sonst die Welt richten?", 6. Die Juden fahren dann in diesem Gedankengang fort, indem sie sagen: „Je ungerechter die Welt ist, desto deutlicher hebt sich die Liebe Gottes von ihr ab." Eine solch irrige Überlegung würde ein gerechtes Urteil Gottes über Juden und Heiden unmöglich machen.

Die Allgemeinheit der Sünde, 3,9-20. Die Verdammung des Menschen unter die Herrschaft der Sünde wird zusammengefaßt und Gottes Gerechtigkeit bewiesen, 9. Alle, Juden wie Heiden, sind „unter der Sünde". Die Sünde wird als eine universale Sache dargestellt, 10-12. Der ganze Mensch ist von der Sünde verseucht, 13-18 – sein Reden, 13-14; seine Handlungen und Taten, 15-17; und sein Sehvermögen, 18. Das abschließende Urteil, 19-20, ist, daß aller Widerspruch beseitigt, 19, kein Fleisch gerechtfertigt und die ganze Welt vor Gott schuldig befunden wird, 20.

Kap. 3,21-31
Das Wesen der Rechtfertigung

Die Rechtfertigung schließt die Offenbarung der Gerechtigkeit Gottes ein, 21-23. Die Gerechtigkeit, die Gottes unendliche Heiligkeit fordert, ist außerhalb des Gesetzes, 21; man bekommt sie durch Gnade, sie wird jedoch vom Gesetz und den Propheten, d.h. den atl. Schriften, bezeugt. Vom ersten Buch Mose bis Maleachi wird die Gnade Jesu Christi durch Symbol, Opfer, Verheißung und Prophetie vorgeschattet. Diese Gerechtigkeit findet sich nicht nur außerhalb des mosaischen Gesetzes, 21; sie ist auch für jeden erreichbar, 22, und alle brauchen sie, 23.

Bei der Rechtfertigung wird uns Gottes Gerechtigkeit zugerechnet, 24-28. Die Rechtfertigung ist Gottes Tat. Der Sünder wird für gerecht erklärt, indem ihm Gottes Gerechtigkeit rechtmäßig zugerechnet wird. Diese göttliche Transaktion (Übertragung) beruht auf Gnade, d.h. der in Jesus Christus geoffenbarten unverdienten Güte Gottes, des Vaters, 24; auf dem Blut oder dem Tode Christi, das sie ermöglicht hat, 25-26; auf dem Glauben des einzelnen,

der durch den Heiligen Geist in ihm gewirkt wird und der sich die Gerechtigkeit aneignet, 27-28. Diese vollkommene Grundlage für die Rechtfertigung des Sünders, 26, entzieht allem menschlichen Rühmen den Boden unter den Füßen, 27.

Einwände gegen die Rechtfertigung widerlegt, 29-31. Die Rechtfertigung ist das allumfassende Heilmittel für die Sünde. Durch sie rechtfertigt Gott alle, Juden und Heiden, 29-30. Rechtfertigung gibt dem Gesetz die Ehre, 31. Die Bestätigung durch die atl. Schriften wird in Kap. 4 dargelegt.

Kap. 4
Rechtfertigung illustriert

Am Beispiel von Gottes Handeln mit Abraham, 1-5. Paulus verteidigt die Rechtfertigung durch atl. Schriftstellen, aus denen hervorgeht, daß die Rechtfertigung ein fester Grundsatz Gottes in seinem Handeln mit den Menschen seit Abraham ist. Sie ist also keine neue Idee des Apostels. Noch mehr: Die Rechtfertigung war schon vor dem mosaischen Gesetz wirksam; sie hat also mit dem Gesetz nichts zu tun. Abraham wurde aufgrund seines Glaubens gerechtfertigt, 3 (vgl. 1. Mo. 15,6), und die Gerechtigkeit wurde ihm aufgrund der Gnade „angerechnet", 4 (vgl. Philem. 18).

Am Beispiel Davids, 6-8. David konnte keine Werke der Gerechtigkeit vorweisen, im Gegenteil, er war mit der Sünde des Ehebruchs und des Mordes belastet. Diese furchtbaren Sünden wurden ihm aus Gnade vergeben, als er sie bekannte (vgl. 2. Sam. 12,13), und durch den Glauben wurde er gerechtfertigt (Ps. 32,1-2).

Am Beispiel Abrahams wird die Lehre der Rechtfertigung nochmals zusammengefaßt, 9-25. Abraham wurde durch den Glauben gerechtfertigt, bevor er beschnitten war, 9-10, und nicht durch religiöse Riten, 9-12. Die darauf folgende Beschneidung war nur das Zeichen dafür, daß Gott ihn bereits angenommen hatte, 11-12, „auf daß er ein Vater aller unbeschnittenen Gläubigen sei", 11. Abraham wurde durch den Glauben gerechtfertigt, nicht durch die Beachtung gesetzlicher Vorschriften, 13-25. Gottes Verheißung erging an ihn lange vor der Gesetzgebung, 13. Das war notwendig im Blick auf den Zweck und die Wirkung des Gesetzes, 14-15. *Überdies war das Gesetz auf ein Volk begrenzt, während die Verheißung des Glaubens durch Abraham auf alle ausgedehnt wird,* 16-21 (vgl. 1. Mo. 17,5). In der Linie Isaaks, dem Sohn des Glaubens, wurde Jesus Christus, der Rechtfertiger, geboren. Er wurde „um unserer Übertretungen willen dahingegeben und zu unserer Rechtfertigung auferweckt", 25. Seine Auferstehung, Himmelfahrt, sein Sitzen zur Rechten Gottes und seine Fürsprache für die Seinen (vgl.

Hebr. 9,24) sind der Beweis dafür, daß unsere Sünden getilgt sind. Weil Jesu Werk vom Vater voll angenommen wurde, sind wir in ihm vollkommen freigesprochen.

Kap. 5,1-11
Die Folgen der Rechtfertigung

Unser gegenwärtiger Besitz, 1-5. „Da wir nun durch den Glauben gerechtfertigt sind, so haben wir Frieden (Versöhnung bzw. völlige Übereinstimmung) mit Gott", 1. Wir haben „Zutritt ... zu der Gnade", 2. Wir haben auch eine freudige „Hoffnung auf die Herrlichkeit Gottes", 2, weil diese Hoffnung auf dem gegründet ist, was *Gott für uns getan hat,* nicht auf dem, was wir für ihn tun oder nicht tun. Diese Gewißheit unserer Bestimmung in Christus gibt uns geistliche Standhaftigkeit im Leiden, 3; denn wir erkennen, daß Trübsal für Christus im Blick auf das zukünftige Leben nicht vergeblich und in diesem Leben nutzbringend sein wird, 3-5.

Unsere zukünftige Sicherheit, 6-11. Die Rechtfertigung hat Gewißheit zur Folge – Gewißheit der Errettung durch die Gegenüberstellung dessen, was wir vor unserer Rechtfertigung waren („Gottlose", 6, „Sünder", 8, „Feinde", 10), und dem, was wir nach unserer Rechtfertigung sind, 9-11. Der Höhepunkt liegt in dem zweimal wiederholten „wieviel mehr werden wir ... errettet werden", 9-10. „Vor dem Zorngericht gerettet", 9, drückt aus, *wovor* wir errettet worden sind. „Gerettet durch sein Leben", 10, drückt aus, *wozu* wir errettet worden sind – zu einem Leben der Heiligkeit und Vollmacht durch die Offenbarung seines Auferstehungslebens in uns (8,11). „Versöhnung" ist von Gott her auf den Menschen gerichtet und macht unsere natürliche Feindschaft gegenüber Gott zunichte. Das ist es, was wir brauchen und bei der Rechtfertigung empfangen.

Kap. 5,12-21
Rechtfertigung zusammengefaßt

Die wunderbaren Folgen der Rechtfertigung werden durch die scharfe Gegenüberstellung von dem, was der Sünder unter dem Verdammungsurteil war und was er durch die Rechtfertigung geworden ist, besonders deutlich. Dadurch wird das folgende große Thema, die Heiligung, vorbereitet.

Das neue Haupt. Der Begriff „in Adam" verbindet uns mit dem in Sünde gefallenen Menschengeschlecht. „In Christus" bezieht sich auf die *neue Stellung* im „zweiten Adam", dem Haupt der neuen Schöpfung. Diese neue Stellung ist der Ausgangspunkt für ein Gott geweihtes Leben, wie es in Kap. 6 entfaltet wird. Es ist eine wirkungsvolle Antwort auf den Einwand, die Gnade der Rechtfertigung führe zu einem zügellosen Leben.

Kap. 6,1-11
Heiligung – wie sie geschieht

Geheiligt durch die neue Stellung vor Gott – Einssein mit Christus, 1-10. Die Art und Weise, wie Gott durch seine rechtfertigende Gnade Menschen errettet, 1, wird behandelt, 2-11. Weitere Einwände werden in 6,15; 7,7.13 beantwortet. Der erste Einwand lautet: Eine Erlösung allein aus Gnade könnte den Menschen zum Weiterleben in der Sünde ermutigen, weil

Verdammung und Rechtfertigung gegenübergestellt

	Verdammung	Rechtfertigung
Ausgangspunkt	von einem: dem ersten Adam	von einem: dem zweiten Adam (Christus)
Ausmaß	für alle	für alle (die glauben)
Grund	Ungehorsam, Übertretung	Gehorsam, Gnade
Wesen	verdientes Strafgericht	unverdiente freie Gabe
Maß	reichlich	in noch reichlicherem Maße
Ergebnis	Sünde, Tod	Gerechtigkeit, Leben

er von der freien, unerschöpflichen Gnade Gebrauch machen darf, wie ein verschwenderischer Sohn sich auf die Freigebigkeit seines Vaters verläßt. Die Antwort in Vers 2 geht davon aus, daß wir durch den „Tod" von der Sünde abgeschnitten sind. In seiner Geburt wurde Christus uns gleichgemacht, damit wir unsererseits in seinem Tod ihm gleichgemacht würden. Dies geschieht durch unsere Vereinigung mit Christus in jener Taufe, 3-4 (vgl. 1. Kor. 12,13), durch die wir in den Leib (1. Kor. 12,27), dessen Haupt Christus ist, hineingetauft werden. Das ist die Stellung des gerechtfertigten Gläubigen, d.h. die Stellung, in der Gott ihn sieht und die Gottes Plan für ihn entspricht.

Diese von Gott gewirkte unsichtbare Taufe, für die die Wassertaufe ein äußeres Zeichen ist, macht uns eins mit Christus in einem Leib, der durch Tod, Begräbnis und Auferstehung zu einem neuen Leben gekommen ist, 4. So sind wir nun nicht länger „in Adam", sondern „in Christus". „Verwachsen", 5, bedeutet, wie ein Pfropfreis zusammenwachsen, so daß Leben und Wesen in eins verschmelzen. Der „alte Mensch", 6, ist das, was wir von Adam her waren. „Der Leib der Sünde", der „außer Wirksamkeit gesetzt" wurde, ist der menschliche Körper, wie er in seinem ungerechtfertigten Stand in Adam der Sünde versklavt war. Vers 7 sagt aus, daß der, welcher starb, „von der Sünde losgesprochen" wurde. Da dies der Stand des gerechtfertigten Gläubigen ist, 2-10, ist er von der Herrschaft der Sünde befreit und befähigt, in der Kraft der Auferstehung ein geheiligtes Leben zu führen, 8. Er ist mit dem auferstandenen Christus, der für ihn im Fleisch einen rechtsverbindlichen Sieg über die Sünde errungen hat, 10 (vgl. 8,3), vereinigt.

Heiligung erfahren durch Erkenntnis und Glauben, 11. Wenn unsere Stellung vor Gott unser Besitz werden soll, d.h. etwas, *was wir ständig persönlich erfahren,* dann geschieht das in zweifacher Weise: Wir müssen wissen, was wir *unserer Stellung nach* in Christus sind (2-10), und wir müssen im Glauben nach diesem Wissen handeln. „Haltet euch dafür", 11, bedeutet „für wahr halten", ein Wort des Glaubens, das auf Erkenntnis beruht. Da wir mit der zweifachen Wahrheit rechnen, daß wir „für die Sünde tot sind" und „in Christus Jesus, unserem Herrn" für Gott leben, wird unsere Stellung zur Erfahrung und Wirklichkeit. Gerechtfertigte Gläubige sind ihrer Stellung nach der Sünde gestorben und Gott gegenüber lebendig. Dieses Wissen wird nur dann zur persönlichen Erfahrung, wenn der Gerettete Augenblick für Augenblick im Glauben aus dieser Glaubensstellung heraus lebt. Das erfordert die völlige Hingabe (13) an Gottes Willen.

Kap. 6,12-7,6
Heiligung durch Gnade statt Gesetzlichkeit

Heiligung durch Gnade erübrigt das Problem der Gesetzlichkeit, 6, 12-23. Das Evangelium der Gnade, welches Paulus darlegt, gewährt keine Freiheit zum Sündigen, 12-14. „Sünde (als Herr personifiziert) wird nicht herrschen über euch, weil ihr nicht unter dem Gesetz (Grundsatz des Gesetzes), sondern unter der Gnade seid (Grundsatz der Gnade)", 14. Das Gesetz sagt: „Handle und lebe"; die Gnade sagt: „Lebe und handle" und verleiht die Befähigung zu Taten und Früchten.

Dem Mißbrauch der Erklärung Gottes, daß der Gläubige nicht unter dem Gesetz stehe, 15, wird durch die Wahrheit entgegengetreten, daß Heiligung durch Gnade nicht nur keine Freiheit zum Sündigen gibt, 14-15, sondern tatsächlich Freiheit von der Sünde schafft, 16-23. Die Knechtschaft, von der sie befreit, und die Freiheit, die sie schenkt, werden einander gegenübergestellt: im Blick auf die Herrscher, 16-20, und die Folgen, 21-23. Die zwei Herren, die personifizierte Sünde, 16, und Gott in Christus, 23, werden einander gegenübergestellt. Die Knechtschaft führt zum Tod, die Freiheit aber zum Leben. Die Menschen sind entweder „Sklaven der Sünde" oder „Diener der Gerechtigkeit". Die Folgen sind entweder Tod, ohne Frucht, 21, oder die „Frucht der Heiligung" und „ewiges Leben", 22. „Der Sold der Sünde", der Tod, wird der „Gabe Gottes", dem ewigen Leben, gegenübergestellt, 23.

Heiligung durch Gnade befreit vom Prinzip der Gesetzlichkeit, 7, 1-6. Im 6. Kapitel wird die Sünde als Herr gesehen, dem der Sünder versklavt ist. Diese Bindung wird beim Tod des Sklaven aufgelöst. In Kapitel 7, 1-6 wird das Bild des Ehebundes angeführt, um das Verhältnis des Gläubigen zum Gesetz zu zeigen. Heiligung durch Gnade befreit von dem Grundsatz des Gesetzes durch den „Tod" des Gläubigen, 4a, und durch den „Ehebund" des Gläubigen, 4b. Das Bild des Ehegesetzes weist darauf hin, daß nur der Tod gesetzliche Verpflichtungen auflöst. Der Ehebund gilt für das ganze Leben. Er wird nur durch den Tod des Mannes oder der Frau aufgehoben. Aber wer stirbt in diesem Fall? Das Gesetz? Der Glaubende? Obwohl Christus starb, ist sein Tod nur insofern im Blickfeld, als er den Tod des Glaubenden bewirkt, der dem Leib Christi einverleibt wird. In diesem Sinne „stirbt" der Glaubende und wird so durch die Einverleibung in den Leib Christi vom Gesetz befreit, 4.

Die Lösung des Gläubigen vom Gesetz durch den Tod ist nur ein Teil der Darstellung des Paulus. Der Gläubige ist jetzt frei, um „einem anderen anzugehören", 4, d.h. Christus, dem „neuen Mann", der von den Toten auferstanden ist. Wie können wir aber heiraten, wenn wir gestorben sind? Die Antwort lautet, daß wir mit dem auferstandenen Herrn eins geworden sind, der durch seinen Tod und seine Auferstehung eine ihm verwandte Braut erworben hat (Eph. 5,25-32). Das ist wahrlich ein Höhepunkt christlicher Offenbarung! Dem auferstandenen Christus angetraut! An seinen vergangenen Triumphen, seinem gegenwärtigen Leben, seiner zukünftigen Herrlichkeit teilzuhaben! Der Vater hat die Hand seines Sohnes und die seines Kindes ergriffen und beide für Zeit und Ewigkeit ineinandergelegt.

Kap. 7,7-25
Falsche Heiligung – ihr Mißerfolg

Heiligung durch Gnade und durch das Gesetz, 7-14. Ein anderer Einwand (vgl. 6,1.15; 7,13) taucht auf. Wenn das Gesetz zur Sünde führt (5), ist es dann nicht sündhaft, 7? Paulus weist diesen Gedanken mit Abscheu von sich und zeigt den guten Zweck des Gesetzes, die Sünde im Menschen aufzudecken, 8-9. Das Gesetz ist nicht zu tadeln, 12, sondern die Sünde. Die Tatsache, daß das Gesetz nicht heiligen kann, sondern nur falsche Heiligkeit entlarvt, macht es nicht sündhaft, 9-11. Das Gesetz zeigt die Sünde als Sünde, 7-13, und verdammt die fleischliche Natur, 14.

Falsche Heiligung durch eigene Anstrengung aufgrund des Gesetzes, 15-24. Ob nun mit „Gesetz" das Gesetz Moses für die Juden oder das allgemeine Sittengesetz der Nichtjuden gemeint ist, Heiligung kann jedenfalls nicht durch eigene Anstrengung entsprechend diesem Gesetz verwirklicht werden. Ein neuer Maßstab für den Wandel wird gegeben. Dabei handelt es sich nicht mehr um einen äußerlichen Maßstab (Gesetz), nach dem es zu leben gilt, sondern um eine innewohnende Person, der man gefallen möchte. Nun geht es nicht mehr um Beschäftigung mit sich selbst, sondern um die Beschäftigung mit Christus. Nicht was ich in mir selbst bin, sondern *was ich in ihm bin*, ist allein maßgebend. Nicht mehr das Ich, sondern Christus gilt.

Heiligung

Was die Bibel über Heiligung lehrt

Der Begriff „Heiligung" wird weitgehend mißverstanden und mißbraucht. Heiligung bedeutet *Absonderung für die Anbetung und den Dienst Gottes,* wie sie die Schrift lehrt, und zwar von drei Gesichtspunkten aus gesehen: Vergangenheit, Gegenwart, Zukunft. Das geht aus der folgenden Tabelle hervor:

Heiligung im Blick auf die Vergangenheit	Heiligung im Blick auf die Gegenwart	Heiligung im Blick auf die Zukunft
Heiligung der Stellung nach (1. Kor. 1,2.30). Alle Gläubigen wurden in dieser Weise geheiligt, der jüngste wie der älteste, der fleischlichste wie der geistlichste.	Heiligung der Erfahrung nach. Sie hängt von unserem Wissen um unsere Stellung in Christus und vom Glauben an unsere Stellung in Christus ab (Röm. 6,1-11). So wird unsere Stellung in alltägliche Erfahrung umgewandelt.	Endgültig. Wenn wir den Herrn sehen und ihm gleichgestaltet sind – sündlos, ohne Krankheit, ohne Tod (1. Kor. 4; 15,54; 1. Joh. 3,2).
Feststehend, unwandelbar, nicht zu trennen von der Rechtfertigung, ist sie Ergebnis unserer Vereinigung mit Christus.	Fortschreitend, veränderlich, von der Hingabe an Gottes Willen (Röm. 6,13) und der Übereinstimmung mit Gottes Wort abhängig (Röm. 12,2).	Ewig. Das wird unsere endgültige Stellung in der Ewigsein (Phil. 3,21).
Wie Gott uns in Christus sieht (vgl. 1. Kor. 1,2.30) mit Phil. 1,1 usw.).	Wie wir unserem Wandel nach sind (2. Thess. 2,13).	Wie wir in der Herrlichkeit sein werden (Röm. 8,29-30; 1. Kor. 15,49).

Es ist der Kampf des Ichs, ein christliches Leben zu führen. In diesem Abschnitt kommen das Wörtchen „ich" und die ihm verwandten Worte und Formen 34mal vor. Das Ich, das sich selbst zu heiligen versucht, ist die Ursache für die hier umrissene schmähliche Niederlage. Das Ich des neuen Menschen versucht, ein christliches Leben zu führen, wird aber durch das Ich des alten Menschen besiegt. Der Kampf der neuen Natur mit der alten wird geschildert; die gesetzliche Selbstanstrengung oder falsche Heiligung ist zum Scheitern verurteilt.

Wahre Heiligung, 25. Der Sieg kommt allein „durch Jesus Christus, unsren Herrn". Nicht durch Unterdrückung der alten Natur (nutzlose Gesetzlichkeit), auch nicht durch Ausrottung (reine Einbildung). Wenn das der Fall wäre, könnte man nicht sündigen, selbst wenn die alte Natur möchte, denn die neue Natur sündigt niemals (1. Joh. 3,9). Die Antwort liegt in der Befreiung, die Jesus Christus geschaffen hat und die in Römer 6 dargestellt wird. Niederlage ist eine Folge davon, daß wir uns unserer neuen Stellung in Christus nicht bewußt sind und nicht entsprechend handeln, so daß sie durch den Glauben nicht Erfahrung und Wirklichkeit werden kann.

Kap. 8, 1–25
Wahre Heiligung – ihr Sieg

Das neue Gesetz, 1-4. Sieg bedeutet, daß wir im Wissen um unseren Gnadenstand in Christus handeln und entsprechend seine Kraft erfahren. Dies schließt ein sieghaftes Leben im Geist ein. In Römer 8 werden keine Einwände vorgebracht; von Niederlagen wird nichts erwähnt. Grundlegend für jeden Sieg ist die Gewißheit, daß es in unserem neuen Stand in Christus „keine Verdammnis" gibt, 1. „So" ist der Höhepunkt für die Wahrheit, die in den Kapiteln 1–7 dargelegt wurde. Das neue „Gesetz des Geistes des Lebens", 2, ist der Heilige Geist, der im Bereich der neuen Stellung des Gläubigen in Christus als höheres Prinzip wirkt. Er wirkt dem niederen „Gesetz der Sünde und des Todes" entgegen, überwindet es und bringt Gerechtigkeit und Leben hervor. Was das Gesetz Moses oder irgendein gesetzliches Prinzip wegen der menschlichen Sünde nicht fertigbrachte, vollbrachte Gott durch die Fleischwerdung seines Sohnes, 3. Durch sein sündloses Menschsein verurteilte Jesus die Sünde als Hauptverbrecher und bewirkte ein gerichtliches Urteil gegen sie. Deshalb kann Gott es mit vollem Recht übernehmen, die gerechten Forderungen des Gesetzes durch die gnädige Wirkung des Heiligen Geistes in uns zu erfüllen, 4.

Der neue Sieg, 5-25. Der Heilige Geist übernimmt den Kampf gegen die Sünde, 5-13. Die Kämpfer sind das Fleisch, 13mal in diesem allgemeinen Zusammenhang erwähnt, und der Geist,

21mal erwähnt. Der Geist verdrängt das „Ich" des „alten Menschen" von Kapitel 7, und das Ergebnis ist Sieg statt Niederlage. Unzählige Beweise können dafür angeführt werden, daß echte Heiligung durch Gnade aus dem Glauben kommt (6,1-11). Sie führt die Macht des Geistes zum siegreichen Kampf gegen das „Fleisch", d.h. gegen die Sünde, die durch den menschlichen Körper tätig werden will. Der neue Sieg schenkt auch ein neues Bewußtsein der Kindschaft, 14-17. Der Gläubige wird durch die Geburt nicht allein ein Kind, sondern durch Annahme an Sohnesstatt ein Sohn (vgl. Gal. 4,5), mit Reife-Status und allen gesetzlichen Rechten; er läßt sich leiten, 14; hat volle Sohnesgemeinschaft, 15; die Gewißheit seiner Errettung, 16; das Erbrecht und die Kraft zum Leiden, 17, im Blick auf die kommende Herrlichkeit, 18-25. Selbst die Kreatur wird befreit werden, 20-22. „Die Kinder Gottes", 19, werden mit dem Sohn Gottes, Jesus Christus, offenbar werden. Unsere Sohnesstellung, 23, ist unsere zukünftige leibliche Auferstehung, von der unsere gegenwärtige geistliche Kindschaft ein Pfand ist, 15. „Durch Hoffnung gerettet", 24-25, ist der zukünftige Aspekt unserer Rettung, weil wir, die wir in Christus sind, auf die vor uns liegende Herrlichkeit schauen, 14-23. Glaube schafft diese Hoffnung. Ohne Glauben gibt es keine solche Hoffnung.

Kap. 8,26–39
Wahre Heiligung – ihre Kraft und Gewißheit

Wahre Heiligung – ihre Kraft im Gebet, 26-27. Wenn wir im Bewußtsein unserer Stellung in Christus handeln, fließt die Kraft des Geistes in unser Gebetsleben, so daß wir unsere Schwachheit auf diesem Gebiet überwinden können und die Fürbitte des Geistes *in* uns für die Heiligen nach Gottes Willen, 26-27, möglich wird. Hier betet der Heilige Geist in uns.

Wahre Heiligung – ihre Gewißheit, 28-34. Nach diesen Versen sorgt der Vater *für* uns. Seine Vorsorge schließt „alle Dinge" ein, 28.32. „Wir wissen aber", 28. Wahre Heiligung gibt Gewißheit über Gottes untrügliche Absicht, daß inmitten der Fügungen des Lebens alles zum Besten für uns ausschlägt. Die geheimnisvolle Linse, durch die wir erkennen, daß alle Dinge zu unserem Besten mitwirken, ist die Liebe. „Denen, die Gott lieben", 28. Seine Liebe zu uns in Christus, 32, welche uns, „alles schenkt", erweckt unsere Liebe zu ihm und macht uns fähig, ihm durch Trübsale hindurch zu vertrauen. Die Grundlage für diese Gewißheit ist sein erhabenes Ziel für uns, das bis in die Ewigkeit hineinreicht. Er kannte uns zuvor, bestimmte (verordnete) uns schon vorher zur Christusähnlichkeit, 29, berief uns, rechtfertigte uns, verherrlichte uns, 30.

Letzteres wird sogar in der Vergangenheit ausgedrückt, um uns die Zuverlässigkeit und Unwandelbarkeit seiner alle Zeiten überspannenden Pläne mit uns zu zeigen. Die Schlußfolgerung lautet: „Ist Gott für uns, wer mag wider uns sein?", 31. Der gewaltigste Beweis dafür ist die Opfergabe seines Sohnes „für uns alle", 32. Diese höchste Beweisführung seiner Liebe auf höherer Ebene ist eine Garantie dafür, daß wir einer solchen Liebe vertrauen können; sie wird uns „alles schenken", 32, was zu unserem geistlichen Wohl dient – uns verteidigen, uns bewahren und uns zu ihm in die Herrlichkeit bringen, 33-34.

Wahre Heiligung – ihr größter Triumph, 35-39. So wunderbar sind die soeben verklungenen Töne dieses Siegesliedes (33-34), daß der Apostel in Jubel ausbricht. Das furchtbare Verdammungsurteil über den Menschen (1,18-3,20), über das Gottes herrliche, rechtfertigende Gnade triumphiert (3,21-5,21), führt logischerweise zum jubelnden Triumph der Heiligung (6,1-8,39). Auffällig ist der Ton der Sicherheit und Geborgenheit der Gläubigen. Das neue Leben in Christus ist untrennbar mit Christus verbunden, 35-39. Jede nur denkbare Erfahrung, die uns von Christus trennen könnte, wird aufgeführt. Die Schlußfolgerung ist: „Aber in dem allen überwinden wir weit durch den, der uns geliebt hat", 37. Nichts in Zeit oder Ewigkeit kann uns von Gottes Liebe, die in Christus geoffenbart ist, scheiden, 38-39. Dies ist der dramatische und überwältigende Höhepunkt der großartigen Darstellung des „Evangeliums Gottes" (1,1) und der Höhepunkt, zu dem wahre Heiligung führt.

Kap. 9,1-13
Gottes ursprüngliche Absicht mit Israel – seine Stellung

Römer 9-11 ist eingeschaltet. Welche Stellung haben die Juden in der Entfaltung des Evangeliums von der Gnade Gottes? Das Evangelium als „die Kraft Gottes zur Rettung für jeden, der glaubt", wurde im „Schlüsselvers" (1,16) angekündigt; es sollte für die „Juden zuerst" sein (Apg. 13,46). Wie verhält es sich aber mit der Tatsache, daß die Juden ihren Messias am Kreuz abgelehnt und sein Programm „den Juden zuerst" (Apg. 13,46) zurückgewiesen haben? Sind die Bündnisse und Verheißungen, die Gott seinem alten Volk gab, leere Worte? Hat Gott das Volk Israel aufgegeben, weil es ihn enttäuschte? Wie passen die Juden in Gottes herrlichen Heilsplan hinein, der in den Kapiteln 1-8 entfaltet wurde?
Israels Stellung als Nation, 1-5. Die große Liebe des Apostels zu Israel und der tiefe Schmerz um sein Volk kommen hier zum Ausdruck, 1-3. Seine Worte erinnern auffallend an Moses Fürbitte (2. Mo. 32,1-34) und an die Tränen unseres Herrn über das widerspenstige Jerusalem (Matth. 23,37-39). Derselbe Geist, der Moses Herz ergriff und unseren Herrn erfüllte, ergriff auch das Herz des Paulus.

Nun wird auf die besondere Stellung Israels hingewiesen, im Gegensatz zu derjenigen der anderen Nationen, 4-5. *Acht Besonderheiten werden erwähnt:* (1) die Annahme an Sohnesstatt bzw. die Kindschaft (2. Mo. 4,22; 5. Mo. 14,1); (2) die Herrlichkeit auf dem Berg Sinai und unter dem Volk im Allerheiligsten der Stiftshütte (2. Mo. 40,34-35; Ps. 147,20); (3) die Bündnisse – der Bund mit Abraham (1. Mo. 12,1-3; 13,14-17 usw.); mit Mose (2. Mo. 20-31; der Palästinab- und (5. Mo. 29-30); mit David (2. Sam. 7); der Neue Bund (Jer. 31,31-33); (4) das Gesetz am Sinai; (5) Dienst der Stiftshütte; (6) die Verheißungen, die messianische Königsherrschaft usw.; (7) die Väter – d.h. die Patriarchen, welchen sich Gott selbst offenbarte; (8) Christus wurde als Jude geboren; er ist ihr gesalbter Retter-König und der Erlöser der Welt.

Israels geistliche Erwählung, 6-13. Gott hat trotz des Unglaubens seines Volkes seinen Plan nicht geändert, 6. Israel ist und bleibt Gottes auserwähltes Volk. Diese Wahrheit ist Grundlage für die souveräne Herrschaft Gottes über seine Auserwählten. Der geistliche Überrest des Volkes, 6-7, empfängt die Verheißung, 8-9; es sind die Nachkommen des übernatürlich gezeugten Isaak, 7-10. Aus dieser Linie trifft Gott zusätzlich eine souveräne Wahl, indem er Jakob, den Jüngeren, erwählt und Esau, den Älteren, auf die Seite stellt, 11-13. Und die Schlußfolgerung? Israel ist sein Eigentum. Er ist der unumschränkte Herrscher seines Volkes.

Kap. 9,14-33
Gottes ursprüngliche Absicht mit Israel – seine unumschränkte Herrschaft

Ein Einwand wird erhoben, 14. Gottes Gerechtigkeit wird in Frage gestellt. Hat der Unglaube der Juden Gott in eine Zwangslage gebracht, daß er nun sein Wort und seine Bündnisse nicht halten kann?
Der Einwand wird beantwortet – Gottes gerechte Herrschaft, 15-29. Da Israel Gottes eigenes Volk ist (6-13), kann er dann mit diesem nicht machen, was er will? Hat er nicht die Freiheit, Gnade zu erzeigen, 15-16, oder Macht und Zorn, 17-18, je nachdem die Umstände es nach Gottes Weisheit erfordern? Sein ist der Ton. Der göttliche Töpfer kann aus ihm das machen, was ihm recht erscheint, 20-24. Überdies hatte der Töpfer sein Ziel durch die Propheten verkündigen lassen, 25-29, um zu zeigen, daß die Heiden Gottes Volk werden würden, 25-26 (Hos. 2,1.25; vgl. 1. Petr. 2,10). Zugleich wurden die Juden davor gewarnt, wie Sodom und Gomorrha, 22, zu werden, 27-29 (vgl. Jes. 1,9 mit Jes. 10,22-23).

Israel weist die Gerechtigkeit Gottes zurück, 30-33. In seiner unendlichen Weisheit und Liebe wählte der Töpfer zur Durchführung seiner geplanten Erlösung das Kreuz. Im Glauben nahmen die Heiden diese Art der Erlösung an und erlangten die „Gerechtigkeit aus dem Glauben", 30. Im Gegensatz dazu strauchelte Israel durch Unglauben, weil es seine Gerechtigkeit durch das Gesetz zu erlangen suchte, 31-33. Indem Israel das Prinzip des Glaubens ablehnte, obwohl gerade dies in seinen Schriften dargelegt ist (Hab. 2,4), stieß es sich am Stein des Anstoßes (vgl. 1. Petr. 2,8) und stürzte kopfüber aus seinem Land. Seitdem mußte es unstet und ruhelos über die Erde wandern.

Kap. 10
Gottes gegenwärtiges Ziel mit Israel

Israels gegenwärtige Lage, 1-5. Als einzelne bedürfen die Juden der Rettung, 1; das ist das Anliegen des Apostels (vgl. 9,1-3). Sie eifern für Gott, wissen aber nichts von der Gerechtigkeit, die vor ihm gilt, 2-3 (vgl. 3,21 – 5,11). Sie suchen eifrig ihre eigene Gerechtigkeit durch das Gesetz und haben Gottes Gerechtigkeit umgangen, 3. „Denn Christus ist des Gesetzes Ende (mit dem Ausblick auf) zur Gerechtigkeit für einen jeden, der da glaubt", 4.

Rettung sowohl für Juden als auch für Heiden, 6-21. Dies erfordert keine Anstrengung, 6-7, etwa die, Christus von oben oder unten herzuholen. Die Gerechtigkeit des Glaubens, welche allen, die Christus vertrauen, rechtmäßig zugerechnet wird, hat als Schlüsselworte „glauben", 8, „bekennen", 9, „den Herrn anrufen", 13. Das führt zur Rettung, die Juden wie Heiden ohne Unterschied zugänglich ist, 12. Dieser Plan Gottes, seine Gerechtigkeit jedermann anzubieten, 14-15, schließt das Aussenden von Verkündigern mit ein, 15. Die Menschen müssen hören und glauben, 14. Wenn sie glauben, sollen sie Gott anrufen, und wenn sie ihn anrufen, sollen sie gerettet werden, 13. Diese Art der Evangeliumsverkündigung macht den Unglauben des Menschen unentschuldbar, 16-21. Glaube kommt aus dem Hören des Wortes Gottes, 17, das „bis an die Enden der Erde" (die Heiden) gedrungen ist, 18 (Ps. 19,5). Von seinen heiligen Schriften her hätte Israel vom Ausgehen dieser Botschaft zu den Heiden wissen sollen (5. Mo. 32,31; Jes. 65,1; vgl. 42,6-7). Während die Heiden Gott gefunden haben, 20, haben die Juden Gottes Gerechtigkeit aus Ungehorsam und Widerspenstigkeit abgelehnt, 21 (vgl. Jes. 65,2).

Kap. 11
Gottes zukünftiges Ziel für Israel

Israels Beiseitestellung als Volk ist nicht endgültig, 1-10. Gott verbürgt sich mit seiner Treue für die zukünftige Wiederherstellung der Nation. Die zur Zeit bestehende Zurückstellung Israels als Gottes auserwähltes Volk ist zeitlich begrenzt, 1, weil: (1) Paulus, selbst ein Jude, in diesem Zeitalter gerettet wurde, 1; (2) der Herr zuvor von Israels Unglauben wußte, 2; (3) Gott immer wie in den Tagen Elias einen Überrest treuer Gläubiger hatte, 2-4; (4) Gott in diesem Zeitalter einen Überrest gerettet hat „dank der Gnadenwahl", 5. Dieser Rest besteht aus gläubigen Juden, die im Leib Christi (der Gemeinde) mit den Heiden vereinigt sind und den Segen empfangen, 6-7, während das übrige Israel im Unglauben verblendet und verhärtet ist, 7-10 (vgl. Ps. 69,21; Jes. 29,10). Daher trifft Israels Blindheit nur auf einen Teil zu.

Israels zeitweilige Verwerfung als Volk entspricht einem göttlichen Plan, 11-24. (1) Dadurch wurde den Heiden das Heil gebracht, 11; Israel wurde also zum Segen für die ganze Welt. (2) Die zukünftige Wiederherstellung der Juden wird der Welt ebenso unbeschreiblichen Segen bringen wie die zeitweilige Verwerfung des Volkes, 11-15. (3) Die Rettung der Heiden wird Israels Eifersucht wecken, 11. (4) Ihre Verwerfung dient als Warnung für die Heiden, 17-24. Der „Teig" und die „Wurzel", 16 (4. Mo. 15,19-20; Jer. 11,16-17), versinnbild-

Ein Olivenbaum

lichen die Patriarchen, durch die Israel zubereitet worden war. Der gute Ölbaum stellt Israel im Bundesverhältnis mit Gott durch Abraham, der Wurzel, dar (1. Mo. 12,1-3). Der Ölbaum grünt immer; genauso ist auch das Bündnis unwandelbar. Die abgebrochenen Zweige sind ein Bild für den Unglauben des Volkes; der wilde Ölbaumpfropf stellt die Heiden dar, die in die geistliche Vorrangstellung der Juden gebracht worden sind. Wenn die Heiden jedoch ihr Vorrecht nicht wahrnehmen, werden sie, wie das ungläubige Israel, abgebrochen werden. Gott wird den richtigen Ölzweig, Israel, wieder einpfropfen, wenn ihr Unglaube dem Glauben weicht.

Die Wiederherstellung des Volkes ist gewiß, 25-36. Das wird durch eine besondere Offenbarung versichert, 25. Ein „Geheimnis" ist eine Wahrheit, die einst verborgen, nun aber enthüllt ist. Gemeint ist Israels teilweise Blindheit während dieses Zeitalters, welche solange anhalten wird, bis die „Vollzahl der Heiden" eingegangen sein wird, 25. Das bedeutet die Erfüllung von Gottes Absicht, indem in diesem Zeitalter ein Volk aus den Heiden herausgerufen wird (Apg. 15,14). Die Wiederherstellung des Volkes Israel ist Gegenstand der Prophetie. Das Reich soll in Israel wiederaufgerichtet werden, 26-27 (Apg. 1,6; 15,15-17). Wenn Christus, der Erlöser, aus Zion kommen wird, 26, wie Jesaja voraussagte (Jes. 59,20-21), werden alle dann lebenden Juden gerettet werden. Der neue Bund mit dem bekehrten Israel, 27, wurde von Jesaja (27,9) und Jeremia (31,31-37; vgl. Hebr. 8,8; 10,16) vorausgesagt. Die Wiederherstellung Israels stimmt mit dem Plan Gottes, 28, und dem Grundsatz Gottes, 29, überein. Obwohl es vorübergehend dem Evangelium feindlich gegenübersteht, ist die Erwählung Israels als Volk unwiderruflich. Gott hat seine Absicht in bezug auf den Bund und die Verheißungen Israel gegenüber nicht geändert. Die Wiederherstellung des Volkes wird Gottes Plan erfüllen, 30-32, und zu Gottes Ehre gereichen, 33-36.

Kap. 12
Praktischer christlicher Dienst

Die letzten fünf Kapitel bilden den praktischen Teil des Briefes. Die Lehre von der Erlösung muß sich in der Praxis auswirken. Der Dienst eines Christen muß darin bestehen, den in ihm wohnenden Christus auszuleben.

Der christliche Dienst und das Ich, 1-2. Das Ich muß aufgegeben werden. Der Leib muß Gott, dem Vater, dargebracht werden. Das ist ein Vorrecht. „Ich ermahne", 1, drückt Verantwortung aus. „Nun" (wörtlich „deshalb") ist logisch im Blick auf die Erlösung (Kap. 1-11) und die Barmherzigkeit Gottes, die in der Erlösung zum Ausdruck kommt. Das Opfer ist „lebendig", weil es sich auf unser neues Leben bezieht.

Es ist „heilig, Gott wohlgefällig", 1, weil es durch Christi Blut gereinigt ist. Die Folgen werden nicht sein, daß sich der Gläubige der Welt anpaßt oder sich von ihr formen läßt, 2, sondern eine Sinnesänderung bewirken, so daß wir den Willen Gottes erkennen und prüfen können; das ist die einzige Grundlage für den geistlichen, Gott verherrlichenden Dienst.

Christlicher Dienst und Gaben, 3-8. Die Ausübung der Gnadengaben im Dienst erfordert Demut und die richtige Selbsteinschätzung, 3. In bezug auf die Gemeinde, den Leib Christi, müssen wir uns daran erinnern, daß wir viele Glieder mit unterschiedlichen Pflichten und Aufgaben sind, 5. Unsere verschiedenen Dienste müssen als Gabe unseres Herrn verrichtet werden, 6-8.

Christlicher Dienst und Mitgläubige, 9-16. Die Liebe soll echt sein. Das Böse soll gehaßt werden. Man soll sich an das halten, was gut ist, 9. Wieder wird die Liebe anbefohlen, 10. Christen sollten „im Fleiß nicht nachlassen", sondern „brennend im Geist sein" und „dem Herrn dienen", 11.

Christlicher Dienst und die Ungläubigen, 17-21. Auf allgemeine Ermahnungen zu freundlichem Verhalten Christen gegenüber folgen besondere Bitten um liebevolles Erdulden der Kränkung seitens der Ungläubigen. Es ist an Gott, Rache zu üben, 19. Des Menschen Verantwortung ist, in Liebe zu dienen, 20.

Kap. 13
Christlicher Dienst und die Regierung

Der Christ und der Staat, 1-7. Dieses Verhältnis ist wichtig. Der Christ soll sich den staatlichen Behörden unterordnen, 1. Weshalb? Weil der Staat Gottes Herrschaft verkörpert, 1-7. Ihr zu widerstehen bedeutet, Gott zu widerstehen, 2, und das Gericht auf sich zu ziehen. Die staatlichen Behörden sind Gottes Vertreter zum Guten, 3-4. Von Christen wird erwartet, daß sie gute Staatsbürger sind, 5-7, um Gottes Unwillen zu vermeiden und ein gutes Gewissen zu haben.

Der Christ als guter Staatsbürger, 8-14. Gottes Liebesgebot ist die treibende Kraft für ein Leben im Gehorsam, 8-10. Unsere Verpflichtung den Mitmenschen gegenüber wird dadurch kristallklar, 9-10. So wird das Gesetz Gottes erfüllt, 10 (3. Mo. 19,18; vgl. 2. Mo. 20,13-17). Die vorgeschrittene Zeit ist ein Aufruf zu gutem Lebenswandel, 11-13. Es ist an der Zeit aufzuwachen, 11-12, nüchtern zu leben, 13. „Denn jetzt ist unser Heil näher, als da wir gläubig wurden", 11; d.h., wir sind der vollen Auswirkung des Heils in der Herrlichkeit näher gekommen. Das Wesen eines guten Lebenswandels wird beschrieben als ein Anziehen Christi – wie man ein

Das bekannteste Baudenkmal Roms ist wahrscheinlich das Kolosseum, mit dessen Bau etwa 10 Jahre nach dem Tode des Paulus begonnen wurde.

Kleid anzieht; und ein Ablegen der Leidenschaften – wie man ein beschmutztes Kleid auszieht und weglegt, 14.

Kap. 14,1–15,3
Christlicher Dienst und strittige Dinge

Der Grundsatz persönlicher Freiheit, 14,1–13a. Dieses Problem bezieht sich auf zweifelhafte Gewohnheiten des Christen, 1-2. Der starke Gläubige hat die Pflicht, einen schwächeren Gläubigen aufzunehmen, jedoch nicht, „um über Meinungen zu streiten", 1, z.B. über das Essen oder Nichtessen gewisser Speisen, 2. In Fragen des guten Benehmens, in denen Christen verschiedener Auffassung sind, 2-6, soll der Grundsatz persönlicher Freiheit gelten, 3-13. Gläubigen ist es also verboten, einen schwächeren Bruder zu verachten oder zu verurteilen, weil (1) Gott ihn als Glaubenden angenommen hat, 3; (2) er der Diener eines anderen (Jesus, des Meisters) und nicht der unsrige ist, 4; (3) es zulässige Gewissensunterschiede gibt, 5-6; (4) wir Jesus Christus, unter dem wir leben, verantwortlich sind, 7-9; (5) wir vor dem Richterstuhl Christi gerichtet werden, 10-12; (6) menschliches Richten nicht dazu ist, die Freiheit unseres Bruders in Christus zu begrenzen, 13.

Der Grundsatz, auf das Wohlergehen unseres Nächsten bedacht zu sein, 13b-21. Diese Rücksichtnahme wird nicht zulassen, ihm ein Hindernis in den Weg zu stellen, 13-15, wenn es auch an sich nichts Böses zu sein scheint, 16-20. Das Wohlergehen des schwächeren Gläubigen sollte höher als unsere eigenen Wünsche gewertet werden, 21.

Der Grundsatz der Verherrlichung Gottes, 14,22-23. Gott, der Vater, sollte durch ein Leben im Glauben verherrlicht werden, 22. Wir haben im Glauben vor Gottes Angesicht zu wandeln, frei vom Geist des Richtens und Verdammens, 22-23 (vgl. 1. Kor. 10,31-32).

Die Bitte, diese Grundgedanken zu beachten, 15,1-3. Der starke Gläubige sollte die Mängel des schwächeren Bruders in Kauf nehmen und persönliches Vergnügen opfern, 1 (Grundsatz persönlicher Freiheit). Weiter sollte der starke Gläubige auf das Wohl und die Erbauung seines Nächsten bedacht sein, 2 (Grundsatz des Wohlergehens unseres Nächsten). Schließlich soll er das Vorbild Christi zur Ehre Gottes nachahmen, 3 (Grundsatz der Verherrlichung Gottes).

Kap. 15,4-13
Christlicher Dienst und Gottes weltweiter Ruhm

Die Hoffnung auf Gottes weltweite Ehre, 4-7. Die ganze Schrift will Hoffnung wecken, 4, indem sie uns den göttlichen Plan zur Erlösung der Menschheit und der Erde vor Augen stellt. Die Beziehungen unter Gottes Erlösten sollen den Vater verherrlichen, 5-7, um sein Lob und seine Ehre zu fördern. Eintracht unter Gottes Volk soll zum gemeinsamen Lob Gottes führen.

Die Welt ist das letzte Ziel des Evangeliums, 8-13. Gottes Plan umfaßt die Ausbreitung des Evangeliums über die ganze Erde, in welcher sowohl Juden als auch Heiden Gott verherrlichen. Zu diesem Zweck diente Jesus einem bestimmten Volk, 8, damit sich in dem künftigen Reich alle Völker vereinigen, um Gott, den Vater, anzubeten, 9-12. Als „Diener der Beschneidung (Israel) um der Wahrhaftigkeit Gottes willen", 8, war das letzte Ziel Jesu Christi nicht nur, sich in diesem Zeitalter ein Volk für seinen Namen herauszurufen, sondern die Verheißungen an die Patriarchen zu bestätigen (nicht sie aufzuheben). Diese Verheißungen garantieren die weltweite Bekehrung der Heiden, wenn die Königsherrschaft für Israel wiederhergestellt ist. Die Erfüllung wird erst bei der Wiederkunft Christi eintreten. Die Verheißungen sind den Psalmen (Ps. 18,49; 117,1), den Büchern Moses (5. Mo. 32,43) und denen der Propheten (Jes. 11,10) entnommen. Sie zeigen Gottes unverändertes Ziel: alle Völker der Erde sollen ihn anbeten. Der Apostel fügt diesen Verheißungen einen Segenswunsch der Hoffnung an, 13.

Zitate aus dem Alten Testament

Paulus zitiert ausgiebig aus dem AT, um seinen Argumenten im Römerbrief Nachdruck zu verleihen. Wie viele andere Verfasser des Neuen Testaments entnimmt er seine Zitate eher aus der Septuaginta (Griechische Übers. d. AT) als dem hebräischen Text des AT. Darüber hinaus fühlten sich die Verfasser des NT unter der Inspiration des Heiligen Geistes nicht immer verpflichtet, wörtlich zu zitieren, sondern setzten auch Paraphrasen und erläuternde Einschübe hinzu, wo es für den eigenen Textzusammenhang geboten schien.

Kap. 15,14–16,27
Christlicher Dienst und christliche Gemeinschaft

Paulus grüßt die Heiligen in Rom, 15, 14-33. (Zur Stadt Rom s. Erklg. zu Apg. 28,17-31). Der Apostel ist von ihrem geistlichen Wachstum überzeugt, 14. Um nicht mißverstanden zu werden, beschreibt er seine Hingabe im Dienst für Christus, 15-21. Die Quelle dieser Hingabe ist in Gott, 15-17. Sie wird durch Zeichen und Wunder bestätigt, 18-19. Die Auswirkung ist weithin sichtbar, 19. Ihr Ziel ist es, bahnbrechend für Christus zu wirken, 20-21. Was für ein Bekenntnis eines treuen Dieners Gottes! Paulus drückt auch seine Sehnsucht, die Gemeinde von Rom zu besuchen, 22-29, aus und die Umstände, die seinen Besuch verzögern. Er bittet um ihre Fürbitte, 30-32, und schließt mit einem Segenswunsch des Friedens, 33.

Abschließende Grüße und Ermahnungen, 16, 1-27. Paulus erwähnt viele Heilige mit Namen – Siegeszeichen des Evangeliums Gottes, 1-16 (vgl. 1,1). Seine Grüße sind voller Freundlichkeit und Liebe und drücken die tiefe Gemeinschaft in Jesus Christus aus. Er warnt vor Spaltungen und falschen Lehrern, 17-19. Er versichert, daß sie überwunden werden, und

spricht einen sieghaften Segenswunsch aus, 20. Der Apostel schließt in seinen Grüßen seine Mitarbeiter ein, 21-23. Sein Segenswunsch am Schluß endet in einem mächtigen Lobpreis Gottes, 25-27.

Frauen in den Grüßen des Paulus. Moderne kritische Ausleger haben Paulus oft angegriffen wegen seiner Haltung „überlegener Männlichkeit" gegenüber den Frauen in der Gemeinde. Es ist jedoch bemerkenswert, daß Paulus unter denen, die viel für ihn und den Dienst des Herrn getan haben, neun Frauen erwähnt.

Gottes Ehre gelästert und wiederhergestellt

In der Bibel als Ganzes	Im Römerbrief
Verlorenes Paradies	
Verderben 1. Mo. 1-3	Gottes Ehre gelästert, 1,18 – 3,8; die ganze Welt unter der Sünde, 3,9-20
Gottes Heilsplan	
Erlösung 1. Mo. 4 – Off. 20	Evangelium Gottes 1,1 – Rechtfertigung 3,21 – 5,21; Heiligung, 6,1 – 8,28; Verherrlichung, 8,29-39
Wiedererlangtes Paradies	
Wiederherstellung Off. 21-22	Gottes Ehre wiederhergestellt, 15,9-12; 16,27

Der erste Korintherbrief

Gegenüberstellung von fleischlichem und geistlichem Lebenswandel

Datierung und Zweck. Dieser Brief wurde wahrscheinlich im Jahre 55 n.Chr. von Ephesus aus geschrieben. Zweck dieses Briefes war die Unterweisung Neubekehrter, die aus dem niedrigsten und dunkelsten Heidentum mit seinen Lastern und Sünden, für die Korinth besonders berüchtigt war, kamen. S. Erklg. zur Stadt in Apostelgeschichte 18,1-17. Für diese Bekehrten war es nicht leicht, mit ihrer entehrenden Vergangenheit zu brechen. Ihre Sinnlichkeit und geistliche Unreife forderten eine geduldige Unterweisung von seiten des Apostels. Als Handelszentrum und Mittelpunkt von Luxus, Laster und ungezügelter Leidenschaft war Korinth mit seiner hohlen, irdischen Intellektualität eine Herausforderung an das Christentum. Wenn hier, am Schnittpunkt der griechisch-römischen Welt, eine Gemeinde gegründet werden konnte, war anzunehmen, daß ihr Einfluß weitreichend sein würde. Ferner forderte ein starker jüdischer Bevölkerungsanteil der Stadt Paulus' Zielsetzung „zuerst den Juden" (Röm. 1,16) heraus.

Die Säulenreste des Akrokorinth hinter dem dorischen Apollotempel von Korinth

Überblick

Einheit der Gemeinde gegenüber dem Parteiwesen, Kap. 1-3
Ordnung der Gemeinde gegenüber den Verwirrungen, Kap. 4-11
Die Geistesgaben und Lehren der Gemeinde gegenüber ihrem Mißbrauch, Kap. 12-16

Der erste Korintherbrief

Apollo, der Schutzpatron der Künste, der Wahrsagerei und der Medizin

Kap. 1
Christus, die Grundlage der Einheit

Der Vorrang Christi, 1-9. Im Mittelpunkt dieser ersten Verse steht Jesus Christus. Er ist die Grundlage für die Einheit der Gemeinde und für die Stellung des einzelnen Gläubigen, für den Bereich, in welchem Gott den Gläubigen sieht und mit ihm handelt, 2. Jesus muß in jeder Gemeinde der Mittelpunkt sein und den Vorrang haben, um Irrtümer und Mißstände wieder zurechtzubringen. Das ist die Lehre des Briefes. Die Beseitigung von Mißständen in der Gemeinde muß bei Jesus Christus ansetzen, wo auch Paulus beginnt. Er nennt folgende Tatsachen: (1) Seine Vollmacht – „ein Apostel Jesu Christi", 1; (2) Jesu Macht, uns eine neue Stellung zu geben – „die Geheiligten in Christus Jesus", „die berufenen Heiligen" (solche, die als heilig ausgesondert sind), 2; (3) Jesu Macht, überall die geistliche Einheit der Heiligen zu bewirken, 2; (4) Jesus schenkt Gnade und Frieden, 3; (5) volles Genüge, 4-5; (6) Jesus ist Mittelpunkt und Inhalt des Zeugnisses, 6, und der Erwartung des Gläubigen, 7; (7) er bestätigt die Zukunftshoffnung des Gläubigen, 8, und schenkt ihm (8) seine Gemeinschaft, 9. Diese

Stellung des Gläubigen in Christus, 1-9, ist für Paulus die Grundlage seiner eindringlichen Mahnung an die Korinther, die bestehenden Übelstände zu beseitigen.

Es bestehen Spaltungen, 10-17. Anlaß der Mißstände in der Gemeinde zu Korinth war, daß sich Christen wie Menschen benahmen, die nicht wiedergeboren sind, nämlich fleischlich statt geistlich. Die Folge war Zwiespalt; daher die Mahnung zur Einigkeit, 10, um das Parteiwesen zu überwinden, 11, das durch eine falsch verstandene christliche Freiheit hervorgerufen worden war, 12-13. Die natürliche Vorliebe oder Abneigung für den einen oder anderen Lehrer oder Führer führte zu Spaltungen in Gruppen und Grüppchen. Eine Korrektur ist allein durch Christus möglich. Ist er „zerteilt", 13? S. Erklg. zu Kapitel 1,1-9. Laßt Christus im Mittelpunkt sein, dann wird der Parteigeist fliehen! Zu diesem Zweck betont Paulus, daß die Predigt von Jesus Christus Vorrang haben müsse, 14-17. Paulus vorrangige Aufgabe war, zu verkündigen, zu evangelisieren, aber nicht Tauffeiern abzuhalten. Paulus setzte die Taufe nicht herab; er wollte nur Christus emporheben. Nur in Christus wird die echte Einigkeit der Gemeinde sichtbar. Die Beschäftigung mit ihm und nicht mit äußeren Formen ist die einzig sichere Heilung für Spaltungen im Leib Christi, der Gemeinde.

Die Korrektur – das Kreuz, 18-31. Nur unter dem Kreuz kann die Sünde der Spaltung, die an die Stelle der Versammlung um eine Botschaft tritt, vermieden werden. Nur das Kreuz kann uns von den Philosophien der Menschen retten und uns die wahre Weisheit Gottes bringen. Die Predigt vom Kreuz ist „Torheit" für die Verlorenen, eine „Gotteskraft" aber für die Geretteten, 18. Die Nutzlosigkeit irdischer Philosophie, 19-20 (vgl. Jes. 29,14), wird dem Triumph der Predigt vom Kreuz gegenübergestellt, 21-25. Durch den Glauben an die Botschaft vom Kreuz wird sowohl die Weisheit als auch die Kraft Gottes frei, damit die Menschheit sich vor Gott nicht rühmen möge, 26-29. Gott ist die Quelle unseres Lebens in Christus Jesus. Gott hat

Mosaik mit dem Gott Dionysos, dem griechischen Gott des Weines und der ausschweifenden Sinnenfreude, Zentralfigur einer bedeutenden Mysterienreligion.

ihn für uns zur Weisheit, Gerechtigkeit, Heiligung und Erlösung gemacht, 30. Wer sich rühmt, soll sich daher im Herrn Jesus rühmen, 31 (vgl. Jer. 9,22-23), d.h. seiner Stellung in Christus, nicht dessen, was er in sich selbst ist.

Kap. 2
Der Heilige Geist – Urheber der Einheit unter den Gläubigen

Der Geist offenbart echte Weisheit, 1-13. Diese Weisheit, der Prüfstein christlicher Einheit, darf nicht durch große Beredsamkeit verdunkelt und durch menschliche Philosophie umgeformt werden, um sie den Nichtwiedergeborenen schmackhaft zu machen, 1. Sie konzentriert sich auf die Person und den Tod Christi, 2; wird in menschlicher Schwachheit dargebracht, 3; ist gekennzeichnet durch das wirksame Zeugnis des Heiligen Geistes, 4; und sie lenkt den Glauben auf die Kraft Gottes, 5. Diese Weisheit ist eindeutig „Gottes Weisheit im Geheimnis, die verborgene", 6-7, und nur durch den Heiligen Geist geoffenbart. Sie steht in auffallendem Gegensatz zur Weisheit dieser Welt und derjenigen der geistigen Führer dieses Zeitalters, 6. Sie wird nur von reifen (d.h. in Christus gegründeten) Gläubigen erkannt, 6. Der Beweis, daß die

Obersten dieser Welt diese wahre Weisheit nicht erkannten, ist die Tatsache, daß sie den Herrn der Herrlichkeit, der die wahre Weisheit Gottes ist, kreuzigten, 8. Diese Weisheit hängt völlig von der Offenbarung und Erleuchtung des Geistes ab. Aber, wie geschrieben steht, „was kein Auge gesehen und kein Ohr gehört und keinem Menschen in den Sinn gekommen ist, was Gott denen bereitet hat, die ihn lieben", 9 (vgl. Jes. 64,3), „hat Gott uns aber geoffenbart durch seinen Geist", 10. Deshalb bleibt wahre Weisheit ohne die Unterweisung des Geistes (vgl. Joh. 16,13-15) unbekannt und unerkennbar, 11-13. Diese Wahrheiten werden verkündigt „nicht in Worten, die von menschlicher Weisheit gelehrt sind, sondern in solchen, die vom Geist gelehrt sind", 13.

Dem Nichtwiedergeborenen ist die wahre Weisheit gänzlich unannehmbar, 14-16. Der „seelische (natürliche) Mensch", d.h. der Ungläubige, der den Geist Gottes nicht besitzt (Jud. 19), empfängt die wahre Weisheit nicht, denn für ihn ist es reine Torheit, noch versteht er sie, weil man sie nur durch die Unterweisung des Heiligen Geistes beurteilen oder verstehen kann, 14. Im Gegensatz dazu unterscheidet oder erkennt der „pneumatikos" (der gereifte, vom Heiligen Geist beherrschte Gläubige) „alles", 15, d.h. die wahre Weisheit, doch er selbst wird von niemandem als von Gott allein gerichtet und erforscht. Niemand kann Gott unterweisen, aber der Gläubige kann von Gott gelehrt werden, weil er „Christi Sinn" hat, 16. Einigkeit wohnt in Christus.

Kap. 3,1-8a
Der geistlich gesinnte Christ

Geistlich und fleischlich gesinnte Christen, 1-3a. Die fleischlich und geistlich gesinnten Gläubigen stehen einander gegenüber, 1-2. (1) Der „fleischliche" oder natürlich gesinnte Gläubige lebt unter der Macht Adams oder der alten Natur, die im menschlichen Körper wirkt. Der geistlich gesinnte Gläubige lebt in der Kraft der neuen Christusähnlichen; sein Körper wird vom Heiligen Geist beherrscht. (2) Der fleischliche Gläubige ist ein „Unmündiger in Christus", 1, d.h. wiedergeboren, aber unmündig und unterentwickelt im christlichen Leben, wo er doch mündig sein sollte. Der geistlich gesinnte Christ ist reif. (3) Der eine kann sich nur von Milch, d.h. einfacher Unterweisung, ernähren. Der andere kann die feste Nahrung der vollen lehrhaften Unterweisung aufnehmen und persönlich anwenden.

Die Folge der Fleischlichkeit, 3b-8a. Eifersucht und Zank herrschen, und als Ergebnis eines Wandels nach Menschenweise (nach der Weise unwiedergeborener Menschen statt gereifter Christen) bilden sich Grüppchen, 3b.

Menschlichen Führern nachzufolgen, 4, war geradezu eine Übertretung des geistlichen Grundsatzes, daß das Volk des Herrn eins sein soll, 5-8a. Diener Christi sind eins – auch wenn sie verschiedene Ämter haben. Sie haben einen Herrn und ein Ziel, 8a. Geistliche Reife allein führt zur Einheit in Christus.

Kap. 3,8b–23
Die Beurteilung der Werke des Gläubigen

Christlicher Dienst wird beurteilt werden, 8b–9. Dieses Urteil wird die Belohnung, 8b, oder den Verlust der Belohnung des Gläubigen (15) bestimmen. Auf keinen Fall geht es in diesem Gericht um die Folgen der Sünde, um Verdammnis oder ewiges Leben (Joh. 5,24; Röm. 8,1). Es bezieht sich einzig und allein auf die Werke, nicht auf das Heil. Die Früchte des fleischlich und geistlich gesinnten Gläubigen werden beurteilt, jedoch nur der des Gläubigen, also die Qualität seines Wandels und seines Dienstes nach seiner Wiedergeburt (vgl. Röm. 14,9-12; 2. Kor. 5,10). Die Treue oder Untreue des Gläubigen als *Diener* und deshalb *Mitarbeiter* Gottes an seinem Ackerfeld (Pflanzung oder Bau) wird beurteilt, 9. Wir arbeiten *für* Gott, aber auch in einer besonderen Würde *mit* ihm. Wenn wir auch arbeiten, so wirkt doch Gott alles in uns und durch uns zu seiner Ehre, 9.

Das Urteil über den Dienst des Gläubigen, 10-15. Die Grundlage ist das Evangelium von der Rettung aus Sünde und Gericht durch Christus. Christus ist „der Grund", 11. Auf ihn als das Fundament zu bauen ist ein bildlicher Ausdruck für den Dienst, den nur wiedergeborene Gläubige ausüben können, 11. Es gibt zwei Arten von Diensten. Die eine Art ist beschrieben als Gold, Silber und kostbare Steine, mit denen der geistliche Gläubige baut. Dieses Material kann vom Feuer des Gerichts nicht zerstört werden, 12. Die andere Art Dienst wird als Holz, Heu, Stroh und Stoppeln bezeichnet. Mit diesem Material hat der fleischliche Gläubige gebaut. Es wird zerstört werden, weil es nicht vor dem bestehen kann, dessen Augen wie Feuerflammen sind (Off. 1,14). Das Urteil für den wahren, wiedergeborenen Diener Gottes wird entweder Belohnung (für den geistlichen Gläubigen) sein, 14, oder Verlust der Belohnung (für den fleischlichen Gläubigen), 15. Wie dem auch sei, der fleischliche Arbeiter wird dennoch gerettet werden, denn es geht in diesem Gericht nicht um Sünde, Verdammnis oder ewiges Leben. Er wird gerettet werden, wenn auch „wie durchs Feuer", 15, das heißt wie ein Mann, dessen (sämtliche) Werke im Feuer verbrannt werden und der nur mit dem nackten Leben davonkommt.

Ernste Warnung an fleischliche Gläubige, 16-23. Der Leib jedes Gläubigen ist ein heiliger Tempel, in welchem der Heilige Geist wohnt, 16. Wenn ein fleischlicher Gläubiger schändlicherweise diesen heiligen Bereich entweiht (vgl. 5,1-5), wird Gott ihn durch leiblichen Tod verderben, 17 (vgl. 1. Kor. 5,5; 11,30-31; 1. Joh. 5,16). Nicht nur vor fleischlichen Sünden des Körpers wird gewarnt, sondern auch vor gedanklichen Sünden, 20 (vgl. Vers 19 mit Hiob 5,13; Vers 20 mit Ps. 94,11). Christen sollten sich nicht von der Weisheit dieser Welt gefangennehmen lassen, noch sollten sie sich mit Menschen rühmen, außer in dem Menschen Jesus Christus, in welchem der Gläubige alles besitzt, 21-23 (vgl. Röm. 8,17).

Kap. 4
Die Gemeinde und ihre Vorsteher

Die Sünde, Gottes Diener zu richten, 1-8. Die Vorsteher der Gemeinde sollten als Diener Christi und als Verwalter der von Gott geoffenbarten Wahrheiten hoch eingeschätzt werden, 1. Ihre höchste Pflicht ist es, Gott in dem ihnen Anvertrauten treu zu sein, 2. Sie sollen sich von keinem menschlichen Urteil leiten lassen, sondern allein vom Herrn, 3-4. Darum soll alles Urteilen bis zum Kommen des Herrn vertagt werden, 5 (vgl. 3,11-15). Dann werden die Werke des Gläubigen von Gott gerichtet werden. Die (fleischlich gesinnten) Korinther sollen aufhören, ihre Gemeindevorsteher zu richten. Solches Richten kommt aus fleischlichem Hochmut, 6-7, den der Apostel scharf tadelt, 8.

Die heilige Hingabe der Apostel, 9-21. Opfer und Leiden der Apostel werden angeführt, um die fleischlichen, selbstsicheren Kritiker in der Gemeinde zu Korinth zu beschämen, 9-13. Paulus schreibt scharf, aber dennoch aus der Liebe heraus, 14. Er beruft sich darauf, sie durch das Evangelium gezeugt zu haben, 15, führt das aufopfernde Beispiel seines Lebens an, 16, und bringt seine Besorgnis um sie zum Ausdruck, indem er Timotheus sendet, 17. Nichtsdestoweniger warnt er die Unbußfertigen eindringlich, 18-21.

Kap. 5
Das Problem des unsittlichen Gläubigen

Fleischlichkeit macht blind für das Vorhandensein grober Unsittlichkeit, 1-5. Ein Fall von Blutschande, der sogar für das wollüstige Korinth befremdend war, wurde in dieser Gemeinde bekannt, 1. Der Apostel stellt den Gläubigen, die, was die Strafe anbelangte, vollständig gleichgültig waren, 2, ihre Verantwortung vor Augen, 3-5. Der unzüchtige Bruder sollte dem Satan „zum Verderben des Fleisches" (leiblicher Tod), 5 (vgl. 1. Kor. 11,30; 1. Joh. 5,16), übergeben werden, damit „der Geist gerettet werde", 5,

1. Korinther / 493

d.h., er sollte bestraft werden als ein Gläubiger, der das ewige Leben besitzt.

Wie der Sauerteig der Sünde wirkt, 6-13. Der Sauerteig, in der Schrift ein Bild für die Sünde, durchdringt die gesamte Teigmasse, 6. Sünde, die geduldet wird oder ungerichtet bleibt, breitet sich genauso aus. Sie muß deshalb ausgefegt werden, 7. Aus welchem Grund? Christus, das Passahlamm, das die Sünde der Welt hinwegnimmt (2. Mo. 12,1-13; Joh. 1,29), ist geopfert worden, wodurch der Gläubige gerettet wird. Das Ergebnis ist das Fest der ungesäuerten Brote, das durch das Passahopfer eingeführt wurde (2. Mo. 12,14-22). Es ist ein Sinnbild für das christliche Leben, das abseits von der Sünde gelebt werden sollte, 8. Daher muß der unzüchtige Bruder aus der Gemeinde ausgeschlossen werden, 9.11. Trotzdem muß die Trennung des einzelnen von der Sünde nach dem Grundsatz „in der Welt, doch nicht von der Welt" geschehen, 10-11. Die Züchtigung der Gläubigen muß innerhalb der Gemeinde geschehen, während das Gericht derjenigen, die außerhalb der Gemeinde sind, Gott überlassen bleibt, 12-13.

Kap. 6,1-8
Unordnung in Rechtsangelegenheiten

Christen, die gegen Christen Klage führen, 1-8. Ein Christ, der gegen einen Mitchristen vor einem heidnischen Gericht und heidnischen Richtern Klage führt, 1, vergeht sich an der christlichen Wahrheit. Die Gläubigen sollen ja einmal die „Welt" (die ungerettete Menschheit), 2, und sogar die gefallenen Engel richten, 3 (vgl. 2. Petr. 2,4; Jud. 6). Sind im Blick auf diese richterliche Würde, die eine Folge der Einheit des Gläubigen mit Christus, dem Richter, ist, keine Heiligen da, die als Richter walten könnten in Fällen, wo ein Christ gegen einen anderen Klage zu führen hat, 4-5? Die Fleischlichkeit der Korinther kam darin zum Ausdruck, daß sie Prozesse gegeneinander führten und einander Unrecht zufügten, 7-8.

Kap. 6,9-20
Der Fallstrick der Unzucht

Der Christ zur Unzucht versucht, 9-20. Dies war ein akutes Problem in der Gemeinde, da diese Gläubigen erst vor kurzem aus der verdorbenen sittlichen Atmosphäre Korinths gerettet worden waren. Als Umschlagplatz zwischen ost- und weströmischem Reich war diese Stadt ein wahrer Sündenpfuhl. Der Apostel warnt, daß Gläubige, die sich nicht klar von diesem verderbten Heidentum trennten, 9-10, das Reich Gottes nicht ererben würden, d.h., sie würden dann Schaden leiden und ihre Belohnung ein-

büßen (vgl. 3,11-15), ja sogar einen vorzeitigen Tod als Strafe für schändliche Sünde herbeiführen. Unzucht ist völlig unvereinbar mit einem christlichen Lebenswandel, weil (1) der Gläubige von dieser und anderen Sünden geheiligt und gerechtfertigt worden ist (in seiner Stellung vor Gott; Gott sieht ihn nur noch durch Christus) und diese Stellung durch seinen Wandel vor anderen Menschen ausleben soll, 11, durch die Gnade Gottes; (2) der Leib des Gläubigen für den Herrn eingesetzt werden soll, 13, und in diesem Fall der Gläubige des Herrn Fürsorge für seinen Leib beanspruchen kann; (3) der Leib heilig ist und auferweckt werden wird, 14; (4) der Leib ein Glied Christi ist, 15-17, und nicht das einer Hure; (5) Unzucht eine Sünde gegen die Heiligkeit des Leibes eines Gläubigen ist, 18; (6) der Leib des Gläubigen „ein Tempel" ist (gr. *naos* = eine Wohnstätte Gottes, besonders das Allerheiligste oder innere Heiligtum, wo sich die Schechina-Herrlichkeit in der Stiftshütte und im Tempel offenbarte), 19; (7) der Leib des Gläubigen Gottes Eigentum ist, 19; (8) er zur Ehre Gottes da ist, 20; (9) die von Gott eingesetzte Ehe das allein wirksame Mittel gegen die Unzucht ist (7,1-3).

Kap. 7,1-24
Anweisungen für eine christliche Ehe

Der Zweck einer christlichen Ehe, 1-9. Der Stand der Ehelosigkeit ist gut, aber die christliche Ehe (Einehe) ist dazu da, Unzucht zu vermeiden und eine beide Partner beglückende Verbindung zu schaffen, 2-3, in welcher beide Teile in der körperlichen Vereinigung volle Erfüllung finden können. Sich dem Partner zu entziehen sollte nur begrenzte Zeit in gegenseitigem Einverständnis wegen intensiven Gebets geschehen. Danach soll der normale Geschlechtsverkehr wiederaufgenommen werden, damit nicht Satan durch die verminderte Selbstkontrolle zu irgendeinem unrechtmäßigen sexuellen Vergehen verleiten kann, 5. Diese Anweisung ist eher ein Zugeständnis gegenüber der menschlichen Schwachheit als ein göttliches Gebot, 6. Für einige Gläubige ist Ehelosigkeit das Beste, 7-8. Die Ehe aber ist gottgewollt und dazu bestimmt, körperlichen und seelischen Bedürfnissen, wie sie vom Schöpfer in den Menschen gelegt wurden, zu entsprechen, 7.9.

Verordnungen hinsichtlich des christlichen Ehestandes, 10-24. Die Ehe zwischen gläubigen Christen ist ein Bund fürs Leben, 10-11. Die christliche Ehefrau soll ihren Ehemann nicht verlassen. Wenn sie es tut, kann sie sich nicht wieder verheiraten. Gleicherweise soll der christliche Ehemann seine Frau nicht verlassen. Lockere heidnische Ansichten über die Ehe müssen aufgegeben werden. Diese Vorschriften, die ebenso vom Heiligen Geist inspiriert sind wie die übrige Schrift, stehen im Zusammenhang mit den Unterweisungen unseres Herrn (vgl. Matth. 5,31-32; 19,5-9) und sind dazu bestimmt, neuen Situationen, 12, die durch die Ausbreitung des Evangeliums entstehen, zu begegnen. Der allgemeine Grundgedanke ist der, daß, wenn irgend möglich, die eheliche Verbindung erhalten werden soll, nachdem man gläubig geworden ist, 12-24. Auf die Ehe angewandt, bedeutet dies, daß der gerettete Partner alles tun muß, um die eheliche Gemeinschaft zu erhalten und den noch nicht erretteten Partner für den Herrn zu gewinnen. Die Kinder haben das Vorrecht, christliche Unterweisung zu genießen, auch wenn nur ein Elternteil gerettet ist, 14.

Kap. 7,25–40
Ehe oder Ehelosigkeit

Allgemeine Grundsätze, 25-31. Die allgemeine Regel ist, daß die Unverheirateten gut daran tun, unverheiratet zu bleiben, besonders in Zeiten, wenn Gläubige wirtschaftlichen und sozialen Spannungen ausgesetzt sind, 25-28. Zu solchen Zeiten sollen sie in dem Stand bleiben, in dem sie bei ihrer Bekehrung gewesen sind, 27-28. Es gibt für einen Gläubigen gewisse Vorteile im Ledigenstand. Er ist frei von wirtschaftlichen Sorgen, 26. Ihm wird „leibliche Trübsal" erspart, d.h. die unvermeidliche Verantwortung

für Gesundheit und Wohlergehen seiner Familie, 28. Er ist eher in der Lage, die Kürze des Lebens im Licht der Ewigkeit zu erkennen, 29-31.

Der Gegensatz zwischen dem ehelichen und dem ledigen Stand, 32-40. Der unverheiratete Gläubige, ob Mann oder Frau, hat größere Freiheit, dem Herrn zu gefallen, 32-34, und ihm ohne Ablenkung zu dienen, 35. Körperliche und seelische Beschaffenheit können eine Heirat erfordern, 36. Auf der anderen Seite sollen die, welche die Kraft dazu haben, ledig bleiben, 37-38. Die Ehe bindet, bis der Tod scheidet, 39. Wiederverheiratung ist auf diejenigen beschränkt, deren früherer Ehepartner gestorben ist, aber dann nur zwischen Gläubigen. Sogar in solchen Fällen ist ledig zu bleiben der bessere Weg, 40.

Kap. 8
Die Freiheit des Christen

Das Gesetz der Liebe ist die Lösung, 1-3. In Korinth hatten verschiedene Christen Speisen zu sich genommen, die vorher den Götzen geopfert worden waren; das hatte einige schwächere Gläubige verwirrt. Paulus nimmt hier zu diesem Problem Stellung. Dabei ist zu beachten, daß der Christ in solchen Fragen, die nichts mit Sitte und Moral zu tun haben, grundsätzlich Freiheit hat. In solchen Fragen mögen zwar alle um die Dinge wissen, aber es fehlt oft die Liebe, 1. Wissen kann

Mosaikbild mit Demeter, der Muttergöttin, die in ihrer Person Fruchtbarkeit und Wachstum in der Natur versinnbildlicht.

leicht unvollständig und oberflächlich sein und zum Stolz verführen, 2. Probleme wie diese, die dem Gläubigen Beschränkungen in seiner Freiheit auferlegen, können mit „richtiger Erkenntnis" allein nicht gelöst werden. Die Liebe jedoch vermag sie zu lösen, 3, und Gott kennt genau die Motive der Seinen.

Erkenntnis allein genügt nicht, 4-13. Den meisten Gläubigen war das Wissen um die Bedeutungslosigkeit eines Götzen und die alleinige Existenz des einen wahren Gottes eine so selbstverständliche Tatsache, 4-6, daß es für sie nicht anstößig war, Fleisch, das zuerst einer heidnischen Gottheit geweiht worden war, zu genießen. Dieser Fall kam in einer heidnischen Stadt wie Korinth oft vor. Andere schwächere Gläubige hatten nicht diese Erkenntnis von der Nichtigkeit eines Götzen und nahmen Anstoß, 7. Die Liebe muß über der Erkenntnis stehen, damit ein schwächerer Bruder keinen Anstoß nimmt, 8-13. Christus starb aus Liebe zu ihm, 11, und die Liebe Christi soll unsere Herzen beherrschen, 12, wie sie das Herz des Apostels beherrschte, 13.

Kap. 9
Die Gemeinde und ihre Mitarbeiter

Gemeindeleiter sollten geehrt und unterstützt werden, 1-15. Paulus mußte sein Apostelamt vor den fleischlichen, kritischen Korinthern verteidigen. Soweit hätte es nicht kommen dürfen. Gottgeweihte Gemeindeleiter sollten nicht nur als solche geachtet, sondern auch finanziell unterstützt werden, 7-18. Zu diesem Zweck führt der Apostel Beispiele aus dem Leben von Soldaten, Bauern, Hirten an, 7, und außerdem das Gesetz Moses, 8-9 (vgl. 5. Mo. 25,4). Sogar dem Ochsen wird das Maul nicht verbunden, wenn er das Korn stampft, damit er, als Belohnung für seine Arbeit, soviel fressen kann, wie er mag. Pflügen und Dreschen geschehen in der Hoffnung auf einen Ertrag für die Arbeit, 10, und so sollte es auf geistlichem Gebiet auch sein, 11. Paulus verzichtet auf dieses Vorrecht um eines bestimmten Zwecks willen, 12.15. Er gebraucht jedoch ein anderes Bild, den Tempel und seine levitische Priesterschaft, 13, um den Satz zu beweisen, „daß die, welche das Evangelium verkündigen, vom Evangelium leben sollten", 14.

Echte Gemeindeleiter müssen belohnt werden, 16-27. Sie haben einen göttlichen Auftrag und stehen unter einem Zwang, 16; und wenn sie freiwillig dienen, werden sie in diesem, 18, und im kommenden Leben, 19-27, belohnt werden. Das bedeutet jedoch, sich „allen zum Knecht" zu machen, um mehr für Christus zu gewinnen, 19. Es ist hingebende Anpassungsfähigkeit, 20-23, um des hohen Ziels willen, „etliche zu retten", 23, d.h. das menschliche Werkzeug zu sein, das der Geist Gottes benutzt, um Menschen zu erneuern, 22. Belohnung am Richt-

terstuhl Christi *(bema)* wird einen solch hingebungsvollen Dienst krönen, 24-27 (vgl. 1. Kor. 3,11-15; 2. Kor. 5,10). Paulus gebrauchte das Bild des Athleten der berühmten Isthmischen Spiele, 25, welche in der Nähe Korinths abgehalten wurden. Er wählt den Wettlauf, 24,26, und den Faustkampf, 26. Selbstkontrolle und straffe Zucht, 25, sind nötig, um einen vergänglichen Siegeskranz zu gewinnen. Vers 27, „Ich zerschlage meinen Leib und behandle ihn als Sklaven, damit ich nicht andern predige und selbst verwerflich werde (als nicht würdig erfunden werde)", bezieht sich auf Belohnung *(adokimos* = ungeeignet für eine Belohnung), nicht auf das Heil.

Kap. 10,1-15
Das Erbe der Gemeinde

Alttestamentliche Beispiele und was wir daraus lernen sollen, 1-5. Die Befreiung aus Ägypten, die Wüstenwanderung und der Einzug in das Land Kanaan waren Vorschattungen geistlicher Wahrheiten, die für ntl. Heilige gelten (6,11). Mose ist ein Bild für Christus, 2, während Israel, das unter der Wolke durch das Meer wanderte, die Taufe im Heiligen Geist in Christus versinnbildlicht (Röm. 6,3-4). Die „Väter", 1, stellen ntl. Heilige dar; das Brot, das sie aßen, und das Wasser, das sie in der Wüste tranken, weisen auf Christus hin, 3-4 (2. Mo. 13,21; 14,22; 17,6; Ps. 105,39).

Die Warnung, 6-15. Aber trotz der darin erfahrenen Gnade und Treue Gottes verfiel Israel dem Götzendienst, 5.7-8 (vgl. 2. Mo. 32,6-7; 4. Mo. 25,1-9); versuchte Gott, 9 (vgl. 2. Mo. 17,2.7; 4. Mo. 21,5); murrte, 10 (4. Mo. 14,2); und wurde umgebracht, 9-10 (vgl. 4. Mo. 25,1-9). Vers 8 sagt, daß 23000 „an einem Tag" fielen (vgl. 4. Mo. 25,9, wo 24000 angegeben sind, in denen die tausend enthalten sind, deren Hinrichtung in 4. Mo. 25,4 berichtet wird). Dann wird vor stolzer Selbstsicherheit, 12, gewarnt, mit der gleichzeitigen Aufmunterung, Gott zu vertrauen, 13, und dem ausdrücklichen Befehl, Götzendienst zu meiden, 14. Ein Aufruf zu weisem Wandel wird in Vers 15 gegeben.

Kap. 10,16-33
Das Abendmahl

Gemeinschaft am Tisch des Herrn erfordert Absonderung, 16-22. Das Abendmahl, das Jesu Tod und die Gemeinschaft des Leibes Christi versinnbildlicht, 16, stellt das Bild unseres Einsseins als Gläubige in der Vereinigung mit Christus dar, 17. Der Apostel gebrauchte das Verhalten der israelitischen Priester, die am Altar gemeinsam vom Opfer essen, als Beispiel und Vorbild der Absonderung und Gemeinschaft, 18. Darum müssen sich die Gläubigen vom Götzendienst trennen, nicht weil der Götze etwas zu bedeuten hätte, 19, sondern weil Götzendienst auf Antrieb von Dämonen geschieht, 20, und Gemeinschaft mit dämonischen Mächten bedeutet, 21. Hinter dem leblosen Götzen verbirgt sich der Dämon, 21, von welchem das Mahl des Herrn mit allem, was es darstellt, scharfe Trennung erfordert. Teilhaberschaft am Götzendienst ist Torheit, denn der Herr ist voll heiligen Eifers auf alleinige Anbetung bedacht und mächtig genug, gegen die Schuldigen vorzugehen, 22.

Das Gesetz der Liebe und christliche Freiheit, 23-33. Der Gläubige steht nicht unter einem gesetzlichen Zwang, sondern unter dem Gesetz der selbstlosen Liebe, 23-24. Ein Christ soll beim Essen nicht nachforschen, was wohl den Götzen geopfert worden war, denn er erkennt an, daß die Erde durch Schöpfung und Erlösung dem Herrn gehört, 25-26 (vgl. Ps. 24,1). Falls jedoch Umstände bestehen, die bei einem schwächeren Gläubigen Anstoß erregen könnten, soll man vom Kauf und Genuß solchen Fleisches absehen (vgl. Röm. 14,1-23). Ein Gläubiger soll stets die Ehre Gottes suchen, 31, keinen Anlaß zum Straucheln geben, 32, und in einem Geist selbstloser Liebe handeln, 33.

Kap. 11,1-16
Die Gemeinde und ihre Frauen

Der Mann als Haupt, 1-10. Vers 1, in welchem die korinthischen Gläubigen aufgefordert werden, Nachfolger (*mimētai* = „Nachahmer") des Apostels zu werden, gehört noch zum vorhergehenden Kapitel. Indem er darauf drängt, daß der Mann das Haupt sei, 3 (vgl. 1. Mo. 3,16), stellt Paulus die Kopfbedeckung der Frau als ein Symbol ihrer Unterordnung unter den Mann dar, wie der Mann seinerseits Christus untergeordnet ist, 4-6. Der Apostel gebraucht das AT, um zu zeigen, daß der Mann als Ebenbild und zur Ehre Gottes erschaffen wurde (1. Mo. 1,27); zum Beten oder Predigen sollte er, als Zeichen der Ordnung Gottes unter den Geschlechtern, 7, sein Haupt nicht bedeckt haben. Der Mann wurde zuerst erschaffen; die Frau kommt aus dem Mann, 8. Der Mann ist also das Haupt. Deshalb sollte die christliche Frau das Zeichen der Autorität ihres Mannes auf ihrem Haupt haben, „um der Engel willen", 10, d.h. wegen der göttlichen Ordnung, die unter den erwählten, nicht abgefallenen Engeln herrscht (vgl. Ps. 103,20-21), die die Menschen beobachten.

Verordnung unter der Gnade, 11-16. „Im Herrn", 11, sind Mann und Frau eins und gegenseitig voneinander abhängig, 12. Ordnung und Anstand sollten gewahrt werden, 13-15, jedoch nicht im gesetzlichen Sinn, 16. Die Freiheit der Gnade soll nie aufs Spiel gesetzt werden, aber die Gläubigen sollten willig sein, sich nach dem, was schicklich ist, zu richten, auch wenn kein Gesetz darüber besteht.

Kap. 11,17-34
Mißstände beim Abendmahl werden getadelt

Das Übel aufgedeckt, 17-22. Die heilige Stiftung des Abendmahls war durch Unregelmäßigkeit, 17, Spaltungen, 18, Parteiungen, 19, und Völlerei, 20-22, beeinträchtigt worden.

Die Verwirrung geordnet, 23-24. Die heilige Einsetzung des Abendmahls wird betont, 23-25 (s. Erklg. zu Matth. 26,26-29; Lk. 22,17-20). Die lehrhafte Bedeutung wird im einzelnen ausgeführt. Es bestätigt den Tod des Herrn (Rückblick), bis daß er kommt (Vorschau), 26-27. Es schaut zurück auf das Heil, das durch die Erlösung erworben wurde, und vorwärts auf das Heil, das in der Verherrlichung verwirklicht werden wird. Die Verletzung der Abendmahlsfeier wird beschrieben, 27, nicht weil man „unwürdig" (niemand ist „würdig"), sondern weil man auf „unwürdige Art", d.h. in der Haltung uneingestanener Sünde, teilgenommen hatte. Damit ist der Betreffende „schuldig am Leib und am Blut des Herrn" und somit an der eigentlichen Bedeutung des Todes Christi, welcher den Gläubigen von Sünde befreit, 27. Selbstprüfung ist notwendig, 28, um nicht verurteilt und dann gezüchtigt zu werden, was körperliche Schwäche, Krankheit und sogar Tod bedeuten kann, 30. Diese Selbstprüfung mit dem folgenden Bekenntnis der Sünde hebt nicht nur des Herrn Züchtigung gegen den sündigen Gläubigen auf, sondern hat den Zweck, ihn als einen Sohn vor der Verdammnis (ewige Höllenstrafe), die jedem Ungläubigen zuteil wird, zu bewahren, 32. Darum soll der Gläubige den Mißbrauch am Tisch des Herrn vermeiden, 33-34.

Kap.12, 1-11
Der Gläubige und die Geistesgaben

Der Geber der Gaben, 1-3. Der Apostel gibt nun eine dringend notwendige Unterweisung über die Wirkungen und Kundgebungen des Geistes durch die einzelnen Gläubigen. Die Christen zu Korinth waren erschreckend unwissend auf diesem Gebiet. Mißbräuche häuften sich unter ihnen, da sie erst kurz zuvor aus dem Heidentum und einem von Dämonen inspirierten Götzendienst errettet worden waren, 2 (vgl. 10,20-21). Sie, die von Dämonen beherrscht worden waren, mußten nun über die Wirkungen des Heiligen Geistes, auch „Geist Gottes" genannt, 3, unterrichtet werden. Die Bedeutung seines Wirkens im Gläubigen, die sich in Geistesgaben äußert, wird betont, 3. Vor dämonischen Fälschungen sollten sie sich in acht nehmen.

Aufzählung der Gaben, 4-11. Es gibt *zahlreiche* und verschiedene Gaben; aber nur *einen* und denselben Geist, der die Gaben gibt und sie durch *jeden* Gläubigen wirken läßt, 4. Es gibt

In der Heiligen Schrift erwähnte Strafgerichte

Gericht	Art	Zeitpunkt, Anlaß	Folge
an Jesus Christus: Joh. 12,31	Er trägt die Sünden des Gläubigen: 2. Kor. 5,21; Hebr. 9,26-28; 1. Petr. 2,24; 3,18	Christus am Kreuz erhöht, die Welt gerichtet, Satan besiegt: Joh. 12,31	Tod Christi; Rechtfertigung und Heilsgewißheit des Gläubigen: Joh. 5,24; Röm. 5,9; 8,1; 2. Kor. 5,21; Gal. 3,13
über die Werke des Gläubigen: 2. Kor. 5,10	Lebenswandel des Gläubigen im Dienst seines Herrn: Matth. 12,36; 1. Kor. 3,11-15 (kein Strafgericht für begangene Sünden; Hebr. 10,17)	beim Kommen des Herrn: Röm. 14,10; 1. Kor. 4,1-5; 9,24-27; Gal. 6,7; Kol. 3,24-25; 2. Tim. 4,8	Lohn für treuen Dienst, Verlust der Belohnung bei Untreue: 1. Kor. 3,8.14-15; Off. 22,12
des Gläubigen über sich selbst: 2. Sam. 7,14-15; 1. Kor. 11,31-32	Der Gläubige richtet sich selbst, weil er seinen sündhaften Wegen und Gewohnheiten Raum gegeben hat: 2. Sam. 12,13-14	Selbstgericht (Buße) des Gläubigen als Sohn, um die Züchtigung durch seinen himmlischen Vater zu vermeiden: Hebr. 12,7	wenn unterlassen, folgt des Vaters Züchtigung, aber niemals die Verdammnis: 1. Kor. 5,5; 11,32
über die Völker: Matth. 25,31-46; Joel 4,11-16	Maßstab ist die Behandlung der „Brüder" Christi, d.h. des jüdischen Überrests in der Endzeit	bei Jesu Wiederkunft in Herrlichkeit, um die Königsherrschaft über Israel aufzurichten: Apg. 1,6	Zulassung zum oder Ausschluß vom Reich als einzelne aus den Nationen
über Israel: Hes. 20,33-44	Die zur Endzeit lebenden, aus der weltweiten Zerstreuung zurückgekehrten Israeliten	ähnliches Gericht wie das über die Völker, d.h. die Heiden	Eingang (oder Ausschluß) ins Land im Tausendjährigen Reich: Ps. 50,1-7; Mal. 3,2-5; 19-20
über die gefallenen Engel: 1. Kor. 6,3; 2. Petr. 2,4; Jud. 6	Gericht über die Engel, die mit Satan rebellierten: Off. 12,3-4	offensichtlich nach dem Tausendjährigen Reich, am Ende der Zeiten	Satan und seine Engel in den Feuersee, die Gehenna, die ewige Hölle, geworfen: Off. 20,10
über die Ungeretteten: Off. 20,11-15	nur die ungläubigen Toten. Vielleicht werden Satan und die gefallenen Engel auch zu dieser Zeit endgültig gerichtet	Maßstab sind die Werke, um das Maß der Strafe für die Verlorenen zu bestimmen	Zweiter Tod oder Feuersee – nicht Vernichtung: Off. 19,20; 20,10.14-15

zahlreiche und verschiedene Dienstleistungen oder Kraftauswirkungen dieser Gaben durch begnadigte Menschen, aber es bleibt derselbe Herr, 5 (vgl. Eph. 4,4-6). Der *Geist* gibt den Menschen die Gaben für den Dienst. *Christus* gibt der Gemeinde die begnadigten Menschen (vgl. Eph. 4,7-12). *Gott, der Vater,* lenkt die zahlreichen und verschiedenen Handlungen oder Dienstleistungen, 6. Auf diese Weise arbeitet der dreieinige Gott in jedem Gläubigen durch seinen Geist zum Nutzen und zur Auferbauung der Gemeinde, 7.

Einige der verschiedenen Geistesgaben werden aufgezählt, 8-10. Diese entfalten sich und werden zugeteilt unter der souveränen Herrschaft des Geistes. Die Geistesgaben können aufgeteilt werden in (1) *Gaben, die sich auf den Verstand beziehen:* Weisheit, Erkenntnis, 8, und Glauben, 9. Sie dienen hauptsächlich dazu, die Gemeinde Jesu zu unterweisen, zu korrigieren und aufzuerbauen. Sie sollen Zeichen für die Juden und Beglaubigung für die Heiden sein, z.B. die Gabe der Weissagung. Sie besteht hauptsächlich aus einem übernatürlichen Empfangen und Auslegen göttlicher Wahrheiten.

Manche Ausleger versuchen, diese Gaben in Gruppen einzuteilen, z.B. in solche, die sich auf den Willen, den Verstand und das Gefühl beziehen. Dabei muß jedoch beachtet werden, daß durch *alle* Gaben Gott verherrlicht werden soll und daß im NT noch mehr Gaben genannt werden (Röm. 12,6-8; Eph. 4,11-3).

Kap. 12,12-31
Die Gemeinde und die Geistesgaben

Die Gemeinde als Leib Christi, 12-27. Die Tatsache, daß die Gemeinde eine *Einheit* ist, wird unter dem Bild des menschlichen Körpers dargestellt, 12a. *Ein* Leib, aber *viele* Glieder dieses einen Leibes ist das Bild, unter dem Christus dargestellt wird, 12b. Das ist nicht einfach Christus als Person, sondern auch Christus in seinem Volk, das mit ihm durch die Taufe im Heiligen Geist verbunden ist, 13 (Röm. 6,3-4). So wie der menschliche Körper eine Einheit mit vielen Gliedern bildet, 14, Fuß, Hand, Ohr, 15-16, so bildet auch die Gemeinde den Leib Christi, 27. *Eine* Gemeinde, *ein* Leib, *viele* Glieder, *mancherlei* Dienstleistungen, wobei jedoch alle ein wesentlicher Teil des *einen* Leibes sind.

Die Gemeinde und die Geistesgaben, 28-31. Wie der Apostel die Geistesgaben in bezug auf den einzelnen Christen aufgeführt hatte, 1-11, so erklärt er nun ihre Bedeutung für die Gemeinde, den Leib, die Gesamtheit der einzelnen Gläubigen. Dabei unterstreicht er nochmals einige Geistesgaben, wie die der Apostel, Propheten, Wundertäter, die Gabe der Heilung, verschiedene Sprachen (28). Beachte vor allem, daß nicht alle dieselbe Gabe haben, 29-30, was auch nicht erwartet wird.

Kap. 13
Die Gemeinde und die Furcht des Geistes

Die Liebe als Grundlage. Sie ist der „weit vortrefflichere Weg" (12,31), an dem die fleischlichen, gefühlsbetonten Korinther vollständig vorübergegangen waren. In diesem klassischen Abschnitt, 1-8a, wird die Liebe als die „conditio sine qua non" (unbedingte Voraussetzung) für die Ausübung aller Gaben wie etwa Zungenreden, 1, Weissagung, Erkenntnis und Glauben, 2 (vgl. 12,8-11), dargestellt. Selbst barmherziges Almosengeben und Märtyrertum sind ohne Liebe unnütz, 3. Die Liebe ist personifiziert, und ihre vortrefflichen Eigenschaften werden in den Versen 4-8 einzeln aufgeführt.

Die Liebe bleibt, 8-13. Die Liebe wird den Geistesgaben, die bei der zweiten Wiederkunft Jesu „ein Ende haben werden", gegenübergestellt, 8. Manche Bibelausleger sind der Meinung, der Hinweis, Prophezeiungen, Zungenreden, Erkenntnis und Weissagung würden aufgehoben, beziehe sich auf die Fertigstellung des NT, „das Vollkommene", 10. Das würde bedeuten, daß *alle* diese heute noch auftretenden „sichtbaren" Geistesgaben schriftwidrig wären. Die Verse 11-12 beschreiben die Umgestaltung des Gläubigen in das Bild Jesu. Selbst einem Paulus war nur das verständlich, was ihm der Geist Gottes zeigte. Von dieser persönlichen Aufschließung der Schrift durch den Heiligen Geist sind alle Gläubigen abhängig. Die Schrift enthält einen solchen Kosmos von Wahrheiten, daß, solange wir hier auf Erden sind, „Rätsel" bleiben werden, 12. Diese Begrenzung wird aufgehoben werden, wenn die Gläubigen Jesus von „Ange-

Paulus bezeugt die Auferstehung als die Mitte der Frohen Botschaft.

sicht zu Angesicht" sehen. Bis es jedoch so weit ist, bleiben Glaube, Hoffnung und Liebe die Grundlage des Glaubenslebens. Die Liebe aber ist die größte, d.h. ohne sie (vgl. 13,1-3) ist alles nutzlos.

Kap. 14
Mißbrauch der Geistesgaben

Der Vorrang der Weissagung über das Zungenreden, 1-11. „Strebet nach der Liebe", 1, und „eifert auch nach den Geistesgaben, am meisten aber, daß ihr weissagen könnt". Weissagung ist offenbare Wahrheit über eine Person oder gegenwärtige Verhältnisse. Sie ist im Vergleich zum Zungenreden vorrangig, weil besser verständlich, 2.6 (vgl. die Illustrationen von Instrumenten, 7-9), als schwer zu verstehende Laute, 10-11, und dient zur Erbauung der Gemeinde, 3 (vgl. Vers 12; Röm. 14,19; Eph. 4,29).

Korrektur des Mißbrauchs der Zungenrede, 12-40. Zur Abhilfe sollen folgende wichtigen Regeln dienen: (1) Der Gläubige soll nach den vorrangigen erbaulichen Geistesgaben streben, z.B. der Weissagung, und sollte danach streben, sie im Überfluß zu haben, d.h. reichlich versehen oder reich begabt mit solchen Geistesgaben zu sein, da sie dem Aufbau der Gemeinde dienen (12, 23-26). (2) Der Gläubige sollte um die Gabe der Auslegung bitten, wenn er die Gabe des Zungenredens besitzt, 13-17. (3) Die Gemeinde sollte das Zungenreden nur mit großer Zurückhaltung anwenden, 19, und auf jeden Fall nur, wenn ein Ausleger anwesend ist, 27-28. (4) Aus der kindlichen Unreife, die sich im Mißbrauch dieser Gabe kundtut, sollte man herauswachsen, 20. (5) Der Zweck der Gabe, 21-22 (vgl. Jes. 28,11-12), als ein Zeichen für die Ungläubigen, sollte im Auge behalten werden (Apg. 2,6-13; 10,45-46; 11,15-18). (6) Der Weissagung, besonders in ihrem Wesen als Trägerin der Offenbarung, sollte der wichtigste Platz eingeräumt werden; sie sollte aber zugleich in bestimmter Ordnung ausgeübt werden, 29-33. (7) In öffentlichen Versammlungen sollten sich die Frauen still verhalten, 34-35, nicht nur im Zungenreden, sondern auch im Auslegen göttlicher Offenbarung, d.h. Weissagung. (8) Diese Ermahnungen sollten als göttliche Zurechtweisung angesehen werden, 36-37. (9) Anstand und Ordnung sollten vorherrschen, 40.

Kap. 15
Die Lehre von der Auferstehung

Kap. 15,1-9. Wirklichkeit und Bedeutung der Auferstehung Christi.
Die Tatsache der Auferstehung Christi, 1-11. Die Lehre von der Auferstehung des Leibes wurde besonders von den heidnischen Intellektuellen Korinths abgelehnt. Demgegenüber

stellt Paulus die Auferstehung Jesu in den Mittelpunkt des Evangeliums vom Heil, das er verkündete und das die Korinther empfangen hatten, 1-4. Sie war eine Erfüllung der Schrift, 4 (vgl. z.B. Ps. 16,10), und wurde von „Kephas" (aramäischer Name für „Petrus"), den Zwölfen, 5, mehr als fünfhundert Brüdern, 6, Jakobus und allen Aposteln, 7, sowie Paulus selbst, 8, bestätigt. Paulus betrachtete seine eigene „geistliche Geburt" als eine „unzeitige Geburt"; entweder in dem Sinne, daß er selbst vor der Zeit auf die geistliche Erneuerung Israels beispielhaft hindeutete, oder weil er sich damit als unwürdig bezeichnen wollte, mit den übrigen Aposteln zusammen aufgeführt zu werden, die den irdischen Jesus in seiner Verkündigung und seinem Wirken als persönliche Zeugen erlebt hatten.

Jesu Auferstehung, die Voraussetzung für unsere Auferstehung, 12-19. Einige korinthische Gläubige waren von der allgemeinen heidnischen Ablehnung der leiblichen Auferstehung angesteckt, 12. Der Apostel betont die Bedeutung der Lehre, indem er die Folgen ihrer Leugnung aufzählt. Diese sind: (1) Christus wäre nicht auferstanden, 13; (2) die Predigt des Paulus wäre vergeblich, 14; (3) der Glaube der Korinther wäre ohne Inhalt, 14-17; (4) der Apostel wäre ein falscher Zeuge, 15; (5) die Korinther wären noch nicht gerettet, 17; (6) die Entschlafenen in Christus wären verloren, 18; (7) die Hoffnung bliebe allein auf diese Lebenszeit beschränkt, 19; (8) das Los des Christen wäre erbarmenswert, 19. So lächerlich sind diese Alternativen, daß Paulus diese Argumente als Grundlage für die Auslegung der Lehre in den folgenden Versen gebraucht.

Kap. 15,20-23
Christi Auferstehung und die Auferstehung der Gläubigen.

Christi Auferstehung, eine Garantie für unsere Auferstehung, 20-23. Sie wird als eine Tatsache erklärt, welche unsere Auferstehung garantiert, 20. Christus ist der „Erstling der Entschlafenen". Am Fest der Erstlingsgarben (3. Mo. 23,10-14) wurde die erste Garbe des reifen Korns dem Herrn am Tag nach dem Sabbat (dem Tag der Auferstehung Jesu) dargebracht, als Pfand für das Einbringen der ganzen Ernte („die, welche Christus angehören bei seinem Kommen"), 23 (1. Thess. 4,13-18).

Christi Auferstehung, das göttliche Heilmittel für den Sündenfall, 21-23. „Denn weil der (geistliche und leibliche) Tod durch einen Menschen (Adam) kam, so kommt auch die Auferstehung der (leiblichen) Toten durch einen Menschen (den fleischgewordenen Gott)", 21. *Alle* in Adam, 22, d.h. *alle* Glieder des menschlichen Geschlechts, sterben (leiblich). In Christus jedoch werden alle, die durch die Wiedergeburt gerettet oder erlöst sind, die sieghafte (erste) Auferstehung erfahren. Atl. und ntl. Heilige und die Märtyrer der Trübsalszeit werden die Wohltaten der Auferstehung Christi genießen (vgl. Dan. 12,2; Offb. 7,9.13), werden jedoch in den verschiedenen Stufen der ersten Auferstehung auferweckt werden, „ein jeglicher aber in seiner Ordnung", 23. Paulus denkt hier jedoch im besonderen an gläubige Christen und beschränkt somit das vielgestaltige Bild der Auferstehung auf das, was die Gläubigen betrifft, nämlich das Kommen Jesu für seine Gemeinde (1. Kor. 15,53-54; 1. Thess. 4,13-18). Was die übrigen nicht in Christus Entschlafenen betrifft s. Offenbarung 20,12-15.

Kap. 15,24–28
Die Auferstehung und das Weltende.

Die endgültige Abschaffung des Todes, 24–26. „Das Ende", 24, ist nicht der Beginn der irdischen Herrschaft Christi bei seinem zweiten Kommen, sondern das Ende dieser Herrschaft. Es ist das Ende der Zeit und der Zeitalter und der Anbruch des ewigen Reiches und hat die Wiederherstellung der göttlichen Herrschaft über die ganze Schöpfung mit der Abschaffung des Todes, 26, zum Ziel, 24-25. Die Vernichtung des Todes ist die letzte Folge von Christi Mittler-

Herrschaft und der Höhepunkt seines ersten Sieges über den Tod durch seine eigene Auferstehung.

Das ewige Reich, 27-28. Das Paradies (Off. 22), das in 1. Mose 3 verlorenging, wird wiederhergestellt. Satan, die Dämonen und die nicht wiedergeborenen Menschen wie auch Sünde und Tod werden beseitigt werden. „Gott ist alles und in allen", 28 (absoluter Herrscher), und wird in einer sündlosen Welt ohne Tod, die einen dreieinigen Gott verherrlicht, Wirklichkeit werden. Alles Böse wird verbannt und an *einen* Ort abgesondert werden (Off. 20,14-15), um niemals wieder eine sündlose Welt zu stören.

Kap. 15,29–34
Die Auferstehung Jesu schafft neue Motive.

Das Motiv, „sich für die Toten taufen" zu lassen, 29. Wenn Jesu Auferstehung keine Tatsache und demzufolge unsere Auferstehung keine lebendige Hoffnung ist (12-19), welchen Zweck hätte dann die Taufe? Wie sollten sich die Gläubigen verhalten, die durch diese Handlung öffentlich bekundet haben, daß sie in den Tod Jesu getauft wurden und die Plätze derer einnehmen, die schon abgerufen wurden? 29. Wenn es keine Auferstehung gibt und keinen göttlich be-

Ephesus, von der höchsten Stelle des Theaters aus mit Blick in Richtung Hafen. Paulus erinnert die Korinther an den Widerstand, der ihm in Ephesus entgegenschlug.

stätigten Retter und keine Heilsbotschaft, sollten sie dann nicht lieber einen Brauch wie die Taufe, durch die sie den alten Menschen begraben haben (Röm. 6,4), aufgeben?

Wozu gefährlich leben? 30-34. „Warum stehen auch wir stündlich in Gefahr?", 30. Wenn das Christentum nur eine Religion ohne Auferstehung und ohne Hoffnung ist, warum dann sein Leben aufs Spiel setzen, wie es der Apostel tat, indem er gegen erbitterte Gegner, die sich wie wilde Tiere aufführten, kämpfte wie z.B. in Ephesus? (Apg. 19,23-41). Warum dann Opfer bringen, statt das Leben, das mit dem Tod endet, in vollen Zügen zu genießen? Aber der Apostel kennt die Wirklichkeit der Auferstehungsbotschaft und „stirbt täglich", 31, d.h., er setzt sich für Christus beständig dem leiblichen Tod aus (Röm. 8,36-37). Noch mehr, er trennt sich vom Bösen, 33 (vgl. Spr. 13,20; Eph. 4,29), und jagt der Gerechtigkeit nach, 34.

Kap. 15,35-58
Auferstehung und Sieg über den Tod

Die Beschaffenheit des Auferstehungsleibes, 35-49. Die Frage nach dem „Wie" der Auferstehung wird vorgebracht, 35. Der Vorgang wird als Tod beschrieben, 36. Der Tod ist das Vorspiel zum Leben. In der Natur lebt nichts, wenn es nicht zuvor gestorben ist (vgl. Jesu Beispiel in Joh. 12,24). Das Ergebnis dieses Auferstehungsvorgangs ist ein neuer Leib, der dem neuen Leben entspricht. Drei Bilder aus der Natur werden angeführt, um den neuen Auferstehungsleib verständlich zu machen: Pflanzen, 37-38; Fleisch, 39; Himmelskörper (Gestirne), 40-41. Ebenso wird der Auferstehungsleib dem natürlichen Körper ähnlich und trotzdem von ihm verschieden sein, 42; er wird aber ein geistlicher Leib sein, 42-44, frei von jeglicher Art der Verwesung, Unehre und Schwachheit des natürlichen Leibes. Er wird von Christus, dem Haupt der neuen Schöpfung, dem Herrn des Himmels, 45-49, kommen und sein himmlisches Bildnis tragen.

Die Verwandlung, die den Auferstehungsleib hervorbringt, 50-58. Die Notwendigkeit der Verwandlung wird durch den Hinweis auf die Beschaffenheit unserer Leiber für den natürlichen Bereich und ihre gefallene, verderbte Natur erklärt, 50. Das Geheimnis der Auferstehung wird erwähnt, 51, ein göttliches Geheimnis, das dem aufgeschlossen wird, der das ewige Leben empfangen hat. Alle Gläubigen werden verwandelt, aber nicht alle werden „entschlafen" (sterben, da der Tod für den Erlösten nicht mehr als ein „Schlaf" ist), 51. Die Verwandlung wird im Bruchteil einer Sekunde, beim Ertönen der „letzten Posaune" erfolgen (vgl. 1. Thess. 4,13-18), die in keiner Beziehung zur letzten der sieben Gerichtsposaunen steht, die von Engeln geblasen werden (Off. 11,15-19). Hier handelt es sich um eine Posaune des Segens, die von Gott ertönt. Diese unbedingte Notwendigkeit der Auferstehung, 53, leitet den Triumph des Geschehens ein, 54-57, und ist ein gewaltiger Ansporn zu heiliger Beständigkeit und zum Dienst im Leben des Christen.

Kap. 16,1-4
Die Lehre von der Haushalterschaft

Grundsätzliches, 1-2a. Der Anlaß zu der hier gegebenen Anweisung ist eine Opfersammlung für die armen Gläubigen in dem durch Verfolgung bedrängten Judäa, 1. Das Geben für Gott umfaßt: (1) *den Grundsatz der Regelmäßigkeit;* es soll periodisch geschehen, und zwar „an jedem ersten Wochentag", 2; (2) *den Grundsatz der Verantwortung eines jeden einzelnen.* „Ein jeder unter euch lege etwas beiseite und sammle", 2. Insbesondere sollte jeder Gläubige ein Haushalter sein. Der Geber ist genauso wichtig wie die Gabe; (3) *den Grundsatz der Verhältnismäßigkeit,* „je nachdem es ihm wohl geht", 2. Grundlage sollten die persönlichen Vermögensverhältnisse sein. Regelmäßiges, persönliches, angemessenes Geben soll nicht bloße gesetzliche Abgabe des Zehnten sein, setzt jedoch voraus, daß ein Zehntel das Mindestmaß ist. Es ist vielmehr aufgrund

Auf diesem Pfad wurden Schiffe über die Landenge von Korinth geschleppt, bevor der Kanal von Korinth gebaut wurde.

der Liebe zum Erlöser ein freudiges Geben von allem.

Der Grund und die Ausführung, 2b–4. „Damit nicht erst dann, wenn ich komme, die Sammlungen gemacht werden müssen", 2b. Christen sollten ihre Gaben nicht aufgrund von Bitten, die an das Gefühl gerichtet sind, geben, auch nicht unter dem Druck einer finanziellen Notlage. Es soll ein geistlicher Dienst sein, auf biblischer Grundlage. Die Ausführung, 3–4, schließt das edelste Motiv zum Geben und weise Anwendung der Gabe ein.

Kap. 16,5–24
Die Darstellung brüderlichen Dienstes

Brüderliche Anteilnahme, 5–14. Sie kommt darin zum Ausdruck, daß drei Besuche geplant sind, 5–12. Der Besuch des Apostels selbst, 5–9, derjenige des Timotheus, 10–11, der des Apollos, 12. Dies wird mit einem Aufruf an die Korinther zur Männlichkeit und Reife in ihrem Dienst unterstrichen, 13–14. Echtes Wachstum wird in solchem Dienst zum Ausdruck kommen (vgl. 16,13-18).

Dienst und abschließende Grüße, 15–24. Die Verse 15-18 zeichnen ein wunderbares Bild brüderlichen Dienstes, ebenso die abschließenden Grüße, 19–24 – ein Gruß von den Gemeinden, 19-20, und der andere vom Apostel selbst, 21-24.

Das Innere der Grabeskirche in Jerusalem

Der zweite Korintherbrief

Die Herrlichkeit christlichen Dienstes

Verfasser und Echtheit. Es liegen genügend Beweise dafür vor, daß Paulus der Schreiber dieses Briefes war und daß der Brief echt ist. Alle – Polykarp, Irenäus, Theophilus von Antiochien, Clemens von Alexandria, Tertullian, Cyprian, Marcion und der Muratorische Kanon – bestätigen die Verfasserschaft des Paulus. Die genauen Einzelheiten über Dienst und Leben des Paulus, die in diesem Brief enthalten sind, liegen außerhalb der Möglichkeit einer Fälschung. Er enthält zahlreiche biographische Berührungspunkte mit dem ersten Korintherbrief, dem Galaterbrief, dem Römerbrief und der Apostelgeschichte, und außerdem finden sich in ihm zahlreiche typisch paulinische Begriffe. Der Brief wurde wahrscheinlich kurz nach dem ersten Korintherbrief von Mazedonien aus (etwa 56 n.Chr.) geschrieben (vgl. 2,13; 7,5-7; 8,1; 9,2-4).

Besondere Merkmale des Briefes. Abgesehen vom Philemonbrief, ist der zweite Korintherbrief der persönlichste und der am wenigsten lehrhafte aller paulinischen Briefe. Leben und Dienst des großen Apostels werden beschrieben. Auch was die Schilderung der Gefühlsbewegungen, die Einzelheiten über persönliche Neigungen des Schreibers angeht, ragt er aus den übrigen paulinischen Briefen heraus.

Inhalt. Von Kritikern angegriffen, verteidigt Paulus in den Kapiteln 1-7 in großartiger Weise sein Leben und seinen Dienst. Die Kapitel 8-9 befassen sich mit der Sammlung für die verarmten Gläubigen in Jerusalem und enthalten Anweisungen für richtiges Geben. In den Kapiteln 10-13 verteidigt dann Paulus sein Apostelamt und seine Vollmacht

falschen Gesetzeslehrern gegenüber. Dadurch, daß der Apostel durch feindliche Angriffe gezwungen ist, tiefere Einblicke in sein Leben und seinen Dienst zu geben, kann jeder Diener Christi daraus die beste Anleitung für seinen Dienst entnehmen.

Überblick

Einleitendes persönliches Zeugnis, Kap. 1,1 – 2,13
Die Herrlichkeit christlichen Dienstes, Kap. 2,14 – 7,16
Die Herrlichkeit des Gebens, Kap. 8,1 – 9,15
Die Herrlichkeit des Apostelamtes verteidigt, Kap. 10,1 – 13,13

Mazedonien; von hier schrieb Paulus wahrscheinlich den zweiten Korintherbrief.

Der zweite Korintherbrief

Kap. 1,1-11
Göttlicher Trost und sein Zweck

Gottes reichlicher Trost in der Not, 1-7. Nach dem üblichen Gruß, 1-2 (vgl. Röm. 1,1-7; 1. Kor. 1,1-3), fügt der Apostel einen Lobpreis Gottes an als (1) „Vater unseres Herrn Jesus Christus"; (2) „Vater der Barmherzigkeit", da die ganze göttliche Gnade durch den Sohn fließt und (3) „Gott alles Trostes", da der Trost auf die Gnade folgt. Trost (gr. *paraklesis* = ein „An-die-Seite-Rufen") ist göttliche Hilfe, welche uns gewährt wird, um uns in äußersten Notsituationen oder Ängsten zu helfen (vgl. Joh. 14,16.26; 15,26; 16,7; 1. Joh. 2,1). Der Zweck des göttlichen Trostes ist, daß wir uns unsererseits an die Seite eines Bedürftigen stellen und ihm in der Kraft des göttlichen Trostes und der Erquickung, die wir empfangen haben, helfen, 4. Wenn wir viel Trübsal und Leid durchmachen müssen, erfahren wir Gottes Trost um so mehr, und so werden wir brauchbar, um andere zu trösten, 5-7.

Dank für die eben empfangene Befreiung, 8-11. Qualvolle Erfahrungen in Ephesus, in der Provinz Asien (vgl. Apg. 19,23-20,1), die der Diener Gottes durchlitt, 8, werden als Beispiel für Trübsal angeführt. Diese Not führte beinahe zum Tod, 9, aber durch konzentriertes Gebet wurde Paulus reichlich getröstet, 11.

Kap. 1,12-2,13
Zeugnis der Aufrichtigkeit

Paulus hat Grund zur Freude, 1,12-24. Dies war „das Zeugnis seines Gewissens", 12, seine einfache, lautere Lebensart und im besonderen sein Verhalten den korinthischen Gläubigen gegenüber, 12-14. „Der Tag unsres Herrn Jesus", 14, ist die Zeit des Segens und der Belohnung für die Heiligen beim Kommen Christi für die Seinen (vgl. 1. Kor. 1,8; 5,5; Phil. 1,6.10; 2,16).

Die „doppelte Gunst" (gr. *cháris* = „Segen"), 15, ein Ausdruck, der in der Schrift in diesem Sinn nur an dieser Stelle vorkommt, bezieht sich auf einen zusätzlichen geistlichen Segen, der den Korinthern aus einem weiteren Besuch von Paulus erwachsen würde, 16-24. Die Versiegelung des Geistes, 22, ist

die Garantie für den Gläubigen, daß sein Heil unverlierbar ist (Eph. 1,13; 4,30); der Heilige Geist ist das „Siegel". Ein Siegel garantiert Eigentumsrecht (Jer. 32,11-12; 2. Tim. 2,19), Sicherheit (Est. 8,8; Dan. 6,17-18; Eph. 4,30) und einen abgeschlossenen Handel (Jer. 32,9-10; Joh. 17,4; 19,30).

Paulus wünscht, sie unter großen Freuden besuchen zu können, 2,1-13. Um einen traurigen Besuch zu vermeiden, 1-2, ermahnte er sie schriftlich, 3-13. Der Fall des blutschänderischen Bruders, 6-8 (vgl. 1. Kor. 5,1-5), erforderte neue Leitung von seiten des Apostels, und er gibt entsprechende Anweisungen. Die Erwähnung der List oder Strategie Satans, 11 (vgl. 2. Kor. 11,3.12-15; Eph. 6,10-12), zeigt, wie außerordentlich wichtig es ist, daß die Gläubigen über das unterrichtet sind, was die Bibel über die Dämonen lehrt.

Kap. 2,14-17
Die Herrlichkeit des Dienstes – sein Triumph

Der Triumphzug des Christen, 14. Das Bild erinnert an einen Triumphzug durch die Stadt Rom zur Ehre eines siegreichen römischen Feldherrn. Die öffentliche Ehrung wurde vom Senat bestimmt. Die Prozession schloß Sieger und Besiegte ein. Den Eroberern, mit dem Befehlshaber an der Spitze, folgten die Besiegten, die in Ketten zum Tode oder in die Gefangenschaft geführt wurden. Aus unzähligen, von den Gefangenen getragenen Gefäßen und von wohlriechenden Kräutern, die den Weg entlang gestreut wurden, stieg Weihrauchduft auf. Der Geruch vom Duft des Sieges erfüllte die Luft. Dies ist eine Illustration des ständigen Siegeszuges eines Kämpfers und Dieners Jesu.

Der machtvolle Einfluß des Christen, 15-17. Jeder wahre Diener Christi ist ein Weihrauchgefäß voll süßen Duftes, das Christi Wohlgeruch in eine verderbte und übelriechende Welt trägt – nicht nur als Hinweis auf die Zukunft, sondern als gegenwärtige Erfahrung. Die Wirkung der Evangeliumsverkündigung ist zweifach. Denen, „die gerettet werden", 15, d.h. die Christus angenommen *haben* und mit ihm *wandeln,* ist das Evangelium „ein Geruch des Lebens zum Leben", 16, indem es Leben und

Fülle gibt (Joh. 10,10). Denen, „die verloren gehen", 15, die Christus abgelehnt haben und fortfahren, ihn zu verwerfen, wird es ein „Geruch des Todes zum Tode", 16, weil es ewigen Tod bringt und den Ablehnenden im Tod bestätigt. Von solcher Tragweite ist die Berufung eines wahren Dieners Christi, solch ungeheure Folgen für die Ewigkeit schließt sie in sich, daß die Frage auftaucht, wer ist tüchtig (gr. *hikanos* = „qualifiziert" oder „ausreichend") für eine solche Aufgabe, 16? Die Antwort ist: Nur derjenige, der von Gott gerufen und ausgerüstet ist, nur derjenige, der das Wort Gottes nicht verfälscht oder nicht um des persönlichen Gewinns willen in göttlichen Dingen betriebsam ist, sondern das Wort Gottes in Lauterkeit und im Bewußtsein von Gottes allwissender Gegenwart verkündet, 17.

Kap. 3,1–6a
Die Herrlichkeit des Amtes – seine Beglaubigung

Das Amt wird nicht durch Selbstempfehlung beglaubigt, 1. Der Apostel fand es unklug

An dieser Stelle stand das alte Korinth.

und unnötig, sich selbst zu rechtfertigen oder sich selbst durch Schreiben an die Gemeinde oder von ihr zu empfehlen. Persönlicher Lebenswandel für Christus soll ein sich selbst ausweisender Beglaubigungsbrief und unsere beste Empfehlung sein.

Es wird durch des Paulus' Zeugnis und Werk beglaubigt, 2–3. Die Gläubigen von Korinth waren der Empfehlungsbrief des Paulus, 2, wie auch Christi Beglaubigungsschreiben, 3. Sie waren sein „Brief", in sein Herz geschrieben, der von jedermann gelesen werden konnte, 2. Sie waren auch ein „Brief Christi", nicht mit Feder und Tinte geschrieben, sondern durch das übernatürliche Wirken des Geistes am menschlichen Herzen, 3.

Es ist von Gott beglaubigt, 4–6a. Die Tüchtigkeit des Paulus war von Gott beglaubigt. Sein Dienst wurde von Christus bestätigt, 4, was auf die Erfahrung auf der Straße nach Damaskus zurückging. Sie wurde durch göttliche Ertüchtigung, 5, möglich gemacht. Seine Befähigung (vgl. 2,17) kam *von* (gr. *ek* = wörtlich: „aus") Gott. Sie hatte ihre Quellen in Gott. Gott „machte" ihn zu einem tüchtigen Diener, 6a.

Kap. 3,6b–11
Die Herrlichkeit des Amtes – seine Gnadenbotschaft

Seine Botschaft war geistlich und lebenschaffend, 6b–11. Da das Evangelium der Gnade vom Heiligen Geist inspiriert ist, wird es dem Gesetz Moses als einem in Stein gehauenen Gesetzbuch gegenübergestellt. Die Kraft des Dieners des Neuen Bundes liegt nicht im Buchstaben des Gesetzes des Alten Bundes, der Sünde bestraft und lediglich dazu dient, unsere Todesverfallenheit offenbar zu machen. Sie liegt vielmehr im Geist Gottes, der uns ewiges Leben schenkt. Der alte Gesetzesbund, der tötet, ist somit „ein Dienst des Todes", 7, „der Verdammnis", 9, da er nur unsere Sünde offenbar macht. Der neue Gnadenbund „macht lebendig", 6, als ein „Dienst des Geistes", 8, und als ein „Dienst der Gerechtigkeit", 9, da er auch die Wegnahme unserer Sünde bewirkt. Der eine ist in Steine gegraben, 7, der andere ins menschliche Herz. Der eine ist herrlich, 7, der andere ist von „überschwenglicher Herrlichkeit", 8–11.

Kap. 3,12–18
Die Herrlichkeit des Amtes – seine verwandelnde Kraft

Große Freimütigkeit und Freiheit sollen geübt werden, 12–17. Die Herrlichkeit des christlichen Dienstes erzeugt solche Hoffnung, daß zur Verkündigung der Botschaft Freimütigkeit ohne Furcht nötig ist, 12. Die Diener des Neuen Bundes sollen nicht wie Mose sein, der eine

Decke über sein Gesicht hielt, nachdem er das Gesetz auf dem Sinai empfangen hatte, 13 (2. Mo. 34,28-35). Die Herrlichkeit, die von seinem Gesicht ausstrahlte, war eine vorübergehende, vergängliche Herrlichkeit, die das Gesetz, das doch vergehen sollte, darstellt, 13. An seine Stelle sollte das Evangelium der Gnade treten, das sich im Angesicht Christi mit unvergänglicher Herrlichkeit widerspiegelt. Das Judentum hat eine Decke über sich (Ps. 69,24; Jes. 6,9-10; Röm. 11,7-10), die in Christus weggetan wurde, 14-15. „Sobald es (das Herz Israels) sich aber zum Herrn bekehrt, wird die Decke weggenommen", 16 (Sach. 12,10-13,1; Röm. 11,26-27). Inzwischen erfährt der Gläubige, der Jesus Christus seinen rechtmäßigen Platz einräumt, daß er sich im Reich der Freiheit bewegt. Anstelle der Vorschriften des äußerlichen Gesetzes findet er die Triebkraft des inneren Gesetzes, 17, „das Gesetz des Geistes des Lebens in Christus Jesus" (Röm. 8,2).

Eine wunderbare Verwandlung tritt ein, 18. Hier geht es um drei Stufen: (1) das „Sehen": die Decke wurde weggenommen; nun sieht man ein klares Bild von der Herrlichkeit des Herrn mit einem unverhüllten oder unbedeckten Antlitz (im Gegensatz zu Mose). (2) Die Umwandlung: „.... und werden umgewandelt in dasselbe Bild, von Herrlichkeit zu Herrlichkeit"; (3) diese Umwandlung „von des Herrn Geist" ist Gottes Werk in uns, nicht unser eigenes Werk oder unsere Anstrengung.

Kap. 4,1-7
Die Herrlichkeit des Amtes – Lauterkeit

Alle Sünde und Falschheit wird aufgegeben, 1-2. Solch ein Dienst gründet sich auf die persönliche Erfahrung von Gottes Barmherzigkeit in Christus. Sie wird der kraftvolle Ansporn zu selbstlosem Dienst, indem die Botschaft anderen verkündigt wird, 1. Negativ: Alles, was nach Falschheit aussehen könnte, wird abgelehnt; positiv: Die Lauterkeit empfiehlt sich durch ein aufrichtiges Zeugnis, das vor Gott und auch vor den Menschen ausgelebt wird, 2.

Es ist eine Empfehlung für Jesus Christus, 3-7. Er muß bekanntgemacht und erhoben werden, denn wenn er nicht sichtbar wird, ist unser Evangelium für die verhüllt, welche verlorengehen, 3. Satan, der Fürst dieses gegenwärtigen Zeitalters (vgl. Joh. 12,31), hat die Sinne der Ungläubigen für das Licht des Evangeliums verblendet. Es ist darum wichtig, daß, wenn diese Blindheit durchdrungen werden soll, Christus, nicht wir selbst, verkündigt werden muß. Er ist die göttliche Lichtquelle, 5 (vgl. Joh. 8,12). Wir sind die menschliche Quelle, 6 (vgl. Matth. 5,14). Das Licht muß von Gott her durch uns leuchten. „Der Schatz" des innewohnenden Geistes ist in „Tonkrügen", zerbrechlichen, irdenen Gefäßen (der Körper des Gläubigen), damit die Erhabenheit der Kraft von Gott und nicht von uns stamme, 7.

Kap. 4,8-18
Die Herrlichkeit des Amtes – Leiden

Paulus leidet, doch geistlich gewinnt er, 8-11. „Bedrängt, aber nicht erdrückt (in die Enge getrieben oder an einen engen Ort gedrückt); in Verlegenheit, aber nicht in Verzweiflung (hoffnungslos); verfolgt, aber nicht verlassen", 8-9. Der Gläubige erfährt Leiden und Tod wie sein Herr, damit das Leben Jesu offenbar und an ihm gesehen werde, 10-11.

Er hat ein inneres Geheimnis geistlicher Natur, 12-18. Dieses Geheimnis umfaßt Selbstkreuzigung, 12; starken Glauben, 13; strahlende Hoffnung, 14; ein Sich-selbst-Vergessen, 15; geistliche Kraft, 16; den richtigen Durchblick, 17; und ein weises Lebensziel, 18.

Kap. 5,1-13
Die Herrlichkeit des Amtes – Furchtlosigkeit angesichts des Todes

Überzeugung von der Auferstehung des Leibes, 1-8. Der Christ hat die starke Gewißheit eines zukünftigen Lebens, 1,6. Sein erlöster Leib wird eine „irdische Zeltwohnung", 1, genannt. Der Tod ist das Abbrechen des Zeltes. Der Auferstehungsleib wird „ein Haus, nicht mit Händen gemacht" genannt. Unsterblich wird er als „ewig im Himmel" beschrieben, 1. Die große Sehnsucht des Gläubigen nach dem Auferstehungsleib, 2-4, wird durch das für ihn geschehene Erlösungswerk in Christus gestillt, insbesondere durch den Geist Gottes, der als Angeld und Unterpfand der Verherrlichung des Leibes im Leib des Gläubigen wohnt, 5. Dieses Wissen um das Evangelium von der Erlösung schenkt große Zuversicht, 6-8. Ob noch in diesem Leib (Leben) oder vom Leib abwesend (Tod), sind wir angesichts unserer herrlichen Hoffnung guten Mutes, munter und fröhlich. Glauben, nicht Schauen, wird zu unserer Lebensweise, 7. Wir wissen, daß das, was wir nicht sehen, oft wichtiger und dauerhafter ist als das, was wir sehen (vgl. 4,17-18). Vom Körper abwesend sein (Tod) heißt für den Gläubigen, beim Herrn (im Himmel) zu sein. Könnte es einen größeren Ansporn zur Tapferkeit geben?

Folgen der Gewißheit der leiblichen Auferstehung, 9-13. (1) Wir bemühen uns, d.h. sind fortwährend eifrig darauf bedacht, dem Herrn zu Gefallen zu leben, 9. (2) Wir rechnen mit der Tatsache, daß alle Gläubigen über ihr neues Leben und ihre Werke Rechenschaft ablegen müssen. Das wird vor dem „bema" (Richterstuhl) Christi sein. Dann wird jeder seine Belohnung empfangen bzw. verlieren (vgl. 1. Kor. 3,12-15; 4,5; 9,27). (3) Im Licht des Gerichts über unsere Werke vor Christus bitten wir die Gläubigen, im Leben und Zeugnis dem Herrn treu zu bleiben, 11. Das Bewußtsein, „daß der Herr zu fürchten sei", 11, ist heilige, ihm angemessene Scheu und Unterwerfung. (4) Das führt zu selbstlosem, hingebungsvollem Dienst für Gott und Menschen, 12-13.

Kap. 5,14-21
Die Herrlichkeit des Amtes – seine Beweggründe und Würde

Sein herrlicher Beweggrund, 14-17. Es ist die „Liebe", 14 (vgl. 1. Kor. 13,1-8), die Liebe Christi zu uns und unsere Liebe zu Christus. Diese gewaltige Triebkraft nötigt uns oder treibt uns an. Die Liebe ist der fortwährende Antrieb des wahren Dieners Christi. Daraus folgt, daß, weil einer (Christus) für alle starb, alle (Gläubigen) bei ihrer Wiedergeburt in ihm sterben, 14-15. Durch die geistliche Vereinigung mit ihm (Röm. 6,3-4; 1. Kor. 12,12-13) sind sie also ihrer Stellung nach tot, d.h., Gott sieht sie als „tot" an; er sieht nur noch Christus in ihnen. Darum sollte die Liebe unsere Triebkraft sein, weil wir alle Glieder Christi sind, nicht mehr uns selbst leben, 15, und uns daher auch nicht mehr nach dem Fleisch kennen, 16. In Christus sein schließt eine neue Schöpfung mit einer *vollständig* neuen Ordnung ein, 17.

Seine wunderbare Würde, 18-21. Wir sind mit Gott versöhnt, 18, und der Dienst der Versöhnung ist uns aufgetragen worden, 18-19. Die Versöhnung stellt die Wirkung des Todes Christi auf den sündigen Menschen dar, der durch den Sündenfall Gott entfremdet und ferngerückt ist. Als Antwort auf den Glauben des bekehrten Sünders bewirkt Gottes Kraft in ihm eine vollständige Umwandlung; aus Feindschaft und Abneigung wird liebevolles Vertrauen zu Jesus Christus. Wir sind Christi Botschafter, 20-21. Ein Botschafter sein heißt, sein Land (den Himmel) und seine Regierung (den Herrn) mit Einfluß, Weisheit, Reife und Würde zu vertreten.

Kap. 6,1-10
Die Herrlichkeit des Amtes – sein Charakter

Es gilt, tadellos zu sein, 1-3. (1) Weil es um die Zusammenarbeit mit Gott einerseits und mit christlichen Mitarbeitern andererseits geht, 1. (2) Weil es die Verkündigung der freien Gnade Gottes einschließt, 1-2 (vgl. Jes. 49,8), die so leicht durch Ausschweifung mißbraucht werden kann. Geschieht das, so ist die Gnade Gottes „vergeblich", d.h. zwecklos für die praktische Heiligung. (3) Weil die Verkündigung der frohen Botschaft dringend ist, die durch ein der Botschaft widersprechendes Verhalten des Evangelisten nicht wirkungslos gemacht werden darf, 2. (4) Weil der Dienst besonders der Kritik seitens sündiger Menschen und auch fleischlich gesinnter Gläubiger ausgesetzt ist, 3. Falsches Verhalten legt anderen Menschen leicht Stolpersteine in den Weg.

Es gilt, sich zu bewähren, 4-10. Der Dienst muß tadellos sein (1-3); er muß sich durch ein Höchstmaß an Hingabe für Gott und Menschen bewähren, 4-10. Der Apostel nennt *neun Prüfungen*, in denen ein *Diener Gottes seinen Herrn ehren soll*: Anfechtungen, Nöte, Schwierigkeiten, Schläge, Gefängnis, Aufruhr (Volksaufstand), (schwere körperliche) Arbeit, Wachen (in der Nacht) und Fasten (Hunger und Durst bereitwillig erdulden), 4-5. Dann fährt er fort und zählt *neun Merkmale* auf, die einen *Diener Jesu kennzeichnen sollen*: Reinheit, Erkenntnis, Geduld, Freundlichkeit, Heiliger Geist, aufrichtige Liebe, Wort der Wahrheit, Kraft Gottes, Waffen der Gerechtigkeit, 6-7. Schließlich nennt er *neun scheinbare Widersprüche*, 8-10, welche im Leben eines treuen Dieners, der Gott in den neun Prüfungen und den eben aufgeführten neun Merkmalen ehrt, vorkommen. Diese scheinbaren Widersprüche sind: Ehre und Unehre, schlechter Ruf und guter Ruf, Verführer und doch wahrhaftig, unbekannt und doch wohlbekannt, sterbend und doch lebend, gezüchtigt und doch nicht getötet, betrübt und doch immer fröhlich, arm und doch viele bereichernd, nichts habend und doch alles besitzend. Der tadellose und bewährte Dienst ist voller Wunder und „Widersprüche". Dadurch hat der Gott des Wunders und des „Widerspruchs" die Möglichkeit zu wirken.

Kap. 6,11-7,1
Die Herrlichkeit des Amtes – seine Reinheit

Reinheit ist die Grundlage der Zuneigung unter Gläubigen, 6,11-13. Paulus bittet um die Liebe der Korinther. Er schüttet seine aufrichtige Liebe über sie aus und bittet um Erwiderung. Aber diese Kundgebung der Liebe unter Gläubigen hängt von ihrer Absonderung von Sünde und ihrer Trennung von Ungläubigen ab. Um christliche Einheit und gegenseitige Liebe zu erreichen, muß das Volk Gottes sich von dem, was verunreinigt, absondern.

Die Bitte um Reinheit, 6,14-7,1. Das ungleiche Joch ist alles, was einen Gläubigen mit einem Ungläubigen in eine gemeinsame Sache vereinigen kann, 6,14 (vgl. 5. Mo. 7,2-3; 22,10). Es untergräbt die Gemeinschaft, 6,14, Übereinstimmung und Eintracht unter Christen, 6,15-16. Es geht nicht darum, eine *Berührung* mit dem Bösen in der Welt zu vermeiden, vielmehr darum, keine gemeinsame Sache mit der Welt zu machen und sich ihr nicht anzupassen (Joh. 17,15; Gal. 6,1). Das Ergebnis der Absonderung vom Bösen ist die volle Offenbarung der Vaterschaft Gottes mit ungestörter Anbetung und Gemeinschaft, 6,17-18. Daher die Ermahnung, im Licht des verheißenen Segens in den vorangegangenen Versen alle Unreinheit abzulegen, 7,1.

Kap. 7,2-16
Die Herrlichkeit des Amtes – ihr Widerschein im Leben des Paulus

Paulus zeigt liebendes Interesse für die Gläubigen von Korinth, 2-11. Er drängt sie, ihm ihre Herzen zu öffnen, 2, indem er sein Interesse an ihrem Wohlergehen beteuert, 3-7. Er erwähnt sein strenges Verfahren mit ihnen in einem früheren Brief, 8, ist jedoch beglückt, daß er göttliche Traurigkeit bewirkt hat, 9, die Buße zum Heil schafft, im Gegensatz zur Traurigkeit der Welt, die nur den Tod bewirkt, 10. Der Apostel freut sich, denn die Gläubigen von Korinth waren wirklich betrübt und taten Buße, 11.

Er möchte sie seiner Liebe versichern, 12-16. Paulus bittet die Korinther, doch die Tatsache anzuerkennen, daß er sich um sie sorgte, 12. Ihre freundliche Aufnahme des Titus gab dem Apostel Gewißheit, daß sein Vertrauen in sie nicht ungerechtfertigt war, 13-16.

Kap. 8,1-15
Beispiel und Ermahnung zum Geben

Christliches Geben und das Beispiel der mazedonischen Christen, 1-8. Paulus gebraucht das Beispiel der freigebigen mazedonischen Gemeinden, wenn er auf die Gnade des Gebens hinweist, 1. Ihr Geben war ein Wunder großzügiger Gebefreudigkeit trotz tiefer Armut, 2-4. Die Voraussetzung war bedeutsam: Sie gaben *zuerst sich selbst* dem Herrn, 5. Alle christliche Liebestätigkeit und alles Opfern sollte da beginnen, wo die mazedonischen Gläubigen anfingen. Gerade an diesem Punkt zu beginnen, wurden die korinthischen Gläubigen ermahnt, 6-8. Unsere persönliche Hingabe an den Herrn sollte immer *zuerst* erfolgen. Wenn Gott *uns* hat, hat er *alles*, einschließlich unserer Brieftaschen.

Die Korinther werden aufgefordert, ihren Beitrag zu leisten, 9,1-5. Paulus lobt sie taktvoll, 1-2, sendet aber Abgeordnete zu ihnen, um sicher zu sein, daß sie bereit sind, 3-4, und ihre Gabe zur Verfügung steht, 5.

Kap. 9,6-15
Grundbegriffe geistlichen Gebens

Der Begriff der Ernte, 6. Der Apostel hat bereits auf den Begriff der Bereitschaft hingewiesen (1-5). Nun fügt er das Bild vom Säen und Ernten hinzu. Reichliches Säen bedeutet reichliches Ernten. Es wird mehr geerntet, als gesät wurde.

Der Begriff des freiwilligen Gebens, 7. Es sollen kein Zwang, kein Druck, keine großangelegten, ausgeklügelten Methoden angewandt werden. Das Geben soll eine Sache persönlicher Entscheidung sein. Fröhliche, aus freien Stücken handelnde Dankbarkeit gegenüber Gott für das, was er in Christus für uns getan hat, kann allein einen fröhlichen (heiteren) Geber ausmachen. Das ist die Art des Gebens, die Gott erfreut, weil sie aus der Liebe kommt.

Der Begriff der Gnade, 8-10. Geistliches Geben greift auf Gottes unerschöpfliche Schätze zurück. Die Gnade, die er für uns zum Überfließen bringen kann, ist sein Segen in unserem Leben. Dadurch haben wir die Möglichkeit, den Bedürftigen in ihrer Not beizustehen, 8-9 (vgl. Ps. 112,9). Er gibt uns, damit wir anderen geben sollen. Das ist eine ungeheure Verheißung, die jedem Gläubigen neue Möglichkeiten zu freudigem Geben eröffnet, 10.

Der Begriff der Dankbarkeit, 11-15. Wenn man das Gesetz geistlichen Gebens und Nehmens befolgt, entsteht daraus eine Haltung der Dankbarkeit Gott gegenüber, 11. Nicht nur der Beschenkte wird gesegnet, sondern auch der Geber, 12 (vgl. Apg. 20,35). Der Beschenkte hat besonders Grund, Gott zu verherrlichen, 13, und zum Gebet getrieben zu werden, 14. Aller Dank führt schließlich zur Anbetung Gottes über seine unerhörte Gabe der Erlösung durch Christus, der Quelle aller Gnade, 15. Diese Gabe ist so wunderbar, daß sie als „unaussprechlich" und „überschwenglich" bezeichnet wird, 14-15.

Kap. 10
Die Herrlichkeit des Amtes verteidigt – vom Herrn empfohlen

Ein Diener Gottes empfiehlt sich durch seine Haltung, 1-6. Er soll sich einerseits durch die „Sanftmut und Freundlichkeit Christi" auszeichnen, 1, und andererseits durch göttliche Kühnheit und ein zuchtvolles Gebetsleben (vgl. Eph. 6,10-20), das im Blick auf die Folgen im geistlichen Bereich äußerst wirksam ist, 5. Diese Gebetsmacht wirft menschliche Vernunftsgründe um und macht jeden Gedanken Christus untertan. Sie vermittelt auch geistliche Kraft, Ungehorsam zu bestrafen, 6.

Ein Diener Gottes empfiehlt sich durch seine Bevollmächtigung, 7-11. Vollmacht ist nicht untätig, anmaßend oder von äußerem Auftreten abhängig, 7-10, sondern kommt vom Herrn und ist echt und real, 11. Sie dient der „Erbauung" (Aufbauen) und nicht der „Zerstörung" (Einreißen), 8.

Ein Diener Gottes ist vom Herrn empfohlen, 12-18. Sich selbst zu empfehlen und mit andern zu vergleichen ist unklug und sollte unterbleiben, 12. Wie bei Paulus soll unser Dienst nicht anhand selbst aufgestellter Maßstäbe, sondern nach dem Maßstab Christi beurteilt werden, 13-14; nicht Anerkennung für die Werke anderer fordern, 15-16, sondern sich im Herrn rühmen, 17. Es gilt, die Tatsache zu erkennen, daß nur derjenige anerkannt ist, der vom Herrn anerkannt wird, nicht der, welcher sich selbst empfiehlt, 18.

Kap. 11,1–5
Die Herrlichkeit des Amtes verteidigt durch Lauterkeit im Dienst

Die lauteren Beweggründe des Dienstes, 1-6. Wie Paulus wird der wahre Diener Christi oft fälschlicherweise kritisiert und zu Unrecht angeklagt. Lauterkeit, eine der höchsten Tugenden im Leben, wird hier vom Apostel zur Verteidigung seinen Kritikern gegenüber angeführt, um zu zeigen, daß seine Lebensweise richtig ist. In seiner eifernden Liebe war er aufrichtig um das geistliche Wohl der Korinther besorgt. Sein Wunsch war es, daß sie keusch und rein in Christus seien, 2; unbefleckt, nicht durch falsche Lehrer, 4, von der „Einfalt gegen Christus", 3, abgelenkt. Gegenüber diesen falschen Lehrern stellt Paulus seine Erhabenheit und Erkenntnis als Apostel heraus, 5, und auch den Beweis seines Glaubens an Christus, der in seinen Werken für ihn und für die Korinther zum Ausdruck kommt, 6.

Die Belohnung für treuen Dienst, 7-11. Treu dienen heißt, sich selbst erniedrigen und selbstlos arbeiten, 7-9. Dann ist der Diener des Herrn in der Lage, sich im Herrn zu rühmen und in seinem Dienst für andere keinerlei Anstoß zu geben, 10. Das ist der Beweis für die Echtheit der Liebe des Dieners zu denen, denen er dient, 11.

Falsche Diener, 12-15. Der Apostel ist entschlossen, seinen Dienst weiterhin untadelig auszuführen, um falschen Aposteln keinen Anlaß zur Kritik zu geben. Sie waren sowieso stets eifrig darauf aus, irgendeinen Grund zu finden, ihn anzugreifen, 12. Diese unaufrichtigen Diener brandmarkt er ihrem wahren Wesen nach als „falsche Apostel, betrügerische Arbeiter", 13, die unter Satans trügerischer Herrschaft stehen, 14. Ihr Ende wird entsprechend ihren bösen Werken sein, 15.

Kap. 11,16–33
Die Herrlichkeit des Amtes verteidigt durch Aufrichtigkeit, die zum Leiden führte

Paulus antwortet seinen Kritikern, 16-23a. Der Apostel greift zu einer rechtmäßigen Art von Spott und Hohn, um seinen Kritikern eindrucksvoll zu antworten und ihnen seine ganze Lauterkeit zu beweisen. Sie rühmten sich. Er wollte sich, um der Beweisführung willen, 16, auch rühmen, wenn es auch töricht sei, 17. Sie rühmten sich im Fleisch. Er will sich, wieder um der Beweisführung willen, auch rühmen, 18, und tut dies in einem Ton durchdringenden Spottes, um die Korinther der falschen und unaufrichtigen Diener wegen, die sich ihnen aufdrängten, zu beschämen, 19-21. Sie rühmten sich dessen, was sie einst waren, 22. Sie waren stolz darauf, in völkischer und religiöser Hinsicht reinrassige Hebräer zu sein. Er konnte dasselbe von sich sagen und noch mehr! Sie waren stolz auf das, was sie jetzt waren, 23. Sie brüsteten sich, „Diener Christi" zu sein. Er konnte dasselbe und noch mehr vorbringen! Wie? Durch die Aufzählung seiner Leiden und Mühsale um Christi willen.

Paulus spricht von seinen Leiden, um seine Lauterkeit zu beweisen, 23b-33. In diesen Versen faßt Paulus seine gesamte Wirksam-

Erntearbeiter

keit zusammen und rühmt sich seiner Leiden für Christus, im Gegensatz zu den falschen Aposteln, die sich selbst und ihre persönlichen Leistungen rühmten. Widerstand ist der wahre Prüfstein für Aufrichtigkeit in geistlichen Dingen. Die Menge geht den bequemen Weg; nur die Aufrichtigen rühmen sich der Leiden für Christus. Apostelgeschichte 13-28 ist eine Berichterstattung der Leiden des Apostels, die er hier aufzählt, um seinen fleischlichen Kritikern zu antworten.

Kap. 12,1-10
Die Herrlichkeit des Amtes durch die Erfahrung des Handelns Gottes verteidigt

Die Erfahrung der Herrlichkeit Gottes, 1-6. Erfahrung ist bei jeder Arbeit und in jedem Beruf wichtig, so auch in der Selbstempfehlung als Diener des Herrn. Paulus beruft sich auf seine erhabenste Erfahrung der ihm von Gott geoffenbarten Herrlichkeit, 1, um seinen Dienst gegenüber den falschen Dienern zu verteidigen. Er wiederholt eine seiner vielen Erscheinungen und Offenbarungen. „Ein Mensch in Christus" war der Apostel selbst, 2-3. Er wurde in den „dritten Himmel", den Ort der Wohnung Gottes, 2, oder das Paradies, 4, entrückt (s. Erklg. zu Lk. 16,19-31). Paulus konnte nicht sagen, ob er „im Leib" war, d.h. noch im Fleisch lebend, oder für einen Augenblick tot, d.h. Seele und Geist vorübergehend vom Körper losgelöst. Dies könnte geschehen sein, als er in Lystra erbarmungslos gesteinigt und wie ein Toter aus der Stadt hinausgeschleppt worden war (Apg. 14,19-20). Neben den Erfahrungen von Gottes Herrlichkeit stehen die Erfahrungen seiner Prüfung und Züchtigung.

Die Erfahrung der Prüfung Gottes, 7-10. Der „Pfahl" des Apostels (gr. *skolops* = „irgend etwas Spitzes", wie etwa ein Pflock zum Pfählen oder ein scharfer Dorn zum Stechen) war ein richtiger Schmerz oder eine Leidenserfahrung mit dem bestimmten Zweck, ihn demütig zu erhalten, 7. Für Diener Gottes ist Leiden nie grundlos. Sie werden dadurch geprüft, um stark zu werden, oder gezüchtigt, um korrigiert zu werden, nachdem es zur Abschreckung vor der Sünde gedient hat. In diesem Fall war es ein Engel oder Bote (*ángelos*) Satans – vielleicht irgendeine körperliche Schwäche oder Behinde-

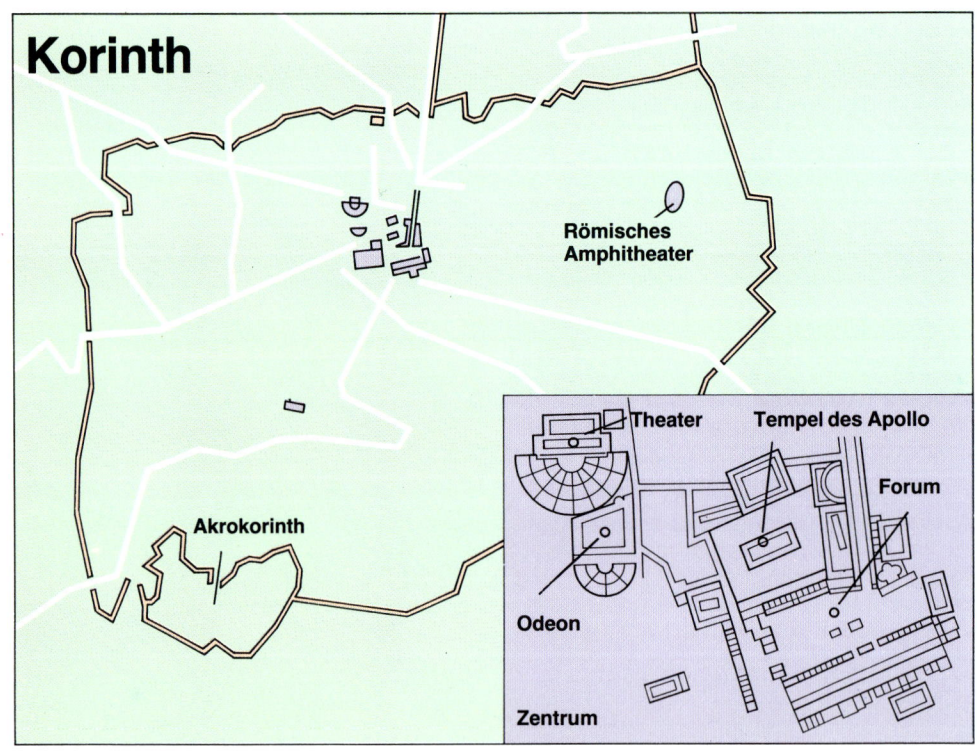

rung, die von satanischer oder dämonischer Macht herrührte, jedoch von Gott zugelassen wurde. Was es wirklich war, ist reine Vermutung, denn es wird nicht näher ausgeführt. Es war nach dem Willen Gottes und weder durch Gebet noch durch Glauben wegzubringen, 8. Paulus sollte dadurch lernen: (1) daß Gottes Gnade für seinen geprüften Diener völlig ausreicht; (2) daß göttliche Kraft nur in menschlicher Schwachheit voll zur Auswirkung kommen kann; (3) daß Diener Gottes sich menschlicher Schwachheit rühmen sollen, damit Gottes Kraft auf ihnen ruhen kann. (4) Wenn sie in sich selbst schwach sind, dann sind sie stark in Christus, 9-10.

Kap. 12,11-21
Die Herrlichkeit des Amtes durch die Erfahrung wirksamen Dienstes verteidigt

Der Dienst für Christus muß auch für Christus wirksam sein, 11-12. Entweder wir fördern oder hindern die Sache Christi. Der bloße Anspruch, ein Diener Jesu zu sein, 11, ist noch kein Beweis dafür, daß wir auch die Werke eines Dieners tun. Paulus bewies sein Apostelamt durch die Werke eines wahren Apostels, wozu auch die Wunder und Geistesgaben gehörten, 12 (vgl. 1. Kor. 12,8-11).

Wahrer Dienst gipfelt in der Hilfe für andere, 13-19. Er ist nicht auf den eigenen Vorteil bedacht, 13, sondern sucht das Beste für andere, wie ein Vater das Wohlergehen und die Sicherheit seiner Kinder sucht. Ein wahrer Diener gibt sich willig hin und ist immer für andere da, ohne Gegenliebe zu erwarten, 15-16. Man arbeitet in Lauterkeit vor Gott in Christus zur Erbauung des Volkes Gottes, 17-19.

Wirksamer Dienst warnt vor Sünde, 20-21. Er beschönigt nicht die Sünden der Heiligen, sondern fordert einen klaren Bruch mit ihnen.

Kap. 13,1-10
Die Herrlichkeit des Amtes durch Ehrlichkeit verteidigt

Offenheit, Fehler zu korrigieren, 1-6. Der wahre Diener Jesu ist kein Feigling. Er ist bereit, den Kampf aufzunehmen. Er wird keine Sünde in der Gemeinde dulden, 1-2. Eine Beschuldigung gegen Heilige, die gesündigt haben, soll von Zeugen belegt werden (vgl. 5. Mo. 19,15). Der Apostel gab Zeugnis vom Reden Christi durch ihn und von der Kraft Gottes, die in ihm wirkte, 3-4. Er bat um Selbstprüfung, 5 (1. Kor. 11,28; 1. Joh. 3,20). Das war keine ungesunde Selbstbeobachtung, sondern eine gesunde Prü-

fung und Bestandsaufnahme des seelischen Zustandes. Es gibt Gläubige, die im Wettrennen „unecht" bzw. „untüchtig" (gr. *adokimos* = „aberkannt" oder „als unfähig erklärt") werden, 5-6 (1. Kor. 9,27), und den Verlust der Belohnung, ja möglicherweise vorzeitigen leiblichen Tod zu erwarten haben (1. Kor. 3,14-15; 5,5; 1. Joh. 5,16).

Offenheit fordert Offenheit, 7-10. Paulus selbst war ehrlich und erwartete auch von denen Offenheit, denen er diente, 7. Er warnte vor einem Kampf gegen die Wahrheit, der nie erfolgreich sein kann, 8. Kraft und Reife des Volkes Gottes, 9, waren seine Freude, und um dieses Ziel zu erreichen, will er auf keinen Kompromiß eingehen, 10.

Kap. 13,11-13
Segenswunsch und Abschiedsgruß

Die Ermahnung, 11-12. Der Apostel ruft dazu auf, vollkommen, guten Mutes und eines Sinnes zu sein, in Eintracht zu leben und Gottes Liebe und Frieden zu genießen.

Der Segenswunsch, 13. Der Segen des dreieinigen Gottes wird auf die Korinther herabgefleht.

Der Hafen von Kawalla, dem neutestamentlichen Neapolis

Der Galaterbrief

Bewahrung der in Christus geschenkten Freiheit

Datierung und Anlaß. Der Brief wurde vom Apostel Paulus um das Jahr 58 n.Chr. geschrieben. (Manche behaupten auch, daß der Galaterbrief wesentlich früher als die übrigen Paulusbriefe geschrieben wurde). Anlaß waren ernste Mißstände unter den Gläubigen in der römischen Provinz Galatien. Diese Gemeinde war auf der ersten (Apg. 13,4 – 14,28), zweiten (Apg. 16,6) und dritten (Apg. 18,23) Missionsreise des Apostels entstanden. Die Meinungen über die Empfänger des Briefes sind geteilt. Frühere Forscher vermuteten, daß der Brief an nordgalatische Gemeinden gerichtet sei, aber die Mehrheit der Gelehrten folgt der Meinung von Sir William Ramsey, wonach der Brief an die südgalatischen Gemeinden von Lystra, Derbe, Ikonium und im pisidischen Antiochien gerichtet ist. Paulus sieht sich gezwungen, das Evangelium von der freien Gnade, das er den Heiden verkündigt hatte (Apg. 14,27), zu verteidigen. Judaistische Lehrer waren aufgetreten, die das Evangelium des Paulus mit menschlichen Werken vermischten und durch Gesetzlichkeit verfälschten.

Der Zweck. Die Lage machte es für Paulus damals unumgänglich, sein Apostelamt als echt und das Evangelium, das er predigte, als göttlich bevollmächtigt zu verteidigen. Die Lehre von der Rechtfertigung – allein durch den Glauben ohne menschliche Werke und unabhängig vom Halten des Gesetzes – mußte neu auf den Leuchter gestellt und für alleingültig erklärt werden. Ebenso betonte Paulus den Grundsatz, daß Christen auf dem Boden der Freiheit in Christus leben und sich im Glauben die in ihm vorhandenen Reichtümer aneignen können.

Im Brief vorkommende Gegensätze. Der Apostel verdeutlicht das Evangelium durch eine Reihe von Gegensätzen oder Gegenüberstellungen, Grundtatsachen, die man nicht vermengen darf, weil sie unvereinbar sind. Das Kreuz Christi bewirkt diese Gegensätze.

Überblick

Persönliches – Offenbarung des Evangeliums, Kap. 1,1 – 2,14
Lehrhaftes – Rechtfertigung, Kap. 2,15 – 4,31
Praktisches – Heiligung, Kap. 5,1 – 6,18

Gegensätze im Galaterbrief

Kap. 1-2 Persönliches

in Adam verloren	**in Christus gerettet**
alle sterben leiblich in Adam	**alle leben geistlich in Christus**
ein anderes (falsches) Evangelium	**das echte Evangelium**
das Urteilen des Menschen	**Offenbarung Gottes**

Kap. 3-4 Lehrhaftes

Gesetz	**Gnade**
Werke	**Glauben**
der Fluch des Todes	**der Segen des Lebens**
Verdammung durch Werke	**Rechtfertigung durch den Glauben**
Knechte in Gebundenheit (Niederlage)	**Söhne in Freiheit (Sieg)**
der Alte Bund (in Hagar versinnbildlicht)	**der Neue Bund (in Sarah versinnbildlicht)**

Kap. 5-6 Praktisches

Leben im Fleisch	**Wandel im Geist**
Werke des Fleisches	**Frucht des Geistes**
aus der Gnade gefallen	**in der Gnade fest stehen**
die Welt oder das „Ich", Gegenstand des Rühmens	**das Kreuz, der einzige Grund des Rühmens**

Der Galaterbrief

Paulus berichtet den Galatern von seinem Erlebnis bei Damaskus.

Kap. 1,1-9
Grüße und Thema

Gruß, 1-5. Der Apostel verbindet seine persönlichen Grüße mit denen seiner Mitarbeiter am Evangelium, 1-2. Er betont die göttliche Herkunft seines Apostelamtes, weil seine Feinde in Galatien ihn und das Evangelium, das er predigte, angriffen. Sein Gruß, 3-5, unterstreicht die Erlösung durch Jesu Hingabe (1. Kor. 15,3; Gal. 2,20; 1. Petr. 2,24), die zur Errettung aus dem „gegenwärtigen argen Weltlauf", 4, führte. In diesem Satz verweist Paulus auf dieses Zeitalter oder diese Zeit, in der das Böse wirken darf und Satan, Dämonen und bösen Menschen ein weites Betätigungsfeld eingeräumt wird. Von diesem allem hat Christus uns errettet und befreit.

Das Thema: das echte und das falsche Evangelium, 6-9. Der Apostel ist überrascht, daß sich die Gläubigen in Galatien so schnell vom Evangelium der freien Gnade (Rettung allein durch Gnade) abgewandt und sich einem „anderen *(heteros)* Evangelium" zugewandt haben, „so es doch kein anderes *(allos* = derselben Art; aber „heterodox" = nicht von derselben Klasse oder Kategorie) gibt", 6. Es ist ein falsches

Evangelium und daher überhaupt kein Evangelium, sondern ein Zerrbild desselben, 7. Hier erklärt Paulus ein für allemal das wahre Evangelium von der erlösenden Gnade, die gerecht macht ohne Gesetzlichkeit oder menschliche Werke, 8-9. Sein feierliches „anáthema" (der sei verflucht) drückt nicht Engherzigkeit oder persönlichen Groll aus, sondern unterstreicht die ungeheure Bedeutung des Evangeliums, weil die ewige Errettung auf dem Spiel steht.

Kap. 1,10-2,14
Das wahre Evangelium des Paulus – eine göttliche Offenbarung

Bezeugt durch die früheren Erfahrungen und den Dienst des Paulus, 1,10-24. Die Tatsache, daß der Apostel nicht Menschen gefällig war, wird ausführlich dargelegt, 10. Er unterstreicht seine Erklärung vom göttlichen Ursprung seines Evangeliums von der Gnade mit dem Hinweis auf seinen Charakter, der den Galatern ausführlich vor Augen geführt worden war, 11-12. Paulus erklärt, daß er einst selbst ein Vorkämpfer des Judentums gewesen sei, das seine gesetzestreuen Feinde mit dem Evangelium der Gnade zu vermischen suchten, 13-14. Er hatte das Judentum jedoch gegen etwas Besseres eingetauscht. Er hatte die Offenbarung der Gnade von Gott empfangen und sie längst verkündigt, ehe er einen der anderen Apostel gesehen hatte, 15-24.

Bezeugt durch die späteren Erfahrungen und den Dienst des Paulus, 2,1-14. Durch die späteren Begegnungen mit den Aposteln wurde zu der göttlichen Offenbarung des Paulus vom Evangelium der Gnade nichts hinzugefügt, 1-6. Die Galater hatten seine apostolische Vollmacht und Botschaft vorbehaltlos angenommen, 7-10. Da sich seine Gegner auf die lehrmäßige Autorität des Petrus und auf sein Verhalten unter den heidnischen Gläubigen beriefen, wies Paulus sie darauf hin, daß Petrus um dieser Sache willen getadelt werden mußte und deshalb dieser Frage keine apostolische Autorität geltend machen konnte. Dies war ein deutlicher Beweis dafür, daß die Botschaft des Paulus völlig unabhängig von Petrus und von Menschen überhaupt war, 11-14.

Kap. 2,15-21
Rechtfertigung und das jüdische Gesetz

Juden (nicht bloß Heiden) müssen durch den Glauben gerechtfertigt werden, 15-18. Paulus beweist hier den Galatern, daß, was auch immer für falsche Forderungen von den jüdischen Verführern aufgestellt würden, sie beide, er und Petrus, sich in völliger lehrmäßiger Übereinstimmung befinden. Paulus zitiert seine

Worte, 15-16, mit denen er das unüberlegte Benehmen dieses Apostels in Antiochien tadelte (11-14), um damit die Tatsache ihrer gegenseitigen Übereinstimmung zu betonen, 16, daß die Rechtfertigung durch Gnade aus dem Glauben vollkommen unabhängig von der Beobachtung des mosaischen Gesetzes sei, 16. In den Versen 17-20 könnte man Paulus' Erklärung so verstehen: Aber wenn wir Juden (vgl. Röm. 3,19-23) im Vertrauen darauf, in Christus völlig gerechtfertigt zu werden, wieder die Stellung verlorener Sünder einnehmen wie die Heiden, ist es dann Christus, der uns zu Sündern macht? Natürlich nicht! Vielmehr ist es so, daß, wenn wir uns selbst wieder unter das Gesetz stellen, nachdem wir durch Christus gerechtfertigt worden sind, wir das, was wir zerstört haben, wieder aufbauen und uns selbst zu Übertretern des Evangeliums der Gnade machen.

Rechtfertigung durch den Glauben löst uns von der Gesetzlichkeit, 19-21. „Dem Gesetz gestorben", 19, bedeutet, vom Gesetz Moses, jeder Verbindung mit ihm sowie von jeder Art Gesetzlichkeit völlig getrennt zu sein. Das wird durch das neue Gesetz bewirkt, demzufolge das Verdammungsurteil über den, der Christus vertraut, bereits vollstreckt wurde, 19. Darum hat das (alte) Gesetz keinen Anspruch mehr auf den Christen. Er ist „dem Gesetz gestorben" und dadurch fähig, „für Gott zu leben" (Röm. 7,4) Er ist mit Christus gekreuzigt und auferstanden und hat dadurch eine neue Stellung in Christus. Nun lebt Christus sein Leben in dem Gläubigen, 20. Voraussetzung dafür ist der Glaube (Röm. 6,11) an die neue Stellung des Gläubigen im Sohn Gottes. Weil ich glaube, daß ich in der Vereinigung mit ihm das bin, was ich jetzt bin, erfreue ich mich der Wirklichkeit dieser neuen Stellung, 20. Das ist das Christusleben. Gesetzeswerke mit dieser Gnade zu vermengen macht die Gnade ungültig, d.h. setzt sie beiseite oder schafft sie ab. Einem gefallenen Sünder kann Gott die Gerechtigkeit nur durch den Tod Jesu zurechnen. Sonst wäre Jesu Tod nutzlos, 21.

Kap. 3,1-5
Rechtfertigung und der Heilige Geist

Die Gabe des Geistes kommt aus dem Glauben, 1-3. Die Galater, die aus der Gnade in die Gesetzlichkeit zurückfielen, waren unverständig oder unvernünftig und verblendet wie durch einen Zauberspruch. Insbesondere deshalb, weil ihnen Christi allgenügsamer Tod so klar vor Augen gestellt worden war, 1. Paulus stellt mehrere völlig entgegengesetzte Prinzipien einander ge-

genüber – Gesetz und Gnade, Werke und Glauben, Fleisch und Geist – und fragt, wodurch sie eigentlich „den Geist empfangen" hätten, 2-3 (vgl. Apg. 2, 38-39; 8,14-15; 10,45 und Erklg.). Die Antwort ist, daß der Geist seit Pfingsten einzig aufgrund des Glaubens an den gekreuzigten und auferstandenen Erlöser verliehen worden ist.

Christlicher Wandel ist nur durch den Glauben möglich, 4-5. Sie hatten den christlichen Wandel im Glauben angefangen und auf den Geist vertraut. Sollten sie nun durch das Fleisch mündig oder vollkommen werden können? 3. War all ihr Leiden für Christus sinnlos? 4. Sollte des Apostels mächtiges Wirken im Glauben an Jesus Christus unter ihnen unbeachtet bleiben und als bloße menschliche Bemühung und als Gesetzlichkeit ausgelegt werden? Oder wirkte Gottes Geist an ihm, durch ihn und so auch an ihnen?

Kap. 3,6-9
Rechtfertigung und Gottes Bund mit Abraham

Der abrahamitische Bund steht auf dem Grund des Glaubens, 6-9. Abraham glaubte Gott, 6 (vgl. 1. Mo. 15,6), und daher wurde er gerechtfertigt – ebenso alle, die, wie Abraham, Gott vertrauen, 7. Die Schrift sah die Rechtfertigung der Heiden durch den Glauben voraus und verkündigte das Evangelium aufgrund der Verheißungen des abrahamitischen Bundes, 8 (vgl. 1. Mo. 12,3). Dieser Bund ist in der Rechtfertigung der heidnischen Gläubigen erfüllt worden, 9.

Kap. 3,10-18
Rechtfertigung und Segen

Erlösung vom Fluch, 10-13. Was ist der „Fluch", 10 (vgl. 5. Mo. 27,26)? Er ist das Ergebnis der (Gehorsams-) Forderungen des Gesetzes an Menschen, die von Natur Sünder sind, 10 (vgl. Jak. 2,10). Wer *eines* der Gebote bricht, ist am *ganzen* Gesetz schuldig geworden. Der Zweck des Gesetzes war nicht, gerecht zu machen, 11 (Hab. 2,4); es sollte auch kein Weg zur Rettung sein. Das Gesetz sollte die ganze Sündhaftigkeit des Menschen und seine Ohnmacht gegenüber der Sünde aufdecken, 12 (vgl. Röm. 3,20; 7,13), damit er die Notwendigkeit der Rettung durch Jesus einsähe, 13. Der Fluch des Gesetzes fiel auf unseren Herrn. Bei seinem Tod „am Holz" (dem Kreuz) wurde er, der Sündlose, zum Sündenträger, zum Sündopfer (2. Kor. 5,21; 1. Petr. 2,24; vgl. Jes. 53,4.11; Ps. 22,2). Er nahm den Fluch, der auf uns lastete, weil wir das Gesetz gebrochen hatten, auf sich und trug ihn in seiner sündlosen Person ans Kreuz. Dadurch erkaufte er uns und befreite uns vom Fluch und Verdammungsurteil des Gesetzes.

Annahme des Segens, 14-18. Der Segen der Rechtfertigung umfaßt: (1) den „Segen Abrahams", 14-16, der aus dem Glauben kommt, 8, (vgl. Röm. 4,2-5). Abraham ist das große Beispiel des Glaubens, „der Vater" all derer, die glauben (Röm. 4,13-25). Er ehrte Gott durch den Glauben, der Gott und seinem Wort vertraut. Er glaubte der Verheißung, einen Sohn (Isaak) und eine Nachkommenschaft zu bekommen, was menschlich gesehen unmöglich war. Isaak war das Verbindungsglied zum Glauben an den verheißenen Samen, Christus. Der Segen des Heils, den Abraham genoß, ist durch Jesus Christus auf die Heiden gekommen. Dieses Heil (vgl. Lk. 24,49; Apg. 2,38-39, siehe auch Erklg. hierzu) wird als der „Geist, der verheißen worden war", beschrieben, 14. Der Grund ist der, daß das von Christus geschaffene Heil zu einer umfassenderen und völligeren Ausgießung des Geistes führte (vgl. Lk. 24,49; Joh. 7,37-39; Apg. 1,5-8; 2,1-4), als dies je vor Pfingsten möglich gewesen wäre.

(2) *Die Verheißung durch den Glauben,* 14. Die „Verheißung" ist bedeutsam (vgl. ihre Wiederholung in den Versen 14.16-19.22.29). Weder das Gesetz noch das Halten des Gesetzes boten irgendeine echte Verheißung, da die gefallene Menschheit diese Vorschriften nicht halten konnte. Aber Gnade und Glauben empfangen eine Verheißung nach der anderen. Abraham und sein Same (Christus) sind der einzige Kanal, durch den diese Verheißungen fließen, 16.

(3) *Der im Bund beschlossene Segen eines Erbes,* 17-18. Ein Erbe muß man nicht verdienen oder erarbeiten. Es wird einem durch Geburt oder Adoption zuteil. Die Verheißung an Abraham, die Jakob bestätigt wurde, als er nach Ägypten zog, war 430 Jahre vor der Gesetzgebung am Sinai gegeben worden (vgl. 2. Mo. 12,40-41). Das Gesetz hebt also die Verheißung nicht auf. Gnade und Glauben gehen dem Gesetz und den Werken voraus. Gesetz und Werke sind in Christus ungültig. Die Abraham gegebenen Verheißungen sind in Christus erfüllt. Der im Bund verheißene Segen kommt daher *ausschließlich dem Glauben.* Die Erlösung geschieht aus Glauben; sonst ist nichts dazu nötig.

Kap. 3,19-29
Rechtfertigung und Zweck des Gesetzes

Die Frage, 19a. Wenn die Rechtfertigung einzig und allein aus dem Glauben kommt (14-18) und keinesfalls durch Gesetzeswerke, was ist dann der Zweck des Gesetzes?

Die Antwort, 19b-29. (1)Es wurde „der Übertretungen wegen hinzugefügt", 19, d.h. in

Das Gymnasium in Sardes

der göttlichen Absicht neben die Gnade gesetzt, die Sünde eindeutig als Übertretung bzw. persönliche Schuld (Röm. 5,13) darzustellen. Außerdem sollte es die eingefleischte Sündhaftigkeit der alten Menschennatur offenbaren, da das Gesetz den Menschen nicht vom Sündigen abhalten kann, sondern ihn in Wirklichkeit dazu herausfordert, erst recht zu sündigen. Seine Einführung nach dem verheißenen Segen sollte, streng genommen, vorübergehend sein, „bis der Same (Christus) käme, dem die Verheißung gilt". Die Verheißung würde dann durch ihn verwirklicht werden. (2) Das Gesetz wurde hinzugefügt, um alle, Juden und Heiden, „unter die Sünde" zusammenzuschließen, 22 (vgl. Röm. 3,19-23). (3) Es verwahrte und verschloß den sündigen Menschen, bis der Glaube ans Licht kam, das einzige Mittel zur Rettung, 23. (4) Nach Gottes Ratschluß sollte die Zeit des Gesetzes eine Zeit der Erziehung für die Juden sein. Das Gesetz sollte die unmündigen Juden mit den Ermahnungen „du sollst" und „du sollst nicht" erziehen, bis Christus kommen würde. Dann würden sie geistlich wachsen, indem sie aus Liebe heraus handeln und so auf die Wohltaten antworten, die Gott ihnen in seiner Gnade erwiesen hat, 24-25. (5) Auf diese Weise bildete das Gesetz die Einleitung zum gegenwärtigen Zeitalter geistlicher Mündigkeit, 25-29, in welchem (a) „der Glaube (der Glaubensgrundsatz des Heils „allein aus Glauben") gekommen ist", 25. Dieser ist aufgrund des Gesetzes Moses der *einzige* Weg zur Rettung für Sünder, 23.25; (b) alle Gläubigen durch den Glauben den Stand von erwachsenen Söhnen Gottes erreicht haben und nicht mehr Gefangene sind wie unter dem Gesetz, 26; (c) alle Gläubigen durch den Heiligen Geist in die göttliche Natur Jesu getauft worden sind, 27 (vgl. Röm. 6,3-4); (d) die Gläubigen „Christus angezogen" haben, 27. Geistliche Vereinigung mit Christus bedeutet, alle menschlichen Unterscheidungen des Standes und der Herkunft oder Rasse beiseite zu legen, 28, so daß der Gläubige durch Christus die Abraham gegebenen Verheißungen des Glaubens erben kann, 29.

Kap. 4,1-7
Rechtfertigung und Sohnschaft

Söhne durch den Glauben oder Knechte unter dem Gesetz, 1-3. Der Apostel beschreibt den Unterschied zwischen dem Zeitalter des Gesetzes und dem des Evangeliums der Gnade. Das neue Zeitalter, eingeleitet durch den Tod und die Auferstehung Christi, wird mit dem Bild des unmündigen Erben näher illustriert. Obwohl das Kind Erbe ist, unterscheidet es sich – solange es unmündig ist – nicht von einem Sklaven, trotz der Tatsache, daß es dazu bestimmt ist, einmal

alles zu erben. Es steht unter der Zucht von „Vormündern und Verwaltern", 2 („Zuchtmeister", Kap. 3,24), bis der Vater es zum Erben einsetzt. Der Vergleich gilt für die Juden („wir"), die unter dem Gesetz Kinder und Knechte waren – nicht Söhne – und dadurch den Elementen des Gesetzes unterworfen und nicht frei sind durch die Gnade Christi, 3.

Kindschaft durch Befreiung vom Gesetz, 4-7. Jesus wurde Mensch, „als die Zeit erfüllt war", 4, d.h. als das Gesetz seine Aufgabe, uns als Zuchtmeister zu Christus zu bringen, völlig erfüllt hatte. Dann sandte Gott seinen Sohn, um uns vom Gesetz zu erlösen, damit wir im neuen Zeitalter der Gnade den Platz erwachsener Söhne einnehmen könnten. Die Stellung als voll erwachsene Söhne (gr. *huiothesia*, Röm. 8,15; Eph. 1,5) bedeutet gänzliches Freiwerden vom Kind-Knecht-Stand des Gesetzes-Zeitalters, wobei der Geist das Sohnesverhältnis besiegelt, 6-7.

Kap. 4,8-18
Rechtfertigung und Freiheit

Verlust unserer Freiheit in Christus, 8-14. Bevor die Galater Gott kennenlernten, waren sie den Göttern der Heiden unterworfen und dienten ihnen, 8. Sollten sie, durch das Wissen um den einen wahren, in Christus geoffenbarten Gott (vgl. Joh. 8,32.36), erneut Opfer einer Religion werden, bei der sie die Gunst der Gottheit dadurch erlangen, daß sie dies oder jenes tun und leisten, 9? Die einfachen religiösen Gebote werden angeführt, 10; es sind Kennzeichen religiöser Knechtschaft und heidnischer Religion und trügerischer Kulte (Kol. 2,16-18). Ihr Zurückfallen in Abhängigkeit gegenüber solchen religiösen Elementen war der Grund für die Besorgnis des Apostels, 11. Ihr daraus folgendes Verhalten sticht scharf von der ursprünglich freudigen Aufnahme des Paulus und seiner Gnadenbotschaft ab, 12-14.

Den Segen der Freiheit verlieren, 15-18. Was für eine Wohltat bedeutet die Freiheit und besonders geistliche Befreiung! Und wie schnell ist sie verloren! Wie ängstlich muß sie gehütet werden! Die Galater genossen einst diesen Segen und waren bereit, ihn durch jegliches Opfer unter Beweis zu stellen, 15. Würde der Verlust dieser Freiheit die Ablehnung des Apostels und der befreienden Wahrheit, die er predigte, zur Folge haben, 16? Die Gesetzeszustreuen gaben Zuneigung vor, jedoch nicht mit der guten Absicht zu befreien, sondern zu versklaven. Tatsächlich waren sie entschlossen, ihre Opfer von der befreienden Wahrheit der Gnade Christi auszuschließen oder abzutrennen, um von den Betrogenen Gehorsam und Zuneigung zu erlangen, 17. Aber Gehorsam und Zuneigung sollten einer guten

Vergleich: Gesetz und Gnade

Hagar	Sarah
Alter Bund (Gesetz)	Neuer Bund (Gnade)
Sinai	Golgatha
Knechtschaft; ihre Kinder waren Sklaven, die die Vorschriften des sinaitischen Gesetzes befolgten	Freiheit
Das heutige Jerusalem	Das himmlische Jerusalem (vgl. Hebr. 12,18-24)
Sklavin	Freie Frau
Nach dem Fleisch	Göttliche Verheißung
Ihre Kinder in die Knechtschaft hineingeboren	Ihre Kinder in die Freiheit hineingeboren
Unfähig, ihren Stand zu verändern	Sohneswürde mit Sonderstellung
Gesetzeswerke	Glaube

Sache gelten (die befreiende Gnade Christi), nicht einer üblen (die versklavende Gesetzlichkeit der falschen Lehrer), 18.

Kap. 4,19-31
Der Neue Bund im Vergleich zum Alten

Die sinnbildliche Darstellung, 19-26. Die gleichnishafte Darstellung, 22-26, dient als ein Sinnbild für betrogene, aber gerechtfertigte Gläubige, 19-21, die versuchen, zwei sich gegenseitig ausschließende Systeme, Gesetz und Gnade, miteinander zu verbinden. Zum fünften Mal in diesem Brief wird die Frage angeschnitten, ob der Gläubige unter dem Gesetz sei (vgl. Kap. 2,19-21; 3,1-3.25-26; 4,4-6.9-31). Das Bild zeigt Sarah und ihren Sohn gegenüber Hagar mit ihrem Sohn, 22-24 (vgl. 1. Mo. 21,9-21). Die beiden Mütter stellen zwei Bündnisse dar, Sarah den Neuen Bund, Hagar den Alten Bund; einer von der Gnade bestimmt, der andere von Mose und dem fordernden Gesetz (Joh. 1,17). Ihre Söhne, Isaak und Ismael, sind die Kinder dieser Bündnisse in ihrem von Gott bestimmten geistlichen Stand.

Die Bedeutung des Sinnbildes, 27-31. (1) Der vom Gesetz befreite Gläubige ist frei in Christus und steht unter der Gnade. (2) Sarah (der Neue Gnadenbund) ist die Mutter einer zahlreichen geistlichen Nachkommenschaft. Das ist Grund zu großer Freude, 27, im Gegensatz zu Hagar (der Alte Bund). Der Alte Bund ist

nun wertlos und geistlich unfruchtbar (vgl. Jes. 54,1). (3) Wie Sarahs Nachkommen sind die Gläubigen „Kinder der Verheißung", 28. Der Neue Bund ist ein Bund der Verheißung – Verheißung göttlichen Wohlwollens, ewigen Lebens, des Heiligen Geistes, der Kindschaft, der Freiheit usw. (4) Sarahs Nachkommen werden von Hagars Nachkommen verfolgt. Zwischen den Kindern des Geistes und den Kindern des Fleisches herrscht bittere Feindschaft, ebenso zwischen den in Christus freien geistlichen Gläubigen und den fleischlichen Gläubigen, die Sklaven des Gesetzes sind, 29. Der eine erleidet Verfolgung, der andere vermeidet sie (vgl. 2. Tim. 3,12). (5) Der Gläubige muß sich seiner Freiheit vom Gesetz bewußt sein, 30-31. Darum, weil der Brief von der *Lehre zum praktischen Leben* führt, liegen seine Rechte und Pflichten weder im mosaischen Gesetz noch in irgendeiner anderen Form der Gesetzlichkeit, sondern es gilt, diese Freiheit in Christus durch die Kraft des Geistes und der Liebe auszuleben.

Kap. 5,1-9
Die Gefahr, aus der Gnade zu fallen

Aus der Gnade fallen, 1-3. Der Apostel verläßt nun die lehrhaften Ausführungen (2,15 – 4,31), um die praktischen Folgen der erfahrbaren Heiligung zu beschreiben (Kap. 5-6). Nach dem Beweis der Tatsache, daß der Gläubige nicht unter dem Gesetz, sondern unter der Gnade steht (vgl. Erklg. zu 4,19-26), warnt der Apostel vor der

Gefahr, wieder in ein „Joch der Knechtschaft" verstrickt oder darin festgehalten zu werden, 1. Mit „Joch der Knechtschaft" meint Paulus vom Gesetz vorgeschriebene Bräuche oder Zeremonien des Judentums, insbesondere die Beschneidung, 2-6. Sie waren als Zeichen des abrahamitischen Bundes (1. Mo. 17,9-14; Röm. 4,11) und Teil des mosaischen Bundes (3. Mo. 12,3) gegeben worden. Doch die Wirklichkeit alles dessen, was dieses Zeichen der Beschneidung im Fleisch bedeutete, wurde in Christus erfüllt (Kol. 2,8-10). Die Gesetzesvertreter forderten als Voraussetzung zur Errettung die Beschneidung zusätzlich zum Glauben an Christus (Apg. 15,1).

Die traurigen Folgen, 4-9. (1) Das bedeutete, den Grundsatz aufzugeben, daß allein der Glaube zum Heil führt. Sie waren „aus der Gnade gefallen", 4 (vgl. Kap. 4,9). (2) Es bedeutete, wieder ins Joch der Knechtschaft verstrickt zu sein und (3) die volle Wirkung der Versöhnung durch Christus zunichte zu machen, 4. (4) Es bedeutete, die Stellung geistlicher Einheit in der Vereinigung mit Christus, 6, und (5) die Tragweite der einen Tatsache – „Glaube, der durch die Liebe wirksam ist", 6, aus den Augen zu verlieren. (6) Es bedeutete ferner, den Wettlauf zu verlieren, 7; (7) der Wahrheit ungehorsam sein, 7; (8) auf falsche Lehrer, anstatt auf den Geist zu hören, 8; und (9) den gefährlichen

Teil der ausgedehnten Ruinen von Perge, 9 km vom Mittelmehr entfernt.

„Sauerteig" falscher Lehre (Gesetzlichkeit) anzunehmen, wodurch das ganze Evangelium der Wahrheit verdorben wird, 9 (vgl. Matth. 16,6.12; 1. Kor. 5,6-8).

Kap. 5,10-15
Der Ruf zur Freiheit unter der Gnade

Der Aufruf, 10-13a. Der Apostel bringt die Zuversicht zum Ausdruck, daß die Galater seine Ermahnungen beachten und gegen die falschen Lehrer gebührend vorgehen werden, 10. Er zeigt, wie die Gesetzestreuen der Verfolgung und „dem Ärgernis des Kreuzes" ausweichen, 11 (vgl. 1. Kor. 1,23; 2. Tim. 3,11-12), indem sie auf der Beschneidung und dem Halten des Gesetzes beharren.

Warnung vor Ausschweifung, 13b-15. Paulus ruft zur „Freiheit" auf, 13. Aber die von Christus erkaufte Freiheit soll nicht zu fleischlicher Zügellosigkeit führen oder als Deckmantel für Sünde dienen, sondern zur Liebe, die sich im Dienen kundtut, 13. So wird das Gesetz durch die Liebe erfüllt (3. Mo. 19,18). Aber ein Mangel an Liebe kommt im „Bissigsein" und im „Einander-Verzehren" (Jak. 3,13-16) zum Ausdruck und führt dann zu gegenseitiger Vernichtung, 15 (Jes. 9,18-20).

Kap. 5,16-18
Heiligung und der Heilige Geist

Die menschliche Bedingung, 16a. „Wandelt im (durch den) Geist." Damit sind nicht fleischliches Ringen, gesetzliche Vorschriften oder Gesetzeswerke gemeint, sondern einfach der Gehorsam gegenüber der Leitung des Geistes. Der Befehl steht in der Gegenwartsform und umfaßt ein *fortlaufendes* Vertrauen auf den Geist, d.h. Glaube an das Wirken des Geistes. Die Aufforderung „wandelt durch den Geist", d.h. durch das Mittel (Handeln) des Geistes, bezeichnet die göttliche Kraft, die Triebkraft des Sieges unter der Gnade. Heiligung kommt also durch den Glauben, nicht durch Werke, durch den Geist Gottes, und nicht durch eine hohe Moral oder eigene Anstrengung.

Das göttliche Handeln, 16b-18. „So werdet ihr (mit Hilfe des Heiligen Geistes) die Lüste (starke Begierden) des Fleisches nicht vollbringen", d.h. des Leibes, der von der alten, unerneuerten Natur beherrscht wird, welche immer Seite an Seite mit der neuen Natur des Gläubigen da ist, 16b-17. Wenn wir glauben, handelt Gott. Aber es ist Gott, nicht wir, der die Heiligung bewirkt. Der unaufhörliche Kampf zwischen der alten und der neuen Natur, 17, und die nutzlose eigene Anstrengung des Fleisches gegen das kräftige Wirken des Geistes in uns zeigen, daß allein die, welche ständig „vom Geist geleitet" werden, vollkommenen Sieg haben, 18. Sie allein werden befreit von der Knechtschaft eigener Anstrengungen, durch welche sie sich mühen, Gott durch Erfüllung der Werke des Gesetzes zu gefallen.

Kap. 5,19–26
Die Werke des Fleisches kontra Frucht des Geistes

Die Werke des Fleisches aufgezählt, 19–21.
Sie sind das Ergebnis des Unglaubens – eines Wandels ohne den Geist und deshalb ohne Glauben. Es sind Werke oder fleischliche Handlungen, weil sie aus dem alten, unerneuerten Wesen kommen und offenbar (d.h. enthüllt) werden, wobei sie ihre schmutzige Natur durch den menschlichen Körper bloßstellen. *Alle* diese Sünden können sich in einem Gläubigen auswirken, wenn er nicht fortwährend im Geist wandelt. Die alte Natur in ihm ist genauso schlecht wie das alte Wesen eines nicht wiedergeborenen Menschen. Wenn er solche fleischlichen Sünden begeht oder sogar willentlich ausübt, weil er nicht im Geist wandelt, muß er schwere Züchtigungen Gottes in diesem Leben erwarten (1. Kor. 5,5; 11,30-32; Hebr. 12,4-11) und den Verlust der Belohnung und Ehren im kommenden Leben (1. Kor. 3,11-15; s. Erklg. zu 1. Kor. 6,9-20).

Die Frucht des Geistes, 22-26.
„Frucht" steht im Gegensatz zu „Werke". Das eine kommt durch den Glauben, das andere durch menschliche Anstrengung; das eine durch den Geist, das andere durch das Fleisch. Das eine ist heilig, das andere befleckt. Eines entspringt der erneuerten Natur, das andere der alten Natur. Eines ist „Frucht" in der Einzahl, ein harmonisches Ganzes; das andere steht in der Mehrzahl, „Werke", ein großes Durcheinander. Eines steht im Gegensatz zum Gesetz, weil es rechtswidrig ist; gegen das andere gibt es kein Gesetz, weil es ohne Tadel ist, 23. Die Grundlage für das Entstehen der Frucht ist die Anerkennung der ein für allemal feststehenden Tatsache, daß der Gläubige in Christus dem Fleisch gestorben ist und auch *mit dieser Stellung rechnet,* 24 (vgl. Röm. 6,11). Dadurch gibt er dem Geist die Möglichkeit, Frucht zu wirken. „Wenn wir im Geiste leben, so lasset uns auch im Geiste wandeln (unseren Wandel im Einklang mit dieser Wahrheit führen)", 25. Dann werden wir dazu frei, daß der Geist in uns „Frucht" wirken und nicht das Fleisch seine „Werke" hervorbringen kann, 26.

Der Fluß Beysehir in der Nähe von Ikonium

Kap. 6
Auswirkung der Heiligung

Der Umgang mit Glaubensgenossen, 1-6.
Der geistliche Gläubige, d.h. einer, der die Frucht des Geistes hervorbringt (5,22-23) und der in seiner praktischen Erfahrung durch den Geist geheiligt wird, wird unterwiesen, wie er mit seinem *irrenden* Glaubensgenossen umgehen soll. Er soll ihn durch Sanftmut wieder zurechtbringen. Dabei soll er sich seiner eigenen Anfälligkeit gegenüber Versuchung und Sünde, die immer da ist, wenn der Geist Gottes nicht wirkt, bewußt sein. Dem *belasteten* Glaubensgenossen, 2-5, soll geholfen werden, 2, in aller Demut, 1, und Aufrichtigkeit, 3; und in dem Bewußtsein, daß jeder seine Bürde zu tragen hat, 5. „Das Gesetz Christi", 2, ist das Gesetz der Liebe zum Nächsten (Lk. 6,27-38). Ein Bruder, der *unterrichtet,* soll finanziell von dem unterstützt werden, der durch seinen Dienst einen Nutzen hat, 6.

Auf den Geist säen, 7-9.
Das neue Leben in Christus wird mit dem Bild des Bauern oder Landmanns dargestellt, 7. Täuschung ist für den Gläubigen leicht möglich. Er sollte nicht vergessen, daß ihn das unerbittliche Gesetz des Säens und Erntens, ob geistlich oder fleischlich, in gleicher Weise betrifft wie den Ungeretteten, 7-8 (vgl. 1. Kor. 3,10-13; Jak. 1,16-17). Der im Geist Wandelnde darf daher im Werk des Glaubens nicht müde werden, 9 (1. Kor. 15,58; 2. Thess. 3,13). Er wird zur Zeit der Ernte einsammeln (Jak. 5,7-8), wenn er nicht verzagt wird, d.h. geistlich locker läßt oder ermattet, 9 (Hebr. 12,3.5).

Beweis echter geistlicher Gesinnung, 10-13.
Geistliche Haltung erweist sich im Gutestun an allen, besonders an den Glaubensgenossen, 10 (vgl. Röm. 12,13; Gal. 6,1-6; 1. Joh. 3,17), und an dem Beispiel aufopfernder Liebe, 11-13. Diese Haltung bewies der Apostel gegenüber dem Evangelium der Gnade im Gegensatz zur gesetzlichen Verunreinigung (Forderung nach Beschneidung als heilsnotwendig). Vers 11 weist darauf hin, daß Paulus diesen Brief „weitläufig" (mit großen Buchstaben) geschrieben hat, möglicherweise wegen schlechter Sehkraft (vgl. Kap. 4,13-15). Er schrieb ihn selbst als Beweis seiner Liebe zu den Galatern, anstatt ihn zu diktieren.

Die Grundlage wahrer Geistlichkeit, 14-18.
Es ist das Kreuz, 14 (vgl. 1. Kor. 1,18); denn es scheidet die Welt vom Gläubigen durch seine Stellung in Christus, die sich gegenüber der Sünde für tot hält (1,4; 2,20) und den Gläubigen von der Welt, d.h. dem satanischen Weltsystem, welches der Hauptfeind wahrer Geistlichkeit ist, 14-15. In dieser „neuen Kreatur" ist Christus alles. Menschliches Verdienst und gesetzliche Selbstanstrengung sind nichts, d.h. sind nutzlos und haben keinerlei Bedeutung. Das „Israel Gottes", 16, sind gerettete Juden, die glauben, daß die Rettung aus Gnade durch den Glauben geschieht, also unabhängig von Gesetzeswerken (Röm. 4,12; 9,6-8; Eph. 2,8-10). Um dieser Wahrheit willen hat der Apostel gelitten, indem er seine vollkommene Lauterkeit in der Verkündigung der Gnadenbotschaft unter Beweis stellt. Die Brandmale oder Narben an seinem Körper, die Zeichen seines Leidens für das Evangelium der Gnade, sind der Beweis dafür. Er schließt mit einem Segenswunsch, 18.

Die Westmauer oder Klagemauer in Jerusalem

Der Epheserbrief

Gesegnet in der Himmelswelt durch Christus

Datierung und Verfasser. Dieser großartige Brief war offenbar an die Gemeinde in Ephesus gerichtet (vgl. Apg. 19), aber auch als Rundschreiben für die Nachbargemeinden gedacht. Die Worte „in Ephesus" (1,1) fehlen in zwei der ältesten Handschriften. Das läßt vermuten, daß frühe Abschreiber die Ortsbestimmung des Briefes vermieden, wenn er in anderen Gemeinden der Umgebung gelesen werden sollte. Paulus hatte drei Jahre in der Hauptstadt Ephesus zugebracht (s. Erklg. zu Apg. 19,8-40). Er schrieb diesen Brief ungefähr im Jahre 61 oder 62 n.Chr. als ersten der sogenannten Gefängnisbriefe vom Gefängnis in Rom aus und sandte ihn zusammen mit dem Kolosser- und dem Philemonbrief nach Asien.

Bedeutsame Worte im Epheserbrief. „In" kommt etwa 90mal vor. Es betont die Tatsache der Einheit des Gläubigen mit Christus in Tod, Auferstehung, Himmelfahrt und dem gegenwärtigen Sitzen zur Rechten Gottes. Diese Stellung des Gläubigen „in Christus" bestimmt den ganzen Gedankengang des Briefes.

„Gnade" kommt 13mal vor. Das zeigt, daß dieser Brief eine Auslegung „des Evangeliums der Gnade Gottes" ist (vgl. Apg. 20,24).

„Geistlich" (oder „Geist") kommt 13mal vor. Das erklärt sowohl die besondere Wahrheit, die in diesem Brief behandelt wird, als auch den Lebensbereich der Gläubigen.

„Leib" kommt 8mal vor. Es ist ein bildhafter Ausdruck, der unsere Stellung in der Verbindung mit Christus beschreibt (Kap. 1-3).

„Wandel" kommt 8mal vor. Unser Wandel ist unser Leben und Verhalten innerhalb des Leibes Christi, die Art und Weise, in der wir in der Verbindung mit ihm, dem Haupt, handeln. Dieser Ausdruck ist das Herzstück der Ermahnung im praktischen Teil des Briefes.

„Himmelswelt" kommt 5mal vor und stellt den erhabenen Bereich der Stellung des Gläubigen in Christus und den Bereich seines Wandels und Kampfes dar.

„Geheimnis" kommt 5mal vor. Der Ausdruck bezeichnet nicht etwas Unergründliches, sondern eine verborgene Wahrheit, die geheimgehalten wird, bis nach Gottes Plan die richtige Zeit für ihre Enthüllung gekommen ist.

Überblick

Der Epheserbrief

Kap. 1,1-6
Erwählt in Christus durch den Vater

Gesegnet, erwählt und in Christus vom Vater angenommen, 1-6. Nach dem Grußwort, 1-2, beschreibt der Apostel, was Gott, der Vater, zu unserer Erlösung getan hat, 3-6. (1) Er hat uns mit allen geistlichen Segnungen „in den himmlischen (Regionen)" gesegnet, 3, d.h. im Bereich der Stellung und Erfahrung der Gläubigen als Folge seines Einsseins mit Christus in der Wiedergeburt (Röm. 6,3-4; 1. Kor. 12,13). (2) Er hat uns für sich selbst erwählt vor Grundlegung der Welt (Erde) „in ihm (dem Sohn)", 4. (3) Er hat uns für die zukünftige Herrlichkeit erwählt, „damit wir heilig und tadellos wären vor ihm", 4b. (4) Er hat uns in Liebe zur Annahme an Sohnesstatt vorherbestimmt, 5a (vgl. 1. Joh. 3,2), nach seinem höchsten Willen und Wohlgefallen. (5b) Er hat uns seiner gegenwärtigen und zukünftigen Freude versichert. Das ist das Ziel seiner erwählenden Liebe, die in ihm selbst, dem Erwähler, liegt, 6.

Göttliche Erwählung
Sie ist die souveräne Gnadentat Gottes, durch welche von Ewigkeit her gewisse Menschen für ihn selbst auserwählt sind (Joh. 15,19; Eph. 1,4). Erwählung bezieht sich einzig auf Gottes Volk, nicht auf die Verlorenen. Kein Mensch ist zur Verdammnis bestimmt. Christus ist der Erwählte Gottes schlechthin (Jes. 42,1-7). Gott der Vater erwählte uns von Ewigkeit her in ihm. Alle Erwählten sind zu einem geheiligten Leben der Absonderung für Gott berufen, der sie erwählte (Joh. 17,16; Eph. 1,5). Erwählung kann sich auf ein Kollektiv beziehen – wie im Fall des Volkes Israel (Jes. 45,4) – oder der Gemeinde Jesu (Eph. 1,4), jedoch auch auf den einzelnen (1. Petr. 1,1); auf jeden Fall beruht sie auf Gottes Ratschluß und auf seiner Vorkenntnis.

Vorherbestimmung
Vorherbestimmung ist die Ausübung des göttlichen Willens, durch den das, was Gott von Ewigkeit her bestimmte, in der Endlichkeit durch ihn ausgeführt wird. Das ist für uns die Garantie, daß das, was er für uns bestimmt hat, auf jeden Fall zur Ausführung kommt.

Vorherbestimmung und freier Wille
Die Vorherbestimmung betrifft nur Gottes Volk. Im Blick auf die Menschheit im allgemeinen gilt, daß jeder Mensch nicht nur Christus als Retter annehmen kann, sondern dazu genötigt und aufgefordert wird. Die Grundlage dieser Einladung ist das Werk des fleischgewordenen Sohnes Gottes, das die Rettung der Menschheit ermöglichte (Joh. 3,16; Hebr. 2,9). Der freie Wille gilt für den Menschen ohne Christus. Hat er einmal das Evangelium angenommen und ist „in Christus", so verändert sich seine Einstellung. Dann zeigt ihm Gott von seiner Seite aus, warum er als Gläubiger angenommen wurde. Göttliche Vorherbestimmung und der menschliche freie Wille sind mit menschlicher Logik nicht zu vereinbaren. Aber wie zwei Parallelen, die sich im Unendlichen treffen, haben sie ihren Schlußpunkt in Gott. Erst wenn sich der Sünder im persönlichen Glauben Christus zuwendet und durch die Pforten des Heils eingetreten ist, entdeckt er die an der Innenseite der Pforte angebrachten Worte: „Auserwählt in ihm vor Grundlegung der Welt" (Eph. 1,4).

Kap. 1,7-12
Erlöst durch den Sohn

Erkauft durch Jesu Blut, 7. Unsere Erlösung war vom Vater *geplant* (3-6) und wurde durch den Sohn *ausgeführt*. In diesen Versen wird die Rolle Christi bei unserer Erlösung beschrieben, 7-12. „Erlösung" ist Befreiung mittels eines bezahlten Preises, in diesem Fall Christi Blut (3. Mo. 17,11; Matth. 20,28). Das Ergebnis ist „Vergebung der Sünden", 7 (vgl. Hebr. 9,22), weil sein Blut, das Blut des Gott-Menschen, ewig wirksam ist (Joh. 1,29) und eine vollkommene Erlösung vollbrachte (Joh. 19,30).

Durch seine Gnade erleuchtet, 8-10. Die Weisheit und Erkenntnis Gottes haben in Christus ihren Mittelpunkt, 8 (Matth. 11,27; Joh. 1,18; 14,8-9; 1. Kor. 1,30). Durch seine Erlösung wurden wir aus dem Zustand des Unverstands und der Sündensklaverei losgekauft und in die Vertrautheit des Sohnesverhältnisses und der Sohnesoffenbarung (Joh. 15,15) eingeführt. Gottes Absicht ist es, während des letzten, von ihm verordneten Weltzeitabschnitts „alles unter ein Haupt zu bringen in Christus", 10, um damit dem ewigen Reich den Weg zu bereiten (s. Erklg. zu 1. Kor. 15,24-28).

Ein Erbteil nach seinem Plan, 11-12. „In ihm haben auch wir Anteil erlangt", 11. Wie wunderbar wahr ist das! (Vgl. Röm. 8,17; 1. Kor. 3,21.23). Die grammatische Form könnte auch bedeuten, daß wir zu einem Erbteil gemacht wurden, also sein Erbe in uns, anstatt unseres Erbteils in ihm. Das Ziel ist, „daß wir zum Lobe seiner Herrlichkeit dienen", 12. Er soll in uns verherrlicht werden in gleicher Weise wie auch wir in ihm.

Kap. 1,13-14
Versiegelt durch den Geist

Der Geist wirkt Glauben zur Rettung, 13a.
Der Vater plante (3-6); der Sohn führte aus (7-12); und der Heilige Geist gebraucht unsere Rettung, indem er uns dazu überredet, sie uns anzueignen (vgl. Joh. 16,13-15). „Das Wort der Wahrheit" wird „Evangelium eurer Rettung" genannt, da es durch den Glauben die Rettung zur Folge hat.

Der Geist versiegelt den Gläubigen, 13b-14. Der Geist selbst, der im Gläubigen wohnt, ist das Siegel. Das bedeutet: (1) *Eigentumsrecht;* wir gehören Gott (1. Kor. 6,19-20). In diesem Zusammenhang wird der Versiegelnde „der Geist der Verheißung" genannt, weil er das Pfand oder Handgeld (Anzahlung, die eine völlige Bezahlung garantiert) für die volle Einlösung des erworbenen Besitzes ist (vgl. 2. Tim. 2,19). (2) *Feste Gewißheit;* das Eingehen zum Himmel wird garantiert (Eph. 4,30), ebenso die Gewißheit der völligen Erlösung in Herrlichkeit. (3) *Ein abgeschlossener Kauf* (Jer. 32,9-10; Joh. 17,4; 19,30).

Kap. 1,15-22
Gebet um Erkenntnis der Stellung des Gläubigen in Christus

Des Apostels großes Interesse am Gebet, 15-16. Der Glaube und die Liebe des Volkes Gottes bewegte den Apostel zu Gebet und Danksagung.
Des Apostels Gebet, 17-22. Er bittet (1) um *Erkenntnis* für das Volk Gottes im Blick auf seine Stellung und seinen Besitz in Christus sowie Christi Stellung den Seinen gegenüber und sein Erbe in ihnen, 17-18; und (2) um *Vollmacht,* damit diese Stellung in ihrem Leben durch den Glauben offenbar werde, 19-21 (vgl. Röm. 6,11). Die Grundlage dieser Vollmacht ist die Auferstehung, Himmelfahrt und Erhöhung Christi „hoch über" alle Mächte, seien es Engel oder Dämonen, 20-21, und Christus als Haupt der Gemeinde, 22, die sein Leib ist, der sich aus all denen zusammensetzt, die in die lebendige Einheit mit ihm, dem Haupt (Röm. 6,3-4; 1. Kor. 12,13), hineingetauft sind.

Kap. 2,1-7
Der Gläubige als Glied am Leib Christi

Der Leib ins Leben gerufen, 1-7. Alle am Leib sind wiedergeboren, 1-5. Sie waren tot in Sünden, 1; Gott ungehorsam, 2-3a; und verdienten Zorn, 3b. Das ist, *was sie waren,* 1-3, gänzlich verloren, abgeschnitten, hilflos, unter die Herrschaft der Dämonen gefallen und unter göttlicher Mißbilligung stehend. *Was Gott in Christus getan hat,* 4-7 (vgl. Röm. 3,21-5,21), ist in seinem einzigartigen *Heilmittel,* Christus, zusammengefaßt: Gottes Erbarmen, 4 (vgl. Ps. 103,8-18), seine Liebe, 4, und Gnade, 5. Barmherzigkeit ist Gottes Liebe in Aktion; daraus folgt die Gnade, d.h. sein unverdientes Wohlwollen gegenüber verlorenen, hilflosen Sündern, die Gegenstand seiner Liebe sind. Seine Gnade wirkt sich auf drei Zeitabschnitte aus: auf Vergangenheit, Gegenwart und Zukunft, 5-7. (1) Vergangenheit – wir *wurden* mit Christus von den Toten *auferweckt,* 5-6. Nach Gottes Plan geschah dies, als Christus auferweckt wurde. Infolge unserer Vereinigung mit ihm durch die Taufe in seinen Tod (Röm. 6,3-4) wurden wir mit ihm lebendig gemacht. So sind alle Glieder des Leibes nicht nur wiedergeboren, 1-5, sondern auch *durch den Geist* in das Einssein mit Christus *hineingetauft,* 6. Das heißt gerettet sein, 5 (vgl. Vers 8). (2) Gegenwart – wir *sind* nun in der Verbindung mit Christus in die himmlischen Regionen *versetzt,* 6. Dies ist wahr, weil wir durch den Geist in den Leib Christi (in die Gemeinschaft mit allen anderen Glaubenden) hineingetauft worden sind und in die Einheit mit ihm, dem Haupt des Leibes (Röm. 6,3-4). Von daher haben wir Anteil an Tod, Begräbnis und Auferstehung des Leibes Christi. (3) Zukunft – *Gott will* durch Christus dem ganzen Universum den unergründlichen Reichtum seiner Gnade und Güte uns gegenüber zeigen, 7. Der göttliche Triumph über die Sünde durch die Gnade wird jedem Geschöpf, sei es gefallen oder nicht gefallen, in gleicher Weise vor Augen geführt. So offenbart sich die göttliche Herrlichkeit.

Erlösung in der Gesamtschau – Das Werk des dreieinigen Gottes

Vater	Sohn	Heiliger Geist
Vergangenheit		
erwählte uns im Sohn	erkaufte uns mit seinem Blut	bewegte uns dazu, dem Evangelium zu glauben
Gegenwart		
setzt uns als Söhne ein	offenbart des Vaters Absicht und Willen	versiegelt uns als Gottes Eigentum
Zukunft		
wird uns in Christus endgültig annehmen	wird uns als sein Eigentum erben	wird uns als endgültiges Eigentum beanspruchen

Kap. 2,8-10
Der Weg der Rettung im Leib Christi

Aus Gnaden gerettet, 8-9. Dies ist die unanfechtbare Schlußfolgerung der Verse 1-7. Die Betonung liegt (1) auf der *göttlichen Methode* der Rettung – „durch Gnade", 8; (2) auf ihrer *Zuverlässigkeit* – wir sind gerettet worden (eine Tatsache in der Vergangenheit und gegenwärtige Gewißheit) und werden errettet (eine andauernde, zuverlässige, gegenwärtige Handlung, wobei jede Ungewißheit ausgeschlossen ist); (3) auf dem *menschlichen Mittel* – „vermittels des Glaubens"; (4) *ohne jeden Verdienst* von seiten des Menschen – „nicht aus euch", nicht „aus Werken"; (5) auf ihrem *freien, unverdienten Charakter* – „Gottes Gabe"; (6) auf ihrem *Ziel:* Gottes Verherrlichung – „damit niemand sich rühme".

   Gerettet, um zu dienen, 10. Gerettet ohne Werke, aber um gute Werke zu tun. Aus diesen göttlichen Wahrheiten folgt: (1) Wir sind gerettet, „erschaffen in Christus", um nach Gottes Plan ein erlöstes Leben zu führen „zu guten Werken". (2) Diesen Plan hat Gott im voraus für uns festgelegt; er ist kein zufälliges Vorhaben, sondern dazu da, um die Werke zu tun, „welche Gott zuvor bereitet hat, daß wir darin wandeln sollen".

Kap. 2,11-18
Ein Leib durch Christi Blut

Was wir in uns selbst waren, 11-12. Rettung im Blick auf den einzelnen (1-10) wird jetzt so gesehen, wie sie sich kollektiv auswirkt. Die Menschheit in ihrer Zweiteilung, Juden und Heiden, wird jetzt ins Blickfeld gerückt. Das Opfer Christi geht über die Bedürfnisse des einzelnen hinaus und heilt auch die Nöte der Gesellschaft, indem alles, was die Einheit des neuen Leibes hindert, weggeräumt wird – Rassen-, Klassen- und sogar Geschlechtsunterschiede (vgl. Gal. 3,28). Der sittliche und geistliche Zustand des einzelnen (wie in Kap. 2,1-3 beschrieben) wird jetzt auf die Gesamtheit angewandt. Wir sehen, daß wir sowohl in geistlicher als auch gesellschaftlicher Hinsicht einer Hilfe bedurften, weil wir (1) „Heiden im Fleisch" waren, 11, und zur großen Masse der ungeretteten Menschheit gehörten (vgl. Röm. 1,18-32); (2) außerhalb des geistlichen Vorrechts der Juden durch den Bund Gottes mit Abraham, der durch die Beschneidung besiegelt wurde, standen, 11b; (3) ohne

Der Tempel des Hadrian in Ephesus

Christus, ohne Hoffnung, ohne Gott waren, (4) fremd gegenüber den Bündnissen und Verheißungen waren, die Israel zuteil wurden, 12. **Was wir in Christus sind, 13-18.** Es steht in starkem Gegensatz zu dem, was wir waren: (1) Wir sind jetzt mit ihm vereinigt und nicht mehr von ihm getrennt. (2) Wir sind durch Christi vollendetes Werk herzugebracht worden und nicht mehr fernstehende, unerlöste Heiden. Er hat „des Zaunes Scheidewand abgebrochen". Das bezieht sich auf den äußeren Vorhof des Tempels, der die Heiden vom inneren Hof, den nur Juden betreten durften, trennte. (3) Wir sind durch Christus bei Gott vorbehaltlos angenommen, ohne gesetzliche Vorschriften erfüllen zu müssen, 15a. (4) Wir wurden zu einer neuen Gemeinschaft seines Volkes zusammengeschlossen, die Gemeinde, der Leib Christi, hier als der „neue Mensch" bezeichnet, 15b (vgl. 1. Kor. 12,12-13; Eph. 1,22; Kol. 3,10-11; Hebr. 12,23). (5) Jesus hat die alte Feindschaft zwischen Juden und Heiden aufgehoben, weil er „unser Friede" geworden ist, 14-15, und „Frieden verkündigte", 17, wodurch er beide mit Gott versöhnte. (6) Beiden wurde durch den einen Geist der Zugang zu Gott gewährt, 18 (vgl. Kap. 4,3-6).

Kap. 2,19-22
Der Gläubige als Gottes Bau

Der Bau beschrieben, 19-22. Die Gläubigen sind auch Teile eines einzelnen „Baues", 21. Dies schließt den dreieinigen Gott mit ein. Es ist Gottes, des Vaters „Haushalt", in den der Gläubige hineingeboren wird, 19. Der heilige „Tempel", in welchen der Gläubige eingefügt wird, ist der Tempel des Herrn, des Sohnes, 21. Die „Behausung" oder Wohnung, in der Gott wohnen will, ist Eigentum des Geistes, 22. Der Tempel des Herrn, 20-21, steht auf der Grundlage sowohl des Alten als auch des Neuen Testaments, auf den „Aposteln und Propheten", denen die Wahrheit über diese eine Grundlage anvertraut wurde (vgl. 1. Kor. 3,10-11). Jesus Christus selbst ist der Eckstein (Ps. 118,22). Alle Prophetie und die apostolische Botschaft haben ihre Mitte in Ihm, der den Bau zusammenfügt. Der Bau besteht aus „lebendigen Steinen" – wiedergeborenen Juden und Heiden, die „in Christus" eins geworden sind. Die Fertigstellung des Baus wird beim Kommen des Herrn geschehen. Diese Gemeinde (nicht irgendeine irdische Kathedrale oder Kirche) ist der wahre Bau Gottes in unserem Weltzeitalter.

Kap. 3,1-12
Die Gestaltung des Baues geoffenbart

Das Geheimnis und seine Bedeutung, 1-6, wurde dem Apostel Paulus, nun ein Gefangener, geoffenbart, 1.3. Es zeigt die Verwaltung (göttliche Anordnung) der Gnade Gottes, 2, und wird „das Geheimnis Christi" genannt, 4, „in Gott verborgen" (9). Es war Gottes Absicht, sowohl die Juden als auch die Heiden durch die Taufe im Heiligen Geist (vgl. 1. Kor. 12,12-13) zu einer neuen Ganzheit, der Gemeinde Jesu, dem Leib Christi, zu formen. Dieses Geheimnis war in den Bildern (Typologie) des AT und in der Prophetie verborgen, jedoch nicht geoffenbart und von Jesus vorausgesagt worden (Matth. 16,18). Die Bedeutung dieses Geheimnisses wurde Paulus von Gott selbst geoffenbart, und er stellt es in seinen Briefen ausführlich dar.

Das Geheimnis und der Dienst des Apostels Paulus, 7-12. Paulus wurde dazu ausgerüstet, ein Diener des Geheimnisses zu werden, 7-8. Das Geheimnis umfaßt die unerforschlichen (unergründlichen, unfaßlichen) Reichtümer Christi, 8: seine Person, sein Wirken, seine Fürbitte, sein Wiederkommen, sein ewiges Reich, sein Erbe in uns. Der Zweck dieses Dienstes, 9-12, ist, die „Haushaltung des Geheimnisses" (daß Heiden und Juden durch den Glauben an Christus eins geworden sind) der sichtbaren und unsichtbaren Welt bekanntzumachen.

Kap. 3,13-21
Gebet um Erkenntnis und Kraft

Die Bitte, 13-19. Das Gebet ist an den Vater gerichtet, 14-15, und sucht die dreifache Fülle des dreieinigen Gottes, 16-19. Paulus bittet, daß der *Geist* Gottes die Epheser stark mache am inwendigen Menschen, 16, damit sie sowohl durch die Tatsache, daß *Christus* durch den Glauben in ihren Herzen wohnt, 16, als auch durch das Verwurzelt- und Gegründetsein in der Liebe, 17, seine ganze Liebe gemäß ihrer Stellung in der Gnade erkennen möchten, 18-19a, und daß sie von *Gott, dem Vater* „bis zur ganzen Fülle Gottes" erfüllt würden, 19b. Diese dreifache Fülle von Gott her ist die Stellung des Gläubigen in Christus. Der Apostel bittet um Erkenntnis und praktische Erfahrung dieser Stellung mit der daraus folgenden Kraft, die dann im Alltag wirksam wird.

Der Segen, 20-21. Die praktische Verwirklichung der Stellung des Gläubigen in Christus wird durch unseren allmächtigen Gott möglich gemacht. Er will und kann dies als Antwort auf unsere Erkenntnis dieser Wahrheit und unseren Glauben daran schaffen, 20. Solch ein Gott und Erlöser ist aller Ehre wert, 21.

Kap. 4,1-6
Ein dem Herrn würdiger Wandel

Der Wandel wird beschrieben, 1-3. „Wandeln" ist ein allgemeines Bild für das Alltagsleben. In

Übereinstimmung mit unserer Stellung in Christus zu leben, heißt „würdig wandeln". Dies ist das besondere Vorrecht des Gläubigen, seine Antwort auf Gottes Liebe, die in seiner wunderbaren (in den Kap. 1-3 beschriebenen) Erlösung zum Ausdruck kommt. Daher ist der Ton des Briefes bittend und flehend und birgt kein gesetzliches „du mußt". Die Tugenden der Demut, Sanftmut, Geduld und anhaltenden Liebe, 2, sind Grundvoraussetzungen für die Aufrechterhaltung der praktischen Einheit des Leibes Christi. Der Geist allein kann diese erfahrbare Einheit bewirken – daher ist sie die „Einheit des Geistes", 3.

Die Grundlage eines würdigen Wandels, 4-6. Gesunde Lehre, 4-6, liegt immer dem richtigen Verhalten zugrunde (1-3). Falsche Lehre macht einen würdigen Wandel unmöglich. Die unbedingte Voraussetzung eines solchen Wandels, was die Lehre anbetrifft, ist die Erkenntnis folgender Tatsachen: (1) „Ein Leib", der alle Wiedergeborenen umfaßt; (2) „ein Geist" – der Heilige Geist Gottes; (3) „eine Hoffnung eurer Berufung" – die göttliche Berufung zur Heiligung; (4) „ein Herr" – Jesus Christus, Haupt des Leibes und Mittelpunkt unserer Einheit; (5) „ein Glaube" – diese Wahrheit, daß er „den Heiligen ein für allemal übergeben worden ist" (Jud. 3), fußt auf dem Tod und der Auferstehung Jesu (1. Kor. 15,3-4); (6) „eine Taufe" – die des Geistes (1. Kor. 12,13), die den „einen Leib" in der Vereinigung mit Christus, dem Haupt (Röm. 6,3-4) bildet, die vollständige und unzerstörbare Einheit; (7) „ein Gott und Vater aller (Gläubigen), über allen (erschaffenen Geistwesen), durch alle (seine Pläne) und in allen (Gläubigen)" – das ist schriftgemäße Ökumene.

Kap. 4,7-16
Dienst und würdiger Wandel

Christi Gaben für einen würdigen Wandel, 7-11. Jedes einzelne Glied des Leibes bekommt Gnade oder geistliche Fähigkeit und Segen, um seiner hohen Berufung und Stellung in Christus entsprechend zu wandeln. Das wird nach „dem Maß der Gabe Christi", 7, möglich gemacht, d.h. seiner großen Himmelfahrtsgabe des Heiligen Geistes (Joh. 14,16-17; Apg. 2,38-39). Diese Gabe des Heiligen Geistes war das direkte Ergebnis des herrlichen Sieges Jesu, 8-10, über *alle* seine und unsere Feinde, 9-10. Seine Himmelfahrt, ein Beweis seiner Auferstehung, unterstrich seinen vollständigen Triumph. Durch seinen Sieg und seine Erlösung nahm er die Mächte des Bösen gefangen, die uns einst gefangenhielten (Ps. 68,19). Daraus folgte auch sein Austeilen von Gaben an Menschen, 8. Die höchste Gabe, 7, ist der Heilige Geist (Lk. 24,49); aber andere Gaben, die einen würdigen Wandel ermöglichen, sind auch eingeschlossen, 11. Vgl. 1. Korinther 12,8-28, wo die Geistesgaben und nicht die Personen gemeint sind.

Zweck der Gaben, 12-16. Im allgemeinen dienen die Gaben (einschließlich geistbegabter Menschen) zur Vervollkommnung (Besserung oder Zurüstung) der Heiligen für das Werk des Dienstes an Christi Stelle, um den Leib Christi aufzubauen, 12, und, besonders in Dingen der Lehre, 14, ihn zur Reife zu führen, 13, die in der Liebe, 15-16, zum Ausdruck kommt. Die Folge davon ist, daß Christus Mittelpunkt und Ziel aller Arbeit ist.

Kap. 4,17-29
Der neue Mensch und ein würdiger Wandel

Der alte Mensch abgelegt, 17-22. „Der alte Mensch", 22, ist der nicht wiedergeborene Mensch, der von seiner verderbten, gefallenen Natur beherrscht wird (Röm. 6,6). Die Verse 17-22 beschreiben seinen Wandel, der gekennzeichnet ist durch: (1) eine gottlose, heidnische Lebensart, 17a; (2) „Eitelkeit" oder Nichtigkeit seines Denkens, 17b; (3) einen verfinsterten, Gott entfremdeten Verstand, 18a; (4) geistliche Unwissenheit und Blindheit, 18b; (5) fehlendes moralisches Empfinden und sittlicher Abstieg, 19. In Gottes Augen ist der alte Mensch in dem Gläubigen gekreuzigt und tot. Wie ein altes, abgetragenes, schmutziges Kleid ist er dadurch, daß er Jesus kennengelernt hat und von ihm unterwiesen wurde, abgelegt worden, 20-21. In Jesus, 21, haben wir tatsächlich diese neue Stellung, d.h. in der Vereinigung mit ihm als dem Erlöser von der Sünde. Das ist die Grundlage der völligen Befreiung von der totalen Verderbtheit unserer alten Natur, 22.

Den neuen Menschen angezogen, 23-29. „Der neue Mensch", 24, ist der wiedergeborene Mensch mit einer neuen Natur, in dem Christus Gestalt gewonnen hat (Kol. 1,27). Aus Gottes Sicht hat der Gläubige den neuen Menschen wie ein reines Kleid angezogen. Dieser neue Mensch ist durch einen erneuerten Sinn gekennzeichnet, 23, im Gegensatz zu der blinden Unwissenheit des alten Menschen (18); und er ist von Gott in wahrer Gerechtigkeit und Heiligkeit zu seinem Ebenbild geschaffen. Diese neue Stellung ist die Grundlage für die Befreiung von Falschheit, 25; von sündigem Zorn und Groll, 26-27; Diebstahl und Faulheit, 28; und unreiner Rede, 29. Befreiung kommt durch die Berufung auf unsere Stellung in Christus, die aus Glauben kommt und dadurch zu einer erfahrbaren Wirklichkeit wird.

Kap. 4,30-32
Der Heilige Geist und ein würdiger Wandel

Der Heilige Geist wird durch einen unwürdigen Wandel betrübt, 30. Er ist die Triebkraft eines würdigen Wandels. Höre auf, ihn zu be-

Eindrucksvoll gepflasterte Straße aus dem alten Ephesus

trüben oder ihm Schmerzen und Kummer zu verursachen! Warum? (1) Weil er der *Heilige* Geist ist. Unheiligkeit schmerzt ihn. (2) Er ist der „Heilige Geist *Gottes*", eine göttliche Person. (3) Er hat uns als Gottes Eigentum versiegelt oder gestempelt, und wenn wir sündigen, wird Gottes Ehre durch unsere Sünde in Verruf gebracht. (4) Er hat uns auf den Tag der Erlösung (volle Herrlichkeit) versiegelt. Unsere Geborgenheit und Sicherheit dürfen nicht durch Ausschweifung mißbraucht werden.

Der Heilige Geist bewirkt einen heiligen Wandel, 31-32. Er macht uns dazu fähig, die Sünde – Bitterkeit, Zorn, Ärger, Geschrei, Übelreden und allen bösen Willen – abzulegen, 31, und schenkt uns die Kraft, freundlich, mitfühlend, mild und zur Vergebung bereit zu sein, weil er uns daran erinnert, daß unsere Schuld durch Gottes Gnade vergeben worden ist, 32 (Kol. 2,13).

Kap. 5,1-17
Nachahmer Gottes und ein heiliger Wandel

Gott nachahmen als geliebte Kinder, 1-7. Weil Gott Liebe ist (1. Joh. 4,9), fordert die Familienzugehörigkeit, daß wir als geliebte Kinder unseren Vater in einem würdigen Wandel nachahmen, 1-2. Gottes Liebe wurde am deutlichsten in dem wohlriechenden Opfer seines Sohnes sichtbar, 2 (3. Mo. 1,9.13). Unzucht, Habsucht, 3, Unreinigkeit, albernes Geschwätz und dumme Leichtfertigkeit, 4, stehen Kindern der Liebe nicht gut an, weil sie anderen schaden. So strafen sie das eigentliche Wesen der Liebe Gott und dem Nächsten gegenüber Lügen (3. Mo. 19,18). Diese Sünden kennzeichnen den nichtwiedergeborenen Menschen, 5-7, auf dem der Zorn Gottes ruht, 6 (vgl. Röm. 1,18). Sollten sie jedoch bei bekennenden Gläubigen sichtbar werden, so gehen sie jeglichen Lohnes oder Erbteils im Reich Gottes verlustig, 5 (s. Erklg. zu 1. Kor. 3,10-15; 6,9-20). Wenn dagegen jemand noch nicht wiedergeboren ist, betrügt er mit einem leeren Bekenntnis nur sich selbst.

Gott nachahmen als Kinder des Lichts, 8-17. Weil Gott Licht ist (1. Joh. 1,5), macht Familienzugehörigkeit es nötig, daß wir unseren Vater durch einen würdigen Wandel als „Kinder des Lichts" nachahmen, 8 (vgl. 1. Thess. 5,5). Das bedeutet (1) „im Licht wandeln" (1. Joh. 1,7); (2) die „Frucht des Lichtes" zeigen, 9 (vgl. Gal. 5,22-23); (3) suchen, was Gott wohlgefällig ist, 10; (4) sich von den unfruchtbaren Werken der Finsternis trennen; (5) solche Werke mißbilligen, 11-13; (6) geistliche Wachsamkeit üben, 14 (vgl. Jes. 60,1-2); (7) weise und vorbildlich leben, 15; (8) jede Gelegenheit, Gutes zu tun, wahrnehmen, 16 (Kol. 4,5); und (9) den Willen Gottes klar erkennen, 17 (Röm. 12,2).

Kap. 5,18-20
Das geisterfüllte Leben und ein würdiger Wandel

Das wahre und das falsche Lebens-Elixier, 18. Paulus warnt vor berauschenden Mitteln, die eine vorübergehende natürliche Heiterkeit erzeugen und oft zu Ausschreitungen führen, 18a. Dem stellt er das echte Anregungsmittel (Stimulans) Gottes, den Heiligen Geist, gegenüber und befiehlt ausdrücklich, statt vom Wein ständig von ihm erfüllt zu sein (seiner Gegenwart und Herrschaft völlig unterworfen), 18b.

Was die Erfüllung mit dem Geist Gottes bewirkt, 19-20. Gottes Geist im Menschen bringt das größte Gut hervor und führt zu einem Leben, das vom Lob Gottes, der Freude und Anbetung aus Dankbarkeit für alle Segnungen Gottes, die uns durch Jesu Erlösung geschenkt sind, überfließt, 20 (vgl. Ps. 34,2; Phil. 4,6).

Kap. 5,21-33
Ehegatten und ein würdiger Wandel

Der allgemeine Grundgedanke, 21. Wir sollen einander „in der Furcht Christi" untertan sein. Dies ist eine allgemeine Verhaltensmaßregel, die alle zwischenmenschlichen Beziehungen der Gläubigen umfaßt: Mann – Frau (22-23), Kinder – Eltern (6,1-4), Herren – Knechte (6,5-9).

Die Pflicht der Ehefrauen, 22-24. Christliche Frauen sollen ihren Männern „als dem Herrn" untertan sein, 22, weil der Mann das Haupt der Frau ist, 23 (vgl. Kol. 1,18). Als Vergleich dient die Verbindung zwischen Christus und der Gemeinde. Er ist das Haupt der Gemeinde; er ist ihr Retter, 23, weil er sie mit seinem eigenen Blut erkauft hat (25). Eine gläubige Frau soll „in allem", 24, ihrem gläubigen Ehemann untertan sein. Der herrschende Ton – Liebe – eine liebende Unterordnung, nicht ein mechanisches Gehorchen; dieser Ausdruck ist nur Kindern (6,1) und Knechten (6,5) vorbehalten.

Die Pflicht der Ehemänner, 25-33. Sie sollen ihre Frauen lieben, 25, wie Christus die Gemeinde liebt und starb, um sie zu heiligen und zu verherrlichen, 25-27. Ein Mann ist mit seiner Frau eins geworden und ein Fleisch mit ihr, so wie die Gemeinde sich mit Christus zu einem Leib vereinigt hat und dem Haupt angegliedert ist, 28-31 (vgl. 1. Mo. 2,24). Von Adam genommen, war Eva in Wirklichkeit sein Fleisch und Gebein. Da sie aber gleichzeitig auch seine Frau war – in einer Beziehung, die aus beiden „ein Fleisch" machte (Matth. 19,5-6) –, ist Eva ein typisches Beispiel für die Gemeinde, die Braut Christi. Dies ist ein Geheimnis, 32, ein herrliches, von Gott geoffenbartes Geheimnis, das im NT enthüllt ist. Die Verbindung zwischen Mann und Frau soll in einer christlichen Ehe bleibenden, innigen und unauflösbaren Charakter haben, 31.

Kap. 6,1-4
Kinder, Eltern und ein würdiger Wandel

Pflichten der Kinder, 1-3. Die familiären Verhältnisse sollten so sein, daß sie unsere Stellung in Christus widerspiegeln. Kinder sollen den Eltern gehorchen; die einzige Voraussetzung dafür ist das In-dem-Herrn-Sein, 1. Dieser ausdrückliche Befehl bezieht sich, wie aus dem Zusammenhang ersichtlich, auf gläubige Eltern und Kinder. Kinder sollen gehorchen, vorausgesetzt, daß dieser Gehorsam nicht die erstrangige Pflicht Gott gegenüber verletzt. Die zehn Gebote werden angeführt, um dieses Gebot zu bekräftigen, 2-3 (vgl. 2. Mo. 20,12; 5. Mo. 5,16).

Pflichten der Väter, 4. Sie sind zweifach – negativ: Reizt eure Kinder durch unvernünftige Forderungen nicht zum Zorn (Kol. 3,21); positiv: Erzieht sie in der Zucht und Ermahnung entsprechend dem Wort Gottes und warnt sie vor Sünde und Unrechttun.

Kap. 6,5-9
Knechte und Herren und ein würdiger Wandel

Die Knechte sollen gehorsam sein, 5-8. Die Sklaverei war zur Zeit des Paulus weit verbreitet. Viele Sklaven bekehrten sich zu Christus. Sie werden angehalten, ihren Herren zu gehorchen, indem sie in der gesellschaftlichen Stellung, in der sie gerettet wurden, für Christus leben sollen, 5. Dieser Gehorsam soll echt sein, „in Einfalt (Aufrichtigkeit) eures Herzens", nicht mit „Augendienerei als Menschengefällige", 6, d.h. nur arbeiten, wenn sie beobachtet werden, um Menschen zu beeindrucken, sondern so, als seien sie Christus selbst gehorsam, als „Knechte Christi, die den Willen Gottes von Herzen tun", 5-7. Der Knecht soll sich der Belohnung für guten Dienst, der jedem Gläubigen zuteil wird, ob Sklave oder Freier, voll bewußt sein, 8 (Kol. 3,24-25; vgl. 1. Kor. 3,11-16).

Herren und Arbeitgeber, 9. Ihnen wird derselbe lautere, Christus zur Ehre gereichende Wandel anbefohlen wie den Sklaven. Sie sollen das Drohen unterlassen, das sich vielleicht für Heiden, aber nicht für Christen geziemt. Sie sollen daran denken, daß Jesus der Herr über ihr Leben ist und daß es bei ihm kein Ansehen der Person oder der irdischen Stellung gibt (vgl. Apg. 10,34).

Kap. 6,10-20
Geistlicher Kampf und ein würdiger Wandel

Die Waffen des Kriegers, 10-12. Der Christ fordert durch seinen Wandel unausweichlich den Widerspruch und Widerstand Satans und seiner Heerscharen heraus. Deshalb muß er als ein geisterfüllter Streiter beständig „stark sein" oder sich mit der ihm angebotenen Waffenrüstung selbst stärken. Der Grund seiner Stärke ist seine Stellung „im Herrn". Seine Kraft ist „die Macht seiner (Gottes) Stärke". Wenn der Christ mit seiner Stellung in Christus rechnet und sich die vorhandene Rüstung aneignet, wird der Heilige Geist ihn ermächtigen, den Anläufen Satans standzuhalten.

Der Gebrauch der Waffenrüstung, 13-20. Die dem Gläubigen zur Verfügung stehenden Waffen werden unter dem Bild der vollständigen Kampfausrüstung eines römischen Soldaten beschrieben. Das Geheimnis seines Sieges im geistlichen Kampf liegt darin, sich im Glauben auf jene Quellen zu verlassen, die ihm in Christus, dem Sieger, tatsächlich zur Verfügung stehen (Kol. 1,13; 2,15). „Ergreift die ganze Waffenrüstung Gottes", 13, betont die Verantwortung des Christen, die angebotenen Waffen auch zu gebrauchen. Das muß der Christ tun, wenn er erfolgreich kämpfen will.

Christus ist die Verteidigung des Gläubigen, darum können alle Teile der Waffenrüstung auf ihn bezogen werden; sie weisen aber auch auf die Mittel hin, die ihm durch Jesus geschenkt sind. Der „Gürtel der Wahrheit" gibt Vertrauen gegen den Angriff des Irrtums, während der „Panzer der Gerechtigkeit" (die natürliche Folge der zugerechneten Gerechtigkeit) gegen die listigen Versuchungen der Ungerechtigkeit Schutz bietet, 14. Die „Botschaft des Friedens" mit Gott bewirkt Standhaftigkeit, wenn man dem Feind gegenübersteht, 15, und der „Schild des Glaubens" bietet Schutz gegen die Angriffe Satans, die „feurigen Pfeile des Bösewichts", 16. Die Rettung wird durch den „Helm des Heils" dargestellt, der die lebenswichtigen Organe, die mit dem Gedankenleben und dem geistlichen Sinn des Gläubigen zusammenhängen, schützt, 17a.

Die einzige Angriffswaffe ist das „Schwert des Geistes", welches das Wort Gottes liefert, 17b. Der persönliche Umgang mit dem Wort Gottes wird vom Heiligen Geist sowohl zum Angriff als auch zur Verteidigung benutzt, 17b (z.B. Matth. 4,1-11; Hebr. 4,12).

Das Gebet ist der „Schlußstein" der Waffenrüstung des Gläubigen; es soll ununterbrochen geübt werden. In diesem Bereich eignet man sich die von Christus angebotene Waffenrüstung zum direkten Kampf an, 18. In den Versen 19-20 spricht Paulus von sich selbst.

Kap. 6,21-24
Persönliches und Abschiedsgrüße

Persönliches, 21-22. Tychikus, ein geliebter Bruder und getreuer Helfer des Paulus, wird erwähnt und auf seinen Dienst hingewiesen.

Abschiedsgrüße, 23-24. Friede, Liebe, Glaube und Gnade werden erwähnt, zusammen mit dem Abschiedsgruß und Segenswunsch.

Kampfausrüstung eines römischen Soldaten

Diana oder
Artemis, die
Göttin, die
man in Zu-
sammenhang
brachte mit
Wäldern,
Frauen, Ge-
burt von Kin-
dern und dem
Mond.

Der Philipperbrief

Die Freude, Jesus zu kennen

Verfasser und Thema. Diesen Brief hat Paulus aus der Gefangenschaft in Rom geschrieben, vielleicht im Jahre 62 n.Chr. Sein Thema ist die Allgenugsamkeit Jesu Christi in jeder Lebenslage – in Entbehrung, Verfolgung, Härte, Leiden wie auch in Wohlstand und Ansehen. Jesus gibt immer Freude und Sieg, vorausgesetzt, daß er im Mittelpunkt unseres Lebens steht. Dies ist auch das Motto im Zeugnis des Paulus: „Für mich ist Christus das Leben" (1,21).

Geschichtlicher Hintergrund. Der Bericht über die Missionsarbeit in Philippi (Apg. 16,6-40) zeigt, daß die dortige Gemeinde unter der Leitung Gottes gegründet wurde (Apg. 16,6-7). Dies geschah durch ein wegweisendes Gesicht (Apg. 16,9-10). Die Gemeinde wurde in einem Gefängnis geboren (Apg. 16,25-34), und dieser Brief, der etwa zehn Jahre später an sie gerichtet wurde, wurde in einem Gefängnis geschrieben. Der Ton sieghafter Freude in Christus durchdringt ihn, trotz der harten Prüfungen des Apostels in der Zwischenzeit (vgl. 2. Kor. 11,23-33). Der Freudenton erklingt mehr als 18mal im Laufe des kurzen Briefes. Die Aufforderung „Freuet euch im Herrn allezeit; und abermal sage ich: Freuet euch!" (4,4), könnte als Leitgedanke des Ganzen verstanden werden.

Überblick

Die Freude in Christus – unser Leben, Kap. 1
Die Freude in Christus – unser Beispiel, Kap. 2
Die Freude in Christus – unser Ziel, Kap. 3
Die Freude in Christus – unsere Genüge, Kap. 4

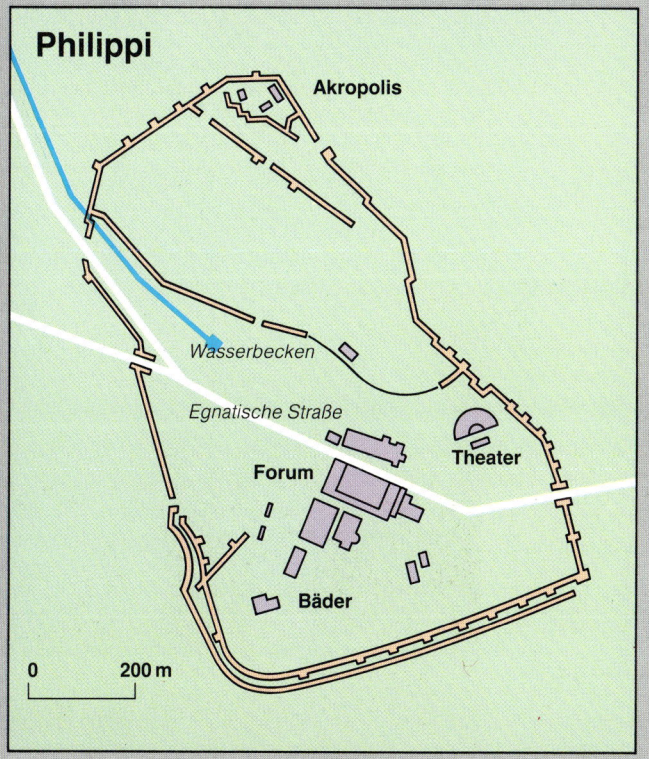

Philippi

Akropolis

Wasserbecken

Egnatische Straße

Theater

Forum

Bäder

0   200 m

Der Philipperbrief

Kap. 1,1-11
Die Freude des Seelsorgers Paulus in Christus

Sein seelsorglicher Gruß, 1-2. Paulus redet die Ortsgemeinde in Philippi, Mazedonien, an (vgl. Apg. 16,6-40). Sie wurde von Bischöfen (Aufsehern) und Diakonen (vgl. Apg. 6,1-7) betreut. Er grüßt sie als „Heilige in Christus". Zweifellos befanden sich dort, wie in anderen Gemeinden, auch Leute, die nicht wiedergeboren waren.

Seine seelsorgliche Freude, 3-11. Die Erinnerung an die Philipper und die Fürbitte des Apostels für sie sind von der Freude geprägt, 3-4, (1) wegen ihrer anhaltenden Gemeinschaft am Evangelium, 5; (2) weil Paulus vom Wirken Gottes an ihnen bis auf „den Tag Jesu Christi", 6, überzeugt war, d.h. bis auf die Zeit des Gerichts über die Werke der Gläubigen beim Kommen des Herrn, wenn der Lohn für treuen Dienst ausgeteilt wird; (3) weil sie mit Paulus die Freude am Herrn, die das Leben des Gläubigen ausmacht, teilten. Das nennt der Apostel „der Gnade teilhaftig", 7; (4) wegen seiner starken Anteilnahme an ihrem geistlichen Wohlergehen, 8-11.

Kap. 1,12-30
Die Freude des Gefangenen Paulus in Christus

Seine zuversichtliche Freude in der Trübsal, 12-20. Er ist überzeugt, daß seine Leiden zur Förderung des Evangeliums dienen werden, 12, selbst am Hof des Kaisers, 13 (vgl. 4,22). Seine Gefangenschaft in Rom hat viele dazu ermutigt, furchtlos das Wort Gottes zu verkündigen, 14. Er freut sich sogar darüber, daß das Wort Gottes durch solche verkündigt wird, die Christus aus Streitsucht predigen, indem sie sich gegen ihn, den berufenen Apostel, stellen, 15-19. In seinem Vertrauen wird er durch die Überzeugung bestärkt, daß Christus an seinem Leib hochgepriesen wird, ob er lebt oder stirbt, 20.

Das Geheimnis der zuversichtlichen Freude des Apostels, 21-30, ist die Tatsache, daß Jesus im Mittelpunkt seines Lebens steht. Für ihn ist „Christus das Leben", 21. Äußerlich war sein einziges Ziel Christus, innerlich lebte Christus sein Leben durch ihn aus. Sein Leben war von strahlender Freude erfüllt. Zu sterben war „Gewinn", denn es bedeutete, „bei Christus zu sein", was „viel besser" wäre, 22-23. In diesem Leben zu bleiben war freilich im Blick auf das geistliche Wachstum der Philipper nötiger, 25-26. Im Blick auf seine eigenen Kämpfe ermahnt sie der Apostel, im Leiden freudig auszuhalten, 27-30.

Kap. 2,1-11
Ermahnung zur Eintracht und Demut

Die Ermahnung, 1-4. Die Grundlage für die Ermahnung ist die Stellung der gläubigen Philipper in Christus, 1. Wenn sie entsprechend dieser Stellung handeln, werden sie des Apostels Freude erfüllen, 2, indem sie ihre Einheit durch echte Selbstlosigkeit und Demut verwirklichen, 3-4.

Das Beispiel Christi, 5-11. Jesu Selbsterniedrigung, 5-8, führte zu seiner Erhöhung durch den Vater, 9-11. Dieser großartige Abschnitt über die Selbstentäußerung Jesu (gr. *kénosis*) ist die Grundlage für die Ermahnung des Apostels, 5. „Ihr sollt so gesinnt sein (d.h. einen festen Sinn oder eine Haltung haben), wie Jesus Christus auch war." Der Abschnitt lehrt: (1) die Göttlichkeit Christi („in Gottes Gestalt"), die zweite Person der Gottheit, absolute Gottheit, in Gleichheit mit Gott, 6; (2) dieses Gott-gleich-Sein war sein Recht aufgrund seiner einzigartigen Person, nicht etwas, nach dem er hätte streben müssen; (3) als Gott „entäußerte" er sich selbst, nicht seiner Göttlichkeit, sondern seiner himmlischen Herrlichkeit und seines Vorrechts, 7a; (4) er wurde Fleisch, um ein „Knecht" zu werden, 7b; (5) daß er „den Menschen ähnlich wurde", 7; (6) dann erniedrigte er sich noch mehr, 8a (Ps. 40,6-8), durch sein Sterben; (7) und starb sogar für Sünder am Kreuz, 8b; (8) die Folge dieser Selbstentäußerung war, daß er

Das Theater in Philippi

Die Ruinen des antiken Philippi

durch seine Auferstehung, Himmelfahrt und durch sein Sitzen zur Rechten des Vaters im Himmel erhöht und verherrlicht wurde. Diese Erhöhung wird durch seine Wiederkunft und seine darauf folgende Herrschaft gekrönt, in der er seine Feinde besiegt und seinen Vater überaus verherrlicht, 9-11 (vgl. Ps. 2,7-12; Hebr. 2,9; Off. 3,21).

Kap. 2,12-16
Ausleben der innerlich gewirkten Erlösung

Die Ermahnung, 12-13. Die Erlösung sich *auswirken* lassen ist etwas ganz anderes als *für* die Erlösung wirken. Die Erlösung kann nur von solchen glaubhaft durch Tat und Werke bezeugt werden, denen sie Gott zuvor geschenkt hat (Eph. 2,8-10). Persönliche Erlösung ist Gottes Werk und geschieht aus Glauben, nicht durch Werke. Sie wird im Alltag auf der Grundlage des Gehorsams gegen Gott ausgelebt, 12a, „durch Furcht und Zittern". Furcht ist wegen der ständig drohenden Gefahr notwendig, im Alltagsleben nicht das auszuleben, was innerlich *durch* Gott gewirkt worden ist. Gott wirkt *in* uns durch den Geist, damit wir fähig werden, das neue Leben auszuleben.

Das Ergebnis, 14-16. (1) Geistliches Handeln ohne Murren und ohne Anstoß zu geben, 14 (vgl. 1. Kor. 10,10); (2) ein untadeliger Lebenswandel, ein Charakter, der der Stellung eines Gotteskindes entspricht, 15; (3) ein gutes Zeugnis durch Lichttragen – „als Lichter scheinen" (Leuchtkörper) – in einer durch die Sünde verfinsterten und verdorbenen Welt; (4) wirksamer missionarischer Einsatz zur Gewinnung von Seelen, wobei das „Wort des Lebens" denen, die in Sünde tot sind, wie eine Ware angeboten wird; (5) dadurch wird dem Apostel Freude bereitet „auf den Tag Christi" (vgl. Erklg. zu 1,3-11).

Kap. 2,17-30
Paulus als Beispiel demütigen Dienstes

Die Freude eines solchen Dienstes, 17-18. Für eine solche Freude ist der Apostel bereit, wie ein Trankopfer im atl. Gottesdienst ausgegossen zu werden, 17. Er möchte, daß sich die Freude der Christen in Philippi in derselben Weise auswirkt, 18.

Der beispielhafte Dienst, 19-30. An Timotheus, 19-23, an Paulus selbst, 24, und an Epaphroditus, 25-30 (vgl. Kap. 4,18), wird sichtbar, wie freudiges, demütiges Dienen aussieht.

Kap. 3,1–6
Christus, das wahre Ziel im Gegensatz zu falschen Zielen

Das wahre Lebensziel, 1. Christus ist das wahre Ziel im Leben. Er allein bringt echte Freude. Jede wahre Freude hat ihn und die von ihm gewirkte Erlösung zum Mittelpunkt (vgl. 1. Thess. 5,16). Dies zu unterstreichen und vor geistlichen Fälschungen und Verführungen, die diese Freude rauben, zu warnen, wird der Apostel nicht müde und macht die Philipper um so gewisser.

Warnung vor falschen Zielen, 2–6. Leute, die solche falschen Ziele verkünden, besonders die gesetzlichen Lehrer, schmälern die Gnade und lenken von der Allgenugsamkeit Christi ab. Sie werden „Hunde" genannt, 2, „böse Arbeiter", da sie den an die Gnade Gottes Glaubenden großen Schaden zufügen. „Die Zerschneidung" weist auf die falsche Beschneidung hin und bedeutet „Aufschneiden" oder „Verstümmelung" (*katatomē* ist in der Form eines Wortspiels aus *peritomē* = „Herumschneiden" oder „Beschneidung" entstanden). Paulus wollte damit den Irrtum der Judaisten oder „Gesetzestreuen" hervorheben, die sagten, man müsse zusätzlich zum

Glauben an Christus (Apg. 15,1; Gal. 5,1–3) beschnitten sein und das Gesetz halten, um gerettet zu werden. Paulus zeigt, daß zur wahren Beschneidung der Glaube an Christus ohne jegliche Verfälschung durch die Gesetzlichkeit gehört, 3. Er nimmt sich selbst als Beispiel und Warnung gegen die falsche Zielsetzung, bei der man auf Gerechtigkeit aus dem Gesetz vertraut, anstatt allein auf die Gerechtigkeit Christi, 4–6.

Kap. 3,7–9
Christus, das einzige Ziel im Leben

Alles für Schaden rechnen, 7–8. Alle Dinge, die Paulus früher „im Fleisch" als natürlicher, religiöser Mensch hoch achtete (4–6) und die in seinem alten, nicht wiedergeborenen Leben Gewinn bedeuteten, bucht er jetzt nur noch als Verlustposten, als reine Schulden „um Christi willen", 7. Er rechnet alles für Verlust, für „Schaden" (lat. „Exkrement, Kot"), 8.

Die Gewinnbuchung, 9. Als Aktiva in seiner Bilanz erscheinen (1) „die Vortrefflichkeit" oder „das Unübertreffliche", Jesus Christus als seinen persönlichen Herrn zu kennen; (2) Christus als höchsten Preis oder Schatz zu gewinnen; (3) „in ihm erfunden" zu werden (8); eine Stellung, in der er durch die Gerechtigkeit aufgrund des Glaubens von Gott voll angenommen wurde, 9.

Eine holperige Straße im antiken Philippi

Kap. 3,10–14
Ausrichtung des geistlichen Ziels auf einen Punkt

Zielpunkt der Ausrichtung, 10–11. Ziel des Apostels ist Christus. Seine Absicht ist, ihn in der weitläufigen Lebenserfahrung in dreifacher Weise zu erkennen: in der Kraft seiner Auferstehung (Sieg über Sünde und Tod); damit untrennbar verknüpft die Gemeinschaft seiner Leiden (das Kreuz); daraus folgt, „seinem Tode ähnlich" zu werden, 10, d.h. ständig in das Bild des Todes Jesu umgeformt zu werden. Auf diese Weise wird er Jesus Christus erkennen.

Die „Auferstehung aus den Toten", 11, bezieht sich auf die Auferstehung der Gläubigen. Dann wird die Trennung von der Sünde endgültig, und die Gläubigen werden Christus gleich sein. Das war die Ansicht des Paulus, als sein Leben auf dem Spiel stand, eine Aussicht, die durch sein Lebensziel verstärkt wurde, 10. „Ob ich vielleicht" drückt keine Ungewißheit hinsichtlich seiner Teilnahme an der Auferstehung aus, sondern gibt einfach seinem Wunsch Ausdruck, jeden Sterbensweg (Gefangenschaft, Leiden, Tod) auf sich zu nehmen, um den Tag schneller herbeizuführen, an dem er Christus vollkommen gleich sein würde.

Der Grund der Konzentration, 12-14. Paulus maßte sich nicht an, Jesus Christus völlig und absolut erkannt zu haben, wie oben ausgeführt. Es ist vielmehr nötig, diesem Ziel mit Ausdauer und Fleiß nachzujagen. Das letzte und größte Ziel ist es, Jesus so zu besitzen, wie er von Paulus Besitz ergriffen hatte, 12. Obwohl der großartige Lebenslauf des Apostels im Dienst des Herrn sich seinem Ende zuneigte und er die Fülle dessen, was er in Christus war, noch nicht erfahren hatte, trachtete er mit äußerster Konzentration danach, das Ziel, die „himmlische Berufung Gottes in Christus Jesus", zu erreichen, 13-14. Vers 14 weist wahrscheinlich auf den Richterstuhl Christi (gr. *bema*) hin, von welchem aus die Werke des Gläubigen beurteilt werden. Paulus hatte sich offensichtlich das Ziel gesetzt, seinen Herrn und seine Stellung in ihm so gründlich zu kennen, daß der Tag des Gerichts ein Tag der Anerkennung und des Sieges und nicht ein Tag der Schande und der Niederlage sein möchte. Jede seiner Anstrengungen war auf dieses Ziel hin ausgerichtet.

Kap. 3,15-19
Ein weiterer Aufruf zur Einheit

Der Aufruf, 15-16. Die, welche „vollkommen" *(teleioi)* sind, d.h. in der Lehre und Erfahrung reif oder erwachsen, sollten die Gesinnung haben, die durch den Apostel in den vorhergehenden Versen ausgedrückt ist, 15 (s. Erklg. zu Kap. 3,10-14; vgl. Gal. 5,10). Einigkeit ist wesentlich, und Geduld tut not.

Das Vorbild, 17-19. Der Apostel kann seinen eigenen Wandel als Vorbild hinstellen. „Werdet meine Nachahmer", 17a (vgl. Eph. 5,1). Er fordert die Philipper auf, diejenigen, die in Gottes Gnade wandeln, 17b, stets zu beobachten, weil viele nicht so wandeln. Diejenigen, die nicht in der Gnade Gottes leben, sind „Feinde des Kreuzes Christi", 18. Sie stehen der vollkommenen Erlösung Jesu am Kreuz als einziger Grundlage der Rechtfertigung vor Gott feindlich gegenüber, weil sie zusätzliche Forderungen aufstellen, die neben der Gnade aus Glauben heilsnotwendig sein sollen (Eph. 2,8-9). Paulus kritisiert sie heftig, 18-19).

Kap. 3,20-21
Christus, die Erwartung des Gläubigen

Unser himmlisches Bürgerrecht, 20a. Unser gemeinsames Interesse oder Heimatland ist der Himmel. Wir sind ein himmlisches Volk (Kol. 3,1-5), Bürger eines Landes, das unserer „hohen Berufung" entspricht.

Die Vorzüge unseres Bürgerrechts, 20b-

21. Wir halten Ausschau oder warten auf unseren Heiland vom Himmel (Apg. 1,9-11; 1. Thess. 1,10; 4,13-18). Er wird dann unsere Rettung durch die zukünftige Verherrlichung vollenden, 21. Dazu gehört die Verwandlung „des Leibes unserer Niedrigkeit", d.h. unseres gegenwärtigen irdischen Leibes, der noch immer Sünde, Krankheit und Tod unterworfen ist, 21. Diese Umformung oder Verwandlung wird „einen Leib der Herrlichkeit" zur Folge haben wie den Auferstehungsleib unseres Herrn (vgl. Lk. 24,39; 1. Kor. 15,52; 1. Thess. 4,13-18). Er wird nicht mehr dem Tod, der Krankheit und Sünde unterworfen, sondern unzerstörbar für den Himmel und die geistliche Welt geschaffen sein. Eine solche Verwandlung wird durch die Allmacht Christi bewirkt.

Kap. 4, 1-5
Feststehen in der Allgenugsamkeit des Herrn

Der Grund des Befehls, 1. „Stehet fest im Herrn!" (Befehlsform der Gegenwart, gr. „verharret beständig in Christus"). Warum? Weil wir ein himmlisches Volk sind, das eine sichere Rettung erfahren wird (Kap. 3,20-21), und weil wir für solches Festhalten an unserer Stellung in Christus belohnt werden. „Meine Freude und Krone" weist auf die Frucht des Paulus in Gestalt von Menschen hin, die er für Jesus gewonnen hat. Dafür wird er beim Kommen des Herrn belohnt werden.

Das Ergebnis des Befehls, 2-5. Durch ihr Feststehen und Ausharren werden sie fähig, „eines Sinnes zu sein in dem Herrn", 2 (vgl. Kap. 2,5). Er wird einen Geist der Hilfsbereitschaft unter den Gläubigen schaffen, d.h. unter denen, deren Namen „im Buch des Lebens" stehen, 3 (Kol. 1,27), und wird doppelte Freude bewirken, 4. Die Freude an irgend etwas oder irgend jemandem außer an Christus und seiner Erlösung wird immer von kurzer Dauer sein. Ein fester Stand bewirkt auch Milde (Sanftmut Jesu) und die Erwartung der bevorstehenden Wiederkunft des Herrn, 5 (vgl. Kap. 3,20-21).

Kap. 4,6-9
Das Geheimnis des Friedens Gottes

Rezept zur Erlangung des göttlichen Friedens, 6-7. Die Anweisung ist zweifach: Sorgt euch um nichts und bittet für alles in einem Geist der Dankbarkeit, 6. Die Folge wird „der Friede Gottes" sein. Das ist der Friede, mit dem Gott den Gläubigen erfüllt, wenn er in seiner Stellung in Christus beharrt (1), im Unterschied zum „Frieden mit Gott", der das Ergebnis der Rechtfertigung (Röm. 5,1) und deshalb Anteil *jedes*

Gläubigen ist. Von dem tieferen Frieden eines Wandels mit Gott wird gesagt, daß er für den natürlichen Verstand unfaßbar ist. Er übersteigt oder übertrifft alles, was der menschliche Verstand begreifen kann; er bewahrt ständig, indem er Geist, Verstand und Gefühl vor dem Eindringen dessen beschützt, was den Frieden Gottes zerstören würde.

Rezept für die Erhaltung des Friedens Gottes, 8-9. Das Geheimnis ist (1) unser Geistesleben, d.h. unser Sinnen und Denken zu überwachen, 8. Wir sollen ständig über das nachdenken, was wahr, edel (ehrbar, anständig), gerecht, rein, liebenswert (annehmbar), wohllautend (empfehlenswert, löblich) ist; (2) die Dinge auszuleben, die der Apostel lehrte und die sie in seinem persönlichen Leben feststellen konnten. Das Ergebnis wird nicht nur sein, den „Frieden Gottes" zu besitzen (7), sondern den „Gott des Friedens" selbst bei sich zu haben, 9.

Kap. 4,10-23
Das Zeugnis des Apostels vom Frieden Gottes

Seine Freude im Herrn, 10-14. Paulus freut sich sehr, daß die Fürsorge der Philipper um ihn wieder aufgeblüht ist, wie Pflanzen durch den Regen erfrischt und belebt werden, 10. Er betont die Tatsache, daß er gelernt hat, sich zu begnügen, in welcher Lage er sich auch in seinem Dienst für den Herrn befindet, 11-12. In Christus hat er unbegrenzte Möglichkeiten, 13 (vgl. Joh. 15,5; 2. Kor. 12,9). Für die Hilfe in Zeiten der Bedrängnis ist er dankbar, 14.

Sein Dank für erwiesene Wohltaten, 15-23. Er redet anerkennend von der früheren Freigebigkeit der Gemeinde zu Philippi, 15-17, und ist für ihre vor kurzem durch Epaphroditus überbrachte Gabe dankbar, 18. Ihnen wird versichert, daß Gott sie ehren werde, wie sie ihn durch ihre Gaben ehren, 19 (vgl. Ps. 23,1). Paulus schließt mit einem Segenswunsch, 20.23, und persönlichen Grüßen, 21-22. Die „Heiligen von des Kaisers Hause" waren Bekehrte des kaiserlichen Hofes

Der Kolosserbrief

Die Herrlichkeit der Person Jesu Christi

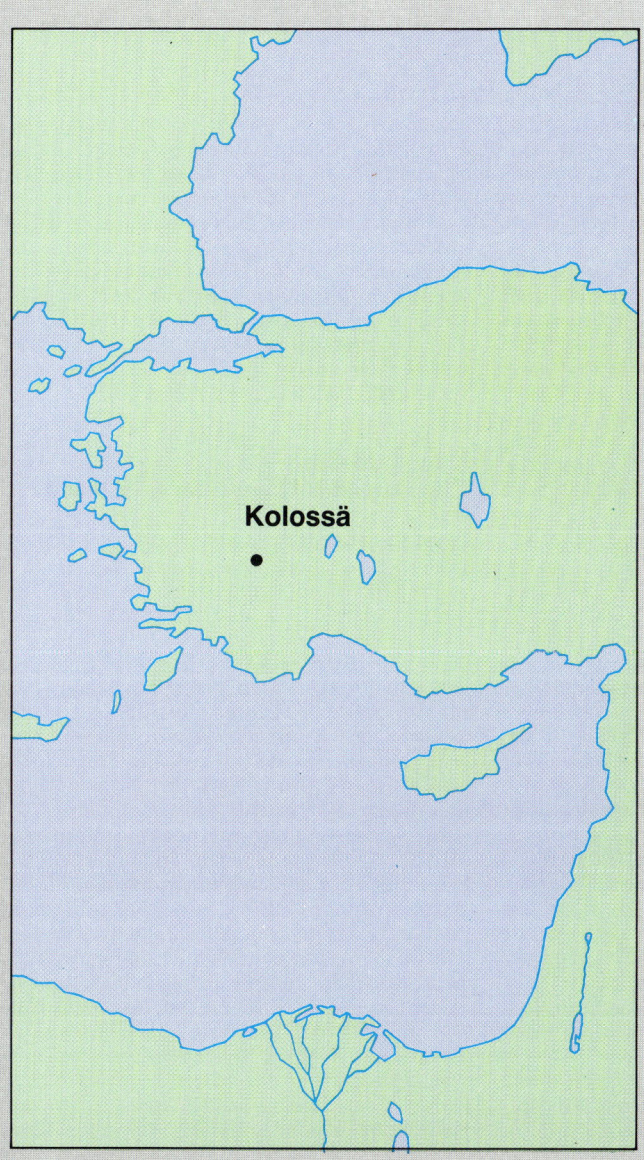

Kolossä

Datierung und Verfasser. Auch diesen Brief hat der Apostel Paulus während seiner Gefangenschaft in Rom geschrieben (1,1). Er wurde durch Epaphras, der auch die Briefe an die Epheser und an Philemon ablieferte, in die von einem römischen Statthalter regierte Provinz Asiens gebracht. Deshalb datiert dieser Brief etwa aus derselben Zeit, wahrscheinlich 61 oder 62 n.Chr.

Zweck und Thema. Dieser Brief wurde an die Gemeinde in Kolossä geschrieben, einer Stadt in der Nähe von Laodicea und Hierapolis. Der Apostel hatte von zwei gefährlichen Irrlehren gehört, die die Gemeinde bedrohten. Die eine äußerte sich in einer Form asketischer Gesetzlichkeit (2,16.21-23), die andere in einer Art von ungesundem Mystizismus (2,18-19). Um beide zu widerlegen, stellt der Apostel Person und Werk Jesu ins Licht sowie die Verbindung des Gläubigen mit ihm. Damit gibt er für alle Zeiten die Antwort auf Irrlehren dieser Art.

Überblick

Paulus' Interesse an den Kolossern, Kap. 1,1-14
Die Herrlichkeit der Person und des Werkes Christi, Kap. 1,15-29
Christus, die Antwort auf falsche Lehren, Kap. 2,1-23
Einssein mit Christus, die Grundlage christlichen Lebens, Kap. 3,1 – 4,18

Der Kolosserbrief

Kap. 1,1-8
Der apostolische Gruß

Gruß und Fürbitte des Apostels, 1-3. In seinem einleitenden Gruß an die Gläubigen zu Kolossä, einem Städtchen in Kleinasien, stellt Paulus Timotheus neben sich. Er hatte die Gemeinde dort nicht selbst gegründet, grüßt sie aber als seine Gemeinde, 2, und weist auf seine ernste Fürbitte für sie hin, 3.

Gründe für das Interesse des Paulus, 4-8. Er war von ihrem Glauben an Christus, ihrer Liebe für die Seinen, 4, und von der Frucht des Evangeliums, die in ihrem Leben sichtbar wurde, 6, beeindruckt. Außerdem war er durch Epaphras, 7, der von ihrer „Liebe im Geist" berichtet hatte, 8, persönlich mit ihnen verbunden.

Kap. 1,9-14
Das apostolische Gebet

Die Bitten, 9-11. Paulus betete anhaltend für die Kolosser, 9 (vgl. Vers 3). Der Apostel bittet für sie: (1) um volle Erkenntnis des Willens Gottes und geistliche Einsicht, 9; (2) daß sich diese Erkenntnis in einem „würdigen" Lebenswandel ausdrücken möge (Eph. 4,1), gute Werke hervorbringe (vgl. Eph. 2,10); (3) um weitere Erkenntnis, 10; (4) um geistliche Kraft, 11a; (5) um die Ausübung christlicher Tugenden wie Geduld und Langmütigkeit mit Freuden, 11b.

Der Name, in dem das Gebet gesprochen wird, 12-14. Das Gebet ist an Gott, den Vater, gerichtet, von dem gesagt ist, daß er uns fähig gemacht habe, am Erbe der Heiligen, die im Reich des Lichts wohnen, teilzuhaben, 12 (vgl. 1. Joh. 1,5). Er hat uns von der Herrschaft satanischer und dämonischer Mächte errettet, 13a (vgl. Eph. 6,10-20), und hat uns „versetzt in das Reich des Sohnes seiner Liebe", 13b. In diesem Einen besitzen wir die Erlösung durch seinen Tod, nämlich „die Vergebung der Sünden", 14.

Kap. 1,15-17
Die Göttlichkeit Jesu Christi und seine Eigenschaft als Schöpfer

Die Göttlichkeit Jesu Christi, 15a. Er ist das Bild (gr. *eikōn*), das genaue Ebenbild oder die Darstellung des unsichtbaren Gottes. Er ist wahrhaftiger Gott, vom wahrhaftigen Gott, eins mit dem Vater, so daß der, welcher das Ebenbild sieht, das Bild Gottes im Spiegel sieht (Joh. 14,9). Nur in diesem Ebenbild Jesus Christus kann Gott, der unendliche Geist, von einem menschlichen Wesen wahrgenommen werden (Joh. 4,24; Röm. 1,20). In Christus – vor seiner Menschwerdung und dann durch seine Menschwerdung – wurde Gott dem Menschen sichtbar (Joh. 1,1.14.18).

Christus als Schöpfer, 15b-17. Als Schöpfer hat Christus (1) *vor der ganzen Schöpfung* existiert, da er selbst der Schöpfer ist, „der Erstgeborene", der vor aller Kreatur oder der ganzen Schöpfung da war, 15b. Er ist „vor allem", 17a (vgl. Joh. 17,5), weil er von Ewigkeit her war, vor allen Geschöpfen und der Schöpfung. (2) Er ist die *wirkende Kraft der Schöpfung* – „denn in ihm ist alles erschaffen worden", 16a. Diese Aussage wird wiederholt, 16b. (3) Er ist *das Ziel der Schöpfung* – „alles ist für ihn geschaffen", 16c. Alle Schöpfung hat ihre Mitte und ihren Bestand und Zusammenhalt in Ihm. (4) Er ist der Erhalter der Schöpfung. „Alles besteht in Ihm", 17.

Kap. 1,18-19
Christus, das Haupt der Gemeinde

Er ist das Haupt der Gemeinde, 18a. Die Gemeinde ist sein Leib. Wie der Kopf des menschlichen Körpers mit dem Leib eins ist, so ist Christus mit dem Leben und Schicksal seiner Erlösten in diesem Zeitalter eins. Der Heilige Geist tauft den Gläubigen in den Leib (1. Kor. 12,13) und gleichzeitig in Christus, das Haupt, hinein (Röm. 6,3-4). Wie der Kopf alles Tun des menschlichen Körpers lenkt und beherrscht, so lenkt und beherrscht Christus alles Tun der Gemeinde, seines geistlichen Leibes (1. Kor. 12,12; Eph. 1,22).

Er ist der Anfang der neuen Schöpfung, 18b-19. Als der gekreuzigte und auferstandene Erlöser ist er „der Erstgeborene aus den Toten" und als solcher „der Erste" der neuen Schöpfung (2. Kor. 5,17; Off. 1,5). Als „Erstgeborener aller Kreatur" (15) ist er der Schöpfer und schenkt natürliches Leben. Als der „Erstgeborene aus den Toten" ist er der Erlöser und schenkt neues Auferstehungsleben. Durch sein Erlösungswerk ist die „neue Schöpfung" ins Leben gerufen worden; deshalb ist er das Haupt. Er muß in allen Dingen „der Erste" sein, 18, weil „in ihm alle Fülle wohnen sollte", 19. Er war wahrer Gott, der Mensch wurde, um durch die Erlösung ein neues Volk zu schaffen.

Kap. Kap. 1,20-23
Christi Versöhnungswerk

Die Bedeutung der Versöhnung, 20-21. Versöhnung heißt, daß Jesus Christus zwischen Gott und dem Menschen, der sich durch den Sündenfall von Gott entfremdet hatte und deshalb mit ihm in Feindschaft lebte, Frieden machte. Diese Versöhnung wurde durch das Blut (Jesu Tod) am Kreuz vollbracht, 20. Entfremdung und Feindschaft hatten ihren Sitz im Sinn des Menschen (seinen Gedanken) und kamen in bösen Werken zum Ausdruck, 21. Der Sünder wird durch Gottes Kraft vollständig umgewandelt und aus dem Stand der Feindschaft und Abneigung gegen Gott zu liebendem Vertrauen geführt (vgl. Röm. 5,10; 11,15; 2. Kor. 5,18-20).

Zweck der Versöhnung, 22-23. Der letzte Zweck der Versöhnung, der in Jesu vollendetem Opfer Wirklichkeit wurde, ist, den Gläubigen heilig, fehlerlos und unsträflich vor Gott darzustellen, 22 (vgl. Eph. 5,27).

Kap. 1,24-29
Paulus verkündigt die Herrlichkeit Christi in seinem Dienst

Durch die Leiden des Paulus, 24-25. Der Apostel freut sich in seinen Leiden, weil er sie für Gottes Volk erduldet, 24a. Dadurch ergänzt er an seinem irdischen Leib das, was an Leiden für Christi geheimnisvollen Leib (die Gemeinde) noch fehlt, 24b. Für diese Gemeinde ist Paulus entsprechend dem Verwalteramt oder dem apostolischen Auftrag, der ihm von Gott zum Wohl der Kolosser anvertraut worden war, ein „Diener" *(diakonos)* geworden, um dadurch die Verkündigung des Wortes Gottes voll auszurichten, 25.

Durch seine Erfüllung des Wortes Gottes, 26-29. Zur vollen Verkündigung des Wortes Gottes gehört die Offenbarung und Erklärung des „Geheimnisses", 26. Dieses Geheimnis, die göttliche Wahrheit, die jetzt verkündigt wird, war vor dem Gemeindezeitalter noch nicht geoffenbart worden, 26 (vgl. Eph. 3,3-6). Es wird jetzt durch den Apostel verkündigt, 26b. Es umfaßt „den Reichtum der Herrlichkeit" Gottes unter den Heiden und schließt ihre Rettung mit ein, 27 (Apg. 15,14). Der Kernpunkt dieses Geheimnisses ist „Christus in euch". Das bedeutet, daß der gekreuzigte, auferstandene und aufgefahrene Christus in dem Gläubigen wohnt. Es unterstreicht die Tatsache, daß Christus in dem wiedergeborenen oder „neuen Menschen" Gestalt gewinnt (vgl. Gal. 2,20; 4,19; 1. Joh. 4,12; vgl. Eph. 4,24). Der innewohnende Christus ist die

„Hoffnung der Herrlichkeit" des Gläubigen, 27 (Kap. 3,3-4), weil er mit ihm identisch ist und eins mit ihm im ewigen Leben und seiner herrlichen Bestimmung. Jesu Verherrlichung im Himmel ist die Garantie dafür, daß auch der Gläubige für die Ewigkeit verherrlicht werden wird (1. Joh. 3,2). Das umfassende Ziel der Verkündigung dieses Geheimnisses ist Mündigkeit oder Reife in Christus, 28. Das erfordert Mühe und Kampf; aber durch Gottes Kraft wird es bewirkt, 29.

Kap. 2,1-7.
Christus, die Antwort auf Irrlehren

Der Kampf gegen Irrlehren, 1-2. Es ist ein sehr harter Kampf (gr. *agōnia* = „Ringen"), 1a, wegen des dämonischen Widerstandes gegen die Wahrheit Gottes (vgl. 1. Tim. 4,1-5; 1. Joh. 4,1-4) und besonders gegen das unaussprechlich herrliche „Geheimnis Gottes", 2. Ziel dieses geistlichen Kampfes war es, Gottes Volk in Kolossä und Laodizea durch die Wahrheit zu erquicken oder zu trösten; sie in Liebe zusammenzuschließen; ihnen die volle Gewißheit des Heils zu vermitteln, und zwar dadurch, daß sie das Geheimnis Gottes, dessen Mittelpunkt die Gnade Gottes in Christus ist, recht verstehen, 2.

Die Antwort auf Irrlehren, 3-7. Das „Geheimnis Gottes" ist Christus, in welchem die Fülle der Gottheit zur Erlösung und Versöhnung der Menschheit Fleisch wurde. In Jesus, dem Fleischgewordenen, sind „alle Schätze der Weisheit und der Erkenntnis verborgen", 3 (vgl. Eph. 1,9; 3,9). Der fleischgewordene Gott ist also die Antwort auf jede Irrlehre (vgl. 1. Joh. 4,2-3), einschließlich verführerischer und scheinbar einleuchtender Reden, die Christus aus dem Mittelpunkt geistlichen Denkens und Handelns verdrängen, 4. Paulus will nicht, daß die Kolosser in diesen Fehler verfallen, 3, sondern daß sie fortfahren, mit Christus im Mittelpunkt ihrer Lehre und ihres Wandels zu leben, so wie sie ihn angenommen hatten, 6-7.

Kap. 2,8-13
Die Gefahr falscher Lebensweisheit

Die Warnung, 8. „Philosophie", wörtlich „Liebe zur Weisheit", bedeutet hier jedes System religiösen Denkens, das nicht die Person und das Werk Christi in den Mittelpunkt stellt. Wenn der Gläubige nicht äußerst wachsam ist, wird er „beraubt", d.h. das Opfer eines Betrugs, eines leeren Wahns. Solche nichtigen Gedankengebäude gründen sich auf dem, was durch gelehrte, aber ungläubige Menschen weitergegeben worden ist, entsprechend den Grundprinzipien des satanischen Weltsystems, aber „nicht nach Christus". In Jesus allein liegen *alle* Schätze der Weisheit und der Erkenntnis verborgen (3).

Das Heilmittel, 9-13. Das Heilmittel gegen falsche Religiosität liegt in Christus und bedeutet: Festhalten an der Wahrheit seiner *vollen* Göttlichkeit als Mensch, 9 (Joh. 1,14; Kol. 1,19); Erkenntnis der Tatsache, daß das ganze geistliche Leben des Gläubigen auf der Vereinigung mit Jesus beruht, 10a; Erkenntnis der Vollmacht Jesu als Haupt des Leibes, der Gemeinde, und aller geschaffenen Wesen, 10b; Erkenntnis der Tatsache, daß die Verbindung mit Jesus dem Gläubigen eine *neue* Stellung gibt. Diese neue Stellung ist die der wahren geistlichen Beschneidung, d.h. das „Ablegen des fleischlichen Leibes", 11. So ist der Gläubige in der Lage, ein Leben des Sieges über die Sünde zu führen, weil er durch das Auferstehungsleben, das Christus ihm geschenkt hat, lebendig gemacht wurde, 12-13.

Kap. 2,14-17
Die Gefahr der Gesetzlichkeit

Gesetzliche Vorschriften sind in Christus überholt, 14-15. Als der Vorhang im Tempel beim Tod Christi von oben bis unten zerriß (Matth. 27,51; Joh. 1,17; Hebr. 9,3-8; 10,19-20), bedeutete dies das Ende des Gesetzeszeitalters. Christus hat das Gesetz erfüllt (Matth. 5,17), und durch seinen Tod befreite er uns von seinem Verdammungsurteil, 14. Er radierte oder wischte die gesetzlichen Vorschriften, die uns verurteilten, aus, indem er sie am Schuldbrief, der gegen uns als Sünder bestand, sozusagen ans Kreuz nagelte (vgl. Eph. 2,15-16). Noch mehr, er entriß den satanischen und dämonischen Mächten, die uns fesselten, die Beute (Eph. 6,12; Hebr. 2,14), indem er durch seinen Triumph ein öffentliches Schauspiel aus ihnen machte, 15. In ihm sind wir völlig befreit.

Schlußfolgerung, 16-17. Daher soll kein Gläubiger über einen anderen Gläubigen im Blick auf Speisen, Beobachten von Feiertagen, Neumonden oder Sabbaten zu Gericht sitzen, 16 (vgl. Röm. 14,3). Der Gläubige ist in Christus vollkommen und von ihm angenommen (10). Deshalb soll kein Bruder einen anderen ablehnen, weil dieser sich nicht an die gesetzlichen Einzelheiten hält. Diese gesetzlichen Zeremonien waren doch nur Abbilder oder Schatten der wirklichen Dinge, die mit Christus kommen sollten, 17. Daher können sie die Vollkommenheit, die der Gläubige in ihm genießt, weder schmälern noch ergänzen.

Kap. 2,18-19
Die Gefahr des falschen Mystizismus

Die Art des Irrtums, 18. Dieser Pseudo-Mystizismus hatte die Form des Gnostizismus. Es war eine falsche Erkenntnis (gr. *gnosis*), die eine falsche Demut und Anbetung oder Verehrung der Engel vertrat, 18a. Dadurch sahen sie in Jesus Christus nicht mehr als den Größten unter den Geistern. Hinzu kam die Anbetung von Engeln, so daß die volle Würde seiner Person und seines Werkes beeinträchtigt wurde. Die Warnung des Apostels vor dieser Irrlehre führte zu großartigen Aussagen über die erhabene Person Jesu Christi (1,15-19) und sein vollendetes Werk (1,20-23; 2,9-10). Dann brandmarkt er ihre falschen Lehrer als freche Eindringlinge, die sich durch ihren grenzenlosen Hochmut auf ein Gebiet wagten, von dem sie nichts verstanden, 18b.

Der Grund des Irrtums, 19. Dieser falsche Mystizismus war dadurch entstanden, daß diese Menschen nicht mehr an Christus, das alleinige Haupt der Gemeinde, glaubten, 19a. Nur wenn die einzelnen Glieder an der absoluten Herrschaft Jesu Christi festhalten, kann der Leib, die Gemeinde, gesund funktionieren und wachsen. Wie beim menschlichen Körper muß das Haupt alle Funktionen des Körpers lenken, 19b.

Kap. 2,20-23
Die Gefahr falscher Askese

Die Befreiung des Gläubigen von den Vorschriften des Gesetzes, 20a. Das Mittel der Befreiung ist der Tod, eine vollkommene Trennung. Das ist die Stellung, die der Gläubige in Christus durch die Gleichstellung mit ihm genießt (Röm. 6,3-4). An dieser Stellung des Gestorbenseins für jegliche Art von Gesetzlichkeit muß der Gläubige festhalten (Röm. 6,11). Sie muß zur Erfahrung der Befreiung von dem gesetzlichen „du sollst" und „du sollst nicht" führen. Diese Vorschriften nennt der Apostel die „Grundsätze der Welt", (gr. *kósmos* = „Weltsysteme"). Daraus folgt der Gedanke, unsere Annahme bei Gott beruhe auf unserem Verdienst durch gute Werke und nicht auf der Gnade durch Glauben aufgrund der vollkommenen Erlösung Jesu Christi. Die Tendenz geht dahin, daß diese einfachen Grundelemente zu einer gesetzlichen Askese verleiten, die für die Freiheit, die Christus für die Seinen erkauft hat, entehrend ist.

Das Ergebnis dieser Befreiung, 20b-23. Wenn frei gemacht, warum sich dann wieder unterwerfen, d.h. sich Gesetze auferlegen oder durch Satzungen binden lassen? 20b. Im Gegenteil, es muß eine vollständige Trennung von solchen Geboten wie „Rühre das nicht an, koste jenes nicht, befasse dich nicht mit dem", 21, erfolgen. Solche Satzungen (wie die unter dem mosaischen Gesetz) hatte Gott zur „Vernichtung" vorgesehen, sie sollten aufhören, wenn Christus gekommen war, weil sie dann verbraucht oder überholt wären, nachdem sie ihren ursprünglichen Zweck erfüllt hatten, 22. Solche Satzungen jetzt – unter der Gnade – aufzuerlegen, entspringt menschlichen Geboten und Lehren, nicht jedoch Gottes Gedanken, 23. Es handelt sich dabei um eine wortreiche Darstellung *((logos)*, ein bloßes Geschwätz, aber keine wirkliche Offenbarung von Weisheit, d.h. echter Weisheit, die Jesus Christus alles in allem sein läßt (vgl. 1. Kor. 1,30). Es ist eine Verehrung des Willens, keine Gemeinschaft mit Gott unter der Leitung des Heiligen Geistes; falsche Demut, keine echte Unterwerfung unter die Gnade Gottes in Christus, 23b. Die Gnade demütigt den Menschen und erhöht Gott. Aber durch eine solche Kasteiung wird weder Gott geehrt noch das Fleisch befriedigt. Sie ist in jeder Beziehung wertlos.

Kap. 3,1-4
Vereinigung mit Christus und ein heiliger Wandel

Grundlage für einen heiligen Wandel, 1, ist die Tatsache, daß wir mit Christus auferstanden sind, 1a, und er jetzt zur Rechten Gottes im Himmel sitzt, 1b (Ps. 110,1; Röm. 6,5; Eph. 2,6; Kol. 2,12). Unserer Stellung nach sind wir (in Christus) vollkommen. Dementsprechend soll auch unsere Lebensweise sein.

Ermahnung für einen heiligen Wandel, 2. Dazu gehört (1) ein fortwährendes Suchen oder Streben nach geistlichen Fähigkeiten, den Dingen, die droben sind, „suchet, was droben ist", (betonte Form: „immer wieder, ständig"); (2) ein fortwährendes Beschäftigen mit dem, was droben ist (dieser Ausdruck ist im griech. Urtext durch Wortstellung und Wiederholung doppelt betont); (3) ein klarer Bruch mit irdischen oder materiellen Dingen, „nicht nach dem, was auf Erden ist".

Die Beweggründe zu diesen Ermahnungen, 3-4, sind: (1) wegen der Stellung des Gläubigen in Christus hat die Sünde keinen Anspruch mehr auf ihn, 3a; (2) sein Leben gehört nun Jesus und ist „verborgen (aufbewahrt) mit Christus in Gott", 3b; (3) Jesus ist das Leben des Gläubigen, 4a; (4) Jesu Offenbarung in Herrlichkeit bedeutet auch unsere Offenbarung mit ihm, 4b. Ein himmlischer Wandel ist jetzt möglich, wenn wir unsere Stellung in Jesus Christus erkennen und entsprechend handeln. Sie ist in der Zukunft durch unsere Verherrlichung gewährleistet.

Kap. 3,5-7
Das Todesurteil über ein sündiges Leben

Das Todesurteil ausgesprochen, 5a. „Tötet nun eure Glieder, die auf Erden sind", oder: Sprecht ein für allemal das Todesurteil über jedes Organ oder jedes Glied des Körpers aus, das sich der Sünde hingibt, ehe der erlöste Leib verherrlicht worden ist (vgl. Röm. 8,13; Gal. 5,24).

Folgen der Unterlassung, das Todesurteil auszusprechen, 5b-7. Die Sünden der Organe oder Glieder des erlösten Leibes sind in Vers 5b

Zerklüftetes Gebiet in Kappadozien, Kleinasien

aufgeführt. „Unzucht" ist jede Art unerlaubten sexuellen Verkehrs; „Unreinigkeit" ist jegliche sexuelle oder körperliche Perversion; „Leidenschaft" ist jegliche verkehrte oder unnatürliche Lust, der man frönt (Röm. 1,26). „Böse Lust" ist das unersättliche Begehren oder das brennende Verlangen, das erzeugt wird, wenn man dieser Lust nachgibt. „Habsucht", der Wunsch, immer mehr zu bekommen, ist Abgötterei, weil Gott dadurch auf den zweiten Platz gerückt oder überhaupt ausgeschaltet wird (Eph. 5,5). Diese Sünden bringen den „Zorn Gottes" über die Ungläubigen, 6. Wenn Gläubige sich dadurch verunreinigen, müssen sie mit harter Züchtigung rechnen ,7 (vgl. 1. Kor. 3,12-17; 5,1-5).

Kap.3, 8-17
Den neuen Menschen anziehen

Den alten Menschen ausziehen, 8-9. „Der alte Mensch" ist der nicht wiedergeborene Mensch mit seiner verdorbenen menschlichen Natur (Röm. 6,6; Eph. 4,22). In der Stellung, wie Gott den Gläubigen in Christus sieht, wurde der alte Mensch gekreuzigt und ist tot. Der Gläubige wird hier ermuntert, dieser Stellung entsprechend zu handeln, indem er durch einen ein für allemal geschehenen Glaubensakt damit rechnet, 8a. Um das alte Leben des Ärgers, Zorns, der Bosheit, Lästerungen, häßlicher Redensarten und Falschheit, kurz alles, was man aufgegeben hat, zu beschreiben, 8, wird das Bild eines alten schmutzigen Kleides, gebraucht, das abgelegt wird, 9.

Den neuen Menschen anziehen, 10-17. Zum neuen Menschen s. Erklg. zu Epheser 4,23-29. Er wird wie ein neues, reines Kleid angezogen, 10. Der neue Mensch ist gekennzeichnet durch (1) eine neue, göttliche Natur (Wiedergeburt), 10b; (2) die Aufnahme in die Gemeinde, eine neue, alle rassischen, gesellschaftlichen und andere Schranken übersteigende Einheit, 11a; (3) ein neues Leben, in dem Christus der absolute

Mittelpunkt ist, 11b (Eph. 1,22). Sein Lebens-wandel muß der Tatsache entsprechen, daß Gott ihn berufen, geliebt und geheiligt hat, 12a; des-halb sollte jede christliche Tugend an ihm sicht-bar werden, 12b-17.

Kap. 3,18-4,6
Heiliger Wandel und familiäre Beziehungen

Frauen, Männer, Kinder, 3,18-21. Die Frauen sollen nach zwei Grundsätzen handeln: (1) ihren Ehegatten untertan sein (vgl. 1. Mo. 3,16) und (2) auf das bedacht sein, was „dem Herrn" wohl-gefällig und angebracht ist, 18 (vgl. Eph. 5,22; 1. Petr. 3,1). Keine gläubige Frau soll einem un-gläubigen Ehegatten blindlings untertan sein, wenn ein solcher Gehorsam ihr Gewissen vor Gott verletzt. Die höchste Pflicht eines Mannes ist es, seine Frau zu lieben, 19 (Eph. 5,25), dann wird alles andere in der richtigen Ordnung fol-gen. Die Kinder sollen in allen Dingen gehorsam sein, weil dies Gott besonders wohlgefällt, 20 (vgl. Eph. 6,1). Väter sollen mit ihren Kindern vernünftig umgehen, um Erbitterung und Ent-mutigung zu vermeiden, 21.

Knechte, Herren, 3,22-4,1. Diese weitläu-fige Unterweisung muß teilweise durch die Er-fahrung Philemons, eines Christen in Kolossä, mit seinem weggelaufenen Sklaven Onesimus veranlaßt worden sein (vgl. Kap. 4,9 sowie den Philemonbrief). Knechte (Sklaven) sollen im Geist Jesu Christi dienen und dabei Gehorsam, Treue und Lauterkeit üben, 3,22-25. Die Herren sollen sich so verhalten, wie es ihrem Vorbild, ihrem Herrn und Meister im Himmel, ent-spricht, 4,1 (vgl. Eph. 6,5-9).

Allgemeine Grundsätze, 4,2-6. Aufruf zum Gebet, 2-4. Weiser Wandel gegenüber den Un-geretteten, 51; gewissenhafte Zeiteinteilung, 5b, verbunden mit gesundem freundlichem Reden, sollen geübt werden, 6.

Christentum und Sklaverei

Paulus heißt die Sklaverei niemals ausdrücklich gut oder entschuldigt sie, sondern sagt in Gal. 3,28, daß der Sklave und der Freie in Christus eins sind; doch erkennt er den Sklavenstand als einen Teil der im Lande geltenden Gesetze und Erbe römischer Kultur an. Darum gibt er so-wohl Sklaven als auch Sklavenbesitzern hin-sichtlich ihres Verhaltens als Menschen unter Christus bestimmte Anweisungen. Dies sollte jedoch nicht dahingehend (falsch) gedeutet wer-den, als befürworte er bedingungslos diese Pra-xis (vgl. Philemon und Onesimus).

Kap. 4,7-18
Heiliger Wandel und christliche Gemeinschaft

Die Empfehlung der Mitarbeiter, 7-15. Ein heiliger Wandel bewirkt herzliche Bruderliebe unter Christen.

Anweisungen und Grüße, 16-18. Es wer-den Anweisungen für die öffentliche Verlesung des Kolosserbriefes in Laodizea, einer Nachbar-stadt, gegeben. Paulus bittet auch, daß der Brief an Laodizea (dessen Inhalt unbekannt ist) in Ko-lossä gelesen werde, 16. Archippus wird er-mahnt, 17 (vgl. Philem. 2). Am Ende steht ein abschließendes Grußwort von Paulus, 18.

Erster Thessalonicherbrief

Das Bild einer vorbildlichen Gemeinde

Verfasser und Datierung. Der erste Brief an die Thessalonicher ist wahrscheinlich der älteste der Paulusbriefe. Er wurde im Jahre 52 n.Chr. von Korinth aus geschrieben, kurz nachdem Paulus Thessalonich auf seiner zweiten Missionsreise verlassen hatte (Apg. 16-17).

Zweck des Briefes. Dieser Brief wurde geschrieben, um eine junge Gemeinde in den grundlegenden Wahrheiten des Evangeliums zu festigen und sie zu ermuntern, in der Kraft eines heiligen Wandels Fortschritte zu machen. Außerdem wollte Paulus sie über das Kommen des Herrn für die Seinen und die Beziehung zwischen diesem Ereignis und den Geschehnissen des Tages des Herrn unterrichten.

Überblick

Eine vorbildliche Gemeinde, Kap. 1,1-10
Der vorbildliche Dienst des Apostels, Kap. 2,1-20
Ein geheiligtes Leben, Kap. 3,1 – 4,12
Die Wiederkunft Jesu und der Tag des Herrn, Kap. 4,13 – 5,28

Das heutige Saloniki befindet sich an der Stelle, wo auch das antike Thessalonich stand.

Erster Thessalonicherbrief

Kap. 1,1-4
Eine auserwählte Gemeinde

Eine Mustergemeinde, 1-3. Thessalonich war eine sehr bedeutende Stadt am Thermaischen Golf, südwestlich von Philippi. Der Apostel scheint jedoch mehr auf die dortigen Christen als auf die große Stadt stolz zu sein. Die beispielhafte Gemeinde, die noch nicht lange bestand, 2, war Grund zur Danksagung wegen ihrer „Glaubenswerke" (Glaube, der sich in Werken kundtut), ihrer „Liebesarbeit" (Liebe, durch Arbeit bezeugt) und ihres Beharrens „in der Hoffnung" (im Warten auf den Sohn Gottes vom Himmel, 1,10), 3.

Eine auserwählte Gemeinde, 4. Die Erwählung bezieht sich sowohl auf einzelne als auch auf eine Gruppe. Das letztere ist hier gemeint. Die göttliche Ordnung ist Vorkenntnis (1. Petr. 1,2), Erwählung und Vorherbestimmung. Die zuvor Erkannten werden erwählt, und die Erwählten sind vorherbestimmt. Diese Erwählung ist jedem Gläubigen gewiß. Sie geschieht allein durch die Gnade (Röm. 9,11; 11,5-6), ist vom menschlichen Verdienst unabhängig und geschieht nach dem Willen Gottes (Joh. 15,16; vgl. Eph. 1,5).

Kap. 1,5-8
Eine missionierende Gemeinde

Voraussetzung wirksamer Evangelisation, 5. Die Verkündigung des Evangeliums, das Paulus und seine Mitarbeiter den Thessalonichern predigten, „unser Evangelium" genannt, geschah nicht mit leeren Worten, d.h. rein theoretisch, sondern wirksam – „in Kraft", „im heiligen Geist" und „in großer Gewißheit", 5a. Paulus selbst war das Beispiel einer solchen Verkündigung in der Kraft Gottes, 5b.

Die Frucht wirksamer Missionsarbeit, 6-8. Die Bekehrung der Thessalonicher führte dazu, daß sie (1) Paulus, seinen Mitarbeitern und dem Herrn nachfolgten, 6a; (2) das Wort Gottes trotz vieler Trübsale mit der Freude, die der Heilige Geist gibt, aufnahmen, 6b (vgl. Apg. 13,52);

(3) für die Gläubigen in Mazedonien und Griechenland ein Vorbild dessen wurden, was Christen sein sollten, 7; (4) mit großem missionarischem Eifer das Evangelium in die umliegenden Gegenden ausbreiteten, 8 (vgl. Röm. 10,18).

Kap. 1,9-10
Eine dienende und wartende Gemeinde

Sie dienten Gott, 9. Darin erwies sich ihr „Glaubenswerk" (3), daß „sie sich von den Abgöttern zu Gott bekehrten", und ihre „Liebesarbeit", daß sie „dem lebendigen und wahren Gott" dienten und nicht mehr den falschen, toten Götzen.

Sie warteten auf Christus, 10. Ihr „Beharren in der Hoffnung" kam darin zum Ausdruck, daß sie „auf den Sohn Gottes vom Himmel" warteten. Er wird uns vor dem Zorn, der auf die Ungeretteten kommen wird, erretten.

Kap. 2,1-4
Mustergültiger Wandel des Apostels in der Verfolgung

Freudigkeit durch Leiden erzeugt, 1-2. Die Thessalonicher wußten wohl, daß das Evangelium bei ihnen nicht fruchtlos oder unwirksam gewesen war, 1. Sie nahmen es unerschrocken auf. Die Mühsale, die Paulus und seine Gefährten in Philippi erlitten hatten (Apg. 16, 12-40), verbunden mit grausamen Schlägen und Gefängnis, hatten sie ermutigt, das Evangelium mit großer Zuversicht zu verkündigen. Das Ergebnis war zweifach: reiche, geistliche Frucht, 1b; und „viel Kampf" (gr. *agonia*), geistlicher Kampf, 2. Statt eingeschüchtert oder zum Schweigen gebracht zu werden, wurde Paulus durch die Verfolgung zu größerer Freiheit und Kraft im Predigen angestachelt.

Treue durch Verantwortung, 3-4. Die Ermahnungen des Paulus, d.h. seine ernsten Bitten, waren kein Irrtum. Sie entsprangen nicht dem Wunsch, zu täuschen oder zu betrügen noch „unreinen Absichten" (Unreinheit des Beweg-

grundes), d.h. Paulus versuchte nicht, seine Zuhörer zu verführen oder durch irgendwelche
Kunstgriffe in eine Falle zu locken, 3. Weit entfernt von einem solchen Anschein der Untreue,
waren Paulus und seine Mitarbeiter ein Musterbeispiel der Treue. Sie sahen das Evangelium als
ein heiliges Vermächtnis an und sich selbst als
mit etwas außerordentlich Wertvollem betraut,
dessen man leicht verlustig gehen kann, 4. Erst
nach harter Prüfung und Anerkennung betrachteten sie sich als von Gott ausersehen, um mit
dem Evangelium betraut zu werden. Deshalb redeten sie freimütig, nicht Menschen, sondern
Gott zu gefallen, der die Herzen der Menschen
prüft (Jer. 11,20) und sie für würdig befunden
hatte, Verkündiger dieses Evangeliums zu werden.

*Der Bogen des Galerius stand an der Egnatischen
Straße, wo sie von Osten her nach Thessalonich hinein-
führte.*

Kap. 2,5–8
Selbstloser Dienst der Liebe

Der Beweis selbstloser Liebe, 5-7. Paulus und
seine Mitarbeiter gingen nie mit Schmeichelei
um, d.h. mit unlauterem Lob zu einem unwürdigen Zweck, das wie eine Fassade wirkt, die von
außen sichtbar ist oder in den Vordergrund gestellt wird, um den wahren Zustand der Dinge
zu verbergen. Sie schmeichelten den Leuten nie
um materiellen Gewinns willen, wie so manche
Amtsdiener versucht sind zu tun. Sie könnten
Gott als Zeugen für diese Tatsache anrufen, 5.
Sie suchten nie die Ehre bei Menschen, 6a, fielen
anderen nie finanziell oder sonstwie zur Last,
was sie, den Umständen entsprechend, hätten
tun können, 6b. Sie waren liebevoll, d.h. mild
oder freundlich wie eine stillende Mutter, die
ihre eigenen Kinder nährt und sie mit echter
Liebe überschüttet, 7.
    Der Ausdruck selbstloser Liebe, 8. Da Pau-
lus, Silvanus (Silas, vgl. Apg. 15,22.40) und Timotheus eine große Liebe zu den Thessalonichern hatten (1,1), waren sie von Herzen bereit,
nicht nur das Evangelium, sondern auch sich
selbst mitzuteilen. Warum? Weil die Thessalonicher ihnen „lieb geworden waren". Liebe gibt
dem Dienst für Gott und Menschen das geheimnisvolle Etwas.

Kap. 2,9–20
Hingebender Dienst an anderen

**Beschreibung des hingebungsvollen Dien-
stes, 9-12.** Er ist gekennzeichnet (1) durch Opfer, Mühe und Selbstverleugnung für das Wohl
der anderen und den Erfolg ihres evangelisti-
schen Zeugnisses, 9; (2) durch ein untadeliges
persönliches Leben, 10; (3) durch väterliche
Liebe und Geduld in der Unterweisung und im
Trösten, 11; (4) durch das große Ziel, die Gläubigen zu einem Lebenswandel zu führen, der Gott
und seiner hohen Berufung zu seinem „Reich
und seiner Herrlichkeit würdig" ist, 12.
    **Das Ergebnis eines hingebungsvollen
Dienstes, 13-20.** Einen solchen Dienst segnet
Gott immer mit reichlicher Frucht, wie es auch
bei den Thessalonichern der Fall war. (1) Sie nahmen das gepredigte Wort als Wort Gottes, nicht
als Menschenwort auf, 13a, und durch ihren
Glauben wirkte es an ihnen, 13b (1. Petr. 1,23).
(2) Sie wurden Nachfolger, „Nachahmer" der
Gemeinden Gottes in Judäa, die ebenfalls durch
abgefallene Juden Verfolgung erlitten, deren
Unglauben und Sünden erwähnt werden, 14-16
(vgl. Apg. 7,52; 17,5; 18,12). (3) Sie wurden dem
Apostel so lieb, daß er aufrichtig wünschte, sie
wiederzusehen, 17. Sein beabsichtigter Besuch
war jedoch von Satan verhindert worden, 13. (4)
Die Thessalonicher waren des Paulus „Hoffnung, Freude und Krone des Ruhms", sein Lohn

am Richterstuhl Christi, wenn der Herr seine Heiligen bei seinem Kommen belohnt, 19-20 (1. Kor. 3,12-15; 4,5; 2. Kor. 5,10).

Kap. 3,1-8
Feststehen im Herrn

Die Sorge des Apostels, 1-5. Als Paulus nach Athen gekommen war (vgl. Apg. 17,15; 18,5), war ihm so sehr an dem geistlichen Wohlergehen der Thessalonicher gelegen, daß er es vorzog, allein zu bleiben, 1, damit Timotheus nach Thessalonich gehen könnte, um ihren geistlichen Interessen und Bedürfnissen zu dienen, 2, und sie für die Trübsale zu stärken, die zu erdulden sie berufen waren, 3 (2. Tim. 3,12). Beim Besuch des Paulus in Thessalonich hatte er sie auf zukünftige Trübsale vorbereitet, 4. Nun möchte er gern wissen, wie es ihnen ergangen war. Er kannte die List Satans und seine Versuchungen (2. Kor. 11,2-3) und wußte, wie leicht die Frucht geistlicher Mühe zunichte gemacht werden konnte, 5b (vgl. Gal. 4,11).
Die Belohnung des Apostels, 6-8. Seine heilige Besorgnis um sie wurde durch den guten Bericht des Timotheus belohnt. Er brachte „gute Nachricht" von ihrem Glauben und ihrer Liebe und berichtete, daß die Thessalonicher den Apostel in guter Erinnerung behielten und daß sie sich ebenso danach sehnten, ihn zu sehen, wie er sich sehnte, sie zu sehen, 6. Dies tröstete den Apostel sehr, 7. Er bekundete: „Nun leben wir (d.h. leben wir wirklich und freudig), wenn ihr (betont!) feststehet im Herrn", 8 (Eph. 6,13-14; Phil. 4,1). Solch ein Feststehen ist der Schlüssel zu geistlichem Wohlbefinden und bildet den Gegenpol zu allen Irrlehren.

Kap. 3,9-13
Gebet des Apostels um Heiligkeit

Die Frage, 9-10. Die Bitte (11-13) wird durch eine Frage eingeleitet, 9-10. Wie kann man Gott genug danken für alle Freude, die die Thessalonicher Paulus durch ihr geistliches Durchhalten bereitet haben, 9? Dieses Danken begleitet seinen Wunsch, sie wiederzusehen, um das, was ihrem Glauben mangeln könnte, 10, zu „ergänzen" (in Ordnung zu bringen).
Die Bitte, 11-13. Er betet, Gott möge seinen Weg zu ihnen lenken oder ebnen, 11. Weiter bittet er, daß der Herr sie „voll" und in der Liebe „überströmend machen" möge, 12, damit Gott ihre Herzen „untadelig in Heiligkeit" (Absonderung für Gott) mache, 13. Die Zeit der Abrechnung vor Gott wird bei der Wiederkunft Jesu sein. Dann werden die, welche in Christus gestorben sind (Kap. 4,14), zuerst auferstehen, um dem wiederkommenden Herrn, der dann auch seine noch lebenden Heiligen entrückt, in der Luft zu begegnen (Kap. 4,13-17).

Kap. 4,1-8
Göttlicher Aufruf zur Heiligung

Die Vollmacht hinter dem Aufruf, 1-3. Es ist die Vollmacht Gottes: „Wir bitten und ermahnen euch im Herrn Jesus", 1. (Vgl. 7: „Gott hat uns ... berufen ... zur Heiligung"). Deshalb lehrt der, welcher diesen Ruf ablehnt, Gott ab (8).
Der Aufruf selbst, 4-8. Wir sind zu einem Leben aufgerufen, das Gott wohlgefällig ist (1). Das bedeutet, ein Leben zu führen, das für Gott abgesondert ist (praktische Heiligung, 3a) und durch Enthaltung von sexueller Unzucht (3b), sexuelle Mäßigung, 5, und strikte Vermeidung von Ehebruch, 4-5, gekennzeichnet ist. Diesem Ruf zur Heiligung im Bereich des Sexuallebens soll Folge geleistet werden, weil (1) der Herr der „Rächer" all derer ist, die geschlechtlichen Verkehr ohne eheliche Bindung ausüben, 6; (2) er uns zur Heiligung berufen hat, 7, betont wird „nicht zur Unreinigkeit"; (3) seine Autorität hinter dem Verbot steht, 8a; (4) Gott den Heiligen Geist gegeben hat, um jedem Gläubigen Sieg und Heiligkeit in diesem Lebensbereich zu ermöglichen, 8b.

Kap. 4,9-12
Was alles zu einem geheiligten Leben gehört

Die Liebe als Grundvoraussetzung, 9-10. „Bruderliebe" ist so unerläßlich und selbstverständlich für ein geheiligtes Leben, daß der Apostel den Thessalonichern erklärt, er habe es nicht nötig, ihnen geschriebene Anweisungen zu geben. Sie sind von Gott belehrt, einander zu lieben, 9 (vgl. Joh. 15,12.17; Jak. 2,8; 1. Joh. 3,11-18); sie werden für ihre Liebe gelobt, aber gleichzeitig ermahnt, immer mehr darin zuzunehmen, 10.
Weitere Forderungen, 11-12. (1) Stille – sie sollen ihre Ehre daran setzen, „ein ruhiges Leben zu führen", 11, d.h. friedlich zu leben oder einen stillen Geist zu haben. (2) Fleiß – die „eigenen Angelegenheiten zu besorgen" (1. Petr. 4,15), sich also nicht in die Angelegenheiten anderer einzumischen. (3) Verantwortung – „mit euren eigenen Händen zu arbeiten", d.h. nicht faul und schmarotzerhaft bei anderen zu leben (vgl. 2. Thess. 3,10-12). (4) Lauterkeit im Wandel (Leben und Zeugnis) den Ungläubigen gegenüber, 12.

Kap. 4,13-18
Die Hoffnung des Gläubigen

Die herrliche Hoffnung, 13-15. Hoffnung ist aus Glauben entstandenes Vertrauen und Zukunftserwartung. Das größte Hindernis für die Hoffnung der Ungläubigen ist der Tod. Dieses

Hindernis ist in Christus beseitigt. Die Gläubigen sterben eigentlich nicht; sie „entschlafen" einfach, 13. Das ist wahr, weil Jesus starb und wieder auferstand (1. Kor. 15,20.52). Weil die Gläubigen mit dem auferstandenen Herrn vereinigt sind (Röm. 6,4; Kol. 3,1-4), entschlafen sie „in Jesus", wenn sie leiblich sterben. Sobald Christus wiederkommt, wird er ihre Seelen und ihren Geist mit sich bringen, um sie mit ihren auferstandenen Leibern zu vereinigen, 14. Aber die zur Zeit der Wiederkunft des Herrn für die Seinen noch lebenden Heiligen werden „den Entschlafenen nicht zuvorkommen", 15.

Das Kommen des Herrn, 16-18. Die Erfüllung der Hoffnung des Christen ist die Wiederkunft des auferstandenen, aufgefahrenen Christus, um die Leiber derer aufzuerwecken, die im Herrn starben, und die lebendigen Heiligen zu verherrlichen. „Denn er selbst, der Herr (persönlich, leiblich), wird, wenn ... die Stimme des Erzengels und die Posaune Gottes erschallt, vom Himmel herniederfahren", 16. Die „Stimme des Erzengels" bedeutet ein Triumphgeschrei über den Tod (1. Kor. 15,54-57). Dieser Sieg wird in der Auferweckung der toten Heiligen und in der plötzlichen Verherrlichung der lebenden Heiligen, die den leiblichen Tod nicht schmecken werden, offenbar. Die „Stimme des Erzengels" ist offenbar diejenige Michaels (vgl. Dan. 12,1-2). Die in Christus Verstorbenen stehen zuerst auf, 16, danach werden die Heiligen, die noch leben, wenn der Herr kommt, „entrückt werden in die Wolken", in einem Augenblick, um dem Herrn in der Luft zu begegnen. Auf diese Weise werden die Heiligen für immer bei dem Herrn sein. Das ist der Trost und die Hoffnung der Christen, 18.

Sechs der „Politarchen", die in Thessalonich regierten, sind auf dieser griechischen Inschrift aufgeführt, die sich am Vardar-Tor befindet.

Kap. 5,1-11
Der Tag des Herrn

Der Tag des Herrn, 1-3. Der Apostel hat eben das Kommen des Herrn für die Seinen beschrieben. Das eröffnet „den Tag des Herrn" mit der Verherrlichung und Belohnung für die entrückten Heiligen der Gemeinde (1. Kor. 1,8; 5,5; 2. Kor. 1,14; Phil. 1,6.10; 2,16). Nun wendet sich Paulus dem Thema „Tag des Herrn" zu. Er bezieht sich auf die Wiederherstellung der Königsherrschaft für Israel (Apg. 1,6-7; 3,19-21) und die irdischen Gerichte, die vor der Aufrichtung jener Königsherrschaft stattfinden werden (vgl. Jes. 2,6-22; Jer. 30,5-9). Das war keine neue Offenbarung; deshalb sah sich Paulus nicht veranlaßt, etwas davon zu erwähnen, 1. Dieser Tag wird unerwartet wie ein Dieb über die Gottlosen kommen (vgl. Matth. 24,36-51; 25,5), wenn die Menschheit auf den Weltfrieden hofft, 3.

Der Tag des Herrn und der Gläubige, 4-11. Diese Gerichte auf Erden und der ausgegossene göttliche Zorn treffen nicht die Gläubigen, 4, weil sie Kinder des Lichts sind, 5-8 (vgl. Eph. 5,8), und weil Gott sie nicht zum Zorn bestimmt hat, sondern „zum Heil durch unsren Herrn Jesus Christus", 9. Der Zorn Gottes wird nicht auf die fallen, die „in Christus" sind, weil sie vor diesen endzeitlichen Äußerungen des Zorns Gottes (Off. 3,10) verherrlicht und weggenommen wurden, 10 (Kap. 4,13-17). Das ist ihr Trost und ihre Erbauung, 11.

Kap. 5,12-15
Ermahnungen zur gegenseitigen Eintracht

Anerkennung derer, die eine verantwortliche Stellung im Herrn bekleiden, 12-13a. Die Gläubigen sollen diese Brüder mit der ihnen gebührenden Ehrfurcht betrachten und anerkennen (1) wegen ihrer hingebungsvollen Arbeit in der Sache des Herrn, 12a; (2) wegen ihrer von Gott verordneten Stellung als solche, die mit

Vollmacht über die Gläubigen gesetzt oder ernannt wurden, 12b; (3) wegen ihrer Weisheit und ihres Rats (sie „ermahnen", d.h. ermuntern oder mahnen Gottes Volk), 12c; (4) um ihres Werkes willen, 13a.

Allgemeine Mahnungen zur Eintracht, 13b-15. (1) Die erste Forderung, im Frieden zu leben, 13b, soll auf allen Gebieten gelten. (2) Die Gläubigen sollen die Aufrührerischen, die ihre Pflichten vernachlässigt oder in der Verantwortung säumig sind, mahnen oder warnen, 14. Das Wort „Unordentliche" (gr. *ataktos*) wird auf Soldaten angewandt, die aus ihren Reihen weglaufen (Deserteure). Weitere Ermahnungen: (3) Trösten der Schwachen oder Entmutigten (gr. *oligópsychoi*), wörtlich „die Kleinmütigen"; (4) sich der Schwachen, Gebrechlichen anzunehmen, derer, die geistig, sittlich oder geistlich unterentwickelt sind, und eifrig für sie zu sorgen; (5) geduldig (langmütig) zu sein allen gegenüber (vgl. Eph. 4,2); (6) darauf zu sehen, daß niemand „Böses mit Bösem vergelte", 5a (vgl. Spr. 20,22; 24,29; Matth. 5,39.44), sondern allezeit danach zu trachten, Gutes zu tun, einander und an jedermann, 15b.

Kap. 5,16-22
Verschiedene Ermahnungen

Seid fröhlich, betet, seid dankbar, 16-18. „Seid allezeit (betont!) fröhlich", 16 (Phil. 3,1; 4,4). „Betet ohne Unterlaß (betont!)", 17. „Seid in allem dankbar", weil Dankbarkeit Gottes Wille für die Seinen ist, 18.

Dämpfet den Geist nicht, 19a. Wir *dämpfen* durch uneingestandene Sünde (Eph. 4,30). Wir *dämpfen* (ersticken, niederhalten) den Geist durch Ungehorsam dem Willen Gottes gegenüber.

Weitere Ermahnungen, 19b-22. „Die Weissagung verachtet nicht", d.h. die Wahrheit Gottes, wie sie ein Prophet verkündet, 19b. „Prüfet" alle Dinge erst einmal gründlich, 20. Behaltet das Gute, 21. „Enthaltet euch des Bösen in jeglicher Gestalt", 22.

Kap. 5,23-24
Heiligung für den ganzen Menschen

Der ganze Mensch für Gott abgesondert, 23. Für Gott abgesondert zu sein ist der Sinn des griechischen Eigenschaftswortes *hagios* („heilig"), welches in seiner Form als Tätigkeitswort „heiligen" oder „heilig machen" bedeutet. Dieses Werk der Heiligung ist das Werk Gottes, d.h., er selbst schafft die Heiligung. Es ist keine menschliche Leistung.

Heiligung führt zum Frieden Gottes (Phil. 4,7); deshalb wird der heilig machende Gott „der Gott des Friedens" genannt. Die Heiligung bezieht sich auf die ganze menschliche Natur: auf den *Körper,* das irdische Zelt (2. Kor. 5,1-8), in

welchem der Mensch durch diese Welt geht und durch seine fünf Sinne mit der natürlichen Welt in Verbindung steht; auf die *Seele,* der Sitz der Neigungen, des Begehrens, des Willens, der Gemütsstimmungen (Matth. 11,29; 26,38; Joh. 12,27); auf den *Geist,* denjenigen Teil des Menschen, mit dem er Gott erkennt (1. Kor. 2,11) und Gemeinschaft mit ihm hat (Hiob 32,8; Spr. 20,27).

Heiligung spielt sich in drei Zeiten ab: in der *Vergangenheit* – der Gläubige wurde in Christus bei der Wiedergeburt in seiner bisherigen Stellung völlig erneuert (1. Kor. 1,2), so daß jeder Gläubige ein berufener Heiliger ist; in der *Gegenwart* – der Gläubige sollte sich in seinem praktischen Leben ständig für Gott abgesondert halten (2. Thess. 2,13); in der *Zukunft* – vollkommene Gleichheit mit Christus in der Herrlichkeit (1. Joh. 3,1-3).

Die Gewißheit vollkommener Heiligung, 24. Gott bewirkt die Heiligung. Er garantiert unsere bei der Bekehrung erlangte unwandelbare Stellung als vollkommen in Christus und gewährleistet deshalb auch unsere zukünftige Verherrlichung. Der Heilige Geist macht es dem Gläubigen möglich, die gegenwärtig erfahrbare oder praktische Form der Heiligung in seinem täglichen Wandel zu verwirklichen (1. Kor. 10,13; Gal. 5,16; 2. Thess. 3,3).

Kap. 5,25-28
Abschließender Auftrag

Bitte um Fürbitte, 25-26. „Brüder, betet für uns", 25. Die Diener Gottes benötigen die anhaltenden Gebete des Volkes Gottes. „Grüßet die Brüder alle mit dem heiligen Kuß", 26. Dies war eine verbreitete Sitte unter den ersten Christen, besonders in Zeiten, da die brüderliche Liebe hell brannte.

Bitte um Weitergabe des Briefes, 27-28. „Ich beschwöre euch bei dem Herrn, daß dieser Brief allen heiligen Brüdern vorgelesen werde", 27. Die abschließenden Grüße, 28, sind für die paulinischen Briefe bezeichnend.

Zweiter Thessalonicherbrief

Trost in der Verfolgung

Verfasser und Anlaß. Paulus war der Verfasser (1,1). Anlaß war ein Mißverständnis unter den Thessalonichern im Blick auf das Kommen des Herrn für die Seinen (1. Thess. 4,13-17) und den Tag des Herrn (1. Thess. 5,1-10). Weil diese Gläubigen so hart verfolgt wurden, schlossen sie fälschlich, daß der Tag des Herrn gekommen sei (2,2). Paulus schreibt ihnen, um diese falsche Auffassung zu korrigieren.

Datum. Dieser Brief wurde nach dem 1. Thessalonicherbrief, zu Beginn der fünfziger Jahre, geschrieben.

Überblick

Das Kommen des Herrn und Trost in der gegenwärtigen Verfolgung, Kap. 1
Das Kommen des Herrn und der Tag des Herrn, Kap. 2
Das Kommen des Herrn und das praktische christliche Leben, Kap. 3

Zweiter Thessalonicherbrief

Kap. 1,1-4
Die Gemeinde wird gelobt

Eingangsgruß, 1-2. Wie in seinem ersten Brief, nennt sich Paulus in seinem Gruß an die „Gemeinde der Thessalonicher" (s. 1. Thess. 1,1) mit Silvanus (Silas, vgl. Apg. 15,22.40) und Timotheus zusammen.

Das Lob, 3-4. Paulus fühlte sich gedrungen, Gott für die Thessalonicher zu danken, weil ihr Glaube wuchs und ihre Liebe zueinander reichlich vorhanden war, 3. Der Apostel konnte sich deshalb „rühmen", d.h. freudig stolz auf sie sein (vgl. 2. Kor. 9,2) und damit in der Gemeinde des Herrn (umliegende Gemeinden) ihre Geduld und Treue in der Verfolgung lobend bezeugen, 4 (vgl. Jak. 5,11).

Kap. 1,5-10
Die Gemeinde getröstet

Der Grund ihrer Leiden, 5-6. Ihre Drangsale waren kein Unglück oder eine Art Mißgeschick, sondern ganz eindeutig Gottes Wille, „ein Beweis des gerechten Gerichtes Gottes", 5a, sie zu prüfen, ob sie für das Königreich Gottes, 5b, würdig erfunden würden. Sie litten tatsächlich um des Reiches Gottes willen (1. Thess. 2,14; Hebr. 10,32-33).

Die Grundlage des Trostes, 7-10. Das zweite Kommen des Herrn in Herrlichkeit, 7-8, wird denen Gottes Rache bringen, die ihn nicht anerkennen und dem Evangelium von der Erlösung nicht durch Glauben gehorsam wurden, 8. Diejenigen, welche die Thessalonicher verfolgten, gehörten zu dieser Gruppe. Sie werden deshalb ewig aus der Gegenwart Gottes an einen Ort ewiger Absonderung, Gehenna oder ewige Hölle genannt, die für Sünder vorgesehen ist, verbannt werden (nicht vernichtet) (vgl. Off. 20,10-15). Das bedeutet ewige Trennung von Gott, 9-10.

Kap. 1,11-12
Fürbitte für die Gemeinde

Das Gebet, 11. Paulus betete anhaltend für die Thessalonicher, daß Gott ihren Wandel und ihr geistliches Verhalten ihrer hohen Berufung würdig erachten möge (vgl. Eph. 4,1-3; Kol. 3,1-4). Jeder Gläubige sollte Gottes Willen in göttlicher Kraft durch den Glauben erfüllen, der an ihren guten Werken offenbar werden würde.

Der Zweck, 12. Daß der Herr durch sie verherrlicht werde und sie im Herrn, nach dem Maß der ihnen gegebenen Gnade.

Kap. 2,1-5
Die Entrückung der Gemeinde und der Tag des Herrn

Ein Mißverständnis aufgedeckt, 1-2. Die Thessalonicher dachten, ihre Leiden (1,5-12) bedeuteten, daß der Tag des Herrn gekommen sei, 2, daß der Endzeitabschnitt für das weltweite Gericht (Off. 6-19) angebrochen und damit der Weg für die Aufrichtung des Reiches Jesu Christi freigemacht sei (Off. 19,16-20,10). Der Apostel tritt diesem Irrtum entgegen, indem er nochmals betont, daß Jesu Wiederkunft *vor* dem Tag des Herrn sein werde, 1, eine Lehre, die er im ersten Brief (4,13-18) ausgeführt hatte. Er warnte dringend vor diesem Trugschluß, 2-3a, und beschreibt den ersten Abschnitt des Kommens Christi für seine Heiligen als die persönliche Gegenwart (gr. *parousia*) unseres Herrn Jesus Christus, womit unser Versammeltwerden zu ihm (gr. *episunagōgē*), wie es im 1. Thessalonicherbrief 4,13-17 ausgeführt ist, verbunden ist.

Der Irrtum widerlegt, 3-5. Ehe der Tag des Herrn über eine Welt hereinbricht, die Christus ablehnt, muß zuerst die Abtrünnigkeit oder der Abfall kommen. Dies bedeutet nicht ein Abfall vom Glauben, was in der Kirchengeschichte oft vorkam (1. Tim. 4,1-5; 2. Tim. 3,1-7; Off. 3,14-22), sondern die allgemeine Auflehnung und der durchgreifende Rückfall in Irrlehren und ins Dämonentum in der Zeit, die dem Kommen Christi in Herrlichkeit unmittelbar vorausgeht (Lk. 18,8; Off. 9,20-21). Auch die Offenbarung des Antichristen muß kommen, hier „Sohn des Verderbens" genannt, der Gesetzlose, der letzte große, von Dämonen beherrschte Weltherrscher (Dan. 11,36; Off. 13,1-10; 19,20; 20,10). Er wird sich göttliche Verehrung anmaßen und das endzeitliche Judentum, das sich wieder in Israel versammelt hat, täuschen, 4. Der Apostel hatte diese Wahrheiten deutlich verkündigt, als er die Gemeinde von Thessalonich gründete, 5.

Kap. 2,6-9
Die Entrückung der Gemeinde und der Mensch der Sünde

Die Entrückung der Gemeinde und der Heilige Geist, 6-7. „Was noch aufhält" oder derjenige, welcher die volle Entfaltung und Kundgebung der dämonischen Mächte des Bösen in dieser Zeit aufhält, 6 (vgl. 8-10), ist der Heilige Geist, eine Person – „der, welcher jetzt aufhält", 7. Er hat die Gemeinde gebildet und seit Pfingsten immer in ihr gewohnt (Joh. 14,16; Apg. 2,1-4; 1. Kor. 6,19). Das wird er tun, bis „er aus dem Wege geschafft" und buchstäblich aus der Mitte herausgenommen wird, wenn er auf so eindeutige Weise weggeht, wie er an Pfingsten kam. Das wird dann stattfinden, wenn die Gemeinde, in der der Geist wohnt, weggenommen wird, um dem Herrn in der Luft zu begegnen (1. Thess. 4,13-17). Erst wenn das göttliche Hindernis mit der verherrlichten Gemeinde weggenommen ist, kann und wird der Antichrist offenbar werden, 6, und „das Geheimnis der Gesetzlosigkeit" zur vollen Entfaltung kommen, 7.

Die Entrückung der Gemeinde und der Mensch der Sünde, 8-9. „Dann", nachdem der Heilige Geist weggenommen worden ist, wird der „Gesetzlose" offenbar werden. Diese unheimliche Gestalt vereinigt in sich „das Geheimnis der Gesetzlosigkeit" oder die volle Auswirkung des in den letzten Tagen wunderwirkenden Dämonismus' (Off. 9,1-21; 12,7-17; 16,13-16). Er wird beim Kommen Jesu Christi in Herrlichkeit vernichtet werden (Off. 19,20; 20,10), und Satan wird im Abgrund gebunden werden (Off. 20,1-3).

Kap. 2,10-12
Die Entrückung der Gemeinde und die Menschen, die in den letzten Tagen die Wahrheit ablehnen

Das Gericht über die, welche die Wahrheit ablehnen, 10. Dämonische Täuschung, die während der Zeit der Gemeinde wegen der aufhaltenden Wirksamkeit des Heiligen Geistes nur in begrenztem Maß wirksam war (6-9; vgl. 1. Tim. 4,1-4; 1. Joh. 4,1-5), wird dann unaufhaltsam hereinbrechen. Die, „die verlorengehen", 10a, sind die ungeretteten Massen, die noch auf der Erde leben werden, nachdem die Gemeinde entrückt worden ist. Gott straft sie nun mit dämonischer Täuschung, „weil sie die Liebe zur Wahrheit nicht angenommen haben, durch die

Thessalonich (Saloniki) heute

sie hätten gerettet werden können", 10, d.h. bevor die Gemeinde verherrlicht wurde.

Der Grund ihrer Verurteilung, 11-12. Weil sie die Wahrheit, als sie angeboten wurde, nicht liebten und nicht annahmen (10b), sendet Gott ihnen einen „kräftigen Irrtum, daß sie der Lüge glauben", d.h. dem allergrößten Irrtum, wodurch der Antichrist angenommen wird, 11 (Joh. 5,43; Off. 13,8.16-18). Die Irreführung wird gesandt, damit sie alle gerichtet und als schuldig erfunden werden, weil sie der Wahrheit nicht geglaubt, sondern statt dessen an der Ungerechtigkeit Gefallen hatten, 12.

Kap. 2,13-17
Die Entrückung der Gemeinde und die Thessalonicher

Die Thessalonicher waren ein Grund zum Danken, 13-14, weil sie Gottes Geliebte und Auserwählte waren (s. Erklg. zu „Göttliche Erwählung" und „Vorherbestimmung" in Eph. 1,1-6). Sie waren zur Rettung und Heiligung auserwählt, 13. Im Gegensatz zu den Betrogenen der letzten Tage liebten sie die Wahrheit und standen im Glauben. Sie waren durch die Predigt des Evangeliums gerettet worden, 14a, um die Herrlichkeit unseres Herrn Jesus Christus zu erlangen, d.h. Teilhaber der Herrlichkeit Christi zu werden, 14b (Röm. 8,17; Tim. 2,10).

Sie waren Gegenstand der Ermahnung und des Gebets, 15-17. Die Ermahnung zielt auf Standhaftigkeit und Treue den „Überlieferungen" gegenüber ab, die ihnen durch Unterweisung übermittelt worden war, 15. Das Gebet dient dem Trost und der Aufrichtung oder dem Gegründetsein „in jedem guten Wort (die Lehre) und Werk (Ausübung im Leben)", 17.

Kap. 3,1-5
Bitte des Apostels um Fürbitte

Die Bitte, 1-2. Die Bitte zielt auf ein Zweifaches: (1) daß das Wort Gottes ohne Hindernis und siegreich, wie ein Athlet in einem Wettrennen, laufen möge (1. Kor. 9,24.26), daß es ungehindert verbreitet und verherrlicht werde, 1. Das Wort wird immer verherrlicht, wenn es freien Lauf hat, weil der Gott des Wortes dadurch erhöht wird. (2) Daß der Apostel von „widrigen und bösen Menschen", die nicht da sind, wo Gott sie haben möchte, befreit werden möge, 2. Da sie nicht auf Gott ausgerichtet sind, machen sie Mühe und sind böse. Da sie ohne Glauben sind (vgl. Hebr. 11,6), fehlt ihnen der Ausgangspunkt für die Befreiung von Sünde und die Ausrichtung auf Gott.

Die Grundlage für die Bitte, 3-5. Die Treue des Herrn und das Vertrauen des Paulus in die Thessalonicher bildeten die Grundlage für des Apostels Bitte, 3-4. Er bittet, daß der Herr sie leiten, d.h. richtig, auf geradem Weg zu der „Liebe Gottes" und „Geduld Christi" führen möge, 5 (vgl. 1. Thess. 4,13-17; 2. Thess. 2,1-3).

Kap. 3,6-15
Anweisungen für eine zuchtvolle Absonderung

Der allgemeine Begriff der Absonderung, 6. Die Aufforderung geht dahin, sich von jedem Gläubigen zurückzuziehen, der fortfährt, unordentlich zu wandeln (leben) und die allgemeinen Pflichten des neuen Lebens zu vernachlässigen. Ein solcher gleicht einem Soldaten, der sein Regiment verläßt und die „Überlieferung" mißachtet, d.h. die überlieferte Unterweisung (vgl. 2. Thess. 2,15), die er vom Apostel empfangen hat.

Das Beispiel des Apostels, 7-9. Paulus gab nicht nur Lehranweisungen, wie man eine Gemeinde leiten soll, sondern war selbst ein Vorbild, 7-8. Er arbeitete mit seinen eigenen Händen als Zeltmacher, damit er nicht denen zur Last fiele, denen er diente, 8. Er tat dies nicht, weil er kein Recht auf Unterstützung hatte, sondern um ein Beispiel zu geben, dem die Thessalonicher nachfolgen könnten, 9.

Die Unordnung wird gekennzeichnet, 10-11. Offenbar war unter den Gläubigen von Thessalonich eine falsche Haltung vorhanden –

eine anmaßende Frömmigkeit, die himmlisch gesinnt zu sein versuchte, sich jedoch vor den allgemeinen Pflichten des irdischen Daseins wie der Pflicht zur Arbeit und zum Unterhalt sich selbst und anderen gegenüber drückte. Paulus gibt eine klare, unmißverständliche Regel: Ohne Arbeit – kein Essen, 10. Er macht mit „arbeiten" ein Wortspiel, 11 – nicht einfach Arbeiter *(ergazomenoi),* sondern „Herum-Arbeitende" *(peri'ergazómenoi),* d.h. in der falschen Richtung beschäftigte Arbeiter oder solche, die „unnütze Dinge treiben", d.h. sich in die Angelegenheiten anderer mischen, 11b (vgl. 1. Tim. 5,13; 1. Petr. 4,15).

Die Heilung wird angezeigt, 12-15. Das Heilmittel war klar: (1) Sie sollten „mit stiller Arbeit" ihr Brot verdienen, nicht klagen, herumschwatzen oder in die Geschäfte anderer hineinschnüffeln, 12. (2) Sie sollten „ihr eigenes Brot" verdienen und nicht den anderen zum Schmarotzer werden, 12. (3) Die ordentlichen Gläubigen sollten unermüdlich fortfahren im Gutestun, um für die Unordentlichen ein Beispiel zu setzen, 13. (4) Die hartnäckig Ungehorsamen sollten „gekennzeichnet" werden, 14a. (5) Die Treuen sollten sich mit den Unordentlichen nicht verbinden oder vermischen, damit diese beschämt würden, 14b. (6) Trotzdem sollte solch ein unordentlicher Bruder nicht als Feind betrachtet, sondern als ein Bruder ermahnt werden, 15 (vgl. 3. Mo. 19,17; 2. Kor. 6,14-17).

Kap. 3,16-18
Schlußsegen

Der Segen, 16-18. „Der Herr des Friedens" (Joh. 14,27; Hebr. 13,20) möge ihnen durch seine persönliche Gegenwart Frieden schenken, 16. „Die Gnade unseres Herrn Jesus Christus" wird über „alle" (Gottes Volk), 18, ausgesprochen.

Der Gruß, 17, hatte die das Paulus eigenhändige Unterschrift, das das Zeichen oder Pfand und die Versicherung der Echtheit seiner Briefe und damit auch dieses Briefes war.

Erster Timotheusbrief

Anweisungen für die Gemeindeordnung

Verfasser und Datierung. Paulus ist der Verfasser (1,1). Der Brief ist einer der Pastoralbriefe und wird in die späteren Lebensjahre des Paulus datiert. Der genaue Zeitpunkt hängt von der Frage ab, ob der Apostel eine oder zwei Gefangenschaften durchzumachen hatte. Wenn es zwei gewesen sind, wurde er wahrscheinlich in der Zeit zwischen den beiden geschrieben, jedoch nicht später als 66 n.Chr. Wenn es nur eine gewesen ist, wurde der Brief kurz vor der letzten

Römische Schreibfedern

Reise des Apostels nach Jerusalem geschrieben, wahrscheinlich 64 n.Chr.

Das Thema. Das Hauptthema des ersten Timotheusbriefs ist die Gemeindeordnung, die Unversehrtheit des Glaubens und die Zucht im Gemeindeleben (Kap. 1-3). Probleme tauchten auf, nachdem zahlreiche Gemeinden entstanden waren und die Leiter der örtlichen Gemeinden hervortraten. Es war auch unvermeidlich, daß Unterwei-

sungen an ansässige Seelsorger gegeben wurden, nachdem die Gemeinden gegründet waren (Kap. 4-6).

Überblick

Die Zucht gesunder Lehre, Kap. 1
Die Zucht des Gebets und der Anbetung in der Öffentlichkeit, Kap. 2
Die Zucht der Gemeindeleitung, Kap. 3
Die Zucht des örtlichen Seelsorgers, Kap. 4-6

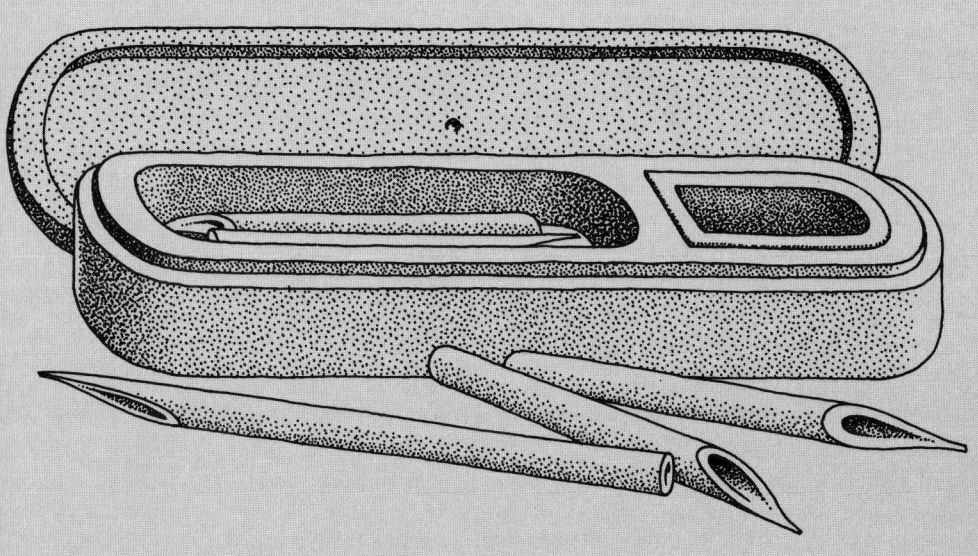

Erster Timotheusbrief

Kap. 1,1-7
Der Seelsorger und die gesunde Lehre

Der Seelsorger und falsche Lehrer, 1-4. Paulus grüßt Timotheus als Seelsorger und als seinen „echten Sohn im Glauben", 1-2. In dieser Eigenschaft drängt er den jüngeren Mann, die Verantwortung gegenüber falschen Lehrern wahrzunehmen, 3-4. Ein Seelsorger muß zuerst selbst gesund sein, bevor er solche Verantwortung übernehmen kann. Timotheus wurde dringend aufgefordert, in Ephesus zu bleiben (vgl. Apg. 20,1-3), damit er den Gemeindeleitern „gebiete (feierlich bitten), nichts anderes zu lehren" („anderes" im Sinn von andersartig, von der gesunden, christlichen Wahrheit abweichend), 3, und sich weder „mit Legenden", d.h. religiösen Erdichtungen (z.B. Mythen), die das Heidentum durch und durch bestimmen, noch mit „endlosen Geschlechtsregistern", auf welche das Judentum so stolz war, abzugeben. Warum? Diese Lehren sind unergiebig und haben nur fruchtlose Streiterei zur Folge, anstatt das Wirken Gottes, d.h. die Ausführung seines Plans, wie er im Evangelium zu sehen ist, wahrzunehmen. Dieses Wirken wird nur im Glauben wahrgenommen, 4.

Der Seelsorger und die Gesetzeslehrer, 5-7. Im Gegensatz zur leeren Gesetzlichkeit der falschen Lehrer steht das Ziel des Gebotes Christi (vgl. Joh. 13,34; 15,12; Gal. 6,2), die Liebe, aus einem „reinen (gewaschenen) Herzen" heraus geboren, von einem „guten Gewissen" her und aus „ungeheucheltem (nicht scheinheiligem) Glauben" heraus, 5. Die, welche das Ziel durch Gesetzlichkeit verfehlt haben, haben sich eitlem oder unnützem Geschwätz zugewandt – bloßem Getöne bedeutungsloser Worte, 6. Obwohl sie den Anspruch erheben, Gesetzeslehrer zu sein, haben sie weder wahre Erkenntnis noch echte Erfahrung erlangt, 7.

Kap. 1,8-11
Das Gesetz und das Evangelium

Der Zweck des Gesetzes, 8-10. Das Gesetz selbst ist gut, 8a (vgl. Röm. 7,12), aber es muß seinem Zweck entsprechend angewandt und in der wahren Zuordnung zum herrlichen Evangelium, mit dem Paulus betraut wurde, verstanden werden (11). Zweck des Gesetzes ist es, den Sünder (den Ungerechten) zu überführen und ihn mit dem Retter in Verbindung zu bringen, damit er durch den Glauben gerecht erklärt werde (Röm. 3,21-28; Eph. 2,8-10). Niemals darf das Gesetz auf den gerechten (gerechtfertigten) Menschen angewandt werden, weder um ihn zu rechtfertigen noch um ihn zu heiligen. Es ist dazu da, dem Sünder seine Sünde und die schreckliche Strafe, die durch die Gottesferne auf ihn wartet, zu enthüllen, 9-10.

Der Zweck des Evangeliums, 11. Es ist das „Evangelium der Herrlichkeit des seligen Gottes". Es ist die gute Nachricht, die Gottes Herrlichkeit verkündigt, indem seine gnadenvolle Liebe für die Sünder kundgetan und für ihre Rettung gesorgt wird (Joh. 3,16). Was das Gesetz niemals tun konnte, tut die Gnade (Joh. 1,17; Tit. 3,4-5).

Kap. 1,12-17
Das Evangelium Christi und der Sünder

Rettung und Auftrag des Sünders Paulus, 12-15. Des Apostels Rettungsdienst war die Frucht von Gottes rettender Gnade, 12, die einem großen Sünder, einem Lästerer, einem Verfolger des Volkes Gottes und einem „Frevler" (eine anmaßende, schonungslos gewalttätige Person) zuteil wurde, 13a (Apg. 8,3; 1. Kor. 15,9). Er empfing Gottes „Erbarmung" durch das übergroße Maß der Gnade Gottes, die ihm erzeigt wurde, 14, weil er seine Sünde „unwissend, im Unglauben" tat, 13b. Paulus ist ein anschauliches Beispiel für die große Wahrheit, daß die Fleischwerdung Gottes in Christus zur Rettung von Sündern dient. In dieser Kategorie der Sünder setzte er sich selbst an die erste Stelle, 15. Diese gewaltige Tatsache ist ein „glaubwürdiges" Wort, d.h. vollständig vertrauenswürdig, wahr, zweifellos gewiß und herzlicher Zustimmung und Annahme wert.

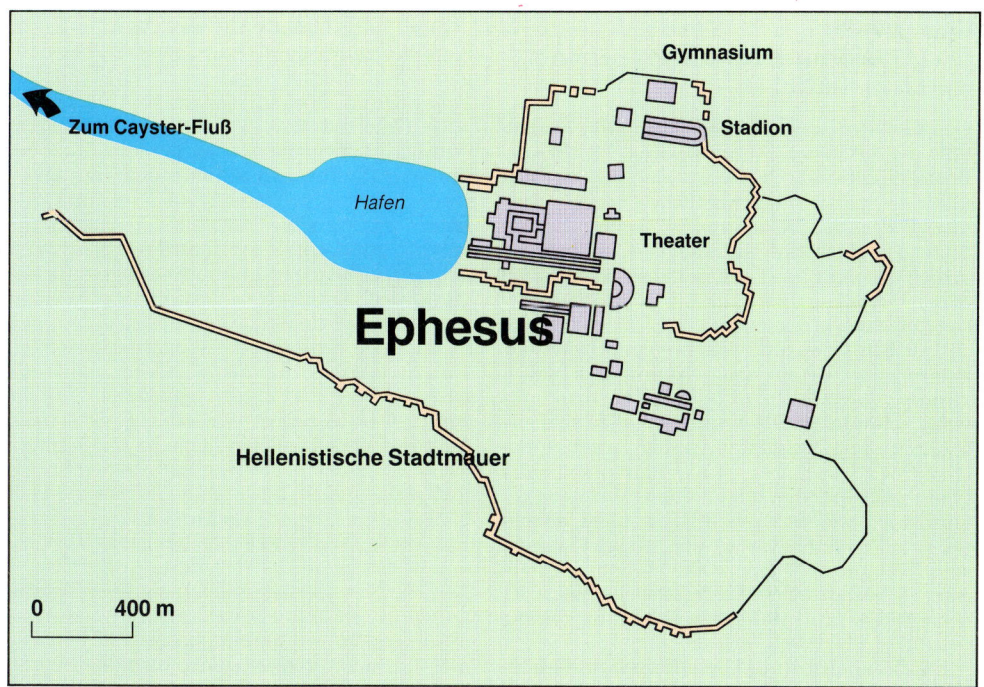

Des Paulus Rettung, ein Beispiel für alle gläubigen Sünder, 16-17. Der Apostel sollte ein Beispiel für Gottes gnädige Geduld und Liebe in Christus den Sündern gegenüber sein, 16. Gott ist „der König der Ewigkeit, der unvergängliche, unsichtbare, allein weise Gott" (vgl. Joh. 1,18), dem wegen der Erlösung, die er in Christus bereitet hat, alle „Ehre und Ruhm von Ewigkeit zu Ewigkeit" gegeben werden muß, 17.

Kap. 1,18-20
Der Auftrag an Timotheus, den Seelsorger

Der Auftrag, 18. Die feierliche Ermahnung und Verpflichtung für Timotheus, „den Sohn" des Paulus – er war ein Bekehrter des Paulus – ist, er möge einen erfolgreichen geistlichen Kampf kämpfen (vgl. 2. Tim. 4,2; Hebr. 9,14). Früher waren Voraussagen über einen solchen Dienst des jungen Mannes gemacht worden, und sie sollten nun in ihm Wirklichkeit werden.

Die Warnung, 19-20. Die Fälle „Hymenäus" und „Alexander" (2. Tim. 2,17-18) liefern ein Beispiel für das Gegenteil. Durch eine falsche Lehre über die Auferstehung hatte Hymenäus den Glauben einiger zunichte gemacht. In apostolischer Vollmacht hatte Paulus diese Irrlehrer Satan übergeben, 20 (vgl. 1. Kor. 5,5; 11,30-32; 1. Joh. 5,16). Dies schloß ernste Züchtigung (Hebr. 12,6), in einigen Fällen sogar leiblichen Tod, ein.

Kap. 2,1-8
Die Gemeinde und das öffentliche Beten

Die allgemeine Vorschrift, 1-2a. Das persönliche wie auch das öffentliche Gebet hat eine Vorrangstellung im Leben. Paulus mahnte daher, daß „vor allen Dingen Bitten (ernsthafte persönliche Anliegen und Ansuchen), Gebete (Wünsche oder ernsthafte Begehren), Fürbitten (Gebet um die Rettung anderer) und Danksagungen für alle Menschen" dargebracht werden sollten, 1, insbesondere für die staatliche Obrigkeit und Amtspersonen, 2a (Röm. 13,1).

Gründe für das Beten, 2b-8: (1) damit die Christen ein ruhiges und stilles Leben in aller Gottseligkeit und Ehrbarkeit führen können, 2b, das im Einklang mit dem Willen Gottes steht, 3; (2) weil der Wunsch Gottes die Rettung aller Menschen ist, wobei das Gebet einen wichtigen Platz einnimmt, 4; (3) weil die Fleischwerdung und das Erlösungswerk Christi dem Gebet neue Kraft und neues Ausmaß verliehen haben, 5-6 (vgl. Joh. 16,23-28). Paulus war von Gott als Prediger (Vorläufer oder Verkünder) und als ein Apostel (Abgeordneter) dieser Wahrheiten über das Gebet beauftragt, 7. Er hatte die Gläubigen in der richtigen Haltung und Ausübung des Gebets zu unterweisen, 7-8.

Kap. 2,9-15
Die Anordnung für die Frauen in der Gemeinde

Das Benehmen und die Kleidung der christlichen Frau, 9-10. Wie das Leben des christlichen Mannes durch Gebet geschmückt sein sollte, so soll sich die christliche Frau mit dem richtigen „Schönheitsmittel" pflegen; das bedeutet äußerlich mit anständiger Kleidung, innerlich mit dem Schmuck des Herzens, der sich durch Bescheidenheit kundtut, also eine ernsthafte Haltung in Anbetracht ihrer Stellung in der christlichen Gemeinde, 9a. Dagegen lautet der ausdrückliche Befehl, daß sich christliche Frauen nicht mit „Haarflechten" oder mit kostbaren Juwelen schmücken, 9b. Damit soll nicht schlampige Kleidung empfohlen werden, sondern bescheidenes Schmücken, wie es zum Stand einer Frau als Christin und ihrer Stellung im Leben gehört. Alles, was diesen Maßstäben nicht gerecht wird, sollte vermieden werden, ob die Frau nun eine Königin oder eine einfache Frau ist. Der echte Schmuck oder das Schönheitsmittel der gottesfürchtigen Frau sollen ihre guten Werke sein, 10.

Das Verhältnis der christlichen Frauen zu den Männern, 11-15. Eine christliche Frau soll sich durch einen Geist der Lernfähigkeit und stillen Unterordnung unter ihren Mann auszeichnen, 11 (1. Kor. 14,34-35; vgl. 1. Mo. 3,16). Die gegenteilige Einstellung ist höchst unschicklich für eine Frau, die sich „zur Gottesfurcht bekennt" (10). Paulus selbst erlaubte es nicht, daß Frauen Männer unterrichteten oder gar über diese herrschten, 12.

Der Grund zur Unterwerfung wird angeführt, 13-15. (1) Adam wurde als Haupt des Alten Bundes geschaffen, bevor Eva gebildet wurde, 13. (2) Eva wurde von Adam genommen, nicht Adam von Eva. (3) Die Frau, nicht der Mann, wurde verführt, 14, und ist immer noch besonders durch verführerische Lehren gefährdet. (4) Sie wird „gerettet", d.h. errettet und vor den Gefahren der Auflehnung, der Täuschung und dem Weitergeben von irrtümlichen Lehren, auf welche der Apostel hinweist, bewahrt, indem sie ihrer hohen Berufung der Haushaltführung und des Kindergebärens gerecht wird. Ihre geistliche Aufgabe besteht in der Erziehung gottesfürchtigen Nachwuchses, 15.

Kap. 3,1-7
Die Eigenschaften der Ältesten

Die Ehre des Amtes, 1. Es ist eine Tatsache, daß, wer sein Herz darauf richtet, das Amt eines Ältesten (*epískopos* = „Aufseher") auszuüben, „eine schöne Wirksamkeit" (Amt, Stellung des Wachens über die Herde Gottes) begehrt.

Die Tauglichkeit für das Amt, 2-7. Der Aufseher sollte sein: (1) untadelig, also mit keinem Charakterfehler behaftet; (2) Mann *einer* Frau oder ein Eheloser, jedoch kein Ehebrecher oder Geschiedener; (3) vorsichtig, wachsam, umsichtig; (4) nüchtern, mit ernster, fester Gesinnung; (5) von gutem Benehmen, mit einem ausgeglichenen Leben, das auf Christus ausgerichtet ist; (6) gastfreundlich; (7) begabt und tauglich zu lehren, 2; (8) „kein Trinker" und daher nicht unbeherrscht und streitsüchtig; (9) kein „Raufbold", d.h. keine gewalttätige, aufbrausende Persönlichkeit; (10) nicht begehrlich oder habsüchtig, d.h. kein Geldliebhaber noch auf Vorteil bedacht, 3; (11) geduldig, mild oder sanft; (12) kein Zänker, vielmehr ein „Nichtkämpfer"; (13) einer, der seine Familie recht führt und seine Kinder in Zucht hält, 4. Wenn ein Mann es an der Zucht in seiner eigenen Familie fehlen läßt, wie kann er fähig sein, für das Haus Gottes (die Gemeinde am Ort) zu sorgen, 5? (14) Ein Ältester soll nicht ein Neuling sein, ein kürzlich in die christliche Gemeinde Aufgenommener, ein Neubekehrter. Solch ein unerfahrener, ungeprüfter Gläubiger ist der Sünde des Hochmuts, die Satans ursprünglichen Fall bewirkte und ihn noch kennzeichnet, besonders ausgesetzt, 6 (Jes. 14,12-14; Hes. 28,12-19; 1. Tim. 6,9; 2. Tim. 2,26). (15) Er muß auch einer sein, der einen guten Ruf, ein gutes „Zeugnis" unter den Ungeretteten hat, 7.

Kap. 3,8-13
Die Eigenschaften der Diakone

Ihre Eigenschaften, 8-12. Die Diakone waren mit der finanziellen und organisatorischen Verwaltung der örtlichen Gemeinde beauftragt, während die Ältesten mehr mit den geistlichen Aufgaben betraut waren. Die Anforderungen an die Diakone sind weitgehend dieselben wie an die Ältesten, 8-10.12 (vgl. 2-7). Die Eigenschaften ihrer Frauen, 11, beziehen sich zweifellos auch auf die Frauen der Ältesten.

Ihr Lohn, 13. Die, welche ihr Amt gut ausüben, „erwerben (gewinnen oder verdienen) sich selbst eine schöne Stufe", buchstäblich eine Treppe, im Sinne von Würde, der Stellung und des Standes. Sie erwerben auch Freimütigkeit und Redefreiheit, welche der Geist denen gibt, die kraft ihrer Treue und Hingabe an Jesus Christus Vertrauen erlangen.

Kap. 3,14-16
Die Gemeinde und die geoffenbarte Wahrheit

Die Gemeinde und ihr Verhältnis zur geoffenbarten Wahrheit, 14-15. Paulus beabsichtigt, daß Timotheus in der Verwaltung der Gemeinde und in der Gemeindezucht angeleitet wird. Falls der Apostel das nicht mündlich tun kann, schreibt er, 14-15a. Es ist wichtig zu wissen, wie einer, insbesondere ein Seelsorger, sich im Hause Gottes (der örtlichen Gemeinde) benehmen muß. „Die Gemeinde des lebendigen Gottes" (der Leib Christi) ist der „Pfeiler" oder die „Grundfeste" im Sinne der Stütze, die das Dach der Wahrheit trägt, 15b. Sie ist auch der Grund oder das Fundament der Wahrheit, in welcher der Heilige Geist nur die Gläubigen die Wahrheit Gottes (die Bibel) lehrt.

Der Kern der enthüllten Wahrheit, 16. Dieser Vers bezieht sich auf die Grundlage der in der Schrift enthaltenen göttlichen Offenbarung. Es könnte auch ein urchristlicher gottesdienstlicher Hymnus gewesen sein. Das Geheimnis der Offenbarung ist „anerkannt groß", weil es Gottes ewige Pläne und Absichten mit Christus umfaßt, die den erlösten Menschen zum Mittelpunkt haben. Die offenbarte Wahrheit, ehemals verborgen, ist nun aber bekanntgemacht, übersteigt jedoch noch des Menschen volle Erkenntnis. Dieses Geheimnis hat sein Ziel in der Gottseligkeit, d.h. darin, die verlorene Menschheit wieder in einen Stand der Gottähnlichkeit zurückzuführen, wobei der Mensch mit Christus vereinigt ist und zur Gemeinschaft mit Gott

und zur Anbetung seines Schöpfers befähigt wird. Jesus ist der Mittelpunkt dieses „Geheimnisses": (1) seine *Fleischwerdung* – „Gott ist geoffenbart im Fleisch" (Joh. 1,1.18); (2) seine *Auferstehung* durch die Kraft des Heiligen Geistes, der alle seine Ansprüche rechtfertigt und sie als wahr erweist (Röm. 1,4); (3) sein mehrfaches *Erscheinen* nach der Auferstehung, das der Geisterwelt seine Person bezeugt (Matth. 28,2-7); (4) sein *Evangelium* – „gepredigt unter den Heiden" (Gal. 1,16); (5) seine *Gemeinde* und sein Leib – aufgebaut aus solchen, die in der Welt an ihn glauben; (6) seine *Himmelfahrt* – „aufgenommen in Herrlichkeit" (Apg. 1,9-11).

Kap. 4,1-6
Der Seelsorger und die Irrlehren

Der Dämonismus, die Quelle der Irrlehren, 1-2. Der gut unterrichtete Seelsorger muß den wirklichen Ursprung falscher Lehren kennen, um sie wirksam bekämpfen zu können. Darum redet der Heilige Geist deutlich über diesen Punkt. Er erklärt eindeutig, daß der Irrtum nicht als erstes durch die falschen Lehrer, sondern durch böse Geister oder Dämonen angestiftet wird, die die falschen Lehrer anspornen. Diese

Hebräische Schriftrolle

Wahrheit weist auf die Tatsache hin, daß, wenn Menschen „vom Glauben abfallen", 1 (Jud. 3-4), sie mehr „verführerischen Geistern (wandernden Dämonen) anhangen" als den Irrlehrern. Das Ergebnis sind die „Lehren der Dämonen", nicht Lehren *über* die Dämonen (Dämonenlehre), sondern durch Dämonen erzeugte Irrtümer. Diese Lehrer, die Falschheiten in Scheinheiligkeit lehren, sind einfach unaufrichtige Schauspieler oder Heuchler, deren Gewissen unempfindlich geworden ist, Gutes von Bösem, Irrtum von Wahrheit zu unterscheiden.

Eine Veranschaulichung, 3-6. Der Apostel wählt einen verbreiteten Irrtum aus, eine Art gesetzlichen Asketentums, um die Tatsache des dämonischen Ursprungs der Irrlehre zu erläutern. Dieses Asketentum verbietet zu heiraten (als ob diese von Gott gegebene Einrichtung böse wäre, und so wird Gott beschuldigt) und das Essen gewisser Speisen, von welchen der Apostel zeigt, daß sie von Gott geschaffen wurden, um mit Danksagung und Gebet zu sich genommen zu werden, 3-5. Das dämonische Merkmal dieser Lehre ist offensichtlich: es stellt satanischen Hochmut dar (Jes. 14,12-14), eine Lästerung der Güte Gottes (1. Mo. 3,5) und reine Falschheit (1. Mo. 3,4). Als guter Seelsorger soll Timotheus den Ursprung der Irrlehre zeigen und die Wahrheit lehren, 6.

Kap. 4,7-16
Der Seelsorger und die Selbstzucht

Selbstzucht im öffentlichen Amt, 7-11. Dies umfaßt die treue Verkündigung der Wahrheit (vgl. Vers 6), das Zurückweisen von „Altweiberfabeln" (dumme, abergläubische Geschichten, wie sie schwatzhafte alte Frauen erzählen, reine Sagen oder Erdichtungen der Phantasie), welche „unheilig" sind, weil sie mit Heiligkeit und Gottseligkeit nichts zu tun haben. Er soll das Ziel der Gottseligkeit nicht aus den Augen verlieren und nicht auf bloß leibliche Übungen hinarbeiten, deren Nutzen vorübergehend ist – im Unterschied zu den gegenwärtigen und ewigen Vorteilen der Gottseligkeit, 8. Dies ist eine vollkommen zuverlässige Verhaltensmaßregel, 9, für die in Vers 10 gegebene Begründung. Unsere Hoffnung ruht auf dem „lebendigen Gott", der durch Christi Opfer „aller Menschen Retter" ist und tatsächlich diejenigen rettet, die glauben, 10. Selbstzucht umfaßt auch das sorgfältige Lehren dieser Dinge, 11.

Selbstzucht im persönlichen Dienst, 12-16. Timotheus, der junge Mann, soll niemandem Anlaß geben, seine Jugend zu verachten. Er soll vielmehr ein Beispiel oder Vorbild für Gottes Volk sein, 12. In seinem Dienst soll er das „Vorlesen" (eingehendes Studium der Schrift), „Ermahnen" (Predigen) und das „Lehren" (Unterweisung) betonen. Er soll die geistliche Gabe,

die er besitzt, nicht vernachlässigen. Dies ist offenbar ein Hinweis auf den Auftrag, der ihm in Verbindung mit der Handauflegung gegeben wurde, 14. Er soll darüber nachsinnen oder andauernd sorgfältig über diese Dinge nachdenken, so daß sein Fortschritt in geistlicher Reife jedermann sichtbar werde. Das bedeutet, daß er seiner Lebensführung wie auch seinen Lehren besondere Aufmerksamkeit schenken soll. Indem er an diesen Dingen festhält, wird er sich „selbst retten" (im Sinne einer Bewahrung) vor seelsorglichen Fallgruben und die Menschen, denen er dient, vor den allgemeinen Fallstricken in ihrem Glaubensleben.

Kap. 5,1-16
Die Vorsorge für die Witwen

Der Umgang mit verschiedenen Christen, 1-2. Die *Ältesten* sollen nicht hart angefahren werden. Die *jungen Männer* sollen als „Brüder" behandelt werden, die *älteren Frauen* mit mütterlicher Ehrfurcht und Liebe. Des Timotheus Umgang mit den *jüngeren Frauen* soll durch Keuschheit, wie sie Schwestern gebührt, gekennzeichnet sein.

Die Behandlung von christlichen Witwen, 3-16. Witwen, die wirklich verlassen sind, sollen „geehrt" und versorgt werden, 3. Die, welche Kinder oder andere Verwandte haben, müssen von diesen unterstützt werden, 4. Echte Witwen vertrauen auf Gott, 5, etwas, was für diejenigen, die in wollüstigem Vergnügen und Luxus leben, 6-7, nicht zutrifft. Diese sollten von der Gemeinde nicht unterstützt werden. Die Verwandten sind verpflichtet, die Witwen innerhalb ihrer Familien zu unterstützen, 8. Keine Witwe unter sechzig Jahren soll Gemeindeunterstützung erhalten. Solche, die sie in Anspruch nehmen, müssen gewisse Bedingungen erfüllen, 10. Jüngere Witwen sollen aus verschiedenen Gründen nicht unterstützt werden, 11-13, sondern sollen ermutigt werden, sich wieder zu verheiraten und Kinder zu gebären, 14-15. Soweit möglich soll die Gemeinde nur für „wirkliche" Witwen verantwortlich sein, 16.

Kap. 5,17-22
Über die Ältesten

Die ihnen gebührende Ehre, 17-20 (vgl. Kap. 5,1). Älteste (Gemeindevorsteher), die lehren, sollen „doppelter Ehre" würdig erachtet werden – Ehrung der Stellung und Ehrung durch finanzielle Unterstützung, 17-18 (vgl. 5. Mo. 25,4; Lk. 10,7; 1. Kor. 9,7.9). Sie sollen nicht verantwortungslos verklagt werden, 19 (vgl. 5. Mo. 19,15). Trotzdem sollen solche, die sündigen, öffentlich zurechtgewiesen werden, um der anderen willen, die versucht werden könnten, 20.

Die Verantwortung des Timotheus, 21-

22. Wie alle Seelsorger wird Timotheus feierlich vor Parteilichkeit und Vorurteilen im Umgang mit dem Volk Gottes, 21 (vgl. Jak. 2,1-12), gewarnt. Er wird auch vor übereilter Handauflegung und Beauftragung junger Männer zum Dienst gewarnt, 22 (vgl. Apg. 13,3).

Kap. 5,23-25
Der persönliche Rat des Paulus an Timotheus

Des Timotheus Gesundheit, 23. Paulus schlägt vor, daß Timotheus sich nicht mehr länger darauf beschränke, nur Wasser zu trinken, sondern ein wenig Wein gebrauche (vielleicht mit Wasser vermischt), um seines heilkräftigen Wertes willen.

Zur Frage der Sünden und der guten Werke der Menschen, 24-25. Die Sünden einiger Menschen sind so offenkundig und sichtbar, daß sie dem Sünder zum Gericht vorangehen. Anderen folgen ihre Sünden nach oder holen sie ein und erscheinen als Folgen ihrer Übeltat, 24. In gleicher Weise sind die guten Werke etlicher Gläubigen offenkundig und deutlich. Wie dem auch sei, auch jene guten Werke und Liebestaten, die nicht jedermann sichtbar sind, können nicht verborgen bleiben, nicht vor Gott und nicht einmal vor den Menschen, 25.

Kap. 6,1-5
Verhaltensmaßregeln für Knechte und Meister

Die allgemeine Anleitung, 1-2 (vgl. Erklg. zu Eph. 6,5-9). Der Apostel hält sich an den gesellschaftlichen Brauch, der vorherrschte, und betont, daß die christliche Sittenlehre auf diese Ordnung anwendbar ist, so falsch sie auch sein mag (vgl. auch Erklg. zu Kol. 3,22-4,1).

Anklage falscher Lehrer, 3-5. Die, welche heilsame, „gesunde" Worte und Lehren, die zur Gottseligkeit führen, ablehnen, 3, werden in ihrem wahren Licht beschrieben. Sie halten Gottseligkeit für eine Erwerbsquelle, 4-5.

Kap. 6,6-10
Warnung an die Reichen

Der Segen göttlicher Zufriedenheit, 6-8. Gewinnstreben ist nicht Frömmigkeit, 5, aber Gottseligkeit in Verbindung mit Genügsamkeit ist ein *großer Gewinn,* 6 (betont!). Zufriedenheit bedeutet, zu seinem Los entsprechend dem Willen Gottes ein volles Ja zu haben (Hebr. 13,5). Da wir nichts in diese Welt gebracht haben und auch nichts mit hinausnehmen werden, 7, sollten wir zufrieden sein, wenn wir Nahrung und Kleidung haben, 8 (vgl. 1. Mo. 28,20-21).

Der Fluch ungöttlichen Reichtums, 9-10. Der Fluch besteht nicht im Reichtum selbst, sondern in der falschen Einstellung zu ihm. Die, welche reich werden „wollen" oder eine vorsätzliche Entscheidung dazu treffen, wählen einen auf irdischen Reichtum gegründeten Lebenskurs. Als Folge davon fallen sie in Versuchungen, welche anderen nie begegnen. Solch ungöttlicher Reichtum beweist auch, daß er eine Falle ist. Wie eine Falle ein Tier seiner Freiheit und des Lebens beraubt, fängt dieses Begehren den Menschen in „viele törichte und schädliche Lüste", 9, so heftig, daß sie unwiderstehlich werden und im persönlichen und sittlichen Ruin enden. Anstatt Befriedigung zu bringen, ist der Reichtum „eine Wurzel (betont!) aller Übel"; er hat Begehrlichkeit, Abfall vom Glauben und tiefbohrende Sorgen zur Folge, 10.

Kap. 6,11-16
Der Gläubige wird gewarnt

Sein Ehrgeiz, 11-12. Der Gottesmensch soll von den Fallstricken des irdischen Reichtums weglaufen und sie strikt meiden, 11 (2. Kor. 6,14-17; 2. Tim. 2,19-21). Er hat fleißig den christlichen Tugenden nachzujagen, 11. Er soll streiten, das heißt, sich dessen bewußt sein, daß er in einem geistlichen Kampf steht (Eph. 6,10-20; 2. Tim. 2,3-4). Dabei geht alles um den guten Kampf des Glaubens. Der Gläubige soll das ewige Leben „ergreifen", 12. Dieses Leben wird hier mit dem eines Athleten verglichen, der um einen Kampfpreis läuft (Phil. 3,12-14) und dessen Lohn im vollen Erfassen der Bedeutung des ewigen Lebens bereits im irdischen Wettlauf besteht.

Der Auftrag des Apostels an ihn, 13-16. Paulus gebietet dem Gottesmenschen, d.h. dem Menschen, der Gott erlaubt, sein Leben zu regieren, dieses Gebot, welches Weltlichkeit und irdischen Reichtum betrifft (6-12), zu halten, 14, und zwar ohne Befleckung oder Grund zum Tadel bis auf das Erscheinen Christi (1. Thess. 4,13-17). Das Streben in diesem Leben soll über jeden Tadel erhaben sein.

Kap. 6,17-19
Anweisungen für begüterte Gläubige

Das Gebot, 17-18. Sie werden feierlich ermahnt, weder „stolz" zu sein noch ihre „Hoffnung auf die Unbeständigkeit des Reichtums" zu setzen, welcher nie letzte Sicherheit zu bieten vermag. Der Glaube soll vielmehr im lebendigen Gott ruhen, der den Gläubigen die Fülle darreicht, 17. Sie sollten eher an guten Werken reich werden, bereit, ihren Reichtum zur Förderung von Gottes Werk zu gebrauchen und mit armen Gläubigen zu teilen, 18.

Das Ziel, 19. Das Ziel, das dem Glaubenden vor Augen steht, ist: (1) *Zukünftiger Lohn* für

Treue (vgl. 1. Kor. 3,12-15; 9,23-27; 2. Kor. 5,10-11). Sie sollen den Schatz „für die Zukunft sammeln" (auf die Seite legen) als eine gute Grundlage für unvergänglichen, ewigen Reichtum. (2) *Gegenwärtiger Genuß* des geistlichen Lebens. „Damit sie das wahre Leben erlangen" (vgl. Phil. 3,14). Gemeint ist überfließendes Leben hier und jetzt (Joh. 10,10).

Kap. 6,20-21
Aufruf an Timotheus

Das positive Gebot, 20a. „Bewahre (hüte es wie etwas höchst Wertvolles) das anvertraute Gut." Der junge Seelsorger war mit einem Amt betraut worden, das er eifersüchtig hüten sollte.
Die negative Warnung, 20b-21. Er sollte weltliches und leeres Geschwätz und zwecklose Wortstreitereien vermeiden und davon abstehen. Gleicherweise sollte er Kontroversen mit der „Wissenschaft", der „fälschlich sogenannten Erkenntnis", meiden. Die Theorien des Menschen, die sich nicht beweisen lassen, geraten oft mit den von Gott geoffenbarten Wahrheiten in Konflikt. Der weise Seelsorger wird davon Abstand nehmen und sich vollständig der Verkündigung der von Gott geoffenbarten Wahrheit widmen, 28. Trotzdem wurden einige in den Tagen des Paulus wie in den unsrigen in das menschliche Theoretisieren hineingezogen und sind in der Folge „vom Glaubensziel" abgekommen, 21a (Jud. 3). Es folgt der Schlußsegen, 21b.

Zweiter Timotheusbrief

Ein guter Streiter Jesu Christi

Das Forum in Rom

Verfasser und Datierung. Wie der erste Timotheusbrief wurde der zweite Brief vom Apostel Paulus an seinen „geliebten Sohn" Timotheus geschrieben (1,1-2). Falls es nur eine Gefangenschaft des Paulus gegeben hat, ist dieser ergreifende Brief, der die letzten geschriebenen Worte des Apostels enthält, ungefähr 64 n.Chr. abgefaßt worden. Wenn es eine zweite, spätere Gefangenschaft gegeben hat, ist er ungefähr im Jahre 67 n.Chr. geschrieben worden.

Der Zweck. Der Brief wurde in der Absicht geschrieben, den Lauf eines treuen Knechtes Jesu Christi in einer Zeit des Abfalls von der rechten Lehre zu umreißen. Die Gemeinden in Asien (1,15) waren vom Evangelium der Gnade, welches der Apostel verkündigt hatte, abgewichen und in die Gesetzlichkeit zurückgefallen. Paulus ermutigt Timotheus, die hilfreichen Quellen der Heiligen Schriften, die für den getreuen Seelsorger in einer solchen Zeit des Abfalls besonders wichtig sind, in Anspruch zu nehmen.

Überblick

Abfall und seelsorgerliche Treue, Kap. 1
Abfall und geistlicher Kampf, Kap. 2
Abfall und das Wort Gottes, Kap. 3
Abfall und ein treuer Herr, Kap. 4

Zweiter Timotheusbrief

Kap. 1,1-5
Die Rechtschaffenheit eines treuen Seelsorgers

Des Paulus Liebe und Gebete für Timotheus, 1-4. In seinem Gruß, 1-2, nennt Paulus Timotheus „seinen geliebten Sohn (Kind)", womit er seine tiefe Zuneigung zu diesem wahren Kind im Glauben zeigt. Sein Interesse an Timotheus wird durch sein anhaltendes Gebet für ihn offenbar, 3, und seine Liebe kommt durch seinen ernsthaften Wunsch, ihn zu sehen, zum Ausdruck, 4 (vgl. Kap. 4,9.21). Dieses Verhältnis zwischen Paulus und Timotheus ist eine der großen Freundschaften der Bibel.

Des Paulus Vertrauen zu Timotheus, 5. Er ruft den „ungeheuchelten Glauben" des Timotheus in Erinnerung, der echt und ohne jede Heuchelei oder einen frommen, vorgetäuschten Anschein war. Paulus war völlig davon überzeugt, daß derselbe echte Glaube, der in seiner Mutter und seiner Großmutter wohnte, auch in Timotheus vorhanden war.

Kap. 1,6-8
Anfechtungen eines treuen Seelsorgers

Anfechtungen erfordern einen Geist des Mutes, 6-7. Angesichts des geistlichen Hintergrunds und Glaubens des Timotheus mußte Paulus ihn erinnern, „die Gabe Gottes anzufachen". Dieses göttlich verliehene Geschenk (*charisma*, 1. Kor. 12,4.9.28) wurde ihm anläßlich seiner Einsegnung zum Seelsorger geschenkt, als der Apostel ihm die Hände auflegte (1. Tim. 4,14). Ein furchtloser Geist ist nötig, um in einer Zeit geistlichen Niederganges den Abfall zu bekämpfen. Die gottgeschenkte Gabe des Timotheus war nicht ein „Geist (Haltung) der Furchtsamkeit (Röm. 8,15; 1. Joh. 4,18), sondern der Kraft (die treibende Einwirkung eines allmächtigen Gottes) und der Liebe und der Zucht (eines gesunden Sinnes)", 7. Dieser letzte Satz bezieht sich auf eine unerschütterliche geistliche Gesundheit, die Mut gibt, für die Wahrheit und Gerechtigkeit einzustehen, 7.

Anfechtungen sind ein Teil treuer Evangeliumsverkündigung, 8. Timotheus hatte selbstverständlich Ungemach zu erwarten und sollte nicht versuchen, dies zu umgehen und sich „des Zeugnisses unsres Herrn", das die volle Verkündigung der Person und des Rettungswerkes Christi einschließt, zu schämen. Auch sollte er sich des Paulus nicht schämen, der noch „sein (Gottes) Gebundener" war („sein", weil Paulus wegen seiner Treue zu Christus gefangen war). Die Leiden um des Evangeliums willen sind von der Verkündigung der guten Nachricht unablösbar. Wenn sie um der Wahrheit willen durchlitten werden, wird die Kraft Gottes im Dienst des Angefochtenen offenbar werden.

Kap. 1,9-11
Die Berufung eines treuen Seelsorgers

Das Evangelium beschrieben, 9-10. In mehreren Sätzen wird das Evangelium oder die gute Nachricht beschrieben, die der treue Prediger verkündigen muß und wozu er berufen ist. Der Kern der Botschaft weist darauf hin, daß Gott alles zur Rettung des Sünders getan hat und daß er nun den Sünder zur Umkehr ruft. Die Berufung des Gläubigen wird hier betont als (1) *göttlich,* „Gott" beruft uns; (2) *heiligend,* mit einem „heiligen Ruf" berufen, indem die Berufenen zu Gottes eigenem Besitz und zu seiner Verwendung ausgesondert werden; (3) *gnädig,* „nicht nach unsren Werken, sondern nach ... der Gnade"; (4) *vorsätzlich,* „nach seinem eigenen Vorsatz"; (5) *voraus geplant,* uns „vor ewigen Zeiten gegeben"; (6) *„geoffenbart"* oder durch Christi Menschwerdung bekanntgemacht. Gottes Ruf wurde durch das Werk des göttlich-menschlichen Sohnes bewirkt, der dem Tod die Macht genommen und ewiges Leben und Unverweslichkeit gebracht hat. Diese großen Gaben werden durch das Evangelium ins klare Licht gerückt.

Die Berufung veranschaulicht, 11. Paulus selbst liefert das anschauliche Beispiel eines Menschen, der als Verkündiger, als ein Apostel – Abgeordneter – und als Lehrer des Evangeliums göttlich berufen worden ist.

Kap. 1,12-14
Das heilige Vertrauen eines treuen Seelsorgers

Das Zeugnis der Gewißheit, 12. „Aus diesem Grunde leide ich auch solches; aber ich schäme mich dessen nicht." Warum? Die Antwort des Apostels lautete: „Ich weiß, wem ich mein Vertrauen geschenkt habe ... ich bin überzeugt." Gewißheit ist für einen Zeugen, der Gottes Werke tun will (vgl. Eph. 2,10), grundlegend. Es ist des Gläubigen unerschütterliche Überzeugung, nicht nur, daß er das Heil besitzt, in welchem er allein durch das Verdienst des Werkes Christi ewig bewahrt wird, sondern auch, daß die Hingabe seines Lebens an den Retter reiche Frucht bringen wird.

Die Folge der Gewißheit, 13-14. Einer, der im Glauben gesund ist, ist fähig, (1) anderen die rechte Kenntnis der Lehre zu vermitteln – „halte dich an das Muster der gesunden Worte", 13a; (2) gesunde (heilsame) Lehre im Glauben zu verwirklichen, 13b; (3) seinen Dienst für Christus zu bewahren und unversehrt zu erhalten, 14a. Das wird mittels des Heiligen Geistes (nicht durch eigene Anstrengung), „der in uns (dem Gläubigen) wohnt", ausgeführt, 14b (vgl. 1. Kor. 6,19).

Kap. 1,15-18
Prüfungen und Freuden des treuen Seelsorgers

Die Prüfungen, 15. Die Gemeinden der römischen Provinz Asien, die von Statthaltern verwaltet wurde, hatten sich von der Lehre abgewandt. Sie hatten sich vom Apostel „abgewandt", d.h. von seiner Gnadenbotschaft, und fielen in mehr oder weniger starkem Maß in jüdische Gesetzlichkeit zurück. So stark hatte der Abfall eingesetzt, 15a. Zwei, die treulos wurden, werden besonders genannt, 15b.

Die Freuden, 16-18. Auf der anderen Seite vermerkt Paulus aber auch das Erfreuliche. Der Haushalt des Onesiphorus wird erwähnt. Dieser Bruder hatte den Apostel, weil er sich der Gefangenschaft des Paulus in Rom nicht schämte, erquickt. Außerdem hatte er ihm früher in Ephesus beigestanden, 17-18.

Kap. 2,1-3
Die Gnadenbotschaft und der geistliche Kampf

Für die Verkündigung der Gnadenbotschaft ist Kraft erforderlich, 1-2. „Du (betont!) erstarke (oder stärke dich) in der Gnade, die in Christus Jesus ist", weil die Gemeinden in Asien sich davon abgewandt haben, 1 (s. Kap. 1,15). Diese Ermahnung war besonders nötig, weil die Wahrheit, daß die Rettung einzig das Ergebnis des von Christus vollbrachten Werkes ist und keiner weiteren Werke, menschlicher Verdienste oder gesetzlicher Übungen bedarf, dem Angriff Satans unterworfen ist (vgl. 1. Tim. 4,1-5). Die Wahrheit der Rettung durch Gnade allein wurde dem Apostel von Gott offenbart (Eph. 3,1-10) und Timotheus im Beisein von vielen Zeugen übertragen. Timotheus seinerseits soll diese Wahrheit anderen getreuen Männern weitergeben, die in gleicher Weise andere unterweisen können, 2. Dies ist das biblische Muster christlicher Erziehung, der Weg, das Evangelium bis an die Enden der Erde auszubreiten.

Gnade zu predigen bringt Kampf, 3. Ein Anhänger dieser Botschaft kann Widerstand erwarten. Paulus schärft Timotheus ein, zusammen mit ihm als guter Streiter Jesu Christi allen Widerstand zu erdulden.

Kap. 2,4-7
Trennung und Erfolg im Werk Gottes

Die Notwendigkeit der Trennung, 4. Die geistliche Bedeutung des Bildes vom Soldaten (3) wird weiter erläutert. Niemand, der als Krieger dient und militärische Pflichten ausführt, läßt sich in Geschäfte und Angelegenheiten dieses Lebens hineinziehen. Der Grund ist der, daß er dem, der die Truppen anwirbt, gefallen möchte. Angesichts des Widerstandes, den die Gnadenbotschaft auslöst, muß der Streiter Jesu von weltlichen Vergnügungen und der Jagd nach weltlichen Dingen frei sein, denn sein einziges Ziel sollte das Wohlgefallen seines Herrn sein (2. Kor. 5,9).

Die Notwendigkeit des Gehorsams und der Anstrengung, 5-7. Belohnung für Erfolg im christlichen Wettlauf erfordert (1) Trennung von der Sünde (Hebr. 12,1); (2) Zucht und Gehorsam dem Wort Gottes gegenüber (das Bild eines Wettläufers, der den Regeln des Wettkampfes gemäß läuft), 5 (vgl. 1. Kor. 9,25-27); (3) Arbeit und Anstrengung (das Bild eines hart arbeitenden Landmanns, der zuerst arbeiten muß, bevor er an den Früchten seiner Arbeit Anteil haben kann), 6 (s. die Unterscheidung zwischen Rettung und Belohnung in 1. Kor. 3,10-15). Der Apostel fleht darum, diese Beispiele als ein Ergebnis der Belehrung des Herrn zu verstehen, 7.

Kap. 2,8-10
Leiden und die Gewinnung von Seelen

Der Grund des Leidens, 8-9a. Der Dienst am Evangelium der Gnade, in dessen Mittelpunkt die Lehren von der Auferstehung des menschgewordenen Christus und seiner Messianität „aus Davids Samen" stehen, 8 (Röm. 1,3-4), führte Paulus zum Erleiden von Ungemach, ja sogar bis zur Gefangenschaft (Eph. 6,20).

Die Folgen seiner Leiden, 9b-10. Er war in Ketten, aber das Wort Gottes war es nicht, 9b. Deshalb würde das ungebundene Wort, das er gepredigt hatte, im Leben vieler die Rettung bewirken. Die „Auserwählten" sind Gläubige oder zukünftige Gläubige (Eph. 1,4-6). Paulus erduldete Leiden, damit diese Auserwählten gerettet und schließlich verherrlicht würden (Röm. 8,29-30).

Kap. 2,11-14
Vereinigung mit Christus und die kommende Herrlichkeit

Die Stellung des Gläubigen in Christus, 11. Dies ist ein glaubwürdiges Wort, d.h. eine zuverlässige Tatsache, daß der Gläubige im Geist getauft und durch den Heiligen Geist mit Christus in Tod, Begrabensein und Auferstehung (Röm. 6,3-4; 1. Kor. 12,13; Gal. 3,27; Kol. 2,11-12) eins geworden ist. Hier betont der Apostel die Glaubensstellung des Wiedergeborenen im Blick auf den Tod und das neue Leben mit Christus. „Sind wir mitgestorben, so werden wir auch mitleben." Der Tod ist untrennbar mit dem Leben verbunden. Wie der Gläubige in Christus der Sünde gestorben ist, so wird er mit ihm leben.

Die Erfahrung der Stellung in Christus, 12a. Wenn wir durch unseren Wandel in Christus leiden, werden wir auch mit ihm herrschen, sowohl in diesem Leben durch die Erfahrung seiner Macht und Vollmacht (Phil. 3,10-14) als auch hernach als Belohnung (Off. 2,26-27; 20,6).

Das Problem der Treulosigkeit des Gläubigen, 12b-14. „Verleugnen wir, so wird er uns auch verleugnen", d.h. uns abweisen, als untauglich für einen Preis halten und uns nicht der Belohnung im christlichen Wettlauf für wert achten (s. Erklg. zu 1. Kor. 9,16-27). Wenn wir untreu sind, so daß unsere Erfahrung unserer Stellung in Christus widerspricht, „bleibt er treu; denn er kann sich selbst nicht verleugnen", 13 (vgl. 4. Mo. 23,19). Er kann sein Wort, seine Verheißung über unsere Sicherheit und Ruhe in

Christus (Joh. 10,28-29; Röm. 8,1) nicht zurücknehmen. Timotheus sollte seine Herde an diese Wahrheiten der Gnadenbotschaft erinnern und sie dabei vor wertlosen Wortgefechten warnen, die nur Verwirrung und Abweichen von der „Gnade, die in Christus Jesus ist", zur Folge haben, 14 (2,1).

Kap. 2,15-19
Bibelstudium und gottseliges Leben

Rechter Gebrauch der Bibel – der Gegenpol zur Irrlehre, 15-18. Studiere, sei fleißig oder eifrig, dich vor Gott als „bewährt" (geeignet) zu erweisen. Der Arbeiter soll sich nicht durch fehlerhafte Arbeit beschämen oder einschüchtern lassen, denn er soll das geoffenbarte Wort Gottes, hier das „Wort der Wahrheit" genannt, „richtig behandeln", wörtlich „gerade schneiden". Dieses Verkündigen göttlicher Offenbarung ohne Verzerrung, Verdrehung oder Widerspruch wird nur möglich, wenn der Gottesarbeiter die verschiedenen Themen in der Schrift fleißig erarbeitet und dementsprechend davon Gebrauch macht. Nur so kann auf Irrtum und Kultfrömmigkeit, 16-18, geantwortet werden, hier beispielhaft durch die falsche Lehre über die Auferstehung vorgestellt.

Bibelstudium – der Schlüssel zu einem Gott wohlgefälligen Leben, 19. Die geoffenbarte Wahrheit enthüllt, daß der „Grund Gottes", der Grundzug seines Wesens, feststeht – unerschütterlich und unbeweglich. Dieser göttliche Grund hat ein zweifaches „Siegel" (Kennzeichen oder Wertzeichen): (1) Der Herr kennt die Seinen (4. Mo. 16,5; Joh. 10,14); und (2) die dem Herrn gehören, sollen von der Sünde abgesondert sein. Heiliges Leben soll der äußere Beweis für die persönliche Verbundenheit mit Gott sein. Diese beiden Grundbegriffe laufen als roter Faden durch die ganze Schrift.

Kap. 2,20-23
Absonderung und geistliche Brauchbarkeit

Absonderung veranschaulicht, 20-21. Das Bild ist das eines großen Haushalts mit vielen Gebrauchsgegenständen, wertvollen (goldenen und silbernen) und weniger wertvollen (hölzernen und irdenen). Die einen sind zu ehrbarem Gebrauch, die anderen für niedrigere Zwecke. Der Knecht des Herrn ist ein „Gefäß". Wenn er von Gott gebraucht werden soll, muß er sich vom Bösen absondern und „reinigen" lassen. Er wird dann ein Gefäß zur Ehre werden, sowohl der Stellung wie der Erfahrung nach „zu jedem guten Werke zubereitet".

Das Grundlegende verkündigt, 22-23.

Das Odeon (Musikhalle) in Ephesus. Timotheus hatte als Knecht des Herrn in Ephesus gewirkt.

„Fliehe die jugendlichen Lüste" (die heftig brennenden Begierden oder Leidenschaften der Jugend), „jage" (folge eifrig nach) aber den christlichen Tugenden nach, die von denjenigen ausgeübt werden, „die den Herrn aus reinem Herzen anrufen". Nur auf solche Weise kann ein reines Herz erhalten werden. Törichte und unnütze Fragen sollen vermieden werden, denn sie bringen nur Streitigkeiten und Entzweiung hervor, 23.

Kap. 2,24–26
Geistlicher Sieg

Der Knecht Jesu Christi, 24–25a. Hier wird der Seelsorger „Knecht des Herrn" genannt. Obwohl er zum geistlichen Kampf aufgerufen ist, darf er nicht in einem natürlichen Sinn streiten oder Wortgefechte austragen. Er soll vielmehr Jesu Sieg in seinem Leben zur Schau stellen, indem er sanftmütig, begabt und zum Unterweisen vorbereitet, duldsam und bei Böswilligkeit und Beleidigungen geduldig ist, 24. Mit Sanftmut soll er diejenigen, die gegenteiliger Meinung sind, 25a, lehren und zurechtweisen.

Des Knechtes Sieg über Satan, 25b–26. Des Knechtes persönlicher Sieg (24–25a) hat einen zweifachen Zweck: (1) daß der Herr seinen Gegnern dadurch Buße schenken möge, daß er sie zur vollen Erkenntnis der Wahrheit führt, 25b; (2) daß sie „wieder nüchtern werden", d.h. ihre Vernunft zurückerhalten. Die, welche in Satans Schlinge (falsche Lehren) gefangen wurden, sind demzufolge verblendet und berauscht. Wenn sie in diesem Zustand bleiben, werden sie vom Teufel „lebendig gefangen ... für seinen Willen", 26.

Kap. 3,1–5
Der Abfall

Die Zeit des Abfalls, 1. Die Wichtigkeit dieser Offenbarung liegt in dem Satz „Das aber sollst du wissen". Es war etwas, dem Timotheus besondere Aufmerksamkeit zu schenken hatte. Die Zeit, die mit „die letzten Tage" beschrieben ist, weist in der Schrift oft auf das messianische Zeitalter hin. Die Verfasser des Neuen Testaments sahen die letzten Tage als eine Zeit der Abweichung von der Wahrheit. Für die Christen würden „schwere Zeiten" kommen, d.h. geistlich und sittlich besonders versuchlich und voller Gefahren. Die Verhältnisse werden sich gegen Ende des Gemeindezeitalters zusehends verschlechtern (5).

Das Wesen der Abtrünnigen, 2-5a. Die „schweren Zeiten" (1) werden durch die Charaktereigenschaften der dann lebenden Menschen bestimmt. Sie werden durch folgende Eigenschaften charakterisiert: (1) selbstsüchtig; (2) geldgierig; (3) prahlerisch (arrogant); (4) stolz (hochmütig); (5) Lästerer, gottlos, unehrerbietig gegen Gott und die heiligen Dinge; (6) den Eltern ungehorsam, eigenwillig und zuchtlos; (7) undankbar, ohne Anerkennung für die von Gott und Menschen erhaltenen Wohltaten; (8) unheilig, den Unterschied von gut und böse mißachtend; (9) ohne natürliche Zuneigung, lieblos gegen ihre eigenen Angehörigen; (10) unwillig, sich zu versöhnen; (11) falsche Ankläger, Verleumder, die buchstäblich Teufel sind; (12) ausschweifend, leidenschaftlich, unbezähmbar, unbeherrscht; (13) wild, wüst und grausam in ihrer Haltung und im Handeln; (14) Verächter derer, die gut sind, buchstäblich Hasser des Guten; (15) Verführer und Verräter; (16) starrköpfig, hartnäckig, die ungestüm ihrem eigenen Willen nachstreben; (17) anmaßend, aufgeblasen; (18) das Vergnügen mehr als Gott liebend; (19) „die den Schein von Gottseligkeit haben, deren Kraft aber verleugnen", Vertreter einer rein äußeren, formalen Religion, die der wirklichen ähnelt, die jedoch fortfahren, die echte, antreibende Kraft eines christlichen Lebens abzulehnen.

Das Verhalten diesen Abtrünnigen gegenüber, 5b. Strenge Absonderung (vgl. 2,4-5.20-23) wird gefordert; „Solches meide!" Es ist nötig, in unseren Tagen über diese Vorschrift nachzudenken.

Kap. 3,6-9
Das Ergebnis des Abfalls

Moralische Verderbtheit und fehlgeleiteter Verstand, 6-7. Die Abtrünnigen fallen in Unsittlichkeit (2. Petr. 2,10-14; Jud. 4.8.10). Hier werden sie als solche gezeigt, die in Häuser eindringen und schwache, törichte Frauen verführen. Wörtlich betrachtet sind es „kleine Frauen", klein in bezug auf echte Weiblichkeit, mit Sünden beladen und von der Tugend durch verschiedene Lüste abgezogen, 6 (vgl. Tit. 1,11). Die Abtrünnigen werden auch Opfer eines überbetonten Vernunftdenkens. Sie lernen immerzu (Philosophie und ähnliche Wissenschaften), werden aber nie fähig sein, zu irgendeiner genauen oder richtigen Erkenntnis der Wahrheit zu gelangen.

Widerstand gegen die Wahrheit, 8-9. Die Abtrünnigen sind nicht nur unfähig, zur richtigen Erkenntnis der Wahrheit zu gelangen, sie „widerstehen" sogar der Wahrheit kräftig wie Jannes und Jambres (vgl. 2. Mo. 7,11-12). Diese Namen sind in der außerbiblischen hebräischen Überlieferung als Gegner Moses erhalten (vgl. die, „welche die Wahrheit aufhalten", Röm. 1,18). Es sind Menschen in verderbtem Zustand, in ihrem Denken völlig verdreht und deshalb unfähig zum Glauben, 8 (Jud. 3). Ihr Gericht und Schicksal werden gezeigt, 9. Abtrünnigkeit ist nicht wiedergutzumachen und zieht das göttliche Gericht nach sich.

Kap. 3,10-13
Verfolgung und Abfall

Abfall führt zu Verfolgung, 10-11. Das Leben und der Dienst des Apostels sind ein Beispiel dafür, 10. Verfolgung und Mühsale trafen ihn in Antiochien in Pisidien (Apg. 13,45-50), in Ikonium (Apg. 14,5-6) und in Lystra (Apg. 14,19), 11. In seiner geduldigen Ausdauer erlebte Paulus die befreiende Hand des Herrn.

Gottseligkeit und Verfolgung, 12-13. Alle diejenigen, die sich entschließen, in enger Verbindung mit Jesus Christus zu leben, d.h., ihre *Stellung* in Christus durch die *Erfahrung* Christi zu verwirklichen, werden Verfolgung leiden, 12. Das wird besonders in den schwierigen Zeiten, die der Wiederkunft Jesu vorausgehen, der Fall sein, weil böse Menschen und „Betrüger" (wörtlich „Wahrsager") mehr und mehr überhandnehmen werden, indem sie betrügen und betrogen werden, 13.

Kap. 3,14-17
Die Schrift und der Abfall

Die Rolle der Schrift im Leben des Timotheus, 14-15. Er hatte die Schrift durch seine Großmutter und Mutter und durch den Apostel selbst kennengelernt und war von ihren Wahrheiten überzeugt (1,5-6; 1. Tim. 1,1-2; 2. Tim. 1,1-2). Von Jugend auf war er in den heiligen Schriften (des AT) unterrichtet worden. Diese haben die Kraft, einen Menschen durch den Glauben, der Jesus Christus zum Mittelpunkt hat (Röm. 10,17), zum Heil zu führen.

Die Inspiration und der Gebrauch der Schrift, 16-17. Der Satz: „Jede Schrift ist von Gottes Geist eingegeben und nützlich ..." erklärt (1) die vollständige Eingebung der ganzen atl. und damit aller kanonischen Schriften; (2) daß die ganze Schrift „von Gottes Geist eingegeben" ist. Gott erzeugte sie in Wirklichkeit, atmete sie aus. Das bleibt so, ob der Mensch es glaubt oder nicht. Sie hat diese unveränderliche Eigenschaft, die ihr zielsetzend innewohnt; (3) daß sie, als von Gottes Geist eingegeben, unfehlbar ist und umfassende Autorität hat, da Gott ihr Urheber ist und tatsächliche Irrtümer mit dem Wesen Gottes unvereinbar sind; (4) die Nützlichkeit der ganzen Schrift (a) „zur Belehrung" (Unterweisung); (b) „zur Überführung" oder Verurteilung von Unrecht und Sünde (c) „zur Zurechtweisung" oder Erneuerung; (d) „zur (züchtigenden) Erziehung in der Gerechtigkeit", sowohl zu Gottes innewohnender Gerechtigkeit als auch für den rechtschaffenen Wandel, den er von den Seinen verlangt; (e) daß der „Mensch Gottes vollkommen sei" im Sinne von vollständig, ohne Mangel, vollständig ausgerüstet und „zu jedem guten Werke" tüchtig. Dieses Selbstzeugnis der vollkommenen Eingebung der Bibel ist die Festung gegen Irrtum und Abfall sowohl im Leben als auch in der Lehre.

Kap. 4,1-4
Das verkündigte Wort und der Abfall

Ein feierlicher Auftrag, 1-2. Paulus bekräftigt den Befehl: „Predige das Wort", 2a, mit einem sehr ernsten und dringlichen Aufruf an die göttlichen Zeugen Gott, den Vater, und Jesus Christus, den Richter aller, 1 (vgl. Joh. 5,22). So ungeheuer wichtig ist die Verkündigung der Schrift, 2, daß der Apostel die Rechenschaft, welche die Diener Christi ablegen müssen (wie sie das Wort Gottes behandelt haben), betont. Der Prediger soll einen Ehrgeiz haben: das Wort zu verkündigen und zu unterrichten, d.h., die richtige Auslegung der Pläne und Absichten Gottes für die verlorene Menschheit, die Christus zum Mittelpunkt haben, zu predigen. Solch ein Auftrag soll zur gelegenen Zeit (wenn es günstig, zweckmäßig ist) wie auch zur ungelegenen (ungünstigen, unpassenden) Zeit ausgeführt werden, mit anderen Worten *„immer"*.

Der Grund für den Auftrag, 3-4. Das Wort Gottes allein ist der Gegenpol zum Abfall. In diesen Versen wird der Abfall in Beziehung zur Schrift beschrieben. (1) Abtrünnige werden richtige Unterweisung („gesunde Lehre") nicht ertragen. (2) Sie werden Lehrer „anhäufen", welche ihren niederen Trieben Vorschub leisten werden. (3) Sie werden „empfindliche Ohren" haben und für einen neuen Irrtum empfänglich sein, 3. (4) Sie werden ihre Ohren „von der Wahrheit", dem Wort, abkehren und den Fabeln und Mythen zuwenden, 4.

Kap. 4,5-8
Der Lohn des treuen Dieners

Ratschlag für einen treuen Prediger, 5. Der Rat ist: (1) „bleibe nüchtern", sei wachsam und bereit; (2) „erleide das Ungemach" (2,3); (3) „tue das Werk eines Evangelisten" (ein Verkündiger der guten Nachricht, daß Jesus starb, um Sünder zu retten); (4) „richte deinen Dienst völlig aus", diene Gott in vollem Maß, indem du deinen Dienst so wirkungsvoll wie irgend möglich ausrichtest.

Zeugnis eines treuen Predigers, 6-7. Dies ist der Triumph eines Menschen, der das Wort verkündigte. Paulus erklärt, daß er „schon geopfert" wird, d.h. sein Leben als ein Trankopfer ausgießt, da er sich aufgeopfert hatte, um das Evangelium bekanntzumachen (vgl. Phil. 2,17). Die Zeit seines Abscheidens durch den Tod war nahe herbeigekommen. Er hatte „den guten Kampf gekämpft" *(agonia),* einen geistlichen Kampf (vgl. Eph. 6,10-20), und hatte nun „den Lauf vollendet". „Lauf" (gr. *dromos*) verweist auf einen Wettlauf in den öffentlichen Spielen und ist bildhaft gebraucht für die Laufbahn oder den Dienst eines Menschen. Der Apostel hatte „den Glauben bewahrt" (Jud. 3), d.h. ihn vor Irrtum und Abfall behütet.

Der Lohn des treuen Predigers, 8. Hier drückt sich Glaube in einer strahlenden Hoffnung aus. „Die Krone der Gerechtigkeit" ist der Lohn für die Treue und wird für solche, die Christi Erscheinen besonders lieben, bereitgehalten. „Die Krone" (gr. *stephanos*) ist der Kranz des Siegers, ein Kranz aus wilden Oliven oder Kiefern, der dem Sieger bei den griechischen Spielen überreicht wurde.

Kap. 4,9-15
Persönliche Ermahnungen eines treuen Predigers

Anweisungen für Mitarbeiter, 9-13. Timotheus wird gedrängt, alles zu tun, um unverzüglich zum Apostel zu kommen, 9, weil Paulus beinahe allein war. Demas hatte ihn aus Liebe zu dieser Welt, dem „Weltlauf", verlassen. Crescens war nach Galatien in Kleinasien, Titus über die Adria nach Dalmatien gegangen. Nur Lukas war geblieben, 10. Paulus bittet, daß Markus gebracht werde, 11 (vgl. Apg. 15,37-39). Diese Bitte, daß Markus kommen soll, ist besonders bemerkenswert, da ihn Paulus früher auf seiner zweiten Missionsreise wegen seiner Unzuverlässigkeit nicht hatte mitnehmen wollen. Offenbar war Markus inzwischen im Glauben gereift, und Paulus hatte ihm verziehen. Paulus hatte Tychikus (Tit. 3,12) nach Ephesus entsandt, 12. Er bittet um „den Reisemantel", eine warme Kutte mit Haube, die besonders für Reisen geeignet ist und „die Bücher", die Schriftrollen (gr. *biblia*), aber besonders die „Pergamente", Manuskripte, die aus glattem, feinem Leder gemacht waren, 13.

Warnung vor schlechten Arbeitern, 14-15. Timotheus wird vor Alexander, dem Kupferschmied, gewarnt, 14, weil er der Botschaft des Paulus kräftig widerstanden hatte, 15.

Kap. 4,16-18
Zeugnis von der Treue des Herrn

Die Untreue des Menschen, 16. Bei seiner ersten Verteidigung (einleitendes Verhör) vor dem Kaiser verließen Paulus alle, und keiner stand für ihn und seine Aussagen ein. Obwohl enttäuscht, war er nicht rachsüchtig, sondern betete, daß ihr Versagen ihnen nicht angerechnet werde.

Gottes Treue, 17-18. Im Gegensatz dazu stand der Herr Paulus bei und stärkte ihn, indem er ihm anscheinend seine Freilassung und weiteren Dienst zusagte. Befreiung aus „dem Rachen des Löwen", 17, weist offenbar auf die römische Staatsmacht hin. Diejenigen, die den 2. Timotheusbrief auf die Zeit nach der Freilassung des Paulus aus seiner ersten Haft datieren wollen, führen diese Stelle als Beweis dafür an, daß Paulus noch einmal freikam. Des Paulus Vertrauen in die fortdauernde Treue des Herrn wird ausgedrückt, 18.

Kap. 4,19-22
Grüße und abschließender
Segenswunsch

Grüße, 19-21. Unter anderem werden Prisca und Aquila, des Paulus Mitarbeiter am Evangelium und im Handwerk des Zeltmachens in Korinth und Ephesus (Apg. 18,2-3), zusammen mit dem „Haus des Onesiphorus" (1,16-18), Erastus (Apg. 19,22) und Trophimus (Apg. 21,29) genannt.

Abschließender Gruß, 22.

Der Titusbrief

Die Ordnung im Hause Gottes

Verfasser und Datierung. Der Verfasser ist Paulus (1,1). Sein Brief an Titus wurde ungefähr zur selben Zeit wie der erste Timotheusbrief geschrieben (s. Ausführungen dort), entweder um 64 n.Chr. oder im Jahre 66. Die genaue Datierung hängt davon ab, ob Paulus eine oder mehrere Gefangenschaften durchzustehen hatte.

Thema. Titus war auf der Insel Kreta zurückgelassen worden, um dort in den Gemeinden alles zu ordnen (1,5). Daher hat der Brief viele Parallelen zum 1. Timotheusbrief, jedoch betont Paulus hier mehr den Aufbau und die Verwaltung der Gemeinde.

Überblick

Biblische Gemeinde-Organisation, Kap. 1
Seelsorglicher Dienst an verschiedenen Gruppen, Kap. 2
Seelsorglicher Dienst und allgemeine Unterweisung, Kap. 3

Römische Zivilkleidung

Der Titusbrief

Kap. 1,1-4
Gruß an Titus

Der Dienst des Paulus, 1-3. Der Apostel erklärt seine Aufgaben als die des Gott verpflichteten Knechtes und Apostels Christi. Die Erfüllung dieser Ämter sollte in Übereinstimmung mit „dem Glauben der Auserwählten Gottes" (der persönliche Glaube, den die Gläubigen besaßen) und „der Erkenntnis der Wahrheit", die Gottseligkeit und die Gewißheit des ewigen Lebens im Leben der Gläubigen auf Kreta hervorgebracht hatten, bewertet werden. Paulus sieht seinen Auftrag an als die Verkündigung von Gottes Verheißung des ewigen Lebens, die in der Erlösung und im Leben verankert sind, welche Christus, das göttliche Wort, bewirkt, 2-3.

Des Paulus Gruß an Titus, 4. Er wird ein „echter" Sohn in bezug auf den gemeinsamen Glauben genannt; gemeinsam, weil er allen Sündern angeboten wird und ihnen zugute kommt (vgl. 1. Tim. 1,1-2).

Kap. 1,5-9
Eigenschaften der Ältesten und der Gemeindevorsteher

Aufgabe des Titus umrissen, 5. Paulus ließ Titus auf Kreta zurück, um die Gemeinden dort in Übereinstimmung mit der göttlichen Ordnung aufzubauen und um Gemeindediener (Älteste und Gemeindevorsteher) zu ernennen. Diese Diener werden in 1. Timotheus 3, 1-13 „Bischöfe" (gr. *epískopoi* = „Aufseher") und „Diakone" (gr. *diakonoi* = „Diener") genannt. Die Begriffe Bischöfe und Älteste (gr. *presbýteroi*) wurden offenbar benützt, um das Amt dessen zu bezeichnen, der sowohl predigte als auch lehrte und außerdem noch Verwalter war. Die Diakone andererseits waren mit Geldsachen und Sozialarbeit betraut (Apg. 6,1-7). Trotzdem waren offensichtlich nicht alle Ältesten lehrende Älteste oder gar seelsorgliche Älteste mit leitendem Amt innerhalb der Gemeinde.

Eigenschaften der Ältesten, 6-9. (S. 1. Tim. 3,1-13). „Gottes Haushalter" (wörtlich „Verwalter") ist einer, der ein Amt von Gott innehat, ein Vormund geistlicher Wahrheit, 7. Neben anderen wichtigen Eigenschaften muß er standhaft am wahren Wort Gottes festhalten, 9. Das ist nur möglich, wenn der lehrende Älteste ständig sorgfältig die Bibel studiert. Er wird dann durch gesunde Unterweisung imstande sein, Widersprechende zurechtzuweisen und zu überzeugen, 9.

Kap. 1,10-16
Warnung vor Irrlehrern

Die Gesetzestreuen werden besonders aufgeführt, 10-13a. Die Gemeinden in Kreta standen in Gefahr, verführt zu werden. Die Eigenschaften der Verführer werden genannt: „widerspenstig", aufrührerisch gegen die Vollmacht des Wortes und daher zügellos und unordentlich; „eitle Schwätzer", die sich in leeren Wortgefechten und unwichtigen Erörterungen ergehen; Betrüger, die die Leute in ihrem Denken verwirrten. Besonders schuldig sind die jüdischen Gesetzeslehrer. Paulus bestimmt, daß ihnen ein Maulkorb umgebunden werden müsse, um sie zum Schweigen zu bringen. Sie „bringen ganze Häuser durcheinander", indem sie „ungehörige Lehren" verbreiten um „schändlichen" oder unehrenhaften Gewinns willen, 11. Paulus zitiert einen ihrer eigenen Propheten (Epimenides, „de oraculis"), der sagte: „Die Kreter sind immer Lügner (Verbrecher), böse Tiere (schlechte Scheusale), faule Bäuche (arbeitsscheue Schlemmer)." Paulus stimmt dem zu, 13.

Das Heilmittel, 13b-16. Strenge Zurechtweisung ist nötig. „Weise sie scharf zurecht, damit sie gesund seien im Glauben" und nicht wieder in das Gesetz zurückfallen, 13b-14 (vgl. 1. Tim. 1,4). Dann wird ein positiver Ton angeschlagen: Schärfe Reinheit ein. „Den Reinen ist alles rein; den Befleckten aber und Ungläubigen ist nichts rein", 15. Der Grund für die Unreinheit ist, daß sie nicht wiedergeboren sind, 16. Oberflächlicher Glaube, der nicht von Taten unter-

Die Welt des Neuen Testaments

stützt wird, ist kein Garantieschein dafür, gerettet zu sein (2. Tim. 3,5.7; vgl. Jak. 2,14-20).

Kap. 2,1-4a
Die Alten, die das Evangelium zieren

Ältere Männer, 1-2. Die allgemeine Verantwortung eines wahren Seelsorgers besteht darin, die gesunde Lehre zu verkündigen, 1. Ältere Männer sollen „nüchtern" (maßvoll) sein; „ehrbar" (ernsthaft gesinnt, würdig); „verständig" (vernünftig, zurückhaltend); „gesund (tätig) im Glauben, in der Liebe, in der Geduld", alles Eigenschaften, die einen Menschen befähigen, bereitwillig in einer Prüfung auszuharren.
Ältere Frauen, 3-4a. Ältere Frauen sollen ehrerbietig in ihrem Benehmen sein; keine falschen Anklägerinnen oder gemeinen Schwätzerinnen (wörtlich „keine Teufel", vom Teufel, dem Verkläger, beherrscht – von gr. *diaballo* = „anklagen"); nicht dem übermäßigen Weintrinken versklavt; Frauen, die das lehren können, was gut für die Jungen ist.

Kap. 2,4b-6
Die Jungen, die das Evangelium zieren

Junge Frauen, 4b-5. Die älteren christlichen Frauen sollen die jungen Frauen folgendes lehren: „verständig" (ernsthaft gesinnt); liebevoll gegen Ehemann und Kinder; „keusch" (zurückhaltend oder heilig); im Haushalt tätig; „gütig" und ihren eigenen Ehegatten untertan zu sein. Gottes Wort soll unbändiger, aufrührerischer Ehefrauen wegen nicht verlästert werden.
Junge Männer, 6, werden ermahnt und aufgefordert, ernsthaft („verständig") und taktvoll gesinnt zu sein. Diese Eigenschaft wird von allen Altersstufen erwartet (vgl. 1,8; 2,2.5) und ist ein Zeichen geistlicher Reife.

Kap. 2,7-8
Titus, der Seelsorger, der das Evangelium ziert

Das seelsorgliche Beispiel, 7-8a. Titus soll ein Beispiel zur Nachahmung für junge Männer sein (6) (1. Kor. 11,1). „In allem" soll er ein Vorbild für gute Werke sein, 7, und den nicht durch Irrlehre verdorbenen oder geschändeten Stand darstellen. Er wird ermahnt, durch seine Haltung oder sein Benehmen „Würde" und „Unverfälschtheit" (Echtheit) auszudrücken. „Gesunde Rede" soll alle seine Gespräche kennzeichnen. Das bedeutet, daß er darin untadelig ist und nichts Verurteilenswertes reden soll.

Der Zweck des seelsorglichen Vorbildes, 8b. Titus soll so musterhaft sein, daß „der Widersacher (ein Feind oder Gegner) beschämt werde", weil er nichts Schlechtes über den jungen Seelsorger sagen kann.

Kap. 2,9-10
Diener, die das Evangelium zieren

Ihr Benehmen vorgeschrieben, 9-10a. Knechte sollen ihren Herren freiwillig untertan sein, indem sie sich in allem gefällig erweisen und nicht unverschämt oder unbotmäßig sind, 9. Sie sollen durch ihr Tun „gute Treue beweisen", 10a.
Der Zweck wird angegeben, 10b. „Damit sie (die Sklaven) die Lehre Gottes zieren." Wie bedeutsam ist es, daß schlichte Diener für dieses hohe Ziel, ein Schmuck für das Evangelium zu sein, auserlesen waren! Ihre Aufgabe war, diese zu ehren oder würdig darzustellen, es auszuschmücken oder zu verschönern, damit die Menschen seine Herrlichkeit im Leben einfacher Menschen sehen können. Das Wort „zieren" *(kosmeo)* liegt unserem Wort „Kosmetik" zugrunde.

Kap. 2,11-15
Das Evangelium und eine gottselige Lebensweise

Die Grundlage für eine gottselige Lebensweise, 11-14. „Die Gnade Gottes" – die unverdiente göttliche Gunst und Barmherzigkeit, die rettungslos verlorenen Sündern, die auf Christi stellvertretende Versöhnung vertrauen, geschenkt wurde (Röm. 3,24) – schafft die Grundlage zum gottseligen Wandel. Diese Gnade, die ewige Rettung brachte und in Jesu Person und Werk verankert ist, züchtigt und unterweist uns wie Kinder, 11-12a. Die Bibel lehrt, daß wir durch Jesu Gnade von der Sünde zu einem gottseligen, heiligen Lebenswandel errettet sind und daher ungöttliches Wesen und weltliche Lüste abzulehnen haben. Dieses Leben soll positiv, d.h. durch Ausgeglichenheit („vernünftig") gekennzeichnet sein, durch rechtes Benehmen und Ehrfurcht gegen Gott („gottselig"), so daß es Gottes Gefallen findet („gerecht"). Das Wirkungsfeld beschränkt sich auf die „jetzige Weltzeit", während der unser Glaube geprüft wird, 12.
Der Antrieb für den gottseligen Wandel des Gläubigen soll in der Erwartung der Wiederkunft Jesu liegen („selige Hoffnung und Erscheinung der Herrlichkeit"), 13. Je mehr das Werk des Wiederkommenden in seiner Bedeutung erkannt wird, umso größer wird diese Hoffnung sein. Jesu Opfer hatte stellvertretenden Charakter. Durch seinen versöhnenden Tod bezahlte er das Lösegeld, um Sünder aus der

Der Hafen in Sitia auf Kreta. Titus war dort zurückgeblieben, um die dortigen Gemeinden zu ordnen.

Knechtschaft der Sünde zu erretten („zu erlösen"), auf daß sie „ein Volk zum Eigentum", fleißig zu guten Werken, seien, 14. Solche Gnade erfordert einen göttlichen Wandel als Erwiderung.

Die Aufforderung, diese Wahrheiten auszuleben, 15. Paulus betont die Notwendigkeit, den Christen die vorausgegangenen Verhaltensmaßregeln ständig einzuschärfen, wobei Titus seine ganze Vollmacht einsetzen soll. Diese Wahrheiten sind für alle Gläubigen verpflichtend.

Kap. 3,1–7
Verherrlichung des Evangeliums vor der Welt

Vorbildliches Benehmen gegenüber der Welt, 1–2. (1) Die Gläubigen sollen sich daran erinnern, daß sie Untertanen der bestehenden Regierung sind (Röm. 13,1) und der bürgerlichen Obrigkeit zu gehorchen haben. Deshalb sollen sie bereit sein, Verantwortung zu tragen und mitzuhelfen, 1. (2) Sie sollen über niemanden Böses reden. (3) Anstatt streitsüchtig, soll ein Gläubiger allen Menschen gegenüber – den Gläubigen wie den Ungläubigen – sanftmütig sein, 2.

Der Grund für vorbildliches Benehmen, 3–7. Zuallererst soll die Herrlichkeit des Evangeliums der Gnade der Welt vorgestellt werden, weil wir selbst (betont!) einst im gleichen ungeretteten Zustand waren, 3. Deshalb sollen wir Musterbeispiele der Gnade Gottes sein und nicht Richter der Welt. Wir selbst waren einst „unverständig" (unweise, ohne geistliche Erkenntnis); „ungehorsam" (indem wir es ablehnten, zu glauben und uns Gottes Willen zu unterwerfen); „gingen irre" (verführt, veranlaßt, in geistlicher Finsternis zu wandeln); „dienten den Lüsten und Begierden" (waren geknechtet), indem wir in „Bosheit und Neid" lebten (in bösem Willen und Eifersucht); „verhaßt (voll Verachtung gegen andere) und einander hassend", 2–4. Menschen in diesem Zustand haben es nötig, daß ihnen das Evangelium durch das Leben der Glaubenden bezeugt wird. Nur so können sie die Herrlichkeit der Gnade Gottes sehen.

Der zweite Grund für richtiges Benehmen wird in der durch den Geist Gottes gewirkten Erkenntnis gesehen, daß unser gegenwärtiger, erlöster Zustand einzig und allein der Gnade Gottes zuzuschreiben ist, 4–7. Das schließt ein: (1) die Erkenntnis der Liebe Gottes zu den Menschen („Freundlichkeit und Menschenliebe Gottes" = *philanthrōpia*), 4; (2) die Erkenntnis, daß das Heil eine freie Gabe ist, ohne jedes menschliche Verdienst, auf der Grundlage des Erbarmens und der Gnade Gottes, 5a; (3) das Bewußtwerden dessen, daß Christus der ausschließliche Weg zur Rettung ist und uns „das Bad der Wiedergeburt" (die Reinigung des Gläubigen von der Schuld der Sünde) und die „Erneuerung des heiligen Geistes" (das Verleihen des neuen Lebens in der Person des innewohnenden Heiligen Geistes) zusichert, 5b-6; (4) das Bewußtwerden der Besitztümer, die uns in Christus gehören, 7. Diese garantieren, daß wir „gerechtfertigt" sind (indem wir von der Sünde freigesprochen sind); „zu Erben gemacht" werden (die volle Erbschaft, die den Erlösten zusteht, erwarten); „gemäß der Hoffnung des ewigen Lebens" (die Hoffnung, die das ewige Leben erst in uns wirkt).

Kap. 3,8-11
Das Evangelium durch gute Werke unterstützen

Die ständige Bestätigung des Glaubens durch die Werke, 8. Paulus stellt eine grundsätzliche Regel auf, die auf der Zusammenfassung der Wahrheit in den Versen 4-7 fußt: gute Werke sind selbstverständliche Folge des persönlichen Glaubens. Die, „welche an Gott gläubig geworden sind", müssen darum besorgt sein, in der fleißigen Ausübung guter Werke voranzugehen. Auf diese Tatsache muß „mit allem Nachdruck" und immer wieder hingewiesen werden.

Das Vermeiden unnützer Dinge, 9-11. Fallstricke wie z.B. „törichte Streitfragen", mit denen das Judentum durchsetzt ist, und „Geschlechtsregister", welchen die Juden große Bedeutung zumessen (1. Tim. 1,4; 2. Tim. 2,23), sollen vermieden werden, weil sie keinen Wert haben. „Streitfragen" wegen des Gesetzes sind ebenfalls zu vermeiden, denn auch sie sind wertlos, und man kommt zu keinem Ende, 9.

Ein „sektiererischer Mensch" (einer, der Unruhe und Zwietracht durch falsche Lehre fördert) soll gemieden werden, wenn er es unterlassen hat, auf eine erste und zweite Zurechtweisung zu reagieren, 10 (vgl. Matth. 18,17). Ein solcher begeht eine ernste Sünde, weil er die Einheit der Gemeinde Jesu (vgl. Eph. 4,3-6) zerstört. Er ist ein Mensch, der ständig Entzweiung verursacht, die Wahrheit verkehrt, immer weiter sündigt und sich damit selbst das Urteil spricht, 11.

Kap. 3,12-15
Abschließende Grüße

Anweisungen an die Mitarbeiter, 12-13. Paulus wünscht, daß Titus nach Nikopolis komme, wo der Apostel den Winter zuzubringen gedachte. Das könnte zwischen der ersten und der möglichen zweiten Gefangenschaft stattgefunden haben (s. Einleitung zum 1. Timotheusbrief). Zenas und Apollos sollen Titus begleiten, 13.

Anweisung zu christlichem Fleiß, 14-15. „Es sollen aber auch die Unsrigen (d.h. unsere Christen) lernen, sich guter Werke zu befleißigen (eifrig ausüben) zur Befriedigung notwendiger Bedürfnisse." Die Gnade soll nicht mißbraucht werden, d.h., keiner soll deshalb, weil er *ohne* gute Werke und *ohne* menschliches Verdienst allein durch die Gnade errettet ist, meinen, nun keine guten Werke mehr tun zu müssen. Der Verlorene wird ohne Werke (Eph. 2,8-9), jedoch „zu guten Werken" errettet (Eph. 2,10). Praktische Folgen werden sichtbar: Die Gläubigen müssen auch Geldmittel für die wichtigsten Bedürfnisse der Gemeinde zur Verfügung stellen. Ihr Leben darf nicht unfruchtbar und dem Segen gemeinsamer Arbeit verschlossen sein. Ein Schlußsegen wird ausgesprochen, 15.

Der Philemonbrief

Christliche Gemeinschaft bewährt im Alltag

Verfasser und Datierung. Der Apostel Paulus ist der Verfasser dieses persönlichen Briefes (1), der wahrscheinlich in den Jahren 61 oder 62 n.Chr. geschrieben wurde. Der Brief ist einer der sogenannten Gefangenschaftsbriefe (s. Einleitung zum Epheser- und Kolosserbrief). Er wurde wie der Epheser- und Kolosserbrief durch Tychikus aus dem Gefängnis in Rom überbracht.

Thema. Philemon war ein Christ aus Kolossä, einer kleinen Stadt in Kleinasien, südöstlich von Laodizea und südlich von Hierapolis. Sein Sklave Onesimus hatte ihn bestohlen und war nach Rom geflohen. Dort kam der entlaufene Sklave mit Paulus in Berührung und bekehrte sich zu Christus. Der Apostel sandte ihn mit diesem unschätzbar wertvollen Brief, der uns erhalten blieb, zu seinem Herrn zurück.

Überblick

Grüße des Paulus und Empfehlung an Philemon, Verse 1-7
Paulus' Fürsprache für Onesimus, Verse 8-21
Abschließendes Wort und Gruß, Verse 22-25

Konstruktion einer römischen Straße

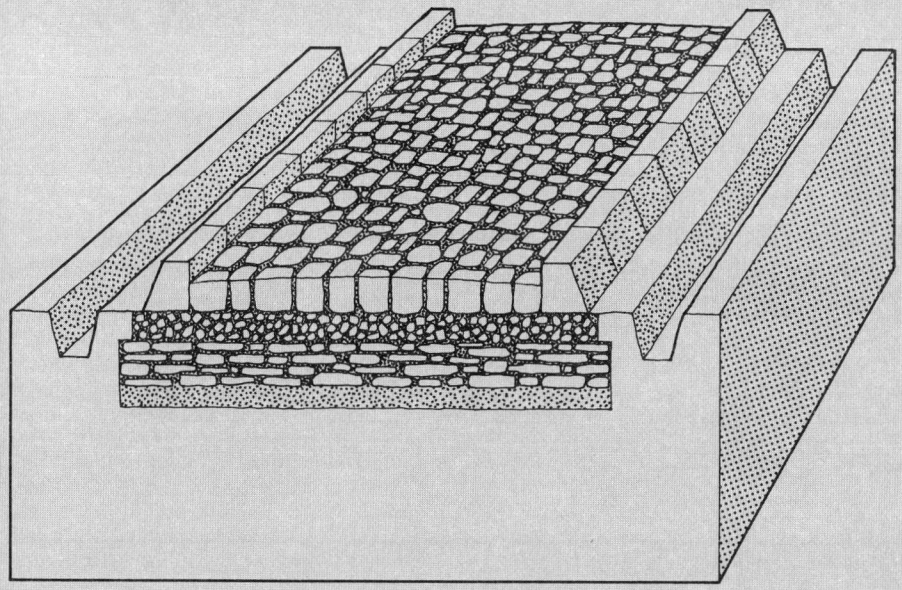

Der Philemonbrief

Verse 1–3
Der Gruß des Apostels an Philemon

Der Gruß, 1–2. Paulus beschreibt sich selbst als „Gebundener Christi Jesu", 1a, nicht des römischen Kaisers (vgl. Eph. 3,1; 4,1), denn er sah seine Gefangenschaft als direkten Willen Gottes an. Er nennt Philemon den „Geliebten" und „Mitarbeiter" und schließt ihn damit mit ein in die Gemeinschaft des Evangeliums. Die Gemeinde, die in seinem Haus zusammenkommt, wird erwähnt. Die Häuser der Gläubigen waren die üblichen Versammlungsorte der ersten Gemeinden.

Der Segensgruß, 3, ist bezeichnend für die paulinischen Briefe (vgl. Eph. 1,2).

Verse 4–7
Des Paulus Empfehlung an Philemon

Philemons Liebe und Glauben, 4–5. Paulus dankt Gott und lobt Philemon wegen seiner Liebe und seines Glaubens, die auf den Herrn und auf alle Gläubigen ausgerichtet sind.

Des Paulus Gebet für Philemon, 6–7. Der Apostel betet, daß die Gemeinschaft seines Glaubens wirksam werde, d.h. sich als Segen für andere erweise (vgl. Jak. 2,14.17). Daraufhin könnten andere alles Gute in ihm erkennen und es Jesus Christus zuschreiben (vgl. Phil. 4,9; 2. Petr. 1,5–8). Paulus lobt Philemon weiter für seine Liebe, weil die „Herzen" (gr. das „Innerste" des Menschen als Sitz der Gefühle) der Heiligen durch sein Zeugnis erquickt worden waren.

Verse 8–13
Paulus bittet für Onesimus

Das Gesuch, 8–10. Philemons entlaufener Sklave ist der Gegenstand der Fürsprache des Paulus. Obwohl Paulus aufgrund seiner apostolischen Vollmacht frei war, Philemon das richtige Vorgehen Onesimus gegenüber zu „gebie-

ten", ermahnt er ihn aus christlicher Liebe als „alter" Paulus und „Gebundener Jesu Christi". Paulus nennt Onesimus „meinen Sohn (wörtlich „mein einzigartiger Sohn"), den ich in meinen Banden gezeugt habe" (1. Kor. 4,15).

Paulus verteidigt Onesimus, 11–13. Der Apostel bestätigt offen, daß Onesimus ehemals „unnütz" (unbrauchbar) gewesen war, weil er seinem Herrn Verlust gebracht hatte. Aber er betont auch die Verwandlung, die die neue (geistliche) Geburt in seinem Leben bewirkt hat und weist darauf hin, daß er jetzt „nützlich" ist, 11. Paulus hätte vorgezogen, Onesimus zu behalten, weil dieser ihm während der Gefangenschaft beistand und ihn aufmunterte, aber auch wegen der tiefen Zuneigung, die Paulus für ihn empfand, doch gibt er ihn seinem Herrn zurück, 13. Es ist eine eindringliche Bitte an Philemon, seinem davongelaufenen Sklaven zu vergeben und ihn wieder einzustellen.

Verse 14–16
Nicht als Sklave, sondern als Bruder

Höflichkeit und Taktgefühl des Apostels, 14. „Aber ohne deine Zustimmung wollte ich nichts tun, damit deine Wohltat (Onesimus gegenüber, indem er ihn zurücknimmt) nicht gleichsam erzwungen, sondern freiwillig wäre." Erzwungener Dienst für Christus ist nicht echt. Es war Paulus' Absicht, das Beste im Menschen zu wecken.

Paulus' ausgezeichnete Erklärung, 15–16. Der Apostel gibt einen tieferen Sinn der Sache zu verstehen (vgl. Röm. 8,28). Es könnte sein, daß Onesimus von Philemon für eine Weile getrennt war, damit sein Herr seine vollständige Treue und seinen Dienst „auf ewig" besitzen kann, 15. Dies war nun möglich, weil Onesimus nicht mehr allein Knecht (ein gewöhnlicher Sklave oder ein Leibeigener) war, sondern darüber hinaus ein „geliebter Bruder" in Christus und mit Philemon durch ein Band vereinigt, das stärker ist als jedes andere – das Band des Leibes Christi, der Gemeinde. Onesimus wurde von Paulus besonders geliebt, weil dieser sein geistlicher Vater war. Wieviel mehr bedeutete er Philemon, seinem Herrn, für den Onesimus nun „im Fleisch" (auf natürlicher Ebene) ein zuverlässiger christlicher Knecht war und „im Herrn" (auf der geistlichen Ebene) ein Glaubensgenosse, 16.

Verse 17-19
Es geht auf meine Rechnung

Nimm ihn wie mich selbst auf, 17. Paulus spricht eine weitere Bitte aus: „Wenn du mich nun für einen Freund (Teilhaber an der Errettung) hältst (würdigst), so nimm ihn (Onesimus) auf wie mich selbst." Das „wenn" drückt nicht eine Bedingung aus, deren Erfüllung angezweifelt wird. „Darum, wenn du mich für einen Teilhaber am Heil hältst, so betrachte deinen reuigen Sklaven ebenfalls als einen gläubigen Mitbruder, der er nun ist."

Setze jedes Verschulden auf meine Rechnung, 18-19. Dies ist eine gute Darstellung des Grundbegriffs der Schuldübernahme: Die Sünden des Sünders werden auf Christi Rechnung

übertragen und dem Konto des Sünders aus Gnade gutgeschrieben. Der Apostel sagt: „Nimm ihn auf wie mich selbst." „Rechne ihm mein Verdienst an!" – „Wenn er dir aber Schaden zugefügt hat oder etwas schuldig ist, so rechne das mir an" (vgl. Jak. 2,23). Paulus will jegliche offenstehende Schuld begleichen; aber er gibt taktvoll zu verstehen, daß Philemon nicht nur einen entlaufenen Sklaven zurückerhält, sondern darüber hinaus einen Bruder im Herrn gewonnen hat. Es kann sein, daß Philemon auch durch Paulus zum Glauben gekommen war. In diesem Fall hätte er dem Apostel noch Größeres zu verdanken, 19.

Verse 20-21
Des Paulus Vertrauen zu Philemon

Die Bitte, 20. Philemon möchte Onesimus aufnehmen und Paulus dadurch Freude bereiten. Durch eine solche Tat würde Paulus zutiefst erquickt werden.

Das Vertrauen, 21. Paulus ist zuversichtlich, daß Philemon noch mehr tun wird, als er ihm vorgeschlagen hat.

Eine römische Sklavenmarke. Die lateinische Inschrift könnte wie folgt übersetzt werden: Nehmt mich fest, wenn ich entlaufe, und bringt mich zu meinem Herrn zurück.

Verse 22–25
Eine Bitte und Abschiedsgrüße

Die Bitte, 22. Der gefangene Apostel bittet Philemon, ihm eine Unterkunft zu besorgen, denn im Glauben freut er sich auf die Freilassung.
Die Grüße, 23–25.

Die prächtige bronzene Menorah (siebenarmiger Leuchter) vor der Knesset in Jerusalem

Die judenchristlichen Briefe

Hebräerbrief, Jakobusbrief, 2 Petrusbriefe, Judasbrief

Zu den judenchristlichen Briefen zählen wir den Hebräerbrief, den Jakobusbrief, die beiden Petrusbriefe und den Judasbrief. Diese vom Geist Gottes inspirierten Briefe sind vor allem an Judenchristen gerichtet. Das Ziel des Hebräerbriefes ist es, die Endgültigkeit des Heils in Jesus Christus darzulegen und die judenchristlichen Gläubigen vor der Gefahr zu warnen, zu den Abschattungen Jesu im Alten Testament und den überholten Bräuchen des jüdischen Glaubens zurückzukehren. Jakobus unterweist sie, die den atl. Gläubigen vertrauten „Tugenden" zu üben. Der erste Petrusbrief ist an die in der Zerstreuung lebenden gläubigen Juden gerichtet (1. Petr. 1,1). Der zweite Brief des Petrus und der Judasbrief sind allgemeiner gehalten, ebenso die drei katholischen (universalen) Johannesbriefe.

Alle diese judenchristlichen Briefe unterscheiden sich von den Briefen des Paulus dadurch, daß in ihnen die besonderen Kennzeichen der Botschaft fehlen, die Paulus als dem Apostel der Heiden offenbart worden sind. Zu diesen Kennzeichen gehört besonders die Art, Stellung und Bestimmung der Gemeinde als Leib Jesu Christi. Der Brief an die Hebräer setzt zum Beispiel diese Wahrheiten voraus, legt sie aber nicht aus. Statt dessen beleuchtet er „unser so großes Heil" vom Standpunkt der Überlegenheit des Evangeliums gegenüber dem Judaismus aus. Dieser Brief ist besonders an Judenchristen gerichtet und nicht an Heidenchristen wie die Briefe des Paulus.

Man kann wohl sagen, daß diese judenchristlichen Briefe mehr die praktische Seite der Erlösung hervorheben, bei der das Leben im Einklang steht mit den grundlegenden Lehren des biblischen Christentums, in denen es wurzelt. Im Gegensatz dazu gründen die paulinischen Briefe das gleiche Verhalten auf die umfassenden Enthüllungen über die *Stellung* des Christen und seine *Besitztümer* in der Verbindung (im Einssein) mit Christus (Eph. 4,1-3), in seinem Tod, seiner Auferstehung, seiner Himmelfahrt und seiner Wiederkunft in Herrlichkeit (Röm. 6,1-11; Eph. 1,1-14; Kol. 3,1-4). Die paulinischen und die judenchristlichen Briefe setzen also unterschiedliche Schwerpunkte, widersprechen sich aber in keiner Weise. Beide Gruppen zeigen denselben Christus, dasselbe Heil und die gleiche Hoffnung. Aber der Unterschied liegt in der weiteren Entfaltung von Gottes Offenbarung bei Paulus.

Orthodoxe Juden an der
Klagemauer in Jerusalem

Der Brief an die Hebräer

Christus größer als alle

Verfasser Dieser bedeutsame Brief trägt keinen Absender. Er ist unbekannt. Man hat vielfach Paulus als Verfasser angenommen (vgl. 2. Petr. 3,15; Hebr. 13,23). Es gibt Anzeichen im Brief, die in diese Richtung deuten. Da jedoch direkte Angaben oder unbestreitbare Beweise fehlen, muß die Frage nach dem Verfasser offenbleiben. Diese Tatsache stellt jedoch in keiner Weise die Echtheit des Briefes in Zweifel. Kein anderes Buch der Bibel enthält so großartige Wahrheiten und erweist sich so eindeutig als ein Produkt der göttlichen Inspiration wie der Hebräerbrief.

Thema und Datierung. Der Hebräerbrief behandelt ein zentrales Problem, das seit der apostolischen Zeit in der christlichen Kirche akut war: er stellt das Verhältnis des Christentums zum Judentum klar. Aus Hebräer 10,11 geht hervor, daß das Buch vor der Zerstörung Jerusalems und des Tempels durch die Römer im Jahre 70 n.Chr. geschrieben wurde.

Überblick

Der Sohn Gottes ist größer als die Propheten und Engel, Kap. 1,1 – 2,18
Jesus ist größer als Mose und Josua, Kap. 3,1 – 4,16
Jesu Priestertum ist größer als das Aarons, Kap. 5,1 – 8,5
Der Neue Bund ist dem Alten überlegen, Kap. 8,6 – 10,39
Überlegenheit des Glaubens, Kap. 11,1 – 13,25

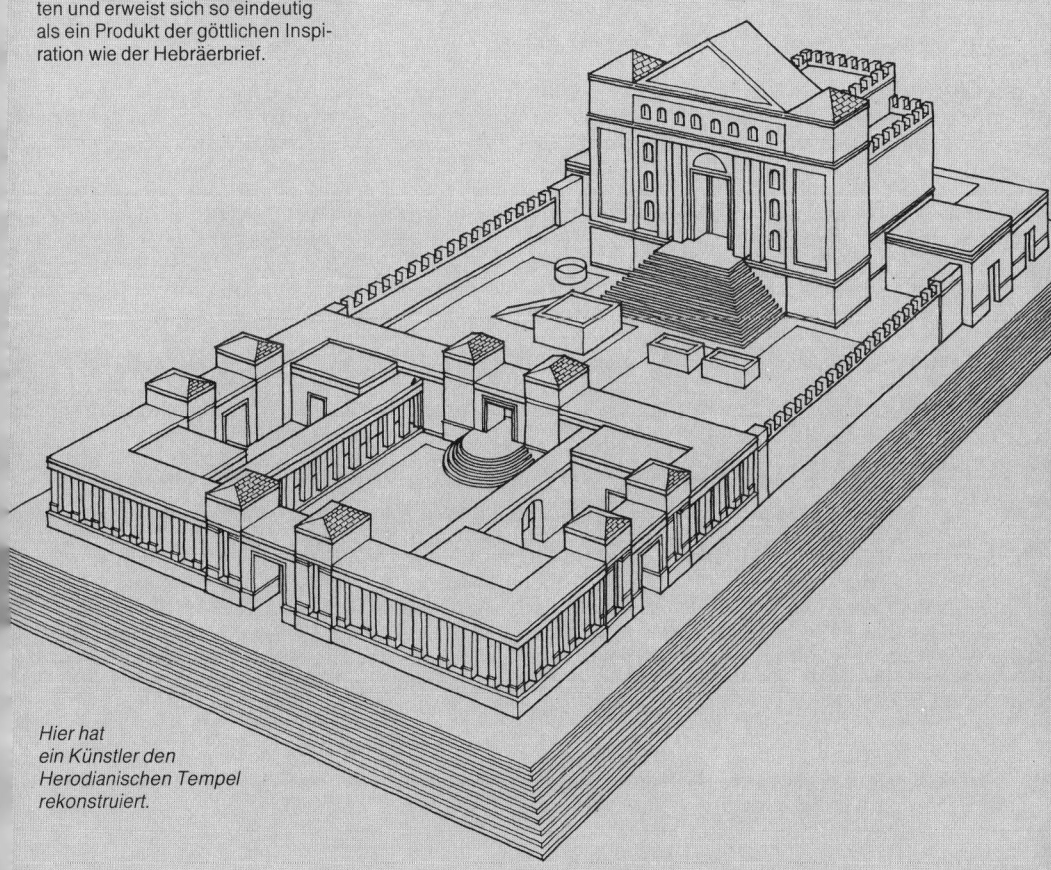

Hier hat
ein Künstler den
Herodianischen Tempel
rekonstruiert.

Der Brief an die Hebräer

Kap. 1,1-3
Der Sohn ist größer als die Propheten

Der Dienst der Propheten, 1. Durch die atl. Propheten kam Gottes Wort auf vielerlei und sehr verschiedene Weise zu uns (in Träumen, Visionen, mit hörbarer Stimme, durch Erscheinungen Gottes, durch Engel, Menschen usw.). Wohl war es immer das inspirierte, unfehlbare Gotteswort („Gott sprach"), doch wurde es immer durch schwache, unvollkommene Menschen („die Propheten") weitergegeben an die, die diesem Wort ungehorsam waren („die Väter").

Der Dienst des Sohnes ist besser, 2-3. Er ist besser als der Dienst der Propheten des AT, weil die Persönlichkeit des Sohnes eine Herrlichkeit besitzt, die keinem Sterblichen eigen ist, und wegen seines (bereits vollbrachten) Werkes der Schöpfung und der Erlösung. Diese Überlegenheit des Sohnes über die Propheten wird in den folgenden Aussagen über den Sohn deutlich: Die Bezeichnung Jesu Christi als „Sohn" bezeugt *seine ewige Gottheit,* 2a. Er ist das Wort, das Gott war und Fleisch, d.h. Mensch wurde, der „Eingeborene vom Vater" (Joh. 1,1.14). Er war Gottes vollständige und letzte Selbstoffenbarung an die Menschen, denn Gott hat zu uns gesprochen „durch den Sohn", 2a; nicht allein durch einen Menschen, sondern durch sich selbst in Menschengestalt.

„Welchen er (Gott) zum Erben von allem eingesetzt", 2b. Hier wird *des Sohnes ewiges Erbe* bezeugt. Der Erbe Gottes ist Christus (Röm. 8,17). Seine Erbschaft schließt alle Dinge ein und ist sowohl ewig als allumfassend. Der Sohn ist auch deshalb größer als die Propheten, weil er der *Schöpfer* ist, 2c, der nicht nur das materielle Universum geschaffen, sondern auch die Zeitalter („Weltzeiten") gemacht hat. Wenn gesagt wird, daß der Sohn die volle Ausstrahlung der Herrlichkeit Gottes ist, 3a, so wird damit auf die *vollständige göttliche Herrlichkeit* des Sohnes hingewiesen. In Jesus spiegeln sich sämtliche Eigenschaften Gottes wider (Joh. 1,18; Röm. 9,5). Alles, was Gott ist und tut, ist in vollem Glanz im göttlichen Sohn geoffenbart.

„Das Abbild seines Wesens", 3b, will sagen, daß der Sohn die *genaue Darstellung des Wesens Gottes* ist. In der Person Jesu Christi wird Gott gesehen oder ist er sichtbar gemacht worden. Der Sohn ist auch *der Träger* (Kol. 1,17b) und *Erhalter des Universums,* der „alles trägt mit dem Worte seiner Kraft", 3c. In seinem Erlösungswerk hat er etwas getan, was kein anderer Priester je getan hat: Er entfernte völlig die Sünde vom Sünder. Er hat sie nicht nur für eine Zeit zugedeckt (Joh. 1,29; 19,30; Hebr. 5-7). Er hat „die Reinigung unserer Sünden durch sich selbst vollbracht", 3d. Er bietet uns *eine vollbrachte Erlösung* an. Schließlich wird gesagt, daß er sich „zur Rechten der Majestät in der Höhe gesetzt hat", 3e. Dadurch wurde er *in seiner gegenwärtigen Stellung,* aufgrund einer (von ihm) vollbrachten Erlösung, ein Priester, der Fürbitte tut (Hebr. 8,1-2; 10,12; 12,2).

Kap. 1,4-14
Der Sohn höher als die Engel in seiner Person und in seinem Werk

Größer in seiner Person, 4-9. Jesus Christus ist ungeschaffene Gottheit; die Engel sind nur geschaffene Wesen, wenngleich sie erhabene himmlische Wesen sind. Er hat als Erbe von seinem Vater einen herrlicheren Namen empfangen als die Engel, 4 (vgl. 1-3). Er empfing ihn aufgrund seines vollbrachten Erlösungswerkes (Röm. 1,4; Phil. 2,5-8). Mit diesem Erbteil hat der Vater den Sohn „über alle Maßen erhöht" und ihm „den Namen geschenkt, *der über alle Namen ist"* (Phil. 2,9).

Gott nennt Jesus Christus „mein Sohn" (Gottheit betont), 5, was das Vater-Sohn-Verhältnis klar herausstellt (2. Sam. 7,14), im Gegensatz zu den Engeln (den bloßen Geschöpfen), die er nie so nennt. Weiter wird Christus der „Erstgeborene" genannt, 6, ein Titel, der die ungeschaffene Gottheit Jesu Christi betont (Kol 1, 15). „Alle Engel Gottes" sind als Geschöpfe verpflichtet, Jesus als ihren Schöpfer *anzubeten.* Sie werden als seine (geschaffenen) „Geister", seine „Gesandten" oder „Diener" bezeichnet, 7 (Ps. 104,4). Der Sohn wird als „Gott" angesprochen, 8-9; göttliche Eigenschaften werden ihm zuerkannt; sein Regieren „in Gerechtigkeit" wird angedeutet; und seine überreichliche Salbung mit dem „Öl der Freuden" (Hl. Geist) wird berichtet (Ps. 45,7-8).

Größer in seinem Werk, 10-14. Christus überragt die Engel in seiner Eigenschaft als *Schöpfer,* 10-12, und als *Erlöser,* 13-14. Als der gekreuzigte und auferstandene Herr sitzt er zur Rechten des Vaters, bis seine Feinde zum Schemel seiner Füße gemacht werden, 13 (Ps. 110,1). Kein Engel ist jemals so angesprochen worden, 13. Engel haben wohl einen gesegneten, aber viel niedrigeren Rang, 14. Als Geschöpfe haben sie erhabene, aber dennoch untergeordnete Aufgaben. Sie sind „dienstbare Geister", ausgesandt „zum Dienste um derer willen, die das Heil ererben sollen" (im Sinne einer gewissen und unabänderlichen Tatsache).

Kap. 2,1-4
Warnung vor der Gefahr, das Ziel zu verfehlen

Die Warnung, 1. „Darum" – weil der Sohn Gottes gesprochen hat, der doch der unendlich Größere ist – sollten wir dringend um so ernsthafter auf die Dinge achten, die wir von ihm oder über ihn gehört haben (in den Evangelien und der Apostelgeschichte). Wenn schon die gläubigen Juden dachten, daß man die atl. Propheten hören muß, wieviel mehr gilt das für den Herrn der Herrlichkeit selbst! Die Gefahr bestand darin, daß sie unmerklich von diesen von ihm und über ihn verkündeten Wahrheiten weg in den starken Strom des gesetzlichen Formalglaubens einmünden könnten.

Der Grund für die Warnung, 2-4. Der Verfasser des Briefes geht nun in seiner Argumentation den umgekehrten Weg: vom Geringeren zum Größeren. Wenn das Gericht (schon) die ereilt hat, die das Gesetz übertraten, das doch (nur) durch den Dienst der Engel gegeben war, wieviel gefährlicher wird die Lage derer sein, die das Wort des Sohnes Gottes zurückweisen! Dann kommt eine Frage, die nur negativ beantwortet werden kann: „Wie wollen wir entfliehen, wenn wir ein so großes Heil versäumen?", 3. Jene, die im Zeitalter des mosaischen Gesetzes dem Gericht verfielen, sind eine Warnung für uns. Dieses Wort von dem „großen Heil" ist zuerst von Christus selbst verkündigt worden; dann in seinem Auftrag von seinen Jüngern, deren Zeugnis Gott durch wunderbare Zeichen und Gaben des Heiligen Geistes (1. Kor. 12) bestätigt hat.

Kap. 2,5-9
Der Sohn ist größer als die Engel in seiner Autorität

Die Autorität des Sohnes im kommenden Reich, 5. Die „zukünftige Welt" weist auf die bewohnte Erde im messianischen Reich hin, wenn Christus als der verherrlichte Menschensohn wiederkommen wird, um als „König der Könige und Herr der Herren" zu regieren (Off. 19,16). Diese zukünftige Welt wird nicht den Engeln untertan sein, sondern in ihrem ganzen Umfang dem Sohn. Er allein hat diese Autorität.

Die Grundlage der Autorität des Sohnes, 6-9. Dieses Zitat aus Ps. 8,5-7 bezieht sich auf den ursprünglichen Zustand des ersten Menschen (Adam) und ist hier angewandt auf Christus, den „zweiten Menschen" (1. Kor. 15,47). Adam, Repräsentant des Menschen, verlor die Herrschaft über die Erde durch die Sünde. Der letzte Adam jedoch (Christus, der vollkommene Mensch) errang sie kraft seiner Erniedrigung und seines Todes für jeden Menschen wieder. Er ist „ein wenig unter die Engel erniedrigt" worden, 9, indem er, Gott, Mensch wurde und sich damit menschli-

chen Begrenzungen unterwarf, denen die Engel nicht unterworfen sind, und auf die Herrlichkeit des Himmels verzichtete. Als er die „Todesleiden" auf sich nahm – er, der einzige Sündlose –, schmeckte er den Tod für jedermann. Er starb einen stellvertretenden Tod an unserer, der Sünder, statt. Aus solcher Erniedrigung ist er auferstanden zu den höchsten Höhen der Verherrlichung und ist nun mit Ehre und Herrlichkeit gekrönt, die hoch über der der Engel liegen.

Kap. 2,10-13
Der Sohn größer als die Engel in seiner Vollkommenheit als Mensch

Gottes Ziel: Söhne zur Herrlichkeit zu bringen, 10. Es war der Plan Gottes, des Vaters, „viele Söhne (Kinder) zur Herrlichkeit zu führen", d.h. ihre Erlösung mit Auferstehung und Verherrlichung zu krönen, und so das Werk des Oberhauptes (Anführers) ihrer Errettung durch Leiden zu vollenden. Er mußte also in seiner Rolle als leidender Erlöser die menschliche Vollkommenheit erreichen. Weil er (stellvertretend) für sie gelitten hat, ist er nun berechtigt, diejenigen zur Herrlichkeit zu führen, die durch ihn „Erben des Heils" geworden sind.

Vereinigung des Erlösers und der (durch ihn) Erlösten, 11-13. „Sowohl der, welcher heiligt" (der Sohn, durch den der Vater viele „Söhne" – Kinder – zur Herrlichkeit bringt), als auch „die, welche geheiligt werden" (die „Söhne" – Kinder – die zur Herrlichkeit geführt werden), „stammen alle von einem ab", 11. Sie haben einen gemeinsamen Ursprung in Gott. Aus diesem Grunde, d.h. wegen dieser Einheit, schämt sich der Sohn nicht, sie „Brüder" zu heißen, 12. Als „Kinder der Herrlichkeit", 10, sind sie für die Verherrlichung bestimmt, wie auch Christus, ihr Anführer, bereits verherrlicht ist.

Der Hinweis auf Psalm 22,23 in Vers 12 spricht prophetisch von dem ewigen priesterlichen Werk Christi, indem er unaufhörlich unter uns den Namen Gottes offenbart und in unserer, seiner Brüder, Mitte diesem Namen lobsingt (vgl. Joh. 20,19). „Ich will mein Vertrauen auf ihn setzen", 13a (vgl. Jes. 8,17), bezeugt den persönlichen Glauben des Sohnes an den Vater. „Siehe, ich und die Kinder, die mir Gott gegeben hat" (Jes. 8,18), bezieht sich zunächst auf Jesaja und seine beiden Söhne, aber hier (13b) gebraucht der Heilige Geist dieses Wort, um damit die lebendige Verbundenheit des Sohnes mit seinen Brüdern zu bezeugen. Die Engel wissen nichts von einer so innigen Verbindung mit den Erlösten; diese besteht nur mit dem vollkommenen Menschen (d.h. Jesus), dem Erlöser.

Kap. 2,14-18
Der Sohn größer als die Engel in seiner Überwindung von Sünde und Tod

Der Zweck der Inkarnation, 14-16. Dieser

Zweck ist ein dreifacher: 1) Der ins Fleisch Gekommene sollte des Teufels Macht über den Tod vollkommen wirkungslos und zunichte machen (1. Mo. 3); 2) dieses Ziel sollte erreicht werden durch das Sterben des Menschgewordenen, 14; 3) damit die, die durch Furcht des Todes ihr ganzes Leben Knechte (dieser Furcht) sein mußten, von ihr befreit würden, 15. Es sollte ja nicht den Engeln geholfen werden, sondern den Nachkommen Abrahams, und dafür war der fleischgewordene Gott-Mensch nötig, 16. Nur er konnte die großen Ziele, die Gott mit dem Abrahamsbund vorhatte (1. Mo. 12,1-3), erfüllen.

Der Zweck seines Priestertums, 17-18. Die Fleischwerdung des Sohnes Gottes war eine notwendige Voraussetzung für seine Bestimmung, Priester der Menschen zu sein. Um ein geeigneter Hoherpriester für die Menschen vor Gott sein zu können, mußte er „seinen Brüdern gleich werden", die er zur Herrlichkeit führen wollte. Dazu mußte er seine himmlische Herrlichkeit ablegen, ein Mensch werden und an dessen Leiden und Versuchungen teilhaben, 17a, 18. Nur so konnte der Sohn Gottes ein „barmherziger und treuer Hoherpriester" (für die Menschen) werden. Als Hoherpriester sühnte er die Sünden des Volkes am Kreuz (Joh. 19,30) und verschaffte dem Menschen Zugang zu Gott, 17.

Kap. 3,1-6
Der Sohn größer als Mose

Heilige Brüder, 1. Zum erstenmal werden an dieser Stelle des Briefes die Leser als „heilige Brüder" angesprochen und als „Genossen der himmlischen Berufung", 1. Nun sind sie nicht mehr nur Juden mit einem irdischen Erbe, sondern Glieder der „Kirche", des „Leibes Jesu Christi", mit einer „himmlischen Berufung". Diese Tatsache wird im ganzen Brief betont.

Betrachtet den Sohn, 1-2. Die Ermahnung hier sagt, daß man Christus, den treuen Hohenpriester, „betrachten" soll, um zu erkennen, ja, genau zu verstehen, daß er der *Delegierte* des Vaters (an uns Menschen) ist. Er ist der Hohepriester unseres „Sündenbekenntnisses" (nicht „Glaubensbekenntnisses" unserer kirchlichen Zugehörigkeit!), der Eine, an den sich die Gläubigen (immer wieder neu) wenden, um ihre Sünden zu bekennen (vgl. Joh. 13,1-10), 1.

Beim Vergleich zwischen Christus und Mose, 2, wird die Treue dieser beiden Persönlichkeiten betont, die sie ihrer Berufung gegenüber bewiesen. Christus war dem treu, der ihn gemacht hat (zum Hohenpriester), nämlich Gott dem Vater – wie auch Mose „treu in seinem ganzen Hause" war (4. Mo. 12,7; Matth. 26,42).

Der Sohn im Gegensatz zu Mose, 3-6. Christus ist größerer Ehre wert geachtet worden als Mose. Wohl waren beide treu in den ihnen anvertrauten Pflichten (des geistlichen Haushalts). Doch Christus baute das Haus (des göttlichen Haushalts), während Mose nur ein Diener darin war, 3-5a. Mose war treu als ein freier und seiner Berufung würdiger Diener; Christus war treu als Sohn. Der Dienst des Mose war ein Typus (Vorbild) und prophetischer Hinweis auf Christus und die Wahrheiten und Segnungen, die sich in ihm erfüllen würden, 5 (5. Mo. 18,15.18-19). Er war die Erfüllung all der Dinge, nach denen Mose und das Gesetz im Zusammenhang mit der zu erwartenden Erlösung ausgeschaut hatten. Jetzt sind die Erlösten Gottes geistliches Haus (1. Kor. 3,9; Eph. 2,19-22). Ihr Glaube zeigt sich in dem Vertrauen, das sie Christus entgegenbringen. Auf ihn gründet sich ihre Hoffnung bis zu dem Tag ihrer vollen Erlösung, 6.

Kap. 3,7-19
Mahnung, nicht vom lebendigen Gott abzuirren

Die Sünde der Herzensverhärtung, 7-10. Die Warnung vor der Sünde ist an die Brüder von Vers 1 gerichtet. Sie ist *dringend* („heute") und *mit Autorität* gegeben (wie der Heilige Geist spricht). Hier geht es um Glauben und Gehorsam gegen Gottes Wort („wenn ihr seine Stimme hören werdet", Ps. 95,7-11), 1. Es handelt sich hier um eine Gefahr, der der Mensch zu allen Zeiten gegenübersteht: die Herzensverhärtung, also eisern, unempfindlich und rebellisch gegen Gott zu werden, 8a, wie das durch das Volk Israel in der Wüste illustriert wird (8b). Die Warnung heißt, Gott nicht zu „versuchen", wie sie es taten, indem sie sich weigerten, ihm angesichts der Zeichen seiner Gnade und der wunderbaren Fürsorge zu glauben, und indem sie zugleich ihren Unglauben dadurch bewiesen, daß sie neue Zeichen und Wunder verlangten, 9. Eine solche sündige Haltung führt auf Abwege und zu Unverständnis der Führungen Gottes gegenüber, 10.

Die Strafe: Gott versagt ihnen das Eingehen zu seiner Ruhe, 11. Unglaube (7-10) weckt Gottes Zorn, 11, und bewegt ihn zu einem Schwur, der die geeignete Antwort seines gnädigen, aber unendlich heiligen Wesens darstellt: „Sie sollen nicht eingehen in meine Ruhe!", 11. Gottes „Ruhe" ist die stille innere Gewißheit und die sieghafte Erfahrung des Friedens, den er denen gibt, die ihm vertrauen. Es ist der Lohn dafür, daß man Gott glaubt. Der Einzug Israels in das Land Kanaan ist ein Typus (Bild) dieser triumphierenden Gottesruhe.

Der Betrug der Sünde, 12-16. So verräterisch ist die Sünde, daß sie das Herz unempfindlich und taub für Gott und sein Wort macht, so daß ständiges Ermahnen und Drängen nötig sind, solange die Möglichkeit dazu besteht, 13. Daß die, die hier angesprochen werden, echte Gläubige sind, geht daraus hervor, daß sie „Christi Genossen" geworden waren, 14. Jetzt kommt es für sie darauf an, daran festzuhalten, daß das Hohepriestertum Jesu Christi voll genügsam und

Der Verfasser des Hebräerbriefes erinnert seine Leser an die Zeit der Wüstenwanderung Israels.

endgültig ist und daß sie deshalb nicht in den jüdischen Formalismus der Riten zurückfallen müssen. Das zu tun würde bedeuten, daß sie ihre Herzen verhärten, wie Israel es tat „in der Verbitterung" (d.h. während seiner 40jährigen Rebellion gegen Gott in der Wüste), 15-16 (vgl. Ps. 95,8; 2. Mo. 17,1-7; 4. Mo. 14,1-45).

Die Tragödie des Unglaubens, 17-19. „Sie sündigten ... sie glaubten nicht." Das Ergebnis: Sie „erzürnten" und „betrübten" Gott, 16-17. Ihre Leiber verfielen in der Wüste. Sie erlangten Gottes Ruhe nicht, 18, wegen ihres Unglaubens, 19. Die Erlösung, deren Bild das Sprengen des Blutes des Passahlamms (2. Mo. 12,12-13) und der Durchgang durchs Rote Meer (2. Mo. 14,13-31) war, sollte durch das Eingehen in die „Ruhe" gekrönt werden, die in der Eroberung und Inbesitznahme des Landes Kanaan bildlich dargestellt ist. Diese Seite der Erlösung war ihnen verlorengegangen um ihres Unglaubens willen. Die Züchtigung, die darauf folgte, war der physische Tod. Ihre Leiber verfielen in der Wüste (vgl. 1. Kor. 11,30-31; 1. Joh. 5,16).

Kap. 4,1-8
Der Sohn größer als Josua in der Ruhe, die er gibt

Das Evangelium, die Quelle der Ruhe, 1-3b. „Furcht", 1, bedeutet hier die von Gott gewirkte Sorge eines Gläubigen, zu dieser Ruhe einzugehen und nicht etwa, wie Israel, in der „Wüste" zu sterben und Kanaan, den Ort der Ruhe, niemals betreten zu können (vgl. 4. Mo. 14). Diese Ruhe Kanaans (Matth. 11,28-30) ist das *restlose Vertrauen* in das vollendete Werk Jesu Christi, sowohl für das Heil der Seele als auch für die Heiligung des Lebens, welches nicht nur „Frieden mit Gott" (Röm. 5,1), sondern auch den „Frieden Gottes" bringt (Phil. 4,7). Das Evangelium ist die Quelle des Friedens, denn es hat seinen Mittelpunkt in dem Versöhnungswerk des Sohnes. Es (das Evangelium = die Frohe Botschaft) ist „uns" verkündigt worden wie „jenen", nämlich Israel im AT. Das Problem war, daß das Gehörte von der Hörern nicht „mit dem Glauben verbunden" worden war. Zu jener Zeit wies die Frohe Botschaft nach vorn auf die Versöhnung durch Christus, wie sie heute (zeitlich gesehen) zurückweist auf sie (1. Kor. 15,1-4). Der Glaube an diese Frohe Botschaft ist der Schlüssel dazu, zu „seiner Ruhe", 1, zu kommen, 3a (Ps. 95,11).

Gottes Ruhe nach der Schöpfung der Welt – ein Vorbild, 3c-8. Am siebten Schöpfungstag ruhte Gott und erquickte sich (2. Mo. 31,17; vgl. 1. Mo. 1,31-2,3). Dies dient als ein Bild der Ruhe, in die der Gläubige heute in geistlicher Hinsicht eintreten darf, mitten in Verfolgung und Kampf, indem er sich ganz auf das von Christus vollbrachte Erlösungswerk verläßt. In diese Ruhe konnte weder die Generation eingehen, die aus Ägypten herausgeführt worden war (außer Josua und Kaleb), wegen ihres Unglaubens, 6, noch hat Josua Israel Ruhe von den Quälereien seiner Feinde zu geben vermocht. Nur Jesus Christus, der größere Josua, kann echte Ruhe geben, 8.

Kap. 4,9-13
Der Sohn größer als Josua in der Erlösung, die er gebracht hat

Erlösungsruhe ist allen Kindern Gottes zugänglich, 9-10. Diese Verse sprechen von der Sabbatruhe der Gläubigen (gr. *sabbatismos,* ein Zustand der Ruhe von aller Anstrengung oder Arbeit), 9. Sie schließt in sich, daß der Gläubige in einem vollbrachten Erlösungswerk vollkommen zur Ruhe kommen darf (3-4), so wie Gott von seinem vollbrachten Schöpfungswerk ausruhte, 10. Diese Ruhe gründet sich völlig auf das von Christus am Kreuz vollbrachte Werk der Erlösung. Alle eigenen Anstrengungen, Verdienste oder gesetzlichen Forderungen hören auf, weil sie weder die Erlösung noch die Heiligung bewirken können, 10 (vgl. Eph. 2,8-10). Diese Ruhe schaut vorwärts nach dem Sieg des Glaubens, der in der Unterwerfung der Feinde des geistlichen Lebens (Welt, Fleisch, Satan) besteht.

Diese Glaubensruhe muß fleißig verwirklicht werden, 11-13. Der Gläubige wird ermahnt, sich zu „befleißigen", zu dieser Ruhe einzugehen im ruhigen Glauben. Er wird daran erinnert, daß es in Israel solche gab, die um ihres Unglaubens willen nicht in die ihnen von Gott angebotene Ruhe des verheißenen Landes eingehen konnten, 11. Glaube ist nötig, um sich die Ruhe anzueignen, die Christus anbietet, während der Unglaube uns dieses Segens beraubt.

Das Werkzeug, das Gott benutzt, um Menschen in diese Ruhe des Glaubens hineinzuführen, ist das lebendige und kräftige Wort Gottes, 12-13. Dieses Wort, schärfer als jedes zweischneidige Schwert, scheidet in uns die Dinge bis zu dem Punkt, wo unsere Motive bloßgelegt und unsere innersten Gedanken gerichtet werden, 12. Es streift alles Unechte ab und zeigt uns, wie wir wirklich sind, 13. Der Glaube, der zur Ruhe in Christus führt, wird dabei (durch die Wirkung des Wortes) von bloßer Zustimmung und äußerem Formalismus geschieden.

Kap. 4,14-5,10
Das Priestertum Christi höher als das Aarons

Unser großer Hoherpriester, 4,14-16. Christus, unser „großer Hoherpriester", ist groß wegen seines vollendeten Werkes der Erlösung, die dadurch bezeugt ist, daß er durch die Himmel hindurchgegangen ist, 14. Das bedeutet, daß seitdem die Anbetung Gottes und der Dienst der Fürbitte nur noch im himmlischen Heiligtum geschehen, wo der Gläubige schon jetzt unmittelbar in die Gegenwart Gottes gebracht wird (Hebr. 10,19; Phil. 3,3).

Christus ist auch deshalb „groß", *weil er Jesus,*

der Gottessohn, ist, der würdig erachtet ist, den (gefallenen) Menschen vor dem Thron Gottes des Vaters zu vertreten. Er ist fähig, „Mitleid zu haben mit unseren Schwachheiten, weil er in allem versucht worden ist gleichwie wir, doch ohne Sünde" – d.h. er hat keine eigenen Sünden (vgl. Hebr. 7,26). Er war versucht worden, „in allem gleich wie wir", aber er blieb der einzige absolut sündlose Mensch.

Noch aus einem anderen Grund ist Christus „groß": Sein im stellvertretenden Strafvollzug für uns vergossenes Blut, gesprengt auf den Thron Gottes, hat diesen *Thron des heiligen Gerichts* für Sünder zu einem *Thron der vergebenden Gnade* Gottes für Gläubige gemacht. An diesem Gnadenthron findet der Gläubige Barmherzigkeit und Gnade zur Hilfe, wann immer er ihrer bedarf, 16. Diese Größe unseres Hohenpriesters fordert uns dazu auf, an dem Bekenntnis zu ihm festzuhalten, 14. Er ist derjenige, zu dem wir auch mit dem Bekenntnis unserer Schuld und Verfehlungen kommen und dem wir uns in der gewissen Zuversicht nähern dürfen, daß uns an seinem Thron Barmherzigkeit und Gnade erwartet, 16.

Eigenschaften der aaronitischen Priester, 5,1-4. Israels Hoherpriester war 1) *aus den Menschen erwählt,* 1 a; 2) *geweiht (ordiniert)* oder *bestimmt zum Dienst* für Gott *für seine Mitmenschen,* 1b; 3) mußte *Gaben und Opfer* für Sünden in Stellvertretung des Sünders opfern, 1c; 4) mußte *Nachsicht* haben mit *Sündern (den Unwissenden und Irrenden,* da er selbst mit Schwachheit behaftet war, 2; 5) mußte außer den Opfern, die er für andere Gott darbrachte, auch *für seine eigenen Sünden Opfer* (im Tempel) *darbringen* (3. Mose 16,11), weil auch er versöhnt werden mußte mit Gott, 3; 6) war *von Gott berufen,* nicht selbstgewählt (2. Mo. 28,1; 4. Mo. 16,40).

Überlegenheit der Eigenschaften Christi, 5,5-10. Christus war aus den folgenden Gründen einzigartig qualifiziert, Hoherpriester zu sein: 1) Er war von Gott dem Vater für dieses Amt *erwählt,* 5; 2) er war *von Gott eingesetzt,* ein *ewiger Hoherpriester* nach der Ordnung Melchisedeks zu sein, 6; 3) er war „*wahrhaftiger Mensch*", angetan mit einer echt menschlichen Natur „in den Tagen seines Fleisches", deshalb auch fähig, Stellvertreter der Menschen zu sein, 7a; 4) er war das *eigentliche Opfer(lamm)* oder Sündopfer, das für die Sünder dem Tod ins Auge blickte, 7b; 5) er war der *Endsieger* über Sünde und Tod in seiner Auferstehung, 7c; 6) er war der *vollkommene Vertreter* für den Menschen und seine Sünde, denn Christus hatte durch seine Leiden den vollkommenen Gehorsam gelernt, der für sein Erlösungswerk nötig war, 8. Als Ergebnis seiner vollkommenen Eigenschaften wurde er zum „Urheber" ewiger Errettung, die nicht nur ein „Zudecken" von Sünden war wie beim aaronitischen hohepriesterlichen Opferdienst. Die von Christus bewirkte Erlösung ist ewig, weil er selbst ein „ewiger" Hoherpriester ist – „nach der Ordnung Melchisedeks" (s. Hebr. 7,9-10).

Kap. 5,11-14
Aufruf zu geistlichem Wachstum

Kennzeichen fehlender Reife, 11-13. Ehe er die Wahrheit vom Hohepriestertum Jesu „nach der Ordnung Melchisedeks" weiter entfaltet, schaltet der Verfasser eine weitere Warnung oder Zurechtweisung ein – dieses Mal betrifft sie den Mangel an geistlicher Reife. Viele der angesprochenen Gläubigen aus den Juden zeigten sich als zu träge (abgestumpft) zum Hören und Verstehen der ihnen bezeugten Wahrheiten des Glaubens, 11. Sie waren noch unwissend zu einer Zeit, da man hätte erwarten können, daß sie fähig wären, anderen die tieferen Wahrheiten wie die Bedeutung des Priestertums Jesu „nach der Ordnung Melchisedeks" zu erklären, 12a. Als unmündig gebliebene Säuglinge konnten sie nur „Milch", d.h. elementare Wahrheiten aufnehmen. Der Mangel an Kenntnis des Wortes und an Erfahrung seiner Wahrheit hielt sie im Zustand geistlicher Unmündigkeit, 12b-13.

Der geistliche Gläubige, 14. Die Erwachsenen dagegen können „feste Speise" vertragen und verstehen, d.h. die solide Nahrung des Wortes in Leben und Lehre aufnehmen. Sie gehören zu den trainierten Athleten im Bereich des geistlichen Lebens, weil sie sich der Disziplin unterwarfen, die das „Training" erforderte. Ein weiteres Zeichen reifer Christen ist die Fähigkeit, lehrmäßig zwischen Wahrheit und Irrtum zu unterscheiden. Der ständige Umgang mit dem Worte Gottes hat ihr geistliches Unterscheidungsvermögen geschult.

Kap. 6,1-3
Forderung nach der vollen Reife

Ermahnung zu geistlichem Fortschritt, 1a. Deshalb (wegen der Gefahr, geistlich unmündig zu bleiben) 5,11-14, wollen wir die Anfangslehre über Christus (jetzt) verlassen und nach Reife streben. „Dahintenlassen", „verlassen" hat an dieser Stelle den Sinn von „Fortschritte machen", über die elementaren Wahrheiten, die Christus betreffen, hinaus der Vollkommenheit oder vollen Reife entgegengehen (gr. *teleiótes*). Vielleicht dachte der Verfasser an ein Eindringen in die Bedeutung des Lebens, Sterbens und der Auferstehung Jesu für das persönliche Glaubensleben, über die einfachen geschichtlichen Tatsachen hinaus, an die Verwirklichung unserer Stellung und unserer Besitztümer in Christus, wie sie uns in den Briefen des NT offenbart wird.

Die Gefahr geistlicher Genügsamkeit, 1b-1c. Die Gefahr der Drosselung des geistlichen Wachstums besteht darin, daß man durch ein wiederholtes Grundlegen unterläßt, auf diesem Grund das eigentliche Gebäude zu errichten. Solche Grundwahrheiten, die das Fundament für den späteren Aufbau tieferführender Wahrheiten bilden, sind absolut notwendig, aber nicht Ziel in sich selbst. Dazu gehören: 1) „Buße von toten Werken", 1c, das sind solche Werke, die im Gehorsam gegen das mosaische Gesetz getan werden mußten, die aber „tot" waren, weil sie zur Erlangung des ewigen Heils wertlos waren, (Apg. 15,10; vgl. 5. Mo. 6,24-25 mit Gal. 3,11-12); 2) „Glauben an Gott", 1d, nicht Glauben an ihre Vorrechte als Juden (1. Petr. 1,18-21); 3) „die Lehre vom Taufen", 2a, die für die hier Angeredeten atl. Waschungen und Reinigungsvorschriften wie auch die christliche Wassertaufe einschlossen; 4) „von der Handauflegung", 2b, d.h. eine Handlung, die im AT Gleichsetzung und Übertragung von Kräften bedeutete (3. Mo. 16,21) und eine ähnliche Bedeutung im NT hat (Apg. 5,12; 8,17-19; 9,41; 13,3; 19,6; 1. Tim. 4,14; 2. Tim. 1,6); 5) von der „Auferstehung der Toten", 2c, eine Lehre, die im AT geglaubt wurde (Hi. 19,25; Ps. 16,10; Dan. 12,2) und ein Hauptbestandteil der ntl. Botschaft ist, die die Hoffnung der Gläubigen verkündet (Lk. 24,39-43; 1. Kor. 15,20-22); 6) „vom ewigen Gericht", 2d, die Lehre, die besagt, daß die Verlorenen der Menschheit und die rebellischen Engel ewige Strafe erfahren werden (Matth. 25,41; Off. 20,10).

Die Dynamik des geistlichen Fortschritts, 3. Bevollmächtigt von Gott, sollen diese jüdischen Gläubigen sich, über die soeben erwähnten grundlegenden Lehren hinaus, nach geistlicher Reife ausstrecken. Gott kann solche Segnungen nur da geben, wo Menschen ihm völlig vertrauen und ihm Raum machen, in ihnen zu wirken. „Vorwärtseilen" ist die nach außen hin sichtbare Auswirkung der Errettung, die Gott „inwendig" in ihnen gewirkt hat (Phil. 2,12; 3,14).

Kap. 6,4-8
Die Sünde des Rückfalls ins Judentum

Die Beteiligten – Judenchristen, 4-5. Diese Verse beweisen, daß die in diesem Brief Angeredeten an Christus gläubig gewordene Juden waren. Doch waren sie von der erfahrungsmäßigen Erkenntnis abgewichen, die mit der Person und dem Werk Jesu Christi zusammenhängt. Damit haben sie unterlassen, die „Ruhe Gottes" für sich im Glauben in Anspruch zu nehmen. Das Ergebnis: Sie blieben geistlich unreif.

Das Wesen der Sünde: Abfall von der völlig ausreichenden Wirkung des Todes Jesu Christi, 6. Die Folge dieser Sünde brachte ihr Fallen aus der Gnade (die Rettung in Christus durch den Glauben allein) mit sich, indem sie zur Aufrechterhaltung ihres Verhältnisses zu Gott judaistische (gesetzlich vorgeschriebene) Riten befolgten. Dies war eine Verleugnung der ursprünglichen Buße, die mit der Abwendung des Judenchristen von den toten Werken des Gesetzes verbunden war. Die Zurückwendung zu ihnen war in Wirklichkeit eine Leugnung der völlig ausreichenden Wirkung des Todes Jesu Christi für alle Sünde (so daß durch den Glauben an den stellvertretenden Opfertod das Verhältnis des Sünders zu Gott völlig und ein für allemal zurechtgebracht ist, Joh. 19,30). Offenbar waren die Judenchristen, zu denen dieser Brief spricht, in die judaistischen gottesdienstlichen Gebräuche und Opfer zurückgefallen, um sich für ihre Sünden Gottes Vergebung zu sichern. Das bedeutete nichts weniger, als daß sie den Sohn Gottes wiederum kreuzigten, ihn als Betrüger erklärten und ihn damit (erneut) der öffentlichen Verachtung aussetzten. Vom Glauben an das Erlösungswerk Jesu Christi zum Glauben an die Verdienste der menschlichen Werke des Gesetzes als Grund für Gottes Vergebung zurückzugehen, heißt die Person und das Werk Jesu Christi geringschätzig zu behandeln. Für solche gab es keine Möglichkeit für erneute Buße und Umkehr, sondern nur göttliches Gericht.

Das Ergebnis der Sünde – göttliche Verwerfung, 7-8. Ein solcher Abfall hat Gottes Züchtigung zur Folge, denn ein derartiges Leben bringt nicht nur keine Frucht für Gott, 7, sondern zeitigt Unglauben und Sünde ("Dornen und Disteln" sind Zeichen für Unglauben und den Fluch der Sünde), 8. Das Ende ist Zurückweisung oder Disqualifikation (1. Kor. 9,27) bei der Preisverteilung. Die Werke der Gläubigen werden bei der Gerichtssitzung Christi verbrannt wie Holz, Heu oder Stroh (1. Kor. 3,13-15).

Kap. 6,9-12
Der Gegensatz der Reife in Christus

Die bessere Sachlage der Errettung, 9-10. Der Verfasser des Briefes nannte sehr klar die Gefahren, die das innere Wachstum der Judenchristen bedrohten. Dennoch ist er zuversichtlich. Ein Rückblick auf ihr vergangenes Leben gibt berechtigten Grund dazu, 10. Nicht nur er selbst, sondern auch Gott wird ihre vielen Beweise der Freundlichkeit nicht vergessen, die sie ihren Brüdern sogar angesichts von Drangsal und Anfechtung erwiesen haben. "Tatsachen, die die Errettung begleiten" bezieht sich wohl auf die fruchtbaren Werke, die sich aus ihrem gleichsam "eingewobenen" Glauben ergaben.

Der Wunsch des Verfassers, 11-12. Es war der sehnliche Wunsch des Briefschreibers, daß dem guten Anfang (9-10) das stetige innere Wachstum zur geistlichen Reife folgen möchte, 11. Das würden sie erreichen, indem jeder von ihnen in seinem Verhalten dieselbe Entschlossenheit beweisen würde, wie es bis dahin geschehen war. Solcher Eifer würde ihnen die volle Gewißheit geben, daß auch sie "am Ende" (dieses Zeitalters) die Verheißungen besitzen oder ererben. Die Versuchung zu Bequemlichkeit oder Trägheit würde auch an sie herantreten, doch sollten sie sich immer wieder durch das Beispiel

derer anspornen lassen, die "durch Glauben und Geduld die Verheißungen erlangen", 12.

Kap. 6,13-20
Ermunterung, sich nach geistlicher Reife auszustrecken

Gottes Treue gegen Abraham, 13-18a. Diejenigen, die erwarteten, "durch Glauben und Geduld die Verheißung zu erlangen", 12, stützten sich auf die Bundestreue Gottes Abraham gegenüber. Das Beispiel dieses Patriarchen zeigt, was Ausharren in gläubigem Vertrauen auf die Erfüllung der *von Gott* gegebenen Verheißungen bedeutet. Abraham verharrte in wartendem Glauben, weil Gott sich ihm bei der Bundesschließung mit seinem eigenen Namen verbürgt hatte, daß er die Abraham gegebenen Verheißungen erfüllen würde, 13. Der Eid Gottes, 14, enthält im Grundtext eine besondere grammatikalische Form, die der hebräischen Sprache eigen ist und wie folgt übersetzt werden kann: "Gewißlich, segnend will ich dich segnen" (d.h. im Übermaß will ich dich segnen), "und vermehrend will ich dich vermehren" (d.h. im Übermaß will ich dich vermehren). Gott wollte auf diese Weise Abrahams Geduld stützen, unbeirrbar auf die Erfüllung dieser Zusage zu warten. Diesen Zweck erreichte Gott, und Abraham "erlangte die Verheißung", 15, – d.h. die vollgültige Garantie seiner (auch heute noch!) zukünftigen restlosen Einlösung des ihm von Gott gegebenen Versprechens.

Weshalb gebrauchte Gott die menschliche Sitte, einen Eid zu schwören, wenn eine Kontroverse beigelegt und eine Vereinbarung bekräftigt werden soll? Weil er über alles menschliche Verstehen hinaus willig war, die Unwandelbarkeit seines Beschlusses zu bekräftigen, darum besiegelte er seine Zusage an Abraham nach menschlicher Weise mit einem Eid, 16. Weil Gott diesen Eid bei seinem eigenen Namen schwor, war es unmöglich für ihn, diesen nicht zu halten, da Gott nicht lügen kann. Er setzte seine Autorität und seine unbedingte Glaubwürdigkeit ein. Gottes Eid gab Abraham die unzweifelhafte Garantie auf Erfüllung der gegebenen Zusage, 17-18. Da Gott unwandelbar ist, kann dieser Eid Gottes für uns eine ebenso große Glaubensstärkung sein wie für Abraham.

Gottes Treue gegen uns in Christus, 18b-20. Christus, in dem der mit Abraham geschlossene Bund Gottes seine Erfüllung fand, ist unsere "Gewißheit", der Gegenstand unserer Hoffnung, 18b. Diese Hoffnung haben wir beständig als einen Anker (gr. stark betont) unserer Seele, der uns vor dem "Abtreiben" schützt. Dieser Anker (Christus) ist festgemacht "hinter dem Vorhang", d.h. im Allerheiligsten des himmlischen Heiligtums, 19, in das Christus als unser "Vorläufer" und "Hoherpriester" eingegangen ist und in das wir nach ihm und durch ihn (schon heute) ebenfalls eingehen dürfen – in die himmlischen Örter hinter dem Vorhang, d.h. in den Himmel selbst, 20.

Kap. 7,1-3
Melchisedek als Priester-König – ein Typus Jesu Christi

Wer ist Melchisedek? 1-3a. (Vgl. 1. Mo. 14, 17-20.) Dieser Mann, 4, war „König von Salem". „Salem" ist ein alter Name für Jerusalem zur Zeit der Patriarchen. Was aber wichtiger ist, ist die Aussage, daß er ein „Priester Gottes, des Allerhöchsten" (El Elyon, „Schöpfer oder Besitzer des Himmels und der Erde", 1. Mo. 14,19.22), 1a, war. Seine Bedeutung und Überlegenheit Abraham gegenüber erkennen wir an der Tatsache, daß er Abraham segnet, 1b, und daß er von Abraham den Zehnten empfängt, 2a. Vielleicht ist uns in der Übersetzung seines Namens ein Schlüssel zu seinem Charakter gegeben, nämlich „König der Gerechtigkeit", ebenso wie in der Bedeutung seines Titels als „König von Salem", d.i. „König des Friedens", 2b. Weder der Name seiner Eltern noch sein Geschlechtsregister wird angegeben, noch das Datum seiner Geburt oder seines Todes; das heißt nicht, daß er ewig war, aber solche Angaben sind nebensächlich im Vergleich zu seinem Amt und der Tatsache, daß er mit dem Sohn Gottes verglichen wird, 3.

Melchisedek, ein Typus (Vorbild) Christi, 3b. Melchisedek wurde Christus ähnlich gemacht, um ihm in der Beschreibung seiner Person und in seiner typischen Bedeutung (als ein Typus [Bild] Jesu Christi) zu entsprechen. Der Schwerpunkt (des Vergleichs) wird also auf die königliche Autorität und die unendliche Dauer seines Priestertums gelegt. Mit Bezug auf Christus ist ersteres in seiner Person begründet (als der ewige Gottessohn) und letzteres in seinem Erlösungswerk (als „König der Gerechtigkeit", Röm. 3,25-26, und als „Friedenskönig", Röm. 5,1). Unser „Priester-König" sitzt jetzt „zur Rechten der Majestät im Himmel" (Hebr. 8,1), „lebt immerdar und bittet für uns" (7,25b).

Kap. 7,4-22
Melchisedeks Priestertum dem Aarons überlegen

Aaron gab Melchisedek (durch Abraham) den Zehnten, 4-7. 9-10. Der Leser wird eindringlich gebeten, die herausragende Bedeutung Melchisedeks zu beachten. Sie war so groß, daß sogar Abraham ihm den Zehnten der Erstlinge der Früchte und der Landprodukte gab, 4. Es soll hier hervorgehoben werden, daß Melchisedeks Priestertum größer war als Aarons, denn die aaronitischen Priester, die als Nachkommen Abrahams den Zehnten vom Volk bekamen, gaben Melchisedek, dem Größeren, durch Abraham (alle) den Zehnten. Auf diese Weise segnete Melchisedek, „der Höhere", die Leviten, „die Geringeren", 7.

Aarons Priestertum war vorübergehend,

Jüdischer Priester

das Melchisedeks ist bleibend, 8. Der Dienst der Leviten, aus denen Aaron kam, war zeitlich begrenzt, weil er von sterblichen Menschen versehen wurde. Im Gegensatz dazu war der hohepriesterliche Dienst Melchisedeks unbegrenzt, denn der Tod hatte keine Macht über ihn. Der „eine, von dem bezeugt wird, daß er lebt", ist Christus, der „Antitypus" (die Wirklichkeit, die vom „Typus", ihrem Schatten, vorausgesagt wurde). Sein hohepriesterlicher Dienst ist ewig, weil er von dem unsterblichen Priester-König getan wird, der den Tod überwunden hat.

Das aaronitische Priestertum war begrenzt, 11-14. Dem levitischen Priestertum fehlte „Vollkommenheit" im Sinne von „Endgültigkeit der Funktion" und „Vollständigkeit von Werk und Wirkung". Es konnte weder der „Welt Sünde" hinwegnehmen, noch konnte es „vor Gott gerecht machen" oder Gnade und die richtige Stellung vor Gott gewähren, 11a. Dieser Mangel an Vollkommenheit ist erkenntlich: 1) an der Notwendigkeit, daß „ein anderer Priester", d.h. ein Priester einer *anderen* Ordnung, nämlich der Ordnung Melchisedeks, 11b, kommen mußte; 2) in der Notwendigkeit einer Änderung des Gesetzes, womit das aaronitische Priestertum untrennbar verbunden war, 12; und 3) an der Notwendigkeit einer Änderung der exklusiven Bestimmungen des Gesetzes, wonach nur Angehörige des Stammes Levi als Priester wirken durften, was Christus auf der menschlichen Ebene vom Priesterdienst ausschloß, da er aus dem Stamm Juda kam, 13-14a. Das mosaische Gesetz gab dem Stamm Juda kein Recht, am Priesterdienst Anteil zu nehmen, 14b.

Das Hohepriestertum Melchisedeks ist endgültig, 15-22. Das Hohepriestertum Jesu Christi ist, nach der Ordnung Melchisedeks, endgültig und vollkommen, weil es 1) dem aaronitischen Priestertum seinem Wesen nach überlegen ist, 15 (vgl. 4-11); 2) in seiner Eigenschaft „nach der Kraft unauflöslichen Lebens", nicht nach dem Gesetz eines physischen Gebots geworden ist, 16; 3) aufgrund der Autorität des Wortes Gottes eingesetzt ist, 17; 4) zu einer besseren Hoffnung führt und unmittelbaren Zugang zu Gott gewährt, 19; 5) mit einem göttlichen Eid, der Christi ewiges Hohepriestertum begründet und anordnet besiegelt ist, 20-21; 6) in Christus als dem Garant eines neuen und besseren Bundes, dessen bessere Gültigkeit auf dem von Gott geleisteten Eid beruht, begründet ist, 22 (Jer. 31,31-33; Matth. 26,28; 1. Kor. 11,25).

Kap. 7,23-28
Die überlegene Wirksamkeit und Beständigkeit des Priestertums Jesu Christi

Seine Fortdauer, 23-24. Es gab viele levitische Priester, weil der Tod immer wieder Lücken in ihre Reihen schlug, die dann von den Nachfolgern geschlossen werden mußten. Sie standen im Gegensatz zum fortdauernden Priestertum Jesu (gr. aparabaton, „das nicht abgelöst werden soll" in dem Sinn, daß es nicht von einem auf einen anderen Priester übertragen werden kann), weil „er in Ewigkeit bleibt" (nicht stirbt), 24.

Die unvergleichlich größere Kraft des Priestertums Jesu Christi, 25-28. Die überlegene Art der Wirkungskraft des Priestertums Jesu Christi, die in seiner Dauerhaftigkeit begründet ist („daher", 25a), hat ihre Ursache erstens in der vollkommenen *Fähigkeit* Jesu Christi, für immer zu retten („bis aufs äußerste", „durch alle Zeiten hindurch"), 25b. Das ist dadurch möglich, daß die, welche durch ihn zu Gott kommen, sich seiner ununterbrochenen Fürbitte erfreuen dürfen, die ihre Errettung für immer garantiert (Joh. 10,28). „Er lebt immerdar, um für sie einzutreten", und seine Fürbitte wird nie plötzlich durch den Tod verstummen.

Jesu Priestertum ist zweitens dem levitischen Priestertum deshalb überlegen, weil *Jesus als Priester in all seinen Eigenschaften dem entspricht, was wir brauchen,* 26. Er ist: 1) „heilig", d.h. völlig ausgerichtet auf den Willen Gottes in ehrfürchtiger Hingabe (Ps. 16,8); 2) „unschuldig" im Sinne von „untadelig, frei von allem Bösen"; 3) „unbefleckt" im Sinne von frei vom Makel (Ansteckung) in Sünden lebender Menschen; 4) „abgesondert von den Sündern", oder besser übersetzt: „ge-

Der Felsendom steht heute an der Stelle des früheren Herodianischen Tempels.

trennt worden von den Sündern", gewissermaßen schon hier auf Erden in einer anderen „Ordnung" lebend als die Sünder (vgl. 3. Mo. 21,12) und nun von ihnen getrennt als ihr Hohepriester im Himmel; 5) „höher als die Himmel", denn er ist ja nach Hebr. 4,14 buchstäblich durch „die Himmel" hindurchgegangen.

Drittens: Das *Opfer* des Priestertums Jesu ist endgültig, 27. Im Gegensatz zu den täglichen Opfern der levitischen Priester (Hebr. 9,6; 10,11; vgl. 2. Mo. 29,38-42) war das Opfer Jesu Christi ein *„Ein-für-allemal-Opfer"* seiner selbst. Er brauchte nicht täglich zu opfern, noch mußte er für seine eigenen Sünden opfern. Er, der einzig Sündlose, opferte sich selbst als ein endgültiges und vollständig wirksames Opfer (vgl. 3. Mo. 16,11).

Viertens ist das Priestertum Jesu Christi dem levitischen Priestertum überlegen, weil es *mit einem Eid Gottes besiegelt worden ist,* 28. Im Gegensatz zum mosaischen Gesetz, das schwache Menschen zu Priestern machte, machte Gottes Eid in Psalm 110,4, (den er nach der Gesetzgebung am Sinai leistete) den sündlosen Sohn zu einem Hohenpriester, der Ewigkeit vollendet ist.

Kap. 8,1-5
Jesus Christus, Hoherpriester im himmlischen Heiligtum

Die Wirklichkeit seines Dienstes, 1-2. Die Hauptsache dessen, was wir besprechen, ist, daß Christus „zur Rechten der Majestät im Himmel sitzt" (gr. „in den Himmeln") und damit das levitische Priestertum völlig aufgehoben hat, 1. Er steht unendlich hoch über allen anderen Priestern, weil er sein Priestertum im Himmel ausübt, nicht auf der Erde (Hebr. 10,12). Der levitische Hohepriester *stand,* wenn er das Allerheiligste einmal im Jahr betrat, nur für einen kurzen Augenblick vor dem *Symbol* des Thrones Gottes. Im Gegensatz dazu *sitzt* unser Herr *für ewig* auf dem Thron der Majestät im Himmel, bis seine Feinde als Schemel ihm zu Füßen liegen werden (Ps. 110,1). Weiterhin ist zu beachten, daß Christus als Diener des Heiligtums der Verwalter der heiligen Dinge in der Stiftshütte im Himmel ist. Die irdische Stiftshütte war nur der „Schatten" der himmlischen, „welche der Herr errichtet hat, und nicht ein Mensch", 2.

Die biblischen „Typen" versinnbildlichen seinen Dienst, 3-5. „Jeder Hohepriester ..., dazu bestimmt, Gaben und Opfer darzubringen" (gr.), war ein „Typus", d.h. („Vorbild") „dieses einen, der auch etwas zu opfern haben mußte, 3, d.h. er opfert sich selbst ein für allemal als ein vollkommenes, endgültiges Opfer, um dadurch die Sünde abzutun. Wie der levitische Hohepriester das Allerheiligste im Tempel nicht ohne Blut betreten durfte, so betrat auch Christus das himmlische Allerheiligste nicht ohne sein eigenes Blut (1. Petr. 1,2). So versieht er seinen Dienst als Hoherpriester im Himmel. Wäre er hier auf der Erde, könnte er nicht einmal Priester sein, denn er kommt ja nicht aus dem Stamm Levi, 4. Doch er dient dem Wirklichen, während die levitischen Priester nur mit Hilfe der „Abbilder und Schatten der himmlischen Dinge" ihren Dienst versehen konnten, 5 (2. Mo. 25,40).

Kap. 8,6-13
Das bessere Amt des Neuen Bundes

Die Grenzen des Alten Bundes, 6-9. Der „Alte Bund" weist zurück auf den Gesetzes- oder mosaischen Bund. Er war *aufgrund von Verheißungen angeordnet,* die denen, auf denen der Neue Bund aufgerichtet ist, *unterlegen* sind, 6. Diese Verheißungen des Neuen Bundes sind von Bedingungen abhängig gemacht („wenn ihr..." 2. Mo. 19,5-7), die bei gehorsamer Erfüllung Segen versprechen, aber keine Kraft zur Gehorsamsleistung vermitteln. Im Gegensatz dazu kennt der Neue Bund keine Bedingungen, ist endgültig und unwiderruflich, weil Gott alles tut, 8-10. Der Neue Bund beruht auf dem vollbrachten (Erlösungs-) Werk Jesu Christi und spricht unter Gottes Bund mit Abraham jedem ewige Segnungen zu, der den Glauben Abrahams hat (Gal. 3, 13-29).

Dem Alten Bund fehlte das Element der „Endgültigkeit", 7. Er war nicht ohne Mangel. Das Gesetz als ein Weg des Handelns Gottes machte nichts vollkommen oder endgültig (Röm. 8,3; Hebr. 7,18-19) wegen der Sündhaftigkeit des Menschen. Wäre der Alte Bund befriedigend gewesen, hätte es keines zweiten Bundes bedurft.

Dem Alten Bund *fehlte* auch die *Wirkungskraft,* 8-9. Er befähigte den Sünder nicht dazu, Gottes Bedingungen zu erfüllen. Obwohl eine Norm des Verhaltens geboten wurde, gab es keine Kraft und Möglichkeit, diese zu erfüllen. So war Israel (im Alten Bund) ungehorsam und fiel Gottes Gericht anheim, 8a, 9b.

Das Wesen des Neuen Bundes, 10-13. Im Gegensatz zum Alten Bund ist der Neue Bund auf Gnade gegründet und ist frei von Bedingungen, 10a. Das ist es, was Gott souverän und ohne Bedingungen zu stellen bei der Wiederkunft Jesu Christi für Israel tun wird, nicht etwas, was sie in ihrer ganzen Hilflosigkeit für Gott zu tun versuchen (vgl. die „Ich will" Gottes, 10-12). Der Neue Bund ist auch in geistlicher Beziehung wirkungsvoll, 10b-11; er wird geistliche Wiedergeburt, 10b, und umfassende Erkenntnis Gottes zeitigen, 11. Er ist *fehlerlos und endgültig,* 12, gegründet auf die vollkommene Erlösung Jesu Christi. Damit wird das Problem der Sünde Israels auf ewig gelöst und der Alte Bund beiseite gesetzt, 13 (s. Erklg. zu Kap. 10,15-17).

Kap. 9,1-10
Die typische (vorbildliche) Art des Alten Bundes

Die Verordnungen für den Dienst im Heiligtum unter dem Alten Bund, 1-5. Der Dienst der Priester im mosaischen Bund wird beschrieben in seiner Beziehung zu den Einrichtungsgegenständen, die sich in den verschiedenen Räumen der Stiftshütte befanden. Sie wird hier besonders beschrieben, weil die priesterlichen Vorschriften darin befolgt wurden. Der äußere Raum der Hütte,„ das Heiligtum" genannt, wird in Vers 2 beschrieben, der innere Raum, „das Allerheiligste" genannt, in den Versen 3-5. Jedes Stück der Ausstattung in diesen beiden Räumen sprach als „Typus" (in Bildersprache) von Christus, seiner Person und seinem Werk (s. Erklg. zu 2. Mo. 25-30).

Die Opfer des Alten Bundes, 6-10. Die täglich wiederholten Handlungen, die sich auf Opfer und Anbetung Gottes beziehen, wurden von den Priestern im „Heiligtum" vorgenommen, 6, und die Opfer des großen Versöhnungstages, die einmal im Jahr vom Hohenpriester im Allerheiligsten dargebracht wurden, 7, machten deutlich, daß der direkte Zugang zu Gott für jeden Gläubigen noch nicht offen stand, 8. Diese waren „fleischliche Verordnungen", 10, irdische und äußerliche Vorschriften in einem unvollkommenen Heiligtum. Solche Verordnungen dienten als Symbole oder beispielhafte Illustrationen (gleichnishafte Anschauungsbilder) für die Epoche, die vor der Kreuzigung Jesu lag, eine Vorbereitung auf den kommenden herrlichen Dienst Jesu Christi (als Erlöser der Welt) und die geistlichen Wirklichkeiten, in die hinein er die Menschen führen würde, 9. Es waren äußerliche und zeitliche Symbole, die der Alte Bund (das mosaische Gesetz) den Gläubigen auferlegte „bis zur Zeit der Zurechtbringung" (der Zeit, da alles in Ordnung gebracht würde) durch den Neuen Bund, der sich auf den Tod Jesu Christi gründet, 10.

Kap. 9,11–14
Die Wirklichkeit unter dem Neuen Bund

Das Wesen der Wirklichkeit, 11–12. Das Kommen Jesu Christi als Hoherpriester erfüllte die „Typen" (Vorbilder) sowohl des Hohenpriestertums Melchisedeks als auch Aarons, indem er uns die „zukünftigen Güter" brachte, 11a. Er erfüllte den Typus (das Vorbild) des Hohenpriesters, der alle Jahre einmal in das Allerheiligste (hier auf Erden) hineingehen durfte (3. Mo. 16), indem er *ein für allemal* in das *wahre* Allerheiligste des himmlischen Heiligtums eingegangen ist, 11b. Hier brachte Jesus sein eigenes, bis in alle Ewigkeit wirksames Blut dar am himmlischen Gnadenthron, wo sein *einmaliges* Opfer (seiner selbst) unvergleichlich höher bewertet wird als der unablässige Strom des Blutes der *vielen* Opfer von Böcken und Kälbern, der bis dahin geflossen war, 12a (vgl. 9,13–14). Durch dieses einmalige Opfer Jesu Christi erwarb er eine *ewige Erlösung*, nicht nur ein zeitlich begrenztes Bedecken und augenblickliches Übergehen der Sündenschuld wie im Alten Bund, 12b. „Ewige Erlösung" bezieht sich auf die Sicherheit, Geborgenheit und Gewißheit der zukünftigen ewigen Verherrlichung, die der Gläubige in Christus hat.

Die Bedeutung der Wirklichkeit, 13–14. Diese ewige Erlösung, erworben durch Jesu eigenes Blut, reinigt nicht nur äußerlich und feierlich-zeremoniell (wie die levitischen Opfer am großen Versöhnungstag), sondern innerlich und wesentlich und macht einen Sünder fähig, in den Dienst des „lebendigen Gottes" zu treten. „Wenn" oder „da" (der gr. Indikativ [Wirklichkeitsform] unterstreicht die Wirklichkeit des Geschehens) die Besprengung kultisch unreiner Personen mit Tierblut und Asche einer roten Kuh (4. Mo. 19,16–18) auf irgendeine Weise zu leiblicher Reinigung verhelfen konnte, wieviel mehr wird das Blut Jesu Christi die innere Reinigung (des Gewissens) bewirken und ein in alle Ewigkeit vollkommenes Heil schaffen, 14.

Kap. 9, 15–22
Der Neue Bund mit dem Blut Christi besiegelt

Das Sterben Jesu Christi eine Notwendigkeit, 15–17. Der Opfertod Jesu Christi legte den Grund zu einem Neuen Bund. Ohne Jesu Tod hätte es nie zu einem Neuen Bund kommen können, 16, noch hätte er der Mittler werden können, der zwischen einem heiligen Gott und schuldbeladenen Sündern hätte stellvertretend handeln können, um sie am Ende mit Gott zu versöhnen, 15a

(vgl. Hebr. 8,6; 1. Tim. 2,5). Als Ergebnis seines stellvertretenden Erlösungstodes haben die, deren Sünden im Alten Bund nur „zugedeckt" werden konnten (Röm. 3,24-25), nun die Zusage eines ewigen Erbes empfangen, 15b.

Im Alten Bund konnte ein Bund nur durch Opferblut besiegelt werden, 16. In ähnlicher Weise besiegelte Christus den Neuen Bund mit seinem Tod und machte ihn dadurch wirksam (gültig), 17. Noch heute ist ein „Testament" (gr. diathéke = Verfügung, Wille) ungültig, bis der Verfasser desselben stirbt. Erst nach seinem Tode wird das Testament wirksam.

Die Notwendigkeit des Todes Jesu Christi durch das Gesetz versinnbildlicht, 18–22. Der erste oder Gesetzesbund wurde durch Blut eingeweiht, 18. Er wurde erst wirksam, nachdem Mose sowohl das Buch des Gesetzes als auch das Volk mit Blut besprengt, 19, und die Worte ausgesprochen hatte: „Dies ist das Blut des Testaments, welches Gott euch verordnet hat", 20 (2. Mo. 24,1-8). Die Stiftshütte und all ihr Gerät wurde ebenfalls mit Blut besprengt, 21 (2. Mo. 29, 12.36), und das geschah praktisch „mit allem" nach dem Gesetz, 22a. Das versinnbildlicht die Notwendigkeit des Sterbens Jesu Christi (s. 2. Mo. 19,10; 3. Mo. 15,5 u.a. als Ausnahmen). Diese Tatsache unterstreicht die wichtige Wahrheit: „Ohne Blutvergießen (Tod) geschieht keine Vergebung der Sünden", gr. *aphesis*, „kein Wegtun", das bedeutet einfach: keine Trennung des Sünders von seiner Sünde, vgl. Matth. 26,28), 22b.

Kap. 9,23–24
Das bessere Heiligtum des Neuen Bundes

Die mosaische Stiftshütte mit Tieropfern gereinigt, 23a. Dieses „Zelt", sein Personal und seine Bräuche waren nur „Muster" (im Sinne von Abbildungen und Zeichen) der himmlischen Dinge im himmlischen „Zelt". Tieropfer mögen dieses niedrigere irdische Heiligtum kultisch reinigen, aber nicht das „antitypische" (d.h. die Wirklichkeit des Bildes), viel herrlichere Heiligtum im Himmel, 23.

Das himmlische Heiligtum mit besseren Opfern gereinigt, 23b–24. „Die besseren Opfer" (Mehrzahl) werden in dem *einen,* endgültigen Opfer Jesu Christi zusammengefaßt. Dieses *eine* Opfer ist mehr als gleichwertig den zahllosen levitischen Opfern gegenüber. Unser Herr, opfernder Priester und Opfer(lamm) zugleich, ist „in den Himmel selbst eingegangen", um sich um unseretwillen (als Opfer) in die unmittelbare Gegenwart Gottes zu stellen, 24, und auf diese Weise für uns eine ewige Erlösung zu sichern.

Kap. 9,25–10,4
Das bessere Opfer des Neuen Bundes

Das Opfer Christi ist endgültig, 9,25-28. Diese Endgültigkeit wird dadurch unterstri-

Die biblischen Bündnisse

Bund und Bedeutung

Ewiger Bund (Hebr. 13,20)
Der *Bund der Erlösung* wurde vor Beginn der „Zeit" zwischen Vater und Sohn geschlossen. Durch diesen Bund haben wir eine ewige Erlösung, einen ewigen Frieden von dem „Gott des Friedens", durch den Tod und die Auferstehung des Sohnes.

Eden-Bund (1. Mo. 1,26-28)
Der Bund der Schöpfung, – zwischen dem dreieinigen Gott als dem einen Bundespartner (1. Mo. 1,26), und dem neugeschaffenen Menschen als dem anderen – regiert die Schöpfung des Menschen und sein Leben in der Unschuld im Garten Eden. Er ordnete die Herrschaft des Menschen über die Erde, die er sich untertan machen sollte. Mit der Aufgabe war eine ganz schlichte Gehorsamsprüfung verbunden, auf der bei Versagen die Todesstrafe stand.

Bund mit Adam (1. Mo. 3,14-19)
Dieser Bund *ordnete das Leben des gefallenen Menschen auf der Erde.* Das Werkzeug Satans (die Schlange) wurde verflucht (1. Mo. 3,14); die erste Verheißung des Erlösers wurde gegeben (3,15); die Stellung der Frau wurde verändert (3,16); die Erde wurde verflucht (1. Mo. 3,17-19); leiblicher und geistlicher Tod waren die Folge (3,19).

Bund mit Noah (1. Mo. 8,20-9,6)
Der Bund menschlicher Regierung auf Erden. Der Mensch soll fortan seine Mitmenschen im Auftrag Gottes regieren. Dies wird deutlich bei der Einsetzung der Todesstrafe als der höchsten Strafe, die der Staat verhängen kann (1. Mo. 9,5-6). Ein weiterer Hinweis ist u.a. die Verheißung der Erlösung durch die Linie der Nachkommen Sems (1. Mo. 9,26).

Bund mit Abraham (1. Mo. 12,1-3; bestätigt 13,14-17; 15,1- 7; 17,1-8)
Der Bund der Verheißung. Abrahams Nachkommen sollten zu einer großen Nation werden. In ihm (durch Christus) sollten „alle Geschlechter auf Erden" gesegnet werden (Gal. 3,16; Joh. 8,56-58).

Mosaischer Bund (2. Mo. 20,1-31,18)
Der Bund des Gesetzes, war einzig und allein Israel gegeben. Er bestand aus den Zehn Geboten (2. Mo. 20,1-26), den (sozialen) Strafgesetzen (2. Mo. 21,1 – 24,11) und den (religiösen) Vorschriften (2. Mo. 24,12-31,18) auch „das Gesetz" genannt. Dieser Bund forderte die Erfüllung des Gesetzes durch entsprechende Werke, die ihn zum Dienst der „Verdammung" und des „Todes" machten (2. Kor. 3,7-9); er war dazu bestimmt, den Übertreter (durch das Gesetz von seiner Schuld überführt) zu Christus zu führen.

Palästinensischer Bund (5. Mo. 30,1-10)
Dieser Bund *ordnet Israels Besitz des Landes Kanaan.* Seine prophetische Ausrichtung schließt die Weissagung von der Zerstreuung Israels als Strafe für seinen Ungehorsam ein (5. Mo. 30,1), zukünftige Buße am Ende der Zerstreuung (30,2), die Wiederkunft Jesu (als Israels Messias) (30,3), Israels Wiederherstellung als Nation (30,4-5), Israels nationale Bekehrung (30,6), Gericht über Israels Feinde (30,7), nationaler Wohlstand (30,9). Die verheißenen Segnungen sind abhängig gemacht von Israels Gehorsam gegen Gottes Gebote (30,8.10), aber die Erfüllung all dieser Verheißungen ist durch den Neuen Bund garantiert.

Davidischer Bund (2. Sam. 7,4-17; 1. Chron. 17,4-15)
Der Reichsbund. Dieser Bund (bezieht sich auf das kommende „Davidische Reich" und) ordnet die zeitliche und ewige Herrschaft der Nachkommen Davids. Er sichert die Beständigkeit des „Hauses" oder der Linie Davids, eines Thrones und eines Reiches. Der Bund wurde durch einen Eid Gottes in Ps. 89,30-37 bestätigt und durch die Worte an Maria erneuert, Lk. 1,31-33. Er ist in Christus als dem Heiland der Welt und Israels kommendem König erfüllt (Apg. 1,6; Off. 19,16; 20,4-6).

Neuer Bund (Jer. 31,31-33; Matth. 26,28; Mk. 14,24; Lk. 22,20; Hebr. 8,8-1ℓ)
Es ist der Bund *bedingungsloser Segnungen,* der sich auf das vollbrachte Erlösungswerk Jesu Christi gründet. Er sichert Segen für die Gemeinde Jesu Christi, der aus dem Gottesbund mit Abraham fließt (Gal. 3,13-20), sowie des palästinensischen und davidischen Bundesschlusses. Dieser Bund ist frei von Bedingungen, endgültig und unwiderruflich.

chen, daß Christus sich selbst als endgültiges, unwiederholbares Opfer hingab, im Gegensatz zum irdischen Hohenpriester, der alle Jahre mit „fremdem Blut" ins Allerheiligste eintrat, 25 (3. Mo. 16). Wäre das Opfer Jesu Christi nicht endgültig gewesen, hätte er oft leiden müssen, denn die wiederholten Sünden der Menschen würden „von Grundlegung der Welt an" wiederholtes Leiden seinerseits nach sich gezogen haben, 26a. Aber sein Opfer, ein für allemal geschehen, (jetzt) am „Ende der Zeiten", hat die Sünde abgetan und aufgehoben – und so sind weitere Opfer unnötig geworden, 26b.

Das Opfer Jesu Christi ist endgültig, denn: 1) Es enthielt sein eigenes kostbares Blut, 26c, und stillte alle gerechten Ansprüche eines unendlich heiligen Gottes an sündige Menschen; 2) es erfüllt vollkommen alle Voraussetzungen, die einen Sünder aus Tod und Gericht retten können, 27; 3) es stillt gänzlich alle Bedürfnisse des Gläubigen. Christus wurde einmal geopfert, um die Sünde jedes Gläubigen auf sich zu nehmen, 28a (1. Petr. 2,24; 1. Kor. 15,3), und der Gläubige wird sich nie mehr mit der Sünden- und Gerichtsfrage befassen müssen (Joh. 5,24). Wenn Christus kommen wird, um seine Gemeinde zu sich zu nehmen, so hat sein Kommen nichts mehr mit der Sünde zu tun, sondern mit unserem Heil, das in unserer Verherrlichung enden wird (1. Kor. 15,51-57; 1. Joh. 3,1-2), 28b.

Die levitischen Opfer waren unvollkommen und mußten wiederholt werden, 10,1-4. Diese Opfer gingen direkt auf das Gesetz des

Ein Steinaltar

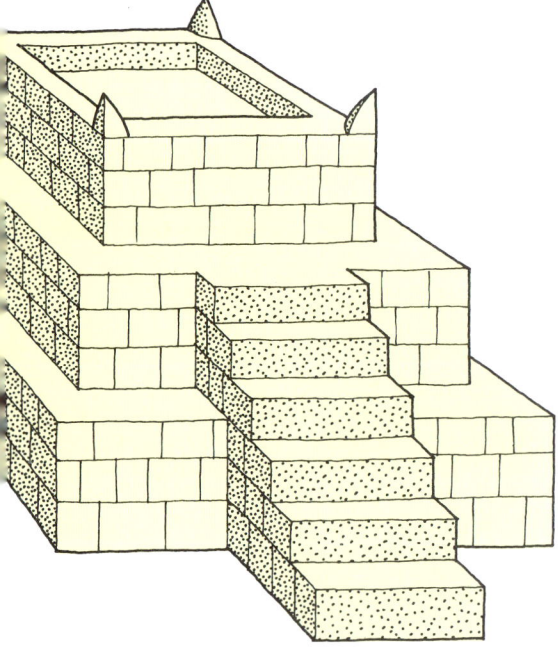

Mose zurück und waren nur ein „Schatten" (gr. *skia*, „eine schwache Abschattung") „der zukünftigen Güter" (vgl. Hebr. 9,11), d.h. der Segnungen, die aus dem von Christus erworbenen Heil kommen, 1a. Ihnen fehlte die Vollkommenheit und die Endgültigkeit des einmaligen Opfers Christi, 10b; diese Opfer mußten immer wieder gebracht werden und konnten doch das Schuld- und Sündenbewußtsein der Opfernden nicht auslöschen, 2. Im Gegenteil, sie bewirkten nur eine immer neue Erinnerung an die Sünden, die gesühnt werden mußten, 3, weil Tierblut völlig unfähig ist, Sünde wegzunehmen, 4.

Kap. 10,5-10
Der Neue Bund gegründet auf das vollkommene Opfer Jesu Christi

Das vollkommene Opfer Jesu Christi vorhergesagt, 5-7. Das Opfer Jesu Christi war von David in Ps. 40,7-9 prophetisch angekündigt worden. David erkannte, daß Tierblut kraftlos war, um Sünde auszutilgen (s. V 4). Diese Weissagung bezog sich auf das Kommen des Einen, der in die Welt eintreten würde (durch Inkarnation), um die Sünde von der Menschheit wegzunehmen, 5a, und sprach von Gottes Unzufriedenheit mit den Opfern und Gaben des levitischen Systems, 5b-6. Sie sagte die Inkarnation voraus: „einen *Leib* hast du mir bereitet", 5c. In Ps. 40,7 heißt es: „Die Ohren hast du mir aufgetan" („durchbohrt", 2. Mo. 21,5-6), ebenfalls eine Anspielung auf die Fleischwerdung und willige Dienstbereitschaft Jesu Christi.

Hebräer 10,7 faßt das Erlösungswerk Jesu prophetisch zusammen: Der Sohn Gottes kommt in die Welt und wird Fleisch („Siehe, ich komme", vgl. auch Lk. 1,35); sein vollkommener Gehorsam dem Vater gegenüber, bis zum Tode, spricht aus den Worten: „daß ich tue, o Gott, deinen Willen" (vgl. Lk. 22,42; Phil. 2,8).

Das vollkommene Opfer Jesu Christi hebt die alte Ordnung auf, 8-10. Des Vaters Unzufriedenheit mit dem levitischen Opferbrauch, 8, bildet einen (seltsamen) Gegensatz zu seinem Willen für den Sohn, 9. Dieser Wille schließt die Selbstopferung des Sohnes ein, um darauf den Neuen Bund einer vollkommenen Erlösung aufzubauen. Jesu Opfer wurde auch die Grundlage zur Bildung einer Gemeinschaft der Erlösten, die ihrer Stellung nach ein für allemal „geheiligt" sind (d.h. für Gott als heilig beiseite gesetzt) durch die Aufopferung des Leibes Christi, 10.

Kap. 10,11-14
Der Neue Bund besser wegen der gegenwärtigen Stellung Jesu Christi

Die Stellung und der Dienst der levitischen Priester sind niedriger, 11. Die Unvollkommenheit und mangelnde Wirksamkeit des Dienstes der levitischen Priester wurden sichtbar in der Tatsache, daß der Priester seinen Dienst stets wiederholte und ihn vor dem Altar stehend versah. Zudem bewies die ständige Wiederholung der Darbringung der gleichen Opfer, daß sie niemals *die Sünde „wegnehmen"* konnten (d.h. sie konnten sie dem Sünder nicht in der Weise „abstreifen", wie man ein altes, schmutziges Gewand, das den Körper einhüllt, abstreifen kann).

Die Überlegenheit der Stellung und des Werkes Jesu Christi, 12-14. In eindrucksvollem Gegensatz zu dieser Unzulänglichkeit des levitischen Priestertums steht das *eine* Opfer Jesu Christi, ein einziges wirksames Opfer für die Sünden, das „für immer" seine Wirkungskraft behält, 12a. Daß es sich hierbei um ein endgültig vollbrachtes Werk handelt, ergibt sich aus der Tatsache, daß Jesus Christus sich danach „für immer zur Rechten Gottes" gesetzt hat und damit in die ihm von Gott zuerkannte „über alle Maßen erhöhte" Stellung und Autorität eines ewigen Hohepriesters eingegangen ist, 12b. Er wartet jetzt auf die Zeit, da auch die umfassenderen Ergebnisse seines Erlösungswerkes offenbar gemacht werden: daß alle seine Feinde besiegt werden und seine Herrschaft als König aller Könige auf der ganzen Erde aufgerichtet wird, 13. Vers 14 faßt die unendlich überlegene Bedeutung und Wirkung des von Jesus Christus dargebrachten Opfers so zusammen: „Mit einem einzigen Opfer hat er die, welche geheiligt werden, für immer vollendet" (gr.), vgl. Erklg. zu Vers 10.

Kap. 10,15-18
Der Neue Bund wegen der Endgültigkeit des Opfers Christi überlegen
Das Zeugnis des Hl. Geistes, 15-17. Das Zeugnis des Hl. Geistes bezüglich der Endgültigkeit des Opfers Jesu Christi wird aus Jer. 31,33-34 zitiert. Diese Weissagung des Neuen Bundes sieht Israels Bekehrung beim zweiten Kommen Jesu Christi voraus. So gewiß jedoch der Neue Bund sich auf das vollbrachte Opfer Jesu Christi gründet, so gewiß gehören seine Segnungen sowohl der Gemeinde Jesu Christi (Matth. 26,28; 1. Kor. 11,25) als auch Israel. Durch seinen Versöhnungstod errang Christus die Vergebung der Sünden und die Erneuerung des Lebens für alle, die ihr Vertrauen auf ihn setzen, 16-17. Diese Wahrheiten sind es, die der Hl. Geist prophetisch bezeugte (in Jer. 31).

Zusammenfassung, 18. Das Opfer Jesu Christi auf Golgatha ist endgültig und vollständig, denn es bewirkte Erlaß (gr. *aphesis* = „vollständige Entlassung") der Sünde, d.h. uneingeschränkte Vergebung für den, der sie begangen hatte (Jer. 31,34: „Ich will ihrer Sünde nicht mehr gedenken!"). Die Schuld und die Strafe („Sünden und Ungerechtigkeiten", 17) wurden durchgestrichen. Wo aber diese Sünden vollständig „weggenommen" (Joh. 1,29) sind, da besteht kein Bedarf mehr für weitere „Opfer für Sünden", 18.

Kap. 10, 19-25
Aufruf zu einem Leben im Glauben

Die Grundlage für diese Ermunterung, 19-22. Dieser Ermahnung, 22, liegt die Beschreibung alles dessen zugrunde, was Christus ist und was er getan hat, so wie wir es in vorangegangenen ausführlichen Darlegungen dieses Briefes gehört haben. Der Verfasser dieses Briefes ermahnt die jüdischen Christen zu Kühnheit und Mut (völliger Gewißheit, restlosem Vertrauen), wenn sie in die Gegenwart Gottes treten, denn: 1) das Blut Jesu Christi, das in alle Ewigkeit uns vor Gott „angenehm" macht und vollständig genügt, hat diesen Zugang zu Gott (Eingang ins Heiligtum) möglich gemacht, 19; 2) Jesus hat einen neuen und lebendigen Weg durch den Vorhang hindurch in die direkte Gegenwart Gottes für uns „eingeweiht" (erschlossen), 20; und 3) haben wir einen Hohenpriester, der hoch über allen anderen Priestern steht, weil er eben „der Hohepriester über das Haus Gottes" ist, d.h. über das *wirkliche* Heiligtum im Himmel, 21 (s. Erklg. zu Hebr. 9,11-12.23-24). Solche Vorrechte machen es dem Gläubigen möglich „hinzuzutreten" (d.h. vertrauensvoll und immer wieder zu Gott zu kommen) mit „wahrhaftigem Herzen, in voller Glaubenszuversicht", frei von den Zweifeln eines bösen Gewissens und reingewaschen von aller Befleckung, 22.

Die weiteren Ermahnungen, 23-25. Indem der Briefschreiber die Judenchristen zu einem Leben im Glauben aufruft, unterstreicht er nicht nur die Notwendigkeit, in voller Glaubenszuversicht in die Gegenwart Gottes zu treten (19-22), sondern er dringt auch darauf: 1) festzuhalten an der Hoffnung, die Christus uns gegeben hat, 23, d.h. sich völlig auf Gottes Treue zu verlassen, die uns das versprochene zukünftige Erbe geben wird (1. Petr. 1,3-5); 2) auf einander achtzuhaben, 24, d.h. einander zur Liebe und zu guten Werken anzuspornen; und 3) Beständigkeit im Teilnehmen am öffentlichen Gottesdienst zu üben, d.h. die eigene Versammlung (Kirche oder Gemeinde) nicht zu verlassen, 25, sondern einander in der Treue zu ihr zu ermutigen („ermahnen"), besonders im Hinblick auf das Wiederkommen Jesu Christi („den Tag") und sein Gericht über die „Werke" jedes einzelnen Gläubigen.

Kap. 10,26-31
Warnung vor Rückfall in die jüdische Religion
Das Problem der Sünde der Überheblichkeit, 26-29. Diese Sünde bedrohte die Judenchristen, an die der Hebräerbrief gerichtet ist, in besonderer Weise. Es bestand die Gefahr, daß sie sich vorsätzlich und mit voller Überlegung gegen die klare Erkenntnis der Wahrheit stellten, die ihnen übermittelt worden war: daß nämlich Jesus Christus und sein Heil der einzige Weg zu

Gott ist (vgl. Hebr. 2,1-4; 3,7-19; 5,11-6,20; 12,3-17.25-29), 26a. Es stand offenbar die Frage zur Diskussion, ob man nicht doch zum mosaischen Weg der Versöhnung mit Gott durch die Opfer zurückkehren sollte, d.h. zu den Dingen, die durch das Opfer Jesu Christi erfüllt und damit abgetan worden sind. Wer jedoch dieses *eine* und *einzige*, allein gültige Opfer anzunehmen sich weigert, dem bleibt kein weiteres Opfer für seine Sünden mehr übrig, auf das er sich berufen könnte, 26b. Auf ihn wartet nur ein schreckliches Gericht des Feuereifers Gottes, das alle Widerspenstigen (die sich Gottes Erlösung aus Gnade durch den Glauben an den Versöhnungstod Jesu Christi widersetzen) zu erwarten haben, 27. Die Anklage gegen solche Weigerer lautet u.a.: 1) den Sohn Gottes, der ein so großes Heil unter Drangabe seines eigenen Lebens erkauft hat, mit Füßen getreten (verächtlich zurückgewiesen und schmählich behandelt) zu haben; 2) das Blut Jesu Christi, welches das Blut des Neuen Bundes ist, als gemein und unheilig abgewiesen zu haben; und 3) den Hl. Geist beleidigt zu haben, der den gnadenreichen Segen Gottes verleiht, 29.

Die Strafe, 30-31. Wenn jemand, der den Alten Bund (das Gesetz Moses) verachtete, schon unbarmherzig bestraft wurde, 28 (5. Mo. 17,2-6), wieviel härtere Strafe wird die erwarten, die den Neuen Bund verachten, 29! 5. Mo. 32,35-36 wird hier angeführt, um einen weiteren Beweis für das Gericht zu erbringen, mit dem diejenigen rechnen müssen, die Christus und sein Opfer verwerfen, 30. Die hier erwähnte Strafe bezieht sich auf „sein Volk" und kann in gegenwärtiger Züchtigung bestehen oder dem zukünftigen Gericht vor dem Richterstuhl Christi erteilt werden (s. Erklg. zu 1. Kor. 3,11-17). In jedem Fall aber bedeutet es, „in die Hände des lebendigen Gottes zu fallen", der der Richter der ganzen Erde ist, 31. Der Verfasser des Hebräerbriefes sagt, daß dies eine schreckliche Tatsache ist.

Kap. 10,32-39
Ein Ruf zu geduldigem Glauben

Aufforderung, an den Glauben vergangener Tage zu denken, 32-34. Hier werden diese schwankenden Judenchristen, die in der Gefahr stehen, zu den mosaischen Ordnungen und Bräuchen zurückzukehren, aufgefordert, an vergangene Tage zu denken, da sie durch den Geist Gottes zur Erkenntnis ihrer ewigen Erlösung durch Christus geführt worden waren und dann ihren Glauben an ihn dadurch *bewiesen* hatten, daß sie einen „großen Konflikt von Leiden" (gr.) erduldeten, 32. Das bedeutete, daß sie öffentlich Schmähungen und Drangsalen von seiten ungläubiger Juden ausgesetzt gewesen waren oder auch mit Gläubigen Gemeinschaft hatten, die so behandelt wurden, 33. Sie hatten auch die Echtheit ihres Glaubens an Christus dadurch *demonstriert*, daß sie denen, die gefangengesetzt wur-

den – und das schloß den Verfasser des Hebräerbriefes ein –, herzliche Teilnahme bewiesen hatten, dazu den „Raub ihrer Güter mit Freuden hinnahmen", weil sie erkannt hatten, daß sie mit den Augen des Glaubens nach einem besseren und bleibenden Besitz ausschauten, 34.

Aufforderung, in geduldigem Glauben auszuharren, 35-39. Im Licht solcher Beweise ihres Glaubens in der Vergangenheit werden diese Gläubigen gedrängt, doch ihr Vertrauen zu Christus nicht fortzuwerfen, weil es eine „große Belohnung hat", 35. Was sie im Augenblick brauchen, ist „Geduld" (gr. *hypomoné*, die Eigenschaft des *Ausharrens, unter* Trübsal und Schwierigkeiten), damit sie nach Erfüllung des göttlichen Willens „die Verheißung erlangen", nämlich den verheißenen Lohn am Tage der Wiederkunft Jesu Christi, ihres Erlösers und Herrn, 36-37. Das alles beherrschende Thema im Leben eines Gläubigen muß der Glaube sein, nicht vom Gesetz vorgeschriebene Formalitäten und Werke (Hab. 2,4; Röm. 1,17; Gal. 3,11). Wenn sich aber jemand aus Feigheit vom Glauben in die Gesetzlichkeit zurückzieht, um der Verfolgung zu entgehen, so wird Gott keinen Gefallen an ihm haben, und Gericht wird ihn erwarten (vgl. Hebr. 10,26-31),38. Der Briefschreiber bestätigt aber immer wieder, daß er weiß, daß die Empfänger seiner Zeilen echten Glauben haben, der sie davon abhalten wird, „feige zurückzuweichen" zu ihrem ewigen Verderben; er nennt sie „solche, die da glauben und ihre Seele erretten", 39.

Kap. 11,1-3
Die Überlegenheit ausdauernden Glaubens

Was „ausdauernder Glaube" ist, 1. Der hier definierte Glaube ist nicht Glaube in seinem weitesten Sinn. Der Verfasser beschreibt auch nicht sein ganzes Wesen, sondern es ist der besondere Glaube gemeint, der ausharren kann. Er wird hier den in Trübsal und Prüfungen stehenden Gläubigen dringend anempfohlen, damit sie bis an das Ziel der Vollkommenheit gelangen (6,1-20) und nicht auf der Strecke bleiben (Hebr. 10,19-39). Von einem solchen Glauben wird gesagt, daß er 1) die „Substanz" (gr. *hypostasis* = das, was „darunter" steht als Fundament oder Basis und die Gewißheit der Verwirklichung gibt) der Dinge ist, auf die man hofft – wobei Hoffnung gleichsam „Glaube in Aktion" ist, der das, was in der Gegenwart noch Verheißung ist, bereits als zukünftige Wirklichkeit in Besitz nimmt; und 2) eine feste Überzeugung von Dingen, die jetzt noch nicht Wirklichkeit sind, aber es gewiß einmal in der Zukunft sein werden (vgl. 2. Kor. 5,7).

Die Auswirkungen eines beharrlichen Glaubens, 2-3. Der Glaube ermöglicht es Menschen, *göttliche Anerkennung zu erlangen*, 2, und *geistliche Wahrheiten zu erfassen*, 3. Wir glauben, darum wissen wir (Anselm von Canterburys

Hirte in der Nähe des heutigen Dorfes Haran in der südöstlichen Türkei, welches sich mitten zwischen den Ruinen des antiken Haran befindet, der Stadt Abrahams.

Satz „credo ut intellegam" = „ich glaube, damit ich verstehe"), durch einen Verstand, der vom Hl. Geist erleuchtet ist. Solches Wissen gibt uns Verständnis für Gottes Schöpfertaten und Ordnung der Zeitalter gemäß seinem eigenen Ziel und zu seiner Verherrlichung.

Kap. 11,4–40
Glaube, der die Verheißung ins Auge faßte – Jesus Christus

Abel opfert im Glauben, 4. Sein Opfer war „besser" im Sinne von „größer, wertvoller", weil es das für die Versöhnung mit Gott so notwendige „blutige" Opfer enthielt. Das bezeugte, daß Abel sich glaubensvoll und gehorsam unter die Offenbarung Gottes gestellt hatte, daß der gefallene Mensch ein Sünder ist und die Einschaltung eines Ersatzes brauchte – eben das für ihn vergossene Blut eines Stellvertreters (1. Mo. 3,15.21; Hebr. 9,22). Kains unblutige Opfer waren eine Darbringung seiner eigenen Werke, die Gott nicht annehmen konnte (s. Erklg. zu 1. Mo. 4). Im Gegensatz dazu brachte Abels (im Glauben dargebrachtes) Tieropfer ihm die Erklärung von Gott, daß er „gerecht" sei, womit er allen Menschen zu allen Zeiten bezeugte, daß uns die Errettung von Gott geschenkt wird aufgrund unseres Glaubens an den Versöhnungstod eines Gott angenehmen Ersatzes (Stellvertreters) (Joh. 1,29).
Henochs Glaubenswandel, 5-6, vgl. 1. Mo.

5,23-24. Henoch lebte in ununterbrochener Glaubensgemeinschaft mit Gott. Deshalb wurde er in den Himmel „entrückt", ohne auch nur eine Spur des Todes gesehen zu haben. Er hatte so gelebt, daß er das Zeugnis von Gott bekommen hatte, daß er ihm wohl gefallen habe, 5. So ist Henochs Leben ein Beispiel für die Wahrheit, daß ein Leben des Glaubens der *einzige* Weg ist, Gott zu gefallen und sich ihm zu nahen, 6.

Noahs Glaubenstat, 7. Noah baute die Arche, weil er der warnenden Ankündigung Gottes von Geschehnissen, für die noch kein sichtbares Anzeichen vorhanden war, glaubte. Die Folge solchen Vertrauens war: 1) seine ganze Familie entging dem Gericht Gottes; 2) sein 120jähriges Glaubenszeugnis verurteilte die restliche Welt wegen ihres Unglaubens; und 3) er wurde ein Erbe (d.h. Besitzer) der Gerechtigkeit wegen seines Glaubens (der auch später in Noahs Dankopfer sichtbar wurde (1. Mo. 6,13-22).
Abrahams Glaubensgehorsam, 8-10. Als Abraham seine Heimat in Ur und später in Haran verließ (1. Mo. 11,31-12,4), um nach Kanaan zu ziehen, bewies er einen Glaubensgehorsam, der *unerschütterlich* war, weil das Land, nach dem er sich aufmachte, ihm noch nicht zum Eigentum versprochen war. Und selbst nachdem dies geschehen war, besaßen es noch die Kanaaniter. Sein Glaube war auch ohne Fragen und Zweifel. Er stellte keine Fragen, als er auszog,

ohne zu wissen, wohin sein Weg führen würde, 8b; es war schließlich ein *Pilger*-Glaube, lebte er doch wie ein Wanderer in einem fremden Land, ohne eine feste Wohnung zu besitzen, 9. *Erwartungsvoll* im Glauben „wartete er" auf die Stadt, welche feste Fundamente hat, deren Baumeister und Schöpfer Gott ist, 10 (Off. 21,19-20; vgl. Joh. 8,56; Hebr. 11,16; 12,22; 13,14).

Saras Glaubensstärke, 11-12. Durch den Glauben erhielt Sara die physische Kraft, Isaak zu empfangen, das Kind der Verheißung in der Linie des Messias. Das war lange, nachdem sie das normale Alter zu gebären, überschritten hatte; denn sie schaute auf Gott, der ihr die Verheißung gegeben hatte und der treu und vertrauenswürdig sein würde, sein Wort zu halten, 11 (vgl. 1. Mo. 17,19; 18,11-14; 21,1-2). Wegen ihres Vertrauens zu Gott wurden Abraham und Sara, obwohl physisch in dieser Hinsicht „so gut wie tot", die Urahnen einer Nachkommenschaft, die so zahlreich wie die Sterne des Himmels und der Sand an der Meeresküste war, 12. Alle Juden führen ihre leibliche Abstammung (Genealogie) auf diese beiden Glaubensmenschen zurück, und alle Gläubigen aus den Heiden führen ihre geistliche Abstammung zurück auf Abraham, den „Vater aller Gläubigen".

Die Wirklichkeit und Hoffnung des Glaubens

Seine Wirklichkeit, 13-15. Die Echtheit des Glaubens der atl. Heiligen erweist sich: 1) *bei ihrem Tode.* „Alle starben im Glauben", denn sie wurden beherrscht und bis zu ihrem Ende mit Kraft erfüllt durch ihr unerschütterliches Vertrauen, das sie in Gott setzten, 13a; 2) darin, daß ihr *Vertrauen unerschütterlich* blieb, trotz der Tatsache, daß sie keine sichtbare Erfüllung der ihnen gegebenen Verheißungen erlebten, 13b (vgl. 1. Mo. 3,15; 12,1-4.7); 3) an *ihrem abgesonderten Pilgerwandel* als Folge der ihnen von Gott gegebenen Verheißungen, 13 c (vgl. 1. Mo. 23,4; Ps. 39,13); und 4) an *ihren Worten und ihrem Verhalten,* wodurch sie bewiesen, daß sie „ein himmlisches Vaterland" suchten, 14-15; denn sie hätten jederzeit genügend Gelegenheit gehabt, nach Mesopotamien und Ur zurückzukehren, wenn sie das gewollt hätten.

Seine Hoffnung, 16. Der echte Glaube der atl. Heiligen drückte sich in ihrer Hoffnung auf ein besseres Vaterland (Himmel) aus. Gott antwortete auf diese Hoffnung, indem er sich als der „Gott Abrahams, Isaaks und Jakobs" zu erkennen gab (2. Mo. 3,6.15; 4,5). Um die Hoffnung seiner Gläubigen zu erfüllen, hat Gott für sie *eine Stadt* zubereitet – nämlich das neue Jerusalem (Jes. 2,2-3; Hes. 40-48; Hebr. 12,22; 13,14; Off. 21-22).

Der Glaube Abrahams auf eine schwere Probe gestellt, 17-18. Die schwerste Probe für Abrahams Glauben war die Forderung Gottes, Isaak auf dem Altar zu opfern (1. Mo. 22,1-10). In seinem Herzen hatte er bereits das Opfer ge-

bracht und seinen einzigen Sohn auf Gottes Altar gelegt – wodurch er ein Typus (Abbild) des göttlichen Vaters wurde, der auch „seines eingeborenen Sohnes nicht verschont, sondern ihn für uns alle dahingegeben hat" (Röm. 8,32). Diese Glaubensprobe wurde dadurch noch intensiviert, daß Gott in persönlicher Begegnung zu Abraham gesagt hatte: *„In Isaak* soll dir die Nachkommenschaft berufen werden" (1. Mo. 21,12).

Der einzigartige, triumphierende Glaube Abrahams, 19. Sein Glaube bestand die allergrößte Probe, weil er: 1) die Todesfurcht überwunden hatte; „er *zählte darauf,* daß Gott auch von den Toten auferwecken kann" (gr.); und 2) Isaak, von den Toten wiederbekam, was als ein Gleichnis für die Auferstehung zu deuten ist, in dem Sinn, daß Isaak, bildlich gesehen, bereits für tot angesehen werden konnte, als Abraham im Gehorsam bereit war, ihn auf Gottes Altar zu opfern.

Isaak und Jakob segnen im Glauben, 20-21. Als Isaak Jakob und Esau segnete, tat er dies im Glauben, indem er zukünftige Dinge bestimmte, als wären sie bereits gegenwärtig (1. Mo. 27,27-29.39-40). Jakob bekam den Vorrang, denn seine Segnungen waren geistlicher Art. „Durch den Glauben segnete Jakob vor dem Sterben jeden der beiden Söhne Josephs" (1. Mo. 47,29; 48,8-20). Auch wenn er sie nicht mit seinen Augen sehen konnte, konnte er sie doch „durch den Glauben" unterscheiden und legte seine Hand in voller Absicht auf Ephraim, den jüngeren der beiden, da er „durch den Glauben" dessen gewiß geworden war, daß Ephraim „größer als Manasse" sein würde. Das tat der altgewordene, sterbende Jakob nicht, indem er sich „müde" auf seinen Stab stützte, sondern indem er sich „in Ehrfurcht betend über das obere Ende seines Stabes beugte", dem Sinnbild seiner von Gott verordneten Pilgerschaft zur himmlischen Stadt.

Josephs glaubensbedingte Anordnungen, 22. „Durch den Glauben erwähnte Joseph, als er im Sterben lag (indem er an die Verheißung Gottes erinnerte) den (zukünftigen) Auszug der Kinder Israels (aus Ägypten) und gab Befehle wegen seiner Gebeine" (gr. 1. Mo. 50,24-25). Seine hohe Position machte ihn nicht blind für die Tatsache, daß Ägypten nicht seine Heimat war (vgl. Jos. 24,32). Er glaubte, daß Gott sein Wort über den Auszug aus Ägypten halten und Israel wieder in das Land Kanaan führen (1. Mo. 15,13-21) und zuletzt seinen eigenen Leib auferwecken und ins himmlische Kanaan bringen werde.

Mose

Die Glaubenstat seiner Eltern, 23 (vgl. 2. Mo. 1,22-2,2). Die Schönheit des kleinen Mose war wahrscheinlich das gottgegebene Zeichen, durch das Gott den Glauben der Eltern des Kindes zu der Überzeugung führte, daß dieses Kind der Befreier Israels werden sollte; denn „sie sahen (durch den Glauben), daß er ein schönes Kind war" (Apg. 7,20: „schön vor Gott").

Moses Glaubensentscheidung, 24-26. Als Mose groß geworden war, weigerte er sich bereitwillig, ein Sohn des Pharao genannt zu werden und gab gern den hohen Rang und die königliche Stellung auf, die er als solcher gehabt hätte (2. Mo. 2,10),24. Er wollte lieber die Not des Volkes Gottes teilen und mit ihm schlechte Behandlung ertragen, als die Vergnügungen eines sündigen Lebens zu haben, 25. Er entschied sich so, weil der Glaube ihm eine Ahnung vom kommenden Messias vermittelt hatte. Für diesen zu leiden schien Mose ein größerer Reichtum zu sein „als alle Schätze Ägyptens", 26.

Moses Glaubensflucht, 27 (vgl. 2. Mo. 2,14-15). Wäre Mose in Ägypten geblieben und hätte er auf seine Zugehörigkeit zu seinen israelitischen Landsleuten verzichtet, so hätte er kraft seiner hohen Stellung gewiß Vergebung (im Hause Pharao) erhalten. Aber seine Flucht bekundete die unwiderrufliche Wahl seines Glaubens, die ihn für immer von Ägypten trennte und mit Gottes Volk als sein Befreier verband. Er floh, ohne Pharao zu fürchten, denn er „hielt sich an den Unsichtbaren, als sähe er ihn". Er handelte, als hätte er es nicht mit Menschen, sondern allein mit Gott zu tun, auf den er immer mit dem Auge des Glaubens schaute.

Moses Glaubens-Passahfest, 28-29. Schlichter Glaube an Gott veranlaßte Mose, das Passahfest einzusetzen und das Sprengen des Blutes an die Türpfosten anzuordnen, damit der Todesengel nicht die Erstgeborenen Israels anrühre (2. Mo. 12,21-30). Durch den gleichen Glauben an Gott ging Israel durchs Rote Meer. Was für Gottes Volk eine Glaubenstat war, war für ihre Feinde Anmaßung: Sie wurden sowohl von den Sandmassen als auch den Meereswellen verschlungen (2. Mo. 14,21-31; 15,12).

Der Glaubensmarsch Josuas, 30. Durch den Glauben fielen die Mauern Jerichos, nachdem die Israeliten sieben Tage lang um sie herum marschiert waren. Das stand ganz im Gegensatz zu anderen Belagerungen, die oftmals Jahre dauerten. Es war der Glaube, nicht das Marschieren oder das Schmettern der Trompeten, der die Macht Gottes freisetzte und die Mauern dem Erdboden gleichmachte (Jos. 6,12-21).

Rahabs Gastfreundschaft aus Glauben, 31. Rahab, die Hure von Jericho, ging nicht mit ihren ungläubigen Mitbürgern der Stadt unter, weil sie die israelitischen Kundschafter in ihrem Hause aufnahm und so durch ihr Bekenntnis einen persönlichen Glauben bekundete (Jos. 2,9-11).

Von Gideon zu Samuel und den Propheten

Andere Glaubenshelden, 32. Zusammenfassend nennt nun der Briefschreiber eine Reihe von Namen: Gideon (Ri. 6-8), Barak (Ri. 4-5), Simson (Ri. 13-16), Jephtah (Ri. 11-12), David (1. Sam. 16-30; 2. Sam. 1-24; 1. Kö. 1-2) und Samuel (1. Sam. 1-16).

Ihre Glaubenstaten, 33-34. Von diesen glaubensstarken Männern wird bezeugt: 1) sie eroberten Königreiche, z.B. David (2. Sam. 8); 2) sie vollbrachten Taten der Gerechtigkeit, z.B. Samuel (1. Sam. 12,3-23; 15,33) und David (2. Sam. 8,15); 3) sie erlangten Verheißungen, z.B. die Propheten (Jos. 21,45; 1. Kö. 8,56); 4) sie verstopften der Löwen Rachen, z.B. Simson (Ri. 14,5-6), David (1. Sam. 17,34-37), Benaja (2. Sam. 23,20), Daniel (Dan. 6,23); 5) sie löschten die Gewalt des Feuers aus, z.B. die drei Israeliten im Feuerofen (Dan. 3,25); 6) sie entgingen des Schwertes Schärfe, z.B. Jephtah (Ri. 12,3), David (1. Sam. 18,11; 19,10), Elia (1. Kö. 19,1-3), Elisa (2. Kö. 6,14-17); 7) sie sind von Schwachheit zu Kraft gekommen, z.B. Simson (Ri. 16,28-30); 8) sie sind stark geworden im Streit, haben Heere in die Flucht gejagt, z.B. Barak (Ri. 4,14-15); die Makkabäer (1. Makk. 15); 9) Frauen erhielten ihre Toten durch Auferstehung wieder, z.B. die Witwe von Zarpath (1. Kö. 17,17-24), und die Sunamitin (2. Kö. 4,17-35).

Ihre Leiden, 35-37. Viele der Glaubenden litten schwer: 1) Sie wurden gefoltert, z.B. Eleasar (2. Makk. 6,18; 19,20.30), der auf ein Rad gespannt und zu Tode geprügelt wurde, und nahmen die Befreiung nicht an, damit sie eine bessere Auferstehung erlangten, d.h. die erste Auferstehung zum Leben. Ihr Märtyrertum war der größte Beweis ihres rettenden Glaubens; 2) sie wurden gegeißelt und ins Gefängnis geworfen, z.B. Hanani (2. Chron. 16,10); 3) gesteinigt, z.B. Sacharja, der Sohn Jojadas (2. Chron. 24,20-22; Matth. 23,35); 4) sie wurden entzweigesägt, z.B. Jesaja nach der Überlieferung durch Manasse; 5) mancherlei andere Quälereien wurden ihnen auferlegt, z.B. versuchte man, sie zur Sünde zu verleiten, oder sie wurden mit dem Schwert getötet, erlitten Mißhandlungen, waren verarmt.

Ihre Beurteilung, 38. Die Welt war ihrer nicht würdig, sondern hat durch die Art, wie sie diese Glaubensmenschen behandelte, sich selbst das Urteil gesprochen.

Der Glaube der atl. Heiligen und unser Glaube, 39-40. Die Heiligen des AT haben „ein gutes Zeugnis erhalten", d.h., sie haben als Ergebnis ihres Glaubens göttliche Anerkennung gewonnen; doch haben sie nicht die Verwirklichung des vollen Heils in Christus erlangt, auch nicht die Erfüllung des Neuen Bundes mit seinen persönlichen und nationalen Segnungen. Diese Vollendung wird für beide, die alt- und neutestamentlichen Heiligen, kommen, wenn Christus wiederkommt, um das von ihm erworbene Heil vollkommen zu machen und als König aller Könige und Herr aller Herren zu regieren.

Kap. 12,1-4
Wettlauf und Ziel des Glaubens

Der Wettlauf des Glaubens, 1. Kapitel 11,4-38

zeigt uns das Bild eines Amphitheaters, das mit atl. Heiligen voll besetzt ist, die alle mit gespanntem Interesse den Wettlauf des Glaubens verfolgen, zu dem die ntl. Heiligen angetreten sind. Die Wettläufer des NT sind sich, wie das bei jedem Wettlauf der Fall ist, dessen voll bewußt, daß sie von den Zuschauern bis in die kleinsten Bewegungen hinein beobachtet werden, und dieses Wissen spornt sie zu Höchstleistungen an. Darum – sagen sie sich –, weil wir von einer so großen Schar atl. Zeugen umgeben sind, die selbst das „Wettrennen" ihres Lebens so gut bestanden haben, wollen auch wir uns mit Geduld (Ausdauer) dem Wettkampf stellen (gr. agóna, ein Wettkampf, der den vollen Einsatz der ganzen Kraft verlangt), der vor uns liegt. Um aber „mit voller Kraft" laufen zu können, müssen wir all das „abgestreift" haben, was beim Laufen hindern könnte. Für den Läufer sind das hinderliche Kleidungsstücke, für den Christen ist es „die uns so leicht umstrickende Sünde".

Ziel des Glaubens, 2-4. Das Ziel ist Jesus, der allgenugsame Retter; deshalb muß der Blick des Läufers während des gesamten Laufes unentwegt auf ihn *geheftet* bleiben. Der gläubige Christ muß laufen „im Aufblick zu" (gr. *aphorontes,* wegsehen oder wegsehen auf) Jesus, weg von jedem andern, der Retter sein will, denn: 1) Er ist der einzige Retter, 2a; 2) er ist der Anfänger und Vollender unseres Glaubens, 2b; 3) er ist das überragendste Beispiel standhaften Glaubens, er, der „um der vor ihm liegenden Freude willen" das Kreuz erduldete und die damit verbundene Schande geringachtete, 2c; 4) er gewann den Wettlauf, und dafür sitzt er nun „zur Rechten des Thrones Gottes", 2d; 5) sein Beispiel ist das Mittel gegen Entmutigung, 3; 6) seine Anfechtungen waren unendlich viel schwerer, als es die unsrigen sind, und dennoch blieb er Sieger, 4.

Kap. 12,5–11
Züchtigung als Ansporn für den Glauben

Die Schulung des Glaubens, 5-9. Göttliche Züchtigung ist eine Ermutigung, dem Ziel unbeirrt zuzustreben, denn sie ist ein Zeichen der Liebe Gottes zu den Seinen, 5-6 (vgl. Spr. 3,11-12). Deshalb darf man sie nicht zu leicht nehmen oder fälschlich als Grund für Entmutigung deuten. Gottes Züchtigung ist eine notwendige Erziehung in des Vaters Behandlung seiner „Söhne", 7. Würde sie in unserem Leben fehlen, bewiese dies, daß wir uneheliche Kinder wären und nicht echte „Söhne", 8. Wenn schon eines irdischen Vaters Züchtigung nutzbringend ist, wieviel gewinnbringender ist es dann für uns, uns der Erziehung unseres himmlischen Vaters zu unterwerfen und dadurch (am Ende) die „Fülle des Lebens" zu empfangen, 9.

Das Ergebnis der Glaubensschulung, 10-11. Das erste Ergebnis ist unser dauerndes, ewiges Wohl, nicht bloß ein zeitliches, wie es wohl unserem irdischen Vater am Herzen lag, 10a. Das zweite Ergebnis ist, daß wir an Gottes Heiligkeit Anteil gewinnen, 10b. Wir werden der Züchtigung unterworfen, damit wir durch sie erfahrungsmäßig an Gottes Heiligkeit teilhaben (2. Petr. 1,4), und zwar hier und jetzt, als Vorbereitung für unsere zukünftige Verherrlichung in der Gegenwart Gottes, 10b, 14 (vgl. 1. Joh. 3,2-3). Denen, die auf diese Weise trainiert werden, scheint die Züchtigung eher schmerzlich als erfreulich, doch „hernach" ist das Ergebnis eine „friedsame Frucht der Gerechtigkeit", 11.

Kap. 12,12–17
Eine Warnung vor Esaus Verhalten

Die Ermahnung, 12-14. Angesichts der starken Ermutigungen, den Wettlauf des Glaubens mit Geduld auf sich zu nehmen (1-11), werden die jüdischen Christen dringend ermahnt, ihre schlaff gewordenen Hände aufzuheben und ihre schwachen Knie wieder zu stärken, 12 (vgl. Jes. 35,3). Sie sollen „gewisse Tritte" mit ihren Füßen tun, damit das, „was lahm ist" (der schwache Gläubige ist versucht zu vergessen, was Gnade ist), nicht dadurch strauchle, daß es einer solchen Versuchung erliegt, sondern vielmehr „geheilt" werde, indem es neuen Mut fasse, im Glaubenslauf auszuharren, 13 (Gal. 6,1; Röm. 14,19).

Es wird dazu aufgerufen, sich nach dem Frieden mit jedermann auszurichten (im Sinne von „beständig und fleißig danach zu trachten"), 14a (vgl. Ps. 34,15), um in Harmonie mit jedermann zu leben. Es wird auch sehr ernst darauf gedrungen, nach der Heiligung zu streben, 14b. Gläubige sollten sich jeden Tag bewußt als „dem Herrn heilig" absondern (gegenwärtige Heiligung), indem sie einen klaren Kurs einschlagen, sich von der Sünde trennen, vom Wort Gottes her ihre „Stellung in Jesus Christus" im Glauben ergreifen und sie zur praktischen Erfahrung der Kraft Christi in ihrem Leben werden lassen (Röm. 6,11-12), indem sie dem Wirken des Geistes Gottes Raum gewähren. Wir sind nur soweit gerüstet, den „Herrn zu sehen" (im letzten Sinne) und „immer bei ihm" zu sein, als der Heilige Geist uns „heiligen", d.h. in sein Wesen umgestalten kann. Ein richtiges Verhältnis zu Gott muß gepaart sein mit einem guten Verhältnis zu anderen Gläubigen.

Eine Warnung, 15-17. Vers 15 ist eine Warnung davor, die Gnade Gottes zu vernachlässigen und dadurch in Bitterkeit zu verfallen, was viele in der christlichen Gemeinde vergiftet. Als Beispiel dafür wird Esau angeführt, 16-17, der sein Erstgeburtsrecht verwirkte, weil ihm gottlose oder weltliche Interessen wichtiger geworden waren, und dadurch eine hoffnungslose Situation heraufbeschwor (1. Mo. 27,30-40). Er vertauschte geistliches Wohlergehen mit der kurzen Befriedigung fleischlicher Gelüste. Ein

Vertauschen der Gnade Gottes in Christus mit den Dingen des mosaischen Gesetzes muß zu ähnlicher Verzweiflung führen. Auch Gläubige können durch fleischliche Sünde und Unglauben die herrlichen Vorrechte verlieren, durch ihren großen Hohenpriester Zugang zum Allerheiligsten und zu den Verheißungen des Segens in ihm zu haben.

Kap. 12,18-24
Die Folge des Glaubens, der die Verheißung erlangte

Er befreit von einem Gesetz des Schreckens, 18-21. Die Nachteile des Alten Bundes werden der Herrlichkeit des Neuen Bundes gegenübergestellt, und noch einmal werden die Vorteile der Nachfolge Jesu Christi betont und der Rückkehr zum Judaismus aus Angst vor Verfolgung gegenübergestellt. Unter dem Gesetz brachte die Gegenwart Gottes sogar einem Mose Furcht und Zittern, 21.

Er bringt die Segnungen und Beziehungen der Gnade, 22-24. Gnade bringt unter dem Neu-en Bund Judenchristen zum *Berg Zion,* der Stadt des lebendigen Gottes, dem neuen Jerusalem (vgl. Hebr. 11,10; Off. 21,2ff.), im Gegensatz zum irdischen Jerusalem und dem furchterregenden Berg Sinai, 22a. Sie bringt sie auch zur Gemeinschaft von *„Zehntausenden von Engeln",* die festlich versammelt sind, und zur *Gemeinde der Erstgeborenen,* die im Himmel eingetragen sind" (gr.), 22b-23a. „Der Erstgeborene" ist ein Hinweis auf Christus (Röm. 8,29; Kol. 1,15-16; Hebr. 1,6), die „Gemeinde der Erstgeborenen" ist Christi Leib, sein Eigentum, dessen Glieder Himmelsbürger sind (Eph. 2,19; Phil 3,20). Diese Beziehungen schließen auch den Zugang zu Gott, dem Richter aller Menschen, 23b, ein; ebenfalls die Verbindung „mit den *Gerechten, die vollendet* wurden", 23c, eine Bezugnahme auf atl. Heilige, die durch das Geschehen am Kreuz vollendet wurden (Hebr. 11,39-40); die Gleichheit mit *Jesus, dem Mittler* des Neuen Bundes, 24a, dessen *besprengtes Blut* ewige Vergebung der Sünden bewirkt hat, 24b.

Kap. 12, 25-29
Warnung, sich der Stimme Gottes zu verschließen

Die Gefahr der Sünde, 25-27. Es wird davor gewarnt, sich der Stimme Jesu Christi im Evangelium der Gnade zu verschließen und ihm selbst dadurch auszuweichen, 25a. Wer das tut, wird dem Gericht nicht entfliehen können, 25b-27. Wenn die Israeliten, die sich weigerten, auf Moses Warnung zu hören und ihr zu gehorchen, der doch auf der Erde redete, Gottes Gericht erfuhren, wieviel weniger werden die dem Gericht entgehen, die sich weigern, die Stimme von Gottes eigenem Sohn vom Himmel zu beachten, 25b! Dann wird auf den Tag des jüngsten Gerichtes hingewiesen, wenn Gott in seinem Zorn

alles Unbeständige „erbeben" machen wird und nur das Dauernde („Unbewegliche") und Ewige bleiben wird, 26-27, wozu auch das Reich gehört, das das Erbe aller Gläubigen sein wird, 28a.

Das Schutzmittel gegen die Sünde, 28-29. Jeder Gläubige, der sich dessen bewußt ist, daß er Erbe eines „unbeweglichen", d.h. ewigen Reiches ist, sollte seine Dankbarkeit für die Gnade, die er durch das Evangelium empfangen hat, dadurch zeigen, daß er Gott mit Ehrerbietung dient. „Unser Gott ist ein verzehrendes Feuer", 29, doch Jesus Christus ist unser Bergungsort vor allem Gericht. Die Erkenntnis der Segnungen, die wir in Christus haben, wird uns davor bewahren, uns der Stimme Gottes zu verschließen (25).

Kap. 13,1-6
Ausdruck des Glaubens im Alltag

In menschlichen Beziehungen, 1-4. Der Glaube muß sich nach außen im Verhältnis des Gläubigen zu anderen Menschen erweisen. Er sollte sich normalerweise in der Bruderliebe zeigen, 1, die z.B. in Gastfreundlichkeit gegen Fremde zum Ausdruck kommt – die tatsächlich Engel sein könnten (1. Mo. 18,1-8; 19,1-3), 2, und in der Fürsorge Gefangenen und anderen gegenüber, die verfolgt oder schlecht behandelt wurden, 3.

Der Überlieferung nach wurde Stephanus außerhalb dieses Tores von Jerusalem um seines Glaubens willen gesteinigt.

Der Gedanke hier ist der, echtes Mitgefühl zu zeigen, sich aufrichtig in ihre Lage zu versetzen, mit ihnen zu leiden, als wäre man selbst betroffen. Das Band der Ehe und das Geschlechtsleben innerhalb der Ehe soll hoch in Ehren gehalten werden, 4. Versündigung in dieser Beziehung bringt mit Sicherheit Gottes Gericht.

Finanzielle Angelegenheiten, 5-6. Im Glaubensleben ist kein Platz für den Geiz. Freisein von der Liebe zum Geld und Zufriedenheit mit dem, was man besitzt, sollen Kennzeichen der Lebensweise des Gläubigen sein. Er darf volle Genüge finden in der Gegenwart Jesu Christi und seiner Fürsorge für ihn.

Kap. 13,7-9
Der Glaube, der sich in einem beharrlichen Zeugnis äußert

Die Beispiele, 7-8. Sowohl die geistlichen Führer, die diesen Judenchristen das Wort Gottes gebracht hatten, als auch der Herr Jesus Christus selbst sind Beispiele unbeirrbarer Glaubensfestigkeit. Das Ende des Lebens solcher Männer wie Stephanus, Jakobus (des Herrn Bruder), Jakobus (der Bruder des Johannes, Apg. 12,2) und anderer Männer, die Leiden und Martyrium erduldeten, bezeugt, daß sie treu waren bis ans Ende. Ihrem Glauben sollte man nacheifern, 7. Der unveränderliche Sohn Gottes, Jesus Christus, gestern und heute und bis in alle Ewigkeit derselbe, dient allen Gläubigen (auch in dieser Beziehung) als vollkommenes Vorbild.

Die Ermahnung, 9. „Lasset euch nicht von mancherlei und fremden Lehren umtreiben". Diese Ermahnung bezieht sich offensichtlich auf den Judaismus. Solche Befolgung von Gesetzen wie der Speisevorschriften brachte keinen bleibenden geistlichen Gewinn. Im Gegensatz dazu wird aber das Herz gestärkt durch Gottes Gnade. Gesetzlichkeit war unfruchtbar in bezug auf geistliche Segnungen, doch Gottes Gnade hat davon die Fülle. Sich von dieser Gnade zu nähren führt zu Beständigkeit von Leben und Zeugnis.

Die Grundlage der Trennung, 10-12. Das Glaubensleben der Judenchristen stand in keiner Beziehung mehr zum Judaismus und seinen Praktiken. Statt dessen schließt die Verschiedenartigkeit von Christentum und Judentum, die durch einen neuen und andersartigen Altar, 10, und ein größeres und „antitypisches" Opfer (gemeint ist das Opfer Christi als Gegenbild zum atl. Vorbild), 12, deutlich wird, im neuen Bund eine Vermischung von Glauben und Gesetzlichkeit aus.

Ermahnung zur klaren Trennung, 13-14. „Lasset uns zu ihm hinausgehen außerhalb des Lagers", bedeutet für die Judenchristen die Aufforderung zur Trennung, die volle Wendung vom Judaismus weg und zu Christus hin. Ein solcher Schritt würde Verfolgung und Verwerfung seitens der Juden bedeuten, aber das würde „seine Schmach" sein, die sie auf sich zu nehmen hätten, 13 (Apg. 5,41; Hebr. 11,25-26). Eine solche Trennung würde zudem den „Pilgerglauben" erfordern, der seine Hoffnung nicht auf die zeitlichen, sondern auf die ewigen Dinge setzt und damit auf die „zukünftige Stadt", 14.

Kap. 13, 15-17
Der Glaube als Ausdruck von geistlichem Opferdienst und Gehorsam

Opferdienst, 15-16. Der Gläubige als Priester Gottes (Hebr. 10,19) wird aufgefordert, Gott beständig geistliche Opfer darzubringen. Dazu gehören: *das Lobopfer,* das Gott mit Freuden die Ehre zuschreibt und das „die Frucht der Lippen" genannt wird, weil die Lippen ein empfindliches geistliches Barometer des Herzens sind, 15, und die *Opfer an Besitz und guten Werken,* 16, wobei man sich für die Not anderer einsetzt. „Solche Opfer gefallen Gott wohl", weil sie die Echtheit der Anbetung Gottes beweisen (Phil. 4,18).

Demütiger Gehorsam, 17. Die Gläubigen werden gedrängt, sich ihren Vorstehern gegenüber als willig und lenkbar zu erweisen, denn „sie wachen über eure Seelen als solche, die Rechenschaft geben sollen". Ihnen gegenüber geleisteter Gehorsam wird zur geistlichen Reife verhelfen und bringt Freude am Tag der Abrechnung (jüngster Tag) für die Verantwortlichen.

Kap. 13, 18-25
Schluß und Segen

Persönliche Bitte, 18-19. Der Schreiber bittet die Empfänger dieses Briefes um Fürbitte für sich und die, die bei ihm sind, besonders um ein ehrenhaftes Verhalten und um baldige Möglichkeit der Rückkehr zu ihnen.

Segen, 20-21. Dieses Gebet des Briefschreibers weist auf wesentliche Elemente hin, die das geistliche Wohl der Judenchristen betreffen, an die er geschrieben hat: 1) „der Gott des Friedens", der Frieden gemacht hat zwischen der Menschheit und sich selbst durch das Opfer Jesu Christi und den Frieden des Herzens und der Seele denen gibt, die ihm vertrauen; 2) die Hoffnung der Auferstehung, die sich gründet auf die Auferweckung Jesu Christi von den Toten; 3) die Sorge des Herrn Jesus als des guten Hirten für die Seinen; 4) die Gewißheit des Bundesverhältnisses Gottes zu den Erlösten, das sich auf das vergossene Blut Jesu Christi gründet; 5) ein Segenswunsch für jeden Gläubigen, daß Gott ihn „mit allem Guten ausrüsten" möchte, „seinen Willen zu tun"; 6) ein Wunsch, daß der innewohnende Christus in den Gläubigen das wirken möchte, was Gott gefällt.

All diese Dinge sind von besonderer Wichtigkeit für die Gläubigen aus den Juden, die sie im Gegensatz zu den geringeren Segnungen des Judaismus betrachten sollten.

Briefschluß und Grüße, 22-25.

Der Brief des Jakobus

Die Notwendigkeit eines lebendigen Glaubens

Der Verfasser. Es spricht viel für die traditionelle Auffassung, daß Jakobus, der Halbbruder Jesu (Mk. 6,3), der Verfasser dieses Briefes ist. Er war während des irdischen Dienstes unseres Herrn ungläubig (Joh. 7,3-10) und blieb nach der Kreuzigung Jesu offenbar bei seiner Mutter in Jerusalem. Nach der Auferstehung erschien ihm der lebendige Herr ebenfalls (1. Kor. 15,7), zweifellos im Zusammenhang mit seiner Bekehrung, denn Jakobus war bei denen, die sich im Obersaal (Apg. 1,13) versammelt hatten. Als Paulus von Arabien zurückkam, besuchte er Jakobus ums Jahr 35 oder 36 n.Chr. in Jerusalem (Gal. 1,18-19).

Um 44 n.Chr. war Jakobus einer der Führer der Gemeinde in Jerusalem (Apg. 12,17), Leiter des ersten Kirchenkonzils (Apg. 15,13.19; Gal. 2,1 – 2,9-10) und betreute die judenchristliche Gemeinde dort (vgl. Gal. 2,12). Paulus sprach mit ihm bei seinem letzten schicksalsschweren Besuch in Jerusalem (Apg. 21,18-25). Nach Berichten von Josephus und Eusebius starb Jakobus dort im Jahre 62 oder 63 n.Chr. den Märtyrertod.

Datum und Charakter des Briefes. Aus verschiedenen Gründen darf man annehmen, daß diese Epistel eine der ersten, wenn nicht die erste war, die an (judenchristliche) Gläubige geschrieben wurde, und zwar wahrscheinlich bereits um 45 n.Chr.
Der inhaltliche Beweis. Die Kirchenordnung und Kirchenzucht, die der Brief erwähnt, ist sehr schlicht. Die Führer der Gemeinde werden „Lehrer" und Älteste" genannt. „Bischöfe" oder „Diakone" werden nicht erwähnt. Die Gläubigen versammelten sich noch ohne feste Organisation in der Synagoge, da verschiedene Mitglieder der Gemeinde als Lehrer dienten.
Der lehrhafte Charakter des Briefes. Der Brief schweigt über das Verhältnis der Gemeinde zur nichtjüdischen Welt und bleibt seiner Lehre nach bei den elementaren Fragen des christlichen Glaubens. Nirgends wird von der Kirche als vom Leib Jesu Christi gesprochen. Der judaistische Charakter des Briefes deutet darauf hin, daß der Gedanke an die Zulassung von Heidenchristen zu jener Zeit wohl noch gar nicht aufgetaucht war. Das würde seine Abfassung in die Zeit vor dem Konzil in Jerusalem, also in die Jahre 48 oder 49 n.Chr. verlegen.

Keines der ntl. Bücher ist „jüdischer" ausgerichtet als der Jakobusbrief. Wenn man die wenigen Stellen, die von Christus sprechen, herausnähme, würde er ebensogut in den Kanon des AT passen. Man könnte sogar soweit gehen und sagen, daß dieses Buch eine Auslegung des atl. Gesetzes und der Bergpredigt im Licht des Evangeliums ist.
Äußere Umstände bezüglich der Aufnahme des Buches. Berichte über Jakobus in Josephus (Ant. XX, 9), in der Apostelgeschichte (15,13-21; 21,18-25), im Galaterbrief (1,19; 2,9-10) und allgemeinbekannte Berichte über die Umstände, in denen die Judenchristen damals in der Diaspora lebten, sind übereinstimmend. Der Jakobusbrief erscheint früh in den Listen anerkannter Bücher Kleinasiens und Ägyptens. Die Tatsache, daß die Aufnahme des Briefes in Rom und Karthago bis ins 4. Jh. umstritten war, wird besser verständlich, wenn man in Betracht zieht, daß er nicht von einem Apostel geschrieben wurde, nicht an Heidenchristen gerichtet war und scheinbar den Briefen des Paulus widerspricht.

Überblick

Lebendiger Glaube durch Trübsal auf die Probe gestellt, Kap. 1
Lebendiger Glaube durch Werke erwiesen, Kap. 2
Lebendiger Glaube durch das Leben bezeugt, Kap. 3-4
Lebendiger Glaube in Verfolgung bewährt, Kap. 5

Der Brief des Jakobus

Kap. 1,1-4
Der Zweck der Trübsal

Der Verfasser, 1. Obgleich Jakobus der Bruder unseres Herrn Jesus Christus war (s. Einführung), zudem zu den hervorragendsten und einflußreichsten Leitern der frühen Kirche in Jerusalem und Judäa zählte, nennt er sich in echter Demut einfach „einen Knecht (gr. *doulos* = Sklave) Gottes und des Herrn Jesus Christus". Er schreibt wie auch Petrus (1. Petr. 1,1) und der Verfasser des Hebräerbriefes an Judenchristen. Als Führer der Kirche zu Jerusalem war Jakobus zugleich auch verantwortlich für die Judenchristen, die in der Zerstreuung lebten, denn diese kamen ja alle Jahre zu den großen jüdischen Festen nach Jerusalem (vgl. Apg. 2,5-11) aus allen Teilen des Römischen Reiches.

Seine Botschaft, 2-4. Der wichtigste Dienst des Jakobus war der, den Juden, die sich zu Christus bekehrt hatten, tröstend beizustehen. Sie waren das Ziel intensiver Verfolgung und Ächtung seitens ihrer ungläubigen Volksgenossen. Jakobus spricht diese Männer, die um Jesu willen Verfolgung leiden, als „Brüder" an und dringt in sie, es als „lauter Freude" (nachdrücklich betont) anzusehen, und zwar ohne das leiseste Bedauern, wenn sie um Jesu willen in mancherlei Anfechtungen geraten sollten. Denn das seien Erfahrungen, durch die die Echtheit ihres Glaubens an Christus durch Trübsal, Not oder Anfechtung auf die Probe gestellt werde mit dem Ziel, diesen zu stärken, 2. Sie sollten sich daher freuen, weil: 1) Prüfung Erkenntnis und Erfahrung bringt, 3a; 2) Prüfung zu der Überzeugung führt, daß solche Erprobung (gr. *dokimion* = „Prüfung zum Beweisen") des Glaubens beständig Geduld wirkt, die Eigenschaft, geduldig zu bleiben, bis die Trübsal den gottgewollten Segen gewirkt hat; und 3) Prüfung charakterlich zur geistlichen Reife des Christen führt, 4. „Doch laßt die Geduld ihr vollkommenes (vollständiges) Werk" haben, damit ihr „vollkommen" (reif) werdet und „ganz" (in allen Teilen eures inneren Menschen voll entwickelt) und es euch an nichts mangelt, 4.

Kap. 1,5-12
Weisheit für Prüfungen
(Heimsuchungen)

Die Notwendigkeit und Ausrüstung mit Weisheit für Prüfungen, 5-8. In keiner Lage ist Weisheit so wesentlich und Torheit so verhängnisvoll wie bei den Rückschlägen des Lebens. Wenn jemand diese von Gott geschenkte Weisheit mangelt, so 1) erbitte er sie *von Gott,* der sowohl Quelle als auch großzügiger Spender dieser Weisheit ist, 5a (Spr. 2,3-6), der Unwissenheit des Bittstellers aber keine Vorwürfe macht, wie ein Lehrer unter Umständen einen schwerfälligen Schüler schilt, 5b; 2) bitte er „freimütig", denn Gott gibt reichlich, 5c; 3) bitte er ohne zu zweifeln, denn Gott gibt im Verhältnis zu unserem Glauben, 5d-6. Wer zweifelt und zögert, weil er verstandesmäßige Vorbehalte hat, der ist so unbeständig wie eine Meereswoge, die vom Wind hin und her getrieben wird. Ein solcher Mensch denke nicht, daß er „etwas empfängt von Gott", 7, denn er ist geteilten Herzens, daher unbeständig und wankelmütig; denn ein Gedanke wirkt beständig gegen den andern. Dadurch ist er in einer schwankenden Verfassung auf allen seinen Wegen, 8, d.h. wo auch immer ihn das Leben hinführt.

Der Lohn, Weisheit anzuwenden in Prüfungen, 9-12. 1) Weisheit hilft dem Bruder, der in diesem Leben niedrig gestellt ist (der arm oder in trostbedürftiger innerer Verfassung ist), freudig zu erkennen, welch einen hohen und erhabenen Stand er als Jesu Eigentum einnimmt, der ihm zusammen mit seinem Heiland Würde gibt, 9. 2) Weisheit befähigt andererseits den reichen Bruder, freudig zu erkennen, wie nichtig er ohne seine Erlösung wäre, welch geringen Wert all sein Wohlstand hat ohne Gott (Jes. 57,15), im Licht der Vergänglichkeit irdischen Lebens wie materieller Besitztümer, 10-11. 3) Weisheit offenbart die Glückseligkeit des Gläubigen, der die Anfechtung erduldet, denn sie zeigt ihm, daß wenn er sich in den ihm auferlegten Prüfungen bewährt hat, er als Resultat seines weisen Verhaltens seinen Lohn empfangen wird, 12a. Die „Krone des Lebens" ist der Lohn derjenigen, die den Herrn Jesus so sehr lieben, daß sie für ihn sogar bereit sind, ihr Leben hinzugeben, 12b (s. Erklg. zu 1. Kor. 3,12-15; 9,25-27; 2. Kor. 5,10 über Belohnungen).

Kap. 1,13-18
Gott und Glaubensproben

Gott versucht niemanden zum Sündigen, 13-15. Weisheit (vgl. V. 5-12) allein kann uns Gottes Verhältnis zur Versuchung erklären. Das Wort „Versuchung" wird in unserem Zusammenhang in zwei Bedeutungen gebraucht: 1) im Sinn von Prüfung durch Heimsuchungen (2-12, vgl. 1. Mo. 22,1; Lk. 22,28; 1. Petr. 1,6); 2) im Sinn von Verführung zum Bösen, 13-15 (vgl. 1. Mo. 3,1-6; Matth. 4,1; 1. Kor. 10,13; 2. Kor. 11,3-4). Weisheit zeigt uns, daß *Versuchung zum Bösen nicht von Gott* kommt als dem Ursprung und der wirkenden Kraft. Gott ist „vom Bösen nicht anfechtbar", da er der „unendlich Heilige" ist. Gott versucht auch niemand „zum Bösen", 13. *Die Ursache der Sünde liegt in uns selbst,* 14. „Ein jeder wird versucht, wenn er von seiner eigenen Lust gereizt und gelockt wird." Dieser starke, unreine Impuls entspringt der uns innewohnenden Sünde, die von der alten, gefallenen Natur her sich immer wieder in unserem „Fleisch" (an dieser Stelle „Fleisch" = Körper) bemerkbar macht. Das geschieht, wenn jemand von seiner eigenen Lust weggezogen (gelockt) und verleitet wird (wie mit einer Schlinge in die Falle gezogen oder wie ein Fisch mit Köder gefangen). Das Überhandnehmen der Sünde ist unabwendbar, 15. „Denn wenn die Lust (hier als Hure personifiziert) empfangen hat, gebiert sie die Sünde (d.h. gibt ihr Ausdruck in Wort und Tat), die Sünde aber, wenn sie vollendet ist, gebiert den Tod".

Gottes Güte gegenüber dem Menschen, 16-18. Unter Prüfung und Versuchung kann der Mensch leicht irregeführt und betrogen werden, 16b. Doch sollten wir uns nicht über die Ursache der Sünde betrügen lassen; sie liegt in uns selbst, nicht in Gott. Seine Güte zeigt sich *in seinen Gaben,* 17. Gott ist weit entfernt davon, Versuchung und Sünde in unser Leben hineinzubringen. Im Gegenteil, er ist der Geber aller guten Gaben, deren wir uns erfreuen. „Jede gute Gabe und jedes vollkommene Geschenk (völliger Segen) kommt von oben herab, von dem Vater des Lichts" (Schöpfer der Lichter am Firmament wie der Lichter der geistlichen Erkenntnis im Reich seiner Gnade). Weil Gott „Licht und keine Finsternis in ihm ist" (1. Joh. 1,5), kann er nicht der Urheber der Sünde sein, 13, noch kann man ihn der Unbeständigkeit zeihen, nicht einmal des Schattens einer Wechselhaftigkeit, wie wenn die Sonne vom Mond verdunkelt wird und der Mond vom Erdschatten. Gottes Güte zeigt sich ferner in *seiner größten* Gabe des ewigen Lebens in Jesus Christus (Joh. 1,12-13; 3,16), die unser Eigentum wird, wenn wir durch das Wort der Wahrheit (das Evangelium) wiedergeboren werden, 18a (1. Petr. 1,23). Dadurch werden wir „gleichsam Erstlingsfrüchte seiner Geschöpfe", 18b, das Pfand und Angeld (Anzahlung) einer erlösten Menschheit (Röm. 8,19.23). Das Bild geht zurück auf die atl. Weihe der Erstlinge von Menschen, Vieh und Früchten für Gott (2. Mo. 23,16-19; 5. Mo. 26,1-19).

Kap. 1,19-25
Gottes Wort und Prüfungen

Gottes Güte und die Verantwortung des Gläubigen, 19-21. „Darum", 19a, weil Gott in seiner Gnade Weisheit gibt, den Prüfungen des Lebens standzuhalten (5-12), weil er uns nicht zur Sünde versucht, sondern uns vielmehr in Prüfungen führt, weil er uns gegen die Sünde stark machen will (13-16) und weil er uns durch die neue Geburt zu seinen Kindern gemacht hat (17-18) – darum laßt uns die uns in den Versen 19-21 gegebenen Befehle beachten. Es sind folgende: 1) Sei schnell zum Hören; 2) sei langsam zum Reden; 3) sei langsam zum Zorn, „denn des Menschen Zorn wirkt nicht Gottes Gerechtigkeit"; 4) lege alles Schändliche (Wertlose) und alle Überreste von Bosheit ab, wie man ein schmutziges Kleid fortwirft; 5) nimm das Wort Gottes an, das reinigt (Joh. 15,3) und das, eingeprägt und lebendig im Herzen, die Seele retten kann, indem es von der Sünde trennt, so daß der Gläubige der Fülle des Lebens in Christus freuen kann (Joh. 10,10).

Gottes Wort und der Gehorsam des Gläubigen, 22-25. So wichtig ist Gottes Wort im Leben und seinen Prüfungen, daß wir „Täter" sein müssen, seine praktizierenden Vertreter, und nicht bloß „Hörer", die das Wort nur theoretisch kennen (vgl. Hebr. 4,2) und sich der Täuschung hingeben, das bloße Hören genüge. Solch ein sich täuschender Hörer gleicht einem Mann, der sein Gesicht im Spiegel (das Wort, das uns unser Spiegelbild zeigen möchte) beschaut, dann aber fortgeht und augenblicklich vergißt, wie er aussieht, 23-24. Wer sich dagegen sorgfältig im tadellosen „Gesetz der Freiheit", d.h. dem Gesetz Christi, betrachtet, das für diejenigen gilt, die durch den Herrn Jesus Christus sich haben frei machen lassen vom Gesetz der Sünde (vgl. Gal. 6,2; 1. Joh. 2,7.8.15; 2. Joh. 5), und sich daran gewöhnt (so an das Wort heranzugehen und vor ihm stehen zu bleiben), der wird zu einem aktiven Täter des Wortes, der ihm gehorcht, und er wird den Segen solchen Gehorsams erfahren, 25.

Kap. 1,26-27
Echter Glaube und Prüfungen

Falsche Religion, 26. *Äußerlich* sichtbarer religiöser Gottesdienst kann aufrichtig gemeint und daher ein Ausdruck wahren Glaubens sein, oder er kann nur eine äußere Form und damit der Ausdruck „toter Werke" sein. Gott hat den Menschen „religiös" geschaffen; deshalb ist er es auch im seinem gefallenen Zustand. So erklärt es sich, daß die Welt voll von bedeutungsloser Religiosität ist. Jakobus gibt ein Beispiel dafür: Wenn jemand religiös zu sein scheint, indem er alle Äußerlichkeiten seiner Glaubensgemeinschaft aufs gewissenhafteste beobachtet, hält aber seine Zunge nicht in Zaum, wie der Zügel ein Pferd in Zaum hält, dann wird dadurch seine ganze „Religion" wertlos (trügerisch, unnütz, unfruchtbar, dürr und unwirksam). Wahrer Glaube (nach außen hin) muß von Frömmigkeit

begleitet sein (nach innen), um echt und glaubwürdig zu wirken.

Echter Glaube, 27. Die Praxis echten Gottesdienstes im Gegensatz zu rein äußerlichen frommen Formalitäten, 26, weist sich in mitleidsvol-
ler Liebe aus (die sich der Witwen und Waisen in
ihrer Not annimmt), andererseits aber auch in einer klaren Scheidung von aller Sünde (d.h. im
persönlichen Sich-Fernhalten vom „Schmutz"
der Welt).

Kap. 2,1–9
Toter Glaube zeigt sich in
Parteilichkeit

**Sünde macht echten Glauben unwirksam,
1-5.** Parteilichkeit ist die Sünde, bestimmten
Menschen unangebrachte Achtung oder Nichtachtung zu erweisen. Sie entwertet echten Glauben, weil es die Gleichheit der einzelnen vor Gott
innerhalb der christlichen Gemeinschaft verletzt
(„meine Brüder", 1a) und dadurch auch die in
Christus geoffenbarte Herrlichkeit Gottes her-
absetzt, 1b. „Verbindet nicht den Glauben an unseren Herrn Jesus Christus, den Herrn der Herrlichkeit, mit Ansehen der Person!" Christus ist
„die Ausstrahlung seiner Herrlichkeit" (Hebr.
1,3) und steht im NT anstelle der „Schechina"
(Herrlichkeit) Gottes im AT, und in seiner Ge-

*Jakobus erinnert seine Leser, wie wichtig bei Pferden und
Eseln der Zaum ist, um diese zum Gehorsam zu zwingen.*

genwart verschwinden irdisch-menschliche Unterschiede. Wenn man bloße äußerliche Unterschiede wie Stand und Reichtum wichtig
nimmt, verkennt man innere, grundlegendere
Überlegungen, 2-4 (vgl. Apg. 10,34; Röm. 2,11).

**Warum ist Parteilichkeit eine ernstzuneh-
mende Sünde, 6-7?** Parteilichkeit widerspricht
Gottes Erwählung, 5a. „Hat nicht Gott die Armen dieser Welt *erwählt,* daß sie reich im Glauben und Erben des Reiches würden?" Diese
Wahl Gottes wird von denen verächtlich zurückgewiesen, die parteiisch sind. Parteilichkeit ist
auch eine Nichtachtung der inneren geistlichen
Werte, 5b, nämlich der Tatsache, daß die, die
nach außen hin arm sind, nach innen reich im
Glauben sind; wenn sie auf Erden abgelehnt
werden, sind sie doch Erben des Himmelreichs;
obwohl sie ungeliebt sind von manchen „Gläubigen", gehören sie doch zu denen, die Christus
lieben. Parteilichkeit entehrt die Armen, 6a, und
ehrt die Reichen, die sich oftmals als gewaltsam
und gottlos erweisen, 6b,7.

**Parteilichkeit bricht das königliche Ge-
setz, 8.** Dies ist das Gesetz der Liebe. Es wird das
„königliche" Gesetz genannt, weil es das größte
aller Gesetze ist, die Quintessenz der Zehn Gebote. Es ist das Gesetz Gottes, des großen Königs, der Liebe ist, und dessen königliches Gesetz
der Liebe die höchste Herrschaft hat wie er
selbst. Parteilichkeit verstößt gegen das größte
der Gebote: „Du sollst deinen Nächsten lieben,
wie (du) dich selbst (liebst)" (3. Mo. 19,18).

**Das „königliche Gesetz" überführt von
Schuld, 9.** „Wenn ihr aber die Person anseht (indem ihr nur die äußere Erscheinung beurteilt), so
tut ihr Sünde und werdet vom Gesetz als Übertreter verurteilt", 9.

Kap. 2,10–13
Toter Glaube führt ins Gericht

Der Grund für das Gericht, 10-11. Unter dem
mosaischen Gesetz gibt es nur zwei Möglichkeiten: Entweder man hält das Gesetz *ganz,* oder
man ist ein Übertreter des *ganzen* Gesetzes. So
macht die Übertretung nur eines einzigen Gesetzes den Menschen zu einem verlorenen Sünder
vor Gott. Das Gesetz gleicht einer Kette. Diese
ist zerbrochen, wenn auch nur ein Glied zerbrochen ist, 11. Ebenso ist ein Mensch vor einem
unendlich heiligen Gott unter dem Gesetzesprin-
zip ein verlorener Sünder, ob er nun das Gesetz
an einem „wichtigen" Punkt, wie dem der
Nächstenliebe (8-9), oder an einem scheinbar
„unwichtigen" Punkt verletzt hat. Das Gesetz
verdammt ihn ganz, es sei denn, er hat Glauben
an die Retterkraft Jesu Christi, der ihn von diesem Gesetz freisprechen kann, 12. Ein toter
Glaube kann ihn nicht retten.

Der Grund für die Gnade, 12-13. Wer
durch den Glauben an Christus „gerettet", d.h.
dem Zugriff des Gesetzes entzogen ist, steht

nicht mehr unter dem Verdammungsurteil des mosaischen Gesetzes, sondern unter dem „Gesetz der Freiheit", 12, d.h. unter dem Freispruch der angebotenen, geschenkten Gnade und Barmherzigkeit Jesu Christi. Nun soll er aber auch reden und handeln als einer, der unter dem Gesetz der Gnade steht, 12. Das heißt, daß, obwohl er nicht als Sünder im Endgericht verdammt werden wird (Joh. 5,24; Röm. 8,1), er doch vor dem Richterstuhl Christi für seine Werke als Gläubiger gerichtet werden wird (vgl. Erklg. zu 1. Kor. 3,11-15; 9,27; 2. Kor. 5,10). Gott hat ihm durch Christus Gnade zuteil werden lassen. Nun ist es an ihm, anderen gegenüber barmherzig zu sein, 13.

Kap. 2,14-20
Toter Glaube ist unbrauchbar

Der Grundsatz dargelegt und illustriert, 14-16. Jakobus fragt: „Was hilft es, wenn jemand sagt, er habe Glauben, dabei aber keine Werke tut? Kann ihn ein *solcher Glaube* retten?" 14. Hier wird die jüdische Tendenz, übertragen auf christliche Gläubige, bekämpft, eine leblose Kenntnis des Gesetzes an die Stelle einer verantwortlichen, praktischen Auswirkung des Glaubens, die sich in einem geheiligten Leben zeigt, zu setzen, als ob Rechtfertigung vor Gott auf diese Weise erlangt werden könnte (Röm. 2,3.13-23). Die Wertlosigkeit toten Kopfglaubens wird erläutert am Bild eines Mitchristen, der in Not ist, 15-16. Der Gläubige ist in besonderer Weise dazu verpflichtet, ihm zu helfen, gibt ihm statt dessen aber nur gute Wünsche auf den Weg und den Rat, sich zu verschaffen, was er nötig hat.

Die Untrennbarkeit von Glauben und Werken, 17-20. Glaube wird in sich selbst für tot erklärt, wenn er von Werken getrennt ist, 17. Jakobus versucht alles, um zu zeigen, daß Glaube und Werke untrennbar zusammengehören. Er stellt nicht in Frage, daß der Glaube *der* Weg zum Heil ist, ja, *der einzige* Weg. Aber er stellt die Frage, ob es möglich ist, rettenden Glauben zu haben ohne Werke, die beweisen, daß er auch wirklich vorhanden ist. Gott einen Glauben ohne Werke darzubringen ist nicht viel besser als der Glaube von Dämonen, die „glauben und zittern"; aber solch ein Glaube bringt keine guten Werke wie Buße oder Wohltätigkeit hervor, 19-20.

Kap. 2,21-26
Lebendiger Glaube weist einen Menschen als gerecht aus

Das Beispiel Abrahams, 21-24. Jakobus gibt zwei Beispiele lebendigen (rettenden) Glaubens – eines Glaubens, der Werke hat: Abraham, einer der größten Glaubensmänner in der Bibel, 21-24, und die Hure Rahab, 25. Er macht geltend, daß Abraham durch Werke gerechtfertigt wurde, als er Isaak opferte, 21 (1. Mo. 22,9-12). Daß Jako-

bus damit Paulus nicht widerspricht, der erklärt, daß Abraham gerechtfertigt wurde durch den Glauben, ohne Werke (Röm. 4,2-4), sollen die folgenden Betrachtungen zeigen.

1) Jakobus gebraucht das Wort „gerechtfertigt" im Sinne von tatsächlich bewiesen oder als gerecht demonstriert *vor Menschen;* Paulus gebraucht den Ausdruck im Sinne von *„vor Gott"* (und von Gott!) im juristischen Sinn gerecht erklärt. Jakobus spricht aus menschlicher Sicht, Paulus aus der Sicht Gottes. 2) Jakobus gibt uns das Korrektiv zu einer mißbrauchten Wahrheit, Paulus bietet die Wahrheit selbst dar. 3) Der Brief des Jakobus ist an jüdische Gläubige gerichtet, die versucht sind, eine innere Erfahrung des Herzens, die das Leben umgestaltet (heiligt), durch ein Kopfwissen des Gesetzes (d.h. der äußeren Form) zu ersetzen. Die Briefe des Paulus sind an in Sünde verlorene Heidenchristen gerichtet, die keine Gesetzesgerechtigkeit aufweisen können. 4) Des Jakobus „Gerechtigkeit durch Werke" widerspricht nicht des Paulus „Gerechtigkeit durch den Glauben", denn Abraham genoß den Segen des letzteren (nämlich des Glaubens, 1. Mo. 15,6), lange ehe er die Rechtfertigung durch Werke erfuhr als eine Folge seiner Opferung Isaaks (vgl. 1. Mo. 22,1-12).

Das Beispiel Rahabs, 25-26. Ihr Glaube, der sie rettete, erwies sich vor Menschen, als sie die Kundschafter versteckte, die sie dann einen anderen Weg sandte, als sie gekommen waren, und zuletzt das rote Seil am Fensterkreuz befestigte (Jos. 2,1-21; Hebr. 11,31). Die Anwendung der beiden Beispiele wird in Vers 26 gegeben: Wie der Leib tot ist, wenn der Geist im Tod den Körper verläßt, so ist ein Glaube, dem keine Werke folgen, ebenfalls tot (vgl. 17-20). Er ist ein lebloses, nutzloses Ding, das weder unsere Stellung als gerecht vor Gott garantieren, noch ein solche vor Menschen bezeugen kann.

Kap. 3,1-5
Lebendiger Glaube und der Einfluß der Zunge

Unsere große Verantwortung für das, was wir sagen, 1-2. Die Zunge hat großen Einfluß auf das menschliche Leben, guten oder bösen. Deshalb warnt Jakobus davor, daß man sich voreilig zum Lehrer „aufwirft" (Menge), 1a, denn ein Lehrer unterweist und beeinflußt Menschen in großem Maße durch das, was er sagt. Er sollte sich deshalb seiner sehr großen Verantwortung bewußt sein, „da ihr wisset, daß wir (Lehrer) ein strengeres Urteil empfangen werden", wenn wir uns unserer schweren Aufgabe in verkehrter Weise entledigen oder Menschen gegen Gott und sein Wort beeinflussen.

Die Sünden der Zunge gehören zu den Sünden, die am weitverbreitetsten und am schwersten in Schranken zu halten sind, 2. „Wir alle fehlen viel" (gr. *ptaiomen),* nämlich dadurch, daß unsere Zunge mit uns durchgeht, und übertreten dadurch Gottes Gebot, 2a. „Wenn jemand (ein Gläubiger) in der Rede nicht fehlt, so ist er ein vollkommener Mann" (gr. *teleios*), „geistlich makellos", 2b, und fähig, auch den ganzen Leib im Zaum zu halten (zu beherrschen, wie man ein Pferd durch die Zügel in seiner Gewalt hält).

Die Macht der Zunge illustriert, 3-5. An drei Beispielen zeigt Jakobus, wie in der Natur eine relativ kleine Ursache große Wirkungen hervorrufen kann: der Zaum des Pferdes, 3; das Steuerruder eines Schiffes, 4; und der Funke, durch den ein Feuer entfacht wird, 5.

Kap. 3,6-12
Lebendiger Glaube und die Unberechenbarkeit der Zunge

Ihr ungebärdiges Wesen, 6-8. Die Zunge ist nicht nur kraftvoll und übt einen starken Einfluß aus, sondern sie ist auch trügerisch. Ihre Tücke zeigt sich: in ihrer *besonderen Art* als ein Feuer, eine lodernde, unkontrollierte und zerstörende Flamme; in ihrer *verunreinigenden Art,* durch die sie den ganzen Leib beflecken oder beschmutzen kann, wie Rauch verunreinigt und verschmutzt; in ihrer *zersetzenden Eigenschaft,* die sie als „eine Welt von Ungerechtigkeit" entlarvt in dem Sinn, daß sie „den gesamten Lauf des Daseins" in Brand steckt, indem sie eine schädliche Wirkung hat auf beide, den Sprecher und den Hörer (solchen Redens); *ihre üble Quelle,* sie wird von der „Gehenna" (der ewigen Hölle) in Brand gesteckt (Matth. 5,22). Anders als jedes Tier, 7, ist die menschliche Zunge unbezähmbar, 8a, und deshalb ist sie „ein unruhiges Übel voll tödlichen (den Tod verursachenden) Giftes", 8b.

Ihre unberechenbaren Widersprüche, 9-12. Mit der Zunge geschieht beides: Man lobt Gott, unseren Herrn und Vater, damit, und man verflucht die Menschen, die nach Gottes Bild geschaffen sind, 9 (vgl. 1. Mo. 1,26; 1. Joh. 4,20). Aus demselben Mund kommt Segnen und Fluchen hervor. Das ist ein schreiender Widerspruch und sollte („meine Brüder" – also unter Gläubigen) nicht sein, 10. Jakobus zeigt an Beispielen aus der Natur, wie widersprüchlich solches Verhalten ist. Eine Süßwasserquelle läßt nicht zugleich salziges Wasser aus der Mineralquelle hervorsprudeln, noch trägt ein Feigenbaum zugleich Oliven oder ein Weinstock Feigen. So kann auch keine salzhaltige Quelle frisches Wasser geben. Doch die Zunge kann dies, was absolut gegen die Natur ist, 12.

Kap. 3,13-18
Lebendiger Glaube und Weisheit

Irdische Weisheit, 13-16. Der Weise (gr. *sophós*, Fachausdruck für Lehrer, vgl. Kap. 1), sowohl wie jeder Gläubige muß entscheiden, welche Weisheit sein Leben beherrschen soll, irdische, 13-16, oder himmlische, 17-18, Weisheit.

Irdische Weisheit kann keinen wirklich „weisen" Lehrer hervorbringen, ausgestattet mit umsichtiger Kenntnis (gr. *epistémón*), der mit gutem Betragen und echter Demut seine Werke zeigt, 13. Irdische Weisheit führt nur zu oft zu bitterer Eifersucht, selbstsüchtigem Ehrgeiz, Großtuerei und Ungehorsam der Wahrheit, d.h. dem Wort Gottes und seinem Mittelpunkt Jesus Christus gegenüber, 14 (Joh. 14,6; Eph. 4,21). Solche Weisheit ist nicht „von oben", nicht durch den Geist Gottes gelehrt (Joh. 16,13). Sie ist vielmehr „irdisch", d.h. sie gehört allein zu dieser natürlichen, irdischen Welt. Sie ist „sinnlich" oder tierähnlich (gr. *psychiké*), das Wissen des natürlichen, unwiedergeborenen, bloß „seelischen" Menschen (Jud. 19), und ist teuflisch (dämonisch). Sie hat ihren Ursprung in satanischer und dämonischer Wirksamkeit, 15 (vgl. 1. Tim. 4,1-5; 1. Joh. 4,1-4). Das Ergebnis: Solche Weisheit bringt Verwirrung und lauter böses Tun, 16 (vgl. Gal. 5, 17-21).

Himmlische Weisheit, 17-18. Der Lehrer, wie jeder gläubige Mensch, sollte von der himmlischen Weisheit regiert werden (1. Kor. 2,6-7), die göttlichen Ursprungs ist, von Gott gelehrt, wörtlich: *„die Von-oben-Weisheit".* Sie ist erstens *„rein"* im Sinne von „keuscher Bescheidenheit", frei von der Sünde intellektuellen Stolzes, der so oft ein charakteristisches Merkmal eines Lehrers sein kann; sie ist *„friedsam",* d.h. hat die Tendenz zu Ruhe und Einigkeit, nicht zu Trennung und Irrlehre (Häresie); *„gelinde",* d.h. geduldig und sanftmütig, immer bestrebt, maßvoll, gerecht und verständig zu urteilen; *„leicht zugänglich",* im Sinne von geschmeidig, immer beweglich, d.h. offen für weitere Wahrheitserkenntnis und vermehrte Erleuchtung (in geistlichen Dingen); *„voll Barmherzigkeit und guter Früchte"* des Hl. Geistes (Gal. 5,22); *ohne Voreingenommenheit* oder besser: ohne Unsicherheit, *„nicht schwankend",* sondern in Angelegenheiten der Wahrheit feste Überzeugung bekundend; *„ohne Heuchelei",* d.h. ohne Schauspielerei, völlig aufrichtig, 17. Echte oder himmlische Weisheit, deren Frucht Gerechtigkeit ist, sät im Frieden, denn die Menschen, die sie haben, sind solche, die „Frieden machen", 18.

Kap. 4,1-5
Lebendiger Glaube und Weltlichkeit

Anzeichen der Weltlichkeit, 1-4. Neigung zur Welt hin hat ihre Wurzeln im Unglauben. Sie wird deutlich bei: 1) *Spannungen,* hervorgerufen durch die Lüste, die wie eine Armee von Soldaten in den Gliedern oder Organen des Leibes streiten, 1; 2) *Unzufriedenheit,* 2a, das Ergebnis des Nachgebens den Lüsten des Fleisches gegenüber mit ihren unersättlichen Begierden, die durch den Haß veranlaßt, sogar zum Mord führen können (vgl. 1. Joh. 3,15); 3) *Gebetslosigkeit,* 2b; 4) *Gebet aus falschen Motiven heraus,* 3, indem man nur um Dinge bittet, die von Selbstsucht und sündlicher Lust inspiriert sind; 5) *geistlicher Ehebruch,* 4a, d.h. Untreue Gott gegenüber; 6) *Feindschaft gegen Gott* – Liebe (gr. philia) zum satanischen Weltsystem ist Feindschaft gegen Gott. Wer der Welt Freund sein will, macht sich selbst zu Gottes Feind.

Das „Heilmittel" für Weltlichkeit, 5. Es liegt darin, sich dem Heiligen Geist zu unterwerfen und sich von ihm bestimmen zu lassen, der im von Christus erkauften Leib eines jeden Gläubigen wohnt (1. Kor. 6,19). Wir müssen dem Heiligen Geist erlauben, unser ganzes Leben zu beherrschen. „Der Geist, der in uns wohnt, hat ein starkes Verlangen (für unser geistliches Wohlergehen), das man Eifersucht nennen muß." Die Dynamik des Hl. Geistes im Gläubigen ist das sichere „Heilmittel" gegen die Weltlichkeit in ihm.

Kap. 4,6–10
Lebendiger Glaube und Demut

Die Quelle der Demut, 6. Gott ist die Quelle der Demut, einer Gnadengabe, die größer ist als alles, was die Welt geben kann.

Der Weg zur Demut, 7–10. Er heißt: sich Gott unterwerfen, 7a; dem Teufel widerstehen, 7b; sich zu Gott nahen, 8a; sich von aller Sünde trennen, 8b; Buße tun in tiefster Reue (Zerknirschung), 9; sich vor Gott demütigen, 10, dann wird Gott seine Gnade der Demut schenken und uns „erhöhen".

Kap. 4,11–12
Lebendiger Glaube und Verleumdung

Der ausdrückliche Befehl, 11a. Er lautet, aufzuhören mit losen Reden gegen Geschwister im Glauben in einem Geist der Kritik und Verleumdung (vgl. Kap. 3). Solch ein Verhalten ist nicht die Frucht lebendigen Glaubens.

Der Grund für diesen Befehl, 11b–12. Solch böse Nachrede ist Sünde, weil sie sich nicht nur gegen Brüder richtet, 11a, sondern auch gegen das Gesetz (9. Gebot), 11a. Sie macht den Sprecher zu einem selbstberufenen Richter des Gesetzes. Gott allein ist der Gesetzgeber und Richter, dessen Vorrecht es ist, jemanden zu richten. Er hat die Autorität, zu retten und zu verderben, 12. Wer seinen Nächsten richtet, tut es, ohne solche Autorität zu haben. Folglich hat *er* das Recht gebrochen, weil er widerrechtlich diese Autorität an sich gerissen hat.

Kap. 4,13–17
Lebendiger Glaube und Säkularismus (Verweltlichung)

Der Geist des Säkularismus, 13. Höchste, ja, beinahe ausschließliche Aufmerksamkeit für die Dinge dieses Lebens, mit wenig oder keinem Gedanken an Gott, wird gebrandmarkt. Solch ein Säkularismus kommt aus dem Mangel an lebendigem Glauben.

Die Torheit des Säkularismus, 14–17. Weltseligkeit ist töricht, weil sie 1) anmaßend ist, denn welcher Mensch kennt die Zukunft? „Ihr wißt doch nicht, was morgen sein wird", 14a; 2) eine Verletzung der von Gott gesetzten Bestimmung des Lebens ist, nämlich Gott zu dienen und nicht sich selbst, 14b; 3) die Kürze und Unsicherheit des Lebens vergißt, 14c; 4) nicht mit Gott und seinem Willen rechnet, 15; 5) sich der Anmaßung und des Stolzes schuldig macht, 16; 6) sündig ist, denn: „Wer da weiß zu tun, was recht ist (Gott den ersten Platz in unserem Leben einzuräumen) und tut's nicht, dem ist es Sünde", 17.

Kap. 5,1–6
Lebendiger Glaube unter Verfolgung

Das schlimme Ende der Unterdrücker vorausgesagt, 1–3. Diese reichen Unterdrücker repräsentieren die Ungläubigen. Sie verfolgen aufrichtige Gläubige („Brüder", 7), indem sie sie mit der Sünde des Säkularismus quälen, die in Kap. 4,13–17 verurteilt worden war. Beiden, ihnen wie den Gläubigen, wird die Wiederkunft des Herrn Jesu vor Augen gestellt, 7-9, die alles Unrecht zurechtbringen und alle Ungerechtigkeit richten wird (vgl. Off. 19,11-16). Die Unterdrücker gehen dem jüngsten Gericht am „letzten Tag" entgegen, 3, d.i. am Ende unseres Zeitalters (1. Joh. 2,18).

Die Verbrechen der Unterdrücker bloßgelegt, 4-6. Ihre Unterdrückung der gläubigen Armen hat das Ohr des „Herrn der Heerscharen" erreicht. Letztere Bezeichnung, üblich in den prophetischen Büchern, ist eine prophetische Bezeichnung für Christus als dem kommenden Sieger und Wiederhersteller der Gerechtigkeit auf der Erde. Derselbe Geist, der diese gottlosen Männer einst dazu brachte, den einen Gerechten zu kreuzigen, bringt sie jetzt dazu, die von ihm Gerechtfertigten, die ihm gehören, zu verfolgen, 6. Deshalb gehen sie einem sicheren Gericht entgegen (vgl. Vers 3).

Kap. 5,7–11
Lebendiger Glaube, geübt mit Geduld unter Verfolgung

Beweggrund zur Geduld, 7-9. Zu beachten ist die zweimal wiederholte und dadurch betonte Ermunterung: „Seid geduldig ... seid geduldig", 7-8. Weshalb? Weil solch geduldiges langmütiges Ausharren sicher bei der *parousia,* der persönlichen Gegenwart Jesu Christi bei seinem Wiederkommen, seinen Lohn empfangen wird. Die Gewißheit dieses Belohntwerdens wird illustriert durch den Hinweis auf den Landmann, der „geduldig auf die köstliche Frucht der Erde wartet" bis zur Zeit der Ernte nach dem Frühregen (Oktober bis Januar) und dem Spätregen (Februar bis März). Jakobus spricht vom Kommen des Herrn als „nahe" bevorstehend. Das Griechische braucht die Gegenwartsform und bezeichnet einen in der Gegenwart bestehenden Zustand, so daß das Ereignis jederzeit geschehen kann („nahe"), 8, was auch heißt, daß der Richter (der wiederkommende Christus) vor der Tür steht (vgl. Matth. 24,33). Er wird alles Unrecht richten, alle Ungerechtigkeiten ausgleichen; deshalb sollen Gläubige nicht versuchen, zu tun (zu richten), was allein dem Herrn zukommt, 9.

Ermutigende Beispiele von Geduld, 10-11. Jakobus weist auf das Beispiel der atl. Propheten hin, die in besonderer Weise verfolgt und gerade deshalb in besonderer Weise gesegnet worden waren, 10-11a. Hiob ist das klassische Beispiel dafür, daß Gott seine guten Absichten hat, wenn er die Seinen in Trübsal und Anfechtungen führt, damit sie sich in geduldigem Ausharren üben, 11b.

Kap. 5,12
Lebendiger Glaube, geübt unter Vermeidung von Schwören

Die Warnung, 12a. „Vor allem aber" schwört nicht (Matth. 5,33-37), denn Schwören oder Fluchen sind der Ausdruck von Ungeduld und Stolz, die im Gegensatz stehen zum „geduldigen Ausharren", von dem Jakobus gerade so eindringlich gesprochen hatte. Euer „Ja" sei „Ja", und euer „Nein" sei „Nein", indem ihr Eidschwüre vermeidet. Im täglichen Leben soll eine einfache Bejahung oder Verneinung genügen, um ein gegebenes Wort zu bestätigen, und dies wird uns den Ruf der Ehrlichkeit einbringen.

Die Begründung der Warnung, 12b.

Kap. 5,13-18
Lebendiger Glaube, geübt im Gebet

Ermahnung an den Leidenden, 13. Betrübnis oder Unglück, welcher Art auch immer, soll den im Leid stehenden Gläubigen ins Gebet treiben, während diejenigen, die „fröhlich oder guten Mutes" sind (Lob-)Psalmen singen sollen, wie Paulus und Silas im Gefängnis zu Philippi (Apg. 16,25).

Ratschläge für den physisch Kranken, 14-15. Dieser Abschnitt befaßt sich mit dem, was man gewöhnlich Gebetsheilung nennt. Der kranke Gläubige sollte die Ältesten der Gemeinde rufen, niemals nur einen. Der Gebrauch des Öls zur Salbung des Kranken war ein allgemeiner jüdischer Brauch, wie der Talmud erkennen läßt, den die Jünger Jesu übernommen hatten (Mk. 6,13). Doch liegt die Betonung in diesem Zusammenhang nicht auf dem Öl, sondern auf „dem Gebet des Glaubens", das den Kranken retten wird. Solch ein Gebet ist von Gott geschenkt und führt zur Heilung, *wenn es Gottes Wille ist, den Kranken zu heilen.* Krankheit kann in Gottes Hand eine Züchtigung, eine Prüfung des Glaubens oder ein Weg zur Erreichung ir-

gendeines anderen Ziels im Leben eines Gläubigen sein (vgl. 1. Kor. 11,30-32; 2. Kor. 12,7-9; 1. Tim. 5,23; 2. Tim. 4,20).

Glaubensheilung
1. Heilt Gott auch heute noch Kranke durchs Gebet? Natürlich kann er das und tut es auch noch heute, aber *nicht immer.*
2. Gott ist völlig frei zu heilen oder nicht zu heilen, wie es seinem Plan und Willen entspricht (vgl. 1. Joh. 5,13-15).
3. Sein Wille kann körperliche Schwäche und Krankheit in seinen Plan einschließen, um seine Kinder dadurch zu prüfen, zu stärken oder zu züchtigen (1. Kor. 11,30-32; 2. Kor. 12,7-10). Ein vom Hl. Geist erfüllter Gläubiger kann auf diese Weise geprüft werden.
4. Die göttliche Methode richtet sich nach dem Prinzip des größten geistlichen Gewinns für den Gläubigen (seine Betreuer und seine Umgebung).

Ermahnung zu anhaltendem Gebet, 16. „Bekennet einander eure Sünden (wenn ihr jemanden verletzt habt), und betet füreinander, daß ihr wo (körperlicher) Krankheit geheilt werdet". Machtvolles Beten steht in einem geheimnisvollen Zusammenhang damit, daß wir mit Gott und den Glaubensgeschwistern in ungetrübter Gemeinschaft leben. Wenn diese Voraussetzungen erfüllt sind, dann ist das anhaltende Gebet eines „Gerechten", d.h. eines solchen, der „von Gott angenommen" ist aufgrund seines Glaubens an Christus, machtvoll und wirkungskräftig.

Das Beispiel (für die Macht anhaltenden Gebets), 17-18. „Elia betete so und war doch ein Mensch gleicher Art wie wir", 17a. Er betete ernstlich („betete betend", hebr. Ausdrucksweise für „betete intensiv", vgl. 1. Kö. 17,1); er betete wirksam – mit dem Ziel, daß Gott verherrlicht werde – um eine nationale Dürre als Strafe für eine nationale Sünde (1. Kö. 19,10). Als er dann später um die Beseitigung der Dürre betete, wurde auch dieses Gebet erhört, 18 (1. Kö. 18,42-45).

Kap. 5,19-20
Lebendiger Glaube, geübt in treuem Zeugnis

Die Notwendigkeit des Zeugnisses, 19. Hier wird beschrieben, welch ein Segen es ist, einem irrenden Bruder wieder zurechtzuhelfen. Wer einem Bruder, der von der Wahrheit des Evangeliums und seinen Geboten abgeirrt ist, zurück auf den rechten Weg verhilft, leistet Gott und der Gemeinde einen wichtigen Dienst.

Das Ergebnis des Zeugnisses, 20, ist zweifach: 1) Er hat den irrenden Bruder vom (leiblichen) Tode gerettet (1. Kor. 11,30) und 2) dazu geholfen, daß die Menge der Sünden des Bruders zugedeckt werden konnte, d.h., sie wurden durch das am Kreuz vollbrachte Werk Jesu Christi vor Gott bedeckt, d.h. vergeben.

Erster Brief des Apostels Petrus

Im Licht der zukünftigen Herrlichkeit leben

Verfasser. Daß dieser Brief vom Apostel Petrus geschrieben worden ist, verrät die Tatsache, daß der Verfasser mit dem Leben und den Lehren Christi wohlvertraut ist (vgl. Kap. 5,5 mit Joh. 13,3-5; Kap. 5,2 mit Joh. 21,15-17). Er spricht als Augenzeuge ausführlich über die Leiden Jesu (Kap. 5,1; vgl. 3,18; 4,1) und zeichnet die Person Christi in Verbindung mit diesen Leiden (2,19-24; vgl. 4,13). Man kann auch eine bemerkenswerte Ähnlichkeit zwischen den Reden des Petrus in der Apostelgeschichte und seiner Ausdrucksweise in diesem Brief feststellen (vgl. Apg. 2,32-36; 10,34.41 mit 1. Petr. 1,21; Apg. 4,10-11 mit 1. Petr. 2,7-8; Apg. 10,34 mit 1. Petr. 1,17). Die frühe Kirche hat allgemein anerkannt, daß Petrus der Schreiber dieses Briefes ist. Polykarp führt Kap. 1,8; 2,11 und 3,9 in seinem Brief an die Philipper an. Irenäus führt den Brief namentlich in seinem Werk „Gegen die Irrlehren" (Häresien) an (IV: 9,2; 16,5; V: 7,2).

Veranlassung und Datierung. Der Brief ist vorwiegend, wenn nicht ausschließlich, an Judenchristen gerichtet (vgl. aber 4,3-5). Die Datierung ist vielleicht erst um 65 n.Chr. anzusetzen, denn es werden nicht nur ganz frühe Briefe erwähnt, wie der Brief des Jakobus, der erste Thessalonicher- und der Römerbrief, sondern Petrus scheint beim Schreiben dieses Briefes bereits mit den späteren Gefangenschaftsbriefen des Paulus (Kolosser, Epheser und Philipper) vertraut zu sein. Das Datum hängt natürlich ab von der Zeit des Märtyrertodes des Petrus, das Eusebius in das 13. Jahr Neros legt, d.h. 67 bis 68 n.Chr.

Thema. Das Thema des Briefes ist „Leiden", wofür Petrus sieben verschiedene Worte in diesem einen Brief gebraucht. Mitten im Leiden tritt Hoffnung zutage, durch die Aussicht auf ein zukünftiges Erbe (1,4-5) und das Kommen des „Oberhirten" (5,4). Leiden hat seinen Sinn (1,6-7; 2,19-20; 3,14; 4,14). Man muß es erwarten (4,12), muß sich nicht davor fürchten (3,14), es geduldig tragen (2,23; 3,9) und sich darin freuen (4,13). Die Leiden Christi werden deutlich hervorgehoben (1,11; 2,21; 5,1) als

des Gläubigen Vorbild (2,21; 4,1-2). Leiden ist oft dem Willen Gottes gemäß (4,19).

Des Petrus späteres Leben und Dienst. Die Predigt des Petrus an Pfingsten schloß die Tür für die Evangelisierung der Juden auf (Apg. 2,14-41). Später heilten er und Johannes den Lahmen an der Tür des Tempels (Apg. 3,1-10). Daran anknüpfend predigte Petrus über das Thema der zukünftigen Erfüllung der Bündnisse Gottes mit Israel, 3,11-26. Die Nachricht von

Der Hafen Antalya. Der Brief des Petrus war an Gläubige in Kleinasien gerichtet.

seinem besonderen Dienst und seiner besonderen Botschaft verbreitete sich schnell, so daß er, zusammen mit dem Apostel Johannes, festgenommen und vor den Hohen Rat geführt wurde (Apg. 4,1-22). Die Verantwortung für das Verhalten gegenüber Ananias und Saphira fielen ihm als Leiter der Gemeinde in Jerusalem zu (Apg. 5,1-11). Petrus war, wie auch die anderen Apostel, weiteren Verfolgungen und Verhaftungen seitens der jüdischen Führer des Volkes ausgesetzt, nachdem eine Zeit besonderer göttlicher Machtoffenbarungen in der Gemeinde das Interesse der Öffentlichkeit auf sich gezogen hatte (Apg. 5,12-41).

Gott hatte Petrus als Werkzeug auserwählt (Matth. 16,16-18), das Evangelium zu den Samaritanern zu bringen (Apg. 8,14-25) und danach zu den Heidenvölkern (Apg. 10-11). Der Wunsch, die Juden versöhnlich zu stimmen, veranlaßte den König Herodes Agrippa I. (er regierte zwischen 41 und 44 n.Chr. über Judäa), Jakobus, den Bruder des Apostels Johannes, zu töten und Petrus ins Gefängnis zu werfen (Apg. 12,1-17). Nach der wunderbaren Befreiung des Petrus aus dem Gefängnis, die auf die erste Missionsreise des Paulus folgte, fiel ihm eine führende Rolle bei dem Kirchenkonzil in Jerusalem zu (Apg. 15,7-11; Gal. 2,6-10). In Antiochien zog Paulus ihn für heuchlerisches Verhalten (um der Juden willen) den Heidenchristen gegenüber zur Verantwortung (Gal. 2,11-14). Er reiste ausgiebig, oftmals in Begleitung seiner Frau (1. Kor. 9,5), und hat wahrscheinlich Kleinasien besucht, besonders Pontus, Kappadozien und Bithynien, also Gegenden, in die Paulus nicht gekommen war. Des Petrus Märtyrertod ist in Johannes 21,18-19 angedeutet.

Nach der Überlieferung hat Petrus die christliche Gemeinde in Rom gegründet und ist ihr erster Bischof gewesen. Dies ist jedoch geschichtlich nicht bestätigt. Die Bibel gibt auch keinen Hinweis darauf. Es gibt tatsächlich auch keinen geschichtlichen Beweis dafür, daß Petrus jemals in Rom gewesen wäre, obgleich die Historiker eine Möglichkeit dafür offen lassen, daß er vielleicht kurz vor seinem Tod nach Rom ging. Wenn das so gewesen ist, kann man annehmen, daß Petrus dort den Märtyrertod erlitten hat.

Die „Quo-Vadis"-Tradition sagt, Petrus sei aus Rom geflohen, um dem Martyrium zu entgehen. Auf der Via Appia (eine der ältesten Straßen Roms) sei er Jesus begegnet und habe ihn gefragt: „Wo gehst du hin?" („Quo vadis?"). Jesus habe geantwortet, daß er auf dem Weg zurück in die Stadt sei, um dort den Kreuzestod zu sterben. Petrus habe sich seiner eigenen Feigheit geschämt und sei nach Rom zurückgegangen, wo man ihn kreuzigte – doch auf seinen Wunsch hin mit dem Kopf nach unten, da er sich unwürdig fühlte, in der gleichen Weise am Kreuz zu sterben wie sein Herr.

Überblick

Erster Brief des Apostels Petrus

Kap. 1,1-5
Zur Leidensbereitschaft ermutigt

Eine Quelle des Mutes, 1-4. Die „Fremdlinge" (Pilger) aus der Zerstreuung waren gläubige Juden (geistliche Pilger), die in allen Provinzen Kleinasiens zerstreut waren. Sie waren oft schweren Verfolgungen durch ihre Volksgenossen ausgesetzt. Inmitten ihrer schweren Prüfungen war der Reichtum ihres geistlichen Lebens eine Ermutigung, standhaft zu bleiben. Dazu gehörte: 1) die Tatsache ihrer *Erwählung,* 2, denn Gott hatte sie in seiner Souveränität zu seinem ganz persönlichen Eigentum erwählt; 2) ihre *Heiligung* durch den Hl. Geist, 2, die dem Gläubigen die heilige Stellung gibt, daß er „für Gott beiseite gesetzt" ist aufgrund „der Besprengung mit dem Blute Jesu Christi" – eine Tatsache, die nun Gehorsam erfordert; 3) ihre *Wiedergeburt,* 3, als Auswirkung von Gottes „großer Barmherzigkeit"; 4) ihre zukünftige *Verherrlichung* und ihr von Gott verheißenes unvergängliches *Erbe,* 3-4. Diese „lebendige Hoffnung" ist „unvergänglich" (d.h. unsterblich); „unverwelklich" (nicht dem Zerfall unterworfen); „unbefleckt" (unverletzlich, intakt); „im Himmel aufbehalten" oder genauer: für euch reserviert (als Pfand hinterlegt).

Der gegenwärtige „Stand" der Leidenden, 5. Weitere Ermutigung fanden die Christen in ihrer Lage durch die Erinnerung daran, daß sie „bewahrt werden durch Gottes Macht", in dem Sinne, daß sie beständig „unter Schutz" stehen, so, als seien sie von einer militärischen Einheit umgeben und folglich in Sicherheit. Als Echo auf diese Schutzmaßnahmen Gottes erwartete er nur, daß sie sich „durch den Glauben" diesen anvertrauen sollen. Das volle Offenbarwerden des Heils Gottes für die Seinen geschieht in der „letzten Zeit", d.h. bei der Wiederkunft Jesu Christi.

Kap. 1,6-9
Erprobt in Leiden

Die richtige Haltung dem Leiden gegenüber, 6. Leiden sollte *mit Freuden ertragen* werden, 6a. Das Wort „mit Freuden" ist im Grundtext sehr stark betont, etwa „mit überschwenglicher Freude". Das uns geschenkte Heil ist etwas so Lebensnahes, daß wir darüber, trotz der gegenwärtigen Trübsale, tiefe Freude empfinden sollten. Zudem sollten alle Trübsale *als vorübergehend gesehen* werden, 6b, als nur für „eine kurze Weile", von der Perspektive der kommenden Herrlichkeit aus. Selbstauferlegtes Leiden, außerhalb von Gottes Willen, ist nichts Rühmenswertes (vgl. 2. Tim. 3,12). Doch können Leiden, die nach Gottes Willen sind, *schwer und vielseitig* sein, 6d.

Gottes Absicht im Leiden, 7-9. Gottes Ziel mit unserem Leiden ist, unserem Glauben die Gelegenheit zu geben, sich als *echt zu erweisen,* 7a; daß dieser echte Glaube sich in „*Preis, Ehre und Ruhm*" verwandeln möchte, wenn wir Christus bei seinem Offenbarwerden in Herrlichkeit (d.h. seinem zweiten Kommen) begegnen, 7c; daß der Gläubige selbst auch den großen Wert seines Glaubens erkennen möchte, „viel kostbarer als Gold", 7b; daß des Gläubigen *Liebe zu seinem Herrn immer größer* werden möchte, weil er in Jesus die *Quelle* wahrer *Freude* entdeckt hat, 8. Als Ausgang solchen Glaubens an Christus empfängt der Glaubende die Errettung seiner Seele, die bereits eine gegenwärtige Wirklichkeit ist, 9.

Kap. 1,10-12
Errettung und Leiden

Das Forschen der Propheten, 10-11. Die atl. Propheten waren interessiert an Gottes Heilsplan, auf den in ihren Äußerungen über Gottes Gnade hingewiesen wurde, 10. Diese Gnade sollte im stellvertretenden Leiden des Messias-Königs geoffenbart werden, 11, etwas, was dem jüdischen Menschen (bis heute) ein unbegreifliches Geheimnis geblieben ist. Die Empfänger dieses Briefes, an Christus gläubig gewordene Juden, wurden durch diesen Hinweis auf die Leiden Jesu Christi an das Thema des Leidens herangeführt. Die Gnade Gottes schließt das Leiden Jesu Christi mit ein, um das Heil für die Menschen zu ermöglichen. So kann seine Gnade Leiden für die mit einschließen, die dieses Heil nun besitzen.

Die Wohltäter der prophetischen Botschaft, 12. Es wurde den Propheten geoffenbart, daß ihre Botschaft und ihr Dienst einem zukünftigen Zeitalter (dem unseren) gelte. Das wunderbare Evangelium von der Gnade Gottes für sündige Menschen ist von den atl. Propheten geweissagt worden, ohne daß sie seine Wahrheit verstanden; es wurde von geisterfüllten Aposteln in der ntl. Zeit verkündigt, und die Engel sehnen sich danach, auch in dieses Geheimnis hineinzuschauen.

Kap. 1,13–21
Heiliges Leben und Leiden

Die Ermahnung zu heiligem Leben, 13-17. Dieses so große Heil (10-12) verlangt eine Haltung der Trennung von der Sünde, ein für allemal. Solche Ausrichtung des Lebens auf Gott hin erfordert geistige Wachsamkeit („gürtet die Lenden eures Gemüts"), 13a; Nüchternheit, Ernsthaftigkeit, 13b; Langmütigkeit und Geduld im Lichte zukünftiger Segnungen, 13c; Gehorsam, 14a; Absage an alle früheren Begierden, 14b; eine

Ruinen der Akropolis von Pergamum (Pergamon) in Kleinasien

Anpassung im Verhalten an die Heiligkeit Gottes selbst (d.h. Orientierung an Gott und zu Gott hin), 15-16 (vgl. 3. Mo. 11,44-45); Anerkennung der Gerechtigkeit Gottes inmitten von Verfolgung, 17a; aus der Gottesfurcht heraus geprägtes Verhalten, 17b.

Die Begründung eines geheiligten Lebens, 18-21. Unsere große Erlösung ist die wesentliche Grundlage für ein geheiligtes (gottgeweihtes) Leben. Der Apostel erinnert seine Leser noch einmal an die Größe dieser Erlösung unter Verweisung auf: 1) *ihren unendlich hohen Preis und Wert,* 18-19; 2) *ihre Wirkungskraft,* durch die sie den Gläubigen von einem Leben leerer, gesetzlicher Religiosität und rein menschlicher „Frömmigkeit" freigemacht hat, 18b; 3) *ihren Erlöser, Jesus Christus,* dessen Blut „kostbar" (unendlich wertvoll und unschätzbar teuer) ist, weil er „ohne Makel" in seinem Wesen und „ohne Flecken" von seinem Kontakt mit Menschen war, was allein die Erlösung möglich machte, 19; die Tatsache, daß diese Erlösung von Ewigkeit her in dem Plan und in der Absicht Gottes lag, 20; daß ihre Erlösungskraft durch die Auferstehung Jesu und folgende Verherrlichung in der Himmelfahrt besiegelt wurde, 21b; 4) die Tatsache, daß ihre *Weitergabe an den Menschen* allein durch den Glauben des Menschen an diesen Erlöser geschehen kann, völlig unabhängig von jedem menschlichen Verdienst, 21a.

Kap. 1,22–25
Wiedergeburt und Wandel

Die Verantwortung der Wiedergeburt, 22. Die Wiedergeburt, 23, muß sich in einer Veränderung des Charakters ausweisen. Die Empfänger dieses Briefes hatten die „Reinigung ihrer Seelen durch den Gehorsam gegen die Wahrheit" des Evangeliums erlebt. Das hatte zu einer echten, aufrichtigen, ungeheuchelten Liebe zu den Brüdern geführt. Nun werden sie ermahnt, diese Bruderliebe als Beweis ihrer Wiedergeburt festzuhalten. Sie muß „von Herzen" kommen und eine echte und bleibende innere Haltung sein, „brennend" (gr. *ektenós,* von innen her ernstgemeint).

Der Weg zur Wiedergeburt, 23-25. Wiedergeborensein (Joh. 3,1-5) heißt, durch Gott außer dem natürlichen Leben ein neues geistliches Leben durch eine Geburt von oben (den Geist Gottes) erhalten zu haben. Dieser Vorgang der „Wiedergeburt" ist nur möglich auf Grund der Vollmacht und des Zeugnisses, die dem Wort Gottes eigen sind. Das Wort Gottes wird als „unvergänglich", „lebendig" und „ewig" charakterisiert, alle natürlichen Phänomene (Erscheinungsweisen) überdauernd (Jes. 40,6-8). Die Vergegenwärtigung dieses Wesens des Wortes Gottes verschafft dem Gläubigen Zuversicht und Gewißheit, 25b.

Kap. 2,1–3
Wachstum und Leiden des Gläubigen

Trennung vom Bösen, 1. Der Gläubige kann die Anfechtungen und Versuchungen, die in diesem Brief so markant dargestellt sind, nur dann erfolgreich bestehen, wenn er geistlich reif ist. Demgemäß erfordert das Wachstum des Christen vom Gläubigen eine negative und eine positive Antwort. Eine negative, indem er eine klare Trennung von der Sünde an den Tag legen soll, 1, d.h., er darf für immer nichts mehr zu tun haben wollen mit „aller Bosheit" (Feindschaft), „aller List" (Betrug, bewußte Täuschung), „Heuchelei" (unaufrichtiges Verhalten zum Zweck einer Wirkung nach außen), „Neid" (eifersüchtige Gedanken) und „aller üblen Nachrede". Solche Dinge verletzen das Grundgesetz der Liebe, welches das Verhalten des Wiedergeborenen charakterisieren soll (1,22).

Verlangen nach dem Wort Gottes, 2-3. Die positive Antwort besteht darin, daß der Gläubige ein starkes Verlangen nach dem Wort Gottes zeigen soll, 2. Es ist die Nahrung, die geistliches Wachstum und Entfaltung zur Reife ermöglicht. Wachstum ist die erwartete Reaktion derer, die Gottes Gnade erfahren haben, 3.

Kap. 2,4–10
Geistliche Zusammengehörigkeit

Zusammengehörigkeit mit Christus, 4-8. (Einssein, Identität). Der Apostel gibt nun seinen jüdischen Lesern eine *Ermutigung im Leiden,* eine Gewißheit, daß sie nämlich, obwohl von der Welt und den ungläubigen Juden geächtet (verstoßen), doch in einer ganz persönlichen und engen Verbindung mit ihrem Herrn und seiner Gemeinde stehen. Am Bild eines Gebäudes beschreibt der Apostel dieses Verhältnis. Jesus Christus ist der erwählte, köstliche, lebendige Stein, 4. Die Gläubigen, in denen ja sein Leben pulsiert, sind lebendige Steine, zu einem „geistlichen Haus" (im Gegensatz zum irdischen Tempel) zusammengefügt, in welchem sie als Gottes Priester ihm geistliche Opfer darbringen, die Gott durch Jesus Christus angenehm sind, 5. Ihre Überlegenheit dem atl. Priestertum gegenüber ist offensichtlich. Jesus Christus ist der Eckstein, der Schlußstein dieses Gebäudes, das aus lauter lebendigen Steinen (den Gliedern der Gemeinde) errichtet ist, 6-7. Er ist für die Gläubigen der „allerköstlichste" Stein, 7a, doch für die Juden, die ihn verwarfen, ist er ein „Stein des Anstoßes" und ein „Fels des Ärgernisses", 7b-8 (vgl. Jes. 28,16; Apg. 4,11). Hier liegt ohne Zweifel die Erklärung dafür, daß manche der jüdischen Gläubigen um Jesu willen durch die ungläubigen Juden leiden mußten.

Zusammengehörigkeit der Gläubigen, 9-

10. Das Einsgewordensein mit Christus bringt den einzelnen auch in lebendige Gemeinschaft mit der ganzen Schar der Gläubigen. Petrus weist auf diese Körperschaft hin als „*ein auserwähltes Geschlecht*" (eine erlesene Art von Leuten), „ein königliches Priestertum" (Priester mit Königswürde, direkt mit dem König verwandt, mit unmittelbarem Zugang durch Jesus zu Gott), „*ein heiliges Volk*" (ein geheiligtes Volk, durch Christus für Gott beiseite gesetzt – wie es Israel sein sollte, aber es nie war), ein „*Volk, das ausschließliches Eigentum ist*" (hoch geschätzt als Gottes persönlicher Besitz), „*das Volk Gottes*", die Empfänger seiner Gnadenerweisungen. „Nicht ein Volk ... das keine Gnade erfahren hatte", bezieht sich auf seine frühere Verfassung, als sie noch von Gott entfremdet in der toten Religiosität des Judaismus lebten.

Es ist die Verantwortung derer, die in einem solchen Verhältnis zu Gott stehen dürfen, daß sie die Gnade und Güte Gottes verkündigen und damit verlorene Menschen aus ihrer geistlichen Finsternis „in sein wunderbares Licht" hineinrufen, 9b. Das Licht der Erlösten muß ausgehen von denen, die in dieser Weise erleuchtet worden sind.

Kap. 2,11–20
Der Gläubige ein Pilger unter Leiden

Das Wesen des Pilgers beschrieben, 11a. Mit einer dreifachen Bezeichnung beschreibt Petrus seine gläubigen jüdischen Mitbrüder, und zwar als 1) „Geliebte", was seine Liebe zu ihnen zeigt; 2) als „Fremdlinge" (gr. *parioikous,* „vorübergehende Einwohner") auf Erden mit ihrem wirklichen „Zuhause" im Himmel; 3) als „Pilger" (gr. *parepidémous,* „Einwohner eines fremden Landes").

Das Verhalten des Pilgers vorgeschrieben, 11b-18. Das schließt ein, sich der „fleischlichen Lüste" zu enthalten, 11b (vgl. Gal. 5,19-21), denn diese „streiten wider" die Seele des Wiedergeborenen, indem sie sich seinem Streben nach einem hohen Ziel widersetzen (Röm. 8,13). Pilger sollen „einen guten Wandel unter den Heiden" führen, unter denen ja diese jüdischen Christen in der Zerstreuung leben, damit die Ungläubigen bei Jesu Wiederkunft am Tage des Gerichts (der Heimsuchung) Gott preisen müssen über den guten Werken der Seinen, 12. Weiter wird von diesen „Pilgern" erwartet: daß sie aller ernannten bürgerlichen Obrigkeit untertan sind (d.h. der Obrigkeit und den Regierungen der Länder, in denen sie leben), 13-14 (vgl. Röm. 13,1.7); gute Verteidigungsgründe denen gegenüber vorweisen können, die sie zu Unrecht verklagen, 15; daß sie die Freiheit, zu der Gott uns befreit hat, nicht als Deckmantel der Bosheit benutzen, sondern sich seiner Herrschaft in Verantwortung unterstellen, 16; daß sie jedermann ehren, 17; daß sie „die Brüder lieben", Gott fürchten, den König ehren, ihren Dienstherren untertan sind, 18 (Eph. 6,5).

Das Verhalten des Pilgers im Leiden, 19-20. Ein gutes Gewissen Gott gegenüber zu behalten erfordert oft das stillschweigende Erleiden von Ungerechtigkeiten, 19. Wer dies tut, wird geistlich reifer, 20.

Kap. 2, 21-25
Das Leiden des Gläubigen und das Beispiel Jesu Christi

Berufung zum Leiden, 21a. Als Rechtschaffener zu leiden ist ein wesentlicher Teil der Berufung des Christen.

Jesu Beispiel, 21b-25. Die Gläubigen sind dazu berufen, in demselben Geist gelassenen Glaubens und geduldigen Ausharrens zu leiden, den Christus zeigte. Er hinterließ uns ein Beispiel zum Nachahmen, ein Muster zur Belehrung. Er möchte, daß wir den Erlösten „seinen Fußstapfen (dicht) nachfolgen" sollen, 21b. Christus war absolut ohne Sünde und ohne Falsch, 22 (Jes. 53,9), trotzdem litt er. Er tat es mit ruhigem Vertrauen und geduldiger Ausdauer, 23 (Jes. 53,7; Matth. 26,59-68; Joh. 18,19-23). Er war weit davon entfernt, für eigenes Unrecht zu leiden. Sein Leiden im „Gehorsam bis zum Tode" war stellvertretend, um uns Sünder zu erlösen. Deshalb ist dieser Jesus viel mehr als ein bloßes Vorbild. Er wurde unser Erlöser. Er, der allein fähig und willig dazu war, trug aufopferungsvoll (als Opferlamm) *unsere ganz persönlichen Sünden* und brachte sie (als Opfer) an seinem Leib ans Kreuz, 24a. Auf diese Weise erwarb er uns nicht nur Erlösung von der Strafe unserer Sünde, sondern auch Befreiung von der Macht der Sünde über uns, so daß wir rechtschaffen leben können, 24b (Röm. 6,1-11; 8,3-5). So hat Jesu Leiden bis zum Tod uns „geistliche Heilung" (24c) und „geistliche Wiederherstellung", 25, gebracht.

Kap. 3,1-7
Gottes Modell für Eheleute

Das Modell für Frauen, 1-6. Ehefrauen sollen ihren Ehemännern untertan sein, so daß ein ungläubiger Ehemann durch das Verhalten der Frau für Christus gewonnen werden kann, 1-2. Sie soll nach außen hin *keusch* leben, *ehrerbietig* ihrem Ehemann gegenüber sein; *bescheiden* in der Kleidung, 2-3, und nach innen „geistlich *geschmückt*" sein mit der unverderblichen, unvergänglichen Anmut des sanften und stillen Geistes, der vor Gott kostbar ist", 4. Petrus weist auf Frauen des AT als Beispiele hin, besonders auf Sara (1. Mo. 18,12). Die Frau soll ein Mensch des Glaubens sein, mit innerem „Schmuck", wil-

lig zur Unterordnung, zum Gehorsam und Mut, 5-6.

Gottes Modell für Ehemänner, 7. Die Ehemänner sollen mit ihren Ehefrauen in vernünftigem Erkennen dessen, was Ehe bedeutet (nach bestem Wissen und Gewissen), zusammenleben. Sie sollen entschlossen die Frau ehren als das körperlich schwächere Geschlecht und anerkennen, daß beide in gleicher Weise Erben von Gottes gnadenreichem Geschenk des Lebens sind, des leiblichen wie des geistlichen. Der häusliche Friede soll die Oberhand haben, damit ihre Gebete nicht verhindert werden und sie sich des Segens ihres gemeinsamen Glaubens erfreuen können.

Kap. 3,8-12
Das Leiden des Gläubigen und harmonisches Zusammenleben

Voraussetzung für Harmonie im Zusammenleben, 8-11. Voraussetzung für ein harmonisches Zusammenleben der Gläubigen, besonders unter Prüfungen, ist, im Glauben gleichgesinnt zu sein, mitfühlend in der Haltung einander gegenüber, brüderlich, barmherzig, zartfühlend (Eph. 4,32), höflich (gr. „demütig gesinnt", da Demut und Liebe die grundlegenden Bestandteile einer spontanen Höflichkeit sind), 8; nicht rachsüchtig gegen andere, sondern einander wohltuend, und dadurch in der richtigen Haltung, um persönlich gesegnet zu werden, 9 (Ps. 34,12-15).

Der Grund für harmonisches Zusammenleben, 12. Mit den Worten des Psalmisten in Ps. 34,15-16 gibt der Apostel den Gläubigen die Versicherung, daß sie der Gegenstand der gnädigen Fürsorge Gottes und nicht an den Feind verpfändet sind. Harmonisch auch noch unter Prüfungen zu leben mag die Grausamkeit ihrer Feinde herausfordern; es ruft aber auch Gottes persönliche Aufmerksamkeit hervor.

Kap. 3,13-17
Ein gutes Gewissen auch unter Leiden

Der Weg zu einem guten Gewissen, 13-15. Man mag ein Gewissen, das sich keines Vergehens gegen Gott und Menschen bewußt ist, ein „gutes" nennen (Apg. 24,16; 1. Tim. 1,5) oder eines, das beschmutzt ist, ein „schlechtes" Gewissen (1. Tim. 4,2; Tit. 1,15; Hebr. 10,22). Ein gutes Gewissen zu bewahren erfordert: 1) persönliche Aufrichtigkeit, 13; 2) die richtige Haltung gegenüber Leiden „um der Gerechtigkeit willen", 14a; 3) Verfolgung furchtlos gegenüberstehen, 14b; 4) Gott den richtigen Platz im Leben einräumen, 15a; denn Christus muß die Ehre als *Herr* gegeben werden, ehe das Gewissen als frei von Vergehen gegen Gott betrachtet werden kann; 5)ein gutes Zeugnis für Christus vor den Menschen geben, 15b.

Das Ergebnis eines guten Gewissens, 16-17. Ein gutes Gewissen macht die Verfolger zuschanden, 16a; es veranlaßt rechtes Verhalten im Leben, 16b; es gibt dem verfolgten Gläubigen die Überzeugung vom Wert des Leidens „um der Gerechtigkeit willen", 17.

Kap. 3,18-22
Jesu Beispiel des Triumphs und der Ermutigung

Der Triumph Jesu über das Leiden, 18. Jesu Beispiel ermuntert uns zur Geduld im Leiden, denn er selbst war entschlossen, nicht vom Leiden befreit zu werden. Wenn er nicht vom Leiden und nicht einmal vom Tod verschont wurde, weshalb sollten wir Gläubige es anders haben wollen? Er war ohne Sünde; wir sind Sünder. Er hatte unsre Sünde zu sühnen und uns mit Gott zu versöhnen; wir sollen nur geprüft und zurechtgebracht werden. Er ging ein zur Herrlichkeit; wir dürfen ihm bald folgen.

Christi Ermutigung im Leiden, 19-20. Die jüdischen Gläubigen, an die Petrus schrieb, „ertranken" fast in der heidnischen Welt, die sie umgab. Petrus ermutigt sie dadurch, daß er sie an den Dienst Christi durch Noah an der Generation vor der Sintflut erinnert. Dieser Dienst geschah durch denselben Geist, 18 (Röm. 8,11), der Jesus von den Toten auferweckt hat, 19a. Es war ein Predigtdienst, den Christus damals unter besonderen Umständen unternahm (1. Mo. 11,5; Mi. 1,3), als er den „Geistern, die jetzt im Gefängnis sind" (gr.), predigte, denen, die sich zu Noahs Zeit versündigt hatten. Durch seinen Geist (1. Mo. 6,3) predigte ihnen Christus durch Noah. Ihre Sünde war Ungehorsam (rebellischer, unüberzeugbarer Unglaube), und ihr Verbrechen wurde dadurch noch größer, daß Gott während der 120 Jahre, als die Arche gebaut wurde, Geduld und Langmut hatte, 20. Diese Rebellion endete damit, daß ihre Leiber ertranken und ihr Geist ins „Gefängnis" (Tartarus genannt, 2. Petr. 2,4-5; Hiob 1,6; s. Erklg. zu 1. Mo. 6,1-6), geworfen wurde, 19.

Erlösung durch Christi Leiden, 21-22. Das Leiden Jesu Christi hatte unser Heil zur Folge. Diese Tatsache macht unser Leiden nicht nur erträglich, sondern herrlich. Das äußerlich wahrnehmbare Bild dieses Heils ist die Wassertaufe. Die Arche in den Flutwassern ist der Typus (Vorbild), unser Heil in Christus (der die wahre Arche ist) der Anti-Typus, d.h. die Erfüllung des Typus. Das Wasser trennte nur den Gerechten

Das Asklepion in Pergamum; hier wurde der „Heiland" Asklepios als Gott verehrt.

von der Sünde und den Sündern jener Zeit. Aber die Arche allein *rettete*. Dasselbe gilt von der Taufe für den Geretteten, sie kann an sich nicht retten. Sie zeigt nur als Bild des geretteten Täuflings, daß dieser von den Sündern und ihrem kommenden Gericht getrennt worden ist. Christus allein kann retten, und das geschieht durch die Kraft seiner Auferstehung (Röm. 4,25), 21c. Kein bloß äußerlicher Ritus kann uns erretten – „nicht das Abtun fleischlichen Schmutzes", 21b, „sondern die Rechtfertigung eines guten Gewissens gegenüber Gott" durch die uns geschenkte Gewißheit, daß unsere Sünde durch das Blut Jesu Christi entfernt ist (vgl. Hebr. 9,14).

Kap. 4,1-6
Leiden und Christi Beispiel für ein Siegesleben
Die Grundlage für ein Leben des Sieges, 1-2. Wie Petrus vorher das Beispiel Jesu benutzte, um die Notwendigkeit der Geduld im Leiden zu betonen, so benutzt er es jetzt, um zur Abtötung der Sünden aufzufordern. Der Gläubige muß sich wappnen, wie ein Soldat seine Waffenrüstung anlegt, „mit derselben Gesinnung" (Haltung und Ziel), die Christus hatte – nämlich lieber zu leiden, als zu sündigen (vgl. Phil 2,5-8), 1. Wie der leibliche Tod den Menschen von der Sünde freimacht („am Fleisch gelitten hat", 1b), so sollte der, der weiß, daß Christus um seinetwillen, d.h. um den nun gläubig Gewordenen willen, am Kreuz gestorben ist, damit rechnen, daß auch er „der Sünde gestorben" ist, so daß er nicht länger unter der Macht der starken sündigen Leidenschaften der Menschen zu stehen braucht, während er noch auf dieser Erde lebt, sondern daß er sich ihnen entzieht und dem Willen Gottes für sein Leben folgen darf und kann, 2.

Ablehnung eines Lebens in der Sünde, 3-6. Der Apostel setzt weiter das lüsterne Leben der Heiden in Gegensatz zu einem Leben nach dem Willen Gottes (vgl. V. 2). Solches Sündenleben hat vor der Bekehrung seinen Tribut gefordert und sollte dazu jetzt keine Gelegenheit mehr bekommen, 3a. Sechs Sünden werden aufgezählt, 3b, die für den Nichtwiedergeborenen charakteristisch sind. Gläubige leben anders, und durch ihr verändertes Leben sind sie eine Gewissensanklage für die in der Gottesferne lebenden Menschen. Als Reaktion darauf verleumden sie die Gläubigen gerade ihres reinen Lebens wegen, 4. Doch Ungläubige gehen ganz gewiß dem Gericht Gottes entgegen, das sie noch in diesem Leben („Lebendige") und dann im letzten Gericht vor dem großen weißen Thron („die Toten") erreicht (Off. 20,11-15), 5. Weil jeder unbekehrte Mensch dem Gericht Gottes entgegengeht, ist das Evangelium verkündigt worden, sogar denen, die jetzt tot sind. Wer dem Evangelium glaubt, der lebt „geistlich" nach dem Willen Gottes – selbst

wenn er nach dem Urteil der Menschen in diesem Leben gerichtet worden ist, 6.

Kap. 4,7-11
Gericht und Dienst inmitten von Leiden
Das Leben vom Gesichtspunkt des kommenden Gerichts aus, 7. Die Feststellung des Petrus, daß „das Ende (die Vollendung) aller Dinge nahe" ist (vgl. Jak. 5,8-9), hat immer noch das Thema des Gerichts vor Augen (vgl. 5-6). Im Gedanken an die Nähe dieses Gerichts wird der Gläubige ermahnt, „ein vernünftiges Urteil zu haben und einen sachlich nüchternen Sinn, um zu beten".

Dienen im Geist der Liebe, 8-11. Vorherrschend ist in diesen Versen die Betonung des Gebots der Liebe: „Habt einander inbrünstig lieb, denn die Liebe deckt eine Menge von Sünden", 8. Mangel an Liebe verbreitet diese Sünden und deckt sie auf und schadet damit Gottes Werk. Petrus spricht hier nur von einem liebenden Geist der Vergebung, im Gegensatz zu einem lieblosen Geist der Kritik – nicht von der Versöhnung der Sünden durch Christus. Er spricht auch von der Übung bereitwilliger Gastfreundschaft, 9, und vom Dienst „mit der Gabe, die man empfangen hat" (gemeint sind geistliche Gaben, vgl. 1. Kor. 12,8-12) zum Besten der Geschwister untereinander, 10 (vgl. Röm. 12,6-8; 1. Tim. 6,17-18). Solch ein Dienst soll die Kennzeichen göttlicher Autorität und zugleich menschlicher Demut tragen, 11. Das Ziel allen Dienstes aber soll die Ehre Gottes sein, 11c.

Kap. 4,12-19
Die Wiederkunft Jesu und Prüfungen
Die Quelle des Mutes, Prüfungen zu bestehen, 12-14. Die richtige Einstellung Prüfungen gegenüber und das Verstehen ihres Zieles und ihres Segens für den Gläubigen gibt Mut. Prüfungen sollen erwartet und nicht als etwas Ungewöhnliches im Leben eines Gläubigen betrachtet werden; sie sind dazu gesandt, um die Echtheit seines Glaubens zu prüfen, 12. Es wird anhaltendes „Sich-Freuen" anbefohlen, weil es ein Vorrecht ist, jetzt mit Christus verbunden zu sein in „der Gemeinschaft seiner Leiden", 13a, um bei seiner Offenbarung (seinem Kommen) Ursache für noch viel größere Freude zu haben, 13b. Die gegenwärtigen Prüfungen bringen uns besondere Freude und besonderen Segen, weil der Geist Gottes darin geistliche Salbung und ein Zeugnis zu Gottes Ehre wirkt, 14.

Mut zum Leiden und Pflicht eines Christen, 15-19. Es ist des Gläubigen Pflicht, Leiden zu vermeiden, die auf Sünde zurückzuführen sind, 15. Doch soll er sich nicht schämen, wenn er als ein „Christ" leidet – das Wort „Christ" ist ein verächtlicher Spitzname, der von den Heiden in Antiochien erfunden wurde (Apg. 11,26; 26,28).

Leidet er aber „um Gerechtigkeit willen", dann bringt er den Spottnamen „Christ" zu Ehren (einer, der an Jesus Christus, den Messias, glaubt und ihm nachfolgt) und ehrt Gott dabei, 16.

Der Christ muß sich darüber klar sein, daß das Gericht über seine Werke mit Jesu Wiederkunft nahe bevorsteht, 17 (vgl. 1. Kor. 3,11-15; 4,1-6; 2. Kor. 5,10). Wenn aber er, als Glied von Gottes Haushalt, mit Gericht rechnen muß, ein wieviel schwereres Gericht haben dann die Gottlosen vor sich! Sie können nur verloren gehen, da sie Christus nicht kennen und deshalb zu den verlorenen Sündern gehören, 18. Der Apostel faßt diesen Abschnitt seines Briefes zusammen, indem er sagt, daß das Leiden gutzuheißen ist, wenn es nach Gottes Willen geschieht, und daß die im Leiden Stehenden dem treuen Schöpfer ihre Seelen anbefehlen sollen, der sie gemacht hat und der gewiß in den Leiden für sie Sorge tragen wird, indem er sie zu seiner Ehre durchbringt, 19.

Kap. 5,1-5
Die Wiederkunft Jesu und die täglichen Pflichten

Pflichten der Ältesten, 1-4. Die Ältesten (oder Bischöfe, offenbar das gleiche Amt) werden ermahnt, die Herde Gottes zu weiden, die Verantwortung für die Überwachung „der Herde" („der Leib der Gläubigen" als ein zusammengehöriges Ganzes gesehen) freiwillig auf sich zu nehmen, nicht gezwungen, und eifrig, ohne aus Motiven heraus, die von Gedanken an persönlichen Gewinn bestimmt sind, 1-2. Sie sollen sich als Vorbilder der Herde beweisen, denen sie folgen kann, nicht autokratisch (selbstherrlich) über die herrschen wollen, die ihnen zur Betreuung anvertraut sind, 3. Der Lohn für treue Pflege der Herde wird „eine unvergängliche Ehrenkrone" sein, wenn Christus, der Oberhirt, für die Seinen kommt (vgl. 1. Kor. 3,11-15; 2. Kor. 5,10), 4.

Pflicht der Jüngeren, 5. Die Jüngeren sollen den Älteren untertan sein (1-4), und alle Glieder der „Herde" sollen sich in Demut gegeneinander einhüllen (kleiden) (Spr. 3,34; 18,12; Jak. 4,6).

Kap. 5,6-11
Die Wiederkunft Jesu und das geistliche Wachstum der Gläubigen

Entfaltung zur geistlichen Reife, 6-9. Diese fordert einen Geist ständiger Unterwerfung unter die Führung Gottes, 6-7, und eine Haltung beständigen Widerstands gegen Satan, 8-9. In ihrer Stellung zu Gott sollen sich die Gläubigen immer wieder neu *selbst demütigen* in voller Unterwerfung „unter die gewaltige Hand Gottes", 6a, was für Wohl und Wehe das auch im Augenblick in bezug auf das Leiden bedeuten möge

(vgl. Jes. 57,15); sie sollen *Gott vertrauen,* daß er sie zu seiner Zeit „erhöhen" werde, 6b; und alle ihre Sorgen auf ihn werfen, 7a, in der Gewißheit, daß er für sie sorgen wird, 7b (Ps. 55,23).

Was Satan anbetrifft, sollen die Gläubigen „nüchtern" (ernsthaft) sein und *wachsam* (in Alarmbereitschaft stehen), denn ihr „Widersacher, der Teufel, geht umher wie ein brüllender Löwe und sucht, wen er verschlingen könnte", 8. Der Gläubige muß „fest sein im Glauben", um dem widerstehen zu können, der ihm widersteht (vgl. Sach. 3,1; Off. 12,10). Zur Ermutigung des Gläubigen wird darauf hingewiesen, daß es eher als ein Zeichen der Gunst Gottes, nicht seines Mißfallens zu bewerten ist, wenn Gott dem Satan erlaubt, ihn zu hetzen wie seinerzeit den Hiob. Alle Gläubigen stehen im gleichen Kampf in der Welt (in der Satan am Werk ist), 9.

Freude über die geistliche Reife, 10-11. Das ist möglich, denn „der Gott aller Gnade" handelt gnädig mit uns, 10a; er hat den Gläubigen zu seiner ewigen Herrlichkeit in Christus" berufen, 10b, und vergewissert ihn (der Teilhaberschaft an) einer letzten, zukünftigen Vollkommenheit. Seine Absicht ist es, den Gläubigen durch das Leiden „vollkommen (reif) zu machen", ihn „zuzubereiten, zu stärken und zu gründen", wie man ein festes Fundament legt, 10c. Die Antwort des Gläubigen auf das alles soll die nie verstummende Anerkennung der Herrschaft und Herrlichkeit Gottes sein, 11.

Kap. 5,12-14
Schluß und Grüße

Persönliches Zeugnis, 12. Durch den ganzen Brief hat Petrus Ermahnungen und hilfreiche Erklärungen gegeben. Jetzt fügt er noch ein persönliches Zeugnis hinzu: „Ich habe euch (durch Silvanus) geschrieben ... euch zu ermahnen und zu bezeugen, daß dies die wahre Gnade Gottes ist, in der ihr steht", 12. Hinter diesen Worten steht die volle Autorität des Apostels, der selbst ein Siegeszeichen der Gnade Gottes war. Silvanus ist Silas, einer der Gefährten des Paulus (Apg. 15,22.40).

Letzte Grüße, 13-14. „Die Kirche (Schlachter: „Die Mitauserwählte", andere Übersetzung: „Sie") in Babylon" bezieht sich wahrscheinlich nicht als Deckname auf die Stadt Rom, sondern auf die Gemeinde Jesu (2. Joh. 1) in Babylon am Euphrat, die aus jüdischen Bekehrten bestand (Apg. 2,9). Babylon war der Mittelpunkt, von dem die jüdische Zerstreuung in Asien ausging. In der apostolischen Zeit war in Babylon, sowohl nach Philo wie Josephus, die Niederlassung einer großen jüdischen Gemeinde. Markus ist Johannes Markus (vgl. 2. Tim. 4,11; Kol. 4,10). „Der Kuß der Liebe" (der „heilige Kuß", 1. Kor. 16,20) ist seltsamerweise in den meisten Gemeinden aufgegeben worden (vgl. Röm. 16,16; Apg. 20,37).

Der Überlieferung nach soll Petrus dort begraben worden sein, wo sich jetzt in der Vatikanstadt in Rom die Peterskirche erhebt.

Zweiter Brief des Apostels Petrus

Wachsen in der Gnade

Verfasser. Wegen eines Unterschiedes im Stil der beiden Petrusbriefe bezweifelten einige der frühen Kirchenväter, manche Reformatoren wie auch „moderne" Kritiker, daß der Apostel Petrus der Verfasser auch des zweiten Briefes sei. Er galt allgemein nicht als ein authentischer Brief des Apostels Petrus bis zur Zeit des Origenes (etwa 250 n.Chr.) oder später. Die Zeugenaussage am Briefanfang und weitere Anzeichen scheinen aber eine Abfassung durch den Apostel zu bestätigen.

Der Brief wurde von der jungen Kirche kaum anerkannt, und von der späteren Christenheit vernachlässigt. Gründe dafür sind vermutlich seine Kürze, seine allgemeine Form (er ist weder an eine bestimmte Person noch an eine Gemeinde gerichtet) und die Tatsache, daß er inhaltlich wenig neue Wahrheiten enthält. Es ist sogar die Vermutung laut geworden, daß der Name des Simon Petrus am Anfang des Briefes (1,1) eine Fälschung oder ein späterer Einschub sei. Doch fehlen Beweise für eine solche Behauptung. Es ist doch höchst unwahrscheinlich, daß ein Fälscher im Interesse der Wahrheit schreibt, um gegen falsche Lehrer zu warnen, wenn er selbst ein Betrüger ist. Andererseits kann man aber auch kaum ein einleuchtendes Motiv dafür finden, daß der Name des Petrus hier als Pseudonym gebraucht worden sein könnte. Der Brief ist „orthodox" und bringt keine neue Lehre. Er sagt auch nichts Neues über Petrus selbst, im Gegensatz zu dem gefälschten „Evangelium des Petrus" und der ebenfalls unechten „Apokalypse des Petrus". Die autobiographischen Hinweise stimmen überein mit den bekannten Tatsachen (vgl. den Hinweis auf die Verklärung, 1,16-18; und seines

Märtyrertodes, 1,12-14; Diese letzteren Verse wurden vor Joh. 21,18-19 geschrieben, wo dieser vorausgesagt ist). Der christliche Ernst, der apostolische Eifer und der Allgemeinwert des Briefes, sprechen deutlich für die Echtheit des zweiten Petrusbriefes. Judas weist offensichtlich in V. 4-16 auf diesen Brief hin (vgl. 2,6-3,3).

Veranlassung und Datierung.
Der zweite Petrusbrief war offenbar an die gleichen Empfänger gerichtet wie der erste, nämlich an christusgläubige Juden (s. Erklg. zu 1. Petr. 1,1). Er wurde wahrscheinlich nach dem ersten Petrus- und vor dem Judasbrief geschrieben, denn die Lehre vom Abfall der Gläubigen, die er beschreibt, ist noch nicht so weit entwickelt wie im Judasbrief. Das Datum des zweiten Petrusbriefes ist wahrscheinlich das Jahr 66 oder 67 n.Chr.

Vergleich zwischen dem ersten und zweiten Petrusbrief

Erster Petrusbrief	Zweiter Petrusbrief
Betonung: Leiden	Irrlehre und Irrlehrer
Die Leiden Jesu Christi	Die Herrlichkeit danach
Erlösertitel: Christus	Herrschertitel: Herr

Trost
  Hoffnung in Trübsal;
 	
  7 verschiedene Worte für „Leiden" gebraucht; das Thema „Leiden" erscheint immer wieder.
	Warnung
	  Genaue Kenntnis, um den Irrlehren entgegenzutreten.
	  Das Wort „Wissen" und verwandte Ausdrücke (Erkenntnis) erscheinen 16 mal:
	  1,2.3.5.6.8.12.14.16.20;
	  2,9.20.21 (zweimal); 3,3.17.18.

Überblick

1 Geheimnis des geistlichen Wachstums
2 Mittel gegen die Irrlehre
3 Schlüssel zur Gewißheit über die Zukunft

Zweiter Brief des Apostels Petrus

Kap. 1,1-4
Die Grundlage geistlichen Wachstums

Der gemeinsame Glaube der Gläubigen, 1-2. „Simon" ist die gr. Form des hebr. Namens „Symeon" („hörend", Apg. 15,14; vgl. Matth. 16,16-18) und kennzeichnet Petrus als Judenchristen, 1. Der Gebrauch seines früheren jüdischen Namens entspricht dem Zweck dieses zweiten Briefes, nämlich durch das Zeugnis von ursprünglichen Augenzeugen, der Apostel, vor dem Aufkommen falscher Lehrer zu warnen, und den Irrlehren dieser Irrlehrer mit der „Erkenntnis Gottes und unseres Herrn Jesu" entgegenzuwirken, 2.

Der Apostel spricht die an, die „einen gleichen köstlichen Glauben" empfangen haben. Damit sagt er, daß der Glaube allen Gläubigen gleich kostbar ist. Dieser Glaube, der die Grundlage der christlichen Entfaltung und des Wachstums ist, wird von Gott geschenkt. Der Mensch kann ihn sich nicht erwerben. Er beruht auf der Grundlage der Gerechtigkeit Gottes durch das Erlösungswerk Christi (vgl. 1. Kor. 3,11). „Gnade" und „Friede" möge den Gläubigen „reichlich zuteil werden" (vermehrt werden) durch „die volle Erkenntnis Gottes und unseres Herrn Jesus", 2.

Die geistliche Ausrüstung der Gläubigen, 3-4. Die geistliche Ausrüstung soll dem gläubig Gewordenen das geistliche Wachstum fördern. Sie besteht aus: 1) „seiner göttlichen Kraft" (die Kraft [Dynamik] des Hl. Geistes), die uns „alles, was zum Leben und zur Gottseligkeit (d.h. zu einem Leben in der freudigen Nachfolge Jesu Christi) notwendig ist, schenkt", 3a; 2) „Erkenntnis von ihm", 3b, umfassende, persönliche, genaueste Erkenntnis (gr. epignosis) Jesu Christi, durch das Lehramt des Hl. Geistes ermöglicht (Joh. 16,13-15); 3) seinem Wort (gemeint ist das Wort der Bibel), 4a, in welchem uns „unendlich wertvolle und überaus große Zusagen (Verheißungen) geschenkt" worden sind; 4) einer neuen (wiedergeborenen, d.h. „in eurem alten Menschen von Gott neugeschaffenen") Natur, 4b, durch die ihr „Teilhaber (gr. koinonoi, „Mit-

teilhaber") der göttlichen Natur geworden" seid (Joh. 3,1-5); 5) der Fähigkeit und dem Vermögen, ein „heiliges" Leben zu führen (d.h. ein Leben in ununterbrochener Gemeinschaft mit Gott), 4b, „nachdem ihr entflohen seid (mit Hilfe der vorerwähnten Ausrüstung) dem Verderben, das durch die Lust in der Welt herrscht."

Kap. 1,5-9
Der Weg zum geistlichen Wachstum des Christen

Anwendung der geistlichen Begabung, 5-7. „Nachdem" (3) Gott uns die soeben aufgezählten geistlichen Gaben gewährt hat (3-4), „so wendet nun all euren Fleiß daran" (d.h. „tut euer Teil zum bereits von Gott gewirkten Werk hinzu"), mit ihm zusammenzuarbeiten. Das heißt, daß ihr in eurem Glauben bereitstellt (d.h. als Frucht desselben, denn er ist der Anfangspunkt aller geistlichen Erkenntnis und alles Wachstums) „moralische Vortrefflichkeit („Tugend") und in eurer moralischen Vortrefflichkeit Erkenntnis (von Gottes Wahrheit und Willen); uns in eurer Erkenntnis Selbstbeherrschung und in eurer Selbstbeherrschung Ausdauer; und in eurer Ausdauer Gottesfurcht (Verehrung Gottes in Gemeinschaft mit ihm und Dienst für ihn, so daß eure Ausdauer nicht nur Stoizismus ist (eigene Gelassenheit), sondern der Ausfluß des neuen, inwendigen Lebens von Gott); und in eurer Gottesfurcht brüderliche Zuneigung und in eurer brüderlichen Zuneigung göttliche Liebe". Letztere krönt den Chor der Gnadengaben und umfaßt sie alle (Kol. 3,14) als das Kennzeichen geistlicher Reife (vgl. 1. Kor. 13).

Die daraus erwachsenden Anzeichen geistlicher Reife, 8-9. Geistliche Reife erweist sich durch Fruchtbarkeit, 8, und wird den Gläubigen dadurch vor „geistlicher Kurzsichtigkeit" bewahren (gr. myopadzōn, Zustand von Verschleierung des Sehvermögens, so daß man nur klar erkennen kann, was ganz nah vor einem ist), 9. Ein kurzsichtiger Gläubiger hat vergessen, daß er von seinen Sünden gewaschen wurde (bei der Wiedergeburt ein für allemal gereinigt, Joh. 13,10; Hebr. 10,2).

Kap. 1,10-15
Die Vollendung des geistlichen Wachstums

Sicherstellung unserer Berufung und Erwählung, 10. „Darum (wegen der Gefahr, geistlich kurzsichtig zu werden, 9) Brüder, befleißigt euch um so mehr, eure Berufung und Erwählung gewiß zu machen" (gr.). Obwohl ihre Erwählung gewiß war, von Gott her gesehen, denn sie war ja das Ergebnis der souveränen Gnadenwahl Gottes und gründete auf der Wirkungskraft der von Christus vollbrachten Erlösung, sollten die Gläubigen ihre geistlichen Quellen gebrauchen, 5-7, ihre geistliche Reife kundtun, 8-9, und so vor Menschen als Gottes Berufene und Erwählte dastehen. Das Ergebnis wird sein, daß „ihr keineswegs straucheln werdet" (gr. ou me = in keiner Weise), d.g. keine Fehltritte tun werdet, die einem Versagen in eurem geistlichen Leben gleichkommen, 10b (s. Erklg. zu Eph. 1,1-6).

Der Eingang in das ewige Reich, 11-15. Die Gläubigen gehen geistlich ein in das ewige Gottesreich, wenn sie wiedergeboren sind (Joh. 3,5). Der Eingang jedoch, von dem hier die Rede ist, ist der eigentliche Eingang der Gläubigen in das ewige Reich unseres Herrn und Heilandes Jesus Christus bei der Auferstehung des Leibes und seiner nachfolgenden Verherrlichung (s. 1. Thess. 4,13-17; 1. Joh. 3,1-3; Phil. 3,20-21). Das Werk der Gnade in diesem Leben wird gekrönt werden mit dem Lohn der Gnade im zukünftigen Leben.

An diese herrliche Zukunft sollte sich das Volk Gottes immer wieder erinnern, um „wach zu bleiben", 12-13. Des Petrus Hinweis auf „die Wahrheit" bezieht sich hier auf die Wahrheit des Evangeliums, die jetzt vorhanden ist, früher den atl. Gläubigen verheißen war und in unseren ntl. Zeiten tatsächlich da ist bei und in den Gläubigen als eine von ihnen erreichte Wirklichkeit. Darüber hinaus empfindet der Apostel die Aufgabe, die Gläubigen in diesem Brief „zu erinnern", als besonders dringend, weil er ständig mit seinem baldigen Abscheiden rechnen muß, 14. Als Frucht solcher Verantwortung versichert er seinen Lesern, daß nach seinem Tod seine Schriften dazu dienen werden, sie an die Wahrheiten des Evangeliums, die er sie gelehrt hat, zu erinnern, 15.

Kap. 1,16-21
Geistliches Wachstum und die Autorität der Bibel

Die Autorität des apostolischen Zeugnisses, 16-18. Petrus selbst weist die Gläubigen auf die wahre Autorität des göttlichen Wortes hin, indem er erklärt, daß das vom Hl. Geist inspirierte Zeugnis der Apostel Täuschungen oder Betrug ausschließt. „Denn wir sind nicht klugen Fabeln gefolgt", d.h. keinen Mythen, die von menschlicher Weisheit erfunden wurden, im Gegensatz zur göttlichen Inspiration (Eingebung) durch den Hl. Geist (vgl. 1. Kor. 3,13), 16a. Zudem enthält das Zeugnis der Apostel die Offenbarung von der Kraft und Wiederkunft Jesu Christi, die von Augenzeugen beglaubigt ist, 16b, (Matth. 17,1.5). Nur der konnte ein Apostel sein, der die Auferstehung Jesu von den Toten als Augenzeuge miterlebt hatte (Apg. 1,21-22). Auf dem Berg der Verklärung war Petrus solch ein „Augenzeuge seiner Herrlichkeit" (der herrlichen Majestät dieses ganz Großen – gr. stark betont!). Die Verklärung Jesu war gleichsam sein „zweites Kommen in Herrlichkeit", in Miniatur vorweggenommen (s. Erklg. zu Matth. 17, 1-8; Mk. 9,2-10; Lk. 9,27-36). Petrus hörte auch die Stim-me der „majestätischen Herrlichkeit" (Gottes), als er, zusammen mit Jakobus und Johannes, auf dem „heiligen Berg" war, 17-18.

Die Autorität des geschriebenen Wortes, 19-21. Das geschriebene Wort ist heute die einzige und allgenügsame Autorität für den Glauben und das Leben im Glauben in der Praxis. Das geschriebene Wort enthält und bewahrt nicht nur die Autorität des apostolischen Zeugnisses (16-18), sondern es hat sich bereits durch die Erfüllung sehr vieler seiner Weissagungen als von Gott inspiriert (eingegeben) erwiesen, 19a. „Und wir haben das prophetische Wort (die Schriften des AT) um so sicherer gemacht", da es inzwischen durch viele erfüllte ntl. Ereignisse im Zusammenhang mit dem ersten Kommen Jesu, der Verklärung und seinem zweiten Kommen (symbolisch und weissagend) bezeugt bzw. bestätigt wurde. Den Inhalt der prophetischen Bücher müssen wir fleißig in unseren Herzen bewegen, 19b. Der Morgenstern ist Christus, wenn er wiederkommt, um die Seinen zu entrücken (Joh. 14,1-3; 1. Kor. 15,51; 1. Thess. 4,13-18). Die Schriften sind göttlichen Ursprungs, „von Gott eingegeben", 20-21. Eine erweiterte Übersetzung des gr. Textes würde lauten: *„Niemals wurde durch menschlichen Willen* (stark betont) *je irgendeine Weissagung hervorgebracht, sondern im Gegenteil, vom Hl. Geist getrieben* (gr. „getragen") *haben Menschen von Gott her* (stark betont) *geredet"*, 21.

Kap. 2,1-3a
Irrlehrer – ihr Aufkommen

Ihre Tätigkeit, 1. Im Gegensatz zu den wahren Propheten, die in Gottes Auftrag und für ihn sprechen, weist Petrus hier auf den Widerstand der falschen Propheten hin (Matth. 24,5; 1. Tim. 4,1; Jud. 4). Sie werden „verstohlen" (d.h. zusammen mit bazw. neben den rechten Lehren her, unmerklich für viele Hörer) verderbliche Irrlehren einführen, indem sie sogar den Herrn selbst verleugnen, dem sie doch die Möglichkeit einer Erlösung auch für sich verdanken, da er auch sie (am Kreuz) erkaufte.

Ihr Einfluß, 2-3. Der Einfluß dieser falschen Propheten wird an ihrer Popularität gezeigt („viele werden ihren Ausschweifungen folgen"), 2a; sie machen offenbar *erfolgreiche Opposition* gegen die Wahrheit („um ihretwillen wird der Weg der Wahrheit verlästert werden"), 2b; sie verstehen es, ihre Opfer *finanziell auszubeuten* („... und aus Habsucht werden sie euch mit betrügerischen Worten [gr. *plastois,* „geformt" bzw. „gebildet", um zu betrügen, „fabriziert", um zu fälschen] ausbeuten"), 3a.

Kap. 2,3b-9
Irrlehrer – ihr Untergang

Ihr sicheres Gericht ausgesprochen, 3b. Der gewisse Untergang dieser Irrlehrer wird angekündigt und durch die folgende Personifikation betont: „Ihr Urteil ist von alters her (nach Gottes Absicht und Plan, Jud. 4) nicht untätig, und ihr Verderben schlummert nicht" (gr.).

Ihr sicheres Verderben illustriert, 4–8. Das erste Beispiel ist das der gefallenen Engel, 4. Das waren offenbar die Engel, die vor der Sintflut sterbliche Frauen geheiratet hatten und so die Rasse verdarben wie auch Gottes Schöpfungsordnung brachen (vgl. 1. Mo. 6,1-6; Jud. 6). Sie endeten als Gefangene in finsteren Kerkern (wo sie bis zum Endgericht aufbehalten werden). Das zweite Beispiel ist das der *alten Welt,* 5. Nur Noah und seine Familie wurden gerettet (1. Mo. 6,1-8, 22). Als drittes Beispiel dient *Sodom und Gomorra,* 6-8. Nur der „gerechte Lot wurde herausgerettet" (1. Mo. 19,1-29; Jud. 7).

Der göttliche Grundsatz aufgestellt, 9. „Der Herr weiß Gottesfürchtige aus der Prüfung zu erretten, Ungerechte aber bis zum Tag des Gerichtes zur Bestrafung aufzubehalten" (gr. „unter Strafe zu halten" wie die gefallenen Engel, 4), ja, sie „unter Gericht zu halten" bis zum letzten Strafvollzug am Tage des Endgerichts (Off. 20,11-15).

Kap. 2,10–16
Irrlehrer – ihre Anmaßung und Habsucht

Die Sünde der Anmaßung besonders angeführt, 10-12. Diese gottlosen Irrlehrer, unter Gericht gehalten, 9, sind besonders der groben *Sinnlichkeit* ergeben und „laufen aus Begierde nach Befleckung dem Fleisch nach" („Fleisch" ist ein Bild für die verdorbene, sündige Natur des Menschen), 10a. Sie sind der *Gesetzlosigkeit* ergeben, verachten Autorität – besonders die Autorität Gottes und seines Wortes, 10b. Doch entstammen wohl beide Sünden der gleichen Grundsünde der *Anmaßung* (Überheblichkeit), 10c-12. Weil sie vermessen sind (gr. „waghalsig") und eigenwillig, indem sie sich in vorsätzlicher Starrköpfigkeit selbst zu gefallen suchen, fürchten sie sich auch nicht, Majestäten (Würdenträger aus der Ordnung der Engel) zu lästern. Andererseits „bringen Engel, obwohl sie größer sind an Kraft und Macht (als diese gesetzlosen Menschenwesen), kein lästerndes Urteil bei dem Herrn gegen sie (die Irrlehrer) vor", 11. Solche Anmaßung führt diese Irrlehrer dazu, Dinge zu beschimpfen, die sie nicht verstehen, 12a.

Ihre Strafe, 12b-13a. Sie werden in ihrer eigenen Verderbtheit umkommen. Im Griechischen wird das gleiche Wort für die „Saat der Korruption" wie für die „Frucht der Zerstörung" gebraucht („Sie werden in ihrem Zerstören [Korruption] ganz gewiß zerstört werden"), 12b. Ihre Entschädigung wird der „Lohn der Ungerechtigkeit" sein, 13a.

Ihre moralische Verdorbenheit, 13b-14. Die Liebe der Irrlehrer zum verschwenderischen Vergnügen führt sie zu ausschweifendem Leben, 13b-14a. Sie sind moralische Makel und Schandflecke, eine Schande für die Gesellschaft. Sie leben in Orgien und Schwelgerei und scheuen sich nicht, in betrügerischer Weise mit den Gläubigen beim Liebesmahl zusammenzukommen. Ihre Gewinnsucht zeigt sich darin, daß sie „ein Herz haben, geübt in der Habsucht", 14.

Ihre Gewinnsucht illustriert, 15-16. Vom richtigen Weg des Gehorsams gegen Gott abgewichen, sind sie irregegangen und folgen dem Weg Bileams: Es ist der Weg der bequemen Anpassung an die Welt, den dieser Mietling von einem Propheten ging, indem er bestrebt war, seine geistliche Gabe der Prophetie zu einem Mittel, das ihm Geld einbrachte, zu verwenden. Sie gleichen ihm, der den „Lohn der Ungerechtigkeit" liebte und dazu bereit war, dem Volk Israel, das Gott gesegnet hatte, um Gewinns willen zu fluchen. Als dies mißlang, war er bereit, Israel zum Götzendienst und zu fleischlicher Lust um materiellen Gewinns willen zu verlocken. Der stumme Esel sprach mit Menschenstimme, um des Propheten Torheit zu rügen (4. Mo. 22,21-31). Was für ein Gegensatz: Ein stummes Tier weist einen von Gott inspirierten Propheten zurecht!

Kap. 2,17–18
Irrlehrer – ihr bloßer Intellektualismus

Sie haben nicht den Geist Gottes, 17. An einigen Vergleichen wird die Leere ihres Denkens aufgezeigt: Sie werden verglichen 1) mit Brunnen (Quellen oder Springbrunnen) ohne Wasser – Wasser ist das Symbol des ewigen Lebens durch den Geist Gottes (Joh. 4,14; 7,37-39); 2) mit vom Sturm getriebenen Nebelschwaden, unabänderlich wankelmütig im Blick auf geistliche Dinge; 3) mit allen, die unter dem Urteil stehen, daß ihnen „das Dunkel der Finsternis aufbehalten ist", also verurteilt zu geistlicher Unwissenheit und Unempfindlichkeit.

Sie sind umgarnt von bloßem Intellektualismus, 18. Diese Irrlehrer gebrauchen eine pompöse, geschwollene Sprache mit dem Ziel, andere dadurch zu betrügen. Sie wenden sich an die niedrigen Gelüste des Fleisches und fangen auf diese Weise neubekehrte Gläubige, die kaum denen entronnen waren, die selbst in einer gottlosen Welt in der Irre gehen.

Kap. 2,19–22
Irrlehrer – ihr Gebundensein an die Sünde

Ihre leeren Versprechungen von Freiheit, 19-20a. Diese Versprechungen sind wertlos, denn sie sind selbst Sklaven der Sünde, 19a. Sie sind gemeine Sklaven (gr. *douloi*) moralischer Verkommenheit und daher unfähig, andern zur Freiheit zu helfen. Nachdem sie die Wahrheit des

Petrus spricht davon, daß er bei der Verklärung dabei war, die sich wahrscheinlich auf dem Berg Hermon ereignete.

vangeliums verworfen haben, haben sie die einzige Quelle wahrer Freiheit verächtlich gemacht (Joh. 8,32; Gal. 5,1.13; Röm. 6,12-22). Die Freiheit, die sie anzubieten haben, ist Schein. Es ist keine Befreiung von der Sünde, sondern eine Zusage der Freiheit von jedem Joch – als ob der Dienst für Gott nicht vollkommene Freiheit wäre. Solche Versprechungen sagen bloßen Namenchristen zu, 20, denen, die in ihrem äußeren Verhalten den Verunreinigungen der Welt aus Furcht entgangen sind, aber als Nichtwiedergeborene immer noch mit den alten Lüsten liebäugeln.

Die mißliche Lage ihrer Opfer, 20b-22. Als erleuchtete, doch nicht wiedergeborene Moralisten vermeiden die Anhänger solcher Irrlehrer wenigstens die mehr augenfälligen Sünden, doch dadurch, daß sie das Licht, das von Jesus Christus kommt, verwerfen, sind sie größeren Dunkelheiten und tieferen Sünden ausgesetzt (Phil. 3,18-19). Nachdem sie sich „von dem ihnen überlieferten heiligen Gebot" abgewendet haben (nämlich vor Gott Buße zu tun und an Jesus Christus als ihren Heiland zu glauben), sind sie „wie ein Hund, der zu seinem Gespei zurückkehrt" (Spr. 26,11), und wie eine Sau, die sich nach der Schwemme wieder im Kot wälzt, 22. Das Beispiel von dem „Waschen der Sau" spricht von nur äußerlicher Reinigung.

Kap. 3,1-7
Die Spötter der letzten Tage und das zweite Kommen Jesu

Warnung vor Spöttern, 1-3. Petrus weist darauf hin, daß dieses der zweite Brief ist, in welchem er versucht, seine Leser geistlich aufzuwecken. Er erinnert sie an „die Worte der heiligen Propheten (des AT), die im voraus gesprochen wurden" und „an das Gebot des Herrn und Heilands", das er ihnen „durch die Apostel verkündigt" hat (vgl. Matth. 24,11; 2. Tim. 3,1-9; 1. Joh. 4,1-6). Des Petrus besondere Absicht war, sie mit diesem zweiten Brief auf die Gefahr der Nachäffer, Spötter und Verächter aufmerksam zu machen, die in den letzten Tagen kommen, über alles lachen und ihre Witze machen werden (Jud. 18).

Die Art ihres Spottes, 4-7. Die Spötter der Endzeit werden die Wahrheit des zweiten Kommens Jesu lächerlich machen, 4a, indem sie sagen: „Wo ist die Verheißung seiner Wiederkunft? Nach all den vorangegangenen Jahrhunderten ist Jesus nicht wiedergekommen!", und ihre höhnische Bemerkung lautet: „Er wird niemals wiederkommen!" Sie bezweifeln kühn die Zuverlässigkeit des Gotteswortes, das diese Wahrheit in der atl. wie ntl. Prophetie verherrlicht („ausposaunt") hat. Außerdem vertreten sie eine natürliche Ordnung aller Geschehnisse, im Gegensatz zur biblischen Lehre von übernatürlichen Gerichtskatastrophen, 4b, indem sie annehmen, daß in der Natur „alle Dinge so bleiben, *wie sie* von Anfang der Schöpfung *waren*", und damit wollen sie sagen, daß „alle Dinge immer so bleiben werden". Solche Annahme wird sowohl von der biblischen *Geschichte*, 5-6, als auch von der biblischen *Prophetie* her widerlegt, 7. Die Wiederherstellung der Schöpfung (Erde, 1. Mo. 1,1-31), die Geschichte von der Sintflut, 6, und die zukünftige Erneuerung der Erde durch eine Feuerkatastrophe, 7, beweisen die Zuverlässigkeit des Gotteswortes gegenüber den lügenhaften Behauptungen der Spötter, 4.

Kap. 3,8-10
Gottes Geduld und „der Tag des Herrn"

Der Zeitbegriff Gottes, 8-9. Der Apostel macht den Spöttern weiter klar, daß Gott nicht nach unseren menschlichen Zeitvorstellungen seine ewigen Gedanken und Pläne zur Verwirklichung bringt. Er führt Ps. 90,4 an, um zu zeigen, daß Gott sehr lange Zeit am Werk und nicht, wie der Mensch, an zeitliche Grenzen gebunden ist, 8. Doch Gott handelt immer rechtzeitig (9). Er ist nicht „säumig", d.h. er „verzieht" nicht im Sinne von Unentschlossenheit oder Lässigkeit mit dem Einhalten seiner Zusagen, wie manche – von natürlicher Überlegung her – denken. Im Gegenteil, er beweist im scheinbaren „Verzug" seine Langmut und Geduld, da er nicht will, daß jemand verlorengehe, sondern daß „jedermann zur Buße Gelegenheit habe", 9 (Matth. 20,28; 1. Tim. 2,4; vgl. 1. Mo. 6,3; 1. Petr. 3,20).

Die Gewißheit des Tages des Herrn, 10. Petrus gibt eine neue Offenbarung betreffs des Tages des Herrn mit Bezug auf den Untergang der Erde durch eine Feuerkatastrophe (vgl. V. 7). Die atl. Prophetie setzte diesen Tag klar in Beziehung zum Gericht, zum zweiten Kommen Jesu und der Aufrichtung des messianischen Reiches (Jes. 2,6-22; 4,1-6; Off. 4-19 usw.). Diese neue Offenbarung konzentriert sich auf das Ende des Tages des Herrn, seinen kritischen Höhepunkt mit seiner Endkatastrophe, einer Kettenreaktion atomarer Spaltungen, durch die diese alte Erde in das Gericht eines „Feuerbades" hineingerät, wie sie zur Zeit Noahs ins Gericht eines Flutbades hineingekommen war. Die damit verbundene Hitze wird von unvorstellbarer Intensität sein und wird die vom Petrus angezeigte Wirkung haben, 10 – ein Ereignis, das wir, die wir im Atomzeitalter leben, uns ohne Schwierigkeiten vorzustellen vermögen.

Kap. 3,11-13
Der Wandel in der Gegenwart und die Ewigkeitserwartung

Der Ansporn zu gottgeweihtem Leben, 11-

12a. Das Wissen um die kommenden Gerichte im Zusammenhang mit dem „Tag des Herrn" gibt genügend Gründe dafür, Gott wohlgefällig zu leben. Charakteristisch für ein solches Leben wird die Haltung beständiger Erwartung und des Wunsches nach dem Kommen des „Tages Gottes" sein, 12a. Dieser „Tag" ist das letzte Ereignis in der Zeit, wenn Tod, Sünde und Hölle völlig besiegt sein werden und Christus das Reich, das er als Mittler tausend Jahre lang regiert hat, dem Vater überantworten wird (1. Kor. 15,24-28; Off. 20,7-22, 21).

Die herrliche Enderwartung, 12b-13. Dieses Geschehen wird dem Höhnen aller Spötter ein Ende setzen (4). Verheißen durch Gottes eigenes Wort, 13a, erwartet von allen Gläubigen, 13b, wird es ein von aller Sünde gereinigtes Universum bringen, 13c (Jes. 65,17; 66,22; Röm. 8,21; Off. 21,1.27). Wie das Ergebnis der Sintflut eine erneuerte Erde war, gereinigt von Sündern, so wird die Feuertaufe die Erde reinigen und zur Wohnstatt von Menschen machen, die völlig vom Fluch der Sünde frei sind. So wird Gerechtigkeit auf ihr wohnen, 13d. Die Himmel werden von Satan und allen dämonischen Kräften frei sein (Eph. 6,10-12; Off. 20,1-3.10), und die Erde wird frei von bösen Menschen sein (Off. 20,11-15). Der Feuersee wird der Ort der ewigen Verbannung alles Bösen sein, so daß Gerechtigkeit allein das Universum für alle Ewigkeit erfüllen wird (Off. 20,10; 21,1-4.8).

Kap. 3,14-18
Die Hoffnung des Gläubigen und sein Wachsen in der Gnade

Ansporn zum geistlichen Wachstum, 14-17. Die kommende Verwirklichung dieser Hoffnung (eines neuen Himmels und einer neuen Erde, in welchen Gerechtigkeit wohnt) ist ein weiterer Ansporn zu einem gottgeweihten Leben, 14. Bis dahin soll der Gläubige festhalten, daß Gottes wartende Geduld für die sünder bestimmt ist, die noch das Heil ergreifen werden, 15a. Petrus verweist auf die Verkündigung der von ihm behandelten Wahrheiten in den Briefen des Paulus, 15b-16. Dieser Hinweis weist die paulinischen Briefe als von Gott inspirierte Schriften aus. Zuletzt mahnt Petrus noch einmal, allem Irrtum der Lehre aus dem Wege zu gehen, 17, und in der gesunden Lehre festzustehen.

Dringende Ermahnung zu geistlichem Wachstum, 18. Die Gläubigen werden dringend ermahnt, in der Gnade zu wachsen (denn Gottes Art ist es nicht nur, Menschen zu retten, sondern auch, sie zu reifen Christen werden zu lassen), ebenso in der Erkenntnis unseres Herrn und Retters Jesu Christi. Das sind die beiden Sphären echten geistlichen Wachstums.

Erster Brief des Apostels Johannes

Die Gemeinschaft zwischen Vater und Kindern

Vergleich der Schwerpunkte bei Johannes und Paulus

Johannes	Paulus
Wiedergeburt	Rechtfertigung
Sohnschaft in der Familie Gottes	Gliedschaft am Leib
Sünde als Vergehen eines Kindes gegenüber dem Vater	Sünde als der Stellung in Christus unwürdig
Unsere persönlichen Beziehungen als Kinder des Vater	Unsere offizielle Stellung als Söhne

Überblick

Familiengemeinschaft und der Vater, Kap. 1-3
Familiengemeinschaft und die Welt, Kap. 4-5

Verfasser. Der Verfasser war der Apostel Johannes, der auch das vierte Evangelium verfaßt hat. Diese Tatsache wird auch durch Parallelen im Wortschatz dieser beiden Schriften demonstriert. Beide enthalten solche Ausdrücke wie Licht, neues Gebot, Werke des Teufels, die Sünden wegnehmen, ewiges Leben, Liebe, bleiben, sein Leben niederlegen, Tröster, Heiland der Welt, von Gott geboren. Beide sind im gleichen schlichten hebräischen Stil geschrieben, mit ähnlichen Parallelismen und ähnlicher Satzkonstruktion.

Daß der Apostel Johannes der Verfasser dieses Briefes ist, wird schon bestätigt von: Polykarp, Papias, Irenäus, Clemens von Alexandrien, Tertullian, Cyprian, das Muratorische Fragment, die syrische Peschitta, Origenes, Dionysius von Alexandrien und Eusebius – alle bezeugen die Echtheit des Briefes und die johanneische Verfasserschaft.

Anlaß und Datierung. Die Epistel wurde etwa um 85 bis 90 n.Chr. geschrieben, wahrscheinlich von Ephesus aus, wo, nach Irenäus, Johannes während seines späteren Lebens beheimatet war und von wo aus er anscheinend die umliegenden Gemeinden betreute (vgl. Off. 2-3). Aus Angaben des Irenäus kann man schließen, daß der Anlaß zu diesem Brief das Eindringen verschiedener Irrlehren in die Gemeinde war. Die eine ging mit moralischer Laxheit einher und war dem Einfluß der Nikolaiten offen, die Irenäus irgendwie in Verbindung mit Nikolaus, einem Proselyten aus Antiochien, sieht (Apg. 6,5; vgl. Off. 2,14-15). Ein anderer Irrtum bezog sich auf die Person und das Werk Jesu Christi und wird von Cerinthus hergeleitet, der eine Form des Gnostizismus lehrte.

Erster Brief des Apostels Johannes

Teilhaberschaft an einer Erfahrung) mit ihnen haben möchten durch die Anteilnahme am engen (vertrauten) Kontakt und an der Gemeinschaft mit Gott, 3, die ihnen „überfließende Freude", 4, bringen würde. Gemeinschaft mit dem Vater und dem Sohn bringt solche Freude!

Kap. 1,5-10
Die Bedingungen solcher Gemeinschaft

Wandel im Licht, 5-8. Dieser Wandel in der Gemeinschaft „im Licht" (Licht ist ein Bild für „Leben") hängt davon ab, ob der Gläubige eine *richtige Vorstellung* von Gott hat, d.h. ob er weiß, daß „Gott Licht ist" (Joh. 3,20-21; 1. Tim. 6,16), 5. Gott ist absolut heilig, ohne den kleinsten Makel von Sünde, gar keine (gr. betont) Finsternis ist in ihm. Was das Licht für die Welt der Natur, das ist Gott für die Welt des Geistes. Weitere Erfordernisse für einen Wandel in Gemeinschaft mit Gott sind: daß der *Lebenswandel von der Sünde getrennt ist*, 6; daß man die *reinigende Kraft des Opfers Jesu Christi* für die Verunreinigung der täglichen Sünden *in Anspruch nimmt*, 7; daß man sich *dessen bewußt bleibt, daß die alte Natur noch da ist*, 8, damit die Gläubigen sich nicht selbst betrügen und dadurch dem göttlichen Licht den Zugang versperren. Der Apostel sagt: „So wir sagen, wir haben keine Sünde (sündige Natur, Ursprung [Grundlage] oder Wurzel), so betrügen wir uns selbst, und die Wahrheit ist nicht in uns."

Jedes der oben genannten Erfordernisse wird durch die apostolische Botschaft offenbart, 5a. Man muß dieses Wort glauben, wenn man danach handeln und „im Licht wandeln" will.

Bekenntnis unserer Sünden, 9-10. Bekenntnis unserer Sünden vor Gott bringt uns seine Vergebung und Reinigung. Dazu gehört, daß wir unsere erkannten Sünden aufrichtig zugeben und eingestehen, 10, wissend, daß sie aus unserer alten sündigen Natur kommen, die wir noch an uns tragen (8), und daß sie unsere Gemeinschaft mit einem unendlich heiligen Gott gebrochen haben. In einem aufrichtigen Bekenntnis muß das Eingeständnis (der Verfehlungen) begleitet sein von echter Buße, indem wir uns von unseren Sünden weg und zum vollbrachten Opfer Jesu als dem Mittel der Reinigung von der Sünde hinwenden. Gott verspricht als Antwort auf solches Sündenbekenntnis, durch Jesu Blut die Barriere wegzunehmen, die durch unsere Sünden gegen die Gemeinschaft mit Gott aufgerichtet ist (7), denn er nahm auf sich unsere Sünden in seinem Erlösungswerk – die Sünden der Vergangenheit, Gegenwart und Zukunft (Röm. 3,4.25-26; 2. Kor. 5,21; 1. Joh. 5,10),9.

Persönliches Bekenntnis schließt die Bestätigung ein, daß wir in Gedanken, Worten und Werken gesündigt haben. Wenn wir das nicht zugeben, machen wir Gott zum Lügner, denn sein Wort sagt klar, daß der Mensch gesündigt

Archäologische Streiflichter

Johannes und die Gemeinde von Qumran. Es herrschte unter den Auslegern lange Zeit die Meinung, daß die johanneischen Schriften deutlich den Einfluß der griechischen Philosophie verrieten (der „logos" usw.) und daß diese Tatsache auf eine recht späte Datierung dieser Schriften schließen lasse. Die Entdeckungen und Funde bei Qumran haben diese Meinung jedoch gründlich geändert. Ähnlichkeiten zwischen den Schriften des Johannes und denen, die man bei Qumran entdeckte, beweisen, daß das Denken des Johannes durch und durch vom Judentum bestimmt ist. Dualismen (Begriffsgegensätze) wie „Licht" und „Finsternis" sind bei beiden wichtige Schlüsselbegriffe, obwohl Johannes diese ganz anders anwendet, da er den Dualismus abwehrt und verwirft.

Kap. 1,1-4
Die Grundlage der Gemeinschaft

Die Fleischwerdung und das ewige Leben, 1-2. Der Apostel Johannes bezeugt seine Vollmacht als Augenzeuge der zentralen Tatsache des Evangeliums, nämlich der Fleischwerdung des ewigen, lebendigen Wortes (Joh. 1,1.14; Spr. 8,23). Er bezieht sich besonders auf die Beweismittel, die auf dem Weg über die Sinne das *wirkliche* Menschsein Jesu Christi, des lebendigen Wortes, bezeugen, um damit die Behauptung der Gnostiker zurückzuweisen, daß Jesus Christus nicht wirklicher Mensch gewesen sei. „Das Wort des Lebens", 1, ist ein Hinweis auf Christus als den, der kam, um den Sündern, die tot in Sünden sind (Joh. 3,16), ewiges Leben zu bringen. Er war von Ewigkeit her bei dem Vater, wesenseins mit ihm, 2, und offenbarte sich den Menschen in der Fleischwerdung (Joh. 1,1-2).

Die Fleischwerdung und Gemeinschaft, 3-4. Der Zweck der Fleischwerdung war, „Leben" zu geben, das die Grundlage oder die nötige Voraussetzung für die Gemeinschaft zwischen wiedergeborenen Sündern, Gott dem Vater und Gott dem Sohn bildet. Das Ziel der Schriften des Johannes wie der anderen Apostel war, daß ihre gläubigen Leser Gemeinschaft (gr. koinonia, hat. Ein Leben des Sieges und der Gemeinschaft ist nur dann möglich, wenn die Sünde zugegeben, bekannt und aufgegeben ist.

Kap. 2,1-2
Die Fürsprache Jesu Christi und Gemeinschaft

Durch die Fürsprache Jesu Christi wird die Gemeinschaft mit Gott aufrechterhalten, 1.
Der Apostel erklärt seinen Lesern, daß alles, was im vorhergehenden Kapitel über die Sünde und ihre Vergebung gesagt worden ist, deshalb geäußert wurde, „daß ihr nicht (überhaupt nicht) sündigt"! Dann fährt er fort, die Art des Heilmittels gegen die Sünde zu erklären, für den Fall, daß ein Gläubiger aus Schwachheit sündigt, weil die alte Natur sich immer wieder regt, es sei denn, daß man sie beständig für „tot" hält (Röm. 6,6). Dieses Heilmittel ist uns gegeben in dem Werk eines *ständig gegenwärtigen Fürsprechers*, und das ist niemand anders als Jesus Christus, der Gerechte. Ein Fürsprecher ist einer, der dazu aufgeboten wird, jemandem als Helfer zur Seite zu stehen. Fürsprache ist also das Werk unseres Herrn im Himmel, durch das er sündige „Heilige" (d.h. Gott zugehörige Gläubige) auf der Erde vor seines Vaters Thron vertritt und sie aufgrund seines ewig wirksamen Opfers in die Gemeinschaft mit dem Vater zurückbringt (Ps. 23,3; Joh. 13,10). Er setzt sich für die Sache des Gläubigen gegen Satan, den „Verkläger der Brüder" (Off. 12,10) ein. Weil unser Herr *gerecht* ist, kann er uns vor dem gerechten Vater vertreten.

Die Kraft der Fürsprache Jesu Christi, 2. Jesus Christus selbst ist der alle Ansprüche der Gerechtigkeit erfüllende Fürsprecher, denn *er selbst* (gr. stark betont) ist der persönliche „Propitiator", d.h. derjenige, der besänftigt und gütig stimmt, nämlich durch seine Versöhnung. Versöhnung heißt Zufriedenstellung (Satisfaktion), und Christus ist die Genugtuung für unsere Sünden. Sein erlösendes Opfer stellte die Genugtuung (Sühne), die Gott für die Sünde verlangte, dar, und es genügte für die Sünden der ganzen Welt, der ganzen Menschheit. Gott der Vater bricht die Gemeinschaft mit dem sündig gewordenen Gläubigen nicht, weil Jesus Christus, der Fürsprecher, sich auf die von ihm in seinem Selbstopfer geleistete Genugtuung (Sühne, Preis der Wiedergutmachung) beruft, die auch die Sünden eines reuigen Wiedergeborenen einschließt.

Kap. 2,3-6
Gehorsam und Gemeinschaft

Gewißheit, in der Gemeinschaft zu stehen, 3-5. Der Gläubige kann gewiß sein (oder wissen), ob er Gemeinschaft mit Gott hat, indem er sich Rechenschaft darüber gibt, ob er im Gehorsam zu Gott steht, 3-5. Den Herrn Jesus zu kennen ist untrennbar damit verbunden, ihm zu gehorchen und ihn zu lieben, 5b.

Verpflichtungen eines Gläubigen, der den Anspruch erhebt, Gemeinschaft mit Jesus Christus zu haben, 6. Der Gläubige ist *verpflichtet* („soll"), „christusähnlich" (demütig und opferbereit) zu wandeln, wenn er Anspruch darauf erhebt, „in ihm zu bleiben". Das „In-ihm-Bleiben" kann man mit der eigenen Definition des Johannes in Kap. 3,24 erklären: durch dauernden Gehorsam gegen seine Gebote in ständiger Gemeinschaft mit ihm bleiben. „Ebenso wie" oder „in derselben Weise wie" will besagen, daß die Nachfolge Jesu Christi genau und dem Vorbild entsprechend sein muß.

Kap. 2,7-11
Brüderliche Liebe und Gemeinschaft

Liebe als Ausdruck der Gemeinschaft, 7-8. Dieser unerläßliche, wesentliche Bestandteil aller Gemeinschaft ist in einer gewissen Hinsicht eigentlich „kein neues Gebot", 7. Es ist „ein altes Gebot, das ihr von Anfang an hattet" (3. Mo. 19,18; 5. Mo. 6,5; Matth. 22,37-40; Mk. 12,28-31; 2. Joh. 5). Und doch ist es ein neues Gebot, 8. Jesus selbst hat es ein „neues" Gebot genannt und gab ihm einen neuen Beweggrund: *Liebet einander, wie ich euch geliebt habe"* (Joh. 13,34-35; 15,12). Es war ein neues Gebot mit einer frischen Kraft, weil es in Christus Wirklichkeit geworden war und im Gläubigen verwirklicht wird, wenn er wandelt, wie Christus gewandelt ist, 8b.

Haß, die Verleugnung der Gemeinschaft, 9-11. Haß zerstört die Gemeinschaft, weil er zu dem geistigen Reich der Finsternis gehört, wo die Gemeinschaft mit dem Gott des Lichts unmöglich ist, 9. Andererseits gehört die Liebe zum Reich des Lichts, wo die Gemeinschaft mit Gott und den Brüdern gedeiht, 10. Der liebende Christ gibt dem gläubigen Bruder keinen Anlaß, seinetwegen zu Fall zu kommen. Haß tötet nicht nur die Gemeinschaft untereinander, sondern fördert geistliche Unwissenheit und Blindheit, 11.

Kap. 2,12-14
Geistliche Reife und Gemeinschaft

Die Familie des Vaters, 12. Die Adressaten dieses Briefes waren alle Gotteskinder. Er redete sie an mit „Kindlein" (gr. *teknia*, d.h. „ihr Wiedergeborenen", im Sinne von „ihr neugeborenen Kindlein"), deren Sünden vergeben worden sind. Folglich haben sie alle das Vorrecht der Familiengemeinschaft, ungeachtet ihres Wachstums oder ihrer Reife.

Gemeinschaft und geistliches Wachstum, 13-14. In diesen Versen werden die beschrieben, die sich in geistlichem Wachstum befinden und sich über das besondere Vorrecht der Gemeinschaft freuen, und zwar angefangen bei den Gereiftesten bis zu den „Säuglingen" im Glauben. Die Gereiften, die „Väter", werden gekennzeichnet als solche, die eine ausgereifte „Erkenntnis Jesu Christi", der von Anfang ist (Joh.

1,1.14), haben. Diese Erkenntnis beruht auf Erfahrung und ist die Frucht inniger Gemeinschaft mit dem Vater und dem Sohn. Die „Jünglinge", noch im geistlichen Wachstum begriffen, werden gelobt, weil sie eindeutig „den Bösen (Satan) überwunden" haben als die Frucht ihrer geistlichen Kraft, deren Quelle das Wort Gottes ist, das „in ihnen bleibt". Die noch Unreifen, die „kleinen Kinder" (gr. *paidia,* „Kleinkinder"), sind geistlich noch wenig entwickelt. Obgleich manche noch nicht die geistliche Reife der Väter erreicht haben, sind doch alle Gläubigen Glieder der Gottesfamilie und wissen um Gott als ihren Vater und um Jesus Christus als den, der ihre Sünden vergeben hat, 12. Was aber alle brauchen ist weiteres geistliches Wachstum, damit sie alle zum vollen Genuß der Vorrechte kommen, die ihnen die Gemeinschaft erschließt.

Kap. 2,15–17
Die Gefahr der Weltseligkeit und Gemeinschaft

Die Gefahr, vor der gewarnt wird, 15a. Diese Warnung wird auf zweierlei Weise gegeben: 1) „Habt nicht lieb die Welt" (gr. *kosmos*), d.h. das Weltsystem, in welchem Satan die gefallene Menschheit nach den Grundsätzen seiner antigöttlichen Prinzipien Stolz, Selbstsucht und

Der 1. Johannesbrief wurde wahrscheinlich von Ephesus aus geschrieben; hier die Bücherei des Kelsos in Ephesus.

Ehrgeiz (Matth. 4,8–9; Eph. 2,2; 6,12) organisiert hat; 2) „noch was in der Welt ist" wie Reichtum, Vergnügen, Ehrungen.

Der Grund für die Warnung, 15b–17. 1) Liebe zur Welt schließt Liebe zu Gott aus, 15b–16. „Wenn jemand fortfährt, die Welt zu lieben, so ist die Liebe zum Vater nicht in ihm!" Die böse Welt steht in einem krassen Gegensatz zu allem, was Gott ist, so daß man nicht beide gleichzeitig lieben kann. „Die Welt" bedeutet „des Fleisches Lust", d.h. das leidenschaftliche egozentrische Wünschen des nicht wiedergeborenen Menschen, das sich Gott widersetzt (Röm. 7,18); „der Augen Lust", d.h. das gierige Verlangen, das Körper, Geist und Seele des Menschen auf dem Wege über das Auge beherrscht (2. Sam. 11,2; Jos. 7,21; Ps. 119,37); und „hoffärtiges Leben", d.h. der prahlerische Aufwand eines Lebens ohne Gott. Die böse Welt steht somit vollständig im Widerspruch zu dem unendlich heiligen Gott, 16b. 2) Die Welt ist vergänglich und ohne Bestand, 17a. Sie geht gerade jetzt vorüber wie eine Parade, und bald wird sie „vergangen" sein, zusammen mit all ihrer (vergänglichen) „Lust". Im Gegensatz dazu ist der, der Gottes Willen tut, zum ewigen „Bleiben" bestimmt, 17b. „Denn wer den Willen Gottes tut, der bleibt in Ewigkeit, wie Gott von Ewigkeit zu Ewigkeit bleibt (Ps. 90,2), denn ein solcher Mensch ist auf ewig durch Christus mit Gott verbunden und in ununterbrochener Gemeinschaft mit ihm.

Kap. 2,18–23
Glaubenstreue und Gemeinschaft

Falsche Lehre – Feind der Gemeinschaft, 18–21. Mit der Anrede „kleine Kinder" will Johannes ihre Unreife betonen und seiner Autorität aufgrund seiner geistlichen Erfahrung gegenüberstellen. Er erinnert sie daran, daß es „letzte Zeit" ist, 18a, oder wörtlich „die letzte Stunde", und führt damit den Gedanken der Vergänglichkeit der Welt weiter (17). Dieses gesamte gegenwärtige Zeitalter kann als „die letzte Stunde" angesehen werden, mit einer Beschleunigung des Abfalls, je näher die Wiederkunft Jesu heranrückt (1. Tim. 4,1–5; 2. Tim. 3,1–5; Jud. 17–18). Der Apostel bezeichnet dann die Quelle von viel Opposition gegenüber der göttlichen Wahrheit, indem er einmal die Anwesenheit vieler *Antichristen* zu seiner, des Apostels Zeit, unterstreicht, andererseits auf das Kommen *des* Antichristen zu einer späteren Zeit hinweist (2. Thess. 2,3–10; Off. 13,1–10). Unter „Antichrist" versteht man eine Persönlichkeit, die im Gegensatz zu Christus steht, aber unter der Maske von Christus erscheint, 18.

Diese Christusgegner gehörten äußerlich zur Kirche, aber „sie waren nicht von uns" – d.h., sie sind nicht organisch mit dem „Leib" Jesu Christi (der alle Gläubigen umschließt) verbunden, 19. Für sie war der Abfall oder die Abtrünnigkeit das Natürliche, und sie „gingen weg". Ihr *Abfall bewies ihr unwahres Bekenntnis.*

Andererseits sind Gottes Kinder vor der Gefahr abzufallen und vor dem Einfluß der Irrlehrer geschützt durch die Salbung des Heiligen Geistes, gegeben durch „den Heiligen", Jesus Christus selbst. Diese Salbung befähigt die Gläubigen, zwischen Wahrheit und Irrtum zu unterscheiden und dadurch die „Antichristen" mit der Hilfe des Hl. Geistes zu erkennen, 20. Dieser Brief wurde geschrieben, weil zu jener Zeit Antichristen die Gemeinden zu beunruhigen versuchten, indem sie sich gegen die göttliche Wahrheit stellten, die Empfänger des Briefes aber die göttliche Wahrheit kannten, 21.

Das Wesen der falschen Lehre, 22-23. Johannes schrieb vor dem Hintergrund der gnostischen Irrlehre und setzte die Abtrünnigen denen gleich, die die Gottheit Jesu leugneten, 22. Die Gnostiker leugneten, daß Jesus wahrer Gott und wahrer Mensch war, lehrten dagegen, daß der Geist Christi auf den Menschen Jesus bei seiner Taufe kam und ihn vor seinem Tode wieder verließ. Indem sie die Gottessohnschaft Jesu leugneten, leugneten sie ebenfalls Gott den Vater, denn der Sohn ist die Offenbarung des Vaters und zugleich der einzige Weg zum Vater (Joh. 14,6.9), 22b. Dieser letztere Gedanke wird in Vers 23 stark betont. Gemeinschaft mit Gott dem Vater und Gott dem Sohn ist unmöglich für die, die den Sohn leugnen. Wenn man die Gottheit des Sohnes leugnet, verwirkt man das Vorrecht einer lebendigen Gemeinschaft mit Jesus. Abfall von der biblischen Lehre zeugt von persönlicher Ablehnung.

Kap. 2,24-29
Vom Bleiben in Christus und Gemeinschaft

Festhalten an der Wahrheit, 24-26. Im Gegensatz zu den Irrlehrern (18-23) sollen die Gläubigen die grundlegenden Wahrheiten des Evangeliums („das, was ihr von Anfang gehört habt") anerkennen und festhalten. Solches Festhalten läßt sie auch in der Gemeinschaft mit dem Vater und dem Sohn bleiben, 24. Die Verheißung und der gegenwärtige Besitz derer, die so „bleiben", ist das ewige Leben, 25. Außerdem können die Gläubigen durch das Bleiben an der göttlichen Wahrheit den Versuchen derer widerstehen, die sie vom richtigen Weg abbringen wollen.

Vertrauen auf den Hl. Geist, 27-29. Der Hl. Geist ist die „Salbung" (20), die die Gläubigen bei ihrer Bekehrung empfangen. Er bleibt im Gläubigen, lehrt ihn „alle Dinge" und leitet ihn in „die ganze Wahrheit" (Joh. 16,13), 27. Das „In-der-Wahrheit-Bleiben" gibt ein starkes Vertrauen, so daß „wir uns nicht schämen vor ihm bei seiner Wiederkunft", 28. Die Frucht des „In-Christus-Bleibens" ist das Tun dessen, was recht ist, und das wiederum ist der Beweis dafür, daß wir ein persönliches Verhältnis zu dem Gerechten, nämlich zu Christus, haben, 29.

Kap. 3,1-10
Rechte Lebensführung und Gemeinschaft

Gottes geschenkte Liebe – ein Ansporn zu einem gottwohlgefälligen (heiligen) Leben, 1. Der mit Kap. 2,29 zusammenhängende Gedanke über die Ausübung der Gerechtigkeit im Alltag wird in Kap. 3,1-10 weitergeführt. Johannes sagt, daß es vor allem zwei Gründe gibt, warum das Leben eines Gläubigen gottgeweiht sein sollte. Der erste ist der Blick auf Gottes Werk für uns in der Vergangenheit (1), der zweite sein Werk für uns in der Zukunft (2-3).

Mit dem Ausruf "Sehet!" lenkt der Apostel unsere Aufmerksamkeit auf das Wunder der Liebe, die Gott uns geschenkt hat. Sie sollte beständige Bewunderung und steten Lobpreis hervorrufen (auslösen). Das Geschenk der im höchsten Maße überwältigenden Liebe Gottes, durch das er uns zu seinen Kindern macht (gr. *teknia* = Kinder), sollte uns immer neu zu einem Verhalten führen, das „sich für die Familienzugehörigkeit schickt". Eine solche Verwandtschaftszugehörigkeit ist der Welt unbekannt, denn sie kennt den Heiland nicht, und solche Erkenntnis kommt allein durch persönliche Erfahrung.

Die Wiederkunft Jesu – ein weiterer Ansporn zu einem gottwohlgefälligen (heiligen) Leben, 2-3. Das Wissen um Gottes Plan, die Gläubigen zur Zeit der Wiederkunft Jesu zu verwandeln und in Herrlichkeit zu kleiden, sollte ebenfalls ein Ansporn sein, so zu leben, wie es vor Gott recht ist. Weil wir „Gottes Kinder" geworden sind, 1, werden wir verherrlicht werden, wenn Jesus Christus sichtbar wiederkommen wird. Diese Verherrlichung schließt einen neuen (unvergänglichen) Auferstehungsleib, Sündlosigkeit, vollkommene Gerechtigkeit und absolute Reinheit ein, 2. „Wer diese Hoffnung (auf ihm ruhend) hat, der reinigt sich beständig in seinem täglichen Wandel", 3.

Ein heiliges Leben – das Ziel der Errettung, 4-5. Sünde ist Gesetzlosigkeit. Daraus folgt, daß, wer beständig sündigt, auch (beständig) das Gesetz übertritt (Gesetz im weitesten Sinn), 4. Jesus Christus erschien auf dieser Welt, um das Problem der Sünde zu lösen – sie wegzutragen, so daß ein Leben des Sieges über die Sünde für diejenigen möglich wurde, die am Kreuz Jesu das „Heil" empfangen haben, 5. Er, der Sündlose, ist unser Vorbild, 5b.

Ein geheiligtes Leben und Gemeinschaft, 6-10. Wer „in Christus bleibt", der sündigt nicht gewohnheitsmäßig (der sündigt nicht beständig weiter – das Zeitwort in der Gegenwart), 6a. Andererseits hat der niemals Christus mit den Augen des Glaubens gesehen, noch ihn als seinen persönlichen Erretter erkannt, der beständig weitersündigt (Zeitwort in der Gegenwart), 6b. Gerechtes Handeln ist die Frucht eines gerechten

Charakters und Beweis des Wiedergeborenseins, 7. Solch *„geheiligtes" Verhalten* ist das *Zeugnis der Familienzugehörigkeit*, 7b.

Wie ein Leben der Gerechtigkeit das Kennzeichen der Gottesfamilie ist, so ist fortwährendes Leben in der *Sünde das Kennzeichen der Familie des Teufels*, 7b. Das althergebrachte Kennzeichen des Charakters Satans war immer die Sünde, 7c, „von Anfang" (Jes. 14,12-14; Hes. 28,11-15). Da Jesus in die Welt kam, um die Werke Satans durch sein Erlösungswerk zu zerstören, kann kein gläubiger Christ das tun, was Jesus zu zerstören gekommen war, 8c. Weiter ist zu sagen, daß kein Glied der Gottesfamilie (der von Gott Geborenen, 9a) gewohnheitsmäßig sündigt, weil die neue Natur (Gottes „Same") in ihm bleibt, und er kann nicht die Sünde als typisches Kennzeichen seines Lebens ansehen, 9. Die neue Natur (ihm zur Zeit seiner Wiedergeburt oder Neugeburt von Gott geschenkt) wird infolge ihrer wirklichen Anwesenheit im Gläubigen niemals erlauben, daß er gewohnheitsmäßig sündigt. Der Apostel bringt dann diesen Abschnitt zum krönenden Abschluß, indem er das Unterscheidungsmerkmal bietet, an dem man den unerlösten von einem erlösten (bekehrten) Menschen unterscheiden kann, also die Gottesfamilie von der Familie Satans, 10. Der Maßstab ist das Praktizieren der Gerechtigkeit, was in der Bruderliebe zum Ausdruck kommt.

Kap. 3,11-18
Brüderliche Liebe und Gemeinschaft

Die Gemeinschaft der Liebe, 11-15. Eine immer wiederkehrende Mahnung im Worte Gottes ist: „Liebet einander", 11. Die Gemeinschaft der Gottesfamilie soll von einer Atmosphäre der Liebe durchdrungen sein. Das Beispiel Kains wird angeführt als Illustration und warnendes Beispiel eines Nichtwiedergeborenen, der „von dem Bösen" (dem Teufel, vgl. V. 8,10) war und dem daher die Gottesliebe fehlte, 12. Statt dessen war sein Herz mit Haß erfüllt, dessen logisches Endprodukt der Mord war, ein Beweis dafür, daß seine Taten böse, die seines Bruders aber gerecht waren (12, vgl. 1. Mo. 4,1-16; Hebr. 11,4). Die Haltung der Welt Gottes Kindern gegenüber ist Haß, weil ihnen Liebe fremd ist; denn der Fürst dieser Welt (Satan) ist der Vater des Hasses (V. 10), 13. Die Liebe ist ein Zeichen der Wiedergeburt und des neuen Lebens, 14, während der Haß den geistlichen Tod beweist, 15.

Äußerungen der Liebe, 16-18. Der herrlichste Beweis der Liebe waren die Menschwerdung und der Tod Jesu Christi für uns (Joh. 3,16; Röm. 5,8), was uns ein Beispiel für die Liebe gibt, die sich in ihren Handlungen beweist, 16. Solcher Liebesbeweis sollte praktisch, nicht nur theoretisch sein, 17-18. „Das Leben für die Brüder einzusetzen" mag für uns praktisch bedeuten, daß wir Opfer für andere bringen, die in Not sind, 17. Zu lieben „mit dem Wort und mit der Zunge", d.h., bloß mit guten Worten zu helfen, nicht aber durch die Tat, ist Heuchelei, aber keine echte Liebe, 18, (Jak. 1,22).

Kap. 3,19-24
Christliche Gewißheit und Gemeinschaft

Das Wesen der Gewißheit, 19-21. Versicherung oder Gewißheit der Errettung und Annahme durch Gott hängen davon ab, ob wir echte Liebe praktizieren, 19. Wenn wir „in Tat und in Wahrheit" lieben (V. 18), wissen wir, daß wir wirklich Jesu echte Jünger sind und somit zu der Wahrheit gehören, wie sie in Jesus ist. Wir können dann unsere Herzen beruhigen, daß alle etwaigen Zweifel über unsere Annahme durch Gott entfernt worden sind. *Aber* falls unser „Herz" (der Sitz unserer Gefühle und unseres Willens, der „Richter" in uns) uns anklagen sollte, weil unsere brüderliche Liebe unzureichend ist, so dürfen wir diese Anklagen damit zum Schweigen bringen, daß über ihnen steht: „Gott ist größer als unser Herz", da er ja allwissend ist, 20. Wir rufen dann ihn (als Zeugen) an, damit er das richtige Urteil über uns abgibt. Wenn aber unser Herz uns nicht verdammt, dann haben wir doppelte Gewißheit, daß wir uns ihm nahen dürfen, und die Freiheit, vertrauensvoll unser Herz vor ihm auszuschütten, 21.

Die Wirklichkeit der Gemeinschaft, 22-24. Zur praktischen Erfahrung der Gemeinschaft mit Gott dem Vater gehört die Freude eines *regen Gebetslebens* und eines *beständigen Gehorsams*, d.h. des immer neuen Entschlusses dazu, 22-23. Zu letzterem gehört der Glaube an das vollbrachte Erlösungswerk Jesu Christi und das daraus folgende Praktizieren der Bruderliebe, 23. Gehorsam führt dazu, „daß wir in ihm bleiben", 24. Der gläubige Christ weiß, daß er in Christus bleibt, wenn er ihm gehorcht. Der Hl. Geist bezeugt dem Gläubigen dann seinerseits, daß Christus in ihm bleibt (vgl. Joh. 14,16-21; 15,1-10).

Kap. 4,1-6
Unterscheidung von Irrtum und Gemeinschaft

Das Vorhandensein von Irrtum, 1. Irrlehren bedrohen die Gemeinschaft des Volkes Gottes. Den Gläubigen wir hier eingeschärft, „die Geister zu prüfen", jene Geistesmächte, die jeden Lehrenden anspornen – „denn es sind viele falsche Propheten hinausgegangen in die Welt". Die daraus folgende Bedrohung der Gemeinschaft der Gläubigen ist ernst. Alle Lehrer müssen im Blick auf ihren Ursprung geprüft werden, „ob sie von Gott sind". Lehrer, die nicht von Gott stammen, sind falsche Propheten, die von Dämonen beherrscht werden.

Der scharfe Test für Irrtum, 2-6. Das Wesentliche dieses Tests ist das Bekenntnis der *Gott-*

In Stein gehauenes Haupt der Medusa, einer üblen und häßlichen Gestalt der griechischen Mythologie.

heit Christi und seiner *Menschwerdung* (Inkarnation). An diesem Bekenntnis scheiden sich die Geister – die vom Geist Gottes inspirierten echten Lehrer der Wahrheit Gottes und die vom Geist des Irrtums (Antichrist) besessenen Irrlehrer, 2-3a. Jede Irrlehre innerhalb des Christentums kann auf eine falsche Sicht der Person und des Werkes Jesu Christi zurückgeführt werden. Die unmittelbare Gefahr des Irrtums wird nochmals dadurch unterstrichen, daß Johannes sagt: „Der Geist des Antichristen ... ist jetzt schon in der Welt", 3b. Dennoch lebt in den wiedergeborenen Gläubigen eine größere Macht (der Hl. Geist) als die, die in der Welt am Werk ist (die Macht Satans), und der Geist Gottes befähigt sie, die Irrlehrer zu überwinden, 4. Ihre Redequelle ist „von der Welt", und ihr Zuhörer ist „die Welt", 5. Die Hörerschaft eines Lehrers ist eine weitere Möglichkeit, den Ursprung seiner Wirkungskraft zu prüfen. Nur die, die in der Erkenntnis Gottes wachsen, hören weiterhin auf Aposteln zu („uns"), 6.

Kap. 4,7-18
Liebe und Gemeinschaft

Liebe, ein Kennzeichen der Gottesfamilie, 7-8. Dies ist das dritte Mal, daß Johannes über das Thema der Liebe spricht (2,7-11; 3,10-18). Vielleicht kommt der Apostel hier nochmals darauf zurück, weil die Liebe das bedeutsame Band der Gemeinschaft ist, das die Gläubigen untereinander und mit ihrem Herrn verbindet. Das ist besonders wichtig angesichts der satani-

schen Bedrohungen. Echte Liebe (gr. *agapé*) hat ihren Ursprung in Gott und ist ein charakteristisches Kennzeichen eines jeden „von Gott geborenen" Gläubigen, d.h. eines jeden Menschen, der Gott persönlich kennengelernt hat, 7. Ihr gegenseitiges Verhalten soll ihre Liebe zueinander deutlich werden lassen, 7a. Andererseits verraten Menschen, bei denen die Liebe gewöhnlich nicht typisch für ihre Lebensweise ist, daß sie in keiner persönlichen Beziehung zu Gott stehen und ihn nicht aus Erfahrung kennen, 8a. Gott ist im innersten Kern seines Wesens Liebe, 8b. Seine Kinder sind ihm ähnlich.

Die höchste Kundgebung der Liebe, 9-10. Die größte Offenbarung der Liebe Gottes zu den Menschen wurde damit erbracht, daß Gott seinen eingeborenen Sohn in die Welt gesandt hat (Joh. 3,16), 9a. Jesus Christus war in einem vollständig einmaligen Sinn Gottes einziger, ihm geborener Sohn. Ihn sandte Gott zu uns, auf daß wir, die wir „tot in Sünden" waren, „durch ihn leben möchten", 9b. Das Wesen der Liebe Gottes zeigt sich in der Tatsache, daß Gott uns liebt, unabhängig von jeder Gegenliebe von unserer Seite aus – denn es ist unmöglich für den gefallenen Menschen, Gott zu lieben, 10a. Aus dieser menschlich unerklärlichen Liebe heraus sandte Gott Jesus Christus, daß er das Sühnopfer (Genugtuung) für unsere Sünde sein konnte, 10b.

Unsere Verpflichtung zur Liebe, 11-12. Gläubige haben eine „moralische Verpflichtung" (schuldig), einander zu lieben, weil Gott uns so sehr geliebt hat, daß er seinen eingeborenen Sohn gab, 11. Da niemand Gott je gesehen hat, ist der einzige Weg, ihn, der Liebe ist, zu sehen, wenn seine Kinder einander lieben (so daß etwas von Gottes Wesen durch sie hindurch scheint) und sie dadurch die „Familienähnlichkeit" der Gottesfamilie enthüllen, 12a. Indem wir das tun, ist Gottes Liebe (die Liebe, die Gottes innerstes Wesen ausmacht) in uns zu ihrem vollen Recht gekommen (vollkommen geworden), 12b.

Liebe und die innewohnende Gegenwart Gottes, 13-16. Der Hl. Geist, der in jedem Gläubigen Wohnung genommen hat, schenkt ihm die Gewißheit der Gegenwart Gottes und unseres Einsseins mit ihm (vgl. Joh. 15,1-10), 13. Ein Ergebnis davon ist, daß der Geist uns fähig macht zu bezeugen, daß Jesus Christus der Retter der Welt ist, 14. Das Bekenntnis zur Gottheit Christi (was unsere Hingabe an ihn in sich schließt) begründet unsere Gemeinschaft mit Gott, 15. Alle, die sich der Liebe Gottes öffnen, werden erfahren, daß Liebe ein bedeutsamer Kraftfaktor in ihrem Leben wird, der die erwarteten Segnungen der Gemeinschaft mit Gott (des In-Gott-Bleibens) und zugleich seine bleibende Gegenwart in ihnen wirkt, 16.

Vollkommen gewordene Liebe in uns, 17-18. Der Hl. Geist bringt die Liebe, die Gott in uns wirkt, zur Reife und zur vollen Entfaltung, mit dem Ergebnis, daß wir mit Vertrauen und „Freimütigkeit" dem Tage des Gerichts (vor dem Richterstuhl Christi) entgegensehen, 17. *Vollkommene Liebe bringt die Gewißheit* mit sich, daß wir an jenem Tage nicht beschämt sein werden, weil wir Jesus ähnlich geworden sind (durch die Wiedergeburt), besonders in bezug auf die Liebe („gleichwie er ist, so sind auch wir"), 17. Völlige Liebe *wirkt auch Furchtlosigkeit,* denn Furcht und Liebe können nicht nebeneinander bestehen, 18. Zur Liebe gehört u.a., daß sich einer für das größte Wohl eines andern hingibt; zur Furcht, daß einer vor dem andern aus Schuldbewußtsein zurückweicht. Gottes Liebe aber hat unsere Schuld entfernt, und damit ist auch unsere Furcht vor Strafe vergangen.

Kap. 4,19-21
Ansporn zu Liebe und Gemeinschaft
Der Ansporn zur Liebe, 19. Gottes Liebe zu uns, die in der Gabe seines Sohnes ihren Ausdruck fand, ist der starke Ansporn für uns, ständig in der Liebe zu bleiben (Zeitwort in der Gegenwart). Wenn Gottes Liebe „zuerst" so groß war, kann man erwarten, daß auch Gottes erlöste Kinder dadurch Frucht bringen, daß sie einander lieben.

Die Gemeinschaft in der Liebe, 20-21. Unsere Liebe zu unserem Bruder beweist unsere Liebe zu Gott. Menschlich gesehen ist es leichter, jemanden zu lieben, den wir sehen können, als Gott zu lieben, den wir nicht sehen können. Wie widerspruchsvoll ist es da zu sagen, daß wir Gott lieben, aber unsern Bruder hassen. Wir können Gott nicht lieben, solange wir noch unsern Bruder hassen. Der Kreis der Gemeinschaft ist geschlossen, wenn wir unsere Liebe zu Gott durch unsere Liebe zum Bruder beweisen. Und das zu tun ist der ausdrückliche Befehl Gottes, 21 (vgl. 3. Mo. 19,18; Matth. 22,39; Joh. 13,34; 15.12).

Kap. 5,1-5
Glaube und Gemeinschaft
Glaube führt uns zur Gemeinschaft, 1-3. Der Glaube an den Herrn Jesus Christus, durch den wir zur Wiedergeburt kommen, ist die Grundlage aller Gemeinschaft, 1. Es handelt sich hier um eine *Liebesgemeinschaft,* 1b-2a. „Wer (Gott) den Vater liebhat, der liebt auch sein Kind (den Gläubigen)". – Es ist auch eine Gehorsamsgemeinschaft, 2b-3. Der Beweis dafür, daß wir Gott und seine Kinder lieben, liegt darin, daß wir auch Gottes Gebote halten (2,3; 3,22-24; 2. Joh. 6). Gottes Gebote zu halten ist nicht „schwer" (gr. *bareiai,* „schwer bedrückend" oder „schwer zu ertragen"), denn wir lieben Gott und beweisen unsere Liebe zu ihm durch Gehorsam.

Glaube gibt Siegeskraft, 4-5. Der Glaube wirkt durch die Gläubigen, um die Welt, den Feind der Gottesfamilie, zu überwinden, 4a. „Überwindet" ist in der Gegenwart ausgedrückt und besagt, daß es sich hier um ein zur Gewohn-

heit gewordenes Überwinden in fortgesetztem Siegen handelt, das durch den Glauben gewirkt wird. Dieser sieghafte Glaube hat seinen Mittelpunkt in Jesus Christus, 5. Jesus hat selbst die Welt besiegt (Joh. 16,33), deshalb können wir die Welt durch ihn überwinden.

Kap. 5,6-12
Zeugnis und Gemeinschaft
Das Zeugnis vom Sohn, 6-10. Das *erste Zeugnis* ist ein äußerliches und bezieht sich auf die Gerechtigkeit (Sündlosigkeit) Jesu und die von ihm vollbrachte Erlösung, 6. „Er ist mit Wasser und Blut gekommen". „Mit Wasser" bezieht sich auf seine Einführung in den offiziellen Dienst durch seine Taufe im Jordan (Matth. 3,13-17), durch die er sich zu „Dienst der *Gerechtigkeit*" bekannte. „Durch Blut" bezieht sich auf seinen stellvertretenden Tod am Kreuz (Hebr. 9,12), durch den er die *Erlösung* vollbrachte.

Das *zweite Zeugnis* ist ein inneres, nämlich das Zeugnis des Hl. Geistes, 6b. Dieser fährt noch immer fort, Zeugnis von der Gerechtigkeit und Erlösung Jesu zu geben, und weil er der Geist der Wahrheit ist, ist sein Zeugnis absolut wahr. Das Zeugnis, das die Person und das Werk Jesu Christi betrifft, ist ein dreifaches, und die drei Zeugen stimmen in ihrem Zeugnis überein, 8. Es sind folgende: Der Hl. Geist, das Wasser und das Blut. Sie „bezeugen die gleiche Wahrheit" (gr.). Ihr Zeugnis ist absolut zuverlässig, 9, denn wenn wir das Zeugnis von Menschen aufgrund von zwei oder drei Zeugen annehmen (5. Mo. 19,15; Matth. 18,16; Joh. 8,16-18), wieviel mehr sollten wir das so viel größere und besser beglaubigte Zeugnis von Gott über seinen Sohn annehmen. Außerdem wird dieses Zeugnis, im Glauben empfangen, zu einem persönlichen Bekenntnis 10a. Wenn man es aber abweist, macht der Ungläubige Gott zum Lügner, 10b, indem er seinen Plan der Erlösung zurückweist, 10b. Damit sagt der Betreffende: „Ich glaube es nicht!"

Gottes Zeugnis geglaubt, 11-12. Das Zeugnis heißt: „Gott hat uns ewiges Leben gegeben und dieses Leben ist in seinem Sohn", 11. Daraus folgt, daß wer den Sohn hat, ewiges Leben hat. Umgekehrt ist es ebenso wahr, daß der, der dieses Zeugnis ablehnt, den Sohn Gottes nicht hat und darum auch kein ewiges Leben besitzt, 12. Gottes Heilsplan hat seinen Mittelpunkt in seinem Sohn. Der Mensch muß sich darüber klar werden, wie sich zu Jesus Christus stellen will.

Kap. 5,13-15
Gebet und Gemeinschaft
Die Bedeutsamkeit, Gewißheit zu haben, 13. Ein Gedanke beseelte den Apostel, als er diesen Brief an die Gläubigen schrieb, daß sie nämlich die Gewißheit ewigen Lebens haben sollten. Solches Wissen bildet die Grundlage für freudiges Gebet und Gemeinschaft.

Macht im Gebet, 14-15. Heilsgewißheit gibt 1) Vertrauen, in Gottes Gegenwart zu treten (gr. *pros* – „ihm gegenübertreten"), 14a; 2) Freimütigkeit, alles zu erbitten, 14b, „so wir um etwas bitten"; 3) Gewißheit seines Willens, 14c, „seinem Willen gemäß"; 4) Vertrauen, gehört zu werden, 14d, die Zuversicht „er hört uns"; 5) Gewißheit, daß wir das Erbetene empfangen, 15.

Kap. 5,16-21
Gebetsgemeinschaft und der in Sünde gefallene Gläubige

Gebet und das Problem einer schweren Sünde, 16-17. Es ist auch für einen wahren Gläubigen möglich, in Sünde zu fallen, 16a. Wenn das geschehen ist, so soll ein Bruder für ihn beten, 16b. Dann wird Gott das (leibliche) Leben des gefallenen Bruders bewahren (nicht das ewige Leben, denn dieses Leben ist ewig und kann nicht verwirkt werden). Doch ist diese Fürbitte nur da möglich, wo das leibliche Leben nicht durch die Sünde verwirkt ist, 16c.

„Es gibt eine *Sünde zum Tode*", 16d. Das ist beharrliches, vorsätzliches Sündigen eines Gläubigen mit der Folge des leiblichen Todes, „damit der Geist gerettet werde am Tage des Herrn Jesus" (1. Kor. 5,1-5; Apg. 5,1-11; 1. Kor. 11,30). Sowohl Saul wie Simson sind Beispiele dieser schweren Züchtigung im AT. „Alle Ungerechtigkeit ist Sünde, doch es gibt eine Sünde – nicht zum (leiblichen) Tode –, die weniger schwere Züchtigung nach sich zieht, (vgl. 1. Kor. 11,30).

Sünde und ihre Heilung, 18-20. Das beste und wichtigste Heilmittel für gewohnheitsmäßiges Sündigen ist die Neugeburt, 18. „Wir wissen, daß jeder, der aus Gott geboren ist, nicht aus Gewohnheit weitersündigt. Nachdem er von Gott geboren ist, hält ihn das Leben, das er aus Gott empfangen hat, davon ab, gewohnheitsmäßig weiterzusündigen, und Satan kann ihn nicht anrühren". Die neue Stellung des Gläubiggewordenen ist also ein Heilmittel gegen die Sünde, 19. Er ist von Gott in die Gottesfamilie hineingeboren. Im Gegensatz dazu ist die Welt (d.h. alle nicht Geretteten) in der Macht Satans, 19b. Endlich ist *unser Verständnis der göttlichen Wahrheiten* ein Abschreckungsmittel gegen gewohnheitsmäßiges Sündigen, 20. Wahrheit und Leben kennzeichnen den Lebensbereich eines Gotteskindes.

Abschließende Ermahnung, 21. Der in hohem Alter stehende Apostel fügt ein letztes Wort an seine „Kindlein" hinzu: „Hütet euch vor den Abgöttern"! Ein Abgott ist alles, was Gott den ersten Platz in unserem Leben raubt. Ephesus war voll von Götzendienst, was diese letzte Ermahnung des Apostel sehr aktuell macht.

Teil der Ruinen des alten Ephesus. Wahrscheinlich schrieb Johannes von hier aus seine Briefe.

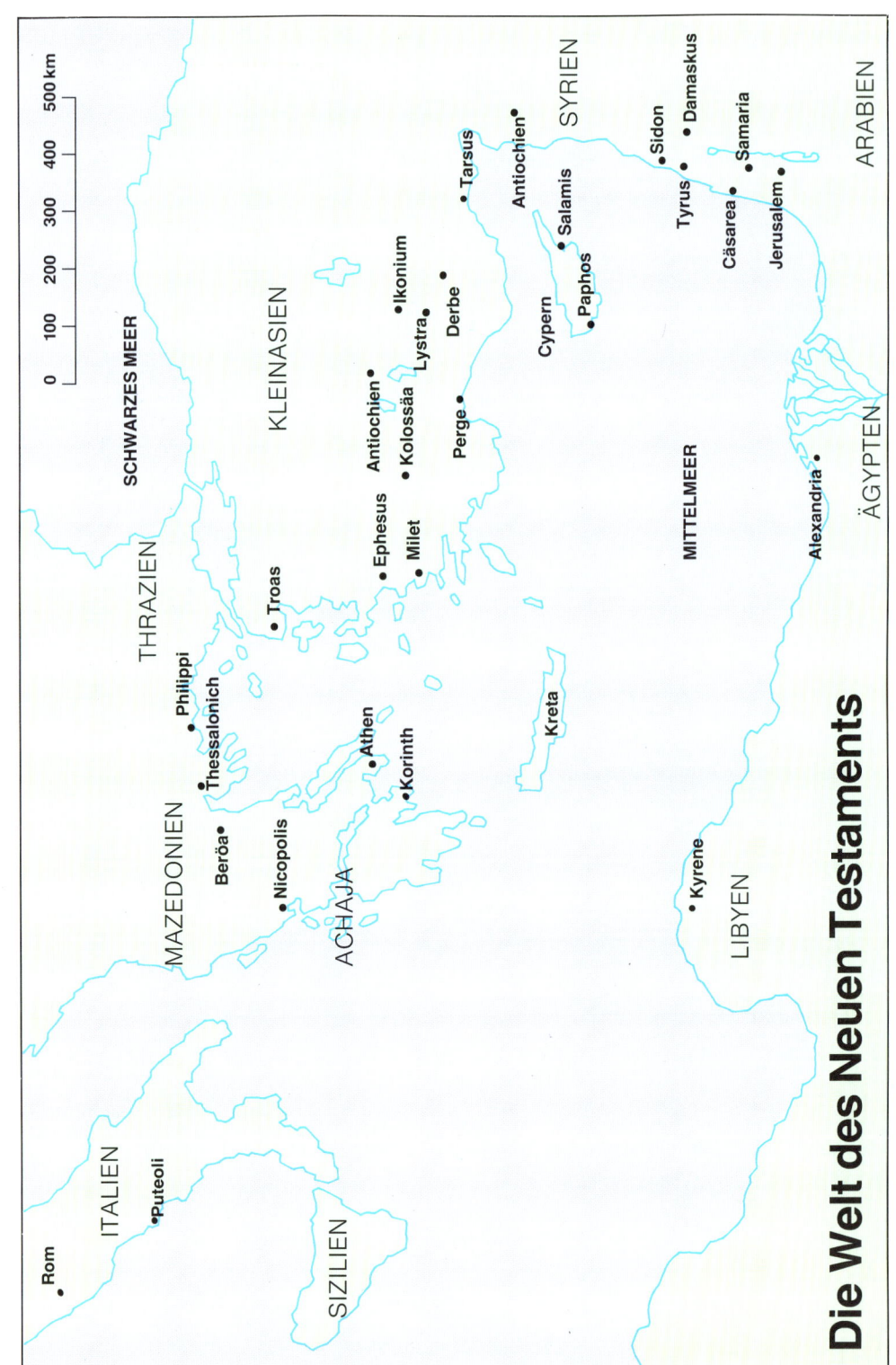

Die Welt des Neuen Testaments

Zweiter Brief des Apostels Johannes

Wandel in der Wahrheit und der Liebe

Verfasser und Adressat. Der zweite Brief des Johannes ist ein persönliches Schreiben des Apostels Johannes an „die auserwählte Frau und ihre Kinder". Wer diese „Frau" (oder Kirche) ist, ist unbekannt, obgleich einige Gelehrte meinen, daß ihr Name *Frau Electa* (gr. für „Erwählte" oder *kyria*, gr. für Frau oder Herrin) ist. Die christliche Matrone lebte irgendwo im Umkreis der Gemeinden, welche vom bejahrten Johannes betreut wurden. Daß Johannes der Verfasser des Briefes ist, wird aus Stil und Inhalt der kurzen Nachricht ersichtlich, die dem ersten und dritten Brief und dem Johannes-Evangelium überraschend ähnlich ist.

Datierung und Zweck. Es scheint, daß kein großer Zeitabstand zwischen dem ersten und diesem zweiten Brief liegt. Der Zweck des Briefes war offensichtlich, diese einflußreiche und auserwählte Frau (1-2) vor Irrlehrern zu warnen. Sie förderte wohl Versammlungen mit reisenden Predigern, indem sie diese in ihr Haus aufnahm (10), wie Nymphas in Laodizea (Kol. 4,15). Der Apostel ermutigt sie, warnt sie aber vor ungesunder Lehre und empfiehlt, niemanden als Lehrer zu unterstützen, der nicht die volle Gottheit wie Menschheit Jesu lehrte.

Gesamtansicht des Asklepion in Pergamon

Zweiter Brief des Apostels Johannes

Vers 1-6
Wandel in Wahrheit und Liebe

Grußwort, 1-3. In diesem mehr privaten Brief nennt Johannes sich schlicht einen „Ältesten" (Apg. 11,30; Tit. 1,5-9), was weniger autoritativ klingt als „Apostel". Er bekennt, „die erwählte Frau in der Wahrheit und ihre Kinder zu lieben", 1a. Wahre christliche Liebe gründet in „der Wahrheit", d.h. im geoffenbarten Wort Gottes, dessen Mittelpunkt die Person und das Werk Jesu Christi ist (Joh. 14,6), und steht im scharfen Gegensatz zu allen Irrlehren, die gerade in diesem Punkt von der Wahrheit abweichen (s. V. 7-11). Gemeinschaft in der Wahrheit bringt einen „Liebeshauch" hervor, der so weit reicht wie die Gemeinschaft des Glaubens, 1b. Solche Wahrheit ist die einzige sichere Grundlage echter Liebe, in der Gegenwart wie in der Zukunft, 2. Gnade, Barmherzigkeit und Friede haben ihre Quelle in Gott, dem Vater, und in Jesus Christus, dem Sohn, 3. Sie sind also gegründet auf Wahrheit und Liebe.

Die Ermahnung, 4-6. Der Apostel drückt seine große Freude darüber aus, daß die Kinder „in der Wahrheit wandeln" (d.h. ihr ganzes alltägliches Leben in der Wahrheit des Evangeliums leben). Ihr Verhalten entsprach der Wahrheit, die in Christus geoffenbart wurde. Wie in seinem ersten Brief dringt Johannes auch in diesem darauf, daß man als natürliche Frucht der göttlichen Wahrheit einander Liebe erzeigt (s. 1. Joh. 2,7-8).

Vers 7-13
Ablehnung aller Gemeinschaft mit Irrlehrern

Existenz von Irrlehrern angezeigt, 7-9. „Denn", 7a, betont den Gegensatz zwischen den vorhergehenden Versen und den nachfolgenden und zeigt, daß Irrlehren die offenbarte Wahrheit Gottes und das Gebot der Liebe verletzen. Solche falschen Lehren werden von „vielen Irrlehrern" verbreitet, „die in die Welt hinausgegangen" sind, 7b. Ihre Irrlehre besteht vor allem darin, daß sie sich weigern zu „bekennen, daß Christus ins Fleisch gekommen (Mensch geworden) ist". Damit leugnen sie die *Möglichkeit* der Menschwerdung Jesu Christi und zwangsläufig auch die seines ersten und zweiten Kommens.

Das Vorhandensein solcher Irrlehren ruft die Gläubigen auch zur Selbstprüfung auf, es sei denn, daß es den Irrlehrern gelingt, innerhalb der Bruderschaft zu zerstören, was die Apostel an gesunder geistlicher Ausrichtung aufgebaut hatten. Das würde aber Verlust des Lohnes bedeuten, der die Gläubigen nach der Entrückung vor dem Richterstuhl Christi erwartet, 8. „Wer darüber hinausgeht" (vielleicht über die apostolische Lehre von Christus oder als Irrlehrer „darüber hinausführt") und dennoch an seiner Zugehörigkeit zur Gemeinschaft der Gläubigen festhalten will, muß ebenfalls „geprüft werden", besonders wenn er „nicht in der Lehre Jesu Christi bleibt". Denn wer nicht darin bleibt, dem fehlt die Gemeinschaft mit Gott dem Vater, und das bedeutet den geistlichen Bankrott, 9.

Konsequenter Bruch mit Irrlehrern, 10-11. Wahrscheinlich wurde den Irrlehrern in den Häusern der Gläubigen Gastfreundschaft gewährt, 10. Der Apostel verbietet die Fortsetzung dieser Praxis streng und befiehlt, daß Glieder der Gemeinde mit Irrlehrern weder solche Gemeinschaft halten noch ihnen christliche Gastfreundschaft gewähren, 10. Sogar der übliche Gruß soll ihnen verweigert werden, weil dies eine Billigung, ja, eine Teilnahme an seinen „bösen Werken" (der Verbreitung der Irrlehren) bedeuten würde, 11. Klare Trennung von allem Irrtum ist eine unaufgebbare Forderung (2. Kor. 6,14-17) für Glieder der Gemeinde Jesu Christi.

Schluß, 12-13. Der Apostel stellt seinen persönlichen Besuch in Aussicht, 12, und richtet Grüße aus an die „auserwählte Frau" von ihrer „Schwester, der Auserwählten", 13.

Dritter Brief des Apostels Johannes

Hilfe und Gastfreundschaft für Reiseprediger

Verfasser. Die Ähnlichkeiten in Ton, Gedankengang und Stil sowie die Zeugnisse des Irenäus, des Clemens von Alexandrien, des Dionysius von Alexandrien, des Cyprian und anderer Kirchenväter weisen darauf hin, daß dieser Brief von dem gleichen Verfasser stammt wie der erste, nämlich von Johannes, dem Jünger, den der Herr besonders liebte.

Datum und Ort der Niederschrift. Eusebius schreibt (in „Kirchengeschichte" 3,25), daß Johannes nach dem Tode Domitians (96 n.Chr.) aus der Verbannung in Patmos nach Ephesus zurückkehrte, wo er seine letzten Lebensjahre im seelsorgerlichen Besuchsdienst für die Gemeinden in der römischen Provinz Asia (in der heutigen Türkei) verbrachte (vgl. 2. Joh. 12; 3. Joh. 10.14), Älteste einsetzte und selbst mit dem Wort diente. Wenm Eusebius recht hat, dann muß der zweite und dritte Johannesbrief *nach* der Offenbarung geschrieben worden sein.

Der Arkadenweg (Bogenstraße) in Ephesus vom Hafen aus, mit Blick auf das Theater.

Dritter Brief des Apostels Johannes

Vers 1-8
Gajus als Beispiel eines Wandels in Wahrheit

Zuschrift und Gruß an Gajus, 1-4. Schreiber des Briefes ist „der Älteste" (s. 2. Joh. 1), Empfänger „Gajus, der Geliebte" – möglicherweise Gajus von Derbe (Apg. 20,4), Gajus von Korinth (Röm. 16,23; 1. Kor. 1,14), Gajus von Mazedonien (Apg. 19,29) oder Gajus, der Bischof von Pergamus (erwähnt in den „Apostelverfassungen" 7,40). Wer auch immer gemeint war, der Apostel sagt, daß er ihn „in Wahrheit liebe", 1; ihm leibliche Gesundheit wünsche, 2a; und Vertrauen in seine geistliche Fähigkeit (Vitalität) habe, 2b. Johannes schließt in seine Grüße die Fürbitte für des Gajus geistliche und leibliche Gesundheit ein und gibt seiner Freude (vgl. 1. Thess. 2, 19-20) darüber Ausdruck, daß Gajus „in der Wahrheit wandelt", 3-4.
Des Gajus Wandel in der Wahrheit, 5-8. Dieser Wandel oder die Art des täglichen Lebens des Gajus war ein Zeugnis für „die guten Werke, die solch ein Glaube hervorbringt", 5. Sie äußerten sich in diesem Fall besonders an den im Dienst Jesu Christi reisenden Brüdern (noch dazu an „fremden"), die für ihren Unterhalt auf die Hilfe der Gläubigen angewiesen waren (und so ihre Unabhängigkeit von den Heiden bewahren konnten); weiter durch die *Gastfreundschaft und Liebe,* die er andern erwies, 6; und durch die *Rücksichtnahme, die er zeigte,* 7-8.

Verse 9-11
Beispiel eines entgegengesetzten Wandels

Das Beispiel, 9-10. Im Gegensatz zu Gajus und Demetrius steht Diotrephes. Er wandelte nicht in der Liebe und Wahrheit, sondern war von fleischlichem Ehrgeiz besessen, 9. Johannes hatte an die Gemeinde geschrieben, zu der Diotrephes gehörte. Da hatte Diotrephes die Vorschläge des Apostels zurückgewiesen, „weil er bei ihnen der erste sein will". Er gab den Werken des Fleisches

Raum, 10a, indem er sich lieblos und herrschsüchtig zeigte, 10b.
Die Warnung, 11. Das Leben des Diotrephes war böse und nicht nachzuahmen. Er war nicht „von Gott", noch hatte er „Gott gesehen". Sein sündiges Leben bewies dies.

Vers 12-14
Das gute Beispiel des Demetrius

Das gute Zeugnis über den Wandel des Demetrius, 12. Dieses Zeugnis war allgemein und schloß das des Johannes und „der Wahrheit" selbst ein. Das Leben dieses (unbekannten) Man-

Die hohen weißen Marmorsäulen des Asklepion in Pergamon, unmittelbar nördlich von Smyrna.

nes stand in starkem Gegensatz zu dem des Diotrephes.
Schlußbemerkungen, 13-14 (vgl. 2. Joh. 12).

Der Brief des Judas

Der Kampf für den Glauben

Der Verfasser und die Beglaubigung des Briefes. Der Verfasser war offenbar der Brudes des Jakobus, des Bischofs von Jerusalem, der den Jakobusbrief geschrieben hatte (Jak. 1,1; vgl. Math. 13,55; Mk. 6,3) und ein (Halb)-Bruder unseres Herrn war, 1. Zunächst ungläubig (Joh. 7,3-8), wurde Judas später von der Gottheit Jesu überzeugt (Apg. 1,13). Einige Gelehrte wollen in ihm den Apostel Judas (Judas, Matth. 10,2-3) mit dem Beinamen Lebbäus oder Thaddäus (Lk. 6,16; Apg. 1,13) sehen. Echos und Hinweise auf die Epistel finden sich in den Schriften des Hermas, Polykarp, Athenagoras, Theophilus von Antiochien und Tertullian, so daß der Judasbrief auf stärkeren äußeren Beglaubigungen beruht als der zweite Petrusbrief.

Anlaß und Datierung. Über die Umstände oder das Datum des Briefes ist kaum mehr bekannt, als daß der Abfall, gegen den er auftritt, weiter fortgeschritten ist, als es zur Zeit des zweiten Petrusbriefes der Fall war. Daraus folgt, daß dieser Brief später geschrieben wurde als der zweite Petrusbrief, etwa 66 oder 67 n.Chr. Der große Abfall vom Glauben, der hier beschrieben wird, bildet den Hintergrund für die Offenbarung (Apokalypse), die in vielen Bibelübersetzungen dem Brief des Judas als letztes Buch der Bibel direkt folgt. Der Geist Gottes gab beiden Verfassern, sowohl Judas wie Petrus, in ihren Briefen einen warnenden Ton, den die Gemeinde so nötig brauchte.

Der Karnaktempel in Luxor. Judas erinnert seine Leser noch einmal daran, wie der Herr sein Volk aus Ägypten befreite.

Der Brief
des Judas

Vers 1-4
Der Kampf für den Glauben

Grußwort, 1-2. Judas spricht zu den Gläubigen im allgemeinen, erwähnt ihre Erwählung, Bewahrung und ihren Stand als „Geliebte in Gott dem Vater".

Der Anlaß des Briefes, 3-4. Die ursprüngliche Absicht des Verfassers war, einen lehrhaften Brief zu schreiben, 3a, „von unserem gemeinsamen Heil". Dieses „gemeinsame" (gr. *koines* = „in gleicher Weise mehr als einem gehörend") Heil war für *alle* Gläubigen. Irrlehrer gefährdeten die Lehre dieser allgemeinen Wahrheit über die Person und das vollbrachte Werk Jesu Christi. Deshalb hielt Judas es für nötig, zu einer *Ermahnung* überzugehen, *in offenem Kampf den Glauben zu verteidigen*, 3b. „Der Glaube" war ein für allemal den „Heiligen" (Gläubigen) überliefert worden. Keine andere Offenbarung, kein anderer Glaube wird benötigt, denn er ist vollkommen und endgültig. Das ist die Antwort an die, die Offenbarung und Wahrheiten über die in den kanonischen Schriften enthaltenen hinaus fordern. Das Eindringen von Irrlehrern brachte Irrtümer bezüglich der Lehre über die Person und das Werk Jesu Christi in die Gemeinden, besonders in bezug auf seine Souveränität (höchste Gewalt) und Herrschaft, 4. Hier liegt der grundlegende Irrtum aller Irrlehren (vgl. 2. Petr. 2,1).

Verse 5-7
Warnungen vor Gottes Gerichten aus der Geschichte

Die Israeliten in der Wüste, 5. Da die Empfänger dieses Briefes bereits „all diese Tatsachen" ein für allemal wußten, brauchte Judas sie nur wieder daran zu erinnern, 5a. Diese Tatsachen sind folgende: daß der Herr, nachdem er das Volk aus Ägypten errettet (befreit) hatte, später diejenigen, die nicht glaubten, vertilgte (bei Kadesch-Barnea, 4. Mo. 14,1-45; 1. Kor. 10,1-5; Hebr. 3,17-19). Dieses Gottesgericht kam auf Gottes eigenes Volk: Ihre Sünde des Unglaubens

wurde mit dem leiblichen Tod bestraft (vgl. 1. Kor. 5,1-5; 11,30-32; 1. Joh. 5,16).

Die gefallenen Engel, 6. Offensichtlich war die Sünde dieser besonders bezeichneten Engel, daß sie „ihren ursprünglichen Stand nicht bewahrten" (d.h. ihre für sie bestimmte unterschiedliche Rangordnung als reine Geistwesen), sondern „ihre eigene Behausung verließen", zu sterblichen Frauen eingingen und dadurch die Zustände herbeiführten, die das Gericht der Sintflut notwendig machten (1. Mo. 6,1-6; 2. Petr. 2,4-5). Die Strafe für ihren Ungehorsam ist Einkerkerung bis zum Endgericht, „mit ewigen Banden in der Finsternis verwahrt" (s. 2. Petr. 2,4). Das Gericht wird sie an dem „großen Tage" treffen, wahrscheinlich in Verbindung mit dem Gericht über Satan (Off. 20,10).

Die Sünder von Sodom und Gomorra, 7 (vgl. 1. Mo. 19; 2. Petr. 2,6-8). Ihre Sünde, die ähnlich der der gefallenen Engel war, 6, war sexuelle Immoralität und Perversität (Widernatürlichkeit, Umkehrung), 2, so daß sie sich der Unzucht hingaben (Promiskuität, d.h. ungebundenen Geschlechtsbeziehungen) und fremdem Fleisch nachgingen (gr. „verschiedenem Fleisch", d.h. unnatürlichen Lastern). Das Gericht über sie sollte als Beispiel dienen und andere vor dem Strafgericht des ewigen Feuers warnen. Das buchstäbliche Feuer, das sie damals verschlang, ist ein Symbol des ewigen Feuers, das für die Bösen bestimmt ist (Off. 19,20; 20,10.14; vgl. Matth. 25,41).

Verse 8-16
Irrlehrer

Ihre Anmaßung gekennzeichnet, 8. Diese Sünde der Irrlehrer (4) wird offenbar dadurch, daß sie *nicht daran denken, die geschichtlichen Warnungen* vor dem göttlichen Gericht, die in Vers 5-7 angeführt wurden, *zu beachten* (gr. „in gleicher Weise, ungeachtet dem, gegeben worden waren"), 8a; ihre *Träumereien* – wie natürliche Menschen, die geistlich schlafen; ihre *sexuelle Unmoral* – „beflecken das Fleisch" (vgl. V. 7); ihre *Gehorsamsverweigerung* – sie „verachten Autorität", besonders die des Wortes Gottes; ihre *Verleumdung* – sie „sprechen übel von Würdenträgern" (irdischen und himmlischen).

Ihre Anmaßung illustriert, 9-10. Als der Erzengel Michael mit dem Teufel über den Leichnam des Mose stritt, weil er zum Zweck der Verklärung Jesu (Matth. 17,3-4) vor der Zeit auferweckt worden war, wagte er nicht, ein beleidigendes Urteil gegen Satan auszusprechen, und zwar aus Respekt vor Satans früherer, verlorener Würde (8c), sondern sagte nur: „Der Herr strafe dich" (Sach. 3,2). Im Gegensatz dazu schmähen und verspotten diese Irrlehrer alles, was sie nicht verstehen, und zeigen keine Ehrerbietung vor irgendeiner Autorität. „Was sie aber von Natur durch tierischen Instinkt wissen, darin verderben und zerstören sie sich."

Gründe für das Wehe über ihnen, 11. Diese Irrlehrer sind *eigenwillige religiöse Naturalisten,* die „in aufrührerischer, ausgelassener Weise den Weg Kains gehen" (1. Mo. 4,3-8). Kain war ein Typus des religiösen, natürlichen Menschen, der sich gegen die Erlösung durch das (in Stellvertretung) vergossene Blut wehrt und statt dessen sich eine eigene Religion bildet (modelliert), eine Religion menschlichen Verdienstes und eigener Werke, wie es ihm selbst paßt, 11a. Sie sind *gewinnsüchtige, religiöse Moralisten,* „die sich dem betrüglichen Lohn Bileams hingeben", 11b (4. Mo. 22-24). Ihr Irrtum beruhte auf dem Fehler anzunehmen, daß ein gerechter Gott Israel um seiner Sünde willen verfluchen mußte, und auf der eindeutigen Unkenntnis der unendlich höheren Gerechtigkeit des Kreuzes, die es Gott erlaubt, gerecht zu richten und zur gleichen Zeit den gläubigen Sünder ewig gerecht zu sprechen (vgl. 2. Petr. 2,15; Off. 2,14). Sie sind ebenso gesetzlose Eiferer, wie die Rotte Korah, die durch ihre Widersetzlichkeit ins Verderben geraten sind (4. Mo. 16,1-50; 26,9-11). Korahs Sünde war die Ablehnung der Autorität Gottes, die ihnen in Mose als dem von Gott erwählten Sprecher begegnete, und zudem ihr daraus folgendes eigenmächtiges Eindringen in das Amt der Priester. Mißachtung der Autorität des Wortes Gottes ist bezeichnend für alle Irrlehrer.

Ihre geistliche Unfruchtbarkeit, 12-13. Die innere Leere dieser Lehrer macht sie zu einer Gefahr für die Gemeinden, 12a. „Sie sind wilde Wellen des Meeres", an denen die christlichen Liebesmahle Gefahr liefen zu scheitern (Schiffbruch zu erleiden), durch ihr selbstsüchtiges und fleischliches Trinken und Schmausen (vgl. 1. Kor. 11,30-32). Ihre Unfruchtbarkeit wird auch deutlich durch ihre *geistige Leere,* 12b. Sie sind „Wolken ohne Wasser, Bäume ohne Frucht, zweimal (doppelt) erstorben und entwurzelt", zunächst geistlich ohne Leben, und wenn man sie bei den Wurzeln ausreißt, wird es sichtbar, daß sie tot sind. Ihre *Schande,* 13a (Jes. 57,20), und ihre Irreführung („Irrsterne") decken weiterhin den Mangel an geistlicher Wirklichkeit in ihrem Leben auf.

Ihr Gericht vorausgesagt, 14-15. Diese Weissagung, die als Überlieferung in dem außer-

Das Tote Meer in der Dämmerung. Judas erinnert seine Leser an das Schicksal, das die Städte der Ebene, Sodom und Gomorrha, durch Gottes Zorn ereilte.

kanonischen Buch „Henoch" (1,9) erhalten geblieben ist, wird hier vom Hl. Geist als göttliche
Wahrheit weitergegeben. Judas sagt, daß Henoch bereits in dunkler Vorzeit von diesen Irrlehren geweissagt hatte, und daß beim zweiten
Kommen Jesu, wenn die Abtrünnigen der letzten Zeit gerichtet werden, auch der Augenblick
des Gerichts für sie kommen wird, 15.
**Zusammenfassung der Charakteristik der
Irrlehrer, 16.** Falsche Lehrer werden bezeichnet
als eingefleischte (unverbesserliche) „Murmler"
(Brummbären, Nörgler, Jammerer, Unzufrie-
dene, „die mit ihrem Schicksal hadern"); „die
nach ihren eigenen Lüsten wandeln" (Leichtle-
bige); „prahlerisch" (freche Schwätzer) und
hohle (eitle) Schmeichler (die den Leuten
schmeicheln, um daraus Vorteile zu ziehen).

Verse 17-25
Ermahnungen und Schlußsegen

Ermahnungen für Gottes Volk, 17-23. Kinder Gottes sollen der apostolischen prophetischen Warnungen gedenken, 17-18 (z.B. 1. Tim.
4,1-6; 2. Tim. 3,1-10; 2. Thess. 2,1-12; 2. Petr.
2,1-22). Sie sollen Irrlehrer richtig einschätzen
als solche, die „Spaltungen verursachen", die in
ihrem natürlichen Wesen steckengeblieben sind,
sinnlich, ohne „neue Natur", und die „den Geist
nicht haben" (Röm. 8,8-9); sie machen damit
deutlich, daß sie nicht wiedergeboren sind.

Die Gläubigen sollen das geistliche Wachstum
fördern, 20a, und ein geistdurchdrungenes Gebetsleben pflegen, 20b; sich selbst im Wirkungs-
kreis der Liebe Gottes erhalten, 21a; die Barmherzigkeit des Herrn Jesus Christus bei der Vollendung des ewigen Lebens erwarten, 21b; Erbarmen mit solchen haben, die wahrscheinlich
durch Irrlehrer beeinflußt wurden, 22; sie sollen
in Wort und Tat das Evangelium Jesu bezeugen,
23a, und sich fern von Fleischessünden halten,
23b.

Abschließender Segen, 24-25. Gott wird
dafür gepriesen, daß er uns davor bewahren
kann, in Sünde zu fallen, und uns in einem verherrlichten Zustand vor das Angesicht seiner
Herrlichkeit stellt. Unsere sichere Geborgenheit
in ihm ist wahrlich Grund, ihn zu loben!

Die Offenbarung

Enthüllung und Reich Jesu Christi

Titel des Buches. Die große prophetische Enthüllung dieses Buches wird „Offenbarung (gr. Apokalypse) Jesu Christi" genannt. Es ist Jesu Offenbarung, die der Vater ihm gegeben hat, damit er sie seinen Knechten weitergebe, 1,1. Der Titel „Offenbarung des Johannes" ist eine traditionelle Bezeichnung, die früh entstanden ist, um sie von anderen „Apokalypsen" zu unterscheiden. Im 4. Jh. wurde dann noch das Beiwort „Sankt" vor den Namen des Verfassers gestellt: Die Offenbarung des „Heiligen" Johannes.

Beglaubigung und Verfasser. Eine klare Beglaubigung des Buches als Teil des biblischen Kanons wird von Justin, dem Märtyrer, von Irenäus, Tertullian und Hippolyt gegeben. Sie bestätigen beides, sowohl die Echtheit wie die Verfasserschaft des „Johannes, des Apostels und Jüngers des Herrn". Dasselbe gilt von Clemens von Alexandrien, Origenes, Viktorinus (der einen Kommentar zur Offenbarung schrieb), dem Muratorischen Fragment, Ephraem, dem Syrer u.a.m. Luther, Zwingli und Erasmus von Rotterdam verwarfen die Offenbarung als nicht apostolisch. Das erscheint aber angesichts der vielen Beweise aus früherer Zeit willkürlich und belanglos. Der Verfasser selbst gibt seinen Namen an als Johannes (1,1.4.9; 22,8). Die frühen Kirchenväter, Clemens von Alexandrien, Irenäus und Eusebius bezeugten, daß dieser Johannes identisch ist mit dem Apostel Johannes, der nach Patmos verbannt worden war (1,9).

Hintergrund und Datierung. Aufgrund von Angaben des Buches selbst und durch die Bestätigung von Männern wie Irenäus und anderen ist das Buch wohl gegen Ende der Herrschaft Domitians (81 bis 96 n.Chr.) entstanden. Es war Domitian, der den Apostel auf die Felseninsel Patmos im Ägäischen Meer verbannt hatte (1,9).

Eigenart des Buches. Das Buch der Offenbarung ist gleichsam die Endstation, auf der alle großen Linien des prophetischen Wortes zusammenlaufen, und damit ist es die Vollendung aller offenbarten Wahrheit. Es sollte aus folgenden Gründen ein verständliches Buch sein: 1) Es ist eine Offenbarung (eine Apokalypse), „eine Bekanntmachung" oder „Enthüllung"; 2) es verspricht denen Segen, die es lesen, die es hören und seine Weissagungen bewahren (1,3); 3) es ist kein „versiegeltes" Buch (1,3b; 22,10; vgl. jedoch Dan. 12,9); 4) dem Buch ist ein einfacher „Schlüssel" beigegeben, der es verständlich macht (1,19); 5) die apokalyptischen Symbole der Prophetie, die zur richtigen Auslegung des Buches hinführen sollen, sind an anderen Stellen der Bibel erklärt. Dadurch erhalten wir den Kommentar zu diesem, den krönenden Abschluß bildenden Buch der Vollendung.

Große prophetische Themen, die im Buch der Offenbarung ihre Erfüllung finden

Der Herr Jesus Christus, der im Mittelpunkt der ganzen Heiligen Schrift steht (1. Mo. 3,15; Off. 1,1).
Die Gemeinde Jesu Christi (Matth. 16,18; Off. 2-3).
Die Auferstehung und Verherrlichung der Heiligen (erlösten Gläubigen) (Off. 20,4-6).
Die große Trübsal (5. Mo. 4,29-30; Jer. 30,5-7; Off. 4-19).
Satan und das (gegenwärtige) Weltsystem (Jes. 14,12-14; Hes. 28,11-18; Off. 12,3-17; 20,1-3.10).
Das Gericht über die Nationen (Joel 3,1-10; Matth. 25,31-46; Off. 16,13-16).
Der Antichrist (Hes. 28,1-10; 2. Thess. 2,7-10; Off. 13,1-10; 19,20).
Das messianische Reich (über Israel) (Jes. 11,1-16; Apg. 1,6; Off. 20,4-7).
Die Zeit der Heiden (Dan. 2,37-44; Lk. 21,24; Off. 6,1-19,16)

Das verlorene Paradies (1. Mo. 3) und das wiedergefundene Paradies (Off. 21-22).
Israels Bündnisse (Gottes Bund mit Abraham, 1. Mo. 12,1-3; der palästinensische Bund, 5. Mo. 30,1-10; Gottes Bund mit David, 2. Sam. 7,4-17; der Neue Bund, Jer. 31,31-33).
Das zweite Kommen Jesu Christi (Sach. 14,1-14; Off. 19,11-16).
Das Endgericht über die Bösen (Ps. 9,17-18; Off. 20,11-15).
Die Ewigkeit mit dem neuen Himmel und der neuen Erde (Jes. 65,17; 66,22; Off. 21-22).

Verschiedene Methoden der Auslegung

Die spiritualistische (vergeistigende, nicht buchstäbliche) Methode. Diese Art der Auslegung basiert auf einem mystischen, allegorischen Verständnis des größten Teils des Buches. Clemens von Alexandrien, Origenes und später Augustin und Hieronymus arbeiteten nach dieser Methode. „Moderne" Ausleger, die nach dieser Methode vorgehen, sehen als den Hauptinhalt der Offenbarung den Kampf zwischen der Kirche und dem Bösen während des gesamten gegenwärtigen Zeitalters, wobei das Buch den geprüften Gläubigen Mut gibt. Doch fehlt bei einer solchen Auslegungsmethode eine sinnvolle Erklärung; sein prophetischer Charakter wird praktisch verkannt (1,3; 10,11; 27,7.10.19-19). Ferner wird es der für die Auslegung dem Buch beigegebene Schlüssel (1,19) mißachtet, ebenso der Schwerpunkt der Offenbarung, der auf dem zweiten Kommen Jesu Christi liegt sowie auf den gewaltigen Ereignissen, die diesem Kommen folgen werden (1,7; 3,11; 16,15; 22,7.12).

Die Vergangenheitsmethode (Präteristenmethode). Die Vertreter dieser Auslegungsschule sind der Meinung, daß die in diesem Buch berichteten Ereignisse bereits ihre Erfüllung in der Geschichte gefunden haben. Einige Vertreter dieser Schule behaupten, daß sich die Ereignisse von Kap. 6-11 bereits bei der Vernichtung der jüdischen Gegner der Frühkirche und während der Regierungszeit Neros erfüllt haben. Der Rest des Buches soll nach dieser Auslegung nur eine verschwommene Zukunft haben. Vom 17. Jh. an haben die „Präteristen" in den Kap. 4-11 die Beschreibung des Konflikts der jungen Kirche mit dem Judaismus, in den Kap. 12-19 mit dem Heidentum, gesehen, während Kap. 20-22 ihren gegenwärtigen Triumph beschreibe. Diese Haltung übersieht ebenfalls den Auslegungsschlüssel in Kap. 1,19, gibt den Symbolen daher willkürliche Bedeutungen und zieht nicht in Betracht, daß die Ereignisse in Kap. 4-19, die dem zweiten Kommen Jesu vorangehen werden, sich offenbar in einem sehr *kurzen* Zeitraum abspielen werden.

Die fortlaufend-geschichtliche Auslegungsmethode. Die Vertreter dieser Auslegungsmethode sind der Meinung, daß das Buch der Offenbarung die gesamte Spanne der Kirchengeschichte, von der Zeit des Johannes bis ans Ende der Welt umfaßt. Diese Schau war seit der Zeit Berengauds (9. Jh.) und Joachims (12. Jh.) beliebt. Wycliffe, Luther, Josef Mede, Isaac Newton, Bengel, Barnes und andere Gelehrte teilten sie. Die Unzulänglichkeiten der beiden vorhergehenden Methoden gelten auch für diese Auslegungsart. Sie setzt das Buch der Offenbarung nicht in Beziehung zur biblischen Prophetie als Ganzes und unterläßt es, die Einzelheiten seines Inhalts genügend zu erklären.

Die futuristische Auslegungsmethode. Die Vertreter dieser Methode benutzen den in Kap. 1,19 gegebenen Schlüssel als Führer und sehen den größten Teil des Inhalts (Kap. 4-22) als noch in der Zukunft liegend. Sie fußen bei ihrer Auslegung auf atl. Weissagungen wie denen vom „Tag des Herrn" (Jes. 2,10-22; 4,1-6; 34,1-17), denen vom kommenden „Reich" (Jes. 35,1-10) und solchen, die das zweite Kommen Jesu Christi betreffen (Sach. 14). Auch ntl. Weissagungen, die sich auf die Wiederkunft Jesu beziehen, werden mit den Berichten der Offenbarung in Beziehung gebracht (z.B. Matth. 24-25; Mk. 13; Lk. 21).

Die Schau der Frühkirche. Die Kirchenväter der frühen Kirche bekannten sich offenbar zur „futuristischen" Methode der Auslegung, da sie an die nahe bevorstehende Wiederkunft Jesu, die darauffolgende Aufrichtung seines irdischen Königreiches (vgl. (Apg. 1,6) und an eine Periode der großen Trübsal, die diesem Königreich vorangeht und es einleitet, glaubten. Justin, der Märtyrer, Irenäus, Hippolytus, Tertullian und Viktorinus nahmen die Weissagungen vom kommenden Reich des Messias wörtlich.

Überblick

Die Vision auf der Insel Patmos, Kap. 1 (was Johannes sah, 1,19a)
Briefe an die sieben Gemeinden, Kap. 2-3 (die Dinge, die sind, 1,19b)
Gipfelereignisse der Geschichte, Kap. 4-22 (die Dinge, die danach sein werden, 1,19c)
Der Thron Gottes im Himmel, Kap 4-5
Die große Trübsal auf Erden, Kap. 6-18
  Die Siegelgerichte, Kap. 6,1 – 8,1
  Die Posaunengerichte, Kap. 8,2 – 11,19
  Sieben Persönlichkeiten, Kap. 12,1 – 13,18
  Vorschau auf das Ende der großen Trübsal, Kap. 14,1-20
  Zornschalengerichte, Kap. 15,1 – 16,21
  Gericht über Babylon, Kap. 17,1 – 18,24
Das zweite Kommen Jesu und Harmagedon, Kap. 19
Das Tausendjährige Reich, das Endgericht, Ewigkeit, Kap. 20-22

Die Offenbarung

Kap. 1,1-3
Einführung

Das Wesen des Buches, 1-2. Es enthält „die" Offenbarung, die größte, höchstmögliche Enthüllung der Zukunft, die *von* Jesus Christus kommt (Jesu Christi = Genitivus subjectivus), „welche Gott ihm gab". Die Offenbarung Jesu Christi ist weder ein versiegeltes Buch noch eines, dessen Inhalt nicht studiert und verstanden werden könnte. Es handelt von Ereignissen, die „in Bälde" geschehen „sollen" und deshalb für Gotteskinder *„heute* und *jetzt"* von größter Bedeutung sind. Es enthält Enthüllungen von Christus her, in entschlüsselbaren Zeichen oder „Symbolen" durch einen dem Apostel Johannes gesandten Engel.

Die Aufgabe des Buches, 3. Sein Zweck ist, zu segnen oder den glücklich zu machen, „der die Worte dieser Weissagung vorliest, und die, die sie hören und bewahren, was darin geschrieben steht". Der Grund, weshalb es wichtig ist, zu lesen, zu hören und zu bewahren, wird uns genannt: weil die Zeit der Erfüllung dieser Weissagungen nahe ist. Das Hören und Behalten wird den Glauben stärken und die Hoffnung festmachen in den Prüfungen und Verfolgungen dieses sündigen Zeitalters, indem es den Blick immer wieder nach vorn auf den Triumph Jesu Christi und den letzten Triumph der Seinen richtet.

Kap. 1,4-8
Gruß des Verfassers

Der Verfasser und die Empfänger des Buches, 4a. Der Apostel Johannes ist offensichtlich der menschliche Verfasser dieses Buches. Die Empfänger sind *sieben* typische Vertreter von Gemeinden in der römischen Provinz Asia im westlichen Kleinasien. Sie sind Musterbeispiele für die Zustände der Universalkirche an allen Orten während des Zeitalters der *gesamten* Kirchengeschichte. Einige Ausleger haben versucht, die sieben Gemeinden mit sieben aufeinanderfolgenden großen Epochen der Kirchgeschichte gleichzusetzen; nach dieser Auslegung befänden wir uns zur Zeit in der „Laodizea-Periode" der Kirchengeschichte. Diese Auslegung findet allerdings vom Text her wenig Begründung.

Der Segen des dreieinigen Gottes, 4b-8. „Gnade und Friede" sind die zwei großen Besitztümer der Gemeinde in Christus (2. Thess. 1,2). Sie kommen 1) von *Gott dem Vater, 4b,* „der da ist, der da war, und der da kommt" – eine Beschreibung des „unaussprechlichen Namens" (Yahweh) des Unwandelbaren, der „von Ewigkeit her" ist (2. Mo. 3,13-14); 2) von *Gott dem Hl. Geist, 4c;* symbolisiert in der Vollkommenheit und Gesamtheit seiner Wirksamkeit als „die sieben Geister, die vor seinem (Gottes) Thron sind" (vgl. Jes. 11,2; 1. Kor. 12,4.13); 3) von *Gott dem Sohn – Jesus Christus, 5-8.* Jesus, der Mittelpunkt des Buches (der Offenbarung), wird bis in alle Einzelheiten hinein beschrieben: a) *im Gehorsam seines irdischen Lebens, 5a,* als „der treue Zeuge" (Jes. 55,4; b) *in seiner herrlichen Auferstehung, 5b,* als „der Erstgeborene von den Toten" (Kol. 1,18); c) *in seinem zukünftigen Ehrentitel und seiner Reichsherrlichkeit, 5c,* als „Fürst (Herrscher) der Könige auf Erden" (Ps. 2,2.9); d) *in seinem Erlösungswerk, 6a,* „der uns geliebt (gr. liebt) und uns durch sein Blut gewaschen hat (die ältesten Manuskripte haben: der uns „freigemacht" oder „losgemacht" hat, im Sinne von „von Fesseln befreit") von unseren Sünden" (Röm. 3,25-26; 1. Petr. 1,18-20); e) *in dem Ergebnis der von ihm vollbrachten Erlösung, 6b;* „und Jesus hat uns zu einem Königreich gemacht, zu Priestern, um Gott und Vater zu dienen" (gr.); f) *in seiner Würdigkeit, höchstes Lob zu empfangen, 6c;* g) *als der Wiederkommende, 7;* h) *in seinem Selbstzeugnis, 8,* „ich bin das Alpha und Omega" (der erste und der letzte Buchstabe des gr. Alphabets – wie unser „A-Z"). Diese Beschreibung zeigt, daß er, Jesus Christus, der Anfang und das Ende aller Dinge ist, die in diesem Buch ihre Vollendung finden (Jes. 44,6). Er ist der eigentliche Verfasser des Buches der Offenbarung (1,1).

Teil I. Die Dinge, die Johannes sah – die Patmos-Vision, Kap. 1,9-20

Kap. 1,9-20
Die Umstände und die Vision

Die äußeren Umstände, 9-11. Der Apostel Johannes war in der Verbannung auf Patmos, einer Insel im Ägäischen Meer, etwa 40 Quadratkilometer groß und ca. 56 km südwestlich von Milet vor der Küste Kleinasiens gelegen. Er war im Jahre 95 n. Chr. – so berichtet Eusebius – von Kaiser Domitian wegen seiner Treue zum Worte Gottes dorthin verbannt worden, 9. Die „gewaltige Stimme" war von einer Posaune", 10, ist die Stimme Jesu Christi, der Alpha und Omega ist. Die sieben Gemeinden werden mit Namen genannt, 11 (s. Erklg. zu Kap. 2-3).

Die Vision selbst, 12-16. Der verherrlichte

Die Insel Patmos, vom Kloster St. Johannes aus gesehen; hier lebte Johannes als Verbannter.

Christus scheint mit seiner Gemeinde auf Erden sehr nah verbunden zu sein, 13. Er ist „inmitten" der Gemeinde, die durch die sieben Leuchter (oder Lichthalter) symbolisiert werden und deren Licht Christus selbst ist (Joh. 8,12). Er erscheint als „Menschensohn", und zwar hier vor allem als Richter, der den Dienst seiner Gemeinde auf Erden bewertet.

Sein schneeweißes Haar, 14a, symbolisiert sein ewiges Sein, seine unbegrenzte Weisheit, Erfahrung und die Ehrwürdigkeit seines Wesens. Seine *„Augen wie eine Feuerflamme", 14b* (vgl. 19,12), zeugen von seiner allwissenden Einsicht als Richter. Seine *„Füße, wie im Ofen geglühtes Erz", 15a,* bezeugen ihn als den, der nicht nur inmitten seiner Gemeinde wandelt, um den Wert ihres Dienstes zu beurteilen, sondern als den, der eines Tages „die Weinpresse des Zornes Gottes, des Allmächtigen, treten" wird (19,15), wenn er kommen wird, „zu richten die Lebendigen und die Toten" und mit Satan und dem Antichristen zu streiten (19,11). Der Ausdruck *„seine Stimme wie das Rauschen vieler Wasser", 15b,* ist das Symbol für die ehrfurchtgebietende Urteilsverkündigung durch den obersten Richter – sei es das Urteil der Zustimmung für die Seinen (Matth.

25,34) oder das der Verdammnis über die Bösen (Matth. 25,41). *Seine rechte Hand,* 16a, einstmals vom Nagel durchbohrt und noch immer durch die Narben ihn als den wahren Gott und wahren Menschen zugleich ausweisend, der unsere Erlösung am Kreuz von Golgatha vollbracht hat (Joh. 20,27), verleiht ihm die Würde für das Richteramt. *Sein Mund,* 16b, aus dem das das scharfe, zweischneidige Schwert der Gerechtigkeit und des Gerichtes geht (19,11-15), bezeugt die Wahrheit, daß er einmal aufgrund des Wortes Gottes (Eph. 6,17; Hebr. 4,12) Urteil sprechen und Gerechtigkeit vollziehen wird. *Sein Gesichtsausdruck wie die Sonne,* 16c (vgl. Matth. 17,2) zeigt ihn in der Herrlichkeit seines zweiten Kommens als Richter (Mal. 3,20) und zugleich als die ewige Leuchte des neuen Jerusalem (Off. 21,23).

Die Reaktion des Johannes auf die Vision, 17-18. Zu Boden gestreckt beim Anblick des verherrlichten Menschensohnes, der als Richter erscheint, 17 (vgl. Jes. 6,1-10), erhält Johannes Worte der Zuversicht vom auferstandenen und verherrlichten Christus, der „die Schlüssel des Todes und des Totenreiches" hat (das Totenreich, Hades, ist der unsichtbare Ort, wohin die Toten nach dem Tode gehen, vgl. Lk. 16,19-31),

Die sieben „Sieben" der Apokalypse

1 Die sieben Gemeinden, 2,1-3,22

2 Die sieben Siegel, 6,1-8,1

3 Die sieben Posaunen, 8,2-11,19

4 Die sieben Persönlichkeiten, 12,1-13,18
Das Weib 12,1-2
Der Drache, 12,3-4
Das männliche Kind, 12,5
Der Erzengel Michael, 12,7
Der Überrest, 12,17
Das Tier aus dem Meer, 13,1-8
Das Tier aus der Erde, 13,11-18

5 Die sieben Zornschalen, 15,1-16,21

6 Die sieben Gerichte, 17,1-20,15
Das kirchliche Babylon, 17,1-18
Das politische Babylon, 18,1-24
Der Antichrist und der falsche Prophet, 19,20
Die antichristlichen Nationen, 19,21
Gog und Magog, 20,8-9
Satan, 20,10
Die ungläubigen Toten, 20,11-15

7 Die sieben neuen Dinge, 21,1-22,21
Der neue Himmel, 21,1
Die neue Erde, 21,1
Die neue Stadt, 21,9-23
Die neuen Nationen, 21,24-27
Der neue Fluß, 22,1
Der neue Baum, 22,2
Der neue Thron, 22,3-5

18. „Die Schlüssel" (Matth. 16,19) sind das Wahrzeichen von Autorität und Zugang. Sie besagen, daß Jesus allein die unsichtbare Welt auf- und zuschließen kann, da er selbst den Tod besiegt hat.

Der Schlüssel zu allen Visionen der Offenbarung, 19. Dieser Vers ist unentbehrlich für eine sachgemäße Auslegung des Buches der Offenbarung und weist auf eine Dreiteilung des Inhalts hin: 1) „die Dinge, die du *gesehen* hast", d.h. die Vision vom Menschensohn als Richter (1,10-20); 2) „die Dinge, die da *sind*", d.h. die sieben Gemeinden, die damals in der römischen Provinz Asia bestanden und die repräsentativ für die Gemeinden der gesamten Kirchengeschichte sind (Kap. 2-3); 3) „die Dinge, die *danach* geschehen sollen" (gr. „nach diesen Dingen"), d.h. nachdem die Zeit der Kirche zu Ende gegangen sein wird (Kap. 4-22).

Die Bedeutung der ersten Vision, 20. Das „Geheimnis" (Mysterium) ist eine Wahrheit, deren Bedeutung zuerst verborgen war, dann aber „offenbar gemacht", d.h. erklärt worden ist, die aber trotzdem noch ein dem Verstand unzugängliches Element enthalten hat (Matth. 13,11). Es ist in diesem Vers ein Doppeltes: 1) *Die sieben Sterne* sind die Boten, und zwar wahrscheinlich nicht Engel, sondern eher Menschen, die von den sieben Gemeinden nach Patmos gesandt worden waren, um des alternden Apostels Befinden zu erkunden, und auf dem Rückweg eine Botschaft von ihm mitnahmen. 2) *Die sieben Leuchter* sind sieben Gemeinden (s. 1,4.11). „Sterne" und „Leuchter" sind die „Lichter" dieser dunklen Zeit, Symbole der Kinder Gottes, die das Licht dessen zurückstrahlen sollen, der selbst „das Licht der Welt" ist (Matth. 5,14; Joh. 8,12; Eph. 5,8; Phil. 2,15).

Teil II. Die Dinge, die da sind – das Zeitalter der Gemeinde, Kap. 2-3

Kap. 2, 1-7
Ephesus – die Gemeinde ohne Liebe

Gruß und Empfehlung, 1-3. Der Brief ist adressiert an den „Engel" (Boten, s. Erklg. zu 1,20) der Gemeinde zu Ephesus, der großen Metropole des römischen Prokonsulats (Provinz unter einem Prokonsul) in Kleinasien, dem „Vanity Fair" („Jahrmarkt der Eitelkeit") der alten Welt (s. Erklg. zu Apg. 19,8-41 und „Ephesus und die archäologischen Entdeckungen"). Die Botschaft kommt von dem verherrlichten Richter (Christus), „der die sieben Sterne in seiner rechten Hand hält" und „wandelt unter den sieben goldenen Leuchtern" (seine Kirche auf Erden). Die Gemeinde wird gelobt wegen ihrer guten Werke, ihres geduldigen Ausharrens und ihrer Intoleranz gegen alles Böse, besonders gegen Übeltäter und Betrüger, 2-3 (vgl. Apg. 20,29-30).

Klage und Warnung, 4-5. Die Sünde der Gemeinde zu Ephesus war das Verlassen ihrer ersten tiefen Liebe zu ihrem Herrn. „Nichtsdestoweniger, trotz all deiner anderen Vorzüge (V. 2) habe ich gegen dich, daß du durch unmerkliches Weggehen deine erste Liebe verlassen hast" (die unmittelbare und innige Zuneigung, die du zuerst für mich hattest), 4. Vers 5 enthält die Warnung. Die Gemeinde sollte sich daran erinnern, wovon sie abgefallen ist, 5a. Von innen heraus fließende, unmittelbare Liebe zum Herrn Jesus Christus ist die höchste Stufe echten geistlichen Lebens. Sie zu verlassen ist der erste Schritt zu einem sehr ernsthaften Fall. Der Herr dringt in sie, *Buße* zu tun, 5b (ihre Haltung zu ändern), und „*die ersten Werke zu tun*", 5c, als Beweis der Echtheit ihrer Liebe zu ihm. Andernfalls werden sie ihre Zeugniskraft verlieren, 5d.

Lob und Verheißung, 6-7. Die Gemeinde wird noch einmal gelobt, daß sie die „Taten der Nikolaiten", ein symbolischer Name, anscheinend für eine Gruppe, die versuchte, eine falsche Freiheit in der Gemeinde einzuführen, haßt. Sie mißbrauchten den Begriff der Gnade und endeten in Ausschweifungen, 6 (vgl. V. 2; 2. Petr. 2,15-16. 19; Jud. 4.11). Der Symbolismus dieser Stelle wird von einigen als Hinweis auf den Ursprung des Klerikalismus angesehen, indem sie in den Nikolaiten (gr. *nikao* = „siegen"; *laos* = Volk) eine Gruppe sehen, die schon früh ein klerikales System begünstigten, das sich später zur päpstlichen Hierarchie entwickelte. Dem einzelnen Überwinder aber wird ein ewiger Lohn zugesagt (vgl. 1. Mo. 2,9; Off. 22,2.14).

Kap. 2,8-11
Smyrna – die verfolgte Gemeinde

Die Verfolgung, 8-9. Der Sprecher ist der auferstandene Christus, der Sieger über den Tod, 1. Smyrna (das heutige Izmir) liegt etwa 55 Kilometer nördlich von Ephesus. Die Stadt wurde „die Herrlichkeit Asiens" genannt wegen ihrer wohlgeplanten Gestaltung, ihrer schönen Tempel und eines idealen Hafens. Sie war ein Zentrum des Kaiserkults und hatte unter ihrer Bevölkerung eine starke jüdische Gemeinde. Diese Juden aus „der Synagoge Satans", 9 (3,9), waren in nationaler Hinsicht Juden, jedoch nicht nach ihrer geistlichen Haltung. Sie lästerten verbittert Christus als „den Gehenkten" und waren Gegner der Christen, so daß ihre Synagoge dadurch, daß sie die Wahrheit verwarfen, eine „Synagoge Satans" wurde (vgl. 1. Tim. 4,1-4; 1. Joh. 4,1-4). Siehe dagegen „die Gemeinde des Herrn" (4. Mo. 16,3; 20,4).

Die Ermutigung, 10-11. Die Ermahnung, die gegeben wird, heißt, sich nicht zu fürchten, 10a, (gr. „fürchte diese Dinge nicht, welche du leiden wirst"). Warum? 1) *Gott wird über die anfechtungen des Teufels die Oberhand gewinnen.* „Siehe, der Teufel (Ankläger) wird etliche von

Relief von Poseidon und Demeter, dem Gott des Wassers (der Meere) und der Göttin der Fruchtbarkeit, aus Smyrna

euch ins Gefängnis werfen, damit ihr versucht werdet", euren Glauben zu verleugnen, 10b. Von Gott her gesehen aber werdet ihr „getestet" (geprüft) werden, damit ihr bewährt und belohnt werdet. 2) *„Die Zeit der Verfolgung wird kurz sein"*, 10c. Die „zehn Tage" (vgl. Dan. 1,12) symbolisieren eine kurze Periode (vgl. 1. Mo. 24,55). 3) *Treue bis zum leiblichen Tod wird mit der „Krone des Lebens" belohnt werden* – sie ist des Märtyrers Lohn, 10d (vgl. Jak. 1,12). 4) *Dem Überwinder wird vom zweiten Tod kein Leid geschehen*, 11. Der „zweite Tod" ist der Feuersee, Gehenna, der Ort ewiger Trennung von Gott (Off. 20,6-15; 21,8).

Kap. 2,12-17
Pergamus – die verweltlichte Gemeinde

Wo Satans Thron war, 12-13. Pergamus (Pergamon) war ein berühmtes Zentrum der Götzenanbetung und dämonisch-beherrschter Religiosität, mit großartigen Tempeln für die Zeusanbetung, die Verehrung der Athene, des Apollo und des Äskulap (der Gott der Krankenheilung). Es lag am Ägäischen Meer, etwa 90 Kilometer nördlich von Ephesus. Als ein berühmtes Zentrum heidnischer Religion, einschließlich des Kaiserkults, war dort die Wirklichkeit des „Thrones Satans" und seiner „Residenz" zu spüren (vgl. 1. Kor. 10,19-20; Off. 9,20-21; 16,13-16 für den Zusammenhang zwischen Götzendienst und Dämonie). Antipas war einer der treuen Märtyrer.

Die Lehre Bileams, 14. Sie bestand darin, daß Bileam Balak lehrte, das Volk Gottes, das er selbst nicht verfluchen konnte, moralisch zu „verderben" (4. Mo. 31,15-16; 22,5; 23,8). Seine Strategie bestand darin, sie zu verführen, Mischehen mit den Moabitern einzugehen, dadurch ihre Trennung von den Heidenvölkern aufzugeben und ihre „Pilgerreise" (nach dem gelobten Land) abzubrechen.

Die Lehre der Nikolaiten, 15. Was in Ephesus die verhaßten „Taten" der Nikolaiten waren (2,6), das war in Pergamus ein starkes Dogma (eine Lehre) (s. Erklg. zu Kap. 2,6).

Warnung und Verheißung, 16-17. Die *Warnung* ist, „Buße zu tun", 16 (vgl. 2,5). Sollte es nicht zu dieser Buße der Anhänger der Nikolaiten kommen, würde der Herr mit dem Schwert seines Mundes gegen sie kämpfen (vgl. 1,16). Das „Schwert" erinnert an das gezogene Schwert, mit dem der Engel Gottes dem Bileam gegenübertrat (4. Mo. 22,23), als er auf dem Wege war, Israel zu verfluchen. Es war auch ein Vorgeschmack des Schwertes, durch welches Gott ihn und das betrogene Volk schließlich zu Fall brachte. Die *Verheißung* spricht auch von Christus als dem „verborgenen Manna", 17 (Joh.

6,31-35), d.h. von seiner verherrlichten Menschlichkeit, im himmlischen Heiligtum verborgen und aufbewahrt, bis es bei seiner Wiederkunft offenbar wird. Die Verheißung spricht auch von dem „weißen Stein". Vielleicht ist er mit dem kostbaren Diamanten am Brustschild des Hohenpriesters in Verbindung zu bringen. Der „neue Name", der darauf eingegraben wird, könnte der Name Jesu Christi sein (3,12), der eine weitere Offenbarung über seine Person enthält, die erst bei seiner Wiederkunft „enthüllt" werden würde.

Kap. 2,18-29
Thyatira – die vom Heidentum befleckte Gemeinde

Anerkennung und Klage, 18-23. Thyatira war ein Handelszentrum, das mit heidnischer Religion durchsetzt war. Seine vielen Handelsgilden veranstalteten abwechselnd große heidnische Feste. Christus, der hier wieder als Richter dargestellt ist (1, 14-15; Dan. 10,6), 18, klagt die Gemeinde an, daß sie gegenüber der falschen Prophetin Isebel nachsichtig ist, 20, auch wenn diese Gemeinde noch so viele „gute Werke" aufzuweisen hat, 19. Diese „Isebel" genannte Frau wird so bezeichnet, weil sie Ahabs böser Gemahlin gleicht, die in Israel die sittenverderbenden phönizischen Kulte einführte (1. Kö. 16,31-32; 2. Kö. 9, 22.30-33).

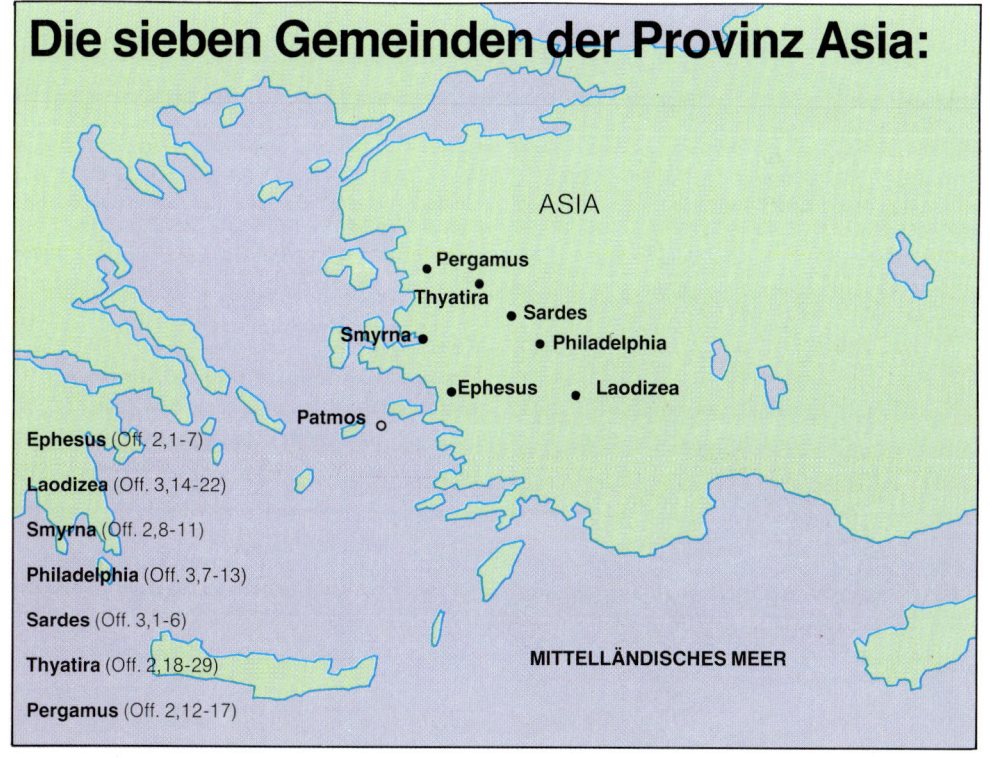

Die sieben Gemeinden der Provinz Asia:

ASIA

Pergamus
Thyatira
Smyrna
Sardes
Philadelphia
Ephesus
Laodizea
Patmos

Ephesus (Off. 2,1-7)

Laodizea (Off. 3,14-22)

Smyrna (Off. 2,8-11)

Philadelphia (Off. 3,7-13)

Sardes (Off. 3,1-6)

Thyatira (Off. 2,18-29)

Pergamus (Off. 2,12-17)

MITTELLÄNDISCHES MEER

Verheißung an den Überwinder, 24-29.
„Die Tiefen des Satans", 24, ist ein bemerkenswerter Hinweis auf die erschreckenden Tiefen des in Thyatira herrschenden Dämonismus (1. Tim. 4,1-6; 1. Joh. 4,1-6; Off. 9,20-21; 16,13-16) wie auf die falschen Lehren (2. Tim. 3,1-8; Jak. 3,15; 2. Petr. 2,1-3), zu denen das dortige Lehrgebäude herabgesunken war. Die Überwinder in diesen Auseinandersetzungen werden teilhaben an der messianischen Regierung Jesu Christi, 26.27 (Ps. 2,8-9).

Kap. 3,1-6
Sardes – die Gemeinde ohne Leben

Tote Orthodoxie (Rechtgläubigkeit), 1-3.
Sardes, das etwa 80 Kilometer nordöstlich von Smyrna lag, war bekannt für seinen Reichtum infolge seines Textil- und Juwelenhandels. Die Gemeinde dort „hatte einen Namen" (Ruf), daß sie geistliches Leben habe, etwa so, wie die Stadt Sardes historisch und politisch einen „Namen" hatte, doch Jesus Christus, der Richter, der die sieben Geister Gottes hat (d.h. den Hl. Geist in seiner siebenfachen d.h. vollkommenen Fülle) und die sieben Sterne in seiner Hand hält (die Boten der sieben Gemeinden), beurteilt diese Gemeinde als „geistlich tot", 1. Sie wird aufgerufen, „zu erwachen" und „zu stärken", was übrig

Ein eindrucksvolles Bild vom Theater in Ephesus

ist", 2, sich an das zu erinnern, „was sie empfangen und gehört hat" (Wiedergewinnung des Wortes Gottes), es zu halten und Buße zu tun (d.h. ihren gegenwärtigen Kurs auf totalen geistlichen Tod zu ändern), 3. Wenn sie dies nicht tut, wird dies unerwartetes Gericht anstatt des erhofften Segens bei der Wiederkunft Jesu zur Folge haben, 3b.

Namen aus dem Buch des Lebens tilgen?
4-6. Die Gemeinde ist nur dem Namen nach christlich (V. 1). Wahrscheinlich sind viele ihrer Glieder nur mechanisch, d.h. ohne wiedergeboren zu sein, in ihren Kreis aufgenommen worden. Daher das deutliche Bild des „Ausradierens" oder „Auslöschens" ihrer Namen aus dem „Buch des Lebens", 5. Dieser Symbolismus bezieht sich auf den Brauch mancher Städte im Altertum, die Namen der Verstorbenen aus dem Namensverzeichnis ihrer Bürger „auszuradieren". So sollen, in Analogie dazu, die Namen solcher Mitglieder, die „einen Namen haben, daß sie leben" (weil sie Mitglieder der sichtbaren Gemeinde sind), aber „tot" (nicht wiedergeboren) sind, in Gottes Verzeichnis der „Himmelsbürger" „ausradiert" werden. Sie sind im Buch des Lebens eingeschrieben, weil sie zum Heil *berufen* sind – nun müssen ihre Namen aber wieder „ausradiert" werden, weil sie *nicht auserwählt* sind zum Heil. Das „Buch des Lebens" in Kap. 20,15 und 21,27 aber scheint ganz strikt nur die Namen der „Auserwählten" zu enthalten, d.h. die Namen derer, die nach dem „Ausradieren" der Namen der bloßen Bekenner übriggeblieben sind (Matth. 22,14). Die wenigen wirklich Gläubigen in Sardes, die „Überwinder", die „ihre Kleider nicht (mit toten Werken) befleckt" haben, sind „würdig", denn sie vertrauen dem Herrn Jesus Christus und sind „in ihm", 4, gekleidet in die weißen Kleider seiner Gerechtigkeit, 5. Zweifellos führte die Bedeutung der Bekleidungsindustrie in Sardes zu diesem doppelten, gleichnishaften Gebrauch des Wortes „Kleider".

Kap. 3,7-13
Philadelphia – die missionarische Gemeinde

Eine offene Tür des Zeugnisses, 7-9. Dies ist das einzige Sendschreiben, das – wie dasjenige an Smyrna – kein Wort des Tadels an die Empfängergemeinde enthält. Der Name dieser Stadt, die etwa 38 km südöstlich von Sardes liegt, bedeutet „Bruderliebe". Obgleich durch schwere Erdbeben heimgesucht, manchmal bis zum Punkt völliger Vernichtung, besteht die Stadt heute noch, und eine Gruppe gläubiger Christen kommt regelmäßig dort zusammen. Jesus Christus, der „Heilige" (Lk. 1,35; Joh. 10,36), der „Wahrhaftige" (Joh. 14,6; Off. 19,11), der Eine, der „den Schlüssel Davids" hat (Jes. 22,22), gab seiner Gemeinde eine offene Tür, 7, und es war unmög-

Das Asklepion in Pergamus; Asklepios (Äskulap) war der griechische Gott der Heilkunst, der von Zeus getötet wurde, weil er die Toten wieder zum Leben brachte.

lich, daß sie irgend jemand zuschließen konnte, 8a. Weil diese Gemeinde „eine kleine Kraft" hatte (gr. *dynamis,* „geistliche Kraft"), die Gelegenheit zum Zeugnis voll auszunutzen, hat sie doch Jesu Wort gehalten und seinen Namen nicht verleugnet, 8b. Die kräftige Missionstätigkeit der Gemeinde in Philadelphia gewann viele Juden der Stadt für Christus, was eine heftige Opposition der örtlichen jüdischen Bevölkerung zur Folge hatte, deren Angehörige, obwohl sie sich zum Volk Gottes zählten, durch ihr Verhalten bewiesen, daß sie „aus der Synagoge Satans" waren (s. Erklg. zu Kap. 2,9).

Bewahrt vor der Stunde der Versuchung, 10-13. Diese Verheißung, 10b, scheint zu besagen, daß die lebendige Gemeinde Jesu Christi, deren Musterbeispiel die Gemeinde in Philadelphia war, verherrlicht und gen Himmel entrückt werden wird, ehe die große Trübsal anfängt, 10b. Diese Verheißung gilt allen, die ein Eigentum des Herrn Jesus sind, „weil du das Wort meiner Geduld bewahrt (beachtet, ihm gehorcht) hast" – d.h. das Evangelium vom Versöhnungstod Jesu Christi, durch das man wiedergeboren und ein lebendiger Christ wird. Der Ausdruck: „Darum will ich auch *dich bewahren vor"* bedeutet: „jemanden vor etwas beschützen" (Spr. 7,4-5; Joh. 17,15). Da die Stunde, vor der sie bewahrt werden sollen, weltweit und für alle Erdenbewohner unentrinnbar sein wird, 10c,

bedeutet „beschützen vor" Entfernung von dem Schauplatz, auf dem sich diese „Stunde" abspielen wird. Diese „Trübsal" oder „Prüfung", 10d, bezieht sich auf den „Tag des Herrn", Daniels „siebzigste Jahrwoche", die letzten sieben Jahre der furchtbaren Leiden, die die ganze Erde heimsuchen werden – die Zeit, die in Off. 6-19 beschrieben wird. Die Verheißung bezieht sich auf das Kommen Jesu für die Seinen, 11a (Joh. 14,1-3; 1. Thess. 4,13-17; 1. Kor. 15,51-52) und den Lohn für die Gläubigen, die hier Überwinder genannt werden, 11b-13. Die Gläubigen werden unmißverständlich als Gottes Eigentum identifiziert werden, und sie werden Einwohner des neuen Jerusalem sein, 12 (vgl. 21,2-3.10). Zu der Zeit wird der „neue Name" Jesu Christi offenbart werden.

Kap. 3,14-22
Laodizea – die lauwarme Gemeinde

Unerträgliche Lauheit, 14-19. Jesus Christus, der Richter, wird hier der „Amen" genannt, 14 (vgl. 2. Kor. 1, 20), „der treue und wahrhaftige Zeuge" (im Gegensatz zur kompromißbereiten Treulosigkeit der Kirche von Laodizea). „Der Ursprung der Schöpfung Gottes" bezeichnet die Souveränität Jesu Christi über die gesamte Schöpfung (vgl. Kol. 1,15-18). Er hat kein Lob für diese alle umschließende Gemeinde in der stolzen und reichen Stadt Laodizea, die in der

Nähe von Kolossä lag (Kol. 4,13-16), etwa 65 Kilometer von Ephesus entfernt. Der Reichtum der Stadt war so groß, daß im Jahre 60 n. Chr., als sie durch ein Erdbeben fast gänzlich zerstört worden war, ihre Bürger die Hilfe Roms zum Wiederaufbau ablehnten und sie auf eigene Kosten wiederherstellten. Als Handelszentrum war Laodizea bekannt für die Herstellung feiner schwarzer Wolle. Das „phrygische Pulver", das dort hergestellt und zur Behandlung von Augenkrankheiten benutzt wurde, und seine heißen Mineralquellen machten die Stadt auch zum Zentrum medizinischer Behandlungsmöglichkeiten. Diese charakteristischen Merkmale des laodizäischen Alltags werden dazu benutzt, der laodizäischen Gemeinde ihren wahren geistlichen Zustand vor Augen zu halten; denn Christus nennt ihr „lauwarmes" Verhalten ekelerregend, 15-16, und in bezug auf ihre wahre geistliche Situation eine Selbsttäuschung, 17. Er rät dieser Gemeinde, von ihm „Gold, das im Feuer bewährt ist", zu kaufen, 18, den echten Reichtum eines gott-menschlichen Retters, der das Herz (von Sünde) reinigen und damit das „weiße Kleid" eines wahrhaft wiedergeborenen und geheiligten (Gott geweihten) Lebens und die „Augensalbe" des Glaubens geben kann, durch die wahre geistliche Einsicht und Erkenntnis vermittelt wird. Denen innerhalb dieser Gemeinde, die Jesu Eigentum sind, wird Züchtigung angekündigt, 19. Sie werden angehalten, Buße zu tun für die Kompromisse, die sie in Untreue und Unglauben geschlossen haben.

Jesus Christus ausgeschlossen, 20-22. Die Gemeinde hatte ihren Herrn und Heiland aus ihrer Mitte vertrieben. Man vermißte ihn nicht einmal in diesem der Welt gleichgeschalteten Kreis. Er bleibt daher dem Kreis als solchem fern, klopft aber an die Herzenstür der einzelnen in der Erwartung, daß sie ihn aufnehmen und sich in echte Gemeinschaft mit ihm begeben möchten, 20. Den „Überwindern" wird das Recht verheißen, im kommenden „Reich" mit Christus auf seinem Thron zu sitzen, 21.

Teil III. Die Dinge, die danach geschehen werden, Kap. 4-22

Kap. 4-5
Der göttliche Thron im Himmel

Die Kapitel 4 und 5 zeigen die Quelle auf, aus der die folgenden Gesichte und Gerichte stammen. Der Ort des Geschehens ist der Himmel, und die Hauptperson ist Jesus Christus. Die eigentliche Chronologie des Buches beginnt mit Kap. 6.

Kap. 4,1-5
Der Thron

Die himmlische Tür, 1. „Danach" (gr. „nach diesen Dingen"), 1a, bezieht sich auf das Zeitalter der Gemeinde, das durch die sieben Gemein-

den in Kap. 2 und 3 dargestellt ist. Der Ort des Geschehens ist jetzt der Himmel, 1b, in den Johannes durch den Posaunenruf Jesu Christi versetzt worden ist (vgl. 1,10-13).

Der himmlische Thron, 2-5. Bis zu seiner Wiederkunft (3,21) nimmt der Herr Jesus Christus den Thron seines Vaters ein, 2. Die Herrlichkeit Gottes wird symbolisch mit kostbaren Edelsteinen beschrieben, 3 (Hes. 1,26-28; vgl. 1. Joh. 1,5). Der Regenbogen, 3b (Hes. 1,28), ist ein Zeichen der Gnade Gottes, die sich auf das von ihm angenommene Sühnopfer seines Sohnes gründet – wie nach der Sintflut der Bogen in den Wolken das Zeichen des Bundes war, den Gott mit Noah aufgrund des von ihm im Glauben dargebrachten blutigen Opfers geschlossen hatte (1. Mo. 8,20-22), welches auf Jesus Christus hindeutete. Der „Regenbogen", den Johannes sah, war smaragdgrün; damit bestätigte Gott dem Johannes sein Noah gegebenes Versprechen der Treue, die Erde nicht, wie zur Zeit der Sintflut, noch einmal zu verderben – trotz der furchtbaren kommenden Gerichte (Kap. 5-19) und trotz der Tatsache, daß der Thron, den Johannes sah, nicht ein Thron der Gnade, sondern ein Thron des Gerichts ist, 5.

Kap. 4,4.10-11
Die vierundzwanzig Ältesten

Diese „Ältesten" repräsentieren offensichtlich die atl. wie die ntl. Gläubigen, denn die Bezeichnung „Ältester" wird nirgends in der Bibel in Verbindung mit Engeln oder anderen himmlischen, nicht-gefallenen Wesen gebraucht. Auch haben Engel weder Kronen, noch sitzen sie auf Thronen; beides ist allein den erlösten Menschen verheißen (Matth. 19,28; 2. Tim. 4,8; 1. Petr. 5,2-4; Off. 2,10; 20,4). Die Kronen, die sie tragen, sind Siegeskronen („*stephanoi*"), 4, und die Throne, die sie einnehmen, zeigen an, daß diese Erlösten bereits für ihre Werke gerichtet worden sind (s. Erklg. zu „Gericht der Gläubigen", 1. Kor. 3,11-15; 2. Kor. 5,10) und ihren Lohn empfangen haben (vgl. Dan. 7,9-10). Daß sie „weiße Kleider" tragen, 4, zeigt sie als *erlöste, königliche* Priester (1. Petr. 2,9), die hohepriesterlichen Dienst tun (Off. 5,8). Ihnen werden bei der Wiederkunft Christi *richterliche* und *königliche* Funktionen übertragen werden (Off. 20,4-6).

Die Bezeichnung „Ältester" wird in der Bibel gewöhnlich für das repräsentative Haupt einer Nation, eines Stammes, einer Stadt oder einer Familie gebraucht. Die Zahl 24 stellt die Repräsentation der Gläubigen des AT dar, je einer für einen der zwölf Stämme Israels und die des NT, je einer für einen der zwölf Apostel des Lammes (vgl. Off. 21,10-14: Die zwölf Grundsteine repräsentieren die zwölf Apostel des Lammes und die zwölf Tore die zwölf Stämme Israels). Die Zahl „24" ist ferner auch repräsentativ für die aus der Gesamtpriesterschaft Ausgelosten. Als David die Priesterklassen der Leviten aufstellte, loste er 24 Häupter priesterlicher Familien aus dem Stamme Levi aus und machte sie zu Repräsentanten der gesamten Priesterschaft (1. Chron. 24,1-19).

Kap. 4,6-11
Die vier lebendigen Wesen

Ihre Identität, 6-8. Sie sind eine *besondere Ordnung* von geschaffenen Lebewesen, die in Beziehung zum Throne Gottes stehen. Sie vereinen offenbar Charaktereigenschaften der Cherubim, die mit der offiziellen *Herrlichkeit der Herrscherwürde Gottes* zu tun haben (1. Mo. 3,24; 2. Mo. 25,17-20; Hes. 10,1-22), mit solchen der Seraphim, deren Dienst mit der *Heiligkeit Gottes* zu tun hat (Jes. 6,1-7). Daß sie „voller Augen" sind, 6.8, spricht von ihrer hohen Intelligenz und ihrer Einsicht in die Pläne Gottes für die Erde. Die Ähnlichkeit der Lebewesen mit Tieren und dem Menschen zeigt die Art der Regierung Gottes der Erde gegenüber als höchster Richter; denn der ganze irdische Schauplatz wird bald Gottes Gericht erleben (Kap. 5-19).

Ihre Anbetung, 8-11. Sie beten Gott, den Allmächtigen, an, 8-9, und die vierundzwanzig Ältesten tun es mit ihnen, 10-11.

Kap. 5,1-4
Das Buch mit den sieben Siegeln

Was für ein Buch das ist, 1. Das siebenmal versiegelte Buch ist die Eigentumsurkunde für das verlorene Erbe der Erde, das Adam durch den Sündenfall verlor. Dieses rechtsgültige Dokument, das die Vertreibung Satans und böser Menschen von der Erde garantiert (vgl. Eph. 1,13-14; Röm. 8,22-23) und durch den Sühnetod Jesu Christi gegeben wurde, wird gesehen als liegend „auf" (gr.) der geöffneten rechten Hand dessen, der am Throne sitzt (Gottes des Vaters), 1a. Die „innen und außen beschriebene Rolle" (Form der Schriftstücke der alten Welt) besagt, daß die gesetzlich vorgeschriebene Bedingung der Enteignung vollendet ist, 1b. „Versiegelt mit 7 Siegeln" stellt symbolisch die Vollständigkeit der Versiegelung dar, bis der erscheint, der allein berechtigt ist, das festverschlossene, rechtsgültige Dokument zu öffnen.

Wer ist würdig, das Buch zu öffnen? 2-4. Diese Frage scheint von großer Bedeutung zu sein, 2. „Niemand" konnte es öffnen. Kein Engelwesen, denn das Erbe war durch einen Menschen verlorengegangen, und ein Mensch muß es deshalb öffnen. Keiner von Adams Nachkommen ist dazu in der Lage – denn sie sind alle Sünder. Es sieht so aus, als ob der leidenschaftliche Wunsch des Johannes, die darin angekündigte Offenbarung zu erfahren, vereitelt bleiben würde, 4.

Kap. 5,5-10
Der einzige, der würdig ist, das Buch zu öffnen

Der Löwe aus dem Stamm Juda, 5-6. Er allein ist würdig, das Buch zu öffnen, denn 1) er ist „der Löwe aus dem Stamm Juda" (dem Stamm der Könige), eine Bezeichnung, die sich auf das zweite Kommen des Messias als „König aller Könige" (19,16; 1. Mo. 49,8-10) bezieht, der in majestätischer Macht den Segen für Israel und die ganze Erde sicherstellen (beschaffen) und in seinem löwenähnlichen Wesen seine Feinde vernichten wird; 2) er ist „die Wurzel Davids" (die *göttliche* Wurzel, Davids Herr und Schöpfer, Ps. 110,1; Matth. 22,42-45; und „der Sproß Davids", 22,16, d.h., er ist ein *Mensch);* 3) als der Gott-Mensch hat er überwunden, um das Buch zu öffnen, 5; 4) er ist das Lamm, das „geschlachtet" ist, 6. Der Tod Jesu Christi ist die Grundlage der Erlösung nicht nur für den sündigen Menschen, sondern für alle Kreatur (Röm. 8,10-22). Die „sieben Hörner" sprechen von der vollendeten Fähigkeit und die „sieben Augen" von der vollkommenen Intelligenz des Hl. Geistes in seiner unparteiischen richterlichen Regierung über die Erde aufgrund der von Christus vollbrachten Erlösung, 6.

Seine erhabene Tat, 7-10. „Und er (Christus) kam und nahm das Buch (Rolle) aus der rechten Hand dessen (Gottes), der auf dem Thron saß" (vgl. Dan. 7, 13-14, eine Vision der gleichen erhabenen Szene). Es war ein ähnlicher Sachverhalt wie bei der „Lösung" eines Familienbesitzes (Erbes) durch einen Blutsverwandten, der allein das tun konnte, wozu kein anderer fähig war (3-4; vgl. 3. Mo. 25,23-34), wobei der zu zahlende Preis Christi eigenes Blut war (1. Petr. 1,18-20; vgl. Ri. 4,1-12). Diese Handlung ruft die Anbetung der Lebewesen hervor, 8-10.

Kap. 5,11-14
Weltweite Anbetung des Lammes

Anbetung der himmlischen Wesen, 11-12. Diese große Szene, die die Reichsrechte und Reichsherrlichkeiten Jesu Christi darstellt (Kap. 4-5) und deren Höhepunkt der Augenblick ist, da Christus mit dem Öffnen des versiegelten Buches seine Inbesitznahme der Erde geltend macht, ist Anlaß zu Lob und Anbetung von Millionen von Engeln, der dort gegenwärtigen Lebewesen und der sich bereits im Himmel befindlichen Erlösten aus den Menschen, 11. Ihr großes Thema lautet: „Das Lamm, das erwürget ist, ist würdig" (vgl. 5,2-3,9; vgl. Phil. 2,9-11).

Teilnahme der gesamten Schöpfung, 13-14. Die gesamte Schöpfung betet an und preist das Lamm. Diese Anbetung wird von den vier Lebewesen, 14a, und den Ältesten, 14b, wiederholt (s.4,4).

Der Tempel der Artemis in Sardes; sie war die Schutzgötting der Jungfräulichkeit.

Kap. 6,1-8,5
Das siebenfach versiegelte Buch geöffnet

Kap. 6,1-17
Die ersten sechs Siegel

Das erste und zweite Siegel, 1-4. Das Öffnen der Siegel beschleunigt das Kommen des Tages des Herrn und der Periode der Trübsal auf der Erde, um Satan und seine Anhänger (böse Menschen) zu enterben. Mit der Öffnung jedes der vier ersten Siegel ruft eines der Lebewesen, die mit Gottes richterlicher Herrschaft über die Erde zu tun haben: „Komm!" So rufen sie die ersten Gerichte hervor, deren Symbole vier Reiter sind. Der erste Reiter auf dem weißen Pferd, 2, ist der Antichrist, der Christus nachahmt (19,11). Sein „Bogen" und seine „Krone" symbolisieren seine großen *Eroberungen*. Der Reiter auf dem roten Pferd, 3-4, symbolisiert *Krieg* und Blutbad (vgl. Sach. 1,7-11; 6,1-8).

Das dritte und vierte Siegel, 5-8. Der Reiter auf dem schwarzen Pferd symbolisiert *Hungersnot*, die dem Krieg folgt. Das Brot wird rationiert: „Ein Maß (ein Viertel) Weizen für einen Denar (einen Tageslohn), und drei Maß (drei Viertel) Gerste für einen Tageslohn", 5-6. Ein Denar war etwa soviel wert, daß man dafür acht Viertel Weizen oder vierundzwanzig Viertel Gerste kaufen konnte. Der Reiter auf dem fahlen Pferd symbolisiert *Pest* und heißt „Tod", 7-8 (vgl. 20,14).

Das fünfte Siegel, 9-11. Die Seelen unter dem Altar (Opferaltar, auf dem das Opferblut ausgeschüttet wurde) repräsentieren die *Märtyrer* der ersten Hälfte (dreieinhalb Jahre) der Trübsal. Für „das Wort Gottes" erlitten sie den Tod, und ihr „Blut" schreit nach Rache, 10 (vgl. 1. Mo. 4,10). Sie sind der jüdische Überrest, dessen Schrei der prophetische Vergeltungsschrei der Psalmen 35; 55; 59; 94 usw. ist. Die „weißen Kleider" deuten ihre Erlösung an. Sie sollen noch „eine kleine Zeit" ruhen (die kurze Zeit der großen Trübsal auf der Erde, Dan. 9,27), bis „ihre Brüder" (die an Christus gläubig gewordenen Juden) ihr Martyrium teilen würden (vgl. Off. 20,4-6).

Das sechste Siegel, 12-17. Dieses Siegel symbolisiert offenbar *politische Anarchie* unter den Bildern von Erdbeben, Verdunkelung von Sonne und Mond und dem Fallen von Sternen. Der Zusammenbruch aller menschlichen Regierungsordnung hat schreckliche Furcht zur Folge, weil der „große Tag des Zornes Gottes" kommt (vgl. 14,10; 15,1; 16,1; 19,14).

Kap. 7
Erster Einschub

Kap. 7,1-8
Die Versiegelung von Israeliten

Ein Überrest aus Israel bewahrt, 1-3. Diese Erwählten auf der Erde werden vor den endzeitlichen Gerichten der großen Trübsal, die die Erde heimsuchen werden, bewahrt werden, 1. Ihre Bewahrung wird durch ein „Siegel" symbolisiert, 2a (vgl. Eph. 1,13-14). Es ist eine öffentliche Bewahrung, denn die „Knechte unseres Gottes" erhalten ein Siegel „auf ihre Stirn", 3, so daß man nicht von einer von ihnen geheimgehaltenen Nachfolge Jesu sprechen kann.

Die Zahl der versiegelten Israeliten, 4-8. Es handelt sich um Israeliten, die zur Zeit der „Not Jakobs" (Jer. 30,5-7) leben. Obgleich die Geschlechtsregister der Stämme Israels nicht mehr bestehen, weiß Gott dennoch, wer zu den einzelnen Stämmen gehört und wo sie sind (Jes. 11,11-16), und er wird einen auserwählten Überrest bewahren und ihn in das wiederhergestellte Königreich zurückführen (Apg. 1,6). Das wird geschehen, wenn „die Zeit der Heiden" vorüber sein wird (Lk. 21,24), d.h., wenn „die Vollzahl der Heiden eingegangen" sein wird (Apg. 15,14; Röm. 11,25). Bei der Aufzählung sind die Stämme Dan und Ephraim ausgelassen, wahrscheinlich wegen ihrer Verquickung mit heidnischem Götzendienst (5. Mo. 29,18-21; 1. Kö. 12,25-30; vgl. aber Hes. 48,1-7.23-29).

Kap. 7,9-17
Das Heil der Heiden

Erwählte Heiden bewahrt, 9-14. Diese Gruppe von Geretteten ist eine Schar auserwählter Heiden, ähnlich den Auserwählten des jüdischen Volkes (1-8), die durch die Trübsale der Endzeit hindurchgetragen, 14, und teilhaben werden am „Reich". Gleich dem versiegelten Rest aus Israel sind sie ein Beweis dafür, daß Gott inmitten seines Zorns dennoch seiner Barmherzigkeit gedenkt (Hab. 3,2). Es handelt sich offenbar um *nicht verherrlichte Gläubige, die noch auf Erden* sind – wohl „errettet" und deshalb gesehen „vor dem Thron Gottes und des Lammes, angetan mit weißen Kleidern und Palmen, einem Symbol der Freude und des Triumphes im Tausendjährigen Reich, 9 (3. Mo. 23,40; Joh. 12,13). Sie sind während der „großen Trübsal" durch unsägliches Leid gegangen, 14 (Dan. 9,27; Matth. 24,15-51; 2. Thess. 2,1-12), und kamen durch die Predigt des Evangeliums vom Reich zum Glauben (Matth. 24,13-14; Off. 14,6 heißt es das „ewige Evangelium").

Ihre Teilnahme am Segen des „Reiches" gesichert, 15-17. Sie sind „vor dem Throne Gottes", was hier nicht Ortsbezeichnung ist, sondern ihre Glaubensstellung bezeichnet, und sie dienen Gott unaufhörlich „in seinem Tempel" (dem messianischen Tempel, Hes. 40 bis 44), 15a. Gott wird unter ihnen wohnen (gr. *skēnósei ep-autous,* „wird ein Zelt über ihnen sein"), 15b (vgl. Off. 21,3; 3. Mo. 26,11; Jes. 4,5-6). Die Leiden ihrer Trübsalerfahrungen werden der Vergangenheit angehören, 16, und der Herr Jesus Christus, der „gute Hirte" des „Reichs" (Hes. 34,23) wird für sie sorgen, 17 (Ps. 23,1-6; Jes. 12,1-6).

Kap. 8,1-5
Das siebente Siegel

Siegel sieben geöffnet, 1. Das siebenfach versiegelte Buch (5,1) ist damit völlig geöffnet, so daß sein ganzer Inhalt (die Posaunen- und Zornschalengerichte) nun auf die Erde und ihre bösen Bewohner losgelassen werden kann. Die halbe Stunde der Stille im Himmel ist die Stille nach einem vorangegangenen Sturm und der Auftakt zu einem noch viel furchtbareren.

Das Gebet der Heiligen erhört, 2-5. „Ein anderer Engel", 3, wird von einigen als eine Bezeichnung für Christus angesehen, doch wahrscheinlich ist der Weihrauchopferer ein mit priesterlichen Aufgaben betrautes Engelwesen. Die Gebete der Heiligen werden mit Gerichten über die bösen Menschen auf Erden erhört.

Kap. 8,6-11,19
Die sieben Posaunen

Kap. 8,6-13
Die ersten vier Posaunen

Die erste Posaune, 7. Die ersten sechs Posaunen bringen schwerere Gerichte als bisher. Vielleicht beginnt mit ihnen die zweite Hälfte der großen Trübsal. Das Blasen der ersten Posaune bringt Hagel und Feuer, mit Blut vermischt, über die ganze *Erde,* was die Vegetation in Mitleidenschaft zieht und zudem *außerordentliche Dürre* zur Folge hat.

Die zweite Posaune, 8-9. Die zweite Posaune bringt Gericht über das *Meer* mit vernichtenden Folgen für die *Lebensmittelversorgung* aus dem Meer und für den *Schiffsverkehr.*

Die dritte Posaune, 10-11. Das Blasen der dritten Posaune schädigt die Frischwasserversorgung dadurch, daß ein Drittel davon so *bitter* wie Wermut wird.

Die vierte Posaune, 12-13. Das Gericht, das dem Blasen der vierten Posaune folgt, trifft die *Himmelslichter.* Die Schöpfung wird auf den Kopf gestellt, da ein Drittel der Himmelslichter, einschließlich eines Drittels der Sonne und des Mondes, ihre Leuchtkraft verlieren, 12. Drei Katastrophen (drei „Wehe") werden angekündigt, 13. Sie bestehen aus furchtbaren Gerichten, die die Menschen direkt betreffen. Diese drei „Wehe" sind die letzten drei Posaunengerichte.

Kap. 9,1-12
Die fünfte Posaune – das erste „Wehe"

Der Abgrund wird geöffnet, 1. Der Seher sieht einen Stern, der vom Himmel gefallen war. Dieser „Stern" ist die Engelwache des Abgrunds der Hölle, des Gefängnisses der Dämonen (Lk. 8,30-31). Daß er nicht Satan oder auch nur ein böser Engel sein kann, wird daran klar, daß er dasselbe Engelwesen ist, das kurz vor dem Tausendjährigen Reich diesen Abgrund nochmals öffnet, um Satan gebunden dort gefangenzusetzen (20,1-3). Es ist ein „vom Himmel *gefallener*" Engel, nicht ein „*gefallener*" (böser) Engel. Das griechische Wort für „gefallen" beschreibt die hohe Geschwindigkeit des Herunterkommens des Engels und die Plötzlichkeit, mit der das erste „Wehe" über die bösen Erdenbewohner hereinbricht.

Heere von Dämonen werden losgelassen, 2-12. Der Symbolismus der Verse 2-11 beschreibt die unsichtbare Geisterwelt in einer für den Menschen vorstellbaren und verständlichen Weise. Die Heuschrecken stellen Dämonen dar und deren Art und Weise, wie sie in der Endzeit den Menschen beherrschen, hetzen und quälen (s. Erklg. zu „Dämonismus", Mk. 5,1-20). Zwar waren in vergangenen Zeitaltern große Mengen von Dämonen frei, den Menschen zu quälen (Mk. 1,23-27; 5,1-17; 1. Tim. 4,1-6; 1. Joh. 4,1-4), doch sind viele von ihnen so bösartig, sittlich verdorben und schädlich, daß Gott sie im Abgrund eingekerkert hat. Dies sind die furchtbaren Dämonen, die unter dem ersten „Wehe" losgelassen werden. Der König der Dämonen heißt *Abaddon*, d.h. „Zerstörung", 11 (Hiob 26,6; Spr. 15,11), oder gr. *Apollyon*, d.h. „Zerstörer" (vgl. 2. Thess. 2,7-12).

Kap. 9,13-21
Die sechste Posaune – das zweite „Wehe"

Die versammelten Armeen losgelassen, 13-19. Vom Altar der Fürbitte, dem goldenen Räucheraltar aus, erhört Gott die Gebete seiner leidenden und gequälten Gläubigen. Ihre Gebete steigen in Richtung des Altars zu Gott auf (8,3). Vom Altar geht die Erhörung aus, 13, besonders von den „vier Hörnern" (die Zahl 4 drückt universale Weite aus), was die Macht und Wirksamkeit der Gebete der Gläubigen wie der Antwort Gottes bezeugt. Dieses Loslassen des riesigen Reiterheeres geschieht durch die Freigabe der vier Engel (welche Gerichtsdiener unter göttlicher Gewalt sind). Der Ort, wo sie losgelassen werden, ist der Euphrat, an dem das alte Babylon einst gelegen war. Die genaue Stunde, in der sie losgelassen werden, sowie das Ausmaß ihrer Zerstörung, ist von Gott bestimmt, 15. Die Zahl der Reiter beträgt 200 Millionen Mann, wie es Johannes hörte, 16. Einige nehmen an, daß die Beschreibung der Armee, 17-19, die wie Heuschrecken das Land überfällt, Wesen aus der Geisterwelt andeutet. Solche Armeen aus dem geistigen Bereich werden in der Bibel erwähnt (vgl. 2. Kö. 2,11; 6,13-17; Off. 12,7; 19,11-16). Da diese Wesen aus der Geisterwelt für den Menschen gewöhnlich unsichtbar sind, wird die Quälerei und die durch diese höllische Masse bewirkte Zerstörung um so gräßlicher sein. Andere Ausleger denken, daß hier auf das Geschehen von Dan. 11,44 Bezug genommen wird.

Der Zweck des „Wehe", 20-21. Die göttliche Absicht ist zweifach: Strafe und Reformation (Erneuerung). Doch die Überlebenden dieser furchtbaren Katastrophe tun weder für ihre bösen Werke noch für ihren Götzendienst Buße. Der überhandnehmende Dämonismus jener Zeit (1-12) führt sie dazu, sich von der Anbetung Gottes zum Dämonenkult zu wenden. Die furchtbaren Auswirkungen der von Dämonen angetriebenen Götzenanbetung werden aufgezählt: Morde (Gewalttakte), Zauberei (Verkehr mit Dämonen), Unzucht (sexuelle Unreinheit) und Dieberei (Raubüberfälle), 21.

Kap. 10,1-11,13
Zweiter Einschub

Kap. 10,1-7
Der Engel und das kleine Buch

Die Identität des „starken Engels", 1-6. Es ist ein *wirklicher* Engel, der Christus symbolisiert (vgl. 5,2; 8,3). Als solcher strahlt er die Herrlichkeit Jesu Christi wider und trägt seine Erkennungszeichen (1,15-16 und 4,3), 1. Indem er einen Fuß aufs Land und einen auf das Meer setzt, bezeugt er das Eigentumsrecht Jesu Christi auf die ganze Erde, 2 (Ps. 95,5; Eph. 1,10). Des Engels lauter Ruf und die Stimme der sieben Donner bezeugen den Herrschaftsanspruch Jesu über die Erde, 3-4a. Sein Eid, daß „kein Verzug" mehr sein soll, bezeugt die göttliche Souveränität und Macht Jesu Christi, die kommenden Gerichte zu vollstrecken, 6.

Das Geheimnis Gottes vollendet, 7. „Das Geheimnis Gottes" ist das Thema des „kleinen Buches". Es bezieht sich auf Christus als den menschgewordenen Erlöser der Erde. Es ist eine bis dahin verborgene Wahrheit, die nun völlig offenbar geworden ist und in Christus ihren Mittelpunkt hat, in dem sich Gottes Plan für diese Erde konzentriert und entfaltet. Diese Wahrheit ist das große Thema des restlichen Teils des Buches der Offenbarung, in welchem „das Geheimnis Gottes" zu Ende geführt wird, d.h. „vollendet" wird. Es wird so werden, wie Gott es seinen Knechten, den Propheten, verkündigt (gr. „evangelisiert", als gute Nachricht verkündet) und durch sie erklärt hat. Sie haben die großen Themen von Jesu Erlösungswerk, seinem kommenden Reich und seiner ewigen Herrlichkeit (einer verlorenen Welt) bekanntgemacht.

Kap. 10,8-11
Johannes und das kleine Buch

Was „das kleine Buch ist, 8-10. Die kleine Rolle (Buch) enthält nicht nur den Bericht von der Vollendung der Geheimnisse Gottes (7) und unterscheidet sich von dem „mit sieben Siegeln versiegelten Buch" von Kap. 5,1, sondern es scheint – wenigstens teilweise – das Buch zu sein, das Daniel bis zur Endzeit versiegeln mußte (Dan. 12,4.9). Dieser Abschnitt des Buches Daniel scheint diesen Versen der Offenbarung zugrunde zu liegen. Dies ist der Grund, weshalb die Rolle erst „süß wie Honig" war, als Johannes sie aß (Hes. 2,8-9; 3,1-3; Ps. 19,11; 119,103), aber bitter, als er es verdaut hatte (Jer. 15,10; 20,14-18). Den herrlichen Verheißungen der Befreiung für Daniels Volk gingen schwerste Leiden und Gerichte voraus.

Die Wirkung auf den Dienst des Johannes, 11. Nach dieser Begegnung mit dem „kleinen Buch" muß Johannes, wie bereits vorher, aufs neue „weissagen über viele Völker".

Kap. 11,1-2
Das Ende der „Zeit der Heiden"

Wiederherstellung der Tempelgottesdienste, 1-2a. Dies ist der wichtige Punkt, an dem wir sehen, wie Gott wieder mit seinem Volk Israel zu handeln beginnt. Es hält wieder Gottesdienste in einem wiederhergestellten Tempel in der „heiligen Stadt" Jerusalem (vgl. 2. Thess. 2,3-4). Daß Johannes „den Tempel Gottes und den Altar und die, welche dort anbeten", messen muß, 1, symbolisiert die Tatsache, daß Gott sich um seinen wiederhergestellten Tempel in Jerusalem kümmert, 1. Während Gott sich der treuen Überrestes, d.h. der echten Anbeter Gottes annimmt, verwirft er die abtrünnigen Juden, die sich mit den Heiden zusammengetan haben (symbolisiert durch den äußeren Vorhof, der den Heiden gehört).

Das Ende der „Zeit der Heiden", 2b. Dieser Zeitabschnitt fing mit Judas Gefangenschaft unter Nebukadnezar an (605 v. Chr.), und wird bis zur Wiederkunft Jesu Christi dauern (Dan. 2,34-35.44; Off. 19,11.21). Während dieser ganzen Zeit war Jerusalem der Herrschaft der Heiden unterworfen (Lk. 21,24). Die göttliche Anerkennung des Tempelgottesdienstes wird durch das schnelle Ende der „Zeit der Heiden" angekündigt, angegeben mit 42 Monaten. Das Ende dieser 42 Monate ist „die Mitte" von Daniels siebzigster Jahrwoche (d.h. die prophetische „Woche" hat eine Länge von sieben Jahren, Dan. 9,27), auf die weitere dreieinhalb Jahre folgen werden (vgl. Dan. 7,25; Off. 12,14; 13,5).

Kap. 11,3-13
Die zwei Zeugen

Ihre Identität, 3-7. Diese zwei Zeugen werden vielfach mit Mose und Henoch oder mit Mose und Elia identifiziert. Doch ist diese Identifizierung kaum haltbar, da diese beiden Zeugen getötet und wieder auferweckt werden, was für diese beiden atl. Propheten nicht annehmbar ist, denn sie gehören ja bereits zu den Verherrlichten Gottes (Matth. 17,3). Diese Zeugen sind wahrscheinlich zwei Männer, die zum heiligen Überrest jener Tage gehören. Sie sind Zeugen Jesu Christi, 3, „meine Zeugen", was sich auf den „starken Engel" (Christus) von Kap. 10 bezieht. Sie predigen, „angetan mit Säcken" – letzteres ein Zeichen der Trauer, denn sie identifizieren sich selbst mit Israels schwerer Sünde und Jerusalems Bosheit, 3b. 8 (vgl. Jo. 1,13; Jer. 4,8). Ihre *Botschaft* betrifft die Herrschaft Jesu über die Erde, 4, und sein baldiges Kommen als König aller Könige, um die Erde in Besitz zu nehmen. „Die zwei Ölbäume" und „die zwei Leuchter" (Sach. 4,2-3) verbinden sie mit dem Zeugnis, daß der Messias bald als König und Priester (die beiden Ölbäume in Sach. 4 bezeichnen diese beiden Ämter) über ein wiederhergestelltes Volk Israel als dem „Licht der Welt" regieren wird. Sie haben *Wunder-Kräfte* wie Elia und Mose, 5-6. Feuer kommt aus ihrem Mund (vgl. 2. Kö. 1,10.12; Jer. 5,14; vgl. Lk. 9,54-55). Sie befehlen, wie Elia, daß eine Dürre kommt, 6a (1. Kö. 17,1; Jak. 5,17); verwandeln Wasser in Blut (2. Mo. 7,19) und wirken andere Zeichen, wie Mose, 6b (2. Mo. 7-10). Sie werden *vom „Tier"* getötet (Herrscher des wiedererstandenen Römischen Reiches, Off. 13,1-10; 17,8), das aus dem Abgrund heraufsteigt (vgl. 9,1-12), aber nicht, ehe sie ihr Zeugnis vollendet haben, 7.

Ihr Schicksal, 8-13. Ihre Leichen werden in Jerusalem geschändet, 8, aber Gott erweckt sie wieder zum Leben, 11, und entrückt sie beide in „der Wolke", 12, d.h. der Schechina-Herrlichkeit Gottes (vgl. Hes. 10,19; Matth. 17,5). Inzwischen werden ihre Feinde mit einem Erdbeben bestraft, durch das 7000 Menschen getötet werden und ein Zehntel der Stadt Jerusalem zerstört wird, 13. Das veranlaßt die Zurückgebliebenen, dem „Gott des Himmels" die Ehre zu geben, und zwar wegen seiner Macht, die sie fürchten, nicht aufgrund echter Beugung vor ihm in Buße.

Kap. 11,14-19
Die siebente Posaune – das dritte „Wehe"

Vorwegnahme (Vorgeschmack) der weltweiten Königsherrschaft Jesu Christi, 14-18. Das zweite „Wehe" (9,13-21) wird hier nach der Einschiebung, 10,1-11,13, wiederholt, um die durch den Einschub entstandene Lücke zu schließen und die beiden ersten „Wehe" mit dem dritten und letzten zu verbinden, 14. Es wird gesagt, daß dieses Wehe „bald" kommen wird und daß es alle die restlichen Gerichte in sich schließen wird, die noch vor der Errichtung des „Reiches" vollzogen werden müssen (11,14-20,3). Die Verse 15-19 geben einen Überblick über den Rest des Buches, indem zukünftige Ereignisse als bereits geschehen geschaut werden. Vor allem wird das weltweite Königreich und die Regierung Jesu Christi über die Welt gesehen, 15-17; das Gericht über die tobenden Nationen bei Harmagedon, 18a; das Gericht über die (ungläubigen) Toten (20,11-15), wenn die Zerstörer der Erde vernichtet werden, 18c; und die Belohnung der Propheten und Gläubigen in ihren Herrscherpositionen im messianischen Reich, 18b (20,4-6).

Der Tempel Gottes im Himmel wird geöffnet, 19. „Die Lade seines Bundes", die im Tempel gesehen wird, spricht von der Treue Gottes zu seinen mit Israel geschlossenen Bündnissen und seinen Israel gegebenen Verheißungen (Röm. 9,4-5). Die letzten apokalyptischen Gerichte und Jesu zweites Kommen werden die Einlösung aller dieser Zusagen Gottes für Israel bringen.

Kap. 12-13
Sieben Persönlichkeiten, die während der letzten Tage der großen Trübsal auftreten

Kap. 12,1-2
Die erste Person – das Weib (Israel)

Das Weib, 1. Die Persönlichkeiten, die während der letzten Tage vor dem zweiten Kommen Jesu Christi auf der Bühne der Geschichte auftreten werden, werden hier vorgestellt. Nicht nur die äußeren Geschehnisse des letzten großen Konflikts werden aufgezeigt, sondern auch ihre verborgenen geistlichen Gesichtspunkte. Das große „Wunder" (ein Zeichen oder Symbol) ist „das Weib", 1. Sie symbolisiert offensichtlich Israel, denn sie ist in den königlichen Glanz eines Herrschers gekleidet. Die zwölf Sterne repräsentieren ihre zwölf Stämme, wie der Traum Josephs bereits zum Ausdruck brachte (1. Mo. 37,9). Von Israel wird im AT oftmals im Bild einer verheirateten Frau gesprochen (Jes. 54,1), und als einem treulosen und deshalb geschiedenen Eheweib in seiner Sünde und Ablehnung (Jes. 47,7-9; 50,1; Jer. 3,1-25; Hos. 2,1-23).

Die (Geburts-) Wehen des Weibes, 2. Diese „Wehen" beziehen sich auf Israels Qualen während der großen Trübsal, wie aus dem Zusammenhang klar hervorgeht. Das Symbol der Geburt war ein im AT oftmals gebrauchtes Bild für akutes Leiden, besonders für die Zeit von Jakobs Angst (Jer. 30,5-7; Jes. 26,15-18; 66,7). Während

dieser höchsten Not wird die Nation den gläubigen jüdischen Überrest hervorbringen, 17 (vgl. Mi. 5,2-3), der mit dem „männlichen Kind", dem „Sohn", Christus, in enger Verbindung steht, 5.

Kap. 12,3-4
Die zweite Person – der Drache (Satan)

Der Drache in prophetischer Sicht, 3. Der Drache wird identifiziert als „die alte Schlange" (vgl. 1. Mo. 3,1-10), der Teufel (Ankläger) und Satan (Gegenspieler) in Vers 9. Er ist „der große rote Drache", ein Symbol, das ihn als den anmaßenden, grausamen Antreiber des „Tieres" kennzeichnet. Die rote Farbe kennzeichnet ihn als das mörderische Wesen (Joh. 8,44), als das er jetzt charakterisiert wird. Seine sieben gekrönten Häupter und seine zehn Hörner identifizieren ihn mit der endzeitlichen Art der heidnischen Weltmacht, die im „Tier" ihren Mittelpunkt hat (13,1-10; vgl. Dan. 7,8).

Der Drache in historischer Perspektive, 4. Diese schließt eine kurze Darstellung seines ursprünglichen Falles ein, 4a (Jes. 14,12-14; Hes. 28,12-15), der in den Versen 7-9 angedeutet wird und der auch in seiner Feindseligkeit gegen des Weibes Nachkommenschaft zum Vorschein kommt, 4b (1. Mo. 3,15; Matth. 2,16).

Kap. 12,5-6
Die dritte Person – das männliche Kind (Christus)

Das männliche Kind, 5. Vier Dinge werden ausgesagt: 1) *seine Geburt*, 5a; 2) *seine Bestimmung*, 5b, seine Feinde mit eisernem Zepter zu zerschmettern (Ps. 2,9) und dann in Gerechtigkeit zu regieren; 3) *seine Himmelfahrt*, 5c; 4) *seine Stellung* beim Thron Gottes, 5d (3,21). Er ist bestimmt zum Herrschen, doch Satan weiß das und verfolgt deshalb das Weib (den gläubigen Teil Israels).

Die Flucht des Weibes, 6. Die große „Pause" in der Geschichte Israels (während der christlichen Jahrhunderte) liegt zwischen den Versen 5 und 6. Vers 6 beschreibt Israels Flucht in die Wüste (möglicherweise nach Petra in Edom; vgl. Matth. 24,16; Dan. 11,41), wo es während der schweren Verfolgung Satans durch das „Tier" dreieinhalb Jahre lang erhalten werden soll (2. Thess. 2,3-7).

Kap. 12,7-12
Die vierte Person – der Erzengel Michael

Michael, 7-9. Michael ist der besondere Schutzengel des Volkes Daniels, der Juden, 7a (Dan. 12,1; vgl. Dan. 10,13-21). Er ist beteiligt am

Kampf gegen Satan, wenn dieser aus dem Himmel auf die Erde geworfen wird, 7b. Seit Satans ursprünglicher Rebellion gegen Gott war ihm mitsamt seinen Engelscharen im Himmel freier Lauf gelassen (Hiob 1,6; 2,1; 1. Mo. 3,1-10; Eph. 2,2; 6,10-12). In der Mitte der großen Trübsal wird er mit seinen Engeln aus dem Himmel ausgestoßen und auf die Erde geworfen werden, 7-9 (vgl. Dan. 10,10-14).

Freude im Himmel über Satans Ausstoßung, 10-12. Dieser Freudenruf ist ein Vorspiel zur Aufrichtung des Reiches Jesu Christi, 10a, das mit der Wiederkunft Jesu auf Erden beginnt. Der Sieg über die Bosheit der Endzeit gründet sich auf das vollbrachte Opfer Jesu am Kreuz, 11a, auf ein treues Zeugnis, 11b, und auf die Bereitschaft der Gläubigen zum Martyrium, 11c. Satans Ausstoßung aus dem Himmel bedeutet schreckliches Leid auf der Erde, 12. Sein Zorn wird noch angespornt dadurch, daß Satan weiß, wie wenig Zeit ihm noch bleibt (vgl. 10,6; 11,14).

Kap. 12,13-16
Satan verfolgt das Weib

Der Grund für diese Verfolgung, 13-14. Weil er weiß, daß sein Sturz durch die Erhöhung des „männlichen Sohnes", Christus, veranlaßt wurde, läßt Satan seinen Zorn an dem sonnenbe-

kleideten „Weibe" (Israel) aus, die das Kind geboren hat, 13. Die Adlerflügel, die dem Weib für die Flucht in die Wüste gegeben wurden, erinnern daran, wie Gott Israel aus Ägypten erlöste und es „auf Adlersflügeln getragen" hat (2. Mo. 19,4; 5. Mo. 32,11-12; Jes. 26,20; 27,1). Dies ist die Zeit des „Greuels der Verwüstung" (Dan. 9,27) und der „großen Trübsal", von der Jesus sprach (Matth. 24,15-22; Lk. 21,20-24).

Israels Bewahrung, 15-16. Die Schlange (Satan) speit aus ihrem Mund „Wasser wie einen Strom" nach dem Weib, 15, ein Symbol für die heidnischen Nationen (17,15), die, von Satan angestachelt, das Volk Israel infolge ihres antisemitischen Hasses zerstören wollen. „Die Erde öffnet ihren Mund und verschlang den Strom", 16. Dieses Bild weist auf heidnische Nationen, die sich freundlich zu Israel stellen, weil sie die Botschaft vom Evangelium und dem zukünftigen Reich des Messias beachten und den verfolgten Juden beistehen.

Kap. 12,17
Die fünfte „Person" – der israelitische Überrest

Der gläubige Überrest, 17. Nun wendet sich Satan gegen den gläubigen Überrest der Juden in Israel (vgl. Jes. 1,9; 6,13; Röm. 11,5). Er besteht aus einzelnen gläubigen Juden, die nicht geflo-

Das große Theater in Pergamus

hen waren, als die große Verfolgung ausbrach (Matth. 24,15-20). Diese „halten die Gebote Gottes", das Erkennungszeichen der Gläubigen aller Zeiten, und „haben das Zeugnis Jesu", d.h. geben treulich Zeugnis für ihn.

Kap. 13,1-10
Die sechste „Person" – das Tier aus dem Meer

Das „Tier" – der römische Fürst, 1-5. Dieser letzte großmächtige Herrscher der heidnischen Weltmacht ersteht inmitten einer labilen politischen Gesamtlage (das „Meer", Jes. 57,20), 1a. Er steht an der Spitze eines Zehnstaaten-Bundes, der sich in der Endzeit auf dem Gebiet des alten Römischen Reiches, des vierten Tieres in Daniel (Dan. 7,24-28) bilden wird. Die „zehn Hörner" sind zehn Reiche (d.h. Könige; vgl. 17,12), und die „Kronen" auf ihren Hörnern sprechen von despotischer Macht, die sie ausüben. Der Drache, der „sieben Häupter und zehn Hörner und Kronen auf seinen Häuptern" (12,3) hat, ist der „Motor", der das „Tier" antreibt, 1b, 2b. Das Tier hat „Namen der Lästerung" auf allen sieben Köpfen, 1c, ein Zeichen seiner entschlossenen herausfordernden Haltung Gott gegenüber. Sein Reich weist all die tierischen Eigenschaften der vorangegangenen Weltreiche aus „der Zeit der Heiden" auf, 2 (vgl. Dan. 7,4-6): die Behendigkeit des Leoparden in der Eroberung (Mazedonien), die Gefräßigkeit des Bären (Persien), die Kraft des Löwen (Babylon). Das Königreich des Tieres repräsentiert die wiedererstandene gebieterische Macht des alten Römischen Reiches, 3b. Der „zu Tode wunde Kopf" symbolisiert die siebente (und letzte) Regierungsform des Römischen Reiches, nämlich die kaiserliche, die durch Krieg zerstört wurde; aber „die tödliche Wunde", die doch wieder heil werden muß, weist auf die kaiserliche Regierungsform hin, die unter der Herrschaft des „Tieres" wiedererstehen wird (Dan. 7,8). Das „Tier" und der Drache, der ihm seine Macht gibt, werden beide göttliche Anbetung genießen, 4. Es wird in der zweiten Hälfte der großen Trübsal Gott lästern und seiner Zerstörungswut freien Lauf lassen, 5.

Die gottlose Laufbahn des „Tieres", 6-10. Es wird Gott und die Seinen lästern, 6. Mit diesem Ziel wird es die Gläubigen bekämpfen, 7a (Dan. 7,21-22; Off. 11,7.12). Er wird uneingeschränkte Macht über alle Erdenbewohner haben – mit Ausnahme der Auserwählten Gottes, 8-10 (vgl. Matth. 24,13.22). Es ist der Antichrist, der Mensch der Sünde (2. Thess. 2,3-12; 1. Joh. 2,22; 4, 3).

Kap. 13,11-18
Die siebente „Person" – das Tier aus der Erde (der falsche Prophet)

Diese dritte Person der unheiligen Trinität steigt aus der Erde empor, 11a. Es ist der Prophet des ersten Tieres (Antichristen), 11b, der sich aber als Lamm verstellt. Als Prophet gibt er Anweisung zur Anbetung des „ersten Tieres" und besitzt Macht, Wunder zu tun, 12-14, indem er dem Götzenbild des Tieres Leben einhaucht und alle tötet, die das Bild nicht anbeten wollen, 15 (vgl. Dan. 3,1-30). Trotz zahlreicher Versuche der Ausleger, das „Zeichen des Tieres" mit Namen, Computern, Währungssystemen und ähnlichem zu erklären, ist nicht klar, was damit wirklich gemeint ist. Das wird sich erst klären, wenn das Ende näherkommt. Er zwingt die Menschen dazu, sich „des Menschen Namen oder Zahl" auf ihre rechte Hand oder die Stirn brennen zu lassen, 16-17. Die Nummer „666" ist eine Dreiheit (von Gott her gesehen spricht die Nummer „drei" von Vollkommenheit), und in diesem Zusammenhang kann sie als Symbol des Höhepunktes menschlichen Versagens und menschlicher Bosheit angesehen werden, 18.

Kap. 14
Vorausschau auf das Ende der großen Trübsal

Kap. 14,1-5
Das Lamm und die 144 000

Die Identität der 144 000, 1-3. Dies ist offenbar der am Leben gebliebene gläubige jüdische Überrest, der weder dem Tod noch dem moralischen Verderbtheit der Zeit der großen Trübsal zum Opfer gefallen war. Sie sind verbunden mit dem „Lamm" (Christus) auf dem Berge Zion, 1a, dem irdischen Zion in Jerusalem, dem Sitz der Königsherrschaft im Jerusalem des messianischen Reiches. Es scheint ohne Zweifel, daß diese 144 000 identisch sind mit den Israeliten von Kap. 7,1-8, die versiegelt wurden, um während der großen Trübsal vor dem Tod bewahrt zu bleiben (7,3). Sie gehören dem Lamm und haben sein Siegel an ihren Stirnen, 1c. Da sie durch große Trübsal gegangen sind, ist ihr Lied von der Gnade Gottes ein „neues Lied", ein Lied von Erlösung auf Kosten des Blutes des Lammes, 3 (vgl. Röm. 3,24).

Ihr Wesen und ihre Bestimmung, 4-5. Ihr Leben praktischer Hingabe an Gott zeigt sich 1) in *ihrer Absonderung* „in jungfräulicher Reinheit" von Bosheit und Götzenanbetung um sie herum, 4a (vgl. 9,20-21); 2) in *ihrem Gehorsam* gegen Gott und *ihrem Jüngersinn*, 4b; 3) in *ihrer Erlösung* (ihrem „aus den Menschen Erkauft-Sein"), 4c; 4) in *ihrer Bestimmung,* 4d, „Erstlinge Gottes und des Lammes" zu sein, ein Pfand für das auf die Erde kommende Gottesreich, wenn alles sich vor Gott und dem Lamm beugen wird; 5) in *ihrer Wahrheitsliebe,* 5a, indem sie festhalten an der Wahrheit des Wortes Gottes in Bekenntnis und Leben zu einer Zeit, da die ganze Welt „*der*(Teufels-)*Lüge* glaubt" (2. Thess. 2,11).

Kap. 14,6-8
Der Fall Babylons vorausgesehen

**Verkündigung des „ewigen Evangeliums",
6-7.** Dieses Evangelium verkündet *Gnade mitten
im Gericht* und ruft die Menschen in diesem
furchtbaren Zeitabschnitt dazu auf, die Anbetung des „Tieres" preiszugeben und statt dessen
Gott anzubeten (Spr. 1,7) und ihm die Ehre zu
geben – nicht dem Tier, „denn die Stunde seines
Gerichts ist gekommen".

Fall Babylons vorweggenommen, 8. Babylon ist ein Symbol des satanischen Weltsystems, das Zentrum all dessen, was falsch und
böse ist, der Götzenanbetung und der Gewalt. Es
ist ein System der nicht wiedergeborenen
Menschheit, organisiert nach gottlosen Prinzipien unter Satans Führung (vgl. 1. Joh. 2,15-17),
mit besonderer Betonung der kirchlichen (Kap.
17), politischen und kommerziellen (Kap. 18)
Aspekte dieses Systems. Der Ruf „gefallen, gefallen" ist eine hebräische Ausdrucksweise, um
zu sagen: Babylon ist „gänzlich gefallen".

Kap. 14,9-13
Die Strafe für die Bösen

Das Schicksal der Tieranbeter, 9-11. Der Untergang dieser Rebellen wird von einem Engel
„mit lauter Stimme" verkündet, so daß alle es
hören und niemand sich entschuldigen kann, 9.
Die Anbetung des Tieres und seines Bildes und
die Annahme seines Malzeichens hat den ganzen
Zorn Gottes zur Folge, 10a (gr. „er wird auch
von dem Zorn Gottes trinken, unvermischt vorbereitet aus dem Kelch seines Zorns") (Jes. 51,17;
Jer. 25,15; Ps. 75,8; Hiob 21,20). „Feuer und
Schwefel" ist das Symbol für „unaussprechliche
Qual", 10b (vgl. Jes. 30,33; Off. 20,10). Die
ewige Strafe wird durch den Ausdruck vom
„Rauch ihrer Qual" geschildert, der „immer und
ewig" (durch die Zeitalter der Zeitalter), 11, aufsteigt. Mit dem Ausdruck „Tag und Nacht"
wird die Tatsache der nie endenden Qual dargestellt.

Die Glückseligkeit der Märtyrer, 12-13. In
jenen Tagen des Schreckens wird die „Ausdauer
der Heiligen" (Gläubigen) schwer geprüft werden. Standhaftigkeit heißt für den „Überrest",
„die Gebote Gottes halten" und bei dem „Glauben an Jesus" bleiben, 12. Auf die Seligkeit derer,
die lieber sterben, als das Tier anzubeten, wird
hingewiesen, 13.

Kap. 14,14-20
Vorausschau von Harmagedon

Die Ernte, 14-16. Dies ist des Himmels Schau
von dem Höhepunkt des Gottesgerichtes. Das
Bild der Ernte schildert das Gericht, das die Gerechten von den Gottlosen scheidet. Der Richter

„sitzt auf einer weißen Wolke", wobei das
„weiß" die Abgeklärtheit und absolute Gerechtigkeit des kommenden Gerichtes bedeutet und
die Wolke die Gegenwart Gottes anzeigt (10,1;
Hes. 10,4; Matth. 17,5; 24,30). Der Richter ist der
„Menschensohn", der Titel, unter dem Jesus
Christus mit der Erde und den Erdenbewohnern
handelt (Matth. 25,31; Joh. 5,27) und unter dem
er die universale Herrschaft beansprucht (Dan.
7,13-14; Off. 1,13-14). Seine göttliche Königswürde tut sich durch die goldene Krone auf seinem Haupt kund (Off. 19,12), die scharfe Sichel
ist das Symbol einer sehr gründlichen Ernte (Jo.
4,13-Schlachter). Das Gericht geht vom Tempel
aus, 15a, der unmittelbaren Gegenwart Gottes,
und der Ruf ergeht nach sofortigem Ernten,
denn die Ernte ist „überreif", und die Zeit der
Ernte ist gekommen, 15b-16. Die Engel sind die
Schnitter (vgl. 19; Matth. 13,39); der Menschensohn bringt mittels der Engel die Ernte ein, 16
(Jo. 4,9-14).

Die Weinlese, 17-20. Das ist Gottes Zorn,
über die Sünder ausgegossen. Er geht aus von
Gottes Gegenwart im Tempel, 17, und vom Altar, 18, d.h. vom ehernen Brandopferaltar. Der
Engel, der aus dem Tempel kommt, hat Voll-

*Das Gericht Gottes wird in der Offenbarung unter dem
Bild der Ernte beschrieben.*

macht über das Feuer, denn der Altar des Sühnopfers ist nun zum Altar des Gerichtes geworden, 18 (vgl. 16,5.8). Das Gericht über die Bösen ist fällig (voll-reif), 18b (vgl. 2. Thess. 2,7-12). Es ist unnachsichtig, beschrieben durch das Bild vom „Treten der Weinpresse", in welchem der ungemilderte Zorn Gottes über den Sünder hereinbricht (19,15; vgl. Hes. 63,3-6), und es wird „außerhalb der Stadt" (Jerusalem) vollzogen, 20, im Tal Josaphat (Jo. 4,12-13). Das erschreckende Gemetzel von Harmagedon wird symbolisiert durch das Blut, das 1600 Stadien weit bis an die Zäume der Pferde fließt (etwa 300 km), 20b. Verheerende Zerstörung ist für ein begrenztes Gebiet angesagt, dessen Mittelpunkt in Syrien – Palästina liegt.

Kap. 15-16
Die sieben Zornschalen

Kap. 15,1-8
Vorbereitung auf die letzten Plagen

Das Zeichen der sieben Engel, 1. Dieses Zeichen (Symbol) wird „groß und wunderbar" genannt, denn diese Engel haben die sieben Zornschalen mit den sieben letzten Plagen, und mit ihnen wird der Zorn Gottes „vollendet". In diesem Zeichen wird die Aufmerksamkeit auf den Antichristen gelenkt, der versucht, die Erde für sich zu gewinnen und das Weib (Israel) zugrunde zu richten.

Die siegreichen Märtyrer, 2-4. Die Vermischung von Feuer und Glas erinnert an die „feurige" Verfolgung der Märtyrer der großen Trübsal unter der Herrschaft des Tieres, 2. Die Harfen Gottes sind Symbole ihrer sieghaften Freude als Folge ihres Triumphes über das Tier (5,8). Das Lied des Mose (bezüglich der Erlösung beim Durchgang durch das Rote Meer, 2. Mo. 15) wird verbunden mit dem Lied des Lammes (Erlösung von der Sünde und Erhöhung des Lammes Gottes). Der Gegenstand des Liedes, 3-4, ist die Gerechtigkeit der Werke und Wege Gottes als des „Königs der Nationen". Nachdem Gottes Endgerichte offenbar geworden sind, wird der Name Gottes verehrt und verherrlicht als der, den bald alle Nationen anbeten werden, 4.

Diener des Zornes Gottes, 5-8. Diese Endgerichte (11,19-18,24) haben ihren Ursprung im Tempel Gottes; denn sie sind schwerer als die früheren Gerichte, die von seinem Thron ausgingen, 5-6. Die Kleider der Engel sind von reiner weißer Leinwand (vgl. 19,8.14) und betonen damit, daß das Wesen ihres Auftrages gerecht ist, 6a. Sie kommen, um wegen der verletzten Heiligkeit und Gerechtigkeit Gottes Opfer darzubringen. Die goldenen Schalen sind Tempelgefäße, aus denen die Trankopfer am Altar ausgegossen wurden. Sie beschreiben hier, daß der unbeschränkte (sieben) Zorn Gottes ausgegossen wird. Die vier lebenden Wesen (s. Erkl. zu 4,6-11), Vollstrecker des gerechten Gerichtes Gottes, handeln, wie ihnen befohlen wurde, 7. Der Rauch kommt von dem feurigen Zorn Gottes, der nun seine Gnade verbirgt, weil die Sünde voll ausgereift ist und er ohne Erbarmen richten muß, 8.

Kap. 16,1-12
Die ersten sechs Zornschalen

Die erste und zweite Zornschale, 1-3. Die Zornschalengerichte sind die Vollendung des Zornes Gottes, ausgeschüttet über die Bosheit der Menschen. Sie sind gekennzeichnet durch ihre Strenge, ihre Endgültigkeit und ihre Kürze. Offenbar dauern sie bis ganz zum Ende der großen Trübsal, denn die Engel kehren nicht in den himmlischen Tempel zurück. Zeitlich folgt auf das Ausgießen der Zornschalen das Kommen Jesu Christi als Sieger, Kap. 19.

Der Befehl vom Himmel, 1, zeigt an, daß Gottes Langmut zu Ende ist und daß sein Gericht nicht länger aufgeschoben werden kann. Seine Herrlichkeit verlangt, daß die Ehre seines Namens wiederhergestellt wird. Die *erste Zornschale*, 2, wird auf die Erde ausgeschüttet – eine organisierte Regierung unter der Führung des „Tieres". Ein schmerzhaftes Geschwür wird den Menschen aufgebürdet, die das Malzeichen des Tieres tragen. Darin besteht Gottes Gericht über diejenigen, die seine Gnade verworfen und gegen seine Anbetung revoltiert haben. Die Plage mag sowohl eine moralische und geistige wie auch eine leibliche sein. Die *zweite Zornschale*, 3, wird auf das Meer ausgegossen, das zu Blut wird, ein Symbol für den vollständigen moralischen und geistlichen Tod einer gottlosen Gesellschaft.

Die dritte und vierte Zornschale, 4-9. Das Ausgießen der dritten Zornschale bewirkt, daß frisches Wasser zu Blut wird, 4. Doch mitten in der Vollstreckung des dritten Zorngerichts wird die Gerechtigkeit des ewigen Gottes proklamiert, der gerichtet hat, 5. Die Sympathie der Himmel ist auf der Seite des Richters! Gerechtigkeit ist ausgeführt worden, denn die Erdenbewohner, die von solchen Gerichten betroffen werden, haben das unschuldige Blut der Propheten und Heiligen (Gläubigen) vergossen, 6; sie haben es verdient, jetzt Blut statt Wasser trinken zu müssen. Der Altar gibt sein Zeugnis dazu, 7, vielleicht wegen der Gebete der Heiligen (6,9-10) unter dem Altar, die jetzt durch dieses Gericht erhört werden. In der *vierten Zornschale* wird Gottes absolute Autorität über die Schöpfung zur Schau gestellt, 8, indem er die Hitze der Sonne so steigert, daß die Menschen in ihrer angstvollen Qual in Lästerungen ausbrechen, 9. Ihre Herzen werden dadurch noch mehr verhärtet, und ihr wahrer Charakter wird offenbar.

Die fünfte Zornschale, 10-11. Finsternis fällt auf das Reich des Tieres, 10, so daß sein Machtzentrum (Thron) betroffen wird und damit Gottes Antwort auf den Hohn seitens der Anhänger des Tieres gegeben wird (13,4).

Nun ist sein Reich in moralischer, politischer und geistlicher Beziehung in einsame Finsternis gestürzt, und die Menschen zerbeißen ihre Zungen in angstvoller Qual. Ihre fortgesetzten Lästerungen, 11, bezeugen die Vollständigkeit ihrer geistlichen Verfinsterung.

Die sechste Zornschale, 12. Das Austrocknen des Euphrats, der mit seinen 2270 km Länge der größte Fluß Westasiens ist, ist ein Bild für die Beseitigung jeglicher Schranken für den Vormarsch „der Könige des Ostens" nach Harmagedon. Dieser große Strom bildete die östliche Grenze des Römischen Reiches und wurde festgesetzt als die östliche Grenze eines vergrößerten Palästina (1. Mo. 15,18). Es war eine natürliche Schranke im Altertum gegen von Osten her eindringende feindliche Armeen. Er soll nicht länger ein Hindernis (Behinderung) sein, wenn Gott die Heerscharen nach Harmagedon führt oder wenn er Israel in sein Reich sammeln wird (Jes. 11,15-16).Die „Könige von Osten" sind die Herrscher der Mächte östlich des Euphrats.

Kap. 16,13-16
Der dritte Einschub

Kap. 16,13-16
Die drei Frösche

Die satanische Trinität und Harmagedon, 13-14. 16. „Frösche" symbolisieren die Dämonen, die die *geistige Triebkraft* hinter Harmagedon sein werden (vgl. 1. Kö. 22,20-28). Der Drache (Satan), das Tier (der Antichrist) und der falsche Prophet sind das Symbol der satanischen Dreieinigkeit des Bösen, die Quelle der „Geister der Dämonen", 14, d.h. der dämonischen Geister (s. Erklg. zu Dämonismus, Mk. 5,20). Diese Dämonen sind das betrügerische Mittel, die Nationen dazu zu überreden, sich in Harmagedon zu versammeln, um die größte Torheit auszuführen: der unsinnige Kampf des Menschen gegen die souveräne Herrschaft Gottes und Jesu Christi über die Erde. Harmagedon, der „Hügel von Megiddo", ist das Schlachtfeld des Altertums, auf dem auch verschiedene entscheidende Schlachten in Israels Geschichte ausgetragen

Das Tal (die Ebene) Jesreel von Meggido aus; hier sollen sich die Nationen nach Offb. 16 am Ende versammeln.

wurden (vgl. Ri. 5,19; 2. Kö. 9,27; 2. Chron. 35,22). Harmagedon symbolisiert den Ort für die *Sammlung* der Nationen vor dem zweiten Kommen Jesu Christi, wie das Tal Josaphat (Jo. 4,2) den Ort des *Gemetzels* in der letzten Schlacht am Ende der Zeit symbolisiert. Diese Schlacht wird die Entscheidung darüber herbeiführen, wer als Regent die souveräne Herrschaft über die Erde übernehmen wird.

Eine Warnung für den Überrest, 15. Dies ist eine Einschaltung zwischen Vers 14 und 16. So dicht wird die Dunkelheit und Täuschung der Stunde von Harmagedon sein, daß die dort versammelten Horden der Erde durch die unvermittelte Ankunft Jesu Christi in all seiner Herrlichkeit völlig überrascht werden (1. Thess. 5,2-3). Die Erlösten aus Israel (7,1-8; 14,1-15), sowie die Erlösten aus den Heiden (7,9-17) werden in jenen Tagen undurchdringlichster Dunkelheit (Jes. 60,2) Warnung und Ermutigung zur Wachsamkeit und zum Bereitsein auf das Kommen Jesu brauchen.

Kap. 16,17–21
Die siebente Zornschale

Die Vollziehung des Gerichtszornes, 17-18. Der siebente Engel gießt seine Schale „in die Luft", den Bereich Satans (Eph. 2,2), der inzwischen aus dem Himmel auf die Erde heruntergeworfen worden ist (12,9) und durch das Tier, den falschen Propheten und ihre Anhänger, dort arbeitet. Das Gericht (Hagel, 21) fällt auf das gut organisierte System des Bösen auf der Erde. „Es ist geschehen!" – Dieser Ruf kündigt die Vollendung der Gerichte des Zornes Gottes über die an, die sich gegen den Schrei vom Kreuz „Es ist vollbracht!" (Joh. 19,30) verschlossen haben. Gottes Stimme, sowohl vom Tempel (gr. *naos,* Ort seiner Gegenwart) wie vom Thron (Sitz seiner Regierung) herkommend, wird vernommen. Sein richterliches Handeln, durch Stimmen, Donner und Blitze symbolisiert, geht dem schweren Erdbeben voraus, 18. Dieses Erdbeben ist eine physikalische Wirklichkeit, denn auf keinem andern Weg könnte die vollkommene Vernichtung erreicht werden, für die alle vorangegangenen Katastrophen nur Vorläufer gewesen waren. Auch andere Weissagungen sprechen von einem solchen Erdbeben (vgl. Sach. 14,4-5) und berichten von Folgen, die nur durch eine buchstäbliche Katastrophe hervorgerufen werden können.

Die Auswirkungen des Zornes Gottes, 19-21. Jerusalem, „die große Stadt", wird in drei Teile geteilt. „Die Städte der Heiden" fallen ebenfalls. „Das große Babylon", das nachgemachte politische und religiöse Zentrum von Kap. 17 und 18, erfährt Gottes unvermindertem Zorn, 19b. Das Erdbeben ist weltweit, 20, und nur *ein* einziges Reich bleibt unberührt davon, weil es nicht erschüttert werden kann (Dan.

2,44). Der große Hagel (ein Brocken wiegt etwa 100 Pfund), 21, erinnert an die Niederlage der Feinde Israels bei Beth-Horon (Jos. 10,1-11).

Kap. 17–18
Gericht über Babylon

Kap. 17,1–6
Die Vision über die Hure – das kirchliche Babylon

Die Hure und ihre Identität, 1-5. Die Kap. 17 und 18 ergänzen die vorangegangenen prophetischen Angaben völlig (14,8; 16,19). Die Hure stellt das kirchliche Babylon (personifizierter religiöser Aufstand gegen Gott) in seiner Endphase dar, ausgereift fürs Gericht. 1) Die Hure symbolisiert die *korrupte Religiosität,* 1, eine „große Hure" (Nah. 3,4-5), und bezeichnet ein religiöses System, das die Wahrheit für die Erlangung weltlicher Macht opfert. *Sie beutet die Völker* („Wasser") *der Erde aus,* 1. 3) *Sie ist schuldig, Wahrheit und Reinheit preiszugeben,* 2c, indem sie die Menschen mit ihren Lehren und Praktiken, die das Wort Gottes vergewaltigen, vergiftet. 4) *Sie ist geistlich verarmt,* 3a. Die Wüste symbolisiert den Ort der Dürre, wo Durstige (vgl. Joh. 7,37-39) niemals ihren Durst stillen können. 5) *Sie herrscht über den Staat und gebraucht ihn auf jede mögliche Weise,* 3b. *Sie „reitet"* über die politische Babylon, das Reich des Tieres, zur Macht. Dieses Reich ist die letzte Form der heidnischen Weltmacht (13,1-10, s. dortige Erklg.) 6) *Sie führt das verdorbene religiöse System der Endzeit an,* 4. Die scharlachrote Farbe (vgl. Jes. 1,18) bezeichnet ihre Sünde und ihren Ehebruch (abtrünniges Verhalten gegen Gott). Sie ist begütert und einflußreich. Der „goldene Becher" in ihrer Hand, voll von Greueln (Götzenanbetung) und der „Unreinigkeit ihrer Unzucht" spricht von ihrer groben Untreue gegen Gott und sein Wort. 7) *Sie vertritt in vollstem Maße alle abtrünnigen religiösen* Bewegungen, von deren Anfang im alten Babylon Nimrods (1. Mo. 10,8-10) bis hin zu ihrem schrecklichen Abschluß im abtrünnigen Christentum und in anderen üblen religiösen Mächten der Endzeit, 5.

Das Weib und ihre Verbrechen, 6. Ihre furchtbarste Sünde ist der Mord, den sie an vielen echten Gläubigen vollzog. Sowohl atl. „Heilige" wie ntl. „Märtyrer Jesu Christi" haben unter dieser Hure gelitten. In der Verfolgung der Endzeit wird dieses üble religiöse System sich mit dem Tier zusammentun, um die echten Nachfolger Jesu Christi massenhaft umzubringen.

Kap. 17,7–18
Die Hure und ihr Untergang

Das Werkzeug ihres Untergangs, 7-14. Das *wiedererstandene* Römische Reich mit seinem endzeitlichen Herrscher (dem Tier) erscheint als der Urheber des Untergangs der Hure (16-18). Dieses Reiches Wiedererstehen zur Zeit des Endes wird vorausgesagt, 8a. „Es war" (bestand) zur Zeit Johannes' und „ist nicht" (es hört auf zu bestehen, wie vorausgesagt; dieses Ende als zusammengehöriges Reich kam 476 n. Chr.). Es wird zur Zeit des Endes schlimmer denn je wiedererstehen, angetan mit satanischen Kräften aus dem Abgrund (vgl. 2. Thess. 2,8-9; Off. 9,1-12; 11,7; 13,2), aber sein Bestand wird kurz sein, 8b. Bei der Wiederkunft Jesu wird es „ins Verderben gehen" (19,20). Dieses Wiederaufleben der früheren römischen Macht unter dem „Tier" wird große Verwunderung und Irreführung bewirken, 8b-9 (13,3-4; 2. Thess. 2,8-12). Das Weib (kirchliches Babylon) hat seine Zentrale in der Hauptstadt des Tieres, 9b, nämlich in der Siebenhügelstadt Rom (vgl. 18).

Die Art der Regierung des wiedererstandenen Römischen Reiches wird angegeben, 10. Die sieben Häupter sind nicht nur sieben Hügel (auf denen Rom erbaut ist und wo das Weib sitzt, 9), sondern auch sieben Könige. Diese „sieben Könige" verweisen offenbar auf sieben verschiedene Regierungsformen, die das Reich charakterisierten (32 v. Chr. bis 476 n. Chr.). Die „fünf, die gefallen sind", sind Könige, Konsuln, Diktatoren, Hauptleute, Tribune. „Der eine, der da ist", bezieht sich auf die kaiserliche Regierungsform zur Zeit des Johannes. „Der andere", nämlich der siebente, der auf die sechste *(kaiserliche)* Regierungsform folgt, muß noch kommen. Wenn er aber kommt, „darf er nur eine kleine Zeit bleiben" (im ganzen nur dreieinhalb Jahre, 13,5).

Der *letzte Regent* des wiedererstandenen Römischen Reiches wird näher beschrieben, 11: „Das Tier, das du gesehen hast, das da war und nicht ist" (das wiedererstandene Römische Reich, 8a), ist der achte und ist einer von den sieben (die kaiserliche Regierungsform, 10), und er geht ins Verderben. Dieses teuflische „Haupt" ist einzigartig, 12-14. Es herrscht über eine zehn Reiche umfassende Föderation, 12-13, die der kaiserlichen römischen Regierung fremd war, und führt Krieg gegen das Lamm (16,14; 19,19) in dem gigantischen Kampf um die Herrschaft über die Erde (19,16; vgl. 1. Tim. 6,15).

Der Bericht über ihren Untergang, 15-18. Die Hure, die die Völker der Erde beherrschte und ausbeutete, 15, und die auf dem Weg über das „Tier" zur Macht in der Endzeit kam, wird erleben, daß das „Tier" sich gegen sie stellt, um sie zuletzt zu vernichten, 16. Das wird durch Gottes Vorsehung geschehen, um sein Wort zu erfüllen, 17. Untergang ist das ihr von Gott zugedachte Gericht (18,6), um ihres bösen Verlangens willen, über irdische Herrscher um ihrer egoistischen und betrügerischen Interessen willen zu herrschen, 18.

Kap. 18,1-24
Gericht über das Babylon der Kaufleute

Der Untergang angekündigt, 1-8. Ein „großer Engel" verkündet Babylons völligen Ruin, 1. „Sie ist gefallen, ist gefallen" (Wiederholung bedeutet: „völlig gefallen"), wegen der korrupten, unlauteren (bestechlichen) Sünde ihrer Handelsgepflogenheiten, 2-3. Die Gläubigen werden ermahnt, sich von ihr zu trennen (2. Kor. 6,14-17), 4, denn das Maß ihrer Ungerechtigkeit ist voll, 5, und ihre stolze Überheblichkeit schreit nach „voller" und unmittelbarer Bestrafung, 6-8.

Ihr Untergang wird beklagt, 9-19. Ihre Handelspartner, die durch sie reich geworden waren, klagen um Babylon, 9-11. Die Vielseitigkeit ihres Handels wird im einzelnen dargelegt, 12-19 (vgl. Jes. 13,21-22). Die Spottgesänge aus Jes. 23-24 und 47; Jes. 50-51; Hes. 26-27 finden hier ihr Echo.

Ihre Zerstörung wird aufgeführt, 20-24. Der ganze Himmel zusammen mit den „Heiligen" (Gläubigen), Aposteln und Propheten wird aufgefordert zur Freude über die Zerstörung Babylons. Der Grund dieser Freude ist der, daß „Gott euch an ihr gerächt hat". Hier wird offenbar, daß Gott allein der Zerstörer des satanischen Weltsystems ist, sowohl des kirchlichen wie des kommerziellen. Der „Mühlstein", 21-23, der von dem einen Engel ins Meer geworfen wird, symbolisiert Babylons unwiderruflichen Untergang, 21-23, denn sie ist am Blut des Volkes Gottes schuldig geworden, 24.

Babylon
Das Babylon von Kap. 18 ist das satanische Weltsystem in seinen gottlosen kommerziellen und wirtschaftlichen Aspekten. Dieses System durchsetzt alle Phasen des Lebens einer nicht-wiedergeborenen Menschheit, die unter der Führung Satans bis ins Kleinste durchorganisiert ist. Kap. 17 beleuchtet den religiösen Aspekte Babylons, die sich jedoch auch kulturell, wissenschaftlich, erzieherisch und politisch auswirken. Das satanische Weltsystem Babylons wird in mehr als 30 ntl. Stellen erwähnt. Satan ist sein „führender Kopf" (Joh. 12,31; 14,30; 16,11; 1. Joh. 5,19; Off. 2,13). Gott bezeichnet dieses System als vollständig sündig (Gal. 1,4; Kol. 1,13; 2. Petr. 2,20; Jak. 4,4; 1. Joh. 4,3). Es wird als begrenzt und vergänglich gezeigt (1. Joh. 4,4), wie Offb. 17-18 beweist. Es ist dem Untergang geweiht, wenn Jesus wiederkommt (1. Joh. 2,17; Off. 17-18; 19,11-16; 20,1-3). Seine Charakterzüge sind vor allem Habsucht, Überheblichkeit und eine Vorliebe, Krieg zu führen (Jak. 4,1-4). Schließlich ist es ein beständiger Fallstrick für das Volk Gottes (1. Joh. 2,16; Off. 18,4-5).

Kap. 19
Jesu zweites Kommen

Kap. 19,1–5
Freude über Babylons Fall

Freude im Himmel, 1–4. Das kirchliche Babylon (Kap. 17), zusammen mit dem kommerziellen Babylon (Kap. 18), muß gerichtet werden, ehe die Brautgemeinde (19,6–10; 21,9–21) offenbar gemacht wird, 1a. Die bösen Erdenbewohner klagen über Babylons Fall (18,9–19), doch im Himmel ist Freude darüber (18,20–19,6). Diese Freude des Himmels wird von der großen Menge (alle verherrlichten Gläubigen im Himmel), den Engeln und den 24 Ältesten geteilt. Sie bringen Gott Lobgesänge dar, preisen sein Heil, seinen Ruhm und seine Kraft, 1c. Sie gebrauchen das hebräische Wort „hallelujah" (gr. *alleluja*): „Preiset Yah!" (d.h. Yahweh, den Herrn), 1.3.4.6, und feiern auf diese Weise jubelnd Babylons endgültigen und bleibenden Untergang, 2–4.

Eine Stimme spricht vom Thron, 5. Diese Stimme ist Gottes Stimme selbst, die vom Zentrum und dem Ausgangspunkt seiner Regierung her spricht. Eine neue Ursache für große Freude kommt ins Blickfeld: Die Hochzeit des Lammes steht unmittelbar bevor.

Kap. 19,6–10
Die Hochzeit des Lammes

Das Fest, 6–8. Diesem großen Ereignis geht die Ankündigung voraus, daß Gott, der Allmächtige, königliche Macht ergreift in Christus, 6a, und das vierte und letzte „Halleluja" veranlaßt, 6b, sowie höchsten Jubel, 6c–7a. Das Ereignis ruft nach Verehrung des Lammes, denn wohlgemerkt, hier handelt es sich nicht um die Hochzeit einer Braut, sondern um die Hochzeit „des Lammes". Die Braut als das zukünftige „Weib" ist identisch mit der ntl. Gemeinde der Erlösten (Joh. 14,3; 1. Thess. 4,13–17; Eph. 5,32). Das Bild des „Weibes" ist ein Symbol der verherrlichten Gemeinde, die mit Christus, ihrem Haupt, zu königlichem Dienst und königlicher Würde im „Reich" vereint ist. Das Bild der „Hochzeit" ist ein Symbol für die äußerlich-öffentliche Erfüllung der inneren, geistlichen Gemeinschaft zwischen Christus und seiner Gemeinde (1. Kor. 12,13; Röm. 6,3–4; Gal. 3,27; Eph. 5,25–27.30; Off. 21,9). Daß die „Braut" sich für den Bräutigam „bereitmachen" kann, setzt voraus, daß sie von Gott durch Christus für ihn bereit gemacht worden ist (Kol. 1,12) und daß andererseits ihre „Werke" am Richterstuhl *(bema)* Jesu Christi (s. Erklg. zu 1. Kor. 3,11–14; 2. Kor. 5,10) „gerich-

Das Tal Hinnom, wo ständig Abfall verbrannte, gab der Gehenna (dem hebr. Wort für „Hölle") den Namen.

tet" worden sind. Die (weißen) Kleider der Braut sind ein Bild für die Gerechtigkeit Christi (Röm. 3,21-22), die er ihr aus Gnade gegeben hat – einmal dadurch, daß er ihr seine eigene Gerechtigkeit ganz unverdient zugerechnet hat, und außerdem dadurch, daß er in königlicher Souveränität aufgrund der Werke Christi in ihr und durch sie „Werke der Gerechtigkeit" wirkte, die sie niemals selbst hätte hervorbringen können (Phil. 2,13), 8.

Die Gäste, 9-10. Dieser Zug an der „Hochzeit" ist wichtig, daher der Befehl: „Schreibe!" 9a. Das Glück der eingeladenen Gäste wird in 9b betont: „Selig (glücklich) sind die, welche ... berufen sind". Diese Gäste unterscheiden sich deutlich von der Braut, wahrscheinlich sind sie atl. Gläubige (Joh. 3,29). Dieses Fest wird das „Hochzeitsmahl des Lammes", 9b, genannt, da diese Einladung einen Segen und eine Belohnung für Gottes Erlöste darstellt, im Gegensatz zu dem Gerichtsmahl (19,17). Der Seher Johannes ist überwältigt sowohl von der Botschaft als auch (im Augenblick) von dem Boten. Doch er wird daran erinnert, daß der Brennpunkt aller Weissagung Jesus Christus selbst ist, 10.

Kap. 19,11-16
Die Wiederkunft Jesu Christi

Der Sieger und seine siegreiche Armee, 11-14. Das zweite Kommen Jesu wird in einer symbolischen Vision beschrieben. Johannes „sieht den Himmel offen", 11a (vgl. 4,1, wo nur „eine Tür im Himmel geöffnet" war). Die Vision zeigt Jesus und seine Heiligen (Erlösten) sowie seine Engel beim Verlassen des Himmels. Er zieht aus, um den Anspruch auf seine Königsherrschaft über die Erde zu erheben. Sein Sieg wird bezeichnet durch sein Sitzen „auf einem weißen Pferd", 11b, was symbolisch ist für einen siegreichen Eroberer (vgl. 6,2; Ps. 45,4). Sein Triumph besteht darin, daß er sich dem Willen Gottes gegenüber treu und wahrhaftig verhält wie kein Zweiter in der gesamten Schöpfung, 11c (Phil. 2,5-11). Nun kommt er, um zu richten und Krieg zu führen, 11d; doch im Gegensatz zu vielen anderen Kriegern kommt Jesus immer nur absolut „in Gerechtigkeit" (d.h. in gerechter Sache). Er fällt ein Urteil, das sich immer auf seine Allwissenheit gründet, 12a. Das wird durch das Bild von seinen „Augen wie eine Feuerflamme" ausgedrückt (vgl. 1,14; 2,18). Er hat absolute Autorität, 12b, was durch seine vielen Kronen (Diademe) bezeugt wird. Die ihn begleitenden Heiligen (erlösten Gläubigen) tragen Siegeskronen *(stephanoi)*, nicht Herrscherkronen *(Diademe)*, 4,4-10. Jesus hat einen Namen, der für die Menschen unergründlich bleibt, 12c (vgl. Matth. 11,27). Er kommt, um an seinen Feinden Rache zu nehmen, was durch seine blutgetränkten Kleider angedeutet wird (sie sind getränkt vom

Blut seiner Feinde), 13a (vgl. Jes. 63, 1-4). Sein Name ist „das Wort Gottes", 13b, was ihn sowohl als Gott und Schöpfer (Joh. 1,1.3) wie auch als Erlöser (Joh. 1,14) ausweist. Damit wird sein doppelt begründetes Recht herausgestellt, die Erde als Schöpfer und Erlöser zu regieren (Eph. 1,13-14; Off. 5,1-10). Die Armeen des Himmels (Heilige und Engel) sind mit ihm in seinem Sieg vereinigt, 14. Er kommt auf einem weißen Pferd des siegreichen Eroberers. Seine Erlösten teilen seinen Triumph und folgen ihm auf weißen Pferden.

Der Sieger und sein Sieg, 15-16. *Er erobert auf übernatürliche Weise, 15a.* Das „scharfe Schwert" ist das allmächtige, unwiderstehliche Wort Gottes, das das Universum ins Dasein rief. Es schlägt seine Feinde nieder (Jes. 11,4; vgl. Joh. 18,5-6; Hebr. 11,3). *Er regiert mit strengem Gericht,* 15b. Er wird ein Reich des Friedens regieren, wie ein Hirte seine Schafe weidet. Die jedoch, die rebellisch sind, werden seinen „Hirtenstab" als einen „eisernen Stab" kennenlernen müssen (12,5; Ps. 2,9), als ein Symbol unnachgiebiger Strenge gegen die Sünde. *Er wird mit schonungsloser* Vergeltung allem begegnen, was böse ist, 15c (vgl. 14,17-20). Das Bild der Weinpresse bezieht sich auf erbarmungsloses Gericht über das Böse (vgl. Jes. 63,3.6; vgl. Matth. 21,44). *Er kommt mit absoluter, königlicher Souveränität, 16.* Die Weltherrschaft gehört ihm (Ps. 45,3-7; Off. 1,5; 17,14; vgl. 1. Tim. 6, 15). Sein Name drückt seine volle Königshoheit wie seine Herrschaft über die ganze Erde und alle Menschen aus und zwar als Schöpfer wie als Erlöser. Die Bezeichnung „König aller Könige" und „Herr aller Herren" ist an seinem Kleid und an seiner Hüfte geschrieben, wo man sein Schwert erwarten sollte (anstatt daß es aus seinem Munde geht, 15). Diese Tatsache zeigt an, daß seine unumschränkte Herrschaft ihm durch das Wort und den Willen seines Vaters gehört und daß er sie sich nicht erst mit Hilfe eines wirklichen Schwertes erringen muß.

Kap. 19,17-21
Harmagedon

Das große Abendmahl Gottes, 17-18. Dieses „große Abendmahl" auf der Erde steht im Gegensatz zum „hochzeitlichen Abendmahl des Lammes" (19,9). Das eine steht für die glückselige Gemeinschaft und die herrliche Bestimmung der Gerechten im Himmel. Das andere symbolisiert den Untergang aller Feinde Jesu Christi auf der Erde (vgl. Dan. 7,5; Hes. 32,21-32). Die Katastrophe von Harmagedon (s. 16,13-16) wird durch das Wort aus dem Munde des wiederkommenden Christus bewirkt.

Der völlige Untergang der Feinde Jesu Christi, 19-21. Das „Tier" (s. 12,1-10) und die mit ihm verbündeten Könige und Armeen werden versammelt gesehen, um gegen das Lamm

Krieg zu führen. Das „Tier" und der falsche Prophet (12,11-18, s. Erklg.) werden beide lebendig in die „Gehenna" (d.h. die ewige Hölle, den ewigen Aufenthaltsort *aller* Übeltäter, vgl. 20,15), 20, geworfen. „Schwefel" weist auf schreckliche Qualen hin (14,10). Das Bild des furchtbaren Gemetzels wird wiederholt, 21.

Kap. 20
Das Tausendjährige Reich (Millennium) und das Endgericht

Kap. 20,1-3
Satan gebunden

Die Vision von dem Engel, 1. Diese Vision symbolisiert eine Begebenheit, welche das natürliche Ergebnis all der Vorgänge in Kap. 19 ist. Satan, der Uranstifter allen irdischen Übels und aller Rebellion gegen Gott, muß ausgeschaltet werden, ehe das Reich Jesu Christi auf Erden aufgerichtet werden kann (4-6). „Der Engel" ist der Beauftragte Gottes über die Unterwelt. Der „Schlüssel" und die „Kette" weisen auf die göttliche Autorität hin, die sie dem Engel in die Hand gegeben hat.

Das Binden Satans, 2-3. Dieser Vorgang wird dadurch angedeutet, daß ein Engel Hand an den Drachen legt, um ihn zu bändigen und zu überwältigen. Johannes sieht den Engel vom Himmel „herunterkommen" und Satan binden, da er aus dem Himmel auf die Erde heruntergeworfen worden war (vgl. Eph. 6,10-12; Off. 12,9). Folgende Bezeichnungen offenbaren den Charakter Satans, der genannt wird: 1) „der Drache", was seine Grausamkeit anzeigt; 2) „die Schlange", was auf seine listige Irreführung hinweist; 3) „alt", weil er in Eden bereits entsprechend am Werk war (1. Mo. 3,1); 4) „der Teufel", wegen seiner böswilligen Verleumdungen (12,10); 5) „Satan" (Gegenspieler), wegen seiner Rebellion gegen Gottes Willen, 2. Die Zeit, während der Satan gebunden wird, entspricht der Dauer des messianischen Reiches. Dieses Binden Satans ist notwendig, denn während des Tausendjährigen Reiches muß die göttliche Autorität auf der Erde wiederhergestellt werden (Apg. 15,14-17), gegen die sich ja Satan vor allem aufgelehnt hat. Der Ort der Haft ist der Abgrund, das Gefängnis der Dämonen (Lk. 8,31; Off. 9,2; 17,8). Nach dem Tausendjährigen Reich wird Satan für kurze Zeit zu einer letzten Revolte losgelassen (7-9), dann aber in die „Gehenna", die ewige Hölle geworfen, 10, wo er das Schicksal des „Tieres", des falschen Propheten (19,20) und der unerlösten Menschen teilen wird (20,15; Matth. 25,41).

Kap. 20,4-6
Die Erlösten regieren

Die verschiedenen Gruppen der Erlösten, die mit Christus regieren, 4. *Die erste Gruppe,* 4a, besteht aus allen Erlösten, von Abel angefangen bis zur Entrückung der Gemeinde (1. Kor. 6,2-3; vgl. Dan. 7,9-10) *Die zweite Gruppe,* 4b, besteht aus den Seelen der Märtyrer aus der ersten Zeit der großen Trübsal, die noch ohne den Auferstehungsleib sind (vgl. 6,9-11). Der Anlaß ihres Todes ist ihr „Zeugnis von Jesus Christus" und die Treue dieses Überrestes dem Wort Gottes gegenüber. *Die dritte Gruppe,* 4c, besteht aus solchen einzelnen Personen (Seelen), die das „Tier" nicht angebetet haben (12,15-17) und zu den Märtyrern des letzten Teils der großen Trübsal gehören.

Die erste Auferstehung, 4d-6. „Und sie", die Märtyrer der großen Trübsal, 4b, 4c, „lebten", d.h. wurden auferweckt. Ihre Auferstehung geschieht also in der Zeit *nach* der Hochzeit des Lammes (19,7-9) und am Anfang des messianischen Reiches. Sie werden demnach unterschieden von der entrückten Gemeinde (Braut) und den „Gästen" (den Gläubigen des AT), aber alle drei Gruppen (4a-c) gehören zu den Teilnehmern der *„ersten Auferstehung",* 6a, die „selig und heilig" genannt wird. Sie müssen von den Unerlösten (den „übrigen Toten") unterschieden werden, die erst zur Zeit der zweiten Auferstehung auferweckt werden zum Verderben, dem „zweiten Tod" (11-15), nach dem Millennium, 5 (vgl. Joh. 5,29). „Der zweite Tod", Gehenna (der Feuersee), hat keine Macht über die Erlösten, 6b, sondern sie werden als Priester-Könige Gottes mit dem Priester-König Jesus Christus vereinigt sein (Sach. 6,9-15), und während des Milleniums tausend Jahre mit ihm regieren, 6c (vgl. 11,15).

Kap. 20,7-10
Satan losgelassen

Satans letzte Rebellion, 7-9. Vers 7 nimmt die Geschichte Satans wieder auf, die in Vers 3 anfing und durch den Bericht von der Regierung der Heiligen im Tausendjährigen Reich unterbrochen worden war. Nach seiner tausendjährigen Einkerkerung wird Satan aus dem Abgrund freigelassen, um nach einem Leben unter idealen Verhältnissen, im letzten von Gott gesetzten Zeitalter vor dem Anbruch der Ewigkeit, die Treue der Menschen Gott gegenüber zu prüfen, 7. Das Ergebnis ist, daß er mit Erfolg auch „die Nationen" der letzten Konföderation der Menschen irreführt. Diese Rebellion nach dem Ende des messianischen Reiches ist der vor Beginn desselben ähnlich (Hes. 38-39) und wird deshalb bildlich „Gog und Magog" genannt (s. Erklg. zu Hes. 38-39). Diese Rebellion wird jedoch weltweit sein und das letzte Bündnis der Menschheit gegen Gott, sein Volk Israel und die heilige Stadt Jerusalem darstellen, 8-9. Die Rebellen werden wahrscheinlich solche einzelne aus den Nationen sein, die weitgehend nur scheinbare Untertänigkeit gegen Jesus Christus und seine „eiserne" Regierung vorgetäuscht haben (Ps. 2,9; 18,44; 66,3; 81,15). Israel wird seinem Messias treu bleiben (Jer. 31,31-34; Röm. 11,26). Das Ergebnis dieser (letzten) Revolte der Menschheit gegen Gott wird der auf übernatürliche Weise bewirkte völlige Untergang der Rebellen und das Ende der göttlichen Duldung des Bösen auf der Erde sein, 9.

Satans endgültiger Untergang, 10. Satans zuvor bestimmtes Gericht (1. Mo. 3,15) wird nun vollstreckt. Zuerst wird er aus dem Himmel hinausgeworfen (12,9); dann im Abgrund eingekerkert (20,1-3), schließlich seinem ewigen Schicksal, dem Feuersee, übergeben. „Feuer und Schwefel" sprechen von unsagbaren Qualen (14,10; Jes. 30,33). Der Feuersee wird enthalten: 1) das „Tier" und den falschen Propheten, die bereits dort sind, 10, und „mit Feuer" (Mk. 9,49) haltbar gemacht, so daß sie nicht verbrennen und ihrer Sünde entsprechend gestraft werden; 2) „den Teufel und seine Engel" und 3) alle nicht erlösten Menschen (Matth. 25,41).

Kap. 20,11-15
Das Endgericht

Der Thron und der Richter, 11. Diese Szene des letzten Gerichtes beschließt das Tausendjährige Reich und bezeichnet den Beginn der Ewigkeit. Das Gericht über die ungläubigen Toten wird gehalten. Vor einem „großen weißen Thron" spielt sich die *umfassendste* Gerichtsverhandlung ab, die jemals stattgefunden hat. „Weiß" bezieht sich auf die Reinheit und Gerechtigkeit, die Gottes Entscheidungen kennzeichnen, 11a. „Den, der darauf saß", bezieht sich auf Christus (Joh. 5,22), dem alles Gericht übergeben ist, 11b. Die Lebenden hat er bereits gerichtet (Matth. 25, 31); jetzt muß er die Toten richten (vgl. 2. Tim. 4,1).

Die Toten im Gericht, 12-15. Betroffene dieses Gerichts sind die Toten, die leiblich und geistlich tot sind, 12a. *Alle Ungläubigen sind eingeschlossen* – „die Kleinen und die Großen" –, ganz gleich, was ihre Stellung auf Erden gewesen sein mag, 12b. Sie stehen in der Qual und der Schande ihrer Sünden vor einem Thron, der „groß" und „weiß" ist. Sie haben weder einen Altar noch Blut, das ihnen zur Vergebung helfen könnte. Jeder einzelne steht als Sünder ganz allein vor Gott, 12c. Sie sehen sich all ihren Taten gegenübergestellt, 12d, sind aber verloren, weil sie das ihnen von Gott angebotene Heil nicht angenommen haben. Als Verlorene werden sie gerichtet aufgrund ihrer Werke (Eph. 5,6). Das Buch des Lebens wird geöffnet, 12e. Es ist das Verzeichnis der Namen der Erlösten (12,8; 17,8). Es enthält nicht einen einzigen Namen eines unerlösten Menschen, und so wird deutlich, daß dieses Gericht nur über Sünder ergeht, 15. Die unerlösten Toten werden auferweckt, 13, und der Tod, der den Leib hält, und Hades, der die Seele hält, übergeben Gott ihre Gefangenen (vgl. Joh. 5,28-29). Der Tod und die Hölle (Hades) werden zuletzt „in den Feuersee geworfen", d.h. beseitigt werden, nach Abschluß der ersten Auferstehung (1. Kor. 15,26). Das schlimme Ende der Unerlösten ist „der Feuersee ... der zweite Tod," der Ort, an welchem das Böse und alle Sünder auf ewig von Gott getrennt sind.

Kap. 21,1-22,5
Die Stadt Gottes und die Ewigkeit

Kap. 21,1-8
Die Ewigkeit

Die Ewigkeit und der Gerechte, 1-7. Off. 21,1-8 gehört zusammen mit Kap. 19,1-20,15, wozu es die natürliche Fortsetzung bildet, zu einer Folge von Ereignissen, die in der Ewigkeit enden (vgl. Jes. 65,17; 66,22; 1. Kor. 15,24-28; Eph. 3,21; 2. Petr. 3,13). Die Ewigkeit wird einen neuen Himmel und eine neue Erde aufweisen, 1. Das neue Jerusalem, 2, stellt die verherrlichte Gemeinde Jesu Christi dar (3,12) *nach der* Zeit des messianischen Reichs. Jerusalem wird eine „heilige" Stadt genannt, denn auch sie ist in einem Zustand der Verherrlichung, frei von aller Sünde und mit Christus in seiner Herrschafts- und Verwaltungswürde verbunden (1. Joh. 3,2; Röm. 8,29; Phil 3,21). Sie „kommt von Himmel herab", so ihre Heimat ist (Kol. 3,1-4), 2. Nun kann „Gott bei den Menschen wohnen", 3 (1. Kor. 15,24-28), weil der Fluch über Adam weggenommen, Satan gerichtet ist, die Bösen bestraft sind und das Universum frei von Sünde geworden ist, mit Ausnahme des „Feuersees" (20,15). Im messianischen Reich hat Gott sein Zelt *über* sein Volk ausgebreitet (7,15); in der Ewigkeit wird er *bei* den Menschen (21,3). Alle Spuren der Sünde sind entfernt, 4. Die Glaubwürdigkeit dieses großen Finale der göttlichen Erlösung ist in Gott selbst begründet, 5. Bis es aber soweit ist, besteht Gottes Angebot des Heils an die Sünder weiter, 6 (vgl. Joh. 7,37-39), ebenso das der Belohnung an die einzelnen Gläubigen, der „überwindet", 7 – und all diese Dinge im Licht der Ewigkeit!

Die Ewigkeit und der Ungerechte, 8. Gottes sündlose, glückselige Ewigkeit wird einen Ort haben, den man die „Isolierstation des Himmels für die Sünde und die Sünder" nennen könnte. Das ist der „zweite Tod" oder „Feuersee" (20,14). Dies ist der Aufenthaltsort, wo die Bösen die Ewigkeit zubringen werden. Die Bibel nennt diesen Zustand den „zweiten Tod" mit Bezug auf des Sünders vorangegangenen leiblichen Tod, der ihn im Zustand des „geistlichen Todes" traf. Der zweite Tod ist so ewig, wie der Thron Gottes (Hebr. 1,8) von ewiger Dauer ist (vgl. Off. 19,20; 20,10). Die Unerlösten, die ausführlich aufgezählt werden, 8, werden den Feuersee bevölkern.

Kap. 21,9–10
Die Vision vom neuen Jerusalem

Die Einladung des Engels, 9. „Einer der sieben Engel", und zwar der gleiche, der Johannes aufgefordert hatte, das Gericht über das kirchliche und politische Babylon anzusehen (17,1), bittet ihn jetzt, das „Weib" (die Braut) des Lammes anzuschauen. Gemeint ist das neue Jerusalem, die Stadt des Lammes. Dies ist ein orientalischer Brauch, die Stadt eines Herrschers unter dem Bild eines ihm angetrauten Weibes zu sehen.
Der Anblick der riesigen Stadt, 10. Johannes wird „im Geist", d.h. in der Vision, an einen geeigneten Aussichtspunkt gebracht, von wo aus das neue Jerusalem aus dem Himmel herabkommt. Die Größe der Stadt ist in den Versen 11–23 ausführlich beschrieben. Es nimmt den Platz des historischen Jerusalem ein, das mit der alten Erde zusammen vergangen ist, 1b, und ist ein Teil der neuen Erde, 2a.

Kap. 21,11–21
Beschreibung der Stadt

Ihre Identität, 11–14. Jerusalem ist das prächtige Symbol der ewigen Heimat und Bestimmung der Erlösten aller Zeiten. Gottes „Heilige" haben zu allen Zeiten eine solche Stadt „im Geist" gesehen (Hebr. 11,10.16; 13,14; Joh. 14,1-3). Ihre Einwohner werden sein: Gott der Vater, in der ganzen Offenbarung göttlichen Lichtes und göttlicher Herrlichkeit, 11, verherrlichte atl. Gläubige (Hebr. 11,40), die entrückte ntl. Gemeinde (die Braut, das „Weib" des Lammes), Myriaden nicht-gefallener Engel und unser Herr Jesus Christus selbst (Hebr. 12,22-23). Israel sowie die ntl. Gemeinde nehmen eine bevorzugte Stellung in der Stadt ein, 12c, 14; die „große und hohe Mauer", 12a, spricht von Sicherheit und Geborgenheit all ihrer Einwohner im Licht von Gottes strahlender und unverhüllter Majestät.
Ihre Größe, 15–17. Die Maße dieser Stadt in ihrer blendenden Schönheit ergeben einen Würfel aus purem Gold von je 2220 Kilometern Länge, Breite und Höhe, den man mit einem riesigen Hochhaus mit unzähligen Etagen vergleichen könnte.
Ihr Glanz, 18–21. Die herrliche Bestimmung der Erlösten in der Ewigkeit wird symbolisiert durch die Ausschmückung der Stadt, deren göttliche Schönheit nur geahnt werden kann und durch die Aufzählung kostbarer Edelsteine nur angedeutet sein will. Die Stadt selbst ist aus purem Gold, ihre Mauer von Jaspis (einem Edelstein), beide kristallklar, 18. Jeder der zwölf

Grundsteine der Mauer besteht aus einem aufsehenerregenden Edelstein, ungewöhnlich herrlich an Glanz und Farbe, 19-20. Die Grundsteine sind nicht so angeordnet, daß auf jeder Seite der Stadt drei dieser Edelsteine je ein Drittel der Seite ausfüllen, sondern sie bilden zwölf übereinanderliegende Schichten, die sich um die ganze Stadt herumziehen. Wenn man sie anschaut, hat man den Eindruck eines Regenbogens oder Prismas, dessen Schönheit durch die Symmetrie der Anlage noch erhöht wird. Jedes der zwölf Tore besteht aus einer kostbaren Perle, 21, und die Straße ist aus durchsichtigem Gold.

Kap. 21,22–22,5
Das Leben innerhalb der Stadt

Ihr Tempel, 22. Kein sichtbarer Tempel wird die Stadt Gottes schmücken, denn man braucht dort keinen besonderen Ort des Gottesdienstes. Der allmächtige Gott und Christus, das Lamm Gottes, wohnen mitten unter den Erlösten (21,3), und sie haben einen offenen, direkten Zugang zu Gott. Der indirekte Zugang zu Gott auf dem Weg über den Tempel mit seinem Altar ist völlig unnötig.
Ihr Licht, 23–24. Auch bedarf die Stadt nicht der Himmelskörper, um ihr Licht zu geben; denn der leuchtende Glanz der Herrlichkeit Gottes erhellt sie, und überall wird es licht sein durch ihn.
Ihre Ehre, 24b, 26. Die Nationen und die Könige der Erde werden ihre Kostbarkeiten bringen, und die Autorität der Stadt wird weltweit anerkannt werden.
Ihre Tore, 25. Ihre Tore brauchen niemals verschlossen zu werden, denn ihre Feinde sind alle vernichtet worden. Selbst wenn sie noch Feinde hätte, könnten sie sich nicht verstecken, denn es gibt keine Nacht mehr.
Ihre Bürger, 27. Nichts Unreines wird in dieser Stadt zu finden sein; denn moralische und geistliche Unreinigkeit werden in ihren Mauern unbekannt sein. Die erlösten Gerechten allein, völlig frei von Verunreinigung durch die Gegenwart der Sünde, sind ihre Einwohner. Ihre Namen sind in Gottes Register, dem „Lebensbuch des Lammes", eingetragen.
Das verlorene Paradies wiederhergestellt, 22,1-5. Die völlige Beseitigung des Fluches (mit seinen Folgen) bringt sogar mehr Seligkeit, als in dem Paradies vor dem Fall zu finden war. Die Umgebung der Erlösten wird vollkommen sein. Die Fülle des Lebens („Strom vom Wasser des Lebens") fließt beständig aus der Quelle des ewigen Lebens, d.h., Gott dem Vater durch den Sohn (das Lamm), 1. Dieses Wasser ist für jeden da, der trinken will („inmitten ihrer Straßen"), 2a. Jedem Wunsch wird entsprochen durch die Art der zur Verfügung stehenden Früchte, 2b, und geistlicher Segen ist eine Realität für alle, 2c.

Der Fluch ist weggenommen und mit ihm alle mühselige Arbeit, Sinnlosigkeit des Lebens und Rebellion, die die Geschichte des Menschen zeichnete und beeinträchtigte, 3. Die Erlösten werden sich freudig der Oberhoheit ihres Herrn beugen. Sie werden ihm als seine „freiwilligen Sklaven" dienen, sein Angesicht in vertrauter Gemeinschaft sehen und seinen Namen an ihren Stirnen tragen, 4. Was für eine vollkommene Beschäftigung! Das Leben in der Ewigkeit wird ein Leben im Licht sein, in ungetrübter Glückseligkeit und Gemeinschaft, und die Erlösten werden herrschen von Ewigkeit zu Ewigkeit, 5. Der Brennpunkt von alledem ist Jesus Christus, das Lamm Gottes!

Kap. 22,6-21
Abschließende Zeugnisse

Kap. 22,6-11
Das Zeugnis des Engels und das Zeugnis Jesu Christi

Der Engel beglaubigt die Weissagung, 6. Die Wahrheit dieser bedeutsamen Weissagungen wird bezeugt, 6a, ebenso ihr atl. Fundament und ihre ntl. Erfüllung, 6b. Derselbe Gott, der die atl. Seher inspirierte, hat seinen Engel gesandt, diese Weissagungen seinen ntl. Knechten zu offenbaren, denn sie werden bald erfüllt werden, 6c.

Christus selbst kündigt sein baldiges Kommen an, 7 (vgl. Vers 12,20). Denen, die die Worte der Offenbarung „behalten" und werthalten, wird wiederum Segen verheißen (vgl. 1,3; 22,7).

Entsiegelung des Buches (Offenbarung) anbefohlen, 8-11. Johannes wiederholt den Fehler, den Engel zu verehren, 8-9 (19,10). Jede Verehrung oder Anbetung irgendeines Geschöpfes ist eine Beleidigung des Schöpfers. Der Engel sagt, daß das Buch der Apokalypse nicht versiegelt werden soll. Das steht im Gegensatz zum Befehl Gottes an Daniel, die Weissagung zu versiegeln (Dan. 12,4.9). Der Grund für die Entsiegelung der Apokalypse ist der, daß „die Zeit (der Erfüllung) nahe" ist. Vers 11 betont die Unabänderlichkeit der menschlichen Bestimmung. Es gibt keine zweite Heilschance nach dem Tod oder nach dem Wiederkommen Jesu für seine Gemeinde.

Kap. 22,12-21
Das abschließende Zeugnis Jesu Christi

Seine Wiederkunft und der Lohn der Erlösten, 12-15. Christus bezeugt nochmals die Nähe und Gewißheit seiner Wiederkunft, 12a. Er verheißt, daß er den Erlösten ihren Lohn für ihre Werke (nicht als Verdienst, sondern als „Frucht des Geistes") austeilen wird, 12b. Dieser Lohn wird am Richterstuhl Christi ausgeteilt werden (s. Erklg. zu 2. Kor. 5,10; 1. Kor. 3,11-15; 9,24-27). Jesus stellt sich nochmals vor als der, der den Lohn persönlich austeilen wird: er, der ewige Christus, 13. Der lebendige Glaube an Jesus Christus allein kann uns den Zugang zum Baum des Lebens (Joh. 3,16; Eph. 2,8-9) und zur ewigen Stadt Gottes geben, 14. Unerlöste sind ausgeschlossen, 15.

Die Person Jesu und sein Verhältnis zur Menschheit, 16-19. Er, der seinen Engel gesandt hat, „diese Dinge" den Gemeinden zu bezeugen (d.h. den Gesamtinhalt der Apokalypse), 16a, beschreibt sich selbst in *seinem Verhältnis zu Israel*, 16b: „Ich (stark betont) bin die Wurzel und der Sproß Davids." Als „die Wurzel" ist er göttlich, Davids Herr. Als „der Sproß" ist er Mensch, Davids Sohn (Ps. 110,1). Aufgrund dieser beiden Tatsachen gehört ihm die Krone Israels, sowohl aufgrund der Verheißung als auch aufgrund der Weissagung. Geboren als König der Juden (Matth. 2,2), starb er auch als König der Juden (Matth. 27,37). Eines Tages wird er als König der Juden regieren (Sach. 9,9). *In seinem Verhältnis zur Gemeinde*, 16c, ist er „der helle Morgenstern" (vgl. 2,28). Dies stellt ihn dar bei seinem zweiten Kommen, wenn er, vor Anbruch des Tausendjährigen Reiches, wiederkommt, um die Gemeinde (seine Braut) zu sich nehmen. *In seinem Verhältnis zu „jedem, den dürstet"*, 17, lädt er sie ein, zu kommen und zu nehmen von „Wasser des Lebens umsonst" (vgl. Joh. 7,37-39). Er warnt davor, von diesem Buch der Offenbarung etwas wegzunehmen oder hinzuzufügen, 18-19.

Christus erklärt nochmals sein baldiges Kommen, 20a. „Siehe, ich komme bald" (in Kürze). Diese Worte sind seine letzte Botschaft an die Gemeinde. Sie bestätigt, daß er bald kommt – zur Betonung zum letztenmal wiederholt.

Die Gemeinde antwortet ihrem Herrn, 20b. Johannes, als Repräsentant der Gemeinde wie auch aus eigenem (starkem) Verlangen, erwidert diesen Zuruf: „Amen, (ja, gewiß!) komm Herr Jesus".

Der Schluß-Segen, 21. Johannes, der Jünger, den der Herr liebhatte, der Empfänger dieser Enthüllungen, fügt nun seinen Segensgruß hinzu. „Die Gnade unsres Herrn Jesus sei mit euch allen!" (d.h. mit den Erlösten). So endet diese majestätische prophetische Gesamtschau der Wege Gottes mit der Menschheit, und so endet auch die damit vollendete heilige gesamte Offenbarung Gottes als solche.

Die Entstehung der Bibel

Die ältesten hebräischen Schriften

Die hebräischen Schriften des AT wurden im Verlauf von mehr als einem Jahrtausend niedergeschrieben (von ungefähr 1450-400 v.Chr.). Nach Auffassung der konservativen Forscher war Mose der erste der vom Geist Gottes inspirierten Schreiber. Er verfaßte den Pentateuch (5 Bücher Mose) um 1450-1400 v.Chr. (s. Seite 13, „Der Verfasser des Pentateuch"). Maleachi, der letzte Prophet des AT, schrieb seine Weissagungen nicht später als 400 v.Chr. In Fragen der Verfasserschaft, Datierung usw. verweisen wir auf Gleason L. Archer „A Survey of OT Introduction" (1964) und R.K. Harrison „Introduction to the Old Testament" (1969).

Der Text des Alten Testaments

Die ältesten Teile des AT wurden ursprünglich auf Leder oder Papyrus in Althebräisch mit seinen zackenförmigen Buchstaben geschrieben. Die Schrift ähnelt den erst jüngst aufgefundenen phönizischen Inschriften. Diese altertümliche Schrift entwickelte sich nach 400 v.Chr. stufenweise zu den rundbauchigen Buchstaben, wie man sie in den Rollen vom Toten Meer, in späteren hebräischen Handschriften und in gedruckten hebräischen Bibeln seit 1477 findet.

Die Kanonisierung des Alten Testaments

Mit dem Begriff „Kanon" wird die Liste der echten, vom Geist Gottes inspirierten heiligen Schriften bezeichnet. Unter dem griechischen Wort *kanon* verstand man ursprünglich ein Schilfrohr oder eine Meßrute und im weiteren Sinn den Maßstab, die Norm oder Regel, mit der etwas gemessen wird. Bücher, die nach dem Maßstab göttlicher Eingebung und Autorität geprüft und als von Gott

Das St. Katharinen-Kloster auf dem Berg Sinai, wo K. von Tischendorf in den Jahren 1844 und 1859 den Codex-Sinaiticus entdeckte.

inspiriert befunden wurden, zählen zu den „kanonischen".

Konservative Wissenschaftler halten daran fest, daß die von Gottes Geist eingegebenen Schriften vom Augenblick ihrer Entstehung an den Stempel kanonischer Autorität trugen, unabhängig von ihrer äußeren Entstehung und Sammlung oder rein menschlicher Anerkennung. Von höherer, kritischer Warte aus gesehen, nahm die Kanonisierung einen großen Zeitraum in Anspruch. Nach dieser Theorie wurden die fünf Bücher Mose um 444 v.Chr. kanonisiert, die Bücher der Propheten nicht vor 300-200 v.Chr. und die „Schriften" (Psalmen, Sprüche, Hiob, Daniel usw.) ungefähr um 165-100 v.Chr. So nehmen bibelkritische Gelehrte an, daß die Dreiteilung des hebräischen Kanons grundsätzlich auf chronologische Ordnung zurückgeht. Man behauptet, daß die Propheten erst im Jahre 300 v.Chr. allgemein bekannt wurden und ihre Schriften demzufolge erst im darauffolgenden Jahrhundert gesammelt und dem Kanon hinzugefügt wurden. So wurden das angebliche zweite (Deuterojesaja) und dritte Jesajabuch (Tritojesaja), Kap.40-66, dem Propheten Jesaja zugeschrieben, weil deren Verfasser bis dahin völlig in Vergessenheit geraten waren. Man nimmt an, daß das Danielbuch erst 167 v.Chr. verfaßt wurde und deshalb nicht mehr in

Ein Jude liest an der Klagemauer Jerusalems aus der Bibel.

den zweiten oder prophetischen Teil der Bücher im Kanon gelangte. Andere Bücher wie Esther, 1. und 2. Chronik und Esra-Nehemia sollen so spät entstanden sein, daß sie nicht mehr in den erzählenden Teil der alttestamentlichen Bücher aufgenommen werden konnten.

Die konservative Forschung aber bleibt bei ihrer Auffassung, daß die Dreiteilung des hebräischen Kanons entweder aus dem Status der biblischen Verfasser oder der Anordnung der Bücher für den gottesdienstlichen Gebrauch erklärt werden kann. Die frühe Datierung der alttestamentlichen Schriften spricht aus diesem Grunde für ihre Integrität. Die protestantische Auffassung hat sich immer streng an den jüdischen Kanon gehalten.

Die Arbeit der Masoreten

Vor 500 n.Chr. hatten die hebräischen Handschriften kein System für die Wiedergabe von Vokalen, außer daß gewisse Konsonanten gedehnt ausgesprochene Vokale kennzeichneten. Zwischen 600 und 950 n.Chr. erfanden jüdische Gelehrte, Masoreten (Traditionalisten oder „Überlieferungstreue") genannt, ein vollständiges und ausführliches System von Vokalen und Akzenten, um die Aussprache und das Lesen des hebräischen Textes zu erleichtern. Außerdem vereinheitlichten sie den Text des AT einschließlich der Randbemerkungen (genannt *Qeré*) und der Textverschiedenheiten (genannt *Ketíb*). Durch die Arbeit der Masoreten am hebräischen Text des AT wurde dieser Teil der Bibel für den 500 Jahre später aufkommenden Buchdruck vorbereitet.

Gedruckte hebräische Bibeln

Der erste Teil des AT, der gedruckt wurde, waren die Psalmen. Sie erschienen 1477, und bereits 1488 erschien auch die erste gedruckte Ausgabe des gesamten AT vollständig mit Punktation (Vokalen) und Akzenten.

Die ersten christlichen Schriften

In den ersten beiden Jahrzehnten nach der Himmelfahrt Jesu stand den Christen allein das AT, also die ersten 39 Bücher der Bibel, zur Verfügung. Die damals gebräuchliche Bibelübersetzung war die Septuaginta. Sie war in der allgemeinen Umgangssprache, dem Griechischen, abgefaßt. Das erste schriftlich niedergelegte Buch des NT war höchstwahrscheinlich der Jakobusbrief. Er lag etwa um das Jahr 45 n.Chr. vor. Die Offenbarung gilt allgemein als das zuletzt abgefaßte Buch des NT. Sie soll etwa um 95 n.Chr. entstanden sein.

Das AT war also für die ersten Gemeinden die Grundlage ihrer Verkündigung. Petrus (Apg. 2,14-36), Stephanus (Apg. 7,2-53), Philippus (Apg. 8,32-35) und Paulus bezogen sich in ihren Reden auf Texte des AT. Die Verfasser der ntl. Bücher standen also völlig auf dem Boden des AT,

Eine Seite des Codex Sinaiticus, einer sehr früh datierten und wichtigen Bibelhandschrift, abgefaßt in griechischer Sprache.

und ihre vom Heiligen Geist eingegebenen Schriften bauten auf den inspirierten Schriften des AT auf. Das ist der Grund für die wunderbare geistliche Einheit zwischen AT und NT.

Der Ursprung der Bücher des Neuen Testaments

Das Evangelium (1. Kor. 15,3-4) wurde zuerst mündlich verkündigt und im Licht der atl. Geschichte und Prophetie ausgelegt. Mündliche Berichte über das Leben und Werk Jesu Christi wurden aufgeschrieben und schließlich durch die vom Heiligen Geist eingegebenen synoptischen Evangelien (Matthäus, Markus und Lukas) um das Jahr 70 n. Chr. abgelöst. Der Bedarf an einer zuverlässigen, vom Heiligen Geist eingegebenen Darstellung der Person und des Werkes Jesu wurde immer dringender, besonders im Blick auf Irrlehren wie Gesetzlichkeit auf der einen und Gesetzlosigkeit auf der anderen Seite. Um diesem Bedürfnis zu begegnen, wurden die paulinischen und judenchristlichen Briefe geschrieben. Es bestand auch der Wunsch nach einer Darstellung der geschichtlichen Entwicklung der Gemeinde; dem entsprach Gott durch die Apostelgeschichte. Das Buch der Offenbarung wurde dem Apostel Johannes vom auferstandenen Herrn diktiert, um den Gläubigen Gottes Heilsplan für das Ende der irdischen Zeit und für die Ewigkeit darzulegen.

Kanonisierung des Neuen Testaments
Frühe nichtkanonische Bücher des Neuen Testaments

Hier sind zu nennen: Der **erste Klemensbrief.** Klemens von Rom schrieb ihn etwa 96 n.Chr. an die Gemeinde in Korinth. Dieser Brief wurde von den dortigen Christen sehr geschätzt. Einige sprachen ihm unmittelbare göttliche Autorität zu und wollten, daß er in den biblischen Kanon aufgenommen würde. Der Klemensbrief wurde in der Gemeinde zu Korinth um 170 n.Chr. öffentlich vorgelesen. Verschiedene christliche Schriftsteller in Ägypten wie Klemens von Alexandrien und Origenes gebrauchten ihn als Quelle. Er wurde dem Kodex Alexandrinus hinzugefügt.

Auch der **zweite Klemensbrief** wurde in den Kodex Alexandrinus eingefügt. Er wurde irrtümlich Klemens von Rom zugeschrieben und erlangte nie überregionale Bedeutung. Weder der erste noch der zweite Klemensbrief gewannen im Abendland allgemeine kanonische Anerkennung.

Die Didache (Lehre der zwölf Apostel, etwa 120 n.Chr.) wurde in Ägypten von manchen als heilige Schrift betrachtet, hauptsächlich von Klemens von Alexandrien und Origenes. Sie fand weite Verbreitung.

Der Barnabasbrief (um 130 n.Chr.) war im Kodex Sinaiticus enthalten und wurde ebenfalls in

Ägypten als kanonisch gewertet. Hieronymus (um 400 n. Chr.) beurteilte ihn als unecht, weshalb dieser Brief allmählich an Wertschätzung verlor.

Der Hirte des Hermas (um 140 n. Chr.) wurde von Hermas, dem Bruder von Pius, des Bischofs von Rom, geschrieben. Auch diese Schrift wurde in den Kodex Sinaiticus aufgenommen und auch von dem Schreiber des Muratorischen Fragments hoch geschätzt; doch setzte sie sich nie als heilige Schrift durch.

Die Offenbarung des Petrus (Petrusapokalypse, um 145 n. Chr.). Sie hat noch weniger Gehalt als die vorhergehenden Bücher, wurde aber trotzdem im Osten hoch geschätzt und auch im Westen bekannt. Diese Schrift wurde vom Muratorischen Fragment nicht anerkannt. Eusebius war der Auffassung, daß sie nicht von Petrus stammte, sondern eine Fälschung ist.

Die Taten des Paulus (um 170 n. Chr.). Diese Schrift war weit verbreitet und wurde von einigen als kanonisch angesehen. Vom Heiligen Geist erleuchtete Gelehrte erkannten sie jedoch als Fälschung, so daß sie immer nachdrücklicher abgelehnt wurde.

Später erschien noch eine Anzahl weiterer „Evangelien", „Apostelgeschichten", „Briefe" und „Offenbarungen" unter den Namen der Apostel. Sie erwiesen sich jedoch als Fälschungen und wurden von der Kirche nie ernst genommen.

Faktoren, welche die Kanonisierung des Neuen Testaments förderten

Gegen Ende des 3. Jahrhunderts waren vor allem im Osten des Römischen Reichs der erste Klemensbrief, die Didache, der Barnabasbrief und der „Hirte des Hermas" als kanonisch oder halbkanonisch anerkannt. Dadurch entstand das Bedürfnis nach einer klar abgegrenzten Sammlung aller vom Geist Gottes eingegebenen Schriften. Die Situation wurde durch die Anerkennung des unvollständigen Kanons des häretischen Marcion (um 140 n.Chr.) noch komplizierter. Marcion war ein Gnostiker. Er verwarf das AT völlig und erkannte aufgrund seiner gnostischen Vorstellungen nur das Lukas-Evangelium und 10 paulinische Briefe an, aber erst nachdem er sie weitgehend verstümmelt hatte. Im Laufe der Zeit erschienen noch weitere gefälschte, d.h. unter dem Namen bekannter Gottesmänner herausgegebene Schriften. So wurde der Ruf nach einem klar abgegrenzten biblischen Kanon immer dringlicher. Etwas später ordnete das Edikt des Kaisers Diokletian (303 n.Chr.) die Verbrennung aller heiligen Schriften an. Dadurch wurde eine sorgfältige Aufstellung des Kanons unumgänglich.

Maßstäbe für die Kanonizität (Rechtmäßigkeit) des Neuen Testaments

Die erste Voraussetzung für die Aufnahme in den Kanon war, die *nachweisliche Abfassung durch einen Apostel.* War der Schreiber wirklich ein echter Apostel? Wenn nicht, hatte er enge Beziehungen zu einem Apostel, wie es bei den Verfassern des Markus- und Lukas-Evangeliums, der Apostelgeschichte und des Hebräerbriefes der Fall ist?

Der zweite Prüfstein war der *Inhalt.* Wies der Stoff der betreffenden Schriften den hohen geistlichen Gehalt und die Prägung durch den Heiligen Geist auf, wie sie einer heiligen Schrift entsprechen? Mit Hilfe dieses Prüfsteins wurden die gefälschten Schriften ausgeschieden.

Der dritte Prüfstein war die *Allgemeingültigkeit* (Universalität). Erkannte die Gemeinde Jesu das Buch an? Enthielt es allgemeingültige Anliegen für die christliche Gemeinde?

Der vierte Prüfstein war die *göttliche Eingebung* (Inspiration). War an der Schrift eindeutig zu erkennen, daß sie vom Geist Gottes eingegeben war (2. Tim. 3,16)? Bezeugte der Heilige Geist dies den Christen? Das war der letzte Prüfstein. Ohne Gottes Vorbereitung und sein unmittelbares Eingreifen wäre der Kanon des NT nicht für Zeit und Ewigkeit verbindlich abgegrenzt worden. Auch heute möchte Gottes Geist jedem Gläubigen Gewißheit darüber schenken, daß allein die 66 Bücher der Bibel für die Nachfolge verbindlich sind.

Früh als kanonisch anerkannte Schriften

Origenes (245 n.Chr.) nannte diejenigen Bücher, deren Kanonizität unzweifelhaft war, *Homologoumena* („gutheißene" oder „anerkannte" Bücher). Es waren die Schriften des Neuen Testaments, die überall in der christlichen Gemeinde als inspirierte heilige Schriften in Gebrauch waren. Dazu zählten die vier Evangelien, die Paulusbriefe, der erste Petrusbrief, der erste Johannesbrief, die Apostelgeschichte und die Offenbarung. Den Hebräerbrief zählte Origenes zwar nicht zu den unumstrittenen Büchern, führte ihn jedoch als paulinisch und kanonisch an. Der Judasbrief und der zweite und dritte Johannesbrief waren die einzigen Schriften, die Origenes nicht als kanonisch anerkannte.

Eusebius von Cäsarea (um 300-325 n. Chr.), der erste Kirchenhistoriker, rechnete die vier Evangelien, die Apostelgeschichte, die paulinischen Briefe, den ersten Johannesbrief, den ersten Petrusbrief und die Offenbarung zu den unumstrittenen Büchern. Er scheint in seiner Aufzählung den Hebräerbrief aus Versehen ausgelassen zu haben.

Bücher des Neuen Testamens, die anfangs umstritten waren

Origenes nannte die umstrittenen Bücher *Antilegomena* („widersprochen" oder „umstritten"). Zu diesen zählte er den Hebräerbrief (s.o.), den zweiten Petrusbrief, den zweiten und dritten Johannesbrief, den Jakobusbrief, den Judasbrief, den gefälschten Barnabasbrief, den „Hirten des Hermas", die „Didache" und das „Hebräer-Evangelium".

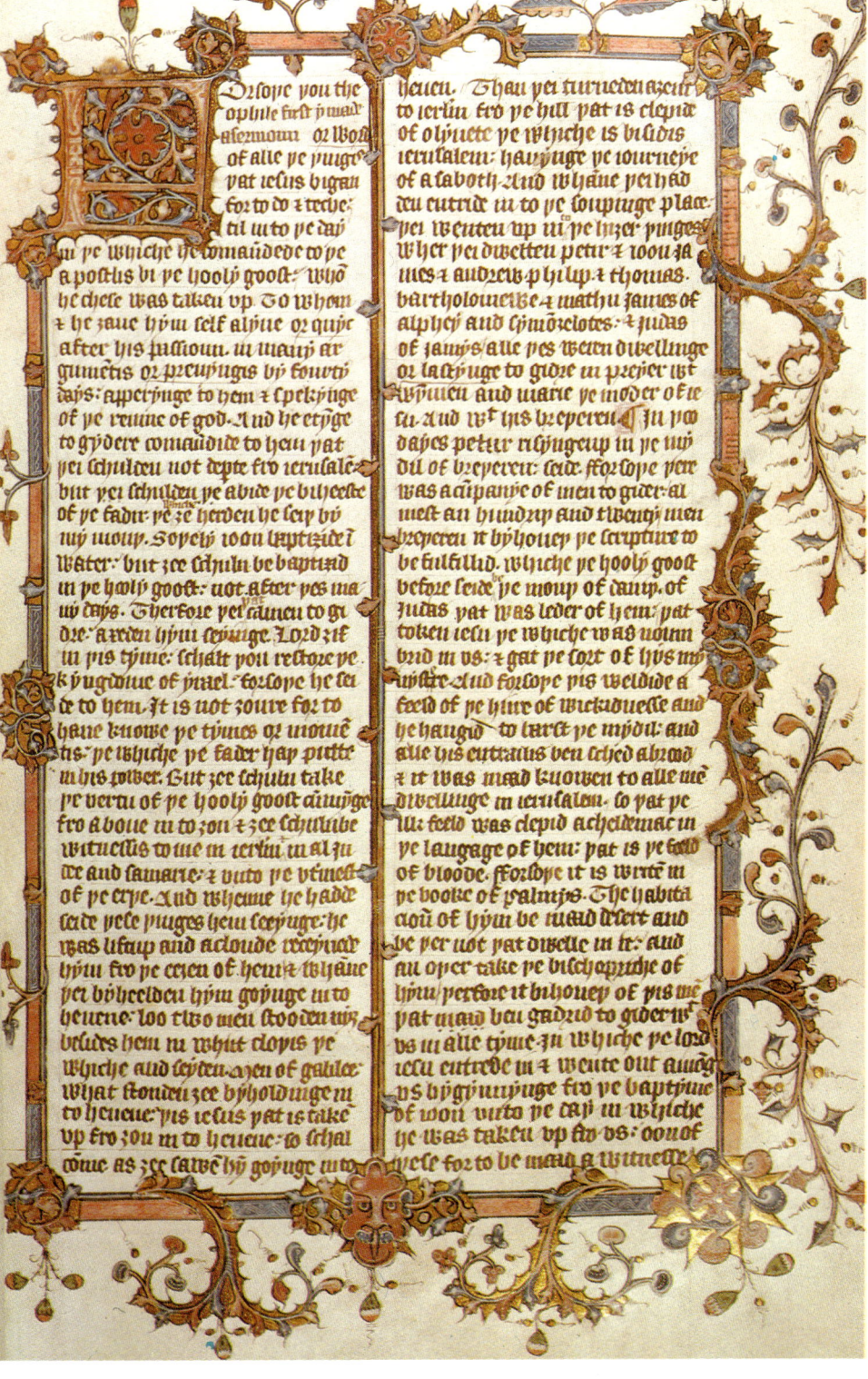

Eusebius unterteilte die *Antilegomena* in zwei Gruppen: 1. Bücher, die nur umstritten oder fraglich waren wie der Jakobusbrief, der Judasbrief, der zweite Petrusbrief und der zweite und dritte Johannesbrief und 2. Bücher, die offensichtlich gefälscht oder nicht vom Heiligen Geist eingegeben waren wie „Die Taten des Paulus", der „Hirte des Hermas", die „Offenbarung des Petrus", der Barnabasbrief und die Didache.

Weshalb gewisse Bücher des Neuen Testaments umstritten waren

Die 7 Bücher, gegen die zuerst Einwände erhoben wurden, sind der Jakobusbrief, der zweite Petrusbrief, der Hebräerbrief, der zweite und dritte Johannesbrief, der Judasbrief und die Offenbarung. Das Zögern mancher frühchristlicher Gemeindeleiter, diese Bücher in den Kanon aufzunehmen, liegt in dem besonderem Selbstzeugnis der Verfasser begründet (1). Jakobus und Judas bezeichnen sich als „Knechte" Christi und nicht als Apostel, während sich der Schreiber des zweiten und dritten Johannesbrief als „Presbyter" oder „Ältester", also ebenfalls nicht als Apostel bezeichnet. Auch in der Offenbarung nennt sich Johannes „Knecht" und „Bruder" (2). Der Verfasser des Hebräerbriefs wird gar nicht genannt. Der Brief unterscheidet sich in Wortwahl und Stil von den anerkannten paulinischen Briefen, und der zweite Petrusbrief ist zwar nicht anonym, unterscheidet sich jedoch in gleicher Weise vom ersten Petrusbrief (3). Der Jakobusbrief war speziell an Judenchristen und nicht an die weltweite Gemeinde der Heidenchristen gerichtet. Er schien also dem „dritten Prüfstein", der Allgemeingültigkeit oder Universalität, nicht gerecht zu werden.

Auch die Echtheit des Judasbriefes wurde angezweifelt, weil er scheinbar aus dem apokryphen Buch Henoch (1,9; 5,4; vgl. Jud. 14-15) zitiert. Allmählich jedoch merkte man, daß die Argumente gegen diese umstrittenen Bücher nicht haltbar waren. Schließlich fanden auch diese Bücher allgemeine Anerkennung. Im Westen war dieser Vorgang um 400 n.Chr., im Osten um 500 n.Chr. abgeschlossen.

Die frühe Entwicklung des Kanons im Westen
Das Zeugnis des Klemens von Rom (um 96 n.Chr.). Aus dem hochgeschätzten ersten Klemensbrief, den Klemens als Bischof von Rom an die Gemeinde in Korinth schrieb, geht hervor, daß er vom Matthäus-Evangelium, dem Römerbrief und dem ersten Korintherbrief Kenntnis hatte. Außerdem bezieht er sich immer wieder auf den Hebräerbrief.

Das Zeugnis Marcions (um 140 n.Chr.). Als gnostischer Irrlehrer erkannte er nur das nach seinem Gutdünken bearbeitete Lukas-Evangelium und zehn der (ebenfalls von ihm veränderten) paulinischen Briefe an. Marcions Zeugnis ist trotz seiner bibelkritischen Einstellung aufschlußreich.

Seine Arbeit stellt unbeabsichtigt einen bedeutenden Markstein in der Geschichte der Sammlung und Auseinandersetzung um den gegenwärtigen ntl. Kanon dar.

Das Zeugnis des Hermas (um 150 n.Chr.). Als Verfasser des berühmten „Hirten des Hermas" verbürgt er die Echtheit des Matthäus-Evangeliums, des Epheserbriefes und offenbar auch des Hebräer- und Jakobusbriefs sowie der Offenbarung.

Das Zeugnis des Irenäus (um 140-203 n.Chr.). Irenäus kam in seiner Jugend mit Polykarp von Smyrna in Berührung und wurde später Bischof von Lyon in Gallien. Irenäus bezeugte die volle Inspiration der vier Evangelien, der Apostelgeschichte, der ersten Petrusbriefs und des ersten Johannesbriefs sowie sämtlicher paulinischer Briefe (den Philemonbrief ausgenommen) und der Offenbarung.

Das Zeugnis des Muratorischen Fragments (um 172 n.Chr.). Dieses Fragment wurde 1740 von Muratori, einem Italiener, in der Ambrosiana (berühmte Bibliothek in Mailand), entdeckt. Der nicht mehr lesbare Anfang enthielt offenbar das Matthäus- und Markus-Evangelium. Es bestätigt außer dem ersten und zweiten Petrusbrief, dem Jakobus- und Hebräerbrief alle ntl. Bücher.

Das Zeugnis der „Alten Lateinischen Übersetzung" aus der Zeit vor 170 n.Chr. Sie beglaubigt außer dem Jakobus- und dem zweiten Petrusbrief alle Bücher. Der Hebräerbrief hatte schon vor der Zeit Tertullians Aufnahme gefunden.

Das Zeugnis Tertullians (um 150-222 n.Chr.). Dieser produktive lateinische Schriftsteller von Karthago bekannte sich zur vollen Inspiration der vier Evangelien, der 13 paulinischen Briefe, der Apostelgeschichte, des ersten Petrus-, des ersten Johannes- und des Judasbriefs sowie der Offenbarung. Dem Prinzip der apostolischen Verfasserschaft zufolge lehnte er den Hebräerbrief ab, hielt jedoch daran fest, Barnabas sei der Verfasser.

Das Zeugnis Cyprians (um 200-258 n.Chr.). Der Bischof von Karthago folgte ziemlich genau Tertullians Auffassungen bezüglich des Hebräerbriefs. Den Philemon-, Jakobus-, den zweiten und dritten Johannesbrief und den Judasbrief erwähnt er nicht.

Die spätere Bildung des Kanons im Westen
Das Zeugnis des Hieronymus (ca. 340-420 n.Chr.). Der bekannte Übersetzer der lateinischen Vulgata und berühmte Gelehrte bestätigte, soweit es das NT betrifft, *alle* kanonischen Bücher als göttlich inspiriert. Den Hebräerbrief schrieb er Paulus zu. Er erklärte auch, wie es zur Anerkennung des Jakobus- und des zweiten Petrusbriefs kam. Seine Auffassung ist von größter Bedeutung.

Das Zeugnis Augustins (354-430 n.Chr.). Anders als bei Hieronymus kennen wir seine Meinung zu dieser Frage nicht genau. Obwohl er alle sieben umstrittenen Bücher des NT als gött-

Das Gymnasium von Sardes ist in seiner alten schmalen Form wiederhergestellt worden. Melito, der Bischof von Sardes, zitiert aus fast allen neutestamentlichen Büchern.

lich inspiriert anerkannte, lehrte er „verschiedene Grade göttlicher Inspiration" und war neben Hieronymus weitgehend für den erweiterten atl. Kanon (Einfügung der Apokryphen) verantwortlich, der für die römisch-katholische Kirche 1546 offiziell verbindlich wurde.

Die Tätigkeit der Konzilien. Die Abgrenzung des ntl. Kanons war nicht das Werk eines oder mehrerer Konzilien. Der geistliche Gehalt und die innere Autorität jedes einzelnen Buches waren ausschlaggebend. Diese Tatsache ist ein starker Beweis für die Echtheit und Glaubwürdigkeit der Bücher, die im Kanon überliefert worden sind. Bis gegen Ende des 4. Jahrhunderts äußerte sich kein Konzil zu dieser Angelegenheit.

Das dritte Konzil von Karthago (397 n.Chr.) brachte die erste Entscheidung über den biblischen Kanon. Einer der Teilnehmer forderte, daß nur „kanonische" Bücher in den Gemeinden gelesen werden sollten, und dann werden genau die heutigen 27 Bücher des NT aufgeführt. Der Hebräerbrief wurde mit der Begründung anerkannt, er stamme von Paulus. Das Konzil von Hippo (419 n.Chr.) bestätigte die Liste des dritten Konzils von Karthago. Die Bildung des Kanons war also ein allmählicher, von keiner Person irgendwie beeinflußter Vorgang. Er dauerte so lange, bis jedes Buch seine göttliche Inspiration bewiesen hatte.

Die Herausbildung des Kanons im Osten
Ignatius, Bischof von Antiochien (um 116 n.Chr.), Polykarp, Bischof von Smyrna (etwa 69-155 n.Chr.), und Papias, Bischof von Hierapolis (etwa 80-155 n.Chr.), bestätigten die göttliche Inspiration des Matthäus- und Johannes-Evangeliums, der Paulusbriefe, des ersten Petrus- und ersten Johannesbriefs und wahrscheinlich auch der Apostelgeschichte.

Die Didache (um 120 n.Chr.) enthält charakteristische Züge des Matthäus-Evangeliums und kennt das Lukas-Evangelium sowie die Mehrzahl der ntl. Bücher.

Melito, Bischof von Sardes (um 170 n.Chr.), erwähnte außer dem Jakobusbrief, dem Judasbrief, dem zweiten und dritten Johannesbrief alle Bücher des NT.

Theophilos von Antiochien (etwa 115-188 n.Chr.) erkannte die volle Inspiration der meisten ntl. Bücher an und achtete sie ebenso hoch wie den atl. Kanon. Sein Nachfolger Lukian, der 312 den Märtyrertod starb, schloß dagegen in seinem „Antiochenischen Kanon" die Offenbarung, den zweiten Petrusbrief, den zweiten und dritten Johannesbrief und den Judasbrief von seinem überarbeiteten Text des Alten und Neuen Testaments aus.

Basilius der Große von Kappadozien (um 329-379 n. Chr.) und Gregor von Nazianz (um 330-390 n. Chr.) beglaubigten alle Bücher des heutigen Kanons außer der Offenbarung, obwohl sie diese als von Johannes verfaßt bezeichneten.

Johannes Chrysostomos (347-407 n.Chr.) bekannte sich zu allen Schriften des NT, außer dem zweiten Petrusbrief, dem zweiten und dritten Johannesbrief und der Offenbarung.

Theodor von Mopsuestia (um 350-428 n.Chr.) lehnte die judenchristlichen Briefe und die Offenbarung ab. Die Ansicht der syrischen Kirche war stark vom Kanon von Konstantinopel beeinflußt, der den zweiten und dritten Johannesbrief, den zweiten Petrusbrief, den Judasbrief und die Offenbarung in Anlehnung an den „Antiochenischen Kanon" Lukians nicht mit einbezog.

Die „Peschitta" (syrische Übersetzung, 411-435 n.Chr.) richtete sich ebenfalls nach dem Kanon von Konstantinopel. Erst als Philoxenos von Mabbugh (um 450-523 n.Chr.) die Peschitta (ca. 508 n.Chr.) überarbeiten ließ, um die bis dahin abgelehnten Bücher anzufügen, wurde der ungesunde Einfluß des Kanons von Konstantinopel gebrochen.

Erste Herausbildung des Kanons in Ägypten und Palästina

Justin der Märtyrer (um 100-165 n.Chr.) legte ein beachtenswertes Wort für die Offenbarung ein, die er als das Werk des Apostels Johannes betrachtete. Er kannte auch den Hebräerbrief und wies wahrscheinlich unter der Bezeichnung „Erinnerungen des Petrus" auf das Markus-Evangelium hin.

Klemens von Alexandria (um 155-215 n.Chr.) war äußerst belesen; er erkannte alle Bücher des heutigen NT einschließlich des Judasbriefes, des Hebräerbriefes, der judenchristlichen Briefe und der Offenbarung an.

Origenes von Alexandria (um 185-253 n.Chr.) anerkannte die allgemein umstrittenen Bücher (Hebräerbrief, den zweiten Petrusbrief, den zweiten und dritten Johannes-, Jakobus- und Judasbrief) und trat dafür ein, auch die Offenbarung in die Liste der anerkannten Bücher *(Homologoúmena)* aufzunehmen.

Spätere Herausbildung des Kanons in Ägypten und Palästina

Die Chester-Beatty-Papyri aus dem 3. Jahrhundert, die Sir Frederic Kenyon in den Jahren 1933-1937 herausgab, verbürgen die Inspiration der vier Evangelien, der Apostelgeschichte, der paulinischen Briefe, des Hebräerbriefs (der dort auf den Römerbrief folgt) und der Offenbarung (allerdings sind nur die Kapitel 9,10-17,2 erhalten).

Dionysius von Alexandria (um 200-265 n.Chr.) bezeugt, der Hebräerbrief sei von Paulus verfaßt; außerdem erkennt er den Jakobusbrief und den zweiten und dritten Johannesbrief sowie die Offenbarung als göttlich inspirierte Schriften an.

Athanasius von Alexandria (298-373 n.Chr.) wandte den Ausdruck „kanonisch" genau für die 27 Bücher des heutigen NT an.

Zusammenfassung der Entstehungsgeschichte des neutestamentlichen Kanons

Der ntl. Kanon entstand nicht durch Beschluß irgendwelcher Konzilien. Die göttliche Inspiration und die innere Autorität jedes einzelnen Buches waren die entscheidenden Faktoren, die zur jeweiligen Anerkennung und Aufnahme in den Kanon führten. Um 200 n. Chr. enthielt das NT im wesentlichen die Bücher, die wir heute haben. Ihre göttliche Inspiration, Autorität und Unumstößlichkeit wurde von den damaligen Christen genauso anerkannt wie von den Christen heute.

Im 3. Jahrhundert wurden die *Antilegomena* erörtert. Im Osten war die Offenbarung, im Westen der Hebräerbrief umstritten. Gegen Ende des 3. Jahrhunderts waren alle außerkanonischen Bücher von den maßgebenden Listen gestrichen.

Im Laufe des 4. Jahrhunderts verstummten auch im Westen allmählich die Erörterungen über die kanonische Stellung gewisser Bücher des NT. Hieronymus und Augustin hatten daran großen Anteil; auch Athanasius von Ägypten gab wichtige Unterscheidungshinweise im Blick auf den Kanon. Das dritte Konzil von Karthago (397 n.Chr.) besiegelte diese Entscheidung, und von dieser Zeit an kam kein nennenswerter Widerstand mehr gegen eins der ntl. Bücher auf.

Im Osten wurden die Erörterungen noch einige Zeit hartnäckig fortgesetzt. Doch das Beispiel des Westens, des Athanasius von Alexandria und der Einfluß der kappadozischen Kirchenväter über-

Die Hagia Sophia („Heilige Weisheit") in Istanbul. Der bedeutende Codes Alexandrinus aus dem 5. Jahrhundert wurde König Karl I. von England im Jahre 1627 durch den Patriarchen von Konstantinopel geschenkt.

wanden allmählich allen Widerstand. Mit der Aufnahme des zweiten und dritten Johannesbriefs, des zweiten Petrusbriefs, des Judasbriefs und der Offenbarung in die Peschitta (die syrische Bibel) war die Frage des verbindlichen Kanons schließlich auch für den Osten gelöst. Die Kanonisierung des NT war also im Westen um 400 und im Osten um 500 n.Chr. abgeschlossen.

Die Geschichte des biblischen Kanons bis zur Gegenwart

Abgesehen von einigen bedeutungslosen Unterschieden blieb die Entscheidung der ersten vier Jahrhunderte über den Kanon des NT für die Kirchen bis zur Gegenwart rechtsgültig. Während der Reformation betonten die Reformatoren die Unfehlbarkeit der Bibel gegenüber der anmaßenden Verfügungsgewalt einer angeblich unfehlbaren Kirche.

Bezüglich des atl. Kanons besteht jedoch ein grundlegender Unterschied zwischen der römisch-katholischen Kirche und den protestantischen Denominationen. Die römisch-katholische Kirche legte auf dem Konzil von Trient im Jahre 1546 (Dekret „Sacrosancta") endgültig fest, daß elf der vierzehn apokryphen Bücher kanonisch seien. Es sind die Bücher Tobias, Judith, Weisheit Salomos, Sirach, Baruch, das erste und zweite Makkabäerbuch, die Geschichte der Susanna, Bel und der Drache, das Gebet Manasses. Sie nahmen auch Zusätze in das Esther- und Danielbuch (Lobgesang der drei Jünglinge) auf.

Der Text des Neuen Testaments

Kein anderes Dokument aus dem Altertum hat die Welt so beeinflußt wie das NT. Auch ist keine Textüberlieferung aus dem Altertum so zuverlässig. Das NT liegt in beinahe 5000 griechischen Manuskripten (handschriftliche Abschriften) vor und außerdem in mehr als 10 000 Handschriften, die Abschriften der frühen Übersetzungen sind, von den Tausenden von Zitaten der Kirchenväter einmal abgesehen. Die Aufgabe der Textkritik besteht darin, diese Abschriften zu vergleichen, um den ursprünglichen unverfälschten Text herauszufinden und zu bestimmen.

Quellen für die neutestamentliche Textkritik

Die Papyrus-Rollen. Als Ergebnis eines Jahrhunderts archäologischer Forschung existieren heute mehr als 75 Papyrus-Bruchstücke des NT-Textes, denen man mit dem Buchstaben P und mit fortlaufenden Nummern wie P[1], P[2] versehen hat. Sie stammen aus dem 2. bis 8. Jahrhundert und umfassen Teile von 25 Büchern, ungefähr 40 Prozent des ntl. Textes. Eine Papyrus-Rolle (P[52]) enthält beispielsweise Teile des Johannes-Evangeliums (Kap. 18-31-34. 37-38) und stammt als ältester Fund ungefähr aus dem Jahre 135 n.Chr. Die Rollen P[45], P[46] und P[47] gehören zu den Chester-Beatty-Papyri (um 200 n.Chr.). P[66] ist die berühmte Bodmer-Papyrus-Rolle II des Johannes-Evangeliums. Sie datiert ungefähr um das Jahr 200 n.Chr. P[75] ist die kürzlich erworbene Bodmer-Papyrus-Rolle XIV-XV des Johannes- und Lukas-Evangeliums und datiert ebenfalls ungefähr um das Jahr 200 n.Chr.

Unzialschriften. Es sind unverbunden nebeneinandergestellte Buchstaben, die anders als die Kursivschrift aussehen. Diese Buchstaben wurden auf Pergament in einer halbgroßen Buchstabenform geschrieben und in ntl. Handschriften bis ungefähr 800 n.Chr. angewandt. Es existieren etwa 300 Unzialschriften.

Minuskelschriften. Es sind stilisierte Kleinbuchstaben in Kursivschrift. Handschriften dieser Art wurden in einer kursiven oder fließenden Schrift ausgeführt und stammen aus dem 9. bis 18. Jahrhundert. Es wurden im ganzen 2647 Minuskelschriften katalogisiert.

Übersetzungen. Am wertvollsten sind die Bibelübersetzungen, die vor 1000 n.Chr. direkt nach dem griechischen Original vorgenommen wurden. Die wichtigsten Bibelübersetzungen sind: die Altlateinische (2. Jh. n.Chr.), die Vulgata des Kirchenvaters Hieronymus (382-384 n.Chr.), die syrische Peschitta (4./5. Jh. n.Chr.), die Koptische (2.-4. Jh. n.Chr.), die Armenische (Anfang des 5. Jh. n.Chr.), die Altgeorgianische (5. Jh. n.Chr.), die Äthiopische und die Gotische (Mitte des 4. Jh. n.Chr.).

Textlisten und Textbücher. Dies sind Gottesdienstbücher, die Schriftlesungen für das ganze Jahr enthalten. Es bestehen etwa 2000 Textlisten und Textbücher (Lektionare), sowohl in Unzialschrift als auch Minuskelschrift. Sie entstanden ungefähr um 280-1600 n.Chr.

Ostraka und Talismane. Ostrake sind Scherben von zerbrochenen Gefäßen, die in der Antike als Schreibmaterial verwendet wurden. 25 Ostraka wurden gefunden. Außerdem sind 9 Talismane (Amulette) bekanntgeworden, in denen Teile von Texten aus dem NT eingraviert sind. Sie stammen ungefähr aus dem 4. bis 13. Jahrhundert n.Chr.

Bibelzitate aus den Schriften der Kirchenväter. Über 86 000 sind überliefert.

Die ältesten alttestamentlichen Handschriften

Die ältesten masoretisch-hebräischen Handschriften stammen erst aus dem 9. Jahrhundert n.Chr. Es sind: Der Kairo-Kodex der Propheten (895 n.Chr.), der Aleppo-Kodex des gesamten AT (ungefähr 925 n.Chr.) und der Leningrad-Kodex (abgeschlossen 1108 n.Chr.). Der Leningrad-Kodex ist die Textvorlage für Kittels „Biblia Hebraica" (AT im hebr. Urtext). Die Papyrus-Rollen vom Toten Meer, hauptsächlich die beiden Jesaja-Handschriften, die 1947 entdeckt wurden, enthalten jedoch einen um tausend Jahre älteren hebräischen Text. Zusammen mit Bruchstücken aller Bücher des AT – außer einem – stammen sie aus dem 2. bis 1. Jahrhundert v.Chr.

Die ältesten neutestamentlichen Handschriften

Kodex Sinaiticus (bezeichnet mit dem ersten Buchstaben des hebräischen Alphabets, 4. Jh. n.Chr.). Das NT ist vollständig auf 148 Blättern überliefert. Der Kodex wurde 1844 und 1859 von Tischendorf (1815-1874) im St. Katharinen-Kloster am Berg Sinai entdeckt. Er enthält auch Bruchstücke des AT in griechisch.

Kodex Alexandrinus (5. Jh. n.Chr.). Er enthält den größten Teil des AT und des NT. Er wurde 1627 vom Patriarchen von Konstantinopel Charles I. von England geschenkt und 1757 ans Britische Museum weitergegeben.

Kodex Vaticanus (4. Jh. n.Chr.). Dieser Kodex befindet sich seit 1481 in der Bibliothek des Vatikans in Rom. Er enthält beinahe das gesamte AT und NT, mit Ausnahme von Hebräer 9,14 - 13,25, den Pastoralbriefen, dem Philemonbrief und der Offenbarung.

Kodex Ephraemi (5. Jh. n.Chr.). Er enthält 145 von 238 Blättern des NT.

Kodex Bezae (5. Jh. n.Chr.). Der Kodex hat seinen Namen von dem reformierten Theologen Theodor Bezae (1519 bis 1605). Bezae fand den Kodex 1562 und schenkte ihn 1581 der Universität Cambridge. Der Text des Kodex Bezae ist nicht vollständig erhalten.

Chester-Beatty-Papyrus I (P[45]) (Anfang des 3. Jh. n.Chr.). Er enthält 30 Blätter vom ursprünglichen Papyrus-Kodex der Evangelien und der Apostelgeschichte.

Chester-Beatty-Papyrus II (P[46]) (Anfang des 3. Jh. n.Chr.). 86 der ursprünglich 104 Papyrusblätter, die die Paulusbriefe enthielten, sind noch vorhanden.

Chester-Beatty-Papyrus III (P[47]) (Ende des 3. Jh. n.Chr.). 10 des ursprünglich 32 Blätter umfassenden Kodex der Offenbarung sind noch vorhanden.

Bodmer-Papyrus II (P[66]) (Anfang des 3. Jh. n.Chr.). 150 Seiten eines Papyrus-Kodex mit dem Johannes-Evangelium sind vorhanden.

Bodmer-Papyrus XIV-XV (P[75]) (Anfang des 3. Jh. n.Chr.). Sämtliche 144 Blätter des Papyrus, der das Lukas- und Johannes-Evangelium enthält, wurden gefunden.

Deutsche Bibelübersetzungen

Die Übersetzungen von Martin Luther

Schon vor Luther gab es 34 deutsche Übersetzungen der ganzen Bibel, die jedoch nur sehr beschränkte Verbreitung fanden.

Luther erstrebte bestmögliche Verständlichkeit für den Leser, gab aber auf keinen Fall den Inhalt preis. Er bemühte sich um eine zuverlässige Übersetzung aus dem Grundtext, übersetzte aber zugleich aus der persönlichen Begegnung mit dem Wort heraus. Wort Gottes und Geist Gottes gehörten für Luther zusammen.

Die Sprache der Lutherbibel ist wohl nach wie vor unübertroffen. Sprachliche Verbesserungen finden sich in der Lutherbibel 1956/1964 und verstärkt im NT 1975. War schon die frühere Lutherbibel inhaltlich oft ungenau, so kommen im NT 75 noch Sinnveränderungen hinzu. Die Erläuterungen zur „Lutherbibel erklärt" enthalten neben ausgezeichneten Hinweisen historisch-kritisches Gedankengut und sind auch vom Sakramentalismus geprägt.

Trotzdem sind die wesentlichen Anliegen eines Bibelübersetzers bei Luther vielleicht am klarsten vereinigt, obwohl eine sprachwissenschaftlich zuverlässige Arbeit noch nicht möglich war.

Die letzte Textüberarbeitung der Lutherbibel wurde 1985 abgeschlossen.

Die Elberfelder Bibel

Die Erstausgabe des NT erfolgte 1855, des AT 1871. Die 1. Auflage war in Wortwahl und Satzbau noch sehr eng an den Grundtext gebunden. Neubearbeitungen haben auch sprachliche Verbesserungen gebracht.

Im Jahre 1950 begann eine Kommission mit der Überarbeitung. Im Vorwort der 1985 herausgegebenen vollständig revidierten Ausgabe werden die Grundsätze der Revisionsarbeit erwähnt, nämlich möglichst genaue Wiedergabe des Grundtextes, Bemühungen um gutes, verständliches Deutsch und Benutzung des besten griechischen bzw. hebräischen Textes.

Die Elberfelder Bibel ist höchstwahrscheinlich die zuverlässigste deutschsprachige Übersetzung. Die revidierte Ausgabe ist sprachlich vorsichtig angepaßt worden und deshalb flüssiger zu lesen. Besondere Bedeutung kommt den Fußnoten zu, die vorwiegend auf andere Handschriften, wörtliche Wiedergaben und Übersetzungsmöglichkeiten hinweisen.

Die Zürcher Bibel

Wie die Lutherbibel reicht auch die Zürcher Bibel ins 16. Jahrhundert zurück. Bei den früheren Revisionen der Lutherbibel wurde darauf geachtet, die Kraft und Schönheit der Sprache Luthers zu bewahren. Bei der Zürcher Bibel war das Ziel der Revisionen eine immer genauere Wiedergabe des Grundtextes in einer klaren, verständlichen Sprache. Bei der Lutherbibel wurde nur sehr vorsichtig verändert. Revisionen der Zürcher Bibel sind viel eher Neuübersetzungen. Sie ist genauer als die Lutherbibel. Die letzte Revision wurde 1931 abgeschlossen; eine Neubearbeitung wird vorbereitet.

Die Übersetzung von Schlachter

Die Erstausgabe der Bibelübersetzung von Franz Eugen Schlachter erschien 1905, die Neubearbeitung 1952 als 20. Auflage.

Schlachter übersetzt „nach dem Urtext, unter Berücksichtigung der besten Übersetzungen".

Deutschland, Österreich, der Schweiz und der Deutschen Demokratischen Republik. Vorläufer dieser Übertragung war das NT 68.

Bei dieser Übersetzung ist ein leichtverständliches und flüssig zu lesendes Deutsch erreicht worden – allerdings zu einem hohen Preis, denn Treue zum Original ist hier nicht selbstverständlich. In der Übersetzung kommt die Ablehnung der göttlichen Inspiration der Bibel zum Ausdruck. Die Übersetzung ist oft ungenau und weist Verflachungen und Sinnveränderungen auf.

Die Einheitsübersetzung

Im Jahre 1962 gaben die katholischen Bischöfe Deutschlands und des deutschsprachigen Europas den Auftrag zu einer Neuübersetzung aus den Ursprachen in ein zeitgemäßes Deutsch. Ab 1967 kam es zur ökumenischen Zusammenarbeit, die sich schließlich auf das NT und die Psalmen erstreckte. Auszüge erschienen ab 1969, die Gesamtausgabe 1980.

Titelseite der englischen King James Bibel

Die Herausgeber halten im Vorwort zur Neubearbeitung der Originalübersetzung fest: „... Wo die Übersetzung selbst verbessert oder ausgefeilt wurde, geschah es tunlichst im Sinn und Geist des Übersetzers und unter Benützung der bestautorisierten Quellen ... Die Bibel ist das Manna vom Himmel, das Wort Gottes, das Dokument der göttlichen Offenbarung. Sie zeigt uns die Person und das Erlöserwerk unseres Herrn und Heilands Jesus Christus, des Sohnes Gottes. Sie vermittelt uns den Besitz des ewigen Lebens, den unschätzbaren Wert der Sündenvergebung und des Friedens mit Gott; sie enthält göttliche Gewißheiten für die Gegenwart, und für die Zukunft eine Hoffnung, die nicht zuschanden werden läßt."

Die Übersetzung von Schlachter ist allgemein nicht so genau wie die Elberfelder oder Zürcher Übersetzung, aber grundtextnah und bibeltreu.

Die Gute Nachricht

Die „Gute Nachricht des Alten und Neuen Testaments", in der Ausgabe ohne die Apokryphen und ohne umfassende Erklärungen, erschien 1982 als zweite, durchgesehene Auflage. Dabei handelt es sich um eine gemeinsame Bibelübersetzung im Auftrag und in der Verantwortung von evangelischen und katholischen Bibelwerken aus

Statistisches zur Bibel

Altes Testament: 39 Sprüche, 929 Kapitel, 23 214 Verse, 593 493 Worte. Mittleres Buch: Sprüche Salomos. Mittleres Kapitel: Hiob 29. Mittlere Verse: 2. Chron. 20,17-18. Kürzestes Buch: Obadja. Etwa 30 außerbiblische Bücher werden erwähnt.

Neues Testament: 27 Bücher, 260 Kapitel, 7959 Verse, 181 253 Worte. Mittleres Buch: 2. Thessalonicher. Mittleres Kapitel: Römer 13. Mittlerer Vers: Apostelgeschichte 17,17. Kürzestes Buch: 2. Johannesbrief. Kürzester Vers: Joh. 11,35.
Der Name *Jesus* begegnet uns 700 Mal in den Evangelien und der Apostelgeschichte, weniger als 70 Mal in den Briefen. Der Name *Christus* kommt 60 Mal in den Evangelien und der Apostelge-schichte, etwa 240 Mal in den Briefen und der Offenbarung vor.

Die Bibel: Mittleres Buch: Micha. Umfangreichstes Buch: Die Psal-men. Kürzestes Buch: 2. Johannes-brief. Der Name *Jehova (Jahve, Herr)* erscheint 6855 Mal. Die Anzahl der irdischen Verfasser beträgt etwa 50.
Die Einteilung in Kapitel und Verse stammt aus verhältnismäßig später Zeit.
Johannes Gutenberg stellte die erste vollständig gedruckte Bibel im Jahre 1456 her.
Die erste vollständige und allgemeinverständliche Ausgabe der deutschen Bibel (übersetzt von M. Luther) erschien im Jahre 1534 („Septemberbibel").

Abriß der Kirchengeschichte

Die Grundlage der Kirchengeschichte

Was ist Kirchengeschichte? Darunter versteht man einen chronologischen Bericht und dessen Deutung über den Einfluß des auferstandenen Christus und seines Evangeliums durch den Heiligen Geist auf die Menschheit.

Günstige Voraussetzungen für die Entstehung der Gemeinde Jesu. 1. Im Mittelmeerraum und weit darüber hinaus gab es eine einheitliche griechisch-römische Kultur, in der das Griechische die Umgangssprache wurde, die Gott zur Verkündigung des Evangeliums in Wort und Schrift gebrauchte. 2. Das römische Recht, die einheitliche politische Ordnung des Römischen Reiches, dessen Inbegriff das römische Überrecht war, war Grundlage eines das Zueinander der einzelnen Völker ordnenden römischen Friedens (Pax Romana). Ein gut ausgebautes Straßennetz verband alle Provinzen des Römischen Reiches miteinander und erleichterte damit die Verkündigung des Evangeliums im 1. Jahrhundert n.Chr. 3. Der jüdische Monotheismus (Glaube an einen einzigen Gott) war Grundlage der atl. Messiaserwartung und der ntl. Offenbarung Gottes durch Jesus Christus.

Die großen Zeitabschnitte der Kirchengeschichte

I. Die frühkirchliche Periode (30-590)
1. Das apostolische Zeitalter (30-100)
2. Das nachapostolische Zeitalter (100-150)
3. Konflikte mit den römischen Kaisern und den Irrlehren (150-313)
4. Wachstum der alten katholischen Staatskirche (313-590)

II. Die mittelalterliche Periode (590-1517)
1. Das Christentum des Westens (590-1054)
2. Das goldene Zeitalter päpstlicher Macht (1054-1305)
3. Vorzeichen der Reformation (1305-1517)

III. Die neuzeitliche Periode (1517 bis heute)
1. Die protestantische Reformation (1517-1648)
2. Die katholische Gegenreformation (1546-1648)
3. Die Christianisierung der Kolonien und Erweckung (1648-1789)
4. Ausbreitung des Christentums in England und Amerika (1789-1914)
5. Die Kirche im 20. Jahrhundert (1914 bis heute)

Eine Radierung von Rembrandt zeigt Christus, wie er das Volk lehrt.

Die frühkirchliche Periode (30-590)

Das apostolische Zeitalter (30-100)

Politische Ereignisse	Kirchengeschichtliche Ereignisse
Tiberius (14-37)	Gründung der Gemeinde durch den Heiligen Geist. Verkündigung des Evangeliums vom gekreuzigten und auferstandenen Herrn in Jerusalem, Judäa und Samarien (Apg. 1-12)
Caligula (37-41)	Bekehrung des Paulus
Claudius (41-54)	Bekehrung des Kornelius.
	Ausbreitung des Evangeliums bis an die Enden der damaligen Welt (Apg. 13-28). Missionarischer Aufbruch von Antiochien in Syrien aus; Paulus rettet den Glauben an Christus vor dem Abgleiten in die Gesetzlichkeit, evangelisiert in vielen Städten des Römischen Reiches und verfaßt seine großen Briefe.
Nero (54-68) verfolgt als erster römischer Kaiser die Christen	
Galba (68-69)	Entstehung der beiden Petrusbriefe, der Evangelien des Matthäus, Markus und Lukas sowie des Hebräerbriefes.
Otho und Vitellius (69) Vespasian (69-79) Titus (79-81)	Zerstörung Jerusalems (70).
Domitian (81-96), Christenverfolger	Johannes auf die Insel Patmos verbannt.
Nerva (96-98) Trajan (98-117), Christenverfolger	Das Neue Testament abgeschlossen.

Das nachapostolische Zeitalter (100-150)

Politische Ereignisse	Kirchengeschichtliche Ereignisse
Hadrian (117-138), Christenverfolger	Die Apostolischen Väter: Unter ihnen waren Klemens, Bischof von Rom; Ignatius, Bischof von Antiochien (starb als Märtyrer); Papias, Bischof von Hierapolis; Polykarp, Bischof von Smyrna (starb als Märtyrer).
Antonius Pius (138-161), Christenverfolger	Frühe, nicht kanonische Schriften; einige der bedeutendsten sind: Der *Korintherbrief* von Klemens; der *Brief des Barnabas,* der bezeugt, daß der Tod Jesu Christi allein unser Heil bewirkt, ohne Erfüllung des mosaischen Gesetzes; *Der Schäfer von Hermas* (zur apokalyptischen Literatur zählend), betont Verantwortlichkeit und Buße; Abfassung der *Didache,* atl. Gemeindeordnung zur Unterweisung Neubekehrter.
Vor dem Jahre 250 gab es nur örtlich begrenzte Christenverfolgungen durch Juden, heidnische Intellektuelle und einige Kaiser.	

Konflikte mit den römischen Kaisern und den Irrlehren (150-313 n.Chr.)

Römische Kaiser.
Mark Aurel (161-180) verfolgte die Christen; Justin der Märtyrer und Polykarp von Smyrna starben unter ihm den Märtyrertod.

Commodus (180-192).

Septimius Severus (193-211). In schweren Verfolgungen starben unter seiner Herrschaft viele Christen den Märtyrertod, so in Alexandria (Ägypten), Nordafrika und Gallien. Sie wurden gefoltert, enthauptet, verbrannt und wilden Tieren vorgeworfen.

Caracalla (211-217), *Heliogabalus* (218-222) und *Alexander Severus* (222-235) duldeten die Christen.

Maximinus Thrax (235-238) tötete viele führenden Christen; Origenes entkam mit knapper Not.

Gordianus III. (238-244) und *Philippus Arabs* (244-249) begünstigten die Christen.

Decius (249-251) begann nach 250 mit systematischen schweren Christenverfolgungen. Im ganzen Römischen Reich starben Christen in großer Zahl einen grausamen Tod.

Valerian (253-260) begünstigte schwere Verfolgungen; Cyprianus von Antiochien wurde umgebracht.

Diokletian (284-305) versuchte, das Christentum auszurotten und leitete die schwerste Christenverfolgung ein, die die Kirche bis dahin durch römische Kaiser erlitten hatte.

Irrlehren. *Die Gnosis* lehrt den unauflösbaren Gegensatz zwischen dem Leib, der schlecht, und dem Geist, der vollkommen sei. Deshalb konnte Jesus nach gnostischer Auffassung nur einen „Scheinleib" haben. Hätte er nämlich einen wahrhaftigen Leib gehabt, so wäre dieser ja böse (teuflisch) gewesen. Eine weitere Folge dieser dämonischen Lehre war es, daß man gleichzeitig ein geistliches Leben führen und bewußt im Ungehorsam gegen die Gebote Gottes leben konnte.

Der Neuplatonismus. Darunter versteht man eine Religionsphilosophie mit der besonderen Lehre, daß es eine „göttliche Substanz" gibt, die alle Götter in den verschiedenen Religionen umfaßt. Dem christlichen Glauben sprach der Neuplatonismus diese Qualität jedoch ab. Durch mystisch intuitive Erkenntnis des höchsten Seins soll ein Aufstieg des im Stofflichen gefesselten Menschen zum Göttlichen möglich sein – ebenso durch Ekstase und Askese.

Montanismus. Ein Mann namens Montanus versuchte, der allzu großen Abhängigkeit der Gläubigen von menschlicher Organisation und dem Formalismus in der Kirche entgegenzutreten. Montanus berief sich dabei auf eine Direktoffenbarung des Heiligen Geistes – zusätzlich zum bereits abgeschlossenen vorliegenden NT – und verkündigte die unmittelbar bevorstehende Wiederkunft Jesu Christi.

Monarchianismus. Hauptrichtung derjenigen Gruppen, die die Dreieinigkeit Gottes ablehnen. Um die Einheit Gottes zu betonen, erklären sie Jesus zu einem Menschen mit göttlicher Kraft. Jesus sei nur der Adoptivsohn Gottes gewesen, der bei seiner Taufe mit dem Heiligen Geist erfüllt wurde.

Die Apologeten. Diese Männer schrieben an Regierungsbeamte und versuchten, eine gesetzliche Anerkennung des christlichen Glaubens zu erreichen. Justin der Märtyrer (ca. 100-165 n. Chr.), der bedeutendste unter ihnen, verteidigte den moralischen und geistlichen Wert des Christentums und forderte in seiner „Ersten Apologie" die Anerkennung durch die römische Gesetzgebung. In seiner Schrift „Dialog mit Trypho" verteidigte er das Christentum auch gegenüber dem Judaismus.

Die Polemiker schrieben gegen die Irrlehren ihrer Zeit. In seiner Schrift „Gegen die Ketzerei" verteidigte Irenäus die Gottheit und Auferstehung Jesu Christi gegenüber der Gnosis. Origenes, ein Allegoriker, schrieb „De Principiis", das erste Werk einer systematischen Theologie, und die „Hexapla", ein Markstein der Textkritik. Tertullian formulierte in seinem Werk „Gegen Praxeas" die Lehre von der Dreieinigkeit Gottes. Cyprian stellte die Lehre von der apostolischen Erbfolge und der Vorrangstellung des Petrus auf.

Die weitere Entwicklung der Kirche. 1. Der Gedanke der Vorrangstellung des Bischofs von Rom entsprang der Notwendigkeit einer starken Führerpersönlichkeit sowohl in Verfolgungszeiten als auch im Kampf gegen die Irrlehren. 2. Der ntl. Kanon begann sich um 200 n.Chr. herauszukristallisieren. 3. Entstehung des Kalenders für das Kirchenjahr mit Weihnachten und Ostern als Hauptfeste. 4. Die frühe Form des Apostolischen Glaubensbekenntnisses wurde zum Symbol der Orthodoxie (Rechtgläubigkeit).

Verfolgung. Der letzte Grund für die Angriffe des römischen Staates auf das Christentum war die Furcht, ein unabhängiges Christentum könnte einem heidnischen Staat, in dem verschiedene Religionen anerkannt wurden, gefährlich werden.

Ausbreitung des Christentums im Römischen Reich. Die schweren Verfolgungen von 250-311 verfehlten nicht nur ihr Ziel, den christlichen Glauben auszurotten, sie trugen vielmehr zu einem ungeheuren Wachstum der Gemeinden bei. Konstantin I. machte den Sonntag zum Tag der Ruhe und Anbetung (321), ließ dem Christentum die Unterstützung des Staates zuteil werden, förderte den Bau von Kirchen, verlegte seine Hauptstadt nach Byzanz (Konstantinopel), bestellte 50 Bibeln von feinstem Pergament bei Eusebius und schaffte die Sklaverei sowie viele andere heidnische Bräuche ab. Es war aber auch eine Zeit, in der die Kirche nicht mehr durch Verfolgungen geläutert wurde und sich deshalb der Welt anzupassen begann. Der Wohlstand wurde ihr zum Verhängnis. Es war der Zeitabschnitt, in dem die kirchliche Korruption des frühen Mittelalters vorbereitet wurde. Anstatt vom Heidentum abgesondert zu bleiben, glich sich die Staatskirche diesem an.

Barbaren übernehmen das Christentum. Die Goten, Vandalen und Hunnen brachten das Römische Reich zu Fall. Ein Teil dieser Völker übernahm das Christentum. Diese Hinwendung war jedoch nur äußerlicher Natur und trug dazu bei, heidnisches Brauchtum in die Kirche hineinzutragen. Den Kelten Britanniens wurde durch römische Christen das Evangelium gebracht, den Iren durch Patrick, den Goten durch Ulfilas, den Schotten durch Columban den Älteren, der auf der kleinen Insel Jona (Hebriden) nahe der schottischen Küste 563 ein Kloster gründete.

Streitfragen um den Glauben (325-451). *Zur Person Jesu.* Arius lehrte, daß Christus ein Geschöpf und damit Gott wesensfremd sei. Athanasius vertrat die biblische Lehre, daß Jesus von Ewigkeit her mit dem Vater wesensgleich sei. Das Konzil von Nizäa (325) verdammte den Arianismus und entschied sich für die Auffassung des Athanasius.

Über die beiden Naturen Jesu. Das Konzil von Konstantinopel (381) setzte sich mit der Irrlehre des Apollinaris (Bischof von Laodizea) auseinander, daß der menschliche Geist Jesu durch die zweite göttliche Person, den Logos, ersetzt worden sei. Dadurch wurde die Gottheit Jesu auf Kosten seines Menschseins betont. Nestorius lehrte das Nebeneinander (Dualismus) der beiden Naturen Jesu, betonte aber besonders die menschliche Seite seines Wesens. Diese Frage beschäftigte das Konzil von Ephesus (431). Diese Irrlehre wurde abgelehnt und Nestorius verbrannt. Das Konzil von Chalkedon (451) entschied im Gegensatz zu der Lehre des Eutyches, daß die beiden Naturen Jesu in eine verschmolzen seien, wobei die göttliche Wesensart überwiege. Die „Definition von Chalkedon" vertrat dagegen die biblische Ansicht, daß in Christus beide Naturen in einer Person harmonisch vereinigt sind.

Über die göttliche Gnade und den freien Willen des Menschen. Augustin, Bischof von Hippo, hielt den Menschen nach der Lehre der Bibel gemäß für sittlich total verdorben, so daß nur die Gnade Gottes ihn retten könne. Pelagius dagegen bestand darauf, daß der Mensch fähig sei, aus eigener Kraft mit der göttlichen Gnade zusammenzuwirken. Er lehnte die Verlorenheit des natürlichen Menschen ab.

Auch andere ökumenische Konzilien setzten sich mit Problemen der christlichen Lehre auseinander. Das Konzil von Konstantinopel (553) entschied gegen die Monophysiten, die glaubten, Jesus habe nur eine, nämlich eine göttliche Natur, gehabt. Das dritte Konzil von Konstantinopel (680) lehnte die Lehre von den „zwei Willen" Jesu ab (Monotheletismus). Beim zweiten Konzil von Nizäa (787) ging es um die Anbetung von Götzenbildern.

Wachstum der frühen katholischen Staatskirche (313-590)

Politisch-religiöse Entwicklungen. *Kaiser Konstantin I.* (306-337) trat 312 zum Christentum über und veröffentlichte 313 das „Edikt von Mailand".

Silvester I. wurde 314 Bischof von Rom.

Konstantins drei Söhne regierten das Römische Reich von 337-361.

Julian „der Abtrünnige" war von 361-363 römischer Kaiser. Er versuchte vergeblich, heidnische Gebräuche wieder einzuführen.

Jovian (363-364) stellte die Vorherrschaft des Christentums wieder her und hob die heidnischen Erlasse seines Vorgängers wieder auf. Er machte das Christentum 380 zur offiziellen Staatsreligion.

Theodosius der Große (379-395) unterdrückte das Heidentum und erhob 380 das Christentum zur Staatsreligion.

Die Staatskirche des 4. und 5. Jahrhunderts unterschied sich deutlich von der verfolgten Pilgerkirche der ersten drei Jahrhunderte.

Die Kirchenväter der nach-nizänischen Zeit. Die Kirchenväter des Ostens. Chrysostomus, der Mann mit dem „goldenen Mund" (345-407), war ein großer Prediger und Bischof von Konstantinopel. Theodor, Bischof von Mopsuestia (heute Misis bei Adana), verteidigte eine gesunde, grammatisch-historische Interpretation der Bibel. Eusebius von Cäsarea (264-340), der Vater der Kirchengeschichtsschreibung, verfaßte einen Bericht über die Geschicke der Kirche bis zu seiner Zeit (323).

Die Kirchenväter des Westens. Hieronymus (345-420) übersetzte die Vulgata (lateinische Bibelübersetzung), die für tausend Jahre *die* Bibel der Christen sein sollte; er veränderte jedoch den biblischen Kanon, indem er auch die apokryphen Bücher (s. Kapitel über die Apokryphen) in die Vulgata übernahm. Diese Entscheidung erwies sich für die Zukunft als verhängnisvoll, zumal sich Augustin, der Bischof von Hippo (354-430), dieser Auffassung des Hieronymus anschloß. Augustin war im übrigen ein außergewöhnlicher Theologe. In seinem Werk „Der Gottesstaat" beschreibt er die Vision von einem weltweiten christlichen Reich. Seine „Bekenntnisse" sind ein bedeutendes Werk und erfreuen sich bis heute allgemeiner Wertschätzung.

Aufstieg des Papsttums. Der Titel „Papst" ist ein italienisches Wort und bedeutet „Vater".

Ravenna

WESTEN

Rom

OSTEN

Konstantinopel

Athen

Ephesus

Teilung des Römischen Reiches (nach 364)

Regierungszeiten der Kaiser des Westreichs (Rom)	Regierungszeiten der Kaiser des Ostreichs (Konstantinopel)
Valentinian I. (364-375)	Valens (364-378)
Valentinian II. (375-383)	Theodosius der Große (379-395); ereinigte nochmals das Gesamtreich
Theodosius der Große (383-395)	
Honarius (395-423)	Arcadius (395-408)
Valentinian III. (423-455)	Theodosius II. (408-450) usw.
Das Westreich fiel durch die einströmenden Barbaren (476)	Anastasias (491-518) usw. Justinian I. (527-565) usw.
Mittelalter: Auf den Ruinen des weströmischen Reiches erstand die Macht des Papsttums	Das Ostreich bestand bis zur Eroberung Konstantinopels durch die Türken (1453)

Zunächst trugen alle westlichen Bischöfe diesen Titel, doch ab 500 wurde er nur noch dem Bischof von Rom verliehen. Allmählich wurde der Papst dann zum Oberhaupt der ganzen Kirche. Dabei berief man sich auf die unbiblische Lehre von der apostolischen Erbfolge und die Vorherrschaft des Petrus im Apostelkollegium. Leo I. (440-461) wurde von Kaiser Valentinian III. (445) als Oberhaupt aller Bischöfe anerkannt. Wie sein Nachfolger Hilarus (461-468) befürwortete er ein ausschließliches, weltumfassendes Papsttum. Der Fall des weströmischen Reiches (476) gab den Päpsten die Möglichkeit, vorteilhafte Bündnisse mit den verschiedenen aufstrebenden Königreichen der eingewanderten Barbaren zu schließen. In dieser Zeit von Simplicius (468-483) bis Pelagius II. (579-590) wuchs das Ansehen und die Macht der Päpste immer mehr. Dadurch wurde dem mittelalterlichen und modernen Papsttum der Weg bereitet.

Entstehung des Mönchstums. Es fing in Ägypten mit Paul von Theben und Antonius um 250 an und breitete sich über das ganze Römische Reich aus. Sein Ziel war es, durch Absonderung von der Welt ein heiliges Leben zu führen. In Europa lebten die Mönche in Klöstern. Sie entwickelten im Mittelalter das Erziehungswesen, eine hohe Gelehrsamkeit sowie Literatur und Landwirtschaft.

Die Siegessäule des Pompejus in Alexandria. Diese Stadt war in den ersten Jahrhunderten ein bedeutendes Zentrum des christlichen Glaubens.

Die Kirche im Mittelalter (590-1517)

Das Christentum des Westens (590-1054)

Wachstum der Macht des Papstes. Gregor I. (590-604) war einer der einsichtigsten und besten Päpste. Er legte aber auf den Trümmern des Römischen Weltreiches auch den Grundstein für die sich vom wahren Evangelium immer weiter entfernende Kirche des Mittelalters. In seiner Theologie betonte Gregor I. die unbiblischen Lehren vom Fegefeuer und vom Opfercharakter der Messe. Er leitete die Evangelisierung Britanniens ein, das dann durch die Anstrengung von Augustin von Canterbury für die römisch-katholische Kirche gewonnen wurde.

Entstehung des Islam. Im Jahre 570 wurde Mohammed geboren. Im Jahre 610 erklärte er, er sei der Prophet Allahs. Im Jahre 622 war er gezwungen, aus Mekka zu fliehen (Diese Flucht ist unter dem arabischen Namen „Hedschra" in die Geschichte eingegangen). Später eroberte er die Stadt und machte sie zum Zentrum des Islam. Er starb 632. In kurzer Zeit gerieten der Westen Asiens und ganz Nordafrika unter die Herrschaft des Islam, einer Religion des Schwertes und Hasses. Syrien wurde 634 unterworfen, Jerusalem 638, Nordafrika und Spanien 711. In der Schlacht von Tours (732) gebot Karl Martell den anstürmenden Moslems Einhalt und rettete das christliche Europa vor der Islamisierung.

Wiedererstehung des weströmischen Reiches. Papst Zacharias (741-752) half Pippin dem Kleinen, dem Vater Karls des Großen, König der germanischen Franken zu werden. Auf die Bitte Stephans II. (752-757) führte Pippin seine Armeen nach Italien, besiegte die Lombarden und schenkte ihr Land dem Papst (Pippinsche Schenkung 754). Das war der Anfang des durch weitere Schenkungen sich ständig vergrößernden Kirchenstaats, der bis 1870 existierte. Karl der Große (742-814) baute das Frankenreich zu einem europäischen Reich weiter aus und wurde im Jahre 800 von Papst Leo III. zum „römischen Kaiser" gekrönt. Diese Entwicklung führte zu Fragen und Problemen bezüglich der letzten Autorität im Verhältnis von Kirche und Staat. Im Jahre 962 wurde Otto der Große zum Kaiser des Heiligen Römischen Reiches Deutscher Nation gekrönt, das bis 1806 bestand.

Ausweitung der Missionstätigkeit. Die meisten Missionare jener Zeit kamen aus den Klöstern, deren Zahl ständig zunahm, besonders aus den Klöstern Irlands und der Hebriden-Insel Iona. Aidan brachte den Katholizismus ca. 634 zu den Bewohnern Nordost-Englands (Northumberland). Auf der Synode von Whitby (663) entschied König Oswy zugunsten des katholischen Glaubens, der im Süden als Resultat der Missionstätigkeit Augustins von Canterbury (596) bereits eine bedeutende Rolle spielte. Kolumban missionierte bei den Burgundern auf dem europäischen Festland (589), Bonifatius (Winfrid) auf germanischem Gebiet bei den Teutonen (nach 700). Willibrord, ein Engländer, gewann Friesland für das Papsttum (692). Ansgar (801-865), der „Apostel des Nordens", missionierte Dänemark und Schweden. Etwa um 850 erfanden Cyrill und sein Bruder Methodios, die „Apostel der Slawen", ein slawisches Alphabet, übersetzten die Bibel und gewannen Bulgaren und Mähren für den christlichen Glauben.

In der Ostkirche herrschte wenig Missionseifer. Sie war damit beschäftigt, sich gegen den Islam zu verteidigen.

Korruption der päpstlichen Macht (858-1054). Nikolaus I. (858-867) – der erste Papst, der eine Krone trug – förderte die päpstliche Oberhoheit, indem er sich auf die pseudoisidorischen Beschlüsse berief. Diese „Beschlüsse" tauchten um 850 auf und wurden als Briefe und Dekrete von Bischöfen von Kaiser Konstantin und den Kirchenkonzilien früherer Jahrhunderte ausgegeben. Später wurden sie als Fälschungen entlarvt. Sie waren verfaßt worden, um die Ansprüche des Papstes aus der Geschichte zu belegen. Die Verbindung zwischen päpstlicher und weltlicher Macht hatte schlimme Folgen. Hinzu kam, daß häufig schwache und sittenlose Päpste an die

Macht kamen, so daß Reformen unumgänglich wurden.

Die Trennung der morgenländischen von der abendländischen Kirche. Die Spannungen zwischen den Päpsten in Rom und den Patriarchen in Konstantinopel führten 1054 zum Bruch zwischen der westlichen und östlichen Kirche. Auseinandersetzungen über das Datum des Osterfestes, über Bilder in den Kirchen, die Streitfrage über den Ausgang des Heiligen Geistes vom Vater „und vom Sohn" (das „filioque" im Nizänischen Glaubensbekenntnis) und den Gebrauch ungesäuerten Brotes in der Messe verursachten die Kirchenspaltung und die Entstehung der griechisch-orthodoxen Kirche des Ostens.

Das goldene Zeitalter der päpstlichen Macht (1054-1305)

Höhepunkt der päpstlichen Macht. Die Päpste des 11. bis 14. Jahrhunderts führten Reformen durch und demütigten Könige. Hildebrand (Gregor VII.), dessen Verständnis päpstlicher Herrschaft in seinem „Dictatus Papae" niedergelegt ist, regierte von 1073-1085. Er zog gegen die Unmoral der Priesterschaft zu Felde, bekämpfte die Simonie (Kauf kirchlicher Ämter) und zwang Heinrich IV. zum Gang nach Canossa (1077).

Innozenz III. (1198-1216) brachte das mittelalterliche Papsttum zu seiner höchsten Machtentfaltung, als er die Könige von Frankreich, England

Ein Beispiel für christlich-koptische Kunst; ein Buntglasfenster der „Hanged Church" in Kairo (Ägypten).

Der Petersdom in Rom, der über der Stelle errichtet wurde, an der der Überlieferung nach der Apostel Petrus begraben ist.

und des Heiligen Römischen Reiches Deutscher Nation zwang, sich ihm zu unterwerfen. Er legte sich viele Titel bei, u.a. „Stellvertreter Gottes", „Stellvertreter Jesu Christi" u.a.m. und ordnete den Staat der Kirche unter. Auf dem vierten Laterankonzil (1215) führte er die Ohrenbeichte und die Irrlehre von der Transsubstantiation ein (die Substanz von Brot und Wein wird danach beim Abendmahl in die „Substanz" des auferstandenen Christus verwandelt). Außerdem schuf er die päpstliche Inquisition, tötete Ketzer (z.B. die Albigenser) und rief zum vierten Kreuzzug auf. Die katholische Kirche begegnete den Albigensern und Waldensern mit Kreuzzügen, Inquisition und dem Verbot des Bibelbesitzes.

Niedergang des Papsttums. Innozenz' Nachfolger waren schwache Päpste. Bonifaz VIII. (1294-1303) ließ sich in einen Machtkampf mit Philipp dem Schönen von Frankreich ein und veröffentlichte die päpstliche Bannbulle „Unam Sanctam". Dieser Erlaß besagte, daß sich die weltliche Macht der geistlichen (der Kirche, dem Papst) unterzuordnen hat, daß es nur „eine heilige allgemeine und apostolische Kirche" und „außerhalb dieser Kirche weder Heil noch Vergebung der Sünden gibt". Bonifatius ging sogar soweit zu schreiben, daß es „für das Seelenheil des einzelnen not-

wendig ist, dem römischen Papst untertan zu sein". Um seiner Exkommunizierung vorzubeugen, nahm Philipp Bonifaz gefangen. Kurz nach seiner Entlassung starb Bonifaz. Im Jahre 1309 verlegte Papst Klemens V. (1305-1314), ein Franzose, die päpstliche Residenz nach Avignon. Damit begann die „Babylonische Gefangenschaft" der Päpste (1309-1377).

Die Kreuzzüge. Ziel dieser Unternehmen war es, Palästina den Händen der Moslems zu entreißen, die Mauren aus Spanien zu vertreiben und die Albigenser zu vertilgen. Der erste Kreuzzug, zu dem Papst Urban II. (1088-1099) aufrief, war ein Erfolg. Man errichtete ein christliches Königreich in Jerusalem (1099-1187). Doch haben alle sieben Kreuzzüge dem Heiligen Land nicht die dauernde Freiheit verschaffen können. Vielmehr trugen sie zur Schwächung des Lehnswesens bei, erhöhten Macht und Ansehen des Papstes, sorgten für das Entstehen der militärisch organisierten Mönchsorden, belebten den Ost-West-Handel und erleichterten den kulturellen Austausch. Auf dem vierten Kreuzzug, der zur Eroberung und Plünderung Konstantinopels führte, wurde das „Lateinische Kaisertum von Konstantinopel" (1204-1261) gegründet. Dadurch wurde das Ostreich geschwächt und der Riß zwischen Ost- und Westreich noch vertieft.

Reformbewegungen. 1. Die Albigenser, auch Katharer genannt, aus der Nähe der Stadt Albi in Südfrankreich, hatten eine ähnliche Lehrauffassung wie die Gnostiker. 2. Die Waldenser folgten Peter Waldes (ca. 1150) in einer schlichten „Zurück-zur-Bibel-Bewegung" innerhalb der Kirche. 3. Reformen des Klosterlebens wurden durch Bernhard von Clairvaux aus dem Orden der Zisterzienser, von den Tempelrittern und den Barmherzigen Brüdern angestrebt. Auch die Bettelorden, z.B. die Franziskaner (Gründer: Franz von Assisi, 1182-1226) und die Dominikaner (Gründer: Dominikus, 1170-1221), bemühten sich um Reformen.

Die Theologie des Mittelalters. Die Scholastiker benutzten die Logik und Philosophie des Aristoteles, um die katholischen Lehren in ein System zu bringen. 1. Anselm von Canterbury (1033-1109), „der Vater der systematischen Theologie" war ein Realist und vertrat die Ansicht, der Glaube müsse dem Verstand vorausgehen. Er schrieb über die Existenz Gottes und die Allgenügsamkeit der Versöhnung. 2. Thomas von Aquin (1225-1274) war besonders durch sein Werk „Summa theologiae" der führende katholische Theologe jener Zeit. Er hielt den Glauben nicht für eine unbedingte Voraussetzung der Wahrheitserkenntnis und befürwortete die aristotelische Logik, um zu einem gewissen Grad der Wahrheitserkenntnis zu gelangen. An einem bestimmten Punkt müsse

Standbild des Petrus im Petersdom

Vorzeichen der Reformation (1305-1517)

Die Notwendigkeit einer Erneuerung der Kirche. Unmoral der Geistlichkeit, der Ablaßhandel und der Handel mit kirchlichen Ämtern, hohe päpstliche Steuern, das ständige Eingreifen des Papstes in die Angelegenheiten des Staates, die „Babylonische Gefangenschaft" des Papstes in Avignon (1309-1377), die große Kirchenspaltung von 1378 bis 1417, als gleichzeitig zwei bzw. drei Päpste die oberste Herrschaft in der Kirche beanspruchten – all diese Mißstände erforderten eine grundsätzliche Erneuerung.

Rufe nach Erneuerung. 1. Mehr biblisch orientierte Gruppen wie z.B. die Mystiker, die „Gottesfreunde" und die „Brüder vom gemeinsamen Leben" übten einen großen Einfluß aus. 2. John Wycliffe (ca. 1320-1384), der „Morgenstern der Reformation", übersetzte die Bibel ins Englische und griff die päpstliche Autorität und die Messe heftig an (1378). 3. Jan Hus (1369-1415), ein böhmischer Reformator, der von Wycliffes „Ddeas" stark beeinflußt war, verdammte den Ablaßhandel und drängte auf eine Reformation der Kirche. 4. Girolamo Savonarola (1452-1498), ein Mönch aus Florenz, predigte gegen die päpstlichen Laster. 5. Auf verschiedenen Konzilien in den Jahren zwischen 1409 und 1439 drängte man auf eine Reform der Kirche. 6. Die Renaissance in Kunst und Wissenschaft mit ihrem neu erwachten Interesse am hebräischen Alten und griechischen Neuen Testament stellte die schriftwidrigen Forderungen der mittelalterlichen Kirche bloß. 7. Die Entstehung starker Nationalstaaten (besonders Frankreich und England) sowie eine zunehmende Ernüchterung, hervorgerufen durch päpstliche Korruption, Einmischung, Besteuerung und Landbesitz der Kirche, begünstigten die Reformation.

die Logik durch Glauben und Offenbarung ergänzt werden. 3. John Duns Scotus (ca. 1264-1308) widersprach Thomas von Aquin. Der Franziskaner begründete die Lehre von der unbefleckten Empfängnis der Maria. 4. Andere, die in der gleichen Richtung arbeiteten und ihren eigenen Beitrag zu dieser Epoche mit einbrachten, waren Peter Abälard (1079-1142), Bernhard von Clairvaux (1090-1153), Petrus Lombardus (ca. 1100-1160), Albertus Magnus (ca. 1206-1280), William von Ockham (ca. 1300-1349).

Die neuzeitliche Periode (1517 bis zur Gegenwart)

Die protestantische Reformation (1517-1648)

Päpste zur Zeit der Reformation. *Papst Leo X.* (1513-1521) sandte Johannes Tetzel nach Deutschland, um dort Ablaßbriefe zu verkaufen und dadurch Geld zur Fertigstellung der Peterskirche in Rom zu sammeln. Am 10. Dezember 1520 verbrannte Luther eine Bulle dieses Papstes, die ihn exkommunizieren sollte. Nachfolger Leos waren *Papst Hadrian VI.* (1522-1523) und *Klemens VII.* (1523-1534). *Papst Paul III.* (1534-1549) befürwortete die Gründung des Jesuitenordens und entfachte einen Krieg gegen die deutschen Protestanten (1546-1549), der auch unter seinem Nachfolger *Julius III.* (1550-1555) weitergeführt wurde.

Luthers Bruch mit Rom. Martin Luther (1483-1546), ein Augustinermönch, war nach Paulus einer der größten Befreier der Menschheit.

Einflüsse, die sein Leben formten. 1. Luther stammte aus einem strengen, abergläubischen Bauerngeschlecht. 2. Gute Schulbildung als Vorbereitung auf eine juristische Laufbahn. 3. Der plötzliche Tod eines Freundes, Errettung aus Lebensgefahr während eines schweren Gewitters

Bei einem Evangeliumsfeldzug von Billy Graham.

und ein tiefgreifendes Sündenbewußtsein veranlaßten ihn, 1505 als Mönch ins Augustinerkloster Erfurt einzutreten. Zwei Jahre später wurde er ordiniert. 4. Während er sich auf eine Professur vorbereitete, empfing er durch Johann von Staupitz, den Generalsekretär seines Ordens, geistlichen Rat und Zuspruch. 5. Von November 1510 bis April 1511 war er im Auftrag seines Ordens in Rom. Was er in dieser Zeit dort an Korruption und üblen Praktiken sah, empörte ihn zutiefst. 6. Luther versenkte sich in das Studium der Bibel, der Schriften Augustins, der Mystik Johannes Taulers (1300-1361) und der „Theologia Germanica". 7. Dabei wurde er zutiefst von der Autorität der Bibel und ihrer Lehre von der „Rechtfertigung durch den Glauben allein" überzeugt. In diesem Sinn lehrte er auch als Doktor der Theologie und Professor der Heiligen Schrift an der Universität von Wittenberg. Ende 1516 war er seines persönlichen Heils gewiß. Seine Losung wurde: „Der Gerechte wird seines Glaubens leben" (Röm. 1,17).

Die wachsende Kluft. 1. Am 31. Oktober 1517 schlug Luther seine 95 Thesen, die sich u.a. gegen das päpstliche Ablaß-System richteten, an die Tür der Schloßkirche zu Wittenberg. Anlaß dazu gaben die unverschämten Ablaßpredigten Tetzels (1470-1519) auf Geheiß Albrechts von Brandenburg, des Erzbischofs von Mainz und des Erzbischofs von Magdeburg, die von Papst Leo X. beauftragt waren, Ablaßbriefe zu verkaufen, um den Bau der Peterskirche in Rom zu finanzieren. 2. Als Luther in wiederholte Streitgespräche verwickelt wurde, sah er sich gezwungen, die logischen Schlüsse, die sich für ihn aufgrund seiner Schrifterkenntnis und Glaubensüberzeugung ergaben, unbeirrt zu vertreten. 3. Am 15. Juni 1520 gab Papst Leo X. Luther eine 60-Tage-Frist, sich der päpstlichen Bannandrohungsbulle „Exsurge Dömine" zu unterwerfen. 4. Luther schrieb drei Reformschriften „An den christlichen Adel deutscher Nation", „Von der Babylonischen Gefangenschaft der Kirche" und „Von der Freiheit eines Christenmenschen" (1520). 5. Im April 1521 hielt er die berühmte Rede vor dem Reichstag in Worms, in der er bekannte: „Hier stehe ich, ich kann nicht anders, Gott helfe mir! Amen!" Vom Kaiser wurde er in die Reichsacht getan, aber Freunde entführten ihn an einen sicheren Ort.

Luthers Verkündigung faßt Fuß. 1. Während seines geheimen Aufenthalts auf der Wartburg in Eisenach übersetzte Luther 1522 das Neue Testament ins Deutsche. 2. Am 13. Juni 1525 heiratete er Katharina von Bora (1499-1552). 3. Auf dem Reichstag zu Speyer (1529) verlasen die lutherischen Fürsten ihre feierliche „Protestation". Daher stammt die Bezeichnung „Protestanten". 4. In den Marburger Gesprächen konnten sich Luther und Zwingli nicht über die Bedeutung der Einsetzungsworte Jesu beim Abendmahl „Dies ist mein Leib" einigen. Der „Kleine Kate-chismus" wurde veröffentlicht. 5. 1530 wurde das „Augsburger Bekenntnis", die erste protestantische Bekenntnisschrift lutherischer Prägung, abgefaßt. Sein Hauptverfasser war Philipp Melanchthon (1497-1560). Sein theologisches Hauptwerk ist „Loci communes". Es ist zugleich das erste Werk protestantischer Theologie (1521). 6. Die Lutheraner begannen 1535, ihre eigenen Pfarrer zu ordinieren. 7. 1546, im selben Jahr, als Luther starb, begannen die „Schmalkaldischen Kriege", die mit dem „Augsburger Religionsfrieden" (1555) ihr Ende fanden. Das Luthertum als Konfession wurde reichsrechtlich anerkannt. Das Problem zweier Konfessionen in Deutschland wurde nach dem Grundsatz „cuius regio, eius religio" (wessen das Land, dessen die Religion) geregelt. Der jeweilige Landesherr bestimmte also die Konfession seiner Untertanen. 8. Nach Luthers Tod war die Einigkeit der Lutheraner durch Kontroversen gefährdet. Schließlich einigte man sich auf die „Konkordienformel", die 1577 ausgearbeitet worden war und 1580 im „Konkordienbuch" veröffentlicht wurde. Es enthält die für Lutheraner verbindlichen Lehrauffassungen. 9. Bis 1570 war das Luthertum in alle skandinavischen Länder vorgedrungen und hatte auch andere Länder erreicht.

Entstehung der reformatorischen Bewegung.
In der Schweiz. Die Reformation wurde durch Ulrich Zwingli (1484-1531) nach Bern und Zürich gebracht. Zwingli bekämpfte mit Erfolg den Ablaßhandel, die Messe, die Ehelosigkeit der Priester, den Bilderdienst und andere unbiblische Praktiken seiner Zeit in seinem „Kommentar über die wahre und falsche Religion" (1525). Genf schloß sich unter der Verkündigung von Guillaume Farel (1489-1565), einem französischen Protestanten, und unter dem Eindruck der Lehre und des Organisationstalents Johann Calvins (1509-1564) ebenfalls der Reformation in der Schweiz an. Seine Schriften über die „Institution des christlichen Glaubens" (1536) und „Kirchenordnung" (1541) gelten auch heute noch als Klassiker.

In Frankreich. Französische Protestanten gründeten 1539 auf einer Synode, die das „Gallikanische Glaubensbekenntnis" annahm, eine Reformierte Kirche. Nach 1560 wurden sie „Hugenotten" genannt. Die Hugenotten wurden zur Zielscheibe heftiger Verfolgung und Religionskriege (1562-1598). In der Bartholomäusnacht (24.8.1572) wurden 10 000-20 000 Hugenotten niedergemetzelt. Admiral Coligny, der Führer der Hugenotten, war eines der Opfer. Seine Ermordung wurde, wie es scheint, von Katharina von Medici, einer Nichte Papst Klemens VII., angestiftet. Erst das Edikt von Nantes (1598) sicherte den Hugenotten religiöse Freiheit zu.

In Schottland. Patrick Hamilton (1504-1528) forderte Reformen und wurde deshalb 1528 verbrannt. George Wishart (1513-1546) wurde

Die Renaissance brachte einen Durchbruch in Welterkenntnis und Wissenschaft. Auf dieser Darstellung steckt ein Mensch des Mittelalters seinen Kopf aus den engen Mauern seiner Welt, um damit eine neue Sicht des Universums zu erhalten.

wegen seines Glaubens verbrannt. John Knox (1513-1572) gewann zwischen 1560 und 1567 die Hilfe des Adels und der Kaufleute. Dadurch wurde der Versuch Maria Stuarts (Königin von Schottland) zunichte gemacht, Schottland dem Katholizismus zu erhalten. Knox gründete im Jahre 1567 die Presbytherianische Kirche von Schottland.

In Holland. In Holland war der Kampf um religiöse Freiheit von Rom mit dem Kampf um Befreiung von der Herrschaft des katholischen Spanien verbunden. 1571 wurde die Reformierte Kirche gegründet; 1581 gelang die Befreiung Hollands. Wilhelm von Oranien (1533-1584) war der Anführer des Freiheitskampfes. Jakob Arminius (1560-1609) verwarf die kalvinistische Prädestinationslehre und behauptete, der Mensch könne der göttlichen Gnade widerstehen und Gottes Versöhnungsangebot gelte allen Menschen. Obgleich sich die kalvinistische Synode von Dordrecht (1618/19) gegen den Arminianismus entschied, ist er bis heute in manchen protestantischen Gruppen lebendig geblieben.

In Nordirland. Jakob I. von England (1566-1625), der die Herausgabe der „King-James-Bibel" (1611) förderte, schickte nach 1603 schot-tische Presbyterianer als Kolonisten nach Nordirland, um einem möglichen Aufstand vorzubeugen. Das Ergebnis war die noch heute bestehende Teilung der Insel in einen protestantischen Norden und einen katholischen Süden.

Im übrigen Europa. Der Kalvinismus und der reformierte Glaube faßten auch in Böhmen, Ungarn und der Pfalz Fuß.

Die Täuferbewegung. Diese Bewegung lehnte das Staatskirchentum und die Kindertaufe als nicht schriftgemäß ab. Sie entstand 1525 aus der Zwingli-Bewegung in Zürich unter der Führung Konrad Grebels (ca. 1490-1526) und ließ nur die Taufe von erwachsenen Gläubigen zu. Man gab ihnen deshalb den Spottnamen „Anabaptisten" (Wiedertäufer). Die Bewegung sprang nach Deutschland und Mähren über. Menno Simons (1496-1561) bekehrte sich zu den Lehren der Täufer. Er verließ 1536 sein Priesteramt und trat aus der römischen Kirche aus, um der Führer dieser Bewegung in Holland zu werden, die seitdem seinen Namen trägt (Mennoniten). Zu den Glaubensgrundlagen der Täufer gehört die unbedingte Autorität der Heiligen Schrift und die scharfe Abgrenzung der Gemeinde gegenüber der Welt. Die Abgrenzung drückt sich darin aus, daß zur Gemeinde nur Gläubige gezählt und nur Gläubige getauft werden. Außerdem vertreten sie eine scharfe Trennung zwischen Kirche und Staat.

Englands Bruch mit Rom. Heinrich VIII. (1509-1547) erklärte sich 1534 zum Oberhaupt der anglikanischen Kirche und löste die englische Kirche von Rom (Suprematsakte). Damit wurde der König und seine Nachfolger zum einzig rechtmäßigen geistlichen Oberhaupt der Kirche von England. Er zog das Eigentum der Klöster ein und gab dem Volk die Bibel in seiner Alltagssprache („Great Bible"). Während der Herrschaft Eduards VI. (1547-1553) wurde die Kirchenreform, mit der Heinrich VIII. begonnen hatte, im wesentlichen im protestantischen Sinne durchgeführt. Thomas Cranmer (1489-1556) stellte „Die 42 Artikel" auf und war Hauptverfasser des „Common Prayer Book" (allgemeines Gebetbuch, 1549). Maria I. Tudor („die Blutige", 1553-1558) versuchte vergeblich, den Katholizismus wieder einzuführen. Eine große Zahl von Protestanten starb um ihres Glaubens willen, unter ihnen Thomas Cranmer, Nicholas Ridley (1500-1555) und Hugh Latimer (1485-1555).

Unter Elisabeth I. (1558-1603) wurde der „Anglikanismus", ein Mittelweg zwischen Protestantismus und Katholizismus, neu gefestigt. Das „Common Prayer Book" wurde revidiert, ebenso die 42 Artikel, die auf 39 reduziert und 1563 vom Parlament zum Glaubensbekenntnis der Kirche von England erklärt wurden. Der Papst rächte sich, indem er Elisabeth exkommunizierte (1570) und in Douai (Flandern) eine Jesuitische Ausbildungsstätte zur Ausbildung von Missionaren eröffnete, die England zum Katholizismus zurückführen sollten. Außerdem gewann Rom die Unterstützung Philipps II. von Spanien, der die große spanische Armada gegen England einsetzte. Seine Flotte wurde jedoch 1588 besiegt. Dadurch wurde England von der Bedrohung durch das Papsttum befreit.

Die Puritaner. Diese Bewegung bildete sich im Gefolge des Widerstandes gegen den von Elisabeth I. eingeführten „Mittelweg", den Anglikanismus. Viele wünschten einen entschiedeneren Bruch mit Rom und eine gründlichere Reformierung der Anglikanischen Staatskirche mit einer dem Kongregationalismus oder dem Presbyterianismus ähnlichen Ordnung oder gar die völlige Trennung von der Anglikanischen Kirche im Interesse kompromißloser Ausrichtung an der Bibel. Damals entstand auch der Baptismus, der sich in verschiedenen Gruppen formierte, z.B. den „Allgemeinen Baptisten" (General Baptists), die wie die Arminianer durch Besprengung tauften, und den „Besonderen Baptisten" (Particular Baptists), die der kalvinistischen Prädestinationslehre anhingen und durch Untertauchen tauften. 1604 berief Jakob I. die „Hampton Court Conference" ein, um die Wünsche der Puritaner nach weiteren Reformen zu befriedigen. Das einzige Ergebnis war die Genehmigung, die Bibel ins Englische zu übersetzen. So entstand die berühmte „King-James"-Bibelübersetzung (1611).

Viele Puritaner wanderten zwischen 1629 und 1640 nach Amerika aus. Andere beteiligten sich am englischen Bürgerkrieg (1642-1649), in dem die Puritaner die Oberhand behielten. Die Westminstersynode trat zusammen (1643-1653) und verfaßte das kalvinistisch geprägte „Westminster-Bekenntnis". Karl I. wurde 1649 hingerichtet. Nach Gründung der englischen Republik (1653) wurde der Puritaner Oliver Cromwell „Lordprotektor" (Staatsoberhaupt).

Die katholische Gegenreformation (1546-1648)

In weniger als einem halben Jahrhundert gewann die protestantische Bewegung riesige Gebiete in Europa. Der größte Teil des Kontinents, mit ausnahme Italiens und Spaniens, schien für das Papsttum verloren. Selbst Frankreich war bedroht. Im Gegenzug zu diesen protestantischen Erfolgen versuchte Rom, verlorene Anhänger zurückzugewinnen, andere von der Loslösung abzuhalten und Reformen in der Kirche durchzuführen. Damit sollten einige Ansatzpunkte der Reformation beseitigt werden. Mit folgenden Schritten leitete Rom die Gegenreformation ein: 1. Den eigentlichen Anstoß erhielt die Reformbewegung durch das „Oratorium der göttlichen Liebe". 2. Der *Jesuitenorden,* 1534 von dem Spanier Ignatius von Loyola (1491-1556) gegründet und von Papst Paul III. im Jahre 1540 bestätigt, gab durch den von den Ordensmitgliedern geforderten bedingungslosen Gehorsam gegenüber dem Papst der römisch-katholischen Kirche eine ihrer wirksamsten Waffen in die Hand, um eine weitere Ausbreitung der Reformation zu verhindern, Abgefallene zurückzubringen und Ketzer unschädlich zu machen. 3. Das Konzil von Trient (1545-1563), bei dem die Italiener in der Überzahl waren, dogmatisierte u.a. die mittelalterliche Theologie der Scholastiker. Die Vulgata (lateinische Bibelübersetzung) und 11 apokryphe Bücher wurden zur allein gültigen Bibel erklärt. Außerdem wurde verfügt, daß die Bibel und die Tradition der Kirche maßgebend für die Lehre seien. 4. Durch die päpstliche Bulle wurde im Jahre 1542 die Inquisition (die schon vorher ausgeübt wurde) offiziell eingeführt, um gegen Ketzerei und Abfall vom katholischen Glauben vorzugehen. Folterungen waren gang und gäbe, um Bekenntnisse von den Angeklagten zu erzwingen. 5. Der Index, eine Liste von Büchern, die Katholiken nicht lesen dürfen, wurde bereits 1543 aufgestellt.

Diese Zeichnung zeigt den Gegensatz zwischen dem echten Verkündiger, der in seiner Kirche predigt, und dem separatistischen Verführer und falschen Propheten, der vom Fenster eines Wirtshauses aus die Menschen anspricht.

Der dreißigjährige Krieg (1618-1648) war der Kampf des Protestantismus gegen den unduldsamen Katholizismus im Heiligen Römischen Reich Deutscher Nation. Die böhmische und dänische Kriegsphase (1618-1629) war ein Sieg für Rom. Das Eingreifen schwedischer Truppen (1630-1635) rettete den Protestantismus, als Gustav Adolf von Schweden die katholischen Heere bei Breitenfeld besiegte. Die letzte Phase des Krieges (1635-1648) war ein Kampf des Hauses Habsburg gegen Frankreich, aus dem Frankreich als stärkste Macht in Europa hervorging. Im „Westfälischen Frieden" (1648) wurden das Luthertum und der Kalvinismus rechtlich anerkannt. Die Länder, die vor 1624 protestantisch waren, durften es bleiben.

Die Christianisierung der Kolonien und Erweckung (1648-1789)

Kolonisation Amerikas. 1. Ein Ziel, das bei der Entdeckung der Neuen Welt durch Kolumbus (1492) verfolgt wurde, war es, neue Länder für die katholische Kirche zu gewinnen. 2. Engländer besiedelten die Gebiete an der nordamerikanischen Atlantikküste. 3. Die „Pilgerväter" siedelten

sich 1620 in Plymouth an. 4. John Endicott und weitere Puritaner ließen sich 1628 in Salem, Neuengland, nieder. 5. Besiedlung Connecticuts (1636-1662). 6. Maryland wurde unter der Führung Cecil Calverts, eines Katholiken, besiedelt (1634). 7. Die Quäker kamen unter William Penn nach Pennsylvanien (1681). 8. James Oglethorpe besiedelte Georgia. 9. Bald war der Protestantismus in Nordamerika vorherrschend, der Katholizismus in Südamerika.

Höhere Bildung in den Kolonien. Eine Anzahl von Hochschulen wurde gegründet: Harvard (1636), William and Mary (1693), Yale (1701), Princeton (1746), Brown (1764), Rutgers (1766) und Haverford (1833). Die meisten dieser schon früh gegründeten Hochschulen sollten für die Ausbildung des Pfarrernachwuchses sorgen.

Katholische Mission. Die Eroberung Mexikos durch die Spanier brachte die Bekehrung der Eingeborenen zu den katholischen Zeremonien mit sich. Französische Jesuiten wie Joliet, Vater Marquette und La Salle bauten im Tal des Mississippi Missionsstationen, die sie für Frankreich in Besitz nahmen, und nannten das Land „Louisiana".

Erweckungen in den USA. In New Jersey brach 1726 durch Theodore Frelinghuysen unter den Holländern der Reformierten Kirche eine Erweckung aus, die auch bei den schottisch-irischen Presbyterianern unter Gilbert Tennent und in den sogenannten „mittleren" Kolonien Fuß faßte. Durch George Whitefield wurde die Erweckung neu entfacht (1739). In Neuengland predigte Jonathan Edwards (1703-1758) mit großer Vollmacht. Die Erweckung in den südlichen Kolonien wurde hauptsächlich durch die Baptisten und Methodisten weitergetragen. Das Ergebnis war, daß in den Kirchen neues Leben entstand und sich Menschen in großer Zahl für Jesus entschieden. Diese Vorgänge gaben der Missions- und Erziehungsarbeit starken Auftrieb, führten aber auch zu Spannungen und Spaltungen. Man erkannte aber auch, daß eine Zusammenarbeit zwischen den einzelnen Kolonien möglich war, was wiederum die Voraussetzung für die Lösung vom englischen Mutterland im späteren Unabhängigkeitskrieg (1775-1783) war.

Erweckung in Europa. Der Pietismus entwickelte sich als eine Reaktion auf die tote Orthodoxie des Luthertums in Deutschland. Wortführer des lutherischen Pietismus wurde Philipp Jakob Spener (1635-1705). Die Universität Halle wurde zum Mittelpunkt der Bewegung, die viele Missionare hervorbrachte. Vom Pietismus strömte neues Leben in die lutherische Staatskirche. Er trug auch zur Entstehung der „Böhmischen Brüder" und der „Brüdergemeine" unter Graf von Zinzendorf (1700-1760) bei.

Geistliches Erwachen in England. Die Erweckung unter John Wesley (1703-1791) und seinem Bruder Charles, der zahlreiche geistliche Lieder verfaßte, übte nach 1738 einen starken Einfluß auf England aus. George Fox (1624-1691) begründete 1648 das Quäkertum, und Robert Barclay, ein Theologe der Quäker, verkündigte, durch den Heiligen Geist sei ständige Führung und Inspiration möglich.

Rationalismus und Deismus. René Descartes (1596-1650) war der Begründer der neuzeitlichen Philosophie. Baruch Spinoza (1632-1677) lehrte den Pantheismus, demzufolge die Welt selbst das Göttliche ist. Der Deismus lehrte, Gott habe zwar die Welt geschaffen, beeinflusse sie aber nicht weiterhin; der Mensch sei gut und könne sich immer weiter vervollkommnen. Das war das Ergebnis des Fortschritts in der Wissenschaft und der rationalistischen Philosophie von Locke, Leibniz, Kant, Voltaire, Rousseau und Lessing. Der Deismus entwickelte sich in England und breitete sich von dort über Frankreich und Deutschland aus. Deismus und Unitarianismus (Ablehnung der Dreieinigkeit Gottes) fanden auch in Nordamerika viele Anhänger.

Ausbreitung des Christentums in Europa und Amerika (1789-1914)

Amerikanisches Christentum in der nationalstaatlichen Ära. Der Krieg um die Unabhängigkeit Amerikas schwächte die beiden großen Konfessionen. Deismus und Unglaube breiteten sich aus (1775-1800). Thomas Paines Buch „Das Zeitalter der Vernunft" (1794) und die antichristlichen Einflüsse der Französischen Revolution hatten böse Folgen. Die ständige Ausdehnung der nordamerikanischen Staaten hatte starke demoralisierende Folgen. Eine große geistliche Armut entstand.

Die zweite große Erweckung. Sie begann nach 1786 an mehreren Hochschulen der Oststaaten Amerikas und breitete sich entlang der Küste aus. Von Logan County, Kentucky, pflanzte sie sich um 1800 nach Westen fort. Viele kamen zum Glauben. Neue Kirchen, neue Denominationen, ein neues Bewußtsein kirchlicher Freiheit entstanden. Zeltversammlungen wurden abgehalten. Neue Hochschulen und Seminare wie Princeton und Andover wurden gegründet. Die Missionsarbeit im In- und Ausland (Adoniram Judson und andere) breitete sich aus. Zahlreiche Bibel- und Traktatgesellschaften bildeten sich.

Verantwortung für soziale Reformen. Im Gefolge der geistlichen Erweckungen und eines wachsenden Verantwortungsgefühls gegenüber bestehenden sozialen Notständen fingen die Kirchen an, sich vielseitig sozial zu betätigen. 1. Sie veranstalteten Kundgebungen gegen den Alkoholismus und die Sklaverei (über dem Problem der Sklaverei spalteten sich Methodisten, Presbyterianer und Baptisten). 2. CVJM-Arbeit und Evangeliumsverkündigung wurden überall in Angriff genommen. 3. Die Sonntagsschularbeit wurde ausgedehnt. Das erwies sich als große Wohltat für die amerikanische Christenheit. 4. Die Mormonen, die Siebenten-Tags-Adventisten, die Christliche Wissenschaft und andere Sekten entstanden und schlugen Kapital aus dieser Welle allgemeinen menschlichen und sozialen Interesses. 5. Das „soziale Evangelium" Walter Rauschenbuschs (1861-1918) betonte als Mittel zu geistlichem Wachstum mehr Erziehung und staatliche Ordnung als Evangelisation.

Das Papsttum und die Französische Revolution. Rousseau, Montesquieu und Voltaire griffen die römische Kirche in Frankreich an. Die Kirchengüter wurden verstaatlicht (1790). Die Kirche wurde im Verlauf der Französischen Revolution tief geschändet und gedemütigt.

Das Papsttum und Napoleon. Das Konkordat von 1801 erkannte den Katholizismus als Konfession der Mehrheit in Frankreich an, aber nicht als Staatsreligion. Keine der 1790 verstaatlichten Ländereien wurde zurückgegeben.

Das Christentum in England. Es wurde im 19. Jahrhundert ein lebenswichtiger Faktor. 1. In vielen Ländern wurde mit der Missionsarbeit begonnen, zunächst von William Carey in Indien (1793) und von David Livingstone in Afrika (1813-1873). 2. Charles Haddon Spurgeon (1834-1892) und andere predigten vor riesigen Menschenmengen. 3. William Booths Heilsarmee (1865), John Darbys (1800-1882) „Plymouth Brüder" (Brüderversammlungen) und andere kleinere Freikirchen entstanden. 4. Die Kirche von England besaß in William Wilberforce (1759-1833) und John Newton (1725-1807) Männer, die sich sehr für Evangelisation und Sozialreformen einsetzten, besonders auch für die Abschaffung des Sklavenhandels (1807) und der Sklaverei als solcher (1833), aber auch für soziale und wirtschaftliche Reformen zugunsten der Arbeiterschaft.

Feinde des Christentums. 1. Auf dem Boden der Philosophie Immanuel Kants (1724-1804), Georg Hegels (1770-1831) und Albrecht Ritschls (1822-1889) entwickelte sich die rationalistische Bibelkritik. Johann Eichhorn (1752-1827), Hermann Hupfeld, Karl Heinrich Graf (1815-1869) und Julius Wellhausen (1844-1918) bestritten, daß Mose den Pentateuch geschrieben hätte und daß diese biblischen Bücher glaubwürdig seien. Die Theorie Wellhausens machte den Pentateuch zu einer Sammlung unzuverlässiger Dokumente aus der Zeit zwischen 800-500 v.Chr. Die Einheit des Buches Jesaja wurde bestritten, ebenso die Geschichtlichkeit des Buches Daniel. 2. Charles Robert Darwin vertrat in seinen Büchern „Über den Ursprung der Arten" (1859) und „Die Abstammung des Menschen" (1871) die in ihrem Kern atheistische Lehre von der Evolution der Arten. 3. Die Anfänge des Kommunismus gehen auf die materialistische Philosophie von Karl Marx (1818-1883) und Friedrich Engels (1820-1895) zurück, die im „Kommunistischen Manifest" ihren klassischen Ausdruck fand (1848).

Päpstliche Gewinne (1815-1870). 1. Der Jesuitenorden (1773 durch den Papst aufgelöst) wurde von Pius VII. 1814 wieder zugelassen. 2. Das Zeitalter der Romantik kam dem farbenfreudigen Ritualismus der Römischen Kirche entgegen. 3. Metternich, der einflußreiche österreichische Kanzler, begünstigte Rom, und der Wiener Kongreß, dem er vorstand, gab dem Papst die ihm entzogenen päpstlichen Ländereien wieder zurück. 4. Die Oxford-Bewegung in der Anglikanischen Kirche führte zwischen 1845 und 1862 mehr als 600 bedeutende Anglikaner und 250

anglikanische Geistliche zum römischen Glauben zurück. 5. Pius IX. gab während seiner Regierungszeit (1846-1878) zwei bedeutende Erklärungen ab: Er verkündete die Lehre von der unbefleckten Empfängnis Marias (1854) und ließ das erste Vatikanische Konzil das Dekret von der Unfehlbarkeit des Papstes (1870) beschließen. Dieses Dekret besagt, daß der Papst, wenn er „ex cathedra" (als Haupt der Kirche auf Erden) spricht, in Fragen des Glaubens und der Moral unfehlbar ist.

Päpstliche Verluste (1870-1914). 1. Fast unmittelbar nach der Erklärung der Unfehlbarkeit des Papstes erhob sich Feindschaft gegen die Geistlichkeit. 2. Als Italien politisch geeint wurde (1870), verlor der Papst seine politische Macht, mit Ausnahme des Landbesitzes, der dem Vatikan gehörte. 3. Um ein starkes, geeintes Deutschland zu schaffen, nahm Bismarck, der „Eiserne Kanzler", der Kirche einen großen Teil ihrer Machtbefugnisse (1871). 4. In Frankreich wurde der Kirche mit dem „Separationsgesetz" von 1905 ein schwerer Schlag versetzt. Kirche und Staat wurden getrennt. Selbst kirchliches Eigentum wurde vom Staat beschlagnahmt. Der katholischen Kirche ist es bis auf den heutigen Tag nicht gelungen, Frankreich für das Papsttum zurückzugewinnen, obwohl seine Bevölkerung nominell katholisch ist.

Die Kirche im 20. Jahrhundert (1914 bis heute)

Die Auseinandersetzung zwischen Liberalismus und Fundamentalismus (1920-1934). In der Theologie bekämpften sich Liberale und Konservative. Die Evolutionstheorie wurde angegriffen (Scopes-Prozeß 1925). J. Gresham Machen trennte sich vom Princeton-Seminar (1929), um sich für die bibeltreue Lehre einzusetzen. Die Zeit der Bibelinstitute und Bibelseminare hatte begonnen. Unter anderem wurden das Nyack-Missions-College (1882) und das Moody Bibelinstitut in Chicago (1886) gegründet. Zwischen 1930 und 1940 entstanden etwa 40 Bibelschulen und mehrere christliche Hochschulen (Wheaton College, Calvin College usw.).

Neo-Orthodoxie. Karl Barth und Emil Brunner bekannten sich zur liberalen Bibelkritik. Sie lehnten die Lehre von der Unfehlbarkeit der 66 biblischen Bücher in ihrer urtextlichen Fassung und deren volle Autorität ab. Obwohl diese Bewegung eine unbiblische Lehre vertrat, verfiel sie nicht der theologischen Sterilität des früheren Liberalismus. Die katholische Kirche trat dem Liberalismus entgegen, indem sie versuchte,

Thomas von Aquins Theologie dem modernen technischen Zeitalter anzupassen (Neo-Thomismus).

Vordringen der Sekten. Die Christliche Wissenschaft, die Mormonen, die Zeugen Jehovas u.a. Organisationen verzeichnen auf der ganzen Welt einen starken Mitgliederzuwachs. Dadurch wird die allgemeine religiöse Lage im 20. Jahrhundert noch verworrener.

Päpste des 19. und 20. Jahrhundert. Papst Leo XIII. (1878-1903) war ein glühender Vertreter der päpstlichen Unfehlbarkeit. Er brandmarkte die Protestanten als „Feinde des Christentums". Auf Leo XIII. folgten Pius X. (1903-1914), Benedikt XV. (1914-1922) und Pius XI. (1922-1939). Unter der Regierung Pius XII.)1939-1958) wurde das Dogma von der „leiblichen Himmelfahrt Marias" verkündigt (1950). Er und sein unmittelbarer Vorgänger waren weit radikaler in ihrem Katholizismus als Johannes XXIII. (1958-1963) und Paul VI. (1963-1978). Johannes Paul II. (seit 1978) hat diesen konservativen Kurs fortgesetzt und vertritt eine harte Linie in der Frage der Geburtenkontrolle; er dringt in Lateinamerika darauf, daß der Klerus nicht in politischen Dingen aktiv wird.

Das II. Vatikanische Konzil. Ein ökumenisches Konzil, das von 1962-1965 zusammentrat, das II. Vatikanum, hieß die nichtkatholischen Christen als „getrennte Brüder" willkommen und rief innerhalb der Römischen Kirche zu einer Erneuerung auf. Die Päpste Johannes XXIII. und Paul VI. vertraten einen Kurs, mit dem sie versuchten, die Kirche zu einem besseren Dienst an der Welt zu befähigen. Hieraus ergaben sich einige wichtige Neuerungen: in den Gottesdiensten begann man, die Landessprache statt des Lateinischen einzuführen; der Bibel wurde fortan eine höhere Geltung eingeräumt, und sie wurde im Gottesdienst intensiver verwendet; die Katholiken entfalteten eine stärkere Aktivität in sozialen Fragen.

Ökumenismus. Die Ökumenische Bewegung hat die Einheit aller Christen zum Ziel. Innerhalb des Katholizismus versucht die Ökumene, die „nichtkatholischen Christen" in den Schoß der Kirche zurückzuholen. Unter den Protestanten wird der ökumenische Gedanke weithin von Amerika her inspiriert und gelenkt. In dem Wunsch, die Christen zur Einheit zu führen, haben sich verschiedene Gruppen organisch zusammengeschlossen oder Bündnisse gebildet. In einigen Fällen haben sich Elemente derselben Denomination vereint, um eine geschlossene Körperschaft zu bilden (so die Vereinigte Presbyterianische Kirche in den USA usw.). Andere Gruppen haben die engen Grenzen ihrer Denomination überschritten, um eine völlig neue Gruppe zu bilden (z.B. die Vereinigte Kirche von Kanada).

Liberale und neu-orthodoxe Kirchenführer vertreten die Meinung, daß alle Kirchenmitglieder Gläubige und darum eins in Christus sind. Letztere unterstützen den sehr liberal orientierten Nationalen Kirchenrat der USA und den Weltrat der Kirchen. Konservativ orientierte Christen dagegen sind der Auffassung, wahre christliche Einheit zeige sich nicht unbedingt in organisierter Einheit mit gleichzeitigem Abstrichen an der Glaubenslehre.

Die Charismatische Bewegung. Eine der bedeutendsten Entwicklungen der Kirchengeschichte ist die erstaunliche Zunahme und Ausbreitung der Charismatischen Bewegung, besonders innerhalb der großen Konfessionen, dem Protestantismus und römischen Katholizismus.

Der Vormarsch des Kommunismus. Zu Beginn unseres Jahrhunderts noch fast bedeutungslos, beherrscht dieses bewußt atheistische Denken und politische System heute fast 1,6 Milliarden Menschen und stellt eine ernsthafte Bedrohung für viele Länder der Welt dar. Kommunistische Regierungen versuchen in der Regel mit allen Mitteln, den christlichen Glauben zu vernichten; so ist die Verfolgung von Christen in kommunistisch beherrschten Ländern überaus grausam. Dennoch bleiben nicht nur kleine, lebendige christliche Zellen erhalten, sondern es werden dort auch immer wieder Menschen für das Evangelium gewonnen und zum Glauben an Christus auch unter Verfolgung ermutigt.

Wachstum und Rückgang anhand von Zahlen der Weltstatistik. Am Anfang des 20. Jahrhunderts waren Bibelteile in 67 Sprachen übersetzt worden. Im Jahre 1983 war die Zahl der Bibelübersetzungen auf 1763 angestiegen, wodurch 97 Prozent der Weltbevölkerung erreicht werden können. Durch die Nutzung der Nachrichtenmedien können die Christen viele Millionen mit dem Evangelium erreichen, wodurch die Art der Missionsarbeit wie auch das Leben der Kirche eine Veränderung erfahren hat. Im Jahre 1980 waren fast 1500 Radio- und Fernsehstationen in der ganzen Welt christlich orientiert. In Afrika, Lateinamerika und dem Fernen Osten ist das am Evangelium orientierte (evangelikale) Christentum gewaltig gewachsen. In der kommunistisch beherrschten Welt – besonders in Osteuropa – nimmt eine starke evangelikale Bewegung immer mehr zu, obwohl man dies schwer in Zahlen ausdrücken kann. In den Vereinigten Staaten hat das kirchliche Leben ebenfalls zugenommen, obwohl diese Zunahme mit dem Anwachsen der Bevölkerung nicht ganz Schritt hält. Dagegen hat das westliche Europa einen dramatischen Rückgang im Blick auf den christlichen Glauben und christliches Leben zu verzeichnen. Insgesamt war der Anteil der christlichen Weltbevölkerung im Jahre 1983

kaum unter dem Höchststand von 34 Prozent im
Jahre 1900.

Befreiungstheologie. Diese theologische
Richtung entstand am Ende des II. Vatikanischen
Konzils und umfaßt sowohl Katholiken wie Prote-
stanten sehr unterschiedlicher Glaubenshaltung.
Es besteht eine Tendenz, die Gesellschaft refor-
mieren zu wollen – und zwar in Richtung auf den
Sozialismus –, um auf diesem Wege die Mensch-
heit zu retten. Die Beseitigung materieller Armut
hat dabei den Vorrang vor der Sorge um geistliche
Nöte und Bedürfnisse der Menschen.

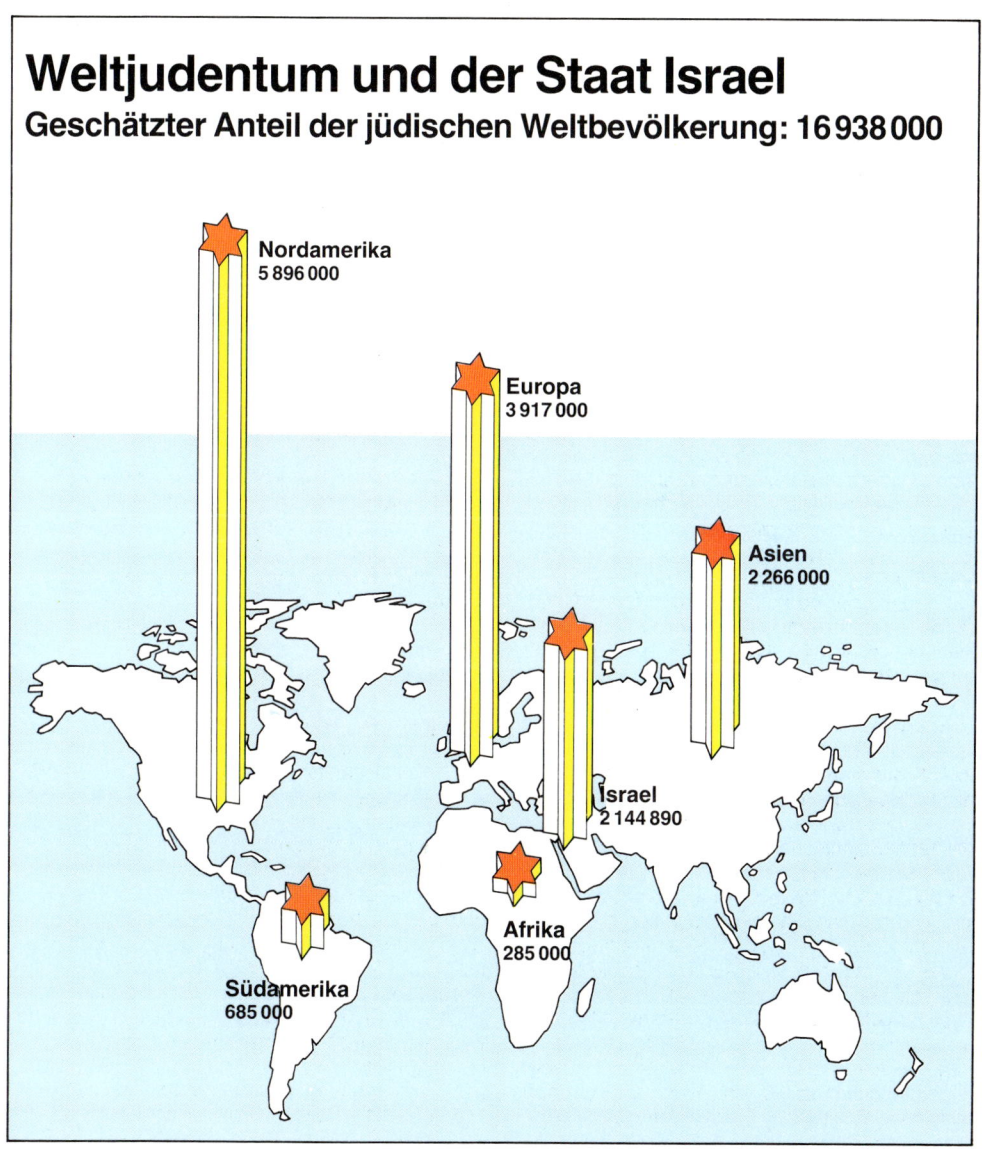

Weltjudentum und der Staat Israel
Geschätzter Anteil der jüdischen Weltbevölkerung: 16 938 000

Nordamerika
5 896 000

Europa
3 917 000

Asien
2 266 000

Israel
2 144 890

Afrika
285 000

Südamerika
685 000

Die Haupt-religionen der Welt

Gesamt-bevölkerung	4 781 123 000
Christen insgesamt	1 548 592 000
römisch-katholisch	884 221 000
protestantisch	292 733 000
(Evangelikale)	174 202 000
Orthodoxe Ostkirche	130 837 000
Nichtweiße Eingeborene	76 896 000
anglikanische	51 100 000
Juden	17 838 000
Muslime	817 065 000
Hindus	647 567 000
Buddhisten	295 570 000
Chinesische Volksreligion	187 994 000
Stammesreligionen	91 130 000
Sikhs	16 149 000
Konfuzianer	5 207 000
Baha'is	4 442 000
Jainer	3 349 000
Schintoisten	3 163 000
Nichtreligiöse	805 784 000
Atheisten	210 643 000
Unter kommunistischer Herrschaft	1 596 797 000

Der jüdische Glaube (Judaismus) hat die Lehren und Riten der Nachkommen Jakobs zum Inhalt, wie sie in den Gesetzen Moses beschrieben werden.

Der Islam (dessen Anhänger Muslime genannt werden) ist die strenge monotheistische Religion, die durch Mohammed (gest. 632) gegründet wurde. Die heilige Schrift ist der Koran.

Der Hinduismus, die Religion Indiens, ist ein Gebilde aus vielen sehr verschiedenen Glaubensrichtungen und Gottheiten, mit einer allgemeinen Tendenz zum Monismus.

Der Buddhismus sieht die Welt als ein unwirkliches, illusionäres Gebilde, voller Schmerzen und Leiden; so stellt diese Religion ein System asketischer Selbstverleugnung auf, um der materiellen Ebene der Welt und des Lebens auf diesem Wege zu entkommen. An manchen Orten wird der Buddha („der Erleuchtete") aus dem 6. Jahrhundert verehrt.

Die chinesische Volksreligion ist eine Verbindung von Buddhismus, Taoismus (eine mystische Philosophie, die die Einheit und Verbundenheit mit der Natur lehrt), Magie und Animismus (der Glaube, daß stofflich materielle Gegenstände und Dinge von Gottheiten und Geistern beseelt sind).

Stammesreligion ist im allgemeinen Animismus (s.o.), verehrt Gottheiten, die sich an bestimmten Orten und bei bestimmten Gruppen von Menschen aufhalten.

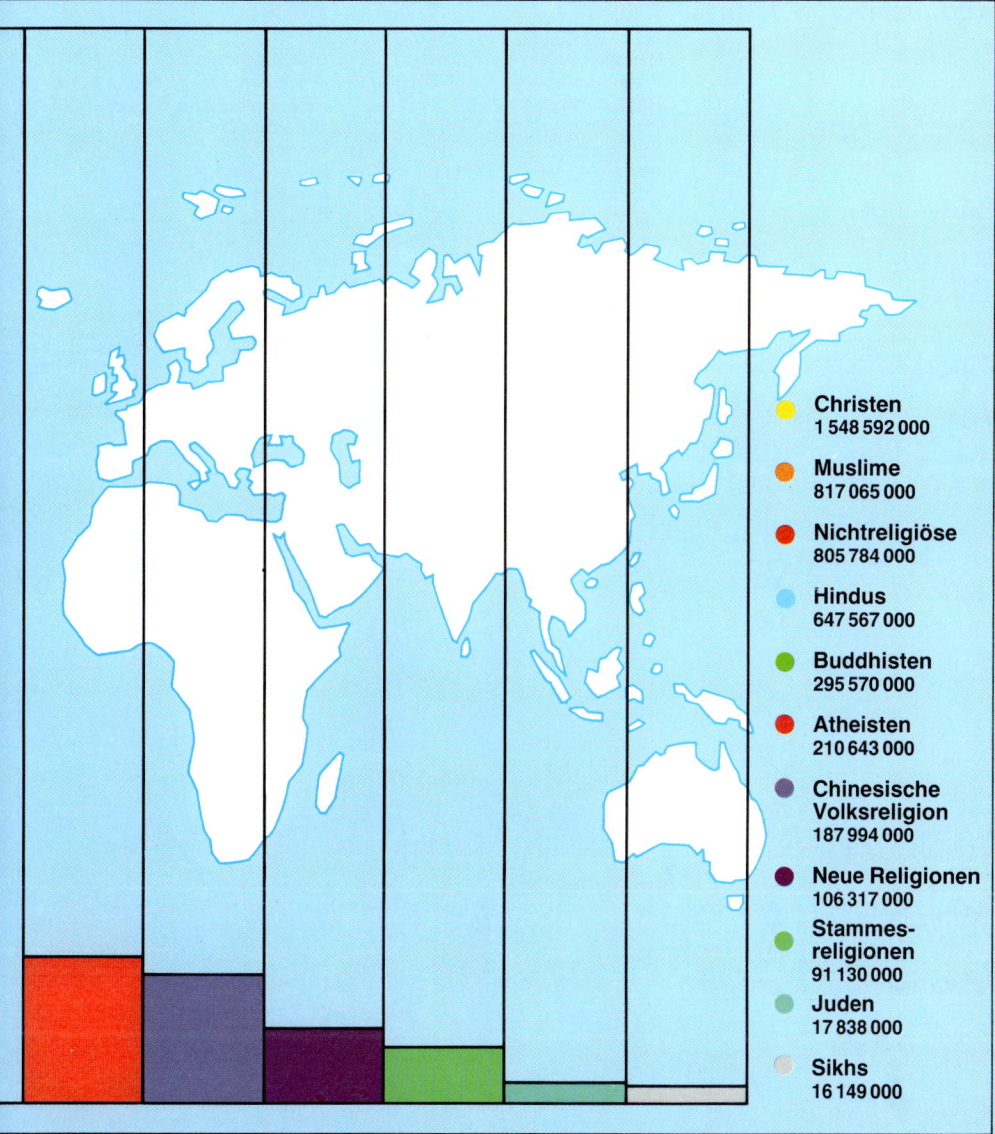

Christen
1 548 592 000

Muslime
817 065 000

Nichtreligiöse
805 784 000

Hindus
647 567 000

Buddhisten
295 570 000

Atheisten
210 643 000

**Chinesische
Volksreligion**
187 994 000

Neue Religionen
106 317 000

**Stammes-
religionen**
91 130 000

Juden
17 838 000

Sikhs
16 149 000

Die Sikh-Religion stellt eine Verbindung von hinduistischen und islamischen Elementen dar. Um 1500 wurde sie als streng monotheistische Religion begründet.

Konfuzianismus ist das ethische, politische und philosophische System, dem eine intensive Verehrung der Vorfahren eigen ist – der lebenden und der verstorbenen. Diese Religion geht auf Konfuzius zurück, der von 551-478 v.Chr. in China lebte und lehrte.

Die Baha'i-Religion ist im 19. Jahrhundert aus dem Isalem hervorgegangen. Sie lehrt die geistige Einheit der Menschheit und die Wahrheit aller religiösen Glaubensrichtungen.

Der Jainismus stellt vielleicht die älteste organisierte Religion dar. Sie beschränkt sich auf Indien und lehrt, daß der Mensch durch bestimmte asketische Verhaltensweisen und Übungen seine Seele befreien kann.

Der Schintoismus, eine japanische Religion, stellt eine Mischung aus Naturverehrung, besonders der Sonne, und der Ahnenverehrung dar.

Der Kommunismus ist eine atheistische Philosophie, eine gottlose, materialistische Einstellung, die jede Art von Religion scharf bekämpft. Dennoch gehören viele Menschen unter kommunistischer Herrschaft einer Religion an.

Nordamerika
(einschließlich Mittelamerika und
Westindische Inseln)

Bevölkerung	376 000 000
Protestanten	99 357 000
Röm. Katholiken	133 889 000

Südamerika

Bevölkerung	251 000 000
Protestanten	12 109 000
Röm. Katholiken	161 489 000

Europa

Bevölkerung	754 000 000
Protestanten	110 000 000
Röm. Katholiken	177 000 000
Orthodoxe	53 035 000

Asien

Bevölkerung	2 607 000 000
Protestanten	38 432 000
Röm. Katholiken	55 027 000
Buddhisten	255 741 000
Konfuzianer	153 887 000
Hindus	478 073 000
Muslime	429 766 000
Schintoisten	58 003 000
Taoisten	30 260 000

Afrika

Bevölkerung	483 000 000
Protestanten	69 786 000
Röm. Katholiken	48 024 000
Muslime	145 714 700
Hindus	1 379 800
Andere, einschl.	
Primitiver und	
Religionsloser	144 442 000

Schlüssel

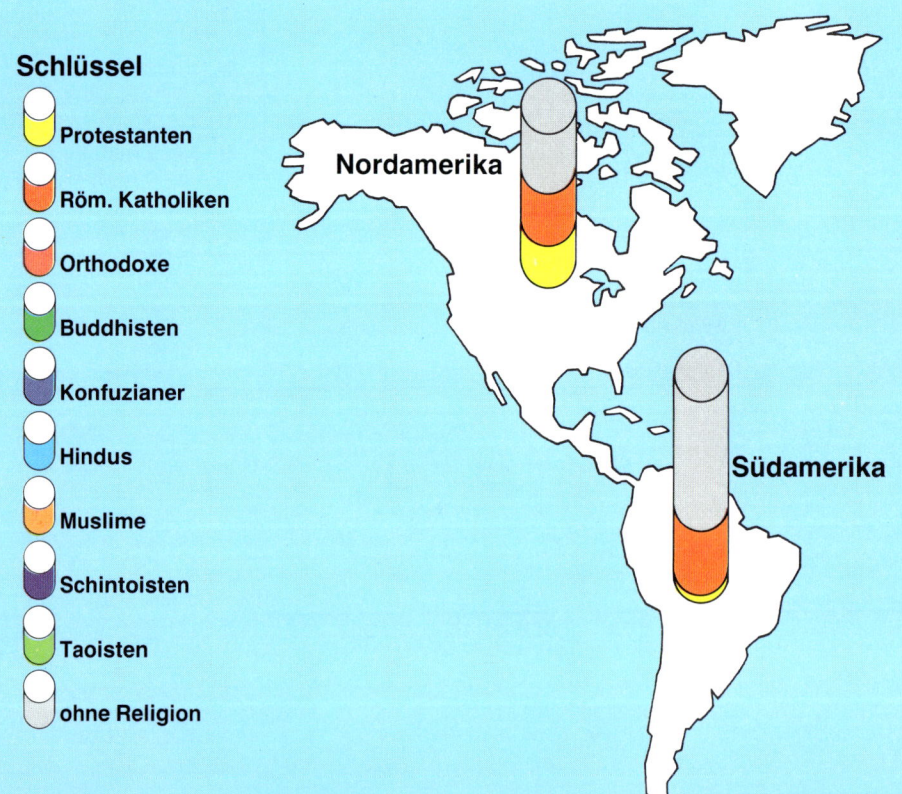

Protestanten

Röm. Katholiken

Orthodoxe

Buddhisten

Konfuzianer

Hindus

Muslime

Schintoisten

Taoisten

ohne Religion

Nordamerika

Südamerika

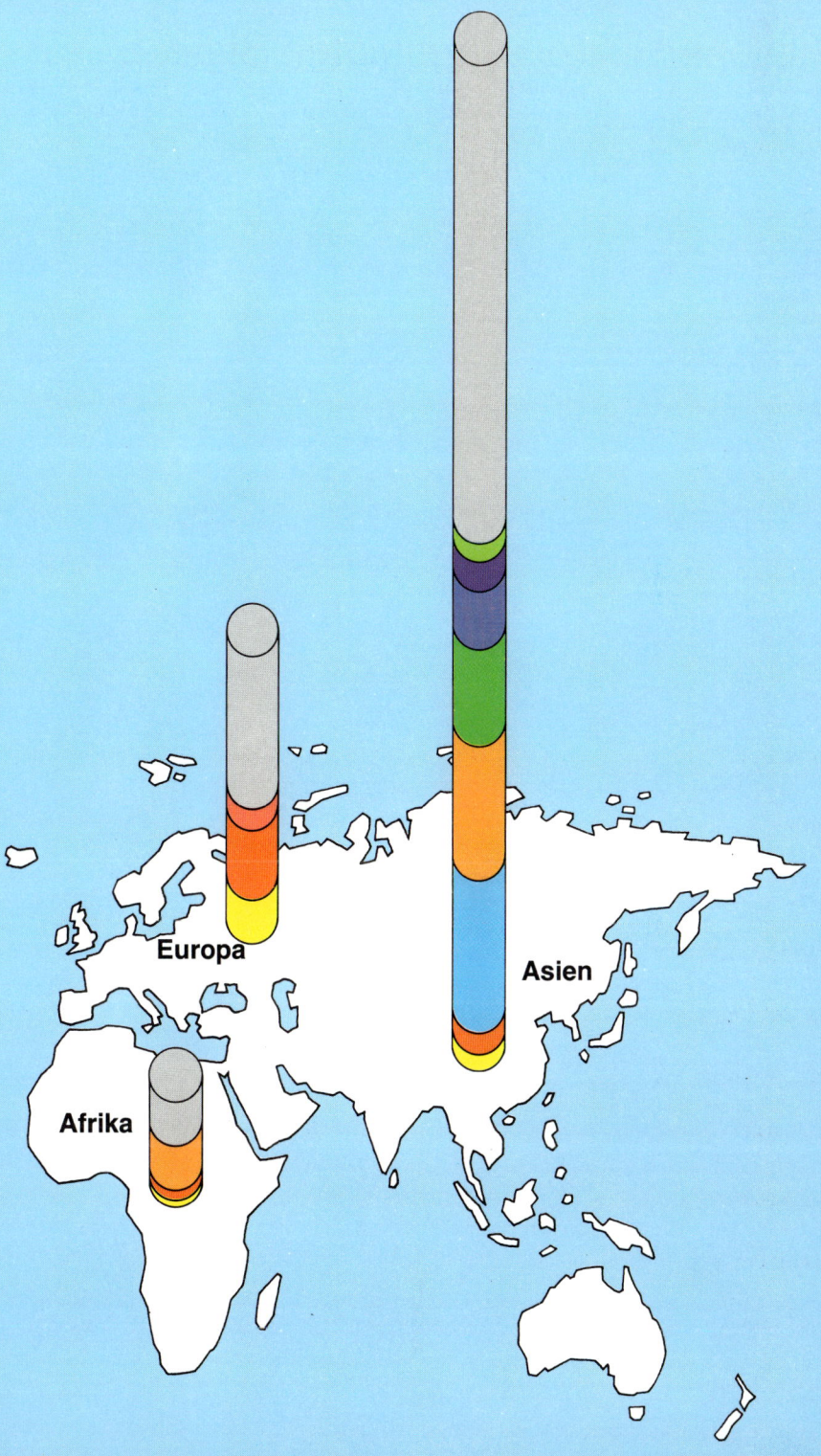

Religionen in den Vereinigten Staaten

(Quelle: World Christian Encyclopedia, 1982, Anhang)

Bevölkerung	224 133 000
Protestanten	89 567 000
In Sonntags-schulen (281 593) eingeschrieben	61 000 000

Röm. Katholiken	67 178 000
Juden	7 259 000
Nichtreligiöse	14 917 000
Baptisten:	
Amerikanischer Baptistenkonvent	2 100 000
Nationaler Baptistenkonvent	6 426 000
Südlicher Baptistenkonvent	14 200 000

Lutheraner:	
Amerikanisch-Lutherische Kirche	2 543 000
Lutherische Kirche in Amerika	3 228 000
Lutherische Kirche Missourisynode	2 896 000
Methodisten:	
Vereinigte Methodistische Kirche	14 353 000
Afrikanisch-Methodistische Episkopalkirche	1 529 000

Presbyterianer:	
Presbyterianische Kirche in den USA	1 220 000
Vereinigte Presbyterianische Kirche in den USA	3 547 000

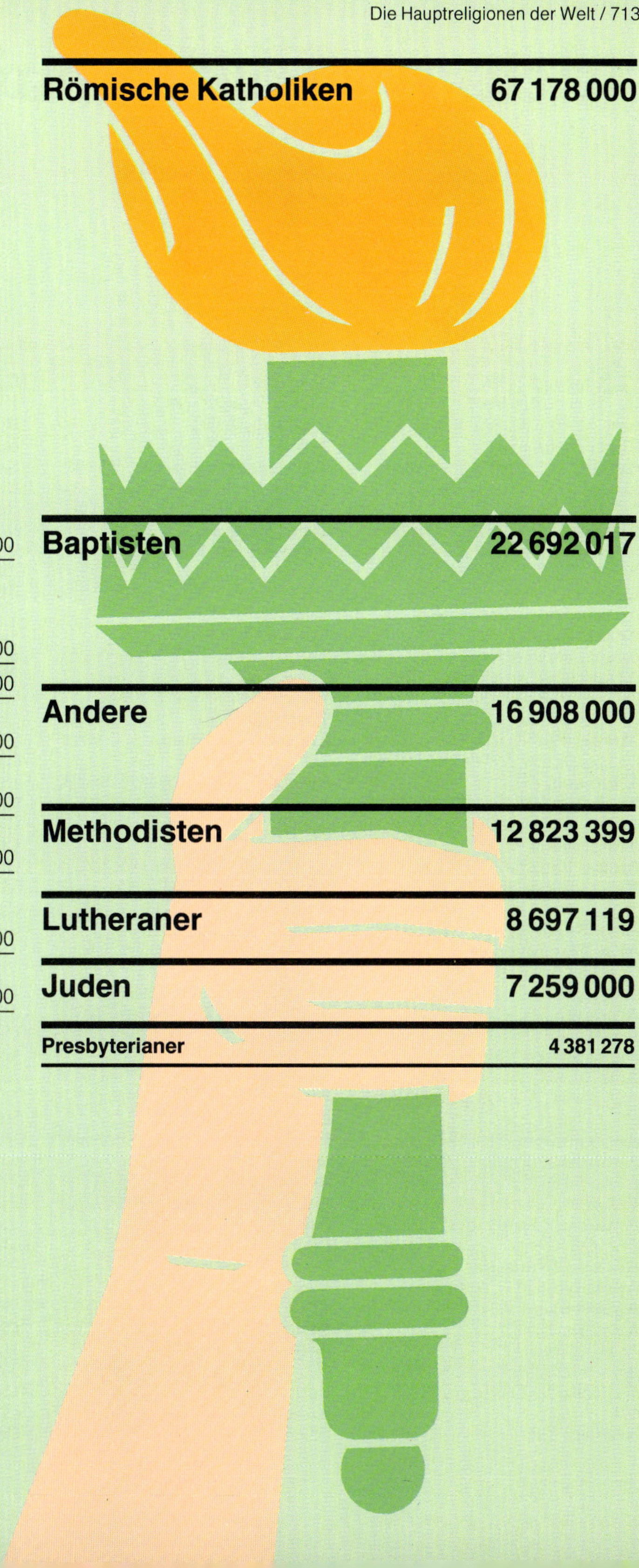

Römische Katholiken   **67 178 000**

Andere große Gruppen:

Gemeinde Gottes	1 500 000
Christliche Kirchen – Internationaler Konvent der Jünger Christi	1 641 000
Kirchen Christi	4 000 000
Kirchen Gottes in Christus	1 500 000
Kirche des Nazareners	885 000
Griechisch Orthodoxe	1 900 000
Die Heiligen der Letzten Tage (Mormonen)	2 186 000
Protestantische Episkopalkirche	3 196 000

Baptisten   **22 692 017**

Andere   **16 908 000**

Methodisten   **12 823 399**

Lutheraner   **8 697 119**

Juden   **7 259 000**

Presbyterianer   **4 381 278**

Stichwortverzeichnis

Fotonachweis

ALIA: 26, 111, 195, 215, 230, 234, 254, 261, 269, 308, 320.
J.C. Allen: 293.
The Britisch Library: 9, 687, 689.
British Museum: 8, 37, 61, 63, 72, 77, 82, 85, 114, 178, 179, 183, 185, 202, 221, 248, 255, 258, 263, 273, 283, 323, 329, 330, 403, 404, 549, 679, 681.
Church Missionary Society: 235.
Fremdenverkehrsamt Zypern: 447, 494.
Egyptaie: 68, 69, 677, 694, 696.
Fremdenverkehrsamt Ägypten: 64, 68, 72, 75, 275, 286, 643.
EPT Rom: 469, 471, 474, 477, 486.
F. Nigel Hepper: 54, 80, 100, 102, 316.
Irakisches Kulturzentrum: 49, 249, 296.
Fremdenverkehrsamt Israel: 23, 95, 113, 151, 164, 322, 333, 385, 387, 441.
National Tourist Organisation of Greece: 459, 491, 535, 553.
The Science Museum, London: 468.
Dallas Richards: 458.
Scripture Union: 48, 51, 52, 60, 103, 109, 124, 181, 216, 229, 272, 344, 347, 368, 371, 376, 429, 452, 454, 456, 457, 475, 489, 500, 501, 503, 505, 534, 536, 545, 547, 555, 563, 622, 641, 658, 683, 697, 698.
Jamie Simson: 21, 22, 34, 57, 219, 265, 514, 582, 599, 678.
Syrische Botschaft: 192.
Türkisches Fremdenverkehrsbüro: 439, 461, 462, 463, 517, 518, 520, 521, 523, 526, 529, 532, 543, 567, 613, 616, 619, 632, 635, 637, 639, 642, 652, 654, 655, 663, 684.
D.J. Wiseman: 33, 43, 44, 184, 198, 200, 295, 422, 444, 559.
Alle sonstigen Fotos wurden von der Three's Company zur Verfügung gestellt.